江西省

福建省

大余
信丰
安远
武平
上杭
龙岩市
漳平市
华安
仁化
南雄市
始兴
龙南
寻乌
韶关市
全南
定南
永定
长泰
蕉岭
平远
南靖
漳州市
龙海市
和平
连平
平和
大埔
翁源
梅县
梅州市
兴宁市
漳浦
英德市
新丰
龙川
云霄
佛冈
五华
丰顺
诏安
东山
龙门
东源
河源市
潮州市
饶平
紫金
揭东
揭阳市
潮安
南澳
南澳岛
揭西
汕头市
勒门列岛
南澎列岛
增城市
陆河
普宁市
博罗
惠州市
惠来
东莞市
海丰
陆丰市
惠东
汕尾市
深圳市
香港
香港特别行政区
珠海市
澳门
澳门特别行政区
万山群岛
大万山岛
佳蓬列岛
担杆列岛
北卫滩
南卫滩
东沙群岛
东沙岛
东沙礁
海

## 图例

| | | | |
|---|---|---|---|
| 省级行政中心 | | | 省级行政区界 |
| 地级行政中心 | | | 特别行政区界 |
| 县级行政中心 | | | 地级行政区界 |
| 5A级景区（点） | | 在建 | 铁路 |
| 4A级景区（点） | | 在建 | 高速公路 |
| 3A级景区（点） | | | 国道 |
| 2A级景区（点） | | | |

注：本图界线不作为权属争议的依据

2550000

# 2012
# 广 东 旅 游 年 鉴

（总第9期）

广东旅游年鉴编纂委员会　编

世界图书出版公司
广州 · 上海 · 西安 · 北京

图书在版编目（C I P）数据

广东旅游年鉴. 2012 / 《广东旅游年鉴》编纂委员会编. — 广州：世界图书出版广东有限公司， 2012.12
ISBN 978-7-5100-5948-3

Ⅰ. ①广… Ⅱ. ①广… Ⅲ. ①地方旅游业—广东省—2012—年鉴 Ⅳ. ①F592.765-54

中国版本图书馆CIP数据核字(2013)第086233号

广东旅游年鉴 · 2012

责任编辑：萧宿荣　康琬娟
责任技编：刘上锦
出版发行：世界图书出版广东有限公司
（广州市新港西路大江冲25号　邮编：510300）
电　　话：020-34203432
邮购电话：020-87513655
印　　刷：佛山市禅城区中杰彩印厂
（佛山市朝安路南北大道莲子工业区1号 邮编：528000）
版　　次：2013年4月第 1 版　2013年4月第 1 次印刷
开　　本：889mm × 1194mm　1/16
印　　张：33
字　　数：880 千
书　　号：ISBN 978-7-5100-5948-3/Z · 0060
定　　价：200.00元

# 编辑说明

一、《广东旅游年鉴》是由广东省旅游局主办，全省21个地级以上市及顺德区旅游局共同参与编纂的大型资料性工具书，创办于2004年，尔后逐年出版，国内外公开发行。本年鉴旨在全面记录和真实反映广东旅游业的发展情况，为社会各界及海外人士了解和研究广东旅游业提供基本资料。

二、《广东旅游年鉴·2012》所记载的内容主要反映2011年度广东旅游业的情况，考虑到记载的连贯性，个别内容在时间上有所跨越。

三、《广东旅游年鉴》采用分类编辑法。主体内容设篇目、分目、条目三个结构层次，以条目作为表现内容的基本形式。本卷设有12个篇目，即文献·特辑、广东旅游大事记、广东旅游业概况、广东国际旅游文化节、国民旅游休闲计划、各市旅游业、政策法规·标准规范、旅游发展规划、旅游调查与研究、全省旅游业统计资料、各级旅游管理机构和名录等。

四、2011年是“十二五”开局之年，广东省及部分地级以上市旅游局相继编制完成“十二五”旅游业发展规划和其他旅游规划。为做好时间上的衔接并考虑到行业年鉴的实用价值，我们特将广东省人民政府于2012年7月颁发的《广东省旅游发展规划纲要（2011～2020年）》、《广东省滨海旅游发展规划（2011～2020年）》收录本卷，其他旅游发展规划因篇幅所限则以条目的形式作介绍，具体内容放置在多媒体光盘中。

五、为增加信息量、增强可读性，本卷收录编撰了2011年广东省A级旅游景区（点）分布图及“广东旅游数字·2011”、“广东旅游大事要览”、“各市旅游风采”等广东图片专辑，并在内文中加插一批图片和附表，力求图文并茂地反映广东旅游事业发展风貌。

六、《广东旅游年鉴·2012》“全省旅游业统计资料”篇所归类的全省旅游业统计数字，已经由广东省旅游局规划统计处核准。“各市旅游业”中所列举的旅游统计数字，由各地级以上市旅游局提供。由于两者统计口径、方法和范围不一，如出现数字不一致的，应以本年鉴刊出的“全省旅游业统计资料”为准，如与以前公布的数字或其他文献中所列举的数字有差异，皆以本书为准。

七、本年鉴的编辑出版工作得到省有关部门、各地级以上市旅游局的大力支持，谨此致谢。如有疏漏之处，敬请批评指正。

# 广东旅游年鉴编纂委员会

**主　任**　杨荣森（广东省旅游局局长）

**副主任**　曾维炳（广东省旅游局巡视员）
周开生（广东省旅游局副局长）
张振林（广东省旅游局副局长）
王志红（广东省旅游局副局长）
梅其洁（广东省旅游局副局长）
黎增丰（省纪委、省监察厅派驻省旅游局纪检组组长、监察专员）
林上福（广东省旅游局副巡视员）

**委　员**　邱招贤（广东省旅游局办公室主任）
于非已（广东省旅游局机关党委专职副书记、党办主任）
曾晓峰（广东省旅游局政策法规处处长）
刘益华（广东省旅游局行业管理处处长）
甘达坚（广东省旅游局市场开发处处长）
陈瑞东（广东省旅游局规划统计处处长）
毛　诚（广东省旅游局港澳台旅游事务处处长）
李振德（广东省旅游局教育培训处处长）
余　斌（广东省旅游局人事处处长）
凌木森（省纪委、省监察厅派驻省旅游局纪检组副组长、监察室主任）
蔡立斌（广东省旅游局机关工会主席）

姚霖尹（广东省旅游质量监督管理所所长）

李国平（广东省旅游发展研究中心主任）

孙朝晖（广东省旅游发展促进中心主任）

李进茂（广东省旅游协会副会长兼秘书长）

冒超球（广东省旅游职业技术学校校长）

朱　力（广州市旅游局局长）

陈　威（深圳市文体旅游局局长）

张梅生（珠海市文体旅游局局长）

陈华佳（汕头市旅游局局长）

彭聪恩（佛山市旅游局局长）

李晓林（韶关市旅游局局长）

郑日平（河源市旅游局局长）

吴献华（梅州市旅游局局长）

黄细花（惠州市旅游局局长）

吕珠龙（汕尾市政协副主席、市旅游局局长）

梁少虾（东莞市旅游局局长）

车　卫（中山市旅游局局长）

冯裕聪（江门市旅游局局长）

马洪藻（阳江市旅游和外事侨务局局长）

林　红（湛江市旅游局局长）

梁红健（茂名市旅游局局长）

刘卫红（肇庆市旅游发展局局长）

林　闻（清远市旅游局局长）

伍　茸（潮州市文物旅游局局长）

谢锐锋（揭阳市旅游局局长）

马正英（云浮市旅游局局长）

曹洪彬（顺德区委常委、区委宣传部长、区文体旅游局局长）

# 广东旅游年鉴编辑部

**主　　编：**曾晓峰

**副 主 编：**李录春

**执行主编：**涂继文

**撰 稿 人：**（以下排名按姓氏笔画为序）

丁旭辉　马　亮　王建国　王新萍　叶志青　邝慧玲

伍文博　伍廷显　刘　婧　刘　蕾　刘霖泓　关实芬

汝百乐　许文静　许　莉　孙秀丽　杨　丽　杨泽敏

李怀恩　李梅花　李　康　吴舜锋　何洁汶　余晓娟

邹飞祥　张建明　张建彬　张　泉　张海燕　张蕊青

张　璟　陈　乐　陈　冰　陈桂林　林贤东　金　超

胡喜红　钟金伟　饶贵祥　费永红　聂　理　莫理强

翁淑吟　凌丽莉　涂　燕　黄建廉　黄玲敏　黄栋梁

黄　源　黄暾晓　萧　虹　符常青　梁定宽　韩　卫

谢菲菲　蔡　琛　廖亦泉　薛　晔　戴瑶腾　魏　玲

# 目 录

# Contents



## 图片专辑
## Photo Album



## 文献·特辑
## Documents · Special issue

# 广东旅游大事记
Guangdong Tourism Memorabilia



# 广东旅游业概况
Introduction to Guangdong Tourism

## ■ 总述
Overview



## ■ 旅游行业管理
Tourism management

## 广东国际旅游文化节
## Guangdong International Tourism and Culture Festival



## 国民旅游休闲计划
## National Tourism & Leisure Plan



### ■ 专项旅游产品
Special tourism product

## 各市旅游业
Tourist Industry of All Cities

## 政策法规·标准规范
## Policy, Laws and Regulations · Standard Codes

### ■ 省政府规范性文件
Provincial government regulatory documents



### ■ 地方旅游法规
Local tourism laws and regulations



### ■ 旅游标准与规范
Tourism standards and norms



## 旅游发展规划
## Tourism Development Planning



## 旅游调查与研究
## Tourism Survey and Research

## 全省旅游业统计资料
## Statistical Data of Provincial Tourist Industry



## 各级旅游管理机构
## Travel management authorities at all levels



## 名　　录
## Directory



## 主题索引
## Subject Index

# 图片专辑目录
# Picture category



# 多媒体光盘目录
# Multimedia CD Catalog

## 视频
## Video

- 岭南寻根之旅・视频
- 休闲到梅州・享受慢生活・视频

## 多媒体光盘添加内容
## Refer to Multimedia CD for additional text

### ■ 旅游行业协会
Tourism Industry Association

- 中央和广东省党政机关工作人员广东地区出差住宿及会议饭店 2011～2012 年度定点服务资格采购项目中标供应商名单汇总表（第一包：饭店，共 168 家）
- 中央和广东省党政机关工作人员广东地区出差住宿及会议饭店 2011～2012 年度定点服务资格采购项目中标供应商名单汇总表（第二包：会议，共 169 家）

### ■ 旅游调查与研究
Tourism Survey and Research

2011 年广东省接待国内游客抽样调查综合分析报告

### ■ 旅游发展规划
Tourism Development Planning

- 广东省邮轮旅游发展规划（2011～2020 年）
- 珠三角旅游产业一体化规划（2011～2015 年）
- 粤东区域旅游发展规划（2011～2020 年）（重修）
- 广州市旅游业发展“十二五”规划
- 广州市星级饭店“十二五”节能规划
- 深圳市旅游业发展“十二五”规划
- 印发《佛山市旅游业发展“十二五”规划（2011～2015 年）的通知》
- 佛山市绿道旅游规划（2011～2020 年）
- 梅州客家文化生态旅游示范区总体规划（纲要）
- 汕尾市旅游业发展“十二五”规划
- 中山市旅游业发展“十二五”规划
- 阳江市“十二五”旅游业发展规划纲要
- 湛江市旅游产业发展规划
- 茂名市旅游发展总体规划（2011～2030 年）
- 茂名市环水东湾国家级滨海旅游产业专项规划

### ■ 名录
Directory

- 广东省行政区划简表
- 广东省国家级森林公园
- 广东省国家级自然保护区名录
- 全国重点文物保护单位
- 广东省第一批国家级非物质文化遗产名录
- 广东省第二批国家级非物质文化遗产名录及第一批国家级非物质文化遗产扩展项目名录
- 广东省第三批国家级非物质文化遗产名录及国家级非物质文化遗产扩展项目名录

## 广东历年创作旅游歌曲精选
## Selection of Tourism Songs in Guangdong over the Years

- 西关小姐（广州市）
- 白水仙瀑（广州增城市）
- 碧水湾情歌（广州从化市）
- 金斗湾（中山市）
- 碉楼旁边是我家（江门开平市）
- 多彩万绿湖（河源市东源县）
- 锦绣中华我的家（深圳市）
- 家乡好梅州（梅州市）
- 美丽清远（清远市）
- 绿道，真好（珠海市）
- 导游员之歌（韶关市）

# 图片专辑

# Photo Album

观澜湖高尔夫球会–世界杯球场

# 2011广东旅游数字

Guangdong tourist number in 2011

旅游总收入4835.46亿元

其中：旅游外汇收入139.06亿美元

国内旅游收入3931.91亿元

接待过夜旅游者人数2.44亿人次

入境旅游者3309.65万人次

其中：外国人728.23万人次

港澳同胞2268.43万人次

台湾同胞312.98万人次

国内旅游者2.11亿人次

全省旅行社组团接待旅游者人数:

入境旅游者463.32万人次

其中：外国人138.97万人次

港澳同胞282.72万人次

台湾同胞41.63万人次

国内旅游者2363.05万人次

出境旅游者524.87万人次

中国优秀旅游城市21个（含3个县级市）

广东省旅游强县（市）20个

其中：“中国旅游强县（市）2个

旅游度假区25个

其中：国家级1个、省级24个

风景名胜区

国家级8个、省级18个

自然保护区

国家级11个、省级65个

森林公园

国家级25个、省级73个

文物保护单位

国家级70处、省级506处

海滨度假区33个

温泉80多处

星级饭店1143家

其中：五星级97家（含白金五星级1家）

四星级196家

三星级643家

二星级198家

一星级9家

客房数17.31万间

床位数28.22张

星级饭店直接从业人员55.87万人

国家A级旅游景区（点）168家

其中：5A级旅游景区7家

4A级旅游景区101家

3A级旅游景区49家

2A级旅游景区11家

景区（点）直接从业人员14.34万人

旅行社1459家

其中：出境游组团社168家

外资旅行社15家

旅行社直接从业人员4.48万人

取得《导游人员资格证书》人数55294人

其中：持导游证（IC卡）人数52243人

旅游院校（系）241所

其中：高等院校76所

中等职业学校165所

旅游院校在校生134740人

其中：旅游高等院校53126人

旅游中等职业学校81614人

旅游专业教师4478人

华南植物园·龙洞琪林

# 2011领导论旅游

## leaders' view on tourism in 2011

广东是中国最大的旅游客源地，旅游资源丰富，旅游业是广东重点发展的产业之一。广东希望加强和有关国家和地区、国际旅游组织在旅游与文化交流、旅游人才培训方面的合作，进一步促进双方旅游客源互送。广东国际旅游文化节已成功举办六届，不仅吸引了大量的外国游客到广东旅游，促进了他们对广东的了解，也使广东进一步了解了世界。

——摘自2011年11月5日，中共中央政治局委员、广东省委书记汪洋在韶关市接见希腊副总理潘卡洛斯等出席2011广东国际旅游文化节的外国嘉宾时的讲话。

广东迫切需要集中资源，用竞争性扶持的政策建设几个能代表全省海洋开发最高水平的度假区，提升广东旅游业的品位。

湛江特呈岛、阳江海陵岛、惠州大亚湾这样有特色的景点，我们能不能做个规划集中扶持几个，成片开发几个可以代表广东海洋开发水平的景区？我们可以像工业园一样，搞竞争性扶持嘛！

——2011年8月4日上午，中共中央政治局委员、广东省委书记汪洋到湛江市霞山区特呈岛调研时与随行的省市领导谈话要点。

“十二五”时期是广东加快转型升级、建设幸福广东的关键时期。今后五年，我省将紧紧围绕这一核心任务，继续深化旅游综合改革，大力推动旅游产业转型升级，加快把旅游业培育成国民经济的战略性支柱产业和人民群众

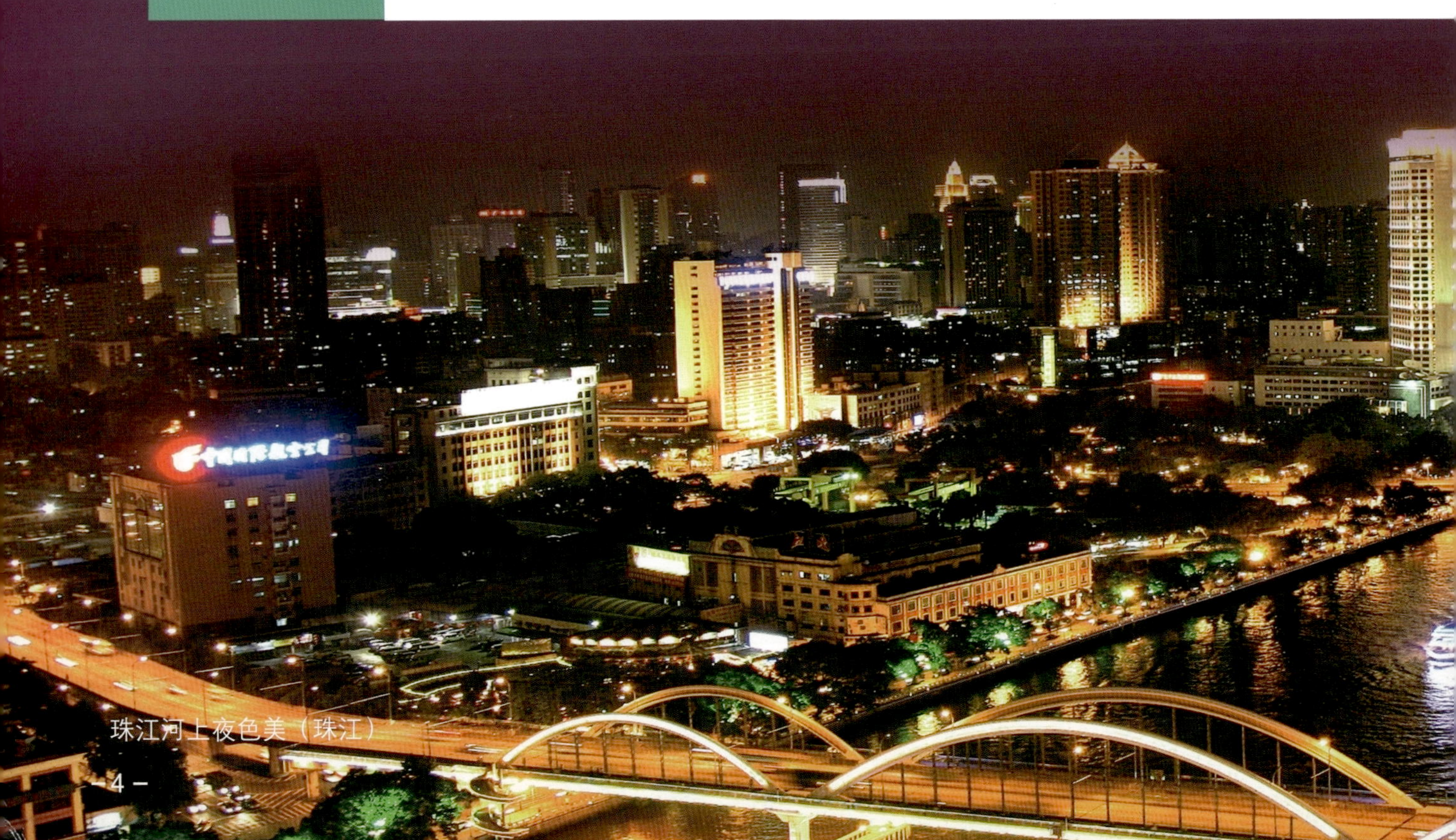

珠江河上夜色美（珠江）

更加满意的现代服务业，加快全国旅游综合改革示范区和旅游强省建设。

——摘自2011年11月5日，中共广东省委副书记、代省长朱小丹在2011广东国际旅游文化节开幕式暨旅游推介会上的主题演讲。

要结合各村、示范村建设，让乡村旅游成为农民增收致富的重要渠道，欠发达地区，以农家乐为主；珠三角地区，除农家乐外，围绕绿道，布点建设农家旅店、青年旅馆，让绿道游有良好依托。

——摘自2011年3月31日，广东省副省长刘昆在《江苏、浙江、福建和台湾乡村旅游考察报告》上的批示。

旅游业是一个关联度高、综合性强、带动面广的产业。加快旅游业转型升级，提升旅游业核心竞争力，建设旅游强省，对我省加快转型升级、促进经济发展方式加快转变、建设幸福广东具有重要的战略意义。

——摘自2011年2月18日，广东省副省长招玉芳到省旅游局调研，召开副处级以上干部座谈会上的讲话。

广东旅游业要大力推行惠民政策，不断丰富旅游产品、完善配套设施、加强宣传推广、提升服务水平，让广大游客在各种旅游活动中充分体验到健康、快乐和幸福。诚信与信誉要贯穿于旅游服务的全过程，倡导品质旅游。

——摘自2011年12月27日，广东省副省长许瑞生在广州出席“迎新年，绿道旅游惠民大行动暨2012欢乐健康游”启动仪式上的讲话。

2011年8月4日，中共中央政治局委员、广东省委书记汪洋（前排中），广东省常务副省长朱小丹（第二排中）等领导到湛江特呈渔岛旅游度假村调研。（陈煜　摄）

2011年11月5日，中共中央政治局委员、广东省委书记汪洋(右)在韶关市会见出席2011广东国际旅游文化节的希腊副总理潘卡洛斯（左）。（省外办　供稿）

2011年9月2日，中共广东省委副书记、省长黄华华（前排中）出席并宣布2011中国（广东）国际旅游产业博览会开幕。国家旅游局副局长杜江（前排左二）、广东省副省长招玉芳（前排左一）、世界旅游产业理事会副主席让克洛德·鲍姆加藤（前排右二）、亚太旅游协会副主席安栋梁（前排右一），以及来自36个国家和地区的境外嘉宾、近千名境内嘉宾出席开幕式。

（广州国际摄影协会　供稿）

2011年9月2日，由国家旅游局、广东省人民政府主办的2011中国（广东）国际旅游产业博览会在广州琶洲保利世贸博览馆开幕。图为广东省省长黄华华（前排左四）、副省长招玉芳（第二排右二）和世界旅游产业理事会副主席让克洛德·鲍姆加藤（前排左三）等贵宾一同巡展博览会。

（涂继文　摄）

● 2011年11月5日，中共广东省委副书记、代省长朱小丹在2011广东国际旅游文化节暨旅游推介会上致欢迎辞并作广东旅游推介。
（广州国际摄影协会　供稿）

● 2011年11月4日，中共广东省委副书记、代省长朱小丹（右）在广州会见出席2011广东国际旅游文化节的国家旅游局局长邵琪伟（左）。
（罗文清　摄）

● 2011年11月5日，国家旅游局局长邵琪伟在2011广东国际旅游文化节暨旅游推介会上致辞。

（广州国际摄影协会　供稿）

● 2011年11月23日，国家旅游局局长邵琪伟（右二）在中共珠海市委书记、市人大常委会主任甘霖（左三），广东省旅游局局长杨荣森（左一）等陪同下考察珠海横琴新区长隆国际海洋度假区。

（珠海市文体旅游局　供稿）

2011年1月21日，广东省人民政府在广州召开2011年全省旅游工作会议。图为广东省副省长刘昆（左五）为荣获“广东省旅游综合改革示范市”的广州、汕头、梅州、惠州、中山、阳江、肇庆市颁发牌匾。（涂继文 摄）

2011年5月19日，由广东省旅游局和南方日报社共同举办的2011年“中国旅游日·幸福绿道游”启动仪式在广州大学城广东科学中心举行。图为广东省副省长招玉芳（左）与国家旅游局副局长杜江（右）共同按水晶球启动活动。（张国辉 摄）

2011年11月21日，由中共广东省委组织部、省旅游局联合举办的“广东省旅游产业集聚与公共管理专题研讨班”在中山大学开班。广东省副省长招玉芳（中）出席会议并讲话。国家旅游局党组成员、规划财务司司长吴文学（左二）为学员授课。（涂继文　摄）

2011年12月27日，广东省副省长许瑞生（左二）在广州花城广场启动“迎新年绿道旅游惠民大行动暨2012欢乐健康游”活动，并现场派发《广东绿道旅游护照》。图为许瑞生在省旅游局局长杨荣森（左三）等陪同下参观旅行社推出的绿道旅游产品。（涂继文　摄）

● 2011年9月2～5日，由国家旅游局和广东省人民政府共同主办的“2011中国（广东）国际旅游产业博览会”在广州琶洲保利世贸博览馆举行。图为参展企业签订旅游合作协议的情景。（广州国际摄影协会 供稿）

● 2011年11月5日，“韶关行、好心情——2011广东国际旅游文化节旅游文化节嘉年华”活动在韶关北江广场隆重举行。（广州国际摄影协会 供稿）

● 2011年11月5日，2011广东国际旅游文化节组委会副主任、广东省旅游局局长杨荣森主持2011广东国际旅游文化节嘉年华活动。
（广州国际摄影协会　供稿）

● 2011年11月5日，中共韶关市委书记、市人大常委会主任郑振涛在2011广东国际旅游文化节嘉年华活动上致欢迎辞。
（广州国际摄影协会　供稿）

2011年9月2日，由粤港澳旅游推广机构主办的“粤港澳旅游高层会议”和“2011年粤港澳旅游之夜”在广州举行。图为广东省旅游局局长杨荣森、澳门旅游局局长安栋梁、香港旅游发展局总干事刘镇汉、国家旅游局亚洲旅游交流中心主任徐惠芳等领导与三地演职人员合影。（程景伟　摄）

2011年9月2日，由广东省旅游局、广东岭南国际集团公司主办的以“幸福旅游 · 和谐发展”为主题的2011中国旅游产业发展论坛在广州举行。（广州国际摄影协会　供稿）

●2011年11月6日，由广东省人民政府主办的2011广东国际旅游文化节泛珠三角旅游招商会在韶关举行。世界旅游组织特使彼得·佐登（第二排中）出席项目签约仪式。

（广州国际摄影协会　供稿）

●2011年11月6日，由广东省人民政府外事办公室主办的“情系五洲、欢乐羊城——2011广东国际旅游文化节国际友城文艺晚会”在广州中山纪念堂举行。

（广州国际摄影协会　供稿）

● 2011年12月12日，由广东省旅游局、云浮市人民政府和广东省旅游协会共同举办的第六届广东（新兴）国际温泉旅游节在新兴县举行。省政府副秘书长刘晓捷（左九）、世界温泉及气候养生联合会副主席乔瓦尼（右十）、省旅游局副局长周开生（左八）等出席开幕仪式。（云浮市旅游局 供稿）

● 2011年9月27日，2011东莞旅游文化节在东莞粤晖园开幕。（东莞市旅游局 供稿）

● 2011年10月14日，广东省旅游局局长杨荣森（右）在广州会见厄瓜尔多驻华大使莱昂纳多·阿里萨加（左）一行。

（涂继文　摄）

● 2011年11月10日，广东省游艇旅游协会成立筹备工作组会议在广州召开。图为广东省旅游局局长、省旅游协会会长杨荣森（前排左起第六）与广东部分游艇企业及有关专家合影。

（涂继文　摄）

2011年2月25日，由广东省旅游局和省旅游协会联合组织“情系乳源·幸福广东——广东百家旅游企业爱心行动”在乳源瑶族自治县举行。全省103家旅游企业共为局扶贫开发“双到”点——洛阳镇板长村捐赠善款197.3万元。图为省旅游局、韶关市和乳源县领导与旅游企业代表合影。（沈敦文 摄）

田冲村整村改造前一角

2011年，广东省旅游局扶贫开发“双到”工作被广东省评为“优秀”及“插红旗单位”，其对口帮扶的乳源瑶族自治县洛阳镇板长村被列入全省100条帮扶示范村。图为于2011年年底竣工的旅游新村。（徐 峰 摄）

2011年6月28日，广东省旅游局在广州举行庆祝中国共产党成立90周年暨“七一”表彰大会。图为局党组书记、局长杨荣森（左二）在新党员入党宣誓仪式活动中领誓。 （涂继文　摄）

2011年4月11日，中共广东省旅游局直属机关委员会换届公推直选党员代表大会在广州召开。图为原局机关党委书记曾维炳（前排左二）和新当选的局机关党委书记张振林（后排中）等领导与新履任的局直属机关党委领导班子成员合影。 （局党办　供稿）

● 2011年11月5日，广东省旅游局巡视员曾维炳（左六）陪同国家旅游局局长邵琪伟（左五）到南华禅寺视察。南华寺方丈传正大和尚（左四）向邵琪伟介绍了南华禅寺悠久历史及文物保护情况。（韶关市旅游局 供稿）

● 2011年5月31日，《广东省旅游发展总体规划（2011～2020年）》专家组在潮州市召开专题调研座谈会，听取各方面意见和建议。（潮州市文物旅游局 供稿）

2011年12月15日，广东省旅游局副局长周开生（右二）在乳源瑶族自治县副县长梁丽娟（左三）陪同下到局扶贫开发“双到”点——洛阳镇板长村调研指导工作。

2011年3月17日，白云山管理局在广州市云台花园正门广场举行“5A云山，给力幸福广州——广州市白云山风景名胜区晋升国家5A级旅游景区挂牌仪式”。中共广州市委常委、常务副市长苏泽群（左三），广东省旅游局副局长张振林（右三）等领导出席挂牌仪式。

（白云山管理局　供稿）

2011年9月9日，由广东省旅游局与阳江市人民政府共同主办的阳江市海陵岛港澳地区旅游招商推介会暨旅游项目签约仪式在海陵岛举行，共签约14个项目，投资总额120多亿元。（梁文栋　摄）

2011年6月11日，由国家文化部、国家文物局主办的第六届中国文化遗产日主题活动暨第三届中国历史文化名街评选授牌仪式在山东济宁举行。潮州市的“潮州太平街义兴甲巷”成功入选，成为广东省第一条国家级历史文化名街。（章德禧　摄）

2011年3月24日，2011年广州国际旅游展览会在广州锦汉展览中心举行，广州市副市长曹鉴燎（前排中）、广东省旅游局副局长王志红（前排右三）等领导出席开幕典礼。（广州市旅游局　供稿）

2011年5月1日，广州、佛山、肇庆和中山市在肇庆阅江楼联合开展"广佛肇中"旅游大串门暨踏寻辛亥百年之旅启动仪式。（肇庆市旅游局　供稿）

● 2011年12月18日，由广东省旅游局与梅州市人民政府共同举办的第五届广东省自驾游旅游日暨梅州养生自驾旅游系列活动、雁南飞茶香节开幕式在梅州市举行。图为省旅游局副局长梅其洁（右二）为梅州、中山两市万人互动游活动授旗。

（梅州市旅游局　供稿）

● 2011年3月4日，由广东省旅游局和云浮市人民政府联合主办的广东2011“中华文化旅游主题年”暨禅宗六祖文化新兴游启动仪式在新兴县六祖故里旅游度假区举行。

（云浮市旅游局　供稿）

2011年1月27日，广东省旅游局纪检组长、监察专员黎增丰（左二）于春节前夕赴局扶贫开发“双到”工作帮扶点——乳源瑶族自治县洛阳镇板长村走访慰问贫困户，调研指导帮扶工作。（徐 峰 摄）

2011年8月4日，由佛冈金谷森林公园生态旅游发展有限公司投资18亿元建设的清远市佛冈县羊角山生态旅游度假区项目正式启动，其幽谷漂流、幽谷探险旅游点正式对外营业。（清远市旅游局 供稿）

● 2011年3月28日，广东省旅游局副巡视员林上福（左）率领在参加2010世界旅游日全球主会场庆典暨中国广东国际旅游文化节举办的“爱地球、爱旅游——我心中的美好家园”万名儿童绘画及作文比赛中获奖小学生赴新加坡开展旅游学习交流活动。图为林上福与新加坡育智小学负责人互赠纪念品。（陈伟琦 摄）

● 2011年3月24日，由湛江市人民政府主办的2011年两广十市区域旅游合作（湛江）联席会议在湛江市召开，并签署《旅游信息化建设合作共同宣言》。（湛江市旅游局 供稿）

● 2011年12月2日，中国烹饪协会副会长刘秀军（右）在第九届佛山美食节开幕式上为佛山市颁发“中国粤菜名城”牌匾。（佛山市旅游局　供稿）

● 2011年8月23日，第二十六届世界大学生夏季运动会闭幕式在深圳世界之窗成功举办。（深圳市文体旅游局　供稿）

In 2011,Guangdong Province Established Five National 5A Tourist Areas

## 2011年广东省有5家景区评定为

# 国家5A级旅游景区

■ 广州市白云山风景名胜区 · 云台花园

■ 深圳市观澜湖休闲度假区 · 观澜湖高尔夫球会俯瞰图

■ 韶关市丹霞山风景名胜区——仙山琼阁 · 西部群峰

■ 清远市连州地下河

■ 梅州市雁南飞茶田景区——桥溪古村 · 梦里客家

# 广东十佳绿道旅游线路

Guangdong Top 10 Greenway Tourist Routes

■ 肇庆市环星湖绿道：串起七星岩的秀水美景

■ 广州市增城绿道：骑游荔乡叹风情

■ 深圳市湾绿道：滨海风情好惬意

珠海市香洲绿道：城市魅力风光无限

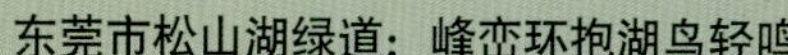
东莞市松山湖绿道：峰峦环抱湖鸟轻鸣

佛山市千灯湖绿道：花香鸟语放飞心情

■ 江门市银湖湾绿道：绿浪翻滚水乡情

■ 广州市黄埔绿道：南国古村显风韵

惠州市大亚湾绿道：滨海韵律山河风骨

珠海市斗门绿道：郊野风情特色浓

## 共和旭日

### 广州辛亥革命遗迹群——

黄埔军校

## 欢乐世界

深圳东部华侨城

大元帅府

中山纪念堂

黄花岗七十二烈士陵园

世界之窗

欢乐谷

## 情侣路漫

珠海情侣路

## 文翰樵山

南海西樵山

## 虎门烟云

东莞鸦片战争博物馆

孙文纪念公园

## 中山故里

孙中山故居纪念馆

## 罗浮仙境

惠州罗浮山

## 星湖映月

肇庆星湖国家级风景区

碉楼春秋

开平碉楼立园

绿岛欢歌

珠三角绿道网

# 2011广东国际旅游文化节嘉年华精彩纷呈

Splendid Carnival In 2011 Guangdong International Tourism And Culture Festival

● 韶关主会场花车—— 特等奖。

●北京花车—— 一等奖。

● 香港花车—— 一等奖。

● 云南花车—— 一等奖。

● "活力广东"号花车—— 一等奖。

● 东莞花车—— 一等奖。

蜈蚣舞（汕头）

飘色（茂名信宜）

南狮（韶关）

花环龙舞（梅州）

人龙舞（湛江）

● 五色狮（汕尾）

● 布马舞（潮州）

● 三灶鹤舞（珠海）

● 高州木偶（茂名）

● 火龙（梅州）

● 世界旅游小姐展示

● 库克群岛草裙舞表演

● 绿道畅游车队

● 广场大联欢《相亲相爱》

● 民族风情表演

（以上图片除署名外，均由相关单位及广州国际摄影协会 供稿）

# 文献·特辑

# emor · abilia

（第 1～22 页）

文献

# 在全省旅游工作会议上的讲话

广东省省长　朱小丹

（2012 年 3 月 2 日）

同志们：

今天，我们在这里召开全省旅游工作会议，主要是贯彻落实全国旅游工作会议和省委十届十一次全会精神，认真总结去年我省旅游业发展情况，研究部署今年旅游工作。刚才，荣森同志传达了全国旅游工作会议精神，并作了非常好的工作报告，我完全赞成。等一会儿还要通报全国旅游系统先进集体、劳动模范和先进工作者的名单，在会上表彰全国旅游系统先进集体和先进个人，同时为广东旅游强县、广东旅游好新闻颁奖，在这里，我向将要受到通报、表彰的先进集体和先进个人表示热烈的祝贺。希望各地区、各部门认真贯彻落实这次会议精神，进一步抢抓机遇、奋发进取，努力推动我省旅游业更好更快发展。下面，我讲两点意见。

## 一、去年我省旅游业发展成绩显著，为促进全省经济社会平稳较快发展作出重要贡献

2011 年是“十二五”开局之年，也是我省旅游业积极应对复杂严峻的国内外经济形势、大力推动转型升级和幸福旅游建设、各项工作取得显著成绩的一年。全省旅游系统在省委、省政府的正确领导下，深入贯彻落实科学发展观，牢牢把握“主题主线”和加快转型升级、建设幸福广东的核心任务，紧紧围绕建设全国旅游综合改革示范区和旅游强省的目标，改革创新，开拓进取，扎实工作，推动全省旅游业发展呈现经济实力大幅提升、产业结构持续优化、综合改革纵深推进、影响力和带动力不断增强的良好局面，实现了“十二五”时期良好开局。突出体现在五个方面：

（一）旅游经济逆势飘红、快速发展。去年，受国内外复杂严峻经济形势的影响，很多行业产业增速都呈下降趋势，但旅游业依然保持强劲增长势头。全省旅游系统紧紧把握国家和省实施扩大内需战略的机遇，着力培育和扩大群众旅游需求，加大旅游市场开拓力度，全面拓展入境游、国内游、省内游和出境游市场，促进旅游消费持续畅旺，旅游业各项主要指标均稳居全国第一。2011 年，全省共接待国内游客 4.7 亿人次、增长 18.2%；旅游总收入达 6443 亿元、增长 20%，占全国的 1/4 强，大大高于广东占全国经济总量的比重。其中旅游外汇收入 139.1 亿美元、增长 11.9%，占全国的 1/5 强；实现旅游业增加值 2746 亿元、增长 20%，占全省生产总值的 5.18%，支柱产业地位初步确立。

（二）旅游产业结构持续优化。大力推进旅游发展方式转变，优化旅游产业结构，辐射带动全省现代服务业加快发展和优化升级。着力抓好旅游重点项目招商引资和开发建设，去年全省投资超 1 亿元的旅游项目达 66 个，投资总额达 2300 多亿元。除了不断优化现有的旅游资源配置，不断提高其效力，在增长上还有很大的投入力度，建设步伐不断加快。河源“东江·巴登城”综合旅游项目、珠海横琴岛海洋世界、深圳太子港国际邮轮母港等大型旅游项目建设扎实推进，广东中旅南海西岸产业园、韶关大南岭生态旅游区等 5 个省级旅游产业集聚区示范点开发建设顺利推进，旅游产业集聚发展水平进一步提升。全省新增 5 星级饭店 8 家、4 星级饭店 12 家，新增 5A 级景区 5 个、4A 级景区 18 个，旅游接待服务能力进一步增强。酒店、餐饮、景区游览等传统旅游业态稳步发展，房车、邮轮、游艇、旅游保健防护用品、特殊旅游用品等旅游开发制造逐渐升温，绿道旅游活动蓬勃开展。旅游产业结构更加科学合理，成为我省现代服务业发展的重要引擎。

（三）旅游开放合作更加深入。以粤港澳台旅游合作为重点，充分发挥旅游的桥梁纽带作用，积极搭建对外交流平台和载体。深入推进粤港澳旅游合作，在调整“一程多站”推广策略、加快编制粤港澳旅游发展规划、加强行业管理信息互通、推动游艇邮轮旅游发展等方面的合作扎实有效推进。去年，来粤旅游的港澳同胞超过 1 亿人次、增长 5.2%，经我省口岸赴港澳旅游人数 4511 万人次、增长 27.3%。粤台旅游交流合作稳步推进，与泛珠成员等 20 多

个兄弟省区市的旅游合作扎实开展。积极拓展国际旅游合作空间，与10多个国家旅游管理部门和旅游协会等建立协调联络机制，务实开展旅游合作。成功举办2011广东国际旅游文化节和首届中国（广东）国际旅游产业博览会，共签署各类投资贸易合作项目216个、总金额1100亿元，有力地促进了中外旅游合作发展。本次国际旅游文化节办的非常有新意，尤其是开幕式取消了以往举办传统大型综艺晚会的做法，代之以从全省各地选调了一批最具代表性的、乡土味最浓的、具有非常鲜明岭南民间民俗文化特色的好节目。外国客人都叹为观止，没有想到在广东的农村有如此形式多样、生动活泼、精彩绝伦的民间民俗表演以及非物质文化遗产。汪洋书记提出，每年举办国际旅游文化节都要搞一台规模很大的文艺演出，花钱很多，效果未必能与花钱的数量相匹配。这次花钱少多了，但是效果好多了。这说明在办一些事情的时候，应该提倡一种务实精神，不是把更多精力放到某一项活动的形式上，不是只求热闹和好看而不注重实际效果，特别是要注意一份产业、一份事业实际推动的效果。

（四）旅游综合改革不断深化。推出一系列具有广泛影响的改革创新举措，为提升旅游发展水平注入新动力、增添新活力。深入实施国民旅游休闲计划，推动落实带薪休假制度，累计发行国民旅游休闲卡400多万张，签约商户1万多家，拉动旅游消费近200亿元。科学编制实施全省旅游业“十二五”发展规划以及邮轮旅游、珠三角旅游产业一体化等发展规划。积极推进旅游管理体制机制改革创新，广州等7个旅游综合改革示范市和珠海横琴新区等9个旅游综合改革示范县（市、区）建设进展顺利，以竞争性方式推进旅游扶贫资金分配，有效促进欠发达地区旅游资源开发和农民脱贫致富。创新广东国际旅游文化节办节模式，首次将开幕式放在广州以外的地级市，突出旅游推介招商和民俗文化展示，进一步丰富了广东旅游的文化内涵。

（五）旅游惠民扎实推进。坚持旅游为民、服务群众，大力开发群众喜闻乐见的多样化旅游产品，组织开展形式多样的旅游节庆、旅游休闲活动，推动全民参与、与民同乐，促进广大游客更加开心。深入推进旅游惠民，全省免费开放游览参观点557个，免费金额每年达8亿元；与省邮政公司联合发行《粤游粤精彩——广东旅游门票明信片册》，惠民总值达9.6亿元，促进广大游客更加顺心。扎实开展旅游市场专项整治行动，出台《旅行社等级划分与评定》广东省地方标准，发布乡村旅游经营服务规范和绿道旅游服务规范，全面开通12301旅游服务热线，积极搭建便捷高效的旅游公共信息服务平台，妥善处理游客投诉和旅游突发事件，不断提升旅游规范化、标准化、信息化水平，促进广大游客更加安心。

旅游工作的扎实有效推进，为全省扩大内需、促进产业转型升级、建设幸福广东作出了重要贡献。这些成绩的取得，是在省委、省政府正确领导下全省人民团结奋斗的结果，也凝聚着全省旅游系统同志们的辛勤汗水和不懈努力。借此机会，我代表省委、省政府向在座各位并通过大家，向全省旅游系统的广大干部职工表示衷心的感谢和诚挚的问候！

在充分肯定成绩的同时，我们也要清醒地看到，当前我省旅游业发展仍然存在一些值得重视的问题。一是旅游业发展方式仍然粗放，结构性矛盾突出。旅游产品种类相对单一、质量参差不齐，具有较强竞争力的大型旅游企业集团不多，中高级旅游专业技术人才和经营管理人才缺乏，旅游服务水平有待提升。二是旅游资源整合和区域旅游合作有待加强。欠发达地区旅游经济仍较薄弱，东西两翼和粤北地区很多丰富的旅游资源尚未得到很好的整合和开发建设。旅游整体形象还不够突出，重点景区景点知名度不高。旅游国际合作有待加强，新兴市场开拓力度不够。三是旅游公共服务体系有待健全。旅游公共服务设施尚需完善，旅游市场秩序有待进一步规范。四是旅游和文化需要更加有效的结合。要做新的尝试和更多的努力赋予一些好的旅游项目更加丰富的文化内涵。比如桂林有“印象刘三姐”、福建武夷山有“印象大红袍”，都是以自然景观为背景，辅之以山水、民居及非常富有地方特色的文艺表演，广东还缺少这样的精品节目。

对上述问题，都是旅游事业发展过程中的出现问题，最终要用发展的办法、改革创新的办法加以解决。

## 二、促进我省旅游业转型升级和平稳健康可持续发展，努力建设人民群众更加满意的幸福旅游

当前，我省正处在加快转型升级、建设幸福广东的关键阶段。进一步做好新形势下的旅游工作既面临难得机遇，也肩负着新的更高使命。新一轮旅游产业的发展应加快转型升级的步伐，并确立一个非常明确的目标，即发展真正以人为本、以人为中心的，让广大顾客、全省人民感觉满愿意的幸福旅游。全省各地、各有关部门特别是旅游系统的同志们要准确把握新形势下旅游业改革发展的趋势和规律，主动适应新形势新任务的要求，进一步坚定信心、因势利导、扬长补短，努力推动我省旅游业改革发展更上一层楼。一要充分认识和发挥旅游业作为国民经济战略性支柱产业的作用。旅游是集行、游、食、宿、购、娱于一体的综合消费活动，直接或间接涉及110多个行业，既是扩大内需的重要支柱，又是促进产业转型升级的重要支撑。经济和产业的转型升级，根本立足点是扩大内需，这一点对广东的意义特别重大。改革开放以来广东形成了外向依存度比较高的产业和经济结构，大力发展内源性经济，依靠工业化、城镇化、市场化进程中人民不断提升的物质文化生活需求来推动产业发展，对广东有特殊重要意义。旅游确实是拉动内需的起龙头性作用的行业，把旅游搞活了，可以把很多行业带活，把旅游消费搞起来了，可以把很多

方面的消费带动起来。一定要看到旅游业在国民经济发展中的支柱性作用，最重要的就是拉动内需、刺激消费的作用。

据世界旅游组织测算，旅游业每增加1个单位的附加值，可带动相关产业增加4.3个单位的附加值；旅游从业者每增加1个就业岗位，可带动相关行业增加4.2个就业岗位。发展旅游是解决今后转型升级中劳动力资源重新配置这一突出问题的关键。现在劳动力红利的黄金时期已经过去，随着第二产业的转型升级，技术含量、劳动生产率的不断提高，劳动密集型产业的比例必然不断下降，这就产生了大量的富余劳动力。工业化、城镇化步伐进一步加快，带来了城市的扩张和新城镇的崛起，极大促进了第三产业、服务业的兴起。广东尤其是珠三角地区，特别是珠三角当中的中心城市，将逐步走向服务经济主导的经济发展之路。将来的劳动力要靠服务业提供就业岗位，服务业对就业的吸纳能力和承载能力完全不亚于第二产业。因此，我们必须把加快旅游业发展作为培育新的消费热点、拉动内需增长和带动相关产业发展、加快转型升级的重要举措，加快提升旅游业发展水平，充分发挥旅游业的综合带动功能，更好地促进经济社会平稳健康可持续发展。二要明确新时期旅游业发展的关键在于加快转型升级、提升质量水平。这是与整个经济工作的指导思想完全一致的，旅游业发展到现在关键在于自身的转型升级，在于自身质量、效益的提升。当前，我省正从规模扩张主导的经济高速增长期转入结构调整和质量效益主导的经济平稳增长期。广东旅游业发展也进入以优化结构、提升质量、经营品牌为主的阶段，必须更加注重推动旅游结构调整，提高旅游综合效益；更加注重创新旅游开发模式，促进旅游产业集约化、内涵式发展；更加注重旅游与文化建设、生态建设的融合互动，增强旅游的吸引力、竞争力和可持续发展能力。三要充分发挥旅游业在幸福广东建设中的带动力和亲和力。建设幸福广东，最终要取决于老百姓的内心体验。旅游不仅有利于满足人民群众更高层次的精神娱乐需求，促进身心健康，而且有利于促进人与人的交流，增进家庭和睦与社会和谐。旅游有很强的调试作用。现在的生产和生活都非常紧凑，利益主体日益多元、利益调整的持续深化、社会在转型时期的心态总体比较浮躁，并由此引发多种多样的社会矛盾，人的心态、情绪、心理产生了各种各样的变化。作为促进工业发展、推动产业转型升级的着力点，旅游起到了调节情绪、平复心态，放松神经的作用，具有非常重要的社会意义。

要做到全心全愿意为人民服务，既要满足人民群众的物质生活的需要，也要满足精神生活的需要，而满足精神生活的需要，对建设幸福广东具有更加重要的意义。发展旅游，也是为党和政府承担一份非常重要的服务人民的责任。我们必须坚持把人民群众是否满意作为衡量旅游工作的根本标准，切实承担起提升民生质量和增进百姓福祉的重任，围绕建设幸福旅游的目标，从点滴和细节入手，全面提高旅游服务质量、管理水平和游客满意度，以幸福旅游推进幸福广东建设，在幸福广东建设中提升幸福旅游。

今年是实施“十二五”规划承上启下的关键一年。做好今年的旅游工作，要深入贯彻落实科学发展观，紧紧围绕“主题主线”和加快转型升级、建设幸福广东的核心任务，继续解放思想，坚持稳中求进，突出优化结构、集聚资源、树立品牌、提升质量，加快转变旅游发展方式，大力推进旅游综合改革，不断优化旅游管理服务，不断提升我省旅游业的综合竞争力、开放兼容力、国际吸引力，努力推动旅游强省建设取得突破性进展，力争全年接待过夜旅游人数增长12.5%，旅游业总收入增长15%，旅游业在国民经济中的战略作用和支柱地位进一步提升，当好全国旅游改革发展的排头兵。重点要抓好以下六个方面工作：

*（一）以深入实施国民旅游休闲计划为重点，着力推动旅游普及惠民取得新突破。*推动旅游普及惠民，是我们发展旅游业的根本出发点和落脚点。这项工作是旅游业发展中的最基础工程、头号民生工程，要进一步实施好国民旅游休闲计划，推动旅游在服务群众中发挥普惠作用。要经过改革、创新和新一轮的发展，着力形成可以满足各阶层多样化旅游文化需求的国民旅游服务体系，真正创造惠及广大人民群众的平等旅游机会。要适应人民群众日益扩大和提高的旅游需求，深入实施国民旅游休闲计划，采取更多便民利民惠民措施，为人民群众提供更多积极健康、内涵丰富的旅游服务，激活和促进全民旅游消费，不断增进人民群众幸福感。一要大力推进旅游惠民。加快制定实施广东国民旅游休闲纲要，抓好国民旅游休闲示范城市、景区景点建设，拓展国民旅游休闲卡和明信片的覆盖面，推出更多优惠措施和配套服务，让群众在旅游中享受更多便利和实惠。进一步落实带薪休假制度，鼓励弹性安排休假时间，并与法定节假日相连接形成较长假期，保障人民群众有充裕时间参与旅游休闲。加大老年旅游产品开发力度，推动养老旅游设施建设，积极拓展老年旅游市场。要把目光更多的投向农民，让旅游人口的增长更多向弱势群体延伸。二要大力开发假日旅游市场。以“黄金周”和小长假为契机，策划举办主题鲜明、丰富多彩的旅游休闲活动，丰富旅游休闲项目，吸引群众参与假日旅游，充分发挥假日旅游对旅游发展的引领作用。认真筹办2012中国（广东）国际旅游产业博览会，创新办展模式，提升办展水平，努力把旅博会打造成旅游业界的“广交会”。三是深度开发大众化旅游市场。要在加强对外旅游宣传推介、积极吸引境外省外游客的同时，切实将工作着力点转到深度拓展省内游上来，积极开发城市周边游、科技工业游、周末休闲游、文化美食游等人民群众喜闻乐见的旅游项目，多渠道、多形式促进旅游消费。大力推动乡村旅游发展，推动各种

形式的“农家乐”经营特色化和服务规范化，深入挖掘优秀的民俗文化，增加知识性、参与性等乡村旅游体验内容，吸引更多城市居民走出家门、体验广东特别是东西北地区丰富的生态、森林、民俗等旅游风情。四是深入开展旅游扶贫。充分发挥旅游扶贫资金作用，加强对贫困地区旅游资源普查、规划编制、项目开发、宣传促销、人才培训等方面的指导和支持，因地制宜、因时制宜开发贫困地区旅游产品，让旅游发展成果惠及广大农民，促进社会主义新农村建设。同时，要高度重视旅游安全工作，开开心心出游、平平安安回家。

（二）*以打造高端旅游产品为重点，着力推动旅游产业转型升级取得新突破*。首要任务是把基点放到人民群众身上，推动全民旅游机会平等，但同时也要分层次，上精品，满足不同阶层、不同消费能力、不同目的地要求的多样化的旅游市场的需要。缺乏具有国际知名度和影响力的高端旅游产品，是我省旅游业发展的一大软肋。要坚持把培育打造高端旅游产品作为推动旅游产业结构优化升级的重中之重来抓。一是大力开发高端旅游产品。要着力发展需求潜力大、消费水平高、产品附加值高的商务旅游、会展旅游等中高档旅游类别，精心打造邮轮游艇、温泉康体、休闲购物、文化综艺等高端旅游产品，提高旅游增值能力。深入挖掘美食、购物、潜水、探险、高尔夫、自驾车等专项旅游和特种旅游潜力，培育新的高端旅游品种。二是大力发展旅游新业态。要结合绿道网建设“三年成熟完善”的工作要求，加快绿道旅游配套设施建设，进一步完善绿道旅游护照等新型旅游产品，打造广东绿道旅游品牌。结合各地产业和资源特色，积极发展工业旅游、农业旅游、科普旅游、修学旅游、健身旅游等，完善多元化旅游产品服务体系。加强对旅游制造业的政策扶持和引导，着力发展大型旅游装备和旅游商品制造业，提高具有岭南特色的旅游工艺品、纪念品的创新、设计和制作水平，扩大旅游综合消费。三是大力打造文化旅游精品。要进一步加强文化与旅游的融合，重点支持创建一批文化旅游品牌，打造更加符合旅游和文化发展规律的复合型产品。加快复兴一批岭南历史街区，推动名镇名村建设，加大历史遗迹保护、整理、发掘力度，重现岭南文化风貌风采，促进文化旅游。围绕岭南非物质文化遗产的传承保护推出更多旅游精品，提升具有岭南文化特色的旅游演艺项目和旅游纪念品，增强广东旅游的文化魅力。四是大力培育旅游龙头企业。要加强对旅游企业的指导和扶持，重点鼓励引导优势企业完善现代经营管理制度和加快上市步伐，推动实现多元化、集团化、网络化、品牌化经营，建设具有国际竞争力的旅游企业集团。推进旅游企业强强联合，支持产业链上下游兼并重组或建立战略联盟，打造我省旅游业“航空母舰”，更好地引领带动全省旅游业提升发展。

（三）*以加快滨海和生态旅游区建设为重点，着力推动旅游产业集聚发展取得新突破*。大力推进滨海旅游和生态旅游发展，既是省委、省政府的重大决策部署，也是我省发挥旅游资源优势、提升旅游品位、推动旅游产业集聚发展的重要举措。必须坚持高标准规划、高水平开发建设，全力做好滨海和生态旅游这两篇“大文章”，培育广东旅游新亮点。一是加强整体规划引导。高水平编制《广东省旅游发展总体规划》和《广东省滨海旅游发展规划》，并与国家批准的广东主体功能区规划结合起来。突出岭南旅游特色，科学确定景区布局、开发时序、配套建设、市场定位等，加强滨海和生态等旅游资源的整合利用和优化布局。这次会上印发了《广东省旅游发展总体规划》，各地、各部门要认真研究提出修改意见，并及时反馈给省旅游局，争取尽快提交省府常务会议讨论通过后组织实施。二是完善专项扶持政策。汪洋书记高度重视发展滨海旅游和生态旅游，明确要求安排竞争性扶持资金，支持打造高品质的滨海旅游和生态旅游品牌。省财政专门设立了12亿元竞争性扶持资金，今明两年在全省重点扶持发展2个滨海旅游产业园区（必须都是海岛旅游）和2个山区（生态）旅游产业园区。要认真落实《广东省旅游产业园区竞争性扶持资金使用管理及评审办法》，做好项目申报和评审工作，充分发挥扶持资金的引导作用，创造条件、制定政策，撬动更多社会资金、民间资金和外资参与旅游产业园建设，掀起滨海旅游和生态旅游建设高潮，提升滨海旅游和生态旅游发展水平。继续推进佛山南海、韶关、梅州、河源、肇庆高要等五个省级旅游产业集聚区示范点建设，促进旅游产业集聚集约发展。三是着力提升旅游园区建设水平。加强旅游园区内旅游项目的统一规划，促进形成合理分工、各具特色、优势互补的旅游景点布局。园区建设要突出旅游主题，防止掠夺性开发破坏旅游资源，特别要坚决防止在旅游资源范围内大量兴建商业地产，而挤占海岸沙滩、湖泊水面、山坡林地等旅游资源。要坚持科学保护、合理开发、永续利用的原则，大力推进生态规划建设，尽量减少旅游产业园建设对环境的负面影响，同时也要避免人满为患的超负荷接待加剧生态环境恶化，做好旅游产业园的布局和配套。四是加大重点旅游项目招商建设力度。在发展滨海和生态旅游的大框架下，各地要进一步明确发展定位，突出各自特色，创新招商模式，瞄准国际知名旅游跨国公司开展定点招商和上门招商，积极引进国内外战略投资者，高起点、高品位、高标准开发建设一批投资潜力大、集聚能力强、综合效益好的滨海和生态旅游精品。

（四）*以加强旅游品牌培育和营销为重点，着力推动旅游整体形象提升取得新突破*。旅游业是典型的“注意力”产业、创意产业，品牌培育和宣传营销至关重要。新一轮的旅游产业发展的核心是打造品牌，打造最好的品牌景区、目的地、设施、项目和服务，在软硬件建设方面都有大品牌、重品牌。一方面，要扎实做好旅游品牌培育工作。加快名牌景区景点建设，充分发挥世界遗产、国家级风景名胜区的品牌影响力，加强景区旅游要素的国际化改造，完善配套设施，突出人性化的精细服务，提升旅游服务品味和质量，不断提高游客的满意度和美誉度，提升打造更多的4A、5A级旅游景区景点。要加强名牌旅游线路建设，整合旅游资源，精心设计专题化、个性化和多样化的精品旅游线路，增强旅游线路的吸引力和竞争力，提升旅游体验水平，着力打造具有浓郁广东特色的招牌、黄金旅游线路。另一方面，要加强旅游品牌的宣传推介与营销策划。要特别重视境外、海外宣传，发挥好国际旅游文化节等节庆品牌的作用，将广东建设成为一个国际性的旅游目的地。围绕“活力广东”总体形象和“岭南文化、活力商都、黄金海岸、美食天堂”四大旅游品牌，引入国际专业创意团队，高水平策划和推进旅游营销。整合全省旅游营销力量，加强与国家旅游局以及境内外媒体的合作，相对集中资金、集中区域、集中时段开展主题营销，进一步增强营销实效。要借助我省会展活动多、海外侨胞多、国际友城多的优势，充分运用报刊、广播、电视、门户网站、微博、彩信、手机报等多种媒体和户外广告，全方位宣传广东旅游，不断提升广东旅游的国际知名度和影响力。

（五）*以深化粤港澳旅游合作为重点，着力推动旅游开放合作水平提升取得新突破。*粤港澳旅游合作是我省的独特优势，也是提升旅游发展活力的重要平台。要结合深化粤港澳合作的总体部署，进一步创新旅游合作形式、拓展合作领域、提高合作实效。一要加快推进旅游业对港澳开放在广东先行先试。认真抓好“CEPA补充协议八”旅游领域开放措施的落实，着力推动扩大144小时便利签证措施和赴港旅游“一签多行”政策实施范围，积极争取在粤注册的港澳资旅行社获得经营中国公民出境旅游业务的许可。要结合优质生活圈建设及其各项规划，如湾区规划、东岸规划、西岸规划等，加快编制《粤港澳旅游区发展规划》，完善定期磋商机制，统筹协调三地旅游行业监管，进一步提升粤港澳旅游突发事件、旅游投诉纠纷的协同处置能力。二要抓好旅游合作示范区建设。全力抓好广州南沙、珠海横琴等新区旅游产业建设，支持澳门建设世界旅游休闲中心，加强粤港澳在旅游大项目开发、旅游政策创新等方面的合作交流。继续联合港澳赴境内外主要目标旅游市场开展联合宣传推介，积极推广粤港澳“一程多站”旅游精品线路，擦亮粤港澳旅游品牌。三要加强高端旅游合作。重点是将港澳广阔的游艇市场与广东优质的游艇港湾停泊条件结合起来，推动粤港澳游艇旅游合作，打造游艇旅游黄金线路，培育滨海游艇旅游大产业。与此同时，要务实推动泛珠三角无障碍旅游区建设，加强与兄弟省区市特别是旅游资源丰富地区的客源互送、线路共享。认真落实ECFA，加强与台湾的旅游交流合作。继续强化与东盟、日韩等地的旅游合作，提升与欧美、大洋洲、俄罗斯等地旅游合作水平。

（六）*以优化旅游公共服务为重点，着力推动旅游综合改革取得新突破。*要围绕建设全国旅游综合改革示范区的要求，进一步优化旅游公共服务，改善旅游行业管理，努力推动我省旅游业健康有序发展。一要建立健全旅游业诚信体系和市场监管体系。结合全省“三打两建”行动的总体部署，严厉打击旅游行业不正之风，严厉查处侵害游客合法权益的各类违规行为，坚持不懈净化旅游市场、规范旅游秩序。完善旅游从业人员、旅行社、旅游购物店等信用等级评定制度和信息通报系统，深入开展旅游服务质量提升活动，完善旅行社、旅游景区（点）、星级旅游酒店的服务标准化体系。建立健全旅行社、A级景区、星级酒店等的复核与退出机制，倒逼市场主体提升服务质量。二要大力推进旅游公共服务体系建设。要重视旅游服务软件和硬件建设，特别是直接面对消费者的旅游服务水平的提升。希望将来在广东进入酒店、商业、景区、交通工具等，见到的每一个岗位的旅游服务人员都是全国一流的，具有良好的服务态度、服务精神及专业知识和服务水平。要加快推进旅游基础设施和配套服务设施建设，完善并充分发挥12301旅游服务热线和广东旅游信息服务综合平台的功能，构建直接面向广大游客的公共服务网络体系。大力发展在线旅游业务，支持有条件的旅游景区（点）和旅游城市积极创建“智慧旅游景区（点）”和“智慧旅游城市”。完善游客权益维护机制，畅通游客投诉渠道，及时妥善处理旅游纠纷。落实旅游安全责任制，完善各类应急预案，确保旅游安全。三要加大旅游改革创新力度。加快推动落实旅游业与工业使用的水电气同价等政策，完善有利于旅游业改革发展的政策体系。大力推进旅游领域社会组织改革，积极培育发展旅游协会，推动各级旅游行政管理部门职能转移，充分发挥旅游协会促进行业管理和加强规范自律的职能。加强对中高级管理人员和导游人员的分级分类培训，深入推进导游体制改革，积极推进旅游行业资格认证，切实强化全行业职业道德建设，不断提高旅游管理和服务水平。

同志们，做好新形势下的旅游工作责任重大、使命光荣。全省各地、各部门要进一步加强对旅游业发展的组织领导，认真落实各项扶持政策，形成推动旅游业科学发展的强大合力。我充分相信，在省委、省政府的正确领导下，在在座的各位同志的努力下，全省各地、各部门团结进取、真抓实干，一定能够开创我省旅游业发展的新局面，为加快转型升级、建设幸福广东作出新贡献！

谢谢大家。

# 2012 年全省旅游工作报告

广东省旅游局党组书记、局长　杨荣森

（2012 年 3 月 2 日）

尊敬的朱小丹省长、许瑞生副省长，各位领导、同志们：

根据会议安排，我简要传达全国旅游工作会议精神，并作旅游工作报告。稍后，小丹省长将作重要讲话，我们一定要认真学习、深刻领会、狠抓落实。

## 一、2012 全国旅游工作会议主要精神

今年 1 月 12～13 日，国家旅游局在广州召开了全国旅游工作会议。会议期间，汪洋书记会见并宴请了国家旅游局领导班子一行，朱小丹省长会见了国家旅游局领导班子成员并宴请全体与会代表。会上，邵琪伟局长代表国家旅游局作了旅游工作报告，王志发副局长传达了王岐山副总理听取国家旅游局党组汇报后的重要指示精神，许瑞生副省长代表省政府出席会议并致辞。会议全面回顾总结了 2011 年全国旅游工作，指出全国旅游业继续保持平稳较快发展，实现旅游业总收入 2.25 万亿元、同比增长 20.8%，其中旅游外汇收入 470 亿美元、增长 2.5%；接待国内旅游人数达 26.4 亿人次、比增 13.2%，入境过夜旅游人数 5730 万人次、增长 2.9%。新增旅游直接就业约 50 万人。

会议分析了全国旅游业发展面临的形势和任务，指出 2012 年我国旅游业仍将保持平稳较快增长的发展格局。今年是全面贯彻落实国务院 41 号文件承上启下的关键之年，保持旅游业持续较快发展，对实现旅游业“十二五”规划目标，具有重要意义。全国旅游工作的预期目标是：国内旅游人数 29 亿人次、增长 10%，入境过夜旅游人数 5850 万人次、增长 2%，旅游外汇收入 500 亿美元、增长 6%，出境旅游人数 7700 万人次、增长 12%，旅游业总收入 2.57 万亿元、增长 14%；新增旅游直接就业 50 万人。总体要求是：全面贯彻党中央、国务院的重大战略部署和中央经济工作会议精神，紧紧围绕科学发展主题和转变经济发展方式主线，按照中央稳中求进的工作总基调，继续坚持全面发展国内旅游、积极发展入境旅游、有序发展出境旅游的方针，继续推进国务院 41 号文件的全面贯彻落实，着力扩大旅游消费，转变发展方式，提高发展质量，提升服务水平，以优异的成绩迎接党的十八大胜利召开。

## 二、2011 年全省旅游工作回顾

2011 年，在省委省政府和国家旅游局的正确领导下，在各级党委政府的全力推进和各有关部门的大力支持下，全省旅游系统认真贯彻落实国家和省委省政府工作部署，以科学发展为主题，紧紧围绕“加快转型升级，建设幸福广东”这个核心，以建设全国旅游综合改革示范区为抓手，全力推动旅游产业转型升级，着力把旅游业培育成为我省国民经济的战略性支柱产业和人民群众更加满意的现代服务业，全省旅游业实现平稳较快发展。全年接待过夜游客 2.45 亿人次、增长 12.5%，其中入境过夜旅游人数 3331.59 万人次、增长 5.5%；实现旅游外汇收入 139.06 亿美元、增长 11.86 %。全省实现旅游总收入 6443 亿元、增长 20%，旅游增加值 2746 亿元、占全省生产总值的 5.18%。新增旅游直接就业 10 万人。我们重点抓了以下六个方面工作：

（一）抓改革创新，促进旅游产业转型升级。一是加强旅游综合改革创新理论研究。与中山大学等单位联合开展课题研究，完成创新导游管理体制机制、旅游产业集聚区发展、旅游公共服务设施建设、横琴新区旅游开发、粤港澳游艇旅游合作机制、旅游扶贫、国民旅游休闲计划、旅游产业转型升级战略、旅游业产业贡献等 9 个专题研究。二是全省各地结合实际稳步推进旅游改革创新试点工作。经省政府同意确定的广州、汕头、梅州、惠州、中山、阳江、肇庆等 7 个旅游综合改革示范市和广州增城市、珠海横琴新区、佛山南海区、韶关乳源瑶族自治县、河源东源县、湛江徐闻县、清远佛冈县、揭阳揭西县、云浮新兴县等 9 个综合改革示范县（市、区）积极发挥示范作用。广州、湛江、清远等市出台促进旅游业发展的资金奖励办法，珠海市研究制定建设国际商务休闲旅游度假区的实施意见，梅州市研究制定加快文化旅游特色区建设的决定，河源出台建设广东生态旅游示范区行动计划。三是创新建立旅游统计卫星账户。联合省统计局、中山大学，按照联合国世界旅游组织的最新标准，基本完成旅游统计卫星账户建设。四是创新办节机制和模式，成功举办 2011 广东国际旅游文化节和首届中国（广东）国际旅游产业博览会。希腊副总理等

100个国家和地区的近万名嘉宾和客商出席，签署各类投资贸易合同、协议、意向216个、总金额1100多亿元。全省各地积极响应开展各类节庆活动，尤其是韶关市主会场举办系列特色鲜明的旅游文化活动，取得了良好的社会效益和经济效益。

（二）抓规划编制，以科学的规划，引领广东旅游业科学发展。全省各地进一步加强旅游规划编制工作，广佛肇、深莞惠等区域旅游发展规划抓紧编制实施，汕头、梅州、汕尾、江门、阳江、湛江、茂名、清远、云浮等市根据新形势制定或修编了本地旅游发展总体规划。省编制印发了《广东省旅游业“十二五”发展规划》、《珠三角旅游产业一体化规划（2011～2015年）》。开展编制《粤港澳旅游区发展规划（2011～2015年）》、《广东省生态发展区旅游发展规划（2011～2015年）》、《广东省红色旅游发展规划（2011～2015年）》。基本完成了《广东省滨海旅游发展规划（2011～2020年）》和《广东省旅游发展总体规划（2011～2020年）》，这两部规划待省政府审定后正式公布实施。

（三）抓项目建设，提升广东旅游产业核心竞争力。一是全省各地大力推进旅游招商引资工作，取得明显效果。2011年，全省投资超过1亿元的旅游项目达66个，投资总额2300多亿元。二是着力推动旅游重大项目开发建设。总投资128亿元的广东中旅南海旅游产业园第一期主体工程基本完成，广州长隆集团投资100多亿元的珠海横琴岛海洋世界、香港招商局集团投资90亿元的深圳太子港国际邮轮母港等一批大型旅游项目顺利开工建设。三是积极打造旅游扶贫精品项目，通过竞争性分配方式扶持了梅州客天下旅游产业园客家小镇乡村旅游建设项目等6个旅游扶贫大型项目。四是通过省财政资金引导推动旅游产业集聚发展。省财政设立5000万元高端旅游项目发展专项资金，重点扶持了佛山南海、梅州、河源、韶关和肇庆高要等5个省级高端旅游集聚示范点开发建设，目前项目进展顺利。

（四）抓消费市场，着力扩大旅游综合消费。一是全省各地积极开展各类特色旅游活动，深入实施国民旅游休闲计划，提高群众旅游休闲意识，落实带薪年休假制度，培育全民旅游消费市场。潮州市积极打造旅游商品基地，推动旅游消费。二是推动旅游与相关产业融合发展，与建行广东分行、网易等5家金融机构及科技网络公司签署了战略合作协议。新评定温泉、中医药文化养生和体育旅游示范基地77家，推广发行国民旅游休闲卡，为居民出游提供优惠和便利。目前，累计发卡量突破400万张，拉动旅游消费200多亿元。三是抓市场营销。结合广东商务游客多的特点，专门进行了市场细分与需求研究，力求为来自不同国家、不同地区、不同需求的游客提供相应的特色旅游产品。据统计，2011年国内旅游收入增长32.6%，比国内旅游人数的增幅高19个百分点，旅游综合消费明显提高。

（五）抓区域合作，着力提升广东旅游国际影响力。一是加强与有关国家和地区、国际组织的合作。组团赴20多个国家和地区参加旅游展及开展旅游推介活动，与10多个国家和地区加强旅游合作，建立了协调联络机制；与9个国外组织机构签署了旅游合作备忘录或战略合作协议。二是深化粤港澳台旅游合作。推动落实CEPA有关政策措施和粤港、粤澳合作框架协议，优化粤港澳旅游便利环境，联合推广“一程多站”旅游线路，积极开展赴台旅游交流，推动粤港澳台旅游合作向纵深发展。2011年经广东口岸入境旅游的港澳台同胞1.03亿人次、增长5%，经广东口岸赴港澳台旅游人数4534.91万人次、增长26.9%。三是强化与全国兄弟省市区的旅游合作。先后与全国20多个省市区旅游管理部门签订了合作框架协议，推进无障碍旅游建设。省内各市加强旅游合作，广深珠、广佛肇、深莞惠、珠中江等市健全城际联动、资源共享、品牌共推的合作机制，联合赴省外客源市场开展旅游推介促销。四是全方位开展旅游宣传。深化与文化、宣传等部门合作，充分利用广播、电视、报刊、网络等媒体和户外广告，进行全方位多渠道多形式的旅游形象宣传。在中央电视台高收视率栏目投放“幸福广东”旅游宣传广告，在亚洲电视、广东卫视、《南方日报》、《中国旅游报》等媒体制作播放或刊登300多个专题旅游节目和专版宣传报道，与网易公司合作开展的“勇闯绿界”网络营销等活动吸引了600万人参与。

（六）抓发展环境，不断优化旅游业发展的软硬环境，着力打造旅游幸福工程。一是全省各地不断完善旅游服务基础设施，广州、深圳等市加强旅游市场监管，大力规范旅游市场秩序，开展打击“黑中介、黑窝点”专项整治行动与安全检查，维护广大游客的合法权益。二是加强旅游标准化建设，推动出台《旅行社等级划分与评定》等广东省地方标准，提升旅游服务水平。实施旅游服务质量提升计划，推广品质旅游。三是加强旅游信息化建设，开通12301旅游服务热线和绿道旅游在线、广东优游旅行网等网站，为广大游客搭建便捷高效的旅游公共信息服务平台。四是全省各地纷纷出台系列便民惠民措施，扩大免费旅游景区景点的范围；省旅游局会同邮政部门发行第三套广东旅游门票优惠明信片，惠民总额达9.6亿元。五是大力发展绿道旅游，组织举办“绿道旅游惠民大行动”等主题活动，发动全省旅游系统及相关企业提供优惠便利和优质服务，使绿道更加贴近老百姓，让老百姓快乐旅游、幸福旅游。肇庆市积极创建绿道旅游示范市。六是提升旅游队伍素质。与省委组织部联合举办旅游产业集聚与公共管理培训班等，借助网络手段积极开展各类宣贯班、培训班，全省共培训旅游从业人员40多万人次。完成全国初级和中高级导游人员资格考试和全省饭店英语等级考试，近2万人参考。惠州市加强导游队伍建设，效果明显。

上述成绩的取得，是省委、省政府坚强领导的结果，是国家旅游局悉心指导的结果，是各级党委政府强力推进的结果，是各有关部门大力支持的结果，是全省旅游行业团结拼搏、开拓进取的结果。在此，我代表广东省旅游局对各级党委政府、各部门的高度重视、全力支持、对旅游战线同志们的辛勤工作表示衷心的感谢！

三、2012年旅游业发展的目标及重点工作安排

2012年是加快转型升级、建设幸福广东的关键一年，也是全面贯彻落实国务院41号文件承上启下的关键之年。今年全省旅游工作的总体要求是：深入贯彻落实科学发展观，按照省委省政府和国家旅游局的决策部署，牢牢把握主题主线和“加快转型升级、建设幸福广东”的核心，解放思想、开拓创新，大力推动旅游产业转型升级，提升旅游服务质量，扩大旅游综合消费，着力将旅游业打造成为广东国民经济的战略性支柱产业和人民群众更加满意的现代服务业，加快建设全国旅游综合改革示范区和旅游强省。主要预期目标是：旅游总收入达7408亿元、同比增长15%，旅游外汇收入145亿美元、增长9.8%；入境过夜旅游人数3600万人次、增长7.5%，国内过夜旅游人数2.25亿人次、增长12.5%。重点推进以下10个方面工作：

（一）加强旅游发展规划，促进旅游产业科学发展。抓好广东省旅游发展总体规划、滨海旅游发展规划的实施，完成粤港澳区域旅游发展规划、广东省红色旅游、绿道旅游、乡村旅游、生态发展区旅游规划的编制工作。推动旅游发展规划与当地经济社会发展规划、城乡规划等相衔接，促进各地旅游业科学发展。

（二）推动旅游招商和重大旅游项目建设，推动旅游产业集聚发展。用好旅游产业园竞争性扶持资金，推进滨海旅游产业园和生态旅游产业园建设，促进旅游产业集聚发展。大力引进国内外战略投资者开发建设一批投资潜力大、带动能力强的省级重点旅游项目。深化旅游扶贫工作，采取更有针对性的措施扶持欠发达地区旅游扶贫大型项目和精品项目开发建设。指导支持优秀景区创建国家4A、5A级景区。支持龙头旅游企业进行资源整合、资产重组，做大做强。

（三）深化粤港澳台旅游合作，提升两岸四地旅游国际影响力。推动粤港澳游艇旅游等高端旅游发展，以广州南沙、珠海横琴为试点，深化粤港、粤澳旅游合作。完善粤港澳台旅游交流合作机制，落实CEPA补充协议有关条款，推动144小时便利签证措施在全省铺开，推动在粤的港资旅行社试点经营中国公民出境游业务。积极推动品质旅游，加强联合促销，推广“一程多站”旅游精品线路。健全两岸四地旅游安全预警和突发事件应急处置机制，促进赴港澳台旅游市场健康有序发展。

（四）提升广东形象宣传，大力拓展国内外旅游市场。组织摄制高质量的广东旅游形象宣传片，并在央视高收视率栏目投放。加强与境内外主流媒体的合作，深入宣传广东旅游。全面提升市场营销水平，扩大旅游综合消费。围绕“2012中国欢乐健康游”和“中俄旅游年”主题，推出精品线路和产品，积极开发国际市场，重点发展国内尤其是长三角及泛珠地区旅游市场，大力繁荣省内旅游市场，提高人均出游率和人均旅游消费。巩固广深珠、广佛肇、深莞惠、珠中江区域旅游联动机制，推动潮汕揭旅游一体化。继续做好旅游援藏援疆工作。

（五）推动旅游信息化建设，完善旅游公共服务体系，把旅游业培育成为人民群众更加满意的现代服务业。推动广东旅游信息综合服务平台建设，完善12301旅游热线的服务功能，提升旅游服务水平，打造“广东服务”。大力发展旅游电子商务，鼓励和支持旅游部门和企业开展网络宣传和营销，鼓励旅游信息化创新。支持有条件的旅游城市争取成为国家“智慧旅游城市”试点。

（六）推动绿色旅游发展，大力发展绿道旅游。推动低碳旅游发展，推进节能减排，推动星级饭店、A级景区降低用水用电用气量，鼓励新建饭店使用节能环保材料设备，倡导居民文明出游、低碳旅游。大力推动绿道旅游发展，构建多类型、多层次、多元化的绿道旅游产品体系，使绿道旅游贴近群众，惠及群众。

（七）深化旅游改革创新，深入实施国民旅游休闲计划。督查国务院41号文件的贯彻落实情况，推动相关政策落实，督查全省旅游综合改革示范市县的进展。探索导游等管理体制机制创新。培育群众旅游休闲意识，优化旅游环境，扩大旅游休闲消费。编制《广东省国民旅游休闲规划纲要》，推动旅游与相关产业融合发展。

（八）加强旅游行业监督管理，提升旅游服务质量。贯彻落实省委省政府关于“三打两建”的工作部署，完善旅游执法联动机制，打击“零负团费”等违法违规行为，净化旅游市场环境。贯彻实施质量强省和法治广东战略，推动旅游标准化、法制化建设，健全旅游诚信体系，加快旅游电子合同管理系统建设，提升旅游服务质量和管理水平。加快建立健全旅游安全保障机制，狠抓旅游安全。

（九）加强旅游人才队伍建设，提升从业人员素质。加强党风廉政和行风建设，提高党员干部依法行政、廉洁从政意识，建设清正廉洁、务实高效的服务型机关。创新培训手段和机制，加强局校、校企合作，加强行业轮训工作，培育实用型旅游人才。抓好导游考试、导游人员职业技能培训工作。加强旅游业农村劳动力转移就业培训，完善旅游职业技能鉴定体系。

（十）办好第二届中国（广东）国际旅游产业博览会，着力把旅博会打造成旅游业界的“广交会”。第二届旅博会拟于今年9月14～16日在广交会琶洲展馆举办，计划展览面积10万平方米、标准展位5000个、大专题展区10个，同期举办网上旅博会。

**特辑**

# 2011 广东国际旅游文化节成功举办

【简述】　2011 年 11 月 5 日，由国家旅游局和广东省人民政府主办的 2011 广东国际旅游文化节在韶关隆重开幕。本届旅游文化节首次在广州之外的韶关举办。韶关主会场共举办 2011 广东国际旅游文化节开幕式暨旅游推介会、嘉年华巡游巡演、泛珠三角旅游招商会、游绿道观美景活动、德国啤酒节等 30 多项活动，其他 20 个地级以上市及顺德区设分会场，共举办各类旅游文化活动 150 多项。

本届广东国际旅游文化节共吸引 100 多个国家和地区的近万名嘉宾客商出席活动，共签订各类合作协议 15 项、投资贸易协议 216 项，项目总金额达 1100 亿元。

本届旅游文化节历时一个月，突出“惠民、节俭、实效”的办节宗旨。开幕式没有大腕明星，而是荟萃广东各地优秀而独特的非物质文化遗产的展演。

【举办主要活动及成效】

*开幕式暨旅游推介会*　11 月 5 日下午，2011 广东国际旅游文化节开幕式暨旅游推介会在韶关风度华美达广场酒店举行。中共中央政治局委员、广东省委书记汪洋出席并宣布 2011 广东国际旅游文化节暨旅游推介大会开幕。希腊副总理潘卡洛斯，国家旅游局局长邵琪伟，广东省委副书记、代省长朱小丹先后致辞。副省长招玉芳主持开幕式。广东省委常委、常务副省长肖志恒，省委常委、秘书长徐少华等省委，人大、政府、政协领导，主要外国嘉宾，联合国世界旅游组织、亚太旅游组织官员，港澳台及海外旅游部门官员、各国驻穗总领馆官员，还有兄弟省（区、市）旅游部门，广东省各地级以上市及省有关部门，以及海内外旅游业界的代表和嘉宾共 1000 多人参加开幕式。

本届旅游推介会，共达成五类合作项目：第一类为国际国内旅游业交流与合作。广东省旅游部门分别与亚太旅游协会（简称“PADA”）、希腊、厄瓜多尔、马来西亚等国驻穗总领馆，日本兵库县、西班牙加泰罗尼亚区、香港以及天津、河北、吉林、江苏、山东、河南、湖北、重庆、福建、江西、海南、贵州、湖南、甘肃、青海、安徽、宁夏等地旅游部门签署旅游合作与交流框架协议；第二类为推动旅游业与相关产业融合发展。广东省旅游局与阿联酋航空公司、中华航空公司、《香港商报》、广州网易计算机系统有限公司、腾讯科技（深圳）有限公司、新浪网以及携程计算机（上海）有限公司等签署战略合作协议；第三类为支持旅游企业做大做强。广东省旅游局与中国建设银行股份有限公司广东省分行签订合作协议，为旅游企业提供 200 亿元授信以及其他相关金融业务的紧密合作；第四类为促进旅游业投资与贸易。广晟集团、广东中旅集团、信基集团等企业与合作伙伴签订投资、采购战略合作协议，涉及项目 32 个，合同金额 598.93 亿元；第五类为推动客源互送、繁荣旅游市场。省中旅、广东国旅、广之旅、广东铁青等旅游企业与合作方签署合作协议，涉及项目 50 个，合同金额 5.42 亿元。

汪洋宣布 2011 广东国际旅游文化节暨旅游推介会开幕。

*嘉年华巡游巡演*　11 月 5 日晚，由国家旅游局和广东省人民政府共同主办的 2011 广东国际旅游文化节嘉年华活动在韶关市区北江广场隆重举行。中共中央政治局委员、省委书记汪洋，希腊副总理潘卡洛斯，国家旅游局局长邵琪伟，省委副书记、代省长朱小丹等出席盛会。出席本次活动的还有省委、人大、政府、政协有关领导和韶关市四套班子领导，世界旅游组织、世界旅游业理事会、亚太旅游协会等国际组织，日本、瑞典、斐济、丹麦等国家和地区的知事、部长、州长，以及广东省友好省州，有关国家驻穗总领馆，兄弟省市旅游部门，广东省各地级以上市、省直有关部门和海内外旅游业界的代表和嘉宾共 3000 多人。

省旅游局局长杨荣森主持2011广东国际旅游文化节嘉年华开幕式仪式。韶关市市委书记、市人大常委会主任郑振涛致欢迎辞。在嘉年华开幕式仪式上，韶关市委副书记、市长艾学峰将旅游文化节会旗转交给朱小丹，朱小丹为下一届广东国际旅游文化节举办城市清远市授旗。与往届旅游文化节开幕式大型文艺晚会不同的是，本届开幕式以全民互动、同城狂欢的嘉年华方式举行。43辆花车巡游队伍、1500人进行的民间艺术表演等一系列节目掀起全民同乐的热潮。嘉年华巡游巡演中荟萃全省各地旅游文化精品，广州鸡公榄、深圳鲤鱼灯、珠海鹤舞、汕头蜈蚣舞、韶关南狮、汕尾五色狮、梅州花环龙、河源灯船、湛江人龙、茂名高州木偶、肇庆五马巡城、清远布袋狮、潮州布马舞、揭阳青狮、番禺鳌鱼等民间艺术和非物质文化遗产大放异彩。

**附：花车评选结果**

12月6日，经2011广东国际文化节组委会花车项目组、高等院校等专业人员组成专家组以及韶关日报社组织的群众评选团共同参加评议、投票，花车评选结果为：

**特等奖：**韶关市

**一等奖：**北京市、香港特别行政区、云南省、广东省、东莞市

**二等奖：**海南省、澳门特别行政区、佛山市、中山市、梅州市、潮州市、揭阳市、顺德区、广东长隆集团有限公司、深圳华侨城集团

**三等奖：**湖南省、福建省、湖北省、江西省、广西壮族自治区、珠海市、汕头市、江门市、肇庆市、茂名市、阳江市、湛江市、河源市、清远市、云浮市、丹霞山风景名胜区管理委员会

**最佳创意设计奖：**广州左岸广告有限公司

**最佳工艺制作奖：**四川自贡海天文化传播

**优秀组织奖：**云南省旅游局

*泛珠三角旅游招商会*　11月6日，由广东省人民政府主办，广东省外经贸厅、韶关市人民政府牵头，联合广东省发展和改革委、经济和信息化委、旅游局等省直部门共同组织的“2011广东国际旅游文化节泛珠三角旅游招商会”在韶关举行。世界旅游组织特使彼得·佐登、广东省副省长招玉芳出席开幕式并致辞。泛珠三角部分省旅游部门、广东省各地级以上市政府及外经贸、旅游部门的负责人，中外旅游界、工商企业界高层，港澳台友好人士、侨界知名人士以及新闻媒体等共约600人出席招商会。会议由广东省外经贸厅厅长梁耀文主持。

本届招商会共签订外商投资项目127宗，外资金额26.62亿美元。其中：签订合同51宗，合同外资金额8.23亿美元；签订协议39宗，外资金额11.15亿美元；签订意

嘉年华活动现场。　（童铜韶　摄）

向37宗，外资金额7.23亿美元。主要特点如下：一是项目平均规模较大。投资总额超过1000万美元项目94个，投资总额超5000万美元的项目15个，全部项目平均外资规模2096.07万美元。二是外商独资企业占相当比重。外商独资项目104个，外资金额22.26亿美元，分别占项目总数和外资总额的81.89%和83.65%。三是港资为主要外资来源。港资项目95个，外资金额22.93亿美元，分别占项目总数和外资总额的74.80%和85.14%. 四是第三产业成为外商投资热点。第三产业项目66个，商务服务业、商业、物流、房地产开发等成为外商关注的热点行业。五是旅游项目分布广、平均规模大。各类旅游产业项目49个，外资金额12.69亿美元，其中旅游配套服务项目19个，外资金额3.59亿美元；酒店建设项目12个，外资金额3.47亿美元；旅游景点开发项目13个，外资金额2.89亿美元；旅游综合开发项目4个，外资金额2.43亿美元。六是东西两翼和粤北山区成为旅游招商的热点。共有签约项目64个，其中有旅游类项目31个，外资金额7.59亿美元，分别占旅游类项目总数和签约总额的63.27%和59.81%。

**【旅游文化节主要特点】**　2011广东国际旅游文化节以“注重实效、突出特色、全民共享”为目标，大力推进模式创新和勤俭办节。主要有四个方面的特点：

*创新办节机制*　本届旅游文化节认真落实汪洋等省领导的重要指示精神，进一步解放思想、开拓思路、大胆探索，创新办节机制。一是首次将主会场安排到韶关市举办，突显岭南特色。本届旅游文化节是韶关有史以来规格最高、规模最大、内容最丰富、宣传推介最广的大型节会活动。韶关市举全市之力，全面完成市容市貌、环境卫生、人员培训等各项准备，并与省有关部门精心组织举办一系列活动，充分挖掘和展演广东特色民俗文化旅游资源以及韶关大丹霞、大南华、大南岭品牌，全面展示岭南风采和韶关

特色。旅游文化节期间，韶关市容市貌、环境卫生进一步优化，旅游服务设施进一步完善，旅游服务水平进一步提升，接待旅游人数及旅游收入大幅增长。二是首次取消开幕式大型文艺晚会，进一步强化旅游推介、促进招商引资。简化开幕式程序，将开幕式与旅游推介促销相结合，把更多精力用到招商引资、吸引游客和引导群众参与上来。三是大力推进市场化运作方式，坚持勤俭节约，嘉宾邀请坚持少而精，有针对性地邀请美国运通、瑞士可尼、日本JTB等国际知名旅游企业集团参会，鼓励支持旅行社邀请合作伙伴和组织游客参与活动。

宣传广东旅游迈上新水平　全省各地以办节为契机，大力优化美化城市环境、改善基础设施、宣传推介旅游、提升服务水平，在中外嘉宾和游客面前全面展示广东旅游的蓬勃生机和良好形象。一是加强对境内外高层的旅游展示推介。旅游文化节期间，希腊副总理潘卡斯洛、世界旅游业理事会副主席鲍姆加藤、亚太旅游协会侯任主席安栋梁、日本兵库县知事井户敏三、瑞典斯科讷省议会议长简森、库克群岛文化部长希瑟、密克罗尼西亚丘克州州长埃里莫、斐济苏瓦市特别行政官乌玛瑞尔、丹麦南丹麦大区副主席斯文森、希腊驻华大使耶奥卡凯罗斯，有关国家旅游部门、世界旅游组织、广东各友好省州、有关国家驻穗总领馆、兄弟省区市旅游部门以及海内外旅游业界的嘉宾应邀出席开幕式和相关的旅游推介会交流活动。二是深化对岭南文化和地方特色的集中展示。主会场韶关市策划推出各具特色、风情浓郁的系列专题活动，广泛深入开展宣传推介，面向社会征集提炼形成旅游形象主题宣传口号——“元起丹霞，禅蕴韶关”、“韶关行，好心情”，在央视等媒体广为宣传，极大提升旅游知名度。广州、深圳、汕头、河源、梅州、东莞、江门、阳江、湛江等分会场通过举办推介会、招商会、博览会、温泉节、养生旅游节、侨乡风情节等活动，对绿道、滨海、温泉、森林、商贸、美食、民俗文化等旅游资源进行大宣传、大推介和大促销，进一步提升广东“岭南文化、活力商都、黄金海岸、美食天堂”四大旅游品牌的吸引力和影响力。三是形成密集的多媒体宣传氛围。旅游文化节期间，全省各地广泛深入开展宣传报道，在突出电视、报纸、广播、网络主流媒体宣传的同时，借助户外广告牌、公交出租广告、宣传海报等多种渠道，集中宣传各地的旅游特色和节庆活动。旅游文化节期间，共有100多家境内外媒体进行采访报道，累计发稿1100多篇，百度搜索词条达143多万条。

促进交流合作取得新成绩　本届旅游文化节着力在促进招商引资、推动交流合作方面集中优势资源，举办中国（广东）国际旅游产业博览会、泛珠三角旅游招商会、世界客商大会、旅游推介会等数十项专题招商引资活动。一是搭建新的合作平台。旅游文化节期间，广东省与密克罗尼西亚联邦丘克州、斐济群岛共和国苏瓦市签订友城结好协议，广东省旅游局与亚太旅游组织，希腊、厄瓜多尔、马来西亚等国驻穗总领馆，日本兵库县、西班牙加泰罗尼亚区、香港以及天津、河北、吉林、江苏等地旅游部门签署旅游合作与交流框架协议，与阿联酋航空公司、中华航空公司、香港商报社、网易等签署战略合作协议。二是达成丰硕合作成果。本届旅游文化节开幕式暨旅游推介会上，全省旅游企业与省内外企业签署投资、采购、贸易等合作协议73个，合同金额600多亿元。其中，广晟集团、信基集团等企业与合作伙伴签订投资、采购战略合作协议，涉及项目31个，合同金额598.93亿元；广东中旅、广东国旅、广之旅、广东铁青等旅游企业与合作方签署客源互送合作协议，涉及项目41个，合同金额5.42亿元。广东省旅游局与中国建设银行广东分行签订战略合作协议，为旅游企业提供200亿元人民币授信。泛珠三角旅游招商会上，共签订外商投资项目协议127个，外资金额26.62亿美元。近100个国家和地区的350名海外杰出华侨华人来粤参会并开展投资考察，表示要加强与广东合作。三是推动产业深度融合。本届旅游文化节融会旅游产业链各要素、各环节，加速了旅游产业与相关产业的融合发展。首届旅博会和各类推介会、投资洽谈会等活动吸引了航空公司、旅游商品、特种旅游设备、旅游电子商务、旅游传媒产业、旅游创意产业、旅游装备制造业在内的20多个行业参展。各地市以旅游为载体、以文化为纽带，依托行业优势，大力培育并推介农业旅游、工业旅游、森林旅游、滨海旅游、科技旅游、修学旅游和康体养生旅游等专项产品，强化旅游与信息、金融等产业的融合，打造高端旅游品牌，形成旅游业态发展新优势，拓展旅游产业发展空间。

丰富群众生活开创新局面　本届旅游文化节精心遴选和组织一大批内容丰富、各具特色的群众参与性活动。韶关主会场采取点、线、面结合的方式，把舞台推向街道、广场、公园，旅游嘉年华大巡游吸引来自国际友城、港澳台、兄弟省市区、全省各地以及世界旅游小姐、迪斯尼乐园等参加，31支艺术表演队伍深入各公园、广场等公共场所展演。德国啤酒节引20多万群众参与。珠海、中山、汕尾、肇庆、清远等市举办一系列狂欢、庙会、华诞等活动，日本、瑞典、韩国、意大利、库克群岛等5个国家的表演队伍参加国际友城文艺晚会演出。韶关市旅游企业开展“旅游惠民月”活动，对境内外游客实行3~7折的门票优惠和奖励措施，广州、佛山、惠州、茂名、潮州、揭阳、云浮等市旅游企业推出派发礼包、赠送优惠券、直接折扣等措施，共同把旅游文化节办成万民同乐、市民受惠、企业让利的欢乐节日。旅游文化节期间，全省主要旅游景区接待人数比平时增长超过20%。

**【2011 广东国际旅游文化节前期筹备有序展开】** 2010 年 9 月 25 日，在广州增城举行的 2010 世界旅游日全球主会场庆典暨中国广东国际旅游文化节开幕式会旗交接仪式上，广东省省长黄华华从广州增城市市长叶牛平手中接过广东国际旅游文化节会旗，向下一届广东国际旅游文化节开幕式承办城市授旗。韶关市市长郑振涛接过广东国际旅游文化节会旗。自此，韶关市开始着手 2011 广东国际旅游文化节的筹备工作。

2011 年 3 月，韶关市正式成立由市长郑振涛为组长的筹备工作领导小组，市委副书记、宣传部长、公安局长、常务副市长和其他相关 4 位副市长担任副组长，成员单位共 45 个，下设 12 个功能组。

*不断完善方案* 4 月中旬，中共中央政治局委员、省委书记汪洋到韶关调研并就办好 2011 广东国际旅游文化节作出“突出特色、注重实效、全民共享”的重要指示。为此，韶关市对原总体方案作较大修改，调整主会场活动地点和项目内容，于 5 月下旬修改后的总体方案报组委会审核；6 月底，由省政府常务会议原则通过，并报国务院审批；7 月，总体方案和各工作组实施方案汇编成册。韶关市各县（市、区）共配套各类活动 48 个，其中市区 11 个，县（市、区）37 个。

*基础设施建设* 韶关市在城市美化亮化、交通、环境卫生等配套建设方面：一是加快宾馆酒店的升级建设。莱斯酒店加快二期工程建设，风度华美达广场酒店（五星级饭店）提前开业；二是开展环境整治活动。采取属地负责制和爱卫办、创文办督导、群众参与的联合整治行动，加快改善景区、城区环境卫生条件；三是实施重点路段改造工程。完成了韶南大道等修建工程建设，106 国道通往丹霞山景区的道路标线全部更新，新增标牌整齐规范；四是投入 1000 多万元实施城市亮化、美化工程。三江六岸和巡游路线 209 个亮化点、环园路楼顶灯景长廊修复工程和河堤景观优化工程已全面完工；五是修建两条绿道。投入近 1000 万元重点修建连接韶阳楼、连接丹霞山郊区两条总长 50 多公里的绿道。

*加大宣传推介力度* 韶关市利用中央、省、市各级宣传媒体开展宣传工作，组织市直媒体及其所属网站在重要时段、重要版面刊播 2000 多条（次）稿件，其中省媒体及有关网站刊播稿件 130 多篇（条）。组织开展“爱山、爱水、爱家乡”电视散文评选活动、“最美景区写真”、“名镇名村”等系列报道活动。制作 6 期旅游文化专辑在广东电台播出。投入 200 多万元拍摄制作完成韶关旅游风光片，从 10 月份起，中央电视台 1 套的“朝闻天下”、“精选剧场”、“今日说法”、“情感剧场”和“第一动乐园”，中央 4 套的“中国新闻”栏目分别播放宣传片。聘请北京神州飞歌文化公司制作完成韶关旅游主题形象宣传片。向社会征集宣传画和旅游主题形象宣传口号，评审出 8 幅宣传画和 10 条宣传口号。在发放省组委会 1 万张宣传画的基础上，印制 8000 张并已分发到有关单位张贴。在重要路口、路段和重要场站，完成三批次户外广告的布置，其中 T 型广告牌 163 块、灯杆刀旗 2750 块（面）。

*创新活动组织模式* 11 至 12 月，韶关主会场共策划有 32 项活动，其中 11 月 4 ~ 8 日，市区共有活动 12 项，主要包括开幕式及旅游推介会、欢迎宴会、嘉年华活动、首届中国素食文化大会暨韶关国际生态名优特产展览会、南华祈福法会、旅游招商会、游绿道观美景、中国（韶关）旅游目的地发展高峰会议、德国啤酒节等。一是活动内容特色化。本届广东国际旅游文化节活动内容丰富多彩，致力于展示岭南特色文化。二是活动形式大众化。嘉年华活动采取点、线、面的完美结合，艺术表演与现代声、光、电技术相结合，实现同城欢乐和全民同乐。三是策划景点景区摄影比赛，最美景区评选，电视散文、宣传画和口号征集，绿道游、自驾游、精品线路游、徒步穿越丹霞山，还有自行车比赛、登山节、帐篷节、美食节、啤酒节，等等。四是活动组织精细化。领导坚持靠前指挥，各司其职。领导小组前期坚持每周例会制度，在冲刺阶段采取每晚召开功能小组联席会议的措施，强化信息沟通与工作协调。办公室细化 500 多项具体工作任务，并分解到各功能小组，指定专人负责，分时段限时办结。在进入倒计时后，按每五天为一个节点，进一步细化分解任务，并加强跟踪督促，及时通报。交通保障组争取到白云国际机场至韶关市区客运专线在 11 月 1 日开通。在旅游文化节期间从韶关火车东站、高铁站开往主要景区旅游专线 11 月开通。在途经素食文化大会和名优特产展览地设置公交站点和开通公交专线。做好嘉宾在韶期间车辆调度方案。组织安监、住建、公安等部门，加强对重要活动场所的安全措施全程跟踪检查，及时整改问题。医疗卫生、安全保卫措施和志愿者安排全面落实。

*加大涉旅人员素质培训* 制定《韶关市系列培训活动计划方案》，分步骤对八类涉旅人员进行 30 多期的培训，培训人员 3000 多人。自 4 月 26 日起，对行政公务人员、旅游企业管理人员、部分导游人员进行了培训，参加培训人员达到 500 多人。还组织景区讲解员、政务导游人员、青年志愿者；公交车、出租小汽车、旅游客运包车、客运专线车司乘人员；全市大中小学校师生、市社区居委会干部等进行培训。系列培训活动时间将持续到 10 月底，延伸到各县市区和相关行业。

（陈桂林　张建明）

# 2011年广东省成功创建5家国家5A级旅游景区

【简述】 2011年，经全国旅游景区等级评定委员会明察、暗访、评审会等评定程序，广州市白云山风景名胜区（1月21日）、深圳市观澜湖休闲度假区（5月25日）、梅州市雁南飞茶田景区（1月21日）、韶关市丹霞山风景名胜区（12月29日）和清远市连州地下河（8月29日）5家景区通过国家5A级旅游景区的评定，并授予国家5A级旅游景区标识牌。"AAAAA"是迄今全国旅游景区等级最高的评定标准，代表着世界级旅游品质和中国旅游精品景区的标杆，是中国旅游景区最高等级荣誉，意味着更加人性化和细节化，以人为本，以游客为中心，有着国内一流的旅游服务质量和国际竞争力。

【广州市白云山风景名胜区】 位于广州市中心，总面积20.98平方公里。主峰摩星岭，海拔382米，是广州市区最高峰，自古就有"天南第一峰"、"羊城第一秀"之称。登高可俯览全市，遥望珠江。每当雨后天晴或暮春时节，山间白云缭绕，蔚为奇观。

该景区自2006年起开始创建国家5A级旅游景区工作以来，共投入资金近2亿多元，通过机构人员、创建责任、建设资金、宣传动员四个方面的落实，结合环境保护手段、信息化技术、服务管理、安全保障措施四个方面的创新，推动旅游服务功能的全面优化。一是加大整治力度，打造生态低碳景区。区内绿化覆盖率达95%以上，空气质量全年达到国家一级标准，噪声质量达国家0类标准；生活污水处理合格率100%，景区内地表水质量和生活污水排放都符合国家规定；加大投入，完成部分地段环境改造项目，如南门登山步道及内外广场改造，西门翠竹园建设，云台花园园博会展区环境整治工程，以及景区内厕所、亭廊、围墙、消防供水支管网等基础设施维护项目。二是打造数字化景区。景区投入资金4千多万元建成主干光纤网络、门户网站、OA自动化办公系统、信息监控中心、电子巡查系统、移动视频监控系统和智能引导系统，其中景区数字展示系统获"2011年中国地理信息优秀工程银奖"。三是打造平安景区。景区依托道路系统首创灯杆编号定位系统，制订和完善40多项安全管理制度、20多项应急预案。全年游客满意率保持在95%以上，实现连续10年无重大安全事故。

做好环境优化工作。该景区自创建以来共种植树木30多个品种4048株，仅柯子岭景区种植诃子树450棵，各游览区还种植了宫粉紫荆、木棉、红枫等景观林。景区管理人员加强对松材线虫的防治、对薇甘菊、五爪金龙等有害植物的清理工作。利用食藻虫引导水生态修复，改善风景区水质环境。

开展各类营销和宣传活动。以成功晋升国家5A级旅游景区为契机进行宣传，并利用节日开展各类主题活动和花卉、灯饰展览，如园博会、梦幻海洋灯会、动漫嘉年华、圣诞缤纷月等。为打造景区特色经营项目，先后引进绿茵阁、邓老凉茶、真功夫、正大方圆、麦当劳等品牌企业。从2010年起开展全国旅游标准化试点单位建设工作。主导编制广州市地方技术规范《旅游景区24小时服务热线服务规范》。

2011年，广州市白云山风景名胜区进园总人次为2075.7万人次，比上年增加28.2万人次，增长1.4%；票务总收入为8775多万元，比上年增加703.7万元，增长8.7%。该景区通过全国旅游标准化试点单位验收并获评为4A级标准化良好行为企业；数字展示系统荣获2011年中国地理信息优秀工程银奖；被省委、省政府评为"全省文明服务窗口单位"，被市委、市政府评为2006～2010年度"广州市精神文明建设红旗单位"。

广州市白云山风景名胜区·麓湖公园。

【深圳市观澜湖休闲度假区】 该景区位于深圳市宝安区观澜镇、东莞市塘厦镇之间，面积12.626平方公里，项目区控制辐射面积近20平方公里。由观澜湖深圳组团、观澜湖东莞组团和观澜湖黎光组团组成，为骏豪集团全资投资兴建和运营管理，是集运动休闲、商务休闲、养生休闲、会议旅游、文化娱乐、美食购物、长居短憩为一体的休闲旅游度假区。现有员工8073人。累计投入1,056,486万元，年均投入66,030万元。

该景区经历三个发展阶段，从1992年至2000年，重点打造绿色和生态环境，营造以高尔夫为主导的休闲项目，建成亚洲最大的高尔夫球会；从2001年至2006年，建成12个球场的世界第一大球会以及观澜湖综合产业群体；从2006年至2011年，建成以多元、综合化为目标的休闲产业群。15年来，先后举行逾百次高尔夫、网球、桌球、自行车等国际大赛。累计投入逾100亿元港币。

该景区注重低碳 环保、绿色生态理念，已建成13平方公里绿色生态资源实体。其中：整个观澜湖绿化总面积950万平米，乔灌木380万平方米，草皮面积570万平方米，水体面积达86万平方米，人工湖45个。12个球场的绿色空间达6.28平方公里。种植移植100多种树木，整个园区拥有1万多组天然石材与100多种景观植物组成的各种园林景观。2005年11月，观澜湖深圳组团的整个区域被列入深圳生态永久控制保护区。

在国家5A级旅游景区创建期间，共投资9000万港币对酒店客房、多功能厅、酒店大堂、餐厅、泳池、健身中心等配套设施进行翻新工程。按照ISO14001国际环境管理体系进行管理，导入生态保护和恢复措施，包括：水源保护、水的循化利用和节约用水、土壤改造、减少施肥量、利用太阳能、建设人工湿地、采用新能源、利用新技术改造原有设备、降低能源消耗、生活垃圾分类处理、建筑环保规划等方面。景区内的荧光灯照明全部换为改装型T5节能灯，仅环保方面的投入近5亿元。

观澜湖每年创造8000多个就业机会，为旅游业输送了一批休闲产业从业人员。在税收方面，2006年创税达4亿元，2007年，创税达5亿元。2010年接待游客180万人次，其中入境游客124万人次。营业收入243,838万元，上缴税费26,603万元。

深圳市观澜湖休闲度假区举行5A级旅游景区挂牌仪式。

**【梅州市雁南飞茶田景区】** 位于广东省东北部，地处梅州市梅县雁洋镇，总占地面积6.67平方公里。该景区于1995年初春由广东宝丽华集团有限公司投资开发，于1997年10月8日开业，现由梅县雁南飞茶田有限公司经营管理，是一个融茶叶及水果生产、园林绿化和旅游度假于一体的旅游度假区。该景区突出客家文化和茶文化旅游的主题特色，进行深度开发、配套设施和景观塑造，“雁南飞、茶中情”品牌形象获市场认同。

2006年以来，该景区按照创建国家5A级旅游景区标准进行重新规划和建设，共投入资金1.2亿元，在资源开发、土地利用、功能布局、游览项目和功能设施等方面进行完善。兴建有游客服务中心、生态停车场、龙那山生态谷和茶田新村农家乐旅游等项目；同时，以高标准做好环境卫生管理，使环境卫生、废弃物处理、吸烟区管理、餐饮服务卫生、旅游厕所管理都达到5A级景区的标准。每年雁南飞用于景观、生态环境、珍稀名贵动植物等资源和环境的保护费用为400多万元，占景区全年门票收入约20%，有效保持文物古迹和景观的真实性、完整性和生态环境。2010年接待游客79.9万人次，营业收入9448万元，其中入境游客5.7万人次，利润总额1037万元，上缴税费634万元。

**【韶关市丹霞山风景名胜区】**

简述　丹霞山位于广东省韶关市东北郊，总面积292平方公里，是国家级风景名胜区、国家级自然保护区、国家5A级旅游景区和国家地质公园。2010年8月2日，“中国丹霞”申报世界自然遗产项目获得第34届世界遗产大会批准，成为世界自然遗产。2011年12月29日，韶关丹霞山风景名胜区被国家旅游局评定为国家5A级旅游景区，成为韶关首个国家5A级旅游景区，同时也是广东省唯一一家集国家级风景名胜区、世界地质公园、世界自然遗产、国家5A级旅游景区于一身的风景区。

创A历程　2007年，结合“中国丹霞”捆绑申遗工作，该景区推行ISO9001国际标准化质量管理体系和ISO14001国际标准化环境管理体系贯标认证。2010年10月22～25日，中国旅游报社与广东省旅游局在丹霞山景区联合举办“全国创建A级景区培训班”，吸引来自全国20多个省、市的100多个旅游管理、旅游景区和旅游院校的近200名负责人参加培训，扩大丹霞山在全国旅游业界的知名度和品牌美誉度，并争取国家旅游局A级景区评定委员会专家对丹霞山创5A景区的指导与认可。

优化环境　认真对照《国家5A级旅游景区评定标准》，丹霞山全面完善景区标识系统、交通服务设施、游步道建设、监控管理及电子网络平台的升级改造。增设大型全景导览牌及交通、安全警示标牌等近200块，并采用中、英等多文种标识，新划地面交通标线路段达6500米；支持断石村貌建设，铺设电缆线路900多米，安装路灯杆30个。在售票点、咨询点免费提供内容详实的导游图，方便游客需要。客运交通全面升级，新购豪华大巴40台、中巴车2台、环保观光车6台，增设电子语音报站系统，调整6条景区游览乘车线路；进一步完善景区视频监控系统，对景区24处游客聚集点和8处森林防火重点区域实行24小时全天候视频监控；新增星级公厕3个，景区旅游公厕总数达21个；完成阳元山票站广场800多平方米及阳元山桥头停车场2000多平方米场地的整治改造；完善景区官方网站，方便游客查询。改造升级景区电子门禁系统，开办电子商务，与银旅通等合作，实现丹霞山吃住行游购娱的网上预定，综合提升旅游服务质量等级。

优质服务　丹霞山景区以创建国家5A级旅游景区工作为契机，在全市开展导游、讲解员和旅游从业人员的服务理念、职业道德、职业标准培训；组织对景区员工、相关企业人员开展消防救援、森林防火、法律法规、遗产地保护、接待礼仪等专项培训；组织开展国家5A级旅游景区标准的学习考核，修订部门岗位绩效考核办法等。

环境整治　在韶关市政府牵头组织下，建立多部门联合、齐抓共管的长效机制。市旅游、交通、城管、工商、卫生、物价等部门，以及景区所在的仁化县、浈江区政府积极配合，共同做好景区内外交通环境、经营秩序的综合整治工作，重点对景区周边的酒店、餐馆、购物商店、导游服务、村容村貌和环境卫生等；组建丹霞山交警中队，配置警用摩托车等装备，加大对106国道至景区门口主要路段和景区内的主干道拉客、追客、载客逃票清理整治；建立景区与乡村合作共创机制，牵头成立景区乡村旅游协会，聘请村干部和德高望重的村民为协管员，共同营造出良好的景区旅游大环境。

扩大宣传　自2009年起，在《中国旅游报》固定开辟“丹霞山专栏”进行宣传；在新浪、搜狐、优酷、腾讯、网易、第一旅游网等网站开设丹霞山窗口，广泛宣传丹霞山正积极创建国家5A景区，以强化丹霞山在全国重点旅游景区的形象。

在市创建工作领导小组的统一部署下，全市主要新闻媒体都开辟丹霞山创建5A级景区宣传专栏，市、县电视台每天固定播放丹霞山创建5A级景区宣传片。在景区游客集中的显要位置设置创建工作宣传牌、标语、宣传画，丹霞山景区官方网站开辟创建5A级旅游景区专栏，定期发布景区创建工作信息。

创A成效　创建期间，景区旅游基础设施不断完善，建成阳元山道路，长老峰悬空栈道、长老峰登山步道、宝塔峰经卧龙冈至阴元石森林步道、翔龙湖环湖步道等，完善景区标识、环卫设施，更换或增设分类垃圾桶200个，引导标识牌80个，更换道路指示牌和安全警示牌及植物中英文介绍说明牌约500块。先后建设和改造景区公路45公里，建成专供景区使用的110千伏输电线和电力设备，景区供水管线、停车场、旅游厕所、垃圾污水处理设施、文物保护设施等景区内其他基础设施；景区精品化建设亮点突出。改造建设科考步道20.5公里，建成森林防火专用通道，总投资1380万元的丹霞山游客服务中心和总投资600万元的新票务中心办公综合楼，全面竣工，对外开放；景区形象明显提升。增设大型全景导览牌及交通、安全警示标牌等近200块；在售票点、咨询点免费提供内容详实的导游图；增设电子语音报站系统，调整6条景区游览乘车线路；进一步完善景区视频监控系统，对景区24处游客聚集点和8处森林防火重点区域实行24小时全天候视频监控；改造升级景区电子门禁系统，开办电子商务，与银旅通等合作，实现丹霞山吃住行游购娱的网上预定，综合提升旅游服务质量等级。丹霞山景区先后立项实施丹霞山精品道路建设、景区标识系统建设、环卫设施建设、旅游东线基础设施建设、国家级遗产地保护、景区环境综合整治首期工程、森林防火专用通道、瑶塘和断石村环境整治、生物多样性调查、文物普查与保护单位申报、景区数字化监控系统、景区环境监测中心建设等12项重点项目工程。2011年全年接待游客350万人次，同比增长15%；实现旅游总收入7亿元，同比增长15%。

**【清远市连州地下河】**　地处粤、桂、湘三省交界处，属亚热带喀斯特地貌天然石灰岩溶洞暗河。全长3000多米，河长1500米。整个地下河贯穿四座山头底部，洞穴水陆兼备，上下分为三层，一二层为陆地旱层，第三层为地下河水路。洞内曲折蜿蜒，石钟乳、石笋形态各异。洞内气温常年保持18℃～20℃之间。据地质学家考察分析，大约在两亿多年前，连州地下河所在地是一片汪洋大海，后来随地壳运动的变化，海底上升为陆地。第二个地壳稳定期时，这里发生大规模的崩塌，从而形成现在的洞穴。

连州地下河景区除了天然的资源，对其投入了大量的资金进行改造升级。三年来累计投入近6000万元，按照5A景区的标准及要求对景区内灯光、护栏、旅游引导标识等进行统一规划设计和全面更新改造，并进一步完善游客中心内部功能及其他配套设施。新建有面积达20000平方米的大型停车场，可同时停放大小车辆500多辆，大大增加了景区的接待能力。除此还不断提高景区绿化率，投入近250万元绿化景区面积达80%以上；每年用于景观、生态保护经费，约占旅游景区门票收入的10%以上。景区内的购物场所严格按照总体规划施工建设，与景观环境相协调，布局合理，无占道经营。

（根据相关单位提供资料整理）

# 广东旅游为第二十六届世界大学生夏季运动会助力

【简述】 第二十六届世界大学生夏季运动会（以下称“大运会”）于2011年8月12日在深圳开幕。本届大运会的口号为“从这里开始”（Start Here）。参赛国家及地区152个，参赛运动员7865人，设306项（24个大项）比赛项目。2011年8月23日第二十六届大运会落幕，中国共夺得75块金牌创造新的纪录。大运会的成功举办，带旺了深圳市旅游市场，据统计：仅2011年1月至10月，深圳市接待旅游总人数6647万人次，同比增长8.62%，实现旅游业总收入550万元，同比增长18.4%，旅行社组接团人数848.59万人次，同比增长35%，入境过夜游客832万人次，同比增长8.08%。2011年12月，深圳市文体旅游局旅游行业管理处荣获国家人力资源和社会保障部、教育部、国家体育总局、解放军总政治部，中共广东省委、广东省人民政府授予的“深圳世界大学生运动会先进集体”荣誉称号。

【开展旅游服务活动】 2011年，深圳市把旅游宣传推广主题确定为“相约大运，畅游深圳”。为此，从1月初开始，借助网络、报刊、电视、广播、移动终端和举办大型盛事推广活动等多种渠道，开展一系列主题旅游推广活动，全面展示深圳文体旅游资源和产品，共计达20多项活动。主要内容包括：开展“发现深圳之美”城市旅游在线推广活动。深圳市文体旅游局联合芒果网、南方都市报社、奥一网等媒体联合推出“发现深圳之美”城市旅游在线推广活动，以大众娱乐方式展现深圳的文化氛围和特色旅游资源；开展“创意时尚游深圳”大型宣传推广活动。与深圳报业集团联合策划，从4月底起持续三个月，分别在《深圳晚报》、《地铁早八点》和网站上全方位宣传推广文博旅游、大运旅游，深度挖掘深圳旅游创意时尚的新看点、新线路和新玩法，形成旅游消费新热点；广邀中外媒体和旅游业界来深考察、采访大运游产品。邀请旅游卫视、乐途网等海内外媒体和旅行商买家团来深考察踩线，接待了韩国韩亚航空、韩国主要旅行商、台湾旅行社代表、澳洲主要旅行商等专业买家团，在深圳主流平面媒体开展多种形式的宣传报道，并与深圳电视台、中央电视台联合制作大运主题电视节目；开展大运旅游咨询服务。大运期间，共为运动员和官员、服务人员提供公益性旅游信息服务，共接待2500多人次，平均每天150人次以上，发放各类旅游宣传资料7000多份；按照大运会专项服务计划向全市40多个大运咨询点提供资料3万多套、8万多份，通过全市6个网点为来深圳参加大运观光的游客提供相关咨询信息服务，大运期间共计提供咨讯近5000人次，发放各类咨料15000多份。此外，还在中央电视台少儿栏目推出“相约大运，畅游深圳”电视节目；深港两地联合赴四川推介大运旅游。

相约大运畅游深圳——创意时尚游深圳启动暨大运旅游线路首发仪式活动现场。

2011年3月1日，深圳市文体旅游局在香港举办“相约大运，畅游深圳”——深圳文体旅游专场推介会，以“相约大运，畅游深圳”为主题，介绍深圳旅游业发展最新情况和“滨海浪漫”、“主题公园”、“文化创意”、“运动休闲”和“都市风情”五大特色旅游产品，展示“创意深圳，时尚之都”的文体旅游新形象，重点推介大运旅游、文博旅游和欢乐海岸等旅游新项目以及深港一程多站精品旅游线路产品。深圳市副市长吴以环、国家旅游局亚洲旅游交流中心主任徐惠芳、深圳市文体旅游局局长陈威和香港旅游事务专员容伟雄、香港旅游发展局总干事刘镇汉、香港旅游业议会主席胡兆英等深港两地旅游部门负责人和深港两地旅行社负责人、有关媒体记者共120多人出席。

2011年4月7日至8月7日，深圳市文体旅游局与深圳报业集团晶报社联合主办“迎大运、创文明标兵——万名旅游微笑大使”评选活动：专业组的评选对象为全市旅游企业窗口服务人员，以专业技能、服务质量竞赛为主，设立“大运旅游知识竞赛”和“大运旅游英语竞赛”两个环节，最后分别甄选出“2011深圳旅游从业人员英语竞赛十强”、“2011深圳旅游从业人员大运知识竞赛十强”和

"2011深圳十佳旅游微笑大使"；大众组的评选对象为高校旅游专业学生、旅游爱好者，评选侧重市民大众特别是大学生、旅游爱好者的参与性、互动性和娱乐性，凸显参赛选手的靓丽阳光的外形、独特的气质和个人魅力，选出进入决赛的选手，最后决出"2011深圳十佳旅游网络微笑大使"。据统计，最终确认报名选手19138人，参与投票的人数超过1000万人次，官网点击量6500多万次，参与人数超过1000万人次。

2011年5月8日，深圳市文体旅游局推出大运游、文化游系列旅游产品，发布大运场馆之旅、创意文化之旅、文物古迹之旅、主题公园之旅、都市风情之旅、滨海休闲之旅、绿色生态之旅、自驾开心之旅8个主题、40条大运游指导线路，并于当日成功举办"相约大运，畅游深圳——创意时尚游深圳启动暨大运旅游线路首发仪式"，组织近千名市民到深圳湾体育中心、深圳大运中心等大运场馆参观，亲身体验大运旅游一日游指导线路"不一样的精彩"。

"旅游微笑大使"评选活动为深圳大运会增添一道亮丽风景。

【深圳旅游助力大运会】 2011年初，深圳市文体旅游局根据大运旅游服务特点，借鉴北京第二十九届奥林匹克运动会、2010广州第16届亚运会的先进经验，组织深圳职业技术学院旅游系的相关专家编写深圳旅游行业大运培训系列读本，包括《大运知识手册》、《大运旅游礼仪手册》、《大运旅游英语手册》、《大运旅游服务规范手册》四本丛书赠送全市旅游企业。其中《大运旅游英语手册》分日常生活用语篇、深圳概况篇、大运知识篇、酒店英语篇、导游英语篇、景点景区英语篇六篇章和8个附录，共7.5万字。深圳市文体旅游局、各区旅游主管部门和各旅游企事业单位分别制定培训计划，组织相关人员进行培训，提高从业人员的英语表达能力，规范服务，提升质量，为大运会提供优质的旅游服务。

2011年4月15日，深圳市文体旅游局组织"奥运接待经验报告会"和"大运危机公关管理"两场讲座，分别邀请北京奥运村住宿接待负责人和上海世博培训专家进行授课，全市300多家旅游企业负责人全程接受培训，大运村官方或官方指定饭店中层以上员工都认真学习培训内容。

2011年4月21日，深圳市文体旅游局组织"大运旅游知识"和"大运旅游礼仪"培训，全市500位旅游企业人力资源负责人参加培训。各旅游企业将根据培训内容组织本企业员工开展内训。通过分工负责以及公共培训与企业内训相结合的原则，使全体旅游从业人员达到"一个清楚"、"三个提高"、"五个显著增强"，即：清楚2011年世界大学生运动会的主题及相关基础知识；提高大运服务标准、服务环境、服务管理水平；实现道德意识、文明意识、法规意识、诚信意识、服务意识的显著增强，为大运来宾和游客提供优质服务。

2011年5月，深圳市文体旅游局召开迎大运全市旅游安全工作会议。组织开展深圳市旅游行业安全生产大检查活动，组织65个检查组，以交叉检查方式对深圳市314家旅游企业开展为期两个月的旅游安全生产大检查。各旅游企业尤其是大运会官方酒店和官方指定酒店、旅游景区制订大运旅游安全应急方案，开展消防、反恐等应急演练。

2011年1月至8月，深圳市文体旅游局启动系列服务大运会"大培训、大提升"活动，举办3场高端讲座和近30场大运知识、大运礼仪、大运英语、大运服务规范培训，对全行业8000名旅游业务骨干进行业务培训，以提升旅行社、旅游咨询中心、酒店餐饮、旅游景区相关人员的整体形象和服务水平。

2011年4月至9月，深圳市文体旅游局与深圳市人社局、深圳市总工会共同举办2011年酒店职业技能大赛和"我为大运献美食"等活动。

2011年11月14～15日，深圳市文体旅游局组织主要出境游组团社总经理，赴香港举办深圳旅游高级人才（第一期）培训班及深港旅游业务交流活动，进一步提升深圳旅游高级人才的经营管理能力，拓宽国际视野，同时加强深港旅游业内交流，学习香港旅游企业先进管理经验。具体内容包括：（1）赴香港中文大学接受旅游专业培训，邀请该校酒店及培训管理学院院长李金汉教授主讲"经营理念、增值策略及市场营销"为主题课程；（2）实地学习考察香港东瀛游旅行社；（3）在香港迪士尼乐园酒店举办现场交流活动，深圳市文体旅游局、深圳市旅游协会、香港旅游事务署、香港旅游发展局、香港旅游业议会及深港旅游企业人士近100人出席。

（金　超）

# 广东绿道旅游

【概述】 2011年，广东省旅游系统认真贯彻落实省委、省政府关于加快转型升级、建设幸福广东的决策部署，按照中共中央政治局委员、省委书记汪洋书记关于“尽快推广绿道旅游，让绿道更加贴近群众、贴近生活”的指示，着力开发绿道旅游产品，精心策划绿道旅游精品线路及系列活动，推出广受群众和游客喜爱的绿道旅游产品。截至2011年底，全省各地共推出500多条绿道旅游精品线路；珠三角省立绿道累计建成驿站338个，设置标识18697个，沿线新增绿化2735公里，建成自行车租赁点373个，珠三角城市绿道主干框架建成慢行道2828公里。

【开展主要工作】 2011年，广东省旅游局在CCTV－4《走遍中国》和《中国新闻》栏目投放“幸福广东”绿道旅游宣传片，并与亚洲电视台合作，制作播放10集《漫游岭南绿道》专题宣传片。6月9～12日，在第25届香港国际旅游展中设专门展台推介广东绿道旅游，并举办粤港旅游业界交流会，向香港业界推介广东绿道旅游产品，邀请香港业界到广东“游绿道、看美景、享受幸福生活”；9月2～5日，在2011中国（广东）国际旅游产业博览会上设立绿道旅游专题展馆，展示出珠三角九市数百条绿道旅游精品线路，派发5000多张绿道地图。2011年下半年，省旅游局联合网易公司打造全国首款绿道旅游主题的“勇闯绿界”网络游戏，超过600万人参与测试。6月3日，省旅游局联合肇庆市政府在肇庆举办粤港澳旅游新闻界肇庆绿道旅游采风活动。香港旅游业议会总干事董耀中率领香港60多家旅行社及新闻媒体考察广东绿道旅游产品。省旅游局与腾讯、新浪、网易、搜狐公司合作开设“绿道旅游”微博，实现与网友实时沟通，截至2011年底，微博粉丝60多万人。

【“中国旅游日·幸福绿道游”启动仪式】 2011年5月19日，由广东省旅游局与南方日报共同举办的2011年“中国旅游日·幸福绿道游”启动仪式在广东科学中心举行。广东省副省长招玉芳、国家旅游局副局长杜江、国家旅游局监督管理司司长李任芷、广州市副市长曹鉴燎，广东省旅游局局长杨荣森，南方报业传媒集团公司董事长、南方日报社社长杨兴锋等国家及省市领导出席启动仪式。出席活动的领导与数千名游客一起，共同骑车体验绿道旅游，沿途参观考察岭南印象园和大学城绿道。

省市领导与游客共同骑车体验绿道旅游。
（张国辉 摄）

经国务院批准，自2011年起，于每年的5月19日（《徐霞客游记》开篇日）为“中国旅游日”，并以“读万卷书，行万里路”为活动主题。是日，全省围绕首个“中国旅游日”举行各种丰富多彩的旅游活动。如：广州市在二沙岛体育公园举行“读万卷书 行万里路——5·19中国旅游日广州绿道行”首发式活动，深圳市在华侨城生态广场举行“中国旅游日暨百万市民绿道游、红色游启动仪式”，珠海市旅游企业以推出100多项便民惠民措施庆祝中国旅游日，佛山市举行庆祝5·19“中国旅游日”暨绿道休闲美食游启动仪式，河源市在茶山公园举行庆祝首个“中国旅游日”活动暨“河源人游河源”首发团启动仪式，梅州市在梅城剑英体育馆广场举行主题为“休闲到梅州、享受慢生活”的首个“中国旅游日”主题活动，等等。全省举行庆祝“中国旅游日”活动以“绿道”为载体，体现广泛参与、公益惠民、低碳环保、感知旅途的理念。活动期间，全省大部分收费景区（点）实行半价优惠，旅行社及酒店提供相应优惠促销。同日，广东省旅游局专门开发建成“广东绿道旅游在线”网站（http：//www.greenwaychina.com/），网站设精华线路、拜客社区等6大板块、34个子栏目；编制出版广东绿道旅游地图，该地图绘制了省级和市级绿道，标注绿道沿线周边的景区、驿站、农家乐、购物点共474个。

【迎新年绿道旅游惠民大行动暨2012欢乐健康游】 2011年12月27日，由广东省旅游局、省住房和城乡建设厅和南方报业传媒集团、广东南方广播影视传媒集团、中国移动广东分公司共同主办的“迎新年绿道旅游惠民大行动暨2012欢乐健康游”在广州花城广场启动。广东省副省长许瑞生、省政府副秘书长刘晓捷和省旅游局局长杨荣森等省市有关部门领导出席启动仪式。许瑞生现场派发首批“广东绿道旅游护照”，并向市民发出绿道旅游的邀请。全省各地市同时举行丰富多彩的旅游活动，包括绿道旅游惠民大卖场，绿道旅游知识问答、广东绿道“十景”、“绿道沿途最受欢迎十大景区”评选暨绿道旅游拍客大赛、绿道旅游线路评选等。

“迎新年绿道旅游惠民大行动暨2012欢乐健康游”启动仪式现场。 （涂继文 摄）

【广东评选“十佳”绿道旅游线路】 2011年4月28日，由南方日报社、广东省住房和城乡建设厅、广东省旅游局主办的“广东十佳绿道旅游线路”评选活动拉开帷幕。通过邀请权威专家、《南方日报》金牌读者、资深驴友等社会各界人士组成专家品鉴团、读者品鉴团、驴友品鉴团对候选绿道旅游线路进行实地考察，等环节综合评价，于2011年12月28日产生评选结果，“广东十佳绿道旅游线路”为：环星湖绿道、深圳湾绿道、增城绿道、千灯湖绿道、松山湖绿道、香洲绿道、黄埔绿道、银湖湾绿道、大亚湾绿道和斗门绿道。

链接：广东“十佳”绿道旅游线路

环星湖绿道：串起七星岩的秀水美景（肇庆） 环星湖绿道全长19.1公里，位于城区“山、湖、城、江”主要轴线上。环星湖绿道建有“凌水”栈道，游径宽度由3.5米到6.5米，主要以滨水型亲水步行道、自行车道和观景平台为主要形式。

深圳湾绿道：滨海风情好惬意（深圳） 绿道紧邻红树林海滨生态公园，为深圳红树林自然保护区一部分。保护区面积367.64公顷，有70公顷天然红树林，22种红树植物。休闲带紧邻海边，是深圳市区内离海和观海最近的地段。

增城绿道：骑游荔乡叹风情（广州） 增城绿道全长超过50公里，连接小楼人家、何仙姑景区、荔江公园、增城广场、天然沙滩泳场、鹤之洲景区等景点。

千灯湖绿道：花香鸟语放飞心情（佛山） 位于佛山四号绿道的南海千灯湖景区，是由人工湖、大掩体、历史观测塔、水上茶亭、柏树茶店、溪流、山上观景塔、南水门、二十一世纪岛、凤凰廊、花迷宫，以及1300余盏景观灯构成的一个湖光山色相辉映、绿树溪流点缀其中的靓丽景观。

松山湖绿道：峰峦环抱湖鸟轻鸣（东莞） 松山湖拥有8平方公里水面。新月湾沟谷公园以绿色生态沟谷为主题，动态的水轴包括流溪、湿地、湖面等景观。围绕绿道系统，松山湖建成桃源公园、月荷湖公园、沟谷公园等六大生态公园。

香洲绿道：城市魅力风光无限（珠海） 香洲绿道珠海南段主要依托情侣路，串联起16处城市功能区；北段1号绿道则深入唐家湾城乡，串起共乐园、会同村、栖霞仙馆等多处景观与景点，共6类16处城市功能区。从珠澳驿站沿着著名的珠海情侣路一直向北，抵达海天驿站。沿路经过海滨公园、珠海渔女等景点。2010年11月15日上午，温家宝总理骑车体验珠海绿道，认为“建设绿道为老百姓做了件大好事”。

黄埔绿道：南国古村显风韵（广州） 亮点一，围绕区体育中心打造突出体育健身元素的多功能绿道。亮点二，以南海神庙为轴点，利用庙头涌、南湾涌、夏园涌的两岸和龙头山公园建成绿道网。亮点三，利用黄埔军校作为长洲绿道网建设的轴心，建立连通长洲历史文化古迹、农家乐等游玩点与大学城的绿道群网。

银湖湾绿道：绿浪翻滚水乡情（江门） 新会银湖湾绿道贯穿银湖湾内各特色旅游景点，包括有银湖湾休闲广场、浩伦生态园、渔家风情庄园、和黄游艇休闲度假区、湿地主题公园和围海大堤等，与经过小鸟天堂、崖门古战场、慈元庙、杨太后陵、崖门炮台、古兜温泉度假区等6个景点的绿道贯通，形成长约57.8公里的休闲旅游风光带。

大亚湾绿道：滨海韵律山河风骨（惠州） 大亚湾绿道中段经滨海公园、渔人码头，渔港景色尽收眼底。东段经过霞涌旅游区，游人既可欣赏乌山头山林风光，也可远眺大海，观万顷碧波，或漫步于黄金海岸沙滩之上。

斗门绿道：郊野风情特色浓（珠海） 整个线路结合斗门区的自然和人文要素，充分利用黄杨山、黄杨河、白蕉水乡、基塘、农田、城镇郊区、自然村等自然资源，以山间、农田边、河边、水塘边慢行道建设为主要内容。

（聂理 供稿，涂继文 整理）

# 广东旅游扶贫十年成就辉煌

**【简述】** 2002年1月15日，广东省人大代表和政协委员赴清远连南、连山等地进行旅游扶贫专题考察和调研，提出在广东山区及经济落后地区开展“广东省旅游扶贫工程”的设想。是年1月至2月，广东省召开“两会”（省九届人大五次会议和政协八届五次会议）期间，共有14个代表团100多位人大代表和政协委员提出“旅游扶贫”提案，随即被作为重要建议批转给省政府各有关部门办理。省委、省政府主要领导高度重视，提出“旅游扶贫”可先行先试、以旅游业为“龙头”带动一方经济发展的新思路。2002年4月16日，时任中共中央政治局委员、广东省委书记李长春在省旅游局的报告中作出重要批示：“旅游扶贫，大有可为。各部门都要开动脑筋，为广大山区、贫苦地区做些实事”；2002年9月，中共广东省委、广东省人民政府《关于加快山区发展的决定》（粤发［2002］13号）明确指出：要大力发展山区特色旅游服务业，并明确旅游扶贫战略的实施计划。

2003年1月，广东省人民政府办公厅发布《关于进一步加强旅游扶贫工作的意见》（粤府办［2003］1号），明确规定从2002年起，省财政连续5年每年安排3000万元旅游扶贫专项资金，以扶持旅游项目为主要方式，重点扶持贫困地区尤其是山区的旅游基础设施建设。2003年6月，省财政厅、旅游局联合制定《广东省旅游扶贫专项资金管理办法》，作为专项资金的使用、管理依据。广东省旅游扶贫工作正式启动，并在全国首创省域立体化造血式扶贫新模式。

**【扶持管理原则】** 广东省旅游扶贫以旅游开发为载体，以扶贫为宗旨，强调旅游开发前景，注重社会参与和扶贫效果。项目确定的基本原则：符合广东省旅游发展总体规划要求、旅游资源有特色、开发条件好，预期扶贫效益显著；项目审批程序完整，建设配套资金落实。资金投放范围：以全省16个特困县为重点，适当向少数民族地区、山区、老区等地倾斜。资金使用重点：旅游景点的公共基础配套设施建设、旅游规划设计编制、为旅游区特色旅游商品销售提供购物设施配套建设等。

**【资金投入情况】** 从2002年起，广东省财政连续5年每年安排3000万元旅游扶贫专项资金；2007年起，旅游扶贫资金增加至5000万元；2009年，旅游扶贫资金增加至6000万元。至2011年底，全省共投入扶贫资金4.07亿元，扶持重点项目共10批695个（含农家乐155个）。资金投向以51个山区县为基础，以16个特困县为重点，覆盖全省90个县（市、区）。十年来，在旅游扶贫资金的带动下，全省交通和公路部门协助解决旅游扶贫项目所在地旅游交通瓶颈道路490条共计7600多公里；全省旅游扶贫项目所在地吸引外资、侨资、民资开发旅游项目与合同协议资金共1412亿元。旅游扶贫项目累计直接解决就业人数14.7万人，间接带动就业近50多万人。

**【项目扶持模式不断创新】** 旅游扶贫工程启动之初，旅游扶贫资金以项目扶持为主要方式，资金投向主要集中在全省16个贫困县和未进行过旅游开发的地区和开发初期发展滞后的地区，特别是对一些基础好、资源优的景区进行重点扶持、连续扶持。为进一步巩固和扩大旅游扶贫成效，探索旅游扶贫发展新思路、新模式，从2008年起，广东省旅游局进行扶贫模式的改革和创新：2008年安排500万元资金，对全省旅游扶贫项目贷款给予贴息，确定梅县叶剑英纪念园等10个贷款贴息项目；2009至2011年连续3年，分别安排3000万元、1800万元，以专家现场评审的竞争性分配方式对欠发达地区的大型旅游项目进行重点扶持，评选出梅州市华银雁鸣湖旅游度假村等18个大型重点项目，每个项目给予500万元或300万元的扶持；2010年，广东省旅游局为进一步推动乡村游发展，制定《广东省旅游扶贫专项资金促进农家乐休闲旅游发展暂行办法》和《广东省星级农家乐休闲旅游项目评审标准》，在粤东、粤西及粤北地区遴选155个由当地农户自主开发的农家乐休闲旅游项目（农家餐馆、旅社等），被确定的旅游扶贫星级农家乐项目，每个项目给予5万元资金扶持，共775万元。

**附件：**

2009～2011年旅游扶贫大型重点项目名录

梅州市梅县华银雁鸣湖旅游度假村（2009年）
湛江市特呈岛红树林生态旅游区（2009年）
云浮市六祖故里旅游度假区（2009年）
江门市开平碉楼与村落文化展示区（2009年）

潮州市饶平县潮州乡村民俗文化村集群（2009 年）

揭阳市大北山森林公园（2009 年）

韶关市丹霞山申报世界自然遗产工程项目（2010 年）

江门市开平赤坎古镇旅游开发项目（2010 年）

梅州市大埔县西岩茶乡度假村（2010 年）

惠州市龙门县南昆山温泉旅游大观园二期工程（2010 年）

河源市赵佗古城旅游区（2010 年）

湛江市徐闻县大汉三墩旅游区（2010 年）

梅州市客天下旅游产业园客家小镇乡村旅游建设项目（2011 年）

汕头市莲华乡村旅游区休闲度假项目（2011 年）

惠州市巽寮休闲渔业渔船停泊区疏港建设项目（2011 年）

揭阳市揭西黄满寨瀑布旅游区农家乐综合配套项目（2011 年）

河源市和平县林寨古村旅游区开发工程（2011 年）

茂名市浮山岭旅游风景区（2011 年）

**【旅游扶贫成效】** 2002 年以来，全省旅游扶贫工程取得显著成效，突出表现在五个方面：一是有力促进欠发达地区旅游资源开发，推动了旅游业迅猛发展。旅游扶贫资金主要投向山区县、特困县、粤北山区以及东西两翼的县（市、区），旅游扶贫项目直接加快了各地旅游基础设施建设，解决了项目开发及运营管理中面临的困难和问题，不仅直接带动了欠发达地区的旅游开发，而且极大地坚定了社会各界参与旅游、投资旅游、开发旅游的信心和决心，有力地推动了全省旅游业的协调发展，促进形成了“山区地区崛起、两翼齐飞”的区域旅游发展新格局。其中，清新县、梅县、东源县、阳山县、阳东县、连州市、新兴县、德庆县、龙门县、英德市、乳源县、仁化县、南澳县、乐昌市、佛冈县、博罗县实现从贫困县到旅游强县的飞越。在广东 A 级景区的名录中，跻身 4A 级景区的扶贫项目达 28 个，3A 级 18 个，包括：生态型景区湛江湖光岩风景名胜区、汕头南澳生态旅游区、梅州雁鸣湖旅游度假村、清远连州地下河、惠州南昆山生态旅游区、韶关乳源大峡谷景区等；度假型景区汕尾玄武山旅游区、潮州绿岛旅游山庄、惠州南昆山温泉旅游大观园、河源和平温泉之都旅游区等；人文型景区潮州淡浮收藏院、云浮六祖故里旅游度假区、江门开平立园、梅州灵光寺旅游区等；红色景区梅州叶剑英纪念园。

二是有力促进欠发达地区基础设施建设，优化发展环境。各级党委、政府以及发改、财政、经贸、旅游、交通、文化、林业、民族、劳动等部门积极发挥职能作用，整合资源，加强协作，不断完善欠发达地区各项基础设施建设，大力优化发展环境，为欠发达地区旅游发展创造条件。2002 年以来，全省交通部门协助解决旅游扶贫项目所在地旅游交通瓶颈道路 490 条、共计 7600 多公里；通讯、供电、供水等部门为旅游扶贫项目的开发建设给予大力支持和协作，基本实现旅游开发到哪里，基础设施建设配套到哪里，为贫困地区改变落后面貌发挥了重要作用。

三是有力地促进欠发达地区招商引资，带动了地方经济发展。2002 年以来，全省旅游扶贫项目所在地吸引外资、侨资、民资开发旅游项目与合同协议资金共 1412 亿元，涉及景区建设、旅游住宿、餐饮、旅游商品加工生产、旅游道路等多个方面，一大批大中型景区、中高档酒店、度假村在东西北地区迅速崛起，为欠发达地区经济发展增添了新活力。

四是有力促进欠发达地区农民就业，带动了群众脱贫致富。旅游扶贫是一条投入较少、回收较快、返贫率低、成效高的扶贫之路。旅游扶贫开发为景区及周边的农村劳动力提供了新的就业机会，同时为农副产品销售提供了大市场。很多旅游扶贫项目所在地群众通过从事餐饮、旅业、娱乐和工艺品、土特产的销售等，人均收入实现倍数式增长，迅速走上了脱贫致富的道路。截至 2010 年 8 月，旅游扶贫项目已直接解决就业人数 14.7 万人，间接带动就业 50 多万人，形成了“开发一处、致富一方、带动一片”的良好效应。

五是有力促进欠发达地区人才素质提高，推动社会全面进步。欠发达地区的旅游开发带来了人流、资金流、信息流，打破了贫困地区相对封闭落后的状态，促使农民解放思想、更新观念，提高市场经济意识和文明意识。与此同时，欠发达地区旅游业的发展还促进农民参加各种培训，主动学习旅游服务、礼仪礼节、科学种养、环境卫生等方面的知识，积极参加技能比赛，提高了农村旅游从业人员的整体素质，推动欠发达地区新农村建设和社会进步。

**【成功经验】** 政府主导是广东旅游扶贫工程取得显著成效的重要前提。从 2002 年《关于加快山区发展的决定》，到 2003 年《关于进一步加强旅游扶贫工作的意见》；从深入贯彻落实科学发展观、推动“双转移”与建设和谐广东目标的提出，到 2008 年《关于加快我省旅游业改革与发展建设旅游强省的决定》，旅游扶贫工作的每一项战略决策、工作部署和政策环境营造，都得到了广东省委省政府的高度重视和积极推动。实现政府主导下多部门的良好协作是提高旅游扶贫效益的重要保证。广东旅游扶贫工程的顺利实施，得到了财政、交通、文化、林业、海洋渔业、扶贫、新闻、民族等相关工作部门的支持，充分利用各行业资源优势，健全与旅游扶贫相配套的措施和政策，多管齐下，齐抓共管，为旅游扶贫创造一个良好的社会大环境。

（张蕊青）

# 广东旅游大事记

# Guangdong Tourism Memorabilia

（第 23 ~ 32 页）

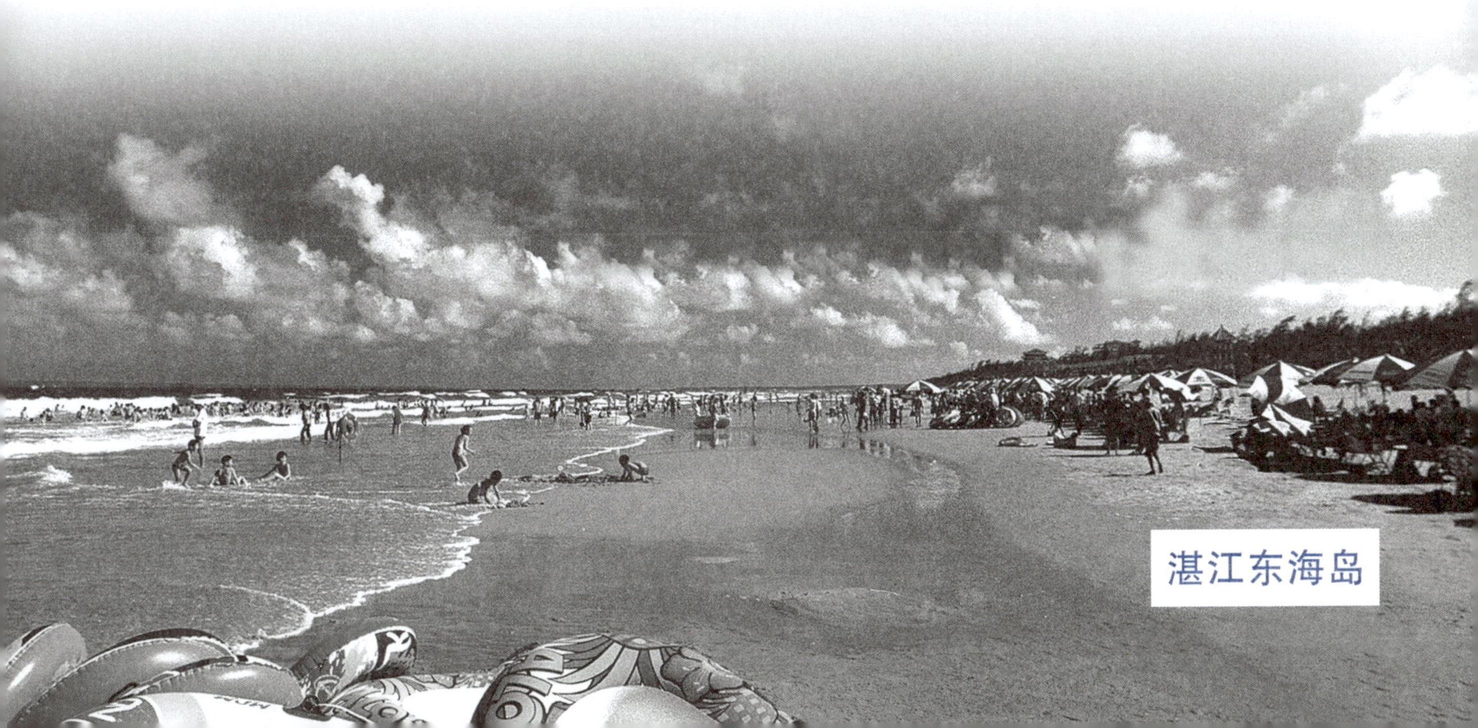

# 2011 年广东旅游大事记

## 1 月

**3～15 日** 广东省开展打击“非法经营旅游业务黑中介黑窝点”专项行动，省公安、工商、交通、物价、质监、旅游等部门协调联动，检查旅游经营场所200个，有力整顿旅游市场秩序，区域部门联动的市场执法机制。

**5 日** 珠三角省立绿道网全线贯通暨“青年记者绿道行”启动仪式在广州生物岛举行。中共中央政治局委员、广东省委书记汪洋，省委副书记、省长黄华华等出席活动并与青年记者、游客代表一起骑车体验绿道。

**10～19 日** 省旅游局组织旅游企业赴西班牙马德里参加西班牙马德里旅游展。

**11 日** 省旅游局局长杨荣森到省政府向刘昆副省长专题汇报 2011 年全省旅游工作的重点及编制《广东省旅游发展总体规划纲要（2011～2015 年）》的进展情况。

**11～14 日** 广州市旅游局分别在东莞、深圳、中山、江门市举行“360 度叹广州”旅游大篷车系列宣传活动。

**12 日** 广东省副省长刘昆赴河源市调研旅游工作。省旅游局局长杨荣森陪同调研考察。

□ 中共恩平市委、恩平市人民政府制定《关于加快发展旅游业的意见》。

**14 日** 国家旅游局在北京举行国家 5A 级旅游景区授牌仪式，广州市白云山风景名胜区、梅州市雁南飞茶田旅游度假区接受授牌，评定为国家 5A 级旅游景区。同年，于 5 月 25 日深圳市观澜湖休闲度假区，9 月 6 日清远市连州地下河景区，12 月 29 日韶关市丹霞山风景名胜区均跻身国家 5A 级景区序列。截至 2011 年底，全省拥有国家 5A 级旅游景区 7 家。

**18 日** 广东省旅游局与中国电信广东分公司在广州举行 12301 旅游服务热线签约仪式。该服务热线可为旅客提供旅游咨询、旅游提示、旅游投诉和旅游支援四大公益服务。

**20 日** 粤澳春节黄金周旅游信息通报会在广州召开。

**20～21 日** 由广东省旅游局、中国移动通信集团广东有限公司主办的广东旅游信息化建设研讨会暨全省旅游信息工作会议在广州召开。

**21 日** 2011 年全省旅游工作会议在广州召开。刘昆副省长出席会议并讲话。会议授予从化市、增城市和惠州博罗县“广东省旅游强县（市）”牌匾，授予广州、汕头、梅州、惠州、中山、阳江、肇庆 7 市“全省旅游综合改革示范市”牌匾；授予广州增城市、珠海市横琴新区、佛山市南海区、韶关市乳源瑶族自治县、河源市东源县、湛江市徐闻县、清远市佛冈县、揭阳市揭西县、云浮市新兴县 9 县“全省旅游综合改革示范县（市、区）”牌匾。

**28 日** 省旅游局局长杨荣森在广州会见韩国京畿道文化观光局局长一行。

## 2 月

**13 日** 省旅游局局长杨荣森在广州会见台北世贸中心股份有限公司董事长王志刚一行。

**17 日** 2011 年 ABAC 广州会议暨“贺新春、庆元宵”联谊晚会在广州举行。

□ 广州市旅游局与梅州市旅游局在广州签订《穗梅两市旅游交流合作框架协议》。

**18 日** 广东省副省长招玉芳率省政府办公厅有关负责人到省旅游局调研。省旅游局副处级以上干部参加座谈会。省政府副秘书长刘晓捷陪同调研。

**20 日** 由国家旅游局、共青团中央、全国妇联共同主办的全国优秀导游员表彰暨 2010 年全国导游大赛颁奖晚会在北京欢乐谷举行。省旅游局局长杨荣森、副局长梅其洁出席活动。

**21～24 日** 省旅游局局长杨荣森、副局长张振林率团赴台湾参加第十四届海峡两岸旅行业联谊会，举办广东旅游宣传推广活动。

**23 日** 省旅游局组团参加第十四届海峡两岸旅行业联谊会暨旅游宣传推广活动，与台湾旅游业界就加强粤台旅游合作交流、推动两地旅游市场共同繁荣开展交流。

**25 日** 广东省旅游局和广东省旅游协会联合组织开展“情系乳源·幸福广东——广东百家旅游企业爱心行动”。全省 103 家旅游企业共为省旅游局扶贫“双到”帮扶单位——洛阳镇板长村捐赠善款 197.3 万元。款项主要用于该村危房改造、桑蚕养殖、农家乐、乡村公路等项目。

**28 日** 深圳市文体旅游局召开深圳文体旅游新形象定位和形象 LOGO 启用新闻发布会，确立“创意深圳，时尚之都”为深圳市文体旅游新形象定位。

## 3月

**1日** 2011年广东省旅游教育培训工作座谈会在广州召开。

**1~2日** 省旅游局副局长王志红赴浙江省参加全国休闲农业与乡村旅游经验交流会。

□ 广东省旅游局和云浮市人民政府联合主办的禅宗六祖文化新兴游启动仪式在新兴六祖故里旅游度假区举行。活动主题为"幸福广东、心悦禅宗、赏阅新兴"。

**4日** 广东省旅游局和中国移动通信集团广东有限公司在广州举行3G旅游新时代工程签约仪式。该工程可为用户提供旅游资讯、旅游查询、旅游订购、旅游支付、旅游视频、旅游提示、旅游投诉、旅游呼叫等信息服务。

□ 深圳市文体旅游局、惠州市旅游局和东莞市旅游局在惠州召开2011年深莞惠旅游区域合作联席会议第一次会议。

**6~9日** 国家旅游局纪检组领导到深圳市调研。省纪委派驻省旅游局纪检组长、监察专员黎增丰陪同调研。

**9日** 广东省旅游局与香港特别行政区、澳门特别行政区旅游部门联合在德国柏林国际旅游展设立旅游推广展台，推介"一程多站"旅游线路。

**11~12日** 广东省省长黄华华，副省长招玉芳率省政府办公厅、省旅游局领导赴京拜访国家旅游局及邵琪伟局长，就进一步落实局省紧密合作机制备忘录、加快广东旅游综合改革与发展、建设全国旅游综合改革示范区等问题进行商谈。国家旅游局杜一力、杜江、刘金平、吴文学等领导出席座谈。

**12日** 中山温泉荣膺"中国十大温泉"称号。

**14日** 由国家旅游局和广东省人民政府共同主办的2011中国（广东）国际旅游产业博览会情况说明会在北京举行。国家旅游局副局长祝善忠、广东省政府副秘书长刘晓捷和来自各国旅游机构驻京办事处、北京各大旅游企业以及媒体记者等出席说明会。

**16日** 由世界旅游组织、亚太酒店协会等单位指导，中国饭店杂志社、中国社会科学院旅游研究中心等20多家单位协办的2011年中国饭店业年会暨第十一届中国饭店金马奖颁奖盛典在广州举行。

**18日** 广东省旅游局政务网上线正式开通。

**22日** 2011年全省旅游纪检监察行风建设暨旅游质量监督管理工作会议在梅州召开。全省21个地级以上市旅游局、顺德区文体旅游局分管领导及行业管理、纪检监察、质量监督部门负责人，重点旅游企业代表参加会议。省旅游局副局长周开生，省纪委、省监察厅派驻省旅游局纪检组组长、监察专员黎增丰，梅州市委常委、常务副市长张远方等出席会议并讲话。

□ 广东省政府副秘书长刘晓捷在广州会见日本兵库县代表团政府官员。省旅游局副局长王志红参加会见。

**23日** 全省旅游教育培训工作座谈会在广州举行。

□ 省旅游局副巡视员林上福在广州会见菲律宾旅游部官员。

**24日** 省旅游局副局长张振林带队到北京市旅游局调研学习。

□ 2011年广州国际旅游展览会开幕式在广州锦汉展览中心举行。

**30日** 汕头市举行全市旅游系统开展"十百千万"大规模教育培训从业人员工程启动仪式。

**31日** 中共中央政治局委员、广东省委书记汪洋到茂名视察，对该市实施滨海旅游发展战略给予充分肯定。

□ 广东省副省长刘昆在广东旅游扶贫专题调研组撰写的《江苏、浙江、福建和台湾乡村旅游考察报告》上批示：要结合各村、示范村建设，让乡村旅游成为农民增收致富的重要渠道，欠发达地区，以农家乐为主；珠三角地区，除农家乐外，围绕绿道，布点建设农家旅店、青年旅馆，让绿道游有良好依托。

## 4月

**6~7日** 广东省副省长招玉芳到湛江调研。省旅游局副局长周开生陪同调研。

**7日** 广东省省长黄华华到梅州客天下旅游产业园参观考察。黄华华认为，梅州客天下旅游产业园是客家文化的"金字招牌"，并欣然题词："客天下幸福天下客"。

□ 省旅游局组织召开《广东省旅游业"十二五"发展规划（2011~2015年）》、《广东邮轮旅游发展规划》、《珠三角旅游产业一体化规划》专家评审会。中山大学规划设计研究院风景与旅游研究所所长、"中国丹霞"申遗专家组组长彭华等国内知名专家出席评审会。

**9~20日** 省旅游局组团赴乌克兰、保加利亚开展旅游促销活动。

**11日** 中共广东省旅游局直属机关委员会换届公推直选党员代表大会在广州召开。选举产生新一届中共广东省旅游局直属机关委员会和纪律检查委员会。中共广东省直属机关工作委员会于2011年5月18日批复张振林同志兼任中共广东省旅游局直属机关委员会书记。

**12~13日** 广东省副省长招玉芳到汕头调研旅游和外经贸等工作。省旅游局副局长张振林陪同调研。

**13日** 广东省全国第九批援藏导游员欢送会在广州举行，省旅游局副局长梅其洁出席欢送会并讲话。

**15~17日** 省旅游局副巡视员林上福率团赴陕西省西

安市参加2011中国国内旅游交易会。

□ 广东省旅游饭店星级评定标准宣贯班在东莞嘉华大酒店开班。星评标准起草人王建平、徐锦祉、辛涛3名专家授课，全省各地市旅游部门负责人，四、五星级饭店高层管理人员近800人参加培训。

**16日** 中共中央政治局委员、广东省委书记汪洋在珠三角绿道网建设工作情况汇报会上强调，“要尽快通过广泛开展旅游观光、群众体育等方式，让绿道更加贴近群众、贴近生活。”

**17日** 广东珠三角绿道旅游工作会议广州召开。

**20日** 省旅游局副局长梅其洁在广州会见JTB中国旅行集团董事长一行。

**21~22日** 省旅游局副局长梅其洁率团参加在江苏苏州举行的2011中国国际旅游服装服饰赛博会。

**22日** 广东省旅游卫星账户编制工作会议在广州召开。会议成功召开标志着广东省旅游卫星账户编制工作正式启动。

□ 2011国际旅游小姐中国区总决赛在大连举行，来自广东赛区的选手沈婵娟夺得冠军。

**27日** 河源市人民政府举办和平县林寨古村景区首期工程竣工仪式。

**28日** 全省试行国民旅游休闲计划联席会议在广州召开。

**28~29日** 深圳市举行打击黑旅行社及旅游诈骗活动专项行动。

**29日** 珠三角九市绿道旅游座谈会在广州召开。

**30日** “健康共享、幸福广东——2011年广东省（广州市）全民健身绿道行系列活动”启动仪式在广州大学城举行。中共中央政治局委员、广东省委书记汪洋宣布系列活动开始，省长黄华华向环珠三角绿道巡游自行车队授旗，省委常委、广州市委书记张广宁致辞，副省长林木声主持启动仪式。

## 5月

**6日** 国家旅游局副局长祝善忠到广东开展旅游调研。

□ 广东省政府副秘书长张枫在广州会见澳大利亚西澳洲旅游卫生部部长一行。省旅游局副局长梅其洁陪同会见。

**7日** 2011年度广东省中高级导游员研讨班在广州开班。

**8日** 深圳市举办“相约大运，畅游深圳”——创意时尚游深圳活动启动暨文化游、大运游首发仪式。

**8~9日** 广东省副省长招玉芳到清远调研并参观考察狮子湖、清远市旅游服务中心。省旅游局局长杨荣森陪同调研。

**12~14日** 国家旅游局副局长王志发分别到湛江、深圳、珠海市就旅游度假区建设与管理工作开展调研。省纪委、省监察厅派驻省旅游局纪检组长、监察专员黎增丰陪同调研。

**16日** 广东省导游管理体制专题座谈会在广州召开，省旅游局局长杨荣森出席会议并讲话。

**19日** 中央政治局委员、广东省委书记汪洋，省委副书记、省长黄华华率珠三角九市代表到肇庆考察光大肇庆锦绣山河旅游项目。

□ 由广东省旅游局、南方日报共同举办的“读万卷书，行万里路——2011年中国旅游日·幸福绿道游启动仪式”在广东科学中心举行。同日，全省各地开展了形式多样的庆祝活动。

广东省副省长招玉芳（左三）、国家旅游局副局长杜江（右三）、广东省旅游局局长杨荣森（右一）和广州市副市长曹鉴燎（右二）等领导共同推杆启动2011年“中国旅游日·幸福绿道游”活动。

□ 国家海洋局公布新建7处国家级海洋公园名单。广东海陵岛国家级海洋公园、广东特呈岛国家级海洋公园入选全国首批国家级海洋公园。

**21~23日** 汕头市举行“浪漫海湾 幸福扬帆”帆船巡游活动暨“潮人杯”帆船巡游赛。省旅游局副局长张振林出席活动。

**26日** 广东省旅游协会和省邮政公司在世界最高“空中邮局”——广州塔第107层联合举办“粤游越精彩—广东旅游门票明信片（第三辑）”首发仪式。本辑旅游明信片惠民总值达9.6亿元。

**27日** 省旅游局副局长王志红在广州会见加拿大威士拿市市长一行。

**28~31日** 省旅游局局长杨荣森赴韩国参加中日韩旅游部长会议。

**30日** 新疆维吾尔自治区旅游局和广东省旅游局在广

州召开旅游对口援疆工作座谈会。

**5月** 台湾海峡两岸观光旅游协会（简称“台旅会”）北京办事处在广州举办台湾旅游观光说明会。广东省台湾游组团社及新闻媒体60多人参加会议。

## 6月

**1日** 2011年广东省职业技能大赛和第五届“省长杯”工业设计大赛总结表彰大会在广州召开。蔡艳梅被广东省总工会、省妇联、团省委分别授予“五一劳动奖章”、“三八红旗手”、“五四青年奖章”荣誉称号。会议还对荣获专业组、学生组前三名的优秀选手进行表彰，对专业组前八名优秀选手授予“广东省技术能手”荣誉称号。

**1~6日** 省旅游局副巡视员林上福带队赴韩国参加2011韩国国际旅游展。

**3日** 广东旅游产业集聚工作会议在广州长隆旅游度假区召开。省政府副秘书长刘晓捷、省旅游局副巡视员林上福出席会议并讲话。

**3~4日** 肇庆市人民政府举行“万粽风情”肇庆绿道旅游推广活动。

**8~10日** 全省旅游质监执法工作培训班在广州开班。80多名来自全省各市旅游质监所负责人及业务骨干接受为期一周的培训。

**9~12日** 省旅游局局长杨荣森率广东参展团110多人赴香港参加第二十五届香港国际旅游展。设制展位31个，并派出的表演队伍在中国展区舞台形展为期3天演出。期间，召开粤港旅游业界交流会，向香港业界推介广东绿道旅游产品。

**9日** 省旅游局副巡视员林上福在广州分别会见日本中部地区观光产业推进协会会长及新加坡通讯及媒体行业考察团。

**11日** 国家文化部、国家文物局主办第三届中国历史文化名街评选活动，潮州太平街义兴甲巷被评为“中国历史文化名街”。潮州市于6月15日举行“中国历史文化名街——潮州太平街义兴甲巷”揭牌仪式。

**13日** 由广东省文明办、省旅游局为指导单位，以南方日报社为主办单位的“幸福美卷—— 珠三角十大景观评选报道活动”启动，省委宣传部副部长、省文明办主任顾作义，省旅游局局长杨荣森，南方报业传媒集团董事长、南方日报社社长杨兴锋出席启动仪式。整个活动持续4个月，包括城市初选、巡回评鉴、公众投票和综合评审阶段，于10月21日在佛山市西樵山举行“珠三角十大景观”颁奖盛典。碉楼春秋（开平碉楼·立园）、共和旭日（广州辛亥革命遗迹群）、虎门烟云（东莞鸦片战争博物馆）、星湖映月（肇庆星湖国家级风景名胜区）、文翰樵山（南海西樵山）、罗浮仙境（惠州罗浮山）、中山故里（孙中山故居纪念馆、孙文纪念公园）、欢乐世界（世界之窗、欢乐谷、深圳东部华侨城）、情侣路漫（珠海情侣路）、绿道欢歌（珠三角绿道网）等十大景观入选。

**15日** 全国红色旅游工作协调小组在京召开全国红色旅游工作电视电话会议。梅州市旅游局、惠州市发展和改革局、广州市广州起义烈士陵园荣获“全国红色旅游工作先进集体”；惠州市惠阳区文化广电新闻出版局局长叶茂庭，梅州市梅县叶剑英元帅纪念馆馆长李健贤，广东铁青国际旅行社有限责任公司执行董事、总经理臧熠荣获“全国红色旅游工作先进个人”。

□ 由中国南方航空公司执飞的广州至温哥华直飞航线实现首航。

**18日** 省旅游局在广州召开全国旅游行业劳模及先进工作者纪念建党90周年座谈会。

**20~29日** 省旅游局副局长张振林赴澳大利亚、新西兰参加国家旅游局代表团赴澳大利亚、新西兰中国精品文化旅游产品推广活动。

**22日** 中共中央政治局委员、广东省委书记汪洋，省长黄华华，副省长招玉芳等考察梅江区客天下旅游产业园。

□ 经深圳市人民政府同意，深圳市文体旅游局、深圳市人民政府外事办公室 、深圳市人民政府台湾事务办公室下发《关于印发〈深圳市旅行社组团出境旅游突发事件应急预案〉的通知》（深文体旅［2011］394号）。

**22~24日** 广东省副省长招玉芳赴梅州、揭阳市开展旅游调研。23日，招玉芳在梅州调研时要求加强旅游科学规划，把“梅州文化旅游特色区”打造成全省和全国旅游产业的示范区，为广东乃至全国的旅游综合改革提供经验。

**23日** 第五届海峡两岸客家高峰论坛“客家特色旅游专题论坛”在客天下国际大酒店举行。

**24~27日** 省旅游局副局长周开生率团赴浙江省参加2011中国国际旅游商品博览会。

**25日** 由梅州市人民政府、中央苏区红色旅游联盟主办的中央苏区红色旅游联盟第三次联席会议在梅州市大埔县召开。其间举行闽粤赣三省红色旅游精品线路推广合作协议签订仪式。龙岩市、三明市、漳州市、南平市、赣州市、抚州市、梅州市、潮州市、韶关市、河源市十市旅游局局长共同签订《闽粤赣三省红色旅游精品线路推广合作协议》。

**26日** 全国红色旅游工作协调小组办公室副主任胡呈军到汕头考察红色旅游。

**28日** 由台湾行政主管部门南部联合服务中心执行长罗世雄率领的“南台湾医疗文创观光乐活联盟”代表团一行35人在广州举办“南台湾医疗文创观光乐活联盟·广东拓销团推荐会”。省旅游局组织旅游业界100多人参加活动，并签署足疗、温泉及旅行等三项协议。

**30日** 省旅游局副局长王志红在广州会见加拿大联邦旅游局代表团。

**30日至7月1日** 省旅游局副局长张振林率领局机关各支部负责人及“爱心父母”代表赴韶关市乳源瑶族自治县洛阳镇板长村开展广东扶贫济困日·主题党日活动，并慰问贫困党员并开展主题党日活动。

## 7月

**8日** 广州市市长万庆良到广东益民旅游休闲服务有限公司调研。万庆良指出，旅游休闲卡能更好地刺激消费、拉动内需，更好地实践广东率先在全国推行的国民旅游休闲计划。省旅游局副局长张振林、广州市旅游局局长朱力陪同调研。

**10～20日** 省旅游局开展“迎大运”旅游安全大检查，派出工作组进行专项督查，要求各旅游企业精心服务大运，实施高品质旅游、精细化管理，确保旅游行业安全和谐。

**15～18日** 惠州市人民政府、广东省旅游局主办的第六届惠州国际（休闲文化）旅游节、第二届东坡节暨2011年惠州转型升级招商引资签约仪式在惠州举行。

□ 由广东省旅游局、广东省对口支援新疆工作前方指挥部、广铁集团组织的“活力广东号——喀什之旅”专列发车仪式在广州火车站举行。此趟专列横跨4省，途经西安—嘉峪关—敦煌—吐鲁番—库尔勒—喀什—库车—乌市，行程13天，全程达12000多公里。

**19日** 省旅游局副局长王志红在广州会见越南驻广州总领事苏国俊一行。

**19～20日** 广东省副省长招玉芳率队赴汕尾、惠州市开展旅游调研。省政府副秘书长刘晓捷，省旅游局局长杨荣森、副局长梅其洁等陪同调研。

**19～21日** 《广东省旅游发展规划纲要（2011～2015年）》专家研讨会在广州召开。国家旅游局党组成员吴文学，广东省政府副秘书长刘晓捷，省旅游局局长杨荣森、副局长张振林等领导，以及世界旅游组织、国务院发展研究中心、香港理工大学、南京大学、中国旅游报社等单位专家出席会议。

**20日** 广州地区酒店行业协会第五届一次会员大会在广州召开。

□ 湛江市实施第一批星级市级农（渔）家乐星级评定工作。雷州天成台等2家饭店被评为市五星级农家乐，森林公园生态园被评为市四星级农家乐，麻章湖光农场渔家乐等5家单位被评定为市三级星级农家乐。

**21日** 中共河源市委、河源市人民政府制定《河源市建设广东生态旅游示范区行动计划》。

**23日** 广东省重点建设项目——广晟生态城在清远英德市举行开工仪式。该项目总投资30亿元，涵盖马术俱乐部、主题公园、主题酒店群、体育旅游、商务会议、旅游地产、教育培训、健康养生等。

**25日** 广东省副省长招玉芳到江门市开展经贸、旅游调研活动。省旅游局副局长张振林陪同调研。

**27日** 省旅游局召开2011年纪律教育学习活动动员暨责任书签订大会。

□ 广东省旅游职业技术学校被省教育厅评为广东省示范性中等职业学校，并作为创建国家级示范性学校候选单位推荐至国家教育部。

**28日** 由中山市人民政府举办的2011中山市岭南水乡旅游文化节在中山市民众镇开幕。

**29～31日** 2011年广东省旅游行业旅行社总经理岗位职务培训班在广州开班。

**30日** 由中共广州从化市委、市政府联合中国国际体育旅游公司、广东省青少年科技教育协会共同主办的2011国际青少年航空教育交流会暨广东从化绿道旅游文化节开幕仪式在广州举行。

**31日** 深圳、东莞、惠州市在东莞召开2011深莞惠旅游合作联席会议第二次会议。会议通过《深莞惠旅游发展规划》编制工作方案。

**7月** 广东省旅游局、华南理工大学旅游发展与规划设计研究中心联合编制《珠三角旅游产业一体化规划（2011～2015年)》。

## 8月

**1日** 第九届南海（阳江）开渔节开船仪式在阳江市海陵岛闸坡国家级中心渔港举行。广东省副省长刘昆出席活动。

□ 省旅游局副局长张振林在广州会见台湾雄狮旅行社负责人一行。

**2～4日** 中共中央政治局委员、广东省委书记汪洋带队到湛江调研，并将发展旅游业作为调研重点课题之一。在特呈渔岛度假村，汪洋指出，广东迫切需要集中资源，用竞争性扶持的政策建设几个能代表全省海洋开发最高水平的度假区，提升广东旅游业的品位。

**3日** 阳江市旅游和外事侨务局、阳江市交通运输局联合制定《阳江市进一步规范“一日游”运营管理的实施意见》。

**4日** 总投资近18亿元的清远市佛冈生态养生旅游示范基地——羊角山生态旅游度假区举行启动仪式。省政府副秘书长刘晓捷，省纪委派驻省旅游局纪检组长、监察专员黎增丰等出席启动仪式。

**5 日** 由广东省旅游局、广东省中医药局、广州中医药大学主办的广东省中医药文化养生旅游研讨会在广州举行。期间为首批 19 家中医药文化养生旅游示范基地颁发牌匾。广东省政协副主席陈蔚文、省旅游局副局长周开生出席活动并致辞。

**6 日** 由省民族宗教委员会、省文化厅、省旅游局、清远市人民政府和连山县委、县政府联合主办的 2011 年广东（连山）“七月香”壮家戏水节暨民族民间艺术节在连山壮族瑶族自治县拉开帷幕。

**9 日** 深圳市华侨城集团欢乐海岸一期项目试业。国家旅游局和国家环境保护部联合授予欢乐海岸景区为“国家生态旅游示范区”称号，国家海洋局授予华侨城湿地为“国家级滨海湿地修复示范项目”。欢乐海岸项目总占地面积 125 万平方米，计划分两期进行开发，主体工程建设于 2008 年 5 月全面启动，整个项目计划于 2013 年春节前后开放。

**10 日** 广东省副省长招玉芳到中山调研。省旅游局局长杨荣森陪同调研。

**18 日** 由省文明办、省旅游局、南方日报社、省精神文明建设研究中心联合主办的珠三角城市景观建设研讨会在广州举行。

**19 日** 省旅游局局长杨荣森在广州会见厄瓜多尔驻穗领馆总领事一行。

**24 日** 广东省人民政府办公厅印发《关于建立广东省旅游产业发展联席会议制度的通知》（粤办函〔2011〕511 号）。

**24～25 日** 广东省副省长招玉芳赴韶关市调研外经贸和旅游工作。招玉芳在南华禅寺方丈传正法师、知客师法隆法师的陪同下参观南华禅寺。省政府副秘书长刘晓捷、省旅游局局长杨荣森陪同调研考察。

**29 日** 省旅游局和省财政厅在广州联合举办 2011 年广东省旅游扶贫大型重点项目评审会。本次公开竞争性评审会连续第三年进行，经过要件审核、公开演讲、现场答辩等环节角逐，梅州市客天下客家小镇乡村旅游项目等 6 个项目在 15 个竞标项目中胜出，确定为旅游扶贫大型重点项目，获得旅游扶贫财政专项资金 500 万元。

## 9 月

**1 日** 省旅游局副局长张振林会见亚太旅游协会安栋梁副主席一行。

**2～5 日** 由国家旅游局和广东省人民政府共同主办的“2011 中国（广东）国际旅游产业博览会”在广州保利博览馆隆重举行。广东省委副书记、省长黄华华宣布旅博会开幕，国家旅游局副局长杜江、广东省副省长招玉芳，世界旅游业理事会副主席让克洛德·鲍姆加藤、亚太旅游协会副主席安栋梁，以及来自 36 个国家和地区的境外嘉宾、近千名境内嘉宾出席开幕式。博览会于 5 日在广州琶洲保利世贸博览馆闭幕。

**3 日** 中国（广东）国际旅游产业博览会论坛在广州举行。

□ 国民旅游休闲卡绿卡新闻发布会暨战略合作伙伴签约仪式在广州召开。

**5～7 日** 中共中央政治局委员、广东省委书记汪洋到梅州市调研，先后考察大埔县客家古村落、大埔县文化中心、新加坡前总理李光耀祖居“中翰第”，兴宁市刁坊镇周兴村棣华围客家古民居。汪洋强调，要坚持在开发中保护、在保护中开发的原则，切实加大古民居、古村落的保护力度，既要着眼于经济发展，更要做好优秀传统文化的传承。

**8～9 日** 以“碧海银滩船说阳江”为主题的 2011 广东阳江旅游文化美食节开幕式在阳江海陵岛举行。

**10 日** 叶挺将军纪念园开园仪式在惠阳区秋长街道周田村举行。

**12 日** 国家旅游局、住建部联合发文公布第二批全国特色景观旅游名镇（村）示范单位，湛江市特呈岛和山西杏花村、江苏华西村等全国 111 个单位入选。

**13～14 日** 广东省副省长招玉芳率省直相关部门负责人赴阳江市开展旅游工作调研，省旅游局局长杨荣森、副局长张振林陪同调研。招玉芳一行先后考察广东海上丝绸之路博物馆和海陵岛滨海休闲旅游度假区等项目。

**14 日** 省旅游局副巡视员林上福在广州会见阿根廷驻穗领馆副总领事。

**15～16 日** 省旅游局副局长梅其洁率工作组出席在澳门特别行政区旅游部的召开的“十一”黄金周旅游信息通报会议。

**19 日** 广东省人民政府《印发 2011 广东国际旅游文化节总体工作方案的通知》，公布本届旅游文化节会标、口号和举办时间。会标沿用往届广东国际旅游文化节会标主体，将会标中的文字改为“2011 广东国际旅游文化节”；主题宣传口号为“活力广东 欢乐祥和”；开幕式定于 2011 年 11 月 5 日在韶关市区北江广场举行。

**20 日** 西藏林芝地区波密县旅游推介会（广州）暨“冰川圣地大美波密”冰川旅游高峰论坛在广州举行。

**20～26 日** 省旅游局副巡视员林上福率团出席在俄罗斯首都莫斯科举办的 2011 俄罗斯休闲国际旅游展。

**21 日** 省旅游局副局长周开生在广州会见新加坡旅游局大中华区代表。

**22～23 日** 广东省副省长招玉芳在茂名、湛江市开展外经贸和滨海旅游工作调研。招玉芳一行先后考察茂名长兴食品有限公司、粤西沿海旅游产业带，并分别在两市召开座谈会。省旅游局副局长张振林陪同考察。

**23 日** 由广东省旅游局、肇庆市政府、亚太华商领袖联合会主办的2011广东国际旅游文化节肇庆旅游嘉年华开幕式暨亚太华商领袖（肇庆）国际养生与旅游峰会在奥威斯酒店举行。

**24 日** 由广东省旅游局、肇庆市人民政府、广东省旅游协会联合主办的“2011广东自驾旅游节·世界名车绿道游”活动在肇庆星湖拉开帷幕。肇庆市市长郭峰、市人大主任黄三和、副市长孙德、市政协副主席董超凤等出席开幕式。

**25 日** 由省委宣传部组织的“了解广东、热爱广东、共建共享幸福广东——外来工广东建设成就游”活动启动仪式在深圳莲花山公园举行。省委常委、宣传部长林雄出席仪式并宣布活动启动。

**30 日** 由中国烹饪协会、广东省旅游局和佛山市顺德区人民政府联合主办的第六届中国岭南美食文化节在顺德开幕。

## 10 月

**1 日** 2011年全省滨海旅游规划座谈会在广州召开。

□ 中山辛亥革命纪念公园向游客开放。公园占地约20亩、总投资3500万元，于2010年8月16日正式全面动工。

**9 日** 中山市纪念辛亥革命100周年暨首届孙中山文化节在中山举行，并启动翠亨国际旅游小镇、孙文纪念公园历史名人雕塑群等旅游项目建设。省旅游局局长杨荣森出席活动。

□ 中山市岐江游一期项目启用，广东省人大常委会副主任陈用志、广东省政协副主席汤炳权等领导出席庆典仪式。

**13～15 日** 由世界遗产旅游博览会组织委员会、澳门世界遗产促进会主办的澳门世界遗产促进会第四届国际旅游暨世界遗产旅游博览会在澳门揭幕。省旅游局参展16个展位，着重展示粤澳合作成就与发展前景。

**14 日** 省旅游局局长杨荣森在广州会见厄瓜多尔驻华大使 Leonardo Arizaga 一行。

**17 日** 广州市旅游局制定《规范行政许可自由裁量权暂行规定》。

**18 日** 由广东省旅游协会、《凤凰周刊》承办的“2011罗浮山道教文化旅游节”在罗浮山风景区举行。粤港澳近百家旅行社代表参加“罗浮仙路”考察活动。

□ 由粤通船务有限公司作为发起人投资开发经营的澳门海上游项目“国通号”观光游船的首航庆典仪式在澳门特别行政区内港码头举行。

**20 日** 汕头经济特区建立30周年庆祝活动欢迎宴会暨第十七届潮汕美食节在方特蓝水星乐园开幕。

**21 日** 湛江市人民政府出台《湛江市鼓励招商引资若干优惠政策（暂行）》。

**24 日** 省旅游局局长杨荣森在广州会见香港商报总编辑陈锡添一行。

## 11 月

**1 日** 2011年粤港澳旅游规划工作会议在广州召开。

**3 日** 中共中央政治局委员、广东省委书记汪洋在广州市珠岛宾馆会见希腊副总理潘卡洛斯。省旅游局局长杨荣森陪同会见。

□ 广东省人民政府新闻办公室在广州举行2011广东国际旅游文化节新闻发布会。韶关市组委会有关领导向媒体介绍主会场的筹备情况和嘉年华活动精彩片段。

**4 日** 首届中国素食文化大会高峰论坛在韶关丽宫温泉度假区举行。

□ 国家旅游局局长邵琪伟、省旅游局局长杨荣森等领导到广州广之旅国际旅行社股份有限公司视察调研。广州市副市长曹鉴燎，广州市旅游局局长朱力陪同视察。

**5 日** 由国家旅游局和广东省人民政府联合举办的2011广东国际旅游文化节在韶关开幕。

2011 广东国际旅游文化节开幕式暨旅游推介会现场

□ 2011广东国际旅游文化节嘉年华活动在韶关北江广场启动。中央政治局委员、广东省委书记汪洋，希腊副总理潘卡洛斯，国家旅游局局长邵琪伟，广东省委副书记、代省长朱小丹出席嘉年华活动启动仪式。省旅游局局长杨荣森主持嘉年华活动，韶关市委书记、市人大常委会主任郑振涛致欢迎辞。43辆花车巡游巡展、1500多名海内外演职人员进行民俗风情表演。

□ 首届中国素食文化大会暨韶关国际生态名优特产展览会（高峰论坛）开幕式在韶关举行。

**6日** 南华祈福盛典活动在韶关南华禅寺大雄宝殿举行。

□ 中国（韶关）旅游目的地发展高峰会议在韶关召开。国务院研究室综合司、国家旅游局质量监督管理司、广东省旅游局领导，全国著名旅游专家学者以及海内外旅游企业代表300多人参加会议。

□ 2011广东国际旅游文化节泛珠三角旅游招商会在韶关举行。中外旅游界、工商界、港澳台、侨界各界人士等约600人出席招商会。招商会签订外商投资项目127宗，外资金额26.62亿美元。

□ 广东省人民政府外事办公室在中山纪念堂举行2011广东国际旅游文化节国际友城文艺晚会。

**7日** 省旅游局局长杨荣森在广州会见库克群岛文化部长希瑟及旅游部长毕晓普一行。

**8日** 2011深圳国际旅游文化节开幕式晚会在深圳欢乐海岸拉开帷幕。主题活动项目包括第十届深圳黄金海岸旅游节、第四届深圳滨海休闲旅游节暨大鹏所城文化月、国际城市旅游小姐大赛世界总决赛、2011第五届中国杯帆船赛等18项。

**8~16日** 省纪委、省监察厅派驻省旅游局纪检组长、监察专员黎增丰率团赴台湾参加第六届海峡两岸台北旅展。

**9日** 由河源市人民政府与广东省旅游局共同主办的河源市第八届客家文化旅游节暨广东国际湖泊旅游博览会在河源市万绿湖东方国际酒店开幕。

**10日** 广东省游艇旅游发展工作座谈会在广州召开。省旅游局局长杨荣森出席会议并讲话。

**11日** 由广东省侨办、省旅游局和江门市人民政府联合主办的以“侨乡旅游美食，欢乐文化盛会”为主题的2011中国（江门）侨乡旅游节在江门开幕。

□ 省旅游局组团参加第六届海峡两岸台北旅展，全省有8个地级以上市旅游局及旅游企业共28人赴台参展，并与台湾旅游业界开展交流。广东参展团获海峡两岸旅游交流协会颁发的“最佳组织奖”和“最佳展台奖”。

□ 由广州市人民政府和中国烹饪协会共同主办的第二十五届广州（国际）美食节在广州开幕。

□ 由省委宣传部主办的“了解广东、热爱广东，共建共享幸福广东——外来工广东文化景观游”活动启动仪式在中山市孙中山故居举行。外来工代表前往中山、广州等地参观梁启超故居、开平碉楼等文化景点。

**12日** “百年辛亥中山情”哈尔滨大型冰雪文化艺术节在中山市东升镇开幕。

**15~23日** 国家旅游局局长邵琪伟率队分别到深圳、珠海市调研。深圳市、珠海市政府领导及省有关部门领导陪同调研。15日，邵琪伟一行在深圳市欢乐海岸项目调研。23日，邵琪伟局长一行在珠海横琴调研，考察长隆国际海洋度假区，专题研究旅游业如何在推进粤港澳一体化中发挥作用等问题。

**21日** 由广东省委组织部、省旅游局联合举办的广东旅游产业集聚与公共管理专题研讨班在中山大学开班。广东省副省长招玉芳出席开班仪式并讲话，国家旅游局党组成员、规划财务司司长吴文学为学员授课。省旅游局局长杨荣森主持开班仪式。全省各地级以上市分管旅游工作的市领导及旅游局局长，67个县（市、区）分管旅游工作的领导以及旅游集团等逾百人参加为期5天的学习和研讨。

**23~26日** 省旅游局副局长张振林带队赴香港、澳门开展《粤港澳区域旅游合作发展规划》专题调研座谈会。香港特别行政区旅游事务署副专员罗淑佩及澳门旅游局局长安栋梁出席会议并致辞。

**29~30日** 广东省副省长招玉芳率队赴河源市就推动山区旅游业快速发展等问题开展调研。省政府刘晓捷副秘书长，中共河源市委、市政府领导，省政府办公厅、省旅游局及省有关部门领导陪同调研。

## 12月

**1日** 由广东省质量技术监督局于2011年9月16日发布的《旅行社等级划分与评定》标准在全省旅行社行业实施。

**2~4日** 第七届中国（阳山）四驱越野车节开幕式在清远市阳山县举行。

**3日** 由中国旅游协会、中国旅游研究院主办的2011中国旅游发展论坛在广州举行。国家旅游局党组成员、规划财务司司长、中国旅游协会副会长吴文学出席会议并讲话，百余名旅游集团、金融界代表及专家学者参会。华侨城集团公司、广州岭南国际企业集团有限公司和广州广之旅国际旅行社股份有限公司荣膺“2011年度中国旅游集团20强”。

**6~10日** 受国家旅游局的委托，省旅游局联合省质量技术监督管理局对广州广之旅国际旅行社股份有限公司、白云山风景名胜区、深圳华侨城、珠海海泉湾旅游度假区4家试点企业开展全国旅游标准化试点单位工作情况评估验收，拟报请国家旅游局命名其为“首批全国旅游标准化示范企业”。

**8~10日** 2011年“两广十市”旅游区域合作联席会议在湛江举行。湛江、茂名、云浮、阳江、北海、防城港、玉林、钦州、贵港、来宾10市共同缔结旅游合作联盟，建立“旅游无线城市”联盟，共同推进旅游信息化公共体系服务。

**8日** 惠州市旅游局等4个单位被人力资源和社会保障部和国家旅游局评为“全国旅游系统先进集体”。

**9日** 广东省旅游卫星账户企业调查培训会在惠州金华悦国际酒店召开。省统计局副局长欧卫东、省旅游局副局长张振林分别致辞，广州、深圳、惠州、佛山、清远、揭阳、汕尾6个抽样城市的统计局和旅游局代表参加会议。

**10日** 由香港中华厂商联合会主办的香港国际工业出品展销会在维多利亚公园开幕。省旅游局举办专场旅游推介会。

**11～16日** 由中国旅游协会主办，广东省旅游职业技术学校承办的第二十届全国旅游院校协作会年在广州举行。本届年会主题为“校企深度合作模式探讨”。

**12日** 第六届广东（新兴）国际温泉节在新兴县开幕。世界温泉及气候养生联合会副主席乔瓦尼代表世界温泉及气候养生联合会授予新兴温泉“世界禅意　养生温泉”牌匾。

**14日** 省旅游局局长杨荣森率领广之旅国际旅行社股份有限公司和广东中旅有关负责人到云浮市云安县前锋镇调研。云浮市副市长崔逢池，县委书记、县人大常委会主任金繁丰等陪同调研。

□ 潮州市华夏历史博物馆主馆开馆。

**16日** 广东省人民政府在揭阳市举行揭阳潮汕机场通航庆典仪式。该机场位于揭东县登岗镇与炮台镇交界处。本期机场总用地面积占地5081.7亩，总投资41.16亿元，拥有一条2800米的跑道和21个停机位。

□ 广东省体育旅游示范基地评选总结会议暨颁牌授匾仪式在广州举行。

□ 2011中国·吉安（井冈山）旅游广州推介会在广州举办。

**17日** 由中山市旅游局、梅州市旅游局共同主办的“中山——梅州万人互动游首团欢迎仪式”在叶剑英纪念园广场举行。梅州市副市长杜敏琪出席欢迎仪式并致辞。

**17～26日** 省旅游局副局长王志红率团赴越南、老挝开展旅游交流活动。

**18日** 由广东省旅游局、梅州市人民政府主办，主题为“休闲到梅州，享受慢生活”的“第五届广东省自驾旅游日暨梅州休闲养生自驾旅游周系列活动、雁南飞第三届茶香节”在雁南飞茶田景区启动。

□ 首届中国（揭阳）玉文化节暨第十届中国（揭阳）玉器节开幕式在揭阳举行。

**19日** 湛江市人民政府印发《湛江市支持旅游产业发展优惠办法的通知》（湛府办［2011］27号）。

**23日** 农业部、国家旅游局联合开展2011年度全国休闲农业与乡村旅游示范县和全国休闲农业与乡村旅游示范点的创建活动。广东长鹿环保度假农庄、珠海市一棵树休闲农庄认定为“全国休闲农业与乡村旅游示范点”。

顺德长鹿环保度假农庄全景图

□ 中国第四届瑶族文化艺术节在连南瑶族自治县顺德文化广场开幕。

**26日** 《湛江市五岛一湾滨海旅游产业园总体规划》经专家评审并获通过。

□ 广深港高铁广深段正式开通运营，起自广州南站，沿线设庆盛、虎门、光明城等3个车站，止于深圳北站，线路全长102公里。运营初期最高时速300公里。

**27日** “迎新年绿道旅游惠民大行动暨2012欢乐健康游”在广州花城广场启动。广东省副省长许瑞生出席启动仪式并致辞，现场派发了“广东绿道旅游护照”。

**30日** 2011中国“清远鸡”美食旅游文化节在清远举行。

**31日** 广东省开平碉楼认养大会在开平召开。广东省副省长雷于蓝出席大会。开平市有关部门与20座碉楼认养代表现场签订认养协议，并为认养者颁发荣誉证书。

（涂继文　翁淑吟）

# 广东旅游业概况

# Introduction to Guangdong Tourism

（第 33～112 页）

全国重点文物保护单位——潮州市广济桥

总述

# 广东概况

【位置、范围和面积】 广东省地处中国大陆最南部，全境位于北纬20°09′～25°31′和东经109°45′～117°20′之间。陆域东邻福建，北接江西、湖南，西连广西，南临南海，西南端隔琼州海峡与海南省相望。珠江口东西两侧分别与香港、澳门特别行政区接壤。全省面积17.98万平方公里，约占全国陆地面积的1.85%。其中岛屿面积1592.7平方公里，约占全省陆地面积的0.89%。海岸线长4114公里，占全国海岸线总长的1/5，所辖海域面积41.93万平方公里，其中内水面积4.89万平方公里，领海面积1.64万平方公里，200海里专属经济区面积65.40万平方公里。全省拥有大小海岛1431个（含东沙群岛），其中500平方米以上的海岛759个，海岛总面积0.16万平方公里，岛岸线长2414.4公里。内陆江河，主要有珠江、韩江、漠阳江和鉴江等。

【地貌】 受地壳运动、岩性、褶皱和断裂构造以及外力作用的综合影响，广东省地貌类型复杂多样，有山地、丘陵、台地和平原，其面积分别占全省土地总面积的33.7%、24.9%、14.2%和21.7%，河流和湖泊等只占全省土地总面积的5.5%。地势总体北高南低，北部多为山地和高丘陵，最高峰石坑崆海拔1902米，位于阳山、乳源与湖南省的交界处；南部则为平原和台地。全省山脉大多与地质构造的走向一致，以北东—南西走向居多，如斜贯粤西、粤中和粤东北的罗平山脉和粤东的莲花山脉；粤北的山脉则多为向南拱出的弧形山脉，此外粤东和粤西有少量北西—南东走向的山脉；山脉之间有大小谷地和盆地分布。平原以珠江三角洲平原最大，潮汕平原次之，此外还有高要、清远、杨村和惠阳等冲积平原。台地以雷州半岛—电白—阳江一带和海丰—潮阳一带分布较多。构成各类地貌的基岩岩石以花岗岩最为普遍，砂岩和变质岩也较多，粤西北还有较大片的石灰岩分布，此外局部还有景色奇特的红色岩系地貌，如著名的丹霞山和金鸡岭等；丹霞山和粤西的湖光岩先后被评为世界地质公园；沿海数量众多的优质沙滩以及雷州半岛西南岸的珊瑚礁，也是十分重要的地貌旅游资源。沿海沿河地区多为第四纪沉积层，是构成耕地资源的物质基础。

【气候】 广东省属于东亚季风区，从北向南分别为中亚热带、南亚热带和热带气候，是全国光、热和水资源最丰富的地区之一。从北向南，年平均日照时数由不足1500小时增加到2300小时以上，年太阳总辐射量在4200～5400兆焦耳/平方米之间，年平均气温为19℃～24℃。全省平均日照时数为1745.8小时、年平均气温22.3℃。1月平均气温为16℃～19℃，7月平均气温为28℃～29℃。广东降水充沛，年平均降水量在1300～2500毫米之间，全省平均为1777毫米。降雨的空间分布基本上也呈南高北低的趋势。受地形的影响，在有利于水汽抬升形成降水的山地迎风坡有恩平、海丰和清远3个多雨中心，年平均降水量均大于2200杭%

【人口和民族】 广东省是我国人口较多且较稠密的省份之一。截至2011年底，全省共有常住人口1.05亿人。居住于本省的人口分属于56个民族，汉族人占总人口的98.46%；少数民族人口307万人，主要有壮族、瑶族、畲族、回族、满族等。广东省是全国华侨最多的省份，祖籍广东的华侨、华人遍布世界各地，总人数达3000多万人，遍及世界160多个国家和地区。

【行政区划】 广东目前实行市领导县的体制。全省设广州、深圳2个副省级市，19个地级市，23个县级市、54个市辖区、41个县、3个民族自治县。省会广州。作为中心城市的广州、深圳和保持领先发展地位的珠江三角洲地区是中国经济最发达、最具活力的区域之一。

【交通】 广东交通发达，以广州为中心的海、陆、空交通运输网四通八达。截至2011年底，广东境内铁路有京广线（双线）、广深线（四线）、广九线（双线）、广茂线（单线）、湛海线（单线）、漳龙线（单线）、畲汕线（单线）、平南线（单线）、河茂线（单线）、黎湛线（双线）、武广高铁线、广珠城际线、广深港高铁线（2011年12月26日广深段开通运营）。铁路营业里程2832.1公里，广东高铁运营里程532公里；广东省境内公路有105、106、107、205、323、324等十多条国道，截至2011年底，全省公路通车里程19.07万公里，其中高速公路5049公里、一级公路10339公里、二级公路19050公里、三级及以下公路15.6万公里，公路密度106.1公里/百平方公里。主要海运港口有广州港、深圳港、湛江港、汕头港、珠海港等；民用机场有广州、深圳、揭阳、湛江、梅州、珠海、佛山等七个，是全国机场分布密度最大的省份。广州白云机场是中国三大枢纽机场之一。

【历史文化】　广东简称粤，因古为百越民族的聚居地而得名。广东具有悠久的历史。据考，广东10多万年前已有“曲江马坝人”生息繁衍。秦末汉初，曾一度称南越国；汉代，番禺是全国著名都会；唐代，广州开设“市舶司”，成为著名对外贸易港口。至清代，佛山成为全国手工业中心和四大名镇之一。广东既是中国现代工业和民族工业的发源地之一，也是中国近代和现代许多重大历史事件的发生地和策源地。如鸦片战争、太平天国革命、辛亥革命、国共两党第一次合作、北伐战争、广州起义，并涌现了洪秀全、康有为、梁启超、廖仲恺、孙中山、彭湃、叶挺、叶剑英等一大批杰出历史人物。

广东久远的历史形成了浓郁而有特色的地方文化。广东汉语方言主要有三种：粤方言（又称广州方言）、客方言和闽方言。地方曲艺主要有：广东音乐、粤剧、潮剧、汉剧、雷剧、山歌剧等。

【经济和社会发展】　广东省经济综合实力稳居全国前列。广东生产总值从1978年的185.85亿增加到2011年的53210.28亿元。全年外贸进出口总额9000亿美元，约占全国的1/3；全省地方一般预算财政收入达5513.7亿元；全省城镇居民人均可支配收入26897.48元，农村居民人均纯收入9371.73，城乡居民家庭恩格尔系数分别为36.9%和49.1%。

社会各项事业全面进步。到2011年底，广州、深圳、珠海、汕头、佛山、中山、惠州、肇庆、江门、东莞等市被评为“国家卫生城市”，广州、深圳、珠海、中山、汕头、惠州、江门等市被评为“国家环境保护模范城市”，深圳、东莞等市被评为“全国绿化模范城市”，深圳、惠州、东莞、中山等市被评为“全国文明城市”。

【旅游行业规模】　广东青山绿水，气候宜人，名胜古迹众多，旅游资源丰富。截至2011年底，全省有18个地级以上市和3个县级市获“中国优秀旅游城市”称号，20个县（市）获“广东省旅游强县（市）”，其中2个县获“中国旅游强县（市）”；拥有8个国家级、18个省级风景名胜区，1个国家级、24个省级旅游度假区，11个国家级、65个省级自然保护区，25个国家级、73个省级森林公园，70处全国重点文物保护单位、506处省重点文物保护单位；拥有A级景区168家，其中5A级景区7家、4A级景区101家、3A级景区49家、2A级景区11家；全省星级饭店总数达1143家，其中白金五星级1家，五星级96家，四星级196家，三星级643家，二星级198家，一星级9家。星级饭店客房数173143间、床位数282190张；全省旅行社总数1459家，其中出境游组团社168家，外资旅行社15家。全省旅游业直接就业人数188.9万人、完全就业人数318.8万人。

（涂继文　马　亮）

# 2011年广东旅游经济状况

【全省旅游经济】

*总体情况*　2011年，广东省旅游业总收入4835.46亿元，比上年增长26.93%；旅游外汇收入139.06亿美元，增长11.86%；国内旅游人数4.70亿人次，增长18.20%；国内旅游收入3931.91亿元，增长32.63%；口岸入境旅游人数1.11亿人次，增长5.70%，其中入境过夜旅游人数3309.65万人次，增长5.37%。按卫星账户统计旅游业增加值2931亿元，相当于全省GDP的5.51%，约占全省服务业增加值的12.2%。

*入境旅游*　2011年，广东省口岸入境旅游人数1.1085亿人次，比上年增长5.70%。其中外国人760万人次，增长16.50%；香港同胞7759万人次，增长5.90%；澳门同胞2364万人次，增长2.90%；台湾同胞202万人次，下降2.40%。

2011年，全省接待入境过夜旅游者3309.65万人次，增长5.37%。其中外国人728.23万人次，增长0.69%；港澳同胞2268.43万人次，增长8.48%；台湾同胞312.98万人次，下降1.19%。入境过夜旅游者中港澳台游客仍为广东入境旅游接待的主体，约占总数78.00%。接待入境过夜旅游者人数排前5名的城市分别为：深圳市（1104.55万人次、增长8.23%），广州市（778.69万人次、下降4.43%），珠海市（320.85万人次、下降1.32%），东莞市（286.14万人次、增长9.26%），惠州市（174.68万人次、增长9.07%）；入境旅游外汇收入排前5名的旅游城市分别为：广州市（48.53亿美元，比上年增长3.51%）、深圳市（37.45亿美元、增长17.74%）、珠海市（10.69亿美元、下降12.79%）、佛山市·含顺德区（9.73亿美元、增长33.46%）、东莞市（9.10亿美元、增长34.60%）；全省口岸入境旅游前5名客源国依次为：日本（112.96万人次、增长4.86%）、美国（65.19万人次、增长0.95%）、马来西亚（41.41万人次、下降1.77%）、韩国（39.31万人次、增长5.40%）、新加坡（30.29万人次、增长4.16%）。

出境旅游　2011年，全省口岸出境旅游者5132.76万人次，比上年增长29.66%。旅行社组团出境旅游总人数524.88万人次，增长23.07%。其中，香港游239.28万人次，增长21.25%；澳门游105.15万人次，增长32.45%；台湾游17.71万人次，增长32.52%；出国游163.03万人次，增长19.52%。

国内旅游接待与收入　2011年，广东省接待过夜国内旅游者2.11亿人次，比上年增长16.13%。国内旅游收入3931.91亿元，比上年增长32.63%。全年接待过夜国内旅游者人数前5名的城市依次为广州市（3816.16万人次，比上年增长3.37%）、深圳市（2627.98万人次，增长16.04%）、东莞市（1399.99万人次，增长8.61%）、珠海市（1214.84万人次，增长15.11%）、肇庆市（1103.69万人次，增长20.46%）；国内旅游收入前5名的城市依次为广州市（1315.47万人次，增长40.55%）、深圳市（494.00万人次，增长19.72%）、佛山市（233.25万人次，增长28.33%）、东莞市（190.25万人次，增长30.86%）、清远市（153.88万人次，增长52.49%）。旅游总收入前5名的城市依次是广州市（1630.80亿元，增长29.98%）、深圳市（737.32亿元，增长17.26%）、佛山市（296.46万人次，增长28.17%）、东莞市（249.37亿元，增长30.34%）、珠海市（222.83亿元，增长1.59%），上述5个城市旅游经济总量占全省64.87%。

假日旅游接待与收入　2011年，春节黄金周、“十一”黄金周假日，全省分别接待游客2654万人次（同比增长13.96%）、2441万人次（同比增长8.25%），其中接待过夜旅游者分别为677万人次（同比增长13.13%）、767万人次（同比增长13.86%）。一日游游游客分别为1977万人次（同比增长14.24%）、1674万人次（同比增长5.86%）。分别实现旅游收入160.87亿元（同比增长25.38%）、159.19亿元（同比增长23.55%）。

（叶志青）

# 旅游重要活动

## 【汪洋视察旅游业】

汪洋视察建设中的珠海长隆海洋度假区　2011年4月7日，中央政治局委员、广东省委书记汪洋在省委常委、常务副省长朱小丹等省领导和珠海市委书记甘霖等陪同下视察珠海长隆。汪洋等领导参观海狮、白鲸等海洋动物驯养基地，观看海狮和白鲸表演，并投喂食物兴致勃勃地“指挥”白鲸“引吭高歌”；4月12日，汪洋再次莅临珠海长隆海洋度假区视察，赞扬长隆集团为打造世界级民族旅游品牌所作出的贡献。

汪洋参观华南珍稀动物保护中心与金丝猴亲近。

汪洋考察梅江区客天下旅游产业园　2011年6月22日，中共中央政治局委员、广东省委书记汪洋，省委副书记、省长黄华华，省委常委、秘书长徐少华，副省长招玉芳等领导在省政府副秘书长刘晓捷、省旅游局局长杨荣森以及梅州市委书记李嘉、市长朱泽君陪同下，考察梅江区客天下旅游产业园。汪洋充分肯定梅州把发展旅游业与文化产业、城市建设紧密融合，深度对接，联动推进。希望梅州按照“绿色崛起”的要求抓好旅游业的开发建设，既注重保护生态环境，又注重客家文化传承发扬，不断提升梅州旅游产业竞争力。9月5~7日，中共中央政治局委员、广东省委书记汪洋在梅州调研期间，先后考察大埔县客家古村落、大埔县文化中心、新加坡前总理李光耀祖居“中翰第”，兴宁市刁坊镇周兴村棣华围客家古民居。汪洋强调：“要坚持在开发中保护、在保护中开发的原则，切实加大古民居、古村落的保护力度，既要着眼于经济发展，更要做好优秀传统文化的传承”。广东省委常委、秘书长徐少华，副省长刘昆、省委政研室主任魏建飞、省委副秘书长陈志英、省旅游局副局长张振林等参加调研和考察。

汪洋到湛江考察关注滨海旅游发展　2011年8月2~4日，中共中央政治局委员、广东省委书记汪洋率领省及有关部门领导到湛江考察，并对湛江保护生态环境、开发旅游资源给予高度评价。汪洋关注湛江乃至全省滨海旅游的发展，提出“用竞争性资金扶持的办法，支持湛江特呈岛等海岛旅游开发，打造几个能代表广东水平、可与海南相媲美的旅游景区。”

**【黄华华率团拜访国家旅游局】** 2011年3月12日，广东省委副书记、省长黄华华，副省长招玉芳率省政府办公厅、省旅游局主要负责人赴京拜访国家旅游局及邵琪伟局长，就进一步落实局省紧密合作机制备忘录、加快广东旅游综合改革与发展、建设全国旅游综合改革示范区等进行商谈。国家旅游局杜一力、杜江、刘金平、吴文学等局领导参加座谈。

黄华华首先转达中共中央政治局委员、广东省委书记汪洋对国家旅游局各位领导的问候。希望今后国家旅游局对广东旅游业的发展给予更大的支持和帮助，共同推动广东旅游业转型升级、加快发展。招玉芳向国家旅游局简要汇报“十一五”时期广东省旅游业改革与发展情况，以及下一步全省旅游业发展目标与重点，并向国家旅游局提出五点请求和建议：一是进一步支持和指导广东建设全国旅游综合改革示范区；二是进一步支持我省落实CEPA政策、深化粤港澳合作；三是支持和推动国家给予我省白云国际机场先行试点实施“72小时国际过境免签证政策”；四是支持和指导我省举办2011中国（广东）国际旅游产业博览会；五是建议成立局省季度会晤工作机制。

国家旅游局局长邵琪伟指出，近年来广东旅游业持续快速发展，主要得益于广东省委、省政府领导思想解放、创新有力。广东旅游业在改革创新方面始终走在全国前列，在全国率先试行国民旅游休闲计划，探索发行国民旅游休闲卡200多万张，累计刷卡消费总额达50多亿元，成绩令人惊喜。广东旅游业发展的很多经验值得在全国推广：一是注重旅游与文化的结合，二是注重旅游与招商引资的结合，三是注重旅游与服务民生的结合。他希望广东建设“全国旅游综合改革示范区”，从两个方面重点突破：一是要着力把旅游业转型发展成为现代服务业。通过信息化带动旅游业转型升级，推动信息化与旅游紧急救援、与旅游市场监管、与旅游服务等各个环节相结合。二是要着力把旅游业培育发展成为战略性支柱产业。推动旅游业与第一、二产业的融合发展，要着力推动旅游制造业、旅游装备制造业的发展，加大旅游商品研发，推出广东旅游必购商品，扩大旅游综合消费。为推动广东加快建设全国旅游综合改革示范区，把广东打造成为亚太地区重要的旅游目的地和游客集散地，国家旅游局将支持指导广东制定《广东省旅游发展规划纲要》；支持广东落实CEPA协议，深化粤港澳旅游合作；支持广东实施旅游便利化措施；支持和指导广东建立旅游卫星账户；支持广东举办2011中国（广东）国际旅游产业博览会；同意建立局省季度会晤工作机制。他表示，凡是在国家旅游局职权范围内的，一定全力支持；凡是涉及相关部门的，一定全力协调推动。他强调，国家旅游局将一如既往地大力支持广东旅游业发展，大力支持广东建设全国旅游综合改革示范区，支持广东旅游业在改革创新中实现又好又快发展。

**【邵琪伟到深圳、珠海调研】** 2011年11月15～23日，国家旅游局局长邵琪伟率队分别赴深圳、珠海市就贯彻落实旅游业如何在推进粤港澳一体化中发挥积极作用等进行调研。广东省旅游局局长杨荣森，深圳、珠海市政府领导及省有关部门领导陪同调研。

11月15日，邵琪伟一行到深圳市欢乐海岸项目调研。在观看欢乐海岸项目宣传片，并听取欢乐海岸关于项目规划布局、业态组合、整体定位等各方面工作汇报后，邵琪伟高度评价华侨城在环境保护、城市建设、文化旅游等各方面做出的不懈努力和欢乐海岸在规划、建设、运营上取得丰硕成果。他说，作为中国文化产业、旅游产业的民族品牌，华侨城长期不懈努力再次结出累累硕果，欢乐海岸在深圳市的城市建设、文化产业、生态旅游产业创新发展的鸿篇巨制中写下浓墨重彩的一笔，不但提升市民的幸福指数，更为幸福广东建设做出重要贡献，深圳人民一定会喜欢上这里，来自各地的游客也一定会为欢乐海岸的独特魅力所倾倒。

11月23日，邵琪伟局长一行在珠海横琴调研，考察横琴新区规划建设展示厅、珠海十字门中央商务区展示厅和长隆国际海洋度假区，专题研究旅游业如何在推进粤港澳一体化中发挥积极作用。邵琪伟在考察时表示，根据《横琴总体发展规划》未来横琴新区将以合作、创新和服务为主题，充分发挥横琴地处粤澳结合部的优势，推进与港澳紧密合作、融合发展，逐步把横琴建设成为带动珠三角、服务港澳、率先发展的粤港澳紧密合作示范区。要围绕把横琴岛建设成服务港澳的商务服务和休闲旅游基地的规划目标，研究制订粤港澳旅游合作规划，通过出台具体的政策，采取切实举措，推进规划落地，加快粤港澳旅游一体化进程。

**【招玉芳到省旅游局调研】** 2011年2月18日，广东省副省长招玉芳率省政府办公厅有关负责人，专程到省旅游局调研，并召开副处级以上干部及业务骨干参加的座谈会。省旅游局局长杨荣森汇报“十一五”期间广东旅游业发展取得的主要成绩以及2011年重点工作安排。省政府副秘书长刘晓捷陪同调研。

招玉芳指出，过去五年，面对国际金融危机和各种自然灾害的冲击，全省旅游系统坚持以科学发展观为统领，坚定信心、奋发进取、危中求进，千方百计保市场、保企业、保稳定，全力以赴促调整、促转型、促创新，我省旅游业呈现出规模与质量双提升、改革与发展新突破、品牌和影响力显著提升的良好势头。主要成绩体现在四个方面：一是推动旅游综合改革的行动快、措施实。二是建设现代旅游产业体系思路新、力度大。三是开展旅游宣传推介手段多、影响大。

四是提升旅游服务水平方式活、效果好。招玉芳强调，旅游业是一个关联度高、综合性强、带动面广的产业。加快旅游业转型升级，提升旅游业核心竞争力，建设旅游强省，对我省加快转型升级、促进经济发展方式加快转变、建设幸福广东具有重要的战略意义。省委、省政府高度肯定旅游业的重要性，汪洋书记和黄华华省长对旅游业发展寄予厚望，今年的省《政府工作报告》强调要全面实施国民旅游休闲计划，推进旅游重大项目开发，加快全国旅游综合改革示范区和旅游强省建设，更好地服务加快转型升级、建设幸福广东。旅游业已被推进到一个新的历史起点。希望省旅游局的全体干部职工切实把思想和行动统一到省委、省政府的决策部署上来，进一步增强做好旅游工作的责任感、使命感、紧迫感。要坚持以科学发展为主题，以转变发展方式为主线，围绕加快转型升级、建设幸福广东这个核心，深化旅游综合改革，大力推动旅游产业转型升级，做旺旅游市场，做大旅游产业，做响旅游品牌，做优旅游服务，做实旅游惠民，加快把旅游业培育成广东国民经济战略性支柱产业和人民群众更加满意的现代服务业，加快实现旅游强省的建设目标。

招玉芳在五个方面取得重点突破：一是着力推动全国旅游综合改革示范区建设；二是着力提升旅游产业核心竞争力；三是着力加大旅游宣传推广力度；四是着力构建旅游产业发展新格局；五是着力完善旅游公共服务体系。招玉芳要求，今年及今后一段时期，我省旅游业发展大政方针和目标任务已经明确，就是要加快转型升级，提高国际竞争力，将旅游业培育成为我省国民经济的战略支柱性产业和人民群众更加满意的现代服务业。

**【招玉芳到汕尾、惠州市调研】** 2011 年 7 月19 ~20日，广东省副省长招玉芳率队赴汕尾、惠州市就贯彻落实省委十届九次全会会议精神、推动两市旅游业快速发展进行调研。省政府副秘书长刘晓捷，省旅游局局长杨荣森、副局长梅其洁等陪同调研。

招玉芳副省长先后到汕尾市凤山妈祖文化广场、银龙湾、品清湖，惠州市挂榜阁、丰渚园等旅游景点、旅游企业调研，并分别召开座谈会，听取两市旅游工作汇报。招玉芳充分肯定两地加快旅游业发展的做法，她指出，当前，国务院明确定位旅游业从第三产业的发展重点上升到国民经济战略性支柱产业，全省正抓紧研究进一步推动全国旅游综合改革示范区建设。希望汕尾、惠州市把握机遇，着力先行先试，争取率先取得突破，为全省旅游综合改革发展提供示范。要重点做好七个方面工作：一是着力加强旅游发展规划。要按照“严格保护、统一管理、合理开发、持续发展”的原则，进一步完善本市旅游业发展总体规划，科学布局旅游功能空间、注重相关规划的衔接一致、狠抓规划实施。二是着力推进旅游重大项目开发。旅游重大项目是旅游业发展的基础和核心竞争力所在。两市要加大力度开发旅游大项目，推动旅游企业做大做强，为推动旅游强省作出积极贡献。要整合现有旅游资源、加大旅游招商引资力度、加快推动旅游大项目建设。对市政府已签约确定的重大项目，要跟踪落实，抓紧建设，争取早见效益。三是着力加大旅游宣传力度。两市旅游近年来发展迅猛，但是总体知名度仍然有待提升，必须树立旅游营销就是城市营销的理念，将旅游宣传促销和城市投资营商环境推介结合起来，加大旅游促销投入。四是着力开展滨海度假休闲旅游。汕尾、惠州市是我省滨海旅游资源最为丰富的城市之一，要把建设和发展滨海旅游区、开展滨海度假休闲旅游作为旅游业的重要支撑点、着力点来抓。五是着力发展绿道旅游。发展绿道旅游是幸福市民、快乐游客、致富农民的很好办法。要及早动手，迅速启动 1 至 2 条绿道网示范段建设，要按照《广东省绿道网总体规划纲要》要求，尽早制定绿道旅游发展规划、打造绿道旅游精品线路、完善绿道沿线的旅游配套设施。六是着力推进旅游扶贫工作。要用好省政府旅游扶贫专项资金，扶持一批农家乐重点项目，推动欠发达地区旅游业跨越发展，带动当地经济社会发展和扶贫“双到”工作。七是着力发展旅游制造业。发展旅游制造业是旅游业不断延伸产业链、壮大产业规模、提升产业层次的重要途径。两市要重点发展船舶修造、高级游艇、玻璃钢船、特种船舶等产品，延伸拓展配套产业，要尝试发展 1 至 2 个高端旅游商品制造业基地，，打造旅游必购商品，扩大旅游综合消费。

**【招玉芳到阳江市调研】** 2011 年 9 月 13 ~ 14 日，广东省副省长招玉芳率省直相关部门负责人赴阳江市开展旅游工作调研，省旅游局局长杨荣森、副局长张振林陪同调研。招玉芳一行先后考察广东海上丝绸之路博物馆等项目和海陵岛滨海休闲旅游度假区，深入了解阳江旅游项目建设情况及旅游资源开发情况。在听取阳江市市长魏宏广和常务副市长陈华康汇报后，招玉芳充分肯定阳江市今年以来经济社会发展特别是旅游工作取得的成绩，并希望阳江发挥优势，抢抓机遇，做大做强特色旅游产业。

招玉芳指出，当前，国务院明确定位旅游业从第三产业的发展重点上升到国民经济战略性支柱产业，全省正抓紧研究进一步推动全国旅游综合改革示范区建设。阳江要把握机遇，着力先行先试，争取率先取得突破，为全省旅游综合改革发展提供示范。重点要做好以下六个方面工作：一是着力加强旅游发展规划。要按照“严格保护、统一管理、合理开发、持续发展”原则，进一步完善全市旅游业发展总体规划，科学布局旅游功能空间，注重相关规划的衔接一致，着力先行先试、狠抓规划实施。二是着力推进旅游重大项目开发。旅游重大项目是旅游业发展的基础和核心竞争力所在，阳江要加大力度开发旅游大项目，推动旅游企业做大做强，为全省旅游类上市公司尽早实现“零的突破”作贡献。三是创新宣传促销技巧，着力加大旅游宣传力度。阳江要不断提升总体知名度，要善用技巧、善用旅游节庆等特色活动带旺旅游产业，将旅游宣传促销和城市投资营商环境推介结合起来，加大旅游促销投入。四是着力发展绿道旅游。发展绿道旅游是幸福市民、快乐游客、致富农民的好办法。要加快布局，尽早配套发展绿道旅游。积极引导广大城乡居民爱绿道、爱旅游，真正将绿道旅游培育成群众参与、形式多样、特色明显的阳江乃至广东旅游的新业态、新品牌、新亮点。五是着力做好旅游扶贫开发。要围绕省里的“规划到人、责任到户”，把发展旅游作为破解扶贫开发难题的切入点和重要抓手。六是着力发展旅游制造业。推动旅游业与第一、二产业的融合发展，着力发展壮大旅游制造业，是旅游业不断延伸产业链、壮大产业规模、提升产业层次的重要途径。要充分利用阳江的特色农产品资源，打造旅游必购商品，扩大旅游综合消费。

**【招玉芳到河源市调研】** 2011 年 11 月 29 ~ 30 日，广东省副省长招玉芳率队赴河源市就推动旅游业快速发展进行调研。省政府刘晓捷副秘书长，河源市委市政府领导，省政府办公厅、省旅游局及省有关部门领导陪同调研。

招玉芳一行先后考察东江·巴登城、东源县苏家围、龙川佗城等旅游景区景点，并召开座谈会听取河源市委、市政府和部分旅游企业代表的汇报。招玉芳充分肯定河源市加快发展旅游业的做法。希望河源市把握机遇，着力先行先试，争取率先取得突破，为全省旅游综合改革发展提供示范。要重点做好六个方面工作：一是要着力加强旅游发展规划。要按照“严格保护、统一管理、合理开发、持续发展”的原则，进一步完善本市旅游业发展总体规划，科学布局旅游功能空间、注重相关规划的衔接、狠抓规划实施。二是要着力推进旅游重大项目开发。要加大力度开发旅游大项目，推动旅游企业做大做强，为推动旅游强省作出积极贡献。要整合现有旅游资源、加大旅游招商引资力度、加快推动旅游大项目建设。对市政府已签约确定的重大项目，要跟踪落实，抓紧建设，争取早见效益。三是要着力加大旅游宣传力度。要树立旅游营销就是城市营销的理念，将旅游宣传促销和城市投资营商环境推介结合起来，加大旅游促销投入。创新宣传促销技巧、精心策划特色旅游节庆活动。四是要着力推进旅游扶贫工作。要用好省政府旅游扶贫专项资金，扶持一批农家乐重点项目，推动欠发达地区旅游业跨越发展，带动当地经济社会发展和扶贫“双到”工作。五是要着力做好旅游综合改革工作。要以广东生态旅游示范区建设为契机，加快推进旅游综合改革。

**【2011 年全省旅游工作会议】** 2011 年 1 月 21 日，广东省政府在广州召开全省旅游工作会议，总结“十一五”期间全省旅游工作，研究部署“十二五”时期及 2012 年全省旅游业重点工作。刘昆副省长出席会议并讲话；省旅游局党组书记、局长杨荣森传达全国旅游工作会议精神并作工作报告；省政府刘晓捷副秘书长主持会议。各地级以上市分管副市长，省直及中央驻粤有关单位负责人，各地级以上市、县（市、区）旅游局局长，参创“广东省旅游强县”的县（市）和县级优秀旅游城市分管负责人，重点旅游企业负责人，省旅游局领导及各处室主要负责人及新闻媒体代表 300 人参加大会。

会议提出“七项要求”和“十件大事”。“七项要求”：一要抓先行先试，进一步深化广东旅游综合改革。二要抓规划先导，进一步优化我省旅游业发展布局。三要抓项目带动，进一步推动旅游产业集聚发展。四要抓创意营销，进一步提升广东旅游的知名度和吸引力。五要抓优化服务，进一步完善旅游发展的软硬环境。六要抓旅游惠民，进一步共享旅游发展成果。七要着力办好 2011 广东国际旅游文化节。“十件大事”：一是深化旅游综合改革，推动旅游产业转型升级；二是深入实施国民旅游休闲计划，提高人民群众的幸福指数；三是加快广东旅游发展总体规划编制工作，推动旅游产业科学发展；四是大力推动重大旅游项目建设发展，提升旅游产业核心竞争力；五是大力开拓旅游市场，扩大旅游综合消费；六是努力提升旅游服务质量，确保旅游安全；七是大力推进旅游信息化建设，提升旅游产业的现代化水平；八是深化粤港澳台旅游合作，提升两岸四地旅游的国际影响力；九是加强旅游人才队伍建设，提升旅游从业人员素质；十是积极筹办 2011 年广东国际旅游文化节及中国（广东）国际旅游产业博览会。

会议为“2010 广东旅游好新闻”获奖单位和个人颁奖，并授予从化市、增城市和惠州博罗县“广东省（市）旅游强县”牌匾，授予广州、汕头、梅州、惠州、中山、阳江、肇庆等 7 个市“全省旅游综合改革示范市”牌匾；授予广州增城市、珠海横琴新区、佛山南海区、韶关乳源瑶族自治县、河源东源县、湛江徐闻县、清远佛冈县、揭阳揭西县、云浮新兴县等 9 个县“全省旅游综合改革示范县（市、区）”牌匾。

**【首届中国（广东）国际旅游产业博览会】** 2011 年 9 月 2 ~ 5 日，由国家旅游局、广东省人民政府主办的首届中国（广东）国际旅游产业博览会（以下简称“旅博会”）在广州市琶洲保利世贸博览馆开幕。中共广东省委副书记、省长黄华华出席并宣布旅博会开幕。国家旅游局副局长杜江、广东省副省长招玉芳，世界旅游业理事会副主席让克洛德·鲍姆加藤、亚太旅游协会候任主席安栋梁等出席开幕式。本届旅博会面积 70000 平方米，标准展位 3000 个，吸引来自 27 个国家和地区及国内 20 多个省份的高端旅游专业参展商超过 1 万名参展。会期间参观参展人数达 32 万人次。本届旅博会主题突出，内容丰富。共设置中华馆、国际馆、绿色酒店用品馆、品质生活馆、绿道旅游馆、动漫创意旅游展区等6大主题展区，有包括酒店用品、旅游餐饮、旅游商品、特种旅游装备、旅游地产、旅游电子商务、旅游传媒产业、旅游高端制造业、旅游教育培训在内的超过20个系列企业参展，涵盖了与旅游相关的主要企业。本届旅博会共签订投资与贸易合同、协议、意向项目16个，总金额373.4亿元。

**【2011年广东旅游信息化建设研讨会暨全省旅游信息工作会议】** 2011年1月20～21日，广东旅游信息化建设研讨会暨全省旅游信息工作会议在广州召开。广东省旅游局副巡视员林上福，广东省经济与信息化委员会信息化推进处负责人、各地级以上市旅游局分管信息工作负责人、部分兄弟省份旅游局信息中心负责人、旅游信息化和电子商务专家，以及全省20余家旅行社、景区、酒店、旅游信息化企业代表等共120余人参加会议。研讨会上，山东省旅游局信息中心、四川省旅游局信息中心、海南省旅游局信息中心、海南大学信息科学技术学院、阿里巴巴集团、中国移动广东有限公司等单位的专家阐释在信息化发展的大趋势下，如何利用信息技术来推动旅游业发展，将旅游和信息化完美结合，逐步完成传统旅游业向现代旅游业的转型升级。广东省旅游信息化建设的总体思路是：认真贯彻落实国家旅游局和省委省政府信息化发展战略，坚持以信息化带动旅游业大发展，以旅游业大发展促进信息化。坚持政府主导，动员旅游企业、社会力量共同参与，通过建设一个标准、权威、全面的数据中心，支撑旅游信息综合服务平台建设（包括语音服务、互联网服务、手机移动网服务和其他信息服务），推动旅游业信息化建设，逐步构建涵盖旅游电子政务、旅游电子商务、旅游公众信息服务、旅游企业信息化的旅游信息体系。全省旅游信息化建设的短期目标是：用三年左右的时间，完成广东旅游信息综合服务平台建设，向社会提供权威、全面的信息服务，90%以上的旅游活动使用信息平台实现；信息化应用水平大幅提升，旅游企业发展方式发生重大变化，信息化产品和服务成为新型的产业模式；初步完成办公自动化、政务网站和各类业务系统建设，80%以上的政务工作以电子政务的形式完成；广东旅游信息化实现跨越式发展，达到全国领先水平。

**【省政府表彰导游技能大赛获奖选手】** 2011年6月1日，2010年广东省职业技能大赛和第五届“省长杯”工业设计大赛总结表彰大会在省政府礼堂召开。中共广东省委常委、副省长肖志恒，副省长佟星，省委组织部、省经信委、省人社厅、省总工会、省妇联、团省委等省直单位及21个地级以上市的领导出席总结表彰大会。全省33个参赛工种的承办单位代表、获奖选手代表、裁判员代表以及参赛队员代表1500多人出席表彰会。

表彰会上，由省旅游局承办的“2010年广东省职业技能大赛‘广东中旅杯’导游人员职业技能大赛”决赛第一名的肇庆选手蔡艳梅，被省总工会、省妇联、团省委分别授予“五一劳动奖章”、“三八红旗手”“五四青年奖章”荣誉称号并获得一次性5万元人民币的奖励；对获得专业组、学生组前三名的优秀选手进行通报表彰，并分别给予一次性5万元、3万元、2万元人民币的奖励；对专业组前八名优秀选手由省人力资源和社会保障厅授予“广东省技术能手”荣誉称号；广东省旅游局荣获了“2010年广东省职业技能大赛先进集体”荣誉称号；芦京津、谈雅伦荣获“2010年广东省职业技能大赛先进个人”荣誉称号。

**【全省旅游卫星账户编制工作会议】** 2011年4月22日，省旅游局在广州市召开会议，部署全省卫星账户编制工作。此次会议的召开，标志着全省旅游卫星账户编制工作正式启动。省旅游局张振林副局长、省统计局欧卫东副局长、国家统计局外经贸易司宋跃征司长、国家旅游局政策法规司张海燕副司长出席会议并讲话。

会议指出，卫星账户是用于测量现有国民经济核算体系中尚未或不能被作为一个产业的经济部门规模的一种核算方法。它是一个新的统计工具，依照一个共同的核算框架来测量旅游及相关的产品和服务，可以将旅游业与其他传统产业作一个可信的比较，并进一步对国家、地区之间的旅游经济进行比较。

会议强调，卫星账户不仅能准确地计算出旅游业对于国民经济的贡献率、旅游业所带来的直接或间接收入，真实地反映旅游业对国民经济总产值、投资和平衡地区收支的贡献程度，还能测算出旅游业对于就业、财政税收、居民收入等的影响。因此，抓紧开展全省卫星账户编制工作，对进一步深入研究旅游产业的动态综合评价体系，建立旅游业对经济发展的预测数学模型，求得全省旅游业发展的最佳运行模式，推动其它相关产业发展，产生良好的经济、社会和环境效应，有着十分重要的作用。

省统计局、发改委、财政厅、国家统计局广东调查总队、全省21个地级以上市旅游局相关负责人及省旅游局机关相关业务处室负责人参加了会议。会议还邀请了西安交通大学博士生导师黎洁教授介绍了有关旅游卫星账户方面的知识和主持编制全国最早实施该项目的江苏旅游卫星账户的工作经验。

（涂继文　余晓娟）

## 旅游行业管理

# 广东省旅行社业

【概况】 2011 年，广东省新批准设立经营国内游和入境游旅行社 195 家，其中出境游组团社 17 家，外资旅行社 1 家。至年底，是年，广东省有 19 家旅游企业进入“全国百强旅行社”；共有 12 家旅游企业进入全国四项十强旅行社名单。其中进入全国旅行社集团十强 2 家、国内游十强旅行社 2 家、入境游十强旅行社 1 家、出境游十强旅行社 2 家、利税十强旅行社 2 家。(具体见附件)

【旅行社经营规模及效益】 2011 年，根据 1314 家旅行社填报的有效数据统计，截至年底，全省旅行社总资产 107.36 亿元，比上年增长 22.67%；负债总额为 84.07 亿元，比上年下降 5.58%。所有者权益为 23.37 亿元，实收资本金为 19.58 亿元。旅行社直接从业人员为 35633 人，增长 7.13%。全省旅行社营业收入总额为 451.49 亿元，增长 25.31%；旅游业务收入总额为 425.26 亿元，增长 21.43%；利润总额为 3.15 亿元，增长 19.51%，其中旅游业务利润总额 26.79 亿元，为利润总额的 8.5 倍；实缴税金总额为 3.21 亿元，增长 6.86%。

【入境旅游业务】 2011 年，全省旅行社入境旅游外联 337.65 万人次、887.16 万人天，接待 431.17 万人次、1084.77 万人天，同比分别增长 13.67%、增长 23.15%、增长 6.4%、增长 17.6%。其中入境旅游外国人外联 68.55 万人次、226.43 万人天，接待 108.33 万人次、346.46 万人天，同比分别下降 17.89%、增长 3.26%、增长 10.17%、增长 20.21%。

入境旅游营业收入为 32.99 亿元，占全省旅游业务收入总量的 7.76%；入境旅游业务利润额为 2.43 亿元，占旅游业务利润总量的 9.07%。

【国内旅游业务】 2011 年，全省旅行社国内旅游组织 2349.28 万人次、5467.13 万人天，接待 1900.92 万人次、3287.42 万人天，同比分别增长 23.14%、增长 17.51%、增长 16.71%、下降 34.047%。

国内旅游业务收入为 258.78 亿元，占全省旅游收入总量的 60.85%；国内旅游业务利润额为 15.41 亿元，占旅游利润总量的 57.53%。

【出境旅游业务】 2011 年，全省旅行社出国旅游组织 576.08 万人次、2078.49 万人天，同比分别增长 32.76%、增长 23.37%；港澳游组织 338.44 万人次，同比增长 25.39%。

出境旅游业务收入为 133.49 亿元，占全省旅游业务收入总量的 31.39%；出境旅游业务利润额为 8.95 亿元，占全省旅游业务利润总量的 33.41%。

【旅行社结构分布状况】 2011 年，旅行社地区分布数量排在前五位的地级市依次为：深圳（311 家）、广州（265 家）、珠海（109 家）、汕头（67 家）、佛山（61 家），五市旅行社总量占全省总量的 59%。

在全省旅行社中，国有企业占 8.16%，集体所有制企业占 0.82%，股份有限公司占 0.21%，有限公司企业占 16.93%，私营企业占 72.86%，外资合资、独资企业占 1.03%。

旅行社经营状况排序经对全省 22 个地级市（区）旅行社营业收入总额、利润总额、旅游业务收入、旅游业务利润、实缴税金、入境外联人天、入境接待人天、国内组织人天、国内接待人天等 9 项指标综合排序，前五名地级市依次为：广州、深圳、佛山、中山、珠海。

（省旅游局行业管理处供稿）

# 广东旅游企业进入全国排优排强榜

## 2011 年度广东省进入全国百强旅行社名单

| 序　号 | 许可证编号 | 旅行社名称 | 全国名次 |
|---|---|---|---|
| 1 | L－GD－CJ00002 | 广东省中国旅行社股份有限公司 | 2 |
| 2 | L－GD－CJ00004 | 广州广之旅国际旅行社有限公司 | 5 |
| 3 | L－GD－CJ00019 | 广东南湖国际旅行社有限责任公司 | 14 |
| 4 | L－GD－CJ00085 | 佛山市中旅国际旅行社有限公司 | 32 |
| 5 | L－GD－CJ00001 | 广东国旅国际旅行社股份有限公司 | 35 |
| 6 | L－GD－CJ00052 | 深圳市海外国际旅行社有限公司 | 41 |
| 7 | L－GD－CJ00084 | 佛山国旅国际旅行社有限公司 | 45 |
| 8 | L－GD－CJ00056 | 深圳市宝中旅行社有限公司 | 47 |
| 9 | L－GD－CJ00081 | 佛山市禅之旅国际旅行社有限公司 | 51 |
| 10 | L－GD－CJ00036 | 广州携程国际旅行社有限公司 | 58 |
| 11 | L－GD－CJ00005 | 广东铁青国际旅行社有限责任公司 | 60 |
| 12 | L－GD－CJ00039 | 深圳中国国际旅行社有限公司 | 65 |
| 13 | L－GD－CJ00038 | 深圳市深旅国际旅行社有限公司 | 66 |
| 14 | L－GD－CJ00047 | 深圳市九洲国际旅行社有限公司 | 68 |
| 15 | L－GD－CJ00061 | 深圳市建南国际旅行社有限公司 | 74 |
| 16 | L－GD－CJ00044 | 深圳华侨城国际旅行社有限公司 | 77 |
| 17 | L－GD－CJ00083 | 佛山市南海中旅假日国际旅行社有限公司 | 79 |
| 18 | L－GD－CJ00082 | 广东顺之旅国际旅行社有限公司 | 91 |
| 19 | L－GD－CJ00003 | 广东省中国青年旅行社 | 93 |

## 2011 年度广东进入全国旅行社集团十强名单

| 序　号 | 许可证编号 | 旅行社名称 | 全国名次 |
|---|---|---|---|
| 1 | L－GD－CJ00002 | 广东省中国旅行社股份有限公司 | 4 |
| 2 | L－GD－CJ00004 | 广州广之旅国际旅行社股份有限公司 | 8 |

## 2011年度广东进入全国四项十强旅行社名单国内游十强旅行社

| 序　号 | 许可证编号 | 旅行社名称 | 全国名次 |
|---|---|---|---|
| 1 | L－GD－CJ00019 | 广东南湖国际旅行社有限责任公司 | 2 |
| 2 | L－GD－CJ00004 | 广州广之旅国际旅行社股份有限公司 | 3 |

## 2011年度广东进入全国四项十强旅行社名单入境游十强旅行社

| 序　号 | 许可证编号 | 旅行社名称 | 全国名次 |
|---|---|---|---|
| 1 | L－GD－CJ00002 | 广东省中国旅行社股份有限公司 | 5 |

## 2011年度广东进入全国四项十强旅行社名单出境游十强旅行社

| 序　号 | 许可证编号 | 旅行社名称 | 全国名次 |
|---|---|---|---|
| 1 | L－GD－CJ00004 | 广州广之旅国际旅行社股份有限公司 | 1 |
| 2 | L－GD－CJ00002 | 广东省中国旅行社股份有限公司 | 5 |
| 3 | L－GD－CJ00019 | 广东南湖国际旅行社有限责任公司 | 7 |
| 4 | L－GD－CJ00039 | 深圳中国国际旅行社有限公司 | 8 |
| 5 | L－GD－CJ00001 | 广东国旅国际旅行社股份有限公司 | 9 |

## 2011年度广东进入全国四项十强旅行社名单利税十强旅行社

| 序　号 | 许可证编号 | 旅行社名称 | 全国名次 |
|---|---|---|---|
| 1 | L－GD－CJ00002 | 广东省中国旅行社股份有限公司 | 3 |
| 2 | L－GD－CJ00004 | 广州广之旅国际旅行社股份有限公司 | 9 |

注：1. 2011年度，拥有全国“百强旅行社”列前5名的省（市区）分别为：广东（19家），北京（13家），上海（12家），山东（4家），湖南、江苏各7家；

2. 拥有全国“旅行社集团十强”列前3名的省（市区）分别为：北京（4家）、上海（3家）、广东（2家）；

3. 拥有全国“国内游十强旅行社”列前3名的省（市区）分别为：广东、上海、江苏各2家；

4. 拥有全国“入境游十强旅行社”列前3名的省（市区）分别为：湖南（3家）、北京、上海各2家，成都、广东、福建各1家；

5. 拥有全国“出境游十强旅行社”列前3名的省（市区）分别为：广东（5家）、上海（3家）、北京（2家）。

附件：

# 2011年度全国旅行社统计调查排优排强方法

一、"全国百强旅行社"排序方法

（1）国内旅游组织人天、接待人天，入境旅游外联人天、接待人天等四项指标之和进入全国旅行社前300名。

（2）在以上300家旅行社中，以国内旅游组织人天、接待人天，入境旅游外联人天、接待人天，旅游业务营业收入，旅游业务毛利润，实缴税金，旅游结汇八项指标进行排序，将此八项指标位次之和由小到大选取前100名旅行社。其中，旅游业务毛利润、旅游业务营业收入、实缴税金、旅游结汇四项指标中，任何一项未进入单项排序前300名的旅行社都被排除。

（3）当旅行社名次相同时，以旅游业务营业收入名次为先，决定其最后排序位次。

二、"全国十强旅行社集团"排序方法

（1）集团旅游业务营业收入总额、旅游业务毛利润总额两项指标之和进入旅行社集团的前100名。

（2）在以上100家旅行社集团中，以集团旅行社成员企业数、旅行社子公司（包括子公司的旅行社子公司）数、外联组织人天、接待人天、旅游业务营业收入总额、旅游业务利润总额六项指标进行排序，将此六项指标位次之和由小到大选取前10名旅行社。其中，在集团旅行社成员企业数、旅行社子公司数、外联组织人天、旅游业务营业收入总额等四项指标中，任何一项未进入旅行社集团单项排序前100名的都被排除。

（3）当旅行社名次相同时，以旅游业务收入名次为先，决定其最后排序位次。

三、"全国国内旅游十强旅行社"排序方法

（1）国内旅游组织人天、接待人天两项指标之和进入全国旅行社前100名。

（2）在以上100家旅行社中，以国内旅游的组团人天、接待人天、营业收入、毛利润四项指标进行排序，将此四项指标位次之和由小到大选取前10名旅行社。其中，在国内旅游业务营业收入、国内旅游业务毛利润两项指标中，任何一项未进入单项排序前100名的旅行社都被排除。

（3）当旅行社名次相同时，以国内旅游业务营业收入名次为先，决定其最后排序位次。

四、"全国入境旅游十强旅行社"排序方法

（1）入境旅游外联人天、接待人天两项指标之和进入全国旅行社前100名。

（2）在以上100家旅行社中，以入境旅游的外联人天、接待人天、营业收入、毛利润四项指标进行排序，将此四项指标位次之和由小到大选取前10名旅行社。其中，在入境旅游业务营业收入、入境旅游业务毛利润两项指标中，任何一项未进入单项排序前100名的旅行社都被排除。

（3）当旅行社名次相同时，以入境旅游业务营业收入名次为先，决定其最后排序位次。

五、"全国出境旅游十强旅行社"排序方法

（1）出国旅游组织人天、港澳旅游组织人天两项指标之和进入全国旅行社前100名。

（2）在以上100家旅行社中，以出国旅游组织人天、港澳旅游组织人天、出境旅游业务营业收入、出境旅游业务毛利润四项指标进行排序，将此四项指标位次之和由小到大选取前10名旅行社。其中，在出境旅游业务营业收入，出境旅游业务毛利润两项指标中，任何一项未进入单项排序前100名的旅行社都被排除。

（3）当旅行社名次相同时，以出境旅游业务营业收入名次为先，决定其最后排序位次。

六、"全国利税十强旅行社"排序方法

（1）以利润总额、实缴税金两项指标之和进行排序，取前10名旅行社。

（2）当旅行社名次相同时，以利润总额名次为先，决定其最后排序位次。

（中国旅游年鉴编辑部提供）

# 广东省星级饭店

【概况】 2011年，广东省新增星级饭店50家，其中五星级9家，四星级13家，三星级28家。至年底，全省星级饭店总数达1143家，其中白金五星级1家，五星级96家，四星级196家，三星级643家，二星级198家，一星级9家。星级饭店客房数173143间，床位数282190张，餐位数约80万个，直接从业人员558666人。全省星级饭店中，中外合资（中外合作或外商独资）饭店为194家，占17.0%；个体所有制饭店411家，占36.0%；有限责任、股份制饭店226家，占19.8%；集体所有制饭店126家，占11.0%；国有饭店186家，占14.0%。据不完全统计，全年星级饭店平均住房率约68.0%。全省绿色饭店共957家。

【星级饭店复核】 2011年，广东省有1188家星级饭店纳入复核范围（其中年度复核905家，评定性复核241家），因改制或正在全面翻新改造和停业装修申请延期复核的饭店有42家。复核结果：有79家星级饭店因不达标被取消资格（具体见《2011年度广东省星级饭店复核处理结果一览表》），有26家星级饭店限期整改，其他星级饭店均通过复核。

2011年7月7日，广东省旅游局下发《关于做好2011年度星级饭店复核工作的通知》，对全省星级饭店实行年度复核：一是由全国旅游星级饭店评定委员会（下称“全国星评委”）对广东2011年度满四年期和五年期的五星级饭店进行评定性复核。全省纳入评定性复核范围的五星级饭店共27家，其中广州2家、深圳2家、珠海2家、佛山1家、汕头2家、河源1家、惠州2家、东莞9家、中山1家、江门2家、阳江1家、清远1家、揭阳1家；二是由广东旅游星级饭店评定委员会（下称“省星评委”）参照五星级饭店复核要求，对全省2011年度满四年期和五年期的四星级饭店进行评定性复核。全省纳入评定性复核的四星级饭店共59家，其中广州10家、深圳10家、珠海2家、佛山3家、珠海2家、佛山3家、汕头2家、韶关3家、河源2家、惠州3家、汕尾1家、东莞10家、江门1家、阳江1家、湛江3家、清远2家、潮州2家、揭阳1家和云浮3家。三是参照四、五星级饭店复核要求，由各市旅游星级饭店评定委员会对本地区一至三星级饭店开展复核工作。

全省累计派出630人次星评员对各星级饭店进行复核。按照召开复核情况汇报会，查看饭店相关资料，详细察看饭店各个服务功能与区域，依据《旅游饭店星级的划分与评定》（GB/T14308—2010）逐项评定，召开复核检查情况反馈会，复核资归档等工作程序进行。广东星级饭店年度复核检查工作采取全面检查和重点抽查相结合，对满四、五年期饭店重点进行全面复核检查，以点带面，同时以明查为主、暗访为辅的方法，侧重检查饭店的大堂、客房、餐饮三个核心区域、后勤区域和消防安全情况。同时，采取分级复核与交叉检查相结合，省星评委组织开展全省四星级饭店的复核工作，并协助全国星评委做好全省五星级饭店的评定性复核工作；各地市星评委组织开展管辖区内三星级以下星级饭店的复核工作，同时协助省星评委做好对本地区四星级饭店的复核工作；对全省满四、五年期四星级饭店，省星评委选派省级星评员跨市复核，并将复核情况报告省星评委，由省星评委监督抽查，保质保量完成星级复核任务。

在开展星级饭店复核过程中，广东省旅游局、省星评委把星级复核与创建“绿色旅游饭店”工作有机结合起来，将绿色旅游饭店标准作为复核工作的一项指标要求，督导星级饭店在整改过程中按绿色旅游饭店标准要求内容完善整改，使复核工作与“创绿”工作双达标；消防和安全是星级饭店复核检查的重要内容，饭店企业能否通过星级复核的前提条件是受检饭店是否符合安全生产资质，例如消防部门出具的消防安全验收意见书就是复核检查的首要必备项目。同时一些主要设施设备的安检证书、文件等也纳入必检范围，消防安全不过关，不予通过复核。全省各市重视饭店的消防安全工作，制度比较健全，职责明确，宣传形式多样化，大部分做到有检查、有培训、有演练、有记录。

【星级饭店管理】 2011年，广东省旅游管理部门贯彻落实中共中央政治局委员、广东省委书记汪洋关于广东饭店业“要走出国门，开拓国际市场，学习先进经验，开展精细化管理与服务”的指示要求，先后组织酒店高层以及各市行管人员赴日本、澳门特别行政区学习考察，推动各大型酒店加强与国际间的交流与合作，建立定期会晤制度，学习国际礼仪、培养外语导游、完善中英文标识等，借鉴精细化管理经验，打造“广式旅游饭店管理服务模式”。

是年，中华人民共和国国家标准《旅游饭店星级的划分与评定》（GB/T14308－2010）开始实施。省旅游局组织举办大规模的新标准宣贯班，邀请资深饭店管理专家、新标准起草人亲临授课，召集各地市旅游部门负责人、四、五星级饭店高层共800人参加培训，为星级饭店发展培养一大批骨干，以提高饭店业界理解掌握新标准。各地市也相继举办宣贯班，广州、珠海、东莞等市饭店协会组织饭店管理人员到国内外酒店业发达地区考察、观摩和学习。此外，还要求各地市旅游局从新旧版标准的不同点入手，有针对性地编写培训教材，阐述饭店必备项目、核心产品、绿色环保、应急管理、软件可衡量和特色经面的要求，制定饭店总台、客房、餐厅、公共区域及后勤保障等岗位的操作规范，全面提高星评队伍和饭店管理人才的专业水平。截至2011年底，全省共有国家星评员13人，省星评员153人，饭店内审员860人。

（邹飞祥）

## 2011年度广东省被取消星级饭店一览表

| 地市 | 饭店名称 | 星级 | 编号 |
|---|---|---|---|
| 广州市（共21家，其中五星级1家，四星级1家，三星级8家，二星级10家，一星级1家） | 广东中心皇冠假日酒店 | 五 | 4450023 |
| | 中央酒店 | 四 | 4440029 |
| | 白云鸿波山庄 | 三 | 4430031 |
| | 芙蓉鸿波山庄 | 三 | 4430034 |
| | 浙江大厦富春宾馆 | 三 | 4430039 |
| | 广州市金来大酒店 | 三 | 4430049 |
| | 广东胜利宾馆 | 三 | 4430068 |
| | 来利大酒店 | 三 | 4430455 |
| | 神州酒店 | 三 | 4430542 |
| | 融园山庄 | 三 | 4430579 |
| | 钻石山庄 | 二 | 4420002 |
| | 大岗园林宾馆 | 二 | 4420008 |
| | 云浮酒店 | 二 | 4420017 |
| | 万通大厦 | 二 | 4420029 |
| | 怡乐酒店 | 二 | 4420030 |
| | 光明楼酒店 | 二 | 4420038 |
| | 粤侨宾馆 | 二 | 4420047 |
| | 梅花园林宾馆 | 二 | 4420054 |
| | 峻铭宾馆 | 二 | 4420388 |
| | 富康来酒店 | 二 | 4420410 |
| | 北京旅店 | 一 | 4410004 |
| 深圳市（共12家，其中四星级3家，三星级6家，二星级3家） | 宝利来大酒店 | 四 | 4440048 |
| | 富丽华大酒店 | 四 | 4440127 |
| | 中阁城大酒店 | 四 | 4440140 |
| | 凯利莱酒店 | 三 | 4430083 |
| | 沙田酒店 | 三 | 4430084 |
| | 双溪威大酒店 | 三 | 4430091 |
| | 千富大酒店 | 三 | 4430097 |

续表

| 地市 | 饭店名称 | 星级 | 编号 |
|---|---|---|---|
| 深圳市（共 12 家，其中四星级 3 家，三星级 6 家，二星级 3 家） | 碧海恒诚酒店 | 三 | 4430103 |
| | 永通大酒店 | 三 | 4430105 |
| | 华盐宾馆 | 二 | 4420079 |
| | 金丰盈酒店 | 二 | 4420089 |
| | 新安京洋宾馆 | 二 | 4420093 |
| 珠海市（共 6 家，其中五星级 1 家，三星级 3 家，二星级 2 家） | 怡景湾大酒店 | 五 | 4450004 |
| | 云海酒店 | 三 | 4430152 |
| | 赋龙酒店 | 三 | 4430157 |
| | 金口岸酒店 | 三 | 4430572 |
| | 江南酒店 | 二 | 4420141 |
| | 东澳游艇度假俱乐部 | 二 | 4420142 |
| 汕头市（三星级 1 家） | 南天大酒店 | 三 | 4430192 |
| 佛山市（共 7 家，其中四星级 1 家，三星级 2 家，二星级 4 家） | 千叶度假酒店 | 四 | 4440074 |
| | 柏斯顿酒店 | 三 | 4430321 |
| | 南国大酒店 | 三 | 4430323 |
| | 金樵酒店 | 二 | 4420267 |
| | 凯利莱宾馆 | 二 | 4420278 |
| | 远东大酒店 | 二 | 4420288 |
| | 大金地宾馆 | 二 | 4420423 |
| 韶关市（三星级 4 家） | 广铁漂流大酒店 | 三 | 4430193 |
| | 粤通大酒店 | 三 | 4430194 |
| | 艺苑大酒店 | 三 | 4430520 |
| | 明珠大酒店 | 三 | 4430538 |
| 河源市（共 3 家，其中四星级 1 家，三星级 1 家，二星级 1 家） | 新世界酒店 | 四 | 4440007 |
| | 长鸿大酒店 | 三 | 4430213 |
| | 龙腾宾馆 | 二 | 4420183 |
| 梅州市（二星级 2 家） | 新南大厦 | 二 | 4420203 |
| | 金良宾馆 | 二 | 4420208 |
| 惠州市（共 3 家，其中三星级 1 家，二星级 2 家） | 新丽晶大酒店 | 三 | 4440212 |
| | 南昆度假山庄 | 二 | 4420215 |
| | 惠富酒店 | 二 | 4420217 |
| 东莞市（共 7 家，其中五星级 3 家，四星级 1 家，三星级 3 家） | 樟木头三正半山酒店 | 五 | 4450005 |
| | 龙泉国际大酒店 | 五 | 4450017 |
| | 银城酒店 | 五 | 4450033 |
| | 珊瑚大酒店 | 四 | 4440094 |

续表

| 地市 | 饭店名称 | 星级 | 编号 |
|---|---|---|---|
| | 盛御酒店 | 三 | 4430259 |
| | 乌沙大酒店 | 三 | 4430278 |
| | 乐怡酒店 | 三 | 4430281 |
| 中山市（三星级4家） | 银泉酒店 | 三 | 4430290 |
| | 仙沐园翠湖度假村 | 三 | 4430292 |
| | 京华酒店 | 三 | 4430298 |
| | 为民酒店 | 三 | 4430556 |
| 阳江市（二星级3家） | 旺角大厦 | 二 | 4420292 |
| | 闸坡天海宾馆 | 二 | 4420307 |
| | 闸坡天虹宾馆 | 二 | 4420301 |
| 湛江市（三星级1家） | 环球大酒店 | 三 | 4430369 |
| 茂名市（共3家，其中三星级1家，二星级2家） | 加州旅馆 | 三 | 4430601 |
| | 绿湖宾馆 | 二 | 4420321 |
| | 京广大厦 | 二 | 4420326 |
| 肇庆市（共4家，其中四星级2家，二星级2家） | 皇朝酒店 | 四 | 4440016 |
| | 星湖明珠酒店 | 四 | 4440085 |
| | 粤高宾馆 | 二 | 4420339 |
| | 文化假日酒店 | 二 | 4420346 |
| 清远市（共6家，其中三星级2家，二星级4家） | 丁香花园酒店 | 三 | 4430529 |
| | 国金商贸酒店 | 三 | 4430612 |
| | 鸿信宾馆 | 二 | 4420349 |
| | 洪发大酒店 | 二 | 4420351 |
| | 森林温泉度假山庄 | 二 | 4420359 |
| | 连州宾馆 | 二 | 4420361 |
| 潮州市（三星级1家） | 安南大酒店 | 三 | 4430409 |
| 揭阳市（二星级1家） | 普宁市侨联温泉宾馆 | 二 | 4420370 |
| 顺德区（共2家，其中三星级1家，二星级1家） | 凤城酒店 | 三 | 4430336 |
| | 荣华酒店 | 二 | 4420384 |

注：1. 2011年，广东省共取消星级饭店91家，其中五星级5家，四星级9家，三星级39家，二星级37家，一星级1家；2. 全省限期整改的星级饭店共26家。其中深圳市4家（庐山国际大酒店、中南海滨大酒店、老地方大酒店、火车站大酒店），韶关市1家（丛林山庄），河源市4家（明珠银发酒店、华达大酒店、雄达大酒店、诚丰酒店），梅州市3家（田园大酒店、逢源大酒店、锦发大酒店），东莞市1家（龙泉国际大酒店），茂名市7家（金龙泉大酒店、观海楼度假城、君元沉香宾馆、玉城唐华大酒店、金华大酒店、鉴江酒家、鉴江酒家贵宾楼），潮州市1家（饶平大酒店），云浮市1家（卓成大酒店），顺德区3家（新世界酒店、长鹿度假酒店、容莲宾馆）；3. 潮州安南大酒店由三星级晋升四星级饭店。

# 旅游创优与创强

【概述】 2011年，广东省旅游局对潮州市潮安县和湛江廉江市（县级市）旅游创强工作进行验收，经中共广东省委党廉办、省人力资源和社会保障厅同意，正式命名上述两县（市）为“广东省旅游强县（市）”。截至2011年底，全省共8批20个县（市）评定为“广东省旅游强县（市）”，占全省县、市数量比例的29.8%。另有韶关市·始兴县，河源市·和平县，梅州市·平远县、大埔县，汕尾市·海丰县，江门市·台山市，湛江市·徐闻县，潮州市·饶平县，揭阳市·揭西县9县（市）申报创建广东省旅游强县（市）。

链接：

**中国优秀旅游城市** 1995年3月，国家旅游局印发《关于开展创建和评选中国优秀旅游城市活动的通知》，截至2011年底，广东省共6批18个地级市和3个县级市被国家旅游局命名为“中国优秀旅游城市”。具体创建时间为：广州市（1998年）、深圳市（1998年）、珠海市（1998年）、肇庆市（1998年）；中山市（2000年）、佛山市（2000年）、江门市（2000年）、汕头市（2000年）、惠州市（2000年）；韶关市（2001年）、清远市（2001年）、阳江市（2001年）；东莞市（2003年）、潮州市（2003年）、湛江市（2003年）、河源市（2003年）；梅州市（2005年）、茂名市（2005年）和南海市（2000年）、开平市（2003年）、阳春市（2007年）

**旅游强县（市）** 2002年，国家旅游局部署创建旅游强县工作，并于2003年颁布《创建旅游强县工作导则》和《创建旅游强县工作指导意见》。广东省于2004年全面启动此项工作，截至2011年底，全省共8批20个县（市）评定为“广东省旅游强县（市）”。具体创建时间为：清远市清新县（2005年）；梅州市梅县（2006年）、河源市东源县（2006年）、清远市阳山县（2006年）、阳江市阳东县（2006年）；清远连州市（2007年）、云浮市新兴县（2007年）、肇庆市德庆县（2007年）、惠州市龙门县（2007年）清远市英德市（2008年）、韶关市乳源县（2008年）、仁化县（2008年）、汕头市南澳县（2008年）；韶关乐昌市（2009年）、清远市佛岗县（2009年）；广州从化市（2010年）、广州增城市（2010年）、惠州市博罗县（2010年）被评定为“广东省旅游强县（市）”。其中梅州市梅县、清远市清新县于2007年被国家旅游局评定为“中国旅游强县”。

（邹飞祥）

# 旅游安全与旅游市场管理

【概况】 2011年，广东省旅游安全工作以黄金周及重大节庆活动为重点，实施政府主导、部门联动、行业参与机制，采取行业互检、重点检查、专项检查相结合，落实安全防范措施，消除安全隐患。省旅游局先后在春节、“十一”黄金周，“五一”小长假、寒暑假期、深圳市举办第二十六届世界大学生夏季运动会等期间开展旅游安全检查和督查，共派出督察组30个，出动人员72人次，督查企业300家；各市旅游局共派出312个检查组，出动检查人员986人次，检查旅游企业（包括旅行社、星级饭店、景区等）2368家，导游4289人。

是年，各级旅游行政管理部门推进旅行社责任保险统保示范项目（简称“统保项目”），成立联合工作组，高效处理理赔事宜，维护游客权益。截至2011年底，全省有1066家旅行社参与统保项目，统保率98%，统保费达1203万元，居全国领先位置。

【开展主要工作】 2011年，全省旅游系统主动加强宣传攻势，对广大游客加强宣传引导，培养“安全出游、理性消费”的良好习惯。一是发挥媒体的导向作用，与《中国旅游报》、《南方日报》等主流媒体合作，出版诚信旅游、安全旅游专刊，推进“品质旅游、伴你远行”等宣传活动。二是集中运用网络、报刊等大众传媒，构建旅游安全文化，分类采用旅游咨询、街头宣传、公益讲座、红段子等方式，发放旅游宣传资料，引导游客出游之前比价、比质、比安全，提高群众出游意愿，推广安全优质的区域旅游路线，还介绍理性维权途径，接受游客监督，建立旅游安全事故应急处理绿色通道，全力维护游客权益和生命财产安全。三是制定旅游安全方面的地方标准，正式实施《旅游安全管理 旅行社、星级饭店、海滨旅游、旅游景区》等系列旅游安全地方标准，申报制定《旅游安全管理　通则》、《旅游安全管理 自驾车游》，率先形成一整套旅游安全地方标准体系，争取上升为国家标准。研究制定《广东省旅游标准化“十二五”发展规划》，重点部署旅游安全标准化的基本原则、主要目标和保障措施。制定《旅行社资质等级评定》标准，指引企业以标准化为抓手，明确职责、建章立制，落实企业法人主体责任，经常性开展安全隐患排查，并做到整改措施、责任、资金、时限和预案“五到位”。实施属地管理，坚持“一票否决”制度，无论旅行社审批、饭店星级评定，还是景区A级评定、先进称号评比等，凡安全责任不落实、工作不到位，未经安监、质监、消防等部门认可的，一律不予审批或者评定。四是认真组织学习《突发事件应对法》、《国务院关于进一步加强企业安全生产工作的通知》、《省委、省政府关于进一步加强安全生产工作的意见》等文件精神，提高旅游安全重要性的认识。五是注重源头预防和日常监管，把旅游安全纳入全省导游资格考试、领队证申领范围，纳入全省旅游景区评A、旅游酒店评星、复核和旅行社年检的必检项目。

**【应对突发事件】**

*2011年埃及政治骚乱*　从2011年1月25日开始，因不满物价上涨、失业率高和腐败等问题，埃及多个城市发生民众大规模集会，要求总统穆巴拉克下台，秩序一度混乱。埃及部分国际航班停飞，导致中国公民滞留。为帮助这些中国公民尽快回家过年，中国政府协调增派若干航班飞赴埃及接他们回国。第一批两架飞机于1月31日中午起飞赴埃及，2月1日北京时间18时和19时返抵国内，分别降落在北京和广州，接回滞埃人员约480名，其中包括215名广东籍游客、学生、商务人员等。广东省委、省政府十分关心全省滞埃人员，中共中央政治局委员、广东省委书记汪洋，省长黄华华等省领导多次指示外事、旅游等部门积极配合外交部开展接应工作。为此，广东省及广州、深圳市外事、旅游、教育等有关部门不仅多方了解和关心滞埃人员情况，积极协调提供食品、饮水和基本医疗服务，而且还主动安抚滞留人员及家属，及时传达上级领导的亲切关怀和接应安排，派遣主管领导和业务部门骨干分别前往北京和广州机场协调安排接应事宜。为确保平安，广东省外办、省旅游局再次提醒各类团组和人员，暂缓赴埃访问、旅行。如已在埃，请确保自身安全和健康，并主动联络驻埃使领馆并保持与国内单位或家属的联系，以配合相关应急行动。

*台湾阿里山森林小火车发生翻车事故*　2011年4月27日中午，位于台湾省嘉义县的阿里山森林小火车神木支线上，火车从神木站驶往阿里山站途中发生翻车事故。截至27日22时30分，根据台湾旅行商业同业公会总会提供的信息，有5名大陆游客死亡、85人受伤。其中，广东风光旅行社组织的1个赴台旅游团有1名游客被确定死亡，另有5人重伤须动手术，12人轻伤，均送当地医院救治。据统计，除该出事旅游团外，广东省共有76个旅行团2076人在台，均能联系并报平安。27日晚，广东省旅游局专门召开紧急会议，传达国家旅游局局长邵琪伟对大陆游客在台伤亡事故的指示精神，研究安排事故应急处理相关事宜。会议决定立即成立由局长杨荣森担任组长，副局长周开生、张振林担任副组长，有关处室负责人任成员的应急处置领导小组，并实行24小时值班跟踪事件的处理。省旅游局派员赴台协调处置事故，配合做好游客家属安抚、保险、理赔以及其他善后工作。

（邹飞祥）

# 旅游质量监督管理工作

**【概况】** 2011年，全省旅游质监系统紧紧围绕广东省旅游局“加快转型升级，建设幸福广东”的工作核心，认真贯彻落实国家旅游局《旅游服务质量提升纲要（2009—2015年）》和《关于加强旅游服务质量和市场秩序监督管理工作的意见》要求，结合全省实际，加强旅游市场执法检查，打击各种违法违规行为，加强旅游企业质量监管力度，规范企业经营行为，提升服务质量，坚持以人为本，公平公正处理投诉，以提升服务质量，提高旅游者的满意度为出发点和落脚点，努力营造规范、有序、健康的旅游市场大环境，充分发挥监督、引导和规范旅游市场作用，积极推动全省旅游质量监督管理工作上水平、上效率。

**【旅游市场监管】** 2011年，全省旅游质监系统按照国家旅游局提出的全年工作重点和广东省旅游局的总体工作部署，坚持日常检查与专项检查相结合，坚持明查与暗访相结合，坚持教育引导与依法惩治相结合的工作方针，连续开展了针对“零负团费”、“挂靠承包”、“强迫或变相强迫消费”的重点整治工作。全省进一步加大力度查处企业违法违规经营行为，据统计，全省旅游质监系统共出动执法人员5877人次，执法车辆990车次，检查旅行社及分社530多间；检查导游15000余人次，查处无证导游19名，持证未年审导游1名；“黑车”198辆次；查处乱派发张贴广告5439件；清理、收缴假冒旅游宣传单105000多张。全年全省共正式立案查处违规行为66宗，比上年增加57宗，处罚金额337万元，比上年增加308万元。广州市旅游局严格执法，顶住干扰和阻力，依法对3家违规企业进行处罚。深圳市加大对违规经营台湾游的整治工作力度。影响全省旅行社行业健康发展的“零负团费”、“挂靠承包”、强迫或变相强迫消费等违法违规经营蔓延势头得到遏制，旅游消费环境明显改善，旅游市场经营秩序明显好转，旅行社业恶性竞争行为明显收敛，广大游客对旅游服务质量满意度明显提升。广州市、深圳市、东莞市、中山市“十一”黄金周期间旅游服务质量投诉大幅度下降。

**【旅游投诉受理工作】** 2011年，全省旅游质监系统积极拓宽游客投诉维权渠道，认真受理游客投诉，努力维护游客合法权益。据统计，全省旅游质监系统（不包含深圳市）共受理各类旅游投诉、咨询5123件，25615人次；按照受理来源分类，来电4044件，来访、网络、来信、其他单位转办等1079件，其中旅游投诉正式受理735件，结案率为100%，理赔金额780176.3元。全年全省投诉情况表明，广东旅游市场秩序良好，旅游企业依法诚信经营，无重大服务质量投诉。据广东省社情民意调查中心对全省十大服务行业居民满意度调查结果显示：2011年广东旅游服务质量满意度评价得分比2010年上升4.89%，位居全省十大服务行业前三位，是全省十大服务行业居民满意度上升幅度最快的一年。

**【宣传引导旅游消费】** 2011年，全省旅游质监系统加强舆论宣传引导，营造良好旅游消费环境：一是主动协调充分发挥新闻媒体的舆论导向作用，今年来多次与《中国旅游报》、《南方日报》、《广州日报》、《羊城晚报》等报刊合作编制诚信旅游专刊，引导企业诚信经营、守法经营，引导游客文明旅游、理性消费。二是发放旅游宣传资料，引导游客在出游之前既要比价更要比质比内容，切勿贪小便宜而吃大亏；三是制作《出游注意事项》、《关于网络团购旅游的消费警示》等公益广告，在新闻媒体上发布。

**【质监工作新做法】** 2011年，全省旅游质监系统不断创新监管机制，提高对旅游市场的监管效率。深圳市文体旅游局创新监管机制，推行香港游业务签章备案制度，确保所有的香港游团队都由组团社总部操作，对于假冒组团社组织的香港游团队，不予签章备案，香港旅行社不予接待。这项制度的实施大力打压野马旅行社经营香港游的生存空间，“零负团费”现象随之减少，香港游投诉率大幅下降。广州、深圳市坚持开展“优质诚信香港游”活动，培育健康成熟的旅游消费观念，提高广大游客对“零负团费”的警惕，在很大程度上减少旅游纠纷的发生。健全对“零负团费”的市场监管体系：一是建立诫勉谈话制度，及时纠正不良经营方向；二是严管香港游广告市场和旅游宣传单张；三是加大对香港游组团合同行程单的监管，坚持开展明察暗访，掌握市场动态，及时发现和查处违规行为。广州市旅游质量监督管理所仅在第三季度共收缴假冒旅游宣传单3万多份，驱赶非法散发虚假宣传单10多人，并对收受宣传单的游客进行解释和指引，防止上当受骗。汕头、佛山、肇庆、清远等市质监所对“投诉大户”企业负责人进行约谈责令整改。东莞、惠州、茂名、湛江、云浮等市质监所在整治市场方面做法创新，严格检查，进行教育和引导，规范企业经营行为，积极维护旅游市场经营秩序。

【12301 旅游服务热线】 2011 年 4 月 27 日，广东省试启用 12301 旅游服务热线，以方便游客咨询与投诉，其口号是“你旅游，我服务，有事找 12301，你经营，我服务，有事找 12301”。改变过去抵粤游客要分别拨打全省各市 22 个电话，现在游客只需拨打一个 12301 电话，就可以反映质量问题及相关咨询。省旅游质量监督管理所正加大资源整合力度，继续加强一线工作人员旅游政策法规、业务知识培训的工作力度，继续完善 12301 旅游服务热线的旅游咨询、提示、投诉、救援等功能，打造旅游强省旅游资讯公益平台。

【2011 年全省旅游投诉情况】 2011 年，全省 21 个地级以上市旅游质监机构（缺深圳市）报送的《旅游质监机构处理投诉工作统计报表》汇总分析：

游客投诉基本情况 2011 全省各级旅游投诉受理机构坚持依法依规依时办结各类质量投诉案件，客观、真实统计旅游咨询及质量投诉问题，不瞒报，不漏报各项数据。据统计，(不包含深圳市）共受理各类旅游投诉、咨询 5123 件，25615 人次；按照受理来源分类，来电 4044 件，来访、网络、来信、其他单位转办等 1079 件，其中旅游投诉正式受理 735 件，结案率为 100%，理赔金额 780176. 3 元，没有动用保证金赔偿，均由企业赔偿。

三大旅游市场投诉受理情况 按三大市场划分，入境游投诉 66 件，占投诉受理总数的 9%；国内游投诉 551 件，占投诉受理总数的 75%；出境游投诉 118 件，占投诉受理总数的 16%。

被投诉对象情况 按被投诉对象分类：旅行社 477 件，占 65%；饭店 50 件，占 6. 8%；景点 82 件，占 11. 2%；交通 25 件，占 3. 4%；购物 86 件，占 11. 7%；餐饮 5 件，占 0. 68%；其他公共服务行业单位 10 件，1. 4%。

旅行社投诉受理案件分类情况 旅行社 477 件投诉中，投诉情况类别有：降低等级标准 121 件，占 25. 4%；擅自增减项目 46 件，占 9. 6%；导游未尽职责 25 件，占 5. 2%；行程延误变更 34 件，占 7. 1%；购物 156 件，占 32. 7%；擅自增加自费项目 30 件，占 6. 3%；年龄职业差别费 12 件，占 2. 5%；其他 53 件，占 11. 1%。

投诉的主要特点及原因 入境游投诉同比增长幅度较大。2011 年入境游投诉为 66 件，比 2010 年增加 28 件。《旅行社条例》实施后，经营入境旅游业务的旅行社不断增加，由于部分旅行社在经营入境游接待工作方面经验不足，服务质量难以保障，尤其是接待住宿、用餐等问题引起的投诉居多。

投诉形式以电话投诉为主，受理来电中以咨询相关旅游政策、赔偿责任、赔偿标准等问题居多。2011 年全省各级旅游投诉受理机构共受理来电 4044 件，25615 人次，主要以咨询相关旅游政策、赔偿责任、赔偿标准等问题为主，主要原因：一是随着社会的进步，游客维权意识越来越强，旅游过程中对旅游服务不满意问题，首先想到的是通过旅游行政管理部门了解和咨询有关政策，维护自己的合法权益；二是随着“12301”旅游服务热线在全省开通，24 小时为广大游客提供旅游咨询、投诉等便民服务，使“12301”作为全省统一旅游咨询、投诉电话的品牌效应及游客认识度逐渐增强，因此 12301 旅游热线电话成了全省旅游咨询、投诉的主要渠道。

东南亚、港澳线仍是旅行社组团的热点投诉线路，组织香港游被投诉的旅行社以深圳地区居多。一方面广东作为港澳、泰国游的主要客源输出地，是旅行社组团的热门线路，因此也反映出个别旅行社的组织接待业务操作不规范，因接待的导游、司机服务未尽职责，购物、自费项目等问题产生投诉。一方面，澳大利亚、泰国发生水灾，旅行社因办理退团相关解释工作不到位，甚至误导游客，导致退团费用损失如何承担、旅游签证等纠纷不断增加。

深圳港澳游市场占据全国三分之一，在港旅游途中，导游擅自减少合同约定的游览景点、增加自费项目或购物点、导游服务态度和服务意识不够等损害游客权益的行为严重。今年以来，游客直接向省旅游质监所投诉深圳地区旅行社组团香港游的组团质量等问题达 100 余件，占全省旅行社投诉的 21%。

旅游景区投诉集中在漂流、温泉景区。投诉旅游景区方面以漂流、温泉等景区居多。漂流游玩项目投诉的焦点集中在游客漂流时因工作人员未尽安全提醒义务，以至游客未能掌握相应的安全须知，不慎摔伤，景区在应对紧急处理问题方面不够积极，导致游客投诉；温泉景区的投诉反映在游客财物安全管理方面，由于景区安全防范措施不到位，游客储存在景区储物柜的财物被盗，引起纠纷；其他类景区由于工作人员服务意识不强，不履行告知义务，游客购买门票时，景点没有将下班时间告知游客，导致游客不能完全游玩全部景点而引发投诉；黄金周期间的投诉反映了部分景区内部管理不规范、服务人员态度差、交通拥堵、景区宣传与实际不符等。

网购旅游成为投诉新动向。网购旅游产品投诉升温，成为今后引起关注的投诉新动向。随着旅游电子商务的发展，越来越多游客通过互联网实现旅游产品交易，尤其是近两年团购旅游成了旅游消费者的消费新宠，由于旅游团购价格低廉，是吸引游客的主要手段。但旅游消费者却难以认证旅游团购产品提供者经营资质，旅行团线路品质也难以认证，安全、服务没有保障，容易导致旅游纠纷。是年李某通过某团购网站以 29 元价格购买了广州某旅行社组织的广州一日游线路产品，没签订合同，也没有索取旅游发票，旅游途中被导游要求增加白云山缆车费、黄埔港过渡费等，李某不满与旅行社交涉，旅行社却推诿，不予处理。最后李某向旅游质监所投诉，经调查，发布该团购信息的旅行社无旅游经营资质，为非法旅行社。为此，省旅游质监所，广州、深圳、东莞等市旅游质监部门多次发布网络旅游消费警示，反复提醒游客，网上参团旅游一定要选择大型、正规旅行社网站，消费后注意索要发票，签好合同及保留好消费凭证，以维护自身合法权益。

（符常青）

## 2011 年度广东省、市旅游质监执法机构及人员编制情况表

| 机构名称 | 机构性质 | 人员数量 | | | 在岗人员性质 | | |
|---|---|---|---|---|---|---|---|
| | | 编制人数 | 在岗人数 | 在岗比例（%） | 行政 | 参公 | 事业 |
| 广东省旅游质量监督管理所 | 全额拨款事业单位 | 15 | 9 | 60 | | √ | |
| 广州市旅游质量监督管理所 | 全额拨款事业单位 | 18 | 15 | 83 | | √ | |
| 深圳市（机构撤销） | | | | | | | |
| 珠海市旅游质量监督管理所 | 全额拨款事业单位 | 5 | 4 | 80 | | | √ |
| 汕头市旅游质量监督管理所 | 行政 | 7 | 7 | 100 | √ | | |
| 佛山市旅游质量监督管理所 | 行政 | 4 | 2 | 50 | √ | | |
| 韶关市旅游质量监督管理所 | 全额拨款事业单位 | 4 | 3 | 75 | | √ | |
| 河源市旅游质量监督管理所 | 全额拨款事业单位 | 4 | 4 | 100 | | √ | |
| 梅州市旅游局质监执法科（合署办公） | | 2 | 2 | | √ | | |
| 惠州市旅游质量监督管理所 | 全额拨款事业单位 | 9 | 2 | 22 | | √ | |
| 汕尾市旅游质量监督管理所 | 全额拨款事业单位 | 4 | 4 | 100 | | √ | |
| 东莞市旅游质量监督管理所 | 全额拨款事业单位 | 10 | 3 | 30 | | √ | |
| 中山市旅游局行业管理科（合署办公） | | | | | √ | | |
| 江门市旅游局行业管理科（合署办公） | | | | | √ | | |
| 阳江市旅游质量监督管理所 | 全额拨款事业单位 | 7 | 2 | 29 | | | √ |
| 湛江市旅游质量监督管理所 | 全额拨款事业单位 | 4 | 3 | 75 | | √ | |
| 茂名市旅游局质监科（合署办公） | 全额拨款事业单位 | | 2 | | | | |
| 肇庆市旅游局行业管理科（合署办公） | | | | | | | |
| 清远市旅游局质量监督管理科（合署办公） | | | | | | | |
| 潮州市旅游质量监督管理所 | 全额拨款事业单位 | 5 | 6 | 100 | | √ | |
| 揭阳市旅游质量监督管理所 | 自收自支事业单位 | 6 | 6 | 100 | | | √ |
| 云浮市旅游局行业管理科（合署办公） | | 2 | 2 | 100 | √ | | |
| 顺德区文体旅游局旅游科（合署办公） | | | | | √ | | |

（制表　符常青　李梅花）

旅游资源与市场开发

# 旅游宣传促销

**【国内旅游客源市场营销】**

组团参加国内旅游展　2011 年，广东省旅游局先后组团参加 2011 中国（西安）国内旅游交易会（4 月 15 ~ 17 日），2011 中国国际旅游服装服饰赛博会（4 月 22 ~ 24 日），2011 中国（浙江）国际旅游商品博览会（6 月 24 ~ 27 日），第七届（厦门）海峡旅游博览会（9 月 6 ~ 11 日），2011 中国（昆明）国际旅游交易会（11 月 23 ~ 28 日）等。

旅游宣传促销　2011 年 4 月 20 ~ 24 日和 7 月 28 日至 8 月 2 日，借助中共中央政治局委员、广东省委书记汪洋，省长黄华华带队访问重庆、湖北、云南、贵州、安徽等省（市）开展经贸合作交流活动的契机，由省旅游局牵头组织部分地市旅游局和旅游企业组成省旅游分团开展旅游交流活动，以推动粤渝鄂滇黔皖旅游交流、共享粤渝鄂滇黔皖旅游资源，宣传渝鄂滇粤黔"一程多站"旅游线路；9 月 20 日，利用第七届泛珠三角区域合作与发展论坛暨经贸洽谈会在江西举办之机，广东省组织旅游分团在南昌召开粤赣旅游交流会。

年内，由省旅游局牵头联合相关市旅游局先后赴福建、湖北、广西、湖南、河南、辽宁、吉林、黑龙江、北京、上海、山东、山西等省区（市）举行系列巡回旅游推介会和交流会。邀请广东旅游推广大使来粤考察推广新的旅游线路；分区域、分批邀请国内主要客源市场主流媒体和旅行商来粤考察采风，宣传推介广东特色旅游资源和产品等。

媒体宣传推介　2011 年，广东省旅游局借助广播、电视、报刊、网络等新闻媒体和户外广告，全方位多渠道开展旅游形象宣传。

（一）利用电子平面等各种新闻媒体，全方位多渠道开展形象宣传和旅游线路推广。与亚洲电视、南方卫视、广东卫视合作制作 72 期旅游专题节目；与《中国旅游报》、《南方日报》、《南方都市报》、《凤凰周刊》等报刊杂志合作推出 240 个旅游专题、专刊、专版报道。如：制作"幸福广东"旅游宣传片在中央电视台 4 台《走遍中国》、《中国新闻》栏目中播出；与亚洲电视合作摄制并播出《漫游岭南绿道》专题节目，与南方卫视合作摄制并播出《粤游粤精彩》电视节目，与中国旅游报社合作编辑出版《粤游粤精彩》专刊；联合南方日报社、省住房和城乡建设厅共同举办"广东十佳绿道旅游线路评选"；联合香港商报成功举办"品鉴岭南·中国著名作家广东行"活动，与《南方日报》·商旅周刊联合推出广东地理常年栏目等均取得良好宣传效果。

（二）借助网络营销宣传推广。与网易公司合作推出"勇闯绿界"广东旅游互动营销平台，据统计，共有 600 万网民参与活动。

（三）通过重大活动宣传推介。2011 年 9 月 29 ~ 30 日，广东省政府与商务部在广州联合主办"广东省与世界 500 强和境外大型企业合作交流会"。根据《广东省与世界 500 强和境外大型企业合作交流会总体方案》，省旅游局牵头负责与会的世界 500 强和境外大型企业高层代表机场接送、考察安排、陪同讲解等服务工作。其间，与会嘉宾考察广东旅游绿道网、文化旅游景点、广州科学城及开发区、广东金融高新服务区等自然、人文及投资环境，展现广东创业宜居环境优势。并组织一场由 500 强企业代表参加的高尔夫球联谊赛，进一步加强国际大型企业对广东总体投资环境的了解，吸引他们到广东投资发展高端产业项目。

8 月 12 ~ 22 日，第 26 届世界大学生夏季运动会在深圳举行，深圳市成功打造"创意深圳、时尚之都"旅游形象。

**【国际旅游客源市场营销】**

组团参加国际旅游展　2011 年，广东省旅游局组团参加国家旅游局组织的西班牙马德里国际旅游展、德国柏林国际旅游交易会、印度国际旅游展、国际会议及奖励旅游展、2011 年加泰罗尼亚国际旅游展、中日韩旅游部长会议、俄罗斯莫斯科国际旅游展以及第十四届海峡两岸旅行业联谊会、第六届海峡两岸台北国际旅游展等境外大型旅游展销会。

旅游宣传促销　2011 年 4 月 9 ~ 19 日，由省政府副秘书长陈志英担任团长的广东旅游代表团访问俄罗斯、乌克兰与保加利亚三国，开展一系列旅游交流活动，向上述三国旅游业界和媒体推介"活力广东"旅游品牌。赴越南、老挝等国家开展旅游宣传促销活动。以及澳新、东南亚、美国巡回旅游促销活动，扩大海外旅游宣传推介力度。

国际旅游交流合作　2011 年，参加第十一届世界旅游旅行大会、第六届中日韩旅游部长会议、第五届中美省州旅游局长对话会议及中韩沿海旅游合作研讨会，与俄罗斯、乌克兰、保加利亚、越南、老挝、菲律宾和韩国京畿道、全罗北道等 8 个国家和地区旅游管理部门建立协调联络机制。分别与乌克兰文化旅游部、日本兵库县产业劳动部、群马县国际观光协会、希腊驻华大使馆、厄瓜多尔和马来西亚驻穗总领馆、西班牙加泰罗尼亚旅游局、亚太旅游协会和阿联酋航空股份有限公司等9个外国组织机构签署旅游合作备忘录或战略合作协议。省旅游局领导分别会见韩国京畿道文化观光局局长、菲律宾驻广州总领事、加拿大威士拿市市长，建立双方联络协调机制，为双方旅游业界合作搭建平台。

2011年，粤港澳加强区域合作，拓展旅游发展空间。为贯彻落实CEPA和粤港、粤澳旅游合作会议精神，进一步深化粤港澳区域旅游合作，在“2011德国柏林国际旅游展览会”期间，省旅游局与香港旅游发展局在德国柏林举行粤港“一程多站”旅游推介会，得到当地业界和媒体的热烈响应和积极参与，提升粤港国际区域旅游品牌形象。

健全粤港澳旅游会晤机制，召开粤港澳旅游高层会议，各自成立专责小组拓展合作领域；加强联合促销、推广“一程多站”旅游线路，共同出资拍摄旅游宣传片，在美国公共电视频道推介粤港澳旅游精品路线。在行业监管、信息通报、突发事件处置、饭店管理、教育培训等方面深化与台湾方面合作，组团参加双方的活动。省旅游局分别与香港旅游发展局、香港商报和台湾中华航空公司签署战略合作协议，广州与澳门签署《穗澳加强旅游合作备忘录》，粤港澳台旅游合作交流向深层次、多领域发展。

**【旅游交流与合作】** 2011年，广东省加快推进旅游产业发展、深化区域旅游交流与合作，以实现互利共赢。在2011年11月5日在韶关主会场举办的2011广东国际旅游文化节暨旅游推介会上，共达成五类合作项目。即：第一类，为推动国际国内旅游业交流与合作，广东省旅游部门与亚太旅游协会（简称“PADA”）、希腊、厄瓜多尔、马来西亚等国驻穗总领馆，日本兵库县、西班牙加泰罗尼亚区、香港以及天津、河北、吉林、江苏、山东、河南、湖北、重庆、福建、江西、海南、贵州、湖南、甘肃、青海、安徽、宁夏等地旅游部门签署旅游合作与交流框架协议；第二类，为推动旅游业与相关产业融合发展，广东省旅游局与阿联酋航空公司、中华航空公司、香港商报、广州网易计算机系统有限公司、腾讯科技（深圳）有限公司、新浪网以及携程计算机（上海）有限公司等签署战略合作协议；第三类，为支持旅游企业做大做强，广东省旅游局与中国建设银行股份有限公司广东省分行签订合作协议，为旅游企业提供200亿元授信以及其他相关金融业务的紧密合作；第四类，为了促进旅游业投资与贸易，广晟集团、广东中旅集团、信基集团等企业与合作伙伴签订投资、采购战略合作协议，涉及项目32个，合同金额598.93亿元人民币；第五类，为推动客源互送、繁荣旅游市场，省中旅、广东国旅、广之旅、广东铁青等旅游企业与合作方签署合作协议，涉及项目50个，合同金额5.42亿元。

8月，广东省旅游局与安徽省旅游局签署两地旅游合作协议；9月，与福建、江西、湖南、广西、海南、四川、贵州、云南和香港特别行政区政府旅游事务署、澳门特别行政区政府旅游局签署泛珠三角区域深化旅游合作协议。12月13日，与宁夏回族自治区旅游局签署旅游战略合作协议。

省内各市积极加强与兄弟城市的旅游合作，广深珠、广佛肇、深莞惠、珠中江等市形成城际联动、资源共享、品牌共推的机制。湛江市分别与海南省海口市、西北旅游组织签订旅游合作协议；江门市分别与延边、武汉、梧州市签订旅游合作协议，梅州、河源市与福建龙岩市签订《千里客家文化长廊区域旅游合作协议》，广州、佛山、肇庆、中山市联合赴济南、太原市举办旅游推介会，广州、深圳、珠海市联合赴东北举办旅游推介会。省内区域旅游合作不断深化，深圳、东莞、惠州市启动编印《深莞惠旅游指南》、举办“万车互游深莞惠”活动；梅州、清远、河源市分别与中山市签订旅游合作互动协议等。

**【2011“中国旅游日”·幸福绿道游启动仪式】** 2011年5月19日，2011年“中国旅游日·幸福绿道游”启动仪式在广州大学城科学中心广州主会场举行。国家旅游局副局长杜江、广东省副省长招玉芳和省旅游局局长杨荣森等领导与广州地区各大旅行社负责人及数千名游客一起骑车游绿道，亲身体验“走绿道、看美景，享受幸福生活”。杜江副局长高度肯定，认为广东绿道旅游全国首创，具有示范和指导意义。

同日，珠江三角洲九市同时举行“中国旅游日·幸福绿道游”分会场启动仪式。全省各地市围绕第一个“中国旅游日”还举行各种旅游活动。从19日起一周内，省内大部分收费景区（点）实行半价优惠，旅行社及酒店提供相应优惠促销。广东省旅游局还专门开发建成“广东绿道旅游在线”网站，制定广东绿道旅游地图。

链接：

经国务院批准，自2011年起的每年5月19日（著名旅行家徐霞客撰写的《徐霞客游记》开篇日）为“中国旅游日”，2011年“中国旅游日”的主题是“读万卷书，行万里路”。5月19日，全省旅游系统开展以“中国旅游日·幸福绿道游”为主题的中国旅游日启动仪式，旨在贯彻落实中共中央政治局委员、广东省委书记汪洋强调的“要把绿道网建设这个好事办得更好，要尽快通过广泛开展旅游观光、群众体育等方式，让绿道更加贴近群众、贴近生活”的指示精神。

**【广东2011“中华文化旅游主题年”】** 2011年3月3～4日，由广东省旅游局和云浮市人民政府联合主办，新兴县人民政府、云浮市旅游局承办的，以“幸福广东、心悦禅宗、赏阅新兴”为主题的禅宗六祖文化新兴游启动仪式在新兴六祖故里旅游度假区举行。广东省旅游局副局长梅其洁，云浮市委常委、新兴县委书记吴伟鹏，云浮市副市长潘安等领导出席启动仪式。全省各地级以上市旅游局负责人，澳门旅游协会、广之旅、广东国旅、省中旅、南湖国旅等单位和旅游企业代表，媒体记者及游客共2000余人参加活动。2011年是国家旅游局确定的“中华文化游”主题年。为落实国家旅游局关于开展“中华文化游”主题年活动的指示精神，充分挖掘广东丰富的禅宗文化旅游资源，推动禅宗文化旅游产品及线路的开发与利用，实现文化与旅游的协调发展。本次活动精心组织、精心策划“幸福新兴，魅力禅都”旅游资源推介、专题文艺晚会、精品旅游线路考察体验、禅文化与旅游开发论坛、打造“中国禅都”战略合作签约仪式等活动。在启动仪式当天，新兴县政府与羊城晚报社签订“打造中国禅都”旅游宣传合作框架协议；与和广东国旅、广东中旅、南湖国旅、广之旅、金马国旅五大旅行社分别签订合作框架协议。广东2011“中华文化游主题年”暨禅宗六祖新兴游全面铺开。

【粤港澳旅游合作探新路】 2011年9月2日，由粤港澳旅游推广机构主办的“2011年粤港澳旅游高层会议”和“2011年粤港澳旅游之夜”在广州举行。国家旅游局亚洲旅游交流中心主任徐惠芳、广东省旅游局局长杨荣森、澳门旅游局局长安栋梁、香港旅游发展局总干事刘镇汉、香港特别行政区政府旅游事务专员容伟雄以及有关工作人员出席粤港澳旅游高层会议。会议就2011年粤港澳旅游推广计划执行情况、2012年三方合作设想、《粤港澳旅游发展规划》和“一程多站”推广策略等议题深入交流，达成共识。晚上，来自欧洲、美洲、亚洲和非洲300多名旅游业界精英参加2011粤港澳之夜晚会。

（张海燕供稿，涂继文整理）

# 旅游信息化建设

【概况】 2011年，广东旅游数据中心、12301旅游服务热线、广东省旅游局政务网、绿道旅游在线网、广东旅游公众服务网、旅讯通移动网建成并投入运营，初步构建以广东旅游信息综合服务平台为核心的旅游信息化体系。12301旅游服务热线日处理投诉、咨询业务170多个；广东省旅游局政务网信息公开栏目12个，提供网上办事指引11项，年发布信息4786条，页面浏览量达100万，日最高访问量达4万，百度搜索关键词“广东省旅游局”政务网排名第一。绿道旅游在线网站开发首个国内绿道旅游电子地图功能，网站排名列百度搜索第一名，绿道旅游微博粉丝数量超过70万，成为最热门、最有影响力的绿道主题微博；广东旅游公众服务网（优游旅行网）吸引广东100多家旅行社、200多家景区和酒店进驻，收录3000多个企业信息，业务范围涵盖90%的旅游产品种类，实时对接20000多个可供购买的旅游产品。

【开展主要工作及活动】 2011年1月18日，广东省旅游局和中国电信广东公司签订12301旅游服务热线合作协议。4月，广东省12301旅游服务热线开通试运营。至年底，实现旅游问讯、旅游提示、旅游投诉、旅游救援、旅游预定功能。3月18日，广东省旅游局政务网正式上线。网站具有信息发布、办事指引、形象展示和公众互动四大功能，并开发、对接了旅游质量监督管理服务系统、导游考试服务系统等业务系统。

1月至3月，广东省旅游促进中心组织旅游信息集中采集，采集基础数据8000余条；8月，完成数据库和旅游信息报送系统开发建设，并正式上线使用；10月，全省信息员队伍成立，初步建成全省旅游信息长期采集机制。

2011年9月3日，由广东省旅游局主导建设的广东旅游公众服务网（优游旅行网）正式运营。该网具有旅游信息展示、旅游产品交易、旅游综合服务等功能。至年底，该网实现免费为旅游企业提供接入、旅游产品展示、在线预订、网上支付等服务，为游客提供旅游资讯查询、在线搜索、产品订购和支付服务等功能。

2011年初，由广东省旅游局牵头联合 广东省经济和信息化委员会、省信息中心、中山大学、中国移动公司等单位，共同组织旅游、信息系统建设、电子商务、数据库等方面的专家通过调研、会议论证的形式完成《广东省旅游信息标准》编制工作，形成试用版。

【“3G旅游新时代工程”启动】 2011年3月4日，广东省旅游局和中国移动通信集团广东有限公司共同举行“3G旅游新时代工程签约仪式”暨新闻发布会，标志着该工程的正式启动。旅游与3G通信技术的融合，将为老百姓提供更方便快捷的旅游信息查询、订购服务。

（聂 理）

## 2011 年广东省及各地举办大型旅游节庆活动一览表

| 节庆活动名称 | 举办时间 | 举办地点 | 主办单位 | 承办单位 | 活动主题 | 活动主要内容 |
|---|---|---|---|---|---|---|
| 广州市 | | | | | | |
| 广州国际旅游展览会 | 3.24～26 | 广州锦汉展览中心 | 汉诺威米兰（上海）有限公司 | | | 本届展览会展商500多家，展出面积1.5万平方米。举办开幕式、颁奖仪式及宣传推广等活动 |
| “读万卷书 行万里路”——5·19中国旅游日广州绿道行出发仪式活动 | 5.19 | 二沙东体育公园停车场西侧 | 广州市旅游局 | | | 举行“读万卷书 行万里路”——5·19中国旅游日广州绿道行首发仪式。广之旅、南湖国旅、申浪旅行社共组织300名游客游览广州特色景点 |
| 广州国际美食节 | 11.11～20 | 白云万达广场 | 广州市人民政府 | 广州市旅游局、白云区人民政府、广州市饮食行业商会 | | 开幕式、新广州美食游线路展示、台湾美食文化展演、南北餐饮绝活展演、旅游饮食文化表演、美食展销区（含电加热摊位）等。各区、县级市美食街（城、园）等分会场以广场饮食文化为主要形式展示 |
| 深圳市 | | | | | | |
| 2011深圳国际旅游文化节 | 8～12月 | 深圳欢乐海岸 | 深圳市人民政府 | 深圳市文体旅游局 | 展现“创意深圳 时尚之都”的都市文体旅游新形象，将文化、体育、休闲、高端旅游深度融合 | 11月8日在华侨城新落成的欢乐海岸举办开幕式，包括黄金海岸旅游节、深圳珠宝节、沙井金蚝节等18项活动项目 |
| “相约大运 畅游深圳”旅游主题系列活动 | 全年 | 深圳市区 | 深圳市文体旅游局 | | 以“大运会”为核心，借助网络、报刊、广播电视、移动终端，进行立体全方位宣传展示 | “发现深圳之美”城市旅游在线推广活动；“相约大运，畅游深圳”深圳文体旅游（香港）推介会；海内外旅游展销大运旅游推广活动；在中央电视台少儿栏目推出“相约大运，畅游深圳”电视节目；“创意时尚游深圳”大型宣传推广活动；策划推出大运旅游一日游线路；深港联合赴四川推介大运旅游；广邀中外媒体和旅游业界来深考察、采访大运游产品 |
| 2011中国旅游日暨深圳百万市民绿道游红色游启动仪式 | 5.19 | 深圳市区 | 深圳市文体旅游局、华侨城集团 | 华侨城旅行社、信游网、中国移动、暨南大学中旅学院 | 以绿道旅游和红色旅游为主题，庆祝首个“中国旅游日” | 将绿道旅旅游打造成旅游新业态、新品牌。通过对18家红色景点授牌，推出红色旅游景点线路，指导各旅行社进行市场推广，弘扬爱国主意和革命传统精神 |

续表

| 节庆活动名称 | 举办时间 | 举办地点 | 主办单位 | 承办单位 | 活动主题 | 活动主要内容 |
|---|---|---|---|---|---|---|
| **深圳市** | | | | | | |
| 第十届深圳黄金海岸旅游节 | 9～12月 | 盐田区 | 深圳市文体旅游局、盐田区人民政府 | 大梅沙湾游艇会、奥特莱斯购物村、大梅沙海滨公园、东部华侨城等单位 | 新起点 新体验、新盐田 | 主要活动包括：第十届深圳黄金海岸旅游节开幕式暨大梅沙奥特莱斯购物村风尚盛典、第二届大梅沙奥特莱斯世界名品购物嘉年华、第六届深圳大梅沙国际风筝节、第五届中国（深圳）国际游艇及设备展览会、第七届深圳大梅沙沙滩音乐节。其他活动还包括首届深圳市沙头角鱼灯节、东部华侨城“瑞士风情节”、“海世界”科普文化节及辖区旅游企业各项主题活动 |
| 第四届深圳滨海休闲旅游节暨大鹏所城文化月活动 | 10.11～11.10 | 龙岗区 | 深圳市文体旅游局、龙岗区人民政府 | 龙岗区文体旅游局、大鹏街道办事处 | 走进东部，驻足古城 | 大型实景主题晚会暨大鹏所城文化月活动启动仪式、重温所城遗韵“千人将军宴”、每周一次的大鹏所城传统民俗文化演出（校场演武）、与游客互动的“大鹏山歌”赛歌会、大鹏所城“非物质文化遗产”展览、“魅力大鹏”摄影展比赛、旅行社代表踩线活动、“大鹏绿道体验游”自行车趣味比赛、学生书画展、龙岩古寺祥源居素食文化日、葵涌、南澳街道相关活动等11项主题活动 |
| 光明新区第五届旅游文化 | 2011.12～2012.2 | 光明高尔夫球会 | 深圳市文体旅游局、光明新区管委会、深圳市科工贸信委、共青团深圳市委 | 光明新区工委管委办、经济服务局、公共事业局、光明集团 | 突出“绿色、生态、人文”的主题，注重“文化、生态与旅游相融、观赏、休闲与参与并重” | 共组织策划8项活动：包括高尔夫邀请赛、新区文化旅游产业发展研讨会，文艺晚会、美食烹饪大比拼、光明旅游风光摄影图片展以及摄影比赛、农科大观园农业趣味运动会、旅游企业系列促销活动等 |
| 2011深圳“南山荔枝”文化旅游节 | 6.11～7.20 | 南山区 | 深圳市文体旅游局、南山区人民政府 | 南山区经济促进局 | 以“微笑迎大运，服务练兵行”为主题，以购物、美食、文化、旅游等诸多亮点，吸引游客来南山品荔、观光、交流 | 组织辖区各商贸旅游企业开展练兵活动，举办“旅游狂欢节”、“美食节”、“购物节”、“品荔游”、“生态休闲游”、“市民看南山”等系列主题活动，为大运会的举办提供全面优质服务进行练兵 |
| **汕头市** | | | | | | |
| 第三届汕头市濠江桃花节 | 2.14～20 | 濠江巨峰旅游景区 | 汕头市旅游局、濠江区人民政府 | 濠江区旅游局、巨峰禅寺 | 诗意桃花红 美丽新濠城 | 开幕式、潮乐表演、巨峰笔会、手机摄影比赛 |

续表

| 节庆活动名称 | 举办时间 | 举办地点 | 主办单位 | 承办单位 | 活动主题 | 活动主要内容 |
|---|---|---|---|---|---|---|
| 汕头市 | | | | | | |
| 汕头市2011“春满鮀城”生态旅游节 | 3.12～4.12 | 各区（县）主要生态旅游区内 | 汕头市旅游局、濠江区人民政府、汕头市妇联 | 濠江区旅游局濠江区妇联 | 春满鮀城 | 开幕式、推广生态旅游线路 |
| “浪漫海湾　幸福扬帆”帆船巡游活动暨“潮人杯”帆船巡游赛 | 5.21～23 | 汕头海湾、南澳岛 | 汕头市人民政府、中国帆船帆板运动协会 | 汕头市旅游局、香港亚洲邮轮会有限公司 | 浪漫海湾 幸福扬帆 | 开幕式、挑战赛、南澳拉力赛、航海体验开放日 |
| 2011潮阳·西胪杨梅节 | 5.28～6.15 | 潮阳区西胪镇乌岩村、尖山村 | 潮阳区西胪镇人民政府、潮阳区旅游局 | 潮阳区西胪镇乌岩村、尖山村 | | 开幕式、英歌舞等民俗文化表演、杨梅亲摘自助游、杨梅及其他特色水果展示集市、“农家游”旅游体验等活动 |
| 2011汕头·潮南荔枝文化旅游节 | 7.8～24 | 潮南区雷岭镇东新村 | 潮南区人民政府、汕头市旅游局 | 雷岭镇人民政府、潮南区旅游局 | | 开幕式、荔枝自助采摘活动、雷岭山区“生态游”、“农家游”、“休闲观光游”、特色果品展示集市等 |
| 薄壳美食节 | 8.12～9.30 | 濠江区马滘街道、澄海区盐鸿镇 | 汕头市旅游局、濠江区人民政府、澄海区人民政府 | 濠江区旅游局、澄海区旅游局 | | 启动仪式，参观传统薄壳米采摘、加工过程、在壮雄薄壳美食园和丹樱生态园品尝薄壳宴、组织旅行社推广薄壳美食旅游线路、组织新闻媒体跟踪报道薄壳美食节情况等 |
| 汕头市第十七届潮汕美食节 | 10.20～27 | 汕头市中山东路柏嘉半岛锦峰潮汕美食城内 | 汕头市人民政府 | 汕头市旅游局、汕头市餐饮业协会 | | 汕头经济特区建立三十周年庆祝活动市委市政府欢迎晚宴暨汕头市第十七届潮汕美食节开幕式等活动。本届美食节共设60个展位，汇聚汕头传统名小吃、川、徽、赣、东北等各地特色菜点，以及东南亚、韩国等异国风味共约300多个品种。各大酒店餐馆开展“特色菜”、“招牌菜”推广活动。推出特色美食旅游线路；评选“美食之家”等活动 |
| 汕头市潮汕国际美食文化节 | 11.18～30 | 汕头市林百欣国际会展中心 | 汕头市旅游局 | 汕头市餐饮业协会、林百欣国际会展中心 | | 有近100家来自泰国、新加坡、台湾、韩国、越南及潮汕本土的美食商家进场参展，吸引大批市民和游客前往品尝 |
| 第六届中华名茶（汕头）博览会 | 11.18～21 | 汕头市林百欣国际会展中心 | 汕头市旅游局 | 林百欣国际会展中心 | | 展销各地名茶、茶饮料、茶保健品、茶食品，交流潮汕功夫茶等茶文化，推介茶文化旅游项目．以茶会友，是中华茶文化展示、品尝、交流的专业平台 |

续表

| 节庆活动名称 | 举办时间 | 举办地点 | 主办单位 | 承办单位 | 活动主题 | 活动主要内容 |
|---|---|---|---|---|---|---|
| 汕头市 | | | | | | |
| 第四届旅游产品（汕头）博览会 | 11.18～21 | 汕头市林百欣国际会展中心 | 汕头市旅游局 | 林百欣国际会展中心 | | 设置旅游展位，加强汕头与周边地区城市旅游同业的交流与互动，向市民介绍旅游特色产品，为各参展商提供宣传推介、展示平台，并设若干评奖项目 |
| 香港潮汕美食嘉年华 | 12.2～6 | 香港渣打公园 | 香港潮汕商会主办 | 汕头潮州揭阳三市旅游局 | | 在香港渣打公园举办美食嘉年华活动，开设20多个展位展示潮汕特色美食，向港澳台及外国游客推介特色潮菜。加强与港澳台地区餐饮界的美食文化交流，推动潮汕美食的创新，打造汕头美食旅游特色品牌 |
| 佛山市 | | | | | | |
| 佛山秋色欢乐节 | 9.29～10.2 | 佛山祖庙 | 佛山市人民政府 | 佛山市文广新局 | 打造“文化魅力之城”、“文化创意之城”和“文化民生之城” | 辛卯年佛山秋祭大典、乡饮宴会、佛山秋色大巡游等 |
| 佛山武术嘉年华 | 10月 | 佛山市禅城区 | 佛山市人民政府 | 佛山市体育局 | 展示雄厚的群众武术基础，推动传统武术发展 | 佛山传统武术项目比赛、“佛山精武体育会创立90周年庆典”系列活动、 |
| 第九届佛山美食节——粤港澳美食嘉年华活动 | 12.2～11 | 佛山市禅城区 | 佛山市人民政府 | 佛山市旅游局 | 弘扬佛山美食文化，打造中国粤菜名城品牌 | 中国粤菜名城授牌、粤系美食展示 |
| 韶关市 | | | | | | |
| “中国旅游日”及2011广东国际旅游文化节韶关主会场宣传活动 | 5.19 | 风度名城广场 | 韶关市旅游局 | 韶关市旅游局 | 宣传首个“中国旅游日” | 宣传首个“中国旅游日”情况和2011广东国际旅游文化节韶关主会场的情况以及旅游惠民措施 |
| 韶关旅游产品展销会 | 11.4 | 碧桂园凤凰商贸城 | 韶关市人民政府 | 韶关市旅游局<br>浈江区农业局 | 展示韶关特色旅游产品 | 集中展示韶关特色旅游产品，推介韶关优质产品 |
| 2011广东国际旅游文化节盛大开幕式 | 11.5 | 北江广场 | 国家旅游局<br>广东省人民政府 | 韶关市人民政府 | 活力广东　魅力韶关 | 举办广东旅游风貌文化盛会等活动 |
| 河源市 | | | | | | |
| 河源市第八届客家文化旅游节暨广东国际湖泊旅游博览会 | 11.6～12 | 河源市万绿湖东方国际酒店开幕 | 河源市人民政府、广东省旅游局 | 河源市旅游局 | 以"探访客家古邑，畅游万绿河源"为主题 | 广东国际湖泊旅游博览会、“河源万绿湖杯”旅游小主播电视大赛、“客家风·东江情”全国摄影大赛、客家美食嘉年华等活动 |

续表

| 节庆活动名称 | 举办时间 | 举办地点 | 主办单位 | 承办单位 | 活动主题 | 活动主要内容 |
|---|---|---|---|---|---|---|
| **梅州市** | | | | | | |
| 第五届广东自驾旅游日暨梅州休闲养生自驾旅游周系列活动 | 12.18～24 | 雁南飞茶田景区 | 广东省旅游局、梅州市人民政府 | 梅州市旅游局、梅县人民政府 | 休闲到梅州·享受慢生活 | 开幕式、休闲自驾游等活动 |
| 平远县第七届脐橙旅游节 | 12.17～18 | 平远县文化体育中心 | 中共平远县县委、平远县人民政府 | 平远县旅游局 | 相约红色苏区·情醉绿色橙乡 | 开幕式、文艺表演、经贸签约等 |
| 梅州“中华文化游”暨大埔首届客家美食节 | 11.17～18 | 大埔县城文化广场 | 中国烹饪协会、广东省烹饪协会、梅州市旅游局 | 大埔县委宣传部、大埔县旅游局 | 中华文化游·走进客都梅州 | 品小吃、游大埔 |
| **惠州市** | | | | | | |
| 惠州市庆祝5·19中国旅游日“惠州城市游·绿道游”、“幸福惠州摄影大展”启动仪式 | 5.19 | 惠州市高榜山公园广场 | 惠州市旅游局、惠州市园林管理局 | 惠州市旅游协会、新浪网新浪乐居 | 庆祝5月19日“中国旅游日”的设立，培养国民旅游休闲意识 | 惠州城市游·绿道游、幸福惠州摄影大展等 |
| 红色之旅万人同游 | 6.24 | 罗浮山东江纵队纪念馆广场 | 惠州市旅游局 | 博罗县文体旅游局、罗浮山风景名胜区管委会 | 庆祝中国共产党成立90周年，追寻红色足迹，重温光辉历史 | “红色旅游季”、红色旅游精品线路策划、红色旅游推介会等内容 |
| 第六届惠州国际（休闲文化）旅游节、第二届东坡节暨2011年惠州转型升级招商引资签约仪式 | 7.15～18 | 惠州市奥林匹克体育场 | 惠州市人民政府、广东省旅游局 | 惠州市旅游局 | 本届旅游节以“大美惠州·幸福生活”为主题 | 第六届惠州国际（休闲文化）旅游节暨第二届东坡节开幕式晚会、2011年惠州转型升级招商引资签约仪式、2011年“惠州绿道”全国自行车公开赛、“大美惠州·幸福生活”主题展、东坡文化论坛四大活动 |
| 2011相约大亚湾旅游文化节暨旅游摄影大赛开镜仪式 | 8.20 | 大亚湾渔人码头 | 大亚湾区管委会 | 大亚湾区旅游局 | 庆祝大亚湾建区20周年 | 开幕仪式、滨海绿道游以及旅游摄影大赛集中创作 |
| 第五届广东龙门南昆山生态旅游文化节暨中国农民画艺术节 | 9.20 | 天然温泉度假村 | 广东省文化厅、惠州市人民政府 | 惠州市旅游局、龙门县人民政府 | 本届生态旅游文化节的主题是“愉悦龙门” | 民俗歌舞晚会、开幕仪式（包括文化旅游招商项目、中国农民画博物馆开馆、农民画产业园揭幕等）、龙门农民画主题展、龙门农民客厅文化创意产品展、中国农民绘画展第三站巡展等，此外，还举办龙门旅游文化产业转型升级高峰论坛 |

续表

| 节庆活动名称 | 举办时间 | 举办地点 | 主办单位 | 承办单位 | 活动主题 | 活动主要内容 |
|---|---|---|---|---|---|---|
| **惠州市** | | | | | | |
| 2011 罗浮山道教文化旅游节 | 10.18～19 | 罗浮山风景名胜区 | 中共博罗县委、博罗县人民政府、惠州市旅游局 | 罗浮山风景名胜区管理委员会、博罗县文体旅游局 | 罗浮文化精华——罗浮仙路和“龙脉仙山·罗浮传奇” | “龙脉仙山·罗浮传奇”舞台剧，道教文化表演、对话罗浮、祈福大法会等系列活动 |
| 2011 磨房@惠州第九届 60 公里徒步活动 | 11.20 | 博罗县东山森林公园广场 | 磨房网 | 博罗县文体旅游局 | 2011 广东国际旅游文化节惠州分会场主要活动之一 | 此次徒步活动主要经过博罗县城和惠城境内，全程约 54 公里 |
| **汕尾市** | | | | | | |
| 庆祝首个“中国旅游日” | 5.19 | 市城区 | 汕尾市旅游局、中山市城区旅游局 | | 庆祝中国旅游日，丰富“读万卷书、行万里路”活动 | 旅游咨询、文明旅游知识推广、旅游精品线路推介 |
| **东莞市** | | | | | | |
| 2011 东莞旅游文化节 | 9.29～12.31 | 道滘镇粤晖园 | 东莞市旅游局 | 道滘镇人民政府、东莞市旅游协会 | 每天绽放新精彩 | 旅游文化节开幕式、“万人互游深莞惠”城际旅游大串游活动、“本色杯”东莞旅游摄影大赛、东莞市导游大赛、“缤纷精彩在东莞”旅游展示会、“悠游东莞”节庆季、谢岗登山节、第七届广东国际啤酒节等 |
| **中山市** | | | | | | |
| 2011 年中国旅游日主题活动 | 5.19 | 民众镇 | 中山市旅游局、民众镇人民政府 | | 畅游幸福绿道，感受岭南水乡风情 | 组织旅游业界同仁 500 多人体验民众镇 8.5 公里绿道 |
| 百年辛亥，百万妇女游中山 | 3 月 | 全市 | 中山市旅游局、中山市妇联 | 全市各旅行社 | 百年辛亥，百万妇女游中山 | 启动仪式、广州千名妇女游中山、百名武汉妇女游中山（旅游互动）、广佛地区千名妇女畅游中山、万名港澳妇女游中山、中山·河源万人互动游 |
| 2011 岭南水乡旅游文化节 | 7.28～8.2 | 民众镇 | 中山市人民政府 | 中山市旅游局、文广新局、体育局、农业局、民众镇人民政府 | 幸福中山，和美水乡 | 开幕式、水乡特色运动会、健康之旅——绿道体验游、果蔬美食嘉年华、三人飞艇赛、千人龙舟宴等 |
| 东升脆肉鲩文化美食节 | 12.30～2012.1.2 | 东升镇 | 中山市发展和改革局、经济和信息化局、旅游局、海洋与渔业局、农业局 | 东升镇人民政府、市饮食业商会 | 活力东升、渔乐无穷 | 开幕式、十大金牌菜评比、鱼王大比拼、“一鱼百味”自助美食、趣味捉脆肉鲩鱼活动、“百年辛亥中山情”大型冰雕展、星际数码游艺展、百万游客游东升等 18 项 |

续表

| 节庆活动名称 | 举办时间 | 举办地点 | 主办单位 | 承办单位 | 活动主题 | 活动主要内容 |
| --- | --- | --- | --- | --- | --- | --- |
| **江门市** | | | | | | |
| 2011 中国（江门）侨乡旅游节暨江门侨乡美食购物节 | 11.11 ~ 15 | 江门市蓬江区、江门市东湖广场 | 江门市人民政府 | 江门市旅游局，蓬江区、江海区、新会区、台山市、开平市、鹤山市、恩平市人民政府 | 侨乡美食旅游，欢乐文化盛会 | 开幕式、五邑侨乡文化系列活动、侨乡万人游活动、侨乡风情旅游系列活动四大板块，其中侨乡风情旅游系列系列活动包括江门侨乡美食购物节、江海区文化旅游暨美食节、新会葵乡欢乐旅游节、台山市川岛风情旅游节、开平碉楼文化旅游节、鹤山生态旅游节暨“快乐雁山汇”首 SHOW 嘉年华、恩平温泉旅游文化节 7 项活动 |
| 2011 新会葵乡欢乐旅游节 | 11.11 | 新会区玉湖广场 | 新会区人民政府 | 新会区旅游局等 | | 新会葵乡欢乐旅游节暨旅游行业文艺大赛、旅游资源推介会、“新会旅游杯”钓鱼大赛、新会美食嘉年华、鄂湘省港澳万人游新会和景区系列活动 |
| 2011 江海区文化旅游暨美食节 | 11.11 ~ 14 | 江海区白水带风景区 | 江海区人民政府 | 江海区旅游局等 | | “走进绿色·江海”环保创意登山比赛、“寻找江海最美”江海文化旅游摄影展览、文艺表演和特色美食展等 |
| 2011 台山市滨海旅游节暨首届台山黑沙湾沙雕旅游文化节 | 5.1 | 台山黑沙湾沙旅游区 | 台山市人民政府 | 台山市旅游局等 | | 首届台山黑沙湾沙雕旅游文化节、侨乡沙雕丽人大赛、家庭沙雕创作大赛、沙雕艺术工艺品博览会、中秋沙雕游园活动、沙雕摄影作品展、国庆沙雕烟火晚会等 |
| 2011 中国（江门）开平碉楼文化旅游节 | 11.3 ~ 6 | 开平市城市南广场 | 开平市人民政府 | 开平市旅游局等 | 品味碉楼之美　畅享文化之旅 | 2011 中国（江门）开平碉楼文化旅游节开幕式、开平市侨乡美食节暨旅游土特产展销会系列活动、江门五邑烹饪技能大赛 、赤坑古镇乡土文化艺术节、大沙茶文化节 |
| 2011 鹤山生态旅游节暨“快乐雁山汇”新年舞会 | 12.24 | 鹤山市大雁山森林公园西门广场 | 鹤山市人民政府 | 鹤山市旅游局 | | 沙画表演、开幕式文艺表演、新年盛装华尔兹篝火化妆舞会、“鹤山中旅杯”登山比赛等 |
| 2011 恩平温泉旅游文化节暨美食嘉年华 | 11.25 | 恩平市冯如广场 | 恩平市人民政府 | 恩平市委宣传部、发改局、国土资源局、旅游局等 | 泡温泉、品美食、叹航演 | 恩平市旅游协会成立、温泉旅游文化节开幕式暨美食嘉年华、恩平市民特惠泡温泉、恩平温泉旅游与通用航空发展论坛、无人机演示与航模动力伞表演和旅游企业系列活动等 7 项活动 |
| **阳江市** | | | | | | |
| 2011 阳江旅游文化美食节 | 8.18 ~ 9.11 | 海陵岛闸坡、市区、阳江温泉 | 广东省旅游局、阳江市人民政府、广东省烹饪协会 | 阳江市旅游和外事侨务局、海陵岛试验区管委会 | 碧海银滩，船说阳江” | 开幕式、晚会、烟花汇演、阳江精品旅游线路考察、书画展览、广东月饼评、美食大赛、旅游商品展销、“南国药膳”美食交流会等 |

续表

| 节庆活动名称 | 举办时间 | 举办地点 | 主办单位 | 承办单位 | 活动主题 | 活动主要内容 |
|---|---|---|---|---|---|---|
| 阳江市 | | | | | | |
| 2011 第九届南海（阳江）开渔节 | 8.1 | 海陵岛闸坡国家中心渔港 | 阳江市人民政府、广东省海洋与渔业局、农业部南海区渔政局 | 海陵岛试验区管委会、阳江市海洋与渔业局 | 激情南海、幸福渔家 | 开船仪式、祭海、民间放生、渔家婚嫁庆典、千人渔家大宴、文艺晚会、授牌仪式等 |
| 湛江市 | | | | | | |
| 2011 广东安铺特色美食文化节 | 2.5～12 | 廉江市安铺镇 | 廉江市安铺镇委、镇政府 | 廉江市安铺镇委、镇政府 | 特色美食文化 | 共设 263 个美食展位，各式美食种类 70 多种，白切鸡、糯米鸡、年糕、簸箕炊等 30 多种安铺传统美食 |
| 2011 湛江渔岛旅游节 | 4.29 | 特呈岛 | 湛江市旅游局 | 霞山区政府 | 渔家风情 | 1000 多名游客畅游环岛绿道，观赏美丽的渔岛风光。岛上同时还举办有湛江海岛海景海产为主题的大型摄影以及书法、美术作品展览，举行了自行车、滑轮环岛游以及放风筝和文艺表演等活动 |
| 湛江“中国旅游日”启动仪式 | 5.19 | 粤西明珠美食休闲广场 | 湛江市旅游局 | 开发区旅游局 | 美丽湛江 欢乐旅游 | 在 19 日当天广泛开展让利促销和优质服务活动，举办“湛江旅游之春”晚会，邀请湛江市各界人士共同庆祝“中国旅游日”，推介湛江旅游。 |
| 2011 湛江国际龙舟邀请赛 | 6.6 | 赤坎金沙湾海域 | 国家体育总局社会体育指导中心、中国龙舟协会、 | 广东省体育局、湛江市人民政府 | 划龙舟、品海鲜、游湛江 | 与湛江海上龙舟运动与湛江特色旅游相结合，打造划龙舟、品海鲜、游湛江的城市名片。来自英国、澳大利亚等国家和地区的 51 支参赛队伍参加本次大赛 4 项目角逐 |
| 2011 中国（吴川）首届月饼节暨经贸洽谈会 | 8.4～5 | 吴川市 | 中国烹饪协会、吴川市人民政府 | 湛江吴川市人民政府 | “中国月饼之乡”吴川 | 2011 中国（吴川）首届月饼节暨经贸洽谈会主要内容包括月饼品鉴评比会、月饼展馆和旅游文化展厅、参观月饼企业、月饼产业发展研讨会、旅游文化推介会、歌舞表演等。节会期间，签约了一批食品、羽绒、塑料鞋等项目 |
| 2011 广东（湛江）茶业旅游博览会暨动漫文化节 | 10.1～7 | 湛江国际会展中心 | 湛江市人民政府 | 湛江市旅游局、湛江市农业局、湛江市文化广电新闻出版局 | “弘扬茶文化、繁荣湛江游、倡导健康动漫” | 展场面积 12000 多平方米，共设国际标准展位 400 个，参展企业 200 多家。会场设茶业专题展位、旅游和特产专题展位、紫砂名壶和名家书画展位、动漫专题展位，举办饮茶与健康论坛、湛江茶叶发展论坛、茶艺和民族歌舞表演等，吸引了 5 万多名游客前来观赏 |

续表

| 节庆活动名称 | 举办时间 | 举办地点 | 主办单位 | 承办单位 | 活动主题 | 活动主要内容 |
|---|---|---|---|---|---|---|
| 湛江市 | | | | | | |
| 2011 第二届中国海鲜美食烹饪大赛暨 2011 中国（湛江）海鲜美食文化节 | 12. 28 ~ 2012. 1. 4 | 赤坎金沙湾观海长廊 | 赤坎区人民政府 | 湛江市烹饪行业协会 | 吃海鲜到湛江 | 2011 中国（湛江）首届海鲜美食文化节、2011 第二届中国海鲜美食烹饪大赛、中国餐饮业海鲜采购交流会、中国海鲜美食文化展、中国海鲜美食之都名店名师等品牌认定、中国海鲜美食盛宴。广大市民踊跃品尝国内和湛江本地上百种名小吃、食品等，免费欣赏精彩的文艺演出 |
| 茂名市 | | | | | | |
| 放鸡岛海钓节 | 1. 15 | 电白县放鸡岛 | 电白县人民政府 | | 海钓 | 钓鱼比赛 |
| 茂名市温泉养生旅游节 | 12 月 | 御水古温泉 | 电白县人民政府、茂名市旅游局 | | 温泉养生 | 温泉养生研讨、中国温泉文化展览 |
| 第三届冼夫人国际文化旅游节 | 12. 8 | 高州市 | 高州市人民政府 | | 纪念冼夫人 | 冼夫人文化研讨会、冼夫人文化史迹考察 |
| 清远市 | | | | | | |
| 朱汝珍公园开园仪式暨清远市旅游服务中心落成典礼 | 2. 28 | 清远市旅游服务中心、朱汝珍公园 | 清远市人民政府 | 清城区人民政府、清远市文广新局、清远市旅游局 | 以打造丰富的旅游文化资源和品牌，宣传建市 23 周年以来的辉煌成就，提升全市整体旅游形象 | 朱汝珍公园开园、清远市旅游服务中心开业启动、文艺晚会等 |
| “首届广东清远（清新）漂流文化节暨 2011 中国清远国际自然水域漂流大赛” | 6. 24 ~ 25 | 古龙峡漂流景区 | 国家体育总局水上运动管理中心、广东省体育局、清远市人民政府、国家比基尼模特大赛组委会 | 清远市旅游局、清远市体育局、清新县人民政府 | 擦亮中国漂流之乡品牌 | 漂流景区开漂，漂流大赛 |
| 2011 广东清远（阳山）温泉旅游文化节 | 11. 30 ~ 12. 2 | 广东第一峰旅游风景区 | 清远市人民政府、广东省旅游局 | 清远市旅游局、阳山县人民政府 | 展示清远“中国温泉之乡”的独特魅力，提升清远（阳山）的知名度和美誉度 | 温泉资源展示，三连一阳地区景点线路考察 |

续表

| 节庆活动名称 | 举办时间 | 举办地点 | 主办单位 | 承办单位 | 活动主题 | 活动主要内容 |
|---|---|---|---|---|---|---|
| **清远市** | | | | | | |
| 清远市第三届砂糖桔旅游文化节暨名优特农产品展销会 | 12. 23 ~ 25 | 义乌商贸城 | 清远市旅游局、市农业局、清城区人民政府 | 清城区旅游局 | 加强农业生态旅游资源和旅游手信的宣传 | 清远砂糖桔、清远鸡、初生蛋、连州菜心等农副产品展销 |
| 清远市第二届“清远鸡”美食文化节 | 12. 30 ~ 2012. 1. 3 | 义乌商贸城 | 清远市旅游局、清城区人民政府 | 清城区旅游局 | 为打造美食旅游精品线路，推广以清远鸡为主体的清远美食文化， | 清远名优小吃、各种烹饪方法制作的清远鸡等美食展销 |
| **潮州市** | | | | | | |
| 2011 中国潮州花灯节亮灯仪式 | 2. 17 | 广济门城楼 | 潮州市委宣传部 | 市文物旅游局 | 团圆灯火，福满潮州 | 潮州花灯展示 |
| 潮州十大名菜、十大名小食大型推荐评选活动 | 10. 14 | 潮州体育馆 | 潮州市文物旅游局 | | 打响潮州菜，潮州小食品牌、弘扬潮州美食文化 | 名菜、名小食评选 |
| 潮州十大信评选活动启动仪式暨“2011 中国旅游日”潮州旅游集市活动 | 5. 19 | 广场场地 | 潮州市文物旅游局 | | 提高全民旅游意识，弘扬潮州传统特色文化，提高旅游业综合效应 | 旅游优惠活动周活动、手信评选活动 |
| “天天好生活，旅游嘉年华”活动 | 10. 14 | 潮州体育馆 | 潮州市文物旅游局 | | 让更多的人认识潮州，热爱潮州，走进潮州，投资潮州 | 传统文化展示、旅游商品叫展销、旅游资源推介、旅游项目体验 |
| 庆祝中国共产党成立 90 周年“潮州七日红，青史千秋”展览 | 7. 1 | 涵碧楼 | 中共潮州市委 | 市文物旅游局 | 庆祝中国共产党成立 90 周年 | “潮州七日红，青史垂千秋”——潮州七日红史料陈列 |
| **揭阳市** | | | | | | |
| 首届中国（揭阳）玉文化节暨第十届中国（揭阳）玉器节 | 12. 18 ~ 2012. 1. 18 | 揭阳市东山区 | 中国轻工业联合会、中国轻工珠宝首饰中心、广东省文化厅、中共揭阳市委员会、揭阳市人民政府 | 揭阳市东山区管理委员会、广东创鸿集团、揭阳市阳美集团 | 中国之玉、温润中国 | 中国玉文化大讲坛、中国玉器精品展、中国美玉之旅活动等项目 |

续表

| 节庆活动名称 | 举办时间 | 举办地点 | 主办单位 | 承办单位 | 活动主题 | 活动主要内容 |
|---|---|---|---|---|---|---|
| 云浮市 | | | | | | |
| 广东2011中华文化旅游主题年暨禅宗六祖文化新兴游启动仪式 | 3.4 | 新兴县六祖故里旅游度假区 | 广东省旅游局、云浮市人民政府 | 新兴县人民政府、云浮市旅游局 | 幸福广东，心悦禅宗，赏阅新兴 | “幸福新兴，魅力禅都”旅游推介会；禅文化与旅游发展研讨会；“打造中国禅都”战略合作签约仪式；新兴精品线路考察 |
| “百家旅行社给力宜居云浮，幸福旅程新体验”推介活动 | 4.18～19 | 云浮市迎宾馆 | 云浮市宜居办、云浮市旅游局、新兴县政府 | 云浮市旅游协会 | 百家旅行社给力宜居云浮，幸福旅程新体验 | 部分景区酒店代表与肇庆青旅代表签署了旅游合作协议；播放我市《云浮绿道发现》宣传片 |
| 第六届广东（新兴）国际温泉旅游节暨2011广东国际旅游文化节云浮（新兴）分会场活动 | 12.11～13 | 新兴县金水台温泉旅游度假区 | 广东省旅游局、云浮市人民政府、广东省旅游协会 | 新兴县人民政府、云浮市旅游局 | 禅意温泉，幸福广东 | “健·智之旅——精英企业家六祖故里温泉与禅主题研修班”；“禅·泉——养生公众论坛”；云浮旅游线路推介及考察 |
| 顺德区 | | | | | | |
| 第六届中国岭南美食文化节 | 5.1～10.30 | 大良等镇街 | 中国烹饪协会、广东省旅游局、顺德区人民政府 | 顺德区文体旅游局、佛山传媒集团珠江商报社 | 中国厨乡，美食之都 | |

（根据各地级以上市供稿整理）

# “2011广东旅游好新闻”奖项

## 报纸类·中央及省级媒体（含港澳媒体）

| 刊播单位 | 作　者 | 题　目 | 体　裁 | 奖　项 |
|---|---|---|---|---|
| 《南方日报》 | 蔡华锋、周人果、肖凯荣 | 绿道“游”起来要破四道题 | 通讯 | 特等奖 |
| 《南方日报》 | 陈戈、刘健东、郭亦乐、陈韩晖、姜玉龙 | 畅游绿道全攻略 | 特刊专版 | 一等奖 |
| 《羊城晚报》 | 林洁、蒋铮、何裕华、郑旭森 | 羊城新八景　都市新歌谣——羊城新八景评选报道 | 专题 | 一等奖 |
| 《广州日报》 | 陈薇薇、罗磊、冯秋瑜、黄晓蕴、邝白薇、麦晓颖、黄敏 | 暗访　团购游　大忽悠 | 专题 | 一等奖 |
| 《广州日报》 | 王飞 | 出境游如买菜，阔 | 消息 | 一等奖 |
| 《南方都市报》 | 陈坚盈、肖阳、梁波、伍世然、刘毓、郭毓玲 | 行程单的秘密 | 通讯 | 一等奖 |
| 《中国旅游报》 | 张俊、许佳、吴俊、陈静 | 广东旅游扶贫工作十年巡礼 | 专题 | 一等奖 |
| 中新社 | 莫非 | 粤宁旅游合作协议签署　两地携手共图旅游大发展等207篇 |  | 最多报道奖 |
| 《深圳特区报》 | 沈勇、程曲 | 出境游遇突发事件30分钟内上报　深圳率先出台出境旅游突发事件应急预案 | 消息 | 二等奖 |
| 《羊城晚报》 | 颜英、周萍 | 导游无证旅行社被罚三万 | 消息 | 二等奖 |
| 中新社 | 莫非、李凌、程景伟 | 中国旅游业呈现逆势发展　全球第一大目的地可期 | 消息（综述） | 二等奖 |
| 新华社 | 赖少芬、钟玉明 | 五一旅游市场亮点纷呈“3+X”出游格局让市场持续飘红 | 通讯 | 二等奖 |
| 《南方都市报》 | 熊薇、方军 | 小蛮腰摩天轮转得比走路还慢 | 通讯 | 二等奖 |
| 《新快报》 | 陈镟、邓红 | 汶川，樱桃累累的新家园 | 新闻策划 | 二等奖 |
| 《南方日报》 | 陈戈、王坚、于冬雪 | 争当旅游业转型升级排头兵 | 通讯 | 二等奖 |
| 《羊城地铁报》 | 李晓洁、张淳 | 粤游粤精彩 一路向北走 | 新闻专题 | 二等奖 |
| 《羊城晚报》 | 刘星彤、李力 | “幸福广东发现之旅·粤游粤乐”大型评选系列报道 | 专题报道 | 三等奖 |
| 《广州日报》 | 王飞 | 老城停车难　大巴氹氹转 | 通讯 | 三等奖 |
| 《南方都市报》 | 陈坚盈、伍世然、肖阳、林曦屏、刘毓、郭毓玲 | 100个人100个梦想 | 专题 | 三等奖 |
| 《中国日报》 | Guang Ji | Conghua banking on its waterways and green belts | 通讯 | 三等奖 |
| 《信息时报》 | 李杉、阮栩 | 广东旅游文化节揽金597亿 | 通讯 | 三等奖 |

续表

| 刊播单位 | 作 者 | 题 目 | 体 裁 | 奖 项 |
|---|---|---|---|---|
| 《深圳商报》 | 姚嘉莉、朱峰 | 广东打造世界温泉休闲胜地 | 通讯 | 三等奖 |
| 《香港商报》 | 程向明、赵晋天、林涛 | 粤绿道游旺丁财 | 消息 | 三等奖 |
| 《香港大公报》 | 黄宝仪、朱开通 | 广佛肇中“大串门”万人踏来辛亥足迹 | 消息 | 三等奖 |
| 《中国旅游报》 | 郭光明、吴俊 | 万名外来工免费游广东 | 消息 | 三等奖 |
| 《香港商报》 | 程向明、赵晋天、林涛 | 旅游业广交会下月启航 | 消息 | 三等奖 |
| 《澳门日报》 | 池晓东 | 旅游日粤启幸福绿道游 | 专题 | 三等奖 |
| 《民营经济报》 | 严钰、蔡睿 | 旅游招商、粤菜峰会交相辉映 | 言论 | 三等奖 |
| 《亚太经济时报》 | 李敏、李文 | 各界探讨广东如何打开旅游目的地营销大门 | 通讯 | 三等奖 |
| 中新社 | 顾立军、索有为、王宝莲、张传熙 | “小鸟天堂”绽放“三色幸福花” | 通讯 | 优秀奖 |
| 《南方日报》 | 周人果、蔡华锋、王长庆 | 导游眼中的游客江湖 | 通讯 | 优秀奖 |
| 《新快报》 | 陈镟、邓红 | 3 月就该去曼谷 | 新闻策划 | 优秀奖 |
| 《信息时报》 | 李杉、陈涓 | 怀揣美金境外“血拼” | 专题 | 优秀奖 |
| 《深圳特区报》广州记者站 | 李明、曹大伟 | 寒风“吹”热温泉游 | 消息 | 优秀奖 |
| 《香港商报》 | 李斌、朱韶青、赵晋添、黄仁江 | 南岭多灵秀　文士寻诗情 | 通讯（游记） | 优秀奖 |
| 《香港大公报》 | 黄宝仪、方展杰 | 粤业界觅商机拟推特色线路 | 消息 | 优秀奖 |
| 《香港文汇报》 | 蔺广凯、于滨、顾一丹 | 粤港澳推一程多站游 | 半版消息 | 优秀奖 |
| 《中国旅游报》 | 陈熠瑶、赵垒 | “日本游”伤难愈　旅行社忙筹谋 | 通讯 | 优秀奖 |
| 《深圳特区报》广州记者站 | 李明、曹大伟 | 粤旅游市场启动大规模包机 | 消息 | 优秀奖 |

## 广播影视类·中央及地方媒体（含港澳媒体）

| 刊播单位 | 作 者 | 题 目 | 体 裁 | 奖 项 |
|---|---|---|---|---|
| 广东电视台 | 陈章瑾、欧琳琳 | 2011 国际旅游文化节开幕 | 新闻 | 特等奖 |
| 南方电视台 | 黄刚、刘彪、陈晨、钟心尧、曾超文、王燕 | 万名外来工广东系列游活动 | 专题 | 最佳专题奖 |
| 广东电台 | 梁春梅 | 为经济落后山区圆幸福梦，广东省旅游业不遗余力 | 专题 | 一等奖 |
| 南方电视台 | 李佳佳、卢淦 | 美国领事　广州绿道当“拜客” | 消息 | 一等奖 |
| 广东电视台 | 陈章瑾、欧琳琳 | 广东首批赴日游客平安回家 | 新闻 | 二等奖 |

续表

| 刊播单位 | 作　者 | 题　　目 | 体　裁 | 奖　项 |
|---|---|---|---|---|
| 广州电视台 | 吴嘉薇、许峰 | 阔别十八年　泮塘“龙船景“再现荔枝湾 | 消息 | 二等奖 |
| 广东电台 | 梁春梅 | 借助“丹霞山”申遗成功及南粤独特的自然风光，广东省正努力打造生态旅游文化品牌 | 专稿 | 二等奖 |
| 中国国际广播电台、广东电台 | 欧漫、黄湛、伍时欣、陈文丹、马国华 | 重回老西关，开拓新市场——记广东省木偶艺术剧院打造西关大屋旅游剧场 | 广播新闻专题 | 二等奖 |
| 广州电视台 | 谭耿彬、许峰 | 绿道理念引领城市幸福生活 | 消息 | 三等奖 |
| 广东电台邮轮旅游频道 | 刘红、翟慧娟、董功喜 | “红军再现·再现红军”大型体验旅游活动亮相广东连州 | 消息 | 三等奖 |
| 广州电台 | 钟慧、李素卿 | 旅行社微博营销渐风行，专家称可向更高层次进发 | 广播新闻消息 | 三等奖 |
| 广州电台 | 黎广怡、颖君、吴央央、刘晟旻、陆国飞、招继斌、黎颖、孙宏利 | 辛亥寻踪一日游 | 广播现场直播 | 三等奖 |
| 南方电视台 | 黄刚、曾超文、覃锋、王燕 | 广东旅博会系列报道 | 专题 | 三等奖 |
| 中央人民广播电台华夏之声 | 邓泽宇、陈菲 | 首届中国（广东）国际旅游产业博览会成功闭幕　产品让利超3000万 | 新闻专题 | 三等奖 |
| 广东电视台 | 陈章瑾、林庆坚 | 广东喜迎首个中国旅游日 | 新闻 | 优秀奖 |
| 广州市广播电视台 | 黄雯婷、沈建新、江泳、黄楚恒、黄恺昕、陈丽贞 | 驴友探险寻幽　遇险安全堪忧 | 新闻专题 | 优秀奖 |
| 广州交通电台 | 关筱筠 | 擦亮广州美食品牌——第二十五届广州国际美食节开幕 | 消息 | 优秀奖 |
| 广东电台城市之声 | 刘茵林、谭述维、李勇鹏、梁爱莲、陈月华 | 广东，让百家姓走向繁荣 | 专题 | 优秀奖 |

## 报纸类·地市级媒体

| 刊播单位 | 作　者 | 题　　目 | 体　裁 | 奖　项 |
|---|---|---|---|---|
| 《佛山日报》 | 曾令华、吴英姿 | 佛山醒狮之痛 | 深度报道 | 特等奖 |
| 《汕头都市报》 | 许玉璇、辛雯 | 导游员也被“摆”上货架 | 消息 | 一等奖 |
| 《韶关日报》 | 李小清、高莹、李仲超、邹英杰 | 世界遗产地保护刻不容缓 | 通讯 | 一等奖 |
| 《珠海特区报》 | 陈素璧、赵宇溪、冯春雨 | 珠海城市旅游形象推广新观界——注册到“幸福”升华了“浪漫” | 专版 | 一等奖 |

续表

| 刊播单位 | 作　者 | 题　目 | 体　裁 | 奖　项 |
|---|---|---|---|---|
| 《东莞日报》 | 王红林、钟晨 | 东莞女导游的五味人生 | 通讯 | 一等奖 |
| 《汕头特区晚报》 | 曾漫路、黄锐辉、张泽凌、陈洁汶 | 汕头景观亮相央视天气栏目背后有故事，每日播放引来全球关注——三张上央视图片全是“原生态” | 通讯 | 二等奖 |
| 《江门日报》 | 林柏锋、李华珍、庄英业、杨淑萍、叶桃、谢敏、唐华 | 一个影视基地叫响一座城市　“走出江门看旅游”之无锡 | 通讯 | 二等奖 |
| 《肇庆西江日报》 | 高静、黄锐庆 | 肇庆旅游资源特色鲜明，城市旅游产品丰富，整个城市就是一个大景区 | 消息 | 二等奖 |
| 《梅州日报》 | 吴优、李锦让、张柏明、郭文烈 | 客天下，创新文化旅游新模式 | 通讯 | 二等奖 |
| 《阳江日报》 | 陆玮、黄娟娟、陆超、邹军航、郑荣新 | “南海 1 号”将赋予中西交通史新的内涵 | 通讯 | 二等奖 |
| 《中山日报》 | 袁风云、王嘉飞 | 游客 VS 黑手 | 专题 | 二等奖 |
| 《河源日报》 | 高芳芳、蒋莲秀 | 网友：河源人游河源应优惠 | 通讯 | 二等奖 |
| 《清远日报》 | 黄昱茜、李先觉 | 三大特色旅游品牌引越来越多游客——连山着力打造粤北最美边城 | 消息 | 三等奖 |
| 《清远广播电视报》 | 邱文华 | 第七届中国（阳山）四驱越野车节盛大开幕 | 消息 | 三等奖 |
| 《汕尾日报》 | 黄淑慧、唐日升、魏伟生 | 上半年旅游创收 23 亿 | 消息 | 三等奖 |
| 《羊城晚报》驻珠海记者站 | 林丹、钱瑜、谭慧、毛雪皎 | 南方影视基地唤醒斗门古村 | 通讯 | 三等奖 |
| 《佛山南海旅游促进局》 | 王军、何又华、张素圈、赵进 | 西樵山文化：变革之魂一脉千年 | 新闻 | 三等奖 |
| 《珠江商报》 | 吴小镛、黄国育 | 推介水乡文化　推销“顺德生活” | 通讯 | 三等奖 |
| 《茂名日报》 | 潘雪梅、茂旅轩、官辉 | 开蓝水清新茂名——茂名旅游产业发展纪实 | 报告文学 | 三等奖 |
| 《中山商报》 | 陈慧、何森 | 母亲河再现“岐江晚望” | 专题 | 三等奖 |
| 《潮州日报》 | 吕晓扬、丁兆军 | “潮州十大手信”评选出炉 | 消息 | 三等奖 |
| 《惠州东江时报》 | 谭琳、黄尉宏、关云 | 叶挺纪念园要建成国家级 4A 级景区 | 通讯 | 三等奖 |
| 《湛江日报》 | 刘稳、林洪强、何杰 | 打造滨海旅游品牌 | 消息 | 三等奖 |
| 《江门日报》 | 赵焕明、张品、张雷、王平强 | 江门·翁源九仙桃文化节开幕——“旅游扶贫”成为新亮点 | 消息 | 优秀奖 |
| 《清远日报》 | 曾新友、邹钢民、邓素君 | 用温泉泡出喜气　用诚信凝聚人气——记中国酒店最佳创新人物、聚龙湾度假村总经理文飞 | 通讯 | 优秀奖 |
| 中新社驻珠海支社 | 冒踕、陈彦儒、邓卓明、丰冰、刘小青 | 岭南写真：珠海的北山村为何名扬天下 | 通讯 | 优秀奖 |

续表

| 刊播单位 | 作　者 | 题　　目 | 体　裁 | 奖　项 |
|---|---|---|---|---|
| 《看东莞》 | 钟晨 | 酒店管家服务，你就是贵族 | 通讯 | 优秀奖 |
| 《梅州日报》 | 丘黎明、刘晨村 | 中华旅游名博活梅州　360 度看客都——30 位名博引起亿人次的关注 | 专题 | 优秀奖 |
| 《南方日报》东莞记者站 | 王慧慧 | 旅游一体化，兄弟城市携手多赢之路 | 专题报道 | 优秀奖 |
| 《河源日报》 | 高芳芳、朱国良 | 建设省生态旅游示范区行动提速 | 消息 | 优秀奖 |
| 《佛山日报》 | 谭顺秋、沈阳 | 激活南海西翼的文化风 | 新闻通讯 | 优秀奖 |

## 广播影视类・地市级媒体

| 刊播单位 | 作　者 | 题　　目 | 体　裁 | 奖　项 |
|---|---|---|---|---|
| 韶关电视台 | 汪露蓉、李经海、周燮林 | 嘉年华精彩纷呈，全民共享狂欢盛宴 | 消息 | 特等奖 |
| 中山电视台 | 林簇、林小军 | 辛亥百年，中山旅游业迎来前所未有发展机遇 | 新闻专题 | 最佳专题奖 |
| 佛山电视台 | 严剑锋、陈晓军、窦希 | 秋色欢乐节启动　祖庙文化凝聚四海佛山情 | 消息 | 一等奖 |
| 河源电视台 | 缪俊芳、黄世番 | “珠三角七城联动百万市民游河源”正式拉开序幕 | 广播消息 | 一等奖 |
| 清远电台 | 黄芳、张伟槟、徐小华 | 清远有望成为“中国温泉之城” | 消息 | 一等奖 |
| 珠海电视台 | 李勇智、张璐璐、吴国俊、郑航军 | 珠海史上最大规模“水上婚嫁”今举行 | 电视消息 | 二等奖 |
| 阳江电视台 | 刘刚、李聪、陈一宋、阮泉 | “南海 1 号”考古现场发掘游客亲身领略考古秘密 | 消息 | 二等奖 |
| 肇庆电视台 | 曾肇潮、陈惠红、李芳华 | 肇庆绿道　中国最美 | 新闻专题 | 二等奖 |
| 惠州电视台 | 涂雯、陈博思、杨爽 | “十一”假期：我市 7 天总收 8.45 亿元增长 24.63% | 消息 | 二等奖 |
| 湛江新闻综合广播 | 樊巍巍、赖小玲 | 三亚取经回　论道滨海游 | 消息 | 二等奖 |
| 梅州电台 | 宋新嘉、许文辉 | 休闲到梅州，享受慢生活，定位高远，契合梅州旅游实际 | 新闻专题 | 三等奖 |
| 韶关电视台 | 李英强、陈凯红 | 2011 广东国际旅游文化节在韶关盛大开幕 | 消息 | 三等奖 |
| 揭阳电台交通旅游之声 | 林少贞、陈炜坚、赖泽棠、李鹏 | 感受他乡文化积淀　携手共建幸福揭阳 | 新闻专题 | 三等奖 |
| 佛山电台 | 梁伟晋、吴剑煜 | 湿身派对 | 旅游节目 | 三等奖 |

续表

| 刊播单位 | 作　者 | 题　　目 | 体　裁 | 奖　项 |
|---|---|---|---|---|
| 湛江电视台 | 朱荣辉、蔡成、黄华、黄冬敏、张文春、苏东艳 | 打造存亮湾旅游品牌 | 新闻专题 | 三等奖 |
| 茂名电视台 | 吴志森、李丽娜、刘屏、韦厚仕、林科、梁健 | 聚焦茂名旅游发展规划 | 电视专题 | 三等奖 |
| 汕尾电视台 | 张东伟、余小文、车力恒 | 好山好水　天下汕尾 | 新闻专题 | 三等奖 |
| 东莞电视台 | 李少妮、黄文俊、谭倩、李万昌 | 首个“中国旅游日”东莞主打绿道游 | 消息 | 三等奖 |
| 肇庆电台 | 陈树佳、孙臻、郑铭鸿、林怡 | 肇庆星湖绿道被授予“中国最美绿道”称号 | 长消息 | 优秀奖 |
| 汕尾陆河县电视台 | 高咏烨、庄彬彬、叶思曼 | 梅花飘香迎客来——陆河 2011 梅花观赏活动正式开幕 | 新闻 | 优秀奖 |
| 清远电视台 | 杜鑫、叶振华 | 漂流大赛落幕　捷克队夺冠 | 消息 | 优秀奖 |
| 中山电台 | 叶常州、林小军 | 中山主题公园游乐园投资热的冷思考 | 新闻专题 | 优秀奖 |

## 网络类·中央及省级媒体（含港澳媒体）

| 刊播单位 | 作　者 | 题　　目 | 体　裁 | 奖　项 |
|---|---|---|---|---|
| 南方网 | 陆晓娜、李婷、张秀丽、张文英、陆旭惠、陈浒 | 2011 广东国际旅游文化节 | 网络专题 | 二等奖 |
| 大洋网 | 黄俊波、刘竞宇 | 大洋网友爆光旅游陷阱　市旅游局支招如何防骗 | 消息 | 三等奖 |
| 新浪网广东站 | 张志威 | 2011 广东国际旅游文化节将于 11 月隆重举行 | 网络 | 优秀奖 |
| 网易 | 苏碧 | 骑行逍遥游，畅游广东绿道 | 专题 | 优秀奖 |

## 网络类·地市级媒体

| 刊播单位 | 作　者 | 题　　目 | 体　裁 | 奖　项 |
|---|---|---|---|---|
| 东莞阳光网 | 姜玲霞、周莉、朱健飞、赵佩峰 | 缤纷东莞　2011 东莞旅游文化节 | 专题 | 二等奖 |
| 湛江新闻网 | 肖胤 | 大力开发粤代表性海洋景区 | 消息 | 三等奖 |
| 揭阳新闻网 | 廖宇飞、蔡晓惠 | 揭阳新闻网旅游频道 | 专版 | 优秀奖 |
| 潮汕风情网 | 潮汕风情网 | 中国历史文化名街：潮州太平街义兴甲巷 | 网络宣传 | 优秀奖 |

（张海燕供稿）

# 旅游资源与管理

**【概述】** 2011年，广东省旅游景区等级评定委员会加强旅游景区评定管理工作，完善景区评定制度。一是重新构建省旅游景区等级评定委员会架构，充实人员，引进专家，更新旅游景区（点）评定专家库，建立健全评定管理办法，旅游景区评定工作规范有序；二是加强旅游景区（点）评定廉风行风建设，修订《广东省旅游景区质量等级评定工作程序》、《广东省旅游景区质量等级暗访检查制度》和《广东省旅游景区质量等级评定检查员管理规定》，增加网上公示环节，确保景区等级评定和复核工作公正、公开、公平；三是印发《关于进一步规范广东省旅游景区A级评定（A级复核）工作程序执行要求的通知》和《关于进一步严肃旅游景区暗访纪律的通知》，严肃景区评定纪律。

**【A级旅游景区创建】** 2011年，广东省旅游景区等级评定委员会依据国家旅游局《旅游景区质量等级评定管理办法》和《旅游景区质量等级的划分与评定》规定，加强对广州市白云山风景名胜区、深圳市观澜湖旅游度假区、肇庆市星湖风景名胜区、梅州市雁南飞茶田旅游度假区、韶关市丹霞山风景名胜区和清远市连州地下河6家推荐评定5A级景区单位的创建指导工作。经全国旅游景区等级评定委员会明察、暗访、评审会等程序，广州市白云山风景名胜区、深圳市观澜湖旅游度假区、梅州市雁南飞茶田旅游度假区、韶关市丹霞山风景名胜区和清远市连州地下河5家景区先后通过5A级旅游景区评定，并授予国家5A级旅游景区标识牌。2011年全省获全国旅游景区等级评定委员会评定通过的A级景区共35家，其中5A级景区5家、4A级景区18家、3A级景区12家。其中，全国旅游景区等级评定委员会于2011年1月批准广州市白云山风景名胜区、梅州市雁南飞茶田旅游度假区为国家5A级旅游景区，批准广州市南海神庙景区、广州市石头记矿物园、梅州市客天下景区、梅州市蕉岭长潭旅游区、茂名市放鸡岛海上游乐世界、茂名市森林公园、东莞市科学技术博物馆、东莞市新华南MALL欢笑世界为国家4A级旅游景区；5月，批准深圳市观澜湖休闲度假区为国家5A级旅游景区；8月，批准广州市正佳广场商贸旅游区、韶关市古佛洞天旅游区为国家4A级旅游景区；9月，批准清远市连州地下河为国家5A级旅游景区；11月，批准深圳市野生动物园、江门市康桥温泉景区、惠州市龙门天然温泉旅游区为国家4A级旅游景区；12月，批准韶关市丹霞山风景名胜区为国家5A级旅游景区，揭阳市阳美玉都旅游景区、佛山市西岸森林生态园、深圳市青青世界旅游区、韶关市丽宫旅游区、广州市增城白水寨旅游区为国家4A级旅游景区。广东省旅游景区等级评定委员会于2011年3月批准广州市田心社农家乐景区、广州市溪头旅游村景区、广州市增城文化公园景区、广州市增城小楼人家景区、广州市增城湖心岛旅游风景区、广州市增城何仙姑景区、广州市宝趣玫瑰世界、广州市大丘园农庄景区为国家3A级旅游景区；5月，批准韶关市广东天井山国家森林公园、韶关市乐昌金鸡岭风景区为国家3A级旅游景区；7月，批准深圳市“地王观光深港之窗”、深圳市金沙湾海滨度假区为国家3A级旅游景区。截至2011年年底，全省共有A级景区168家。其中5A级景区7家、4A级景区101家、3A级景区49家、2A级景区11家。省旅游景区等级评定委员会按要求开展A级景区复核检查工作。

**【专项旅游产品】** 全国红色旅游经典景区 2011年4月20日，全省共有8家景区入选全国红色旅游经典景区第二批名录，即：深圳市博物馆（新馆）及莲花山公园、汕尾市海丰县红宫红场旧址、中山市孙中山故居和纪念馆、广州市三元里人民抗英斗争纪念馆、广州市黄花岗七十二烈士墓、广州市黄埔陆军军官学校旧址、东莞市鸦片战争博物馆、梅州市大埔县“八一”起义军三河坝战役烈士纪念园。

**链接：**

广东省第一批全国红色旅游经典景区名录：广州市红色旅游系列景区（毛泽东同志主办农民运动讲习所旧址，广州起义纪念馆和烈士陵园）、梅州市梅县叶剑英元帅纪念馆、惠州市惠阳区叶挺纪念馆。

全国休闲农业与乡村旅游示范县示范点 2011年1月14日，根据农业部和国家旅游局关于创建全国休闲农业与乡村旅游示范县、示范点工作要求，广东省旅游局与省农业厅联合开展创建全国休闲农业与乡村旅游示范县、示范点工作。

全国休闲农业与乡村旅游示范县：广州从化市

全国休闲农业与乡村旅游示范点：广州陈村花卉世界休闲农业园、梅县雁南飞茶田景区、饶平绿岛旅游山庄有限公司、清远根本农业科技扶贫有限公司。

全国特色景观旅游名镇名村 2011年7月15日，经住房和城乡建设部、国家旅游局初选并联合推荐，全国共111个村镇确定为“第二批全国特色景观旅游名镇（村）示范名单”，广东共有6家：清远市清新县太和镇、韶关市始兴县沈所镇、潮州市饶平县新丰镇和东莞市茶山镇南社村、湛江市霞山区爱国街道特呈岛村、恩平市圣堂镇歇马村。

**链接：**

2010年3月10日，住房城乡建设部和国家旅游局公布第一批105个“全国特色景观旅游名镇（村）示范名单”，广东共有4家：惠东县巽寮镇（海滨旅游风景区、天然的海水浴场），珠海市金湾区平沙镇（温泉、海岛、高尔夫旅游特色，中国最大、档次最高的游艇生产基地），中山市三乡镇（邓小平“不走回头路”名言的发言地、全国第一个开发的温泉宾馆中山温泉），东莞市虎门镇（硝烟旧址、威远炮台、沙角炮台等鸦片战争遗址）。

**【旅游相关资源】** 2011年，广东省获公布的非物质文化遗产代表性名录项目中，国家级129项（三批），省级446项（四批），市级905项，县级1455项；全省有各类博物馆、纪念馆177座，其中由国家文物局核定公布的国家一级博物馆3座，二级博物馆11座，三级博物馆14座，实行免费开放的博物馆150余座；全省新建省级森林公园4处，全省森林公园总数达458处，总面积106.7万公顷，占全省国土面积的5.9%，其中，国家级25处，省级73处。森林公园年接待游客人数超过7600万人次，直接旅游收入17.68亿元；全省建成湿地公园9处，其中国家级5处，省级4处，总面积3.07万公顷。

**【旅游规划单位资质管理】** 2011年，广东省申报全国旅游规划设计单位资质等级认定单位数量增加。广东省旅游规划设计单位资质等级认定委员会按照全国旅游规划资质等级认定委员会的要求，以国家旅游局《旅游规划设计单位资质等级认定管理办法》为依据，加强对旅游规划设计单位资质的申报和复核管理。是年，全国旅游规划资质等级认定委员会认定广州海森旅游策划设计有限公司为“国家甲级规划设计资质单位”，认定深圳市花都环境景观工程有限公司和广东中建设计有限公司为“国家乙级规划设计资质单位”；广东省旅游规划设计单位资质等级认定委员会认定广州市尚知咨询顾问有限公司为“国家丙级规划设计资质单位”。至年底，全省共有“国家甲级规划设计资质单位”7家、“国家乙级规划设计资质单位”16家、“国家丙级规划设计资质单位”11家。

**附件：广东省旅游规划资质单位名录**

甲级：

1. 广东省旅游发展研究中心（2002）
2. 中山大学旅游发展与规划研究中心（2002）
3. 深圳市麟德旅游规划顾问有限公司（2008）
4. 广东新空间旅游发展有限公司（2008）
5. 深圳市多彩旅游策划顾问有限公司（2009）
6. 广州海森旅游策划设计有限公司（2011）

乙级：

1. 广州地理研究所（2002）
2. 深圳市榜样旅游项目设计有限公司（2003）
3. 深圳市华侨城旅游策划顾问有限公司（2004）
4. 广州市智景旅游策划设计咨询服务有限公司（2004）
5. 广州市城市规划勘探设计研究院（2004）
6. 深圳市汉沙国际工程咨询有限公司（2007）
7. 深圳市美亚丽景旅游景观设计有限公司（2007）
8. 中山市规划设计院（2007）
9. 广州市谊华旅游规划设计有限公司（2007）
10. 暨南大学（2008）
11. 广州山晟旅游发展有限公司（2009）
12. 华南师范大学地理科学学院（2010）
13. 深圳市美景园园林开发有限公司（2010）
14. 广州市常邦旅游规划设计有限公司（2010）
15. 广州晨曦旅游规划有限公司（2010）
16. 深圳市艾肯弘扬咨询管理有限公司（2010）
17. 深圳市花都环境景观工程有限公司（2011）
18. 广东中建设计有限公司（2011）

丙级：

1. 深圳市银光彩旅游商品咨询有限公司（2002）
2. 广州市精旅策划服务有限公司（2002）
3. 佛山技术学院旅游开发与规划研究中心（2003）
4. 梅州市城市规划设计院（2004）
5. 广州大学中法旅游学院（2006）
6. 广州市新城旅游规划设计有限公司（2009）
7. 汕头市澄海规划设计研究院（2009）
8. 河源市职业技术学院旅游规划与发展研究中心（2009）
9. 深圳市艺水科技有限公司（2010）
10. 广东如歌景观设计有限公司（2010）
11. 广州市尚知咨询顾问有限公司（2011）

**【旅游投资和重大项目】** 2011年，广东省旅游投资力度进一步加大、房地产企业和民营企业介入旅游产业及相互融合，信息化服务推动旅游产品升级，社会各界对投资旅游业信心增强。据全国旅游投资信息系统统计：全省新增投资超1亿元的旅游项目112个，投资总额达1711亿元。全省共14个大型旅游投资项目进入2010广东省现代产业500强项目，涉及投资总额达550亿元；31个旅游投资项目被列为广东省现代旅游业“十二五”重点建设项目。河源市总投资45亿元的源城区东江·DD庄园休闲度假项目全面动工；港中旅投资15亿元的珠海海泉湾二期项目正式启动，完成初期的规划设计；招商局集团投资90亿元的太子港国际油轮母港项目正式动工建设；华侨城集团投资30亿元打造欢乐海岸项目。

（李　康）

# 2011 年广东省大型重点旅游项目建设情况一览表

| 市 | 项目名称 | 项目起止年限 | 投资金额（亿元） | 属新建、改造、扩建项目 | 项目所在地（区、镇或街道） | 所有制性质 | 项目类型 |
|---|---|---|---|---|---|---|---|
| 广州市 | 长隆国际生态旅游度假项目 | 2007～2012 | 18.20 | 扩建 | 番禺区迎宾路 | 私营 | 旅游度假区 |
| | 花都王子山森林公园综合开发项目 | 2009～ | 6.6 | 新建 | 花都区梯面镇 | 国有 | 旅游度假区 |
| | 马莎罗动漫城项目 | 2009～ | 160 | 新建 | 萝岗区天鹿北路 | 中外合资 | 主题公园 |
| | 生命谷养生保健度假区 | 2010～ | 110 | 新建 | 从化市吕田镇 | 国有 | 旅游度假区 |
| | 从化温泉养生谷项目 | 2008～ | 100 | 新建 | 从化市良口镇 | 国有 | 旅游度假区 |
| | 港中旅花都丫髻岭旅游综合项目 | 2010～2015 | 100 | 新建 | 花都区炭步镇 | 国有 | 旅游度假区 |
| | 从都国际会议中心项目 | 2008～ | 80 | 新建 | 从化温泉养生谷商务会议区 | 私营 | 旅游度假区 |
| | 增城市生态旅游示范区 | 2010～ | 60 | 扩建 | 增城市北部山区 | 国有 | 旅游度假区 |
| | 蝴蝶谷森林公园 | 2010～2020 | 60 | 新建 | 从化市吕田镇新联、鱼洞村 | 国有 | 旅游度假区 |
| | 海珠湖休闲旅游区 | 2010～ | 24.8 | 新建 | 海珠区新滘中路 | 国有 | 旅游度假区 |
| | 莲花山休闲度假片区 | 2010～ | 10 | 扩建 | 番禺区石楼镇 | 国有 | 旅游度假区 |
| | 白云区南湖国家旅游度假区升级改造项目——凤凰山项目 | 2010～ | 15 | 扩建 | 白云区白云大道北 | 国有 | 旅游度假区 |
| 汕头市 | 世博潮府馆 | | 20 | 新建 | 龙湖区 | 私营 | 文化旅游园区 |
| 佛山市 | 佛山岭南天地 | 2005～2012 | 200 | 新建 | 禅城区 | 港资公司 | 景区、商业街 |
| | 西樵山景区创 5A 改建 | 2005～2012 | 10 | 改造、扩建 | 南海区西樵镇 | 国有 | 度假区 |
| | 西岸旅游产业园 | 2009～2013 | 60 | 改造、扩建 | 南海区西樵镇 | 国有 | 度假区 |
| | 三水温泉度假村 | 2009～2012 | 6 | 新建 | 三水区芦苞镇 | 股份公司 | 度假区 |
| | 君御温德姆至尊酒店 | 2009～2012 | 10 | 新建 | 高明区荷城街道 | 股份公司 | 饭店 |
| 韶关市 | 大南岭生态休闲项目 | 2010～2015 | 15 | 改造 | 乳源县大桥镇五指山 | 集体 | A 级旅游景区 |
| 河源市 | 东江·DD 庄园 | 2011～ | 45 | 新建 | 源城区高埔岗埔前镇 | 股份合作 | 旅游度假区 |
| | 东江源温泉度假村 | 2010～ | 60 | 新建 | 东源县仙塘镇 | 私营 | 温泉旅游度假区 |
| | 康泉养生休闲度假区 | 2011～ | 65 | 新建 | 东源县康禾镇 | 私营 | 温泉旅游度假区 |
| | 御临门温泉度假村 | 2004～ | 5 | 扩建 | 紫金县九和镇 | 股份合作 | A 级旅游景区 |
| 梅州市 | 丰顺县韩江鹿湖温泉度假村 | 2011～2014 | 20 | 新建 | 丰顺县留隍镇 | 股份合作 | 温泉旅游度假区 |
| | 梅县东方银隆旅游度假村 | 2011～2016 | 26 | 新建 | 梅县西阳镇 | 股份合作 | A 级旅游景区 |

续表

| 市 | 项目名称 | 项目起止年限 | 投资金额（亿元） | 属新建、改造、扩建项目 | 项目所在地（区、镇或街道） | 所有制性质 | 项目类型 |
|---|---|---|---|---|---|---|---|
| 惠州市 | 惠东县巽寮滨海旅游度假区 | 2006～2018 | 150 | 扩建项目 | 惠东县 | 有限公司 | 滨海旅游酒店 |
| | 富力·丽港中心 | 2008～2012 | 8.55 | 扩建项目 | 惠州市区 | 富力地产 | 商务酒店 |
| | 白鹭湖度假区 | 2007～2014 | 50 | 扩建项目 | 惠州市区 | 雅居乐地产 | 旅游地产、酒店 |
| | 惠州合生国际大酒店项目 | 2010～2015 | 14 | 新建 | 惠州市区 | 合生国际 | 酒店 |
| | 港惠新天地项目 | 2008～2016 | 14.69 | 扩建项目 | 惠州市区 | 外商 | 旅游 |
| | 惠阳温泉度假村 | 2009～2016 | 25 | 新建 | 惠阳区 | 私营 | 温泉旅游 |
| | 惠州南昆山生态园旅游项目 | 2010～2016 | 5 | 新建 | 龙门县 | 县政府 | 旅游景区 |
| | 龙门南昆山温泉大观园二期 | 2009～2016 | 15 | 扩建项目 | 龙门县 | 私营 | 旅游温泉酒店 |
| | 惠州龙门生活之原项目 | 2008～2014 | 10 | 新建 | 龙门县 | 外企 | 旅游景区、酒店 |
| 汕尾市 | 汕尾市城区长沙湾旅游度假村项目 | | 60 | 新建 | 马宫街道 | 私营 | 休闲度假 |
| 中山市 | 水印江南苑 | 2005～2013 | 47 | 新建 | 横栏镇 | 私营 | 旅游度假区 |
| | 十里堤岸游艇产业度假区 | 2012～2016 | 40 | 新建 | 东升镇 | 私营 | 游艇、度假 |
| | 盛世游艇会 | 2009～2015 | 25.5 | 新建 | 神湾镇 | 私营 | 游艇、度假 |
| | 锦绣海湾温泉旅游度假区 | 2011～2015 | 35 | 新建 | 南朗镇 | 私营 | 温泉、度假 |
| | 新沙岛休闲度假区 | 2011～2016 | 35 | 新建 | 东凤镇 | 私营 | 旅游度假区 |
| | 裕安人家 | 2009～2013 | 10 | 新建 | 民众镇 | 私营 | 旅游度假区 |
| | 广东省鳌山文化旅游区 | 2008～2015 | 5 | 新建 | 黄圃镇 | 私营 | 旅游度假区 |
| | 为民新兴广场 | 2011～2014 | 9.2 | 新建 | 古镇镇 | 私营 | 购物、饭店 |
| 江门市 | 银湖湾游艇休闲度假区（滨海旅游基地） | 2008～2014 | 21 | 新建 | 新会区银湖湾 | 外资 | 游艇、度假 |
| | 海龙湾旅游度假区 | 2011～2018 | 18 | 立项 | 台山市海龙湾 | 外资 | 游艇、度假 |
| | 神灶温泉旅游区 | 2010～2015 | 3.5 | 新建 | 台山市汶村镇 | 私营 | 度假 |
| 阳江市 | 海陵岛十里银滩综合开发项目 | 2010～2015 | 13 | 新建 | 闸坡镇 | 国有 | 度假区 |
| 湛江市 | 君豪酒店 | 2008～2011 | 7 | 新建 | 开发区乐山大道 | 私营 | 酒店 |
| | 南海明珠游艇俱乐部 | 2009～2013 | 4.5 | 新建 | 坡头区南调路 | 私营 | 其他 |
| | 特呈渔岛度假村 | 2008～2013 | 10 | 扩建 | 特呈岛 | 私营 | 旅游度假区 |
| | 金沙湾花园酒店 | 2008～2015 | 8.5 | 新建 | 赤坎金沙湾观海长廊 | 私营 | 酒店 |

续表

| 市 | 项目名称 | 项目起止年限 | 投资金额（亿元） | 属新建、改造、扩建项目 | 项目所在地（区、镇或街道） | 所有制性质 | 项目类型 |
|---|---|---|---|---|---|---|---|
| 湛江市 | 民大喜来登酒店 | 2008～2013 | 5 | 新建 | 赤坎区海滨大道 | 私营 | 酒店 |
| | 雷州樟树湾大酒店 | 2009～2011 | 5 | 新建 | 雷州城区白水沟水库湾 | 私营 | 酒店 |
| | 吉兆湾国际海洋生态度假中心 | 2009～2018 | 45 | 新建 | 吴川市覃巴镇六鳌海滨 | 私营 | 旅游度假区 |
| | 徐闻县大汉三墩旅游区 | 2009～2013 | 30 | 新建 | 徐闻县 | 股份合作 | 旅游景区 |
| | 广州湾时代广场 | 2008～2014 | 12 | 新建 | 人民大道南 | 股份合作 | 旅游综合体 |
| | 霞山渔人码头 | 2010～2015 | 10 | 改建 | 霞山区 | 私营 | 旅游综合体 |
| | 康琦赛欢乐世界旅游区 | 2010～2011 | 15 | 新建 | 麻章区瑞云北路 | 私营 | 旅游景区 |
| | 廉江市佛教观音寺 | 2010～2013 | 5 | 新建 | 廉江市塘山岭 | 民营 | 旅游景区 |
| | 廉江热带植物园 | 2010～2012 | 5 | 新建 | 廉江市城南 | 民营 | 旅游景区 |
| | 赤豆寮岛旅游度假区 | 2009～2014 | 10 | 新建 | 雷州市西部企水镇赤豆寮岛 | 私营 | 旅游度假区 |
| 清远市 | 清新温矿泉旅游度假区 | 2011～2015 | 8 | 续建 | 清新县三坑镇 | 股份合作 | 五星级度假饭店 |
| | 狮子湖项目 | 2010～2015 | 20 | 扩建 | 清远市清城区 | 股份合作 | 度假温泉俱乐部 |
| | 碧桂园新亚山湖城 | 2011～2015 | 80 | 新建 | 清远市清城区 | 股份合作 | 旅游、观景、休闲等 |
| | 英德市仙湖温泉度假区 | 2009～2015 | 8.5 | 续建 | 英德市横石塘镇 | 股份合作 | 度假饭店 |
| | 飞来峡旅游服务中心 | 2011～2013 | 3 | 新建 | 清城区飞来峡镇 | 股份合作 | 五星级温泉饭店 |
| | 英德市宝墩湖生态旅游度假区 | 2011～2017 | 29 | 新建 | 英德市 | 股份合作 | 温泉度假饭店 |
| | 英德市宝晶宫旅游度假区 | 2011～2015 | 8.5 | 续建 | 英德市宝晶宫内 | 股份合作 | 五星级饭店建设 |
| | 英德市广晟旅游度假中心 | 2010～2015 | 30 | 续建 | 英德市 | 股份合作 | 度假饭店 |
| | 英德市金海湾文化旅游项目 | 2010～2018 | 17.2 | 续建 | 英德市 | 股份合作 | 文化设施 |
| | 佛冈聚龙湾天然温泉度假村 | 2010～2013 | 15 | 续建 | 佛冈汤塘镇 | 股份合作 | 饭店 |
| 云浮市 | 新兴县禅泉大酒店 | 2009～2012 | 7 | 新建 | 六祖镇 | 股份合作 | 饭店 |
| | 郁南县大王山国家森林公园 | 2011～2015 | 6.5 | 扩建 | 都城镇 | 国有 | 主题公园 |
| 顺德区 | 万豪国际酒店 | 2011～2013 | 5 | 新建 | 大良街道 | 私营 | 星级饭店 |

（根据各地级以上市供稿整理）

## 广东旅游企业

# 2011年广东部分旅游企业基本财务状况

**【概述】** 2011年，按照国家旅游局《关于2011年旅游财务信息工作情况通报暨2012年相关工作安排的通知》，广东省旅游局依据国家旅游局行业财务信息统计系统，不完全统计全省旅游相关数据，并进行初步分析。经审核，全省成功上报行业财务信息统计系统的旅游单位共1298家，其中成功上报旅游企业及企业化管理事业单位的旅游企业1230家，事业性单位50家（以下统计分析数据来源于国家旅游局行业财务信息统计系统，为非全面统计，仅供参考）。

1230家企业性质单位中，旅行社650家，占52.85%；饭店438家，占35.61%；旅游区（点）130家，占10.57%；旅游集团4家，占0.33%；其他旅游企业8家，占0.65%。从系统数据分析，全省旅游行业企业以旅行社为主；其次是旅游饭店；旅游集团所占比例偏低，旅游企业的集团化和规模化发展仍有待加强。

——按经济类型划分，国有及国有控股企业224家，占18.21%；集体企业61家，占4.96%；联营企业21家，占1.71%；私营企业824家，占66.99%；外商及港澳台投资企业100家，占8.13%。由数据分析可知，私营经济是广东旅游企业的主力军。全省外商及港澳台投资企业所占比例与上年全国平均水平的2.37%相比较高，主要得益于广东省毗邻港澳、旅游企业对外开放早、开放程度高相关。

——按组织形式划分，有限责任公司942家，占76.59%；独资公司148家，占12.03%；非公有制独资公司24家，占1.95%；股份有限公司16家（其中上市股份有限公司4家），占1.31%；股份合作制企业14家，占1.14%；合资或合营企业47家，占3.82%；合伙企业15家，占1.22%；事业单位24家（多为旅游饭店和旅游景区），占1.95%。各组织形式比例与上年全国平均水平相当，有限责任公司是当前旅游行业企业的主要组织形式。

——按企业类型划分，旅行社中经营出境游业务旅行社的124家，占19.08%，经营非出境游旅行社526家，占80.92%，出境游旅行社占到全部旅行社的近二成，比例高于上年全国8%的平均水平，主要与广东境外游和港澳游客源多有关；旅游饭店中五星级旅游饭店48家，占10.96%，四星级旅游饭店80家，占18.26%，三星级旅游饭店186家，占42.47%，二星级旅游饭店34家，占7.76%，一星级旅游饭店2家，0.46%，未评星级旅游饭店88家，占20.09%，旅游饭店主要以三星级、四星级等中端饭店为主，并存有一定数量未评星级的旅游饭店；旅游景区中度假型景区37家，占28.46%，自然类景区26家，占20.77%，文物类景区9家，占6.92%，主题类景区26家，占20.00%，度假型景区比例较高，文物类景区比例较低，比较符合全省旅游资源类型特点和国民休闲旅游的特性。

**【旅游企业经营状况】**

*净资产收益率* 指企业一定时期内的净利润同平均净资产的比率，充分体现投资者投入企业的自有资本获取净收益的能力，突出反映投资与报酬的关系。2011年度全省旅游企业净资产收益率为13.92%，高于上年全国4.02%的平均水平，其中：

——旅行社净资产收益率为13.08%。其中，经营出境游旅行社为13.80%，经营非出境游旅行社为10.23%，出境业务收益高于非出境业务。

——旅游饭店净资产收益率为6.53%。其中，五星级旅游饭店13.40%，二星级旅游饭店9.89%，其他星级旅游饭店均低于3%。旅游饭店收益率按星级排名情况基本与上年全国平均水平一致，五星级酒店保持较高的收益率。

——旅游景区净资产收益率为13.25%。其中，自然类旅游景区为-0.65%，主题类旅游景区为26.6%。整体水平高于上年全国平均水平。

——其他旅游企业净资产收益率为-26.36%。其他旅游企业主要为旅游服务公司等，由于样本量较少，数据不具有代表性。

广东旅游景区和旅行社的净资产收益率均保持较高水平，旅游饭店略低，但均高于上年全国平均水平。

*总资产报酬率* 指企业一定时期内获得的报酬总额与平均资产总额的比率，其中报酬总额由利润总额和利息支出两部分组成。2011年度全省旅游企业总资产报酬率为4.07%，高于上年全国2.54%的平均水平。其中：

——旅行社总资产报酬率为3.36%。其中，经营出境游旅行社为3.26%，经营非出境游旅行社为3.37%。

——旅游饭店总资产报酬率为 1.84%。其中，五星级旅游饭店为 4.60%，四星级旅游饭店为 0.38%，三星级旅游饭店为 0.81%，二星级旅游饭店为 4.17%，一星级旅游饭店为 -9.19%，未评星级旅游饭店为 -1.59%。五星级和二星级旅游饭店总资产报酬率远远高于其他类型旅游饭店。

——旅游景区总资产报酬率为 4.66%。其中，自然类旅游景区为 -0.18%，文物类旅游景区为 -1.62%，主题类旅游景区为 13.19%。。

——其他旅游企业总资产报酬率为 -2.13%。

主营业务利润率　指企业一定时期主营业务利润同主营业务收入净额的比率。2011 年度全省旅游企业主营业务利润率为 8.15%，高于上年全国 2.51% 的平均水平。其中：

——旅行社主营业务利润率为 0.65%。其中，经营出境游旅行社为 0.60%，经营非出境游旅行社为 0.91%。

——旅游饭店主营业务利润率为 4.69%。其中，五星级旅游饭店为 11.92%，四星级旅游饭店为 1.80%，三星级旅游饭店为 2.19%，二星级旅游饭店为 11.19%，一星级旅游饭店为 -43.45%，未评星饭店为 -6.98%。五星级和二星级旅游饭店主营业务利润率远远高于其他类型旅游饭店。

——旅游景区主营业务利润率为 15.79%。其中，自然类旅游景区为 -0.43%，文物类旅游景区为 -0.12%，主题类旅游景区为 27.33%。主题类旅游景区具有较高的盈利能力。

——其他旅游企业主营业务利润率为 -6.12%。

成本费用利润率指企业一定时期的营业利润同企业成本费用总额的比率。2011 年度全省旅游企业成本费用利润率为 8.82%，其中：

——旅行社成本费用利润率为 0.66%。其中，经营出境游旅行社为 0.61%，高于经营非出境游旅行社为 0.92%。

——旅游饭店成本费用利润率为 4.92%。其中，五星级旅游饭店为 13.51%，二星级旅游饭店为 12.59% 外，其余等级旅游饭店均低于 3%。

——旅游景区成本费用利润率为 15.79%。其中，主题类旅游景区为 37.51%，自然类和文物类旅游景区均小于零。

——其他旅游企业成本费用利润率为 -5.77%。

总资产周转率 指企业一定时期主营业务收入净额同平均资产总额的比值，是综合评价企业全部资产经营质量和利用效率的重要指标。2011 年度全省旅游企业总资产周转率为 0.63 次，其中：

——旅行社总资产周转率为 4.34 次，经营非出境游旅行社总资产周转率为 4.86 次，略高于经营出境游旅行社的 4.26 次。

——旅游饭店总资产周转率为 0.45 次，二、三星级中端旅游饭店高于高端和低端旅游饭店。

——旅游景区总资产周转率为 0.31 次，主题类旅游景区总资产周转率高于自然类和文物类旅游景区。

——其他旅游企业总资产周转率为 0.33 次。

流动资产周转率　指企业一定时期主营业务收入净额同平均流动资产总额的比值。2011 年度全省旅游企业流动资产周转率为 1.23 次。其中：

——旅行社流动资产周转率为 5.31 次，其中经营非出境游旅行社为 5.55 次，经营出境游旅行社为 5.27 次。

——旅游饭店流动资产周转率为 1.29 次，中高星级旅游饭店流动资产周转率高于低星级旅游饭店。

——旅游景区流动资产周转率为 0.86 次，主题类旅游景区流动资产周转率高于自然类和文物类旅游景区。

——其他旅游企业流动资产周转率为 0.90 次。

存货周转率 指企业一定时期销售成本与平均存货的比率，是对流动资产周转率的补充说明。2011 年度全省旅游企业平均存货周转率为 1.72 次。

应收账款周转率　指企业一定时期内销售（营业）收入净额同平均应收账款余额的比率，是对流动资产周转率的补充说明。2011 年度全省旅游企业应收账款周转率为 34.24 次。其中：

——旅行社应收账款周转率为 34.17 次。

——旅游饭店应收账款周转率为 23.02 次。

——旅游景区应收账款周转率为 26.39 次。

——其他旅游企业应收账款周转率为 26.10 次。

资产负债率　指企业一定时期负债总额同资产总额的比率，是评价企业负债水平的综合指标。2011 年度全省旅游企业资产负债率为 70.01%。其中：

——旅行社资产负债率为 75.45%，经营出境游旅行社为 77.30%，经营非出境游旅行社为 64.35%。

——旅游饭店资产负债率为 70.57%，除一星级为 25.66% 外，其他星级均在 65% 上下。

——旅游景区资产负债率为 59.73%，文物类旅游景区高于自然类和主题类旅游景区。

——其他旅游企业资产负债率为 91.76%。

流动比率　指企业一定时期流动资产同流动负债的比率，用以衡量企业短期债务偿还能力，评价企业偿债能力强弱。2011 年度全省旅游企业流动比率为 121.03%。其中：

——旅行社流动比率为 119.78%，经营非出境游旅行社流动比率高于经营出境游旅行社。

——旅游饭店流动比率为 84.40%，二星级饭店流动比率高于其他星级饭店流动概率。

——旅游景区流动比率为 67.46%，自然类旅游景区流动比率高于文物类和主题类旅游景区。

——其他旅游企业流动比率为 68.25%。

速动比率　指企业一定时期的速动资产同流动负债的

比率，用以衡量企业的短期偿债能力，评价企业流动资产变现能力的强弱。2011年度全省旅游企业速动比率为61.52%。其中：

——旅行社速动比率为112.25%，经营非出境游旅行社速动比率高于经营出境游旅行社。

——旅游饭店速动比率为79.87%，低星级旅游饭店速动比率高于高星级旅游饭店。

——旅游景区速动比率为74.13%，自然类旅游景区高于文物类和主题类旅游景区。

——其他旅游企业速动比率为48.46%。

*长期资产适合率* 指企业所有者权益与长期负债之和同固定资产与长期投资之和的比率，从企业资源配置结构方面反映企业财务结构的稳定程度及财务风险大小。2011年度全省旅游企业长期资产适合率为175.44%。其中：

——旅行社长期资产适合率为257.91%，其中，经营出境游旅行社为241.44%，经营非出境游旅行社为396.11%。

——旅游饭店长期资产适合率为130.66%。五星级和二星级饭店长期资产适合率高于其他类型的星级饭店。

——旅游景区长期资产适合率为108.39%，自然类旅游景区高于文物类和主题类旅游景区。

——其他旅游企业长期资产适合率为83.61%。

*销售增长率* 指企业本年主营业务收入增长额同上年主营业务收入总额的比率，是评价企业成长状况和发展能力的重要指标。2011年度，全省旅游企业销售增长率为17.09%。其中：

——旅行社销售增长率为24.87%，其中经营出境游旅行社为22.50%，经营非出境游旅行社为39.114%。

——旅游饭店销售增长率为17.65%。

——旅游景区销售增长率为36.37%，主题类旅游景区高于文物类和自然类景区。

——其他旅游企业销售增长率为10.81%。

*资本积累率* 指企业本年所有者权益增长额同年初所有者权益的比率，表示企业当年资本的积累能力，是评价企业发展潜力的重要指标。2011年度全省旅游企业资本积累率为24.75%。其中：

——旅行社资本积累率为10.65%，经营出境游旅行社为9.73%，经营非出境游旅行社为14.30%。

——旅游饭店资本积累率为13.37%。

——旅游景区资本积累率为62.9%，其中主题类景区为163.10%。

——其他旅游企业资本积累率为8.48%。

*总资产增长率* 指企业本年总资产增加额同年初资产总额的比率，用以衡量企业本期资产规模的增长情况，评价企业经营规模总量上的扩张程度。2011年度全省旅游企业总资产增长率为18.33%。其中：

——旅行社总资产增长率为22.22%，经营出境游旅行社为22.07%，经营非出境游旅行社为23.09%，两者数据相差不多。

——旅游饭店总资产增长率为3.63%，一星级、二星级、三星级旅游饭店为负增长。

——旅游景区总资产增长率为18.00%，其中主题类景区为35.56%，高于其他类型景区。

——其他旅游企业总资产增长率为3.87%。

*人均增加值（全员劳动生产率）* 指旅游企业在一定时间内向游客提供旅游服务过程中所创造的增加价值，反映企业创造社会价值的能力。按统计口径，增加值是企业固定资产折旧、劳动者报酬、生产税净额、营业盈余之和。2011年度，广东省旅游企业人均增加值为123617.88元。其中，旅行社人均增加值为60280.81元，旅游饭店人均增加值为80589.87元，旅游景区人均增加值为107705.39元，其他旅游企业人均增加值55984.78元。其中，主题类景区人均增加值为177899.87元，五星级酒店人均增加值为124650.22元。主题类景区和五星级酒店等高端旅游产品的人均增加值最高。

旅行社补充指标 2011年全省旅行社入境旅游收入比率为4.12%，国内旅游收入比率为53.02%，出境旅游收入比率为34.08%，旅行社自联入境旅游收入比率为8.74%。旅行社国内旅游收入毛利率为7.65%，其中，经营出境游旅行社的国内旅游收入毛利率为9.05%，经营非出境游旅行社的国内旅游收入毛利率为6.49%，旅行社出境旅游收入毛利率为6.92%。

*旅游饭店补充指标* 2011年全省旅游饭店平均客房出租率为25.32%，平均房价451.39元。旅游饭店房费收入比率为43.74%，餐饮收入比率为40.61，商品收入比率为2.01%，娱乐收入比率为2.07%，房费和餐饮仍是主要收入来源。旅游饭店餐饮收入毛利率为52.17%，商品收入毛利率为49.04%，娱乐收入毛利率为62.45%。

*旅游景区补充指标* 2011年全省旅游景区门票收入比率为52.99%，餐饮收入比率为14.28%，商品收入比率为5.90%，娱乐收入比率为1.74%，其他旅游收入比率为25.09%，门票收入仍是景区的主要收入来源。旅游景区餐饮收入毛利率为56.33%，商品收入毛利率为58.42%，娱乐收入毛利率为44.56%。

**【综合评估】** 2011年，广东旅游业发展相对比较平稳，众多结构性和比率指标排序与上年全国平均水平相似，并在一些指标上反映出广东特色。旅游企业类型更趋多元化，私营企业和有限责任公司是全省旅游企业主要的经济类型和组织形式。整体旅游行业企业收入来源结构发生较大变化，企业经营多样化、多元化趋势进一步凸显。

旅行社是全省旅游企业数量最大的类型。旅行社经营出境旅游业务和经营非出境旅游业务的经营状况相似，均有较快发展。

星级饭店中五星级饭店和二星级饭店经营状态较好，具有较强的获利能力和发展能力，未评定星级酒店仍有较大生存空间；星级旅游饭店中五星级饭店和二星级饭店经营状况最好。表现在全省大力发展商务旅游，五星级饭店具有盈利强的特点，二星级饭店具有价格不高、服务较好等特点，深受中低端游客的喜爱。未评星级饭店各项指标优于三星级以下饭店，主要原因是大量的经济型饭店仍有较强的生存空间。

旅游景区发展能力强于其他旅游企业，特别是主题类旅游景区具有较高的资本增长率。表现在近年来政府对旅游基础设施投入较多，完善部分旅游景区配套基础设施。同时，全省主题类景区本身也具有较强的市场竞争力，综合性较强，收入来源较多，抗风险性和成长性强于其他旅游企业。旅游景区餐饮娱乐收入占据一半比例，主题类景区指标优良，全省国民休闲类度假型旅游项目发展势头良好。

（李　康）

# 旅行社

**【中山中国国际旅行社有限公司】** 2011 年，该公司实现主营业务收入 2.85 亿元，从业人数 312 人。再次蝉联全国旅行社百强，荣获 2011 年度广东省旅行社行业“全国旅游先进集体”荣誉称号，并在广东省用户委员会满意度测评中获用户满意度 97.3 分。

该公司按照 GB/T24421 - 2009 系列国家标准的要求，全面构建科学合理、层次分明、满足需要的公司标准体系框架，建立完善的服务标准体系，并编制标准体系表，实现纳入标准体系的标准共 235 项。其中，收集法律法规 42 项、国家标准 99 项、行业标准 17 项、地方标准 34 项、企业标准 81 项。企业标准化使公司内部产品设计、销售服务、接待服务、售后服务等各环节有标准可依，大大提升企业的服务质量，顾客满意度达 95% 以上，经济效益比试点前增长 5%。率先成为广东省旅行社首家“AAAA 级标准化良好行为企业”，并于 9 月通过国家服务业标准化试点工作考核验收。

（张　璟）

**【深圳市口岸中国旅行社有限公司】** 前身是深圳市华侨旅行社（简称“侨社”），素有“华侨之家”的美称，成立于 1950 年，是深圳最早的旅行社。该公司一直坚持品质旅游产品，以“诚信铸就未来”作为企业的宗旨。拥有丰富组织和操作经验的专业人员 500 人，年营业额 3.24 亿元。2011 年全年接待游客人数 82.1 万人，连续 3 年旅游收入及接待人数均增长 11% 以上。

该公司分别在深圳、香港特别行政区、东莞设有分公司、营业部 52 家，通过互联网技术实现旅游产品无缝连接管理，从 2002 年起在全系统实现旅游产品品牌化营销策略。通过“开心假期”、“发现之旅”和“品味之旅”三大品牌为消费者提供人性化和专业化的服务。2002 ~ 2005 年连续在全国国际旅行社百强排名前十甲、深圳市排名第一。在第九届深圳知名品牌企业评选中，深圳口岸中旅作为旅行社行业唯一一家跻身深圳知名品牌的企业。

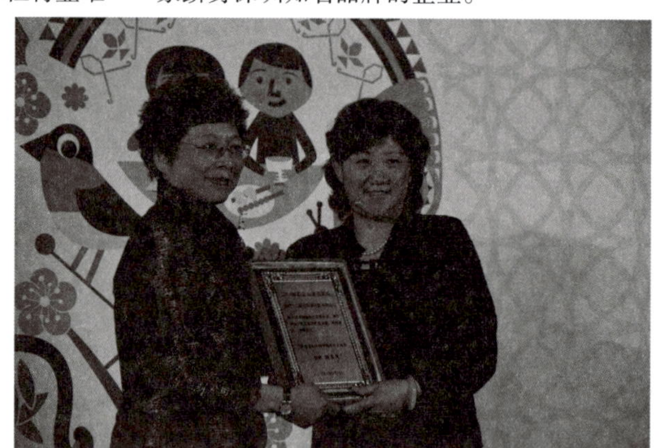

2011 年 5 月 4 日，台湾海峡两岸观光旅游协会授予深圳市口岸中国旅行社有限公司为“2010 年赴台旅游品质奖”。（戴瑶腾　图/文）

**【广东省中国青年旅行社】** 2011 年，该社营业收入 90015 万元，创利税 792 万元。全社组接中外游客共 424827 人次。其中国内游组接人数 339767 人次，出境旅游组接人数 27896 人次，入境旅游组团接待人数 23062 人次，单项服务组团接待人数 34102 人次。成功组团接待香港游客 120 多人、自驾车 40 多台、历时 19 天、横跨 9 个省份的青藏高原自驾车团。该社被国家旅游局评为“全国百强旅行社”，广州旅游管理委员会颁发的“广州地区诚信旅行社”、广州市公安局交警支队颁发的“2011 年度交通安全先进单位”称号；屡获广州市旅游局颁发的“广州市旅行社发展入境游突出贡献奖”、“广州旅游展销会最佳优秀宣传奖”、卡塔尔航空公司华南地区“最佳旅行社奖”。

广东青旅是共青团广东省委属下的窗口企业。在省内设有近 40 个分社和门市部，服务网络延伸至全国各地，是广东省、广州地区旅行社行业协会副会长单位，在华南地区具有一定规模和实力。该社以其大型团队、机团单位专项活动组织接待、自驾车旅游、高尔夫休闲游、星级邮轮环球游、夏令营活动等拳头产品为特色，广泛拓展提供入境游、国内游、出境游、商旅会奖游、出入境签证、翻译导游、国内国际机票、旅游客车租赁等综合性服务。

（何洁汶）

【深圳市宝中旅行社有限公司】　简称“宝中旅游”。该公司成立于 1998 年，是深圳大型旅行社之一。宝中旅游以“立足专业　领先行业”为宗旨，截至 2011 年底，该公司在四川、重庆、福建等 15 个省市拥有子公司，近 2000 个旅游服务网点，全年总组团接待人数 200.1 万人（全国汇总），是全国百强国际旅行社，中国旅游集团 20 强第 15 名。

是年，深圳宝中旅游初步完成全国发展战略规划目标及服务网络建设，在旅游行业率先实行所属公司全部按“八统一”标准要求管理运营，实现由区域性公司向全国性集团公司转型。深圳宝中（宝中旅游）以“服务规范化、产品标准化、采购集约化”管理要求，依托现代科技管理技术平台实现信息化联网管理，打造成中国最大连锁旅行服务商之一的愿景目标。

（深圳市宝中旅行社有限公司　供稿）

【深圳市海外国际旅行社有限公司】　创办于 1985 年。截至 2011 年底，深圳市海外国际旅行社有限公司总部营业面积 2000 多平方米，下设出境游、国内游及入境游操作中心和 70 多家营业部，并且在北京、上海、成都等地设立 20 多个分支机构，从业人员 800 多人；营业总收入达 10 亿元人民币，比上年增长 28.6%；利润总额 700 多万，比上年增长 33.1%；实缴税金 360 万；入境接待游客 38 万人天，国内游组织接待 57 万人天，组织出境旅游 76 万人天。连续 5 年被国家旅游局评为全国百强旅行社，是广东省旅行社行业协会副会长及深圳市旅行社分会副会长单位。

该公司以东南亚、邮轮、日韩、欧美等出境游业务为龙头，在全国掀起品质旅游的浪潮。其中《非凡泰国》《情定桃花岛》等产品，由中央电视台拍摄并在全国播出，深受业者及游客的喜爱，并获得泰国国家旅游局“安心泰国游”的品质认证书。在深圳本地市场拓展中，公司致力于观光旅游、商务考查的策划组织。曾成功组织并承办过很多大型的出入境旅游策划活动。组织接待游客人数连续多年在行业中处于领先地位，多次获“中国出境旅游十大批发商”、“广东省十大出境游旅行社”及“广东省国民旅游休闲示范单位”等荣誉。

（深圳市海外国际旅行社有限公司　供稿）

# 星级饭店

【广州花园酒店】　是中国首批三家之一、华南地区唯一的“白金五星级”酒店以及岭南集团高端豪华酒店品牌“LN 岭南花园酒店”的旗舰店，也是第十六届广州亚运会的总部饭店。2011 年，酒店员工1756人，实现营业收入57221万元，比上年同期增长 10.74%；经营利润累计16146万元，比上年同期增长 9.58%，纳税总额7184万元。

酒店装饰富丽堂皇，拥有 828 间客、套房以及 800 多间公寓和写字楼，设备豪华，环境典雅舒适。多间各具特色的中西餐厅及酒吧，荟萃中、法、日等环球风味美食，配合细致殷勤的专业服务，必能令每位宾客称心如意。现代华丽的国际会议中心和 10 间多功能宴会厅，配套设施一应俱全，为不同需要的宾客提供高水准的多元化服务，是宴请宾客、举办会议的理想场所。

酒店以“创民族品牌 与世界同步”为己任，并创新系列特色服务：建立“360 度服务质量管理”体系、“总经理鸡尾酒会”、“大堂服务大使”、“一键式服务”、24 小时“贴身管家服务”、“婚宴一条龙”专业服务、开通酒店官方微博和移动手机网站、免费宽带/无线上网、24 小时健身服务、WIFI 全覆盖、iPad 菜单、电子礼宾服务、前台系统全电子账单及文件电子签名、自行种植有机香料、实行垃圾分类等。多次荣获“中国十大最具魅力酒店”称号。

（刘　蕾）

【广东新白云宾馆有限公司】　简称“白云宾馆”。坐落于环市东路。是广东省旅游集团有限公司的下属企业，五星级大型高档商务酒店。拥有588间设备完善、格调高雅的豪华客房，5间风味各异的餐厅和大堂吧；宾馆设有商务中心、会议中心、健身中心、游泳池等配套设施，满足客人的各种需求。酒店与丽柏广场、友谊商店、世贸中心等品牌名店相邻。

2011年，宾馆以“十二五”规划为指导，坚持“家，就在这片白云下”的服务理念，不断完善产品，提升服务质量，让客人在旅途中感受到家的温馨，宾客满意率不断提升。曾荣获“中国饭店金星奖”，第十六届广州亚运会、亚残运会先进集体，国家商务部“首届商务人士最喜爱的中国百家商务酒店”、“全国商业服务业先进单位”、广东省旅游局“游客温馨之家”等荣誉。

（广东新白云宾馆有限公司　供稿）

**【深圳华侨城大酒店有限公司】**　2011年，深圳华侨城大酒店有限公司实现营业收入38646万元，利润总额3019万元，上缴利税5479万元，客房入住率为66%。荣获中国饭店金马奖之最佳消费者满意酒店、深圳最佳豪华酒店、深圳最佳主题酒店、中国十大商务会议酒店、深圳2011世界大运会指定接待酒店等荣誉。

该公司是国内首家以白金五星级标准建造的西班牙风情主题酒店。充分发挥会务优势，紧跟本地会展规律开发市场资源，强化酒店整体营利能力和影响力，酒店总体客房收入呈现上升趋势，保持了酒店的收入指数在深圳豪华高端酒店的领头羊地位。是年，华侨城大酒店以“专业、高效、卓越”的服务，承担深圳第26届世界大学生夏季运动会开闭幕式欢迎宴会任务，成功接待包括中共中央总书记、国家主席胡锦涛在内的国家领导人、各级政要、国际贵宾逾500人，承办自深圳市成立以来规格最高、嘉宾政要最多的一次重大接待，获得各级领导和各国贵宾的好评。此外，酒店还承接第十三届高交会接待及众多全球知名集团公司商业活动。

华侨城大酒店

（深圳华侨城大酒店有限公司　图/文）

**【深圳威尼斯酒店】**　深圳威尼斯酒店秉承中国首家主题酒店的高品质服务，为客人提供独特的意大利经典主题文化体验。2011年，该酒店实现营业收入20522万元，利润总额2781万元，上缴利税4160万元，客房入住率为75%。荣获中国最佳商务酒店、深圳酒店年度最佳主题酒店、十大文化主题酒店等殊荣。

是年，该酒店顺利完成深圳第26届世界大学生夏季运动会部长级接待。酒店注重对特色主题活动的打造和宣传，以及履行企业社会责任，全面实现酒店经营利润与社会效益的双丰收。酒店继续在入住率、平均房价等重点参数上，位居深圳高星级酒店市场前茅。酒店拥有客房375间，8个多功能会议厅和一个685平方米的威尼斯宴会厅，汇集世界各地美食佳肴的7个酒店餐厅和酒吧，其中典雅的意大利餐厅屡获大奖，提供一流欧陆传统美食；酒店V吧可欣赏现场乐队表演，充满异域的激情。

（深圳威尼斯酒店　供稿）

# 企业集团

**【深圳华侨城集团公司】**　该集团公司是隶属于国务院国资委管理的大型中央企业，经营业务涵盖旅游业、房地产业、文化产业、电子业、纸包装业。2011年，华侨城实现销售收入336亿元，利润总额47亿元，资产总额846亿元，净资产232亿元；旅游接待人数达到2431万人次。

**华侨城传统文化主题景区**　是年，深圳锦绣中华、世界之窗以深圳成功举办第26届世界大学生夏季运动会（以下称“大运会”）为契机，提升品牌价值，创新主题活动，旅游业务收入同比分别增长7%、18%。深圳世界之窗以举办大运会闭幕式为契机，对景区内埃菲尔铁塔灯光、大洋洲区域绿化、大炮喷泉、标识系统等进行全面改造翻新。在大运会闭幕式晚会上，华侨城整合自身演艺资源，以出色的编导创意和专业的演出技能，编创演出大型歌舞晚会《中华神韵》，赢得党和国家领导人、外国来宾及各国运动员的高度赞赏。

华侨城欢乐谷连锁主题公园　以互动型游乐设备为主，目前已经进入深圳、北京、上海、成都和武汉五个城市，除武汉项目在建外，其余4个均进入成熟运营期，成为国内最具知名度和市场影响力的主题公园品牌。2011年春节，深圳欢乐谷五期“香格里拉·雪域”正式开放，暑期完成玛雅水公园的升级改造，74天累计接待游客30余万人次。狂欢节期间实现游客接待量86.87万人次，营业收入1.22亿元。北京欢乐谷全年接待游客创造全国单体公园的纪录，达345万人次，实现营业收入3.89亿元，同比增长均超过20%，利润首次突破1亿元。上海欢乐谷将“产品品质提升”作为景区战略发展的主要任务，强化主题活动策划，其中万圣节几十万个南瓜遍布园区，中央电视台多次予以报道。公园计划用3~5年的时间全面提升景区品质，达到世界一流主题公园标准。成都欢乐谷新增“金沙探险”和“冰雪世界”等项目，将传统元素和现代科技结合。在建中的武汉欢乐谷一期占地约30万平方米，引进50多项全球先进的游乐设施，包括亚洲首座木制双龙过山车、中国最高的弹射式过山车等，于2012年5月正式开业。

华侨城生态休闲度假旅游景区　包括东部华侨城、泰州华侨城以及在建中的云南华侨城、天津华侨城，通过借助优势自然资源，开发具备生态观光、度假休闲、温泉养生、康体健身等多功能于一体的综合项目。2011年，东部华侨城以打造世界级度假旅游目的地为目标，不断完善度假旅游配套资源，成功推出了亚洲唯一穿越隧道、能够实现90度倾斜旋转效果的木质过山车项目，以及面向年轻人群体的咖酷旅馆，受到市场的广泛认可。泰州华侨城斥巨资对古寿圣寺进行修缮扩建，使千年古刹重焕新姿，进一步丰富泰州华侨城旅游业态组合，为长三角游客打造全新的生态旅游养生胜地。

2011年8月，华侨城新一代文化旅游产品——深圳欢乐海岸一期在深圳大运会期间成功试业。该项目以打造“都市娱乐目的地”为目标，通过保护性开发具有滨海特色的旅游资源，建设大型的集商业、餐饮、娱乐、旅游、办公、酒店等为一体的综合性、开放式城市公共空间。项目试营业后，迅速成为深圳市民和外来游客的又一旅游胜地，被誉为深圳的“城市客厅”。国家旅游局和国家环境保护部联合授予欢乐海岸“国家生态旅游示范区”称号，国家海洋局、深圳市海洋局分别为欢乐海岸挂牌“国家级滨海湿地修复示范项目”和“国家海洋公益性行业科研专项滨海湿地生态修复示范区”。

是年，文化部授予华侨城集团公司“国家文化产业示范基地”称号；此外还荣获“广东省服务业百强企业”、“广东省企业500强”等荣誉称号。集团旗下华侨城股份公司入选第三届中国“文化企业30强”；世界之窗计财部票务室获“全国巾帼文明岗”；北京华侨城欢乐谷分公司获“2009~2010年度全国青年文明号”等荣誉称号。2011年6月，全球组织TEA-AECOM联合发布2010年全球主题公园游客量报告，华侨城主题公园游客量达到1930万人次，成为全球旅游景区集团八强中增长最快的一家企业。东部华侨城、深圳欢乐谷、北京欢乐谷、深圳世界之窗分别占据亚太主题公园15强第10至13位。10月，华侨城旗下世界之窗、深圳欢乐谷、东部华侨城作为整体“欢乐世界”景观入选“珠三角十大景观”，在十大景观中位居第二。

（薛　晔）

**【广州岭南国际企业集团有限公司】**　2011年，集团以科学发展观为统领，按照“一个主体，两翼齐飞”（一个岭南集团主体形象，以创新发展和资本运作为两个驱动引擎）的发展战略，围绕“实施规划、转变方式、扩张发展、价值经营、跨越百亿”的工作目标，全面实施集团“十二五”发展规划，坚持“五个拉动”（营销拉动、创新拉动、投资拉动、重组拉动、内控拉动）促进“四做”（做强品牌、做大规模、做高毛利、做优模式）的经营方针，全集团经营业绩、品牌建设、资本运作、区域扩张、转型升级、公司治理、业绩导向型组织打造、信息化建设等方面均跃升至新的台阶，集团主营收入达百亿元，比上年增长22%，实现利润总额4.05亿元，比上年增长11%。下属花园酒店、中国大酒店、东方宾馆、白云会议中心、广之旅、旅业公司、广州宾馆、羊城之旅、东方国旅等企业经营业绩均创新高。岭南集团同年入选“中国旅游集团20强”第8位。

成为公务接待的标杆。岭南集团发挥规模化、一体化、产业链优势，统筹集团酒店、餐饮、交通、会展、旅游、安全食品供应等资源，形成强大的综合接待能力，为省市两会、亚运会、UCLG、省国际咨询大会等重大政务会议活动提供全方位的服务，平均每年接待大型政务、公务活动超过300场次。

加强旅游酒店品牌标准化。岭南集团强化品牌引领，从一般的产品经营逐步转向品牌引领的价值经营，从一般的酒店管理输出转向有系统标准体系支撑的品牌输出，重点打造LN岭南花园酒店品牌、LN岭南东方酒店品牌等高端酒店品牌，加强酒店品牌的标准化建设，推进在珠三角、“两湖”、“两广”等高铁沿线地区的拓展和布局，主要包括长沙岭南花园酒店、安徽长江国际酒店、湛江岭南花园酒店、四会东方酒店、武汉迎宾馆、三角湖度假村、从化岭南花园温泉酒店等项目。推动旗下广之旅国际旅行社有限公司探索旅行社品牌标准化体系建设，作为全国首批被国家旅游局确认及命名为“全国旅游标准化示范企业”的旅行社之一。旅游产业链品牌优势日渐增强。

*推动旅游产业链建设。*岭南集团通过实行财务、运营、人力资源管理一体化分层次管控，有效整合旅游产业链资源，发挥产业链优势，为客户提供全方位的旅游、会议、宴会、展览等服务解决方案，大大提高了产业竞争力；按照深耕广州，区域布局的原则，加大旅游景区发展步伐，以大投资、大项目拉动大发展，集团旅游产业延伸、区域规模扩张取得显著进展，主动参与跨地区的资源配置并获取战略性资源，战略性进入湖北省宜昌市开发大型旅游景区，积极推进广州黄埔古港旅游项目开发建设，打造广州旅游新亮点。

2011年11月5日，广州岭南国际企业集团部分高层管理人员在韶关参加2011广东国际旅游文化节。（萧虹　图/文）

【广州广之旅国际旅行社股份有限公司】　2011年，岭南集团旗下广州广之旅国际旅行社股份有限公司（以下称广之旅）实现营业收入30.12亿元，毛利总额3.09亿元，组团接待人数250万人次。在国家旅游局公布的全国旅行社集团综合排名中，广之旅排名全国第七，出境游、国内游十强旅行社排名中均名列第二名。

*旅游标准化建设工作成绩彪炳*　在被国家旅游局确定为首批全国旅游标准化试点单位后，广之旅将企业标准化工作列入公司年度工作计划并建立考核机制；修订完善涵盖地接社、酒店、景区（点）、餐厅、旅游汽车公司等旅游供应商的评价标准；建立并健全旅游投诉处理机制和游客满意度评价指标体系；基本形成企业标准体系。2011年广之旅以总分484分的高分，通过广州市质量技术监督管理局验收，成为广东省首家AAAA级标准化良好行为企业。同年，广之旅作为广东省内唯一一家旅行社标准化试点单位，成为全国首批标准化示范企业。

*加强产品创新研发，加大资源掌控力度*　广之旅国内、出境两大业务总部成立产品研发中心，加大对产品研发的力度，凭借准确的市场研判及强大的资源掌控能力，设计出一系列定位准确、性价比高、富有竞争力的产品。此外，广之旅继续以市场为切入点，加大资源掌控力度，充分发挥规模采购优势，不断拉动业务增长。在国家旅游局主导，中国旅游协会主办的“首届中国旅游产业发展年会”上，广之旅以“广东第一强”的实力荣登“2011年度中国旅行社业旅游包机二十强”榜单，成为“广东第一大旅游包机商”。

*完善营销渠道布局*　2011年是广之旅的“渠道建设年”。广之旅进一步加强对网络分支机构的控制力，推进对网络分支机构以资本为纽带的重构战略，搭建起与主营业务相匹配的强大分销网络，先后成立粤东、粤西地区产品运营中心，全国首创将单一品牌旅行社分支机构根据所在区域整合模式，建立旅行社多产品平台，通过区域产品中心向更广泛的消费人群输出广之旅的产品和服务，完善广之旅营销渠道布局。

*一切为了客人满意*　广之旅创新推出并严格执行多达44条的高品质服务标准；2011年11月，引进被誉为“巴士A380”的豪华商务大巴，全面改革旅游巴士司机服务准则，开启全新高端旅游接待服务新篇章；开通“广之旅聆听”微博，广泛听取客户意见，加大质量监督员回访覆盖面，细化质量数据分析；“2011广东省十大服务行业居民评价调查”权威公布，广之旅满意度评价再次蝉联广东旅游业第一名。

（广州广之旅国际旅游股份有限公司　供稿）

【广东省旅游集团有限公司】　简称“省旅游集团”。是广东省人民政府实行国有资产授权经营的大型国企之一，由广东省国有资产监督管理委员会监管。

省旅游集团以经营旅游业为主，经营范围涵盖酒店及餐饮业、旅行社、旅游度假区及游乐业、旅游传媒及出版发行、出租客运及粤港客运、综合性商场及房地产开发等多种业务，形成了融“食、住、行、游、购、娱”六要素于一体的旅游产业体系。2011年集团公司实现利税总额1亿多元，营业收入同比增长12.08%，净资产收益率7.67%，国有资产的保值增值率105.43%。

省旅游集团坚持以人为本、科学发展的宗旨，以国有资产保值增值为目标，围绕“做产业融合型的旅游集团，促进旅游要素重组，走大旅游道路”的战略规划，充分发挥广东省旅游企业优势，加快产业结构调整和优化升级，不断增强经济实力和市场竞争力，努力发展成为国内领先并在国际上有竞争力的旅游集团。

（广东省旅游集团有限公司　供稿）

【广东南湖国际旅行社有限责任公司】　成立于1989年，

于1999年转制成民营股份制有限责任企业，经国家旅游局评定为“全国十强旅行社集团”之一，2011年，广东南湖国际旅行社有限责任公司（以下简称“南湖国旅”），实现年营业收入超20亿元，组团量超200万人次，接待游客量约200万人/天。其下辖营业部120多家，参控股分子公司23间，旅游景区15家，员工人数约2000名。

打造综合旅游服务和体验中心　2011年10月31日，投资3000多万元的南湖国旅城开业，设出境/台湾旅游、国内游、省港澳游、高端品牌VIP四大主题区，利用3D技术，通过巨型触屏电子书、LED墙、IPAD等高科技产品为游客提供旅游咨询服务，打造一座集旅游资讯、旅游宣传推广、旅游产品销售、旅游休闲体验等于一体的旅游博览城，成为旅游元素重要的集散平台。

优化旅游景区战略布局　继成功开发肇庆盘龙峡生态旅游区、从化响水峡生态度假区等大型旅游景区后，南湖国旅进一步推动广州花都王子山森林公园和阳江凤凰湖国际温泉度假村两个大型旅游景区的开发工作，拓展旅游景区版图。

展现企业社会责任感　2011年3月24日，南湖国旅协同武广高铁沿线旅游局和景区推出“高铁旅游护照”，以0至8折不等的优惠回馈广大游客；8月7日，南湖国旅与汶川县人民政府签订“汶川·穗穗有爱”合作框架协议，通过旅游带动经济发展的形式援建汶川；10月16日，在中山大学隆重地举行“南湖国旅·西部假期奖学金”颁奖典礼并设立“中山大学旅游学院校企合作基地”，致力于为广东省旅游行业培养专业人才。

开拓旅游新兴领域　2011年，南湖国旅在强化旅游传统领域的同时，不断开拓旅游新兴领域。旅游电子商务领域，全年网站注册会员60多万，网站日均访问量及网上成交量年均增长200%，同时与淘宝聚划算、美团、去哪儿等知名网站达成深度战略合作；旅游金融领域，与中国工商银行联手推出“工银南湖国旅旅游联名卡”，实现旅游分期付款等金融服务；旅游百货领域，战略合作伙伴Hello Kitty专卖店以及意大利雪糕品牌DA DOICE进驻南湖国旅城，实现高端品牌的强强联合。

（王新萍）

**【广东省中国旅行社股份有限公司】**　至2011年末，广东省中国旅游社股份有限公司（以下称“广东中旅”）拥有员工980名，实现营业收入23.5亿元，利润总额1.17亿元。其中，旅游业务收入20.8亿元，旅游业务利润2.23亿元，实缴税金6200万元。全年共组织接待入境外联39.8万人天；入境接待43.1万人天；国内组织115.3万人天；国内接待83.3万人天。

以“包”销模式树立行业龙头品牌。2011年，广东中旅斥资数千万承接台湾、澳洲和日本的春节包船包机项目，以加强广东中旅在春节黄金周旅游旺季中对机位、舱位等旅游资源的掌控权，将性价比更高、行程更丰富的旅游产品回馈广大市民和游客。尤其是2011年春节期间的台湾包船项目为全城首个独家包船，是广东中旅作为“广东唯一台湾游专家”和“卓越邮轮旅游专家”的双剑合璧，较大地提高了公司营收规模，也使广东中旅首次荣获歌诗达邮轮2011年度华南区10省销售冠军，成功确立广东中旅在邮轮旅游市场上的龙头品牌地位。

持续铺设销售网络，深耕细作广东旅游市场。在“深耕广州，布局全省”的战略指导下，截至2011年底，广东中旅在广州市内共开设21间直营门店，并在全省控股21家合作旅行社。为充分整合各渠道资源，扩大销售额，广东中旅不断策划“澳洲包机”、“日本包机”、“台湾包船”等极具竞争力的旅游产品，重点突破佛山、东莞、深圳、南海、顺德、江门、肇庆、惠州等旅游市场。

紧抓重点项目建设，促进旅游产业转型升级。广东中旅南海旅游产业园，获国家旅游局授予全国唯一“国家旅游产业集聚（试验）区”，成为广东中旅股份公司“一号工程”重点推进。2011年，产业园项目一期工程进展顺利。森林生态园景区按国家4A级旅游景区标准完成升级改造并对外营业，2011年12月获国家旅游局评定为国家4A级景区；五星级主题酒店预计在2012年1月完成主体封顶。二期工程规划设计方案正在完善之中，工程建设预计于2014年底完成建设。

创建旅游援藏模式，参与鲁朗旅游小镇建设。为落实省政府关于援建林芝鲁朗国际旅游小镇的统一部署，广东中旅积极推进建立广东中旅西藏林芝生态旅游国际旅行社、打造精品旅游线路、组建国际一流高端旅游汽车服务公司及创建林芝导游服务管理中心，挑选最优秀的藏族青年集中到广东培训等重要工作。并与林芝县政府签订《西藏林芝鲁朗国际旅游小镇资源规划与开发战略合作框架协议》，专门成立项目小组与投资林芝旅游业的民营企业雅江集团进行多轮洽商，完成了相关的尽职调查，双方初步形成了合作意向。

重视品牌建设，扩大品牌知名度和影响力。根据国家旅游局公告，广东中旅2010年再次荣获“百强旅行社”称号，排名全国第一。这是自国家旅游局进行全国百强旅行社排名以来，广东中旅连续18年蝉联“全国百强旅行社”，首次获得“全国百强旅行社”第一称号。2011年8月，广东中旅股份公司汽车分公司出色完成大运会交通服务保障任务，实现运输保障“安全、准点、高效、优质”的服务目标。

（涂　燕）

旅游扶贫及城乡游

# 2011 年广东省旅游扶贫工作概述

【概况】 2011 年是广东旅游扶贫工程战略实施的第 10 年，全省安排旅游扶贫资金共 4365 万元。全年旅游扶贫工作主要包括以下几项工作：一是确定 2011 年旅游扶贫一般重点项目；二是继续以竞争性分配方式遴选产生 2011 年旅游扶贫大型重点项目；三是顺利完成 2009 年度旅游扶贫专项资金使用的绩效评估工作；四是以旅游扶贫工程实施 10 周年为契机，大力开展一系列媒体宣传工作，扩大旅游扶贫效应。是年，在广东省实施旅游扶贫工程战略 10 周年之际，省旅游局委托《南方日报》、《中国旅游报》等新闻媒体就广东旅游扶贫十年工作中的重点、亮点及所取得的成效进行系列宣传报道。

2011 年 3 月 31 日，广东省副省长刘昆在《江苏、浙江、福建和台湾乡村旅游考察报告》上作出批示：要结合各村、示范村建设，让乡村旅游成为农民增收致富的重要渠道，欠发达地区，以农家乐为主；珠三角地区，除农乐外，围绕绿道，布点建设农家旅店、青年旅馆，让绿道游有良好依托。

【旅游扶贫大型重点项目】 2011 年，省旅游局与财政厅继续推动旅游扶贫新思路、新模式的发展，集中资金优势打造山区旅游品牌，从 2011 年的旅游扶贫资金总额中安排 1800 万元，以竞争性分配方式，由专家现场评审打分，从各有关市推荐的 14 个大型旅游项目中，遴选出得分靠前的 6 个项目定为大型重点项目，每个扶持 300 万元，包括梅州市客天下旅游产业园客家小镇乡村旅游建设项目、汕头市莲华乡村旅游区休闲度假项目、惠州市巽寮休闲渔业渔船停泊区疏港建设项目、河源市和平县林寨古村旅游区开发工程、茂名市浮山岭旅游风景区。

【旅游扶贫一般重点项目】 2011 年，全省各地共申报旅游扶贫项目 98 个。为做到遴选工作的公平公正，省旅游局从各处室抽调人员组成考察小组，对各申报项目进行实地考察，并与省财政厅一起研究论证，根据省委省政府有关指示精神，以乡村游农家乐项目、特别是绿道沿线的乡村游农家乐项目为扶持重点，确定了南澳岛东山乡村旅游基地等 69 个一般重点项目及各项目的资金分配方案。截至 2011 年底，全省共确定了 10 批共 695 个旅游扶贫重点项目（含星级农家乐项目），投入旅游扶贫资金 4.07 亿元，资金投向以 51 个山区县为基础、以 16 个特困县为重点，覆盖粤北山区和东西两翼 90 个县（市、区）。

【旅游扶贫项目检查及绩效评价工作】 2011 年 4 月和 12 月，广东省旅游局、省财政厅组成检查组，并邀请省绩效评价专家赴梅州、湛江、云浮、江门、潮州、揭阳市，重点对 2009 年 6 个旅游扶贫大型重点项目的资金使用、项目建设进度等情况进行检查。在对项目实地检查的基础上，省旅游局组织各地旅游部门，完成 2009 年旅游扶贫项目资金使用绩效评价工作，加强和规范旅游扶贫专项资金管理，确保资金使用效率和质量。

# 2011 年广东省旅游扶贫项目名录

## 一、旅游扶贫大型重点项目

1. 梅州客天下旅游产业园客家小镇乡村旅游建设项目
2. 汕头莲华乡村旅游区休闲度假项目
3. 惠州巽寮休闲渔业渔船停泊区疏港建设项目
4. 揭西黄满寨瀑布旅游区农家乐综合配套项目
5. 河源和平县林寨古村旅游区开发工程
6. 茂名浮山岭旅游风景区

## 二、旅游扶贫一般重点项目

**（一）汕头市**

1. 南澳县南澳岛东山乡村旅游基地
2. 濠江区丹樱生态园建设项目
3. 潮南区红场旅游区

**（二）韶关市**

1. 曲江区小坑国家森林公园玉龙湖旅游开发项目
2. 新丰县新江源山庄
3. 乳源县天景山仙人桥景区板洞村景点——大南岭民族旅游工艺产品（展示）购物中心
4. 南雄市梅关古道景区乡村旅游建设项目
5. 仁化县五马寨生态园（续建）项目
6. 始兴县铜钟寨生态旅游景区建设项目
7. 翁源县东华佛宝山庄

**（三）河源市**

1. 源城区和福中医生态养生谷旅游区
2. 东源县黄龙岩畲家乡村旅游项目
3. 龙川县明骏新知青村旺茂分村项目开发
4. 紫金县盘古原生态休闲度假区
5. 连平县九连山新河谷乡村旅游度假区

**（四）梅州市**

1. 梅州市洞天湖生态旅游产业园农家乐乡村游建设项目
2. 兴宁市欢乐俇家乡村俱乐部
3. 平远县仁居镇红色乡村旅游基础设施建设
4. 蕉岭县南礤竹海乡村游景区开发项目
5. 大埔县坪山千亩梯田旅游区开发项目
6. 丰顺县龙鲸河漂流
7. 五华县梅州丰华有机农业生态旅游园

**（五）惠州市**

1. 龙门县南昆山生态旅游区旅游文化广场建设项目
2. 惠城区横沥镇新杰农家乐休闲中心
3. 博罗县罗浮山旅游购物中心及白莲湖农家乐

**（六）汕尾市**

1. 陆河县激石溪农家山庄
2. 海丰县金瑞丰生态乐活农庄
3. 陆丰市怀乡文化旅游主题公园
4. 汕尾市南湖旅游度假村渔家乐项目

**（七）阳江市**

1. 阳西县沙扒湾海天度假邨扶贫休闲渔业旅游开发项目
2. 阳东县福兴休闲娱乐生态园
3. 冼夫人文化公园
4. 阳江市海陵岛新圣洋休闲渔业基地

**（八）湛江市**

1. 东海岛省级旅游度假区
2. 雷州市乌石渔家乐（天成台旅游度假村）
3. 廉江市盆景园生态旅游区
4. 徐闻县菠萝的海风景区
5. 吴川市吉兆湾中心广场
6. 康琦赛欢乐世界旅游区

**（九）茂名市**

1. 茂港区整治第一滩沙滩项目
2. 高地街道中海社区福建村渔家乐旅游基础设施
3. 信宜市石根山风景旅游一期工程
4. 高州市冼夫人纪念馆文化旅游区

**（十）肇庆市**

1. 鼎湖区黄金沟生态旅游景区乡村休闲旅游项目
2. 广宁县东亮梦圆景区农家乐开发项目
3. 四会市瀑布奇石旅游风景区
4. 端州区中国最美绿道乡村风情旅游休闲驿站

**（十一）清远市**

1. 清远市自驾游规划项目
2. 清远市旅游信息发布系统项目
3. 连南县瑶族舞曲大型山水实景演出暨天下瑶国项目
4. 清新县红不让生态农业旅游综合开发项目
5. 连山大旭山景区升级改造暨民族特色村农家乐
6. 佛冈县羊角山生态旅游度假区生态休闲农庄

**（十二）潮州市**

1. 潮州市紫莲生态森林度假村
2. 潮安县龙湖古寨旅游区
3. 潮安县幽峪逸林生态旅游区
4. 饶平县竞生文化旅游开发度假村项目建设

**（十三）揭阳市**

1. 大南山八国风情旅游度假区
2. 惠来县山美古寨观光区
3. 普侨区“比华利华侨温泉度假村”
4. 普宁市德安里旅游景区
5. 揭东县汾水战役纪念公园农家乐配套项目
6. 长美古村“潮美水寨”旅游区

**（十四）云浮市**

1. 新兴县“中国禅宗文化村”——龙山塘村
2. 云浮市云城区天川寨旅游度假区
3. 罗定市蒲塘生态旅游区
4. 云安县大云雾山漂流度假区

**（十五）江门市**

1. 恩平歇马举人村旅游区
2. 台山市黄金海岸旅游度假区

（张蕊青）

# 广东旅游人力资源开发

【概况】 2011年，全年共组织各类考试112场，参考人数达19530人；举办中、高级人才培训10期，培训人数达3395人；全省各级旅游培训机构培训旅游行业各类人员达46万人次。

截至2011年底，全省有55294人取得《导游人员资格证书》。持有导游证（IC卡）人数52243人，其中是年领取导游证（IC卡）人数7072人。按等级划分，全省拥有初级导游员50587人，占96.8%；中级导游员1567人，占3.0%；高级导游员89人，占0.2%。

【导游培训考试】

全国导游人员资格考试 2011年，广东省于3月和9月分别组织完成两次全国导游人员资格考试工作。第一次（3月）有8509人报名参加考试，通过人数为2796人，通过率达32.9%；第二次（9月）有8981人报名参加考试，通过人数为2642人，通过率达29.4%。全年共有5438名考生取得导游人员资格证书。本年度全省参加全国导游人员资格考试共设报名点25个、笔试点22个、口试点24个。考生报考资料实行统一管理、笔试试卷采用AB卷。同时，省导游考试办公室通过加强对笔试巡考员的管理、口试采取原始照片核对、口试考评员异地交换等措施，严把“三关”，即报名关、笔试关、口试关。

中、高级导游员等级考核评定 2011年9月15～16日，由国家旅游局统一组织的中、高级导游员等级考试在广州举行。其中高级导游员等级考试是国家旅游局自1997年之后，再次举办的全国性的等级考试。全省共有213名符合报名资格的中级导游报名参加考试，通过人数64人，取得高级导游员“等级资格证书”；共有462名符合报名资格的导游报名参加中级导游员等级考试，通过人数104人，取得中级导游员“等级资格证书”。

小语种临时导游证考试 2011年8月，广东省旅游局举行小语种临时导游证考试，来自广州、深圳、珠海市共52名考生参加，涉及印尼语、越南语、韩语、西班牙语4个语种。按照国家旅游局的要求，省旅游局从报考条件、考场选择、试题设置、考官聘请、试卷批阅等环节入手，层层把关，确保考试质量。经过笔试和口试两个科目的考试，共有32名考生取得小语种临时导游证，及格率达62%。

【岗位资质等级认定】

全省旅行社总经理岗位培训班 2011年7月29～31日，省旅游局教育培训部门在广州举办全省旅行社总经理岗位职务培训班，全省共有292名旅行社总经理接受培训。培训班邀请国家旅游局监督管理司副司长、博士蔡家成讲授“中国旅行社业面临的机遇和挑战”、台湾雄狮旅行社副总经理黄信川讲授“旅游电子商务的运用及发展”、广东国旅总经理谷训才讲授“旅行社运营管理”、国民俗学会副理事长、中山大学中文系教授叶春生讲授“岭南民俗文化与旅游”等课程。培训班还采用新老总经理访谈、网络教学等培训形式。

全省饭店总经理岗位培训班 2011年9月17～20日，省旅游局教育培训部门在东莞举办全省酒店总经理岗位职务培训班，全省有146名总经理参加培训，其中四星级、五星级饭店总经理87名。培训班以“国际与国内相结合、宏观与微观相结合、理论与实操相结合、课堂授课与网络培训相结合”为授课方法，邀请国内外酒店管理著名专家、学者，就中国酒店业发展趋势、饭店人力资源的困境与对策、如何创建卓越的领导力、中国酒店集团化管理、品牌酒店关爱文化、酒店服务创新等专题与学员分享和交流，并考察东莞具有代表性的酒店。

截至2011年底，全省共有7696人取得星级饭店中、高层管理人员“岗位培训证书”，其中总经理1863人，部门经理5833人；有5105人取得旅行社“经理资格证书”，其中总经理3453人，部门经理1652人；有128人取得景区中高层管理人员“岗位职务证书”，其中总经理77人，部门经理51人。

【“旅游产业集聚与公共管理”专题研讨班】 2011年11月21～25日，由广东省委组织部、广东省旅游局主办，中山大学承办的“旅游产业集聚与公共管理”专题研讨班在中山大学举行。广东省副省长招玉芳，中山大学校长许宁生，国家旅游局党组成员、规划财务司司长吴文学，广东省委组织部部务会成员、副厅级组织员廉奕等出席于21日举行的开班仪式。招玉芳副省长讲话，许宁生和廉奕分别代表中山大学和省委组织部致辞。全省各地级以上市分管旅游工作的市领导及旅游局局长，67个县（市、区）分管旅游工作的领导，广州、深圳市辖区的旅游局局长，广东省旅游集团、广东中旅集团、广州岭南集团等共109人（其中副厅级以上学员12人）参加学习和研讨。本次专题研讨班围绕加快旅游产业集聚发展，推进广东旅游产业转型升级，加快建设全国旅游综合改革示范区和旅游强省的主题，邀请国家旅游局、国务院发展研究中心、香港理工大学、中山大学、华南师范大学的专家教授前来授课和研讨。设置中国旅游业"十二五"发展规划纲要解析、旅游产业结构调整与区域经济发展、如何推进旅游产业聚集与发展、旅游产业公共管理与服务体系的建构、国际旅游目的地打造与营销创新、岭南旅游文化的形成与特性等专题课程。

2011年11月21日，"旅游产业集聚与公共管理"专题研讨班在中山大学举行开班仪式。

【省政府表彰导游技能大赛获奖选手】 2011年6月1日，2010年广东省职业技能大赛和第五届"省长杯"工业设计大赛总结表彰大会在省政府礼堂召开。广东省委常委、副省长肖志恒，副省长佟星出席会议并讲话。省委组织部、省经信委、省人社厅、省总工会、省妇联、团省委等省直单位及21个地级以上市领导，全省33个参赛工种的承办单位代表、获奖选手代表、裁判员代表以及参赛队员代表1500多人参加表彰会。

在表彰大会上，由省旅游局承办的"2010年广东省职业技能大赛广东中旅杯导游人员职业技能大赛"决赛第一名的肇庆选手蔡艳梅被省总工会、省妇联、团省委分别授予"五一劳动奖章"、"三八红旗手"、"五四青年奖章"荣誉称号并获得一次性5万元奖励；对获得专业组、学生组前三名的优秀选手进行通报表彰，并分别给予一次性5万元、3万元、2万元人民币的奖励；对专业组前八名优秀选手由省人力资源和社会保障厅授予"广东省技术能手"荣誉称号；广东省旅游局荣获"2010年广东省职业技能大赛先进集体"荣誉称号；芦京津、谈雅伦荣获"2010年广东省职业技能大赛先进个人"荣誉称号。

【2011年广东省旅游教育培训工作座谈会】 2011年3月1日，2011年广东省旅游教育培训工作座谈会在广州召开。会议总结2010年全省旅游教育培训工作，研究部署2011年重点工作任务，并就加强全国导游考试管理工作进行交流。全省21个地级以上市旅游局及顺德区文体旅游局分管教育培训工作的副局长、负责教育培训工作的处（科）长以及培训中心（协会）主要负责人共70多人参加。省旅游局副局长梅其洁出席座谈会并作重要讲话。会议要求2011年着重做好导游考试，中高级旅游人才信息库和旅游人才培训等工作。与会代表就全省中高级旅游人才信息库入库条件、全省导游资格考试考务工作和导游证制作管理等工作展开讨论。

【广东启动"名导进课堂"工程】

"名导进课堂"培训班 2011年5月7日，"全国名导进课堂"工程（广东站）培训班在广东科学馆举办。来自全省1437名中、高级导游（其中现场学习1021人，网络学习416人）以及各地市旅游局负责教育培训工作的科长、导游服务管理公司的负责人参加学习。该培训班以"中华文化游"主题年契机，邀请河北省遵化市旅游局局长、高级导游赵英健主讲题为"慈禧陵墓之谜讲解技法"；全国优秀导游员、河南省安阳市旅游咨询服务中心副主任冯敏主讲题为"红旗渠景区讲解技法"；中山大学中文系教授、广东省人民政府参事、广东省珠江文化研究会会长黄伟宗主讲题为"岭南文化与珠江文化"，以及华南师范大学教授郑希付主讲题为"以提升导游员职业道德和服务技能为目的的服务心理学"专题讲座。

第三批"名导进课堂"工程师资选拔与培训 根据全国"名导进课堂"工程实施方案总体部署，国家旅游局于6月中旬组织开展第三批"名导进课堂"工程师资选拔活动并举办"名导进课堂"工程师资培训班。省旅游局教育培训部门经筛选，推荐广东省香江旅游公司高级导游梁洪沛、广州东方国际旅行社有限公司全国优秀导游员苏洁赴青海参加选拔与培训活动。

链接：2011年2月20日，中共中央政治局委员、国务院副总理王岐山在北京主持召开导游工作座谈会。王岐山表示，旅游业是国民经济的战略性支柱产业，导游是旅游服务的重要环节。要坚持以人为本，从学习培训、服务管理、体制机制改革等入手，不断提高导游队伍素质，加快组织制度创新，促进旅游业又好又快发展。王岐山强调，要全面提高导游的综合素质。一是广大导游要加强各类知识的学习和储备，提高自身素质，做到厚积薄发。二是要运用“名导进课堂”、网络、等级考试各项措施，加强导游的专业技能、应急避险、职业道德等培训。三是不断改革导游管理体制机制，研究完善导游薪酬、社会保障等制度。四是探索建立导游协会，充分发挥行业组织的自律作用，形成高尚的职业风范。五是建立导游准入和退出机制，强化监管，维护良好的旅游市场秩序。

全国“名导进课堂”工程主要任务是建立“两库”、走进“三课堂”，即在全国范围内选拔培养一批高素质的导游培训名师，建立国家级导游师资库和国家级导游师资储备库，入库师资将分期分批走进高校学生课堂、在职导游培训课堂和网上培训教育课堂。

**【全国红色旅游导游员电视网络大赛】** 2011年2月至8月，全国红色旅游工作协调小组举办第三届全国红色旅游导游员电视网络大赛。省旅游教育培训系统共选送10名选手参加比赛。经过报名、预选、复赛、决赛4个阶段，广东选手蔡再飞荣获“第三届全国红色旅游导游员电视网络大赛”二等奖、“优秀选手奖”；喻利国荣获“第三届全国红色旅游导游员电视网络大赛”三等奖、“优秀选手奖”、“最佳人气奖”；闵晓丽荣获“第三届全国红色旅游导游员电视网络大赛”三等奖、“优秀选手奖”、“最佳人气奖”。

**【启动旅游教育网络培训试点工作】** 2011年，省旅游局教育培训部门与广州广播电视大学开展定期合作，利用电大的网络教育优势，启动旅游教育培训网络试点工作。网络培训以覆盖面广、学习时间灵活、费用低廉、形式新颖等特点高速发展，非常适合旅游从业人员地域分布广、工种多样、工作时间不固定等行业特点。是年，仅英语导游考前培训、全省旅行社总经理岗位培训班、全省酒店总经理岗位培训班等培训项目共500人次接受网络培训。

**【旅游资质教育培训】**

酒店职业英语等级考试　2011年，省旅游局教育培训部门继续推进酒店职业英语等级考试项目。分别在广东省旅游职业技术学校、广东农工商学院和深圳市举行10多场考试，共813名酒店一线员工及旅游院校学生参加。

全国导游人员资格考试中文口试考评员培训班　7月18～22日，2011年度广东省全国导游人员资格考试口试考评员培训班在梅州举办。各地市旅游局分管教育培训工作的副局长、负责教育培训工作的科（处）长以及培训中心（协会）主要负责人和来自全省25个口试点考评员共340人参加培训。省旅游局副局长梅其洁出席开班仪式并讲话。梅州市委副书记、市长朱泽君出席培训班结业式。考评员培训班对2011～2012年度全国导游人员资格考试口试内容及评分标准进行系统学习和掌握，并参观考察雁南飞茶田景区、叶剑英纪念园、客天下旅游产业园和大埔县张弼士故居。

全国导游人员资格考试外语考评员培训班　10月28～30日，省旅游局教育培训部门在顺德举办外语考评员培训班。来自全省高等院校、旅游企业等单位共40多考评员及新申请者参加培训和考试。通过模拟评分、面试等环节，有12名新申请者通过考试，加入广东省外语考评员队伍。

**【旅游培训助推“双转移”】** 2011年，按照全省劳动力“双转移”工作部署，省旅游局与省人力资源和社会保障厅、省财政厅等部门协作，重点在梅州、河源、韶关市开展旅游业农村劳动力培训转移就业工作，全年共组织500多名农村劳动力参加，涉及“餐厅服务员”、“客房服务员”两个职业工种和“景点导游”、“农家菜烹饪”两个专项能力。

**【广东旅游中高级人才信息库建设启动】** 2011年，省旅游局教育培训部门从第二季度启动全省旅游中、高级人才信息库建设。旅游人才信息库分两个步骤实施：首先，建设旅游行业培训师资及考评员人才信息库。省旅游局决定先建立起培训师资及考评员人才队伍，以保障全省旅游行业教育培训及考试工作高水平、高效率运作，优先解决旅游行业人才的培养与选拔。其次，建设旅游行业中、高级人才交流信息库。依托“活力广东网”政务信息网络，建设涵盖旅游业各类人才的广东省旅游中、高级人才交流信息管理系统，实现全省旅游高级人才信息全面准确、实时动态的管理及人才信息资源共享。

**【对外交往】**

第六届中日韩教育旅游研讨会　2011年12月26～29日，第六届中日韩教育旅游研讨会在韩国大邱市举行。本次研讨会由国家旅游局，旨在推动中日韩青少年教育旅游交流。省旅游局选派广东国旅、广州市华侨中学、广东省旅游职业技术学校、广州市旅游商务职业学校等7名企业及院校代表参加。其中，广州市109中学校长被国家旅游局选作中方教师代表在研讨会上发言。

旅游教育培训干部赴台湾学习考察　12月中旬，省旅游局共组织38名各地市旅游教育培训负责人前往台湾学习考察。通过接受课程培训、与业界座谈、考察重点旅游景区等方式，加强两地业界之间的交流，借鉴台湾先进管理理念，推动广东省旅游教育培训工作再上新台阶。

**【完善教育培训制度】** 2011年，省旅游局教育培训部门根据《旅行社条例》、《导游人员管理条例》和广东旅游业发展的实际，《广东省全国导游人员考试及相关工作暂行管理办法》修订完毕并开始实施。修订后的管理办法更加规范、严谨，对之前相关考试、考务制度以及管理流程不足之处重新修订和完善。

**【全国第九批导游援藏】** 2011年，全国第九批（2011年）导游援藏工作时间为4月15日至10月15日。导游援藏的工作任务是：执行上岗带团、传帮带和推进合作与交流三项主要任务，不断拓展导游援藏业务，承担教育培训和帮助西藏有关部门开展旅游业务等工作。省旅游局根据国家旅游局要求，按照自愿报名、单位推荐、地市局审核，力荐政治素质好、思想作风过硬、业务能力强、健康状况好、热爱旅游事业的优秀导游员援藏。经选拔，全省选送广东国旅国际旅行社股份有限公司俄语导游员张少东，广州广之旅国际旅行社英语导游员李卓、贺文娇，广东省拱北口岸中国旅行社有限公司英语导游员谷耀辉，深圳市友诚导游服务有限公司英语导游员吴杰、谭茂芳6名导游参加援藏工作。其中，贺文娇被国家旅游局评为“全国第九批援藏导游员先进个人”、李卓被国家旅游局评为“全国援藏导游员西藏自治区先进个人”。

链接：

## 广东省历年援藏导游情况一览

| 年份 | 姓名 | 性别 | 派出单位 | 语种 | 所获荣誉 |
|---|---|---|---|---|---|
| 2003年（第一批） | 陈容汉 | 男 | 广东中旅 | 法语 | |
| | 覃　鹏 | 男 | 广东国旅 | 西班牙语 | |
| | 欧凌新 | 男 | 深圳国旅 | 英语 | |
| | 萧海滨 | 男 | 深圳国旅 | 英语 | |
| | 苏　嫚 | 女 | 深圳口岸中旅 | 普通话 | |
| | 杨志康 | 男 | 珠海市旅游公司 | 英语 | |
| | 陈洁华 | 女 | 佛山南海中旅 | 英语 | 第一批援藏导游西藏自治区先进个人 |
| | 陈国柱 | 男 | 汕头天驰国旅 | 普通话 | |
| | 宋　扬 | 女 | 韶关中旅 | 普通话 | 第一批援藏导游西藏自治区先进个人 |
| | 张　耘 | 女 | 肇庆中旅 | 普通话 | |
| 2004年（第二批） | 欧凌新 | 男 | 深圳国旅 | 英语 | |
| | 萧海滨 | 男 | 深圳国旅 | 英语 | 第二批援藏导游西藏自治区先进个人 |
| | 赵庆坤 | 男 | 广州花园国际旅行社 | 普通话 | 第二批援藏导游西藏自治区先进个人 |
| | 韦惠敏 | 女 | 广东省中国旅行社 | 普通话 | |
| | 杨冰艳 | 女 | 深圳国旅 | 英语 | |
| | 孙向东 | 男 | 深圳宝安中国旅行社 | 英语 | |
| | 李　煜 | 男 | 珠海市君悦国际旅行社 | 普通话 | |
| | 宋　扬 | 女 | 韶关中旅 | 普通话 | |
| 2005年（第三批） | 刑　亮 | 男 | 广东南湖 | 英语 | 第三批援藏导游员全国先进个人 |
| | 郭伟耀 | 男 | 广州市旅游商贸职业学校 | 普通话 | 第三批援藏导游西藏自治区先进个人 |
| | 孙　智 | 女 | 深圳市口岸中国旅行社 | 普通话 | |
| | 杨志康 | 男 | 珠海市旅游公司 | 普通话 | |
| | 陈婉儿 | 女 | 韶关学院 | 英语 | 第三批援藏导游西藏自治区先进个人 |

续表

| 年份 | 姓名 | 性别 | 派出单位 | 语种 | 所获荣誉 |
|---|---|---|---|---|---|
| 2006 年（第四批） | 魏　芳 | 女 | 广东铁青 | 日语 | 第四批援藏导游西藏自治区先进个人 |
| | 韦东荣 | 男 | 深圳宝旅导游服务公司 | 普通话 | |
| | 陈翔云 | 男 | 珠海海天国际旅行社 | 英语 | 第四批援藏导游西藏自治区先进个人 |
| | 何素玲 | 女 | 韶关市职业高级中学 | 英语 | |
| | 符勇标 | 男 | 中山温泉国际旅行社 | 英语 | |
| 2007 年（第五批） | 永　福 | 男 | 广东省中旅导游有限公司 | 英语 | 第五批援藏导游西藏自治区先进个人 |
| | 宋国选 | 男 | 深圳市宝旅导游服务公司 | 英语 | |
| | 陈翔云 | 男 | 珠海海天国际旅行社 | 英语 | |
| | 张志伟 | 男 | 珠海航空国际旅行社 | 英语 | |
| | 王楠楠 | 女 | 广东铁青 | 德语 | |
| 2009 年（第七批） | 王海青 | 女 | 广东国旅 | 英语 | 第七批援藏导游西藏自治区先进个人 |
| | 王楠楠 | 女 | 广东铁青 | 德语 | 第七批援藏导游西藏自治区先进个人 |
| | 黄寿辉 | 男 | 韶关市导游管理委员会 | 英语 | |
| | 于　聪 | 女 | 深圳中国国际旅行社 | 日语 | |
| 2010 年（第八批） | 黄寿辉 | 男 | 韶关市导游管理委员会 | 英语 | 第八批援藏导游全国先进个人 |
| | 李　菲 | 女 | 广东南湖 | 日语 | |

**【旅游院系建设】** 2011 年，广东旅游人才培养继续朝着包括研究生教育、本科教育、专科教育和中等职业教育四个层次进行，多数旅游院校开设有旅游管理、旅游外语、饭店服务与管理、旅行社服务与管理、烹饪等专业。截至 2011 年底，全省共有高、中等旅游院校（包括完全的旅游院校和只开设旅游系或旅游专业的院校）241 所，其中高等院校 76 所，中等职业学校 165 所。旅游院校在校生为 134740 人，其中旅游高等院校在校生 53126 人，旅游中等职业学校在校生 81614 人；全省旅游院校拥有旅游专业教师 4478 人，其中旅游高等院校 3143 人，旅游中等职业学校 1335 人。

附件：广东旅游院系简介（续）

## 广州铁路职业技术学院

该学院坐落在广州市白云区石井街，校园占地面积 11 万多平方米。成立于 2000 年 6 月，于 2005 年 8 月由广州铁路（集团）公司正式移交广州市政府管理，是广东省唯一一所培养轨道交通、铁路等特有专业人才的全日制普通高职院校。2010 年 11 月，被国家教育部、财政部确定为“国家示范性高等职业院校建设计划”骨干高职院校立项建设单位。现有石门、羊城、执信南校区、花都工学结合示范园和朝阳实训基地。现有全日制普通高职学生 7000 多人。设有轨道交通学院、机械与电子学院、经济管理系、信息工程系、应用外语系、物流管理系、基础课部、思政部、职成部等 9 个教学系部。开设有涉外旅游、城市轨道交通车辆、电气化铁道技术、城市轨道交通运营管理、数控技术、应用电子技术、计算机应用技术等 31 个专业，并相应成立行业企业知名专家参与的专业指导委员会 28 个。

学院涉外旅游专业于 2006 年开始招生，分酒店管理、旅行社管理、铁路乘务三大方向，现为广东省示范校建设项目龙头专业、广东省高职教育重点培育专业，广州市示范建设专业。在校学生 300 多人。经过多年发展，建立课内模拟，校内生产、校外顶岗的“三层次”实践教学模式，校内实训设施有形体礼仪实训室、模拟餐厅实训室、3D。模拟导游实训室等模拟实训设施和客房综合实训室——鸣泉酒店、广东铁青广铁学院营业部、学院培训楼等等校内生产性实训场所。校外实践教学基地有广州新电视塔建设有限公司、广东铁青国际旅行社有限公司、广东中旅（集团）有限公司、中国进出口商品交易会、南沙大酒店等国内外知名企业。专业现有专任教师12名，专业带头人3名，骨干教师3名，高级职称教师5名，中级职称5名，本科以上学历9名，具有企业生产一线工作经历的占50%，所有教师都具备“双师”素质，并兼任导游员、餐厅服务员、客房服务员等方面的职业技能考评员。此外，还聘请8名技术专家参与专业教学指导委员会，建立拥有15名企业骨干的校外兼职教师队伍。2009年以来，学生参加全国导游服务大赛获二等奖2个，三等奖1个；参加全省导游大赛获一等奖2个，二等奖1个，最佳才艺奖1个；参加全省酒店技能大赛，获团体二等奖5个。

## 广东农工商职业技术学院

前身为创办于1952年的广东农垦机务学校，1984年开始举办大专学历教育，2000年转制为职业技术学院。学院坚持“以人为本，特色强校，求实创新，和谐发展”的办学理念，先后荣获“广东省职业教育先进单位”、“广东省师德建设先进集体”和“广东省文明单位”等称号。学院主校区坐落在广州市天河区，东校区位于广州奥林匹克中心附近，北校区位于广州增城市。学院占地面积1208亩，建筑面积462924平方米，图书藏书超过100万册，拥有国家级高职高专实训基地1个，省级高职教育实训基地3个，校外实训实习基地900多家。设有热作与管理工程系、商务系等教学及培训机构。共有74个专业（方向）。面向全国17个省、自治区招生，现有在校生16229人。

学院旅游英语专业于2004年开始招生，分涉外导游和涉外酒店接待两大方向进行培养，在校学生400多人。旅游英语专业建立完备的校内外实践教学基地，校内实训设施有3D模拟导游实训室、模拟教学旅行社工作平台、多功能商务翻译实训室、多媒体语音语言实验室等旅游英语专业

广东农工商职业技术学院

实训场所。校外实践基地有：益武国际展览公司、江湾大酒店、广州宾馆、广州市金马旅行社、广之旅等。专业教师中有部分兼任全国导游员、酒店服务、人力资源管理等方面的职业技能考核考评员，双师素质良好。聘请10多名行业专家担任旅游管理专业建设指导委员会委员。

## 清远市技师学院

于1995年建校，先后由省一类技工学校晋升为省重点、国家重点、高级技工学校、技师学院，成为国务院扶贫办劳动力转移培训示范基地，清远市高技能人才公共实训基地和广东省高技能人才公共实训基地，也是全省智力扶贫的发源地。

学院坐落在清远市，占地面积353亩，规划占地面积640亩，建筑面积近16万平方米。在校生13712人，教职员工498人。设有数模、机电、汽车、工控、经贸、应用设计6个工程系，开设酒店服务与旅游、数控加工技术、广告设计与装潢等30多个专业。学校与400多家企事业单位建立协作关系。建校16年来，共为社会培养4万余名各类技能人才，资助山区近2万名贫困学生掌握技能，实现就业。

学院酒店服务与旅游管理专业于2006年开始招生，分酒店管理、旅行社与景区管理两大方向进行培养，与清远市索菲特酒店、国际酒店、清远市青年旅行社、清远市国旅等企业建立合作关系，特别是与阿联酋迪拜自由祥和旅游公司达成协议，推荐20名学生出国就业。清远市第一届旅游小姐曾巧红，“2011～2012国际旅游小姐大赛”广东赛区季军金鹊，“银盏杯”导游大赛冠军杨霞，“2007年清远五大社首届导游之星大赛”亚军王漫丽，2010年清远市导游大赛“最佳潜质奖”张楚韫，2011年“中旅杯导游大赛”最佳表现奖黄嘉城，“我用移动、圆我星梦”2011清远歌手大赛“网络最具人气奖”蔡蓉蓉等都出自该院。

## 嘉应学院

系一所省属普通本科院校，前身是创办于1913年的梅县县立女子师范学校。位于梅州市。梅州在清朝时称嘉应州，学校由此取名嘉应学院。学校占地面积1625亩。设置19个二级学院、2个公共教学部、40多个研究所。开设80多个本、专科专业；有来自17个省（区）全日制在校生21791人。学校有专任教师1150人，其中教授98人、副教授329人、博士85人、硕士588人。

1993年9月，地理系为适应经济社会的发展和人才市场需求，将地理教育专业（师范）改名为“地理辅修旅游”专业，2000年起正式创办旅游管理专业（非师范，专科，学制三年），2008年升格为旅游管理本科。现有专业教师14

人，其中教授3人，副教授6人，讲师5人。教师队伍中具有研究生硕士学位或相当学历者的比例大于50%。旅游管理专业已毕业923人，在校生596人。旅游管理专业本着“厚基础、宽口径、重实践、强能力”的人才培养目标，严格执行国家专业目录规定的主要课程，专业主干课、专业基础课基本与重点院校相同，根据“平台+模块”结构，增加专业主干课、专业基础课的教学时数。在课程体系和教学内容改革上，突出“六性”：基础性、综合性、实践性、实用性、组合性、科学性。对于培养人才质量有重要影响的专业基础课和专业主干课，做到“五个确保”：即在制定教学计划时确保足够的课时，在师资配置上确保高职称、高学历、高水平的教师担任主讲教师，在教学改革和课程建设中确保重点立项建设，在教学经费的安排上确保优先投入，在教学效果上确保较高质量。2008年以来，本专业教师共承担各级科研项目37项，省级以上学术论文共66篇，出版专著及教材4部，逐步形成为梅州地方经济和旅游业发展服务的研究方向和体系。

梅州嘉应学院·宪梓大楼

## 梅州市职业技术学校

系梅州市教育局直属公办的国家级重点中等职业技术学校。总占地面积368亩，总建筑面积16.1万平方米，在校学生1万多人，教职工326人。学校是全国首批“国家级示范性中等职业学校”、中央财政支持的职业教育实训基地、全国职业教育数字化资源共建共享课题组长单位。开设星级酒店服务与管理、旅游服务与管理、中餐烹饪、文秘、汽车运用与维修、商务英语、市场营销、电子商务、学前教育等22个专业。

该校从1998年起开设旅游方向专业，培养符合社会需要的合格的技能型专门人才。截至2011年底，培养毕业生1352人，在校生582人，本专业毕业生95%以上获得“餐饮服务员”或“客房服务员”中级技能证书；同时每年约

梅州市职业技术学校

30%至70%的学生考取国家级导游员资格证书（初级）。学校旅游专业校内校外的实训场所和基地较为完善，校内拥有旅游服务专用计算机室2个（含旅行社管理实训系统和酒店管理前台实训系统）、模拟导游实训室2个；中餐实训设备用品等共10套、学校招待所的客房实训室69间（其中3人房67间，套房2间，有床位213个）；茶艺实训室1个；实训场地总面积达2162.6平方米，设备总价值约为100.4万元，能同时容纳250名学生进行实训。建立比较稳定的校外实习基地，与梅县中旅有限公司、梅州市假日旅行社、梅州市旅游总公司、梅州市雁南飞旅游度假村、雁鸣湖旅游度假村、梅州市华美达酒店有限公司、梅州市金雁富源大酒店有限公司等等10多家企业签订校企合作协议，建立校外实习基地。

（凌丽莉）

## 广东省旅游职业技术学校

概况　地处广州市白云区同和镇。占地200亩，建筑面积7万多平方米。现有在校生5300余人，教职工近300人，其中专职教师178人，高级职称近60人，硕士研究生以上学历60余人，外籍教师6人，双师型教师占72%以上。

该校创建于1984年，先后成为中国旅游协会常务理事单位和旅游教育分会副会长单位、全国教育系统先进集体、广东省中职学校竞争力“十强单位”、广东省直工委先进单位、广东省安全文明校园、省级示范中专学校，并进入国家示范性中专学校创建之列。建有酒店实训中心、导游3D仿真实训室、广东粤菜文化体验中心、形体训练室、茶艺训练室、形体训练室、计算机机房、语音室等。开设有酒店服务与管理、旅游服务与管理、烹饪与餐饮管理、旅游英语、旅游日语、财务会计、幼儿教育、会展、航空服务与管理、旅游艺术等专业，其中酒店服务与管理和旅游服务与管理为全省示范性专业。

学校现已形成以珠三角地区为中心，辐射港澳和国内大中城市以及美国、日本、新加坡的实习就业网络，100余家知名企业参加的校企合作理事会成为学生稳固的实习就业基地。毕业生分布在旅游、航空、通讯、电信、银行、政府机关接待等各个服务行业。学校还开辟美国国际豪华邮轮，美国互惠生，日本、新加坡、澳门等旅游酒店等企业实习就业途径。

承办第二十届全国旅游院校协作会年会　2011年12月11～16日，由中国旅游协会主办，广东省旅游职业技术学校承办的第二十届全国旅游院校协作会年会在广州召开。广东省教育厅副厅长叶小山、省旅游局副局长王志红出席12日年会开幕式并讲话。中国旅游协会旅游教育分会领导和来自全国各省区市旅游院校约70名校长参加本届年会。会议由中国旅游协会旅游教育分会秘书长唐志辉主持。本届年会以“校企深度合作模式探讨”为主题，领导及嘉宾围绕校企深度合作模式以及珠三角地区旅游业的发展现状等问题展开深入研讨。代表参观广东省旅游职业技术学校校园及实习基地。

通过省级示范校的评估　2011年6月14～17日，广东省旅游职业技术学校接受示范校评估。省旅游局局长杨荣森出席该校自评汇报会并演讲，广东省教育厅专家到校听取自评汇报。杨荣森指出创建示范性职业学校具有四个方面的重大意义：一是旅游产业发展的迫切需要，二是广东创建全国旅游综合改革示范区和旅游强省的迫切需要，三是学校提升综合办学实力和人才培养质量的需要，四是大力提升旅游职业教育的迫切需要。2011年7月27日，该校被评为广东省示范性中等职业学校。省教育厅将该校列入创建国家级示范性学校的候选单位并推荐至国家教育部。

2011年6月14日，广东省示范性中等职业学校评估自评汇报会在广东省旅游职业技术学校召开。

与加拿大合作开办厨师移民培训班　2011年6月17日，广东省旅游职业技术学校举行加拿大魁北克省厨师培训基地的签约挂牌仪式，加拿大驻广州总领事管商务专员张毅燕、魁北克省华商餐馆协会主席余绍然、魁北克省华商餐馆协会执行委员甄建良、魁北克省蒙特利尔市中心区发展总署项目经理余昌涛，广东省旅游局以及该校领导出席签约仪式。

完成大运服务工作　2011年5月7日，广东省旅游职业技术学校共派出101名学生参与世界大学生运动会大运村服务接待工作，于8月27日完成各项接待任务。

（梁定宽）

## 旅游行业协会

# 广东省旅游协会

【概况】 2011年，省旅游协会开展旅游业态调研，反映行业意见，宣传绿道休闲旅游，推广广东省内旅游，发挥社会组织的职能作用，指导和支持各直属行业协会开展活动，协调各地市旅游协会开展工作，开展对外旅游交流，为“十二五”旅游业大发展打好开局年基础做出了贡献。

【推广绿道休闲旅游】 2011年，广东省旅游协会发动各地市旅游行业协会办好“中国旅游日”、开展“幸福绿道游”；为做好绿道旅游推广工作，协会派出工作人员，完成深圳市等相关市的绿道普查工作；利用协会资源，与媒体合作宣传推广绿道，开展十佳绿道旅游线路评选、“绿道沙龙”等活动；在协会号召下，为推广绿道旅游，全省各旅行社也认真组织、策划，推出了丰富的绿道旅游产品。

【旅游新业态调研】 2011年6月3日开始，由广东省旅游协会、暨南大学及邮轮游艇旅游研究方面的专家共8人组成碉研组，历时2个月，分赴中山、珠海、深圳等15个沿海沿江城市调研考察。采取与旅游行政管理部门、游艇制造企业、游艇业协会、游艇俱乐部等负责人座谈，电话访谈、现场考察、调阅资料等方式。全省游艇制造业主要集中在珠海、深圳、广州、中山、江门等地，其中珠海与深圳游艇是全国最早、规模最大的游艇生产基地。据调查，全省游艇俱乐部总数15家。其中深圳市游艇俱乐部7家，数量最多，广州市游艇俱乐部3家，珠海、湛江、江门、惠州、汕头市游艇俱乐部各1家。全省游艇总数为190艘，其中深圳市150艘，广州市25艘。广州、珠海、深圳、江门、惠州市参与游艇旅游的人数约1000人次/年，其中江门地区2000人次/年。报告认为发展游艇旅游遇到最大的困境是国家现行的管理规章政策与行业发展之间的矛盾。表现在游艇自身定位不够清晰，制造标准缺乏国家统一标准，牌照及试航手续繁琐，缺乏可操作性；码头、驾照、航线审批涉及到港监、航道、海事等众多部门，控制非常严格，游艇进出口岸手续繁杂，游艇消费税与会费过高，口岸设置不合理，现行法规对游艇旅游的不适用性及行政管理及服务缺乏配套等问题。

2011年11月10日，广东省旅游局局长、省旅游协会会长杨荣森组织召开广东省游艇旅游协会筹备工作组会议。

【联合宣传广东旅游】 2011年4月26日，协会与省邮政公司在广州塔联合举行《粤游粤精彩——广东旅游门票明信片册》（第三辑）首发仪式。本辑旅游明信片惠民总值为9.6亿元。10月18至19日，协会与《凤凰周刊》联合举办“罗浮山道教旅游文化节”，邀请粤港澳三地旅游行业协会、旅游企业、新闻媒体120家、500余人参加，强力推广省内旅游。举办第三届广东省大学生旅游节，组织旅游专业大学生开展旅游技能大赛。举办第六届广东温泉国际旅游节，总结和推广温泉旅游新鲜经验。与肇庆市政府联合举办第五届广东自驾旅游节，促进自驾旅游健康发展。

【发挥协会职能作用】 2011年4月15日，广东旅游协会参加由中国旅游协会举办的第二届“中国服务论坛”，发表提升中国旅游服务意见和建议。参加中国旅游协会在重庆举行的全国旅游协会调研座谈会及中国旅游饭店业协会召开的第六届理事大会暨2011饭店服务品质提升大会，指导国际金钥匙中国区年会，提升酒店服务品质。开展“中国旅游饭店金星奖”推荐活动，举办新版星评标准及信息新技术讲座，推动酒店行业转型升级。举办温泉企业经理研讨班，指导温泉企业贯彻落实全国温泉旅游服务规范。向全省旅游行业发出诚信经营倡议书，做好行业自律。动员行业力量，大力开展旅游扶贫工作。指导广州、深圳、汕头、中山、阳江等市旅游协会换届。指导各地市、县旅游协会开展活动。

**【开展对外旅游交流】** 2011年10月16日，协会组织温泉行业代表团赴斯洛文尼亚参加第64届世界温泉及气候养生联合会年会，发表中国广东温泉热疗及现代医学养生主旨报告，考察意、法、德及冰岛温泉企业，吸收他国成功经验，规避失败风险。10月21日至24日，协会参加国家旅游局和韩国观光局在韩全州举办的中韩沿海区域旅游研讨会，并与韩国全罗北道观光协会签署合作协议。12月2至6日，组织广东省旅游代表团回访日本兵库县，与日本同行交流游客互换合作项目，促进中日民间外交发展。参加发起海协两岸旅游景区大联盟，与台湾温泉行业签订合作协议。组织酒店行业代表团赴台考察乡村旅馆、民宿、台湾餐饮服务，促进两岸交流，促进我省乡村旅游发展。

**【日本特大地震广东800名游客安然无恙】** 2011年3月11日，日本本州岛附近海域发生9级强烈地震，引发海啸，福岛核电站发生核泄漏。广东旅游企业启动应急预案。3月12日，广东部分赴日游客开始返穗。12日晚全日空NH933号航班共100多名游客在23时23分到达白云机场，另一班由南方航空直飞的CZ390航班搭乘的358名游客于13日凌晨零时10分到达白云机场。据统计，在日本的广东旅行社共30个团801名游客全部安全，并有计划分批次撤回。

**【广东百家旅游企业爱心行动】** 2011年2月25日，省旅游局与省旅游协会在韶关市乳源瑶族自治县联合主办“情系乳源·幸福广东——广东百家旅游企业爱心行动”。省旅游局局长、省旅游协会会长杨荣森率领全省旅游业界100多个单位及企业近300人参加，共捐资捐款近200多万元，签订多项旅游扶贫合作协议。南湖国旅、广晟酒店集团、中旅集团、广州岭南集团、广东粤旅集团等捐赠额度5万元以上的15家企业代表上台递交支票（样式）。本次捐款将主要用于板长村危房改造、基础设施建设和发展生产项目。旅游企业与当地政府在开发旅游资源、定向输送客源等方面签订多项帮扶协议。广东省旅游协会与乳源县洛阳镇政府签订发展农家乐协议书，广东省丝绸公司与洛阳镇政府签订蚕桑种植和收购协议书，广东国旅、中旅集团、广之旅、南湖国旅分别与乳源县旅游局签订送游客入县协议书。

活动现场，韶关市副市长兰茵、省旅游局局长、省旅游协会会长杨荣森讲话。杨荣森表示：热心公益、回馈社会是广东旅游系统的优良传统，本次爱心活动是广东旅游业贯彻落实省委省政府扶贫开发“双到”工作部署、给力

出席“情系浮源、幸福广东”爱心行动的领导与广东百家旅游企业代表合影。

乳源板长、建设幸福广东的具体行动，是广东旅游人爱心之旅、奉献之旅、发展之旅的延续，在全省旅游业界的共同努力下，板长村人民一定能早日走上脱贫致富之路。

**【领导机构组成】**

会　长：

杨荣森　广东省旅游局局长

副会长：

曾维炳　广东省旅游局巡视员

周开生　广东省旅游局副局长

张振林　广东省旅游局副局长

王志红　广东省旅游局副局长

朱　力　广州市旅游局局长

李小甘　深圳市文体旅游局党组书记

苏志刚　广州长隆集团有限公司董事长

陈　港　中国南方航空股份有限公司副总经理

蒴迪岸　华侨城集团公司副总裁

李进明　广东省广晟资产经营有限公司董事长

刘建新　广东省粤旅集团有限公司董事长

王万年　广东中旅（集团）有限公司总经理

黄颖聪　白天鹅酒店集团有限公司总经理

冯　劲　广州岭南国际企业集团有限公司董事长

李进茂　广东省旅游协会副会长兼秘书长（驻会专职干部）

刘凤波　港中旅（珠海）海洋温泉有限公司总裁

卢建旭　广州广之旅国际旅行社股份有限公司董事长

温祈福　广州酒家企业集团有限公司永远荣誉董事长

刘汉华　中森集团董事长

张本川　广东温泉宾馆总经理

秘书长：

李进茂（兼）　广东省旅游协会副会长兼秘书长

# 广东酒店行业协会

【承担政府委托工作】 2011年，受广东省财政厅委托，广东省旅游协会、广东酒店行业协会承接《中央和广东省党政机关工作人员广东地区出差住宿定点饭店2011～2012年度定点服务资格采购项目中标供应商名单汇总表（第一包：住宿）》和《中央和广东省党政机关工作人员广东地区出差住宿及会议饭店2011～2012年度定点服务资格采购项目中标供应商名单汇总表（第二包：会议）》（具体内容参见电子光盘）两项工作。住宿饭店共168家，其中中标的五星级饭店14家，四星级43家，三星级45家；会议饭店共169家，其中中标的五星级饭店19家，四星级39家，三星级43家。自2007年已经开始，广东省旅游协会、广东酒店行业协会承担定点饭店的招标、评标、签约、网上注册及跟踪管理后续服务等工作，并取得经验和成果，促进了党政机关公差住宿及会议事务规范化。

【2011中国广东省高星级酒店业信息化建设论坛】 2011年8月4日，针对新版《中国旅游饭店星级评定》对酒店信息化的新要求，由广东酒店行业协会、中国电子商务协会企信委联合主办的2011中国广东省高星级酒店业信息化建设论坛在广州举行。广东酒店行业协会会长杨小鹏出席会议并讲话。来自珠三角各酒店信息工程师60多人参加论坛。青岛酒店管理学院讲座教授穆林以“解读新版星评标准、探讨智慧酒店建设”为题、IBM全球信息科技服务部资深IT架构师李民权以“IT驱动变革，开创智慧酒店”、“看不见的智慧，看得见的享受——黄龙酒店案例分享与讨论”为题作了演讲。

【领导组织机构】

会　长：
杨小鹏　原白天鹅酒店集团有限公司总经理
副会长：
李进茂　广东省旅游协会副会长兼秘书长
吴　伟　广州如家酒店管理有限公司董事总经理
沈宜初　广州市堡龙酒店管理有限公司总裁
冼　锋　中国饭店管理有限公司广东公司总经理
郑越东　广州花园酒店总经理
齐　雁　广东国际大厦实业有限公司广州中心皇冠假日酒店总经理
贺邦富　广东省广晟酒店集团有限公司董事长
彭建军　恒大酒店管理集团总经理
郑玮玲　粤海（国际）酒店管理集团公司董事总经理
金　阳　深圳市华侨城酒店集团有限公司总裁
李鸿斌　珠海度假村酒店董事总经理
范秀森　汕头经济特区金海湾大酒店总经理
方贺维　惠州康帝国际酒店董事总经理
戴俊明　东莞市塘厦三正半山酒店有限公司助理总经理CEO
吕庆生　中山国际酒店总经理
罗　锋　中山汉威酒店管理有限公司常务副总经理
黎建青　佛山宾馆副董事长
陈　龙　湛江海滨宾馆董事长
李志刚　肇庆星湖大酒店总经理
秘书长：
李进茂　广东省旅游协会副会长兼秘书长
监事长：
邝云弘　广州大厦管理有限公司总经理

# 广东旅行社行业协会

【广东省中医药文化养生旅游研讨会】 2011年8月5日，由广东省旅游局、省中医药局、广州中医药大学主办，南方都市报承办，广东省旅游协会、中国旅游报、南方卫视协办的广东省中医药文化养生旅游研讨会在广州举行。活动就全省中医药文化养生旅游发展进行深入探讨，并为首批19家中医药文化养生旅游示范基地颁发牌匾。省政协副主席陈蔚文，省旅游局副局长周开生，省中医药局副局长曹礼忠，南方报业传媒集团公司旅游事业部总经理张振洲出席活动并致辞，广州中医药大学副书记、教授孙晓生，中山大学旅游学院院长助理、副教授张朝枝作主题发言，各地市旅游、卫生部门负责人、中医药文化养生旅游示范基地代表以及媒体、旅行社代表等100多人参加会议。

【领导机构组成】

会　长：

李建奇　广东省中国旅行社股份有限公司董事

副会长：

李进茂　广东省旅游协会副会长兼秘书长

谷训才　广东国旅国际旅行社股份有限公司董事总经理

卢建旭　广州广之旅国际旅行社股份有限公司董事长

臧　熠　广东铁青国际旅行社有限责任公司总经理

赵　祁　广东南湖国际旅行社有限责任公司董事长

吴　斌　深圳中国国际旅行社有限公司总经理

胡文强　广东省拱北口岸中国旅行社有限公司总经理

饶丹茹　汕头市旅游总公司常务总经理

陈冀凯　东莞市国际旅行社有限公司董事长

王子乐　中山中国国际旅行社有限公司总经理

杜修远　佛山市禅之旅国际旅行社有限公司总经理

刘建进　湛江市中国旅行社有限公司总经理

罗红霞　清远市国旅国际旅行社有限责任公司董事长

沈泽朋　潮州市中国旅行社有限公司总经理

秘书长：

张莉莉　广东省旅游协会副秘书长

监事会主席：

林栋礼　江门大方旅游国际旅行社有限公司董事长、总经理

监事会成员：

高玲玲　广东中妇旅国际旅行社有限责任公司总经理

李木胜　深圳市海外国际旅行社有限公司总经理

## 广东温泉行业协会

【概况】　6月28日，广东温泉行业协会2011年第一次会长工作会议在珠海召开。协会会长、副会长、监事长及秘书长参加会议。省旅游局副局长周开生出席会议。会议通报《广东温泉行业协会2011年工作计划》，提出温泉企业提高质量品质、提高服务水平、提高媒体效应、提高综合效应和提高自身能力的要求。

9月7～11日，第七届海峡两岸旅游博览会在福建厦门举办，广东省温泉行业协会应邀参加，并在博览会开设广东温泉展位，期间，广东温泉行业协会与福建、云南、海南、四川、重庆等地温泉协会共同与台湾台北市温泉发展协会、台南温泉协会、屏东县观光协会、宜兰樵溪温泉振兴促进会、新北市温泉观光协会等签订《海峡两岸温泉行业合作备忘录》。

【第六届广东（新兴）国际温泉旅游节】　2011年12月11～13日，以“禅意温泉，幸福广东”为主题的第六届广东（新兴）国际温泉旅游节暨2011广东国际旅游文化节云浮（新兴）分会场活动在新兴县隆重举行。国外嘉宾、中国各省市领导及各温泉和SPA的专家、学者、业者、媒体近600名嘉宾参会。本届国际温泉旅游节是广东温泉形象的集中展示，也是云浮旅游产品的全面推介。本届温泉节活动丰富，其中包括温泉节开幕式文艺表演、广东温泉行业年会、精英企业家六祖故里温泉与禅主题研修班、养生公众论坛、旅游线路推介及考察、旅游图片展等项目。同时，世界温泉及气候养生联合会授予新兴温泉“世界禅意养生温泉”牌匾。首个提出将温泉养生与禅修文化结合，增加广东温泉旅游行业的文化内涵，拓宽广东温泉产业发展思路。

【领导机构组成】

会　长：

刘凤波　港中旅（珠海）海洋温泉有限公司总裁

副会长（排名不分先后，共12个单位）

张本川　广东温泉宾馆总经理

姜忠平　碧水湾温泉度假村总经理

陆东明　河源御临门温泉度假村总经理

阮　新　韶关曹溪温泉假日度假村有限公司副总经理

周晓洲　惠州龙门县地派温泉度假村总经理

梁瑞廉　恩平锦江温泉有限公司董事长

郑坚明　恩平帝都温泉旅游区董事长

韩　明　新会古兜温泉旅游度假邨有限公司董事长

程卫强　阳江温泉度假村总经理

陈　龙　湛江海滨宾馆蓝月湾温泉董事长

文　飞　聚龙湾天然温泉度假村总经理

吴绍罩　新兴金水台温泉有限公司董事长

秘书长：

张建彬　广东省旅游协会副秘书长

监事长：

欧国良　乳源丽宫国际温泉酒店总经理
监事：
广州海森度假温泉建造管理有限公司
广州番禺潮流水上乐园建造有限公司
理事：（排名不分先后，共42个单位）
从化流溪温泉旅游度假区管委会
广州望谷温泉度假村
锦绣香江温泉城
韶关新丰江源温泉旅游度假山庄
河源市和平温泉之都有限公司
丰顺县邓屋大温泉有限公司
龙门南昆山温泉旅游大观园
龙门温泉度假村（铁泉）
惠州海滨温泉旅游度假区
台山富都温泉度假邨有限公司
恩平金山温泉发展有限公司
佛山东方麒麟温泉山庄
阳西咸水矿温泉旅游度假山庄
阳春春都温泉
湛江杏磊湾温泉度假村
信宜市西江温泉度假村
清新温矿泉旅游度假区有限公司
清远市银盏温泉旅游度假区
清远德盈新银盏温泉度假村有限公司
佛冈颐和温泉度假山庄
广东森波拉度假山庄
潮安东山湖温泉度假村
新兴县六祖故里旅游度假区管理处
广州市海瑞温泉酒店管理公司
广州座头鲸文化传播有限公司
中国温泉在线
广州恒伟文化传播有限公司
广州中合谊华旅游规划设计有限公司
广州贤合酒店管理有限公司
广州谊华度假村设计建造有限公司
广州绿沁酒店管理咨询有限公司
广州市御水水疗设备工程有限公司
广州市荷珀泳池设备有限公司
广州山晟旅游发展有限公司
广州市山象环境设计工程有限公司
广东国汇旅游信息有限公司
佛山舒尔酒店家具制造有限公司
恩平山泉湾温泉酒店
纵横天地电子商服务有限公司
深圳市温泉之家咨询服务有限公司
惠州市美沙制衣有限公司
四川中艺创景景观工程有限公司（广东分公司）
会员：（排名不分先后，共42个单位）
广州逸泉国际大酒店
广州从化华辉度假村
广州市从化温泉毅华假日酒店
广州市崴格诗酒店管理有限公司
从化翠岛温泉度假村
从化碧泉大酒店
广州金叶子酒店
珠海御温泉度假村
珠海天沐温泉旅游投资集团有限公司
珠海香记食品有限公司
汕头莲花山温泉度假村
韶关乳源瑶族方圆民族温矿泉酒店
韶关南雄市龙华山温矿泉度假村有限公司
韶关青嶂山温泉旅游度假村
河源和平天上人间温泉度假村
河源市龙源温泉度假村
梅州五华汤湖热矿泥温泉山庄
中信惠州汤泉旅游度假村有限公司
龙门尚天然温泉
惠州大自然温泉度假山庄
陆丰市国合金宝置业有限公司
中山天和温泉度假村
中山市泉眼温泉旅游度假酒店有限公司
中山温泉有限公司
台山康桥温泉度假村
佛山市三水金水湾投资有限公司
茂名御水温泉旅游发展有限公司
广东新潮策划温泉项目有限公司
怀集温泉漂流旅游度假邨
佛冈县樵春山庄有限公司
英德溶洞温泉度假村
清远九州驿站树上温泉
清远金龟泉生态度假村
揭阳普宁市盘龙湾温泉度假村
揭西京明温泉度假村
新兴青山绿水温泉旅游度假区
广州旺明水上设计咨询有限公司
广州旺昊温泉建造公司
塔西缇水疗酒店管理（香港）有限公司
深圳捷信达电子有限公司
深圳箱根温泉设计顾问有限公司
新丰云天海温泉原始森林度假村有限公司

# 广东省自驾旅游协会

**【2011 广东爱心之旅乳源自驾游扶贫济困】** 2011 年 8 月 20 日，由广东省旅游协会、广东省自驾车旅游协会、广东“心飞扬”俱乐部、东莞“飞马”汽车俱乐部、深圳“启程”俱乐部、中山“任我行”自驾车俱乐部、中山“领航者”自驾俱乐部、中山“通天下”自驾俱乐部联合举办“2011 广东爱心之旅乳源站·板长村扶贫自驾游活动”。来自广州、深圳、中山、东莞等地的车友 162 人，60 多台车辆，前往乳源瑶族自治县开展扶贫济困活动。经过 4 个多小时的车程，车队来到享有“岭南第一高峰”的南岭国家森林公园考察休整后，继续赶往乳源丽宫酒店举行慈善拍卖活动。8 月 21 日到省旅游局定点帮扶单位——乳源瑶族自治县洛阳镇板长村访贫问苦，扶贫济困。自驾车协会秘书长向村委转赠近 2 万元的善款及车友们赠送的万余元的电脑、电饭煲、衣物、月饼和生活学习用品。

**【2011 广东自驾旅游节·世界名车绿道游】** 2011 年 9 月 24 日，由广东省旅游局、肇庆市人民政府、广东省旅游协会联合主办，广东省自驾旅游协会、肇庆市旅游发展局共同承办的“2011 广东自驾旅游节·世界名车绿道游”活动在肇庆市星湖牌坊广场拉开帷幕。肇庆市委副书记、市长郭锋，市人大常委会副主任黄三和，副市长孙德，市政协副主席董超凤，市政府秘书长梁育天；省旅游协会副会长兼秘书长李进茂，广东省自驾旅游协会会长钟戈鸣等参加开幕式。与会领导、嘉宾共同启动第五届广东自驾旅游节·世界名车绿道游活动，来自珠三角及香港、浙江、福建等地 160 辆豪华名车逾 360 位车友组成广东最大规模的豪华名车自驾游车队，走进肇庆星湖绿道及鼎湖山、德庆龙母庙/盘龙峡等地自驾游，参加一年一度的车友盛会。

**【领导机构组成】**

会　长：钟戈鸣
常务副会长：李进茂
副会长：李招培　武旭峰　陈文君　张伟强　丁月华　陈彩安　缪韶清
秘书长：李招培（兼）
执行秘书长：李致君
副秘书长：景小华　谢　军　袁　忠　卢　遥　孙大伟　钟一鸣　卢　伟　王兴有　邓　忠　张启慧
监事长：胡见阳
监　事：骆若愚　黄映延

# 导游协会

**【首届广东高校导游技能大赛】** 2011 年 9 月 15 ~ 16 日，由广东旅游协会和广东技术师范学院共同主办的广东省首届高校旅游专业导游技能大赛在广州举行。来自暨南大学、华南师范大学、华南农业大学、广东技术师范学院等 33 所高校代表队的 102 位选手参加。进行了旅游综合知识和个人才艺的大比拼。

本次比赛，分本科组和高职高专院校组进行，以“青春大学，魅力广东”为主题，通过以省内国家 4A 级以上景点为题材的导游词创作（高职高专组以笔试方式进行旅游专业基本理论考核）、5 分钟模拟导游讲解和知识问答，以及 3 分钟个人才艺展示 3 个版块内容进行，考核旅游专业学生的导游服务技能水平。分别决出一、二、三等奖和“最佳讲解”、“最佳才艺”、“最具潜质”等奖项。广东技术师范学院魏琳、华南农业大学林文琛、华南师范大学增城学院的徐海燕等同学获得本科组一等奖；获得高职高专组一等奖的有广州番禺职业技术学院、广州铁路职业技术学院、中山职业技术学院、河源职业技术学院、汕尾职业技术学院等院校选手。

（张建彬　曾　颖　韩柏光）

## 机关工作

# 2011年广东省旅游局机关建设

【开展主题学习活动】 2011年，广东省旅游局按照省直机关工委总体部署，制定《省旅游局“创先争优促发展”主题实践活动方案》。主题实践活动，以加快旅游产业转型升级、建设幸福广东为核心任务，以创先争优为抓手，以纪念建党90周年为契机，通过开展“给力十二五”行动、“为民惠民利民”行动、“创先争优大家评”行动和“成果献给党”行动，推动广东旅游产业转型升级，推动党建工作上新台阶。

【换届公推直选党员代表大会】 2011年，根据《中国共产党基层组织选举工作暂行条例》、《中国共产党党和国家机关基层组织工作条例》以及《广东省直机关机关党委领导班子成员公推直选实施办法（试行)》，省旅游局完成公推直选工作方案、宣传发动、开展公推报名、进行资格审查、确定和上报候选人名单等规定程序，于4月11日召开中共广东省旅游局直属机关委员换届公推直选党员代表大会。会议听取会并审议了《中共广东省旅游局直属机关第一届委员会工作报告》、省纪委驻广东省旅游局纪检组长、监察专员黎增丰同志作的《中共广东省旅游局直属机关第一届纪律检查委员会工作报告》和《中共广东省旅游局直属机关第一届委员会党费收缴使用管理情况报告》。

据统计：自2006年至2010年底，全局共批准设立党支部8个，发展新党员28名，其中发展在校青年学生党员18人，合同制职工党员6人，并全部按期转入中共正式党员。截至2010年年底，全局党员人数292名，其中正式党员276名，预备党员16名。

2011年4月1日，中共广东省旅游局直属机关委员会换届公推直选党员代表大会在广州召开。

大会选举产生中共广东省旅游局第二届直属机关委员会和直属机关纪律检查委员会。4月26日，省直机关工委审批通过局机关选举结果，局党组成员、副局长张振林为中共广东省旅游局直属机关委员会新一届机关党委书记。局机关党委（机关纪委）换届公推直选是省直党政机关的首例。

（蒙燕霞）

【全省旅游纪检监察行风建设暨旅游质量监督管理工作会议】 2011年全省旅游纪检监察行风建设暨旅游质量监督管理工作会议于3月22日在梅州召开。全省21个地级以上市旅游局、顺德区文体旅游局的分管领导及行业管理、纪检监察、质量监督部门负责人，重点旅游企业代表共157人参加会议。梅州市委常委、常务副市长张远方到会致欢迎词。省旅游局副局长周开生、省纪委派驻省旅游局纪检组组长、监察专员黎增丰出席会议并讲话。周开生传达全国旅游监管工作会议的精神，部署2011年旅游监管工作。他强调要进一步改进旅游市场监管方式，建立旅游监管和旅游监察互动工作机制，突出“四个注重”、争做“四种人员”：注重规范行政许可，做旅游事项的严格审批者；注重完善突发事件防控体系，做旅游安全的坚强维护者；注重加强旅游执法检查，做旅游市场的合格监管者；注重加强旅游投诉受理，做旅游纠纷的忠实调处者。提出“十大工作抓手”，即以深入贯彻《国务院关于加快发展旅游业的意见》为契机，推进产业转型升级，优化市场环境；以标准化为手段，建立服务质量提升长效机制；以旅游安全为根本，确保旅游者生命财产安全；以提高旅游公共服务水平为抓手，提升“三个服务”工作水平；以节能减排为突破口，培育低碳旅游消费风尚；以开展专项检查和联合检查为途径，树立品质旅游的良好形象；以查处大案要案为突破口，推动旅游市场秩序持续好转；以加强队伍建设为保障，全面提高旅游监管能力；以区域旅游合作为补充，扩宽旅游监管的层面；以旅游创强为依托，夯实旅游服务质量的基础。

（陈　冰）

【扶贫开发“规划到户，责任到人”】　2011年是广东省旅游局对口帮扶乳源瑶族自治县洛阳镇板长村“规划到户、责任到人”工作第二年。全年共投入帮扶资金350万元，重点推进整村改造、饮水工程、农家乐、蚕桑基地、乡村公路等项目建设，扶持村委发展集体经济、农户发展肉鸡、黑山羊、笋竹、油松、杉木、花生等绿色生态产业。板长村83户贫困户（不含9户五保户）人均年收入达到4300多元，全部实现稳定脱贫；村委集体收入突破6万元。局扶贫开发“双到”工作被广东省评为“优秀”及“插红旗单位”，板长村被列入全省100条示范村。

2月25日，广东省旅游局和广东省旅游协会联合组织开展“情系乳源·幸福广东——广东百家旅游企业爱心行动”，省旅游局局长、省旅游协会会长杨荣森率领局党组班子成员以及全省旅游业界101家旅游企业和2名个人共为省旅游局对口帮扶单位洛阳镇板长村捐赠善款197.3万元。其中南湖国旅、广晟酒店集团、中旅集团、广州岭南集团、广东粤旅集团等15家旅游企业捐赠达5万元以上，善款通过广东省慈善总会汇入板长村扶贫专用账户，用于其危房改造、桑蚕养殖、农家乐、乡村公路等项目，并签订多项旅游扶贫合作协议。

2011年7月1日，省旅游局在洛阳镇板长材举办扶贫济困暨主题党日活动。

（涂继文　胡喜红）

【因公出国（境）管理】　2011年，广东省旅游局办理因公出国（境）团组共81批次208人次的报批办证，其中出国团组35批次100人次，港澳台团组46批次108人次。出国团组包括由国家旅游局组团16批次，由广东省委、省政府及省外事办公室等单位组团8批次，由省旅游局自行组团11批次；因公出国访问了美国、西班牙、澳大利亚、新西兰、乌克兰、保加利亚、俄罗斯等18个国家，主要活动包括：2011年3月，组织2010世界旅游日全球主会场庆典暨中国广东国际旅游文化节“万民儿童绘画及作文比赛”获奖学生及家长赴新加坡学习交流；同月，组团参加第六届中日韩旅游部长会议并开展旅游交流活动；9月，组团参加第五届中美省州旅游局局长合作发展对话和参加第三届中国——加勒比经贸合作论坛部长级会议；10月，组团参加2011年中国广东省与越南外交部合作协调会议；12月，招玉芳副省长率广东省人民政府代表团出访越南、老挝等。

（贾　颖）

## 广东旅游风采录

# 2011年广东旅游系统受表彰的单位和个人

**【概况】** 2011年4月28日，全国红色旅游工作协调小组办公室对拟表彰的全国红色旅游工作先进集体和先进个人的公示。其中拟表彰的全国红色旅游工作先进集体3个：广东省梅州市旅游局、广东省惠州市发展和改革局和广东省广州市广州起义烈士陵园；拟表彰的全国红色旅游工作先进个人3人：广东省惠州市惠阳区文化广电新闻出版局局长叶茂庭、广东省梅州市梅县叶剑英元帅纪念馆馆长李健贤、广东铁青国际旅行社有限责任公司执行董事、总经理臧熠。

2011年11月14日，全国旅游系统评选表彰工作领导小组办公室对拟表彰的全国旅游系统先进集体、劳动模范和先进工作者名单公示。12月，国家人力资源和社会保障部、国家旅游局联合下发《关于表彰全国旅游系统先进集体劳动模范和先进工作者的决定》。广东省有4个单位荣获全国旅游系统“先进集体”，他们是：梅州市旅游局、惠州市旅游局、中山中国国际旅行社有限公司、广东开平碉楼旅游发展有限公司。有11人荣获全国旅游系统“劳动模范”，他们是：罗国勇、董喜生、李鸿斌、张汉林、张惠芳、龙智才、彭妙珍、冯辉、林玉声、章栩生、王毅成。有3人荣获全国旅游系统“先进工作者”，他们是：林红、曾玉如、欧文初。

## 全国旅游系统先进集体

**梅州市旅游局** 该局围绕打造旅游先锋产业和世界客家人的精神家园，以及全国知名保健疗养休闲度假目的地的定位，坚持以“大规划、大招商、大品牌、大推介、大发展”的发展理念，不断完善配套旅游“六要素”，初步实现梅州山区旅游业从起步到发展到快速发展的“三级跳”，得到社会各界的认同。他们坚持以科学发展观为指导，用世界眼光谋划梅州旅游产业的发展，于2003年创建“中国优秀旅游城市”，被国家验收组认为是创造了山区创优工作新模式，在创优机制的引领下，该局在全市实施以县级“创强”为核心内容，精心策划，全力指导，于2007年初，梅州市梅县成为全国首批17个“中国旅游强县”之一。该局围绕市委、市政府关于打造旅游先锋产业的定位，创造“四个率先”，即率先与广东省旅游局签约共建“客家生态文化旅游示范区”，开创省市共建先河；率先在客家地区打造“千里客家文化长廊”区域旅游品牌，开创客家地区、三省（广东、江西、福建省）联创品牌先例；率先建设市、县一体化自驾游服务体系，开创地级市自驾游服务一体化先例。每年一届的“广东自驾旅游日暨梅州精彩客都自驾旅游周系列活动”成为“2007影响广东旅游十大事件”和“2008全国节庆百强”；率先在粤东山区创造山区景区开发模式典型雁南飞模式。2008年，中央政治局委员、广东省委书记汪洋考察梅州时，高度评价“宝丽华现象”，充分肯定梅州旅游开发的“雁南飞模式”。2010年12月，广东省委政策研究室专门刊发《梅州市大力发展旅游业的调研报告》，并作为经验在全省转发。2011年1月，梅州市代表广东21个地级市在全国旅游工作会议作山区科学发展旅游的经验交流。2011年4月，广东省黄华华省长考察梅州时，充分肯定梅州改革创新，优先和加快发展旅游先锋产业取得的成效，走出一条欠发达山区错位发展、可持续发展之路。在梅州市委、市政府的关心重视下，该局与市旅游总公司实现政企分家，各县也同时实现了政企分家，组成行政或事业局，解决了长期制约梅州旅游发展的体制问题，全市旅游管理进入规范化轨道。在旅游市场营销方面，突出打造“世界客都”的整体形象。采取“市县联动、部门联动、政企联动、区域联动、媒体联动”的联合营销，解决山区宣传经费短缺制约旅游产品走向市场的瓶颈问题，从而让梅州旅游产品不断增加市场占有率。

**惠州市旅游局** 现有工作人员43名。该局于1995年3月由惠阳地区行署旅游事业管理局改名为惠州市旅游局，2001年10月11日调整为惠州市政府工作部门。

全市共有旅游景区（点）70多个、星级饭店71家、旅行社44家、旅游餐馆和农家乐1000多家，旅游直接从业人数达2.75万，间接从业人数达16.5万。仅2010年全市接待游客总人数2501.03万人次，过夜人数1073.56万人次，旅游总收入140.82亿元。旅游总收入五年增长2.82倍，过夜人数增长2.35倍，年均增长分别从“十五”期间的14%、13%上升到“十一五”期间23.04%、18.48%。2009年，该局分别被省政府评为“广东省国民旅游休闲示范市”，被惠州市委、市政府评为创建全国文明城市工作先进单位，被省旅游局评为“广东省旅游教育培训工作先进单位”；2011年被省政府批准为“广东省旅游综合改革示范城市”。

该局率先启动国民旅游休闲计划，率先发起珠三角旅游合作《罗浮山宣言》，率先发起打造“千里客家文化长廊”等创新性工程。与中山大学合作联合编制《惠州旅游发展总体规划（2008～2020)》、《东江游策划案》及象头山等6个景区的概念性规划。“十一五”期间，全市投资超亿元的旅游项目有25个，总投资额达400亿元。建成旅游景区72个。涌现了南昆山温泉大观园、巽寮金海湾、南昆山十字水度假村、罗浮山宝田国际度假会议酒店、富力洲际温泉康帝国际酒店等一批旅游项目的新亮点。引进资金近4亿元，修建了巽寮滨海大道、罗浮山景区大道、南昆山旅游区公路等旅游基础设施。“十一五”期间，向省旅游局申请旅游扶贫资金1590万元，扶持并打造了龙门南昆山生态旅游区、南昆山温泉大观园及惠东的巽寮、百圻田、惠阳崇林世居、惠东皇思扬古围村和南昆山生态旅游区。利用市旅游发展基金1030万元扶持10多个旅游项目。他们借助社会力量，走出一条“政府主导、企业主体、多方联合、市场化运作、实现共赢”的宣传促销路子。成功地举办了五届生态休闲旅游节、五届美食嘉年华、三届龙门南昆山生态旅游节、三届惠东旅游文化节、二届大亚湾渔家风情欢乐节、二届惠阳客家美食节、二届罗浮山道教文化节、三届国际休闲度假高峰论坛、三届惠州旅游行业文艺汇演等。先后参加国家、省旅游局组织赴香港、北京、上海、云南、山东、河北、河南、江西、湖北、湖南等省市和地区、省内各大城市开展旅游宣传展示会和旅游宣传促销活动。“惠州万人游惠州”、“广州万人游惠州”、“东莞万人游惠州”、“香港名车游惠州”、“中山万人游惠州”、“万人车游深莞惠”大型野外定向团体友谊赛、广惠生态之旅自驾游等节庆活动。先后3次与国内知名旅行社——广之旅联合宣传，分别在广州东骏广场举办大型推介展示活动；在北京路开展“明秀仙境，处处芳华”宣传活动；在广州上下九广场开展大型宣传演出活动，取得良好宣传效果。

**中山中国国际旅行社有限公司**　现有员工312名。创立于1979年，是一家经营入境游、出境游、国内游三大业务的国际旅行社，也是首批台湾游组团社。该公司成立31年来，始终秉承“真诚为您，诚信为先”服务理念，曾13年荣膺“全国百强旅行社”，其中2009年度排名居第35位。11年获评“重合同守信用”企业称号，荣获广东省首家旅行社AAAA级“标准化良好行为企业”、“广东省用户满意服务明星企业”、“中国消费者满意十佳诚信单位”，中山市首批“诚信单位”、“价格诚信单位”等荣誉。

该公司率先在行业内建立“社会荣誉督导员制度”，公开向社会招募荣誉督导员，引入第三方，以“神秘顾客”的身份，通过暗访一线服务、随机跟团审视团队服务全过程等，亲身参与企业服务和旅游品质监督，该公司荣获“广东省用户满意服务明星企业”、“广东地区最受欢迎旅行社”、“最受中山市民喜爱的旅行社”。该公司视“服务品质”为企业发展的生命线，追求和崇尚“满意、惊喜、感动”的服务精神。于2009年7月获批准成为国家级服务业标准化试点单位，2010年通过广东省质量技术监督局组织的标准化机构的综合评定，获得AAAA级“标准化良好行为企业”称号，成为广东省第一家获得AAAA级认证的旅行社。该公司积极向外地旅客推广中山“伟人故里”的优势旅游资源，精心策划组织“六十华诞中山游”大型主题活动，投入大量人力、物力打造品牌，推出的“金假期”、“旅游纯玩团”、“玩家DIY自主团”、“一人成行，铁定出发”等旅游产品得到市民广泛认可与响应。

**广东开平碉楼旅游发展有限公司**　该公司成立于2010年2月，是由事业单位转制为国有企业单位，注册资金1000万元，现有员工250人，其中具有大学本科以上学历人员占36%。主要负责管理世界遗产地自力村碉楼群、马降龙碉楼群、锦江里碉楼群，国家4A级旅游景区—立园，以及赤坎影视城、南楼、开元塔、潭江游等景区。近年来，该公司游客年均增长21.3%。其中2010年实现各项旅游指标“三上台阶”，即接待总人数上300万台阶，达371万人次，同比增长12.93%；旅游总收入上20亿元台阶，达20.37亿元，同比增长16.2%；旅游门票收入上2千万元台阶，达2.2千万元，同比增长29.4%。

该公司努力践行“三个代表”重要思想，落实科学发展观，求真务实，开拓进取，顽强拼搏，业绩快速增长，于2002年、2003年连续两年被评为开平市“年度旅游建设工作先进单位”；2003年，被广东省人民政府授予“广东省先进单位”称号。他们围绕“建精品景区、创全国文明、闯国际市场、树世界品牌”工作目标，突出政府主导地位，采用现代的企业化管理模式，强化市场营销力度，实施文化品牌战略。游客遍布全国各省（市）、自治区，省外游客达到60%，并全面拓展日本、韩国及东南亚、欧美等境外客源市场。他们始终以“促侨乡旅游业腾飞，人人有责”的为己任，强调以游客为服务导向和服务中心，开展争当“青年岗位能手”、“旅游微笑大使”等一系列“创优秀、评先进”的竞争活动。2003年被共青团广东省委员会评为“青年文明号”，同年还被评为“广东省先进集体”称号；2006年被评为“中国最值得外国人去的50个地方”金奖、广东最佳旅游景区；2007年被列入《世界遗产名录》，成为广东省首个世界遗产地；2008年被省旅游协会评为广东自驾游十佳线路；同年被省旅游局授予广东旅游“十大首创之星”；2010年被江门市旅游局评为江门市“十佳旅游景区”。员工郭卉被评为2003年度“侨乡建设突击手”；员工胡珍香获2007年江门市金牌导游大赛“最佳才艺奖”；2008年张泳谊、杨秀娟被评为“开平碉楼与村落”成功申报世界文化遗产工作表现突出贡献奖；王露荣获2008开平市第五届奔达杯魅力员工才艺表演大赛“十大魅力员工”和“最佳才艺表演奖”；邝积康2008年因在“申遗”过程中的杰出贡献被广东省人民政府记一等功；2010年蒋艳被授予“职业技术能手”、“十佳导游”和“南粤优秀导游员”等荣誉称号；2010年周洽强被评为“开平市十佳青年”等荣誉。

## 全国旅游系统“劳动模范”获得者

**罗国勇** 1975年5月出生，广东台山人。中共党员，大专学历，广州广之旅国际旅行社股份有限公司出境游游总部团队服务部副经理。1997年他从事导游工作以来，足迹遍布全国及世界各地，带领过各式各样的团队。他先后获2005年度广之旅金牌导游，2006年广之旅鼎级金牌导游和2006年“广东省用户服务满意明星”，2007年被《广州日报》评选为广州市金牌导游，2010“全国用户满意服务明星”等荣誉。他代表公司成功接待多哈亚运会广州亚组委接待工作，广东省外经贸厅对外招商会和陪同外省市许多部门主要领导出访相关国家。他真心实意为游客排忧解难，想游客之所想，急游客之所急，对游客体贴入微，让客人“高兴而来，满意而归”。他去过国内大部分旅游景点，足迹遍布国外近60个国家，成为一本活的“旅游百科全书”。

**董喜生** 1956年1月出生，山西运城人。中共党员，大专学历，深圳华侨城股份有限公司旅游事业部总经理、党委书记兼东部华侨城总经理。他1991年转业到深圳，先后参与深圳锦绣中华、世界之窗、东部华侨城、上海欢乐谷等建设和管理，具有丰富的旅游行业实践和管理经验。他积极推动景区规范化管理，将“质量、环境、安全与卫生”三套体系融为一体，尝试以科学化、标准化、规范化的形式对外管理输出，为中国旅游景区实现“品牌经营”战略揭开崭新一页，成功向成都野生动物园、广安邓小平故居、西安大唐芙蓉园等国内知名景区输出管理，并产生良好的经济效益。他率先尝试为景区工作的维吾尔、蒙古、藏、哈萨克、傣族等24个少数民族员工开办文化基础课和英语、历史、地理、旅游服务等培训和讲座，成立青年“读书联谊会”，创办《村寨风采》等内部报刊，和谐民族关系。他重视景区的生态保护，实施低碳旅游战略，在东部华侨城开发建设中，投资上千万元建设了云中风车项目。景区、道路安装风光互补路灯、建成太阳能光伏发电站，每年可以节省约33万度电能。建成云海谷沼气系统，利用景区厕所粪便和树木落叶年产沼气约6万立方米（相当于3万kg液化石油气）、沼渣约800吨、沼液约4700吨均可回收再利用。在云海谷南区会所和茵特拉根矿泉SPA安装了空气源热泵空调主机。兴建近50万平方米的多个湿地，为景区内水库提供了天然生态过滤网，维护了生态平衡。东部华侨城被国家环保部和国家旅游局联合授予全国首个“国家生态旅游示范区”。

**李鸿斌** 1972年1月出生，江苏姜堰人。中共党员，本科学历，珠海九洲旅游集团有限公司助理总经理、珠海度假村酒店有限公司董事长、法定代表、总经理，兼任珠海度假村有限公司董事长、法定代表人、总经理、珠海度假村酒店管理有限公司执行董事、法定代表人、总经理。

2006年4月以来，他始终保持一名共产党员的本色，以酒店发展为己任，经济效益逐年增长。2010年，酒店实现营业收入13344.39万元。5年累计上缴税金4060万元，多年被珠海市国家税务局、珠海市地方税务局评为纳税信用等级评定“A级纳税人”。珠海度假村发展成为珠海市规模最大、设施最齐全的五星级酒店，2006~2011年共获得“中国饭店金星奖”、“中国酒店100强金钻奖”、“中国十佳绿色酒店”、“广东省著名商标”、“广东省优秀企业”、“广东省旅游系统十大窗口之星”、“广东省诚信示范企业”、“广东省用户满意服务明星企业”等荣誉30多项，入选“广东改革开放三十年珠海19件大事”。李鸿斌个人先后荣获“中国酒店星光奖2008中国酒店业最佳总经理”、“广东旅游酒店业总经理荣誉勋章”、“广东省2007年度企业安全生产工作先进个人”、2007~2008年度珠海市旅游行业优秀总经理等荣誉称号。他始终将提升服务质量建设作为一项长期的重要工作来抓。坚持每年开展一次“优质服务”主题活动，如“YES，I CAN”、“我的岗位无差错，我的工作请放心”、“服务质量提升年”等等，坚持每年开展英语巡回演练，坚持每年开展服务技能大赛。他组织编写和修订《珠海度假村酒店管理规范》等规章制度，总结提炼出以“团结、拼搏、创新、发展”为核心内容的企业文化。5年多来，酒店累计投入约1.3亿元进行更新、改造和提升。

**张汉林** 1949年4月出生，汉族，广东潮南人，研究生，高级政工师。中共党员。现任汕头旅游（集团）公司党委书记、汕头市旅游总公司总经理。

他1982年8月从教师岗位调入汕头市旅游总公司。他从英语导游员做起，相继担任部门经理、副总经理、党委书记和总经理。他与同事们倡导“一业为主、多元经营”公司全面发展思路，业务涵盖旅游服务、航空包机、旅游风景区、豪华旅游船、旅游客货运、商品贸易、进出口贸易、房地产开发、酒店、广告、金融、典当、健身娱乐，成为了外向型、多元化、跨行业、综合性的国有企业集团。他的团队在当地最早组织欧洲大型豪华邮轮、美国豪华拖屋车来汕旅游，先后开通汕头—香港、汕头—北京等 30 多条定期或不定期的旅游包机航线，争取到国际国内航空销售代理权，公司成为最早包机最多航线的旅游企业；2009 年初，公司又荣获国家旅游局批准，被指定为粤东地区唯一特许经营大陆居民赴台湾旅游组团社，同年 5 月组织“亚洲之星”豪华邮轮汕头——台湾首航。经过 20 多年来的艰苦创业、努力拼搏，公司连续多年荣居国际旅行社百强前列，被国家旅游局、国家人事部授予“全国旅游系统先进集体”，被省委、省政府授予“优秀基层党组织”称号和“企业贡献奖”，被市委、市政府授予“先进单位”和“双拥模范单位”，被省、市工商行政管理局授予“重合同、守信用”单位。张汉林同志本人也多次被评为汕头市“先进工作者”、“优秀共产党员”、“先进党务工作者”；2000 年 4 月被授予汕头市劳动模范光荣称号，2006 年 11 月被选为中国共产党汕头市第九次代表大会代表，2007 年 1 月被选为汕头市第十二届人民代表大会代表。在旅游市场竞争日益激烈的情况下，他大力气抓好旅游和包机两个板块的经营管理。在旅游板块，分别设置国内、出境、外联、车务、业务咨询、导游服务、长者俱乐部、高尔夫球部等经营部门以及锦泰、广厦、龙湖、黄河、澄海等多个营业网点；与市旅游局、电视台合作，开辟以“畅游蓝天下”冠名的企业广告专题节目，拍摄“海滨邹鲁，美食之乡”的风光片，联合泰国国家旅游局和南航公司举办汕头（泰国）推介会等。在包机板块，分别设置航空收益、包机业务、航空货运、票务销售（商务中心）等部门，带领经营团队拓展包机业务。他注重在企业建设“两个精神文明”、推行厂务公开、发挥工会职代会监督职能、关心下岗职工、困难军转干部和复退军人弱势群体等工作。

**张惠芳**　女，1970 年 2 月 12 日出生，广东鹤山人。佛山市南海区百盛达商务酒店副总经理。

她自从 1992 年加入佛山市华侨大厦客房部工作以来，真诚为每一位宾客服务，十几年如一日。她以苦为乐，为创佛山本土品牌酒店，十几年磨一剑，精益求精，接待过的宾客不下 10 万人。她注重酒店文化与品牌建设，在酒店定位上结合商旅功能，从酒店大堂的大型现代陶瓷壁画“岭南陶韵”的现代陶艺、剪纸、陶瓷摆设等均融入佛山本土的传统文化，用传统的工艺表达佛山人民百纳四方、热情好客精神，把佛山人“淳朴待人、细致入微”贯穿到酒店的服务理念当中，培训员工了解企业的文化及当地的文化理念，通过酒店传播推动佛山传统文化发展。坚持以“济怀本土，汇聚传扬”拜访客户加深客户的印象来拓展市场，加强与多家订房中心联盟扩大网络的销售。2008 年，佛山市百盛达商务酒店仍稳定保持 60% 以上的开房率。2009 年，她在酒店中推行绩效考核制度和全员销售的创新模式，实行绩效考核制度。酒店被评为“绿色饭店”“三星级旅游涉外饭店”“佛山市 2010 年度最佳旅游接待酒店”。

**龙智才**　广东从化人，1973 年 9 月出生，高中文化。茂名国际大酒店行政总厨。2008 年，获“广东省优秀农民工代表”称号；2009 年，获首届中国粤菜峰会广东省人民政府授予的“中国粤菜管理大师”称号。

1991 年，他进入餐饮行业工作，成为学徒，利用业余时间，苦心钻研厨艺，不断实践、反复练习。作为一个厨师，在菜品的创新上不断钻研，严把每道菜的色、香、味、意、形、养、器的质量关，其制作的“汉和冻鲍拼”、“南海蚝情”、“葱香海豹蛇”、“桂鱼狮子头”、“五谷烩刺参”、“宫廷燕窝汤”等菜肴曾在省、市各项大赛中均获大奖。他围绕菜品创新，注重传统与时尚相结合，创新与坚持相结合，适应与引导相结合，营养与美味相结合，赏心与悦目相结合，全方位展开对菜品创新的研究。他带好整个团队，利用业余时间为员工培训实际操作知识，毫不吝惜自己的手艺，热心指导，培训出众多优秀的厨师。

**彭妙珍**　女，汉族，1970 年 4 月出生，广东云浮人，中共党员，本科学历。鼎湖旅行社副经理兼任鼎湖山旅游实业发展有限公司（鼎湖避暑山庄）经理。

1990 年 9 月参加工作以来，她立足本职，勤奋工作，以高度的事业心和责任感，辛勤耕耘，在平凡的工作岗位上默默奉献。她所在的鼎湖旅行社和鼎湖避暑山庄是老国企，历史债务沉重，债主经常上门讨债，经营一度陷入困境。鼎湖旅行社的经济纠纷共 300 多万元，法院官司打了好几年，企业银行账户被冻结，经营举步维艰。该同志和经营班子一起反复多次与几个主要的债权人进行协商沟通，通过耐心细致的工作，最终得到债权人的谅解和支持，签订分期还本免息（或减息）的调解协议。鼎湖避暑山庄欠中国工商银行贷款本息约 2000 万元，法院已经进入房产拍卖阶段，鼎湖避暑山庄濒于破产边缘。该同志和公司班子积极争取上级主管部门和股东的支持，想尽办法多渠道筹集资金，其诚意打动了债权银行，工行最终也作出减免息的让步，从而避免企业的破产，稳定员工队伍，维护社会的稳定。她于 2010 年 8 月经董事会推荐兼任鼎湖避暑山庄经理一职后，详细分析鼎湖避暑山庄亏损的原因，制订“全员销售，全员节约”的开源节流方针，重新组建销售队伍，制定经营任务和销售激励机制。做好客源定位，以“休闲养生、旅游度假、商务会议”为主题，亲自带队到各大旅行社和一些大型企业进行促销，争取团队客源，并与携程网、同程网等网络公司签订网上订房业务，争取散客客源。加强内部设施的整改。对旅业和餐饮部的采购和维修实行定点采购，定点维修，有效控制费用，等等。她在平凡工作中展现出一名普通共产党员的先进性。

**冯铓辉** 1960年8月出生，广东清远人，大学专科。清远市清新县古龙峡生态旅游娱乐有限公司协调员。

他先后参与修改制定《古龙峡各部门岗位责任书》等制度，提出“诚信熔铸古龙峡，满意回报游客”的经营理念。针对景区招聘多为附近村民，素质参差不齐等情况，他建议景区引入竞争机制，管理人员竞聘上岗，人员按岗定编以及景区内游客人次与员工奖金兑现挂钩等设想，调动员工工作的积极性，企业效益大为提高。2007年景区建成投入使用，景区周边村民靠砍竹木为生，现有80%的员工都是本地村民，人均工资平均2000~3000元，使一批批优秀的本地农民工走上景区中层领导岗位，使景区周边的村民逐步过上富裕的生活。他热心社会公益事业，倡导“漂流献爱心、扶贫见真情”爱心主题活动，得到当地政府、社会及游客的关注利响应。

**林玉声** 1965年2月出生，广东潮州人，大专学历。潮州风光国际旅行社有限公司国内部经理。

从旅工作10年来，扎扎实实、兢兢业业，不断学习，先后考取全国导游员资格、总经理任职资格、出国游领队资格等执业资格。他严格管理好公司导游队伍，出色地完成政府接待活动、重点团队的导游接待工作，导游员从未受到投诉。他积极争取大企业的奖励旅游业务，先后成功承办广东名瑞集团、潮州三环集团、潮州电信、潮州移动、潮州中行等骨干企业的员工培训、商务活动安排、奖励旅游业务。公司先后成功组织和承办“第五届国际潮青联谊年会（2008年曼谷）”、“2008北京奥运会潮州观摩团”、“2009中国（广东）——越南经贸合作洽谈会”、“2009潮州韩愈国际学术研讨会”、“2009全运会潮州观摩团”、“2010广州亚运潮州观摩团”等一系列国内外经贸考察活动及大型会务接待，充分显示企业的整体实力和综合接待水平。并与潮州市旅游局、潮州市教育局联合举办“彩绘潮州旅游新魅力”中小学生写生绘画比赛、与潮州日报社联合举办“风光杯”旅游征文比赛，已经发展成为潮州市一家形象好、有实力、守信用、负责任、凝聚力强的旅行社，成为潮州市首家民营出国游组团社和知名旅游企业。企业连续7年被授予“广东省守合同重信用企业”称号。经多方筹备、在中国南航汕头公司的大力帮助下，开通“汕头—广州—阿勒泰”航线，在粤东地区独家推出“东西南北情相连”新疆阿勒泰访问团，把中国最东南的潮州游客带到中国最西北的新疆阿勒泰去旅游，援疆意义重大和深远。首发团130多人，由市委常委、宣传部长陈丽文带队前往新疆阿勒泰，南航汕头公司特地在汕头机场为首发团举办出发仪式，中央电视台、新疆电视台、《中国民航报》、《汕头特区报》、潮州电视台多家媒体进行报道。2011年6月15日，再次推出“东西南北情相连”新疆阿勒泰观光团，首发团100多名游客潮州出发前往新疆阿勒泰。他还积极参加社会公益事业，关心街道孤寡老人的生活，多次对孤寡老人捐款捐物，并以个人的名义固定在每年年底向太平街道和潮州安济互助会捐赠大米和食油。

**章栩生** 1973年出生，汉族，中共党员，大学本科学历，揭阳市惠来宾馆（四星级）总经理。该同志自1992年起从事旅游饭店业，历任揭阳特美思大酒店（四星级）人力资源部经理、前厅部经理、公关部营销总监等职务，2006年4月起任现职。他善于学习，通过培训，获得国家旅游局岗位职务培训指导委员会颁发的《旅游业总经理岗位职务培训证书》。他充分认识到，惠来宾馆作为县委、县政府对外接待的重要窗口，接待无小事，服务无止境，必须全力以赴，亲力亲为，用心抓好。担任惠来宾馆总经理之后，他开拓经营思路，创新营销体制。他注重把握市场规律和经营规律，适时调整销售方式，创新管理模式，充分运用服务营销策略。几年来，惠来宾馆的经营业绩每年均以18%的较大幅度增长；年住房率保持在85%左右，位居全市同行业第二名。2010年，惠来宾馆纳税额排全县民营企业第6位，被县委县、政府授予纳税大户“铜奖”。他坚持诚信经营，修订《员工手册》，实行规范管理，树立旅游行业的品牌形象。惠来宾馆先后荣获“广东省用户满意服务明星企业”、“广东省诚信示范企业”、“揭阳市文明窗口”、“揭阳市旅游系统‘重质量、守信用’先进单位”等荣誉称号。他以身作则，带领全体员工队伍践行忠诚理念，做到文明服务、个性服务和细微服务。他倡导“酒店以员工为本、员工以酒店为家”的和谐氛围。近五年来，惠来宾馆内没有发生过违法违纪事件，无重大投诉。

**邵美媚** 女，广东清远人。群众，大专学历，新兴县华立龙山温泉度假村有限公司总经理。

她带领大部分员工参加“云浮市红十字会无偿献血”活动，1次献血总量就超过6000毫升；2010年云南旱灾，亲率管理层代表本度假村参加“云南旱灾捐款献爱心活动”并得到红十字会好评。

在她的倡导下，华立于2006年收购“宝林苑”，组建了“华立温泉度假村”，原宝林苑是个招待所形式，因经营不善，亏损180多万元。她接手管理后，利润率由亏损变盈利。

她以振兴公司为己任，带头做到“五个不”即：嘴不馋，不业务往来和工作需要一律不参加招待；脚不懒，坚持深入各个部门开展调查研究，掌握具体情况；手不长，不乱拿乱要。

在公司内部管理上实行人、财、物由公司统一调度核算，加强时间观念降低成本，实现利润最大化。她从政治上关心，从感情上亲近，从生活上体贴员工，稳定员工队伍。积极开展“慰问敬老院老人的活动”，成立云浮市红十字会华立龙山温泉社区爱心工作站和组建志愿者队伍，常为六祖镇敬老院老人们义务打扫卫生、洗衣服、送上御寒的棉被、大米、慰问金等，探望五保户及孤寡老人，体现旅游企业强烈的社会责任感。

**王毅成**　1983年4月出生，江西弋阳人，本科学历，群众。广东顺之旅国际旅行社有限公司导游部主管。

导游员是一家旅行社的品牌。他凭着自己孜孜不倦的努力，取得骄人的成绩，荣获2010年全国优秀导游员称号。他2004年开始从事导游工作，无论做地接导游员，还是做国内全陪、出境领队，他都敬业乐业，对游客体贴关怀、嘘寒问暖，行程中和大家分享旅游心得，探讨历史知识，出入境的清晰指引，有条不紊。2009年，他参加顺德区举办的金牌导游大赛，获得“顺德金牌导游”和“最佳才艺”两项大奖，参加“佛山市导游大赛”获得第三名。2010年9月，作为佛山市种子选手参加广东省举办的省级导游技能大赛，获得广东省导游技能大赛二等奖总分第三名，荣获“广东省职业技术能手称号”。同年，参加由国家旅游局、团中央、全国妇联在西安举办的全国导游大赛。经层层选拔成为代表广东省参赛的五名选手之一，他从参加全国60万参赛导游中入围前100名，终以总分第26名的优异成绩，获得“全国优秀导游”的称号。

## 全国旅游系统“先进工作者”

**林　红**　女，1962年10月出生，广东茂名人，中国党员，在职研究生，广东省湛江市旅游局党组书记、局长。

该同志坚持以邓小平理论和“三个代表”重要思想为指导，牢固树立和落实科学发展观，紧紧围绕建设广东旅游强省，对接海南国际旅游岛建设，加快推进湛江旅游业发展的目标任务，敢于干事创业，善于沟通协调，艰苦奋斗、开拓创新，积极推进全市旅游事业加快发展。她注重党性和品德修养，讲团结、讲正气、顾大局，与班子成员团结共事，做到事事多商量、多通气，在人事、财务、重大事项决策上坚持做到公开透明、民主决策，决不个人说了算，定期公布机关费用开支，自觉接受监督。下基层调研服务，做到轻车简从，勤俭节约。从2008年到2010年连续三年获得全市财政职效评估先进单位荣誉，连续多年获得市直单位考核优秀。她心里装着全市旅游发展，2005年至2010争取国家、省旅游扶持资金9000多万元，争取市财政对旅游发展投入专项资金五年累计超过3000万元，扶持全市50多个旅游项目建设。湛江特呈渔岛度假村、徐闻大汉三墩旅游区连续两年获省重点扶持项目。她积极协调旅游企业，监督使用好扶持资金，发挥扶持资金“四两拨千斤”的作用，吸引社会民间资金200多亿元投入旅游基础建设。湛江湖光岩景区成功创建世界地质公园，皇冠假日、恒逸酒店获评为五星级酒店，特呈岛被评为省红色旅游示范基地，全市有近20个景区成为全省滨海、生态、科普等专项旅游示范点。“十一五”期末，全市新增大批酒店、景区、旅行社和休闲娱乐、特色购物场所，拥有五星级酒店两家，酒店床位、旅游汽车和旅游从业人员同比“十五”分别增长1.6倍、12.8倍和2.3倍。2010年全市在建投资额超过1亿元的旅游项目有25个，总投资127亿元，全年完成投资总额36.2亿元，同比增长182%，我市重点旅游项目建设数量和完成投资额均居全省前列。她勇于实践探索，与时俱进，开拓创新，狠抓旅游行政效能建设和招商引资工作，努力推进旅游发展软环境建设。牵头组织出台湛江市《关于加快旅游业发展的意见》、《奖励旅行社引客入湛暂行办法》、《旅游产业发展规划》、《农（渔）家乐旅游星级评定办法》和《评定标准》，牵头起草《湛江市支持旅游产业发展优惠办法》（征求意见稿）等。她积极引导培育旅游新业态，组织旅游企业积极开展宣传促销，大力引客入湛，先后举办第37届世界旅游小姐全球总决赛、广东茶业旅游博览会、旅游美食节等多项大型旅游主题活动，大力打响“相约在中国大陆最南端、港口园林城市、滨海度假胜地、海鲜美食之都”等旅游品牌；深化与粤西三市、琼北七市、两广十市和珠三角、港澳台、环北部湾、大西南等区域旅游合作。全市接待游客和旅游收入由2005年的560万人次和32亿元增至2010年的1415万人次和65.3亿元，比“十五”期末增长1.5倍和1倍，年均增速超过20%。

**曾玉如**　女，1964年11月出生，广东汕头人，中共党员，东莞市旅游局管理科科长。

1991年，她从广东商学院教师的岗位到东莞旅游局工作，东莞旅游业刚刚起步，只有3家三星级饭店，2家旅行社，全年接待游客125万人次，国际旅游外汇收入1025万元。2010年东莞星级饭店94家，旅行社54家，A级景区7家，接待游客人数2251万人次、旅游总收入191.32亿元，东莞旅游企业快速发展。她刚到东莞时，市旅游局和旅游总公司是一套人马两块牌子，缺乏行业管理人才，仅以经营旅游业务为主。她上任后组建业务科室，她从科员到副科长再到科长，在行业管理这个工作岗位上一干就是20年。东莞每年需星评的饭店有10家左右，每年需复评的饭店有几十家，她积极钻研星评标准，摸索出一套行之有效的饭店星评模式：一是提前介入，称之为“戴安全帽”评星，缩短整改时间，加快评定步伐；二是利用其他科室和饭店人才资源，分组完成星评和复核；三是合理安排汇报会和反馈会议程；四是检查完后向饭店提交完整的书面整改意见，使饭店整改有章可循；五是结合每家饭店的实际，提出既节约投资，又有利于企业经营和发展的整改意见，帮助企业提高硬件和软件水平；六是向企业灌输“评星是手段不是目的”的理念，使企业真正认识星评的真正意义，从原来的被动接受向主动整改、主动提高方向转变，重视整改，重视提高。

她深入饭店建设一线，对照星评标准，与饭店投资者、建设方，共同探讨饭店的建设和功能布局，提供合理化建议。东莞的星级饭店一家接着一家的评定，最终打造“东莞现象”这个知名品牌。东莞高星级饭店数量排在全国大中城市前列，居北京、上海之后。东莞饭店业的迅速发展，被誉为“全球星级饭店密度之最”、“中国星级饭店最多的地级市”、“中国第一家乡镇四星级饭店”、“中国第一家民营资本投资的五星级饭店”、“中国最早拥有两家五星级饭店的乡镇”。她团结同事，积极培养和扶持年轻同事成长，帮扶旅游企业做强做大。在2008年全国旅游饭店服务技能大赛中，东莞市选手代表广东省参加全国比赛，荣获西餐宴会摆台二等奖；在2008、2010年广东省饭店技能大赛中，东莞选手取得了三个二等奖的优秀成绩；在2010年广东省导游大赛中，东莞5名专业组选手全部晋级决赛。

**欧文初** 汉族，广东东源人，1962年9月出生，中共党员。东源县旅游局局长。

该同志自1995年从事旅游管理工作以来，17年如一日，怀着对旅游事业的饱满热情，任劳任怨，辛勤地在旅游行业中耕耘，使东源旅游实现“从无到有，从小到大，从弱到强”的系列转变；在河源市创建中国优秀旅游城市、东源县创建广东省旅游强县过程中，他主持东源县创建办工作，为河源市创优和东源县创强作出突出贡献，得到上级领导的好评和社会的认可，2004年被河源市委、市政府评为创优先进个人，被东源县委、县政府授予“东源县先进工作者”、“创建中国优秀旅游城市优先进个人”等称号。

1995年，东源旅游从零开始，他是万绿湖和东源县所有景区（点）的主要策划者和建设者之一。他一路走来，见证并付诸实施了万绿湖创建国家4A级旅游景区，河源市创建“中国优秀旅游城市”，东源县创建“广东省旅游强县”等开创性事业。10多年来，他从未享受过一次公休假期，特别是1995年至1998年，他连双休日等假期都没有休过，可以说是4年不休，连续工作。他从事旅游管理工作17年，做到干一行爱一行，总是把“做旅游工作当做是做自己家里的事”来认真履行岗位职责，编制完成《东源县旅游发展总体规划》，多渠道地宣传东源县旅游，他既当策划者，又当宣传员。他坚持原则，依法行政，廉洁从政。2010年，东源县共接待游客238万人次，创旅游收入7.9亿元。东源成为“广东省旅游强县”、“广东省旅游综合改革示范县”。万绿湖被评为国家4A级旅游景区，其票务部被评为“全国青年文明号”；苏家围被评为“全国农业旅游示范点”和“广东最美乡村”；万绿湖、桂山分别被评为“广东省环境教育基地”等。现在建的大型旅游项目有投资60亿元的东江源温泉和投资近10亿元的黄田宝田温泉，投资45亿的康泉十八温泉也已落户东源，基本实现东源旅游从观光型向观光型与休闲度假型于一体转变。

**王春剑** 1962年11月出生，河南郑州人，中共党员，大专学历，珠海市文体旅游局副局长、党组成员。

他自2001年担任珠海旅游管理部门副局长职务以来，分管旅游推广、资源开发和项目招商引进等工作。先后主持起草《珠海市旅游业管理条例》、《关于进一步促进旅游业发展的若干规定》、《关于进一步加快珠海市旅游业发展的实施意见》、《珠海市旅游条例》、《珠海市旅游产业发展专项资金暂行办法》等10多个规范性文件，牵头组织完成《珠海市旅游发展总体规划》、《珠海市建设国际商务休闲旅游度假区战略和策略研究》和《珠海市旅游发展总体布局规划整合（2011～2025）》编制工作，牵头组织起草《关于加快珠海旅游业发展推进国际商务休闲旅游度假区建设的实施意见》。先后招商引进和促成珠海海泉湾度假区、御温泉、长隆国际海洋度假区等近10个大型旅游项目投资落户珠海，总投资超过300亿元。海泉湾二期、长隆国际海洋度假区一期、御温泉二期、东澳岛玲玎海岸旅游等新建项目和喜来登、瑞吉、香格里拉、洲际、万豪等新引进的国际品牌酒店项目正在按计划推进建设中。2010年推动全市率先设立旅游产业发展专项资金，对65个企业及项目给予资金扶持和政策指导。他着力推进珠海与周边城市的区域旅游合作，促成以“活力广东　精彩广深珠”为统一形象的广深珠区域旅游合作、以大香山文化为依托的“昔日大香山　今日中珠澳”区域旅游合作和以打造“珠江口西岸文化休闲海滨旅游胜地”为目标的珠中江区域旅游合作。他牵头策划并高质量地完成珠海城市旅游形象宣传推广，“浪漫之城——中国珠海”城市形象显明突出。

（许文静）

# 广东国际旅游文化节

# Guangdong International Tourism and Culture Festival

（第 113 ~ 144 页）

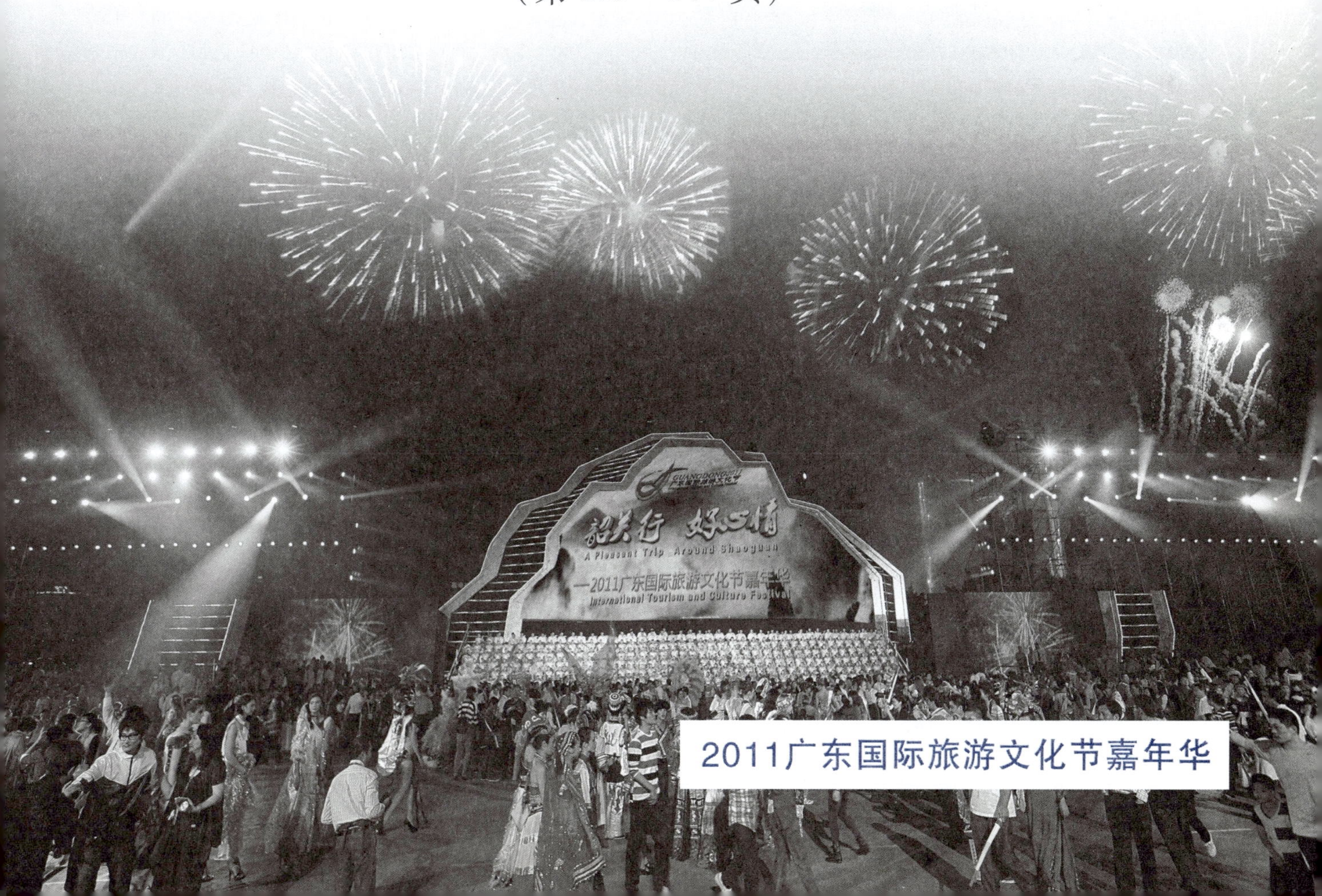

2011广东国际旅游文化节嘉年华

# 在2011广东国际旅游文化节开幕式暨旅游推介会上的主题演讲

广东省代省长　朱小丹

（2011年11月5日）

时任广东省代省长　朱小丹

尊敬的汪洋书记、彼得·佐登特使、安栋梁候任主席、邵琪伟局长，各位领导、各位嘉宾，女士们、先生们，朋友们：

南粤金秋欣逢旅游盛事，韶城大地喜迎五洲宾朋。今天，由国家旅游局和广东省人民政府共同主办的2011广东国际旅游文化节即将在美丽的北江之畔正式拉开帷幕。在此，受汪洋书记委托，我谨代表广东省委、省政府，对各位领导和嘉宾朋友的到来表示热烈欢迎！对长期以来关心支持广东改革开放和现代化建设的国家旅游局和海内外各界朋友表示衷心感谢！

广东是我国改革开放的先行省，经过30多年的快速发展，已成为我国的经济大省、旅游大省。特别是近年来，在党中央、国务院的正确领导和国家旅游局的支持帮助下，我省认真落实《关于建立局省紧密合作机制备忘录》，大力推动旅游业转型升级，不断完善旅游产业体系，在全国率先试行国民旅游休闲计划，加快建设全国旅游综合改革示范区和旅游强省，旅游业快速蓬勃发展。2010年，全省国内旅游总人数达3.95亿人次，同比增长12.5%；旅游总收入达3804.1亿元，同比增长24%；旅游业增加值达1963.8亿元，约占全省生产总值的4.3%；旅游业直接贡献财政税收228.7亿元，超过全省财政税收的5%；旅游业直接就业人数188.9万人、完全就业人数318.8万人，约占全省城镇就业总人数的7.6%和12.9%。全省旅游综合实力的不断增强，有力地促进了经济社会平稳较快发展。“十一五”期间，全省生产总值从22557亿元增加到46013亿元，翻了一番多，先后超过新加坡、香港和台湾；人均生产总值折合近7000美元，进入中等国家地区行列；财政总收入和地方一般预算收入分别达11842亿元和4516亿元，是2005年的2.7倍和2.5倍，年均增加1482亿元和542亿元。事实充分证明，旅游业作为21世纪的高成长性朝阳产业，正在我省国民经济和社会发展中发挥着越来越重要的作用。

女士们、先生们，朋友们：“十二五”时期是广东加快转型升级、建设幸福广东的关键时期。今后五年，我省将紧紧围绕这一核心任务，继续深化旅游综合改革，大力推动旅游产业转型升级，加快把旅游业培育成国民经济的战略性支柱产业和人民群众更加满意的现代服务业，加快全国旅游综合改革示范区和旅游强省建设。展望新时期广东与国内外旅游业界的交流合作，正迎来前所未有的发展机遇和广阔前景。

第一，广东旅游资源丰富，对国内外游客的吸引力日益增强。广东自然风光优美，旅游资源丰富。目前，全省共有大型旅游景区景点300多家，其中国家5A级旅游景区6家、国家4A级旅游景区94家。粤北的瑶族村寨、神奇丹霞，粤西的“南海一号”、六祖故居，粤东独特的潮汕平原、滨海风光，以及珠江三角洲风韵迷人的南国名城、活力四射的动感都市，各具风韵、各展风姿。漫长曲折的海岸线，东起南澳岛，西至雷州湾，像一串熠熠生辉的明珠。各种名胜古迹、园林建筑，更是散发出浓浓的岭南文化韵味，令人流连忘返，回味无穷。

第二，广东文化底蕴深厚，在海外侨胞中具有强大的影响力和认同感。广东是古时百越民族的居住地域、秦末汉初赵佗建立的南越国、海上丝绸之路的重要港口，更是近代英雄辈出的风云之所，是维新思想启蒙之地和近代中国革命的策源地。历史沉淀和兼容并蓄形成了璀璨独特的广府文化、客家文化、潮汕文化。以粤剧、潮剧、客家山歌、舞龙、舞狮、雕塑、刺绣等岭南民间艺术，西关骑楼、客家围屋、岭南园林和开平碉楼等岭南特色建筑，以及岭南饮食、岭南语言和岭南民俗风情等为代表的岭南文化内涵丰富，绚丽多彩，是中华文化百花园中的一枝奇葩，深受2500万华人华侨的认同。

第三，广东旅游品牌体系健全，旅游产品类型多样。以“活力广东”总体旅游形象为核心，形成了“活力商都”、“岭南文化”、“黄金海岸”和“美食天堂”四大旅游品牌，成功打造了珠三角都市休闲旅游、粤北生态休闲旅游、粤东特色文化旅游、粤西滨海生态旅游四大区域旅游品牌。同时，广东旅游新业态发展迅猛，乡村旅游、科技旅游、文化旅游、森林生态旅游、温泉旅游等专项旅游的发展为广大城乡居民提供了多样化的旅游休闲产品，会展旅游、自驾车旅游、高尔夫旅游、游艇旅游等高端旅游成为新的旅游热点，旅游房地产、旅游制造业、网络商旅等旅游相关行业产业方兴未艾，形成了一批品牌旅游产品和精品旅游线路。

第四，广东旅游产业配套完善，市场空间潜力巨大。广东交通便捷、配套完善，截至今年9月底，全省共有旅行社1229家，星级饭店1201家，其中白金五星级1家、五星级92家、四星级197家。同时，我省拥有数量众多、灵活应变的旅游企业群，特别是以华侨城、长隆、广东中旅等为龙头的大型旅游企业品牌不断打响擦亮，基本能够适应瞬息万变的国内外形势和多种多样的游客需求。这些比较优势，再加上广东超过4.5万亿的经济总量，超过7000美元的人均生产总值，超过1亿人的省内旅游消费群体，以及每年举办的广交会、中博会、侨博会等大型活动，都为旅游企业开辟了广阔的市场空间。

第五，广东旅游国际化水平不断提高，为企业开拓国际市场提供强大支撑。我省与东盟、日韩及其他国际友好省州的旅游合作与交流日益密切，双方政府部门及旅游行业协会、旅游企业之间的联络协调机制加快建立，旅游合作领域不断扩大、合作层次不断提升、合作主体日益多元。同时，粤港澳台区域旅游合作不断深化，粤港、粤澳旅游业定期联络协调机制不断完善，旅游宣传促销合作不断加强。粤台旅游业界签署多项合作协议，双方在产品互推、客源互动方面的合作日益深入。这为企业进一步增进国际旅游交流合作、拓展旅游发展空间提供了难得机遇。

女士们、先生们，朋友们：正是本着加强合作、共促发展的宗旨，广东在国家旅游局的大力支持以及海内外旅游机构和各界朋友的积极参与下，已经连续举办了6届国际旅游文化节，届届都有不一样的精彩，知名度和影响力不断扩大。今年，我们首次将旅游文化节的主会场设在韶关，因为韶关市不仅是广东生态名城和优秀旅游城市，丹霞山、南华寺、珠玑古巷和南岭国家森林公园等构成了“名山、佛韵、温泉、风情”的旅游特色，而且是历史悠久的文化名城，“马坝人”12万年前就在此繁衍生息，至今已有1744年的行政建制历史，孕育了侯安都、张九龄等大批历史名人。我们将以促进旅游与文化融合发展为宗旨，在展示广东旅游独特魅力的同时，更加注重彰显博大精深的岭南文化内涵，为中外宾朋提供丰富多彩、特色各异的旅游文化盛宴。我们诚挚欢迎海内外宾朋充分利用这一难得机遇，在广东赏胜景、游绿道、品美食，尽情体验锦绣南粤的无限生机，共同分享活力广东的无穷魅力。同时也希望大家一如既往地关心、关注、支持广东旅游业发展，在广东多走走多看看，考察投资项目，共谋合作发展。

最后，祝2011广东国际旅游文化节圆满成功！祝各位领导和嘉宾朋友在广东期间身体健康，工作顺利！

谢谢大家！

# 在2011广东国际旅游文化节开幕式上的致辞

组委会主任、国家旅游局局长　邵琪伟

（2011年11月5日）

国家旅游局局长　邵琪伟

尊敬的汪洋书记、潘卡洛斯副总理、朱小丹代省长，女士们、先生们、朋友们：

大家好！今天，在这山水秀丽、风景宜人的中国优秀旅游城市——韶关市，由中国国家旅游局和广东省人民政府共同主办的2011广东国际旅游文化节即将隆重开幕。在此，我谨代表中国国家旅游局对本次活动的举办表示热烈的祝贺，对来自世界各地的嘉宾朋友们表示热烈的欢迎和衷心的感谢！

广东是中国的经济大省和旅游大省。广东省委、省政府高度重视旅游业发展，尤其是近年来，汪洋书记、黄华华省长亲自主导、强势推进，提出把旅游业培育成为广东国民经济的战略性支柱产业和人民群众更加满意的现代服务业，积极先行先试，大力推动旅游综合改革创新，率先推行国民旅游休闲计划，着力推动旅游产业转型升级，努力提升旅游服务质量。广东旅游业保持平稳较快发展，各项主要指标居全国前列，为我国旅游业健康发展作出了突出贡献，为全国各地旅游业发展提供了新鲜经验。

国家旅游局历来重视广东旅游业的改革与发展，为宣传推介广东、搭建旅游交流平台、促进旅游合作发展，自2005年以来，国家旅游局与广东省政府连续7年共同主办广东国际旅游文化节，有力地促进了区域旅游交流与合作，取得了良好的社会和经济效益。我衷心希望这一节庆活动，能成为传承友谊的平台、宣传展示的平台、深化合作的平台、互利发展的平台。希望广东再接再厉，以敢为人先的气魄，加快转变旅游经济发展方式，加快旅游产业转型升级，提升旅游产业发展水平，为把我国建设成为旅游强国作出新的更大的贡献！

最后，祝2011广东国际旅游文化节取得圆满成功！祝各位领导、各位来宾朋友身体健康、工作顺利、家庭幸福！

谢谢大家！

# 在2011广东国际旅游文化节开幕式暨旅游推介会上的致辞

世界旅游组织特使　彼得·佐登

（2011年11月5日）

世界旅游组织特使　彼得·佐登

尊敬的汪洋书记、希腊副总理潘卡洛斯先生、邵琪伟局长、朱小丹代省长，女士们、先生们：

下午好！

今天，我们相聚在中国山水名城广东韶关，共同庆祝2011广东国际旅游文化节开幕式暨旅游推介会隆重举行。我谨代表联合国世界旅游组织向中国国家旅游局和广东省人民政府表示热烈的祝贺！

女士们、先生们，广东已连续6年成功举办了国际旅游文化节，今年活动的开幕式在韶关市举行。韶关是中国优秀旅游城市，是世界自然遗产——丹霞山所在地。我首次踏足这片美丽的热土，这里丰富的自然资源、优美的生态环境、悠久的历史文化、淳朴的民俗民风和魅力四射的城市形象深深地吸引了我。

旅游业是连结不同民族与文化的纽带，是促进和平与理解的桥梁，是创造合作机会的平台。三年的经济危机虽然波及了旅游业，但在世界旅游组织和各国政府的共同努力下，2010年国际旅游业强势复苏，2011年旅游业稳定增长。在抵御国际金融危机方面，中国政府高度重视旅游业的发展，明确把旅游业培育成国民经济的战略性支柱产业。即使在全球旅游业普遍显现颓势的情况下，中国旅游业亦呈现持续增长态势，对全球旅游业的发展起到了稳定的支撑性作用。目前，中国已成为亚洲最大的客源国和全球第三大旅游目的地。我们对中国旅游业的前景充满信心，坚信中国必将在2020年成为世界第一大旅游目的地国。我很高兴看到，中国在向这一宏伟目标迈进的过程中，广东作为旅游大省，利用独特的自然、人文资源，大力发展旅游业，各项旅游指标走在全国前列，旅游业发展潜力巨大、前景广阔。

女士们、先生们，世界旅游组织与中国、广东一直保持着良好合作关系，这种合作已建立于旅游业发展的各个领域和各个层次之上。我们连续多年支持广东国际旅游文化节这一旅游文化盛事，特别是2010年与中国国家旅游局、广东省政府联合在广州成功举办了世界旅游日全球主会场庆典。我们坚定地致力于此，是因为我们相信，中国处于亚洲旅游业增长的核心，中国旅游业的成功将不仅有利于亚洲旅游业健康发展，更为重要的是，中国的经验将成为世界其他地区的典范。在此，我们承诺，世界旅游组织将继续大力支持中国、支持广东旅游业的发展，愿意与广东省和韶关市在旅游开发和促销等方面进行更多实质性的合作。

祝愿2011广东国际旅游文化节取得圆满成功！

谢谢大家！

# 印发2011广东国际旅游文化节总体工作方案的通知

各地级以上市人民政府，各县（市、区）人民政府，省政府各部门、各直属机构：

现将《2011广东国际旅游文化节总体工作方案》印发给你们，请认真遵照执行。执行中遇到的问题，请径向2011广东国际旅游文化节组委会办公室（设在省旅游局）反映。

广东省人民政府

二○一一年九月十九日

# 2011广东国际旅游文化节总体工作方案

## 一、名称

2011广东国际旅游文化节

## 二、主办和承办单位

（一）主办单位：国家旅游局、广东省人民政府

（二）承办单位：省旅游局、文化厅、外经贸厅、外办、侨办，韶关等21个地级以上市人民政府以及佛山市顺德区人民政府，南方广播影视传媒集团，广东电网公司，中国南方航空股份有限公司，广州白云国际机场股份有限公司，中国移动广东公司，广州网易计算机系统有限公司。

## 三、指导思想和原则

深入贯彻落实科学发展观，认真贯彻落实《国务院关于加快发展旅游业的意见》，紧紧围绕“加快转型升级，建设幸福广东”这一核心，贯穿“中华文化游”主题，深入挖掘岭南旅游文化内涵，创新办节思路和办节机制，深化市场运作，进一步宣传展示各地特别是主办城市的旅游文化精品，推动全省尤其是生态发展区旅游业加快发展，促进旅游产业结构调整和发展方式转变，提升广东旅游整体形象和综合实力，推进全国旅游综合改革示范区和旅游强省建设，把旅游业发展成为我省战略性支柱产业和人民群众更加满意的现代服务业，促进广东经济社会又好又快发展。

2011广东国际旅游文化节实行政府主导、社会参与、市场运作，注重实效、突显特色、旅游惠民，具体做到“五个进一步提升”：一是坚持服务经济社会发展大局，促进旅游招商引资，加快产业转型升级，进一步提升旅游业服务于幸福广东建设的能力；二是坚持改革创新，不断丰富活动内涵，完善办节机制，进一步提升节庆品牌的竞争力；三是坚持岭南文化特色，深入挖掘广东特别是韶关旅游文化内涵，进一步提升岭南文化在国内外的影响力；四是坚持扩大开放，加强交流合作，进一步提升旅游业国际化、市场化水平；五是坚持旅游惠民，服务群众，扩大群众参与度，进一步提升人民群众对旅游业的满意度。

## 四、主题宣传口号

活力广东　欢乐祥和

## 五、会标

沿用往届广东国际旅游文化节会标主体，将会标中的文字改为“2011广东国际旅游文化节”。

## 六、举办时间和形式

（一）举办时间。

开幕式于2011年11月5日（周六）在韶关市区北江广场举行，各项重大活动于开幕式前后一周举行。各分会场根据当地实际确定举办时间。

（二）举办形式。

1. 采取主会场和分会场相结合的形式。

2. 主会场设在韶关市，分会场设在其他20个地级以上市以及佛山市顺德区。

## 七、组织机构

成立2011广东国际旅游文化节组委会，国家旅游局局长邵琪伟、广东省省长黄华华担任组委会主任，广东省副省长招玉芳担任组委会执行主任，省政府有关部门、主分会场以及有关大型企业的负责人等担任组委会副主任。组委会办公室设在省旅游局，负责日常工作。组委会下设秘书行政组、外联接待组、会展组、巡游巡演组、经贸招商组、财务统筹与监督管理组、安全保卫组、新闻宣传组、医疗卫生与食品安全组、韶关工作组等10个工作组。（组委会及办公室人员组成和工作职责详见附件1）

各会场落实筹备工作机构，各负其责开展筹办工作。

## 八、活动项目和经费安排

（一）活动项目。

2011广东国际旅游文化节活动项目包括3类：

1. 省有关部门牵头组织的活动；

2. 有关市政府组织的活动；

3. 境内外企事业单位或社会团体组织的活动。（主要活动项目详见附件2）

（二）经费安排。

1. 活动经费按照“节俭办节、统筹协调、分级负责”的原则，由省、市和相关部门以及有关单位分别负责。

2. 省有关部门组织的活动，包括首届中国（广东）国际旅游产业博览会、旅游招商会、花车大巡游、国际友城文艺晚会、海外杰出华人广东行系列活动、广东十大旅游手信评选活动、岭南民间艺术汇演等，由组委会办公室报省政府审定后，从省旅游文化节专项经费中拨付工作经费，不足部分通过市场化运作解决。

3. 组委会办公室各工作组经费由各组根据本届旅游文化节的实际情况编制预算，报组委会审定。

4. 韶关主会场有关经费，原则上由韶关市政府统筹。省旅游文化节专项经费给予适当补助，主要用于开幕式、绿道游活动、招商引资、旅游宣传，以及邀请德国、希腊、意大利等有关省州（地区）旅游部门合作举办有关活动。

5. 各分会场组织的活动和社会化运作项目所需费用由各单位自筹解决。

## 九、工作要求

（一）加强领导。举办2011广东国际旅游文化节是省委、省政府加快转型升级、建设幸福广东的重要举措，对于加快我省旅游业综合改革、推动旅游产业转型升级、提升旅游整体形象和综合实力具有十分重要的意义。各地、各有关部门要进一步提高认识，切实加强组织领导，早策划、早启动、早实施，确保各项筹备工作落到实处。

（二）注重协调。组委会办公室要加强对各会场、各有关单位、各活动项目的指导、协调和监督。各分会场、各有关单位要主动加强与组委会办公室的沟通联系，积极做好各项工作对接；要在总体工作方案框架下合理安排各项活动，相互支持，相互配合，齐心协力推进筹备工作。

（三）突出重点。在统筹抓好各活动项目基础上突出抓好重点活动项目的落实。省直各有关单位要精心办好中国（广东）国际旅游产业博览会、泛珠三角旅游招商会等重要活动，努力打造精品品牌。韶关市要落实主体责任，办出主会场特色和实效。各地要充分依托绿道，紧密结合本地旅游资源优势和旅游业发展实际，重点培育打造特色明显、市场号召力强、转型升级助推力大的品牌活动，以点带面提升旅游竞争力和影响力。

（四）务求实效。要进一步完善办节机制，创新办节方式，推进办节市场化，最大限度调动社会力量参与。要加大宣传促销力度，积极拓宽活动的受众面，增强活动的市场动员力，大力吸引我省主要客源地国家（地区）和兄弟省（市、区）旅行商和游客参与，激发旅游投资和旅游消费的潜力和活力。要以办节为契机，加快旅游产业转型升级，发展壮大旅游产业，带动群众致富，促进区域协调发展。要通过办节大力宣传推介广东，提升广东的国际形象和影响力。

（五）规范管理。要规范各项活动的运作，加强安保管理，制定安全和应急预案，落实安全措施，确保活动安全、畅顺、有序。要坚持勤俭办节，加强财务管理，规范使用财政资金项目的采购模式，完善管理办法，提高资金使用绩效。省财政部门要加强预算管理。组委会要积极配合省监察、财政、审计等部门加强对各项财务支出的审计审核。

附件：1. 组委会及办公室人员组成和工作职责

2. 2011广东国际旅游文化节主要活动项目

附件 1

# 组委会及办公室人员组成和工作职责

## 一、组委会

**主　任：**
邵琪伟　国家旅游局局长
黄华华　广东省省长
**执行主任：**
招玉芳　广东省副省长
**副主任：**
杨　桐　省委副秘书长
刘晓捷　省政府副秘书长
杨荣森　省旅游局局长
方健宏　省文化厅厅长
梁耀文　省外经贸厅厅长
傅　朗　省外办主任
吴锐成　省侨办主任
曹鉴燎　广州市副市长
吴以环　深圳市副市长
钟世坚　珠海市委副书记、市长
郑人豪　汕头市委副书记、市长
刘悦伦　佛山市委副书记、代市长
艾学峰　韶关市委副书记、市长
彭建文　河源市委副书记、市长
朱泽君　梅州市委副书记、市长
陈奕威　惠州市委副书记、代市长
吴紫骊　汕尾市委副书记、市长
李毓全　东莞市委副书记、市长
陈茂辉　中山市委副书记、市长
刘　海　江门市委副书记、市长
魏宏广　阳江市委副书记、市长
王中丙　湛江市委副书记、代市长
梁毅民　茂名市委副书记、市长
郭　锋　肇庆市委副书记、市长
葛长伟　清远市委副书记、市长
李庆雄　潮州市委副书记、市长
陈绿平　揭阳市委副书记、代市长
黄　强　云浮市委副书记、市长
黄喜忠　佛山市顺德区委副书记、代区长
白　玲　南方广播影视传媒集团党委书记
谭万庚　南方航空股份有限公司总经理
张克俭　白云机场股份有限公司总经理
徐　龙　中国移动广东公司董事长、总经理
罗　辑　广东电网公司副总经理
丁　磊　广州网易计算机系统有限公司首席执行官

## 二、组委会办公室

**办公室主任：**
杨荣森　省旅游局局长（兼）
**办公室副主任：**
杨文龙　省委办公厅副主任
曾维炳　省旅游局巡视员
莫高义　省委宣传部副部长
杜佐祥　省文化厅副厅长
杨　树　省文化厅副厅长
周开生　省旅游局副局长
张振林　省旅游局副局长
王志红　省旅游局副局长
梅其洁　省旅游局副局长
黎增丰　省旅游局纪检组长、监察专员
林上福　省旅游局副巡视员
郑　东　省公安厅副厅长
欧　斌　省财政厅副厅长
吴　军　省外经贸厅副厅长
黄　飞　省卫生厅副厅长
陈德伟　省食品药品监管局副局长
王世彤　省外办副主任
黎　静　省侨办副主任
陈绍康　广州市政府副秘书长
黄国强　深圳市政府副秘书长
金展扬　珠海市副市长
余健明　汕头市副市长
麦洁华　佛山市副市长
兰　茵　韶关市副市长
吴有必　河源市副市长

张远方　梅州市委常委、常务副市长
杨灿培　惠州市副市长
李贤谋　汕尾市副市长
江　凌　东莞市委常委、副市长
谭培安　中山市副市长
李　崴　江门市副市长
陈华康　阳江市委常委、常务副市长
梁志鹏　湛江市副市长
陈　海　茂名市副市长
孙　德　肇庆市副市长
王得坤　清远市副市长
钟挥锷　潮州市副市长
叶少明　揭阳市副市长
崔逢池　云浮市副市长
梁惠英　佛山市顺德区委常委
郭志强　南方航空股份有限公司营销委主任
马心航　白云机场股份有限公司副总经理
孙旭阳　广东电视台副台长
朱汉武　中国移动广东公司市场部总经理

（一）秘书行政组

**组　长：**

张振林　省旅游局副局长

**副组长：**

郭才武　省委办公厅处长
贺　宇　省府办公厅处长
邱招贤　省旅游局办公室主任
曾晓峰　省旅游局处长
余　斌　省旅游局处长
毛　诚　省旅游局处长
孙朝晖　省旅游发展促进中心主任
冯宏海　省府办公厅副处长
周显华　省文化厅主任
于万东　省文化厅处长
谭天玄　广东电台副台长
伍宇明　广州市旅游局处长

**联络员：**

邱招贤　省旅游局办公室主任

**成员单位：**

省委办公厅、省府办公厅、省旅游局、省文化厅、广东电视台、团省委、省外办、省体育局、广州市府办、广州市旅游局、中国移动广东公司、广东电网、南方航空股份有限公司、白云国际机场股份有限公司。

**工作职责：**

1. 协助领导组织开展办公室日常工作；
2. 起草开幕式主要领导致辞稿；
3. 协助领导指导开幕式筹备工作；
4. 统筹审查各主分会场、活动承办单位、参与或争办项目单位的活动方案以及相关宣传品；
5. 检查督导各工作组、各项目承办单位工作；
6. 统筹、协调各项重大活动日程；
7. 统筹协调开展社会参与及市场化运作工作；
8. 制作工作手册、会刊、活动简介、徽章、通讯录等；
9. 编制本组各项活动费用预算和款项支付进度计划，对已批准的预算范围内的具体经费开支进行审核把关；
10. 组委会交办的其他工作。

（二）外联接待组

**组　长：**

周开生　省旅游局副局长

**副组长：**

何亚强　省府接待办副主任
刘益华　省旅游局处长
范　培　省侨办调研员
黄梅良　省台办调研员
李家斌　省外办副处长

**联络员：**

刘益华　省旅游局处长

**成员单位：**

省委办公厅接待办、省府接待办、省旅游局、省文化厅、省外办、省侨办、省台办、省港澳办、省公安边防总队、广州边检总站、深圳边检总站、珠海边检总站、南方航空集团公司、广州铁路（集团）公司、广州市政府办公厅、广州市旅游局、导游协会、省机场管理集团公司、省中旅、广东国旅、广之旅、南湖国旅、南航明珠酒店、新白云宾馆。

**工作职责：**

1. 组织实施2011广东国际旅游文化节接待方案；
2. 提出特邀嘉宾名单；联络邀请有关国家（地区）、国际旅游组织、兄弟省（市、区）领导；
3. 制作发送请柬、邀请函及相关资料；
4. 落实开幕式等系列活动的领导、嘉宾名单；
5. 协调有关部门安排特邀海外嘉宾的入、出境礼遇；
6. 协调落实领导、嘉宾欢迎宴会等相关工作；
7. 协调相关部门或单位做好嘉宾的食、宿、行等后勤接待工作；
8. 制定接待工作规范，加强对接待单位的培训工作。
9. 向嘉宾派发宣传推介资料和纪念品；
10. 编制本组各项活动费用预算和款项支付进度计划，对已批准的预算范围内的具体经费开支进行审核把关；
11. 组委会交办的其他工作。

除组委会统一邀请的领导嘉宾外，各单位按谁邀请、谁负责的原则，做好嘉宾的各项接待工作。

（三）会展组

**组　长：**

王志红　省旅游局副局长

**副组长：**

冯　劲　岭南集团董事长

陈白羽　广之旅股份有限公司总裁

张汉泉　信基集团董事总经理

甘达坚　省旅游局处长

**联络员：**

甘达坚　省旅游局处长

**成员单位：**

省旅游局、省旅游协会、信基集团。

**工作职责：**

1. 负责首届中国（广东）国际旅游产业博览会活动的组织、协调和实施工作；

2. 编制本组各项活动费用预算和款项支付进度计划，对已批准的预算范围内的具体经费开支进行审核把关；

3. 组委会交办的其他工作。

（四）巡游巡演组

**组　长：**

兰　茵　韶关市副市长

**副组长：**

杜佐祥　省文化厅副厅长

林上福　省旅游局副巡视员

**联络员：**

李振德　省旅游局处长

**成员单位：**

省旅游局、省外办、省文化厅、省旅游学校。

**工作职责：**

1. 负责花车大巡游等省有关大型活动的组织、协调和实施工作；

2. 编制本组各项活动费用预算和款项支付进度计划，对已批准的预算范围内的具体经费开支进行审核把关；

3. 组委会交办的其他工作。

（五）经贸招商组

**组　长：**

吴　军　省外经贸厅副厅长

**副组长：**

张　华　省贸促会副会长

杨子江　省投资促进局调研员

蔡立斌　省旅游局工会主席

**联络员：**

蔡立斌　省旅游局工会主席

**成员单位：**

省发展改革委、省经济和信息化委、省外经贸厅、省侨办、省外办、省旅游局、省台办、省贸促会、韶关市外经贸局、白云机场股份有限公司。

**工作职责：**

1. 负责2011广东国际旅游文化节泛珠三角旅游招商会等活动的组织、协调、策划和实施工作；

2. 编制本组各项活动费用预算和款项支付进度计划，对已批准的预算范围内的具体经费开支进行审核把关；

3. 组委会交办的其他工作。

（六）财务统筹与监督管理组

**组　长：**

欧　斌　省财政厅副厅长

**副组长：**

周修群　省财政厅处长

阮　静　省旅游局调研员

刘　莹　省审计厅调研员

**联络员：**

阮　静　省旅游局调研员

**成员单位：**

省财政厅、省旅游局、省审计厅。

**工作职责：**

1. 负责申请2011广东国际旅游文化节所需经费；

2. 受政府委托对各工作组及大型项目单位申报的预算进行审核；

3. 负责总账户的管理，对各有关单位的经费预算、主要费用的支付、结算，进行监督审查；

4. 配合有关部门对各项费用开支进行审核；

5. 组委会交办的其他工作。

（七）安全保卫组

**组　长：**

郑　东　省公安厅副厅长

**副组长：**

张绍新　省公安厅治安管理局副局长

尚志忠　省公安厅国内安全保卫局副局长

卢小平　省公安厅消防局防火监督部部长

骆振辉　广州市公安局副局长

潘茂嘉　省政府办公厅处长

罗满光　省公安厅治安管理局处长

于非己　省旅游局党办主任

赵　峰　韶关市公安局副局长

陈寿先　韶关市公安局副局长

陈恩泽　省公安厅交通管理局副处长

邱志冬　广州市国家安全局副处长

**联络员：**

于非己　省旅游局党办主任

**成员单位：**

省公安厅治安管理局、省公安厅消防局、省公安厅交通管理局、省委办公厅警卫局、省公安厅国内安全保卫局、省旅游局、广州市公安局、广州市国家安全局、韶关市公安局。

**工作职责：**

1. 负责2011广东国际旅游文化节安全保卫工作的组织、协调、指导和检查，制定保卫工作方案和突发事件处理预案；

2. 负责审核组委会各工作组和各单位制定的活动安全工作方案和应急救援预案，督促承办单位做好相关报批工作；

3. 负责落实各项重大活动的治安、消防、交通等安保工作；

4. 统筹活动证件的制作、发放和管理；

5. 编制本组各项活动费用预算和款项支付进度计划，对已批准的预算范围内的具体经费开支进行审核把关；

6. 组委会交办的其他工作。

（八）新闻宣传组

**组　长：**

梁　珊　省新闻办副主任

**副组长：**

陈瑞东　省旅游局处长

崔朝阳　省委宣传部副调研员

沈卫红　省侨办调研员

巫育民　韶关市委宣传部副部长

张　帆　南方广播影视传媒集团总编室主任

**联络员：**

陈瑞东　省旅游局处长

**成员单位：**

省新闻办、省府办公厅、省旅游局、省外办、省台办、南方广播影视传媒集团、南方报业传媒集团、羊城晚报报业集团、广东电台、韶关市委宣传部、韶关日报社、韶关市广播电视台。

**工作职责：**

1. 负责2011广东国际旅游文化节新闻宣传工作的组织、协调、指导和实施；

2. 协调召开新闻发布会；

3. 策划与实施专题节目和专题报道；

4. 按照组委会接待工作的规定，做好海内外记者的邀请、接待、安排采访以及新闻记者的管理工作；

5. 印制和发送宣传海报、特刊、记者接待手册以及其他宣传资料；

6. 发布相关信息；

7. 编制本组各项活动费用预算和款项支付进度计划，对已批准的预算范围内的具体经费开支进行审核把关；

8. 组委会交办的其他工作。

（九）医疗卫生与食品安全组

**组　长：**

黄　飞　省卫生厅副厅长

**副组长：**

唐小平　广州市卫生局副局长

温伟群　省卫生厅处长

巫小佳　省卫生厅应急办主任

傅铁笔　省卫生厅处长

林勇胜　广州市食品药品监督管理局副局长

姚霖尹　省旅游质监所所长

吴景赠　省卫生厅副处长

叶兆怡　省卫生厅调研员

叶高龙　省食品药品监督管理局副处长

张　文　广东出入境检验检疫局副处长

叶新年　韶关市食品药品监管局副局长

**联络员：**

姚霖尹　省旅游质监所所长

张伟省　卫生厅副调研员

李观明　省卫生厅应急办副主任

**成员单位：**

省卫生厅、省旅游局、省食品药品监督管理局、广东出入境检验检疫局、广州市卫生局、省卫生监督所、广州市食品药品监督管理局餐饮分局、广州市卫生监督所、韶关市食品药品监管局。

**工作职责：**

1. 负责省有关部门牵头组织的活动的医疗救护、重要嘉宾保健任务，协调、指导各分会场组织的活动的医疗保健工作；

2. 负责公共场所卫生、饮食、疾病预防等工作的协调、联络、检查；

3. 负责对餐饮服务食品安全的监督管理工作；

4. 协助做好外宾出入境卫生检验和相关物品的检验检疫工作；

5. 编制本组各项活动费用预算和款项支付进度计划，对已批准的预算范围内的具体经费开支进行审核把关；

6. 组委会交办的其他工作。

（十）韶关工作组

**组　长：**

艾学峰　韶关市委副书记、市长

**副组长：**

林耀明　韶关市委副书记

李　萍　市委常委、宣传部长

陈向新　市委常委、常务副市长

赖日先　市委常委、政法委书记、市公安局长
陈秋彦　市委常委、韶关市副市长
兰　茵　韶关市副市长
尚　伟　韶关市副市长
邹永松　韶关市副市长

**联络员：**

陈为佳　市政府副秘书长
李晓林　市旅游局局长

**成员单位：**

市委、市政府、市委宣传部、市发展和改革局、市经济和信息化局、市教育局、市民族宗教事务局、市公安局、市财政局、市人力资源和社会保障局、市国土资源局、市住房和城乡建设局、市交通运输局、市农业局、市对外贸易经济合作局、市文化广电新闻出版局、市卫生局、市环境保护局、市体育局、市旅游局、市外事侨务局、市城乡规划局、市城市综合管理局、市安全生产监督管理局、市食品药品监督管理局、市气象局、韶关学院、丹霞山风景名胜区管委会、团市委、浈江区、武江区、曲江区、乐昌市、南雄市、仁化县、始兴县、翁源县、新丰县、乳源县、广东电网韶关供电局、中国电信韶关分公司、中国移动韶关分公司、中国联通韶关分公司。

**工作职责：**

1. 承办开幕式、欢迎宴会以及组织韶关主会场系列活动；

2. 负责领导嘉宾的邀请接待及安保工作；

3. 接受社会赞助和捐赠事宜，统筹集资广告、集资回报的落实和集资实物的管理等工作；

4. 编制本组各项活动费用预算和款项支付进度计划，对已批准的预算范围内的具体经费开支进行审核把关；

5. 组委会交办的其他工作。

韶关工作组要成立相应工作机构，与组委会办公室对接，加强与组委会各工作组的沟通联系，协调做好相关工作。

**附件 2**

# 2011 广东国际旅游文化节主要活动项目

## 一、省有关部门牵头组织的系列活动

（一）首届中国（广东）国际旅游产业博览会

由省旅游局负责。

（二）2011 广东国际旅游文化节泛珠三角旅游招商会（在韶关举办）

由省外经贸厅牵头，韶关市及有关单位配合。

（三）花车大巡游（在韶关举办）

由省旅游局和韶关市负责，省外办、侨办、文化厅、公安厅等单位配合。

（四）国际友城文艺晚会

由省外办负责。

（五）2011 海外杰出华人广东行系列活动

由省侨办负责。

（六）岭南民间艺术汇演

由省文化厅负责。

## 二、有关市政府组织的活动

（一）韶关主会场（韶关市政府负责）

1. 2011 广东国际旅游文化节开幕式
2. 首届中国素食文化大会暨韶关国际生态名优特产展览会
3. 旅游嘉年华巡游巡演活动
4. “游绿道观美景”活动
5. 韶关旅游形象论坛
6. 南华祈福盛典

（二）广州分会场（广州市政府有关部门负责）

7. 2011 第九届番禺旅游文化美食节
8. 花都乡村风采游（名镇、名村）
9. 花都区第三届香草文化节
10. 广州白水寨温泉文化旅游节
11. 2011 中国广州（增城）登山旅游节
12. 广州第四届黄埔杨桃欢乐节暨长洲文化旅游节
13. “畅游微博——第三届广府文化旅游嘉年华”
14. 第二届白云区美食节
15. 广州国际插花节
16. 天河美食文化节
17. 首届京塘莲藕节
18. “绚丽天河”文化艺术节国际活动系列

19. 2011年羊城菊会
20. 2011年广东从化温泉旅游欢乐节
21. 2011年西关文化旅游节系列活动
22. 第三届炭步芋头节暨古村落旅游文化月活动
23. 2011中国广州增城菜心美食节
24. 第四届萝岗香雪文化旅游节
25. “粤剧文化广场”（粤剧汇演）
26. 2011年“新海珠游”系列活动
（三）深圳分会场（深圳市政府有关部门负责）
27. 2011深圳国际旅游文化节开幕式晚会
28. 2011罗湖珠宝节
29. 2011福田国际服装（服饰）文化旅游节
30. 东部华侨城瑞士风情节
31. 龙岗休闲养生旅游周
32. 第八届宝安区“沙井金蚝节”
33. 光明新区第五届旅游文化节
34. 坪山新区客家旅游文化节
35. 深圳欢乐谷第十二届国际魔术节
36. 世界之窗冰雪节
（四）珠海分会场（珠海市政府有关部门负责）
37. 2011珠海国庆欢乐音乐周暨第八届珠海沙滩音乐派对
38. 珠海国际马拉松公开赛
39. 2011海泉湾音乐狂欢节
40. 圆明新园“皇家大阅兵”
41. FIM亚洲公路摩托车锦标赛
42. “回归杯”海钓友好邀请赛
43. 中国超级摩托车锦标赛
（五）汕头分会场（汕头市政府有关部门负责）
44. 汕头市2011“活力金秋”登山节
45. 第四届环南澳岛自行车赛
46. 第十七届潮汕美食节
47. 第四届旅游产品（汕头）博览会
48. 第六届中华名茶（汕头）博览会
（六）佛山分会场（佛山市政府有关部门负责）
49. 2011年佛山秋色欢乐节
（七）河源分会场（河源市政府有关部门负责）
50. 第八届客家文化旅游节
51. 河源客家美食嘉年华活动
52. 广东生态旅游示范区研讨会暨生态旅游与可持续发展论坛
53. 客家古邑民间艺术巡游
54. 河源温泉旅游高峰论坛
（八）梅州分会场（梅州市政府有关部门负责）
55. 第五届“广东自驾旅游日暨梅州自驾旅游周”系列活动
56. 乡村美食节
57. 梅州·世界客商大会
58. 丰顺县第五届温泉文化旅游节
59. 梅州市客家美食节
60. 梅江区自驾游足球友谊赛
61. 蕉岭县第二届枫叶节暨第五届金桔节
62. 平远县第七届脐橙旅游节
63. 五华县第四届热矿泥浴节
64. 兴宁市自驾车乡村旅游节
（九）惠州分会场（惠州市政府有关部门负责）
65. 惠州仲凯高新区沥林自行车旅游节
66. 博罗美食节
67. 博罗道教文化节
68. 海滨温泉渔家风情文化节
69. “印象金海湾”活动
70. 第五届龙门南昆山旅游文化节
（十）汕尾分会场（汕尾市政府有关部门负责）
71. 自行车环品清湖游启动仪式
72. 珠东城市万人游汕尾活动
73. 玄武山元山寺宗教文化旅游节
74. 宫前妈祖庙会
75. 梅花观赏节
（十一）东莞分会场（东莞市政府有关部门负责）
76. 樟木头镇第八届小香港旅游文化节
77. 长安镇第四届文化艺术节
78. 沉香文化艺术博览会
79. 大朗毛织风情节
80. 大朗美食节东莞美食节
（十二）中山分会场（中山市政府有关部门负责）
81. 2011中山市孙中山文化节
82. 2011岭南水乡旅游文化节
83. 小榄菊花会
84. 2011年中国（东升）脆肉鲩美食节
（十三）江门分会场（江门市政府有关部门负责）
85. 2011中国（江门）侨乡旅游节
（十四）阳江分会场（阳江市政府有关部门负责）
86. 2011阳江市旅游文化美食节开幕式晚会
87. “南国药膳”美食交流会
88. 阳江市美食嘉年华
89. 阳江（海陵岛）旅游招商推介会
90. 阳江市文化书画展览会
（十五）湛江分会场（湛江市政府有关部门负责）
91. 第三届广东（湛江）茶业旅游博览会
92. 湛江旅游美食节

93. 2011 廉江红橙·旅游文化节
94. 2011 雷州文化旅游节
（十六）茂名会场（茂名市政府有关部门负责）
95. 两广十市（茂名）第二届十美节
96. 信宜玉文化旅游节
97. 放鸡岛海钓节
98. 茂名沙滩音乐狂欢节
99. 茂名市温泉养生旅游节
100. 第三届冼夫人国际文化旅游节
101. 第三届化州橘红文化节
（十七）肇庆分会场（肇庆市政府有关部门负责）
102. 2011 亚太华商领袖（肇庆）养生与旅游峰会暨中国肇庆国际旅游养生基地授牌仪式
103. 第五届广东（肇庆）自驾旅游节暨世界名车肇庆绿道游大会
104. 泛珠三角（广东肇庆）绿道马拉松挑战赛
105. 中国（肇庆）星湖自行车嘉年华
106. 广东省（肇庆）绿道定向邀请赛
107. 鼎湖山第六届国际森林旅游登山节
108. 砚语丹青——肇庆首届民间珍藏端砚书画展等端砚文化系列旅游活动
109. 高要金钟山千年姻缘诞
110. 四会柑桔玉器文化节
111. 德庆悦城龙母感恩节
112. 封开县第六届广信文化节
113. 广宁第六届竹子节
114. CTCC 中国房车锦标赛 &WTCC 世界房车锦标赛
115. 怀集县攀岩节
（十八）清远分会场（清远市政府有关部门负责）
116. 2011 英德英石文化节
117. 旅游美食嘉年华
118. 2011 广东（清远）温泉节
119. 中国（清远连南）瑶族文化艺术节
120. 2011 连州国际摄影年展
121. 中国（阳山）四驱越野车节
122. 清城区旅游文化活动
（十九）潮州分会场（潮州市政府有关部门负责）
123. 潮州市湘桥区文化旅游节
124. 金秋潮州行活动
125. 潮州“十大手信”评选活动
126. 航空航天科技文化节
127. 华夏文化旅游周
128. “美丽饶平”旅游风光摄影赛
（二十）揭阳分会场（揭阳市政府有关部门负责）
129. 第十届中国（揭阳）国际玉器节
130. 揭阳市第三届特色文化节
131. 揭东万竹园民族歌舞汇演
132. 揭西第四届生态旅游文化节
133. 普宁旅游美食节
（二十一）云浮分会场（云浮市政府有关部门负责）
134. 2011 广东国际旅游文化节云浮（新兴）分会场开幕式
135. 云浮绿道游系列活动
136. 云浮石文化节
137. 云安县柑桔品尝节暨旅游节
138. 第六届广东（新兴）国际温泉旅游节
（二十二）佛山市顺德区分会场（顺德区政府有关部门负责）
139. 第六届中国岭南美食文化节

## 三、境内外企事业单位或社会团体组织的活动

由有关组织单位提出申请，经组委会办公室审核批准后纳入。

1. 德国巴州啤酒节

由广州岭南集团负责。

2. 大型读者畅游绿道活动

由南方都市报负责。

3. 绿道旅游·幸福随行——环珠三角绿道旅游系列活动

由南方都市报负责。

4. 广东美食节

由省旅游协会负责

# 2011 广东国际旅游文化节主要活动项目及内容

## 韶关主会场

1. 活动名称：开幕仪式及旅游嘉年华活动

活动时间：11 月 5 日 20：00

活动地点：韶关市区北江广场

活动内容：领导、嘉宾讲话；花车巡游和民间艺术巡演等活动。（具体内容参见第 13 页“2011 广东国际旅游文化节成功举办”）

2. 活动名称：2011 广东国际旅游文化节泛珠三角旅游招商会

活动时间：11 月 6 日 10：00

活动地点：韶关市区碧桂园凤凰酒店

活动内容：由广东省政府主办，省外经贸厅和韶关市政府牵头，省发展改革委、经济和信息化委、旅游局等省直部门共同组织。广东省各地级以上市政府及外经贸、旅游部门的负责人，泛珠三角部分省旅游部门，中外旅游界、工商企业界高层，港澳台友好人士、侨界知名人士以及新闻媒体等约 600 人出席招商会。副省长招玉芳出席开幕式并发表主题演讲，世界旅游组织特使彼得·佐登致辞。该届招商会签订外商投资项目 127 宗，外资金额 26.62 亿美元。其中，合同 51 宗，外资金额 8.23 亿美元；协议 39 宗，外资金额 11.15 亿美元；意向 37 宗，外资金额 7.23 亿美元。

3. 活动名称：2011 海外杰出华人广东行系列活动

活动时间：11 月 3 ~ 7 日

活动地点：广州、韶关、中山市

活动内容：由广东省人民政府侨务办公室、广东省海外交流协会分别在广州、韶关举办。先后组织“海外理事粤北行”、“百名海外社团侨领广东行”、“海外华教菁英广东行”、“海外华裔文化菁英中国文化高级研修班”等系列活动，来自 30 多个国家和地区的 250 多名海外杰出华侨华人代表参加活动，海外嘉宾访问了广州、韶关、中山等地，参观企业、学校，了解广东社会经济运行情况，领略“幸福广东”建设成就，感受岭南独特文化，推动了侨胞与广东的经济文化交流。

4. 活动名称：2011 广东国际旅游文化节国际友城文艺晚会

活动时间：11 月 6 日 20：00 至 21：30

活动地点：中山纪念堂

活动内容：以“情系五洲、欢聚羊城”为晚会主题，是以来自我省国际友好城市演出团体为主的综合性文艺晚会，是展示我省各国际友城独特文化韵味和艺术魅力的舞台。自 2006 年以来，晚会已成功举办五届。

5. 活动名称：首届中国素食文化大会暨韶关国际生态名优

特产展览会

活动时间：11 月 3 日 10：00

活动地点：韶关市武江区沿江路原电化厂旧址（百旺桥西北侧）

活动内容：包括举办首届中国素食文化大会、首届中国国际素宴烹饪大师邀请赛、2011 韶关佛教祈福灯会展、韶关国际美食节、韶关国际生态名优特产品展览会等活动项目。

6. 活动名称：中国（韶关）旅游目的地发展高峰会议

活动时间：11 月 6 日 14：30

活动地点：韶关风度华美达广场酒店

活动内容：旅游峰会开幕式、嘉宾主题演讲、学术互动。

7. 活动名称：南华祈福盛典

活动时间：11 月 6 日 8：30

活动地点：南华禅寺

活动内容：诵经祈福、六祖真身拜谒，举办祈福法会。通过祈福盛典活动，感谢爱心人士乐善好施的善举，祝福社会和谐；弘扬佛教文化，提高南华禅寺在国内外的知名度。

8. 活动名称：嘉宾“游绿道观美景”活动

活动时间：11 月 6 日 9：00

活动地点：韶关市国家森林公园莲花山绿道

活动内容：举行莲花山绿道开通仪式，组织嘉宾登韶阳楼观韶关美景。

## 广州分会场

1. 活动名称：广东从化“香港马会杯”绿道旅游摄影大赛

活动时间：7月至10月

活动地点：广州赛马场、从化水陆绿道

活动内容：广州从化市2011国际青少年航空教育交流会暨广东从化绿道旅游文化节已于7月底在广州赛马场举办。其中摄影大赛，将通过水、陆、空绿道三维新概念的推广和宣传，提升从化旅游和水陆空绿道的知名度和美誉度。

2. 活动名称：首届广州南沙生态滨海国际旅游节

活动时间：9月30日至10月7日

活动地点：广州市南沙区

活动内容：包括首届广州南沙生态滨海国际旅游节开幕式、南沙寻宝大行动组成，组合休闲南沙线、生态南沙线线路，并举办百万葵园"彩云飞"、湿地游览区宣传语征集及摄影等。

3. 活动名称：广州白水寨温泉文化旅游节

活动时间：10月

活动地点：白水寨省级风景名胜区

活动内容：是广州增城市首次以温泉为主题的旅游节庆活动，会集锦绣温泉度假城、广州金叶子温泉度假酒店等多家酒店，展示增城特色温泉文化。

4. 活动名称：2011中国广州（增城）登山旅游节

活动时间：10月至11月

活动地点：白水寨省级风景名胜区

活动内容：以"科学登山，健康美丽"为主题，内容包括开幕式、全民健身登高健身活动及白水寨风景名胜区旅游主题活动等。

5. 活动名称：欢乐番禺庆国庆活动

活动时间：10月1~7日

活动地点：番禺区各主要景区

活动内容：包括长隆欢乐世界的"面具大巡游"、香江野生动物世界的"巴西嘉年华"、长隆水上乐园的"桑巴沙雕狂欢节"；宝墨园、南粤苑的"丝绸之路"歌舞表演和"水色"造型巡游；莲花山旅游区的祈福、登高、嘉年华活动以及岭南印象园的"一日游百年"活动。

6. 活动名称：2011广府文化旅游嘉年华

活动时间：10月14~23日

活动地点：北京路商业步行街

活动内容：以打造广州越秀区"广府文化源地　千年商都核心"的文化旅游形象，包括开闭仪式、广府文化大展演、广府越秀旅游文化资源展、广府巴士记忆文化展、广府工艺展和广府老字号巡礼等。

7. 活动名称："百年辛亥·文化长洲"——广州第四届黄埔杨桃欢乐节

活动时间：10月26日至11月6日

活动地点：黄埔区长洲岛

活动内容：由文化长洲·开幕仪式，活力长洲·欢乐畅游，生态长洲·田园体验，特色长洲·特产展销，智慧长洲·挑战极限，历史长洲·流金岁月等六个系列活动组成。旨在结合纪念辛亥革命100周年，推介黄埔、长洲丰富的文化旅游资源。

8. 活动名称：G4"广州人游新广州"之白云站活动

活动时间：10月29日

活动地点：神农草堂中医药博物馆、钟落潭镇

活动内容：由广州电视台"新闻日日睇"G4节目组邀请市民游览白云区的旅游新亮点，感受白云生态文化旅游。

9. 活动名称："绚丽天河"文化艺术节国际活动系列

活动时间：10月至12月

活动地点：天河区文化馆小剧场

活动内容：邀请世界各地音乐家到天河表演，拓展群众文化与国际文化接轨的渠道，让广大群众欣赏到世界各地音乐家的精湛表演，享受到雅俗共赏的旅游文化大餐。

10. 活动名称：2011年"新海珠 新江南"系列活动

活动时间：10月至12月

活动地点：广州市海珠区

活动内容：包括"新海珠　新江南"海珠十大新名片评选结果公布仪式；"聚焦新环岛　万人游海珠"旅游活动；海珠湖旅游景区对外开放揭幕仪式；黄埔古港、黄埔古村景区对外开揭幕仪式；首届粤港澳古琴音乐会；旅游文化系列展等。

11. 活动名称：流溪河国家森林公园系列活动

活动时间：10月至12月

活动地点：广州市流溪河国家森林公园

活动内容：包括"十一"黄金周系列活动，如举办云南民族风情展，"绿色广州"摄影精品巡回展，"金秋送爽绿道行"等；流溪红叶观赏节；第十届广东流溪梅花节等活动。

12. 活动名称：石门国家森林公园系列活动

活动时间：10月至12月

活动地点：从化市温泉镇石门国家森林公园

活动内容：包括"七彩天池"节和第九届石门红叶节两大活动。花展期间，举办具有较强参与性的活动以吸引市民及游客。

13. 活动名称：第二十五届广州（国际）美食节

活动时间：11月11~20日

活动地点：白云新城万达广场

活动内容：主会场内容包括开幕式、新广州美食游线路展示、台湾美食文化展演、南北餐饮绝活展演、国际旅游饮食文化表演、闭幕式等活动。各区、县级市美食街（城、园）等分会场主要展示大众餐饮。旨在挖掘"食在广州"的文化内涵，打造广州"美食之都"。

14. 活动名称：广州市第四届青少年绘画大赛

活动时间：11 月 12 日

活动地点：广州文化公园

活动内容：旨在通过青少年绘画大赛，发现、选拔青少年绘画人才，弘扬中国的绘画文化艺术。

15. 活动名称：白云区第二届旅游美食节

活动时间：11 月 12～18 日

活动地点：白云区远景路、百信广场（区美食节会场）

活动内容：白云区现有餐饮企业约 50 家，特色手信售卖点约 50 家。通过举办旅游美食节活动，宣传白云区的传统美食资源，展示其特色地方美食、特色手信及农产品。

16. 活动名称：第二届白云农耕文化旅游节

活动时间：11 月 19～20 日

活动地点：钟落潭镇寮采村世外桃源绿道驿站

活动内容：包括白云名优农产品评选与展销、白云农耕文化生态游、生态白云摄影展等活动。

17. 活动名称：2011 年羊城菊会

活动时间：11 月中旬至 12 月上旬

活动地点：广州文化公园

活动内容：广州文化公园内举办菊花展览已有近 50 年的历史，是广州市最早举办菊花展览场所。每年均在 11 月 15 日至 12 月 15 日举办为期一个月的菊花展览。菊展期间，还组织参展单位举行评比和技术交流。

18. 活动名称：第三届炭步芋头节暨古村落旅游文化月

活动时间：12 月

活动地点：花都区炭步镇

活动内容：参观古村、洪圣古庙祈福、观看文艺表演、参观农耕文化展示、芋头文化展示，现场设炭步特产展销点并安排芋头美食烹饪表演。

19. 活动名称：2011 中国广州增城菜心美食节

活动时间：12 月

活动地点：增城市小楼镇小楼人家景区

活动内容：举办与佛山、肇庆、珠海、中山、惠州、江门等城市销售商代表签约仪式，培育和打造以增城迟菜心为代表的增城名优农副产品品牌，促进农产品向旅游产品的转变涵。

20. 活动名称：第四届萝岗香雪文化旅游节

活动时间：12 月底

活动地点：萝岗区香雪公园内

活动内容：萝岗种梅始于宋代，因梅株绵亘数十里，俗称“十里梅林”。每当岁末年初，梅花怒放，犹如瑞雪翻飞，“萝岗香雪”由此而来。萝岗区成功举办三届香雪节，每届都接待游客数十万人次。

21. 活动名称：粤剧文化广场

活动时间：2011 年每月 12～21 日

活动地点：广州文化公园

活动内容：“粤剧文化广场”是建设广东文化大省的重要内容之一。粤剧文化广场属非盈利的公益性演出，票价低廉，惠及粤剧粤曲艺术爱好者，以弘扬岭南文化、传播推广粤剧艺术。

22. 活动名称：2011 年西关文化旅游节系列活动

活动时间：10～12 月

活动地点：广州市荔湾区

活动内容：包括第四届“味在西关——西关美食节”；庆祝国庆文艺晚会；粤剧八和祖师诞；“荔湾华采”——庆祝新中国成立 62 周年系列活动；岭南童玩节；西关风情手信工艺创意展；“西关小姐”旅游形象大使评选活动等。

23. 活动名称：“百年辛亥　中山永恒”——纪念辛亥革命 100 周年暨广州中山纪念堂建堂 80 周年图片展

活动时间：9 月至 12 月

活动地点：中山纪念堂主体建筑一、二楼走廊

活动内容：2011 年 10 月 10 日是辛亥革命 100 周年纪念的，同时也是广州中山纪念堂建堂 80 周年。中山纪念堂选辑一批历史图片和档案资料，通过展览重温中山光辉的革命历程，表达后辈的无限怀念之情。

## 深圳分会场

1. 活动名称：2011 深圳国际旅游文化节开幕式晚会

举办时间：11 月 8 日

举办地点：深圳欢乐海岸

活动内容：以“创意深圳、时尚之都”为主题，既有深圳本地文体旅游表演团体参演，也有国内外的表演大师参加，通过形式多样声光电乃至 3D 的舞台表演，务求呈现出一台有特色、有影响、有创意的视觉盛宴，突出深圳滨海浪漫、主题公园、文化创意、运动休闲、都市风情等特色，全面提升深圳在国际上的知名度。

2. 活动名称：第十届深圳黄金海岸旅游节

举办时间：10 月至 12 月

举办地点：盐田区

活动内容：以“新起点　新体验　新盐田”为主题，活动由第十届深圳黄金海岸旅游节开幕式暨大梅沙奥特莱斯购物村风尚盛典、首届深圳市沙头角鱼灯节、第二届大梅沙奥特莱斯世界名品购物嘉年华、第六届深圳大梅沙国际风筝节、第五届中国（深圳）国际游艇及设备展览会、第七届深圳大梅沙沙滩音乐节、东部华侨城“瑞士风情节”等组成。

3. 活动名称：2011 罗湖珠宝节

举办时间：9 月

举办地点：罗湖区

活动内容：利用罗湖区的旅游资源优势和深圳珠宝产业优势，吸引游客参观、购买深圳珠宝，刺激珠宝消费市场，吸引更多游客来罗湖旅游、购物。

4. 活动名称：2011 福田国际服装（服饰）文化旅游节

举办时间：10 月至 12 月

举办地点：福田区

活动内容：以“时尚深圳　多彩福田”为主题，举办福田区国际服装（服饰）文化旅游节开幕式晚会，购物一日游活动，服饰搭配与文化讲座，深圳国际时装名师作品演展等各种类型的展示、演出、学术交流等活动。

5. 活动名称：第四届深圳滨海休闲旅游节暨大鹏所城文化月

举办时间：10 月 11 日至 11 月 10 日

举办地点：龙岗区大鹏半岛

活动内容：本届旅游节秉承“滨海”和“休闲”两大主题，加强旅游与文化、体育、经贸活动的融合，包括大型实景主题晚会暨大鹏所城文化月活动启动仪式、重温所城遗韵“将军宴”、大鹏所城传统民俗文化演出、“大鹏山歌”赛歌会、“魅力大鹏”摄影展比赛、“大鹏绿道体验游”自行车趣味比赛、学生书画展等 10 项活动。

6. 活动名称：第八届宝安区“沙井金蚝节”

举办时间：12 月

举办地点：宝安区

活动内容：沙井金蚝节创办于 2004 年，由深圳市文体旅游局、宝安区人民政府主办，沙井蚝生产习俗已被评为市非物质文化遗产。

7. 活动名称：光明新区第五届旅游文化节

举办时间：2011 年 12 月至 2012 年 3 月

举办地点：光明新区

活动内容：以“绿色、生态、人文”为主题，包括光明美食展销会、文艺晚会、企业家高尔夫球邀请赛、绿道游、光明旅游风光摄影展、藏獒博览会、旅游商家系列促销等活动。

8. 活动名称：坪山新区客家旅游文化节

举办时间：10 月至 12 月

举办地点：坪山新区

活动内容：包括麒麟文化展演、客家文艺节目表演、客家茶果展示，现场制作客家茶果、品茶果等活动。

9. 活动名称：深圳欢乐谷第十二届国际魔术节

举办时间：10 月

举办地点：深圳欢乐谷景区

活动内容：本次魔术节来自荷兰的魔术组合（荷兰汉森三人组）、“东方魔术皇后”茹仙、亚洲“博神”罗宾以及英、美等数 10 个国家和地区的 20 余名魔术师驻场献艺，为游客带来超乎想象的魔术体验。

10. 活动名称：世界之窗冰雪节

举办时间：12 月至 2012 年 1 月

举办地点：深圳世界之窗景区

活动内容：本届冰雪节全面升级，结合梦幻及音乐两大元素打造浪漫唯美的梦幻音乐派对。

11. 活动名称：东部华侨城瑞士风情节

举办时间：9 月至 10 月

举办地点：深圳东部华侨城

活动内容：以瑞士风情为主题，以旅游为载体，让游客亲身体验瑞士茵特拉根小镇，化身瑞士山民，涌进百人狂欢大巡游，坐在琉森湖畔叹咖啡，狂吃上百种瑞士美食，一次性满足你对“瑞士”的所有想象。

12. 活动名称：欢乐海岸圣诞迎新活动

举办时间：12 月至 2012 年 1 月

举办地点：深圳欢乐海岸景区

活动内容：以海洋文化为主题，举办环球美食周、风情酒吧周、主题电影周、3D 水秀、陆地巡游、水上唱游、艺术表演、创意市集等活动。

13. 活动名称：国际城市旅游小姐大赛世界总决赛

举办时间：10 月底

举办地点：深圳市

活动内容：国际城市旅游小姐大赛是全球最具规模和影响力的选美赛事之一，再度纳入 2011 深圳国际旅游文化节。本次总决赛有来自全国省、市及地区 40 名的冠亚季军云集深圳，以诠释“国际、时尚、潮流”的文化内涵。

14. 活动名称：2011 第五届中国杯帆船赛

举办时间：10 月 28 ~ 31 日

举办地点：深圳大亚湾水域

活动内容：该活动是以美洲杯帆船赛为标杆的中国顶级大帆船赛事，有日本、新加坡、菲律宾、泰国、马来西亚和卡塔尔等国的帆船协会、海军等国际组织组队参加比赛。

15. 活动名称：圣诞狂欢节

举办时间：11 月至 2012 年 1 月

举办地点：深圳锦绣中华景区

活动内容：通过举办结合时尚“穿越”主题与中华民族传统元素迎新年的祭祀祈福、招亲大会、灯彩巡游与篝火晚会等系列活动，推出各类大型歌舞秀与各村寨独具民族特色的迎新演出与互动活动等，为游客呈现出中西结合、独具匠心的“圣诞迎新盛宴”。

16. 活动名称：“海世界”科普文化节

举办时间：10 月至 11 月

举办地点：深圳海洋世界广场及景区内

活动内容：活动分为“走近极地——海洋动物总动员”、“关爱水生动物，呵护美好家园”科普宣传月、“少儿海洋文化 PARTY”等部分，举办“微博”等网络形式参与动物关爱宣传短语大赛和“海世界”有奖征文等活动。

17. 活动名称：海上田园十周年庆典

举办时间：10 月至 12 月

举办地点：深圳海上田园景区

活动内容：包括高空走绳、佤族风情、环球风情等 10 大惊喜，蹦床竞技、空中飞人等 10 大乐活，把文化、旅游、体育融合在旅游节庆之中。

18. 活动名称：地王天文图片展览摄影活动

举办时间：8 月至 12 月

举办地点：深圳地王观光景区

活动内容：在 384 米高的深圳地区举办的节庆活动，欣赏精彩文化作品的同时感受灯火璀璨、流光溢彩、火树银花的美景。全方位俯瞰“现代深港、魅力海湾”的鹏城香江之夜，以及 360 度环型观光厅一览星空。

## 珠海分会场

1. 活动名称：2011 海泉湾音乐狂欢节

活动时间：10 月 1～7 日

活动地点：珠海海泉湾度假区

活动内容：以音乐为主要活动元素，推出集演艺、美食、游客互动为一体的系列活动，亮点包括神秘岛加勒比海岸夜场、渔人码头酒吧广场音乐晚会等。

2. 活动名称：圆明新园 2011 年国庆大典之红色记忆

活动时间：10 月 1～5 日

活动地点：珠海圆明新园

活动内容：圆明新园以红色文化为核心打造“国庆大典之红色记忆”主题活动。影视投资人邓建国亲临现场导演《康熙微服私访记（新园篇）》，海选游客演绎经典剧情。国庆期间更有《苹果来了》、《假面欧陆风情秀》、假面泼水节和“水”与争锋等活动。

3. 活动名称：斗门水乡旅游文化美食节

活动时间：10 月 1～7 日

活动地点：珠海斗门区白蕉灯笼沙旅游区

活动内容：包括品乡村美食，赏国家非物质文化遗产“水上婚嫁”表演，民俗风情歌舞晚会，灯笼舞、摆裙舞、柔术滚灯、欢乐小丑、火把舞、竹竿舞等。

4. 活动名称：珠海“海陆空”超级模型汇演活动

活动时间：10 月 1～5 日

活动地点：珠海农科奇观

活动内容：举办高低空航模绝技飞行表演，超级越野车模大赛，超级航船表演，“五谷稻场”美食，DIY 模型大赠送活动等。

5. 活动名称：云来客栈国庆“栈”新迎客

活动时间：10 月 1～7 日

活动地点：珠海御温泉度假村

活动内容：云来客栈新客房正式迎客，配以小汤镇丰富的活动，与游客分享喜悦。

6. 活动名称：“Harvard　哈佛解密 幸福水郡”大型幸福心理学讲座

活动时间：10 月 2 日 15：00

活动地点：华发水郡休闲会所

活动内容：全球幸福学之父、哈佛教授、《幸福的方法》的作者—泰勒·本·沙哈尔，在珠海华发水郡现场举办“哈佛解密 幸福水郡”大型幸福心理学讲座。

7. 活动名称：2011 北山国际爵士音乐节

活动时间：10 月 2 日

活动地点：珠海北山戏院

活动内容：以“乐来越好”为主题，由 8 位世界爵士大师领衔、14 个国家和地区的 10 支乐队倾情加盟演绎。

8. 活动名称：2011 珠海第九届沙滩音乐派对

活动时间：10 月 4 日

活动地点：珠海吉大海滨泳场

活动内容：在沙滩举办音乐派对，体现青春和动感、艺术的震撼。在一些重要的景区（点）、社区布置相应的活动。户外活动超过 2 万人。

9. 活动名称：第二届珠澳达人秀

活动时间：11 月 1 日至 12 月 31 日逢周六、日上演

活动地点：珠海湾仔旅游码头

活动内容：共 100 名达人参加，主要来自珠海、澳门、中山以及江门等地。珠澳达人、技艺比拼、秀出激情，专为民间艺人、才艺高手提供表演机会，展示到民间高超绝技绝艺。

10. 活动名称：勒芒洲际大奖赛珠海 6 小

活动时间：11 月 11～13 日

活动地点：珠海国际赛车场

活动内容：有 3 支 LMP1 级的车厂队伍和 6 支 GTE－Pro 级别的车厂队伍参赛。赛事期间有超过 10000 名的观众入场。举办中国珠海国际赛车节和勒芒大赛、名车巡游、赛车嘉年华等活动。

11. 活动名称：2011 年庆祝澳门特区回归 12 周年暨第 12 届“回归杯”海钓全国邀请赛

活动时间：11 月 30 日

活动地点：珠海市桂山镇

活动内容：从 2005 年起，成功举办 6 届比赛。本届海（矶）钓比赛，选手约 150 人。通过组织比赛，推广桂山乃至附近海域的旅游，倡导海洋资源保护，引导和帮助当地渔民转产转业。

12. 活动名称：珠海半程国际马拉松赛

活动时间：12 月 18 日

活动地点：珠海市

活动内容：本次2011珠海国际半程马拉松赛总长度达21公里，同时举办10公里的国际标准赛事、迷你马拉松赛等。参与人数近万人。

13. 活动名称：十一月小汤镇闲趣温泉演义

活动时间：11月1日至12月30日

活动地点：珠海御温泉度假村

活动内容：小汤镇非物质文化遗产丰富，集合起风土玩意、民间艺术、民俗杂趣、特色小吃等中国传统风俗文化，并与泡浴温泉相互融合。

14. 活动名称：十二月御温泉圣诞结

活动时间：12月1~30日

活动地点：珠海御温泉渡假村

活动内容：御温泉节日欢歌唱满月，拾趣圣诞小镇心情。重在体验、感悟，包括圣诞结、时光邮驿、心情作坊、圣诞潜规则、习俗演绎等项目，拾趣不同小镇心情和玩法。

15. 活动名称：泛珠三角业余网球精英年度总决赛

活动时间：11月至12月

活动地点：珠海度假村酒店户外标准网球场

活动内容：珠海度假村酒店泛珠三角网球赛经多年历练和经营已成年度品牌赛事，每年均吸引港澳台地区、外籍选手、内地业余高手参赛。本赛事参加人数100人以上。

16. 活动名称：泛珠三角乒乓球精英年度团体总决赛

活动时间：11月至12月

活动地点：珠海度假村酒店室内乒乓球馆

活动内容：珠海度假村酒店泛珠三角乒乓球赛经多年历练和经营已成年度品牌赛事，每年均吸引港澳台地区、外籍选手、内地业余高手前来参赛，获奖选手有的将代表珠海乃至广东参加全国性业余大赛并获好名次。

## 汕头分会场

1. 活动名称：杨梅节

举办时间：6月

举办地点：潮阳区西胪镇

活动内容：举办杨梅采摘自助游、民俗文化展演、旅游线路体验、杨梅特色果品集市等活动，促进旅游经济发展，建设新农村，推动和谐社会建设。

2. 活动名称：荔枝节

举办时间：7月

举办地点：潮南区雷岭镇

活动内容：举办荔枝自助采摘、雷岭山区“农家游”等活动，开设荔枝及其他特色水果、产品集市，推动汕头“生态游”、“农家游”、“休闲观光游”等旅游产品的开发，进一步开拓旅游市场，加快旅游经济的发展。

3. 活动名称：薄壳节

举办时间：8月

举办地点：澄海区盐鸿镇、濠江马滘街道

活动内容：包括参观传统薄壳米采摘、加工、制作的全过程，品尝薄壳全宴，设置薄壳美食知识宣传栏，推广薄壳美食旅游线路，弘扬汕头美食旅游特色品牌。

4. 活动名称：中秋潮俗文化节

举办时间：9月

举办地点：濠江区中信度假村

活动内容：中秋之夜在濠江区中信度假村举办“中秋文化节潮俗文化”表演活动，有赏月活动、歌舞表演、民俗烧塔活动等，展示汕头多姿多彩民俗文化风情，组织境内外游客回汕旅游观光，欢度中秋佳节。

5. 活动名称：汕头市第十七届潮汕美食节

举办时间：10月20~27日

举办地点：市中山东路锦峰潮汕美食城内（方特欢乐世界·蓝水星公园西侧）

活动内容：举办汕头经济特区建立30周年庆祝活动暨第十七届潮汕美食节开幕式。安排60多个展位展示潮汕特色美食，推介特色潮菜。推出特色美食旅游。组织评选“我最喜爱潮味”等活动。

6. 活动名称：2011国际超级小姐世界大赛粤东总决赛

举办时间：8月至10月

举办地点：汕头市

活动内容：“国际超级小姐”世界大赛是重要的国际旅游选美赛事之一。活动的成功举办，宣传汕头市的旅游资源，推广了潮汕文化。

7. 活动名称：紫菜美食节

举办时间：11月

举办地点：汕头市

活动内容：通过紫菜美食品赏活动以及“寻找野生紫菜礁，重现险过打紫菜民俗”探险摄影主题活动，向海内外推介紫菜美食节，进一步挖掘紫菜的文化内涵，推动潮汕美食创新。

8. 活动名称：汕头市第十三届国际食品博览会暨潮汕国际美食文化节

举办时间：11月18~21日

举办地点：汕头市林百欣国际会展中心

活动内容：展会面积26000平方米，标准展位800个，来自海内外近300家食品企业及美食商家将在展会上一一亮相。

9. 活动名称：香港潮汕美食节

举办时间：12月2~7日

举办地点：香港渣打公园

活动内容：开设20多个展位展示潮汕特色美食，向港澳台及外国游客推介特色潮菜。加强与港澳台地区餐饮界的美食文化交流，推动潮汕美食的创新，打造汕头美食旅游特色品牌。

10. 活动名称：第六届中华名茶（汕头）博览会

举办时间：11 月 18 ~ 21 日

举办地点：汕头市林百欣国际会展中心

活动内容：展销各地名茶、茶饮料、茶保健品、茶食品，交流潮汕功夫茶等，以茶会友，推介茶文化旅游项目。

11. 活动名称：第四届旅游产品（汕头）博览会

举办时间：11 月 18 ~ 21 日

举办地点：汕头市林百欣国际会展中心

活动内容：旨在加强汕头与周边地区城市旅游同业的交流与互动，向市民介绍旅游特色产品，为各参展商提供宣传推介、展示平台，并设若干评奖项目。

12. 活动名称：汕头市第四届环南澳岛自行车赛会

举办时间：12 月

举办地点：南澳生态旅游区

活动内容：举办国内外、港澳台自行车手环南澳岛骑行比赛，组织游客进岛观光游览，宣传推介“绿色生态、滨海旅游、魅力南澳”的旅游资源和旅游线路，倡导发展低碳环保旅游经济。

13. 活动名称：鲜菇美食节

举办时间：12 月

举办地点：汕头市澄海区

活动内容：举行“鲜菇美食文化节”开幕式，组织游客参观远东国兰、食用菌生产基地以及观光游览其他景点，品尝莲华特色鲜菇宴以及农家菜等，打造莲华乡村旅游区品牌。

14. 活动名称：2011 汕头（国际）缤纷嘉年华大型主题活动

举办时间：12 月

举办地点：汕头市林百欣国际会展中心

活动内容：引进大型游乐项目，丰富汕头及周边市民的娱乐生活，增添城市欢乐气氛，带动相关行业的发展。

## 佛山分会场

1. 活动名称：2011 佛山秋色欢乐节暨广东国际旅游文化节

举办时间：9 月 30 日至 10 月 2 日

举办地点：禅城区祖庙路（祖庙及周边历史文化街区）

活动内容：以“欢乐秋色　智慧佛山”为主题，包括秋祭；乡饮酒礼暨秋色欢乐节开幕式；秋色巡游。其间，将组织 20 项省内表演，5 项省外及国外表演。巡游路线：祖庙出发——人民路——汾江路——城门头路——祖庙路——返回祖庙）以及秋色商墟，秋色灯会和秋色祈福等活动。

2. 活动名称：2011 佛山美食嘉年华

举办时间：11 月 25 日至 12 月 4 日

举办地点：佛山岭南天地

活动内容：以“弘扬中华饮食文化，岭南味道、让世界知道”为主题，包括 2011 佛山美食嘉年华开幕典礼，粤港澳美食节，粤港澳美食主题日，粤港澳餐饮交流酒会，米其林餐厅厨艺表演及试食和粤菜名厨亲授学堂等。

3. 活动名称：佛山武术嘉年华

举办时间：10 月

举办地点：中山公园精武会馆前、岭南明珠体育馆以及东门、佛山市各武术旅游景点

活动内容：以“武术之城、誉满天下”为活动主题，举办佛山传统武术套路赛，佛山传统舞狮大赛，佛山国际搏击赛之中泰功夫对抗赛，佛山精武会创立 90 周年庆典，佛山功夫圣地一日游等活动。

## 河源分会场

1. 活动名称：河源市第八届客家文化旅游节系列活动

活动时间：11 月 9 ~ 11 日

活动地点：河源市

活动内容：以“探访客家古邑 · 畅游万绿河源”为主题，包括：

（1）2011“河源万绿湖杯”旅游小主播大赛。活动时间为 6 月至 11 月，在文化广场、旅游景区等人流集中地举行。设广州、深圳、河源、阳江、清远、江门赛区，于 11 月 9 日在万绿湖东方国际酒店举行总决赛。赛事的全程在南方电视台综艺频道、广东邮轮旅游电视频道和菠萝旅游网同步播出，广东新闻频道《新闻最前线》全程报道。

（2）首届广东国际湖泊博览会。以“低碳湖泊万里行，生态旅游新长征”为主题，于 11 月 9 ~ 11 日在河源万绿湖风景区举行。活动内容包括低碳湖泊旅游可持续发展高峰论坛、“万湖水聚万绿湖”主题展览会、圆桌会议——倡议成立中国湖泊旅游联盟、爱护地球，保护湖泊——主题宣言、植树暨签名会、“中国美湖”网络博览会、万绿风情嘉宾游湖茶话会、世界湖泊文化长廊等系列活动。旨在为国内优秀湖泊景区建立一个交流、合作、提升和宣传的平台，将万绿湖打造成湖泊旅游典范。

（3）“广东河源——客家风 · 东江情”全国摄影大展。活动由中国摄影家协会和河源市人民政府共同主办。主要有组织赴河源采风创作、组织评选并编制画册、举办佳作展览等三项活动。以提升河源和客家文化的知名度、影响力和文化内涵。

（4）河源市客家美食嘉年华。活动以“生态之都 · 幸福河源”为主题，于 11 月 8 ~ 14 日在河源文化广场举办。活动内容包括喜庆大开幕、河源十大客家生态美食评选、

河源“六宝”评选、“河源十佳旅游特产专卖店”评选、美食嘉年华、啤酒嘉年华、美食一日游、文艺大汇演、“粤唱粤闪亮”河源站赛区等精彩活动。

（5）参加2011广东国际旅游文化节系列活动。将组团参加花车嘉年华大巡游、旅游招商会、海外杰出华人广东行、友城之夜、岭南民间艺术汇演等系列活动，全方位展现河源独具特色的客家文化和良好生态资源及产品。

## 梅州分会场

1. 活动名称：第五届“广东自驾旅游日暨梅州自驾旅游周”系列活动

举办时间：12月

举办地点：梅州市区

活动内容：举办自驾游系列活动启动仪式，自驾游活动会旗交接仪式，旅游招商项目签约，自驾寻根探秘游，自驾休闲体验游，自驾养生保健游，同时推出优惠大促销活动。

2. 活动名称：梅州市客家美食节

举办时间：12月

举办地点：梅州市

活动内容：发挥“中国客家菜之乡”品牌优势，弘扬客家美食文化，打造文化旅游品牌。推出客家美食菜肴、客家风味特色小吃及土特产展销。

3. 活动名称：2011年省自驾游日梅州自驾游周活动暨梅江区美食旅游节

举办时间：12月上旬

举办地点：梅江区城区

活动内容：包括领导讲话、为梅江区“十佳导游”颁发证书、2011梅江区客家美食旅游节开幕仪式、领导嘉宾巡视美食节并品尝美食等活动。

4. 活动名称：兴宁市神光美食节

举办时间：12月

举办地点：兴宁市

活动内容：举办兴宁客家小吃烹饪展示品尝、森林生态游活动、自行车骑行竞赛等活动。

5. 活动名称：平远县第七届脐橙旅游节

举办时间：12月

举办地点：平远县

活动内容：举办重点水利竣工剪彩仪式、浩国盈丰动工仪式、工业园三期部分企业落户动工仪式、秀美山水生态游研讨会、“橙之韵”趣味体育活动、平远县特色美食展示、大佛寺大雄宝殿落成等。

6. 活动名称：蕉岭县第二届枫叶节暨第五届金桔节

举办时间：12月

举办地点：蕉岭县长潭旅游区

活动内容：免费请游客欣赏蕉岭客家民俗风情歌舞表演，并品赏甜美的蕉岭金桔；组织游客船游“岭南日月潭”——长潭风光，欣赏具有“岭南秋韵　蕉岭枫海”之称的南岭水滨特色千亩红枫林，观赏具有千年活化石之称的桫椤树等美景；组织游客到金桔园采摘金桔，体验自行采摘金桔的乐趣与收获。

7. 活动名称：大埔县第七届世界大埔同乡联谊会

举办时间：12月上旬

举办地点：大埔县城

活动内容：举办大型文艺演出、民俗表演、大埔美食文化展、大埔陶瓷文化展、经贸洽谈会等活动。

8. 活动名称：丰顺县第五届温泉文化旅游节

举办时间：12月

举办地点：丰顺县

活动内容：包括丰顺旅游推介会、丰顺温泉文化研讨笔会以及考察金日温泉度假村、体验金日温泉，感受温泉文化，享受健康人生。

9. 活动名称：五华县第四届热矿泥浴节

举办时间：12月

举办地点：五华县转水镇汤湖热矿泥山庄

活动内容：举行洗泥浴、泡温泉、品尝特色客家菜、观看文艺表演，游览五华秀美山水风光和体验南国独特热矿泥浴等活动。

10. 活动名称：雁南飞第三届茶香节

举办时间：12月

举办地点：雁南飞茶田景区

活动内容：举办万人同品雁南飞茶、山歌对唱、雁南飞艺术团专场演出等活动。

11. 活动名称：雁鸣湖第二届金柚节

举办时间：11月5日至12月11日

举办地点：雁鸣湖旅游度假村

活动内容：“柚”想你——梅州雁鸣湖第二届金柚节开幕式；“柚”文化，“秋之韵，柚之情”金柚题材摄影大赛；“柚”滋味，游客可购票到雁鸣湖国家有机柚园采摘金柚活动；“柚”乐趣，金柚趣味运动等活动。

## 惠州分会场

1. 活动名称：2011罗浮山道教文化节

举办时间：10月18～19日

举办地点：博罗县罗浮山

活动内容：主要包括道教文化表演、罗浮仙路启动暨珠三角新闻发布仪式、对话罗浮（由著名主持人王鲁湘主持）、“龙脉仙山、祈福平安”大法会和罗浮仙路体验等。

2. 活动名称：磨房@惠州60公里徒步

举办时间：11月20日

举办地点：博罗县东山森林公园

活动内容：于2003年11月开始举办。倡导着“安全、环保、自助、互助”等户外理念。2011磨房@惠州第九届60公里徒步，路线为：惠州博罗县东山森林公园（起点）——博罗老县城——惠博沿江路——合生大桥——菱湖——西湖——高榜山——红花湖环湖——惠州江北东江公园（客家女雕塑）。

3. 活动名称：惠州沥林镇自行车暨鹅美食文化节

举办时间：11月中旬

举办地点：沥林镇文化广场

活动内容：结合沥林镇自行车产业及沥林特有鹅美食文化，每年年底都在沥林文化广场举行大型文化节庆活动，吸引大批游人及投资者前来观光投资。

4. 活动名称：广东金融街巽寮金海湾首届蓝色情人节

活动时间：10月1日到11月30日

活动地点：惠东巽寮金海湾

活动内容：为宣传金融街巽寮金海湾品牌，创新滨海旅游淡季新旅游模式，包装策划金融街巽寮金海湾首届蓝色情人节活动，并以此主题活动为卖点，在省外合作旅行社的门市及当地媒体进行推介宣传，吸引省外旅行社组团到巽寮湾旅游。

## 汕尾分会场

1. 活动名称：“珠东”城市万人游汕尾活动

活动时间：9月至12月

活动地点：汕尾市

活动内容：以自驾车为主，充分发动汕尾各旅行社与珠三角东岸城市旅行社的联系，组团来汕尾旅游观光，打造“动感红海湾，精彩汕尾游”的滨海旅游，向游客展示汕尾“红、蓝、绿、古、特”五色旅游资源。

2. 活动名称：玄武山元山寺宗教文化旅游节

活动时间：9月27日至10月3日

活动地点：陆丰市碣石镇玄武山旅游区

活动内容：举办纪念玄武山元山寺始建884周年暨玄武宝殿十八罗汉圣像开光佛事庆典，组织当地特色文艺节目汇演；邀请100多名高僧举行七天七夜“水陆法会”颂经佛事活动，国内外信徒数万人参与。

3. 活动名称：宫前妈祖庙会

活动时间：10月

活动地点：汕尾红海湾遮浪街道宫前村

活动内容：举办庙会、飘色游行等活动。

4. 活动名称：相约海丰·莲花山度假村旅游推介活动

活动时间：11月

活动地点：海丰县莲花山度假村

活动内容：以参观、交流为主，让省内外旅游从业人员了解本地“红、蓝、绿、古”四色旅游资源，提升海丰旅游知名度。

5. 活动名称：自行车环游品清湖活动

活动时间：11月下旬

活动地点：汕尾市区

活动内容：组织自行车爱好者1000人环绕清湖游，宣传汕尾旖旎的滨海旅游资源和休闲的城市景观，倡导“绿色、低碳、环保”和“请保护我们共同的母亲湖——品清湖”等理念。

6. 活动名称：梅花观赏节

活动时间：12月

活动地点：陆河县东坑镇

活动内容：举办以梅花为主题的摄影比赛颁奖仪式、“香雪谷”揭幕仪式等。邀请到省、市及本县摄影爱好者、新闻工作者参加。邀请书法家现场为“香雪谷”景点泼墨题字。

## 东莞分会场

1. 活动名称：2011东莞旅游文化节

举办时间：9月27日至12月31日

举办地点：东莞市

活动内容：整个节庆活动由三大类60多项活动组成。主题类有“万人互游深莞惠”城际旅游大串游活动、东莞旅游摄影大赛、东莞市导游大赛、“缤纷精彩在东莞”旅游展示会、“悠游东莞”节庆季等；节庆类有开幕式、谢岗登山节、第七届广东国际啤酒节、第十届东莞美食节、寮步香市旅游文化节等；惠民活动，东莞旅行社推出118条优惠旅游线路，景点推出大幅度门票优惠，星级酒店提供住宿餐饮康乐优惠等。

2011东莞旅游文化节于9月27日晚在粤晖园举行。

2. 活动名称：旅游文化节开幕式

举办时间：9月27日9：30

举办地点：道滘镇粤晖园

活动内容：包括文艺表演，领导致辞，“万人互游深莞惠”城际旅游大串游活动授旗仪式，与会领导共同启动2011东莞旅游文化节，参观粤晖园等活动。

3. 活动名称：“万人互游深莞惠”城际旅游大串游活动

举办时间：9 月 27 日

举办地点：东莞市

活动内容：旨在推动深莞惠、东莞与中山、东莞与对口帮扶城市的区域旅游联动，推出旅游便利化服务措施。其中，“万人互游深莞惠”为重点活动。同时，由旅行社组团，组织游客前往中山、新疆、西藏、韶关、河池、云浮等对口帮扶城市旅游。

4. 活动名称：“本色杯”东莞旅游摄影大赛

举办时间：8 月 23 日至 10 月 8 日

举办地点：东莞市

活动内容：本届摄影大赛作品征集涵盖城市风貌、自然风光、人文历史、绿道旅游、民俗风情、节庆活动、商贸会展等类型。为摄影爱好者提供展示摄影技能的平台。11 月 1 日颁布评选结果。

5. 活动名称：东莞市导游大赛

举办时间：7 月至 11 月

举办地点：东莞市

活动内容：本次大赛，以提高导游服务技能水平和综合素养为目的，通过以赛促训的方式，展示优秀导游形象风采，交流导游服务经验，激励导游提升素质，提高东莞导游的整体素质和技能水平。

6. 活动名称：“缤纷精彩在东莞”旅游展示会

举办时间：9 月 27 ~ 28 日

举办地点：东莞市大型综合商场

活动内容：市主要景点、高星级酒店、国际旅行社和对口帮扶地区旅游业界代表共同参展，推介对口帮扶地区的优秀旅游品牌和线路，搭建业界交流平台。

7. 活动名称：“悠游东莞”节庆季

活动时间：10 月至 12 月

活动地点：东莞市

活动内容：包括“人与健康”主题展览、机器人新技能展示；东莞市书法家协会书法展、碑刻艺术展、全国书画作品巡回展；第三届“观音山杯”全国书法艺术大展、第四届中国观音山杯“观音山游记”征文大赛、观音古寺重建暨观音圣像开光十周年庆典系列活动、2011“印象观音山”摄影大赛、第八届中国东莞观音山健康文化节；“东莞人游东莞”活动；“花好月圆”相亲会暨中秋、中国婚纱摄影同盟会；禁毒、虎门销烟流动展览等。

8. 活动名称：第七届广东国际啤酒节

举办时间：9 月 28 日至 10 月 7 日

举办地点：东莞市常平铁路公园

活动内容：举办第七届广东国际啤酒节新闻发布会、开幕式暨文艺晚会、啤酒展销及各厂商活动、欧美流行音乐专场、第七届广东国际啤酒节摄影大赛、镇内经典风情游、风尚休闲游戏、闭幕式等。

9. 活动名称：谢岗登山节

举办时间：9 月 29 日至 10 月 8 日

举办地点：谢岗镇

活动内容：举办 2011 谢岗登山旅游节开幕暨银瓶杯·山地自行车专业赛鸣枪仪式、谢岗农家菜美食荟、“万人登山送万福”暨文艺表演、银瓶杯珠三角徒步登山大赛、蝴蝶放飞表演、舞动谢岗集体舞大荟萃、2011 谢岗登山旅游节文艺晚会等。

10. 活动名称：第十届东莞美食节

举办时间：9 月 30 日至 10 月 6 日

举办地点：主会场设在南城富民商业步行街；分会场设在珠三角国际商贸城、南城西平时代城

活动内容：包括开幕仪式、南城西平商圈宏伟街区食品安全示范街揭牌仪式、美食节文艺晚会、文艺表演、美食我来做、啤酒公主大赛、抓泥鳅大赛等活动。

11. 活动名称：寮步香市旅游文化节

举办时间：12 月 9 ~ 16 日

举办地点：寮步镇

活动内容：2011 中国（东莞）沉香文化艺术博览会开幕式暨第二届香市旅游文化节开幕式、东莞市沉香协会成立仪式暨中国香文化产业发展高峰论坛、广东省第二届汽车漂移大赛、港人“寻香”之旅、香市十大特色名菜评选大赛等活动。

### 中山分会场

1. 活动名称：中山市纪念辛亥革命 100 周年暨首届孙中山文化节系列活动

举办时间：10 月 9 日至 11 月 12 日

举办地点：中山市

活动内容：2011 年是辛亥革命 100 周年，中山市开展一系列纪念活动和重点项目，包括中山市纪念辛亥革命 100 周年大会暨首届孙中山文化节开幕式、纪念辛亥革命 100 周年重点项目集中开竣工庆典仪式、中央电视台“心连心”艺术团慰问中山侨乡文艺演出、《辛亥革命一百周年》纪念邮票首发仪式以及孙中山诞辰 145 周年纪念仪式、首届孙中山文化节闭幕式暨第二届“中山杯”华侨华人文学奖颁奖典礼等。

2. 活动名称：“百年辛亥中山情”——哈尔滨大型冰雪文化艺术节

举办时间：2011 年 10 月至 2012 年 3 月

举办地点：中山市东升镇银信科技广场哈尔滨冰城堡

活动内容：以“百年辛亥中山情”为主题，活动分冰雪世界和关东风情园两大主题区，将东北二人转、俄罗斯风情表演搬上中山舞台。

3. 活动名称：小榄菊花展览会

举办时间：11 月 23 日至 12 月 12 日

举办地点：中山市小榄镇

活动内容：本届菊花会以“颂党恩 跟党走 创新业 建和谐”为主题，配合中国共产党成立 90 周年和辛亥革命 100 周年纪念活动。菊花会呈现三组“红色题材”组景，分别是艰苦岁月，战斗不息、“四化”建设，以及辉煌历程、改革开放，民族复兴。

4. 活动名称：2011 中国国际食品工业经贸洽谈会

举办时间：11 月 4 ~ 6 日

举办地点：中山市黄圃镇

活动内容：本届食洽会再次引入欧洲、日本、韩国、意大利、大洋洲、西班牙等多个国家地区的食品、葡萄酒企业参展。设 500 多个标准展位，展馆面积 13000 平方米，是一届以酒类、肉制品类、健康食品、食品机械为主的食品贸易盛会。

5. 活动名称：2011 中山（东升）脆肉鲩文化美食节

举办时间：12 月 30 日至 2012 年 1 月 2 日

举办地点：中山市东升镇

活动内容：以“活力东升 · 渔乐无穷”为主题，举行脆肉鲩十大金牌菜评比、脆肉鲩鱼王大赛、和谐家庭脆肉鲩烹饪大赛、趣味捉脆肉鲩活动、脆肉鲩千人意境长卷画现场创作、中国百名书法名家书法作品展、“百年辛亥”百万游客游东升等活动。

6. 活动名称：第三届中国（三乡）古典家具文化节暨家居收藏品交易会

举办时间：10 月 28 日至 11 月 1 日

举办地点：中山市三乡镇

活动内容：以“明清风 · 欧美韵 · 三乡情”为主题，通过彩绘大赛、创意设计大赛等活动，达到产业研发、培训、展示等目的，打造古典家具“产学研”基地，是一次展示古典家具制造工艺——彩绘为主体的文化盛会。

7. 活动名称：中国（中山）南方绿化苗木博览会

举办时间：12 月

举办地点：中山市古镇镇

活动内容：本届绿博会分 A、B、C 三个展区、设 241 个展位。A 区展示以具有优秀园林设计、景观设计、乔木展示为主的特色企业；B 区展示花木风情；C 区展示园艺精品和相关园林园艺科技、园林园艺机械、工具等。

8. 活动名称：古镇国际灯饰博览会

举办时间：10 月

举办地点：中山市古镇镇

活动内容：以“让灯都更亮，让灯都更绿”为主题，是一届引领国内灯饰行业流行色的专业化展会，将绿色、创意与文化三大元素充分展现与融合。

## 江门分会场

1. 活动名称：2011 中国（江门）侨乡旅游节

举办时间：11 月 11 ~ 15 日

活动内容：以“侨乡美食旅游，欢乐文化盛会”为主题，主会场设在蓬江区，分会场设在其他各市、区。包括：

（1）2011 中国（江门）侨乡旅游节开幕式。时间：11 月 11 日 9：00，地点：江门市东湖广场。

（2）江门侨乡文化艺术展演活动。组织江门五邑民间文化艺术展演活动。

（3）侨乡风情旅游系列活动。包括江门侨乡美食购物节、江海生态旅游暨美食节、新会葵乡欢乐节、台山川岛风情旅游节、开平碉楼文化节、鹤山生态旅游节、恩平温泉欢乐节等。

（4）侨乡万人游活动。发动旅行社组织游客前来江门地区旅游、观光、购物和品尝美食。

2. 活动名称：2011 中国（江门）侨乡旅游节暨江门侨乡美食购物节

举办时间：11 月 11 ~ 15 日

举办地点：江门市东湖广场举办

活动内容：分为开幕式、五邑侨乡文化系列活动、侨乡万人游活动、侨乡风情旅游系列活动四大板块。其中侨乡风情旅游系列活动包括江门侨乡美食购物节、江海生态旅游暨美食节、新会葵乡欢乐节、台山川岛风情旅游节、开平碉楼文化节、鹤山生态旅游节和恩平温泉欢乐节 7 项活动。

## 阳江分会场

1. 活动名称：海陵岛精品线路考察活动

举办时间：9 月 8 日 15：00

举办地点：海陵岛

活动内容：参观广东海上丝绸之路博物馆、南海放生台、大角湾、牛塘山汤显祖文化公园、新圣洋渔业休闲基地等。

2. 活动名称：2011 年阳江市旅游文化美食节开幕晚会

活动时间：9 月 8 日

活动地点：海陵岛螺洲海滨文化公园

活动内容：包括领导致辞，2011 年阳江旅游文化美食节开幕式启动仪式，开幕文艺晚会等。

3. 活动名称：阳江市海陵岛港澳地区旅游招商推介会

举办时间：9 月 9 日 10：00

举办地点：海陵岛蓝波湾大酒店

活动内容：播放海陵岛旅游主题宣传片，领导致辞、推介讲话，香港、澳门旅游业代表致辞，海陵岛旅游项目签约仪式，旅游交流活动等。

4. 活动名称："南国药膳"美食交流会

举办时间：9月10日9：00

举办地点：阳江温泉度假村

活动内容：举办省内外餐饮行业专家药膳文化交流座谈会，省内外餐饮行业专家、省内外媒体记者、旅游企业评点阳江药膳美食，推广"南国药膳"养生保健旅游线路。

5. 活动名称：阳江市美食嘉年华活动

举办时间：8月28日至9月11日

举办地点：市体育馆广场、凤凰酒店

活动内容：举办阳江旅游美食节烹饪技术大赛，精品月饼评比大赛，阳江中秋名优月饼和旅游食品大展销等。

6. 活动名称：阳江市文化书画展览会

举办时间：8月30日至9月11日

举办地点：阳江市文化中心

活动内容：精选社会各界书画作品，择优展出，开展文化交流，以旅游和书画相结合，形成文化旅游品牌。

## 湛江分会场

1. 活动名称：2011湛江旅游美食节

活动时间：11月

活动地点：湛江金沙湾观海长廊

活动内容：集中展示湛江"中国海鲜美食之都"的特色旅游美食文化，以海鲜美食为主，既有精心烹调的湛江海鲜名菜，又有制作风味独特的地方小食以及全国各地特色美食。

2. 活动名称：第三届广东（湛江）茶博会暨动漫文化节

活动时间：10月1~5日

活动地点：湛江国际会展中心

活动内容：以"弘扬茶文化、繁荣湛江游、倡导健康动漫"为主题，集茶文化产业、旅游产业、动漫文化艺术和特色产品展示于一体。举办饮茶与健康论坛、湛江茶业发展论坛、茶艺和民族歌舞表演等。

3. 活动名称：2011廉江红橙·旅游文化节

活动时间：11至12月

活动地点：廉江市

活动内容：是融旅游、娱乐、展览于一体的橙乡文化盛会，包括中国电饭锅之乡家电展销会、廉江市工农业产品、全国特色产品（廉江）展销、美食一条街、民间艺术汇演晚会、橙乡生态欢乐游、烟花文艺晚会等。

## 茂名分会场

1. 活动名称：2011广东国际旅游文化节茂名分会场开幕式暨两广十市（茂名）第二届十美节

活动时间：12月

活动地点：茂名市

活动内容：广东的茂名、湛江、阳江、云浮，广西的北海、防城港、贵港、玉林、钦州、来宾10个市举办"秋冬养生保健"美食节和"两广十市"土特产展销会。

2. 活动名称：放鸡岛海钓节

活动时间：分赛为每月15日，总决赛为1月15日

活动地点：放鸡岛海上游乐世界

活动内容：利用放鸡岛海水清澈，能见度高，海域鱼类众多，非常适合开展海钓运动的特点举办海钓大赛，总冠军奖获价值5万元金鸡一只。

3. 活动名称：茂名市温泉养生旅游节

活动时间：11月

活动地点：御水古温泉度假区

活动内容：举办温泉养生研讨、中国温泉文化展览等活动。

4. 活动名称：第三届冼夫人国际文化旅游节

活动时间：12月

活动地点：高州市

活动内容：包括纪念"中国巾帼英雄第一人"冼太夫人诞辰、冼夫人文化研讨会、冼夫人文化史迹考察等。

## 肇庆分会场

1. 活动名称：肇庆旅游嘉年华（总名称）

活动地点：肇庆市

活动内容：以"绿道慢游，休闲养生，广府寻根，画廊自驾"为宣传口号，推介肇庆绿道旅游，倡导文化旅游、健康旅游、运动旅游、休闲旅游，展示肇庆千里旅游画廊的魅力。

2. 活动名称：2011广东国际旅游文化节肇庆旅游嘉年华开幕仪式暨亚太华商领袖（肇庆）养生与旅游峰会

活动时间：9月22~24日

活动地点：肇庆奥威斯酒店

活动内容：20多个国家众多政界要人、商界巨子、学界达人约300多人出席。举行欢迎晚宴，肇庆旅游嘉年华暨亚太华商领袖（肇庆）养生与旅游峰会开幕仪式，中国（肇庆）国际旅游养生基地授牌仪式，参观考察生态养生环境和肇庆投资环境。

3. 活动名称：第五届广东（肇庆）自驾旅游节暨世界名车绿道游启动仪式

活动时间：9月24日

活动地点：七星岩牌坊广场、星湖西堤绿道

活动内容：包括百辆世界名车大展，数十靓丽车模、人体彩绘表演，2011广东（肇庆）自驾旅游节开幕仪式，"车游中国联盟"成立仪式，第二届环星湖绿道骑游暨第三

届国际市民徒步大会，世界名车肇庆千里旅游画廊自驾游等活动。

4. 活动名称：文鲤开渔节

活动时间：9月5日

活动地点：肇庆天湖休闲度假村

活动内容：以“游肇庆山水，品百年贡鲤”为主题，开展品尝“文鲤”、露营拓展、生态观光活动。

5. 活动名称：中国（广东肇庆）绿道马拉松挑战赛

活动时间：11月20日

活动地点：肇庆星湖绿道

活动内容：邀请全国及港澳地区的代表队，以及本地众多马拉松爱好者。比赛设男子40公里、女子20公里团体及个人赛项目。

6. 活动名称：中国（肇庆）星湖山地自行车嘉年华

活动时间：11月27日

活动地点：肇庆星湖东门广场和七星岩景区

活动内容：2011年全国业余山地自行车联赛广东肇庆站比赛，包括开幕式、自行车山地赛、自行车巡游、企业品牌展览、单车极限表演、靓丽单车宝贝、单车趣味游戏、环保倡议签名等活动。

7. 活动名称：广东省（肇庆）绿道定向邀请赛

活动时间：12月30日至2012年1月2日

活动地点：肇庆星湖绿道、七星岩景区等

活动内容：比赛分接力赛、中距离赛、中长距离赛、百米定向赛，以专业赛事并结合嘉年华模式进行，包括专业定向越野赛事、自行车比赛、健行活动、嘉年华游戏等活动。

8. 活动名称：鼎湖山第六届国际森林旅游登山节

活动时间：9月30日10：00

活动地点：鼎湖山景区

活动内容：包括启动仪式，夺宝奇兵定向登山比赛等活动。

9. 活动名称：第五届星湖国家湿地公园观鸟节

活动时间：9月30日15：00

活动地点：星湖国家湿地公园

活动内容：举办活动启动仪式、丹顶鹤放飞表演、人鹤共舞、星湖观鸟摄影展、观鸟科普知识展以及游览星湖国家湿地公园等。

10. 活动名称：鼎湖山重阳户外音乐会

活动时间：10月4日21：00～02：00

活动地点：鼎湖山宝鼎园

活动内容：超级模仿秀歌手演唱，国内5支知名乐队献艺，川剧变脸大师吐火表演，观众激情互动。

11. 活动名称：“万人挥毫抒写砚都”书法大赛

活动时间：11月

活动地点：七星岩牌坊广场

活动内容：以“万人挥毫齐书写，幸福大字砚都情”为主题开展系列活动。

12. 活动名称：“盘古诞——千人盘菜宴”

活动时间：11月11日

活动地点：端州盘古山景区

活动内容：民间将每年的农历十月十六日作为盘古诞纪念日。活动当日举办汉民族与苗、瑶等民族共同拜祭祖先及千人盘菜宴活动。

13. 活动名称：鼎湖区山水旅游欢乐节

活动时间：10月26～28日

活动地点：鼎湖区

活动内容：举办尝山泉美食、拜包公祈福、盛夏“泉”接触等活动。

14. 活动名称：四会柑桔玉器文化节

活动时间：12月中下旬

活动地点：四会市

活动内容：举行2011年四会摘柑采玉、吉祥之旅启动仪式，玉器“十大门店”评选活动，绿道低碳游，翡翠玉器精品展销会，翡翠玉器精品拍卖会，四会市2011年重大项目签约仪式，文艺汇演及烟花晚会。

15. 活动名称：高要金钟山千年姻缘诞

活动时间：10月1～7日

活动地点：高要金钟山景区

活动内容：举行龙公祖庙·姻缘诞万人相亲会，活动当日节目丰富，有男女相亲互动游戏、美味盆菜宴等。

16. 活动名称：广宁第六届竹子节

活动时间：12月

活动地点：广宁县

活动内容：竹子节文艺晚会，招商推介会，广绿玉展览，项目奠基和剪彩仪式。

17. 活动名称：德庆孔庙千年华诞活动

活动时间：9月28日

活动地点：德庆孔庙及县城

活动内容：德庆孔庙始建于北宋大中祥符四年（公元1011年），以德庆孔庙千年华诞为契机，举办纪念孔子仪式、孔庙国学讲堂、德庆孔庙历史展览、孔子中学国学文化活动、名家讲国学等活动。

18. 活动名称：德庆悦城龙母感恩节

活动时间：12月9日

活动地点：德庆悦城龙母祖庙

活动内容：“龙母感恩节”是传统庙会活动。庙会期间，广大善信通过舞狮、舞龙、献金猪、捐香油、添砖加瓦等形式来感恩龙母，拜祭祈福。

19. 活动名称：封开县第六届广信文化节

活动时间：11 月下旬

活动地点：封开县行政中心广场等

活动内容：广信民间艺术汇演、首届封开绿道骑游、51 号兵站军事冬令营启动仪式、首届北回归绿洲森林度假村溯溪探险游登山节启动仪式、封开民歌演唱会、“岭南奇境——封开”摄影展等。

20. 活动名称：怀集县攀岩节

活动时间：10 月下旬

活动地点：怀集县城及燕岩省级风景名胜区

活动内容：每年举办一届全国或国际的攀岩赛事，吸引万千游客来观摩，当地俗称“攀岩节”。现场有悬竿吊竹攀岩采燕窝绝技表演。

21. 活动名称：CTCC 中国房车锦标赛 &WTCC 世界房车锦标赛

活动时间：11 月 5～6 日

活动地点：广东（大旺）国际赛车场

活动内容：主赛分 1600cc 组和 2000cc 组比赛项目。辅赛包括大众尚酷房车赛，POLO 杯、亚洲 GT 大师赛等。现场有风尚车模大赛、红牛之夜时尚品质派对、商业表演秀等活动。

## 清远分会场

1. 活动名称：中国（清远连南）瑶族文化艺术节

活动时间：11 月 11 日（农历十月十六日）

活动地点：连南县

活动内容：举办耍歌堂、瑶族文化艺术歌舞表演、旅游推介会、旅游线路考察等系列活动。

2. 活动名称：2011 连州国际摄影年展

活动时间：12 月

活动地点：连州市

活动内容：包括 2011 年连州国际摄影年展专业摄影主题展、连州采风摄影大赛、摄影器材展示、清远市摄影家协会会员摄影作品展等，以及连州民族特色民间艺术舞马鹿、长鼓舞表演等活动。

3. 活动名称：中国（阳山）四驱越野车节

活动时间：12 月中旬

活动地点：阳山县七拱国际赛车场

活动内容：举办中国越野车系列赛，期间还将举办旅游推介会、品牌汽车展销、赛事观光等活动。共有 20 万人次参加。

4. 活动名称：2011 年全国汽车拉力锦标赛（佛冈站）

活动时间：12 月 9～11 日

活动地点：佛冈县城举办开幕式、闭幕式

活动内容：举办汽车拉力赛、旅游推介会、招商项目签约、旅游特产展销、旅游美食节等活动。

5. 活动名称：佛冈健康养生文化美食旅游节

活动时间：11 月 30 日至 12 月 1 日

活动地点：佛冈县城

活动内容：包括健康养生文化展示、佛冈县“十大养生菜”厨艺大赛及美食展示等活动。

6. 活动名称：清城区旅游文化节活动

活动时间：12 月

活动地点：清远市清城区城市广场前庭

活动内容：举办旅游图片展、旅游产品展销、旅游线路考察等活动。

7. 活动名称：2011 英德英石文化节

活动时间：12 月

活动地点：英德市中华英石园

活动内容：包括开幕式，评选英石奇石，英石文化节目表演，英石奇石展，奇石拍卖会等。

## 潮州分会场

1. 活动名称：天天好生活　旅游嘉年华

活动时间：2011 年 10 月 14～18 日

活动地点：潮州体育馆

活动内容：举办首届潮州手信节，潮州十大手信颁奖仪式暨手信产品展销，潮州十大名菜、十大名小食推荐评选，万人游潮州首发式，广东省中医药旅游养生基地授牌仪式等活动，借助潮州旅游嘉年华节庆平台，展示企业形象，宣传推广企业产品。

2. 活动名称：“古潮州·新风采”大型美食节

活动时间：12 月下旬

活动地点：潮州体育馆

活动内容：举办“古潮州·新风采”十大潮州名菜、十大名小食大型推荐评选暨颁奖仪式，潮州美食展销活动等。

3. 活动名称：情趣潮安金秋主题游活动

活动时间：10 月 1～7 日

活动地点：潮安县城区

活动内容：结合“2011 中华文化旅游年”主题，将华夏历史博物馆、航空航天科技城、龙湖古寨旅游区串成一线，展示航空航天科技和厚重的潮人文化。

4. 活动名称：饶平旅游风光摄影赛

活动时间：11 月上旬

活动地点：绿岛旅游山庄

活动内容：举办饶平旅游风光摄影赛启动仪式，展示反映饶平自然风光、景区景点、名胜古迹、民族风情、现代建设、百姓生活等内容的摄影作品。

5. 活动名称：湘桥区 2011 年文化旅游节

活动时间：10 月 1～3 日

活动地点：潮州市牌坊街、紫莲森林度假村

活动内容：举办潮剧、茶艺表演等系列传统文艺节目以及文化巡游活动。

## 揭阳市分会场

1. 活动名称：揭阳市第三届特色文化节

活动时间：12 月

活动地点：市区

活动内容：举办开幕式文艺晚会、书画展示长廊、玉雕精品展等活动。

2. 活动名称：第十届中国（国际）玉器节

活动时间：10 月 21 ~ 25 日

活动地点：揭阳市阳美玉都

活动内容：举行第十届玉器节开幕仪式，阳美玉器展销中心营业启动仪式，中国玉都文化广场开工仪式，阳美翡翠精品拍卖会，亚洲玉都、中国玉都品牌推广交流会，第六届玉器节文艺晚会，珠宝、玉器展销会等。

## 云浮分会场

1. 活动名称：第八届中国（云浮）国际石材科技展览会暨第二届广东（云浮）石文化节

活动时间：10 月 21 ~ 23 日

活动地点：云浮市石材博览中心

活动内容：本届展览会全面展示石材加工的高科技设备、最新石材产品、工艺品。诚邀海内外客商参与商务活动。举办文艺表演、旅游商品及工艺品推介展示、旅游精品推介、石乡风情旅游采风活动等。

2. 活动名称：第六届广东（新兴）国际温泉旅游节暨2011 广东国际旅游文化节云浮（新兴）分会场开幕式

活动时间：12 月 4 ~ 6 日

活动地点：云浮市新兴县

活动内容：以“禅意温泉 · 幸福广东”为主题，举行开幕仪式、禅 · 泉—养生公众论坛、广东温泉旅游行业2011 年年会 、“泉在新兴”精英歌手大赛总决赛、云浮旅游图片展、健 · 智之旅——精英企业家六祖故里温泉与禅主题研修班等系列活动。

3. 活动名称：云浮市第四届运动会暨首届南江文化节

活动时间：11 月 8 ~ 15 日

活动地点：罗定市

活动内容：举办开幕仪式暨文体表演、提灯巡游、罗定文塔建造400 周年纪念活动、南江文化节主题晚会、罗定学宫论坛、南江文化研讨会暨《南江古韵》首发式、苹塘谈礼山歌邀请赛、南江流域摄影大赛邀请赛、粤剧汇演、历史文化名城一日游等活动。

## 顺德分会场

1. 活动名称：第六届中国岭南美食文化节

举办时间：7 月至 11 月

举办地点：顺德区

活动内容：第六届中国岭南美食文化节是由中国烹饪协会、广东省旅游局和顺德区人民政府共同主办的国家级美食庆典。活动以“中国厨乡，美食之都”为主线，以系列美食旅游文化活动为主要表现形式，将顺德美食、顺德旅游和岭南文化有机结合，共举办活动 20 余项，包括：全民皆厨 粤味传承——第六届顺德私房菜大赛；美味广东 香飘岭南——岭南美食风味展；活力广东　激情顺德——夏日冰饮嘉年华；东酸西辣 南甜北咸——中国八大菜系精品宴；盛世盛宴 粤厨粤味——顺德金牌宴席评选；好食好景品味岭南——顺德美食文化游等。美食节在传承中求创新，实现了多项突破：岭南美食风味展布展面积之大，展位之多，内容之丰富，创下历届之最；在国内外美食交流、美食与文化旅游交流中，突破区域局限，丰富“美食顺德”内涵；着力推动粤菜标准化制定，打造高水平的餐饮人才培养基地和技术中心，抢占行业制高点；平台多元化，形式立体化，活动举办和推广方式“网络化”，进一步扩大顺德美食的品牌效应。

# 关于2011广东国际旅游文化节情况的报告

为深入贯彻落实省委、省政府关于加快转型升级、建设幸福广东的决策部署，大力推进全国旅游综合改革示范区和旅游强省建设，2011广东国际旅游文化节于11月5日在韶关市胜利开幕，目前各项重大活动已落下帷幕。在省委、省政府和国家旅游局的正确领导下，在全省各地市、各有关部门的共同努力下，本届广东国际旅游文化节吸引了100多个国家和地区的近万名嘉宾客商出席活动，期间共签订各类合作协议15项、投资贸易协议216项，项目总金额达1100亿元，有力宣传了广东旅游，有力增进了中外旅游文化交流，有力丰富了群众生活，办出了一届惠民、节俭、实效、不一样精彩的旅游文化节，取得圆满成功。现将有关情况报告如下：

## 一、主要意义和收获

本届旅游文化节在全省举办，主会场设在韶关市，分会场设在其他20个地级以上市及顺德区。期间，韶关市主会场举办了开幕式暨旅游推介会、嘉年华巡游巡演、泛珠三角旅游招商会、游绿道观美景活动、德国啤酒节等30多项活动，分会场共举办各类旅游文化活动150多项。本届旅游文化节以“注重实效、突出特色、全民共享”为目标，大力推进模式创新和勤俭办节，取得丰硕成果。主要有四个方面的收获：

（一）创新办节机制和模式实现新突破。认真落实汪洋书记等省领导的重要指示精神，进一步解放思想、开拓思路、大胆探索，在创新旅游文化节办节机制等方面迈出了新步伐。一是首次将主会场安排到韶关市举办，进一步突显了岭南特色、带动了地方发展。本届旅游文化节是韶关有史以来规格最高、规模最大、内容最丰富、宣传推介最广的大型节会活动。韶关市举全市之力，全面完成市容市貌、环境卫生、人员培训等各项准备，并与省有关部门精心组织举办了开幕式暨旅游推介会、嘉年华巡游巡演、旅游招商会、德国啤酒节、美食节等一系列活动，充分挖掘和展演了广东特色民俗文化旅游资源以及韶关大丹霞、大南华、大南岭品牌，全面展示岭南风采和韶关特色。嘉年华巡游巡演中全省各地旅游文化精品荟萃，广州鸡公榄、深圳鲤鱼灯、珠海鹤舞、汕头蜈蚣舞、韶关南狮、汕尾五色狮、梅州花环龙、河源灯船、湛江人龙、茂名高州木偶、肇庆五马巡城、清远布袋狮、潮州布马舞、揭阳青狮、番禺鳌鱼等民间艺术和非物质文化遗产大放异彩。通过举办旅游文化节，韶关市容市貌、环境卫生进一步优化，旅游服务设施进一步完善，旅游服务水平进一步提升，接待旅游人数及旅游收入大幅增长。二是首次取消开幕式大型文艺晚会，进一步强化了旅游推介、促进了招商引资。简化开幕式程序，将开幕式与旅游推介促销相结合，把更多精力用到招商引资、吸引游客和引导群众参与上来，进一步提升了旅游宣传推介的层次水平，增强了招商引资的针对性和有效性，着力打造推动旅游合作、促进旅游发展的平台。三是大力推进市场化运作方式，进一步节约了办节成本、增强了活动实效。坚持勤俭节约、严格预算，嘉宾邀请坚持少而精，有针对性地邀请美国运通、瑞士可尼、日本JTB等国际知名旅游企业集团参会，鼓励支持旅行社邀请合作伙伴和组织游客参与活动，同时根据嘉宾类型、投资意愿和关注点，分类安排与省内有关旅游企业进行对接洽谈，促成交流合作。通过系列创新，本届旅游文化节形式新颖、务实高效，探索走出了节俭、惠民、务实办节的新路子。

（二）宣传广东旅游迈上新水平。全省各地以办节为契机，大力优化美化城市环境、改善基础设施、宣传推介旅游、提升服务水平，在中外嘉宾和游客面前全面展示了广东旅游的蓬勃生机和良好形象。一是加强了对境内外高层的旅游展示推介。旅游文化节期间，希腊副总理潘卡斯洛、世界旅游业理事会副主席鲍姆加藤、亚太旅游协会侯任主席安栋梁、日本兵库县知事井户敏三、瑞典斯科讷省议会议长简森、库克群岛文化部长希瑟、密克罗尼西亚丘克州州长埃里莫、斐济苏瓦市特别行政官乌玛瑞尔、丹麦南丹麦大区副主席斯文森、希腊驻华大使耶奥卡凯罗斯，有关国家旅游部门、世界旅游组织、我省各友好省州、有关国家驻穗总领馆、兄弟省区市旅游部门以及海内外旅游业界的嘉宾应邀出席了开幕式和相关的旅游推介会交流活动，进一步提升了宣传层次和水平。二是深化了对岭南文化和地方特色的集中展示。主会场韶关市策划推出各具特色、风情浓郁的系列专题活动，广泛深入开展宣传推介，面向社会征集提炼形成旅游形象主题宣传口号——“元起丹霞，禅蕴韶关”、“韶关行，好心情”，在央视等媒体广为宣传，极大提升了旅游知名度。广州、深圳、汕头、河源、梅州、东莞、江门、阳江、湛江等分会场通过举办推介会、招商会、博览会、温泉节、养生旅游节、侨乡风情节等活动，对绿道、滨海、温泉、森林、商贸、美食、民俗文化等旅游资源进行了大宣传、大推介和大促销，进一步提升了我省“岭南文化、活力商都、黄金海岸、美食天堂”四大旅游品牌的吸引力和影响力。三是形成了密集的多媒体宣传氛围。旅游文化节期间，全省各地广泛深入开展宣传报道，在突出电视、报纸、广播、网络主流媒体宣传的同时，借助户外广告牌、公交出租广告、宣传海报等多种渠道，集中宣传各地的旅游特色和节庆活动，形成铺天盖地的立体式宣传态势。旅游文化节期间，共有100多家境内外媒体进行采访报道，累计发稿1100多篇，百度搜索词条达143多万条，营造了浓厚的舆论氛围。

（三）促进交流合作取得新成绩。本届旅游文化节坚持交流为先、合作为实，在总结往届经验的基础上，着力在促进招商引资、推动交流合作方面集中优势资源、加大力度，举办了中国（广东）国际旅游产业博览会、泛珠三角旅游招商会、世界客商大会、旅游推介会等数十项专题招商引资活动，多角度推介了我省丰富的旅游资源、产品和巨大商机，全方位密切了交流合作关系。一是搭建了新的合作平台。旅游文化节期间，广东省与密克罗尼西亚联邦丘克州、斐济群岛共和国苏瓦市签订友城结好协议，广东省旅游局与亚太旅游组织，希腊、厄瓜多尔、马来西亚等国驻穗总领馆，日本兵库县、西班牙加泰罗尼亚区、香港以及天津、河北、吉林、江苏等地旅游部门签署了旅游合作与交流框架协议，与阿联酋航空公司、中华航空公司、香港商报、网易等签署了战略合作协议。二是达成了丰硕合作成果。本届旅游文化节开幕式暨旅游推介会上，我省旅游企业与省内外企业签署投资、采购、贸易等合作协议73个，合同金额600多亿元。其中，广晟集团、信基集团等企业与合作伙伴签订投资、采购战略合作协议，涉及项目31个，合同金额598.93亿元；广东中旅、广东国旅、广之旅、广东铁青等旅游企业与合作方签署客源互送合作协议，涉及项目41个，合同金额5.42亿元。广东省旅游局与中国建设银行广东分行签订战略合作协议，为旅游企业提供200亿元人民币授信。泛珠三角旅游招商会上，共签订外商投资项目协议127个，外资金额26.62亿美元。近100个国家和地区的350名海外杰出华侨华人来粤参会并开展投资考察，表示要加强与广东合作。三是推动了产业深度融合。本届旅游文化节融会旅游产业链各要素、各环节，加速了旅游产业与相关产业的融合发展。首届旅博会和各类推介会、投资洽谈会等活动吸引了航空公司、旅游商品、特种旅游设备、旅游电子商务、旅游传媒产业、旅游创意产业、旅游装备制造业在内的20多个行业参展。各地市以旅游为载体、以文化为纽带，依托行业优势，大力培育并推介农业旅游、工业旅游、森林旅游、滨海旅游、科技旅游、修学旅游和康体养生旅游等专项产品，强化旅游与信息、金融等产业的融合，打造高端旅游品牌，形成了旅游业态发展新优势，拓展了旅游产业发展空间。

（四）丰富群众生活开创新局面。围绕建设幸福广东的核心，大力推进旅游惠民，本届旅游文化节精心遴选和组织了一大批内容丰富、各具特色的群众参与性活动，推出了一大批力度大、实惠多的惠民措施，带给人民群众看得见、摸得着、享受得到的幸福感。韶关主会场采取点、线、面结合的方式，把舞台推向街道、广场、公园，举办的旅游嘉年华大巡游吸引了来自国际友城、港澳台、兄弟省市区、全省各地以及世界旅游小姐、迪斯尼乐园等参加，31支艺术表演队伍深入各公园、广场等公共场所展演，吸引了全城百姓及游客观赏，万民同乐，盛况空前。举办的德国啤酒节，以浓郁独特的德国旅游风情、原汁原味的啤酒吸引了20多万群众参与。许多市民感叹：“没想到我们广东居然有这么多精彩绝伦的民间艺术和民俗文化，真是令人叹为观止！”“几十年来都没见过这么喜庆的大场面了，就连过年都没这么热闹！”珠海、中山、汕尾、肇庆、清远等市举办了一系列狂欢、庙会、华诞等活动，日本、瑞典、韩国、意大利、库克群岛等5个国家的表演队伍参加了国际友城文艺晚会演出，极大丰富了群众精神文化生活。同时，全省旅游企业纷纷借助旅游文化节的契机，推出向百姓让利活动，韶关市旅游企业开展“旅游惠民月”活动，对境内外游客实行3~7折的门票优惠和奖励措施，广州、佛山、惠州、茂名、潮州、揭阳、云浮等市旅游企业推出了派发礼包、赠送优惠券、直接折扣等措施，共同把旅游文化节办成万民同乐、市民受惠、企业让利的欢乐节日。旅游文化节期间，全省主要旅游景区接待人数比平时增长超过20%。国家旅游局邵琪伟局长指出，广东国际旅游文化节不断创新形式，促进了旅游与相关产业融合发展，打造了国际旅游合作平台，同时更加务实惠民，注重与民同乐、提高老百姓的幸福感，许多做法和经验值得总结并推广全国。

本届旅游文化节的成功举办，积累了务实创新办节的宝贵经验，擦亮了旅游文化节庆品牌，较好实现了推动主会场承办市旅游和经济社会发展的预期目的，形成了节庆活动与旅游发展相辅相成、互为促进的良好关系。这为清远市承办好下届旅游文化节主会场活动提供了有益借鉴，也为今后进一步发挥旅游文化节品牌效应，推动全省特别是旅游资源丰富、旅游经济欠发达的粤北山区和东西两翼加快旅游改革发展探索了新路。

## 二、做法及体会

（一）省委、省政府领导高度重视、亲力亲为，是本届活动取得成功的关键。省委、省政府对本届旅游文化节高度重视，汪洋书记专门就如何办出不一样精彩的旅游文化节作出重要指示，为创新办节理念和方式指明了方向，并亲自出席重要活动，宣布旅游文化节开幕，给组委会和广大来宾带来巨大鼓舞。原省长黄华华、代省长朱小丹、国家旅游局局长邵琪伟等领导对本届旅游文化节非常关注，多次听取情况汇报，专程出席相关活动。招玉芳副省长直接领导、亲自谋划，多次召开专题会议研究部署，多次深入一线研究解决具体问题，为推动筹备工作顺利推进倾注了大量心血。

（二）*我省旅游业发展基础雄厚、前景广阔，是本届活动取得成功的根本。*改革开放以来，我省旅游业蓬勃发展，主要指标稳居全国前列，旅游基础设施不断完善，旅游服务体系更加健全，广东旅游的国际知名度和影响力日益提升。特别是随着我省加快建设全国旅游综合改革示范区和旅游强省，国民旅游休闲计划深入实施，一大批旅游重大项目和旅游产业园加快建设，滨海旅游、生态旅游、绿道旅游、旅游制造业等发展迅猛，旅游发展商机无限、前景广阔。世界各国各地区、各旅游组织和旅游企业都看好广东旅游，普遍希望进一步加强与我省的合作。这为本届活动成功举办创造了良好条件。

（三）*全省各地、各有关部门齐心协力、密切合作，是本届活动取得成功的基础。*组委会办公室和各主分会场围绕省政府的总体工作方案，制定并细化各项具体活动方案，明确目标、措施、进度安排和责任人，全面推进活动组织、接待、交通、卫生、食品等各项筹备工作。韶关市作为主会场承办地，市委、市政府主要领导亲自挂帅、各部门积极参与、全市上下齐心，全力落实各项筹办工作，为本届活动成功举办作出了突出贡献。全省各地市积极参与，精心组织，组委会成员单位各负其责、密切配合，形成强大合力。各有关企业和媒体积极参与活动承办、协办和宣传推广工作，有力促进了活动顺利开展。

根据省政府部署，下一届广东国际旅游文化节将于2013年举办，主会场设在清远市。我们将认真总结经验，进一步加强创新、强化特色、突出实效、推动惠民，充分发挥主会场承办市的积极性和主动性，更好地擦亮品牌、促进发展，为推动全国旅游综合改革示范区和旅游强省建设注入新动力，为加快转型升级、建设幸福广东作出新贡献。

（执笔：李录春　陈桂林）

# 国民旅游休闲计划

# Pilot Plan for Domestic Tourism and Leisure

（第 145 ~ 150 页）

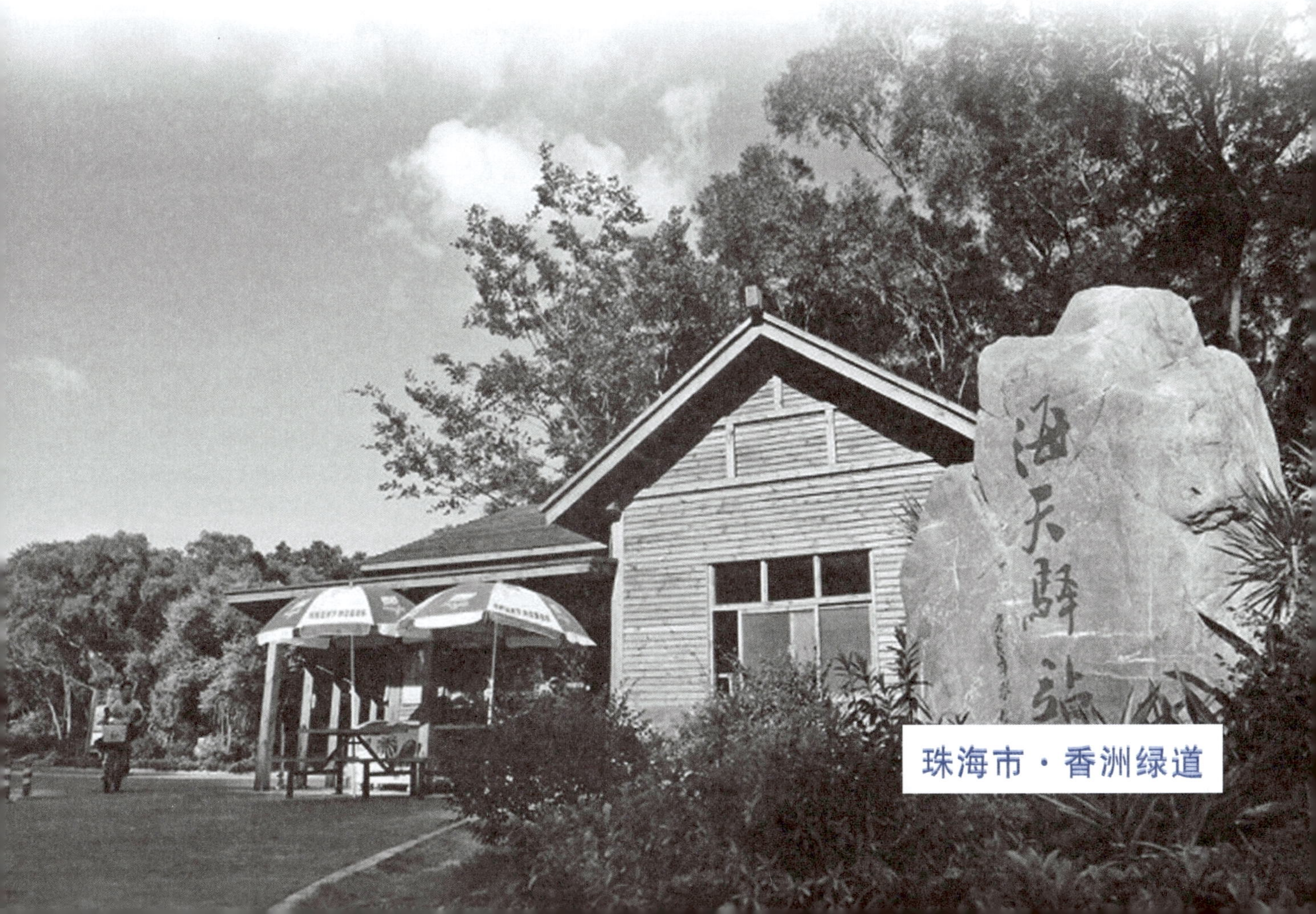

珠海市 · 香洲绿道

# 2011年国民旅游休闲计划工作概述

**【概况】** 2011年，是广东省全面落实国民旅游休闲计划工作的第三年，全省各地认真贯彻落实广东省人民政府《关于试行广东省国民旅游休闲计划的若干意见》（粤府［2009］19号）精神，积极引导和大力推动试行国民旅游休闲计划工作，并列入广东省加快全国旅游综合改革示范区和旅游强省建设的重要内容之一。全年共评定3个类别、45家专项旅游示范基地。

**【重大事件】** 2011年1月7日，广东省人民政府印发《广东海南战略合作框架协议的通知》（粤府［2011］1号），提出"实施跨省'国民旅游休闲计划'，支持海南建成广东游客的国内休闲基地"的合作意愿；2月14日，广东省人民政府印发《2011年省政府工作要点》（粤府［2011］15号），提出"全面实施国民旅游休闲计划，拓展旅游综合消费，大力发展绿道休闲旅游"；3月6日，广东省人民政府和澳门特别行政区政府在北京签署《粤澳合作框架协议》，并在旅游合作项目中提出"研究推动广东国民旅游休闲卡在澳门发行使用，发挥银行卡支付旅游服务功能"；4月1日，广东省林业局、广东省旅游局联合下发《关于开展2011年广东森林生态旅游示范基地认定申报工作的通知》（粤林［2011］44号），启动第三批森林生态旅游示范基地申报工作；4月26日，广东省经济和信息化委员会《关于印发全省产业转型升级突破点工作方案的通知》（粤经信技改［2011］333号）中明确指出：经广东省人民政府同意，广东省旅游局"试行国民旅游休闲计划"被选定为全省产业转型升级突破点；5月16日，省政府印发《广东省国民经济和社会发展第十二个五年规划纲要》，提出"继续推行国民旅游休闲计划，培育全民旅游休闲消费市场"；6月27日，广东省副省长招玉芳在《试行国民旅游休闲计划工作简报》（第6期）上批示："博罗星级农家乐扶持办法很有特色，务实可行。请省旅游局研究推广、支持基层旅游和旅游扶贫。"

2011年5月19日，由广东省旅游局和南方日报共同举办的2011年"中国旅游日·幸福绿道游"启动仪式在广东科学中心隆重举行。

**【广东绿道旅游】** （具体见第19页《文献·特辑》篇"广东绿道旅游"）。

**【2011中国旅游日·幸福绿道游启动仪式】** （具体见第19页《文献·特辑》篇"广东绿道旅游"）。

**【专项旅游】** 2011年，广东省旅游局继续联合各相关厅（局）开发乡村旅游、森林生态旅游、体育旅游、温泉旅游、中医药文化养生旅游、绿道旅游等专项旅游产品，推进旅游与相关产业和行业的融合发展，拓展旅游产业新业态，构建丰富多样的旅游休闲产品体系，培育新的旅游消费热点。5月18日，广东省旅游局、省中医药局、广州中医药大学联合下发《关于公布"广东省中医药文化养生旅游示范基地"名单的通知》，公布19家中医药文化养生旅游示范基地。8月5日，由广东省旅游局、广东省中医药局、广州中医药大学主办，南方都市报社承办，广东省旅游协会、中国旅游报社、南方卫视协办的广东省中医药文化养生旅游研讨会在广州举行，并为19家中医药文化养生旅游示范基地颁牌；7月18日，在广州举办的2011年广东省林业产业工作会议上，广东省林业局、省旅游局共同为全省第二批27家森林生态旅游示范基地颁牌；11月22日，广东省旅游局为全省首批40家温泉旅游示范基地颁牌；11月28日，广东省体育局、广东省旅游局联合下发《关于命名广东省体育旅游示范基地的决定》，公布第一批18家体育旅游示范基地名单。12月16日，广东省体育局、广东省旅游局联合举办广东省体育旅游示范基地总结大会，并为全省首批18家体育旅游示范基地颁牌。

**【推动落实带薪休假制度】** 以春节黄金周、"五一"小长假为契机，推动落实带薪休假制度，弹性安排带薪休假时间，鼓励和引导根据个人意愿，将带薪年休假分段灵活安排，与法定节假日相连接，为公众提供旅游休闲时间保证。是年，广东省节日旅游消费呈现快速增长，表明灵活安排带薪年休假举措显现正效应和实际贡献。

**【培育城乡居民旅游休闲意识】** 2011 年，广东省旅游局加大与媒体合作力度，对全省试行国民旅游休闲计划展开全方位、立体化的宣传报道，在全省范围内营造浓厚的舆论氛围，进一步增进广大城乡居民对国民旅游休闲计划的理解和认识，着力培育广大城乡居民的旅游休闲意识。印发20 期试行国民旅游休闲计划工作简报，及时通报我省试行国民旅游休闲最新情况，推广各地的好经验、好做法；加强国民旅游休闲网建设，及时收集、筛选、发布旅游休闲信息，全面展示全国及我省各地旅游休闲发展情况、动态，拓展国民旅游休闲计划宣传平台；与《中国旅游报》合作，刊登中医药文化养生旅游、绿道旅游、体育旅游、红色旅游及国民旅游休闲回顾等专版、专稿 22 篇，刊发新闻图片6 幅，策划 4 个专题版面，扩大了广东国民旅游休闲计划在全国的宣传效应；与《南方都市报》合作，刊登《广东旅游为幸福加分》、绿道旅游、体育旅游、红色旅游、养生旅游、温泉旅游等专版 6 个版次；与南方卫视合作，先后制作播出红色旅游、温泉旅游、中医药文化养生旅游、工业旅游、体育旅游等专项旅游节目 7 期。

**【开展旅游休闲活动】** 2011 年，广东各地市国民旅游休闲活动同样精彩纷呈：广州市推出“辛亥百年・秀峥嵘岁月寻迹一日游”、“红色经典越秀一日游”、“红色经典・新广州二日游”等多条精彩的红色旅游线路；肇庆市举办“绿道慢游，休闲养生，广府寻根，画廊自驾”等系列主题活动，以崇尚健身旅游、低碳旅游、绿色旅游、养生旅游的理念；中山市举办“踏寻百年足迹，体验辛亥之旅”为主题的辛亥革命旅游推介及相关活动；省旅游局举办“国民休闲绿道游”系列活动，与中国旅游报社、南方都市报社、南方卫视等媒体联合举办红色旅游、绿道旅游论坛、中医药文化养生旅游论坛等多项重大活动。据统计：全省共组织近百余项各类主题活动，以丰富人民群众的假日生活，调动广大居民参与休闲活动的积极性。

旅行社热心参与国民旅游休闲活动。

**【国民旅游休闲计划课题研究】** 2011 年，广东省旅游局委托广东省委党校，并邀请旅游及相关方面专家，共同开展国民旅游休闲计划课题的专题研究，制订国民旅游休闲计划发展规划，为全省试行国民旅游休闲计划工作提供理论指导和智力支持。课题组通过梳理广东省开展试行国民旅游休闲计划工作，调查广大居民在国民旅游休闲计划推出之后旅游行为特征、消费需求以及消费模式的转变，提交了相关课题研究报告及政策咨询报告。

**【推行国民旅游休闲卡】** 2011 年，国民旅游休闲卡是广东省推进国民旅游休闲计划的重要载体。运营商益民公司在省旅游局的支持下，积极探索并推动旅游与金融产业融合发展，拓展国民旅游休闲卡的金融功能，以更好地服务于大旅游产业发展，满足旅游休闲消费需求。截至 2011 年底，全省累计发行国民旅游休闲卡 400 万张，累计拉动旅游消费达 200 亿元。联名卡特惠商户超过 1 万家，其中预付卡特约商户 300 余家。打造了能满足 2000 万张卡容量、覆盖 2 万家商户、支撑日交易量 50 万笔的技术平台。由该公司研发的《基于 J2EE 和 SOA 架构的国民旅游休闲公共信息服务平台与创新管理系统》获得广东省科学技术三等奖。国民旅游休闲卡项目及相关配套服务得到国家旅游局及省、市有关领导的肯定。

（张国辉）

专项旅游产品

# 关于开展2011年广东省森林生态旅游示范基地认定申报工作的通知

各地级以上市林业局、旅游局，各县（市、区）林业局、旅游局：

根据省政府《关于试行广东省国民旅游休闲计划的若干意见》（粤府［2009］19号）和省林业局、省旅游局《关于印发广东省森林生态旅游示范基地评定标准的通知》（粤林［2009］87号）的有关规定，省林业局、省旅游局决定组织开展2011年广东省森林生态旅游示范基地认定申报工作。现将有关事项通知如下：

**一、申报单位**

国家级和省级自然保护区，国家级和省级森林公园，开展森林生态旅游的市、县级自然保护区和森林公园，以及依托森林资源已开展规模化森林生态旅游经营一年以上的企业。

**二、申报条件及程序**

广东省森林生态旅游示范基地的申报条件和申报程序严格按照粤林［2009］87号的有关规定执行。

**三、申报时间及材料**

（一）申报时间：6月30日前，逾期不再受理。

（二）申报单位提交的材料主要包括：

1. 广东省森林生态旅游示范基地认定申报表（见附件）；

2. 营业执照复印件；

3. 开展森林生态旅游经营情况的总结材料；

4. 金融部门出具的申报企业近两年信用记录证明和信用等级证明；

5. 有资质的中介机构出具的申报单位2010年度经营情况审计报告；

6. 申报单位产权证书、林权证书或与有关单位签订的林地、旅游项目合同、协议书等复印件；

7. 县级林业部门出具的企业带动农户增收的证明材料；

8. 2010年申报单位职工缴纳社会劳动保险费证明；

9. 申报单位所在地税务部门出具的2010年度纳税情况证明；

10. 旅游服务、环保、文明单位、地级市以上获奖等其他重要证明材料复印件。

以上申报资料不齐全或伪造，申报视为无效。

**四、申报工作要求**

（一）各市、县（市、区）林业局、旅游局要严格按照有关标准和工作程序组织开展申报工作，审核推荐发展潜力大、经济辐射能力强、服务质量高、带动农户增收效果好、社会责任感强的旅游经营单位参加申报。

（二）申报单位要如实提供有关材料，不得弄虚作假。

（三）各级自然保护区、森林公园以及其他依托森林资源开展规模化森林生态旅游经营的申报企业须经市、县林业局和旅游局逐级审核申报。

（四）申报材料报、申报表（手工填报不予受理）统一用A4纸装订成册，一式两份报省林业局产业处。

《广东省森林生态旅游示范基地评定标准》以及申报表可在广东林业网 http://www.gdf.gov.cn，广东林业产业网 http://www.gdly.com，广东活力网 http://www.visitgd.com 下载。

电子邮箱：gd-wcj2008@163.com

通讯地址：广州市中山七路343号

邮政编码：510173

附件：广东省森林生态旅游示范基地认定申报表（略）

广东省林业局　　广东省旅游局

二〇一一年四月一日

**链接：**

# 2011年广东省森林生态旅游示范基地名单

（共8家）

**企业及景区名单**

1. 广州增城市大丰门旅游景区（广州大丰门旅游景区开发有限公司）
2. 韶关翁源县官渡六虎山庄（广东省公安厅官渡培训基地）
3. 韶关南雄市帽子峰森林公园（广东翠屏实业股份有限公司）
4. 惠州市博罗县平安生态旅游区（博罗县平安生态旅游发展有限公司）
5. 茂名市电白县沉香山森林生态旅游区（茂名市君元沉香种植发展有限公司）
6. 清远市佛冈县森波拉度假森林（广东森波拉度假发展有限公司）
7. 清远市清城区牛鱼嘴景区（清远市牛鱼嘴生态旅游发展有限公司）
8. 揭阳市揭东县望天湖景区（揭东县望天湖现代农业科技有限公司）

# 关于公布“广东省中医药文化养生旅游示范基地”名单的通知

各地级以上市旅游局、卫生局，深圳市卫生和人口计划生育委员会，佛山市顺德区文体旅游局、卫生和人口计划生育局，各中医药文化养生旅游示范基地申报单位：

为深入实施国民旅游休闲计划，推进旅游与中医药产业融合发展，按照省旅游局、省中医药局《关于印发〈广东省中医药文化养生旅游示范基地评定标准（试行）〉的通知》（粤旅办［2010］67号）要求，省旅游局、省中医药局、广州中医药大学联合组成考评小组，对各申报单位进行了现场综合考评。依照评定标准及审核程序，结合区域、类型、档次、组合等情况，经省中医药文化养生旅游示范基地评定小组研究并报请领导小组同意，决定授予广东中医药博物馆等19家单位为“广东省中医药文化养生旅游示范基地”（名单详见附件）。

希望获得“广东省中医药文化养生旅游示范基地”称号的单位要珍惜荣誉，再接再厉，进一步加强和完善基础设施建设，不断提升管理和服务水平，发挥示范带动作用，为建设中医药强省和旅游强省做出积极贡献。

特此通知。

附件：广东省中医药文化养生旅游示范基地名单

广东省旅游局　　广东省中医药局

二〇一一年五月十八日

附件：

# 广东省中医药文化养生旅游示范基地名单

（共19家，排名不分先后）

1. 广东中医药博物馆
2. 白云山和记黄埔中药有限公司神农草堂中医药博物馆
3. 深圳市宝安区中医院
4. 港中旅（珠海）海泉湾度假区
5. 太安堂集团有限公司太安堂中医药博物馆
6. 广东长鹿环保度假农庄
7. 中健行集团有限公司
8. 丹霞山博士生态园实业有限公司
9. 梅县华银雁鸣湖旅游度假村
10. 广东南台药业有限公司
11. 罗浮山国家级风景名胜区
12. 中山市中医院
13. 广东绿业工业集团有限公司
14. 茂名市君元沉香种植发展有限公司
15. 聚龙湾天然温泉度假村
16. 广东永生源生物科技有限公司
17. 潮州市千禧贸易有限公司
18. 扶元堂医疗康复医院
19. 八大菜系潮府馆（养生餐系列）

# 关于命名广东省体育旅游示范基地的决定

各地级以上市体育、旅游行政主管部门，顺德区文体旅游局及有关单位：

为贯彻落实国家关于加快发展体育旅游的意见，树立典型，以点带面，进一步促进体育、旅游融合发展。按照《广东省体育旅游示范基地的评定办法》，我们经研究，评选出我省第一批体育旅游示范基地（共18家），名单公布如下：

1. 广东省奥林匹克体育中心
2. 增城市体育发展中心
3. 广州市近贤轩旅游发展有限公司
4. 港中旅（珠海）海洋温泉有限公司
5. 汕头市游泳跳水馆
6. 汕头市天伦体育俱乐部有限公司
7. 汕头市佳晋投资有限公司佳晋体育中心
8. 汕头中信度假村酒店有限公司
9. 汕头海湾高尔夫俱乐部有限公司
10. 佛山市三水森林公园
11. 广东省梅县华银雁鸣湖旅游度假村有限公司
12. 广东开平碉楼旅游发展有限公司
13. 阳江涛景度假村有限公司
14. 湛江海滨宾馆
15. 封开县大旺海鹰博览中心
16. 聚龙湾天然温泉度假村东新温泉开发有限公司
17. 广东省清新县玄真古洞生态旅游开发有限公司
18. 广东省清新名将体育俱乐部有限公司

希望各地市和县区充分发挥广东省体育旅游示范基地的示范、带动作用，推动我省体育旅游的发展。同时，希望被命名为广东省体育旅游示范基地的单位，再接再厉，大胆创新，为我省体育旅游的发展做出更大的贡献！

特此决定。

广东省体育局　　广东省旅游局

二〇一一年十一月二十三日

链接：

2010年4月14日，广东省体育局与广东省旅游局共同印发《关于下发〈广东省体育旅游示范基地认定办法〉的通知》。

# 各市旅游业

# Tourist Industry of All Cities

(第 151 ~ 286 页)

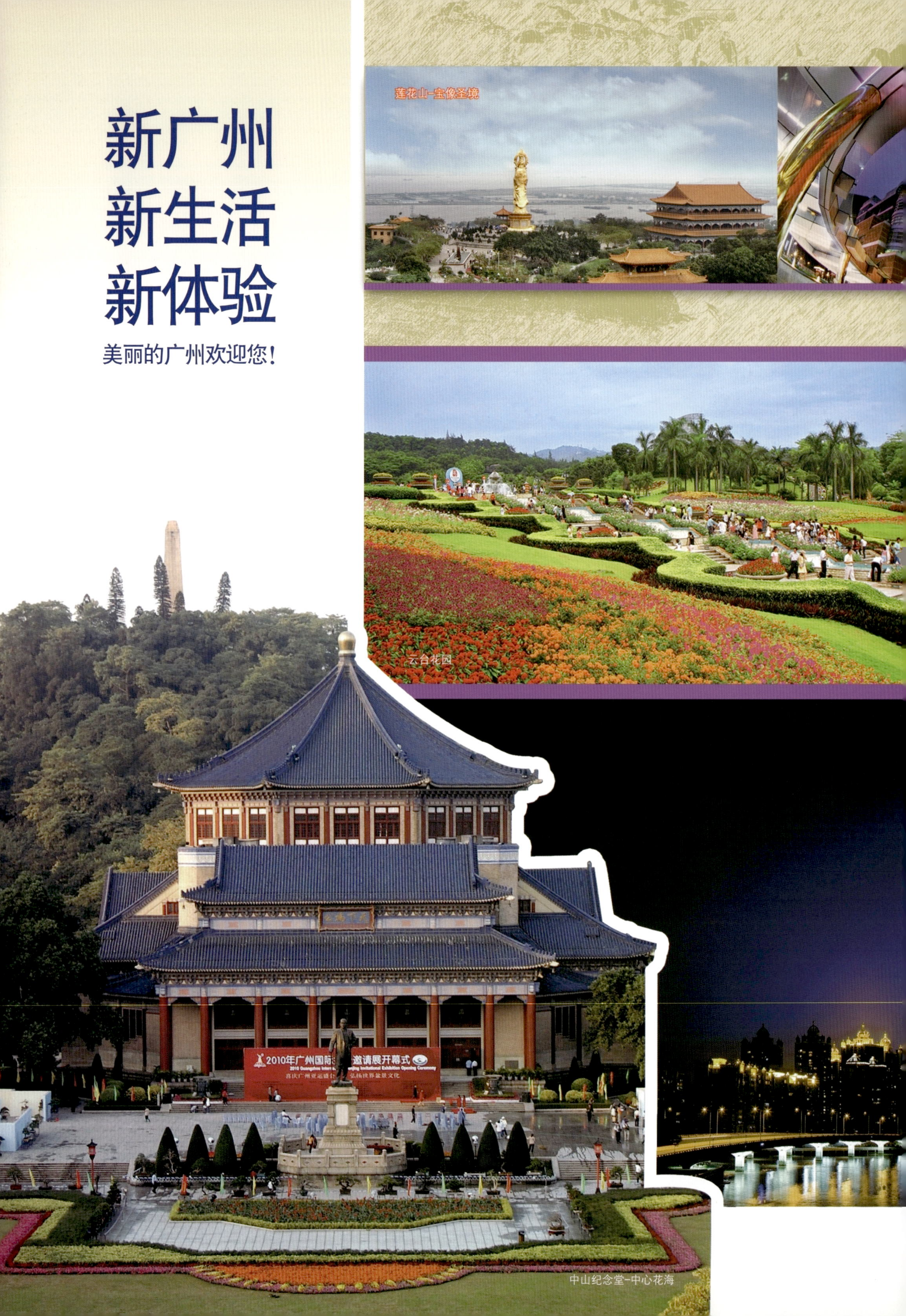
新广州
新生活
新体验
美丽的广州欢迎您！
莲花山-宝像圣境
云台花园
中山纪念堂-中心花海

亚洲体验之都——正佳广场标志雕塑

广州动物园——观鹭湖鹈鹕群

广州永乐农庄木屋全景

广州得天独厚的自然条件，蓬勃发展的社会经济环境，蕴育了别具特色的南国风情，形成了“以历史文化为主题，以‘食在广州’为品牌，以自然风光、休闲乡村为亮点，以活力都市、购物天堂为重要内容”的特色旅游，2011年，广州旅游业以建设国家中心城市、打造国际商贸中心和世界文化名城为引领，不断优化旅游资源配置，着力提升旅游服务质量，全面拓展旅游客源市场，继续保持了强劲的发展势头。全年城市接待总人数达1.33亿人次，旅游业总收入1630.80亿元，同比增长29.98%。旅游业增加值693.26亿元人民币，同比增长29.98%，增加值占全市国内生产总值的5.63%，第三产业的9.16%。较好地实现了“十二五”开好局、起好步的预期目标。

广州，一个充满活力、融汇万象、繁荣发达的中国优秀旅游城市。她那旖旎瑰丽的南国风情，灿烂悠久的岭南文化，韵味十足的现代化大都会气息，每年都吸引着众多的海内外游人流连“品赏”。

2005年广东国际旅游文化节闭幕式——珠江夜景

广州

Guang Zhou

广州塔——夜景

# 珠海

Zhuhai

珠海，位于中国广东省珠江三角洲的南端，水连深圳、香港，地接澳门，北距广州140公里。珠海市总面积7653平方公里，素有“百岛之市”美誉。这里空气清新温润，年平均气温22.4℃，四季鲜花盛开，宜居宜游。珠海是一个充满诗意的浪漫之城。浪漫的珠海热情而好客，完善的设施，便利的交通，优雅的环境，丰富的美食和一流的接待服务，让游客感受浪漫生活的每一天。

浪漫情侣路

珠海度假村酒店

珠海渔女雕像

神秘岛主题乐园

梅溪牌坊

珠海御温泉

天下珠海　海上伶仃

珠海海泉湾度假城

韶关，“咽喉交广，唇齿赣湘”，是粤北岭南天然生态屏障，夏凉冬暖，舒适宜人；京九铁路、武广高铁、京珠高速穿境而过，交通便捷。

“千年佛唱南华寺，万古丹霞冠岭南”。这里有气魄宏大的丹霞美景，深邃悠远的佛教文化，满目苍翠的森林公园，神奇壮观的峡谷飞瀑，几十万年前原始人生活的遗迹，舒适宜人的休闲温泉，古朴悠久的梅岭古道，风情独特的瑶家山寨……

踏上洒满丹霞的旅途吧，来感受岭南风情的热情与欢乐，共享神奇丹霞的吉祥和祝福。

2011广东国际旅游文化节在韶关举行。图为嘉年华盛大欢乐场面。

花车夜游韶城

韶关主会场花车

丹霞山游船图

汕头市独具魅力的海湾——南山湾

汕头是一座美丽的亚热带海湾城市，全市面积2064.4平方千米。该市在海外的华侨、华人和港澳台同胞335万人，遍布世界40多个国家和地区，是著名侨乡。先后荣获“国家卫生城市”、“国家环境保护模范城市”、“中国优秀旅游城市”等称号，被誉为“中国潮菜之乡”。

汕头自然条件优越，气候宜人。拥有南澳岛、桑浦山、礐石风景区、方特欢乐世界·篮水星、陈慈黉故居、龙虎滩、海滨长廊等旅游景区，289千米的海岸线，处处风光旖旎，景色秀丽，非常适宜休闲度假和旅游。

汕头历史文化源远流长，民俗风情独具韵味，饮食品味精致高雅。在这里，您可观山色，踏海浪，听涛声，品美食，您还能感受儒雅民风，领略邹鲁风采，释放山水情怀，尽享休闲浪漫的好时光……

莲华乡村旅游区AAAA级景区揭牌

广东省副省长招玉芳（中）调研汕头旅游

陈慈黉故居

礐石山风光

中国最美海岸线——青澳湾（南澳岛）

被誉为“客家古邑·万绿河源”的河源市位于广东省东北部、东江中上游，南接惠州、汕尾，东靠梅州，西连韶关，北邻江西赣州，是广东省重要的生态屏障和饮用水源地。河源1988年撤县建市，现辖源城区、东源县、和平县、龙川县、紫金县、连平县，全市总面积1.56万平方公里，总人口366.78万人。河源历史悠久，早在公元前214年，南越王赵佗即在龙川设县而治，至今已有2225年历史。河源市属亚热带季风气候，全市常年气候温和宜人，环境质量优良。

河源是“中国优秀旅游城市”，旅游资源非常丰富，自然景观和人文景观交相辉映，城市休闲文化特色鲜明，是广东一座民风纯朴、生态优美、景色秀丽、适宜休闲度假的山水园林城市。

河源正积极实施旅游强市战略，充分发挥拥有一流的森林、空气、水资源生态环境优势和山、河、湖、泉、林、龙（恐龙）、史等旅游资源丰富的优势，以休闲度假为重点，挖掘生态旅游资源，打造“客家古邑·万绿河源·温泉之都·恐龙故乡·红色经典”等特色旅游品牌。努力把河源建设成为广东省生态旅游示范区和岭南生态休闲旅游名城。

恐龙蛋化石

河源市博物馆馆藏的圆形恐龙蛋化石

恐龙骨骼化石

# 河源 HeYuan

河源野趣沟

万绿湖

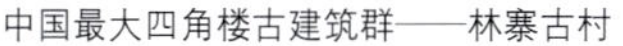

中国最大四角楼古建筑群——林寨古村

河源市举办第八届客家文化旅游节暨广东国际湖泊旅游博览会，并启动“万湖水聚万绿湖”仪式。

西湖生态

惠州海滨温泉
旅游度假区

惠东巽寮湾三角洲岛

惠州市，位于广东省东南部，珠江三角洲东北端，南临南海大亚湾，毗邻深圳、香港，是粤东的一座历史文化名城，在古代即有“岭南名郡”、“粤东门户”之称。

惠州市风光旖旎，人杰地灵，拥有得天独厚的旅游资源，这里集山、江、湖、海、泉、瀑、林、涧、岛为一体，融自然景观与人文景观于一身，是南国广东的缩影。全市拥有国家级风景名胜区、国家4A级旅游区、国家级自然保护区、国家级森林公园等18处。森林度假、滨海度假、温泉养生、文化旅游、运动休闲旅游品牌各具特色。当前，惠州市正以落实《珠江三角洲地区改革发展规划纲要》为契机，全力推进“三大旅游体系、五大顶级旅游品牌、十条精品旅游线路”的“3510”工程建设，把惠州市打造成为粤港澳地区的顶级旅游休闲度假基地。

惠州海滨温泉旅游度假区

南昆山

罗浮山

魅力汕尾

帆船训练基地

莲花山下戏水

内湖赶小海

玄武山之夜

汕尾是珠江三角洲东岸的第一门户。区位、交通等优势明显，旅游资源丰富，这里以红宫红场为代表的红色文化旅游资源弥足珍贵；以红海湾遮浪奇观为代表的滨海文化旅游资源特色鲜明；以海丰莲花山为代表的生态文化旅游资源得天独厚；以碣石玄武山为代表的历史文化旅游资源内涵；以海洋运动、温泉养生原生态美食为代表，特色文化旅游资源魅力独具。被评为“中国最具魅力城市”、“中国最具投资价值旅游城市”、“我最喜爱的休闲城市”、“中国民间文化艺术之乡”、“中国水鸟之乡”、“中国青梅之乡”。到汕尾，游海陆丰山水、玩红海湾沙滩、泡咸淡水温泉、吃原生态海产、吸负离子空气、享真善美人生。

“珠东”现代旅游新城——汕尾欢迎您!

# 汕尾 Shanwei

黄金海韵

蓝波湾畔

詹园彩虹

中山市古称“香山”，是孙中山的故乡，是中国唯一以伟人名字命名的城市。2005年，中山市荣膺首批“全国文明城市”称号。

中山市旅游内涵丰富，资源独特。集名人胜地、城市人文景观、水乡田园风光、特色产业为一体，城市旅游配套设施完善。相继获得了中国优秀旅游城市、全国文明城市、全国绿化先进城市、联合国颁发的“人居奖”等多项国内及国际级的城市殊荣。

中山市传统的民间节庆如岭南水乡旅游文化节、慈善万人行、小榄菊花会、沙溪龙狮凤鹤舞、坦洲水上欢乐节、黄圃飘色等，每年都吸引了不少中外游人尤其是海外华侨回国观光。优美的城市环境，多彩的民俗文化，博爱包容的人文精神，使中山成为一个让游客愿意来、留得住、再回头的魅力城市。

岐江

辛亥革命纪念公园
THE MEMORIAL PARK OF XINHAI REVOLUTION

西区之夜

岐江夜游

中山水乡婚俗

生命之树-小鸟天堂

飞沙滩

古镇夜輝

江门素有“中国第一侨乡”美誉，祖籍江门地区的华人、华侨、港澳台同胞约400万人，遍布世界107个国家和地区。东西方文化在江门这块土地上融会贯通，形成了独树一帜的勇于开放、兼容并蓄的侨乡文化。

江门是中国优秀旅游城市，旅游资源丰富，风景优美，名胜古迹众多，有国家4A级旅游景区8处。以世界文化遗产开平碉楼与村落为代表的侨乡文化，以被誉为“东方夏威夷”的上、下川岛为代表的海滨文化，以新会古兜温泉、锦江温泉等风格各异的温泉景点为代表的温泉文化，以巴金笔下的“小鸟天堂”为代表的生态旅游文化，形成了江门旅游的显著特色，令人流连忘返。

立园

梅家大院

椰林日出

竹竿舞

阳江海陵岛大角湾

# 阳江 Yangjiang

阳江地处广东省西南沿海，倚山傍海，人杰地灵，旅游资源丰富，以“碧海银滩 船说阳江”为旅游主题并概括有“浪漫银滩、宋船古韵、温泉之都、水墨阳江、休闲绿城”旅游品牌。

阳江生态秀美，“山、海、湖、林、泉、洞”等自然资源遍布全市，共有风格独特可供开发的优质沙滩20多处，“中国十大最美海岛”的海陵岛，就像一个沙滩博物馆。北部的阳春，有绵延百里的喀斯特峰林地貌，生动演绎“水墨阳春，百里画廊”的美丽传奇，被评为“国家地质公园”。阳江地热资源丰富，可供开发利用的温泉达24处，被中矿联誉为“中国温泉之乡”。

阳江历史悠久，人文荟萃。每年一度的高留墟、赛龙舟、荔枝节、开渔节、风筝节、美食节等节庆习俗丰富多彩。阳江也是“中国风筝之乡”，已有1400多年的历史。

阳江也享有“海上敦煌”的美誉。“南海1号”古沉船及新建设的广东海上丝绸之路博物馆已成为广东考古旅游的新亮点。阳江还是美食和购物的天堂，颇具特色的有海鲜美食、山珍美食、药膳美食等。阳江土特产种类繁多，最受游客青睐的特产有五金小刀、美容用具、风筝、海味特产、珍果制品等。

海上迷雾

阳春马兰

阳江山村秋韵

港湾

湛蓝海天、云浪呈祥

# 湛蓝的海、湛蓝的天

湛江，位于中国大陆最南端，是中国首批对外开放沿海城市、国家一类大市、全国综合实力百强城市、中国优秀旅游城市、国家园林城市、全国十大休闲城市、中国海鲜美食之都。这里蓝天碧海、花团锦簇、四季如春，空气环境综合质量常年处于全国三甲之列。“黄金海岸、热带绿都、天南古邑、魅力港城”，这四大亮点构筑了湛江“中国大陆最南端、激情浪漫金海岸”的最美景观。

湛江拥有2043.5公里的海岸线，海岛、海湾星罗棋布，有众多风光旖旎的滨海旅游度假胜地、中国雷琼湖光岩世界地质公园、三岭山国家森林公园、雷州国家历史文化名城、中国最早的海上古丝绸之路始发港遗址、闻名遐迩的高桩醒狮、东方一绝人龙舞以及数之不尽的海鲜美食和热带瓜果……风情万种的湛江滨海休闲旅游令无数游人向往。

湛江人民热情友好，旅游设施完善，交通十分便利，饮食文化极具特色，娱乐生活丰富多彩，是休闲度假、观光娱乐、美食购物的极好去处。

让我们相约彩色湛江、共同谱写幸福旅游新篇章！

三岭山森林公园

人龙舞

湛江市一景

特呈岛

广东第一天然海滩
大唐荔乡
茂名
Maoming
御水古温泉
天下第一滩
玉湖国家级水利风景区

茂名，位于广东省西南部沿海，陆地总面积11459平方千米。是中国优秀旅游城市、国家园林城市、全国水果第一市。

茂名形成以放鸡岛、浪漫海岸、中国第一滩为主的滨海休闲度假旅游，以粤西第一峰——大雾岭、天马山、茂名森林公园为主的森林生态旅游，以西江温泉、御水古温泉为主的疗养保健旅游，以冼太故里、冼太庙为主的冼夫人文化旅游，以根子为主的荔枝文化旅游等。

茂名旅游接待设施完善，高速公路、铁路与广州等珠三角城市联接，到茂名旅游交通非常方便快捷。

放鸡岛海洋度假公园

绿道骑游

绿道骑游

肇庆

Zhaoqing

怀集县世外桃源景区

肇庆星湖风光

广东第一峰云海

清远市旅游服务中心-御金街

王得坤副市长在清远建设市二十三周年暨清远市旅游服务中心落成典礼

清远是一个富有魅力且充满活力的年轻城市，全市总人口420万，下辖8个县（市、区），总面积1.92万平方公里。

清远地处南岭山脉与珠三角的结合部，境内山青水秀，旅游资源丰富，交通发达，清远市区距广州仅60公里，被誉为港澳和珠三角的后花园。近年来，清远大力实施“工业园区化、农业产业化、城镇特色化、管理人性化”发展战略，按照“大广州的卫星城、环珠三角高端产业成长新区、华南宜居休闲名城”的目标定位加快发展。“十一五”时期，全市旅游年接待量从2005年的1005万人次，增加到2010年的2169万人次；旅游总收入从2005年的34.3亿元，增加到2010年的108.4亿元，两项主要旅游经济指标分别是2005年的2.16倍和3.3倍。

清远市先后获得“中国优秀旅游城市”、“中国温泉之乡”、“中国漂流之乡”、“中国奇洞之乡”、“中国宜居城市”，以及“清远温泉、漂流——欧洲人最喜爱的中国景区”、“港澳与海外华人眼中最具魅力的休闲度假之都”等国家级、国际性品牌和荣誉称号；拥有1个“中国旅游强县”、1个“广东旅游特色县”和5个“广东省旅游强县（市）”。全市现有各类景区（点）80处，其中包括1个国家5A级景区、9个国家4A级景区，形成“亲情温泉、激情漂流、奇情溶洞、闲情山水、热情民族”五大旅游品牌热线。清远的特色美食有清远鸡、乌鬃鹅、北江河鲜、九龙豆腐等，特产有英德红茶、英石等。

# 云浮 Yunfu

云浮市位于广东省中西部，居西江中游以南，区位条件优越，交通便捷，市区距广州150公里。

云浮是中国佛教禅宗六祖惠能的故乡。有“六祖故里、云石之都、山水名城”的美誉，境内山青水碧，奇峰叠翠，生态纯美。“禅宗文化、南江文化、石艺文化、温泉文化”构成了云浮旅游的独特文化魅力，是中国禅宗之源，粤港澳地区最具禅意、最具纯美乡村风情的生态休闲旅游首选地，省内最佳自驾出游的目的地。

天湖全景

青山绿水温泉

青山绿水温泉

国恩寺胜概

顺德民俗文化活动——生菜会

二等奖 《丰盛的村宴》 何鎏泉 摄

生菜会

顺德—中国厨乡，美食天堂的字样

第六届中国岭南美食文化节开幕式—中国烹饪

顺德逢简水乡

顺德位于珠江三角洲中部，面积806平方公里，紧靠广州，毗邻港澳，交通便利。这里自古物华天宝、富庶发达，岭南文化积淀深厚。今天的顺德经济发达，是“现代产业之都，品质生活之城”。

顺德旅游资源丰富，广府文化、生态休闲、都市风光、岭南美食、特色产业交相辉映。这里有广东四大名园之一的清晖园，展示顺德水乡风情的大型主题农庄——长鹿休闲度假农庄，全世界最大规模的家具市场——乐从家具城，最大的花卉主题公园——陈村花卉世界，讲述国际功夫巨星李小龙成长的李小龙乐园，还有碧江金楼，逢简水乡，西山庙、顺峰山公园，南国丝都丝绸博物馆，万辉珠宝城，宝林寺等特色景点。自古“食在广州，厨出凤城（顺德大良）”，顺德是粤菜重要的发源地，中国三大厨师之乡之一，全国首个“中国美食名城”，著名的美食之乡。顺德民间传统和文化世代延续，素有龙舟之乡、粤剧之乡、武术之乡美誉。

顺德旅游配套完善，接待设施齐全，休闲生活精彩纷呈。热忱欢迎您的到来!

# 广州旅游业

## 综　述

【概况】　2011年，广州市全面启动“十二五”旅游发展规划，以打造国际商贸中心和世界文化名城为引领，以建设国家旅游强市和国内国际重要旅游目的地为目标，不断优化旅游资源配置，着力提升旅游服务质量，全力拓展旅游客源市场，继续保持强劲发展势头。国家5A级景区创建再创佳绩，高星级饭店数量稳居全省首位，“珠江游”推陈出新，持续火爆，“绿道游”发展迅猛，方兴未艾，以“后亚运游”和“百年辛亥革命游”为重点的“新广州游”品牌内涵进一步丰富提升。全年全市接待总人数达1.33亿人次，比去年同期增长4.69%；旅游业总收入1630.80亿元，同比增长29.98%；外汇收入48.53亿美元，同比增长3.51%。旅游业增加值693.26亿元人民币，同比增长29.98%，增加值占全市国内生产总值的5.63%，第三产业的9.16%，较好地实现“十二五”开好局、起好步的预期目标。

【旅游行业规模】　截至2011年底，全市拥有星级饭店234家，其中五星级20家（含白金五星级酒店1家），四星级37家，三星级141家。全市星级饭店从业人数47897人，同比下降1.53%；有旅行社296家，其中出境游组团社48家，外资旅行社10家。旅行社从业人数10223人，同比增长24.98%；共有A级景区34家，其中5A级2家，4A级18家，3A级13家，2A级1家。统计口径内景区从业人员14730人，同比增长0.56%。

【重大旅游活动】　2011年1月21日，广州市副市长曹鉴燎出席2011年全省旅游工作会议并作大会发言，全面阐述广州市开展“亚运”旅游的经验和体会，其经验材料印发与会代表。会上，广州市获颁“广东省旅游综合改革示范市”牌匾，从化、增城两市双双获评“广东旅游强市”并接受颁牌；1月27日，广州市旅游安全生产工作会议在亚洲国际大酒店召开，广州市副市长曹鉴燎出席会议并讲话，市旅游局局长朱力总结2010年旅游安全工作情况，部署2011年旅游安全工作任务，市旅委会成员单位、各区（县级市）旅游局、旅游协会、各旅游企业负责人200余人出席。市政府副秘书长陈绍康主持会议；1月，广州市举办旅游大篷车珠三角地区巡回宣传促销活动。组织各区（县级市）旅游局、旅游企业近30家分赴东莞、深圳、中山、江门四座城市开展大篷车宣传促销活动，重点宣传广州市高尔夫游、美食游、购物游、历史游、新中轴游、广州新电视塔游、亚运场馆游、珠江画廊游、白云山休闲游、广州温泉游等十大主题旅游产品；5月1日，广州市旅游局与佛山市旅游局、肇庆市旅游发展局和中山市旅游局共同举行“广佛肇中旅游大串门”活动。广州市副市长曹鉴燎、市旅游局局长朱力出席在孙中山大元帅府举办的“广佛肇旅游大串门暨广州踏寻辛亥百年之旅”活动启动仪式；7月18日，广州市旅游局局长朱力出席2011穗澳合作会议，并与澳门旅游局局长安栋梁共同签署《穗澳加强旅游合作备忘录》；8月10日，广州市副市长曹鉴燎、市政府副秘书长陈绍康、市旅游局局长朱力出席中共西安市委、市政府在穗举办的“2011西安世界园艺博览会暨西安旅游·招商推介会”；9月4~7日，广州市副市长曹鉴燎带队参加在辽宁省大连市召开的亚太城市旅游振兴机构（TPO）第五届总会，广州市旅游局局长朱力、副局长李志新及相关人员陪同参会。本届总会共有来自8个国家36个城市的200多名代表参加，包括各城市政府、旅游部门和民间旅游组织的代表。世界旅游组织（UNWTO）也派代表参会。在本届总会上，

在2011年全省旅游工作会议上，广州市副市长曹鉴燎接受广东省副省长刘昆为广州市颁发的“广东省旅游综合改革示范市”牌匾。　（涂继文　摄）

广州市获全票通过继任会长城市，任期至2013年12月底；9月21日，市旅游局局长朱力出席“健康亚运健康广州全民健康活动”总结大会，并获市政府颁发“健康亚运健康广州全民健康活动表扬单位”。

**【2011年“中国旅游日”主题活动】** 2011年5月19日，广州市旅游局在二沙岛体育公园停车场举行“读万卷书 行万里路——5·19中国旅游日广州绿道行”首发式，广州市副市长曹鉴燎、市旅游局局长朱力出席首发式。首发团游客畅游广州生态休闲及历史文化旅游资源，通过系列互动宣传，扩大广州绿道旅游的影响力和知名度，弘扬广州历史文化精髓，带旺广州旅游市场。与此同时，广州各大旅游企业（酒店、景点、旅行社）推出多项优惠措施来庆祝首个“中国旅游日”，培养市民旅游休闲意识，鼓励人民群众广泛参与旅游活动，带动广州旅游业发展。

广州市旅游局举行“读万卷书 行万里路—5·19中国旅游日广州绿道行”首发式。

**【贯彻落实《国务院关于加快发展旅游业的意见》】** 2011年，广州市认真贯彻落实《国务院关于加快发展旅游业的意见》，制定相关工作目标、发展步骤、落实措施，推动广州旅游科学发展再上新台阶。重点抓好以下几个方面的工作：一是着力推进旅游产业集聚区建设和重点项目开发，加快产业转型升级，提升产业竞争力，A级景区创建取得历史性突破，旅游饭店服务水平显著提升，旅行社业快速发展，产业结构调整取得新成果。二是着力提升绿道沿线旅游景区品质，点线结合推动绿道旅游发展，扩大绿道旅游的影响力和知名度，推进实现绿道旅游的经济效益、环境效益和社会效益的协调发展。三是着力推进区域旅游合作深入拓展，强化和发挥广州区域旅游中心的吸引力与影响力，穗港澳、广深珠、广佛肇、广中江、广清韶等旅游区域联合体关系更为紧密、合作内容更为丰富。四是着力推进旅游标准化体系的建设，提升广州市旅游业的发展的示范性的作用。指导广之旅作为全省唯一一家全国旅游标准化试点旅行社企业，制定整套标准化体系。

## 国际旅游

**【入境旅游】** 2011年，全市接待过夜入境旅游者778.69万人，同比下降4.43%，其中外国人276.27万人，同比下降6.17%；旅游外汇收入48.53亿美元，同比增长3.51%。入境游客客源市场方面亚洲游客依然为排列第一，其次为欧洲游客。

**【出境旅游】** 2011年，全市组团出境游188.42万人次，同比增长3.55%，其中组团香港游60.43万人次，同比下降1.57%，组团澳门游47.00万人次，同比增长26.98%；组团台湾游7.41万人次，同比增长39.87%，组团出国游73.58万人次，同比增长3.31%。

## 国内旅游

**【国内旅游接待与收入】** 2011年，全市接待国内过夜游客3816.16万人次，同比增长3.37%，国内旅游收入1315.47亿元，同比增长40.55%。全市旅行社组团国内游818.04万人次，同比增长21.36%，其中组团省外游201.27万人次，同比增长13.62%，组团省内游616.76万人次，同比增长24.12%。

**【乡村旅游和红色旅游】** 2011年，广州市旅游局组织重点项目调研，牵头会同市发改委、花都区政府等有关单位，邀请境内外专家召开花都区丫髻山休闲度假区项目可行性专家论证会；推动乡村旅游点规范化建设，提升乡村游的品质。增城何仙姑景区等8家乡村游景区成为国家3A级旅游景区；与市农业局一起向省旅游局和省农业厅推荐增城市为全国休闲农业与乡村旅游示范县，推荐从化的万花园、南沙的永乐农庄、番禺的海傍水乡为全国休闲农业与乡村旅游示范点的候选单位；做好增城市正果镇圭湖村的扶贫工作，制定《广州市旅游局帮扶增城市正果镇圭湖村2011～2012年工作规划》。

2011年，广州市以迎接建党90周年为契机发展红色旅游，全市各旅游景区举办形式多样的纪念宣传活动。5月，三元里人民抗英斗争纪念馆、黄花岗七十二烈士墓纪念园、黄埔陆军军官学校旧址纪念馆成为第二批全国红色旅游经典景区。

**【假日旅游】** 2011春节黄金周广州市共接待游客1006.06万人次，比去年同期增长12.69%。旅游业总收入58.64亿元，比上年同期增长34.96%。据春节黄金周期间抽样调查数据显示，游客对广州旅游满意率达98.86%。

2011年“十一”国庆黄金周期间，广州市共接待游客1097万人次，比上年同期增长10.77%。其中接待过夜旅游者226.02万人次，接待不过夜旅游者万870.98人次，同比分别增长4.95%和12.39%。旅游业总收入70.72亿元，比上年同期增长44.33%。据节日抽样调查显示，游客满意率达99%。

## 旅游市场推广与节庆活动

**【旅游市场推广】** 2011年，广州市以创新营销模式为突破，大力提升城市旅游形象，旅游宣传营销更加注重实效。先后组织广州旅游企业参加米兰、柏林、巴黎国际旅游展和中国国内旅游交易会等国内外知名旅游展会，组织各区（县级市）旅游局、旅游企业近30家赴珠三角各地巡回举办“360度叹广州——旅游大篷车”宣传推广活动，全方位、多渠道、高密度地宣传广州旅游，充分展示广州旅游形象。首次联合港、澳、中、江五地旅游局，赴新西兰、马来西亚、印度尼西亚三国举办大型旅游宣传推广活动并取得良好效果。在市区主要道路候车亭、工地外墙和高速公路出入口设置“360°叹广州”公益宣传广告，派发新广州游宣传专辑和折页等宣传品。

**【2011广东国际旅游文化节（广州）分会场】** 2011年，广州市旅游局积极配合2011广东国际旅游文化节活动，精心组织广州系列活动。按照省旅游文化节组委会要求，广州市举办23项活动，分别是广东从化“香港马会杯”绿道旅游摄影大赛，首届广州南沙生态滨海国际旅游节，广州白水寨温泉文化旅游节，2011中国广州（增城）登山旅游节，欢乐番禺庆国庆活动，2011广府文化旅游嘉年华，“百年辛亥·文化长洲”——广州第四届黄埔杨桃欢乐节，G4“广州人游新广州”之白云站活动，“绚丽天河”文化艺术节国际活动系列，2011年“新海珠 新江南”系列活动，流溪河国家森林公园系列活动，石门国家森林公园系列活动，广州市第四届青少年绘画大赛，白云区第二届旅游美食节，第二届白云农耕文化旅游节，2011年羊城菊会，第三届炭步芋头节暨古村落旅游文化月，2011中国广州增城菜心美食节，第四届萝岗香雪文化旅游节，粤剧文化广场，2011年西关文化旅游节系列活动以及“百年辛亥 中山永恒”——纪念辛亥革命100周年暨广州中山纪念堂建堂80周年图片展。此外，参与在韶关市主会场举办的花车巡游等活动。

**【旅游节庆活动】** 2011年3月24～26日，第十九届广州国际旅游展览会在广州锦汉展览中心举办。广州市副市长曹鉴燎、省旅游局副局长王志红及多个国家驻穗总领事等100多名海内外嘉宾出席3月24日举办的开幕仪式，广州市旅游局局长朱力致欢迎辞。本届旅游展览会参展商达500多家，展出面积15000多平方米。柏林、布达佩斯、不丹、克罗地亚的萨格布勒等国家和地区旅游局首次参展。来自加拿大、北欧、英国旅游企业联袂参与。展会国际化程度达46%。本届展会全面推广“武广高铁大巡游”、“后亚运，新广州”、“世遗主题”和“红色之旅”四大专题板块的国内展区，来自内蒙古、北京、西安、成都、贵州、河北等省外旅游机构积极参与。广深珠、广佛肇同城化联盟携手东莞、从化、河源、惠州、增城、江门、梅州、南番顺联合体等省内机构同台献艺，展出规模较上届相应扩大。

11月11～20日，第二十五届广州（国际）美食节在白云区万达广场开幕。中国烹饪协会会长苏秋成，广州市长万庆良、副市长曹鉴燎和省旅游局副局长王志红等领导及嘉宾出席开幕式。广州市旅游局长朱力致欢迎辞。本届美食节为期10天，共接待市民游客近200万。全市各区（县级市）设有12个分会场，在不同时段举办活动，整个美食节持续至年底。

2011年11月11日，广州市市长万庆良、中国烹饪协会会长苏秋成等领导出席第二十五届广州（国际）美食节开幕式。（丁旭晖 摄）

## 旅游资源开发和景区（点）建设

**【旅游规划】** 2011年，广州市旅游局认真贯彻落实《珠江三角洲地区改革发展规划纲要》，并结合广州城市旅游发展实际，完成《广州市旅游业发展“十二五”规划（2011—2015年）》，启动广清旅游合作规划。在广泛专题调研的基础上，开展“广州城市名片与旅游开发”的发展思路。同时，为新疆疏附县编制《疏附县旅游发展总体规划》。《广州市景区讲解员服务规范》和《旅游景区24小时服务热线服务规范》作为首批广州市地方技术规范项目立项，《广州市绿道旅游服务规范》编制工作全面启动。

是年，广州市旅游局指导旅游执法部门和旅游企业深入贯彻《旅行社条例》和最高人民法院《关于审理旅游纠纷案件适用法律若干问题的规定》，开办全市旅游行业法规培训班；积极组织实施《2011 年广州市旅游局依法行政和加强法治政府建设工作方案》，制订下发《广州市旅游局规范行政许可自由裁量权暂行规定》，举办广州旅游局首场行政处罚案件听证会；坚决贯彻事权下放要求，与区（县级市）旅游行政管理部门签订《关于移交设立旅行社分社和服务网点备案的协议书》，指导其依法开展旅游行政执法工作。

【旅游投资】 2011 年度广州市立项新建、续建、拟建的重点旅游项目共计 12 个，总投资约 754.2 亿元。其中包括：长隆国际生态旅游度假区、花都王子山森林公园综合开发、马莎罗动漫城、生命谷养生保健度假区、从化温泉养生谷、港中旅花都丫髻岭旅游区、从都国际会议中心、增城市生态旅游示范区、蝴蝶谷森林公园、海珠湖休闲旅游区、莲花山休闲度假片区、白云区南湖国家旅游度假区升级改造项目——凤凰山等项目。

【旅游景区（点）与基础设施建设】 截至 2011 年底，广州市共有各类型景区 259 个。其中，历史文化类、市政公园类、休闲度假类和主题公园类景区数量最多，分别有 85 个、36 个、42 个和 25 个，占比分别为 33%、17%、13% 和 9.7%；其次是工业旅游类和农业观光类，分别有 12 个和 16 个，占比分别为 6% 和 6%，科普类和商业城、步行街类分别有 9 个和 8 个，占比均为 3%，高尔夫和珠江游类分别有 7 个和 5 个，占比分别为 3%、2%，其他类型有 14 个，占比为 5%。广州旅游景区（点）整体发展，以休闲度假类和主题公园类景区增长较快，反映出广州旅游正日益向享受型和科技型方向转变。在空间布局上，越秀、海珠、天河、荔湾等中心城区景区数量较多，增城市和从化市旅游资源开发增速明显。2 月 17 日，广州市旅游局会同省旅游局到从化大丘园、宝趣玫瑰世界、田心农家乐、溪头旅游村 4 家旅游景区开展 3A 级验收评定工作。同月上述 4 家旅游景区和增城何仙姑景区、湖心岛旅游风景区、小楼人家景区、增城文化广场共 8 家景区通过验收并被评为国家 3A 级旅游景区。

是年，广州市继续规范旅游厕所建设和管理，全市评选出第二批 11 座景区星级旅游厕所。其中，7 座被评定为四星级旅游厕所，4 座被评定为三星级旅游厕所。至此，广州市共评选出 43 座景区星级旅游厕所，其中五星级旅游厕所 10 座，四星级旅游厕所 17 座，三星级旅游厕所 16 座。

链接：2009 年广州市评选首批 32 家星级厕所。

【新开发、新建设景区（点）】

海珠湖　海珠湖位于广州新中轴线南端。规划用地面积 2248.3 亩，其中湖心区 1422.6 亩（水面面积 795 亩，陆地面积 627.6 亩），绿化配套用地 825.7 亩，为广州第二大人工湖。一期工程主要以绿化种植和湿地景观建设为主，并结合岭南园林的风格特色，建成供游客停留休息的亭廊、驿站和平台。于 2011 年 9 月 1 日建成对外开放，至年底，接待游客 300 万人次。

白云湖　是一个以水文化、水景观、水生态为主题的城市滨水风景区和滨水景观带。东湖和湿地区的绿化景观升级工程已完成，总长约 8 公里的环湖绿道也已建成，沿途设有 4 个驿站。于 11 月底景观升级改造完成，并对外开放。截至 2011 年 12 月 31 日，累计游园人数约 65 万人次。

广州辛亥革命纪念馆　位于广州长洲岛，主体建筑面积 18228 平方米、总投资 3.19 亿元人民币。是为纪念辛亥革命而建的一座具全国性题材的专题纪念馆，主要功能布局包括陈列区、藏品库区、技术及业务用房、观众服务及配套设施。设有“辛亥革命时期广东名人”专题展览，选择 56 位历史人物，集中展示他们最具代表性的历史瞬间。

【绿道旅游】 2011 年，广州市共建成绿道超过 1862 公里，初步建立起较完善的区域、城市、社区三级绿道网络体系。新建 151 个驿站和服务点，媒体宣传报导 320 余次，全市共开展绿道主题活动约 158 次。依托绿道网平台，广州市旅游局精心设计新中轴线游、广州新亮点游、二沙岛艺术体验游、水秀花香游、市郊生态绿道游、大学城绿道游、科学城休闲绿道游、南沙滨海绿道游、流溪河健身绿道游、增城农家乐绿道游等十条绿道休闲旅游精品线路。

萝岗区生物岛绿道。

【珠江游深度开发】 截至 2011 年底，广州市珠江游共接待游客 223.75 万人次，同比增长 46.97%；旅游收入 19176.77 万元，同比增长 119.5%。按照珠江游深度开发领导小组关于大力发展珠江游深度开发的指示要求，以国家标准《游览船服务质量要求》为指针，促使“珠江游”产品多元化，7月初开通新的日游线路“南海神庙——莲花山”（周六、日、节假日），推进珠江沿岸景区（点）建设，促进河涌旅游开发建设，荔枝湾涌已经成为“羊城新八景”之一。

**【旅游转型与产业升级】** 2011年，广州市认真贯彻落实国务院《珠江三角洲地区改革发展规划纲要》及《关于加快发展旅游业的意见》，以规划引导为推手，积极推进各区县旅游业发展转型和升级。荔湾区积极推进荔枝湾涌、陈家祠二期以及白鹅潭、十三行商圈等重点项目建设，率先开通全省首个“旅游推广中心”官方微博；越秀区精选主题博物馆，开发独具特色的“广府微博游”，包装整合麓湖生态文化旅游区、东濠涌水文化片区，推出“广府水城绿道游”；海珠区完成黄埔古港、古村历史文化景区和海珠湖的开发建设，成功举办“聚焦新环岛·万人游海珠”暨“新海珠·新江南”海珠十大名片评选活动；天河区制订《天河区旅游发展总体规划》，推进猎人坊“体验式”旅游文化品牌和北岸文化码头建设，打造临江大道绿道和以火炉山、凤凰山、龙洞山三大森林公园为主的都市生态旅游休闲区；白云区突出南湖国家旅游度假区、白云湖等重点项目建设。大力推动白云休闲绿道、白云乡村旅游和万达广场、五号停机坪等高端商业旅游品牌的建设；黄埔区举办第七届广州民俗文化节暨黄埔“波罗诞”千年庙会、南湾水乡民俗旅游文化节等活动，打造黄埔旅游文化节庆品牌，长洲申报国家级文化旅游经济开发区工作全面推进，申请并获评“广东乞巧文化之乡”；花都区丫髻山休闲度假区列入省、市重点项目，朗头古村落建设进展顺利；番禺区北部现代游乐购物及科教旅游片区、东部高端休闲旅游片区和西部岭南文化生态旅游区建设全面推进，会同有关部门成功开辟珠江日游延伸至番禺莲花山的航线，荣获“中国最具魅力文化旅游休闲名区”称号；南沙区南沙游艇会一期圆满竣工，湿地二期建设进展顺利，邮轮码头进入规划论证阶段。成功举办“2011广州南沙妈祖文化旅游节”、“广州金葵花世界卡通艺术大派对”、“南沙十景”评选活动和“广州南沙生态滨海国际旅游节”；萝岗区成功举办香雪（梅花）旅游文化节、第八届荔枝文化节，天鹿湖旅游度假区基础工程建设进展顺利；从化市广东从化绿道节荣获“中国最具魅力文化旅游节庆奖”，先后获评“全国休闲农业与乡村旅游示范市”、“全国最具魅力乡村旅游目的地”、“国际绿色生态旅游目的地”，名列2011广东县域旅游综合竞争力首位；增城市白水寨景区成功创建国家4A级景区，增城绿道等项目被评为省级中医药文化养生旅游示范基地和体育旅游示范基地，绿道建设运营管理成效明显，吸引多批外省市同行参观学习，成功举办中国旅游日增城主会场庆典。

## 旅游行业监督管理

**【旅游市场监督】** 2011年，广州市受理各类投诉3370件，其中正式立案受理的有效投诉案占15件，比上年同期37件下降59.46%。全年共处罚旅游企业3家，处罚旅游从业人员17人。广州市旅游局加大旅游市场监管力度，规范旅行社经营管理，会同公安、工商等部门定期开展联合执法检查行动，针对存在的“黑导、黑社、黑车”、虚假广告、零负团费、超范围经营等突出问题，加大专项联合整治力度，建立长效监管机制，游客投诉率大幅下降；在相关网站和电视台发布旅游警示公益广告，制作42万册《广州旅游消费警示》并发放到星级饭店和景区（点），引导游客理性消费、理性维权；针对不同时期投诉热点，多次组织召开典型案例分析会，帮助旅行社交流经验教训。指导企业不断完善内部监管机制，全市旅行社基本配备专（兼）职旅游质监员，康辉国旅等旅行社还设立专门的质监部门；结合“创文”迎国检对全市范围内饭店、旅馆、旅游商品购物点等相关经营户进行全面整治。

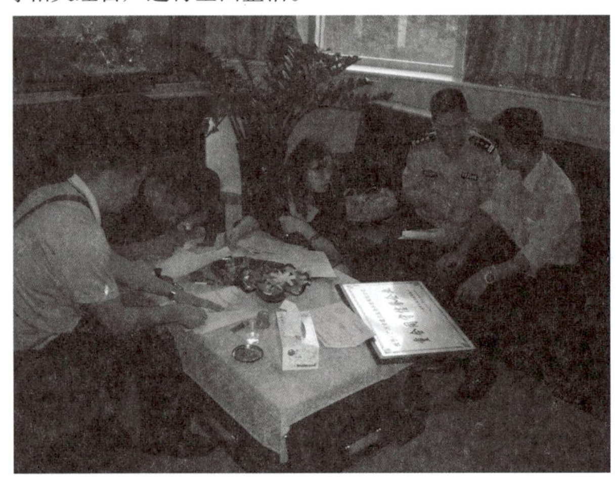

2011年10月13日，广州市旅游局会同公安、安监、质监等部门开展旅游市场专项整治工作。

**【旅游安全管理】** 2011年，广州市旅游局坚持抓好安全生产不松懈。一是扎实开展“安全生产年”和“安全生产月”活动，积极组织“迎大运、保安全”专项整治行动，结合“创文”工作，坚持实施每周两次旅游安全生产综合检查，及时发现问题隐患，督促抓好整改落实。二是突出抓好重点单位、重点时段、重点领域和重点环节，“十一”黄金周前，广州市市长万庆良亲自带队到白云山风景区和海心沙公园进行节前景区安全大检查，落实旅游安全工作。三是启动旅行社行业安全运行分析，按季度通报安全事故，分析原因，指导旅行社采取应对措施。四是联合市交委抓好旅行社包车客运业务管理，建立健全联络制度和事故处理联运机制。五是积极推进旅行社责任统保项目，统保率达99%，并成立旅责险统保项目广州调处中心，为企业提供全程指导服务。六是开展旅游风险防控、处置研讨，实施旅游高峰安全信息预警，举办的“旅游风险防控暨事故处理研讨班”，受到省旅游局高度肯定并向全省推广。七是完善各类应急预案，加强演习演练，全面提升旅游事故应急处置能力。2011年以来，广州市成功协调处理埃及动乱、日本大地震海啸期间700余名滞留游客和师生安全撤离以及台湾阿里山小火车事故善后等工作。

**【旅行社】** 2011年，广州市旅行社业务快速增长，新设立旅行社58家，其中1家为港资独资旅行社；获出境游资质的旅行社5家。至年底，全市共有旅行社296家，其中出境游组团社48家、台湾游组团社6家、外资旅行社10家，数量、规模、从业人员和服务网络均处于全省首位。10月初至12月底，在全市旅行社行业开展新一轮诚信旅行社测评活动。根据《诚信旅行社服务规范与评定》（DBJ440100/T50－2009）标准，对17家诚信旅行社开展抽查复核，对9家新申报诚信旅行社进行全面测评，共有86家旅行社获得“诚信旅行社”称号。是年，广州市启动旅行社组织外国人来穗旅游奖励工作，至年底，有7家旅行社获得入境游奖励。年内，广州市还通过推进旅游标准化体系建设、规范旅行社服务合同文本的使用和规范旅行社申请出境游资质审核流程、开展旅游市场专项检查整治行动等措施，促进旅行社业规范经营和健康发展。

**【星级饭店】** 2011年，广州市全年新增五星级饭店3家，全市星级饭店总数达249家，其中五星级20家，四星级38家，星级旅游饭店设施设备、服务水平得到进一步改善和提高。认真贯彻实施新颁发的《旅游饭店星级的划分与评定》，严格星级饭店评定复核标准，全市纳入满四、五年期五星级饭店复核的共2家（广州碧桂园凤凰城酒店、广州天伦万怡大酒店），满四、五年期四星级饭店复核的共10家（全球通大酒店、景星酒店、云山大酒店、南航明珠大酒店、鼎龙国际大酒店、金桥酒店、太阳城大酒店、嘉逸豪庭酒店、广州珀丽酒店和新珠江大酒店）。在2011年全国旅游饭店前100强综合排名中，广州市有8家饭店进入全国“百强”五星级饭店行列，其中广州富力丽思卡尔顿酒店排名列全国第二，12家进入全国“百强”四星级和三星级饭店行列。市场退出机制逐步健全，通过星级饭店标准复核和暗访，全年共取消星级饭店21家，其中五星级1家、四星级1家、三星级8家、二星级10家、一星级1家，另有3家星级饭店暂缓通过复核。

是年，广州市旅游局向全市星级饭店转发国家旅游局《关于进一步推进旅游行业节能减排工作的指导意见》的通知，要求星级饭店以《饭店节能减排100条》为工作指南，实现5年内能耗总量降低20%的目标。至年底，广州市共创建135家绿色旅游饭店。

**【区域旅游合作】** 2011年，广州市先后召开广深珠、广佛肇旅游合作工作联席会议，各区域旅游合作的范围和层次不断深化提升。在此基础上，构筑起穗澳合作平台，与澳门旅游局签订《穗澳加强旅游合作备忘录》，并组织旅游企业参加第四届澳门国际旅游与世界遗产旅游博览会暨2011国际旅游产业投资洽谈会，穗澳合作迈出实质性步伐。还与有关合作城市联合参加广州国际旅展、香港国际旅展，联手举办“活力广东，精彩广深珠”、“广佛肇中旅游大串门”等推介活动，区域旅游合作发挥越来越重要的作用。

2011年5月1日，广佛肇中旅游大串门暨广州踏寻辛亥百年之旅启动仪式在孙中山大元府举行。广州市副市长曹鉴燎（中）、广州市旅游局局长朱力（右三）等领导出席启动仪式。

**【旅游标准化】** 2011年，广州市完成《旅游景区24小时服务热线服务规范》，并于8月颁布，10月开始实施，该规范是全国范围内首部针对旅游景区服务热线的服务规范。同年，白云山风景名胜区通过首批全国旅游标准化试点验收。自2010年6月被国家旅游局确定为全国首批旅游标准化试点单位后，十分重视景区标准体系建设，景区标准体系共包括标准773份，收编国家法律法规97项，其中引用国标、行标和地标146份，自编景区标准627份。12月，顺利通过国家旅游局的验收评估。广州广之旅国际旅行社股份有限公司作为全省唯一一家旅行社行业全国旅游标准化试点企业，通过国家旅游局的验收，为全市旅行社标准化推广实施、规范化管理和标准化管理树立样板。

## 旅游教育培训与精神文明建设

**【旅游行业精神文明建设】** 2011年，广州市旅游局进一步明确创建文明城市活动的指导思想和工作目标，将创建活动列入2011年的中心工作，并结合旅游行业工作实际，积极完善旅游设施，开展优质服务提升行业精神面貌大行动，展现行业风采和现代文明的城市形象。成立文明礼貌督导队伍，开展维护公共卫生、环保宣传、扶老助残、道路指引、景点介绍等服务，倾力打造更加整洁、更加文明、更加和谐的旅游环境，并通过多种活动形式，积极向广大市民游客倡导文明出行、文明游园。积极举办系列培训活动，通过开展从业人员的质量管理、安全、礼仪、手语、英语等方面的培训和实践活动。同时，不断拓宽宣传平台，积极协调有关部门，争取利用“城市志愿服务站”为市民游客免费提供创文明宣传资料和旅游信息咨询服务，全面提升旅游城市良好的品牌形象。12月，国家人力资源和社会保障部、国家旅游局联合下发《关于表彰全国旅游系统先进集体劳动模范和先进工作者的决定》。广州广之旅国际旅行社股份有限公司出境游游总部团队服务部副经理罗国勇荣获全国旅游系统“劳动模范”，他自1997年入职开始从事导游工作以来，曾先后被评为“金牌导游”、“鼎级金牌导游”、“广东省用户服务满意明星”、“广州市金牌导游”、2010“全国用户满意服务明星”等荣誉。

**【旅游行风与机关作风建设】** 2011年，广州市旅游局认真贯彻国家、省旅游纪检监察暨行风建设工作会议精神，将规范旅游市场秩序与行风建设结合起来，加强行业监管，进一步规范旅行社的经营管理和加强质量监督，大力开展诚信旅行社测评工作，全面促进行业服务水平的提升，切实维护人民群众利益。同时，在机关深入开展“创先争优促发展”主题实践活动和学习型党组织建设活动，全面推进机关思想、组织、作风、制度和反腐倡廉建设。认真抓好基层组织建设，扎实开展“创新亮点示范工程”活动，机关党建取得新成绩。严格落实党风廉政建设责任制，制定并落实局党风廉政建设和反腐败工作40项任务分工，认真开展政府采购自查自纠、党政机关公务用车问题专项治理等专治工作。指导旅游行业积极开展创建文明城市工作，高标准完成创文迎国检活动，全行业文明素质明显提升。

**【扶贫“双到”】** 2011年，广州市旅游局扎实开展对口帮扶工作，对梅县中村村共投入帮扶资金340万元，帮助建设了饮水工程、老人活动中心、垃圾回收系统、村道等一批惠民工程，危房改造达到100%，截止2011年年底，对口帮扶的70户贫困户全部脱贫，脱贫率达100%；增城圭湖村扶贫稳步推进，共投入资金31.16万元，帮助贫困村民购买新农合和新农保，做好贫困户危房改造工作，开展农田水闸等公共基础设施建设等。

**【旅游教育培训】** 2011年，广州市安排远程教育培训导游人员5769人次，组织中高级导游人员参加继续教育培训610人次。全年新增高级导游员20名，中级导游员40名，全市高、中级导游分别达到50名和700名。广州市推选3名导游员参加“第三届全国红色旅游导游员电视网络大赛”，1人荣获全国总决赛第二名，2人荣获三等奖。选派3名金牌导游援藏，其中2人分获全国和西藏自治区援藏导游人员“先进个人”称号。

是年，广州市组织广州地区的酒店总经理和旅行社总经理参加广东省旅游局组织的总经理岗位职务培训班，有46家旅行社、53名高级管理人员和18家星级饭店、22名高级管理人员通过培训并获得岗位职务培训证书。举办“2011年度珠江游讲解员培训班”，广州各游船公司以及珠江沿岸30多家景区、120名导游讲解员参加培训，此次培训以新编《珠江游讲解词》和景区（点）导游接待礼仪为主要内容，侧重强化讲解技巧和讲解礼仪，并通过充满趣味性的实操训练，促进讲解理论知识和实践工作的紧密联系。

（韩　卫　李怀恩　冯　权　周展鹏　林文上　莫斯宁
许　莉　张　磊　郑冬婷　肖立斌　丁旭晖　邝慧玲
潘丽雯）

# 深圳旅游业

## 综 述

**【概况】** 2011年，深圳市成功举办第26届世界大学生夏季运动会（以下简称“大运会”）。是年，深圳各项主要旅游经济指标继续位居全国大中城市前列，旅游人数、旅游收入等各项指标保持平稳较快增长，作为中国重要的旅游目的地、客源地和出境游集散地的地位日益巩固。深圳市全年接待游客总人数8351.93万人次，同比增长8.86%。其中：接待国内游客5352.3万人次，增长11.08%；入境游客2999.63万人次，同比增长4.17%。是年，深圳市接待过夜游客3732.53万人次，一日游游客4619.4万人次。旅游业总收入737.32亿元，同比增长17.26%，其中国内旅游收入494.00元，同比增长19.72%；旅游外汇收入37.45亿美元，同比增长17.74%。

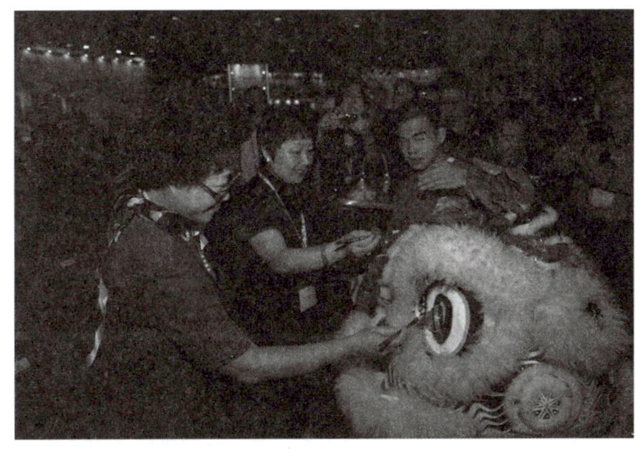

2011年6月10日，深圳市副市长吴以环（左二）出席在香港国际会展中心举办的第25届香港国际旅游展暨第六届商务会展旅游展。

**【领导关心旅游业】** 2011年11月15~16日，国家旅游局局长邵琪伟率领考察团一行15人在深圳调研，并参观新开放的欢乐海岸项目。广东省旅游局局长杨荣森陪同考察。

**【旅游行业规模】** 截至2011年底，深圳建成富有特色的各类景区（点）117处，包括主题公园、自然生态、滨海度假、都市风情、购物美食、人文历史等不同类型；拥有宾馆、酒店、招待所、公寓等多种业态和形式的各类旅游住宿设施1900多家，其中星级宾馆酒店145家（五星级酒店18家、四星级酒店30家、三星级酒店71家、二星级酒店26家）；共有旅行社327家，其中外资旅行社5家，出境游组团社43家。

**【重大旅游决策】** 2011年1月1日，深圳市文体旅游局自即日起联合香港旅游业议会，制定并实施《香港游业务签章备案制度》。该制度要求深圳组织香港游的34家旅行社将组团社出境业务章和组团审核人签名报深圳市文体旅游局备案，从制度上断绝“野马”和无资质旅行社经营香港游业务的途径；6月22日，深圳市文体旅游局、深圳市人民政府外事办公室、深圳市人民政府台湾事务办公室联合出台《深圳市旅行社组团出境旅游突发事件应急预案》；12月18日，深圳市文体旅游局、深圳市发展和改革委员会印发《深圳市旅游业发展“十二五”规划》。

**【重要旅游活动】** 2011年，深圳市实施大部制改革后，深圳文体旅游局局长陈威提出将文化和体育的核心内容注入旅游内涵，提出文体旅游新定位为“创意深圳，时尚之都”，明确深圳市的五大旅游特色为：滨海浪漫、主题公园、文化创意、运动休闲、都市风情，并设计制作新的宣传LOGO，拍摄完成新的文体旅游宣传片。

2~9月，深圳市文体旅游局组织旅游业文明迎大运系列活动：在全行业开展“万名旅游微笑大使”评选活动；在景区（点）开展游客文明行为劝导活动，引导文明出游、文明游览的良好习惯；组织开展公共场所和设施双语标识纠错更新行动，组建旅游行业双语标识专家团队，对48家大运会官方及官方指定饭店和15家主要旅游景区（点）等重点旅游公共场所和设施逐家开展双语标识纠错更新检查行动。

6月16日，深圳市文体旅游局组织“迎大运、创文明标兵——旅游微笑大使”合唱团，参加“放歌深圳，唱响心声”——深圳市庆祝建党90周年暨“歌声传递微笑”群众歌咏活动。

**【2011年“中国旅游日”主题活动】** 2011年5月19日，深圳市文体旅游局以庆祝首个“中国旅游日”设立为切入点，在华侨城生态广场举行“中国旅游日暨百万市民绿道游、红色游启动仪式”，深圳市副市长吴以环出席活动并为深圳首批18个红色旅游景点授牌，深圳市文体旅游局、华侨城集团、深圳市旅游协会、深圳市绿道办、暨南大学深圳中旅学院负责人和深圳各主要旅游企业负责人、华侨城社区居民代表等近800人参加启动仪式。

吴以环副市长为深圳市首批18个红色旅游景点发牌。

## 国际旅游

**【入境旅游】** 2011年，深圳市共接待入境游客2999.63万人次，同比增长4.17%。其中，入境过夜游客1104.55万人次，同比增长8.23%；入境一日游游客1895.08万人次，同比增长1.94%。深圳市国际旅游（外汇）收入37.45亿美元，同比增长17.74%。其中过夜游客带来旅游收入21.59亿美元，同比增长20.7%；一日游游客带来旅游收入15.86亿美元，同比增长14.10%。入境游客中，香港游客居首，是年来深香港游客2736.73万人次，同比增长4.24%。其中，香港过夜游客881.83万人次，同比增长9.99%；香港一日游游客1854.90万人次，同比增长1.72%。2011年，深圳市接待外国游客211.38万人次，同比增长4.10%。其中，外国过夜游客171.20万人次，同比增长2.16%；外国一日游游客40.18万人次，同比增长13.25%。

**【出境旅游】** 2011年，深圳市出境游市场呈现井喷势头。全年经旅行社组织的居民出境旅游人数203.44万人次，同比增长51.72%。其中，港澳游人数132.98万人次，同比增长49.19%；出国游人数62.16万人次，同比增长62.98%；台湾游8.3万人次，同比增长97.12%。

## 国内旅游

**【国内旅游】** 2011年，深圳市共接待国内游客5352.3万人次，比上年增长11.08%。其中，国内过夜游客2627.98万人次，同比增长16.04%；国内一日游游客2724.32万人次，同比增长6.68%。是年，深圳市国内旅游收入494.00亿元，同比增长19.72%。其中过夜游客带来的收入346.9亿元，同比增长26.03%；一日游游客带来的收入146.9亿元，同比增长7.27%。全年，深圳市旅行社接待国内游客721.36万人次，同比增长36.10%。其中，组团446.41万人次，同比增长38.44%；接团274.95万人次，同比增长32.47%。

**【红色旅游】** 2011年5月，深圳市评选出首批18家“红色旅游景点”，据此策划、设计一批红色旅游线路，隆重庆祝中国共产党建党90周年。首批18家“红色旅游景点”具体名单：莲花山公园、中英街历史博物馆、深圳博物馆、大鹏古城博物馆、下沙博物馆、南头古城博物馆、招商局历史博物馆、庚子首义馆、中国文化名人大营救纪念馆、劳务工博物馆、中山公园、南山区赤湾左炮台、地王观光、仙湖植物园、南岭村求水山公园、东纵司令部旧址、东江纵队纪念馆、东纵北撤纪念亭。

2011年6月23日，深圳市文体旅游局、深圳市教育局、中国共产主义青年团深圳市委员会联合发文，指导各级学校、共青团组织结合建党90周年纪念活动，组织开展红色旅游活动。据不完全统计，深圳市10多万中小学生、共青团员参观红色旅游景点。

**【假日旅游】** 2011年春节、五一（5.1～5.3）、“十一”黄金周期间，深圳市旅游接待总人数1058.17万人次，旅游收入98.11亿元。

## 旅游市场推广与节庆活动

**【旅游市场推广】** 2011年，深圳市旅游宣传推广主题确定为“相约大运，畅游深圳”，并借助网络、报刊、电视、广播、移动终端和举办大型盛事推广活动等多种渠道，开展一系列主题旅游推广活动。主要活动包括：“发现深圳之美”城市旅游在线推广活动；“相约大运，畅游深圳”深圳文体旅游（香港）推介会；万名旅游微笑大使评选活动；海内外旅游展销大运旅游推广活动；在中央电视台少儿栏目推出“相约大运，畅游深圳”电视节目；“创意时尚游深圳”大型宣传推广活动；大运旅游线路首发仪式，策划推出大运旅游一日游线路；深港联合赴四川推介大运旅游等。

2011 年 5 月 8 日，相约大运　畅游深圳——创意时尚游深圳启动暨大运旅游线路首发仪式活动现场。

**【2011 广东国际旅游文化节（深圳）分会场】** 2011 年 11 月 8 日，由深圳市人民政府主办的深圳国际旅游文化节在华侨城新落成的欢乐海岸举办隆重、简约、热烈的开幕式，深圳市市长许勤出席开幕式并宣布开幕。深圳国际旅游文化节从 10 月启动，持续到 12 月底，精心策划黄金海岸旅游节、深圳珠宝节、沙井金蚝节等 18 项异彩纷呈、激情洋溢的活动，为海内外的游客和广大市民营造浓郁的旅游文化氛围，全面展示“创意深圳、时尚之都”的独特魅力。此外，深圳市文体旅游局还以“创意深圳，时尚之都”为主题制作深圳旅游花车参加在韶关举行的 2011 广东国际旅游文化节开幕式，出色完成各项工作任务。

**【旅游节庆活动】**

第十届深圳黄金海岸旅游节　2011 年 9～12 月，由深圳市盐田区人民政府和深圳市文体旅游局共同主办的第十届深圳黄金海岸旅游节在盐田区举行。本届旅游节以“新起点，新体验，新盐田”为主题，秉承政府主导、社会参与、市场运作的办节模式，把旅游与文化、经贸、体育活动相结合，突出海洋文化，强调参与性、休闲性和娱乐性，主要活动包括：第二届大梅沙奥特莱斯世界名品购物嘉年华，联手推出“超幸运刮奖风暴”、“你购物我买单”、“微，礼好吗”、“您好，VIP”、“时尚‘十’惠潮”系列活动；第六届深圳大梅沙国际风筝节，来自新西兰、日本、韩国、西班牙、马来西亚和瑞典等国家近 30 支国内外风筝队伍参加竞赛与表演；第五届中国（深圳）国际游艇及设备展览会（SIBEX）。展位面积大，其中陆上面积约 1.5 万平方米。参展国家及参展商多，吸引来自澳、美、英、法等 20 多个国家及地区的 132 家展商。参展品牌多，囊括法国博纳多、意大利法拉蒂、美国 Bayliner、英国 Princess 等最著名的 208 个品牌。参展船只最多最大最豪华，113 艘实船参展，陆展 25 艘，水展 88 艘，其中有两艘 100 尺以上超级游艇，价值上亿的意大利超豪华游艇 AZIMUT 将首次亮相中国。展览期间还举行一系列包括海洋生活讲座、试乘试驾等丰富多彩的配套活动，观众不仅可亲身体验的超级游艇的尊贵奢华，还可更深入了解海洋生活文化的丰富内涵；第七届深圳大梅沙沙滩音乐节。明星阵容强大，崔健、许巍、水木年华、老狼等众多人气明星加盟，此外由华鼎文化发展有限公司与深圳青年杂志社共同举办的深圳外来青工歌手大赛的获奖选手带着草根音乐与众多明星同台实现音乐梦想，奉献一场以“中国原创音乐 + 国际音乐元素”为主旋律的音乐盛会。其他活动还包括首届深圳市沙头角鱼灯节、东部华侨城“瑞士风情节”、“海世界”科普文化节及盐田区旅游企业各项主题活动。

第四届深圳滨海休闲旅游节暨大鹏所城文化月　10 月 11 日～11 月 10 日，第四届深圳滨海休闲旅游节暨大鹏所城文化月活动在龙岗区大鹏半岛圆满落幕。本届旅游节打破以往传统的“一场晚会、几个明星”的办节模式，秉承以往“滨海”和“休闲”两大主题基础上，注入更多传统人文元素，加强旅游与文化、体育、经贸活动的融合。以“走进东部 驻足古城”为主题，精心策划组织大型实景主题晚会暨大鹏所城文化月活动启动仪式、重温所城遗韵“千人将军宴”、每周一次的大鹏所城传统民俗文化演出（校场演武）、与游客互动的“大鹏山歌”赛歌会、大鹏所城“非物质文化遗产”展览、“魅力大鹏”摄影展比赛、旅行社代表踩线活动、“大鹏绿道体验游”自行车趣味比赛、学生书画展、龙岩古寺祥源居素食文化日、葵涌、南澳街道相关活动等 11 项主题活动。这些活动在凸显“深圳之根”大鹏所城灿烂历史文化的基础上，强调表演性、参与性、休闲性和娱乐性，让广大市民及游客在分享欢乐节日的同时，深刻的体会到龙岗的风土人情和人文特色。旅游节使“山海龙岗、人文龙岗”更加深入人心，倍受旅游业界的关注，成为深圳乃至珠三角地区知名的旅游节庆品牌。

2011 深圳“南山荔枝”文化旅游节　6 月 23 日～7 月 20 日，由南山区人民政府、深圳市文体旅游局主办，南山区经济促进局承办的以“微笑迎大运，服务练兵行”为主题的 2011 深圳南山荔枝文化旅游节在南山区举行。本届荔枝旅游节历时一个多月，以购物、美食、文化、旅游等诸多亮点，吸引大批游客来南山品荔、观光、交流。据不完全统计，活动期间，共有数百万市民参与开幕式及系列活动，营造喜迎大运的热烈氛围。

光明新区第五届旅游文化节　2011 年 12 月底，由光明新区管委会、深圳市科工贸信委、深圳市文体旅游局、共青团深圳市委主办，光明新区工委管委办、经济服务局、公共事业局、光明集团承办的光明新区第五届旅游文化节在光明高尔夫球会开幕，整个活动持续至 2012 年 2 月底。活动内容包括：企业家高尔夫邀请赛、新区文化旅游产业发展研讨会，文艺晚会、美食烹饪大比拼、光明旅游风光摄影图片展等活动，还有参与性很强的摄影比赛、农科大观园农业趣味运动会、旅游企业系列促销活动等共组织策划八大项活动，项目。本届旅游文化节，突出“绿色、生态、人文”的主题，注重“文化、生态与旅游相融、观赏、休闲与参与并重”。

【区域旅游联盟与协作】

*澳新业界考察团访深*　2011年6月19~21日，应深圳市文体旅游局和香港旅游发展局邀请，澳大利亚、新西兰旅游业界考察团一行10余人来深圳考察东部华侨城、锦绣中华·民俗村、大芬油画村等文体旅游项目，亲身体验、了解深圳大运游、文化游旅游资源及发展近况，并与深圳旅游业界人士进行交流与洽谈，以吸引、组织更多澳大利亚、新西兰游客来深观看大运会，体验文化游、体育游、绿道游等深圳文体旅游新产品。

*广深珠联席会议*　8月25日，第二十六次广深珠旅游联席会议在深圳市福田区香格里拉酒店召开。会议通报2011年广深珠三地工作完成情况，包括2011年以来在广州、深圳召开两次联席会议，联合参加广州国际旅游展销会、中国（西安）国内旅游交易会以及香港国际旅游展览会，讨论通过《广深珠旅游（哈尔滨、长春）推介会活动方案》。深圳市文体旅游局副局长岳川江主持，广州市旅游局副局长李志新、珠海市文体旅游局副局长王春剑以及三地旅游部门相关人员参加会议。

*广深珠联合赴东北促销*　9月23~28日，广州市旅游局、深圳市文体旅游局、珠海市文体旅游局在东北地区的哈尔滨、长春分别举办“活力广东，精彩广深珠”旅游推介会并取得成功。2011年度轮值主席单位深圳市文体旅游局副局长岳川江、广州市旅游局副局长李志新、珠海市文体旅游局负责人及哈尔滨、长春市主要旅游企业、主流媒体记者300多人参加。

*万人互游深莞惠*　9月至12月，深圳市文体旅游局、东莞市旅游局、惠州市旅游局联合举办“万人互游深莞惠”活动，9月27日在东莞市粤晖园举办首发团仪式，口号是“缤纷深莞惠，精彩都市游”，通过政府主导、市场运作的模式，多渠道推广深莞惠三地旅游精品，加快构筑“深莞惠城际旅游互访”格局，以实现深莞惠三地旅游业共赢发展目标。

## 旅游资源开发和景区（点）建设

【旅游景区（点）与基础设施建设】　截至2011年底，深圳建成的各类景区有锦绣中华、中国民俗文化村、世界之窗、欢乐谷、东部华侨城、西部海上田园、青青世界、海洋世界、大小梅沙、明思克航母世界、野生动物园、仙湖植物园、观澜湖高尔夫度假村等富有特色的各类收费景区（点）49个。深圳观澜湖休闲度假区被评为国家5A级旅游景区，深圳野生动物园和深圳市青青世界旅游区为4A级景区。深圳华侨城集团以1930万人次游客量稳居全球旅游景区集团八强，蝉联亚洲第一。

2011年8月26日，广深珠旅游联席会议嘉宾考察华强文化科技集团。

【新开发、新建景区（点）】

*欢乐海岸*　地处深圳湾商圈核心位置，位于深圳华侨城主题公园群与滨海大道之间，是深圳市“塘郎山——华侨城——深圳湾”城市功能轴的起点，是深圳市致力打造的高品质人文旅游、国际创意生活空间的中心。欢乐海岸总占地面积125万平方米，由亲水购物天堂·欢乐海岸购物中心、岭南渔村临水街区·曲水湾、精英华人聚集地·华会所及度假公寓、深圳市唯一的城央人造海滩·椰林沙滩公园、国家生态旅游示范区、国家级滨海修复示范区·华侨城湿地五大区域构成，以心湖水系连为一体。它汇聚全球大师智慧，以海洋文化为主题，以生态环保为理念，以创新型商业为主体，以创造都市滨海健康生活为梦想，形成主题商业、时尚娱乐、生态旅游、商务度假四大功能组群，不仅填补深圳大型都市娱乐和生态旅游项目的空白，极大丰富了旅游文化产业内涵。同时，它还与周边的华侨城主题公园、滨海长廊和红树林保护区一起，形成规模宏大的城市生态旅游区域和新深圳湾商圈。欢乐海岸一期于2011年8月试业，2012年1月正式开业。

*深圳湾体育中心*　占地面积30.74公顷，位于深圳南山后海中心区，毗邻深圳湾和香港，主要建设内容有体育场、体育馆、游泳馆、运动员接待服务中心、体育主题公园及商业运营设施，总建筑面积25.6万平方米，届时可承担足球预赛、乒乓球决赛、游泳等比赛和运动训练功能。在设计上是体育建筑的一大创新，名为“春茧”的独特设计通过用白色巨型网架结构做成大屋面，将“一场两馆”和商业设施进行建筑空间一体化的整合。

*深圳大运中心*　是深圳市举办第26届世界大学生运动

会的主赛场之一，含主体育场、主体育馆、游 泳馆等项目。深圳大运中心采用清水混凝土技术、太阳能光热和光电技术、绿色节能建材使用、中水回用等低碳节能减排技术。其核心部分是由“一场两馆”组成。大运中心规划充分体现奥运理念，满足国际综合体育赛事和专项锦标赛的功能要求；不但能举办世界级大型运动会、各类国际田径锦标赛、国际室内球类比赛，而且能举办大型演唱会等。

【绿道旅游】 截至 2011 年底，深圳市绿道网总长约 2000 公里，分别由 2 条区域绿道、2 条滨海风情线、1 条城市活力线、3 条滨河休闲线、16 条山海风光线组成“四横八环”绿道网络体系。深圳各区绿道都初具规模，形成遍布全市，以生态、自然景观为核心，串联山、水、林、天、人文历史、体育休闲等旅游资源的绿色风景线。如罗湖区的洪湖公园、东湖公园、翠竹公园绿道，福田红树林滨海绿道、莲花山绿道、园博园绿道、梅林水库绿道、太空作物园绿道，南山区滨海长廊、华侨城绿道，盐田滨海绿道，龙岗区的大运公园绿道、大鹏滨海绿道，光明新区的凤凰山绿道，坪山新区的燕子岭生态公园、聚龙山生态公园绿道等地。各区的绿道旅游点都体现了自然风光优美，生态环保特征鲜明的特色。2011 年 5 月 19 日启动的深圳“百万市民游绿道”活动以绿道网为依托，发动各区、各旅游企业整合绿道旅游资源，设计、推出适合不同游客需求、具有不同特色的绿道旅游指导线路和产品，并通过多种途径宣传绿道文化，为广大市民居民提供旅游休闲新产品，充分发挥绿道的旅游功能，让广大市民和游客更好地认知绿道、享用绿道、热爱绿道、畅游绿道，培育绿色、低碳、文明的新生活理念，充分享受绿色生活，把绿道旅游打造成深圳旅游的新业态和新品牌。

1. 福田区绿道

（1）红树林滨海绿道。位于深圳湾北东岸深圳河口的红树林鸟类自然保护区内。红树林鸟类自然保护区是中国

深圳大亚湾绿道

唯一位于市区，面积最小的自然保护区，总面积 22 万平方米。每年有 189 种、上 10 万只侯鸟南迁于此歇脚或过冬。

（2）莲花山绿道。莲花山是深圳最重要的市政公园之一，有人工湖、风筝广场、疏林草地、椰风林大草地和休闲茶馆等，景观丰富，山水灵秀，在山顶可以俯瞰中心区全貌。莲花山海拔 532 米。

（3）梅林水库绿道。是围绕梅林水库的道路和周边上山的道路。梅林水库三面青山环抱，从梅林水库沿特区管理线向西北，直至塘朗，沿路有望天螺等山峰。

（4）园博园绿道。道主要是园博园区内的道路。园博园为市政公园，占地 66 公顷，园内建成一塔、两馆、三桥、四湖、六园。园区总体规划本着“人与天调、天人共荣”的理念，利用原址自然地貌，营造出一个依山傍水、自然优美的总体环境，是市民旅游休闲的好去处。

（5）太空作物园绿道。该园创建于 2004 年，是深圳市农科集团公司与中国科学院遗传与发育生物学研究所合作的太空育种基地，是国内少数集科学研究、学术交流、产品展示、科普教育、休闲观光于一体的太空作物主题公园之一。

2. 南山区绿道

（1）南山区拥有 15 公里滨海长廊。2008 年 7 月动工建设，该长廊西起南海酒店，东至红树林海滨生态公园，总长 15 公里，包含中湾阅海广场等十余个公园，其中有 6 大主题公园：内湖溢流坝、弯月山谷、日出露天剧场、湿地公园、垂钓栈桥、婚庆公园等，这些公园基本上是半岛形状，观海、亲水的效果俱佳。

（2）华侨城绿道。绿道总长 16 公里，覆盖面积约 3.2 平方公里，沿途还有休息座椅与遮阳、遮雨、公共电话亭等设施。

3. 盐田滨海栈道

总长度 19.5 公里，是一条连接位于深圳东部海滨的沙头角和大鹏湾域的步行长廊，凸显了滨海风情和海洋特色。

4. 龙岗区绿道

（1）大运公园绿道。

（2）大鹏滨海绿道。景区先后被评为深圳首批“绿色景区”、“广东省十佳滨海旅游景区”。

5. 宝安区绿道

北接沙井，南连西乡，属于珠江三角洲 2 号区域绿道（深圳福永段），全程 11.96 公里，道宽 3 米至 6 米。

6. 光明新区绿道

位于 5 号区域绿道（深圳段）北部，南北贯穿整个光明新区（南起白花社区禾搓洞水库，北至石狗公水库，即东莞大屏障森林公园交界处），全长约 19 公里，被列为深圳市 4 条区域绿道示范段之一。沿途串联了山、水、林、天、人文、高尔夫等景致，自然风光优美，人文景观丰富，

多个元素共同构成了该段绿道得天独厚的美好体验。

7. 罗湖区绿道

罗湖已规划6条社区绿道，全长31公里，实现了洪湖公园、东湖公园、翠竹公园以及罗湖体育馆的连接。

8. 坪山新区绿道

2011年，坪山新区基本建成兰竹路——聚龙山生态公园段，金牛路——燕子岭生态公园段2条社区绿道，总长约23公里。网道衔接坪山新区燕子岭生态公园和聚龙山生态公园。

**【旅游扶贫】** 2011年，深圳市文体旅游局负责帮扶湛江廉江市石角镇环下村和丹斗村，两村人均年收入1500元以下的入网贫困户379户1876人，其中环下村275户1322人，丹斗村104户554人。局成立由党组书记、局长陈威任组长，局党组成员、机关党委书记乔鸿为副组长的专门领导小组，将帮扶贫困户的任务分解到36个机关处室和直属单位，划分成6个工作组，分管局领导挂帅指导，实施以组为单位统一行动的帮扶责任制。至年底，全局向两村共投入资金300多万元，启动和开展9个重点帮扶项目。一是道路硬化工程。共投入资金150多万元修建两村水泥路，沿两村出行主干道修建13公里长、宽4米、厚0.2米的水泥路。其中第一期工程丹斗村涵洞至陆轴路口4.2公里于2011年5月底验收完工，第二期工程马岭尾涵洞至佛子岭村3.4公里也基本完成，整个工程预计于2012年3月全面完工。二是壮大集体经济。通过调研论证，并与廉江市政府沟通，为两村各出资30万元入股参与廉江共富区集体合作经营项目，该项目每年收益不低于12.5%，按合同两村分别获得每年3.75万元分红，村集体经济多年零收入的状况得于改变。深圳文体旅游局于2010年和2011年共投入种养扶持资金110万元，为两村贫困户购买牛仔、猪仔、化肥、农药等生产资料，帮助贫困户发展家庭畜牧业，在两村山地发展种植速生桉，在半山的耕地主要种植红薯、花生、蔬菜等农作物，增加经济收入。两村完成40%脱贫任务。三是危房改造工程。共自筹资金18万元，为两村6户危房特困户全额出资建造70平方米新房。同时，按规定为每户提供1.5万元的危房改造资金，其中环下村149户、丹斗村70户。四是兴教育。投入20万元为丹斗小学修建围墙和校门。为环下小学修建水泥操场、教师办公用房和挡土墙。在环下村建设爱心书屋，为丹斗村小学捐赠图书，为两个村小学捐赠篮球、羽毛球、乒乓球、跳绳、毽子等健身器材。五是送温暖。全年出资12万元为两村贫困户购买两年的农村合作医疗保险项目。资助两个村组建篮球队，活跃村民文体生活。还投入3.4万元，给两个村委各购置液晶电视机一台、DVD机一台、数码相机一台，会议桌10张、办公椅20张。年内还启动两个村委办公楼全面装修翻新项目。

11月9~11日，深圳市文体旅游局长陈威带队前往廉江市石角镇环下村和丹斗村，召开市镇村领导干部和帮扶农户座谈会，总结全年帮扶成效，研究部署下一阶段工作。

6月14~18日，深圳市文体旅游局与华侨城国际传媒演艺公司有关负责人共同组成喀什旅游项目考察组，赴喀什开展旅游资源考察工作，并在旅游市场促销、旅游演艺项目策划咨询服务、文化和旅游人才合作等方面达成共识。年内完成《塔什库尔干县旅游发展战略规划》制订工作。

## 旅游行业监督管理

**【旅游市场监督】** 2011年3月，深圳市文体旅游局联手香港旅游业议会，制定并实施香港游业务签章备案制度，为实现香港游市场秩序根本性好转提供有效的管理手段，赴港旅游团队投诉率大幅下降；1~3月，深圳市文体旅游局联合深圳市交通、公安、市场监管等部门，开展打击“黑旅行社”旅游诈骗活动专项行动，取缔一批黑旅行社窝点，查处一批黑导、黑车；10月，深圳市文体旅游局加强与媒体的合作沟通，聘请媒体记者和专业人员为义务监督员，强化舆论监督工作，发挥媒体的正面宣传功能，有效控制负面新闻炒作。

是年，深圳市文体旅游局牵头对中英街购物诈骗问题进行整治，以深圳市人民政府名义提出6项整治措施，中英街购物诈骗整治初现成效，深圳市“本地游”市场秩序得到进一步规范。年内，深圳市引入诫勉机制，注意收集市场信息，对有违规经营苗头的企业负责人进行诫勉谈话，及时纠正不良经营方向。开展旅游风险防控宣传教育工作，增强旅行社的风险防控意识，有效提升旅行社的风险防控能力。

**【旅游安全管理】** 2011年6月22日，深圳市文体旅游局、深圳市人民政府外事办公室、深圳市人民政府台湾事务办公室联合出台《深圳市旅行社组团出境旅游突发事件应急预案》，组织实施埃及动乱、日本地震等5起出境旅游突发事件的应急协调和预警处置工作。5月，深圳市文体旅游局召开迎大运全市旅游安全工作会议。组织开展深圳市旅游行业安全生产大检查活动，组织65个检查组，以交叉检查方式对深圳市314家旅游企业开展为期2个月的旅游安全生产大检查。各旅游企业尤其是大运会官方酒店和官方指定酒店、旅游景区制订大运旅游安全应急方案，开展消防、反恐等应急演练，确保大运期间旅游和接待秩序安全、有序。

**【旅行社】** 2011年，深圳市新增旅行社85家，其中出境游组团社9家。至年底，全市共有旅行社327家。完成2011年度导游、领队人员的年审、继续教育培训、资格考试、换证、导游员援藏等工作。是年，深圳市文体旅游局继续加强出境旅游业务的指导和监督，加强出境游名单表和港澳游名单表的审核管理工作。

**【星级饭店】** 2011 年，深圳市新增星级饭店 5 家，其中五星级 1 家，四星级和三星级饭店各 2 家。深圳市文体旅游局按星评新标准对 2 家 5 星级饭店（深圳恒丰海悦国际酒店、彭年酒店）、10 家 4 星级饭店（格兰云天大酒店、明华国际会议中心、宝明城花园酒店、深圳市廷苑酒店、中南海滨大酒店、长丰酒店、华丽城酒店、宝晖商务酒店、金碧酒店、金晖嘉柏酒店）以及 41 家 3 星级以下星级饭店进行复核。对 12 家星级饭店作出取消星级、4 家星级饭店责成限期整改处理。以创星评星为工作手段，组织全市星级酒店开展新的星级评定标准的宣贯培训，引导各星级酒店不断提升服务质量和水平。

**【旅游信息化建设】** 2011 年，深圳市文体旅游局进一步完善旅游统计信息系统，开发网上直报系统和国家旅游局旅行社、酒店专项统计系统的数据导入—导出软件。

## 精神文明与教育培训

**【旅游精神文明建设】** 2011 年 11 月，深圳市文体旅游局行业管理管处荣获全省旅游系统先进集体。12 月，深圳市文体旅游局旅游行业管理处荣获人力资源和社会保障部、教育部、国家体育总局、解放军总政治部、中共广东省委、广东省人民政府授予的“深圳世界大学生运动会先进集体”荣誉称号。

**【旅游行风建设】** 2011 年，深圳市文体旅游局开展“倡导品质旅游，拒绝零负团费”为主题的国民旅游公益宣传活动，加强旅游者理性消费的宣传引导，积极培育和引导旅游消费，形成让旅游者放心旅游、安心旅游、信任旅游的良好氛围。是年，深圳市文体旅游局积极推动旅游企业设置质监机构和专职质监员，逐步建立市、区、旅游企业三级质监体系，将旅游服务质量问题解决在基层、解决在企业内部，把旅游投诉消灭在萌芽状态。

**【旅游教育培训】** 2011 年，深圳市旅游教育培训结合大运会旅游特点开展服务工作，借鉴北京第二十九届奥林匹克运动会、2010 广州第 16 届亚运会的先进经验，组织深圳职业技术学院旅游系编写的深圳旅游行业大运培训系列读本：《大运知识手册》、《大运旅游礼仪手册》、《大运旅游英语手册》、《大运旅游服务规范手册》四本丛书，陆续赠送至全市旅游企业，其中《大运旅游英语手册》包括日常生活用语篇、深圳概况篇、大运知识篇、酒店英语篇、导游英语篇、景点景区英语篇共 6 篇章 8 个附录，约 7.5 万字。

4 月 15 日，深圳市文体旅游局组织“奥运接待经验报告会”和“大运危机公关管理”两场讲座，分别邀请北京奥运村住宿接待负责人和上海世博培训专家进行授课，全市 300 多家旅游企业负责人全程参加培训，特别是大运村官方或官方指定饭店的中层以上员工都认真学习培训内容。

4 月 21 日，深圳市文体旅游局组织“大运旅游知识”和“大运旅游礼仪”培训，全市 500 位旅游企业人力资源负责人参加了培训。

1 月至 8 月，深圳市文体旅游局启动系列服务大运大培训、大提升活动，举办 3 场高端讲座和近 30 场大运知识、大运礼仪、大运英语、大运服务规范培训，对全行业 8000 名旅游业务骨干进行业务培训，以此提升旅行社、旅游咨询中心、酒店餐饮、旅游景区相关人员的整体形象和服务水平，向世界展示深圳 30 年发展的奇迹与高水平、有特色的深圳国际旅游形象。

*“迎大运、创文明标兵——万名旅游微笑大使”评选活动于 2011 年 4 月 7 日在深圳世界之窗举行启动仪式。*

4 月至 9 月，深圳市文体旅游局与深圳市人社局、深圳市总工会共同举办 2011 年酒店职业技能大赛和“我为大运献美食”等活动。

11 月 14～15 日，深圳市文体旅游局组织主要出境游组团社总经理，赴香港举办深圳旅游高级人才首期培训班及深港旅游业务交流活动。其中在香港迪士尼乐园酒店举办现场交流活动，深圳市文体旅游局、深圳市旅游协会、香港旅游事务署、香港旅游发展局、香港旅游业议会及深港旅游企业人士近 100 人出席。

（金　超）

# 珠海旅游业

## 综 述

【概况】 2011年，珠海市旅游局深入落实科学发展观，抢抓机遇，转变工作作风，强化服务意识，提高办事效率，努力营造良好的旅游环境，推动珠海旅游健康发展。全年全市接待旅游总人数2613.32万人次，比上年增长12.01%。其中接待入境游客451.69万人次，比上年增长0.72%，国内游客为2161.63万人次，增长14.7%；全市旅游总收入222.83亿元，增长1.59%，其中国内旅游收入153.51亿元，同比增长12.70%；旅游外汇收入10.67亿美元，下降12.70%。

【旅游行业规模】 2011年，珠海市共有旅行社109家，其中出境游组团社10家；星级饭店82家，其中五星级8家，四星级9家，三星级61家，二星级4家；拥有主要景区（点）43个，其中国家4A级景区2个，3A级景区1个。

【汪洋视察珠海长隆海洋度假区】 2011年4月12日，中共中央政治局委员、广东省委书记汪洋莅临珠海长隆海洋度假区视察并高度肯定长隆集团在打造世界级民族旅游品牌过程中的规划蓝图。4月7日，汪洋在中共广东省委常委、常务副省长朱小丹等省领导和珠海市委书记甘霖等陪同下视察珠海长隆。在珠海长隆，汪洋等领导参观海狮、白鲸等海洋动物驯养基地，并观看海狮和白鲸的精彩表演。汪洋还亲自投喂海狮、白鲸，并兴致勃勃地“指挥”白鲸“引吭高歌”。随后，汪洋一行还参观国家级的长隆珍稀动物保护中心和规划建设中的横琴湾海豚酒店和长隆海洋王国项目。汪洋对建设中的长隆项目表示浓厚的兴趣，不断向陪同的长隆集团苏志刚董事长了解相关项目细节。在视察过程中，汪洋对珠海长隆项目给予高度的肯定。他希望长隆为中国和广东打造一个世界级民族旅游品牌。他还希望，长隆要建设世界上最好的主题公园，并且能够成为世界级主题公园的品牌输出者。汪洋对珠海长隆如何打造旅游目的地、如何加强粤港澳三地互动、如何将休闲和游乐紧密结合等问题都给予指示。

2011年4月7日，汪洋（右三）视察珠海长隆海洋度假区，并与白鲸亲密接触。

【重大旅游决策】 2011年，珠海市文体旅游局结合实际，通过调研，撰写《珠海旅游产业现状及发展对策》、《珠海市建设国际商务休闲旅游度假区战略和策略研究》、《斗门北部生态旅游发展调研报告》、《珠海市旅游饭店现状及对策》、《珠海市旅行社发展现状和建议》等材料，为市政府出台旅游发展战略提供参考。

【第五届珠海市民间艺术大巡游】 2011年2月19日，由中共珠海市委宣传部、珠海市文体旅游局、珠海市文学艺术界联合会共同主办，珠海市文化馆、珠海经济特区圆明新园旅游有限公司承办的第五届珠海市民间艺术大巡游在珠海举行。来自横琴新区、香洲区、金湾区、斗门区、珠海国家高新技术开发区、珠海保税区、万山海洋开发试验区、高栏港经济区共8台花车、23个巡游表演方阵及1500多名演职人员参加巡游巡演，吸引12万市民和游客观赏。大巡游活动以“民俗嘉年华　同城闹元宵”为主题，以中国传统元宵节为平台，民俗大巡游活动给市民群众带来精神生活享受，营造节日喜庆气氛，珠港澳三地同城和珠中江一体化地区群众共享节日欢乐。与之配套的“大红灯笼高高挂”元宵主题嘉年华于2月17~20日在圆明新园举行。

【2011 中国珠海国际赛车暨勒芒洲际大奖赛】 2011 年 11 月 3～13，2011 中国珠海国际赛车节暨勒芒洲际大奖赛在珠海举行。与之配套的德国啤酒节于 11 月 3～5 日在粤财假日酒店举行；赛车嘉年华于 11 月 5～13 日在拱北酒吧街举行；欢迎酒会于 11 月 11 日晚在九洲城中庭举行；赛车巡游于 11 月 11 日晚八时在吉大九洲城沿景山路至九洲大道路口举行；勒芒洲际大奖赛珠海 6 小时赛于 11 月 12～13 日在珠海国际赛车场举行并配套举办摄影大赛。整个活动由中国汽车运动联合会、珠海市人民政府、广东省体育局、广东省文化厅、广东省旅游局联合主办，珠海市文体旅游局、珠海市国际赛车场有限公司、珠海市体育总会承办。来自全世界各地 20 多个国家、29 个车队、75 名赛车手、200 多家媒体、500 多名记者、2000 多名工作人员参加，汇聚世界顶级赛车赛事风采。

【2011 年“中国旅游日”主题活动】 2011 年 5 月 17～22 日，珠海市旅游企业共推出 100 多项便民惠民措施，以庆祝中国首次设立“5·19”中国旅游日。其中酒店业推出近 50 项涉及餐饮、住宿、娱乐等优惠活动 20 多项；景区（点）纷纷让利，推出旅游日期间的特惠门票及相关庆祝活动；旅行社推出 30 多条精品特色游线路并组织 200 人游珠海活动，重新包装推出文化体验游、水乡风情游、主题公园游、浪漫休闲游新体验。

## 国际旅游

【入境旅游】 2011 年，珠海市接待入境旅游者 320.85 万人次，比上年下降 1.32%，旅游外汇收入 10.67 亿美元，比上年下降 12.79%。入境旅游者按客源地分，外国人 58.17 万人次，增长 2.54%；香港同胞 121.63 万人次，增长 13.17%；澳门同胞 71.76 万人次，下降 3.32%；台湾同胞 69.28 万人次，下降 20.1%。

【出境旅游】 2011 年，珠海市旅行社组团出境游 29.66 万人次，比上年增长 30.47%。其中：香港游 12.63 万人次，增长 7.62%；澳门游 10.01 万人次，增长 81.89%；台湾游 1.42 万人次，下降 14.9%；其他地区游 5.59 万人次，增长 46.46%。

## 国内旅游

【国内旅游接待与收入】 2011 年，珠海市接待国内游客 2161.63 万人次，比上年增长 14.7%，国内旅游者 1214.84 万人次，增长 15.11%；国内旅游收入 153.51 亿元，增长 12.70%；旅行社组团国内游 87.22 万人次，下降 0.2%。其中省内游 66.18 万人次，下降 1.09%，省外游 21.04 万人次，增长 2.7%。

【假日旅游】 2011 年，珠海市春节黄金周、“五一”小长假和“十一”黄金周接待游客总人数达 261.68 万人次，同比增长 2.33%，旅游收入达 14.87 亿元，同比增长 6.98%。其中春节黄金周，全市共接待游客 89.93 万人次，增长 9.56%，旅游收入 4.75 亿元，增长 10.47%。“五一”小长假 3 天，接待游客 59.92 万人次，同比增长 10.43%，旅游收入 3.73 亿元，同比增长 12.38%。“十一”黄金周，接待游客 111.83 万人次，同比下降 6.32%，旅游收入 6.39 亿元，同比增长 1.75%。

## 旅游市场推广与节庆活动

【概述】 2011 年，珠海市文体旅游局紧紧围绕全市旅游工作重点，加大市场宣传力度，积极宣传推广珠海旅游专题活动，继续强化区域旅游合作，全面提升旅游宣传资料的形象与内涵，巩固港台市场。

【旅游市场推广】

*组织全市旅游企业参加境内外旅游展* 珠海市全年组织旅游企业共参加 8 次旅游展，共约 100 家旅游企业 300 多名代表参加展会。其中，3 月 15～18 日，组团参加俄罗斯莫斯科休闲旅游展。制作俄文版的珠海旅游小册子和宣传光碟，现场派发 3000 多份宣传资料；3 月 24～26 日，组团参加广州国际旅游展。斗门区旅游局、金湾区文体旅游局、海泉湾、御温泉、翠湖高尔夫、拱北口岸中旅、海天国旅、市旅游咨询服务中心等 31 家单位共 142 人参展，并与广州、深圳市旅游主管部门联手以“精彩广深珠”的统一形象参展，布设 14 个展位全方位宣传广深珠的特色旅游资源。展会期间共派发《绿道地图》、《美食图》、《珠海旅游》等共计 11000 份宣传资料。珠海市荣获“优秀组织奖”；3 月 26 日至 4 月 3 日，组团参加香港、澳门特别行政区举办的 2011 中华文化游港澳地区推广活动。斗门区旅游局、金湾区文体旅游局、珠海机场有限公司、海泉湾、御温泉、拱北口岸中旅、鸿都酒店、九州邮轮、旅游服务咨询中心等 14 家单位共 45 人参加此次活动，是全省参加推广活动的企业和人数最多的城市。其间，珠海市旅游主管部门率企业走进香港九龙钻石山荷里活广场等 5 个广场和社区，面对面地向港澳公众介绍珠海旅游产品和发放《珠海美食》、《珠海绿道》、《下榻珠海》全套英文资料、《珠海旅游资讯》等旅游宣传资料 2 万多份和部分旅行社、酒店优惠券（环保购物袋）3000 多份；4 月 14～17 日，组团参加在西安举行的 2011 中国国内旅游交易会。全市约 20 家旅游企业 40

多名代表参展，力推浪漫休闲游、精品高尔夫游、养生温泉游、历史文化游等特色旅游产品和资源。展会期间，参展团部分成员拜谒市客源市场的相关领导，洽谈开拓及巩固客源市场和旅游合作等事宜；6月9～12日，组团参加在香港国际会议中心举办的香港国际旅游展览会。组织近30家旅游企业50多名代表参加，派发一万多份宣传资料；9月5～8日，组团参加在广州举办的首届中国（广东）国际旅游产业博览会，有十几家企业30多名代表参加展会，珠海展团获“优秀组织奖”和“最佳展位奖”；10月13～15日，珠海市副市长金展扬率团参加在澳门举办的第四届澳门国际旅游暨世界遗产旅游博览会，全市35家企业逾100多名企业代表，成为本次展会组团人数最多的市级参展团之一；10月27～30日，组团参加在昆明举办的中国国际旅游交易会，组织20多名企业代表参加。珠海展区设计以“幸福珠海”为主题，全方位推介温泉、高尔夫、绿道、历史文化等旅游产品及“2011中国珠海国际赛车节暨勒芒洲际大奖赛”和“珠海华润银行·2011珠海国际半程马拉松赛”。

完善宣传资料，扩大宣传平台　2月，珠海市制作180个宣传资料架投放至三星级以上饭店、主要景点（区）、高尔夫球会、旅游咨询服务中心，以及珠海机场城市候机厅等游客密集场所，全面介绍珠海市旅游资源和产品，提升旅游公共服务水平；1至10月，共印发并投放宣传资料77.5万份，包括珠海旅游9个系列的宣传折页、新制作的《灯笼沙景区宣传资料》、珠海旅游交通折页、珠海美食图、珠海绿道地图、珠海文体博览图等。

**【旅游专题活动】**　2011年1月8～9日，组织企业赴延边召开珠海旅游推介会，会上对珠海基本情况和主要旅游品牌进行推介，此次赴延边的推介促进了两地旅游业的进一步合作，珠海市文体旅游局与延边旅游局还签署旅游合作协议；1月23日，组织全市30家景区（点）、旅行社、文体场馆和海陆空交通等企业在人流密集的九洲城举办2011“欢天喜地过大年”文化、体育、旅游大卖场活动，为市民和游客提供春节期间全市的公共文化服务指引、体育活动和旅游消费信息；由珠海市文体旅游局主办，珠海市体育总会、珠海市自行车运动协会、珠海市太极拳协会协办的“浪漫珠海　绿道行”活动于4月29日在香山驿站举行，共有400多人参加活动。活动为期4天，以骑行珠海、中山、江门绿道为主要方式，向珠海、中山、江门三地市民宣传推广珠海绿道，吸引更多市民、骑行爱好者体验绿道，宣传推广珠海“浪漫之城”旅游城市形象；2月，组织全市30多家旅行社参观民营博物馆、美术馆、艺术馆等；2月，借助推介民间艺术大巡游的契机，组织全市30多家旅行社进行沿途采线；6月，珠海市举办国际龙舟赛期间，派发5000多份宣传资料。借助2011年“珠海免税商场杯”第八届珠海·北京世界华人篮球赛的举办，在赛场播放珠海旅游宣传片，并发放2000多份宣传资料；7月至10月中旬，策划组织珠海15个候选景观参加珠三角十大景观评选活动，珠海情侣路成功入选“珠三角十大景观”、淇澳红树林入选“珠三角十大特色景观”、万山群岛获“珠三角十大特色景观”提名奖；9月，与市委宣传部共同主办外来工珠海建设成就一日游活动，组织来自市内各行各业的近200名优秀外来工代表参加免费的“珠海建设成就一日游”。

2011年5月21日，珠海市举行第三届国际龙舟赛。

**【2011年广东国际旅游文化节（珠海）分会场】**　2011年，珠海市作为2011年广东国际旅游文化节分会场，共举办2011海泉湾音乐狂欢节、圆明新园2011年国庆大典之红色记忆、斗门水乡旅游文化美食节、珠海“海陆空”超级模型汇演活动、云来客栈国庆“栈”新迎客、“Harvard　哈佛解密 幸福水郡”大型幸福心理学讲座、2011北山国际爵士音乐节、2011珠海第九届沙滩音乐派对、第二届珠澳达人秀、勒芒洲际大奖赛、2011年庆祝澳门特区回归12周年暨第12届“回归杯”海钓全国邀请赛、珠海国际半程马拉松赛、十一月小汤镇闲趣温泉演义、十二月御温泉圣诞结、泛珠三角业余网球精英年度总决赛和泛珠三角乒乓球精英年度团体总决赛等16项活动。

**【爱与分享·第九届珠海沙滩音乐派对】**　2011年10月4日16：00至22：40，爱与分享·第九届珠海沙滩音乐派对在吉大海滨泳场沙滩举行。本届活动定位为“南中国地区原创音乐的盛会”，是由珠海市原创音乐产业基地主办，珠海市文体旅游局、香洲区人民政府为支持单位。共有9支原创摇滚乐队、10个节目表演模块、100多名演职人员、200多名城市活动志愿者、500多名安保人员参与活动，共聚吸引1万多名的市民和游客在海滨泳场感受“十一”旅游黄金周以原创音乐为主题的户外派对盛宴。

链接：

“沙派”品牌在珠三角乃至港澳地区有较高的知名度，自2003年至2011年共举办9届。吸引广大市民、珠海10余所高校在校大学生、全国各地来珠海旅游特别是珠三角和港澳年轻群体、自驾游群体因为“音乐”选择珠海，让来到珠海的游客感受珠海城市开放、包容、互爱、分享、和谐的城市特性，让音乐传递浪漫，让音乐增进彼此的友谊，同时让音乐带给游客假期间意外的收获，“沙派”成为珠海文化旅游一个响亮的品牌。

**【珠海华润银行·2011珠海半程马拉松赛】** 2011珠海国际半程马拉松赛于12月18日在香洲区吉大九洲城举办。本届赛事经省体育局和国家体育总局田管中心批准，由中国田径协会和珠海市人民政府共同举办，珠海市文体旅游局承办。本届赛事总奖金32万元，来自20个国家和地区，1万余名运动员参加比赛。其中，外籍运动员79人，港澳台地区运动员417人，外省市1728人，珠海本地8000人。共有裁判员160人、志愿者600人以及竞赛、医疗、安保等各类工作人员1000多人为赛事提供服务。珠海国际半程马拉松赛男子组冠军由摩洛哥选手艾尔.哈桑.艾尔.阿巴斯摘得，女子组冠军由肯尼亚选手格拉迪斯·克罗诺夺得；珠海市民半程男女冠军分别被周锦富，杨丽文夺得；10公里大赛共有1907名运动员参加，男、女个人冠军分别由山东济南的刘欢和山东青岛的顾怡雯获得，北京理工大学珠海校区获高校团体10公里男女冠军。

2011年12月18日，2011珠海国际半程马拉松赛在香洲九洲城举办。珠海市市长何宁卡（左六）等领导出席活动。

**【区域旅游合作】** 2011年1月20日，广深珠三地旅游局召开第二十五次广深珠旅游联席会议，会议对2010年工作作总结，并确定2011年工作安排，会上还举行轮值主席单位交接旗仪式。三地旅游局继续以统一形象进行宣传推广，主要参加三个旅游展。同时确定共同赴境内外主要目标市场各进行一次宣传推广活动、继续完善和制作广深珠综合宣传资料等合作内容。全年三地完成联合参展的工作任务，3月，广州国际旅游展销会，4月，中国（西安）国内旅游交易会、6月份香港国际旅游展，10月，中国（昆明）国际旅游交易会上，重点宣传广深珠新一代旅游产品和线路，突出推介温泉、高尔夫、主题公园、都市风情、自然山水、休闲度假等产品及“一程多站”的旅游线路，有效扩大“精彩广深珠”品牌的影响力。

9月26～27日，珠海市文体旅游局与广州市旅游局、深圳市文体旅游局联合赴哈尔滨、长春举办“活力广东，精彩广深珠”旅游推介会，广深珠三地及哈尔滨、长春主要旅游企业、主流媒体记者近500人参加推介会。广深珠三地旅游部门创新形式，采用将航空物流界纳入旅游宣传推广中的模式，以“活力广东，精彩广深珠”为主题，充分展示广深珠区域旅游形象以及后亚运旅游、后大运旅游、广深珠连线旅游、广东美食、海浪沙滩、温泉休闲、主题公园、文化创意、体育休闲、时尚购物等特色旅游产品，重点推介广州塔、海心沙广场、欢乐海岸、深圳湾体育中心、海泉湾海洋温泉度假区等新城市地标和旅游景点以及珠澳风情游、外伶仃海岛风情游等旅游项目。推介活动期间，广深珠三地旅游部门与哈尔滨、长春旅游业界开展座谈和旅游交流活动，加深东北地区旅行商和市民对广深珠三地旅游资源、旅游产品的认知度。

2011年，中珠澳三地旅游局分别于5、6、9月召开工作会议，商定工作计划。5月，中山、澳门联同香港、广州及江门旅游局前往马来西亚吉隆坡、新加坡及印尼雅加达举办联合旅游推介活动，共同推广“一程多站”旅游模式。会上派发中珠澳旅游相关资料。同月，湖北省旅游局局长率团到粤港澳进行推广，中珠澳三地旅游局列席澳门站推广活动，会上三地与湖北省业界交流旅游情况，借武广高铁及广珠城轨等大型基础设施的投入使用，加强中珠澳与湖北旅游业界的合作。10月19日，中山、澳门两地旅游局联合赴南京举办辛亥革命主题推介会，推介大香山旅游产品和线路。

## 旅游资源开发和景区（点）建设

**【旅游规划】** 2011年，重点编制《珠海市旅游发展总体布局规划整合》，于4月底召开专家评审会，并通过评审。完成《珠海市文化绿道建设规划方案》，启动珠海海岛旅游规划编制工作。

**【项目建设】** 2011年，珠海市推进珠海长隆国际海洋度假区项目建设，项目主体工程长隆海豚酒店于年底封顶，华南珍稀动物物种保护中心、动物暂养基地等建成并投入使用；公园开业所需动物场馆陆续开工，海洋王国鲸鲨馆和白鲸室内表演区等4个景区工程全面展开，预计2013年5月对外营业；东澳岛玲玎海岸旅游一期项目各项工作有序推进，南沙咀酒店与餐饮中心开工，海岛绿化和地形平整工作平稳推进，10万平方米的沙滩改造工程基本完成。

【评选文化、生态休闲旅游示范单位】 2011年，珠海市经过单位申报、材料审核、实地考察和公告等环节，先后评选一批生态休闲、文化旅游示范单位。市博物馆、市图书馆、古元美术馆、北山会馆、淇澳红树林湿地生态园、灯笼沙水乡风情旅游景区成为珠海文化、生态休闲旅游首批示范单位。

【绿道旅游】 2011年4月29日，“浪漫珠海·绿道行”绿道宣传推广活动启动仪式在香山驿站举行。本次活动为期4天，有400多人参加。活动以骑行珠海、中山、江门绿道为主要活动方式，向珠海、中山、江门三地市民宣传推广珠海绿道，体验绿道和享受绿道，宣传推广珠海“浪漫之城”旅游城市形象。12月11日，围绕珠海绿道，珠海市青年志愿者协会和珠海户外徒步运动协会共同主办“徒行绿道·爱满珠海”第七届百里爱心徒步暨慈善行活动，来自珠海、澳门两地以及周边各城市3800名户外爱好者参加全程50公里的徒步比赛。活动相关费用结余全部存入珠海户外爱心公益账户，用于爱心资助。

【红色旅游】 2011年6月，珠海“红色三杰”纪念设施建设完成，并于6月28日举行开放仪式，珠海各界人士和中华全国总工会的代表参加开放仪式。苏兆征陈列馆、林伟民故居、杨匏安陈列馆以全新的面貌免费向公众开放。7月17日，珠海市文体旅游局与珠海特区报共同举办庆祝建党90周年大型市民体验“红色之旅 人文珠海”活动，组织100多名市民代表参加体验日活动，参观苏蔓殊故居、白石街、苏兆征故居陈列馆、杨匏安陈列馆等珠海红色旅游基地。

## 旅游行业监督管理

【旅游市场监督】 2011年，珠海市文体旅游局所属的旅游质监所共受理游客投诉87宗，与去年同比下降7.4%，退赔金额87457元。其中投诉旅行社26宗，退赔金额30585元；酒店投诉2宗，退赔金额750元；景点投诉13宗，退赔金额6366元；购物投诉42宗，退赔金额45676元；其他投诉4宗，退赔金额4080元。积极参与市旅游行业协会、大专院校、电台的旅游宣传教育活动，全年配合消委会、旅游总会、旅行社协会、导游协会、吉林大学珠海学院为导游考试考生、新考入职导游、旅行社负责人、旅游专业学生举办旅游法规讲座9场，参与珠海电台市民热线、行风热线节目3期。此外还协调公安、工商、交通、质量技术监督等部门推动旅游市场联合执法，全年组织开展旅游执法检查30多次，出动执法人员310人次，检查旅行团235个，导游280人次，旅行社85家次，检查商场87家次。

【旅游安全管理】 2011年，珠海市落实领导干部“一岗双责”，印发《珠海市文体旅游局各科室安全生产工作职责》；与全市200多家文体旅游企业签定《安全生产责任承诺书》和《守法经营承诺书》；制订印发《关于开展元旦春节期间安全大检查工作的通知》、《珠海市“五一”旅游安全检查工作方案》、《珠海市国庆黄金周旅游安全检查工作方案》；开展第10个“全国安全生产月”活动，现场派发《平安旅游须知》300多份；印制《珠海星级将酒店消防安全标准化管理档案》防火巡查记录本和消防控制室值班记录本，免费发放全市星级饭店400本；9月23日，召开全市旅游行业安全生产工作会议。会上表彰一批2010年度文体旅游系统安全生产先进单位和先进个人。

【旅行社】 2011年，珠海市新批准设立的旅行社8家、吊销旅行社2家。截至2011年底，全市共有旅行社109家，其中出境游组团社10家。2月，印发《关于进一步规范旅行社发布旅游广告的通知》，并与珠海特区报社商讨刊登旅行社广告相关事宜。按照省旅游局《关于2011年度出境旅游领队证申办和换领有关事项的通知》，于3月4日召集10家出境游组团社总经理召开领队证申办和换领等事项工作会议，并于5月13日前完成，全市有132人申办领队证，187人换领领队证。4月，配合广东省公安厅、广东省旅游局和珠海市相关部门一起对全市非法从事代办旅游签证的旅行社进行查处，收缴一批非法签证资料。制作印刷《珠海市旅游诚信承诺》发送各旅行社张贴在显要位置。制定“珠海市旅行社委托代理业务”一系列规范性文本。10月13日，中山、珠海两地旅游部门在珠海市华骏大酒店联合举办“旅行社风险事故处理研讨会”，来自两地的旅行社从业人员约100多人参加会议。

【星级饭店】 2011年，珠海市新评定星级饭店3家，其中五星级1家（来魅力假日酒店），三星级2家（桃园帝豪大酒店和佳多利酒店）。至年底，全市有星级酒店87家。全市共55家星级饭店参加年度星级评定复核，其中包括怡景湾大酒店（五星级饭店）在内的6家星级饭店未通过复核被取消星级饭店资格，并在《珠海特区报》上公告。3月，会同市物价局对全市部分星级饭店明码标价情况检查，对不符合规范的饭店提出整改要求。

7月5日，珠海市召开旅游系统2011年节能减排工作会议。会议要求星级饭店签订节能减排责任书，有36家星级饭店与政府签订节能减排责任书；9月9日，配合市科工贸信局组织全市三星级以上饭店参加2011年全市商贸酒店重点用能单位节能培训班；6月18日，举办全市星级饭店新标准宣贯培训班。聘请新标准起草人授课；8月30～31日，举办珠海市星评员培训班，加强对星级饭店标准化建设及复核工作的认识；11月1～2日，在珠海市旅游培训中心举办星级饭店总经理研讨班，全面总结珠海饭店业的历史成绩和贡献，增进交流，互相学习。

## 旅游教育培训与精神文明建设

【旅游行业精神文明建设】 2011年4月2日，珠海市文体旅游局印发《关于认真开展爱国卫生整洁工作的通知》，按要求各区文体旅游管理部门、文体旅游企业成立爱国卫生工作领导小组，制定爱国卫生整洁工作方案，推动爱国卫生整洁工作的深入开展。4月13日，召开由旅游行业和文化行业协会会长、秘书长参加的珠海市文体旅游行业实施“净畅宁美”行动、创建全国文明城市活动会议，提出一要统一思想、提高认识；二要周密部署、密切配合；三要落实责任、务求实效；四要抓住根本、提升素质四点工作要求。

2011年，在中华全国总工会举办的2011年全国“五一”劳动奖状、奖章和全国工人先锋号评选活动中，广东省拱北口岸中国旅行社导游员张潇潇（女）被授予“全国五一劳动奖章”；珠海市文体旅游局组建文化主讲员队伍，制订《珠海市文体旅游局文化主讲员工作规范》、《文博场馆开幕式主讲工作流程》等管理制度。截至2011年底，全市文化主讲员完成40多场主持活动；珠海度假村酒店、粤海酒店被市健康办纳入珠海市创建健康城市细胞工程试点健康宾馆。按照珠海市创建健康城市工作领导小组《珠海市创建健康城市细胞工程工作推进方案》，2家健康宾馆完善卫生管理制度，员工熟悉掌握卫生、消防安全、科学饮食知识等。

【旅游行风与机关作风建设】 2011年，珠海市文体旅游局贯彻落实国家、省旅游纪检监察暨行风建设工作会议，认真整改落实2010年度社会满意度测评群众反映意见，结合旅游行风和机关作风建设，制定整改任务分解表，把每一项工作任务分解落实到位。贯彻落实《珠海市2011年机关作风建设工作意见》，召开局机关作风建设动员大会，传达全市机关作风建设大会精神，制定《关于进一步提高行政执行力确保政令畅通的规定》等内部管理规章制度，积极开展纪律教育学习月活动。抓好行政审批事项清理工作，把15项行政许可审批事项和8项非行政许可审批事项下放到各区。与斗门镇开展结对帮扶工作，签订目标责任书，制定结对帮扶实施方案，提出八项主要目标任务。大力开展“五个一”行动，局主要领导通过市政府网站“民生在线”栏目与网民在线交流；召开人大代表、政协委员座谈会，广泛征求社会各界对本本单位机关作风的意见；在“创文”活动中，局机关作风办多次到市体育中心等责任单位明查暗防；召开局领导班子民主生活会、组织局系统各级党组织书记开展“双向述职”和局属单位主要负责同志“述职述廉”活动；开展以“加强作风建设，勤政廉政为民”为主题的大讨论、组织观看《月季花开——优秀共产党员杨静娟剪影》等警示影片。

2011年12月31日，在珠海市体育中心体育场举行2012年迎新年健身长跑活动，市领导甘霖、余炳林、王衍诗、刘小龙等参加迎新长跑活动。来自市直机关、企事业单位、学校、社会团体两万多人的长跑队伍精神抖擞地跑完全程，迎接2012年的到来。甘霖书记在活动后表示，希望珠海广大干部群众通过健身长跑活动，跑出奋勇争先的勇气、跑出开拓进取的志气，以健康的体魄、饱满的热情和良好的精神风貌跨入新的一年，实现各项工作的良好开端，为“率先转型升级、建设幸福珠海”作出新的贡献。

2011年12月31日，珠海市人民政府举办2011年珠海市迎新年健身跑活动。

2011年珠海市迎新年健身跑活动于12月3日举办。中共珠海市委书记甘霖（左四）等领导出席活动。

【旅游教育培训】 2011年5月至6月间，珠海市举办2011年度导游人员职业技能大赛，全市各旅行社、大专院校和社会导游120多人参加比赛。4月，举办全市初级导游人员年度继续教育培训授课并开展“导游论坛”活动，邀请国家级导游师资库讲师林大康、刘艳红为学员授课，是年，组织全国导游人员资格考试的考务工作，全市报考人数1415人。

（伍文博）

# 汕头旅游业

## 综　述

**【概况】** 2011 年，汕头市旅游行业进一步转变旅游发展观念，以建设幸福汕头为目标，以科学发展为主题，以建设生态滨海旅游示范区为主线，继续加强宣传推介、资源整合和项目开发建设，努力提升旅游服务质量，全力推进汕头旅游业发展。1 月 21 日，在全省旅游工作会议上，汕头市被广东省政府授予“广东省旅游综合改革示范市”荣誉称号。4 月 21 日，在亚太旅游联合会、国际度假联盟组织和中国生态旅游促进会主办的“中国旅游品牌世界之旅·香港峰会暨中国国际旅游投融资洽谈会”上，汕头市被评为“中国最具投资价值旅游城市”。5 月 15 日，在人民网主办的第二届中国节庆创新论坛暨 2011 中国品牌节会颁奖盛典上，汕头市潮汕美食节荣获“2011 十大国际影响力节庆”殊荣。全年实现接待过夜游客 903.84 万人次，比上年增长 15.55%；旅游收入 104.42 亿元，比上年增长 18.02%。

**【旅游行业规模】** 截至 2011 年底，汕头市共有各类住宿设施 500 多家，床位数约 4 万张，其中星级饭店有 38 家（五星级 3 家，四星级 7 家，三星级 19 家，二星级 8 家，一星级 1 家）；拥有旅行社 66 家。其中出境游组团社 6 家，台湾游组团社 1 家。另设有外地驻汕头旅行社分社 4 家，旅行社服务网点 40 家，出境游委托代理社 13 家；有旅游景区（点）40 多处，其中国家 A 旅游景区 5 处（4A 级旅游景区 4 处、3A 级旅游景区 1 处）；有 1 处国家级森林公园，1 处全国农业旅游示范点，1 处省级风景名胜区。全市共有 19 家“旅游推荐单位”，涵盖餐饮、购物、娱乐等方面，旅游服务接待体系完善。全市旅游直接从业人员近 3 万人，旅游业为社会创造近 10 万个就业岗位。

**【重大旅游决策】** 《汕头市旅游资源保护和开发条例》自 2011 年 2 月 1 日起施行。《条例》于 2010 年 8 月 26 日由汕头市第十二届人大常委会第二十九次会议通过，于 2010 年 12 月 1 日广东省第十一届人大常委会第二十二次会议批准。汕头市在原《汕头经济特区旅游资源保护和开发管理规定》的基础上，运用较大市立法权制定《汕头市旅游资源保护和开发条例》，将全市范围内的旅游资源的保护和开发管理纳入法制化轨道，进一步规范旅游资源的保护和开发行为，禁止破坏旅游资源的违法行为，强化监督管理。

**【领导关心旅游业】** 2011 年 4 月 12～13 日，广东省副省长招玉芳到汕头开展旅游调研，她要求汕头旅游行政管理部门“发挥资源、市场、区位、交通等方面的综合优势，先行先试，着力做大做强汕头旅游经济；要把规划放在重要位置，通过造规划、造景、造势、造故事，推动重大旅游项目的开发。”13 日上午，招玉芳前往莲华乡村旅游区、方特欢乐世界·蓝水星主题公园等景区考察，深入了解当地旅游发展情况。在由汕头市政府、旅游管理部门和旅游企业领导参加的座谈会上，招玉芳听取汕头市政府关于旅游等工作的情况汇报，她强调：汕头要围绕“加快转型升级，建设幸福广东”这一核心，强化特区意识，发挥特区优势，擦亮特区牌子，推动旅游等工作上新台阶，为汕头加快打造区域中心城市助推加油。省政府副秘书长刘晓捷、汕头市市长蔡宗泽、省旅游局副局长张振林等出席座谈会，并陪同调研。

6 月 26 日，全国红色旅游工作协调小组办公室副主任胡呈军莅汕考察红色旅游开展情况，并听取相关工作汇报。

2011 年 4 月 13 日，广东省副省长招玉芳考察方特欢乐世界·蓝水星主题公园。

**【重要旅游活动】** 2011 年 1 月 14 日，汕头市人民政府在电信大厦召开全市旅游工作会议。市政府副市长余健明，副秘书长黄绍生，各区县政府领导，市直有关单位领导，各区县旅游局负责人，以及全市旅游企业代表出席会议。会议全面总结2010年全市旅游工作情况，提出2011年汕头市旅游业的主要工作任务：认真贯彻中共汕头市委书记李锋对全市旅游业发展的指示精神，继续推进“汕头生态滨海旅游示范区”建设，加大宣传推介力度，深化生态滨海旅游形象，提升旅游辐射力、聚集力；下大力气开展招商引资工作，挖掘旅游资源，培育旅游景点；继续办好旅游节庆活动，提升旅游节庆活动的规模和影响力；着力推进旅游服务质量的提升，推动旅游增长方式的转变，努力把汕头建设成为粤东旅游中心城市。

5月21日，由汕头市人民政府、中国帆船帆板运动协会主办，汕头市旅游局、香港亚洲邮轮会有限公司、汕头市兴达游艇俱乐部有限公司、海逸投资承办的“浪漫海湾 幸福扬帆”汕头帆船巡游活动暨“潮人杯”帆船巡游赛开幕式在汕头市国际客运码头举行。亚洲帆船联盟主席、国家体育总局水上运动管理中心副主任、中国帆船帆板运动协会主席李全海，广东省旅游局副局长张振林，汕头市领导郑人豪、余健明、许瑞明等出席开幕仪式。活动吸引来自香港、台湾、深圳、厦门等地的16支帆船队参加，展示了汕头美丽的“一湾两岸”城市景观和良好旅游资源、投资环境以及滨海旅游魅力。

10月20日，由汕头市旅游局为主要承办单位的汕头经济特区建立30周年庆祝活动欢迎宴会暨第十七届潮汕美食节开幕式在锦峰潮汕美食城举行，国内外1000余名领导和嘉宾出席欢迎晚宴和开幕仪式。活动为嘉宾献上了一台富有潮汕文化特色的美食和文化盛宴，充分展示汕头经济特区独具特色的城市形象和美食文化。为期7天的美食节共吸引约30万游客、市民参与。

2011年10月21日，汕头经济特区建立30周年庆祝活动欢迎宴会暨第十七届潮汕美食节开幕式现场。

**【国民旅游休闲计划】** 2011年，汕头市认真贯彻《关于试行广东省国民旅游休闲计划的若干意见》，积极推行国民旅游休闲计划。汕头市旅游局在全市营造旅游氛围，培育国民旅游休闲意识，倡导低碳、环保、健康、文明的旅游方式，鼓励旅游企业推出优惠措施，以打折或减价等形式，为游客旅游休闲提供各种优惠便利服务。组织全市旅游企业与中国电信汕头分公司联合编印《汕头旅游黄页》（2011~2012年），该书集合汕头市六区一县精品旅游景点信息和人文、自然、娱乐资讯，结合吃、住、行、游、购、娱“六要素”，共印刷1万册，免费发放到全市酒店、景区、旅行社及部分市民，为来汕游客提供出游方便，为市民和游客系统地了解汕头旅游环境、全面地获得各类旅游资讯提供便利。举办乡村旅游节、生态旅游节、潮汕美食节等大型旅游活动，组织国内主流媒体拍摄汕头休闲度假游专题节目，引导旅行社积极开发微旅游、奖励旅游、福利旅游、乡村旅游以及修学旅游等新的旅游产品，培育市民旅游休闲意识，打造生态滨海旅游休闲品牌，吸引广大市民参与休闲旅游，刺激消费，拉动内需，促进旅游经济的发展，带动相关行业的发展。

**【2011年“中国旅游日”主题活动】** 在首个“5·19”“2011年中国旅游日”前后，汕头市策划启动“中国旅游日·汕头幸福游”主题系列活动：“包括举办浪漫海湾 幸福扬帆”汕头帆船巡游活动暨“潮人杯”帆船巡游赛、莲华乡村旅游区获评国家4A级旅游景区授牌仪式暨第四届乡村旅游节、“中国旅游日·南澳风情游”旅游文化周、“2010‘建行杯’汕头旅游好新闻”评选、2010汕头市最受欢迎旅游节庆活动、旅游景区（点）颁奖典礼等。组织旅游企业开展公益惠民旅游活动，全市有50%以上的景区免费对游客开放或实行门票5折优惠，通过在《汕头日报》、《特区晚报》、《汕头都市报》和市邮政局《完美生活》上刊登“5·19”旅游专版及惠民措施，在汕头旅游网发布旅游专题，吸引大量游客参团出游。

**【“2011中华文化游”主题年活动】** 2011年1月12日，汕头市在开埠文化陈列馆举办以“2011年中国文化游”为主题的“老埠文化游”启动仪式，各旅行社编制“老埠文化游”、“美食文化游”、“养生文化游”等系列旅游线路近50条。年内，汕头市组织本地市民和周边城市游客近60万人开展文化旅游，让游客感受到汕头“百载商埠”深厚的文化底蕴，了解汕头的文化历史。

**【旅游综合改革】** 2011年，汕头市以获评“广东省旅游综合改革示范市”为契机，加强与广东省旅游局共创“建设汕头生态滨海旅游示范区”，充分调动全市重视旅游、发展旅游的积极性，加大对旅游业的资金投入，进一步转变旅游发展观念，完善旅游体制机制，运用较大市立法权制订有利于旅游业发展的地方法规，形成发展合力，做大做强旅游产业，推进全市建设粤东区域旅游中心城市步伐，发挥旅游业在建设幸福汕头中应有的作用。

## 国际旅游

【入境旅游】 2011年，汕头市接待入境旅游者14.06万人次，比上年增长5.06%；旅游外汇收入5071.18万美元，比上年增长1.10%。入境旅游客源市场情况：台湾同胞9127人次、香港同胞43561人次、澳门同胞692人次、外国人87252人次。

【出境旅游】 2011年，汕头市组团出境游44332人次，比上年增长33.98%。出境游基本情况为：香港20186人次，澳门5897人次，台湾2137人次，出国游16112人次。

## 国内旅游

【国内旅游接待与收入】 2011年，汕头市接待国内游客889.78万人次，比上年增长15.73%。其中旅行社组团接待游客58.60万人次；国内旅游收入101.12亿元，比上年增长15.6%。旅行社组团情况：省内游42.11万人次，比上年增长19.46%；省外游25.82万人次，比上年增长13.93%。省内游主要以珠江三角洲客源为主，省外游主要以华东和福建、海南、江西省为主。

【乡村旅游】 2011年，汕头市举办桃花节、杨梅节、荔枝节、生态旅游节、乡村旅游节、薄壳美食节、鲜菇美食节等节庆活动，大力开发农家乐、渔家乐，生态游、美食游等旅游线路，丰富汕头旅游产品，扩大汕头“休闲之都”旅游知名度。活动进一步整合优化乡村旅游资源，完善乡村旅游区的基础设施建设，全市旅行社围绕节庆主题开展组团活动，吸引来自泰国、香港、澳门、台湾等地及周边城市的游客来汕头旅游。乡村旅游活动在全市掀起了旅游热潮，在带旺汕头旅游市场的同时，也增加农民和商家的收入，涌现一批乡村游景区（点），丰富了汕头旅游产品链，实现以旅助农，推进社会主义新农村建设和城乡一体化进程，加快汕头生态滨海旅游示范区建设。

【红色旅游】 2011年，汕头市认真贯彻中共中央办公厅、国务院办公厅《关于印发<2011~2015年全国红色旅游发展规划纲要>的通知》精神，在做好革命文物保护的前提下，积极推动汕头红色旅游的发展。通过政府拨款和企业出资，投入近50万元，在澄海大自然休闲农庄景区内建成具有地方民居特色的澄海西埔村早期革命活动史迹陈列室，并于6月在大自然休闲农庄内举办“汕头市红色主题旅游活动启动仪式暨西浦早期革命活动史迹陈列室开放仪式”。全年共开发出红色旅游专项线路、红绿互动线路和城市间联动精品旅游线路近20条，全市各红色景点共接待游客30多万人次。

2011年6月20日，汕头市举行红色主题旅游活动启动仪式暨西浦早期革命活动史迹陈列室开放仪式。

【假日旅游】 2011年春节黄金周，汕头市共接待游客99.07万人次，同比增长2.02%，其中过夜游客11.16万人次，同比增长14.81%；一日游游客87.91万人次，同比增长0.59%；旅游总收入4.10亿元，同比增长28.51%。

“五一”小长假，全市共接待游客32.29万人次，同比增长19.28%，其中过夜游客4.96万人次，同比增长18.66%；一日游游客27.33万人次，同比增长19.4%；旅游总收入1.18亿元，同比增长23.86%。

“十一”旅游黄金周，全市共接待游客104.87万人次，同比增长18.9%，其中过夜游客9.65万人次，同比增长17.2%；一日游游客95.22万人次，同比增长19.1%；旅游总收入3.07亿元，同比增长18.5%。

## 旅游市场推广与节庆活动

【旅游市场推广】 2011年，汕头市继续加大旅游宣传力度，在国内主流媒体密集开展旅游宣传。从2月15日起，汕头在央视4套投入播出汕头城市天气预报，背景为汕头标志性旅游景观图像；协助中央电视台《新闻联播》等频道对“南澳一号”明古沉船水下考古进行现场直播，引起受众对南澳岛及旅游资源的了解；策划、接待中央电视台《快乐汉语》、中央电视台二套财经频道《消费主张》栏目、中央电视台国际中文频道《远方的家》栏目、浙江卫视

《爽食行天下》、《南方》杂志、香港《东周刊》杂志来汕拍摄报道旅游、美食专题节目20多集；与《汕头日报》合办汕头旅游专版，发布汕头旅游精品线路，在境内外掀起汕头旅游热潮。办好汕头旅游网，建设汕头旅游公众网和政务网，充分利用汕头旅游网这一网络宣传交流平台，发布国家旅游业政策法规，转载国际国内旅游行业动态，发布汕头旅游信息，宣传汕头旅游资源和旅游产品，转摘闽粤赣、港澳台地区旅游资讯，介绍汕头与各兄弟市旅游合作情况，积极参与海西旅游网建设。积极参加国家旅游局、省旅游局组织的国际国内旅游交易会，组织旅游企业先后赴香港、西安、宁夏、山东、江西、福建等地的各类旅游交易会，开展旅游宣传推介活动。

**【2011广东国际旅游文化节（汕头）分会场】** 汕头市作为2011广东国际旅游文化节分会场，先后举办桃花节、杨梅节、荔枝节、薄壳节、2011国际超级小姐世界大赛粤东总决赛、汕头市第十七届潮汕美食节、汕头市第十三届国际食品博览会暨潮汕国际美食文化节、第六届中华名茶（汕头）博览会、第四届旅游产品（汕头）博览会、鲜菇美食节、2011汕头（国际）缤纷嘉年华大型主题活动，向海内外嘉宾展示汕头滨海风光、生态美食、民俗风情，历史文化和经济建设成就，打响汕头“潮人故里、美食之乡、浪漫海湾、休闲之都”旅游品牌。此外，还配合本届旅游文化节韶关主会场参与绿道游系列活动、旅游招商会、花车大巡游等活动。汕头幸运牛肉丸入选为2011广东国际旅游文化节欢迎宴会招待菜品，汕头市旅游局荣获2011中国（广东）国际旅游产业博览会“优秀组织奖”，汕头设计制作的花车荣获三等奖。

**【旅游节庆活动】** 2011年，汕头市通过举办一系列特色旅游节庆活动，带旺旅游市场，拉动消费，促进了旅游与文化、旅游与体育、旅游与农业、旅游与工业的结合，同时也深度挖掘、开发和利用旅游资源，形成一批休闲特色游景区（点），延伸汕头旅游产品链。3月12日，由汕头市旅游局、市妇联、濠江区政府共同主办的汕头市2011“春满鮀城”生态旅游节开幕仪式在丹樱生态旅游区举行，全市共有南澳岛、礐石风景区、农业科学园、华侨公园、大自然休闲农庄等多个生态旅游区参与这一节庆活动，集中引导市民和游客提升生态文明理念。6月20日，由市旅游局和澄海区政府主办的“汕头市红色主题旅游活动启动仪式暨西浦早期革命活动史迹陈列室开放仪式”在澄海西浦村大自然休闲农庄举办，拉开了全市集中开展红色主题旅游活动的序幕，加快全市红色旅游发展步伐。10月20日，由市旅游局作为主要承办单位的汕头经济特区建立30周年庆祝活动欢迎宴会暨第十七届潮汕美食节开幕式在锦峰潮汕美食城举行，国内外1000余名领导和嘉宾出席欢迎晚宴和开幕仪式。此外，还举办第三届汕头市濠江桃花节，2011潮阳·西胪杨梅节，濠江、澄海薄壳节，2011汕头·潮南荔枝文化旅游节，鲜菇美食节，中秋潮俗文化节，第十三届国际食品博览会暨潮汕国际美食嘉年华、第六届中华名茶博览会、第四届旅游产品博览会、“汕头开埠文化游”启动仪式以及2011国际超级小姐世界大赛粤东赛区总决赛等等一系列旅游节庆活动。

2011年3月15日，汕头市举办“3·15诚信品质游”宣传日暨乐观国旅“香港诚信品质游”启动仪式。

**【区域旅游联盟与合作】** 2011年，汕头市坚持“大旅游、大市场、大产业”的发展理念，主动融入粤港澳以及珠三角，主动对接海西旅游区，与粤东地区、闽粤赣地区、海西经济区建立粤东旅游圈，闽粤赣十三市、海西旅游圈和旅游联盟，加强与联盟地区城市的联系与合作。组织全市7家龙头旅游景区参加由福建省旅游协会主办的“海峡旅游景区通票”，通票于2011年1月起正式向全国发行；7月，汕头市旅游局局长陈华佳随汕头市党政考察团赴台湾交流考察，与台湾旅游界进行广泛交流和接触，大力宣传推介汕头旅游，招徕台湾游客来汕头旅游、观光、度假，加快推进汕台旅游合作。9月，组织全市旅游企业参加第七届（厦门）海峡旅游博览会，与闽粤赣协作区、台湾地区旅游同行进行交流洽谈；同月，组织旅游企业赴南昌参加“粤赣旅游交流会”。年内，先后接待福建漳州、三明、莆田等市旅游界来汕推介交流，双方开展互动合作；积极参与海西旅游网的建设，共同开展旅游宣传、拓展客源市场，开发旅游资源，开辟精品线路；充分利用海西优惠政策，开展对台旅游交流，指导有经营大陆居民赴台旅游业务资格旅行社开展对台旅游业务，编制“台湾游”旅游线路等。

## 旅游资源开发和景区（点）建设

**【旅游规划】** 2011 年，为加快汕头市旅游业发展，推进"汕头生态滨海旅游示范区"建设，汕头市旅游局自 2010 年底启动《汕头市旅游业"十二五"发展规划》编制工作，于 5 月完成初稿并广泛征求各区县旅游局、各旅游企业意见，综合修改完善后在汕头旅游网发布。

**【旅游投资】** 2011 年，汕头市争取世博潮府馆回迁汕头，市旅游局指导世博潮府馆在复原的基础上规划建设集美食、展示、演艺、体验、休闲、购物、娱乐为一体的汕头标志性文化旅游园区——潮民俗风情新天地，制订工作方案，促成项目在粤东（揭阳）侨博会上以 20 亿签约落户汕头。

**【旅游景区（点）与基础设施建设】** 2011 年，汕头市下达旅游发展专项资金 106 万元，用于完善旅游基础设施建设，充实旅游标识设施，加强旅游园区配套建设。汕头市旅游局指导丹樱生态园加快规划建设步伐，建成若干休闲观景走廊及栈道，增设部分旅游配套设施，并在景区举办全市性节庆活动；指导推动大自然休闲农庄扩大景区规模，充实景区内容，建成西浦早期革命活动史迹陈列室，规划启动二期绿野农庄项目建设；指导莲花峰景区进一步完善观海长廊等项目。

**【新开发、新建设景区（点）】**

莲华乡村旅游区　位于汕头市澄海区东北部，占地面积 19 平方公里。为潮州、澄海、饶平"黄金三角点"，北倚莲花山，南临韩江北溪，是早期革命老区镇。区域山清水秀，自然风光旖旎，万亩国兰基地醉人，特色农产品远近闻名，乡村建筑构思颇具风格，民风淳朴，绿色、生态是最大亮点，拥有远东国兰、莲花山温泉度假村、大自然休闲农庄旅游景区，是中国兰花名镇、广东省旅游特色镇、广东省生态示范镇、广东省现代农业园区。2010 年 12 月，莲华乡村旅游区被全国旅游景区质量等级评定委员会批准为国家 4A 级旅游景区。

锦峰潮汕美食城　座落于锦峰柏嘉半岛，位于深汕高速和汕厦高速的进出口交界处。东侧是粤东唯一高科技游乐园蓝水星和 1 万多户的柏嘉住宅区，西侧是市民体育公园。美食城总建筑面积 14000 平方米，投资 5000 万元。共有铺位 62 间，铺位纵深 15 米，宽 4 米，内部空间极具可塑性，搭配 6000 平米中央广场，形成内外就餐区，南北端各规划一座 4000 平方米的酒楼，拥有数千辆的超大型绿阴停车场。锦锋潮汕美食城于 2011 年 10 月建成，成功承办汕头经济特区建立 30 周年庆祝活动欢迎宴会暨第十七届潮汕美食节。

**【绿道旅游】** 2011 年 4 月 25 日，汕头市政府召开第 80 次常务会议，审议通过《汕头市绿道网规划建设实施方案》，标志着全市正式启动绿道网规划建设。截至 2011 年底，汕头建成绿道网示范段 35 公里，包括礐石、牛田洋、中山东路、海滨路和濠江区等 5 段绿道，兼顾生态型、郊野型、都市型三种类型。

**【旅游扶贫】** 2011 年，汕头市有 4 个旅游项目得到省旅游扶贫专项资金扶持，分别是南澳岛东山乡村旅游基地获得旅游扶贫专项资金 40 万元、濠江区丹樱生态园建设项目获得旅游扶贫专项资金 20 万元、潮南区红场旅游区获得旅游扶贫专项资金 20 万元。另外，莲华乡村旅游区休闲度假项目获得 2011 年广东省旅游扶贫大型项目资金 300 万元。

**【旅游转型与产业升级】** 2011 年 3 月 7 日，汕头市出台《关于进一步鼓励和引导民间投资促进民营经济发展上水平的实施意见》，意见提出："鼓励民间资本投资发展旅游业。推进国有旅游景区转换经营机制，加快经营类事业单位国有旅游景区转制改企，按照所有权、管理权和经营权分离模式，以特许、转让、承包、租赁等方式，允许民间资本依法参与景区（点）经营项目实行的公开招投标。支持有实力的民营企业以集中规划、成片开发形式，依法取得旅游景区的经营权、运营权，以旅游景区门票质押担保和收费权融资等方式扩大融资规模。支持符合条件的民资旅游企业通过发行股票和企业债券以及项目融资、产权置换等形式筹措发展资金。设立旅游发展专项资金，建立以政府投入为主的旅游整体形象促销经费保障机制，加大对民间投资旅游的引导力度。支持民资旅游企业利用荒山、荒坡、荒水、荒滩、荒岛、古宅旧居等开发旅游项目。"此项实施意见的出台对促进旅游转型与产业升级起到积极推动作用。

## 旅游行业监督管理

**【旅游市场监督】** 2011 年，汕头市共检查、走访旅游企业 85 家，检查旅游广告 60 余份，各种旅游合同 150 余份，旅游团队档案 80 余份，旅游团队 30 余个，开展旅游服务质量问卷调查。发出 5 份整改要求，下发《责令限期整改通知书》2 份。对违法违规企业进行立案调查 3 宗，行政处罚案件结案 1 宗，加大对旅游市场的整治和查处力度，牵头和联合其他相关部门（交通、工商、公安）对全市的旅游包车、旅游车辆、旅游合同进行执法大检查，规范和引导旅游企业守法经营、诚信经营，从而为广大市民和海内外游客营造一个"祥和幸福"的旅游大环境，同时要求旅游企业和旅游从业人员开展签订诚信公约、承诺诚信服务、阳光报价等行业自律活动，用优质旅游品牌效应，引导游客理性消费、理性维权。2011年旅游投诉比2010年下降9%，共接到旅游投诉案件21宗，符合受理条件的投诉案件21宗，都已全部结案，结案率100%，较好的保护了旅游者和旅游经营者的合法权益。继续完善旅游质监所投诉电话接听制度和投诉案件的受理、处理和转办制度，认真做好各项记录，依法按程序处理各类旅游投诉，保证假期节日旅游投诉电话24小时畅通。

**【旅游安全管理】** 2011年，汕头市加强对元旦、“五一”小长假和春节、“十一”黄金周假日安全生产的管理，开展大检查。根据市政府《关于进一步加强安全生产工作的实施意见》，制定《汕头市旅游安全生产工作“一岗双责”制度》，明确安全生产责任人。通过全面、深入的大检查，进一步落实市安委会在全年工作安排中提出的要进一步强化和落实企业主体责任及行政管理部门安全监管责任，推动旅游企业健全、落实安全管理各项制度，严格执行旅游安全技术规程和标准，彻底排查治理安全隐患，认真解决安全管理上存在的突出问题和薄弱环节，有效防范和坚决遏制旅游安全事故发生，全年安全生产无事故。

**【旅行社】** 2011年，汕头市新成立龙珠、金秋、安泰、康华、春之旅和厦门逍遥旅行社汕头分社6家旅行社；注销江南旅行社、广东和平国旅汕头分社；新办理出境游委托代理7家，终止出境游委托代理3家；办理旅行社变更16次；旅行社服务网点备案5个。根据《汕头市奖励旅行社组织游客进入汕头旅游实施办法》，市旅游局、市财政局对2010年度组织游客来汕旅游成绩突出的9家旅行社进行奖励，分别是：组织接待总量奖（旅总、海岛、青旅、瀛南），特色创意奖（旅总、汕头假日、康辉、好风光、海岛）。开展旅行社责任保险统保工作，召开粤东四市旅行社风险防控暨事故处理研讨会，全市旅行社责任保险统保工作达到90%以上。做好国内游、出境游和赴台旅游相关工作，实行出境旅游组团社、分社和委托代理社总经理约谈制度，先后多次开展专项检查和规范工作。针对全市旅游车辆不足情况与市交通运输局协商并提出建议，增加20多副旅游车牌。

**【星级饭店】** 2011年，汕头市根据国家和省旅游饭店星级评定委员会工作部署，汕头市旅游饭店星级评定委员会于9月9日至12月3日组织对全市星级饭店进行复核。截至2011年12月底，全市有星级饭店38家，本年度应复核饭店38家，实际复核35家，其中评定性复核15家，一般性复核20家。延期复核3家，经复核，限期整改2家，取消星级1家。是年，汕头市星级饭店投入更新改造资金总计约1.59亿元。全年客房平均出租率为61.23%；全市星级饭店营业收入总额6.80亿元，其中客房收入3.57亿元，餐饮收入1.97亿元，其它收入2亿元。部署星级饭店学习2010版饭店星级标准，6月份组织星级酒店举办新标准培训宣贯工作，并组织人员参加国家、省旅游局举办的新标准培训班。

**【旅游商品】** 2011年，汕头市旅游行政部门根据旅游推荐单位管理办法和相关标准，共推荐19家餐饮、购物企业，为旅行社及游客提供有特色、有保障的餐饮、购物服务，为挖掘汕头旅游资源，带动相关产业发展做出新的尝试和努力。

**【旅游服务信息化建设】** 2011年，完善旅游服务信息化建设，建设汕头旅游公众网和政务网，通过汕头旅游网发布国家旅游业政策法规，转载国际国内旅游行业动态，发布汕头旅游信息，宣传汕头旅游资源和旅游产品，转摘闽粤赣地区兄弟市的旅游工作资讯，介绍汕头与各兄弟市旅游交流合作情况。汕头旅游网年发布通知公告行业信息330多条，年浏览量达36.7万次。

1月14日，汕头市旅游局与中国电信汕头分公司合作开通114旅游服务热线，全天候为游客提供旅游咨询、订票、订房、投诉等服务，是广东省首个地级市与电信部门合作开通的旅游服务热线。自开通以来，月均访问量达十万人次以上，在全省率先实现人工24小时旅游公共信息服务。

2011年12月22日，汕头市举行《跟我逛汕头》图片展开幕仪式暨图书首发。

**【旅游行业协会】** 2011年5月30日，汕头市旅游协会第四届会员（换届）大会在龙湖宾馆举行，新一届会员单位共60家，选举产生以张汉林为会长的新一届理事会。5月31日，汕头市旅游酒店第四届会员（换届）大会在金海湾大酒店举行，新一届会员单位共41家，选举产生以范秀森为会长的新一届理事会。

## 精神文明与教育培训

【旅游精神文明建设】 2011年，汕头市旅游局深入开展创先争优活动，通过开展“创先争优促发展”主题实践活动、“结合实际学标准、立足岗位当先锋”主题实践活动等，着力推动旅游经济发展方式转变，争当“转变方式、促进发展”的排头兵。是年，汕头市旅游局开展扶贫开发“规划到户，责任到人”工作，局党员干部多次前往帮扶村——潮南区红场镇仙田村仙田村，入户走访慰问400多人次，落实一批帮扶措施，落实帮扶资金130万元，通过结对帮扶，仙田村全村90%以上的贫困户实现脱贫。

2011年3月30日，汕头市旅游系统开展“十百千万”大规模教育培训从业人员工程启动。

【旅游教育培训】 2011年，启动汕头市旅游系统“十百千万”大规模教育培训从业人员工程。“十百千万”培训规划项目主要包括选择“十”所省内外旅游院校作为教育基地，联合开展旅游系统从业人员培养、培训工作；动员“百”家旅游企业自行开展员工培训；培养“千”名旅游系统业务骨干；培训“万”名旅游从业人员。开展“十百千万”大规模教育培训从业人员工程，旨在探索旅游人才教育培养新形式，提升旅游人才素质，改善旅游人才结构，提供旅游人才保障。培训工程启动以来已取得了明显成效，共开展各类培训超过100场次，全市两万多旅游从业人员基本上都接受1次以上的职业素质培训。组织开展全市导游员年审教育培训，对全市导游员进行继续教育培训，提升导游员的综合素质和业务水平。

【旅游行风和机关工作】 2011年，汕头市旅游局认真贯彻中纪委和省、市纪委的部署要求，认真落实“一岗双责”、“一把手”负总责等制度，深入推进惩治和预防腐败体系建设，全面贯彻落实《廉政准则》，完善党务公开工作，切实开展公务用车问题和“小金库”问题专项治理工作，积极探索党风廉政建设责任制和领导干部廉洁自律工作的新途径，推动旅游党风廉政建设和机关作风建设的开展。2011年3月，汕头市旅游局举办“诚信品质游”活动月活动，要求全市各旅行社广泛开展以“注重企业品牌，诚信经营，提高服务质量，保障旅游消费者的合法权益”为主题的活动，积极组织“诚信品质游”旅游团队，认真执行合同、规范操作，明确旅游服务的行程、内容、标准，让游客明白消费。

（庄为建　蔡　琛）

# 佛山旅游业

## 综　述

【概况】　2011年，佛山旅游系统以科学发展为主题，围绕市委、市政府提出的“民富市强，幸福佛山”的战略目标，坚持科学发展，推动旅游产业转型升级，促进旅游文化融合发展，实现旅游经济平稳较快发展。全市实现旅游总收入296.46亿元，比上年增长36.39%。其中国内旅游收入233.25亿元、增长33.05%，旅游外汇收入97293万美元、增长33.45%；全市旅游景区点接待境内外游客2822万人次、增长27.63%，全市接待过夜游客980.65万人次、增长13.17%。

【旅游行业规模】　截至2011年底，佛山市有星级饭店101家，其中五星级5家、四星级18家、三星级48家、二星级28家、一星级2家；有4A级旅游景区（点）7家，其中顺德区2家；拥有旅行社88家，其中出境游组团社16家；持证导游员2550人，其中中级导游116人，高级导游1人；旅游直接从业人员4.6万人。

【2011佛山秋色欢乐节】　2011年9月29日，2011佛山秋色欢乐节暨辛卯年佛山秋祭大典在祖庙三门前举行，佛山耆老贤达、海外乡亲、美德之星、劳模、外来务工人员等社会各界300余人出席仪式。当晚，2011年秋色欢乐节在雨中揭开帷幕，佛山市委副书记、代市长刘悦伦宣布秋色欢乐节开幕，演职人员为市民奉上“灯色”、“粤剧”等佛山传统特色表演和“羌族羊皮鼓舞”、“花鼓灯”等异域风情表演。本次秋色巡游分欢乐颂、秋色赋、群英会、舞华章4个篇章，组织国内外专业表演团体和本地群众文艺团队共600余人表演，6辆设计华美的彩车穿插于巡游队伍中。10月7日、8日两晚，在岭南明珠体育馆东广场举办洪拳、蔡李佛拳、咏春拳、龙形拳、白眉拳比赛，吸引近300名运动员参加。10月22～23日举办“佛山精武体育会创立90周年庆典”系列活动，主要包括佛山功夫全球形象提升工程启动仪式、功夫系列电影《天下武林》启动仪式、世界功夫名家汇演、“文武双全”珍品拍卖会、“尚武佛山”大型文艺晚会、“天下武林一家亲”千人夜宴、全球首家“天下武林和平村”奠基仪式、电影《秋瑾》明星见面会、中国武术散打职业泰拳争霸赛等。

期间，第六届中国岭南美食文化节开幕；高明首届美食文化节一连4天分别推出“高明濑粉”、“合水粉葛”、“三洲黑鹅”、“高明角仔”主题日系列活动；三水饮品文化节吸引400多家国内外知名饮料及食品品牌企业前来参展。市旅游局积极参与2011广东国际旅游文化节彩车巡游、签约和旅游推介活动，佛山市制作的花车获设计二等奖。

【佛山获颁“中国粤菜名城”】　2011年12月2日，在第九届佛山美食节—岭南天地粤港澳美食嘉年华开幕式上，中国烹饪协会为佛山市颁发“中国粤菜名城”牌匾。为加快佛山餐饮业发展，整合佛山粤菜餐饮资源，繁荣餐饮市场，推动佛山现代服务业发展和产业结构的转型升级，6月，佛山市政府与中国烹饪协会签订《佛山市人民政府与中国烹饪协会战略合作协议书》，启动申报“中国粤菜名城”工作。市旅游局组织专家、学者、餐饮企业家及餐饮业从业人员认真做好申报资料收集、起草工作，并进行多次修订，形成报告书。11月，由扬州大学教授及旅游餐饮行业资深专家等5人组成专家评审组，审阅《佛山市申报“中国粤菜名城”报告》，实地考察多家餐饮名店及原材料供应基地和特色美食街区，并开展专题研讨交流。专家组通过佛山“中国粤菜名城”申请报告。

【绿道旅游】　截至2011年底，佛山市共有341公里区域绿道基本建成，实现全线贯通，各区都建设配套完善的高标准示范段，城市绿道主框架全线贯通，东平新城等9个社区绿道示范区建成，实现各区城市绿道、社区绿道与区域绿道的衔接互通，初步形成多层次的绿道主网络。按照省旅游局《关于加快推动绿道旅游有关工作的通知》（粤旅明电［2011］23号）要求，市旅游局积极会同相关部门，精心策划，组织开展一系列主题突出、特色鲜明、群众参与性强的绿道旅游专题活动，并发动媒体大力宣传。开展佛山市庆祝5·19“中国旅游日”暨绿道休闲美食游启动仪式，组织500名游客在三水区云东海推出7条绿道旅游精品线路。全市推出系列绿道旅游活动，包括市妇女联合会与佛山传媒集团联合组织的“春游绿道　万家同乐——低碳

2011 年 12 月 2 日，中国烹饪协会副会长刘秀军向佛山市副市长麦洁华颁发“中国粤菜名城”牌匾。

生活绿色有我”家庭绿道欢乐游活动；佛山市庆“五一”绿道自行车东平新城绿道休闲大巡游活动；广州、佛山、肇庆、中山四市旅游局联合举办“广佛肇中旅游大串门暨踏寻辛亥百年之旅”系列活动；南海区人民政府举办“潮涌灯湖 文明南海”2011 年“五一”珠三角休闲欢乐节活动；高明区委宣传（文体旅游局）主办的高明红色之旅首发式暨革命火种传递活动；均安镇宣传文体办公室、共青团均安镇委员会、李小龙乐园联合举办“全民健身·幸福顺德”均安庆“五一”绿道自行车大巡游活动；2011 年佛山美食嘉年华之美食绿道一日游活动等。

## 国际旅游

**【入境旅游】** 2011 年，佛山市接待入境旅游者 125.13 万人次，比上年增长 21.42%，其中外国人 194.45 万人，增长 14.5%，旅游外汇收入 97283 万美元，增长 33.45%。

**【出境旅游】** 2011 年，佛山市旅行社组团出境游人数 353865 人次，比上年增长 11.71%。其中香港游 241465 人次，增长 8.31%；澳门游 60985 人次，增长 18.57%；出国游 51415 人次，增长 21.28%。

## 国内旅游

**【国内旅游接待与收入】** 2011 年，佛山市接待国内旅游者 855.52 万人次，比上年增长 12.05%；国内旅游收入 233.25 亿元，比上年增长 33.05%；全市旅行社组团国内游 247.80 万人，比上年增长 4.40%。

**【佛山获评“全国优秀生态旅游城市”和“中国最佳文化旅游城市”】** 2011 年 7 月 4 日，在海南省三亚市举行的“第七届中国城市品牌大会·中国最佳投资环境城市公益评选活动暨高层论坛”上，佛山市荣获“全国优秀生态旅游城市”和“中国最佳文化旅游城市”荣誉称号。此次大会由联合国亚太城市发展研究中心、联合国人居环境发展促进会、中国城市建设发展促进会、中国开发区发展促进会、中国品牌管理协会、商务时报社联合举办，目的在于促进中国城市综合竞争力的提升，优化城市投资环境。本次公益评选活动遵循“科学、公正、择优”的原则，通过协会选拔、明察暗访、初评入围、专家复评、媒体公示等程序，并将入围的获奖名单在报纸、杂志、互联网等不同载体上进行公示，通过短信、信件、电话、电子邮件等方式对公示的入围获奖单位和个人进行投票及专家评审。

**【乡村旅游】** 2011 年，佛山市出台加快农家乐发展的意见，规范推动“农家乐”旅游发展，以三水区为试点，出台“农家乐”旅游服务质量星级划分与评定标准，开展星级评定，规范“农家乐”服务。

**【假日旅游】** 2011 春节黄金周，佛山市五区艳阳高照，春暖花开，各旅游景区点游客络绎不绝，欢歌笑语，热闹非凡。全市旅游市场“进出两旺”，旅游收入 10.15 亿元，同比增长 18.57%；其中旅游外汇收入同比增长 15.95%；各主要旅游景区点接待中外游客 172.52 万人次，同比增长 12.10%。“地铁旅游”成为佛山春节旅游市场一大亮点，长假 7 天 73 万人次乘地铁往返广佛探亲访友、购物休闲，带旺佛山旅游。旅游市场一派繁荣的同时保持安全稳定，未发生大的旅游事故或重大旅游投诉。

2011“十一”黄金周正逢重阳节，佛山旅游市场“进出两旺”，全市旅游收入 13.75 亿元，同比增长 41.02%；其中旅游外汇收入 3.72 亿美元，同比增长 35.74%；各主要旅游景区点接待中外游客 327 万人次，同比增长 20.6%，主要旅游饭店接待过夜游客同比增长 15.7%。

节日期间，一是秋色欢乐节顺利启动，五区活动精彩纷呈。多台大型旅游节庆活动集中亮相，为游人送上节日大餐，吸引八方宾客，也引来客商云集，向人们展示“节庆经济”的魅力。二是各景区活动丰富，地方特色浓郁。西樵山风景区举办“黄飞鸿杯”世界狮王争霸赛暨中华武林盟主大会和第二届西樵山南海观音文化节；南风古灶举办“万人玩陶”免费开放活动，并推出舞狮和粤剧表演；南海影视城举办 2011 南海影视城影视文化旅游节活动；顺德长鹿农庄举办童话动物王国喜迎国庆、全新大型机动游乐嘉年华、岭南非物质文化遗产展演、摇滚音乐啤酒节等系列活动；三水荷花世界举办精彩的乡村体育节活动。三是重阳佳节喜登高，手持风车迎好运。重阳期间，来自广佛两地的游客纷纷登上西樵山、南国桃园和顺峰山等山景高地祈福，西樵山迎来近8万群众登高，而南国桃园有4万多市民登上最高峰——平顶岗；在长寿之乡三水，南丹山举办“寿比南山2011重阳千叟宴”、“寿比南山2011三世同堂登高祈寿会”，60岁以上老人可免票进入景区游览。四是旅行社组团、接待均有增长，短线游较受追捧。

## 旅游市场推广与节庆活动

**【旅游市场推广】** 2011年6月1～3日，“多彩广佛肇，岭南真味道”旅游促销团，由佛山市人民政府麦洁华副市长、副秘书长张开机和肇庆市人民政府副秘书长陈义带队赴山西省太原市和山东省济南市开展宣传促销活动。是年，该市还组织过百家旅游企业参加香港国际旅游展、西安国内旅游交易会、广州国际旅游产业博览会；充分利用基本建成的绿道网络，大力发展绿道旅游，积极引导市内外游客参与绿道旅游休闲活动，把绿道休闲美食旅游打造成为佛山旅游的新业态，隆重举行庆祝5·19“中国旅游日”活动暨绿道休闲美食游启动仪式，各项绿道旅游活动贯穿全年。以“狮舞岭南，传奇佛山”为主题，制作一辑精品佛山旅游形象宣传片，与《珠江时报》合办《佛山旅游年鉴》，与旅游企业合办旅游杂志《行至美》；完成佛山“旅游通”触摸屏的招标、采购、资料更新工作，新装18台旅游宣传触摸屏。与中国烹饪协会签订战略协作协议，成功申报中华粤菜名城，弘扬佛山美食文化品牌。

**【2011广东国际旅游文化节（佛山）分会场】** 佛山市作为2011广东国际旅游文化节分会场，参与花车大巡游、2011广东国际旅游展览会和旅游推介会，获得花车巡游设计二等奖。

**【区域旅游合作】** 2011年2月18日，广佛肇旅游合作工作联席会议在佛山召开。会议总结2010年广佛肇旅游合作开展情况，审议确定《广佛肇2011年旅游合作计划》。遵循“资源互享、客源互送、线路互推、政策互惠、节庆互动、信息互通、交通互联、争议互商”的原则，加快推进广佛同城化和广佛肇旅游经济圈、一体化发展。继续扩大“广佛肇旅游一卡通”发行工作，进一步完善相关优惠、申领及配套服务等工作，增加加盟单位并延长有效期。针对旅游黄金周，“广佛肇”三地联合编印发主要旅游活动安排的宣传单张夹报发行，还通过新闻媒体宣传并同时在三地旅游局网站发布。“广佛肇”抱团以“精彩广佛肇，岭南真味道”统一形象参加广州国际旅游展览会。“广佛肇中”举行以同一主题、同一时间组织四地游客互游，联合开展“广佛肇中旅游大串门暨踏寻辛亥百年之旅”系列活动。“广佛肇”三地联合组织旅游、新闻界代表赴山东济南、山西太原各举办一场以“精彩广佛肇，岭南真味道”为主题的旅游专场推介会，进一步整合三地旅游资源，围绕后亚运主题，整合广佛肇三地岭南文化、都市时尚购物、休闲美食、山清水秀等特色旅游资源，推出五条“后亚运旅游”、“广佛肇精品旅游线路”，打造岭南文化和广府文化旅游品牌。

**【第九届佛山美食节——粤港澳美食嘉年华活动】** 2011年12月2～11日，由佛山市政府主办的第九届佛山美食节暨粤港澳美食嘉年华活动在祖庙路兴华商场北广场举行。活动从12月2日开始至12月11日晚落幕，历时10天，美食节期间，市长刘悦伦亲临现场视察指导工作。本届美食节名厨、名师、名家、名食荟萃，有70多家粤港澳知名粤菜美食品牌企业参展，80个美食摊位和特装展台布置精美，展示600多种美食。“第九届佛山美食节——岭南天地粤港澳美食嘉年华”成功引入佛山瑞安天地房地产公司投入400多万元资金冠名主办。活动前夕，佛山市旅游局举办“2011年最受游客欢迎的餐饮企业”和“2011佛山最受游客欢迎的农家乐”评选活动，评出34家“2011年最受游客欢迎的餐饮企业”和4家“2011佛山最受游客欢迎的农家乐”。

2011佛山美食节热闹场景。

## 旅游资源开发和景区（点）建设

**【旅游规划】** 2011年，根据《佛山市绿道网建设规划(2010～2020年)》、《佛山市旅游业发展“十二五”规划》，佛山市旅游局制定《佛山市绿道旅游规划》。《规划》提出2011年建成全市区域绿道，每区至少建设10公里以上高标准示范段，城市绿道主框架全线贯通，建设完成东平新城等9个社区绿道示范区，“绿树成阴的岭南绿城，鲜花盛开的花园城市”，吸引120万人参与绿道旅游，使绿道游成为佛山市新的旅游热点和新的经济增长点。2013年到2020年间，全面推进城市绿道和社区绿道建设，并逐年完善，形成佛山市布局合理、配套完善、景观丰富、服务周全的具有岭南绿城特色的绿道旅游网络系统，至2020争取每年

600万人游绿道，绿道游成为佛山市民的重要游憩休闲生活方式。《规划》指出要依托途经佛山的4条省级绿道，形成4条主题区域绿道旅游线路，包括1号绿道——西岸山海主题绿道 、3号绿道——珠三角文化休闲主题绿道、4号绿道——广珠生态休闲主题绿道、6号绿道——西江滨水休闲主题绿道，并依托城市绿道和社区绿道，形成多条绿道“一日游”精品线路。《规划》拟定绿道旅游发展策略，包括加强绿道的统筹规划，形成网络化；提高绿道旅游安全、服务和管理水平，做到以规范化、标准化和技能化；加强绿道旅游的宣传，编制绿道的使用手册和宣传小册子、策划多条绿道旅游线路并加以宣传推广；加强绿道旅游特别是广佛肇合作，合力打造珠三角绿道旅游品牌。

**【旅游区（点）与基础设施建设】** 2011年，顺德长鹿农庄和西樵山推进创建国家5A级景区工作。由广东中旅集团投资68亿建设的南海西岸旅游产业园被国家发改委、国家旅游局纳入全国旅游发展“十二五”重点项目和国家扩大内需旅游储备项目，被国家旅游局授为“国家旅游产业集聚（实验）区”。投资8000万元高明大佛山观音禅寺落成开光；“佛山岭南天地”第一期首次开业迎客；投资近6个亿的三水温泉度假村隆重开业；引资逾15亿元建设西樵山梦工场主题公园，投资2000多万元的南海博物馆和岭南文化苑、南庄生态休闲区、千年陶都、高明皂幕山旅游度假区创建国家4A级景区、高明金谷朗旅游度假区、高明古耶贝丘遗址湿地公园、三水奥特莱斯名牌折扣店等旅游项目推进顺利。

南海西岸森林生态园旅游区和陈村花卉世界通过国家4A级景区评审并挂牌。南海西樵山入选“珠三角十大景观”，顺德清晖园、佛山梁园、三水荷花世界、南海千灯湖获得“珠三角特色景观”殊荣。

**【新开发、新建设景区（点）介绍】**

*高明杨梅镇观音禅寺* 位于杨和镇杨梅的杨梅观音禅寺，始建于光绪十四年。抗日战争期间遭日军轰炸，禅寺大部分建筑被破坏。1998年7月经省宗教事务局批准重新修建，新规划建设的观音禅寺，按照岭南古寺院建筑风格修建。在12年的复建过程中，共筹集8000多万元完成首期工程。寺院于2011年1月11日举行大殿落成庆典活动。杨梅观音禅寺初具规模，建筑面积10000多平方米。

*三水温泉度假村* 位于三水区芦苞镇长歧村，度假村总建筑面积49.7万平方米，总投资额超过6亿元。按照国家五星级标准建设。现建有酒店客房、温泉养身、高档餐厅、拓展基地、会议中心五大经营项目。景区以丰富的温泉旅游资源为依托，精心打造以露天温泉为主，集度假、休闲、商务、娱乐为一体的综合型旅游度假胜地。三水温泉日出水量超4200立方米，出水温度68℃，水质富含偏硅酸及多种有益元素，拥有较高医疗价值。度假村温泉区域占地面积6万平方米，建有80个露天温泉池，可同时接待温泉人数3000人。度假村拥有280套特色客房，共计床位560个，客房均按照四星级饭店标准建造。景区餐厅可容纳1000多人同时用餐。度假村拥有各类型会议室11个，其中小型会议室5个，中型会议室3个，大型会议室2个，以及可同时容纳千人的多功能国际会议中心。

*岭南天地旅游区* 总投资200亿元，规划建筑面积约150万平方米，为佛山市“三旧改造”示范项目和重点旅游景区。该项目保留佛山风情风貌，充分挖掘佛山粤剧之乡、陶艺之乡、武术之乡、美食之乡的历史文化特色，同时融合时尚元素和现代化设施，运用现代化的手法保护改造祖庙东华里片区内具有典型岭南民居建筑风格的优秀历史建筑，使商业开发与历史建筑无论在外观形态和内涵等各方面都做到彼此呼应，相得益彰。

**【旅游交通】** 2010年11月3日，广州至佛山地铁正式开通。广佛线是国内第一条全地下的城际轨道交通线，亦系珠三角第一条城际轨道交通线路。它东起广州市沥滘站，西至佛山市魁奇路站，全长32.16公里，日均运送乘客12万人次。

## 旅游行业监督管理

**【旅游市场监督】** 2011年，佛山市旅游局联合公安、工商、税务等部门开展对全市旅行社市场规范与整顿工作，重点检查清理行业违规行为及不正当竞争行为，打击一批黑社、黑导、黑车。健全旅游行政执法体系和质量监督网络，重点整治非法经营旅游业务，完善假日旅游协调领导和部门联动机制。全年共处理有效投诉48宗，理赔金额31253元，有效投诉办结率100%。

**【旅游安全管理】** 2011年，佛山市旅游行业管理部门共出动145人次，开展21次检查，被检查企业总数达100多个；坚持春节、清明、“五一”、“十一”节假日重点时段开展联合执法，有效净化市场环境，全年未发生重特大旅游安全事故。

**【旅行社】** 2011年，佛山市新设立18家旅行社，其中顺德区14家（含1家出境游组团社），取消2家旅行社。至年底，全市旅行社总数达90家，其中出境组团游旅行社14家；3月和9月，组织完成650人初级导游报名参加全国导游人员资格考试工作，通过人数200人，通过率31%。至年底，全市初级导游总人数达2000多人。

2011年，佛山市严格执行新导游岗前培训制度，提高新增导游的素质水平和服务技能。抓好导游年审培训，按照每名导游培训时间不少于56小时的要求，为1000多人次初级导游提供培训，并及时做好初级导游人员导游证（IC卡）的年审刷卡工作，更新导游证（IC卡）的资料。协助省旅游局完成中高级导游人员考试，全年全市中级导游报名总人数30人，高级导游报名总人数24人，全市中高级导游证人员共119人。

【星级饭店】 2011年，佛山市做好佛山保利洲际酒店、三水金太阳酒店、三水花园酒店、高明碧桂园凤凰酒店4家五星级饭店，登喜来大酒店、君宇酒店2家三星级饭店的评定工作，其中登喜来大酒店、君宇酒店被评为三星饭店；完成全市星级饭店评定性复核，取消9家不合格的星级饭店，其中四星级1家，三星级3家，二星级5家。截至年底，全市共有星级饭店101家，其中五星级5家、四星级18家。顺德区共有星级店29家。另有按四、五星级标准在建饭店有10多家；佛山市下发《关于加强对星级饭店建设前期指导工作的通知》，有效减少星级饭店浪费性投资和重复性投资等问题。随着多家高星级饭店建设热潮的持续和经济型酒店品牌连锁的扩张，全市旅游接待能力大大提升。

【旅游行业协会】 截至2011年底，佛山市旅游协会共有会员136家。协会派工作人员参加各项培训班，如IC卡导游证管理系统操作人员培训班、2010版旅游饭店星级标准宣贯培训班、旅游系统管理人员和高中级导游人员学习研讨班等。出台和完善协会会长职责、秘书长职责等一系列规章制度。协助省、市旅游局组织相关会员单位参加2011年海外旅游展销会和开展宣传推广活动，与市旅游局一起牵头创办《行・至美》旅游月刊，免费赠阅给旅游者及旅游企业。组织相关会员单位参加金茂美达广场酒店推介会、三水森林公园“儒家文化活动”、“广州动物园创新发展”主题研讨会、梧州旅游线路考察等活动，动员会员单位参与“情系乳源・广东旅游爱心行动”和“2011广东扶贫济困日”活动等。积极组织发动社会人员和在校学生参加每年两次的全国导游人员资格考试工作。免费为会员单位介绍优秀导游，为会员单位解决旺季导游短缺的难题。在2011年佛山市级行业协会等级评估工作中，佛山市旅游协会获评4A等级单位。

2011年，在佛山市旅游协会申报和自评基础上，按照民政部和广东省社会组织评估等级工作的要求，由登记管理机关、业务指导单位、律师事务所、会计师事务所和专家学者、工商界人士组成的行业协会评估专家组和评估委员会，遵循“政府指导、社会参与、分类评定、客观公正”的原则，经过评估专家组初评、评估委员会审核、评估结果公示等程序，佛山市旅游协会通过4A等级评估，成为全市唯一一家4A级行业协会。

## 旅游教育培训与精神文明建设

【旅游行风与机关作风建设】 2011年，佛山市、区旅游管理部门坚持以“为发展服务、为群众服务、为基层服务”（简称“三为服务”）为工作重点。向省国土厅、省旅游局等有关部门反映情况，争取上级部门在旅游企业发展、资金和土地等政策问题的制约给予支持；主动协调相关部门，为涉旅企业减免物价调节基金，为推动旅游重大项目的建设出台扶持政策。配合人大、政协做好佛山旅游资源开发情况调研，为西樵山打造岭南文化高地解决实际困难，为旅游业发展建言建议，出谋划策。

佛山天宁国际旅行社和金太阳酒店被评为“广东省旅游系统先进集体”，百盛达商务酒店副总经理张惠芳被评为“全国旅游系统劳动模范”，市旅游局市场科科长叶鑑桐、禅城区文体旅游局旅游科科长谭幼洪、南海区文体旅游局旅游管理科科长梁小红、高明区名苑迎宾馆总经理陆镜安4人获“广东省旅游系统先进个人”。

【旅游“创文”】 2011年，佛山市旅游行业按照市委、市政府的部署和要求，制定创建全国文明城市（简称“创文”）工作方案，成立旅游“创文”工作领导小组，明确开展“创文”达标工作任务和目标，开展“千个窗口展形象”暨争创旅游“创文”标兵活动。旅游行业按照“窗口”行业规范化服务要求，创建金湖酒店、石湾宾馆、佛山中旅祖庙营业部、禅之旅汾江南营业部四个“创文”窗口示范单位，完善市、区、旅游企业三级旅游投诉管理机制，提升服务标准和服务水平。出台《关于加强佛山市红色旅游工作的意见》，与佛山日报社联合开展优秀红色旅游景区评选活动，推出了6条红色旅游精品线路。

【旅游教育培训】 2011年，佛山市旅游行业以“创文”为契机，提升从业人员业务素质，举办各类宣贯班、培训班，共培训旅游从业人员1万多人次，组织完成近千人参加的初、中级导游考试。6月11日，广佛肇三地13所高校共同举办2011第三届“南海中旅杯”广佛肇高校导游之星大赛。4月28日，顺德区文体旅游局主办第四届顺德金牌导游大赛。

（汝百乐）

# 韶关旅游业

## 综　述

**【概况】** 2011年，韶关市紧紧围绕打造国内首选、世界知名的岭南生态休闲度假胜地、户外运动天堂的目标，结合实际，发挥特色，深入挖掘本土旅游资源，扎实推进旅游开发，不断完善旅游基础设施，加大宣传促销力度，积极拓展国内外旅游市场，大力提升旅游综合服务能力。以竞争方式赢得2011广东国际旅游文化节举办权并获成功，为全省其他地级以上市举办重大节庆活动积累了经验。据统计，全年共接待游客总人数1841.33万人次，比上年增长16.39%；实现旅游总收入129.60亿元，比上年增长21.32%，全市旅游经济保持健康快速发展的良好势头。

**【旅游行业规模】** 截至2011年底，全市拥有收费景点33家。其中，国家5A级旅游景区1家，4A级景区5家，3A级景区3家，另有农家乐、乡村游等特色景点数10处，旅游景区（点）覆盖生态、文化、民俗、宗教等各方面；拥有星级饭店54家，其中五星级1家，四星级6家，三星级38家，2星级7家，一星级2家；拥有旅行社52家，其中出境游组团社1家，全市有持证导游1325人。

**【重要旅游活动】** 2011年9月25日，2011台湾韶关两地旅游企业战略合作签约暨2011台湾游客首发（韶关）团欢迎仪式在市乳源丽宫国际旅游度假区举行。韶关市旅游局局长李晓林主持签约仪式。市广之旅旅行社联合珠海开心国际旅行社与台湾旅游同业代表雄狮旅行社、康福旅行社签署旅游战略合作框架协议。

11月5日，首届中国素食盛宴邀请赛在韶关市素食文化广场举行。来自全国各地13支素食代表队共60多人参赛。第九届全国人大常委会副秘书长、中国烹饪协会会长、中国公共关系协会会长苏秋成，市委常委、副市长张志才，广东省旅游局副局长周开生，国家发改委公众营养与发展中心主任于小冬等领导和嘉宾出席并为获奖单位颁奖。厦门仁缘素食、韶关在水一方食府、上海功德林素食有限公司等5家单位获得“特别金奖”，乳源丽宫国际温泉度假村和韶关食为先酒楼分获“最佳筵席创意奖”和“最佳筵席推广奖”。同日，韶关德国啤酒节在西河健身广场正式开幕，吸引众多市民和游客前往领略浓郁的德国风情。副市长孔云龙，以及武江区委、区政府和相关部门负责人出席开幕仪式。

11月6日，广东省人民政府在市碧桂园凤凰酒店举行2011广东国际旅游文化节泛珠三角旅游招商会。世界旅游组织特使彼得·佐登、广东省人民政府副省长招玉芳出席开幕式并致辞。泛珠三角部分省旅游部门、广东省各地级以上市政府及外经贸、旅游部门的负责人，中外旅游界、工商企业界高层，港澳台友好人士、侨界知名人士以及新闻媒体等共约600人出席招商会。会议由广东省外经贸厅厅长梁耀文主持。市领导陈向新、陈秋彦出席招商会。

同日，由韶关市人民政府、中国旅游报社联合主办的“中国（韶关）旅游目的地发展高峰会议”在韶关风度华美达广场酒店隆重举行。国务院研究室综合司司长陈文玲、韶关市人民政府市长艾学峰、国家旅游局质量监督管理司副司长蔡家成、广东省旅游局副局长张振林、中国旅游报社副总编辑马力等领导，以及全国著名的旅游专家学者和海内外旅游企业代表共300多人参加本次峰会。韶关市人民政府副市长兰茵致欢迎辞并作韶关推介。

**【国民旅游休闲计划】** 2011年，韶关市全面落实省政府《关于试行广东省国民旅游休闲计划的若干意见》精神，研究制定国民旅游休闲计划，推动全市旅游业进一步发展。全市各地也分别采取措施，大力拓展旅游市场：乳源县加快国民旅游休闲计划的示范县建设，启动乳源旅游一卡通项目，制定对旅游企业的奖励扶持政策，在鸵鸟寨建设农家乐试验项目（乡村旅游俱乐部），同时计划结合国民旅游休闲计划的实施加快旅游交通网络建设，开通至各景区的旅游专线车，方便普通百姓出游。乐昌市与广东商学院联合推出“乐昌畅游卡”，加快丹霞山至龙王潭道路的改造升级工程，协调各景区、旅行社、旅游饭店进行联合营销。南雄市进一步加强梅关、珠玑巷的建设，加快珠玑古巷购物一条街的建设步伐，加强白水温泉旅游城镇建设和旅游社区建设，努力创建一批旅游休闲示范基地和示范旅行社。始兴县加强落实公务员带薪休假制度，县委、县政府研究整合旅游资源，打造一批旅游休闲社区、旅游城镇、示范基地。加强旅游企业与院校的联系，促进修学旅游计划的落实。积极办好“国民旅游休闲卡”及做好有关服务工作。曹溪温泉假日度假村为韶关市民印发2万张温泉优惠券(10元/张)，在“三八”节期间温泉价格实行3.8折，对外地游客入住曹溪印发5000张住宿优惠券。南岭国家森林公园计划借助国民旅游休闲计划的实施恢复景区人气，与湖南蟒山谈好协议，实行一卡通，联合推出“一卡游两园”，并到珠三角等客源地进行宣传促销活动。丹霞山东莞假日酒店建设“丹霞山乡土美食坊”、“丹霞山爱情谷生态养生馆”，积极推进“韶关北线国民旅游休闲卡”，首期发行10万张（本地市民1万张、珠三角地区9万张），5年有效，持卡人可到丹霞山爱情谷、性文化博物馆、双峰寨、飞水寨、万时山大草原旅游观光，票价由90元优惠为38元/卡。马坝人遗址对韶关本地市民推出10元年卡和本地市民凭身份证每次5元的优惠门票，对外地来韶旅游的团队根据组团人数，门票价格优惠至5～10元/人。同时，景区加快石峡文化遗址建设，在博物馆中增加十几件国宝级文物展览，争取成为修学旅游示范基地。

**【2011年“中国旅游日”主题活动】** 2011年5月19日是国务院批准首次设定的“中国旅游日”。韶关市旅游局组织举办首个“中国旅游日”宣传活动，开展“韶关人游韶关”、“韶关人推广韶关”等主题宣传活动。内容包括旅游优惠措施宣传、旅游宣传资料旅游纪念品的派送、有奖问答活动等，其间还穿插体现韶关市地方特色的旅游文艺表演等，吸引众多市民参与。韶关市副市长兰茵、市旅游局局长李晓林出席活动并向市民代表赠送《大美丹霞》、《发现乳源》、《韶关之旅》等旅游系列书籍。

2011“中国旅游日”宣传活动期间，韶关市副市长兰茵（左五）等向市民代表赠书。

**【“2011中华文化游”主题年活动】** 2011年，韶关市旅游局重新包装设计“韶关最佳旅游线路”、“生态文化旅游线路”、“红色文化旅游线路”、“历史文化旅游线路”、“温泉养生旅游线路”等一批新的文化旅游线路。重点突出“丹霞山自然遗产地”和“禅宗文化圣地”两大品牌，积极拓展旅游客源市场。编辑出版中共广东省省委、粤北省委旧址纪念馆等一批宣传手册、画册，在《韶关日报》和市旅游局网站建立广东省委机关、粤北省委机关旧址等红色旅游专栏。10月，韶关市联合武汉、中山等地市到香港举办“百年辛亥”为主题的专题推介会，宣传推介红色旅游资源。南雄市以“中央苏区县”和革命祖屋——瑶坑（省委机关办公旧址）为主导，以梅岭红色旅游景区为配套，着力打造一批以红色旅游为亮点的特色产品。

**【旅游综合改革】** 2011年1月21日，在全省旅游工作会议上，广东省副省长刘昆为韶关市乳源瑶族自治县颁发“广东省旅游综合改革示范县”牌匾。仅2011年，该县就接待游客196.7万人次，比上年增长23.52%；旅游收入14.59亿元，比上年增长25.53%。在旅游的拉动下，餐饮、住宿、商贸、运输等第三产业兴旺繁荣。旅游业正发展成为继水电、工业之后的第三大县域经济支柱产业和县域经济持续快速健康发展新的增长点。

该县充分发挥少数民族多、旅游资源丰富等优势，高标准升级改造旅游资源，对县内各主景区按国家A级旅游景区标准进行全面升级改造，加快景区基础设施配套建设，完善旅游景区服务功能；以“大南岭”为核心，打造休闲旅游目的地，全力建设最佳民族生态旅游名县。同时，全面推行国民旅游休闲计划，推出旅游一卡通，创建休闲旅游试点单位，全力打造国民休闲旅游示范区；依托民俗风情和特色产业，以乳桂线为载体，将现代生态农业开发与发展乡村旅游业结合，大力打造乳桂线乡村旅游生态观光带，建设一条集农业生产、生态休闲、观光旅游、科普教育等多功能于一体的乡村旅游长廊；成立乳源大南岭民族贸易有限公司，加快旅游商品研发，优化产业链，并支持各景区、各乡镇开发具有瑶乡特色的旅游产品，加快培育旅游商品市场；以武广高铁、京珠高速、韶赣高速为轴心，多次组团到武广沿线、韶赣高速沿线城市举办推介会、参加旅游文化节等，加强区域合作，扩展旅游客源市场，并加强旅游人才队伍建设，培训、储备一大批旅游人才；大力推进旅游数字化及现代化，开通乳源旅游网，利用网络平台宣传、发布旅游信息。充分利用省、市报纸、电视等各种媒体，刊登、报道乳源旅游信息等；与中国电信、中国移动等通讯公司合作，开通乳源旅游咨询专线，来电彩铃使用旅游宣传音乐；举办乳源旅游歌曲创作大赛，制作出专属乳源旅游的音乐专辑。

**【旅游创强工作】** 2009年9月26日，始兴县召开创建“广东省旅游强县”动员大会。中共始兴县委、县政府印发《始兴县创建“广东省旅游强县”实施方案》，做出加快发展旅游业，全面繁荣第三产业的决定，进一步明确创强的目标和意义；成立由党政主要领导挂帅、主要职能部门及有关乡镇负责人为成员的创强工作领导小组，并从各机关、乡镇单位抽调部分人员组成创强办，负责日常工作。至2011年底，该县完成《始兴县生态旅游总体规划》的编制工作，加快提高所有通往主要景区的公路等级；完善满堂客家大围、沈所铜钟寨、深渡水等重点景区的交通、医疗、卫生服务设施和功能；新建和改造旅游酒店、宾馆，提高旅游接待能力和服务水平；新设置道路标志牌，完善旅游交通标志牌，配备路灯、公共信息图形符号等设施；改造和新建星级旅游厕所；统一规划食、住、玩的相关配套设施，提升旅游城市品位，优化服务功能，并把创建“广东省旅游强县”与当前城乡“清洁美”工程有机结合起来，着力优化旅游环境，营造优美的生态空间。该县还加强旅游企业行业的管理规范化建设，开展旅游酒店、宾馆评星、景区评A等旅游企业等级评定和标准认证工作，创强工作取得阶段性成果。

**【贯彻落实《国务院关于加快发展旅游业的意见》】** 2011年，中共广东省委、省政府在《促进粤北山区实现跨越发展的指导意见》中明确指出，要把韶关建设成为粤北区域中心城市和先进制造业、优质农副产品加工和生态休闲旅游三大基地。中共中央政治局委员、广东省委书记汪洋，广东省省长黄华华多次要求韶关做好旅游这篇文章。副省长刘昆、招玉芳分别专程来韶关对旅游业进行调研，并就韶关市充分利用旅游资源、加快旅游业发展作出重要指示，认为韶关市旅游资源丰富，文化底蕴深厚，旅游业发展前景广阔而美好。广东省旅游局与韶关市共建“旅游综合改革示范区”。

为贯彻落实国务院《关于加快发展旅游业的意见》。韶关市人民政府于2010年出台《关于推动我市旅游业率先跨越发展的实施意见》（韶市发［2010］74号）文件。文件以推动旅游综合改革为目标，从提升旅游发展环境、实施项目带动、提升服务质量、创新宣传方式、优化政务环境、为跨越发展提供人力资源保证等方面提供政策和服务保障。加快旅游业实现观光型向休闲度假型转变，打造国内首选、世界知名的岭南生态休闲度假胜地、户外运动天堂，发挥旅游业在构建现代产业体系、转变经济发展方式的积极作用，推动韶关旅游业率先实现跨越发展。市政府提出到2012年全市成功创建3个5A级景区、10个4A级景区的目标。市人民政府办公室充分结合旅游景区发展实际，制订《韶关市创建A级景区工作实施方案》（韶府办［2010］255号）文件。文件提出全市旅游业要提升层次，增强旅游业综合竞争力，构建旅游发展大格局。通过加大资金支持力度，扶持旅游业发展，建成旅游主题鲜明、产品特色突出、旅游基础设施完善、旅游服务质量优良的区域性旅游服务中心和生态旅游目的地，对按时完成创建目标任务的旅游景区给予资金奖励。同时，由市旅游局制订《韶关市旅游企业年度奖励办法》，专门设立市场开拓奖、杰出贡献奖、年度经营奖、推广韶关旅游贡献奖等奖励，对旅行社参加市旅游局举办的旅游促销活动，主动拓展游客市场取得实效的企业给予奖励。

## 国际旅游

**【入境旅游】** 2011年，韶关市接待入境旅游者18.47万人次，同比下降14.00%，其中外国人3037人次，同比下降6.09%；旅游外汇收入6430.36万美元，同比下降37.63%；入境旅游客源市场主要为港澳台、美国、日本、马来西亚、韩国。

**【出境旅游】** 2011年，韶关全市组团出境游3844人次，同比下降50.29%。其中，香港游1464人次，澳门游485人次，出国游1185人次。

## 国内旅游

**【国内旅游接待与收入】** 2011年，韶关市接待游客总人数1841.33万人次，同比增长16.39%。其中国内旅游者892.08万人次，增长10.02%；国内旅游收入125.42亿元，增长25.65%。旅行社组团国内游12.62万人次，下降4.55%。其中省内游5.29万人次，增长12.42%；省外游7.33万人次，下降13.92%。

**【红色旅游】** 2011年，韶关市注重深层次挖掘红色旅游文化内涵，着力培育“红色文化旅游”。在保护开发市现有红色旅游资源（如粤北省委旧址、北伐纪念馆、梅岭梅关）的同时，相关县市均纷纷行动起来，筹措资金，对红色旅游资源进行修葺保护。如乐昌市斥资300多万元在梅花镇修建了红七军革命烈士纪念园，并做好“红色旅游”的广泛宣传工作，同时努力加强规划，修复红军经过龙王潭景区时走过的路，开发“红军长征路”景点，兴建红军亭、红军雕塑、红军碑、红军经过乐昌的史料展览厅、红军长征历史文化宣传栏等景点，引导游客开展“重走红军长征路”专题活动；仁化县进一步加大对石塘镇双峰寨的开发力度，完成石塘老街的规划设计并开工建设；浈江区进一步加强保护朱德部队曾经驻扎过的犁市当铺头这一红色旅游项目，同时挖掘这一项目的红色旅游文化内涵。据不完全统计，2011年全市各地对红色旅游资源的投入总计超过3000万元。

截至2011年底，全市建成并对外开放的红色旅游景点有：韶关市五里亭中共粤北省委旧址、水口战役遗址、南雄市瑶坑村中共广东省委旧址、梅岭梅关、北伐战争纪念馆、龙王潭（三龙谷）、红七军革命烈士纪念园、始兴沈所红围省委旧址、仁化石塘双峰寨、浈江区犁市当铺10个红色旅游景点，其中有5个景点列入创建国家A级旅游景区行列。

**【乡村旅游】** 2011年，韶关市积极协助推进南华寺沿106国道至丹霞山的农业生态旅游，以及乳城至桂头农业休闲旅游带建设，对现有的金沙生态园、长坝沙田柚农业生产基地进行指导，并参与协助浈江绿道建设以及湾头村历史文化名村和旅游特色村的创建工作，特别是对乳源县城至桂头农业休闲旅游带建设给予重点指导和帮助，会同乳源县政府落实农业休闲旅游带的细节规划，完成云门峡漂流建设，以及一批具有拓展、野战、户外卡拉OK、露天烧烤、溯溪探险等多种休闲运动项目的养生农庄建设。

**【假日旅游】** 2011年，韶关市春节黄金周接待游客124.40万人次，旅游收入6.33亿元，分别增长33.63%和43.20%。“五一”小黄金周全市接待游客36.63万人次，同比下降9.14%；旅游收入1.20亿元，同比下降37.50%。“十一”黄金周全市接待游客103.36万人次，同比增长20.77%；旅游收入5.26亿元，同比增长24.68%。

## 旅游市场推广与节庆活动

**【旅游市场推广】** 2011年，韶关市充分利用丹霞山申遗成功和举办2011广东国际旅游文化节为契机，按照市政府南延北拓发展旅游战略，加大北方市场拓展力度。加强旅游接待的软硬件建设，制定具体措施加大拓展客源市场。整合全市旅游宣传资源，联合进行游旅游宣传营销，分别与中央电视台、南方卫视、广东卫视、香港亚洲电视、《中国旅游报》、《南方都市报》、《旅客报》、《粤港直通》等媒体合作并集中宣传韶关旅游资源，整体包装推介市旅游产品，同时集中资源在北京首都机场航站楼、武广高铁广州南站及韶关站等人流集中的地方投放宣传广告。

**【韶关市首次成为广东国际旅游文化节主会场举办地】** 2011年11月5日，由国家旅游局和广东省人民政府主办的2011广东国际旅游文化节在韶关开幕。本届旅游文化节首次在广州之外的韶关举办，韶关主会场共举办2011广东国际旅游文化节开幕式暨旅游推介会、嘉年华巡游巡演、泛珠三角旅游招商会、游绿道观美景活动、德国啤酒节等30多项活动。2011广东国际旅游文化节期间，韶关市所属各县（市、区）共举办首届中国素食文化大会暨韶关国际生态名优特产展览会、南华祈福盛典、最美韶关绿道游等48项活动，其中市区11个，县市区37个。据统计：仅11月5~7日，2011广东国际旅游文化节期间，韶关市共接待游客63.27万人次，实现旅游收入3.49亿元，分别比上年同期增长480.46%和413.94%，与2011年“五一”期间同比分别增长72.74%和189.36%；接待过夜游客12.02万人次，过夜游客旅游收入9423.51万元，与上年同比分别增长22.05%和70.76%，与2011年“五一”期间同比分别增长64.97%和77.14%。（具体内容参见“文献·特辑”篇：成功举办2011广东国际旅游文化节）

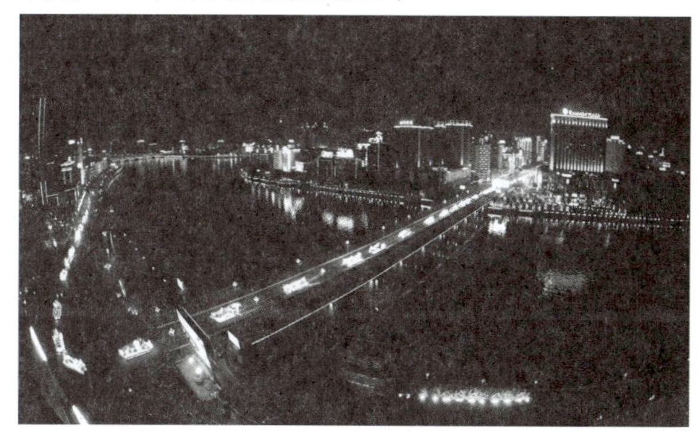

花车巡游在韶城美丽的夜色中。 （童铜韶 摄）

**【旅游节庆活动】** 2011年2月16日，韶关市旅游局在香港逸东酒店举办新春座谈会，市政府邹永松副市长出席并致辞，答谢香港旅游界对韶关旅游发展作出的贡献。市旅游局局长陈波全面介绍韶关旅游业发展情况。香港旅游发展局、香港中旅、康泰旅行社、新华、永安等近20家旅行社负责人和计调经理出席座谈会。

2月25~26日，由广东省旅游局、广东省旅游协会主办的“情系乳源·幸福广东——广东百家旅游企业爱心行动”，韶关市旅游局全程协助该项活动并组织旅游企业参加。省旅游局局长杨荣森、省扶贫办副巡视员陈成云、韶关市副市长兰茵、乳源县委书记梁健出席会议并致辞。省旅游局、扶贫办，各地级以上市旅游局及乳源县委、县政府，洛阳镇委、镇政府，全省相关旅游企业负责人，新闻媒体记者300多人参加会议。

11月4日，2011广东国际旅游文化节韶关旅游产品展销会在碧桂园凤凰商贸城隆重开幕。此次展销会共展出40多家企业的近千种特色产品。市委常委、副市长张志才出席开幕式，并为展销会开展仪式剪彩。

11月26日，2011第四届徒步穿越丹霞山活动在韶关举行。本届徒步穿越丹霞山活动吸引世界各地近4000人参与，其中包括来自香港、台湾、印尼、英国、美国、法国等地的队员。韶关市副市长邹永松出席活动，并为活动鸣枪发令。

【区域旅游联盟与协作】 2011年6月24～27日，以“牵手闽粤赣，畅游红土地”为主题的“中央苏区红色旅游联盟第三次联席会”在梅州大埔县举行。韶关市旅游局，“中央苏区县”南雄市派代表组团参加会议，并签订闽粤赣红色旅游联盟合作协议。是年，南雄和始兴县开展旅游区域合作，以整合韶关东线旅游联盟统一营销。

韶关市充分利用高铁、高速公路重要平台，大力推进省内外客源市场互动，统筹形成区域旅游协调发展的新格局。坚持“南延北拓”宣传促销策略，强化国内旅游市场营销推介。在巩固穗、深、莞等珠三角以及港澳客源市场的同时，重点组织好武广沿线城市和华中、华东、环渤海中心城市的宣传推介，通过有效的旅游大营销，拓展旅游大市场；整合全市旅游宣传促销资源，创新营销方式，在坚持节庆（会）促销的同时，依托媒体宣传发动，充分发挥媒体在旅游宣传促销的主力军作用；积极开展区域联合促销活动，加强广深高铁、武广高铁、韶赣高速沿线旅游城市的合作，把韶关建设成为国内首选的旅游区域中心和旅游目的地；强化旅游宣传促销的整体形象，所有旅游参展和旅游宣传促销活动由市统一组团参加，搭建统一参展平台，实现全市旅游宣传促销一体化。全市的新闻媒体对旅游公益宣传免费刊播；对旅游企业的宣传促销广告，如不限于宣传单个企业而带有宣传韶关旅游的内容，减半收取广告费用。努力营造良好的城市旅游宣传氛围，在市区主要街道、繁华路段、公园广场等人流密集的地方，根据需要，免费提供场地用于设立旅游宣传栏、指示牌、大型旅游公益宣传广告牌以及旅游咨询中心的设立等。

2011台湾韶关两地旅游企业战略合作签约暨2011台湾游客首发（韶关）团欢迎仪式于9月25日在韶关举行。

## 旅游资源开发和景区（点）建设

【旅游规划】 2011年，《韶关市旅游总体规划》结合韶关旅游业发生的变化重新修订。8月，珠玑巷、梅关古道景区控制性详规全面完成评审工作。5月，由中山大学教授彭华及团队参与《仁化旅游发展总体规划》的编制工作，于12月全面完成。3月5日，《始兴县旅游发展总体规划》及《生态旅游发展专项规划》、《温泉旅游发展专项规划》、《文化旅游发展专项规划》3个专项规划通过专家评审，于6月16日经始兴县人民政府十三届29次常务会议审议通过。1月19日，《乳源瑶族自治县旅游发展总规（2010～2025年）》委托广东省旅游发展研究中心重新修编，并召开评审会。

【旅游投资】 2011年，韶关市借助承办2011广东国际旅游文化节主会场系列活动契机，加大招商引资力度。据不完全统计，全年全市旅游在建旅游项目27个，投资总额100.49亿元，实际投入金额约超过20亿元。

曲江区大森林温泉世界旅游度假村项目是由中山市永冠国际投资有限公司投资20.61亿元人民币建设。规划土地面积为16.8平方公里，建筑面积约12万平方米。项目总体目标以温泉为核心载体，以休闲养生为目的，整合森林、泉溪、峡谷、禅乐、乡村、动植物、田园资源，建成具有国际品质、中国首家禅乐养生度假目的地和国家5A级旅游景区。小坑锦绣南华大森林温泉世界旅游度假村项目计划与南华寺、丹霞山一起，打造韶关旅游的金三角、形成礼佛南华寺、奇观丹霞山、休闲大森林的韶关三雄。该项目一期预计于2012年建成正式投入营业。

南雄市龙华山国际星级温泉休闲度假中心项目建设进展顺利，截2011年底完成投资4830万元。包括：总投资160万元的新更衣室项目全部完工；计划总投资2000万元一栋总统别墅现正在装修，累计完成投资1540万元；计划总投资3500万元一栋九层高级商务套房封顶，正在装修，累计完成投资1430万元；投资350万元修建的由国道323直达该温泉酒店的公路，全长3.75公里，3公里路基修好。整条道路拟建桥5座，其中建好1座，在建3座。另1座正在招标中，完成征地750亩，征地资金1350万元。

新丰县云髻山总体开发项目的温泉山庄收购完成，正进行项目建设的前期工作和开发合同的洽谈；福盈四星级饭店完成酒店主楼的地基及地下室防水、垫层、地下停车场等基础建设，正在进行主楼的主体建设；收集桐木山高山体育公园项目的各项资料并开展项目的前期工作，正在进行项目合同的洽谈。云天海二期建设完成18幢别墅；新丰江源第二期工程竹林宾馆建成，会议中心和卡拉OK建好，拟于2012年元旦对外营业。

翁源县投资4000万元的“农家乐”式酒店佛宝山庄于9月17日举办开业庆典仪式。新世纪酒店开业运营。

【旅游景区（点）与基础设施建设】 2011年，韶关市委、市政府以“大交通、大旅游、大产业”为发展蓝图，大力推进旅游文化产业招商引资。据统计，全年全市共引进落户旅游文化产业项目53个，投资总额218.6亿元，实际到位资金26亿元，预计建成后年产值达到117亿元。

乐昌市古佛洞天景区游客中心项目加快建设。未来旅游咨询投诉、导游服务医疗救助、紧急救援等都将集中在此中心进行。还将集中打造一批生态游道、栏杆、指示牌、休息椅、休息长廊、购物中心、阅览室等。同时，建造生态会议室和大型停车场各一个，对溶洞餐厅进行大面积的扩建和整改，对景区老化、破旧的设施进行修复翻新，完善其配套功能。该景区先后对金鸡岭风景区投入约1500万元，修缮原有的客房和餐厅等设施，更换景区所有的中英文指示、指路标识牌及景点简介牌、垃圾箱，景区内厕所、水路进行改造和修缮。通过一系列改造工作，该景区评定为3A旅游景区。

珠玑古巷、梅岭景区以创建4A级景区工作为契机，完善景区基础设施。珠玑巷景区搭建22间木房子，改造景区售票处，售票处周围铺设广场砖、安装电动门。在胡妃纪念馆设立游客中心、土特产商店，在停车场旁边按照三星级标准建设水冲式旅游公厕，并在“十一”黄金周前投入使用；维修景区围墙铁栏杆，在景区各路口安装视频监控系统；在胡妃纪念馆设立游客中心，设置触摸显示屏，增设游客休息室，开设土特产商场；投资200多万元整治景区环境，在景区内外种植绿化树。在梅岭景区从国道323线进入梅岭景区路口旁增设由原全国政协副主席叶选平先生题写、用天然石做成的景区标识，更换部分宣传广告牌，增设防滑、防落、防火警示牌，在售票处楼顶安装避雷设施。

乳源大南岭生态旅游产业园争取广东省高端旅游项目发展专项资金1000万元，用于旅游基础设施建设。

新丰县积极做好丹桂山竹林寺开发工作的前期准备，对通往丹桂山竹林寺的各个路进行现场勘查，为下一步制作丹桂山竹林寺路牌标识，进一步完善配套设施作准备。

**【新开发、新建设景区（点）】** 2011年，韶关市加强对韶关丹霞山风景名胜区创建国家5A级景区，乐昌古佛洞天风景名胜区、乳源丽宫温泉旅游度假区、南岭国家森林公园、珠玑古巷——梅关古道、翁源东华山风景区创建国家4A级景区、乳源天景山仙人桥风景区、乐昌金鸡岭风景区、始兴县铜钟寨景区创建国家3A级景区的指导。截至2011年底，乳源丽宫温泉旅游度假区、南岭国家森林公园通过省旅游局初检并报国家旅游局审批；韶关丹霞山风景名胜区成功晋级5A级景区，乐昌古佛洞天风景名胜区成功创建国家4A级旅游区，乳源天景山仙人桥风景区、乐昌金鸡岭风景区成功创建国家3A级旅游区。

**【绿道旅游】** 2011年，根据韶关市住房和城乡规划建设局制定的《韶关市绿道网专项规划》，韶关市建成的绿道主要有1条区域绿道、6条城市绿道和4个社区绿道。为配合承办2011广东国际旅游文化节主会场系列活动，韶关市重点对区域绿道和社区绿道示范区进行改造建设，市区杜鹃公园至丹霞山的车行绿道全长46公里，沿途景色秀丽宜人，适合观光、游憩；莲花山国家森林公园绿道全长6.1公里，主要对韶关国家森林公园步道改造，增加休息驿站及相关功能设施，达到省绿道建设标准。作为2011广东国际旅游文化节主会场系列活动之一的“最美韶关绿道游”活动，于11月6日举办在莲花山国家森林公园绿道举行，省旅游局、韶关市领导以及各地嘉宾和市民共300多人参加此次活动。

**【旅游扶贫】** 2011年，韶关市申报旅游扶贫项目11个，争取省旅游扶贫资金280万元。始兴县投入省旅游扶贫资金30万元，新建铜钟寨景区大门、星级厕所和绿化工程、大铜钟寨旅游区导游图和更新制作一批旅游标识牌等。

是年，韶关市旅游局推进扶贫开发“双到”工作，先后投入资金100多万元，重点帮扶对口扶贫点乳源莲塘边村村集体和贫困户发展养牛、养猪和养鸡等项目，对农户进行种养技术培训和资金、种苗等帮扶，重点扶持拆旧建新危席改造的贫困户。投入6多万元建设村中食水工程和维修受洪灾影响的桥梁、防护墙、村道等基础设施，并支持农村合作医疗和对部分特困农户、学生进行慰问和献爱心活动，帮扶工作取得阶段性成效。

2011年2月25日，广东省旅游局与省旅游协会联合组织开展“情系乳源·幸福广东——广东百家旅游企业爱心行动”，全省100多家旅游企业赴韶关市乳源瑶族自治县参加活动、奉献爱心，为省旅游局扶贫“双到”对口帮扶单位洛阳镇板长村捐款近200万元。

## 旅游行业监督管理

**【旅游市场监督】** 2011年，韶关市旅游局认真履行行政执法各项工作职责，继续抓好旅游市场的整顿和规范工作，加大对全市旅游企业的监督检查。1月17日，召开韶关市2010年旅游义务监督员工作总结会，江仁瑞副局长主持会议，并对先进、优秀监督员进行表彰。3月11日，韶关市旅游质监所参加市消费者委员会在西河全民健身广场举办的旅游诚信经营与旅游消费服务宣传咨询活动，主要宣传消费政策，维护消费维权，提高消费信心。8月19日，2011年全市旅游质监执法工作培训班在北苑宾馆举办，全市各县（市、区）旅游局、质监所旅游执法负责人及业务骨干进行集中培训。据统计，全年共接旅游投诉案件23宗，结案23宗。调解227名旅游者与旅游企业之间的纠纷。其中调解赔偿投诉10宗，企业共支付赔偿金额28836.8元。

投诉旅行社6宗，景区6宗，饭店11宗，旅游企业和游客合法权益得到维护。

【旅游安全管理】 2011年，韶关市制定《2011年旅游行业安全生产年活动方案》和《2011年旅游行业安全生产月活动方案》，及时转发、下发各类安全生产的通知精神，坚持节日检查、日常检查及联合检查相结合。6月12日，韶关市旅游局参加韶关市安委办在西河全民健身广场举办的2011年安全生产宣传活动；设立旅游投诉台，由专人负责受理旅游投诉，同时为广大市民做好旅游安全知识问答。全年共检查市区旅行社28家57次，县辖旅行社3家，检查星级饭店10家，国际旅游文化节接待酒店5家，旅游车队1家，出动检查人员325人次，确保旅游市场的安全有序。

【旅行社】 2011年，韶关市旅游局新批准设立南雄市迎宾旅行社、翁源县团结旅行社、韶关市悠游旅行社3家旅行社。于1月21日下发《关于开展2010年度旅行社统计调查工作的通知》，至3月20日完成全市旅行社统计调查工作，调查旅行社49家，其中国际社1家、国内社48家，统计调查率100%。2011年主要对6项旅游资源进行普查和统计，并备案在册。同时，认真落实国家旅游局《关于做好旅行社保证金增存工作的通知》，为全市52家旅行社完成了质保金增存工作。开展了旅行社责任险统保示范项目的推广工作，市旅行社参保率达100%。制定《韶关市打击“黑旅行社”旅游诈骗活动专项行动工作方案》，集中开展打击非法经营旅游业务的专项行动。春节黄金周前，市组织以公安、工商、物价、旅游四个部门为主，交通、质监、宣传、城管等部门配合，在全市范围开展打击非法经营旅游业务的黑中介、黑窝点的专项行动。全年共出动38人次，重点检查韶关火车站、客运站、旅馆商务中心等30多个单位和地点，以减少“黑中介”、“黑窝点”及“黑社”、“黑车”、“黑店”、“黑导”等破坏旅游市场秩序的现象。

2011年9月6日，韶关、武汉、中山等市赴香港举行辛亥革命旅游产品推介会。

【星级饭店】 2011年，韶关市新评定1家四星级饭店（曲江友好大酒店）、5家三星级饭店（仁化锦城宾馆、韶关市绿苑酒店、始兴顺风楼酒店、乐昌汇丰酒店、南雄雄州大酒店）、1家二星级饭店（仁化县联城酒店）。对幸福华庭商务酒店、仁化锦城宾馆申报四星级饭店进行检查指导并下发整改意见。对龙翔大酒店、曹溪温泉酒店、方圆民族温泉宾馆进行评定性复核。对全市星级饭店开展复核，经复核全市拥有旅游星级饭店54家，其中五星级1家，四星级6家，三星级37家，二星级7家，一星级2家。开展了2011年度星级饭店统计调查工作，组织全市高星级饭店参加省旅游局举办的星级饭店新标准宣贯班。

【旅游商品】 2011年，韶关市重点围绕民族民俗和地域文化两大旅游产品，积极打造粤北旅游商品生产加工和旅游休闲基地，大力推进旅游商品开发，鼓励支持旅游商品开发、设计、生产和销售，大力发展旅游购物市场，加快区域特色鲜明的旅游商品购销（集散）中心建设，成功举办了韶关土特产节年货会。同时，加大了瑶族文化、客家文化以及禅宗文化等旅游产品的宣传推介，联系有实力的旅游投资商打造禅宗文化、瑶族文化等旅游产业区，还重点指导仁化鑫三洲农特产品经营部、韶关奇石一条街、乳源奇石一条街等土特产商品购销中心的建设。

【旅游信息化建设】 2011年，韶关市在继续完善旅游官网基础上，建立全市旅游咨询服务网络，初步形成全市旅游信息服务网络，积极配合省旅游局建设国内领先的12301旅游信息服务平台并进行信息采集工作，完善广东省旅游数据库。市旅游局与市国土资源局联合建设开通“韶关旅游地理空间信息系统”，该系统包括基础数据（公众版电子地图、影像数据、地名地址数据等）和专题数据（旅游景点、旅行社和星级酒店等），开发三维电子、电子地图等高科技旅游宣传软件。

【旅游行业协会】 2011年1月6日，韶关市旅游协会换届大会在莱斯大酒店召开。大会审议《韶关市旅游协会第二届工作报告》，通过《韶关市旅游协会第三届理事会会费管理办法》、《韶关市旅游协会选举办法和程序》；市旅游局局长陈波当选为韶关市旅游协会第三届理事会会长，刘楚龙、刘西钦当选为常务副会长，欧国良等人当选为副会长，钱旭正当选为秘书长，并选举产生常务理事、理事等。

## 精神文明建设与教育培训

【旅游行业精神文明建设】 2011年5月21日，韶关市旅游局下发《市旅游局“加快转型升级、建设幸福广东”主题生活会工作方案》，明确主题生活会的召开时间、主题、内容、目的和具体步骤，要求各党员干部会前安排2~3天时间学习，其中集中学习时间不少于1天。由支部主要负责人组织全局党员干部学习汪洋书记发表的《重在全面理解，贵在持之以恒——再谈“加快转型升级、建设幸福广东”》文章，通读、精读汪洋书记推荐的两本书目。

5月31日，召开主题为“加快转型升级、建设幸福广东”的组织生活会。传达省委十届八次全会精神、以及市委组织部《转发〈关于以“加快转型升级、建设幸福广东”为主题召开组织生活会的通知〉的通知》。组织生活会上，市旅游局党组书记、局长李晓林要求大家深刻认识转型升级的必要性，要以解放思想、锐意进取的创新精神，加快将韶关从旅游资源大市向旅游经济强市转型，塑造“神奇丹霞、魅力韶关、生态之都”的旅游城市形象品牌，全面提升旅游业发展水平而努力奋斗。

2011年，韶关市旅游局先后被韶关市人民政府评为“2010年广东省职业技能大赛韶关选拔赛优秀组织奖”，被韶关市委、韶关市人民政府评为“2011广东国际旅游文化节主会场（韶关）先进工作单位”、“2011广东国际旅游文化节主会场（韶关）城市亮化先进工作单位”、“2011年韶关市精神文明创建活动创新奖”，以及年度“文明单位”。

**【旅游行风和机关工作】** 2011年7月29日，根据韶市委办《转发<市纪委关于2011年全市开展纪律教育学习月活动的意见>的通知》，韶关市旅游局下发《关于调整“韶关市旅游局纪律教育学习月活动”领导小组的通知》和《韶关市旅游局开展2011年纪委教育学习月活动方案》。

8月1日，韶关市旅游局召开以“以人为本、执政为民”为主题的纪律教育学习月动员大会，宣布开展为期一周的集中学习、讨论活动。一是集中与自学相结合的形式开展学习活动，深入学习中央、省、市领导反腐倡廉重要讲话精神；二是采取集中辅导、分散学习、座谈讨论、专项自查等四种学习培训方式开展学习培训；三是全体党员干部围绕主题联系工作实际，撰写22篇心得体会文章。通过开展有系列活动，达到了提高党员拒腐防变、抵御风险能力的反腐倡廉的教育目的。

8月初，韶关市旅游局以党支部为单位，召开专题会议组织学习传达中纪委、中组部印发的《关于严肃换届纪律保证换届风清气正的通知》，向全局党员干部发放并组织全局学习换届纪律明白卡，通过官网上传严肃换届纪律动漫宣传片供局干部职工下载学习，并组织开展面向全局干部的换届纪律专题教育活动抽查测试。8月25日，市委组织部对韶关市旅游局干部执行严肃换届纪律情况以个别谈话的形式进行了考核检查，考核组对韶关市旅游局开展换届纪律专题教育活动取得的成效给予了高度评价。

**【人事任免】** 2011年2月28日，中共韶关市委组织部决定免去陈波同志的中共韶关市旅游局党组书记职务（韶组干［2011］42号文）。3月28日，中共韶关市委组织部任命李晓林同志为中共韶关市旅游局党组书记职务（韶组干［2011］58号文）。根据韶关市人大常委会韶常［2011］20号文通知，经韶关市第十二届人民代表大会常务委员会第三十九次会议于2011年4月26日审议决定任命李晓林任韶关市旅游局局长，免去陈波的韶关市旅游局局长职务（韶人社任［2011］20号文）。

**【旅游教育培训】** 2011年3月27日和9月25日，韶关市旅游局配合省旅游局分别组织全国导游资格考试工作。笔试考场均设在市第十中学，口试考场设在大丹霞酒店，先后共有588名考生参加考试。其中，3月27日第一次导游资格考试有284名考生参考，有74人通过资格考试。9月25日第二次导游资格考试有304名考生参考，有96人通过资格考试。

5月30日，主办为期两天的全市旅游企业管理人员培训班。此次培训班规模大、覆盖面广，首次采用市区主会场与县（市、区）分会场视频方式同步培训的方法，全市景区、饭店、旅行社总经理和部门经理200人参加培训。

6月14~15日，韶关市2011广东国际旅游文化节系列培训暨导游培训班在市旅游从业人员培训基地举办。广东省导游协会会长郑文丽、高级导游员江澜授课。参训人员共200多名。

8月30日，2011广东国际旅游文化节主会场（韶关）导游培训班在市中职学校举行。全市导游（讲解员）从业人员共220人参加，并在丹霞山景区进行实地培训演练。省旅游局培训处领导作开班动员。

10月25日，市旅游局在北苑宾馆举行韶关市首届政务导游（讲解）员颁证暨导游培训开班仪式。经过几个月的选拔，产生市首届政务导游（讲解）员共20名。其中政务导游员15名、政务讲解员5名。市旅游局向政务导游（讲解）员颁发证书并签订聘任合同。

（张建明）

# 河源旅游业

## 综　述

【概况】　2011年，河源市旅游业抢抓机遇，全力推进广东生态旅游示范区规划建设，积极引资，加快旅游重点项目规划建设，注重配套，全面完善城市旅游功能，强化管理，进一步规范旅游市场，加强培训，提高旅游从业人员素质，高效宣传，进一步提升“客家古邑、万绿河源、温泉之都、恐龙故乡、红色经典”五大旅游品牌知名度。1月13日，由国际文化旅游促进会、中国县域经济协会、中国旅游品牌协会主办的“2010国际旅游品牌营销年会暨年度旅游成果颁奖典礼”在北京隆重举行。会上，河源市荣获“国际绿色生态旅游名城”称号。全市接待入市游客1390.25万人次，比上年增长30.5%，旅游总收入61.09亿元，比上年增长32.60%。

【旅游行业规模】　至2011年底，全市拥有国家A级景区6家，其中4A级旅游景区3家，3A级1家，2A级2家；有2处省级自然保护区和环境教育基地、1处国家森林公园、1处国家级文物保护单位、1处省级历史文化名城、8处省级文物保护单位；2家全国工农业旅游示范点、1家广东省工业旅游示范单位；荣获省级“旅游强县”、“温泉特色县”各1个，“特色镇”、“特色村”各2个。全市拥有星级饭店23家。其中五星级1家、四星级2家、三星级14家、二星级6家；有旅行社33家，其中出境游组团社1家。

【重大旅游决策】　2011年7月21日，中共河源市委、市政府印发《河源市建设广东生态旅游示范区行动计划》（下称《行动计划》），动员各级、各部门共同推进河源市生态旅游业的发展，以加快河源建设广东生态旅游示范区和旅游强市的步伐。《行动计划》主要包括生态景区、绿色饭店建设，生态旅游环境保护，岭南生态休闲旅游名城建设，生态旅游绿道网建设，森林生态旅游，休闲农业与乡村特色旅游，文化休闲旅游，体育休闲旅游，温泉养生保健旅游，“万绿水城”建设10个方面的子计划。

【领导关心旅游业】　2011年11月29~30日，广东省副省长招玉芳率省政府副秘书长刘晓捷，海关总署广东分署副主任赵民，省委组织部副部长方锐，省外经贸厅副厅长钟健辉、副巡视员郑名乾，省旅游局副局长周开生，广东出入境检验检疫局副局长陈小帆及省政府办公厅有关同志一行，赴河源调研外经贸和旅游工作。招玉芳在中共河源市委书记陈建华、市长彭建文陪同下，先后考察东江·巴登城、东源县苏家围景区、龙川佗城景区等旅游项目和景区，听取项目经营现状、所遇困难、发展计划等情况汇报。11月30日在万绿湖东方国际酒店召开座谈会，招玉芳听取中共河源市委、市政府关于旅游业发展情况的工作汇报。招玉芳强调，河源市要充分依托资源、生态和人文优势，发挥“龙头”项目的带动作用，推动旅游产业的跨越发展。要坚持规划引导、合理开发、龙头带动、宣传造势的原则，大胆探索、勇于创新、突破“瓶颈”。要抓好旅游扶贫以及旅游综合改革等方面的工作，加快推进广东生态旅游示范区建设。

2011年10月12日，河源市市长彭建文到市旅游局调研并召开座谈会。

【全市旅游产业发展大会】　2011年3月22日，中共河源市委、市政府在市会议中心召开全市旅游产业发展大会，总结“十一五”时期全市旅游产业发展情况，部署“十二五”期间及2011年旅游产业发展工作。会上印发《中共河源市委 河源市人民政府建设广东生态旅游示范区行动计划纲要》征求意见稿。河源市委书记陈建华、市长彭建文出席会议并讲话。

【旅游综合改革】　2011年1月21日，河源东源县被省授予“全省旅游综合改革示范县”。东源县政府出台《印发广东省旅游综合改革示范县方案的通知》（东府［2011］84号）文件，明确实施广东省旅游综合改革示范县的依据及意义、主要原则、目标及任务、保障措施，确定示范点和相关单位任务分工等。

**【2011年“中国旅游日”主题活动】** 2011年5月19日是经国务院批准的首个“中国旅游日”。河源市以“读万卷书，行万里路”为主题，在茶山公园隆重举行庆祝首个“中国旅游日”活动暨“河源人游河源”首发团启动仪式。市政府副市长吴有必，市旅游局局长古敏生、副局长李德标，各县区旅游局负责人，全市主要旅游景区、酒店、旅行社代表，市新闻媒体记者，各旅行社组织的游客和市民共300多人参加活动。“河源人游河源”首发团启动仪式后，全市主要旅游景区、旅行社、星级饭店在茶山公园面对市民进行旅游宣传和推广活动。河源市以“读万卷书、行万里路”为主题，举行现场推广活动、景区免费优惠、“河源人游河源”活动、七城联动百万人游河源等系列活动和惠民措施。出台首个“中国旅游日”惠民措施。

2011年5月19日，河源市举行庆祝首个中国旅游日暨“河源人游河源”首发团启动仪式。

**【贯彻落实《国务院关于加快发展旅游业的意见》】**

*政府主导旅游力度不断增强* 中共河源市委、市政府高度重视旅游工作，加快河源市旅游业转型升级，每年召开一次旅游工作会议，2010年改为旅游产业发展大会。每年举办一次客家文化旅游节，设立旅游宣传促销经费和旅游产业发展基金用于旅游业发展；出台系列文件措施支持促进旅游业发展。如：2007年，市委、市政府出台《关于加快旅游业发展建设旅游强市的决定》，2008年，市委、市政府印发《关于建设广东生态旅游示范区 加快旅游业转型升级的意见》，2011年印发《建设广东生态旅游示范区行动计划》。同时，市政府出台鼓励世客会接待饭店改造升级的奖励措施和景区评A的奖励政策。自2009年以来，按照省政府要求启动实施国民旅游休闲计划，建立河源市试行国民旅游休闲计划联席会议制度，印发《关于河源市试行国民旅游休闲计划的实施意见》，举办全国百城（河源）旅游宣传周、“河源人游河源”等活动，推出国民旅游休闲年卡、“缴费一卡通”优惠旅游、“爱旅游、购快乐”刷卡送旅游等优惠政策和活动。是年，为有效整合、利用丰富的旅游资源，丰富市民的精神文化生活，推动国民旅游休闲计划的实施，开展“中国旅游日”及“河源人游河源”系列活动，制订“河源人游河源”旅游景区门票优惠办法。

*不断丰富旅游产品体系* 河源市拥有丰富的生态旅游资源、温泉资源、客家古邑文化旅游资源、恐龙文化资源、红色旅游资源。一是开发众多生态观光、生态休闲旅游区。主要有万绿湖、桂山、镜花缘、野趣沟、万绿谷、东江画廊、黄龙岩、越王山、霍山、圣迹苍岩、新河漂流等；二是温泉度假旅游区先后建成开放。主要有源城区的龙源温泉，和平县的热龙温泉、天上人间温泉，紫金县的御临门温泉。在建的温泉景区还有和平县的颐和大温泉，龙川县的塔西温泉，源城区的东江·DD庄园土楼温泉，东源县的黄田温泉、东江源温泉、康禾温泉等。三是开发客家历史人文景区：主要有赵佗故城、苏家围、南园古村、和平林寨古村以及万绿湖客家风情展览馆等；四是发现和保护世界唯一的集恐龙蛋化石、恐龙足迹化石和恐龙骨骼化石“三位一体”的恐龙文化资源，馆藏恐龙蛋化石达15000多枚，超过全世界馆藏恐龙蛋化石总数，创吉尼斯世界纪录，2010年建成新的恐龙博物馆；五是开发红色旅游资源，包括阮啸仙故居、阮啸仙烈士陵园、紫金县苏维埃政府旧址、“血田”纪念广场等革命遗址群、东江纵队活动遗迹等。此外，开发并推出漂流、溯溪、野战等一些参与性较强项目，如源城区野趣沟漂流、东源县桂山漂流、东江野战俱乐部和万绿谷漂流、连平县新河漂流、和平县热水漂流等等。

*不断完善城市旅游功能* 全市以基础设施及配套设施建设为重点，全面完善城市旅游功能。先后开通惠河、粤赣、河梅三条高速公路，以融入珠三角“两小时经济生活圈”，穿越河源的广河、汕湛、广赣、汕昆、粤湘等5条正建高速公路将为河源旅游提速。2010年，投资20多亿元建设五路一桥（市区迎客大道、滨江大道、万绿湖大道、东江西路、西环路，珠河大桥新桥），改善旅游的交通环境。启动市游客服务中心的规划建设，市政府拨付游客服务中心项目征地拆迁经费2600万元。投资上亿元的市区体育休闲公园（含绿道）建成使用，投资超过7亿元的客家文化公园举行奠基仪式，首期工程正在建设之中。翔丰国际酒店、迈豪国际酒店、万绿湖东方国际酒店、龙城国际酒店等一批高档饭店相继先后建成并对外开业，希尔顿酒店正在建设。全市接待酒店投入20多亿元进行新建和装修改造。

*广东生态旅游示范区建设初见成效* 根据国务院《关于加快发展旅游业的意见》和省委、省政府《关于加快旅游业改革和发展建设旅游强省的决定》，以及省委、省政府将河源定位为生态发展区的要求，2008年11月，与省旅游局签订《关于共建“广东省生态旅游示范区”合作协议

书》，并出台相关文件，正式启动共建广东生态旅游示范区计划。由中山大学旅游发展与规划研究中心编制的《万绿生态旅游度假区策划》于2010年3月22日通过专家评审。2010年，万绿生态旅游度假区引进“东江·巴登城”项目。计划投资45亿元，打造集“客家土楼温泉体验、康体休闲度假、金融保险外包服务、现代生态农业示范园”四位一体的现代高端服务产业综合旅游项目。2011年，万绿生态旅游度假区获得广东省2011年高端旅游项目发展专项资金1000万元的补助。7月，市委、市政府下发《建设广东生态旅游示范区行动计划》文件，进一步强力推进广东生态旅游示范区建设。

*规划建设一批重点旅游项目* 河源市引进和在建的旅游重点项目主要有投资60亿元的东江源温泉度假村、投资30亿元的康禾温泉、投资20亿元的广晟御临门温泉度假村二、三期工程、投资45亿元的“东江·巴登城”综合性旅游项目，投资6亿元的希尔顿酒店等。东江源温泉度假村于2010年12月29日奠基。“东江·巴登城”项目完成规划和前期征地拆迁工作将动工建设。御临门温泉二、三期和康禾温泉也在抓紧规划和征地。

*加大宣传促销力度* “客家古邑·万绿河源”具有较高的知名度和影响力。从2004年开始，连续举办七届主题不同的客家文化旅游节。充分利用电视台、电台、报纸、网络等各种主流媒体，开展一系列旅游宣传促销活动；依托恐龙文化资源，举办国际恐龙学术研讨会；积极组团参加国内、国际展销会、旅游交易会、境外促销等活动。成功承办第11届国际旅游小姐大赛总结赛、第二届广东自驾旅游节、第四届广东国际温泉旅游节及第23届世客会，分别到广州、深圳、东莞、佛山、中山、江门、珠海、赣州、南昌、厦门等地举办河源旅游推介会。加强与粤、闽、赣三省十市等区域的旅游合作，共同打造“千里客家文化旅游长廊”，与汕头、中山、广州、江门、佛山等市分别组织千人旅游团进行互游，实现资源互用、客源互流、利益共享。河源市先后被评为“中国优秀旅游城市”、“全国生态环境保护最佳范例城市”、“广东省园林城市”、“广东省文明城市”、“港澳及海外华人心目中最适宜人居、旅游和创业城市”、“中国十大特色休闲城市”、“国际绿色生态旅游名城”。

*旅游扶贫带动农村经济的发展和农民就业* 河源市以发展农家乐和乡村旅游项目为重点开展旅游扶贫工作，改善项目所在地的交通、通讯等基础设施，带动当地农民就业，提高农民素质，促进农副产品加工和销售，增加农民收入。从2002年到2011年，全市共有55个项目获得省旅游扶贫资金4355万元补助。

## 国际旅游

**【入境旅游】** 2011年，河源市共接待入境旅游者4.91万人次，比上年增长3.39%。其中外国游客4310人次，比上年增长14.1%；旅游外汇收入839.36万美元，比上年下降39.55%。

**【出境旅游】** 2011年，河源市出境游组团社共组织出境游客0.27万人次，比上年增长263.7%。其中香港游1153人次；澳门游743人次；出国游693人次；台湾游66人次。

## 国内旅游

**【国内旅游接待与收入】** 2011年，河源市接待国内游客1385.34万人次，比上年增长30.56%。其中过夜旅游者599.16万人次，增长37.72%；旅行社组团国内游人数11.44万人次，增长42.63%。其中省内游5.72万人次，增长27.28；省外游5.73万人次，增长62.17%；一日游游客786.18万人次，增长25.6%；国内旅游收入60.55亿元，增长34.16%。

**【假日旅游】** 2011年春节黄金周期间，河源市接待入市游客72.00万人次，比上年同期增长96.1%。其中接待过夜旅游者14.03万人次，同比增长42.99%；一日游游客57.97万人次，同比增长115.5%；旅游收入32832.97万元，同比增长116.5%；人均花费人民币455.99元；全市星级饭店以及档次比较高的非星级酒店平均开房率达79.91%。

“五一”（5月1～3日）期间，全市共接待入市游客29.55万人次；旅游收入11562.8万元；人均花费人民币391.43元；全市星级饭店以及档次比较高的非星级酒店平均开房率达78.7%。

“十一”黄金周期间，全市共接待游客96.75万人次，同比增长15.2%；其中过夜旅游者15.15万人次，同比增长8.14%；一日游游客81.6万人次，同比增长16.58%；旅游收入38376.2万元，同比增长29.9%；人均花费人民币396.65元；全市星级饭店以及档次比较高的非星级酒店平均开房率达82%。

**【红色旅游】** 2011年10月，为规范红色旅游开发的健康发展，河源市旅游局联合市委宣传部、市发改局向各县区有关部门下发《关于开展我市红色旅游健康发展专项检查的通知》（河旅［2011］52号），并对红色旅游景区进行专项检查。

## 旅游宣传促销与节庆活动

**【旅游宣传促销】** 2011年，河源市加大旅游宣传促销力度，不断开拓旅游客源市场，进一步提升“客家古邑、万绿河源、温泉之都、恐龙故乡、红色经典”五大旅游品牌知名度。

参加业内系列展会　先后组织各县（区）旅游局及相关旅游企业参加广州国际旅游展览会、中国国内（西安）旅游交易会、香港旅游展销会、海峡旅游博览会及国家旅游局在香港、澳门举办的“中华文化旅游年”系列活动、首届中国（广东）国际旅游产业博览会等。

利用各种新闻媒介，强化营销网络　加强与广东电视台、广州电视台、邮轮旅游频道、南方卫视、《中国旅游报》、《南方都市报》、《深圳特区报》、腾讯网、新浪网、信游网等主流媒体合作，进行常年宣传。先后邀请广州地区旅行社采风团及深圳、东莞、惠州等7座城市旅行社采风团来市考察并签订合作协议，邀请广州电视台“美在花城”冠亚季军来市采风，拍摄“美在花城·美在河源”电视专辑。还与河源日报社合作，利用《古邑客家》电子杂志制作《“休闲河源 养生天堂”——河源旅游特刊》。

**【第八届客家文化旅游节】**　2011年11月9日，由河源市人民政府与广东省旅游局共同主办的河源市第八届客家文化旅游节暨广东国际湖泊旅游博览会在河源市万绿湖东方国际酒店开幕。此次旅游节是2011广东国际旅游文化节分会场之一，以“探访客家古邑，畅游万绿河源”为主题，主要有广东国际湖泊旅游博览会、“河源万绿湖杯”旅游小主播电视大赛、“客家风·东江情”全国摄影大赛、客家美食嘉年华等活动。河源市委书记陈建华、市长彭建文，广东省旅游局局长杨荣森、副局长王志红出席开幕式。

图为河源市第八届客家文化旅游节·客家美食嘉年华开幕式现场。

**【2011广东国际旅游文化节（河源）分会场】**　2011年11月5日，由国家旅游局、广东省人民政府共同主办的2011广东国际旅游文化节暨旅游推介大会在韶关开幕。河源市作为2011广东国际旅游文化节的分会场，由市旅游局带队参加旅游文化节系列活动，包括9月2~5日在广州举行的首届中国（广东）旅游产业博览会及旅游招商推介会。11月5~8日在韶关举行的花车大巡游、岭南民间艺术汇演等系列活动。

**【县区节庆活动】**　2011年7月22日，由连平县人民政府、广东省自驾旅游协会联合主办的2011广东连平鹰嘴蜜桃节在连平县上坪镇万亩桃园隆重开幕。中共河源市委书记、市人大常委会主任陈建华，中共连平县委书记、县人大常委会主任罗小聪，河源市政协主席陈志干，中共中山市委常委、宣传部部长丘树宏，中共河源市委常委、秘书长赖泽华，河源市人民政府副市长吴有必，河源市人民政府副市长张丽萍，广东省自驾旅游协会会长钟戈鸣，中共连平县委副书记、县长钟明，以及连平县四套班子等省、市、县领导出席开幕式。开幕式上，共计12个连平招商项目进行签约仪式，广东连平九连山自驾车旅游营地建设项目、河源威斯达五星级饭店等备受关注。

**【区域旅游合作】**　2011年，河源市加强城市间的旅游互动合作。3月26日，河源市旅游局与中山市旅游局组织“万人游”互动活动，并签订《中山市与河源市旅游交流合作协议书》；4月23日，组织南海“万人游河源”活动；7月14~15日，组团赴湛江市开展旅游推介活动并与湛江市旅游局签署旅游合作协议书；8月9~10日，河源市旅游局牵头组织河源·赣州旅游交流合作活动，邀请赣州旅行社到河源市踩线并与赣州市旅游局签署合作协议；9月5~7日，组团赴厦门开展旅游推介活动。参加5月25日在福建省三明市宁化县举办的2011年闽台粤赣“千里客家文化旅游长廊”区域旅游协作系列活动及6月25日在梅州大埔县举行的“闽粤赣三省十市中央苏区县红色旅游联盟”第三次联席会议。12月18日，河源市参加在梅州市举行的“千里客家文化长廊”（三市五县）区域旅游合作会议。于8月、9月分别与湛江、厦门市开展旅游合作交流，并邀请湛江市旅游局组织当地旅行社及媒体来河源举行相互推介和交流。

2011年3月26日，河源、中山两市城市旅游互动仪式在中山举行。

## 旅游资源开发和景区（点）建设

**【旅游规划】** 2011年8月9日，《河源南天中医药养生谷旅游总体规划》评审会在河源市召开。来自广东省内旅游、中医药、规划和建筑等相关的专家组成评审组，并获专家组评审通过。南天中医药生态养生谷项目建成后，游客可以在此体验博大精深的中医药文化，成为河源市差异化旅游项目的新亮点。

**【旅游投资】** 至2011年底，河源市引进一批总投资超过150亿元的高端旅游重点项目，大大增强该市旅游产业发展后劲。主要包括投资60亿元的东江源温泉度假村、投资65亿元的康泉养生休闲旅游度假区、投资20亿元的广晟御临门温泉度假村二、三期工程、投资45亿元的东江·DD庄园综合性旅游项目，投资6亿元的希尔顿酒店等。东江·DD庄园、东江源温泉度假村、康泉养生休闲旅游度假区已开工建设。御临门温泉二、三期也在抓紧规划和征地，希尔顿酒店正在建设之中。

**【旅游区（点）与基础设施建设】** 2011年11月11日，河源市客家文化公园举行开工仪式；由深圳市大田洋实业有限公司投资2.5亿元兴建的叶园温泉度假酒店于12月18日开业；投资65亿元的康泉18国际生态旅游城首期工程于12月18日举行动工仪式；河源市区体育休闲公园（含绿道）建成使用；广晟御临门温泉度假村新建10栋高档别墅，扩建高档的中餐厅和西餐厅，度假村被评为“广东省温泉旅游示范基地”；6月3日，东源县政府在苏家围客家乡村旅游区召开苏家围·东江画廊创建国家4A级旅游景区动员大会，制定《“苏家围·东江画廊”创建国家AAAA级旅游景区实施方案》，购买两艘豪华游船，完善苏家围停车场的绿化和硬底化；九连山原始森林度假村13.8公里旅游公路改造全面完成，总投资1380万元。

**【新开发、建设景区（点）介绍】**

叶园温泉度假酒店 位于河源市东源县黄田镇。于2011年12月18日建成开业。由深圳市大田洋实业有限公司投资兴建，是一所集休闲度假、娱乐健身、观光旅游、商务会议于一体的综合型度假酒店，总占地面积680余亩。坐落在群山环绕之中，环境清幽静谧。酒店热水面积约3000平方米，有38处泉眼，水温常年保持在63摄氏度左右，日流量达600多吨。叶园温泉池区室内外温泉共60多个功能各异的露天温泉池。温泉区还配有休息大厅、健身房等。酒店拥有各类豪华客房、日式房、别墅及木屋共280余间，每栋木屋及别墅设有独立温泉池。

**【绿道旅游】** 2011年5月19日是首个中国旅游日。当天，广东省旅游局等单位联合发起，在全省10个分会场同时举办“2011年中国旅游日、幸福绿道游”主题活动。河源市和平县作为分会场之一，在热龙温泉度假村举办“和平县旅游景区绿道网”建设启动仪式。和平县绿道网规划里程达50公里，贯穿全县各个旅游景点。至2011年底，河源市建设完成了市区沿江路路边、滨江大道江边、西环路一期、万绿湖大道4条长达28.7公里的绿道。

**【旅游扶贫】** 2011年，河源市有6个项目共获得省旅游扶贫资金460万元，其中林寨古村入选省旅游扶贫重点大型项目，获得扶贫资金300万元。协助和平热龙温泉以国家导游应急培训基地项目申报2011国家旅游发展基金补助地方项目工作，并获得200万元的开发补助资金。

**【林寨古村旅游景区获省旅游扶贫资金支持】** 2011年8月29日，在广州召开的2011年广东省旅游扶贫大型重点项目资金专家评审会上，经过激烈角逐，和平县林寨古村旅游景区从全省14个旅游项目中脱颖而出，以第5名成功入选，成为2011年省旅游扶贫资金扶持的6大重点项目之一，获得总额为300万元的扶贫资金。4月27日，林寨古村旅游景区首期工程竣工庆典，正式迎客。林寨古村旅游开发围绕打造东江流域“东江客家围屋四角楼及其村落”文化遗产品牌，按照国家级4A级景区标准建设古村落景区两大目标，在旅游开发中保护好中国最大的客家民居四角楼群。

林寨古村一角。

## 旅游行业监督管理

**【旅游市场监督】** 2011年，河源市共接到旅游投诉22宗，投诉处理率100%，满意率达100%。全年开展旅游质监执法检查57次，出动检查人员166人次，检查企业47家，检查导游45人次，发出责令整改通知书23份。10月18日至11月15日，河源市旅游局联合市工商局、市人力资源和社会保障局开展旅游市场重点环节专项执法检查。

【旅游安全管理】 2011年，河源市认真做好“春节”、“五一”、“十一”及日常旅游安全生产检查监督工作，全年无旅游安全事故发生。河源市旅游局分别与各县区旅游局及市属旅游企业签订了旅游安全生产责任书。3月7日，市旅游局印发《河源市2011年旅游安全生产管理工作方案》；9月16日，河源市旅游局召开全市旅游安全工作会议和举办旅游安全知识培训，增强旅游企业安全意识，熟悉掌握旅游安全的具体操作细节和技术。

【旅行社】 2011年，河源市新批设旅行社2家，旅行社受委托代理招徕业务8家。至年底，全市有旅行社33家，分社1家，服务网点1处。全年通过初级导游员考试人数245人，中级导游员2人，英语导游员1人。全市在册导游员1316名。其中初级导游员1291名，中级导游员11名，高级导游员4名，英语导游员10名。

【星级饭店】 2011年，河源市按照省旅游局《关于做好2011年度星级饭店复核工作的通知》（粤旅管［2011］105号）和《旅游饭店星级的划分与评定》（GB/T14308—2010）对星级饭店开评定性复核，全市14家饭店参与满四、五年期的星级饭店评定性复核，其中取消1家四星级饭店、1家二星级饭店。

市旅游局按照上级安排，指派星评员参加在昆明举办的全国2010版饭店星级标准宣贯培训会议，组织各县（区）旅游局业务领导和所有待评星级饭店人员参加全省星级新标准宣贯培训班。

1月18日，市旅游局制定印发《开展旅游星级饭店消防安全大排查大整治大宣传大培训大练兵活动方案》；10月19日，市旅游局与市公安局消防局联合制定印发《关于河源市星级饭店开展“清剿火患”战役工作的通知》，对全市星级饭店开展“清剿火患”战役工作。

【旅游行业协会】 2011年5月31日，河源市旅游协会第六次会员代表大会在迈豪国际酒店举行，会议讨论通过《河源市旅游协会章程》，选举新一届协会领导机构。河源市旅游局局长古敏生当选河源市旅游协会第六届理事会会长，选举产生27名常务理事、60家理事单位。

## 旅游教育培训与精神文明建设

【旅游行业精神文明建设】 2011年4月，人力资源社会保障部和国家旅游局联合下发《关于评选全国旅游系统先进集体、劳动模范和先进工作者的通知》（人社部函［2011］130号），经推荐和评选，河源市东源县旅游局局长欧文初被人力资源社会保障部、国家旅游局评为“全国旅游系统先进工作者”。

【旅游行风与机关工作】 2011年，河源市旅游局抓好依法行政，党风廉政建设、行风建设责任制等工作，坚持以“以人为本，诚信经营”为主线，实行季度汇报制度和工作问责制，建立督查制度；年内，按照中共河源市委部署，开展以“创先争优”，争当旅游系统排头兵活动；组织开展纪律教育（保密）学习月活动，召开局领导班子及党员领导干部民主生活会；落实“规划到户、责任到人”帮扶工作，至2011年底，全局共为帮扶点成邦村筹集资金16.85万元，包括建设医疗站11万元，慰问挂钩贫困户2.7万元，三户农房改造资金3万元。2011年“广东扶贫济困日”活动中，河源市旅游局捐助资金1.19万元。

以创先争优为主线，河源市旅游局积极做好各项工作，完成市委市政府和省旅游局布置的任务。一是做好“创先争优”工作，争当旅游系统排头兵。按照中共河源市委部署，在全系统开展《优秀共产党员的具体标准》的学习，发挥党员的先锋模范作用；二是开展纪律教育（保密）学习月活动，召开局领导班子及党员领导干部民主生活会，落实党风廉政建设责任制；三是开展扶贫开发“规划到户责任到人”工作，至2011年底，河源市旅游局为帮扶点—成邦村募集资金168500元，包括建设医疗站110000元，慰问挂钩贫困户27000元，三户农房改造资金30000元。2011年广东扶贫济困日捐助资金11900元。

【旅游教育培训】 2011年，河源市旅游局共举办培训班13期，培训人员3260人次。其中，举办全国导游人员资格考试考前培训班2期、导游人员岗前培训班2期，河源市在册导游人员年审教育培训班2期。7月11～12日，在市委党校举办全市旅游产业转型升级培训班，旅游主管部门、旅游企业及旅游院校约100人参加培训。组织旅行社、酒店中高层管理人员参加省旅游局举办的2011年广东省旅行社、酒店总经理岗位职务培训班。与市总工会联合举办导游职业技能竞赛暨第四届十佳导游评选。结合“双转移”工作，继续开展旅游业农村劳动力转移培训就业工作，全市共有景点导游、酒店服务员、餐厅服务员等129名农村劳动力分别在龙川、紫金、和平县接受培训。

（张　泉）

# 梅州旅游业

## 综 述

**【概况】** 2011年，梅州市旅游行业以创建梅州文化旅游特色区为目标，大力招商引资，完善基础设施，优化旅游环境，加强宣传促销，提升旅游形象，打造特色品牌，进一步推动文化旅游、生态旅游、红色旅游、乡村旅游、休闲旅游的持续健康发展。1月21日，在全省旅游工作会议上，梅州市被省政府授予“广东省旅游综合改革示范市”称号。10月17日，由中国旅游协会、网易等单位共同主办的“中国休闲城市发展综合评价”活动结果揭晓，梅州入选“2011中国特色休闲城市·最户外休闲城市”。全年接待国内外游客1132.62万人次，比上年增长51.6%；旅游总收入116.38亿元，比上年增长59.8%。

**【旅游行业规模】** 截至2011年底，梅州市拥有国家5A级景区1家、4A级景区5家、3A级景区6家；国家森林公园4家，国家水利风景区2家；全国休闲农业与乡村旅游示范点1家，全国农业旅游示范点2家，全国红色旅游经典景区2家；省级温泉旅游示范基地1家，省级乡村旅游示范基地1家，省级科技旅游示范基地1家，省级风景名胜区2家，省级旅游度假区2家，省级农业旅游示范基地2家，省级森林生态旅游示范基地3家，省级红色旅游示范基地3家，省级自然保护区6家，广东省星级农家乐18家。全市拥有星级饭店37家，其中五星级2家、四星级3家、三星级18家、二星级14家；共有旅行社34家，其中出境组团社3家；旅游汽车公司4家，游船公司1家，高尔夫球场1家；全市旅游直接从业人员15000人。

**【汪洋考察旅游业】** 2011年6月22日，中共中央政治局委员、广东省委书记汪洋与省长黄华华，省委常委、秘书长徐少华，副省长招玉芳一行，在省政府副秘书长刘晓捷、省旅游局局长杨荣森，梅州市委书记李嘉、市长朱泽君、市委常委黄伟闻、彭耀新等陪同下，考察梅江区客天下旅游产业园。汪洋充分肯定梅州把发展旅游业与文化产业、城市建设紧密融合，深度对接，联动推进。希望梅州按照“绿色崛起”的要求抓好旅游业的开发建设，既注重保护生态环境，又注重客家文化传承发扬，不断提升梅州旅游产业竞争力。

9月5~7日，中共中央政治局委员、广东省委书记汪洋到梅州市调研期间，先后考察大埔县客家古村落、大埔县文化中心、新加坡前总理李光耀祖居“中翰第”，兴宁市刁坊镇周兴村棣华围客家古民居。汪洋强调：“要坚持在开发中保护、在保护中开发的原则，切实加大古民居、古村落的保护力度，既要着眼于经济发展，更要做好优秀传统文化的传承”。省委常委、秘书长徐少华，副省长刘昆，省委政研室主任魏建飞，省委副秘书长陈志英，省财政厅厅长曾志权、省交通运输厅厅长何忠友、省水利厅厅长黄柏青、省文化厅厅长方健宏、省林业局局长张育文、省发改委副主任张军、省旅游局副局长张振林、省农业厅副厅长莫定伟；梅州市领导李嘉、朱泽君、李金元、李俊夫等参加调研和考察。

汪洋视察梅江区客天下旅游产业园。
（梅州市旅游局供稿）

**【领导关心旅游业】** 2011年6月23日，广东省副省长招玉芳在梅州调研旅游工作，要求加强旅游科学规划，把梅州文化旅游特色区打造成全省和全国旅游产业的示范区，为广东乃至全国的旅游综合改革提供经验。在调研后召开的座谈会上，招玉芳听取梅州市委常委、常务副市长张远方汇报旅游产业发展情况。招玉芳强调，要围绕“加快转型升级，建设幸福广东”这一核心，充分发挥优势，抢抓发展机遇，做大做强梅州旅游经济。省政府副秘书长刘晓捷、省旅游局局长杨荣森、梅州市市长朱泽君出席座谈会。

1月18～19日，梅州市市长朱泽君、市旅游局局长陈建新参加在北京召开的全国旅游工作会议。作为国家旅游局确定的三个城市领导发言者之一，朱泽君在会上介绍发展梅州旅游先锋产业的经验。2月19日，市长朱泽君率队赴大埔县大麻、三河镇，梅县松口、雁洋、丙村镇调研旅游产业发展现状。2月24日，广州市旅游局副局长黄小晶率团到梅州考察旅游景区。市长朱泽君出席推介会并致辞。4月28～29日，“2011中国婚庆文化产业发展高峰论坛”在客天下旅游产业园举行。市长朱泽君，市委常委、常务副市长张远方等领导和海内外嘉宾参加论坛等活动。5月23～26日，市长朱泽君率团赴海南省三亚、万宁、海口等地，参观考察海航集团开发建设的系列旅游项目。6月2～8日，市政府决定成立梅州文化旅游特色区领导小组，市长朱泽君兼任组长。7月28日，市长朱泽君率队到客天下旅游产业园调研。8月20日，市长朱泽君到市旅游局专题调研旅游宣传推介工作。8月30日，市长朱泽君主持召开市政府常务会议，要求创新建设梅州文化旅游特色区。

**【2011年“中国旅游日”主题活动】** 2011年5月18日，由梅州市旅游局、梅州日报社、梅州市广播电视台、梅州移动公司联合主办，主题为“休闲到梅州、享受慢生活”的首个“中国旅游日”主题活动在梅城剑英体育馆广场举行。市政府副秘书长李卫东、主办单位负责人、旅游界及新闻界代表、梅城市民等共3000人参加活动。主题活动内容有：为旅游添绿认种一棵树、10家主流媒体联手推介梅州旅游、“中国旅游日”欢乐文艺表演、“中国旅游日”全市旅游企业大优惠、“中国旅游日”宣传咨询，营造出“全民旅游、全民参与、全民受益”的良好氛围。

**【区域旅游合作会议】** 2011年12月18日，由梅州、河源、龙岩三市旅游局共同主办的“千里客家文化长廊（三市五县）区域旅游合作会议”，在梅江区客天下旅游产业园深航国际大酒店举行。省旅游局副局长梅其洁出席会议。来自梅州市梅江区、梅县，河源市东源县、龙川县，福建省龙岩市永定县旅游界代表聚首一堂，就如何整合三市五县客家地区旅游资源、品牌打造、客源互送、市场互动等方面展开研讨并达成共识，联合发表《千里客家文化长廊旅游合作宣言》，签订三市五县区域旅游合作协议。

**【广东自驾旅游日周活动开幕式】** 2011年12月18日，由广东省旅游局、梅州市人民政府主办，梅州市旅游局、梅县人民政府承办，广东宝丽华集团有限公司、梅县雁南飞茶田有限公司协办的“第五届广东自驾旅游日暨梅州休闲养生自驾旅游周、雁南飞第三届茶香节开幕式”，在雁南飞茶田景区游客中心广场举行。省旅游局副局长梅其洁，梅州市副市长杜敏琪，梅县县委书记李远青、县长张文广出席开幕式。梅其洁致辞后，为雁南飞茶田景区获评国家5A级景区授牌，张文广代表梅县县委县政府向雁南飞茶田景区获评国家5A级景区颁发500万元奖金。来自福建、江西、珠三角、潮汕等地区旅游界人士，省内外媒体记者、车行车友、自驾车游客共3200人参加开幕式。

第五届广东自驾旅游日·梅州中山万人互动游。
（郭光明 摄）

## 国际旅游

**【入境旅游】** 2011年，梅州市接待入境旅游者10.51万人次，比上年增长20.62%。其中外国游客2.16万人次，比上年增长6.49%；香港同胞4.72万人次。比上年增长22.40%；澳门同胞0.90万人次，比上年增长5.90%；台湾同胞2.74万人次，比上年增长38.00%。旅游外汇收入3455.36万美元，比上年增长16.66%。

**【出境旅游】** 2011年，梅州市旅行社组团出境游7274人次，比上年增长12.25%。其中香港游4269人次，比上年增长15.88%；澳门游1558人次，比上年增长107.46%；台湾游116人次，比上年下降71.74%；出国游1331人次，比上年增长12.66%。

## 国内旅游

**【国内旅游接待与收入】** 2011年，梅州市接待国内游客1042.1万人次，比上年增长41.10%。其中接待过夜游客751.97万人次，比上年增长43.77%；国内旅游收入114.14亿元，比上年增长60.18%。

**【红色旅游】** 2011年4月20日，大埔县“八一”起义军三河坝战役烈士纪念园入选全国红色旅游经典景区第二批名录，成为继叶剑英纪念园后梅州市第二个全国红色旅游经典景区。6 月 25 日，中央苏区红色旅游联盟第三次联席会议在大埔县城召开，全国红色旅游工作协调小组办公室副主任胡呈军、中国红色文化研究院院长姜文华、北京第二外国语学院旅游发展研究院书记殷敏，福建省旅游局副局长郑维荣、广东省旅游局副局长梅其洁，梅州市委常委、常务副市长张远方，三明、龙岩、漳州、潮州、河源5 市政府领导，中央苏区红色旅游联盟各市旅游局领导、闽粤赣37 个中央苏区县（市）政府领导及县旅游局负责人、媒体记者等共350 人参加会议。会上对获得“全国红色旅游工作先进集体”的梅州市旅游局进行颁授牌匾；三明、龙岩、漳州、南平、赣州、抚州、潮州、河源、韶关、梅州 10 市旅游局负责人共同签订《闽粤赣三省红色旅游精品线路推广合作协议》。会后，参会人员参观考察全国红色旅游经典景区“八一”起义军三河坝烈士纪念园。5 月，叶剑英纪念园纪念馆馆长李健贤，被全国红色旅游工作协调小组评为“全国红色旅游工作先进个人”。8 月 29 日，平远县、兴宁市、梅县被中共中央党史研究室确定为“中央苏区县”。

中央苏区红色旅游联盟第三次联席会议现场。

（梅州市旅游局供稿）

【乡村旅游】　2011 年 4 月 18 日，中山大学传播与设计学院教授冯原到梅州市乡村旅游景点梅县南口镇侨乡村授课，向村干部和村民讲述成功开发乡村旅游的经验。5 月 27 日，台湾三湾文化产业观光发展协会总干事范振谷、北京达沃斯旅游规划设计院上海分院院长陈元夫、华南理工大学建筑学院教授程建军、广东省社会科学院旅游研究所所长陈南江、中山大学传播与设计学院教授冯原等16 名专家学者，参观考察南口镇侨乡村，对客家古村落的规划、保护、开发提出许多指导性意见和建议。侨乡村投入800 万元将主村道路面拓宽至5 米、扩建2 个生态停车场、新建4 公里长的游客步道、旅游公厕，在3.2 公里长的河堤两岸栽种柳树及桂花、桃花、杏花，并在国道旁、主村道、公共场所设置中英文旅游地图及各种标牌标识，营造出古屋成群、桃红柳绿、繁花盛开、景色秀丽的乡村旅游风貌。

## 旅游市场推广与节庆活动

【旅游宣传促销】　2011 年2 月2 日，《中国旅游报》第3 版刊发题为《发展旅游先锋产业、助推绿色经济崛起——访广东省梅州市市长朱泽君》长篇文章。4 月 19 日，由梅州市人民政府主办的“客都梅州美”介绍会在台湾台北市君悦大酒店举行。梅州市市长朱泽君在会上热情推介梅州秀美的山水、优美的生态及独特的人文景观，邀请台湾地区广大客商和客家乡亲到梅州旅游观光、休闲度假，交流合作、共谋发展。中华海峡两岸客家文化经济交流协会理事长饶颖奇，台湾地区梅州同乡会、联谊会负责人等；梅州市委副书记陈小山、副市长陈建青，梅县县委书记李远青、蕉岭县委书记周章新，梅州市旅游局局长陈建新等参加介绍会。11 月 30 日，梅州市副市长杜敏琪率市旅游局、梅县与梅江区政府、梅县与梅江区旅游局及主要旅游企业负责人，先后在中山市和东莞市举行“客都梅州旅游推介会”。梅州市旅游局与中山市旅游局签订旅游合作协议，两市开展“万人互动游”系列活动。

梅州市市长朱泽君在台湾台北市推介梅州旅游。

（梅州市旅游局供稿）

2011 年，梅州市旅游局编印《客都梅州美》宣传画册9000 本、《休闲到梅州 · 享受慢生活》中英文折页 10000 份、出版发行3 期《客都旅游》杂志；在进入梅城的主要高速公路地段设置4 个大型旅游广告牌、22 个自驾游指示牌，21 个市区自驾旅游指示牌，切实为广大游客提供引导服务。市旅游局与《中国旅游报》、《羊城晚报》、《南方都市报》、《汕头日报》、新华网、南方卫视、深圳交通电台开展旅游宣传营销合作。全年在《中国旅游报》刊登梅州旅游专题、报道、资讯、广告宣传图文8.68 版，在《羊城晚报》登载梅州旅游宣传广告及图文6.75 版，在《南方都市报》刊发梅州旅游宣传图文7.2 版，在《汕头日报》刊登梅州旅游宣传图文7.5版；新华网旅游频道发布梅州旅游新闻21篇、旅游专题4期、旅游推介文章70篇，被众多媒体转载，实际传播天数866天，传播覆盖面19亿人次；南方卫视播放“休闲到梅州·享受慢生活”15秒旅游广告282期次、10分钟旅游专题片32期次。春夏秋三季，市旅游局与《汕头日报》、南方卫视等媒体联合开展“春日休闲·客都踏青游”、“舞动红色·叶帅故乡游”、“养生梅州·温泉自驾游”主题营销活动。10月31～11月4日，市旅游局与南方卫视共同举办“休闲到梅州·享受慢生活·中华旅游名博梅州行”活动，来自北京、山西、云南、河南、浙江、广州、深圳的30位旅游名博应邀到梅州体验“慢生活”，通过“名博说梅州”、“名博写梅州”等环节，大力宣传梅州旅游产品。11～12月，在广东卫视每天晚间新闻前黄金时段投放“休闲到梅州·享受慢生活”旅游宣传广告。梅州市旅游局组团参加3月24～26日的广州国际旅游展览会，3月28～4月2日的港澳“2011中华文化游”主题推广活动，6月9～12日的香港国际旅游展览会，9月2～5日的中国（广东）国际旅游产业博览会，9月6～11日的厦门第7届海峡旅游博览会，11月5～12日的“2011年伦敦国际旅游展”，11月5～10日的广东国际旅游文化节花车巡游活动，11月11～14日的第6届海峡两岸台北旅展。通过图文展示、派发资料等形式，扩大了梅州旅游在海内外的影响力。

**【梅州“中华文化游”暨大埔首届客家美食节启动仪式】** 2011年2月17日，梅州市“中华文化游”暨大埔首届客家美食节在大埔县城文化广场启动。梅州市委常委、组织部长翁永卫，市人大常委会副主任陈卫平，市人大常委会副主任兼大埔县委书记丘小宏，市政协副主席李再先以及中国烹调协会、广东省旅游协会、广东省摄影家协会、广东省烹调协会、广东省食文化研究会等部门领导出席启动仪式。启动仪式为“中华文化游·走进客都梅州”首团组团旅行社代表授旗。17～18日举办的大埔首届客家美食节，在县城同仁路美食一条街设立36个摊位，展销60种独具特色的客家美食和大埔小吃，接待海内外游客与市民1.6万人次。

**【梅州第二届华银旅游文化节】** 2011年4月27日，由梅州市旅游局、市文化广电新闻出版局、梅县人民政府共同主办的“梅州第二届华银旅游文化节”开幕式在梅县灵光寺旅游区举行。文化节以“世界客都、文化之旅、红色之旅、休闲之旅”为主题，包括开幕式、客家山歌对唱、客家五句板表演、客家杯花舞展演、客家提线木偶戏公演、品味千年客家、参拜千年古刹、体验客家风情、瞻仰叶帅故居、灵光寺养生素食文化节、灵光寺禅茶文化节、推出客家非物质文化遗产纪念品等内容。活动持续3个多月，为梅州市“中华文化游”系列活动之一。

**【各县（市、区）节庆活动】** 2011年11月5日至12月11日，梅县雁鸣湖旅游度假村举办第二届金柚节，主题为“金柚飘香”，推出摘金柚、玩金柚、品金柚、评金柚四大主题活动。12月2～3日，兴宁市在神光山旅游区举办山地自行车爬坡赛暨神光美食节，主题为“休闲健身、低碳旅游”。12月8～9日，大埔县在县城举行第七届世界大埔同乡联谊会，主题为“品美食、观陶展、看表演、赏美景”。12月10～11日，蕉岭县举办第五届金桔节暨第二届枫叶节，主题为“游长潭、摘金桔、赏枫叶”，梅州市委常委、宣传部长周章新出席启动仪式。12月16～17日，丰顺县在丰良镇金日温泉度假村举办第五届温泉文化旅游节，主题为“游千年古镇、泡金日温泉、享受慢生活”。12月17日，五华县在转水镇汤湖热矿泥山庄举办第四届热矿泥浴节，主题为“感受神泥文化、体验保健神功”。12月17～18日，平远县举办第七届脐橙旅游节，主题为“相约红色苏区、情醉绿色橙乡”，梅州市市长朱泽君，香港贵宾何冬青、林光如等出席开幕式。12月18日，梅县雁南飞茶田景区举办第三届茶香节，主题为“雁南飞、茶中情”。12月18～19日，梅江区在客天下旅游产业园举办客家风情文化旅游节，主题为“住客家古香驿栈、品客家风情文化”，省旅游局副局长梅其洁、梅州市副市长杜敏琪出席启动仪式。

休闲到梅州·享受慢生活·中华旅游名博梅州行活动媒体见面会现场。 （梅州市旅游局供稿）

## 旅游资源开发和景区（点）建设

**【旅游规划】** 2011年9月29日，由深圳市榜样旅游规划公司编制的《大埔县旅游业发展总体规划》，通过广东省社会科学院旅游研究所和嘉应学院的评审。规划提出大埔县旅游业未来发展“一心一线两带五区”的格局，以及名人名居、古镇古村休闲等七大旅游产品体系。年内，梅州市完成《客家文化生态旅游示范区总体规划》、《客家旅游特色区概念性规划》、《阴那山国际特色旅游区项目策划意向》、《丰顺县韩山生态旅游区总体规划》、《丰顺县铜鼓峰生态旅游度假区总体规划》、《平远县南台山卧佛文化产业园总体规划》的修编。

**【旅游招商引资】** 2011 年 8 月 15 ~ 25 日，广东清闲农业发展有限公司、深圳市新西湖股份有限公司，先后与五华县政府签约，合作开发及升级改建旅游度假项目。广东清闲农业发展有限公司计划投资 6.44 亿元，利用该县潭下镇金石、新田、南华、光华、福灵 5 个村的自然山地，开发建设农业科技研发、特色农产品种植、宾馆饭店、旅游景点、直升飞机停机坪等集观光休闲于一体的旅游度假区。深圳市新西湖股份有限公司计划投资 38 亿元，升级改造和扩建位于该县转水镇的汤湖热矿泥山庄，按高起点、高规格标准，建设热矿泥度假养生谷、热矿泥温泉度假休闲养生区、体育生态主题公园、水乡益塘印象、宗教文化圣地、银发产业园，打造现代化高端旅游服务产业基地。年内，全市旅游行业完成 1000 万元以上招商引资项目 18 个（投资额 1 亿元以上项目 15 个），投资总额 72.25 亿元，其中梅州市旅游局引进项目 6 个，投资总额 10.35 亿元。

**【旅游区（点）与基础设施建设】** 2011 年 1 月 17 日，国家旅游局批准梅州市雁南飞茶田景区为国家 5A 级旅游景区。丰顺县投入 3800 万元在县城郊区新建万佛园景区，占地面积 1500 亩，有孔庙、清润阁、光明桥、九曲桥、济公殿、天王殿、藏经楼、大雄宝殿、月牙湖、登高区、闲趣区、游乐区、儿童活动区、休闲游园绿道等景物。为配合以雁洋镇为核心的“文化旅游特色区”创建工作，梅县投资 2800 万元，完成松口古镇至雁洋镇全长 14 公里旅游公路的路面改造工程。梅江区投入 1000 万元，在千佛塔文化旅游区种植香樟、桂花、白玉兰等名贵树种 3 万株，优化旅游生态环境。1 月 21 日，梅州市客天下景区、梅州蕉岭长潭旅游区获评国家 4A 级旅游景区。2 月 10 日，经济型连锁酒店航母 7 天连锁酒店集团进驻梅州市，首期投资 5000 万元，对梅州太平洋酒店进行升级改造，并更名为 7 天连锁酒店。3 月，雁南飞茶田景区被农业部和国家旅游局评为“全国休闲农业与乡村旅游示范点”。8 月，雁鸣湖旅游度假村被省旅游局、省中医药局、广州中医药大学评为“广东省中医药文化养生旅游示范基地”。由广州富港实业集团有限公司投资 3.5 亿元、按五星级饭店标准建造的平远县富港国际酒店，于 12 月 18 日开业。酒店位于石龙寨景区侧，建筑面积 3 万平方米，拥有客房、游泳池、会议室、桑拿健身中心、多功能国际宴会厅等设施，为综合性国际商务酒店。雁南飞茶田景区全年投入 1.2 亿元扩建配套设施，客天下旅游产业园投入 14 亿元建设二期项目，丰顺县韩江鹿湖温泉度假村投入 1.1 亿元兴建主体设施，工程进展顺利。

**【新开发、新建设景区（点）】**

梅州市客天下景区　位于梅江区，占地面积约 2000 公顷，分三期开发，由广东鸿艺集团负责实施。首次工程投入 3.3 亿元，于 2006 年 3 月 29 日动工。是经梅州市人民政府批准成立，集科研、教育、生态、文化、休闲、度假、居住和旅游等为一体的客家民俗文化旅游产业园。该景区包括千亩杜鹃园、客家金鼎、客家民俗文化展示印象客都、客家山寨、客天下铭以及佛教圣地、客天下登山公园、植物百科书客天下植物园、客天下森林公园等 12 大景点；十大星级配套包括客天下（国际）宾馆、客天下（国际）会议中心、客天下异国风情别墅区、客天下广场等；六大科研教育机构包括客天下·客家山歌（国际）研究会馆、客天下·客家民俗文化（国际）研究会馆等。

梅州蕉岭长潭旅游区　距蕉岭县城约 5 公里，面积 20.5 平方公里，是闽粤赣三省交界地区。长潭水库大坝把流水截成人工湖，容量达 1.6 亿立方米，湖水延伸到 20 公里外的平远普滩和福建省的下坝镇。旅游区自然景观和人文景观包括闽粤赣释迦文化中心、一线天、大坝雄姿、长潭夜月、高台庵、蓬莱仙境；有华新戏水乐园、兴盛泰宾馆、长潭大酒店、澳洲山庄、鹏程娱乐城、新新娱乐城等。

**【旅游扶贫】** 2011 年，梅州市向省旅游局、省财政厅申报 10 个旅游扶贫项目，8 个项目获批。其中客天下旅游产业园于 8 月 29 日参与省旅游扶贫大型项目竞标，以全省最高分数获得省旅游扶贫专项资金 300 万元，用于旅游配套设施建设；梅州市凤山乡村旅游示范点、兴宁市欢乐我家乡村俱乐部、大埔县坪山梯田旅游区、丰顺县龙鲸河漂流旅游区、五华县丰华有机农业生态旅游园、蕉岭县南礤竹海乡村游景点、平远县仁居镇红色乡村游基地 7 个项目共获省旅游扶贫专项资金 180 万元。梅州市旅游局、市旅游总公司扎实开展“规划到户、责任到人”扶贫工作，全年共筹集并投入扶贫资金 255.97 万元，对口帮扶丰顺县黄金镇启明村，新建一个安全饮水工程、创建一条文明街、美化一条村道、完善一个休闲广场、修建一个会议活动室；为全体村民购买医疗险，为 60 周岁以上老人购买养老保险，积极帮扶贫困户发展种养业，使贫困户人均纯收入达 5600 元，村集体收入 5 万元，实现稳定脱贫。市旅游局、市旅游总公司被梅州市委市政府评为“扶贫开发‘规划到户、责任到人’工作先进单位”，并获得“广东省‘双到’扶贫开发工作插红旗先进单位”。2 月，市旅游局组织主要旅游企业赴韶关市参加省旅游局主办的献爱心扶贫活动，雁南飞茶田景区捐款5万元，雁鸣湖旅游度假村、西岩茶乡度假村、金沙湾圣廷苑酒店、客天下国际大酒店各捐款1万元。

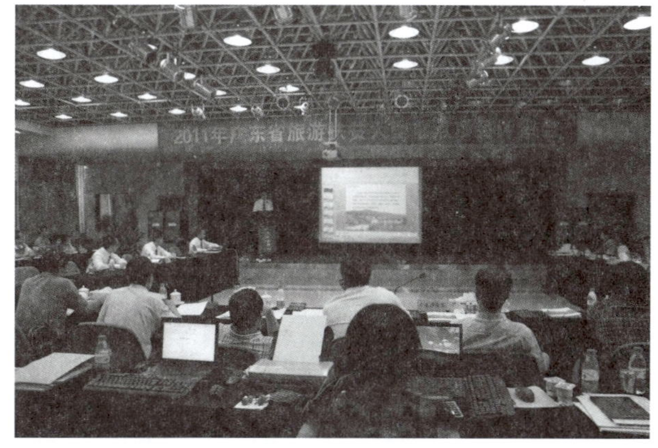

梅州市代表在2011年广东省旅游扶贫大型重点项目评审会现场陈述。

## 旅游行业监督管理

**【旅游市场监督】** 2011年“3.15”消费者权益日，梅州市旅游局组织40家旅游企业，在梅城剑英体育馆广场举办“品质旅游·伴您远行”旅游维权公益宣传活动，通过现场咨询和派发资料，让更多市民了解旅游、认识旅游、参与旅游和旅游维权。市旅游局会同市工商局，联合梅江区、梅县、兴宁市、丰顺县、五华县、平远县旅游局联检人员，在元旦、春节黄金周、“五一”小长假、“十一”黄金周期间开展旅游市场监督检查，对违规经营、超范围经营、欺客宰客、虚假广告、恶性削价竞争等不良行为进行集中整治。共出动旅游质监执法人员260人次，检查旅行社31家、旅游景区40家、星级饭店26家、旅游购物点23个、旅游汽车25辆、导游员162人次；下发整改意见书35份、处罚违规导游7名；全年受理有效旅游投诉17宗，结案率100%。

**【旅游安全管理】** 2011年1月，梅州市旅游局与8个县（市、区）旅游局、市旅游总公司、市中国旅行社、友谊宾馆、客都旅游汽车服务有限公司先后签订《2011年梅州市旅游安全生产责任书》，明确各自的安全工作责任，并建立全市旅游行业安全生产联络员制度。春节、“十一”黄金周和“五一”小长假前夕，市假日办开展旅游市场安全情况专项检查，先后到千佛塔旅游区、叶剑英纪念园、雁鸣湖旅游度假村、阴那山旅游度假区、长潭旅游度假区、金雁富源大酒店、客都大酒店、市旅游汽车公司、梅江游船公司，重点检查了消防、登高、攀岩、蹦极、餐饮、娱乐、车辆、游船等安全设施，严防发生旅游事故。为预防和遏制火灾事故的发生，雁南飞茶田景区于10月23日开展“消防安全大练兵”活动，邀请梅县消防大队官兵到景区讲解消防安全相关知识，介绍火灾事故安全逃生方法及消防安全管理等。140名员工参加消防知识培训，并现场演练灭火器及各种消防器材的使用。市旅游局的安全生产与管理工作，以优秀的成绩通过市安委办的年度考评。

**【旅行社】** 2011年，梅州市旅游局制订出台《关于做好全市旅行社业务经营管理工作的通知》、《梅州市新设立旅行社申请条件》、《梅州市旅行社八统一管理办法》，加强对旅行社的业务指导与规范管理。完成全市旅行社520万元质量保证金足额补缴工作，将足额补缴质量保证金情况进行网上公告，接受社会监督，并对质保金每季度的统计与使用实施监控，不断规范旅行社质量保证金的管理。组织全市旅行社投保旅行社责任险统保产品，其中29家旅行社购买统保产品，统保投保率达85%。经市旅游局审批，于3月设立兴宁市广信旅行社、6月设立梅州市康泰旅行社；注销梅州市嘉和旅行社、梅州市自家人旅行社、蕉岭县华侨旅行社。

市旅游局制订《优秀导游培训方案》、《梅州市行政导游队伍建设方案》，两次组织296名考生参加全国导游资格考试。完成全市导游IC卡年审刷卡及发放工作，共353名导游参加年审刷卡。协助梅州市职业技术学校成立“敬业导游服务公司”，指导该公司建立管理与运作制度，强化对全市导游队伍的规范管理。10月29日，市旅游局与梅江区旅游局联合举办“梅江区导游人员职业技能大赛”，通过命题演讲、景点导游词模拟讲解、才艺展示比赛环节，获得前10名的选手被授予“梅江区2011年十佳导游”称号。

**【星级饭店】** 2011年11月2日，全国旅游星级饭店评定委员会正式批准，梅江区客天下国际大酒店、金沙湾圣廷苑酒店被评为五星级旅游饭店。市旅游局组织全市星级饭店20名管理人员，参加省旅游局举办的新版旅游饭店星级评定标准的培训学习，提高对新标准的理解和执行力度。完成26家星级饭店的复核，其中25家通过复核，1家延期复核。1月，梅江区梅花湾酒店、梅县天地人宾馆、兴宁市华侨大酒店被评为三星级饭店；10月，丰顺县丰良镇金日温泉大酒店被评为三星级饭店。由大埔县金帆实业有限公司投资1亿多元兴建的瑞锦酒店被评为四星级饭店，于12月6日悬挂星牌。年内，取消梅江区金良宾馆、新南大厦、金华大酒店二星级饭店资格。

**【旅游行业协会】** 2011年，梅州市旅游协会围绕“自我管理、自我约束、自我服务”宗旨，充分发挥协会联系旅游主管部门与旅游企业的纽带作用，加强会员单位之间的交流沟通，及时将省旅游局和市旅游局的有关政策法规、行业标准、旅游动态、主题活动、旅游信息，通过“梅州旅游网”发布，不断拓宽协会的服务渠道。积极配合市旅游局开展旅游宣传营销、星级饭店评定、旅游招商引资、景区规划建设、旅游节庆活动、导游培训考核、旅游市场监管等工作。协助市旅游局组织会员单位共13批50人次，先后赴广州增城、海南三亚、江苏昆山学习旅游产业发展经验，为促进全市旅游业持续健康发展奠定良好基础。9月26日，梅州市文化生态旅游研究会成立，曾志军当选会长，嘉应学院教授熊青珍、副教授梁锦梅当选为副会长。

## 精神文明与教育培训

**【旅游行风与机关工作】** 2011年，梅州市各级旅游行政管理部门围绕市委、市政府工作大局，以推动旅游产业转型升级为主线，扎实开展旅游行风与机关作风建设，大力改进行风作风，狠抓工作落实到位，服务效能有效提升，旅游环境不断优化。梅州市旅游局认真做好每月15日局长网上信访接访工作，确保在线接访市民的来信来访顺利进行。全年接收群众来信、咨询、建议及旅游诉求56件，均按规定在两天内回复处理，满意率100%。市旅游局被梅州市机关作风评议工作领导小组办公室评为“市直机关作风满意单位”；市旅游局市场开发科科长古瑞雪被市委、市政府评为“提高执行力、推进大行动主题实践活动先进个人”；市旅游局办公室副主任李恒珍被市委评为“推动绿色的经济崛起‘四优’共产党员”。1月14日，市旅游局饶贵祥被评为全市12名《梅州年鉴》优秀撰稿人之一。

**【旅游行业精神文明建设】** 2011年，雁南飞茶田景区积极开展精神文明建设，将创建“全国青年文明号”活动与团建工作紧密结合，充分发挥共青团在服务旅游经济中的独特作用，不断强化广大青年员工的旅游服务技能培训，培养造就一批爱岗敬业、诚实守信、无私奉献的青年员工。景区副总经理兼团委书记叶林，把留学8年学到的国外先进管理经验与景区实际相结合，带领293名团员奋力拼搏，在精神文明建设中充当排头兵，成为景区开拓创新的骨干力量。“五一”国际劳动节前夕，雁南飞茶田景区被中华全国总工会授予“全国五一劳动奖状”；8月，雁南飞茶田景区被国家人力资源和社会保障部、中华全国总工会、中国企业联合会、中国企业家协会、中华全国工商业联合会评为“全国模范劳动关系和谐企业”；12月，梅州市旅游局被人力资源和社会保障部、国家旅游局评为“全国旅游系统先进集体”；12月29日，雁南飞茶田景区、雁鸣湖旅游度假村被市委、市政府授予“梅州市文明窗口”称号，梅州市旅游局副局长丘加悦被评为“梅州市精神文明建设先进工作者”。

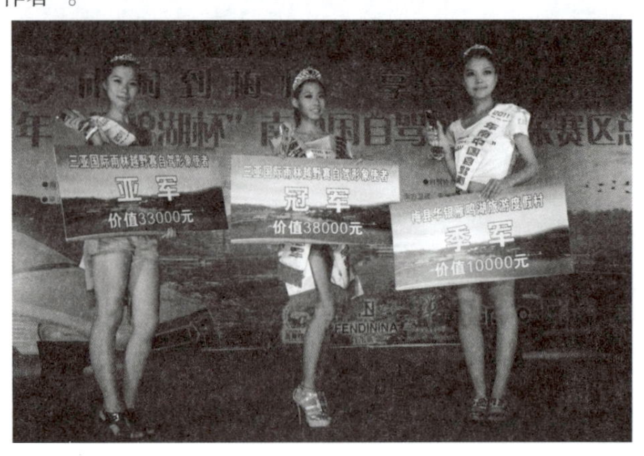


梅州市举办自驾形象使者评选活动。

（梅州市旅游局供稿）

**【旅游教育培训】** 2011年，梅州市旅游局制订《梅州市旅游培训中心设立方案》、《梅州市旅游人才培训方案》，进一步健全一系列培训制度。7月12～14日，2011年广东省全国导游资格考试考评员培训班共300人，在雁鸣湖旅游度假村集中培训。省旅游局副局长梅其洁出席开班仪式并讲话。8月3～4日，大埔县旅游局举办旅游服务行业培训班，邀请广东中旅职业培训学校旅游培训部教师授课，以导游、餐饮、客房服务技能为重点，涉及基本素质、业务技巧、语言动作、服务标准等，全县400名旅游服务人员参加培训。8月下旬，梅县旅游局在雁洋镇举办旅游服务与管理培训班，免费培训130名年轻学员及复员退伍军人。10月20日，梅州市中餐服务员免费技能提升培训班开学典礼在雁南飞茶田景区举行，特邀广州白云国际会议中心国宴大师授课，100名从事旅游餐饮服务的厨师及服务人员，参加厨艺技能、餐饮服务标准、大型宴会服务流程、个人服务意识提升等课程的培训。11月5日，梅州农业学校被中国烹饪协会评为“中国客家菜研发培训基地”。年内，市旅游局组织旅游企业高层管理人员共7批19人次，到广州市高星级饭店及重点景区跟班学习，并组织全市农村劳动力230人参加旅游服务技能培训，有效提升旅游从业人员的服务意识和专业水平。

（饶贵祥）

# 惠州旅游业

## 综　述

**【概况】**　2011 年，惠州市旅游业围绕贯彻落实《珠江三角洲地区改革发展规划纲要》，以建设粤港澳地区旅游休闲度假基地为目标，发展旅游业工程，推动绿道建设，打造绿道游品牌，加大旅游宣传推介力度，打造“广东省旅游综合改革示范城市”和“休闲惠州·度假胜地”品牌，推进旅游业综合改革和创新发展，提高旅游接待服务能力。全年全市接待游客 2820.94 万人次，比上年增长 12.79%。其中，宾馆、酒店接待过夜游客 1188.63 万人次（包括其他住宿设施接待过夜游客），景区（点）接待一日游游客 1632.31 万人次，分别比上年增长 10.72%、14.35%。全年旅游总收入 161.19 亿元，比上年增长 14.46%。龙门、博罗县获“广东省旅游强县”，惠州市旅游局被人力资源和社会保障部、国家旅游局评为“全国旅游系统先进集体”。

**【领导关心旅游业】**　2011 年 2 月 10 日（农历正月初八），惠州市副市长杨灿培，市政府副秘书长钟振荣、李舜添等一行 4 人到市旅游局看望全体干部职工并进行新春慰问。6 月 14 日，市长助理史利国到市旅游局调研旅游业发展情况。7 月 3 ~ 4 日，广东省旅游局副局长梅其洁率省旅游规划调研组到惠州市开展调研。调研组先后到龙门南昆山、惠东巽寮考察旅游项目建设和规划情况。7 月 4 日，在皇冠假日酒店召开《广东省旅游发展总体规划》编制（惠州）专题调研座谈会；副市长杨灿培就惠州市纳入全省旅游规划问题与专家组交流意见。7 月 19 ~ 20 日，副省长招玉芳率省外经贸厅、旅游局和海关总署广东分署、广东出入境检验检疫局等部门有关负责人到惠州市考察调研，受到市委副书记、市长李汝求，副市长李选民等热情欢迎。9 月上旬，由省旅游局组织的来自全国各大旅行社行业精英的“广东旅游推广大使”莅临巽寮滨海旅游度假区踩线考察。

**【旅游行业规模】**　截至 2011 年底，惠州市拥有旅行社 48 家，其中出境游组团社 3 家；有星级饭店 66 家，其中，五星级 4 家、四星级 13 家，三星级 44 家，二星级 5 家；全市已建成的旅游景区（点）有 70 余处，国家和省级风景名胜区及自然保护区有 19 处，有国家 A 级旅游景区 11 处，其中国家 4A 级景区 9 处，国家 3A 级景区 2 处。

**【重大旅游决策】**　2011 年 10 月 11 日，惠州市巽寮湾区召开《巽寮滨海旅游度假区总体规划（修编）》工作会议，会议初步确定巽寮滨海旅游度假区未来的定位与发展目标，提出指导度假区长远发展的战略部署，为政府的战略性决策提供科学参考依据。针对新的规划设计方案，会议提出要从打造国际滨海旅游度假区的高度出发，结合旅游市场新变化、新形势和周边区域旅游分布格局，做好巽寮旅游总体规划的修编工作。12 月 19 日，惠城区政府召开《惠城区旅游发展总体规划》专家评审会。评审专家组听取中山大学旅游规划与发展研究中心的专题汇报，并进行充分的讨论、评议，一致同意通过评审。

**【重要旅游活动】**　2011 年 1 月 9 日，2010 中国国际旅游小姐大赛惠州赛区复赛在龙门金童子温泉度假山庄举行，比赛有 21 位佳丽参加。3 月 24 ~ 26 日，龙门县在广州国际旅游展览会 2010 年度中国旅游总评榜上，获“年度最受欢迎省内游目的地”称号，南昆山温泉大观园生态度假区和地派温泉分别获“年度最受欢迎景区”和“年度最受欢迎度假酒店”称号。5 月 18 日，惠州市罗浮山国家级风景名胜区入选广东首批 19 家中医药文化养生旅游示范基地。7 月 6 ~ 7 日，江门市市长助理、旅游局局长程步一率江门市旅游局、台山市有关领导一行 12 人来惠州巽寮湾参观学习滨海旅游开发经验，市旅游局党组书记吴琦生就惠州旅游发展的整体情况做简要介绍。巽寮管委会以 PPT 和视频短片的形式向江门市旅游局介绍巽寮湾的整体情况和未来规划，包括巽寮湾区位交通情况、巽寮概况、巽寮的发展规划情况、重点旅游配套项目的简介、巽寮游玩攻略。两市就滨海旅游资源开发进行互动交流。江门市旅游局一行参观惠州金海湾喜来登度假酒店和天后宫岭南民俗文化商业街，并在天后宫欣赏宣传妈祖文化节目《妈祖之光》。9 月 22 日，由国际文化旅游促进会、中国旅游品牌协会、中国生态旅游发展协会联合举办的“第二届国际旅游经济发展论坛暨建党 90 周年旅游业成果颁奖盛典”大会上，龙门县获“中国最佳自然景观旅游胜地”称号。10 月 20 日，由广东省精神文明办公室、省旅游局和南方日报社共同主办的"大美珠三角·幸福新起航——珠三角十大景观·特色景观"颁奖盛典在佛山西樵山大酒店举行，龙门南昆山入选珠三角"特色景观"。

**【全市旅游工作会议】** 2011年4月27日，全市旅游工作暨粤港澳地区旅游休闲度假基地建设推进会在会议中心召开，市委副书记、市长李汝求，市人大常委会副主任华红，副市长杨灿培，市政协副主席吴选钊，市直有关部门、各县（区）负责人参加会议。李汝求强调，要加快建设粤港澳地区旅游休闲度假基地，推进旅游产业转型升级。各级、各相关部门要大力推进旅游产业转型升级，实现惠州市旅游业快速发展，加快把旅游业培育成为国民经济战略性支柱产业和人民群众更加满意的现代服务业。重点做好五个方面工作：一要高起点规划旅游格局。二要高质量推进旅游基础设施建设。三要高标准打造特色旅游品牌。四要高标准推动旅游产业转型升级。五要高品位开展旅游宣传推介。

**【全市旅游安全生产会】** 2011年9月30日，惠州市人民政府在市江北会议中心召开全市旅游安全生产会议，动员做好节日旅游安全生产工作，市政府副市长杨灿培出席会议，部署"十一"黄金周旅游安全生产工作。市政府副秘书长李舜添、各县（区）人民政府副县（区）长、市旅游局有关领导、各县（区）旅游局局长，市直有关单位以及各旅游企事（业）单位100多人参加会议。会上，杨灿培就如何抓好"十一"黄金周旅游安全工作提出四点意见：一要充分认识做好国庆旅游安全工作的重要性，二要防患未然，切实搞好旅游安全的排查整治工作，三要突出重点，在旅游安全工作关键环节上下功夫，四要明确责任，确保旅游安全工作落到实处。

**【国民旅游休闲计划】** 2011年，惠州市大力推行国民旅游休闲计划，开拓旅游客源市场，借"势"造市，先后成功举办"生态休闲旅游节"、"国际滨海旅游节"、"国际温泉旅游节"、"国际高尔夫旅游节"、"国际休闲文化旅游节"、"惠州美食嘉年华"、"罗浮山道教文化节"等旅游节庆活动，组织开展"惠州万人游惠州"、"广州万人游惠州"、"东莞万人游惠州"、"香港名车游惠州"、"中山万人游惠州"、"万人车游深莞惠"等活动，在深度开发广州、深圳、东莞、香港等核心市场的同时，积极拓展省外市场和国际市场，取得明显成效。

**【2011年"中国旅游日"主题活动】** 2011年5月19日，惠州各界庆祝5·19中国旅游日系列活动在惠州市高榜山公园广场举行，有来自全市旅游企事业单位的负责人、珠三角及惠州本地共30多家新闻媒体记者、外地游客及惠州本地市民2000多人参加活动。省旅游局、市政府和市旅游局的有关领导出席并讲话。此次活动的举办，旨在庆祝5月19日"中国旅游日"的设立，同时进一步强化旅游宣传，培养国民旅游休闲意识，激发市民爱惠州游惠州的热情，鼓励广大群众积极参与旅游活动，提升生活质量，推动旅游业的发展。主题活动一："惠州城市游、绿道游"，由惠州市旅游协会具体承办，共设计两条旅游精品线路，线路一为：红花湖绿道徒步健身——惠州市奥林匹克体育中心——华贸天地——惠州西湖——丰渚园；线路二为：红花湖绿道徒步健身——邓演达纪念园——叶挺纪念园。主题活动二：幸福惠州摄影大展，由新浪网新浪乐居具体承办，大展将分"最爱我的家"、"最美我的城"、"最敬我的岗"、"红色经典之旅"四类主题面向新浪网全体网民征集作品。整个活动持续至11月底。

2011年5月19日，惠州市庆祝"中国旅游日"系列活动启动。图为惠州市旅游局、惠州市园林管理局等领导共同触摸启动球。

**【旅游综合改革】** 2008年以来，惠州市旅游业围绕贯彻落实《珠江三角洲地区改革发展规划纲要》，以建设粤港澳地区旅游休闲度假基地为目标，精心实施旅游业发展"3510"（即"三大体系"、"五大顶级品牌"、"十条精品线路"）工程，全力打造"广东省旅游综合改革示范城市"和"休闲惠州·度假胜地"品牌，推进旅游业综合改革和创新发展，不断提高旅游接待服务能力，旅游业发展水平迈上新台阶。惠州市旅游业综合改革的主要做法：一是抓贯彻，增强旅游工作执行力。二是抓指导，提高旅游项目引领力。三是抓项目，推动旅游项目转型升级。四是抓统筹，不断增强县域旅游竞争力。五是抓扶贫，发展山区旅游经济。六是抓宣传，不断提升旅游品牌号召力。七是抓合作，推动区域旅游合作。八是抓管理，不断提高旅游行业监管力。取得的主要成效：一是旅游经济实现大发展。二是旅游产业发展实现大提速。三是旅游品牌效应实现大提升。四是特色旅游格局逐步成型。五是旅游规划取得重大突破。六是城市绿道游丰富了休闲旅游新内涵。

**【贯彻落实《国务院关于加快发展旅游业的意见》】** 自2009年国务院出台《国务院关于加快发展旅游业的意见》（国发［2009］41号）以来，惠州市认真贯彻落实41号文有关精神，开创了惠州旅游产业前所未有的发展格局：“发展旅游的信心越来越足；宣传旅游的手段越来越多；管理旅游的能力越来越强；旅游发展的势头越来越好”。一是政府高度重视，为旅游发展提供良好的政策环境。二是良好的招商引资环境，吸引大批旅游项目落户惠州。三是区域合作，为惠州旅游发展带来广大前景。四是宣传推介，为惠州旅游品牌插上腾飞的翅膀。五是队伍建设，为旅游业发展提供强劲保障。

## 国际旅游

**【入境旅游】** 2011年，惠州市接待入境旅游者1746843人次，比上年增长9.07%。其中外国游客411759人次，增长8.22%；旅游外汇收入57652.45万美元，增长14.92%。

**【出境旅游】** 2011年，全市旅行社组团出境游26847人次，比上年增长16.42%。其中：香港游15109人次，增长15.71%；澳门游5038人次，增长0.98%；海外游6790人次，增长35.45。

## 国内旅游

**【国内旅游接待与收入】** 2011年，惠州市接待国内游客2820.94万人次，比上年增长12.79%，其中国内旅游者1013.95万人次，比上年增长11.01%；国内旅游收入103.73亿元，比上年增长15.93%。

**【红色旅游】** 2011年，惠州市旅游局认真贯彻党中央、国务院关于发展红色旅游的战略部署，按照《全国红色旅游发展规划纲要》要求不断改善旅游投资环境，结合惠州市优越的红色旅游资源，大力推动产业发展，广泛推动景区（点）提升，全力打造精品线路，红色旅游工作成效明显。惠州市现有红色旅游景区（点）9处，共接待游客380万人次，同比上年增长30.2%。未发生一例旅游投诉，无一例旅游安全事故。

叶挺将军纪念园　位于惠阳区秋长街道周田村。是首批100个“全国红色旅游经典景区”之一，也是广东省3个重点红色景区之一。于2006年启动园区建设，整合原叶挺纪念馆和叶挺故居，总体规划面积20平方公里，核心区占地20公顷，由叶挺故居、腾云学堂、练武堂、育英楼、会水楼等历史建筑和叶挺纪念馆、铜像广场、牌坊、千年古樟、龟山、心湖等组成。

邓演达纪念园　位于惠城区三栋镇鹿颈村。纪念园规划总用地52.6公顷，其中建设用地21.8公顷，核心区用地12.9公顷。整个园区的规划形成“一心、一轴、三区”的空间布局结构。“一心”指位于规划区中部，以邓演达故居、邓演达陈列馆和演达学校为中心的邓演达纪念园核心区；“一轴”指串联各个功能区，集中展示规划区不同景观变化的风貌轴；“三区”分别指位于规划区本部的老村风貌区，中部的观光休闲区，东部的现代农业区。邓演达纪念园成为“三基地三区”（即中国农工党党史教育基地、全国统一战线基地、全国爱国主义教育基地和红色文化旅游区、现代农业观光区、文明农村示范区）。

东江纵队纪念馆　坐落在博罗县罗浮山朱明洞区内。其三面环山，前面是秀丽的白莲湖，右侧不远处为东纵司令部旧址冲虚古观。四面环境优雅，景色宜人。纪念馆建筑面积3300平方米，馆藏文物85件，历史图片350多幅。

**【假日旅游】** 2011年2月2～9日，春节黄金周期间，惠州市接待国内外游客165.68万人次，比上年增长16.99%，旅游收入5.87亿元，增长13.7%；拉动相关产业总收入29.35亿元。

“五一”小长假期间，全市接待国内外旅游者165.18万人次，比上年增长17.03%。其中景区119.71万人次，增长16.62%，过夜游客45.47万人次，增长18.13%，旅游总收入5.28亿元，增长25.17%。

“十一”黄金周假期，全市旅游市场接待旅游人数199.4万人次，比上年增长23.86%。其中：景区游客158.95万人次，增长21.25%，过夜游客40.45万人次，增长27.43%，旅游总收入8.45亿元，增长24.63%。拉动相关行业综合收入39.46亿元。

## 旅游市场推广与节庆活动

**【旅游市场推广】** 2011年，惠州市旅游局进一步加大对旅游市场推广投入力度，拓宽对外宣传渠道。采取“媒体宣传、节会造势、专题推广、公关促销”四位一体的途径，全力打造城市旅游品牌，努力提升城市旅游形象。1月1日，惠州市旅游局邀请中央电视台中文国际频道（CCTV－4）来惠阳区拍摄客家美食和旅游景点文化，摄制《快乐汉语——惠阳美食篇》和《快乐汉语——惠阳旅游篇》两集节目，于春节后在中央电视台中文国际频道（CCTV－4）播出。9月上旬，省旅游局组织来自全国各大旅行社行业精英的“广东旅游推广大使”来惠东县巽寮滨海旅游度假区踩线考察，市旅游局、巽寮滨海旅游度假区领导及金融街、喜来登酒店等巽寮金海湾各旅游企业参加考察推介活动。10月17日，惠州市与中央电视台合作录制的《惠州城市形象广告片》于10月17日至12月期间在央视播出。该广告片以惠州西湖、滨海、鹅城等故事传说为主，画外音和画面广告词均为“幸福惠州　惠民之州　中国广东惠州”。

**【2011广东国际旅游文化节（惠州）分会场】**　由国家旅游局、广东省人民政府共同主办的2011广东国际旅游文化节暨旅游推介大会于11月5日在韶关开幕。作为分会场之一，惠州市的花车参加当晚在韶关市区举行的花车巡游活动，并现场派发相册、自驾游专辑、光碟等资料600余份。惠州市花车两边配上惠州西湖、罗浮山、南昆山、巽寮湾等风景名胜的精美图片，充分体现惠州休闲度假旅游的特色。而在车身旁边是一名运动员踩着自行车快乐游绿道的模型，生动地展示了惠州优美的生态环境。美丽的惠州花车让现场韶关市民纷纷拿起手中的相机、DV机拍下花车的美丽身影，现场数码相机的快门声不断。11月20日，2011磨房@惠州第九届60公里徒步活动在博罗县东山森林公园启程。此次活动吸引3000多名来自珠三角各地的驴友。11月中旬，仲恺高新区沥林镇举行自行车暨鹅美食文化节；10月1日至11月30日，广东金融街巽寮金海湾首届蓝色情人节在惠东巽寮举行。

**【第六届惠州国际（休闲文化）旅游节】**　2011年7月15～18日，由惠州市人民政府、广东省旅游局主办的第六届惠州国际（休闲文化）旅游节、第二届东坡节暨2011年惠州转型升级招商引资签约仪式在惠州隆重举行。本届旅游节作为2011广东国际旅游文化节分会场活动之一，得到国家、省、市和黄冈、儋州等兄弟市领导的高度重视及旅游部门的大力支持。本届旅游节以“大美惠州·幸福生活”为主题，包括第六届惠州国际（休闲文化）旅游节暨第二届东坡节开幕式晚会、2011年惠州转型升级招商引资签约仪式、2011年“惠州绿道”全国自行车公开赛、“大美惠州·幸福生活”主题展、东坡文化论坛四大活动。开幕式晚会精彩纷呈、高潮迭起；各项活动亮点多、成效大。本届惠州国际（休闲文化）旅游节系列活动的亮点是：一台开幕式晚会；一场“惠州绿道”全国自行车公开赛；一出“大美惠州·幸福生活”主题展和一场东坡文化论坛。

**【旅游节庆活动】**　2011年8月20日，“2011相约大亚湾旅游文化节暨旅游摄影大赛开镜仪式”在大亚湾渔人码头拉开帷幕。参加此次活动有省、市、区有关领导，各县（区）旅游局局长、区属有关部门领导、各街道办分管领导、旅游界、企业界和群众代表以及游客共2000多人。包括开幕仪式、滨海绿道游以及旅游摄影大赛集中创作三个部分组成。9月20日，由省文化厅、惠州市人民政府主办，由惠州市旅游局、龙门县人民政府承办的第五届广东龙门南昆山生态旅游文化节暨中国农民画艺术节开幕式在天然温泉度假村隆重举行。本届生态旅游文化节的主题是“愉悦龙门”，内涵为“农民画乡、天然氧吧、泉倾天下”，内容包括民俗歌舞晚会、开幕仪式、龙门农民画主题展、龙门农民客厅文化创意产品展、中国农民绘画展第三站巡展等，此外，还举办龙门旅游文化产业转型升级高峰论坛。10月18～19日，由中共博罗县委、博罗县人民政府、惠州市旅游局主办，罗浮山风景名胜区管理委员会、博罗县文体旅游局、罗浮山冲虚古观、惠州市罗浮山道教养生研究会、《凤凰周刊》承办的2011罗浮山道教文化旅游节在罗浮山风景名胜区举行。文化节上，主办方精心打造的罗浮文化精华——罗浮仙路和“龙脉仙山·罗浮传奇”舞台剧揭开面纱。期间，道教文化表演、对话罗浮、祈福大法会等一系列活动，也让游客享受了一餐旅游文化盛宴。

**【区域旅游联盟与协作】**　2011年1月13～14日，由清新县旅游局局长朱小玲、清新县旅游协会会长梁建钊率领的清新县旅游考察团到龙门开展旅游交流活动，龙门县政府办公室副主任、县旅游局局长陈瑞玲，龙门旅游协会长罗立新以及南昆山生态旅游区、大观园生态度假区、龙门铁泉、地派温泉等景区有关负责人参加交流活动。5月中旬，市旅游协会组织会员单位一行40人赴台湾新竹市参观考察，在台湾期间，得到新竹市有关方面负责人热情款待，并与他们学习和交流，双方签订旅游交流合作框架协议。5月30日至6月1日，应澳门中旅的邀请，市旅游局郭武飘副局长率队到澳门参加了澳门中旅成立五十周年庆典和“2011第五届两岸四地感受澳门之旅”活动。11月6～10日，高州市旅游局组织该市旅游重点企业到达惠州，先后前往博罗县、龙门县、惠城区学习惠州发展森林度假旅游经验。

**【深莞惠旅游合作联席会议】**　2011年3月4日，深圳、东莞、惠州三市旅游合作联席会议第一次会议在东莞市大朗镇帝豪花园大酒店召开。会议回顾2010年深莞惠旅游区域合作工作，发挥深莞惠的地缘、市场、资源、资金和管理优势，推动旅客互送，联合编制旅游发展规划，促进三市旅游协调发展。并讨论2011年三市旅游合作部署，就下一步具体工作任务达成共识。

8月31日，深莞惠三市“2011深莞惠旅游合作联席会议第二次会议”在东莞市塘厦镇召开。会议肯定第一次联席会议以来三市旅游合作取得的成效，讨论通过《“万人互游深莞惠”活动方案》、《深莞惠旅游指南》初稿、联合参加“2011 中国（广东）国际旅游产业博览会”、《深莞惠旅游发展规划》编制工作方案，并对推进三市旅游合作提出具体意见。

## 旅游资源开发与景区（点）建设

**【旅游规划】** 2011 年 6 月 22 日，由中山大学教授彭华、中科院广州地理研究所研究员黄少辉、惠州学院副教授李存以及省旅游局、广州市旅游局、惠州市旅游局和惠州市住房和城乡规划建设局等政府部门共 7 位专家、业务骨干组成的《惠州西湖风景名胜区旅游总体规划》（以下简称规划）专家评审组实地考察了西湖风景区。23 日，规划评审会议在西湖宾馆举行，专家组及市直有关部门负责人参加会议。在听取规划编制单位广州市智景旅游策划设计咨询服务有限公司的汇报之后，专家组经充分讨论同意该规划通过评审，并建议规划编制单位参考专家评审意见进一步修改完善，按照相关程序报批。10 月 11 日，惠州巽寮金海湾南区游艇码头防浪堤工程评审会在巽寮召开，重点研究游艇码头防浪堤工程建设的可行性和必要性。10 月 11 日，巽寮滨海旅游度假区控制性详细规划评审会在巽寮管委会会议室召开，与会代表听取惠州市规划设计研究院关于《巽寮区控制性详细规划方案》编制情况的汇报，会议就《规划方案》存在的问题提出修改意见，要求按照“发挥优势、突出功能、优势互补”的原则，推进北、中、南三区规划建设，打造具有巽寮地方特色的主体功能区。同日，《巽寮滨海旅游度假区总体规划（修编）》工作会议在巽寮召开，会议初步确定度假区未来的定位与发展目标，提出指导度假区长远发展的战略部署，为政府的战略性决策提供科学参考依据。会议提出要从打造国际滨海旅游度假区的高度出发，结合旅游市场新变化、新形势和周边区域旅游分布格局，做好巽寮旅游总体规划的修编工作。12 月 19 日，《惠城区旅游发展总体规划》专家评审会在惠城区召开。评审专家组在阅读规划文本、听取中山大学旅游规划与发展研究中心规划成果汇报后，经讨论评议并通过评审。

**【旅游投资】** 2011 年，惠州市投资超亿元的旅游项目有 25 个，总投资额达 400 亿元。其中，在建投资超亿元的旅游项目有 7 个，总投资额达 243 亿元；达成投资意向的超亿元项目有 34 项，计划投资额达 270 亿元。

**【旅游景区（点）与基础设施建设】** 2011 年，惠州市旅游资源丰富，景点类型多，密集程度高，容量大，山、林、海、岛、湖、温泉、瀑布、等自然景观品位高，文物古迹众多，现代旅游设施比较完善。至 2011 年底，全市建成景区 60 余处，国家和省级风景名胜区及自然保护区 19 处，其中国家 4A 级景区 9 处；3A 景区 2 处；国家级重点风景名胜区 2 处（惠东港口海龟国家级自然保护区、象头山国家级自然保护区）；国家森林公园 2 处（南昆山、广东御景峰）；国家生态风景区 1 处（白盆湖国家生态风景区）；国家生态农业示范点 1 处（永记生态园）；省级自然保护区四处（罗浮山、南昆山、惠东古田自然保护区、惠东莲花山自然保护区）；省历史文化名城 2 处（惠州市、惠东县平海古城）。

**【新开发、新建设景区（点）】**

尚天然·国际温泉小镇　2011 年 11 月升为国家 4A 级旅游景区。尚天然·国际温泉小镇占地 110 多公顷，内有国家级农民画博物馆、文化艺术产业园、获吉尼斯世界纪录的客家围酒店、首创的现实版开心农场、亚洲罕见山顶温泉公园、东家客家酒楼、华南首席温泉旅居别墅、国际会务中心等 15 个主题突出、特色明显的项目。

叶挺将军纪念园　9 月 10 日，叶挺将军纪念园开园仪式在惠阳区秋长街道周田村举行。出席仪式的领导和嘉宾有叶挺将军长子叶正大（中将）及叶挺将军亲属，国家、省有关部门领导及市四套班子领导，香港、澳门及海外各界友人，中央、省、市有关企业负责人，群众及学生代表等 600 余人。市委副书记陈仕其主持开园仪式。

畲族风情园　11 月 23 日，博罗县横河畲族风情园开园。惠州市政府办、市旅游局、市民族宗教局、博罗县政协有关领导出席仪式。该风情园展示横河畲族民俗风情，是集旅游、休闲、运动、文化于一身的乡村旅游综合园区。

平安生态旅游风景区　位于博罗县柏塘镇平安林场内。景区占地约 1.6 万亩，拥有天然瀑布群、隧道漂流、步行栈道、景观梅林、生态竹海、1000 多种珍稀动植物和 1 万多亩原始森林，旅游品质优秀，产品丰富，“春可品杨梅，夏可体验漂流，秋可观竹海，冬可赏梅花”。景区总投资约 2 亿元人民币，分三期建设，其中首期投入 6000 万元。

**【旅游资源开发与保护】** 2011 年 4 月 29 日，龙门县政府与北京国华置业有限公司签订南昆山生态旅游区合作开发框架协议。协议提出惠州将与北京国华置业有限公司合作，在南昆山乌坭社区等地开发建设示范性的森林度假旅游项目；并将南昆山管委会的社会管理职能和开发经营职能剥离开来，成立合资的股份公司，对南昆山进行集约化、专业化的规划、开发与经营，重点加大对南昆山的旅游道路、公共设施、观光景点的投资，探索一条旅游景区经营与管理的新机制。惠州市领导黄业斌、李汝求、黄锦辉、吴卫华、华红、吴选钊，北京国华置业有限公司以及市、县相关单位负责人等出席签约仪式。

10 月 11 日，惠州巽寮金海湾南区游艇码头防浪堤工程评审会在巽寮召开，重点研究游艇码头防浪堤工程建设的可行性和必要性。金海湾南区游艇码头规划设计泊位数297个，港区建设总面积29.03万平方米，包括护岸、防波堤、游艇上下岸等工程，是巽寮滨海高端旅游的重点配套项目之一。

【**绿道旅游**】 2011年，惠州市按照《珠三角区域绿道网（惠州段）总体规划（2010~2012年）》，3条经过惠州的省立绿道规划建设长度277.4公里，实际建成305.1公里。其中2号线100.6公里，3号线160.5公里，5号线44公里。整个绿道将惠州“名山”、“大河”、“丽湖”、“大海”连于一体，以展示惠州山水秀美和人文荟萃。在绿道游线路的设计上，通过惠州历史人文、现代建筑和山水景观三条轴线，设计出森林度假休闲绿道游、滨海生态绿道游、历史文化绿道游、绿色农业绿道游、运动健身绿道游、城市观光绿道游等精品线路体系。

5月19日，惠州市举办绿道游活动启动仪式，组织旅行社宣传推广“惠州绿道游”。7月16日，2011年“惠州绿道”全国自行车公开赛作为第六届惠州国际（休闲文化）旅游节的重要内容成功举办，来自全国各地14支队伍近300名运动员参加。比赛充分体现“绿道体育，健康骑行”活动主题和现代人崇尚自然、崇尚健康的生活理念。

【**旅游扶贫**】 2011年，惠州市推荐惠城区横沥镇新杰农家乐休闲中心、惠阳区华侨（客家）博物馆“吉隆坡王”——叶亚来故居、大亚湾经济技术开发区碧架山生态园、博罗县罗浮山旅游购物中心及白莲湖农家乐、惠东县九龙峰旅游区、龙门县南昆山生态旅游区旅游文化广场6个项目为2011年度省旅游扶贫一般项目；惠东县巽寮休闲渔业渔船停泊区疏港建设项目为旅游扶贫大型项目。经省旅游局和省财政厅组织现场考察和大型项目PK，惠州市共获得省旅游扶贫专项资金360万元，分别为惠东县巽寮休闲渔业渔船停泊区疏港建设项目300万元、惠城区横沥镇新杰农家乐休闲中心项目20万元、博罗县罗浮山旅游购物中心及白莲湖农家乐20万元、龙门县南昆山生态旅游区旅游文化广场20万元。

【**巽寮休闲渔船停泊区疏港工程项目**】 该项目位于巽寮滨海旅游度假区巽寮渔业村，是渔业村社会主义新农村建设改造的重点项目之一，占地面积156亩，港湾内港护岸堤1300米，港湾防波堤548米，项目所有权为巽寮渔业村集体所有。渔业村有渔民267户，1360人，全村面海而居，世代靠打渔为生。根据对疏港项目的评估，本项目总投资预算为1500万元：疏港所需资金800万元，其中投入扶贫资金150万元，区配套资金650万元；护岸建设所需资金300万元，其中投入扶贫资金70万元，区配套资金230万元；防波堤建设所需资金400万元，其中投入扶贫资金80万元，区配套资金320万元。资金主要通过市县资助、区内投入、社会筹集、省专项资金四种方式来筹集。疏港工程项目启动渔业村新农村改造，聘请知名设计公司毕路德公司编制《巽寮渔业村新农村改造建设方案》。

2011年，合作社注册休闲渔船124只，营业额达794万元。休闲渔业带动了第三产业的发展。如家庭旅馆、特色餐饮、海产品加工销售等行业，特别是通过文化演出进一步弘扬国家非物质文化遗产惠东渔歌文化和妈祖文化。

【**旅游创强工作**】 2011年1月5~6日，省创建广东省旅游强县验收组来博罗验收“创强”，验收组对博罗县主要景区、旅游饭店、旅行社、旅游集散中心、农家乐等旅游资源考察验收，并召开创建广东省旅游强县工作通报会。省旅游强县评定委员会副主任、省旅游局副局长周开生宣布，博罗县通过创建广东省旅游强县验收。在是年1月21日召开的2011年全省旅游工作会议上，博罗县县长徐云枢接受广东省副省长刘昆颁发的“广东旅游强县”牌匾。创强以来，博罗县共斥资30多亿元，先后完成一大批旅游道路和市政基础设施建设，另有三条高速公路及数条高等级旅游公路在建，连接罗浮山、白马山、茶山、官山等优质景区的黄金旅游通道也将在年内动工。在县城和县境内的高速公路、国道两旁设立38块中英文对照的路标路牌，在县城体育中心设立旅游咨询服务中心，在县城文化广场设立旅游咨询点，并在咨询服务中心、咨询点和汽车东站安装3块旅游咨询触摸屏。在创强过程中，博罗县加大旅游形象宣传推广力度，与香港凤凰卫视、凤凰周刊联合开展“龙脉仙山、罗浮传奇”系列宣传活动，出台《博罗县扶持旅游产业发展优惠暂行办法》、《博罗县鼓励投资五星级酒店优惠及奖励暂行办法》等优惠政策。

【**旅游转型与产业升级**】 截止2011年12月底，惠州市投资超亿元的旅游项目有25个，总投资额达400亿元（其中，在建投资超亿元的旅游项目有7个，总投资额达243亿元；达成投资意向的超亿元项目有34项，计划投资额达270亿元），逐步形成中部的西湖旅游组团、东部的环大亚湾滨海旅游组团、西部的罗浮山旅游组团、北部的南昆山旅游组团和南部的秋长镇隆旅游组团。在招商项目上，做好旅游项目的筛选工作。一是积极引进知名企业和重大项目。二是中小企业的兼并重组和升级改造。三是加强重点项目的后续投资。四是积极引进先进技术和先进管理。五是加强中高级旅游管理人才的引进和培训。六是进一步完善大型公共旅游基础设施。

## 旅游行业监督管理

**【旅游市场监督】** 2011年，惠州市全年共计开展检查活动65次，出动检查人员236人次，共计检查旅游企业263家，其中旅行社（服务网点）98家，饭店58家，景区（点）30个，旅游购物点42个，其他单位25个。市旅游局坚持一手抓市场管理，一手抓质量建设，不断加大旅游市场监管力度，进一步抓好行政执法工作，有效地整治旅游市场秩序，确保全市旅游市场秩序安全、平稳、和谐，公正处理各类旅游纠纷，有效维护旅游者和旅游经营者的合法权益。通过整治，基本实现“五无”：一是旅游购物、消费无宰客现象；二是“一日游”无重大投诉；三是旅游经营无“黑社”；四是导游服务无“野导”；五是旅游交通无重大安全责任事故的发生。

3月15日，市旅游质量监督管理所参加由市工商局、市消委会在下埔滨江公园组织的“3·15”国际消费者权益保护日宣传咨询活动。现场工作人员解答群众关注的热点问题，派发《文明旅游　理性消费》品质旅游出行提示手册共3000多份，引导游客理性消费、依法维权，提高旅游消费者的维权意识。全年共接到各种投诉案件42宗，比上年同期减少19%，结案率达100%，为旅游投诉者挽回经济损失近25000元。市旅游质量监督管理所还联合《惠州日报》、《东江时报》及惠州电视台等主流媒体刊登报道旅游投诉典型案例、出游注意事项、游客维权要领等专刊或专栏，在惠州旅游网、《惠州旅游》杂志刊登，积极开展旅游市场整顿行动来引导游客理性消费、依法维权，为质量年营造良好的舆论氛围。

**【旅游安全管理】** 2011年，惠州市旅游安全管理工作主要做好以下几方面工作：一是及时传达贯彻上级精神。二是严加防范大节日旅游安全。在元旦、春节、“五一”、国庆等重大节日前，制定印发《安全生产大检查工作方案》，印发《今冬明春消防工作方案》、《关于开展全市暑期旅游安全检查工作的通知》、《旅游“安全生产月”工作方案》、《惠州市旅游行业开展安全生产隐患排查治理专项行动实施方案》、《关于开展惠州市滨海（湖、江、河）旅游项目安全检查工作的通知》。三是做好防灾减灾预防工作。四是抓好星级饭店的安全生产工作。五是积极开展“安全生产年”活动。制订下发《惠州市旅游行业开展安全生产隐患排查治理专项行动实施方案》等系列文件措施。六是加大应急救援演练力度。

6月8日，市旅游局组织举办学习、贯彻《旅行社条例》专场座谈会，邀请旅游车队、旅行社和旅游保险代表参加，就购买游客旅游责任和意外险等事项作业务探讨。6月13日，市旅游局组织相关人员参加市安委办组织在滨江公园举行的“安全生产宣传咨询日暨安全生产南粤行启动仪式”活动，印发旅游安全知识宣传资料，向前来咨询的游客和群众派发旅游安全宣传手册和旅游知识相关资料近两千册。9月30日，市政府在市江北会议中心召开全市旅游安全生产会议，动员做好节日旅游安全生产工作，市政府副市长杨灿培出席会议，部署“十一”黄金周旅游安全生产工作。市政府副秘书长李舜添、各县（区）人民政府副县（区）长、市旅游局有关领导、各县（区）旅游局局长，市直有关单位以及各旅游企事（业）单位100多人参加会议。

**【旅行社】** 2011年，惠州市新批设旅行社4家，旅行社服务网点新备案9家，旅行社受委托代理招徕业务9家。至年底，全市有旅行社48家，分社2家，服务网点56处。惠州市做好2011年度行政执法案卷自查自评和行政执法证申领工作，以及贯彻实施《法治惠州建设五年规划》的学习和宣传工作。印发《关于加强监督管理规范旅游市场秩序的工作方案》，根据《旅行社条例》，吊销1家旅行社的经营许可证，撤销旅行社服务网点备案1家，并与市工商局采取联合行动，取缔非法旅行社1家。组织参加全国旅游团队管理服务系统培训班，提升旅游接待服务水平。

2011年，惠州市共对902名（人次）导游人员进行计分管理专项检查。全年通过中、高级导游员考试人数分别有5人和1人。全市在册导游员（持IC卡导游员）1424名。其中初级导游员1383名，中级导游员32名，高级导游员9名；英语导游员24名。6月，惠州市第二批政务导游员队伍正式成立，经过推荐、选拔、考试、培训，人数由上年的15人扩大到24人。7月8日，市导游协会成立大会暨第二批政务导游员聘用仪式在惠州举行。市旅游局、市社会组织管理局、市导游协会有关领导和各县（区）旅游局分管导游工作的局领导，第二批政务导游员、市各大旅行社导游部的经理等参加会议。与会领导要求政务导游员展示良好形象和精神风貌；加强对惠州市范围内的景点学习，熟练讲解；做好第六届惠州国际（休闲文化）旅游节的旅游接待工作。

**【星级饭店】** 2011年，惠州市根据省旅游局《关于做好2011年度星级饭店复核工作的通知》（粤旅管［2011］105号）部署，从8月至年底，按照《旅游饭店星级的划分与评定》（GB/T14308—2010）新标准对满四、五年期的星级饭店进行评定性复核。8月3日，惠州市旅游局召开2011年度惠州市星级饭店复核工作会议，惠州市2011年有星级饭店69家（评定性复核前），参与满四、五年期的星级饭店评定性复核的饭店共20家。通过复核，因设备陈旧老化，服务质量不高，或内部调整、项目转营，达不到新的星级标准要求、自愿放弃星级饭店复核共3家，其中三星级1家，二星级2家。年内，新评定星级饭店2家，均为四星级。

2011年，惠州市旅游局按要求指派星评员分别参加在重庆、昆明举办的全国2010版饭店星级标准宣贯培训会议，并组织各县（区）旅游局业务领导和所有待评星级的饭店有关人员参加在东莞举办的全省星级新标准宣贯培训班。调整了市星评委的人员组成。9月底，根据全国星评委《关于加强星级饭店服务质量检查工作的通知》（旅星评发［2011］053号）及省星评委的要求，对全市开展星级饭店服务质量检查。

**【旅游商品】** 2011年3月14日，由惠阳区旅游局与区新闻中心编印的《惠阳旅游》宣传画册出版，该画册分惠阳概况、惠阳游览、惠阳餐饮、惠阳住宿、惠阳娱乐、惠阳购物、惠阳交通、旅游线路等8个板块。6月初，博罗县首本旅游攻略——《博罗吃喝玩乐全攻略》在港澳及海外地区发售出版发行。该书出版单位为万里书店，发行单位为香港联合书刊物流有限公司，分设“发现博罗”、“游在博罗”、“吃在博罗”、“购在博罗”、“博罗风情”等六大板块。7月中旬，由大亚湾旅游局与红棉广告有限公司编印《大亚湾旅游》（2011第一期）宣传画册出版，于月底派发到全区各行政事业单位和旅游企业。

**【旅游标准化】** 2011年1月19日，博罗县旅游局、博罗县统计局联合制定并印发实施《博罗县旅游统计调查制度》，成为全市率先实行新旅游统计制度的县。新旅游统计制度将高尔夫俱乐部等游乐场所、20席或30间客房以上的农家乐、年营业额100万元以上的度假村、汽车站等旅游集散地、旅游商品企业及旅游农特产品等与旅游密切相关的单位和企业纳入统计范围。4月25日，博罗县政府召开常务会议，研究通过《博罗县农民开办农家乐休闲旅游项目竞争性扶持资金评审办法》。5月10日，关于博罗县扶持农家乐发展的经验做法在《试行国民旅游休闲计划工作简报》上介绍，得到广东省副省长招玉芳的充分肯定，认为博罗星级农家乐扶持办法很有特色，务实可行，要求广东省旅游局要在全省推广博罗的做法，以支持基层旅游业的发展和加大对贫困地区的旅游扶贫开发工作。

市旅游局贯彻落实《关于进一步规范全国宗教旅游场所燃香活动的意见》，主要措施有：一是重点对以宗教活动场所为主要游览内容的九龙峰、罗浮山等旅游景区加强燃香活动专项治理和联合检查，严厉打击强拉游客烧香许愿、骗取钱财等违规违法行为，规范旅游市场秩序。二是引导旅游景区提升发展质量。注重挖掘和弘扬中华民族宗教文化内涵，推进资源节约型、环境友好型宗教旅游发展方式和消费模式，提升旅游景区竞争力和发展质量。三是进一步保障景区景点安全。四是加强对进香群众和信教群众的引导。五是发挥试点单位的示范带头作用。

**【旅游信息化建设】** 惠州旅游政务网是一个独立门户网站，设立于2011年3月，栏目设置11个，包含20个子类。包括：网站首页、信息公开、网上办事、政民互动、特色栏目、行业管理、旅游质监、导游管理、旅游简报、旅游杂志、电子地图等专栏，隶属惠州市旅游局管理。2011年3月至12月31日，页面总访问量（PV流量）78000次，月均访问量8600余次。

2011年，惠州市旅游局共印发《惠州旅游工作简报》69期，向市委、市政府、省旅游局和各机关单位主动及时公开旅游政务信息141条。惠州市局被市委评为“2010年度信息报送先进单位”，被市府办评为“2010年政务信息工作先进单位”。为配合做好全省政务信息考核有关准备工作，根据市政府《关于做好迎接全省政府信息公开工作考核准备工作的通知》（惠府传［2011］109号）要求，调整规范政府信息公开平台上的类目，使政务信息公开进一步得到规范，与市政府信息公开平台进一步得到融合。惠州市旅游局坚持做好旅游维权热线的24小时值班，积极配合省旅游局做好12301旅游服务热线建设工作，及时处理突发事件以及各类旅游投诉，有效地维护旅游者合法权益。

**【旅游行业协会】** 2011年1月27日，惠州市旅游协会第六届二次常务理事会议在惠州汤泉高尔夫酒店举行，马小灿会长部署2011年工作。2月26日，惠州市旅游协会组织部分会员单位参加省旅游协会主办的“情系乳源·幸福广东”——广东百家旅游企业爱心扶贫活动，罗浮山管委会、西湖管理处、金果湾旅游开发有限公司、市中旅、环宇国旅共捐款26000多元。3月10日，惠阳区旅游协会成立大会在区政府会堂举行。惠阳新丽晶南海渔村有限公司董事长曾克勤当选为第一届会长。5月24日，惠州市旅游协会组织会员单位、景区、酒店、旅行社代表等40多人赴台湾新竹市参观考察，惠州市旅游协会和新竹市观光旅游协会签订《惠州市与新竹市合作框架协议》，开拓两地客源互送、旅游资源共享、市场互动；加强旅游项目投资合作，建立和完善两地的旅游合作保障机制。

6月15日，2009～2010年度全市旅游行业价格诚信单位授匾仪式在惠州康帝国际酒店举行。8月21日，惠州市旅游协会第六届二次全体会员代表大会在汤泉春天高尔夫酒店举行，会议同步召开市旅游协会第六届四次常务理事会议，通过会议全体与会人员表决增选帝景集团有限公司、皇冠假日酒店两个单位为理事单位。提案惠州市帝景集团有限公司为惠州市旅游协会第六届理事会常务副会长单位；惠州皇冠假日酒店为副会长单位，经常务理事与会代表表决，全票通过当选。9月23～25日，由惠州市旅游协会主办的“2011惠州旅游文化博览会”在惠州市会展中心隆重举行。

## 精神文明与教育培训

**【旅游精神文明建设】** 2011年6月17日，惠州市旅游局召开党组会议。会议由惠州市旅游局党组书记吴琦生主持，专题听取机关党支部工作汇报，研究局党建工作、开展纪念建党90周年活动及扶贫工作。6月27日，为隆重纪念中国共产党成立90周年，惠州市旅游局召开支部大会，开展了“纪念党的生日、坚定理想信念”主题实践系列活动：一是全体党员重温入党誓词。二是局党组书记吴琦生同志为全局党员上了一堂“坚定理想信念，牢记根本宗旨，履行党员义务”的专题党课。三是召开主题为“加快转型升级、建设幸福广东”的专题组织生活会，结合工作和惠州旅游实际作专题发言。四是召开“学党史谈宗旨意识”专题组织生活会。6月28日，惠州市旅游局党组书记吴琦生率局全体党员前往邓演达纪念园和叶挺将军纪念园参观学习，接受红色革命教育。

12月8日，惠州市旅游局被人力资源和社会保障部和国家旅游局评为“全国旅游系统先进集体”。惠州市旅游局副局长谭跃华被惠州市人民政府评为“消防工作先进个人”。

**【旅游行风与机关作风建设】** 2011年，惠州市旅游局旅游行风建设与整顿规范旅游市场、万众评公务、行风热线、行政效能建设、诚信旅游活动结合起来，接受企业、媒体、机关、游客的监督，加强与服务对象的联系和沟通。一是开办行风热线直播节目。与惠州广播电台合作，开办行风热线直播节目，推进了机关向服务游客、服务企业、服务市场的转变，密切了机关与基层、企业、游客的联系。二是扎实开展万众评公务活动。在2011年惠州市万众评公务活动，群众满意度测评达到98%以上。三是深入基层调研走访。坚持深入基层、企业调查走访制度，定期或不定期与旅游企业就如何处理好旅游投诉案件和市场管理进行讨论。四是发挥旅游质量监督员作用。在全市旅行社、星级饭店、景（区）点建立健全旅游质量监督员网络，举办旅游质量监督员培训班，提高全市旅游企业质量监督员处理投诉的能力和水平，使一般的投诉案件能够及时处理在萌芽阶段。

1月12日，惠州市旅游局党支部组织党员召开先进基层党组织和优秀共产党员具体标准专题讨论会，会议主要对照《市旅游局开展先进基层党组织和优秀共产党员具体标准讨论实施方案》（惠旅党〔2010〕17号）文件的精神和要求，结合自身实际进行讨论。4月7日，由市纪委、市委办、市府办、市委宣传部联合主办的“惠民在线”论坛，邀请了惠州市旅游局崔爽局长作客，就“十二五”惠州旅游发展前景展望与广大网友进行在线交流，崔爽局长还就如何提升旅游行业从业人员素质、如何提高旅游服务质量、旅游节庆活动等问题与网民进行互动交流。12月14日，由市纪委、市监察局、市政府纠风办主办，在惠州电视台、惠州人民广播电台、惠州市人民政府门户网站开办的“行风热线”论坛，邀请市旅游局党组书记吴琦生同志就“争当宜游示范市和元旦、春节旅游热点问题”与广大听众进行交流。

**【旅游教育培训】** 2011年7月28～30日，龙门县旅游局在南昆山柏祥森林度假酒店举行南昆山农家乐旅游服务知识培训班，南昆山管委会下属企业参加培训83人次。12月9日，广东省旅游卫星账户企业调查培训会在惠州金华悦国际酒店召开，中山大学老师吴晨光主讲，省统计局副局长欧卫东、省旅游局副局长张振林分别致辞，广州、深圳、惠州、佛山、清远、揭阳、汕尾6个抽样城市的统计局和旅游局代表参加会议。12月14日，惠州市旅游局与惠州市统计局在惠州召开旅游卫星账户企业调查培训会议。惠州市旅游局副局长田佑良，各县（区）统计局、旅游行政主管部门负责旅游统计的工作人员参加培训会议。12月20日，全市旅游统计人员培训班在市旅游局三楼大会议室举行，各县（区）旅游局分管统计工作领导、各县（区）旅游局和市直各旅游企（事）业单位负责旅游统计工作人员参加培训班。至2011年底，惠州市旅游局举行导游人员考试2次，合计934人参加，其中笔试466人，口试468人，举行导游员上岗培训2期，合计140人参加，举行导游员年审教育培训2期，合计600多人参加。

（杨泽敏）

# 汕尾旅游业

## 综　述

**【概况】** 2011年，汕尾市旅游系统干部职工认真贯彻落实《国务院关于加快发展旅游业的意见》，中共广东省委、省政府《关于加快我省旅游业改革与发展建设旅游强省的决定》，实施市委、市政府提出的建设"'珠东'现代旅游新城"的战略目标，加大旅游宣传促销和投入力度，旅游产业规模不断扩大，旅游产品结构逐步完善，旅游经济稳定增长，被世界华商大会评为"最具魅力城市"及亚太旅游联合会评为"中国最具投资价值旅游城市"。全市旅游总收入达57.95亿元，同比增长36.81%；接待过夜游客442.22万人次，同比增长33%，其中接待过夜国内游客438.49万人次，同比增长33.44%。

**【领导关心旅游业】** 2011年7月19日，广东省副省长招玉芳率省政府副秘书长刘晓捷，省旅游局局长杨荣森，省口岸办主任、外经贸厅副厅长郤公权，省外经贸厅副厅长吴军，海关总署广东分署副主任赵民，广东出入境检验检疫局副局长邓旭旗等到汕尾市调研外经贸和旅游工作。市领导戎铁文、郑雁雄、陈增新、李贤谋等陪同。招玉芳一行先后深入城区长沙湾旅游度假城、华南师范大学附属中学汕尾学校、凤山妈祖庙旅游区、碣石玄武山旅游区、金厢观音岭旅游景点、陆丰荣辉宝石厂等地考察。

6月14日，市长郑雁雄率市政府有关部门领导先后到陆丰金厢滩、陆河樱花生态园和海丰赤坑咸水温泉调研，现场解决旅游开发和建设中的问题。

广东省副省长招玉芳在汕尾调研旅游工作。
（陈庆辉　摄）

**【旅游行业规模】** 截至2011年底，汕尾市拥有旅行社18家，其中经营出境旅游、入境旅游和国内旅游业务的旅行社2家，经营国内旅游和入境旅游的旅行社16家。星级饭店12家，其中四星级2家，三星级10家。主要景区（点）有陆丰碣石玄武山景区（国家4A级景区）、红海湾旅游区、汕尾凤山祖庙旅游区、陆丰金厢滩滨海景区、海丰莲花山森林公园景区、海丰红宫红场、陆河绿色生态走廊景区、陆河神象山公园、陆丰清云山景区、陆河瑞龙庄园10家。全市旅游直接从业人员逾万人。

**【重要旅游活动】** 2011年1月6日，汕尾市旅游局在陆丰市政府会议室召开全市旅游局长座谈会。会议学习贯彻汕尾市委五届九次全会精神，总结"十一五"期间旅游工作情况，分析旅游经济形势，研究"十二五"和2011年旅游工作发展思路及工作措施。各县（市、区）旅游局局长，市旅游局机关正科级以上干部共15人参加会议。3月8日，汕尾市人民政府在市政府三楼会议厅召开全市旅游工作会议。会议传达贯彻全国和全省旅游工作会议精神，总结2010年工作，部署2011年工作。市政府副市长李贤谋出席会议并讲话。共120多人参加会议。3月12～17日，汕尾市人民政府组织各县（市、区）分管旅游工作的领导、旅游局局长一行16人赴重庆、武汉等地进行旅游招商考察推介。市政府副市长李贤谋，市旅游局局长张林海、副局长王剑参加考察推介活动。4月22日，由亚太旅游联合会、国际度假联盟组织、中华生态旅游促进会、中国国际友好城市联合会共同授予汕尾市"中国最具投资价值旅游城市"。市政府副市长李贤谋带队赴香港参加颁奖仪式暨旅游推介活动。同时，汕尾市还被世界华商大会评为"最具魅力城市"。7月15～18日，汕尾市旅游局局长张林海应邀参加第六届惠州国际（休闲文化）旅游节。9月20～26日，汕尾市旅游局局长张林海、副局长王剑随国家旅游局组团参加2011年莫斯科"休闲"国际旅游展会活动。9月27日至10月3日，陆丰玄武山旅游区举办纪念玄武山元山寺始建884周年暨十八罗汉"金像"开光仪式活动。11月9～11日，汕尾市旅游局局长张林海应邀参加由广东省旅游局、河源市人民政府主办的河源市第八届客家文化旅游节活动。12月12日，汕尾市旅游局局长张林海应邀前往云浮市参加"第六届广东国际温泉旅游节"活动。12月18日，汕尾市旅游局局长张林海应邀前往梅州市府参加"第五届广东省自驾旅游日暨梅州休闲养生自驾旅游周雁南飞第三届茶香节”活动。

2011 年 3 月 8 日，汕尾市召开全市旅游工作会议。
（何厦逢 摄）

**【2011 年“中国旅游日”主题活动】** 2011 年 5 月 19 日，汕尾市旅游局为庆祝首个“中国旅游日”和丰富“读万卷书，行万里路”活动的主题内容，在深汕高速公路鲘门服务区举行汕尾市旅游服务站揭牌仪式暨庆祝首个中国旅游日宣传活动；与此同时，与市城区旅游局联合在市区组织 10 家旅行社和景区单位开展旅游咨询、文明旅游知识推广和旅游精品线路推介等便民活动。各县（市、区）相应举办庆祝活动，海丰县组织“海丰人游海丰”活动。同时，红色教育游紧抓建党 90 周年契机，积极推介红宫红场、彭湃故居等红色旅游景点，红色旅游呈现升温态势。各旅游景区（点）推出门票免费或打折、旅行社特价线路、宾馆（酒店）特价优惠等惠民措施。活动当日，海丰莲花山度假村、月亮湾生态农庄等景区实行免收门票。活动期间全市设置宣传咨询台 20 个，发放宣传资料 15000 多份，悬挂宣传横幅标语 100 多条，全市有 5000 多人参与咨询和活动。

## 国际旅游

**【入境旅游】** 2011 年，汕尾市接待入境旅游者 3.73 万人次，比上年下降 6.05%，其中外国 697 人次，同比下降 63.68%；旅游外汇收入 1076.09 万美元，同比下降 8.41%。

**【出境旅游】** 2011 年，汕尾市旅行社组团出境游 778 人次，比上年下降 35.27%。其中，香港游 331 人次，台湾游 30 人次，出国游 417 人次。

## 国内旅游

**【国内旅游接待与收入】** 2011 年，汕尾市接待国内游客 932.97 万人次。比上年增长 33.44%。其中过夜国内游客 438.50 万人次，增长 34.26%；全市国内旅游收入 57.25 亿元，增长 37.76%；由旅行社组团国内旅游人数 46370 人次，同比增长 19.83%。其中省内游 15484 人次，同比下降 26.86%，省外游 30886 人次，同比增长 76.23%。

**【红色旅游】** 汕尾市是全国十三块革命根据地之一，是全国第一个县级苏维埃政权诞生地。有彭湃领导的海陆丰农民运动的光辉篇章；有周恩来、徐向前、聂荣臻等老一辈无产阶级革命家和红二师、红四师指战员在海陆丰的活动史实；有抗日战争、解放战争东江纵队战斗的足迹。红宫红场旧址是全国首批重点文物保护单位；红宫红场是全国首批爱国主义教育示范基地、广东省首批爱国主义教育基地；2011 年 4 月 28 日海丰县红宫红场旧址纪念馆被正式列入全国红色旅游经典景区目录（二期）。2011 年，红宫红场旧址纪念馆、彭湃故居接待参观游客分别为 45 万和 40 万人次。

**【假日旅游】** 2011 年，春节黄金周全市共接待游客 192.57 万人次，比上年增长 17.79%，其中接待过夜游客 15.63 万人次，比上年增长 8.84%；旅游总收入 1.56 亿元，比上年增长 22.83%。

“十一”黄金周全市共接待游客 68.86 万人次，比上年增长 43.6%，其中接待过夜游客 15.67 万人次，比上年增长 32.23%；旅游总收入 1.68 亿元，比上年增长 35.48%。

## 旅游市场推广与节庆活动

**【旅游市场推广】** 2011 年，汕尾市旅游宣传推介工作按照市政府出台的《汕尾市旅游宣传促销方案》抓好落实，动员各级政府和各有关部门多渠道多形式开展旅游宣传促销工作，重点宣传推介滨海度假游、生态养生游、民俗风情游、红色教育游、古迹观光游、绿色美食游等六大旅游品牌，提升旅游知名度，开拓客源市场，带动旅游经济发展。2 月 23 日，按照《关于印发汕尾市旅游宣传促销方案各责任单位任务分解表的通知》，全市旅游宣传促销工作分为户外广告、电视广播网络、报刊、手机信息宣传，节庆宣传推介，宣传品制作等八类。9 月 2～5 日，汕尾市旅游局组团参加 2011 中国（广东）国际旅游产业博览会，设立 5 个展位，有 12 个旅游企业 48 人参加，现场派发宣传资料 2 万多份。为努力开拓珠三角重要客源市场，汕尾市大力打造交通重要枢纽宣传推介平台，积极做好广州至深圳铁路火车站、罗湖交通城的旅游宣传广告和城市形象广告，组织深汕高速公路鲘门服务区 2 个旅游主题站的建设和宣传推广活动。在广深火车站、罗湖交通城设置了 5 期 39 块共 437 平方米的灯箱广告、墙贴等，集中宣传推介汕尾旅游资源和景区（点）；深汕高速公路鲘门 2 个服务区设置 110 块 759 平方米室内外旅游宣传广告和城市形象广告，设立 2 个旅游咨询中心，服务闽粤赣过往游客。3 月份，组团赴重庆、武汉等地参加招商考察推介活动，4 月份，制作赴香港旅游招商宣传片和招商手册，组织参加中国旅游品牌世界之旅香港峰会旅游招商推介活动，并荣获亚太旅游联合会、国际度假联盟组织、中华生态旅游促进会、中国国际友好城市联合会共同授予“中国最具投资价值旅游城市”称号。策划制作《好山好水，天下汕尾》旅游风光片，在各级电视主流媒体滚动播出，并在第四届粤东侨博会上推介。8月，《人民画报》刊发汕尾市市长郑雁雄的访谈文章及汕尾旅游风光图片6个跨页。12月31日，由市人民政府主办，市旅游局承办，汕尾日报社、市广播电视台、陆丰市海韵假日酒店协办的汕尾市“海韵酒店杯·旅游宣传口号、旅游标识、旅游歌曲”征集活动，9月8日，在汕尾陆丰市海韵酒店隆重举行发布会，正式启动汕尾市“旅游宣传口号、旅游标识、旅游歌曲”征集活动，各县（市、区）旅游局、各界人士、主要新闻媒体记者共40多人出席发布会。截至11月底，收到国内近千人投稿，征集旅游宣传口号35000多个、旅游标识79个、旅游歌曲104首。经评选，汕尾市旅游宣传口号一等奖作品2条、二等奖作品3条、入围奖作品4条；汕尾市旅游形象标识一等奖作品1个、二等奖作品3个、入围奖作品5个；汕尾市旅游歌曲一等奖作品2首、二等奖作品3首、入围奖作品4首。

2011年9月8日，汕尾市启动旅游宣传口号、标识、歌曲征集活动。（陈庆辉　摄）

**【2011广东国际旅游文化节（汕尾）分会场】**　2011年11月5～9日，汕尾市组织由市旅游局和各县（市、区）旅游局及旅游企业共5个单位、50多人组成代表团参加由国家旅游局、广东省人民政府在韶关主会场举办的2011广东国际旅游文化节各项活动。设展位1个，派发各类旅游宣传资料5000多份，全面推介汕尾旅游资源。汕尾市设计制作的花车和一支省级非物质文化遗产“五色狮”队参加巡游表演，展示“好山好水，天下汕尾”的风范。汕尾市作为分会场共举办“珠东”城市万人游汕尾活动、玄武山元山寺宗教文化旅游节、宫前妈祖庙会、相约海丰·莲花山度假村旅游推介活动、自行车环游品清湖活动和梅花观赏节等活动项目。

**【区域旅游联盟与协作】**　2011年12月26～28日，由汕尾市旅游局局长张林海带队参加在揭阳市举行的2011年闽粤赣十三市旅游局长联谊会。会议听取闽粤赣十三市区域旅游合作工作报告，开通三省十三市旅游网站，商议十三市区域旅游合作事宜等。

## 旅游资源开发和景区（点）建设

**【旅游规划】**　2011年，汕尾市对全市旅游产业布局、旅游经济发展、旅游市场开拓、旅游产品开发、旅游资源保护等进行系统规划，与全市“四规合一”（城市总体规划、土地利用总体规划、产业布局规划、环保规划）修编相衔接，与《珠三角规划纲要》和全省旅游规划相衔接，把汕尾融入珠三角大旅游经济圈。6月3～4日，广东省旅游发展规划调研组一行13人到汕尾市进行调研。其间，汕尾市政府在市政府会议室召开全市旅游规划座谈会，各县（市、区）分管旅游工作的领导、旅游局局长、市直有关部门领导以及部分企业代表30人参加，会议由汕尾市政府副秘书长曾志宁主持，市旅游局局长张林海汇报旅游工作情况。调研组还参观考察红海湾旅游区、城区凤山祖庙旅游区、海丰湿地、红宫红场、海丽高尔夫球场等旅游景区。10月18日至11月13日，汕尾市委托暨南大学旅游规划设计研究院编制《汕尾市旅游发展规划（2011～2020）》调研组，对汕尾市旅游资源进行调研。

**【旅游投资】**　2011年，汕尾市银龙湾旅游园区和青岛啤酒地产公司签订合作框架协议、长沙湾旅游度假城开展征地、黄金海岸大酒店动工，海丰鲘门海丽高尔夫度假酒店在装修、赤石明热温泉度假村加快建设，陆丰海韵假日酒店试业，陆河御水湾温泉度假村开业，规划建设岳溪生态园旅游项目。重点推动市城区长沙湾旅游度假村、银龙湾旅游园区、品清湖游艇俱乐部以及黄金海岸、好日子、海丽高尔夫会所、华辉滨江酒店，红海湾滨海旅游区，海丰鲘门度假美食城、赤石明热温泉、莲花山生态旅游区、联安围国际湿地生态旅游区，陆河休闲度假综合旅游区，陆丰金厢滩海洋文化主题公园的招商、规划、建设，其中长沙湾旅游度假村投资60亿。

**【旅游景区（点）与基础设施建设】**　2011年，汕尾市共投入旅游建设资金15亿元。红海湾旅游区全年投入资金100万元用于配套安全设施及绿花带建设，接待游客60多万人次，过夜游客20万人次，全年旅游景区经济收入150多万元；凤山祖庙旅游区投入资金200万元，对景点基础设施进行维护，更新配套碑林、加固护坡、戏馆扩建等，年接待游客50万人次；红宫红场旧址纪念馆和彭湃故居，投入资金共30多万元进行整修、维护，年接待游客分别为45万和40万人次；文天祥公园投入资金1500万元，主要用于方饭亭、表忠祠、文物展室、凉亭项目的建设；玄武山旅游区全年投入资金500万元用于停车场扩建改造，元山寺文物维护及设施更新，景区道路维护，年接待游客2000万人次；清云山旅游区投入资金500万元进行基础设施修缮、更新设备、道路维修等，接待游客35万人次；金厢滩旅游区全年投入资金100万元用于公共设施建设，年接待游客20万人次；陆河县神像山景区投入资金500万元用于完善配套设施，年接待游客10万人次；红椎林生态公园投入资金500万元，配套设施有环山人行道、观椤亭、休息亭、休息凳、停车场、卫生间、客家特色小吃、客家特产小卖部，年接待游客10万人次；瑞龙庄园投入资金800多万元用于扩建码头、休息亭、人行道、绿化带等，年接待游客20万人次。

2011年6月14日，汕尾市市长郑雁雄到陆丰金厢滩调研。（陈庆辉 摄）

**【旅游扶贫】** 2011年11月18日，汕尾市向省旅游局和省财政厅申报审批4个旅游扶贫项目，共获省旅游扶贫专项资金120万元。其中陆丰怀乡文化旅游主题公园项目60万元、海丰金瑞丰生态乐活农庄项目20万元、陆河县激石溪项农家山庄项目20万元、汕尾市南湖旅游度假村鱼家乐项目20万元。自2002年至2011年，汕尾市累计争取到省旅游扶贫项目35个，扶贫资金1485万元。

**【旅游创强工作】** 2011年，海丰县旅游创强工作进展顺利，做到以产业转型升级为主线，以旅游规划为先导，大力推进项目建设，不断完旅游功能配套，全面推动旅游经济发展。全年全县接待游客185万人次，同比增长35%；过夜人数115.7万人次，同比增长30%；全县旅游业的总收入10.8亿元，同比增长28%。一是旅游服务设施不断完善。该县现有各类旅游住宿设施85家，其中相当于三星级以上标准的宾馆饭店10家；旅行社4家，旅行社服务网点4家，景区（点）17个，旅游定点购物商场及土特产商店7家，乡村游农（渔）家乐5家。全县旅游相关从业人员达到1.6万人。二是旅游项目建设有序开展。2011年4月28日，海丰县红宫红场旧址纪念馆被正式列入全国红色旅游经典景区目录（二期）；绿道网项目和莲花山度假村会议中心已经投入使用；海丰田园沐歌温泉度假村一期工程行政中心和员工宿舍已进入室内装修阶段，同时二期工程已动工，预计2013年正式投入营业。还有海丽国际高尔夫球场三期工程2012年5月将投入使用。三是旅游宣传力度不断加强。海丰县以首个“5·19”中国旅游日为契机，举办旅游宣传促销活动，组织干部与群众代表200多人参加“海丰人游海丰”活动，普及旅游知识，宣传旅游资源，营造创建“广东省旅游强县”的氛围与环境。组织相关旅游企业前往广州参加2011年中国旅游产业博览会，积极推介宣传海丰。四是加强安全监管力度和行业管理，海丰县每逢春节、“十一”黄金周和“五一”节假日及深圳市大学生体育运动会期间，组织相关单位开展旅游业安全大检查，对全县主要旅游景区、星级饭店、旅行社和旅游车队进行安全检查，发现问题及时整改。

## 旅游行业监督管理

**【旅游市场监督】** 2011年，汕尾市旅游局组织人员参加省、市举办的各项业务知识培训和交流。5月19日“中国旅游日”期间，与市城区局联合举办“汕尾中国旅游日暨文明旅游·理性消费”宣传咨询活动，向市民宣传在旅游中如何做到理性旅游并维护自身权益。汕尾市全年受理处理各类投诉5宗，调处率100%。与相关部门和各县（市、区）旅游局联合检查，检查各类旅游企业20家，检查导游员80人次，对发现的问题及时反馈旅游企业，限期整改。

**【旅游安全管理】** 2011年，下发《汕尾市旅游安全生产隐患排查治理方案》、《汕尾市旅游局处理安全事故应急预案》、《关于开展春节黄金周旅游安全检查的通知》、《关于开展“十一”黄金周旅游安全检查的通知》等文件，并按照“安全属地管理为主，行业监管为辅”的原则，层层签订安全责任书。汕尾市旅游局与各县（市、区）旅游局共组织8个检查组40人次和省旅游局于春节、“十一”黄金周前夕组织2次地市交叉检查，分别对18家旅行社、12家星级饭店和5个主要旅游景区开展安全检查。全年未发生旅游安全事故。

**【旅行社】** 2011年1月25日，汕尾市俊浩旅行社有限公司批准设立旅行社。全年有18家旅行社通过年审，其中经营出境旅游、入境旅游和国内旅游业务的旅行社2家，经营国内旅游和入境旅游的旅行社16家。在旅行社管理方面，一是建立旅行社诚信经营档案制度和责任险投保制度，二是建立健全旅行社违规违纪通报制度，三是对旅行社经营状况进行年度网上审核，四是向旅行社推荐国家或省制定的组、接团合同范本，五是规范旅行社组团行程表内容，严格控制合同外加点服务，六是加强对旅行社服务质量监督检查。

【星级饭店】 2011年，认真贯彻实施新版国家标准《旅游饭店星级的划分与评定》，严格做好全市星级饭店年度复核和评定性复核工作，强化旅游星级饭店复核标准，推动星级饭店进一步完善软硬件配套建设，提高星级服务质量。全市星级饭店12家，其中四星级2家，三星级10家。完成12家星级饭店的复核。做好巴黎半岛全市首家五星级旅游饭店的申报工作，积极配合国家、省星评委完成市区巴黎半岛酒店申报五星级旅游饭店的终评工作。经过市星评委、省星评委的努力推荐，国家星评委于3月中旬派星评员对巴黎半岛酒店进行五星级饭店终评，上报国家旅游局。

【旅游标准化】 2011年，汕尾市旅游局印发《旅行社等级划分与评定》、《星级饭店评定标准》、《旅游餐馆设施与服务规范》、《旅游景区（点）质量等级的划分与评定》、《旅游购物场所设施与服务规范》、《游乐园（场）安全和服务质量》、《旅游娱乐场所设施与服务规范》等评定标准，在全行业强化宣传学习，重点宣传学习标准化知识，增强生产者、经营者、管理者和消费者的标准化意识，提高对旅游标准化工作的认知度。落实行业标准，对旅行社、星级饭店及A级景区，认真贯彻执行国家标准、行业标准和地方标准体系，达到规范要求。

## 精神文明与教育培训

【旅游精神文明建设】 2011年，汕尾市旅游局以建设“为民、务实、清廉”为目标，印发《社会主义核心价值体系建设实施纲要》、《文明手册》、《汕尾市旅游行业2011年精神文明工作意见》和《汕尾市旅游行业推进学习型党组织建设实施意见》等，加强社会公德、职业道德、家庭美德、个人品德“四德”教育，开展形势政策、理想信念、中国特色社会主义理论体系、社会主义核心价值体系、党的历史和优良传统等专题学习教育。倡导和树立社会主义荣辱观，提高全行业干部员工思想道德素质，广泛宣传《中国公民出境旅游文明行为指南》和《中国公民国内旅游文明公约》，旅行社在组织游客出行前向游客发放宣传册，引导游客自觉遵守《公约》和《指南》，做文明游客。

【旅游行风和机关工作】 2011年11月8日，汕尾市旅游局局长张林海参加由市纪委、市监察局、市纠风办主办的“行风热线”，按照市行风热线工作领导小组办公室《行风热线交办函》要求，就“行风热线”中群众提出“开办旅行社、报考导游、游客维权、投资旅游、台湾个人游、旅行社签订合同”等方面情况向群众反馈。同时，推行政务公开，依托市党政信息网、广东旅游信息网、市旅游网，推进网上政务公开，把网站列为公开信息的重要途径。规范行政审批（审核、核准）事项和办事程序，实行网上办公，公开、公平、公正审批旅行社和星级饭店的设立与申评、全国导游人员资格考试以及导游员年审等工作实行网上公开，并且严格按时效办结，所有网上申报的事项都在规定时限内给予办结。

2011年，是汕尾市旅游局扶贫开发“双到”工作第二年。全局干部职工为陆河县螺溪镇良洞村22户贫困户提供各项帮扶，成效明显。开发了油茶、抚养毛竹、养牛和种植优质花生4个扶贫基地。共种植油茶100亩，帮扶资金5万元；抚养毛竹400亩，投入资金20万元，年收入达2.4万元；投入8.3万元为33户贫困户购买耕牛，并建起3个总面积达400多平方米的牛棚；帮助每户贫困户种植优质花生1亩，可增加收入1600元。在改善整村生产生活条件方面，投入13万元为该村建5个陂头和修复水渠；发动社会力量投入400多万元修建10公里硬化村公路和2座大桥；为100多户村民解决饮水困难问题；投入2000元建5个垃圾堆放处理点，改善该村卫生环境；筹集资金2万元，帮助村委装修办公楼，并完善办公配套设施；帮助所有村民参加新型农村合作医疗保险。此外，还帮助良洞村3名贫困子女免费就读汕尾技工学校，为4户贫困家庭子女申请得到助学金；帮助51户贫困户进行危房改造；为200多人次免费举办种养技能、转移就业技能等培训；为扶贫对象发放科普致富书籍；有47户家庭年人均收入达2500元以上。

【旅游教育培训】 2011年，汕尾市组织两次全国导游人员资格考试。全年有32人报名参考，其中上半年19人报考，通过考试7人；下半年13人报考，通过2人。5月21日，汕尾市旅游局举办导游年审培训，聘请广东省导游协会秘书长、高级导游员、华师增城学院副教授王晓宁就提高带团业务技巧、应急能力和服务质量水平经验为专题授课。全市导游员为期3天集中培训、考核，培训时间56课时，培训内容包括导游带团技巧、应急处理能力及服务质量提升、汕尾市旅游手册、旅游景区（点）导游词和导游人员综合素质理念。截至2011年底，全市有导游员156名，其中中级导游5名。年内，汕尾市还组织旅行社、星级饭店、景区（点）工作人员参加全省中高级管理人员培训班。

（王建国）

# 东莞旅游业

## 综　述

**【概况】** 2011年，东莞市旅游局按照“大旅游、大产业、大市场”的发展理念，贯彻落实《国务院关于加快发展旅游业的意见》，坚持以规划为指导，市场为导向，指导全市旅游行业，加大城市营销力度，整合旅游资源，强化行业管理，提高服务水平，提升旅游形象，打造旅游品牌，增强旅游产品吸引力，提升旅游企业竞争力，扩大旅游产业辐射力，延伸旅游产业链，全力推进旅游业发展，旅游经济保持良好发展态势。全年接待旅游人数2615.47万人次，其中过夜旅游者人数1686.13万人次，比上年增长8.72%；旅游总收入249.37亿元，比上年增长30.34%。

**【旅游行业规模】** 截至2011年底，东莞市共有星级饭店89家，其中五星级饭店19家、四星级饭店25家、三星级饭店31家、二星级饭店13家、一星级饭店1家。星级饭店客房数17899间，床位数24348张，从业人员40020人；拥有旅行社54家，其中出境游组团社9家。持证导游员1150名，旅行社从业人员2105人；拥有各类型景区（点）36家，其中A级景区7家（4A景区5家、3A景区1家、2A景区1家），景区（点）从业人员4110人。

**【东莞获“中国最具投资价值的旅游城市”】** 2011年4月21～23日，由亚太旅游联合会、国际度假联盟组织、中华生态旅游促进会主办，中国国际友好城市联合会支持，北京东方美天文化传媒有限公司承办的“中国旅游品牌世界之旅香港峰会暨中国国际旅游投融资洽谈会”在香港举行。在“中国最具投资价值旅游城市”的评选活动中，东莞市荣获“中国最具投资价值旅游城市”称号。

**【全市旅游工作会议】** 2011年3月23日，2011年全市旅游工作会议在东莞市会议大厦召开。东莞市委常委、副市长江凌出席会议。市政府副秘书长郭惠良、市旅游局局长梁少虾，各镇街分管旅游工作的领导及旅游办主任，市政府直属有关单位负责人，市旅游饭店广办会、旅行社行业协会会员及各旅行社、景区、星级饭店主要负责人参加会议。会议传达2011年全省旅游工作会议精神，总结2010年全市旅游工作情况和部署2011年全市旅游工作。

2011年3月2日，东莞市召开全市旅游工作会议。

**【“2011中华文化游”主题年活动】** 2011年3月28日，东莞市旅游局由局长梁少虾带队前往港澳地区开展旅游推广活动，向港澳同胞和海外游客派发《东莞美食地图》、《东莞旅游指南》、《东莞旅游地图》、东莞旅游形象宣传片等旅游资料，并与当地旅游机构、旅游业界人士开展交流活动，以推广东莞旅游资源、展示东莞旅游形象和加深与港澳旅游界的联系。是年，东莞市旅游局为配合国家旅游局和广东省旅游局做好2011中华文化游推广活动，专门成立以局长梁少虾为组长、副局长余建民为副组长、相关科室为成员的工作小组。

## 国际旅游

**【出境旅游】** 2011年，东莞市旅行社组团出国（境）游人数15.81万人次、增长7.53%。其中香港游51542人次、增长14.28%，澳门游58264人次、增长3.09%，出国游48325人次、比上年增长6.36%。

**【入境旅游】** 2011年，东莞市接待入境旅游者286.14万人次，比上年增长9.26%，其中外国人104.45万人次，增长11.74%；接待香港同胞104.35万人次，增长7.64%；澳门同胞8.77万人次，增长4.63%；台湾同胞68.57万人次，增长8.7%；国际旅游外汇收入90975.4万美元，增长34.60%。

## 国内旅游

**【国内旅游接待与收入】** 2011年，东莞市国内旅游总收入190.25亿元，比上年增长30.86%；接待国内旅游者人数1399.99万人次、比上年增长8.61%；旅行社组团国内游人数167.42万人次、比上年增长20.36%，其中组团省内游人数128.73万人次、比上年增长38.23%，组团省外游人数38.69万人次、比上年下降15.84%。

**【假日旅游】** 2011年春节黄金周，东莞市旅游接待人数540.37万人次，同比增长15.08%；过夜旅游者43.72万人次，同比增长2.61%；一日游游客496.65万人次，同比增长16.33%；旅游收入153961.5万元，同比增长22.56%。

"五一"小长假，接待人数75.81万人次，同比增长3.35%；过夜旅游者22.56万人次，同比增长2.27%；一日游游客53.25万人次，同比增长3.82%；旅游收入40263.36万元，同比增长10.92%。

"十一"黄金周，接待人数585.21万人次，同比增长19.95%；过夜旅游者48.26万人次，同比增长13.87%；一日游游客536.95万人次，同比增长20.53%；旅游收入198102.2万元，同比增长18.83%。

**【首个"中国旅游日"东莞旅游系列活动】** 2011年5月19日，东莞市旅游局策划主办首个"中国旅游日"东莞旅游系列活动，与东莞市文明办、绿道办共同主办的2011年"中国旅游日"暨东莞绿道旅游推广月活动在松山湖景区启动。东莞市委常委、副市长江凌及东莞市旅游局等相关部门领导，与市民一起骑自行车体验东莞绿道，游览松山湖旅游景区。推广月期间，各旅行社推出以绿道旅游为主题或包含绿道旅游环节的优惠线路；5月19日至6月19日，东莞市旅游局与东莞边防检查站在常平口岸联合举行"迎'中国旅游日'、做文明游客"宣传活动。

2011年5月19日，东莞市旅游局与市文明办、市绿道办共同主办首个"中国旅游日"暨东莞绿道旅游推广月活动启动仪式。

## 旅游市场推广与节庆活动

**【旅游市场推广】** 2011年，东莞市旅游局坚持"政府搭台、企业参与、媒体传播、旅游合作"的旅游宣传营销机制，运用"走出去"和"请进来"相结合、媒体传播与网络宣传相结合的旅游宣传方法，提升东莞城市形象的知名度。参与2011广东国际旅游文化节；举办首个"中国旅游日"东莞旅游系列活动；参与2011中华文化游港澳地区主题推广系列活动；参加13场国内外旅游展会；加强在《南方日报》、《东莞日报》等新闻媒体上的宣传与促销；设计制作《东莞旅游指南》、《东莞旅游图》、《深莞惠自驾指引图》等系列旅游宣传资料；结合"每天绽放新精彩"的城市宣传口号和标识制作宣传主题画开展户外广告营销；联合道滘镇人民政府与香港亚洲电视台《漫游岭南绿道》栏目合作拍摄专题片，并在亚洲电视本港台播出，向世界华人、港澳台同胞及省内同胞展示东莞传统民俗文化的精粹和绿道旅游特色；加强旅游网络营销，在官方微博宣传推介东莞旅游的景点、酒店、饮食以及发布有关旅游活动的新闻，在新浪微博上进行有奖竞猜活动。

组织旅游企业参加国内外旅游展销会。国内旅游展方面，于3月24～26日参加2011年广州国际旅游展览会，4月15～17日参加2011中国（西安）国内旅游交易会，6月24～27日参加2011中国（浙江）国际旅游商品博览会，9月2～5日参加2011中国（广东）旅游产业博览会，9月6～11日参加第七届（厦门）海峡旅游博览会，11月23～28日参加2011中国（昆明）国际旅游交易会。境外旅游展方面，于3月9～12日参加2011年柏林国际旅游展，3月9～15日参加2011年马来西亚旅游展，3月16～19日参加2011年莫斯科国际旅游展，3月26日至4月3日参加在香港、澳门举行的2011中华文化游主题旅游年相关展会，6月9～12日参加第25届香港国际旅游展览会，10月13～15日参加第四届国际旅游与世界遗产旅游博览会（澳门）2011国际旅游投资洽谈会，10月20～26日参加2011加拿大蒙特利尔国际旅游展。

**【2011广东国际旅游文化节（东莞）分会场】** 2011年，东莞市继续以分会场的形式参与2011广东国际旅游文化节活动，设计制作花车参与11月5～8日在韶关举行的"2011广东国际旅游文化节花车巡游嘉年华活动"，邀请嘉宾出席开幕式，借助国际盛会加大东莞与国际旅游市场的沟通，展示东莞城市形象和推广商务休闲旅游。

**【2011东莞旅游文化节】** 2011东莞旅游文化节于9月27日开幕，整个活动为期3个月，由东莞市旅游局主办，东莞市道滘镇人民政府、谢岗镇人民政府、常平镇人民政府、南城区办事处、寮步镇人民政府和东莞市旅游协会、东莞市旅游饭店协会、东莞市旅行社行业协会承办。整个旅游

文化节由三大类60多项活动组成，主题类活动有“万人互游深莞惠”城际旅游大串游活动、东莞旅游摄影大赛、东莞市导游大赛、“缤纷精彩在东莞”旅游展示会、“悠游东莞”节庆季等，节庆类活动有开幕式、谢岗登山节、第七届广东国际啤酒节、第十届东莞美食节、寮步香市旅游文化节等，惠民类活动包括东莞各旅游企业采取形式多样的利民惠民措施服务市民和游客，旅行社推出118条优惠旅游线路，景点推出大幅度门票优惠，星级饭店提供住宿餐饮康乐优惠等。活动呈现出办节方式丰富、国际化程度提升、贴近生活参与性强、文化与旅游相融合体现更加全面等特点。

2011年9月27日，2011东莞旅游文化节开幕式在粤晖园举办。

**【“幸福美卷·东莞十大景观”评选】** 2011年6月至8月，由《南方日报》驻东莞记者站主办，东莞市精神文明办公室、东莞市旅游局指导的“幸福美卷——东莞十大景观”评选活动，经过网络投票和专家评议等环节，鸦片战争博物馆、松山湖景区、可园、银屏山、东莞市中心广场、观音山国家森林公园、新华南MALL、黄旗山、茶山南社古村、香市动物园获评“东莞十大景观”；长安莲花山、袁崇焕纪念馆、粤晖园、龙凤山庄影视度假村、诺华中式家具博物馆获评“五大特色景观”。鸦片战争博物馆获评“幸福美卷——珠三角十大景观”，可园、观音山国家森林公园获评“珠三角特色景观”。

**【区域旅游合作】** 2011年，深圳、东莞、惠州市（简称深莞惠）发挥三地地缘、市场、资源、资金和管理优势，推动游客互送，着手联合编制旅游发展规划，促进三地旅游协调发展。落实了按年度由深莞惠三地旅游部门轮流作为深莞惠三地旅游合作轮值主席单位机制，2011年是东莞市作为轮值主席单位，先后于3月和8月两次牵头召开三地旅游合作联席会议，负责组织开展年度三地旅游合作工作；由深莞惠三地（文体）旅游局牵头，互为客源地和目的地，三地旅行社按照市场化运作的模式，组织游客互访互游，启动仪式于9月27日在东莞举行，三市旅行社各组织100人旅游团参加活动启动仪式，后续活动由旅行社推动活动持续开展；设计制作25000册《深莞惠旅游指南》，其中深圳10000册、东莞12000册、惠州3000册，全面介绍深莞惠三地旅游资源、旅游产品和特色线路；以“缤纷深莞惠，精彩都市游”为宣传口号，开展联合促销，组成营销联盟，统一布展，联合参加“2011中国（广东）国际旅游产业博览会”，扩大三市区域旅游品牌的影响力；在新闻媒体上加大了对三地旅游合作的宣传，在《南方日报》刊登“深莞惠旅游一体化”专题报道，在《中国旅游报》上以“缤纷深莞惠，精彩都市游”为题进行专题报道，在深莞惠当地的主流媒体也加强了深莞惠旅游品牌的宣传报道；启动《深莞惠旅游发展规划》编制工作。

东莞市旅游局组织部分旅游企业到广西壮族自治区的阳朔、河池、百色、南宁等市县开展旅游线路考察活动，组织市旅游饭店协会正副会长及会员单位代表组成饭店考察团赴上海、苏州等地区学习考察当地饭店的先进管理经验。东莞市旅游局2011年先后接待来自梅州、中山市，广西壮族自治区的河池、百色、南宁市，江西省井冈山市，新疆维吾尔自治区喀什市，吉林省长白山市，安徽省黄山市，福建省福州、三明市，甘肃省敦煌市，北京市顺义区，河南省修武县，浙江省温州市等十几个省内外兄弟市县的旅游推介团来东莞开展旅游推介活动。

## 旅游资源开发和景区（点）建设

**【旅游规划】** 2011年4月7日，《广东省旅游业“十二五”发展规划》、《广东省邮轮旅游发展规划（2011～2020年）》评审会在广州召开，东莞市旅游局对涉及本市旅游业发展部分提出修改建议和意见；虎门镇召开《中国近代史主题公园策划方案》评审会；黄江镇召开《东莞黄江镇总体规划修编（2010～2020年）前期研究》评审会；东莞市旅游局协助市城乡规划局开展《东莞市酒店业发展规划布局指引》课题研究工作，组织东莞市旅游饭店协会、市旅行社行业协会及部分酒店和旅行社代表与课题调研组召开座谈会，并提供全市酒店相关资料。参加同沙生态公园概念规划及宗教文化博物馆座谈会；协助省旅游发展总体规划编制调研组来东莞调研工作等。

**【绿道旅游】** 2011年，东莞市投入8亿多元资金，建成225公里区域绿道，完成区域绿道建设任务，实现对2号、3号、5号三条省立绿道东莞段沿线主要旅游观光点的串联，绿道的绿化、路径、驿站和标识系统“4个100%”目标任务的完成，东莞绿道共建有高标准驿站26个。于“5·19”启动“中国旅游日”系列活动为契机，主推东莞绿道推广月活动，宣传推广绿道建设成果；设计编印新的东莞旅游地图，增加绿道旅游指引；深莞惠区域旅游合作涉及联合参展、编制旅游指南、启动万人互游活动等工作中，均将推广绿道旅游列入其中；动员旅行社设计以绿道为主题的旅游线路并提供优惠，纳入到东莞旅游优惠券的系列措施，以吸引市民和游客旅游；挑选景点、旅行社参与全省范围的“广东绿道护照活动”和“国民休闲绿道旅游”活动；2011广东国际旅游文化节期间，制作的东莞花车以“精彩深莞惠，幸福绿道游”为宣传口号，推介东莞绿道建设成果；与市摄影家协会合作开展东莞旅游摄影大赛，以绿道为主题的摄影作品是征集重点；整合绿道网沿线各类旅游资源，整合沿线自然、历史和人文资源景点，拓展绿道网的旅游覆盖范围，结合康乐健身、休闲旅游和科教宣传，丰富绿道网的内涵。

2011年8月28日，“本色杯”旅游摄影大赛在松山湖景区举行开镜仪式。

**【新开发、新建设景区（点）】**

龙凤山庄影视度假村　位于东莞市凤岗镇。占地38万平方米。龙凤山庄气候宜人，环境幽雅，上百种珍稀植物，高达70%面积的绿色覆盖。园内分为中式风情园、欧式风情园、南亚风情园、日式风情园4大婚纱摄影“风情主题园区”，碧绿清透的西西里城堡、天鹅湖、威尼斯水乡、欧式罗马教堂、山泉瀑布、绿阴大道、玫瑰园、薰衣草园、葵园、荷兰风车、流星沙滩、格林童话小镇、欧式长廊等50多处特色拍摄景点。

诺华·中国家具博物馆　位于道滘镇东莞诺华家具工业园内，占地1万平方米，展示面积约5000平方米，总投资约1亿元，自2011年3月15日起免费开放。由东莞诺华家具有限公司全资建造，广东省家具行业协会为主要管理单位。该博物馆展示设计以不同历史时期（朝代）人们生活方式的变迁为背景，以家具品类的丰富演变历程为主线，用具代表性的家具及其配套艺术陈设营造出生动的生活场景，并借助丰富的图文史料与高科技的影像、多媒体演示等方式，采用“点（单件家具）面（生活场景）结合”的形式，真实地再现各个历史时期的家具特质与生活风貌。

## 旅游行业监督管理

**【旅游市场监督】**　2011年，东莞市加大旅游质监执法和旅游市场巡察的力度，对非法经营、零负团费、欺客宰客、无证导游带团等问题进行查处，严厉打击违规经营行为，联合相关部门在全市范围内对黑社、黑导、黑旅游车等违规违法行为开展“打黑”专项行动。做好旅游投诉的受理和处理，做好旅游投诉公示制度。3月15日，东莞市旅游局在《东莞日报》“3·15”消费特刊上刊登《合同签署要详细　旅游维权要理性》的特刊。特刊上，东莞市旅游局就发生旅游纠纷时的投诉途径、消费者旅游维权的步骤进行详细解说，并列出发生在东莞市的两个旅游案例供客人参考，以便于游客更好地维护自己的合法权益。

**【旅游安全管理】**　2011年，东莞市质量技术监督管理所共收到各类旅游投诉与咨询1578件，正式投诉116件，立案116件，结案116件。其中，旅行社94起、占81%；景点14起、占12.1%；饭店8起、占0.9%；出境游27件、占投诉总数的23.3%；国内游89件、占投诉总数的76.7%；降低等级标准类的投诉19件、占投诉总数的16.4%，延误变更行程类的投诉28件、占投诉总数的24.1%，擅自增减项目类的投诉19件、占投诉总数的16.4%，导游未尽职责的10件、占投诉总数的8.6%，其他类的投诉40起、占投诉总数的34.5%。

是年，东莞市旅游局加大旅游安全工作督察和检查力度，召开旅游质监、旅游安全工作会议，开展安全生产调研，依法行政、综合执法，及时高效受理旅游投诉。对“黑旅行社”经营网点进行摸底排查工作，联合市公安局、工商局开展打黑行动，共查处2家涉嫌违规经营旅游业务的黑旅行社和1家涉嫌超范围经营旅游业务的旅行社。对全市旅游行政法规行政处罚裁量标准细化。协助做好省旅游局对东莞市腾龙假日国际旅行社导游未持证上岗事件开展调查。协助做好省市消防局在全市旅游企业开展消防安全“防火墙”工程。协助市安监局开展“五一”全市安全生产交叉检查。协助市质监局开展“质量强市”相关联络协调工作。

**【旅行社】**　2011年，东莞市旅游局先后到虎门、莞城、常平、厚街等镇街旅行社走访检查，对《旅行社条例》实施后旅行社质量保证金由10万元提高到20万元逾期未补缴的旅行社催缴，确保政策的严肃性，保障旅游者的合法权益。加强对旅行社分支机构的管理，规范经营，旅行社分社和门市部重新备案。对10多家旅行社150多份备案资料开展实地检查，符合要求的分社和门市部重新核发备案证明，减少承包、挂靠、超范围经营等现象的发生。是年，东莞旅行社共59家，其中出境游组团社9家。另设非法人分社3家。

**【导游人员管理】**　2011年，东莞市完成2011年度全国导游员资格考试有关工作，先后两次组织导游员资格考试，共有389人次参加。其中，第一次导游考试参加人数197人（新考152人），37人通过；第二次导游考试参加人数192人（新考152人），44人通过。4月6~26日，组织2011年度全国中、高级导游员等级考试的报名工作，全市报名参加全国中级导游考试有28人，参加全国高级导游考试有6人。首次组织全市9家出境游组团社138名新办出境游领队人员参加领队证考试，考试合格人数约占报名人数的50%，企业和领队申请报考踊跃。至2011年底，全市导游人员共有1150人，其中初级导游员1118人，中级导游员32人。

【星级饭店】 2011年，东莞市常平欧亚国际酒店、虎门东方索菲特大酒店、厚街国际大酒店、石碣富盈假日酒店、天悦大酒店、华庭花园酒店6家饭店申请星评。其中天悦酒店和华庭花园酒店通过四星级饭店评定，欧亚国际酒店通过国家星评检查组五星级饭店评定检查，东方索菲特大酒店和国际大酒店经省星级评定委员会评定具备申评五星级饭店条件。截至2011年底，东莞市有89家星级饭店，其中五星级19家、四星级25家、三星级31家、二星级13家、一星级1家。全市共有45家饭店进行评定性复核，其中五星级9家、四星级13家、三星级14家、二星级8家、一星级3家；经过检查，取消星级饭店7家，其中五星级3家、四星级1家、三星级3家；申请延期复核的饭店有4家；待省星评委处理的饭店有1家。受省星评委委派，东莞市旅游局派员赴汕头、潮州、揭阳、惠州、深圳、珠海、顺德等市（区）10多家星级饭店开展四星级饭店评定性复核检查。

是年4月中旬，全省2010版旅游饭店星级标准宣贯培训班在东莞市嘉华大酒店举办。本次培训班有近700人参加，邀请2010版全国星级新标准起草人授课。东莞市旅游局组织全市70多家饭店近90人参加培训班。11月下旬，东莞市旅游局组织全市部分饭店投资者和高层管理人员共20人赴上海考察，先后参观浦东香格里拉、新天哈瓦那、世博洲际、丽兹卡尔顿、柏悦、半岛、和平饭店7家高端饭店，并与上海旅游局行业管理部门座谈。

【信息化建设】 2011年，东莞市旅游局加强政务网站建设，推进网络问政和网上建言献策活动，推动网络信息公平，对现有网站进行优化，发布旅游资讯并确保旅游资讯的权威性，发挥网站宣传功能，全力打造旅游门户网站。加大网民对企业诚信经营的监管力度，减少旅游质量纠纷。在旅游网站上开展信用评星活动，投诉越少、发布信息越全的旅行社，信用评星就越高；建立旅游团队信息动态监管平台，由旅行社把团队信息及时填报到监管平台上，游客可以利用平台进行监督以及投诉。突破传统的网络展示形式，尝试引入3D展示技术。酒店和旅游景点尝试引用3D技术作为网络展示的新形式，从而达到更为生动直接的宣传效果。东莞市旅游局在新浪、腾讯、139说客等大型信息平台开通官方微博，全年共发布微博2000多条，约50万网民参与。据腾讯微博统计，东莞市旅游局官方微博粉丝量达22万多人。东莞市旅游局继续完善升级后的旅游统计直报系统，做好旅游统计月报、季报、年报、黄金周报等常规性统计。东莞市旅游局被评为2011年度全市“统计先进单位”。

【旅游行业协会】 2011年，东莞市更换社会团体法人登记证书、组织机构代码证，征收111家会员单位会费，发动并率领8家会员单位赴韶关乳源参加“情系乳源·广东旅游爱心行动”，捐出爱心款项15.6万元人民币。根据东莞市质量技术监督局对旅游协会的要求，协助发动5家会员单位申报2011年《东莞市政府质量奖》评选。

旅行社协会　举办2011年导游技能大赛、2011年旅行社行业协会篮球赛，与东莞日报定期举办行业沙龙，协助省市旅游局开展旅行社评星、扶贫、导游年审培训、推介会等工作。

旅游饭店协会　与中国音像著作权集体管理协会东莞办事处协商，协助会员单位解决卡拉ok版权费纠纷。

## 旅游教育培训与精神文明建设

【旅游行业精神文明建设】 2011年12月20～21日，东莞市旅游局联合市人力资源局、新莞人管理局共同主办“2011年东莞市导游职业技能大赛”决赛。大赛历时2个月，经初赛与决赛，136名选手通过自我展示、模拟讲解、知识问答、才艺展示等环节，评选出“东莞市金牌导游员”，“东莞旅游宣传大使”等奖项。获专业组前8名的选手同时获得东莞市人力资源局颁发的“东莞市职业技术能手”称号，享受积分入户加分的政策优惠。东莞市人民政府高度重视此次活动的开展，成洪波副市长、陈志超副秘书长等市领导出席决赛活动，并为获奖选手颁发获奖证书。是年，东莞旅游行业及从业人员围绕精神文明建设，开展争先创优活动，曾玉如被评为“全国旅游系统先进工作者”，东莞市旅游局、东莞康辉国际旅行社被评为“广东省旅游系统先进集体”，梁永雄、容盛军、梁汝楚、陈玲被评为“广东省旅游系统先进个人”。

【旅游教育培训】 2011年5月24日，东莞市组织各旅行社中、高级导游员前往广东科学馆参加全省中、高级导游员研讨班的学习。6月8～9日和6月29～30日分两期对全市初级导游员进行继续教育培训、考核，培训重点围绕2011“中华文化游”主题，加强导游员文化知识的学习，强化导游员讲解能力，提升导游服务质量。协会向全市所有旅游企业下发《关于参加东莞市应急救护培训的通知》（东旅通［2010］44号），组织旅游企业的管理人员和一线工作人员参加由东莞市红十字会组织的全市旅游企业员工应急救护培训工作，并颁发《东莞市红十字会救护员》证书。东莞市旅游协会做好年度第二次全国导游资格考试工作，分别在《羊城晚报》、《东莞日报》、东莞阳光网和中国东莞旅游网发布招考信息，向各旅行社、景点、院校发送招考文件。

（钟金伟）

# 中山旅游业

## 综 述

**【概况】** 2011年，中山市着力完善自驾车旅游目的地体系建设，加紧建设大型旅游项目，精心开展旅游营销策划，推动旅游活动与辛亥百年、建设幸福广东工程相结合，创新开展区域合作，规范旅游市场经营秩序，营造健康的旅游发展大环境。全年在建旅游项目投资总额达375亿元，市政府设立400万元旅游重大投资项目专项资金，配套《中山市旅游重大投资项目专项资金管理办法》优先推进重大项目建设。全市接待国内外过夜游客665.28万人次，比上年增长13.17%；旅游业总收入151.41亿元，比上年增长20.96%。受金融危机及人民币升值等因素影响，旅游外汇收入2.47亿美元，比上年下降10.41%。

**【旅游行业规模】** 2011年，中山市修订并完善《中山市旅游业发展“十二五”规划》（以下简称《规划》），该《规划》是中山市40个“十二五”专项规划之一，由中山市委、市政府统一部署，中山市旅游局于2010年6月委托广东省机电设备招标中心就规划编制单位采购项目进行竞争性谈判，确定广州地理研究所为中标人。2010年7月，中山市旅游局与广州地理研究所组成规划编制领导组和规划编制课题组启动规划编制工作。《规划》依托优美的岭南水乡风光，一镇一品的工业发展集群优势和以孙中山为代表的名人文化、华侨文化等进行整合开发。2010年9月底，规划课题组收集各镇区提供的“十二五”期间的旅游重点项目，整理出《中山市旅游业发展“十二五”规划》初稿，向中山市旅游局做规划汇报，听取中山市旅游局对规划的修改意见和建议。于2011年初，中山市委、市政府批准实施该《规划》。

**【领导关心旅游业】** 2011年8月10日，广东省副省长招玉芳率省政府办公厅、外经贸厅、口岸办、旅游局等部门负责人，赴中山调研外经贸和旅游工作。招玉芳一行考察中山故居片区，并召开座谈会听取工作汇报。10月9日晚，岐江游一期项目启用及岐江一河两岸整治一期工程竣工仪式在岐江河畔千灯水岸广场举行。省人大常委会副主任陈用志、省政协副主席汤炳权、市四套班子领导及现场观众一同观看焰火表演。

8月25日，中山市市长陈茂辉、副市长谭培安在市旅游局局长车卫陪同下调研全市旅游重点项目建设情况，视察南朗镇“辛亥革命纪念公园”、“翠亨国际旅游小镇”以及海上温泉等项目，听取其他旅游在建项目进展情况的汇报。陈茂辉要求“把旅游业作为产业转型升级的重要抓手，突出抓龙头、抓亮点、抓落实，把中山旅游规划好、建设好，打响伟人故里品牌。”5月9~11日，由谭培安副市长带队，中山与香港、澳门、广州、江门旅游局共赴马来西亚吉隆坡、新加坡、印度尼西亚雅加达，联合举办“一程多站旅游推介会”。

2011年10月9日，中山市岐江游一期项目启用。图为广东省政协副主席汤炳权（右二）在中共中山市委书记薛晓峰陪同下体验岐江夜游。

**【2011年“中国旅游日”主题活动】** 2011年5月19日，中山市旅游局、民众镇人民政府联合举办“畅游幸福绿道，感受岭南水乡风情”活动，组织旅游业界500多人以及省、市媒体记者20多人参加，体验民众镇8.5公里绿道两旁田园风光。副市长谭培安全程参与绿道游。中山旅游业界推出多项优惠措施：市内景点推出免费、4.5折或半价的优惠，旅行社把优惠政策延续至整个5月，酒店向客人推出免费早餐、免费健身、优惠入住等措施。

**【旅游综合改革】** 中山市加大旅游综合改革力度，近年来，编制《中山市旅游业发展总体规划（2005～2020年）》，制定《关于进一步加快旅游业发展的意见》（中府［2008］1号）、《中共中山市委　中山市人民政府关于加快旅游重点项目建设推动旅游业跨越发展的实施意见》（中委［2010］5号），制定《中山市旅游业“十二五”规划》。成立中山市旅游业发展领导小组和中山旅游集团有限公司。该公司负责推进国有旅游资产的经营运作，实现国有旅游资产的保值增值；参与旅游重点项目的前期规划、土地征用拆迁、配套设施建设等基础工作；作为旅游重点项目的招商引资主体进行投融资。引进一批高端旅游项目，包括翠亨国际旅游小镇、翠亨温泉旅游度假区、盛世游艇会、迪茵湖生态旅游度假区、水印江南苑等项目。结合一镇一品产业特色，深度开发工业旅游，打造旅游节庆品牌，开发特色旅游商品，开展多区域旅游合作，开拓华人华侨旅游市场，加大中山饮食文化宣传，积极把旅游业打造成为战略性支柱产业。

中山蓝波湾畔。（黄可明　摄）

## 国际旅游

**【入境旅游】** 2011年，中山市旅游接待入境过夜游客60.82万人次，比上年增长26.57%。其中外国游客11.45万人次，下降15.10%；香港同胞33.79万人次，增长38.82%；澳门同胞10.19万人次，增长59.69%；台湾同胞5.38万人次，增长40.29%。旅游外汇收入2.47亿美元，下降10.42%。主要客源国日本16310人次，马来西亚5198人次，新加坡4792人次，韩国3631人次。

**【出境旅游】** 2011年，中山市旅行社组团出境游20.68万人次，比上年增长20.29%。其中香港游11.59万人次，增长4.79%；澳门游2.42万人次，增长7.28%；台湾游1743人次，下降54.75%；出国游6.49万人次，增长86.08%。

## 国内旅游

**【国内旅游接待与收入】** 2011年，中山市接待国内过夜游客604.46万人次，比上年增长11.97%；国内旅游收入135.35亿元，比上年增长27.18%；旅行社组团国内游人数150.73万人次，增长6.09%。其中省内游120.67万人次，增长3.50%；省外游30.06万人次，增长17.93%。

**【旅游黄金周】** 2011年，中山市春节黄金周，景点接待游客70.37万人次，同比增长10.21%；接待过夜游客8.35万人次，同比增长6.23%；旅游收入1.77亿元，同比增长16.45%。“十一”黄金周，景点接待游客104万人次，同比持平；接待过夜游客9.51万人次，同比增长8.81%；旅游收入2.01亿元，同比增长9.24%。

**【红色旅游】** 2011年4月20日，孙中山故居纪念馆入选全国红色旅游经典景区第二批名录。4月15日，中山市与武汉、南京、广州市联合以“纪念辛亥革命一百周年”为主题，在参加中国（西安）国内旅游交易会及国家旅游局序厅联合布展上，孙中山红色旅游精品均提升到全国红色旅游精品之列。9月，中山、韶关、武汉市联合赴香港举行“踏寻百年足迹，体验辛亥之旅”——辛亥革命旅游推介会。10月29日，由中山市旅游局、南朗镇人民政府主办，武汉市旅游局、南京市旅游园林局、广州市旅游局、韶关市旅游局协办的“百年烟雨巷　伟人故里行”中山市纪念辛亥百年城际旅游互动欢迎仪式在辛亥革命纪念公园举行。共同推出孙中山革命风云之旅精品旅游线路，联合印制辛亥百年与孙中山革命风云之旅宣传资料，建立辛亥5城旅游合作关系。11月25日，中国20世纪三大伟人故里旅游合作联盟工作会暨会旗交接仪式在四川广安举行。

## 旅游市场推广与节庆活动

**【旅游市场推广】** 2011年，中山市旅游局组织各类旅游推介会5次，参加各类旅游展览会6次，接待来中山旅游推介城市5个。其中，5月19～11日，与香港、澳门、广州、江门共同赴马来西亚、新加坡、印度尼西亚举办3场“一程多站”旅游推介会；9月6日，联合武汉、韶关两市赴香港举办“踏寻百年足迹，体验辛亥之旅”旅游产品推介会；10月19日，与澳门旅游局共同赴南京市举办“中珠澳”旅游合作产品推介会。3月15～22日，参加2011俄罗斯国际旅游展；4月15日，赴西安市参加中国国内旅游交易会；6月8～12日，参加香港国际旅游展；6月24～27日，赴浙江义乌参加中国国际旅游商品博览会；9月2日，赴广州参加首届中国（广东）国际旅游产业博览会；9月6日，中山、武汉、韶关市旅游局共同在香港港丽酒店举行以“踏寻百年足迹，体验辛亥之旅”为主题的旅游推介会；9月24日，参加南京金秋旅游节。

2011年，中山市与河源、广州、佛山、肇庆、武汉、南京、韶关、梅州市举行大型旅游互动活动；延吉州、武汉市、武汉市江夏区、清远市、西藏自治区灵芝地区波密县来中山开展旅游推介活动。

2011年1月7日，广珠城轨通车。图为中山市为200多名广州市、佛山市和顺德区首发游客举行“广珠城轨中山旅游首发团”欢迎仪式。

**【百年辛亥，百万妇女游中山】** 2011年3月5日，由中山市旅游局、市妇联共同主办的“百年辛亥　百万妇女游中山”大型主题活动在孙文纪念公园正式启动。广东省妇联常务副主席周丽琼、中山市人民政府副市长谭培安、中山市妇联主席梁丽娴、中山市旅游局局长车卫等领导和来自港澳、珠三角地区的2000多名妇女游客共同见证启动仪式，并分赴东升镇品尝脆肉鲩宴。主办方力推孙中山风云之旅、中山红色之旅、城市风光游、养生康体游、田园山水游、特色产业游、美食文化游和休闲购物游8大精品线路。“三八”期间，开展万名港澳妇女游中山、孙中山风云之旅城际旅游互动（中山—广州、中山—武汉）、中山河源万人旅游互动，以及中山与珠海、江门、东莞、佛山、肇庆等城市间开展旅游互动。如：3月18日，孙中山风云之旅——中山、武汉旅游互动正式启动，百名武汉妇女春游中山；3月19日，广佛地区千名妇女畅游中山故里；3月20日，“万名港澳妇女游中山”首团游客抵达，中山市举办欢迎仪式；3月26日，河源千名妇女“走进中山故里，感受百年巨变”，启动中山、河源万人互动游。据统计：3月，中山市旅游景点接待游客79万人次，比上年增长9%；旅行社组织游客14万人次，增长3%；旅游饭店接待游客15万人次，增长4%。

**【岭南水乡旅游文化节】** 2011年7月28日至8月2日，以“幸福中山，和美水乡”为主题的中山市岭南水乡旅游文化节在民众镇长堤公园举行。内容包括：开幕式、水乡特色运动会、健康之旅——绿道体验游、果蔬美食嘉年华、三人飞艇赛、千人龙舟宴等。共吸引41万人次游客参与。

**【东升脆肉鲩文化美食节】** 2011年12月30日，由中山市发展和改革局、中山市旅游局、中山市经济和信息化局、中山市农业局、中山市海洋与渔业局、中山文化广电新闻出版局和东升镇人民政府共同主办的2011中山（东升）脆肉鲩文化美食节在东升镇举行。活动规模大、文化品位高、时尚元素强、科技元素新，包括开幕式、十大金牌菜评比、鱼王大比拼、“一鱼百味”自助美食、趣味捉脆肉鲩鱼活动、“百年辛亥中山情”大型冰雕展、星际数码游艺展、百万游客游东升等18项。美食节设室内展厅3万平方米，分5大专门展室、10大展区，展出百名中国书法名家书法展和千人现场创作脆肉鲩长卷画；设室外展位近200个，提供各式脆肉鲩烹饪、上百种中华风味小吃。活动期间，共有3000多台旅游大巴、5000多自驾游车辆到场，接待省内外、港澳等地游客超45万人，直接拉动消费6000多万元，每天消费脆肉鲩近4300公斤。整个活动持续至2012年1月2日。

**【哈尔滨大型冰雪文化艺术节】** 2011年11月12日，由中山市力信科技发展有限公司、哈尔滨市冰雪雕塑行业协会共同主办，以“百年辛亥中山情”为主题的“哈尔滨大型冰雪文化艺术节”在东升镇举行。本届文化艺术节景区共占地面积达3000多平方米。分室内、室外两大主题景区，室内景区主要有百年辛亥、锦绣中华、欧陆风情、冰河时代、动漫乐园等主题冰雕展区。室外景区则主要以关东风情为主，东北二人转、中山水乡的咸水歌演出开启南北文化交流的民俗风情之旅。国际冰雕大师李铁银等30多名来自哈尔滨的高端冰雕制作团队展出约百件作品，接待游客15万人次。活动持续至2012年3月31日。

## 旅游资源开发和景区（点）建设

**【旅游规划】** 2011年，中山市修订并完善《中山市旅游业发展“十二五”规划》，该《规划》是中山市40个“十二五”专项规划之一，由中共中山市委、市政府统一部署，中山市旅游局于2010年6月委托广东省机电设备招标中心就规划编制单位采购项目进行竞争性谈判，确定广州地理研究所为中标人。2010年7月，中山市旅游局与广州地理研究所组成《中山市旅游业发展“十二五”规划》编制领导小组和规划编制课题组，全面启动《规划》编制工作。《规划》依托优美的岭南水乡风光，一镇一品的工业发展集群优势和以孙中山为代表的名人文化、华侨文化等进行整合开发。2010年9月底，规划课题组收集各镇区提供的“十二五”期间的旅游重点项目，整理出《中山市旅游业发展“十二五”规划》初稿，向中山市旅游局做规划汇报，听取中山市旅游局对规划的修改意见和建议。于2011年初，中山市委、市政府批准实施该《规划》。

**【旅游投资】** 2011年，中山市重点投资建设的旅游项目有：孙中山故里旅游区、翠亨国际旅游小镇、中山温泉旅游度假区、岐江游二期、神湾盛世游艇会、锦绣海湾温泉旅游度假区、文笔山大风车世界、十里堤岸游艇旅游度假区、水·印·江南苑、迪茵湖生态旅游休闲度假区等。新增岐江游（一期）、罗三妹山公园、辛亥革命纪念公园等景点。至年末，孙中山故里旅游区环境改造及项目建设投入累计8316万元，其中投资3600多万元建设的辛亥革命纪念公园于10月1日投入使用；翠亨国际旅游小镇项目的环境整治及配套工程全面展开，包括S111道翠亨路段的路面改造、S111中山城至翠山路段道路两旁的环境优化、停车场建设、兰溪河整治、沙园路改造、桥梁建造及绿化工程等。翠亨文化艺术基地一期工程全面完成，二期工程正加紧改造建设；锦绣海湾温泉度假城项目累计投入4.65亿元；神湾盛世游艇会项目占地面积1286.6亩，其中300亩土地完成回填土工程。

1月7日，广珠城际轨道正式开通，200多名“广珠城轨中山旅游首发团”从城轨中山北站月台进入中山。3月12日，中山温泉被中国国家网络电视台授予“中国十大温泉”称号。7月9日，位于港口镇、博爱路、三乡镇的中山旅游咨询中心启用。

**【岐江游】** 2011年10月9日，岐江游一期启用。岐江游码头设在岐江公园内，途经岐江桥、人民桥、中山二桥、南外环桥，来回行程6.6公里，游览45分钟。两岸景观有岐江夜景、水景音乐喷泉、雨后彩虹（人民桥）、千灯公园。沿途景点有千灯水岸、天字码头、长桥飞瀑、故园忆旧、岐江公园候船长廊，大屏幕、长桥飞瀑、火树银花等；游船类型有高级商务接待艇、冒险鸭水陆两用船、孙文号（仿古豪华画舫）、铁城号（水上巴士）、庆龄号（双体豪华游船）等。

**【绿道旅游】** 截至2011年底，中山市按照珠江三角洲地区绿道网总体规划纲要，经过中山境内的区域绿道（省立）有2条，分别是珠三角绿道网规划1号线和4号线，主线182.7公里。其中，珠三角绿道1号线以沙田水乡、红树林湿地为生态背景，自北向南贯穿中山东部，4号线以五桂山生态保护区为生态背景，自西北向西南经过中山中部。本市境内的区域绿道串联了鸡鸦水道沿岸特色景点、中心城区公园、古香林景区、秀丽湖景区、职教园区、小琅环自行车公园、磨刀岛、红树林、岭南水乡等主要风景旅游点。

中山绿道旅游包含“村（翠亨）、城（主城区）、山（五桂山）、水（民众水乡）”四大元素。2011年主推城区绿道、博爱路绿道、民众镇绿道、三乡镇小琅环段绿道、金钟水库绿道五大绿道游线路。市自行车运动协会、市摄影协会、市妇联、市侨联、市委党校、团市委、石岐区办事处、市住建局等团体和部门先后组织市民代表、妇女代表、家庭代表、海外侨胞代表、团员代表以及党校学习班学员等参加绿道摄影比赛、绿道亲子活动、绿道骑行体验活动、亚运会火炬传递等。

**【新开发、新建设景区（点）】**

辛亥革命纪念公园　位于孙中山故里翠亨村孙中山故居纪念馆侧，占地19.8亩，毗邻中山纪念中学、兰溪河，是一个以纪念辛亥革命为题材的，融纪念、游览、休闲、集散等功能于一体的生态型广场公园。设有入口广场、辛亥历史记忆墙、逸仙亭、休闲长廊、特色喷泉等景点。2011年10月1日对外开放。

辛亥革命纪念公园正门。

罗三妹山公园　位于中山市三乡镇，海拔221米。1984年1月，邓小平到南方视察，28日，登上罗三妹山，在山上发出了“不走回头路”的世纪强音。为纪念这个重要的历史事件，中山市三乡镇投资3000万余元，以“不走回头路”为主题，以当年邓小平登山路径为主线，依山势布置邓小平经典语录碑刻、“摸着石头过河”景观桥、丰碑廊、仙池、高尔夫观景平台等多个景点。邓小平当年驻足眺望三乡的地方，矗立起一座崭新的邓小平青铜塑像。塑像由霍英东家族捐赠。公园内还有罗仙姑庙、孝德浮雕墙、三妹牧牛等情景雕塑。2011 年 1 月 28 日，罗三妹山公园对外免费开放。

树木园　位于中山市城区南郊，占地总面积 1400 多亩。园内有树木标本 92 科、1200 多种，分有木兰园、系统分类区、竹园等小园区。园内有 15 公里登山路，8 公里环山路、人工湖及休闲广场等等。树木园共分科普区、苗圃示范区、生态林建设示范区、科研管理区等 4 个功能区和 19 个小区。整个树木园主要以乡土树种主打。其中的乡土树种示范区，种植具有中山特色的树种，如土沉香、四药门花、黄桐、水松等。

水印江南苑　位于风景秀丽，自然资源丰富的西江沿线，规划面积 3252 亩。开发集参观游览、休闲度假、商务会议、运动娱乐等多功能为一体的具有江南文化特色的综合性休闲度假旅游景区，由江南园林游赏区、乡村生态度假区、湿地游赏区、运动休闲区、湿地文化区等五个景区组成。项目分三期进行投资建设。2011 年，初步建成 450 亩江南园林景区。

## 旅游行业监督管理

**【旅游市场监督】**　2011 年 3 月 15 日，中山市旅游局参加市消委会举办的“3.15 国际消费者权益日”活动，以“诚信中山，欢乐旅游”为主题的合理旅游维权进行宣传，通过现场咨询和派发旅游宣传资料的方式，让市民深入了解如何文明旅游、理性消费及保护自身合法权益等相关内容；同时解答市民提出的一系列有关游客权益以及旅游维权问题。市旅游局会同市工商局、市交通局、市食品药品监督局、市物价局，在元旦、春节黄金周、“五一”小长假、“十一”黄金周期间开展旅游市场联合检查，对违规经营、超范围经营、旅游购物欺诈行为、无证导游带团、虚假旅游广告宣传、误导游客行为进行集中整治。全年共派出执法人员 40 余人次，检查旅行社 25 家、旅行社分社 2 家、旅行社服务网点 30 家、导游人员 100 余人次，车辆 40 余辆，提出整改意见和建议 20 余条。受理旅游投诉 27 件，不予以受理 1 件，办结 25 件，结案率 96.2%，案件的处理满意度 100%。6 月 7～10 日，市旅游局相关人员参加 2011 年全省旅游质监执法工作培训班，学习《旅游投诉处理办法》、《旅行社服务质量赔偿标准》、广东“12301 旅游服务热线”旅游质监与投诉管理系统使用，开展旅行社设立、旅行社门市部设立、委托招徕业务及经营事项变更等各项常规工作的审查和整理。

**【旅游安全管理】**　2011 年，中山市旅游局与各大旅游企业签订《旅游安全管理责任书》，明确各自的安全工作责任。元旦、春节、“五一”，中秋国庆节假期、旅游旺季，会同市公安消防局、交通局、食药监局、质量技术监督局等部门，对旅行社、旅游景点、星级酒店、游乐游艺机械设备开展了安全大检查。先后对孙中山故居纪念馆、泉林山庄、长江水世界、中山富华酒店、中山国际酒店等进行了抽查检查。重点检查了消防、餐饮、娱乐、车辆等安全设施，严防发生旅游事故。2011 年 5 月 20 日，中山市旅游局、中山市公安消防局共同举办“中山市 2011 年度旅游行业消防技能竞赛”，全市 33 家星级饭店、5 家旅游景区和 5 家旅行社共 205 名员工代表参加比赛。比赛项目有：两盘水带连接室内消火栓、可燃气体火灾扑救、可燃液体火灾扑救。通过竞赛，旅游行业从业人员消防安全意识增强，全面提高消防安全“四个能力”（检查消除火灾隐患能力、扑救初起火灾能力、组织人员疏散逃生能力、消防宣传教育能力。全年全市星级饭店、景区（点）、旅行社没发生重大消防安全事故。市旅游局被评为“2011 年中山市消防安全先进单位”。

**【旅行社】**　2011 年，中山市认真贯彻《旅行社条例》及国家旅游局《2011 年规范旅游市场秩序十大重点任务督察工作》，对旅行社旅游合同、服务质量、旅游安全等遵守行业法规情况进行监督检查，开展旅游合同违法违规行为检查专项行动，检查旅行社 25 家，导游 100 余人，提出整改意见 10 多条。全市每家旅行社均建立健全质量监督管理制度，配有专职质监员，市旅游局不定期对旅行社进行检查监督。全年未出现较大的旅游质量投诉案件，未发生安全事故，旅行社责任保险投保率 100%。组织实施两次全国导游资格考试，完成 638 名持证导游的继续教育和年审，18 名导游考取国家中级导游资格证书，1 名导游考取国家高级导游资格证书。中山市旅行社资产总额为 2.65 亿元，负债总额为 2.23 亿元，所有者权益为 4266.4 万元，其中营业收入总额为 10.75 亿元，利润总额为 920 万元，实缴税金总额为 908.35 亿元。

**【星级饭店】**　2011 年 7 月 27 日，中山市新增三星级饭店 1 家（民众镇御创饭店）。至年底，中山市拥有星级饭店 37 家，其中五星级 3 家，四星级 6 家，三星级 22 家，二星级 4 家，一星级 2 家。7 月至 11 月，全市共完成 25 家星级饭店的复核和评定性复核，有 4 家饭店因装修或停业暂缓复核，为民酒店等 4 家饭店因停业被取消星级。

2011 年 1 月 1 日，《旅游饭店星级的划分与评定》（GB/T14308－2010）正式实施，中山市旅游局指导饭店企业重视酒店设施的设备保养，完善和落实管理制度，优化公共区域卫生和环境、提高服务质量，保持星级达标和安全运营。在饭店消防安全管理方面，按照市公安消防局、市旅游局联合制定《中山市星级酒店消防安全管理规定》，推行星级饭店消防安全标准化管理，对照《中山市星级酒店消防安全标准化管理评分细则》，对33家星级酒店进行考评，被评定为A级的占总数66.67%，B级的占33.33%。星级酒店实行总经理负责制，分管消防安全的副总经理为直接负责人，在酒店内部逐级签订年度《消防安全生产责任书》，开展员工消防安全培训，组织消防安全演练，排查消防安全隐患，遵循“谁主管谁负责”原则，形成部门自检自查，保安部门月度检查，酒店安委会督查三级检查制度。

**【旅游行业协会】** 2011年8月，中山市旅游协会改选，郑钟强当选新一届旅游协会会长。2月25～26日，由广东省旅游局、广东省旅游协会主办的“情系乳源　幸福广东——广东百家旅游企业爱心行动”在韶关市乳源瑶族自治县举行。中山市旅游协会组织京华世纪酒店、小榄大信皇冠假日酒店、中山青旅、菊城假期旅行社、博爱名城文化产业有限公司5家旅游企业共捐款8万元，为帮助该县洛阳镇板长村开展危房改造、村道改造、发展种养等项目奉献爱心。6月3日，广东省旅游协会向中山市颁发“活力广东自驾游最受车友欢迎目的地”牌匾，也是全省首块最受车友欢迎自驾游目的地牌匾。此前，梅州、惠州、河源、韶关4座城市曾获此殊荣。同日，广东省旅游协会组织调研组，在中山市香格里拉大酒店召开广东省游艇旅游调研座谈会。2011年，中山市旅游协会编印《中山旅游》杂志共6期。

2011年7月9日，中山市旅游局主办“百年辛亥·百万车友游中山暨中山青旅‘任我行’自驾游俱乐部成立仪式”活动。

## 精神文明与教育培训

**【旅游精神文明建设】** 2011年2月17日，中山市组织1000多名旅游系统巡游方队参加第24届中山慈善万人行巡游，22家旅游企业为市红十字会筹集善款70多万元。10月25～27日，举办中山市旅游行业“力信科技杯”第六届运动会。

**【旅游行风和机关工作】** 2011年，中山市旅游行政管理部门以坚持“标本兼治，纠建并举”的方针，和谁主管、谁负责“管行业、管行风”原则，扎实开展旅游行风和机关作风建设。1月21日，在2011全省旅游工作会议上，广东省人民政府授予中山市“广东省旅游综合改革示范市”荣誉称号。中山中国国际旅行社荣获全国旅游系统“先进集体”和广东省旅游系统“先进集体”称号，并通过“国家旅游服务业标准化试点单位”考核验收，“连续十二年守合同重信用”称号；中山菊城假期国际旅行社获“连续十年重合同守信用企业”称号；多家旅行社被评为“中山市诚信单位”、“文明经营单位”。2011年，中山市旅游局办理回复人大代表、政协委员建议、提案22件，其中承办、分办及主办15件，收到网民网络问政建议11份。11月15日，车卫、黄玉瑜、厉健当选中山市第十四届人大代表。市旅游局被评为中山市2011年度消防工作先进单位、《中山年鉴》编撰先进单位。市旅游局局长车卫被评为“全省旅游系统先进个人”，副局长张文被评为“中山市2011年度消防工作先进个人”。

**【旅游教育培训】** 2011年1月12日，市旅游局邀请律师莫培刚担任常年法律顾问，并为全市星级饭店、旅行社、景（区）点、社会监督员代表解读《最高人民法院关于审理旅游纠纷案件适用法律若干问题》和《中山市旅游局行政处罚自由裁量权量化标准》，共150人参加培训。3月3日，邀请国家级旅游饭店星级评定员、联合国世界旅游组织咨询专家、旅游管理专业博士生导师何建民教授为中山市旅游企业管理人员举办“优质服务管理方法与案例”讲座，共有400多人参加培训。4月15～17日，组织本市主要旅游饭店负责人参加省旅游局举办的2010版饭店星级标准宣贯培训班。6月18～24日，组织局机关干部和镇区第三产业管理办公室、旅游企业负责人共52人，到清华大学参加为期7天的培训学习，通过理论讲解、案例分析、座谈交流等环节，学习旅游发达地区旅游业的经验，全方位提高旅游局机关干部和旅游企业管理人员的管理水平。10月13日，组织全市旅行社相关人员约40人到珠海，参加广东省旅游局组织的“旅行社风险防控暨事故处理研讨会”。

2011年3月和9月，中山市分别组织2011年度第一次、第二次全国导游人员资格中山考场的考试，共有455人参加考试，152人通过导游资格考试，通过率33%。

（刘　婧）

# 江门旅游业

## 综　述

**【概况】** 2011 年，江门市旅游业按照市委十一届委员会第九次全体会议通过的“做大做强旅游业，立足历史人文、山水风情、江海风光、现代都市等特色旅游资源，以世界文化遗产开平碉楼与村落为龙头，加强旅游产业的整体规划，延长旅游产业链，提升旅游资源的整合和营销水平，积极打造具有侨乡特色的国内著名旅游胜地。”的意见以及江门市 2011 年《政府工作报告》关于“突出发展生产性服务业和旅游业，特别是要充分利用江门生态环境优美、旅游资源丰富的优势，大力整合旅游资源，尽快把旅游业打造成带动服务业大发展新的产业链条和引擎。”的要求，认真贯彻落实国发［2009］41 号文和全省旅游工作会议精神，以科学发展为主题，以转变经济发展方式为主线，着力推动旅游业集聚发展，着力打造旅游总体形象，着力构建最佳旅游目的地，着力提升旅游服务质量，以倒逼机制促工作落实，取得了显著的经济效益和社会效益。

**【领导关心旅游业】**

*祝善忠考察开平碉楼与村落*　2011 年 2 月 5 日，国家旅游局副局长祝善忠在开平市副市长谢超武、江门市旅游局副局长冯裕聪、开平市旅游局局长许永锋和开平碉楼发展有限公司总经理邝积康陪同下，考察开平自力村碉楼群。祝善忠对碉楼的独特性给予高度评价，希望加大宣传力度，吸引更多游客前来参观。

*招玉芳到江门调研*　7 月 25 日，副省长招玉芳率省有关部门负责人赴江门市调研外经贸和旅游工作，考察国家 4A 级景区立园，强调要发挥优势，抢抓机遇，做大做强江门旅游产业，突出抓好旅游发展规划、抓好重大旅游项目建设、抓好旅游宣传促销，通过旅游带动第二产业发展、进一步推动扶贫开发工作。

*雷于蓝出席开平碉楼认养大会*　12 月 31 日，广东省开平碉楼认养大会在开平市潭江半岛酒店召开。副省长雷于蓝、省政府副秘书长江海燕、省文化厅厅长方健宏，江门市领导刘海、黄悦胜、韩安贵、冯立坚，开平市党政领导以及省、江门、开平相关部门负责人、专家、企业代表、华侨代表约 230 人出席大会。开平市文物局与 20 座碉楼认养代表现场签订认养协议，开平市人民政府为认养者颁发荣誉证书。

*代市长刘海指出江门要整合旅游资源*　1 月 13 日，江门市代市长刘海参加市十三届人大 6 次会议开平市代表团第一组分组讨论时指出：“江门整个旅游策划的起点要高。我们的特点是散，拉不起一个龙头。你讲碉楼，我就讲小鸟天堂；你讲梁启超，我就讲梅家大院，讲温泉。海南岛就整合了这些资源，所以经过十多年波折，终于找到成功之路。我们要整合我们的旅游资源。”

2011 年 2 月 5 日，国家旅游局副局长祝善忠（左二）考察世界文化遗产——开平碉楼与村落。

**【旅游行业规模】** 截至 2011 年底，江门市共有国家 4A 级旅游区 8 家；星级旅游饭店 31 家，其中五星级酒店 5 家，四星级酒店 3 家，三星级酒店 21 家，二星级酒店 2 家；旅行社 59 家，其中出境游组团社 5 家；全市有在职导游 735 人，兼职导游 740 人。

**【重大旅游决策】** 中共江门市委十一届委员会第 9 次全体会议通过决定：“做大做强旅游业，立足历史人文、山水风情、江海风光、现代都市等特色旅游资源，以世界文化遗产开平碉楼与村落为龙头，加强旅游产业的整体规划，延长旅游产业链，提升旅游资源的整合和营销水平，积极打造具有侨乡特色的国内著名旅游胜地。”江门市《政府工作报告》要求“突出发展生产性服务业和旅游业，特别是要充分利用江门生态环境优美、旅游资源丰富的优势，大力整合旅游资源，尽快把旅游业打造成带动服务业大发展新的产业链条和引擎。”江门市旅游局出台《江门市自驾车旅游营地建设标准（试行）》，按照“成熟一个、发展一个”的原则，以点带面推动全市自驾车旅游营地的建设，该标准分为定义、基本原则和适用范围、营区建设、管理和服务、营地安全、申报、试行时间七个部分。中共恩平市委、市政府印发《关于加快发展旅游业的意见》和《印发贯彻落实中共恩平市委 恩平市人民政府关于加快发展旅游业意见重点工作分工方案的通知》。

**【重要旅游活动】** 2011年11月10～11日，国内旅游接待统计体系试点工作中期研讨会在江门新会古兜召开。国家旅游局政策法规司以及北京、天津、上海、江苏、浙江、广东、广西7个试点省（市、区）旅游局分管统计工作的领导和具体负责试点工作的统计人员出席会议。会议提出，要通过建立以过夜指标为核心的国内旅游评价体系，理顺旅游业发展速度、质量和效益之间的关系，逐步引导全国旅游业走出粗放型的发展模式，将发展重心放到提升服务质量和产业竞争力上。

**【“2011中华文化游”主题年活动】** 2011年1月25日，开平市举办首届中国民俗文化艺术彩灯博览会，主要活动有彩灯展览、美食品尝、文艺演出和高空杂技表演等；新会区举办第八届“圭峰之春”文化庙会，主要活动有歌舞、武术、民俗文化等；台山市举办首届黑沙湾沙雕艺术旅游文化节，邀请国际沙雕大师——张永康、张伟康沙雕兄弟来黑沙湾献艺，沙雕作品有30多个，主题涉及中国人文、历史、宗教等，如孔夫子、林则徐、妈祖沙雕等；中央电视台、广东省委宣传部、江门市政府联合主办“江门月·中华情”2011年中央电视台中秋晚会，以“月”为轴，以“情”为线，分《月印故土》、《月系亲缘》、《月满华夏》三大篇章。演员阵容强大，大陆明星有：刘欢、那英、张也、毛阿敏、杨洪基、迪克牛仔、刀郎、美少女组合、阿里郎组合、浣纱女组合等；香港明星有：谭咏麟、容祖儿、甄妮、林子祥、黄家强、张卫健、余文乐，台湾明星则有费翔、费玉清、范玮琪、苏有朋等。

**【2011年“中国旅游日”主题活动】** 2011年5月19日，江门市“5·19”中国旅游日暨“百万市民绿道游、幸福广东手牵手”绿道旅游启动仪式在新会圭峰山风景名胜区隆重举行。本次活动由江门市旅游局、新会区旅游局联合主办；江门日报社、江门市旅游俱乐部协办；江门市大方旅游国际旅行社有限公司承办。李崴副市长出席启动仪式并致辞。新会区领导、市直有关单位领导、各市区旅游局领导约30多人参加启动仪式。恩平市举办5·19“中国旅游日”暨全民健身绿道行活动、“幸福恩平”万名学生畅游家乡活动，以及各旅游企业和景点景区开展的公益惠民活动。

江门市举办“5·19”中国旅游日暨“百万市民绿道游、幸福广东手牵手”绿道旅游启动仪式。

**【国民旅游休闲计划】** 2011年，江门市举办“5·19”中国旅游日暨“百万市民绿道游、幸福广东手牵手”绿道旅游、“江门月·中华情”、2011中国（江门）侨乡旅游节、2011新会葵乡欢乐旅游节、2011江海区文化旅游暨美食节、2011台山市滨海旅游节暨首届台山黑沙湾沙雕旅游文化节、2011中国（江门）开平碉楼文化旅游节、2011鹤山生态旅游节暨“快乐雁山汇”新年舞会、2011恩平温泉旅游文化节暨美食嘉年华等节庆活动、第一届碉楼油菜花节、开平首届中国民俗文化艺术彩灯博览会；印发《关于加快自驾车旅游营地建设，推动乡村旅游发展的意见》和《江门市自驾车旅游营地建设规范（试行）》，建成古兜温泉自驾车旅游营地；打造“会城天马、茶坑村休闲生态游”、“崖门乡村养生保健体验游”等旅游线路，推广滨海、绿道、碉楼等旅游线路，推进乡村游、精品游的发展；与香港、澳门、广州、中山联手在东南亚国家进行旅游推广，打造“一程多站”旅游线路，与澳门合作，打造江门、澳门“两门世遗”旅游大品牌，进一步构建江港澳旅游专线车一体化；建设江海区海逸酒店、新会银湖湾游艇俱乐部、新会希尔顿酒店、台山上川岛圆山大酒店、台山神灶温泉、台山黄金海岸旅游度假区、开平碉楼文化展示区、鹤山喜来登酒店、恩平美林温泉小镇和恩平盛林生态旅游度假区，为市民和游客参加休闲旅游提供更丰富的选择和更优质的服务。

## 国际旅游

**【入境旅游】** 2011年，江门市接待入境旅游者129.17万人次，比上年增长9.51%。其中外国人3.55万人次，下降79.23%；旅游外汇收入60166.78万美元，比上年增长26.25%。港澳游客始终是入境客源的主流，占整个入境游客数的78.38%。

2011年，江门市宾馆共接待入境游客148.63万人次，比上年增长24.86%。在入境游客中，外国人23.01万人次，同比增长5.98%；香港同胞69.58万人次，同比增长26.69%；澳门同胞45.37万人次，同比增长16.69%；台湾同胞10.68万人次，同比增长30.88%。在酒店接待的外国游客中，前十位客源国依次为日本、美国、加拿大、马来西亚、意大利、英国、法国、新加坡、澳大利亚、德国。

**【出境旅游】** 2011年，江门市旅游社组团出境游148989万人次，比上年增长26.22%。其中，香港游40373人次，增长17.79%；澳门游98538人次，增长33.70%；出国游10078人次，下降0.10%。出境游以日韩、新马泰为主线。

## 国内旅游

**【国内旅游】** 2011年，江门市接待国内游客2391.1万人次，比上年增长15.17%。国内旅游收入115.33亿元，比上年增长31.49%。旅行社组团国内游85.28万人次，比上年增长10.22%，其中，省内游73.79万人次，比上年增长18.07%，省外游11.49万人次，比上年下降22.76%。省外游主要集中在北京、湖南、云南、海南、上海、广西、湖北、四川、福建、山东等地。其中北京是江门市省外游重要旅游目的地。

**【假日旅游】** 春节黄金周，江门市接待游客178.93万人次，同比增长15.06%，旅游收入4.92亿元，同比增长15.76%。"五一"小长假，接待游客65万人次，同比增长9.33%；旅游收入1.92亿元，同比增长16.63%。"十一"黄金周，接待游客208.37万人次，同比增长14.79%，旅游收入6.57亿元，同比增长16.28%。

**【乡村旅游】** 2011年，江门市旅游局印发《关于加快自驾车旅游营地建设，推动乡村旅游发展的意见》和《江门市自驾车旅游营地建设规范（试行）》，通过自驾车游营地建设推进乡村旅游发展。江海区以礼乐镇现代农业为基地，积极发展种植、养殖等农业旅游；新会区积极打造"会城天马、茶坑村休闲生态游"、"古井皇裔村爱国主义游"、"崖门乡村养生保健体验游"；开平市举办第一届碉楼油菜花节推进乡村旅游；恩平市政府研究制定农家乐旅游发展方案。

**【红色旅游】** 2011年，江门市借助第十九届广州国际旅游展览会、西安（国内）旅游展和2011中国（广东）国际旅游产业博览会等大型活动，重点宣传推介广东人民抗日指挥部旧址（鹤山）、新会纪念周恩来总理视察新会图片展览馆、梁启超故居、开平司徒美堂故居、南楼七壮士抗日旧址、周文雍陈铁军烈士陵园、恩平镬盖山六壮士战争遗址等红色景区（点），鼓励和组织各大旅行社编制红色旅游教育线路，会同宣传、教育等职能部门，以红色旅游活动为载体，组织市民群众和中小学生参观红色旅游景点

## 旅游市场推广与节庆活动

**【旅游市场推广】** 2011年，江门市根据旅游市场的实际情况，以打造国内著名旅游目的地为目标，加强粤港澳、珠中江和外省的旅游合作，借助电影《让子弹飞》加大旅游推广力度，举办系列旅游节庆活动拉动旅游消费，开展形式多样的旅游宣传推广活动，巩固粤港澳核心市场，着力开拓外省旅游市场。2月，邀请浙江品质旅游（组团）联盟20家旅行社负责人到江门考察旅游线路；3月，与广州市、中山市旅游局联合举办"2011年广州国际旅游展览会媒体及买家团考察采风活动"；5月，联合香港、澳门、广州、中山旅游局到新加坡、马来西亚、印尼三国开展旅游宣传推广活动，推介粤港澳"一程多站"旅游线路，吸引东南亚游客到粤港澳旅游；11月，在江西省南昌市举办大型旅游推介会，并与南昌市旅游局签署旅游合作协议。

2011年，江门市组织旅游企业参加2011年广州国际旅游展览会、2011中国（西安）国内旅游交易会、第二十五届香港国际旅游展览会、首届中国（广东）国际旅游产业博览会、2011第六届海峡两岸台北旅展等5个大型旅游展览会，针对重点市场推广江门旅游品牌和产品。

**【2011广东国际旅游文化节（江门）分会场】** 2011年11月11日，2011中国（江门）侨乡旅游节暨江门侨乡美食购物节在江门市东湖广场隆重开幕。广东省侨务办公室副主任郑建民、省旅游局副局长张振林，市领导庞国梅、赵基耀、谭继祖、梁清兆、李崴及蓬江四套班子领导、市旅游节组委会成员单位出席开幕式，市民、游客约1000人参加开幕式活动。活动分为开幕式、五邑侨乡文化系列活动、侨乡万人游活动、侨乡风情旅游系列活动四大板块，其中侨乡风情旅游系列系列活动包括江门侨乡美食购物节、江海区文化旅游暨美食节、新会葵乡欢乐旅游节、台山市川岛

风情旅游节、开平碉楼文化旅游节、鹤山生态旅游节、恩平温泉旅游文化节7项活动。

**【旅游节庆活动】** 2011年，江门市先后举办2011中国（江门）侨乡旅游节暨江门侨乡美食购物节、2011新会葵乡欢乐旅游节、2011江海区文化旅游暨美食节、2011台山市滨海旅游节暨首届台山黑沙湾沙雕旅游文化节、2011中国（江门）开平碉楼文化旅游节、2011鹤山生态旅游节暨"快乐雁山汇"新年舞会、2011恩平温泉旅游文化节暨美食嘉年华等节庆活动。

**【区域旅游联盟与协作】** 2011年，江门市贯彻落实《粤澳合作框架协议》，与澳门特别行政区旅游局、澳门旅游教育学院达成合作培训旅游管理人才。与香港特别行政区、澳门特别行政区，广州、中山市联手在东南亚国家开展旅游宣传推广活动，打造一程多站的旅游精品线路。开平市与澳门特别行政区合作，打造江门、澳门"两门世遗"旅游大品牌，进一步构建江港澳旅游专线车一体化。江门市旅游局邀请广东省政策研究室、南京大学对江澳合作进行专题研究，撰写《江澳旅游合作研究报告》，为江澳合作提供理论依据。积极与省外旅游交流与合作，先后与武汉、南昌、桂林、梧州等市签订旅游合作协议，以拓展省外旅游客源市场，打造江门大旅游奠定新基础。

## 旅游资源开发和景区（点）建设

**【旅游规划】** 2011年，江门市及辖下三区四市的《江门市旅游发展"十二五"规划》均编制完成并正式实施。市旅游局邀请南京大学编制《江门市滨海旅游产业园发展规划》，台山市旅游局组织川岛旅游区邀请省内规划编制单位编制《中国川山群岛旅游发展总体概念规划》，恩平市旅游局邀请浙江省远见旅游规划设计研究院编制的《恩平市地热国家地质公园大良旅游经济区策划》，通过专家评审。

修葺一新的梅家大院。

**【旅游投资】** 2011年，江门市在建项目有：江海区海逸酒店、新会银湖湾游艇俱乐部、新会希尔顿酒店、台山神灶温泉、鹤山喜来登酒店、恩平美林温泉小镇；建成项目有：台山上川岛圆山大酒店、开平碉楼文化展示区、恩平盛林生态旅游度假区；招商旅游项目有：台山海龙湾国际游艇俱乐部申请立项，开平市赤坎古镇综合开发项目、开平加拿大村度假旅游开发项目、台山梅家大院正在招商中。

**【旅游景区（点）与基础设施建设】** 2011年，江门市各旅游区（点）加强基础设施建设，如古兜温泉增加缆车、自驾车营地等多种项目及高端客房，逸豪酒店改建增加逸品厅及金伦厅等上档次的餐饮厅房，锦江温泉增建1号楼等高级别墅客房，川岛的千帆碧湾酒店的子牙会增建餐厅客房，台山的凤凰峡建设客房。

**【新开发、新建设景区（点）】**

江门康桥温泉景区　位于江门台山市白沙镇朗南村，于2011年11月24日评定为国家4A级旅游景区。该景区一期用地面积800亩，二期用地面积400亩，三期用地面积1100亩。度假村古朴典雅、功能齐全，包括：度假村酒店、酒店湖畔别墅区、VIP别墅区、综合服务区、水疗温泉区、度假果园农庄、水上乐园等配套服务设施。康桥温泉度假村第二期、第三期将投入资金约2.2亿元。

台山冈宁圩　位于台山市水步镇西部，曾为拥有102座洋楼的兴旺圩市，冈宁圩洋楼以美丽多变的楼顶装饰见长，洋楼立面顶部镌刻各种图案。2011年作为电影《让子弹飞》中"鹅城"取景地而声名鹊起，游客慕名而来，台山市地方政府抓住机遇着手对冈宁圩旅游开发进行规划和招商。

恩平盛林生态旅游度假区　位于大田镇东南村委会和岑洞，由恩平盛林生态旅游有限公司开发建设和保护、管理，由集商务、会议、娱乐、休闲度假于一体的高级旅游度假酒店——恩平山泉湾花园酒店度假区和以"激情漂流"为主题的岑洞峡谷探险漂流旅游区构成。其中酒店用地面积约400亩，拥有客房506间，有可容纳800人的高级会议中心，高级水疗SPA中心，夜总会，商务中心，购物中心，室内温泉、泳池，儿童游乐中心，高尔夫训练场，体育基地等多项配套设施。岑洞峡谷探险漂流旅游区位于原始森林七星坑口，毗邻恩平最高峰君子山以及库容4.7亿立方米的锦江水库。已开发游乐项目：激情漂流、抒情漂流、趣味水上乐园、激光+实弹射击、原味烧烤、森林观光、原始村落参观、飞翔滑草、攀踏君子山等。

**【绿道旅游】** 2011年，江门市境内有省立绿道3号线和6号线，绿道主线总长286.4公里，绿道绿化率达90%以上，连接40多个自然景区和旅游景点，已建成滨江篁边、潮连、荷塘、白水带、釜山公园、大西坑公园、南楼、马降龙等12个驿站，规划绿道标识设置点1300多个。江门市内绿道按照“都市型、生态型、郊野型”三种类型规划建设，突出滨江山水葵林特色、世界文化遗产特色、侨乡历史人文特色，充分展现江门市深厚的历史、人文底蕴和优美的自然生态。根据绿道不同路段的风格，江门市旅游局策划推出“市区滨江风光绿道游”、“新会人文景观绿道游”、“开平世界文化遗产绿道游”、“新会圭峰山风景区绿道游”等绿道旅游精品线路。1月14日，江门市旅游局开展新春绿道行活动，倡导国民休闲旅游；5月19日，江门市旅游局在新会圭峰山风景名胜区举办江门市“5·19”中国旅游日暨“百万市民绿道游、幸福广东手牵手”绿道旅游启动仪式，开平市旅游局举办“幸福广东手牵手、开平绿道邀您游”活动，恩平市举办“5·19”中国旅游日暨全民健身绿道行活动。

**【旅游扶贫】** 2011年，江门市共申报3个旅游扶贫项目，其中台山黄金海岸旅游度假区和恩平市歇马举人村两个项目被评为广东省2011年旅游扶贫重点项目，获得省财政旅游扶贫项资金40万元。

*台山黄金海岸旅游度假区* 位于台山市赤溪镇鱼塘湾，由台山市黄金海岸旅游度假有限公司于2011年初投资兴建，分两大片区：山地度假片区拟建设酒店、别墅、山地度假观光地等项目，滨海休闲片区拟发展休闲渔业、餐饮、购物及娱乐等旅游项目，规划3年建成，开发陆地面积为6.7万平方米，海域面积为300万平方米，预算总投入4430万元。该项目2011年获得广东省旅游扶贫专项资金20万元，重点建设绿化和景区标识牌等工程项目。

*恩平市歇马举人村* 位于恩平市东北部，有670多年历史，历代英才辈出，被誉为“骑在马背上的功名之乡”，于2005年开发成旅游区，现成为以“旅游教育”为主题的旅游区和“乡村游”景区，该项目2011年获得广东省旅游扶贫专项资金20万元，重点建设绿化和景区标识牌等。

**【扶贫开发“双到”工作】** 韶关乐昌市长来镇长来村是江门市旅游局扶贫开发“双到”联系点。2011年江门市旅游局筹集资金30多万元帮扶贫困户家庭购买生产资料、修缮房屋，帮扶村集体发展经济，修建道路、篮球场、垃圾池以及帮扶当地教育发展等，并派专人长期驻村开展扶贫工作。

**【旅游创强工作】** 2011年，台山市接待游客520万人次，比上年增长27%，旅游收入30亿元，比上年增长36%。经广东县域经济研究与发展促进综合评估，台山市进入“2010广东县域旅游综合竞争力”前十名。台山市借助电影《让子弹飞》拍摄外景地的效应，加大宣传力度，推介台山的旅游环境和侨乡文化。连续在中央电视台“走遍中国”栏目和“城市1对1”栏目作重点推介华侨文化、长寿之乡、梅家大院、中华白海豚、海上丝绸之路等特色旅游。台山市出台旅游政策，设立川岛旅游特别贡献奖，对贡献突出的旅行社给予重奖。拟投资18亿元建设的海龙湾游艇项目已立项，神灶温泉工程项目进度加快，康桥温泉创建国家4A级旅游景区进展顺利。

**【旅游转型与产业升级】** 2011年2月23日召开的江门市全市旅游工作会议对旅游转型与产业升级工作进行动员和部署，要求蓬江区和江海区推进都市观光休闲区、新会区推进银洲湖高端旅游区、台山推进海岛——滨海休闲度假区、开平推进碉楼与村落观光休闲区、恩平推进地热地质公园休闲度假区、鹤山推进大雁山—古劳水乡沿西江观光休闲区集聚发展。全市重点推动滨海旅游产业集聚发展，邀请南开大学规划编制组编制《江门市滨海旅游产业园发展规划》。

## 旅游行业监督管理

**【旅游市场监督】** 2011年，江门市加强旅游广告的检查和监管，完善旅行社旅游投诉处理机制，开展旅游质监管理人员法规知识培训。全年开出7份旅游行政执法限期整改通知书，通报3家违规雇用无证导游的旅行社，受理48起旅游投诉，结案率100%，为旅游消费者理赔金额31572元。其中涉及旅行社38起，占投诉总量的79.2%；涉及酒店5起，占投诉投诉总量的10.4%；涉及景点（区）5起，占投诉总量的10.4%。

**【旅游安全管理】** 2011年，按照《2011年江门市旅游行业“安全生产年”活动工作方案》，全年开展旅游安全生产检查活动16次，出动检查人员98人次，检查旅游企业123家，排查出旅游行业一般安全隐患60处，整改60处，整改率100%，全市没有发生旅游安全事故。

**【旅行社】** 截至2011年底，江门市有旅行社54家，其中新批准设立的旅行社5家。全市有持证导游员1475人，其中，初级导游员1431人，占97%，中级导游员41人，占28%，高级导游员3人，占2%；全市持证外语导游员33人，其中在旅行社从事导游工作13人，占39.4%；全市兼职导游20人，占60.6%。是年，全市旅行社自觉遵守行业法规，诚信经营，与旅游者签订旅游合同，服务质量总体状况良好。继续贯彻执行导游资格考试制度，严格按有关文件做好香港、澳门永久性居民中的中国公民报考全国导游人员资格考试工作。进一步加强对导游员IC卡年审工作，严格按照导游证IC卡记分管理办法，以导游员的接待团量和人数、投诉情况为年审依据材料，对全年累计扣分达10分者或不能提供劳动合同（协议书）者不予通过年审。

**【星级饭店管理】** 2011年，江门名冠金凯悦大酒店评定为五星级饭店。截至年底，全市星级饭店总数31家。年内，江门市旅游系统组织宣贯2010版星评新标准，开展诚信建设和优质服务活动，对酒店的空调、燃气、热能和照明等系统进行技术改造和升级，降低能耗和减少污染物排放。

**【旅游标准化建设】** 2011年，江门市各级星评委将星级饭店复核工作列为重点，先后派出星评员逾200多人次到各星级饭店指导工作。市星评委组织全市各级星评委和星级饭店负责人参加国家旅游局和省旅游局在重庆、东莞市举办的2010版旅游饭店星评新标准宣贯班，并举办江门市宣贯班，全市星级饭店共100多名管理人员参加培训。三区四市级星评委和星级饭店也分别举办本系统和本单位的宣贯班。各星级饭店按照新标准，对饭店各项硬件设施和软件服务进行自查整改。景区标准化工作着重抓好国家4A级旅游景区创建工作，台山康桥温泉被评为国家4A级旅游区；积极推进圭峰山国家森林公园、古兜温泉度假区、开平碉楼与村落景区、川岛旅游区创建国家5A景区工作。是年，还制定《江门市自驾车旅游营地建设标准（试行）》，江门市第一个自驾车旅游营地古兜自驾车旅游营地于9月8日建成开放，营地坐落于古兜温泉度假区月泉湾休闲半岛，占地面积达8000平方米。营地内设帐篷区域、休闲生活区域、露天KTV、营地服务中心、汽车保养中心、医疗服务等等。

**【旅游信息化建设】** 2011年，江门市为广东省旅游信息报送系统录入企业基础信息，充实数据中心，支撑12301旅游服务热线、政务网、广东旅游公众服务网（优游网）、绿道旅游在线、网上旅博会、旅讯通手机移动应用（中国移动）等相关信息化项目。借助省旅游局政务网、广东旅游公众服务网（优游旅游网）、微博（绿道旅游）和江门市旅游网等网络手段，发布江门旅游新闻资讯和各类推广活动、旅游攻略等动态信息，及时向社会宣传推介旅游资源和各类活动，获取社会关注度，建立无形广阔的网络宣传平台。

**【旅游行业协会】** 2011年，江门五邑旅游协会组织会员单位参与旅游局的绿道宣传推广活动和创建车游营地工作，参加国内外举办的大型旅游促销活动，在全国性及省级媒体（电视台、报纸、杂志等）以合作拍摄电视宣传片等软性广告形式加强旅游形象宣传，组织会员单位考察海南三亚，以古兜为首站培训基地开办中高层管理人员理论和技能培训班。

## 精神文明建设与教育培训

**【旅游行业精神文明建设】** 2011年，江门市旅游局组织和指导全行业开展创建“全国文明城市”工作，各旅游单位利用宣传标语、报刊等多种形式深入宣传创建全国文明城市的重大意义，印制数万份《品质旅游出行提示》小册子在各旅游单位和旅游团队行前会议上派发，向出游市民及旅游企业员工宣传道德规范和文明行为规范。同时，在江门旅游网、旅游单位经营场所和印制宣传单张，宣传普及国家旅游局制定的《中国公民国内旅游文明行为公约》和《中国公民出境旅游文明行为指南》，引导游客养成文明礼貌的行为习惯。继续深化旅游企业诚信旅游、诚信经营的活动，加大对不诚信行为的整治力度，打击和查处虚假广告、货不对版等损害消费者的行为。

**【旅游机关作风建设】** 2011年，江门市旅游局制定《作风建设反馈意见的整改方案》，加强旅游市场的监管、ISO管理等，整改分思想发动、责任分工、集中整改、评价问责四个阶段进行，着力解决机关人员思想和机关制度群众关注的问题，重点工作是增强服务意识转变工作作风。市旅游局还逐级签订《江门市旅游局党风廉政建设层级责任书》，制定和实施《江门市旅游局2011年纪律教育学习月活动实施方案》。

**【旅游教育培训】** 截至2011年底，江门市有设置旅游专业的高等院校3家（江门市职业技术学院、广东南方职业学院、江门市广播电视大学）；中专类9家（江门市杜阮旅游职业学校、江门市技师学院、江门新英职业学校、江门市第一职业高级中学、江门市新会机电职业技术学校、台山市职业技术学校、开平吴汉良理工学校、江门职业技术学院附属中等专业学校、鹤山市职业技术高级中学），每年为旅游行业培养2800多名中、高等旅游专业人才。

2011年，全市共组织435名考生参加2009年度全国导游人员资格考试，123人通过考试，通过率28%；组织600多名导游人员参加2010年度导游员继续教育培训班；组织2011年度酒店职业英语（初级）考试工作，通过率达94.4%；组织政务导游人员22人次开展专题培训各2期；组织全市酒店中基层管理人员培训班，培训课程包括管理人员必备素质、中西餐管理理论和实操知识、最新版星级饭店标准等，130多名学员参加培训；举办全市旅游质监管理人员培训班，有100多名学员参加，讲授《旅行社条例》、《旅行社服务质量赔偿标准》，并结合案例对最高人民法院《关于审理旅游纠纷案件适用法律若干问题的规定》等文件。

（黄建廉）

# 阳江旅游业

## 综 述

**【概况】** 2011年，阳江市深入贯彻国家旅游政策法规和上级各项工作部署，以旅游综合改革为动力，全力打造“浪漫银滩、宋船古韵、温泉之都、水墨阳江、休闲绿城”五大旅游品牌，加强推进规划、行业管理、旅游宣传促销、区域合作、旅游队伍和行风建设等工作，成效显著。全年全市接待游客899万人次，比上年增长23.8%；旅游总收入66.35亿元，比上年增长55.46%。

是年，阳江市被省政府授予“广东省旅游综合改革示范市”称号；先后出台《阳江市加快旅游综合改革工作方案》、《阳江市全力塑造旅游品牌，建设国际休闲旅游度假胜地工作方案》、《中共阳江市委、阳江市人民政府关于大力支持海陵岛发展滨海旅游产业的意见》等政策措施；编制完成《阳江市“十二五”旅游业发展规划纲要》和《阳西县旅游发展总体规划》以及沙扒镇、东平镇旅游发展规划；阳西县咸水矿温泉度假村通过4A级景区省级评检；“南海Ⅰ号”旅游品牌更加突出；旅游区域合作、旅游行业管理和旅游行风建设等工作均取得实效。

**【领导关心旅游业】** 2011年9月13～14日，广东省副省长招玉芳调研阳江外经贸和旅游工作，参观考察广东海上丝绸之路博物馆、保利十里银滩综合开发项目，在旅游方面希望阳江发挥优势，从旅游规划、推进重大项目开发、宣传促销等方面着力做大做强特色旅游产业。8月1日，广东省副省长刘昆参加第九届南海（阳江）开渔节活动，并宣布开渔令。4月2日，阳江市委副书记、市长魏宏广，市委常委、常务副市长陈华康参加阳江市旅游工作会议，对加快发展旅游产业发展加温鼓劲。9月8日，广东省旅游局副局长张振林参加阳江市旅游文化节开幕式并致辞。

**【旅游行业规模】** 至2011年底，阳江市有各类旅游景区（点）28家，其中国家4A级旅游景区2家，3A级旅游景区1家。省级旅游度假区2个；有各类旅游住宿设施424家，客房数20073间，床位数36631张。其中：有星级饭店35家（五星级3家，四星级3家，三星级18家，二星级11家），星级饭店客房数3043间，床位数5615张；有旅行社28家，其中出境游组团社1家；纳入统计范围的旅游直接从业人员为5869人，其中旅游管理机构117人，A级旅游景区384人，星级饭店4800人，旅行社568人。

**【重大旅游决策】** 2011年，阳江市出台《阳江市加快旅游综合改革工作方案》、《阳江市全力塑造旅游品牌，建设国际休闲旅游度假胜地工作方案》、《中共阳江市委、阳江市人民政府关于大力支持海陵岛发展滨海旅游产业的意见》、《阳江市进一步规范“一日游”运营管理的实施意见》等政策措施。

**【重要旅游活动】** 2011年4月2日，阳江市2011年全市旅游工作会议在市政府小礼堂召开。中共阳江市委副书记、市长魏宏广，市委常委、常务副市长陈华康出席会议并讲话。会议对2010年度全市旅游工作进行总结和全面部署2011年旅游工作。会议提出，“十二五”时期，要着力把阳江市打造成为国际休闲旅游度假胜地。市领导为广东省政府颁发阳江市“广东省旅游综合改革示范市”牌匾揭牌。郑尤坚、容振标等市领导和各县（市、区）领导、市旅游委成员单位负责人，各县（市、区）旅游外侨（文体）局局长，各主要旅游企业负责人参加会议。

9月8日，阳江市旅游文化节开幕式在海陵岛国家海洋公园沙滩上举行。中共阳江市委副书记、市长魏宏，市委常委、常务副市长陈华康，省旅游局副局长张振林，省侨务办公室副主任黎静、省港澳事务办公室党组成员林涛等领导和嘉宾出席开幕式。魏宏广、陈华康和张振林等分别致辞。开幕式举办精彩文艺晚会和烟花汇演。节庆活动期间，组织开展广东月饼评比、阳江名优月饼大展销、阳江名优特产展销、根雕雅石展销、“阳江老字号美食名店”、“阳江老字号旅馆名店”、“阳江十大金牌点心”等18项评比活动。

9月2日，阳江市组团参加在广州琶洲保利世贸博览馆举办的2011中国（广东）国际旅游产业博览会。市委常委、市政府常务副市长陈华康带队，各县（市、区）政府分管旅游领导、旅游部门及旅游企业负责人参加活动。

11月5日，阳江市委常委、市政府常务副市长陈华康带队参加在韶关举行的2011广东国际旅游文化节活动。阳江市各县（市、区）政府分管旅游领导、阳江市旅游部门及旅游企业负责人参加活动，宣传“碧海银滩　船说阳江”旅游品牌形象。期间签订5个旅游开发意向项目，总投资额310亿元。阳江市制作花车一台参加巡游，获得组委会评选为三等奖。阳江市组织并推荐“2011广东旅游好新闻”评选活动，其中，阳江电视台制作题为《“南海一号”考古现场发掘游客亲身领略考古秘密》新闻消息获二等奖。《阳江日报》撰写的《“南海一号”将赋予中西交通史新的内涵》通讯获二等奖。

**【国民旅游休闲计划】** 2011年，阳江市实施国民旅游休闲计划实施，推出便民惠民旅游措施，包括：全市各大公园免费向游客开放。大角湾旅游区从10月起对市民实行五折票价优惠，大角湾旅游区与阳江市工商银行合作，共同推出100元/张的国民休闲优惠年卡，方便阳江游客多次进入大角湾；与中国移动阳江分公司合作，在阳江市范围内推出漠阳通“旅游100卡”，游客可享受购票和移动话费优惠；各旅行社开展咨询、便民、惠民系列活动。

**【2011年“中国旅游日”主题活动】** 2011年5月19日晚，阳江市在阳西咸水矿温泉度假山庄举行“5·19”中国旅游日庆祝活动，国内30多家旅行社100多名代表参加。广东省旅游局副局长张振林出席庆祝活动。活动期间，广东省海上丝绸之路博物馆、大角湾旅游区、阳江温泉度假村、阳西咸水矿温泉度假山庄、阳春春都温泉、阳春市凌霄岩、阳春市龙宫岩、阳春市崆峒岩8家重点景区对游客实施门票价格五折优惠。各旅行社根据景区优惠折扣开展便民、惠民咨询活动，现场推广旅游特价线路。

2011年2月18日，阳江市旅游界举行庆祝“中国旅游日”座谈会。

**【旅游综合改革】** 2011年，阳江市大力开展“广东省旅游综合改革示范市”工作，与市委政策研究室、市地税局等开展专题调研，充分发挥阳江市旅游委的作用，协调解决促进旅游发展的重大问题。编制《阳江市“十二五”旅游发展规划纲要》、《阳西县旅游发展总体规划》、《阳西沙扒风情小镇旅游规划》等规划，制定《阳江市加快旅游综合改革工作方案》、《关于加快旅游业改革与发展的实施意见》、《阳江市鼓励投资五星级及以上饭店的优惠及奖励暂行办法》、《关于加快阳江市温泉资源开发利用的实施意见》等政策措施。加强海滨旅游、环东湖旅游、阳春国家地质公园、温泉养生等旅游板块规划建设力度；加强旅游环境整治，改造升级大角湾、阳春国家地质公园凌霄岩景区、阳江温泉度假村、阳西咸水矿温泉度假山庄等景区；推动开展闸坡、沙扒、东平等阳江市旅游特色镇工作；抓好海韵大酒店、南波湾大酒店、南海湾温泉大酒店、凯铂大酒店等五星级建设。加强旅游宣传、打响广东海上丝绸之路博物馆“南海1号”品牌，推出“南海Ⅰ号”与开平碉楼、云浮六祖文化结合“南粤精品文化之旅”。加强旅游行业标准化和旅游行风建设，营造安全、规范、有序的休闲度假旅游环境。

**【贯彻落实《国务院关于加快发展旅游业的意见》】** 2009年以来，中共阳江市市委、市政府贯彻落实《国务院关于加快发展旅游业的意见》。

*以政府为主导加大旅游产业扶持力度*　先后出台一系列优惠政策，重点扶持、优先发展旅游业。2009年12月9日，中共阳江市委、市政府出台《关于加快旅游业改革与发展的实施意见》。根据《意见》，2009年至2011年，市财政每年安排120万元专项经费，用于旅游宣传促销，并根据财力逐年增加，纳入地方年度财政预算。各县（市、区）政府也要结合实际，安排相应旅游宣传促销经费。2010年2月3日，市政府五届三十一次常务会议通过《阳江市鼓励投资五星级及以上饭店的优惠及奖励暂行办法》，8月9日，中共阳江市委副书记、市长魏宏广主持召开市政府五届三十九次常务会议，审定《关于加快阳江市温泉资源开发利用的实施意见》和《关于进一步加强全市温泉资源勘查开发管理的意见》，要求加快推进阳江市“中国温泉之乡”建设。2011年，出台《中共阳江市委、阳江市人民政府关于大力支持海陵岛发展滨海旅游产业的意见》，发挥海陵岛的滨海旅游资源优势，打造“国内外知名滨海旅游休闲度假胜地和文化创意岛”。市旅游局联合交通运输局出台《阳江市进一步规范“一日游”运营管理的实施意见》，规范阳江市旅游市场秩序，推进依法治旅、旅游行业诚信守法经营。

*争取各有关部门支持*　市财政局为旅游业发展提供财政性资金支持，安排和落实旅游宣传促销经费。“十一五”

期间，拨付旅游促销推介经费600万元，旅游专项资金1920万元，其中，景区景点专项资金1000万元，扶贫资金920万元。市住建局加强城市总体规划与旅游发展规划的协调，将旅游基础设施建设融入城市总体规划，突出旅游城市的功能和特色。市交通运输局进一步完善旅游景区（点）的交通网络。市公安局为旅游各种经营活动和游客消费娱乐营造安全旅游环境。市卫生局加强对旅游食品安全综合协调及旅游餐饮、温泉浴池等公共场所卫生的监督执法稽查工作。市工商局加强对市场交易的管理，严厉打击旅游市场非法经营和旅游购物场所的制假、售假、私授回扣行为，会同旅游部门整顿规范旅游市场秩序。

推动与相关产业密切合作　随着全市旅游产品内涵的延伸，旅游产业逐步同其他产业相结合，形成新型的文化旅游、工业旅游、农业旅游等。广东海上丝绸之路博物馆建成开业后，带动海陵岛旅游环境整治、旅游项目投资。利用刀剪五金制造业优势，大力培育和创新发展工业旅游，十八子集团有限公司被评为"全国工业旅游示范点"。利用农村资源，进一步完善全市"农家乐"、"渔家乐"等新兴体验式农业旅游项目，如"福兴休闲娱乐生态园"、"新圣洋休闲渔业基地"等。阳江市成功创建为"广东省园林城市"，改造鸳鸯湖和金山植物园等主题公园，生态型、休闲型的旅游城市品牌逐步形成。利用优势资源，建设一批具有较强产业拉动和辐射作用、适应旅游市场需求、档次高、特色鲜明的精品旅游项目。海陵岛旅游环境二期改造、十里银滩西区旅游综合开发项目、阳江凯铂花园酒店、海韵国际大酒店、南海湾温泉度假酒店、蓝波湾酒店、阳春国际养生温泉度假村、阳江凤凰湖国际温泉度假区等一批重点旅游项目动工建设。

## 国际旅游

【入境旅游】　2011年，阳江市接待入境旅游者5.68万人次，比上年增长6.29%，其中外国人0.62万人次，比上年增长14.39%；旅游外汇收入2109.76万美元，比上年增长12.49%。

【出境旅游】　2011年，阳江市旅行社组团出境旅游人数为1739人次。其中香港游789人次，澳门游612人次，出国游322人次。

## 国内旅游

【国内旅游接待与收入】　2011年，阳江市共接待国内游客893.61万人次，比上年增长23.9%，其中接待国内过夜旅游者455.74万人次，比上年增长49.47%；国内旅游收入64.98亿元，比上年增56.96%。旅行社组团国内旅游人数14.61万人次，其中省内游8.39万人次，省外游6.22万人次。

【假日旅游】　2011年春节黄金周，阳江市接待旅游人数72.7万人次，旅游总收入27300万元，分别比上年增长30.0%和31.1%；"十一"黄金周全市接待旅游人数74.08万人次，旅游总收入31000.5万元，增长18.9%和30.1%，其中10月1～7日，进岛人次共有21.07万。海陵岛的主要宾馆酒店、阳江温泉度假村黄金周前三日的客房入住率达95%以上。"五一"节小长假（5·1～5·3），全市接待旅游40.27万人次，旅游总收入17537.5万元，分别增长23.8%和增长34.0%。

## 旅游市场推广与节庆活动

【旅游市场推广】　2011年，阳江市旅游市场推广以"南海Ⅰ号"为亮点，打造旅游品牌。3月，组织广东海上丝绸之路博物馆、大角湾等企业参加中华文化游主题旅游年港澳地区宣传活动，派发近万份宣传资料，宣传阳江市旅游资源和发展情况。编印《阳江山海风》旅游杂志和《阳江旅游手册》。在《粤游粤精彩》、凤凰网、央视网、新浪网电视栏目开展旅游形象宣传活动。组织旅游企业在长沙、武汉等地举办旅游招商推介会，组团参加2011中国（广东）国际旅游产业博览会、2011广东国际旅游文化节等大型活动。

市旅游外侨局积极组织人员"走出去"，先后在北京、广州、开封、长沙、武汉、深圳、珠海、澳门以及赴东盟四国、西班牙等地进行旅游交流推介活动。推动招商引资和新兴的客源市场。同时主动"请进来"，邀请全国19个

2011年4月13日，阳江市组织旅游企业赴武汉举办旅游招商推介会。图为两地旅游企业签订合作协议。

（谢华文　摄）

省、自治区和市著名旅行商和媒体先后前来阳江考察旅游线路和旅游采风，推出阳江海滨度假、南国药膳、南粤精品文化之旅等新产品。9月14日，2011年阳江旅游文化美食节暨面向港澳地区的旅游招商推介会在广东阳江海陵岛举行。澳门特别行政区政府旅游局副局长白文浩，香港中国旅游协会理事长、太平绅士卢瑞安等港澳客商200多人参加系列活动。本次推介活动有多个合作项目现场洽谈成功，包括投资额50亿元的阳东县东湖星岛国际生态旅游、23亿元的江城区新都汇时代广场、20亿元的阳东县东平珍珠湾滨海旅游开发等14个项目，投资总额120多亿元。

【旅游节庆活动】

2011年阳江旅游文化美食节　阳江市作为2011广东国际旅游文化节分会场，于8月18日至9月11日举行2011阳江市旅游文化美食节。9月8日晚，在阳江市海陵岛国家海洋公园沙滩上举行阳江市旅游文化节开幕式和晚会表演及烟花汇演。市委副书记、市长魏宏广宣布开幕，市委常委、常务副市长陈华康代表市委、市政府在开幕式上致辞。省旅游局副局长张振林，省侨务办公室副主任黎静等领导出席开幕式。节庆期间，在市区组织广东月饼评比等18项活动，推介阳江旅游文化和美食。9月10日，在阳江温泉举办“南国药膳”美食交流会，重点推介阳江“春砂仁肉排、七彩虫草花、古法秘制驴皮汤、鸡汤枸杞菜”等“南国药膳”。

2011第九届南海（阳江）开渔节　2011年8月1日，在闸坡国家中心渔港举行第九届南海（阳江）开渔节活动。活动家以“激情南海、幸福渔家”为主题，融入开船仪式、祭海、民间放生、渔家婚嫁庆典、千人渔家大宴、文艺晚会、国家级海洋公园牌匾揭幕和中国南海渔都授牌仪式等内容。广东省副省长刘昆、阳江市委书记林少春等领导，游客和渔民群众过万人参加开渔节系列活动。

【区域旅游联盟与协作】　2011年，阳江市加强旅游区域合作，与湖南省长沙市旅游局签订旅游合作框架协议。组织参加2011年“两广十市”区域旅游合作（湛江）联席会议，研讨“旅游信息拓展 合作创新共赢”，共同为两广十市发展旅游电子商务建言献策。将广东海上丝绸之路博物馆、闸坡大角湾、阳春凌霄岩等景点（区）纳入粤西桂东南旅游精品线路。加强与珠三角地区旅游合作，与广州、中山、湛江、江门等市签署区域旅游合作协议，加强旅游发展合作与交流，开展联合宣传促销，疏通无障旅游通道，联合打造广东山海区域特色旅游。与湛江、茂名等市研讨联合发展滨海旅游，共同打造广东粤西滨海旅游黄金海岸旅游线路。

## 旅游资源开发和景区（点）建设

【旅游规划】　2011年，阳江市编制完成《阳江市“十二五”旅游业发展规划纲要》。指导阳东县、阳西县和海陵岛试验区编制旅游发展规划，《阳西县旅游发展总体规划（2010—2020）》和《阳西县沙扒风情小镇旅游发展规划（2011—2020）》通过专家评审。《阳东县东平镇旅游发展规划（2011—2020）》、《凌霄岩外部环境整治规划》编写稿完成。

【旅游投资】　2011年，保利海陵岛十里银滩、阳江市南湖国旅凤凰湖国际温泉度村、阳春国际温泉养生度假村等10个重点旅游项目投资建设资金超过21亿元。引进恒大御景湾、敏捷休闲度假中心、海陵岛东岛休闲旅游区、阳东东湖生态旅游、阳西月亮湾滨海旅游度假项目、世润王洲旅游项目等重大旅游项目，意向投资超过400亿元。

【旅游景区（点）与基础设施建设】　阳江市是中国风筝之乡、刀剪之都、中国优秀旅游城市。海（岛）岸线470多公里，岛屿众多，有优质滨海沙滩26处，总长62.88公里。其中十里银滩被上海大世界吉尼斯总部评为“中国最大的海滨浴场”，海陵岛被《中国国家地理》杂志评为“中国最美十大海岛”之一。大角湾国家4A级旅游景区、“南海1号”广东海上丝绸之路博物馆、沙扒海天度假村、大澳渔村、玉豚山海滨公园等滨海旅游开发前景看好；阳春国家地质公园凌霄岩、龙宫岩景区、崆峒岩等喀斯特峰林地貌景观开发建设日臻成熟。阳江发现21处温泉资源，已开发阳江温泉、阳西咸水矿温泉度假山庄、阳春春都温泉度假村。阳江开发阳东东湖、涛景度假村、鸳鸯湖、金山植物

2011年9月9日，广东省旅游局与阳江市人民政府共同举办2011阳江市海陵岛港澳地区旅游招商推介会暨旅游项目签约仪式。（梁文栋　摄）

公园、阳春东湖等景点。阳江物产富饶，有“阳江三宝”等旅游特产，阳江十八子全国工业旅游示范点。阳江风俗独特，有风筝节、开渔节、端午龙舟节、阳春高留墟、贴春联等风情习俗。其中放风筝有1400多年历史，素有“北潍坊，南阳江”之称，建设有“南国风筝场”、风筝馆等。

是年，阳江市改造鸳鸯湖和金山植物园等主题公园，生态型、休闲型的旅游城市品牌逐步形成。海陵岛旅游环境综合整治和阳春凌霄岩景区周边整治工作卓有成效，景区（点）旅游环境全面提升。充分利用优势资源，建设一批具有较强产业拉动和辐射作用、适应旅游市场需求、档次高、特色鲜明的精品旅游项目。其中，广东海上丝绸之路博物馆已经开馆运营，海陵岛旅游环境一期改造工程完工。此外，海陵岛旅游环境二期改造、十里银滩西区旅游综合开发项目、阳江凯铂花园酒店、海韵国际大酒店、南海湾温泉度假酒店、蓝波湾酒店、阳春国际养生温泉度假村、阳江凤凰湖国际温泉度假区等一批重点旅游项目动工建设。

**【新开发、新建设景区（点）】**

保利海陵岛十里银滩项目　位于海陵岛十里银滩西区，分三期建设，预计2016年全部建成。项目占地面积约2750亩，总建筑面积约100万平方米，将建设成为集海滨度假、运动休闲、康体养生为一体的生态型滨海国际旅游度假目的地和高档休闲社区。首期于2010年4月动工，至2011年累计投入资金约13亿元，有65栋别墅封顶，五星级酒店地下室施工，体育公园会所及其他项目相继动工。

南湖国旅凤凰湖国际温泉度假村　位于岗美华侨农场，主要由广东南湖国际旅行社有限责任公司投资，集温泉疗养、度假养生、商务会议、会展、生态旅游的综合性旅游度假项目，用地面积约238.73公顷，建设期5年。项目在土地使用、规划、场地平整、临时设施建设等方面进展顺利，2011年累计投入资金2.5亿元。

阳春国际温泉养生度假村　位于阳春市岗美镇黄村，2010年8月13日奠基，由深圳市富通房地产集团投资，规划首期投资约12亿元人民币，开发面积约2900亩，建筑总面积约30万平方米功能完善、环境优美，集养生、休闲、运动于一体的国际化综合休闲平台。已投入超过0.8亿元用于征地、规划设计、项目基础工作等。

东方月亮湾旅游度假村　位于阳西沙扒月亮湾，由广东东方月亮湾有限公司投资，规划建设沙扒滨海功能区和儒洞温泉功能区。9月22日复工，进行景观大道、展示中心、别墅、酒店等基础设施建设。

此外，投资升级改造鸳鸯湖公园、海陵岛闸坡镇、阳西沙扒镇。阳西县咸水矿温泉度假村已评定为广东省温泉示范基地，并通过4A级景区省级评检。阳江市涛景度假村获得广东省旅游局和体育局联合发给的“广东省体育旅游示范基地”牌匾。广东绿叶集团被评定为广东省中医药文化养生旅游示范基地。

**【绿道旅游】**　截至2011年底，阳江市建成市区东风三路、金山植物公园、鸳鸯湖景区公园、鸳鸯湖景区环湖路，阳春市东湖等处绿道，累计总长约40多公里。12月27日，组织各县（市、区）旅游局、A级以上旅游景区、三星级以上饭店、旅行社开展“迎新年·绿道旅游惠民大行动”活动。

**【旅游扶贫】**　2011年，阳江市向申报阳西县沙扒湾海天旅游度假村休闲渔业项目、阳春崆峒（秀峰）景区乡村游项目、阳东县福兴休闲娱乐生态园项目、阳江市冼夫人文化公园项目与及阳江市海陵岛新圣洋休闲渔业项目5个一般性旅游扶贫项目，以及阳西县沙扒湾海天旅游度假村休闲渔业大型重点旅游扶贫项目。共获省扶贫资金120万元。

2月，组织阳江温泉、阳西咸水矿温泉度假山庄、阳江大角湾3家旅游企业，参加广东省旅游局、广东省旅游协会组织的“情系乳源、广东旅游爱心行动”，捐款3.5万元。4月，组织全市景区、饭店、旅行社等60多家企业，捐款6.8万元给阳江慈善会。6月23日，市旅游和外事侨务局组织干部在“2011年广东扶贫济困日”活动中捐款9万元。

## 旅游行业监督管理

**【旅游市场监督】**　2011年，阳江市按照省旅游局《2011年规范旅游市场秩序十大重点任务督查工作安排》等文件，制订全市实施方案，组织执法队伍开展监督检查。全年专项检查6次，常规检查56次，出动检查人员320人次，重点监督检查海滨浴场、救护队、救生设施和医疗室急救器材、餐饮、商场、景区、旅行社、导游人员等。查处违规案件6宗，责令4间旅游餐饮店整改。抽查7个旅游团队，立案调查2名“黑导”。查出超范围广告3起，违规广告宣传20条，旅行社服务网点违规签订合同1起，约谈旅行社负责人8人，处罚2宗，通报批评6间旅行社。2次联合市发展改革局（物价局）、市公安局、市工商局、市交通运输局等部门开展检查，出动执法人员14人次。全年受理旅游投诉15宗，办结15宗，办结率100%。

**【旅游安全管理】**　2011年，制订《阳江市严厉打击违反旅游安全生产行为专项行动实施方案》、《阳江市旅游公共事件突发应急救援预案》和《阳江市2011年旅游“安全生产月”活动方案》。成立旅游安全工作领导小组，制定旅游安全工作方案，明确职责，分别与各县（市、区）旅游外侨局、与旅游企业签订责任书，层层落实旅游安全生产责任。开展旅游安全大检查，重点检查旅行社组团用车、星级饭店消防、旅游景区安全等，有效遏制旅游安全事故发生。

【星级饭店】 2011 年，阳江市新增逸华宾馆、海逸酒店和三汇酒店 3 家三星级饭店。至年底，共有星级饭店 35 家，其中五星级饭店 3 家，四星级饭店 3 家，三星级饭店 18 家、二星级饭店 2 家。全年有 22 家星级饭店通过星级复核，有阳江温泉度假村、阳春悦华大酒店、阳江市富华大酒店、阳春登宝酒店 4 家星级饭店通过评定性复核，3 家星饭店取消星级资格，1 家星级饭店暂缓通过。

阳江市贯彻落实旅游饭店节能减排要求，做好冷、热水的标示，对生活用水流程、废水流程进行调整；更改灯光线路，实行一键控制，减少关灯次数，改白炽灯为 LED 灯；改造饭店公共区域线路，分区控制灯光；客房用插卡式取电，减少电量；灵活控制公共区域空调机恒温度数节约用电等。

2011 年阳江市南国药膳美食交流会于 9 月 10 日召开。（卢大芳 摄）

【旅行社】 2011 年，阳江市新增旅行社有 3 家，他们是：阳江市星月旅行社有限公司、广东国旅（阳江）旅行社有限公司、阳春市喜洋洋旅行社有限公司。至年底，全市共有旅行社 28 家，其中有 1 家入境游组团社。另有旅行社服务网点 17 家（新增旅行社服务网点 5 家），旅行社委托代理 9 家。全市持证导游员 432 人。注销龙之旅阳西服务网点和新里程北环路服务网点；新增开心旅行社、华泰旅行社、龙之旅旅行社、黄金假期旅行社、广东国旅（阳江）旅行社、春之旅旅行社、天天旅行社、市青年旅行社 8 家旅行社委托代理。联合市交通局共同印发《阳江市进一步规范“一日游”运营管理的实施意见》，规范一日游管理。印发《关于 2011 年阳江旅游行业“诚信兴商宣传月”活动方案的通知》，建立旅游诚信体系。定制旅游公益广告宣传片，开展媒体宣传。开展游客满意度调查和旅行社责任险 100% 的统保工作。建立全市导游信息，开展 IC 卡管理。

【旅游行业协会】 2011 年，阳江市旅游协会现有会员单位近 200 多个，个人会员 300 多名，协会从业人员近 8 万多人。市旅游协制定服企业务计划，组织到旅游企业调研，协助“守合同重信用企业”评选，组织常务理事工作会，开展修改协会章程，重新登记协会会员、制订财务制度。

## 精神文明与教育培训

【旅游精神文明建设】 2011 年，阳江市海陵岛试验区旅游文体局获“广东省旅游系统先进集体”，阳春市春湾风景区管理所所长廖建军、阳西县咸水矿温泉旅游度假山庄办公室主任徐小明、阳江长江国际酒店有限公司副总经理周叶楷获“广东省旅游系统先进个人”称号。

【旅游行风和机关工作】 2011 年，阳江市开展旅游行风建设，重点抓好党风廉政建设、提高旅游服务质量。一是召开座谈会，整顿机关作风，加强机关队伍建设，以优良的党风政风带动行风，切实解决好政令执行、办事效率、依法行政、工作纪律、率先垂范等问题；利用电视、广播媒体向市民宣传和解答旅游相关政策，承诺服务，参与“行风热线”活动，征求群众的意见和建议。二是重点抓好旅游市场秩序，着力解决突出问题。认真贯彻《2011 年规范旅游市场秩序十大重点任务监管工作安排》、《省工商局、省旅游局关于印发开展旅游合同违法违规行为联合检查专项行动实施方案的通知》等文件，下发《关于印发加强监督管理规范旅游市场秩序工作方案的通知》，采取多种措施，加强加强旅游行业监督，及时处理游客投诉，维护游客正当权益。三是开展诚信兴商月活动，下发《关于印发 2011 年阳江旅游行业“诚信兴商宣传月”活动方案的通知》，维护旅游市场秩序。在“十一”黄金周等时段开展“旅游市场专项检查周”活动，从源头上保障游客和经营者的合法权益。

【旅游教育培训】 2011 年，阳江市成立旅游培训工作领导小组，制定培训方案，举办有 80 多人参加的旅行社管理人员培训班，学习《旅行社条例》、《旅行社条例实施细则》和国家的政策法规；组织全市星级饭店总经理参加广东省旅行社总经理岗位职务培训班；组织举办导游员年审培训班，开展 2011 年度导游员 IC 卡年审工作；举办全国导游考试考前培训班，参加全国第一、二次导游员考试，合格率分别为 42%、33%。年内，市旅游外侨局与市人力资源和社会保障局、财政局等部门合作，利用劳动力转移培训资金，免费培训旅游企业从业人员 800 多名。

（关实芬）

# 湛江旅游业

## 综　述

**【概况】**　2011年，湛江市旅游行业认真贯彻落实国务院、省、市关于加快旅游业发展的各项部署，深入贯彻中共中央政治局委员、广东省委书记汪洋，以及国家旅游局和广东省旅游领导考察湛江时关于加快滨海旅游开发的指示精神，紧紧围绕“推动五年崛起，建设幸福湛江”的目标，大力培育旅游发展亮点，做大做优旅游经济“蛋糕”，努力打响“黄金海岸、热带绿都、天南古邑、魅力港城”旅游品牌。一是加强旅游规划引导，提升产业发展定位。修编完善《湛江市旅游产业发展规划》和编制《湛江市“五岛一湾”滨海旅游产业园发展规划》以及省、市的有关规划；二是加强政策引领，完善旅游发展服务机制。制订实施《湛江市支持旅游产业发展优惠办法》，为旅游产业发展用地用海、配套基础设施等提供政策支持和措施保障。继续实施市级旅游专项资金竞争性分配，择优扶持有特色、有潜力、见效快的旅游项目开发建设；三是开展招商引资，提升旅游产业竞争力。成立旅游招商分局，引进知名品牌集团参与湛江市旅游经营管理；四是推进重点项目建设，完善配套基础设施。推进25个重大旅游项目建设。与湛江移动公司合作开通湛江旅游政务网、旅游商务网、旅游招商网、旅游系统政企统一信息交换系统。完善主干道通往景区的公路、交通标识等旅游基础设施，积极推动市区旅游码头、游艇码头建设，不断增加城市乡村的旅游服务要素；五是加强县域基础建设，发展县域旅游经济。成功创建徐闻广东省旅游综合改革示范县、廉江广东省旅游强县，特呈岛被命名为首批国家级海洋公园和全国特色景观旅游名镇（村）示范单位，在全省率先组织评选星级农（渔）家乐项目；六是加强旅游产品开发，拓展旅游宣传促销。创新开发滨海度假、文化科普、生态休闲、农业观光、体育运动、海鲜美食、养生保健、绿道旅游等特色旅游休闲线路产品，大力开发特色旅游工艺品、休闲食品等。精心组织第三届广东（湛江）茶业旅游博览会暨动漫文化节等7大旅游节庆活动，加强与全国性报刊、电视、网络等媒体合作宣传，加强区域旅游合作，提升湛江旅游知名度和影响力。全年接待游客1812.3万人次、旅游收入92.9亿元，同比分别增长28.1%和42.3%；完成旅游投资20.3亿元。

**【汪洋视察湛江旅游】**　2011年8月2～4日，中共中央政治局委员、广东省委书记汪洋率领省及有关部门领导到湛江考察，并对湛江的生态环境、旅游资源给予高度评价，高度关注湛江滨海旅游发展。汪洋提出用竞争性资金扶持的办法，支持湛江特呈岛等海岛旅游开发，打造几个能代表广东水平、可与海南相媲美的旅游景区。

2011年8月4日，汪洋等领导在湛江特呈岛旅游区观赏红树林。　（陈　煜　摄）

**【领导关心旅游业】**　2011年9月23日，湛江市召开滨海旅游专题汇报会。招玉芳副省长检查指导湛江市贯彻落实汪洋书记重要讲话精神的情况，希望湛江市争创广东滨海旅游发展排头兵、广东滨海旅游发展示范区、广东省旅游经济增长极。湛江市深入贯彻国家、省关于发展旅游业的重要精神，加快把旅游业培育成为战略性支柱产业。5月10日，市委书记刘小华在中共湛江市委九届十三次全会报告上明确提出，要用世界眼光、国际标准谋划湛江旅游业发展。

5月13日，国家旅游局副局长王志发等领导到湛江市调研旅游工作。他要求湛江应该具有超前眼光，借助海南国际旅游岛的国家规划，树立“大国际旅游岛”概念，营造政策、市场氛围，打造休闲度假旅游的集聚区域。

8月12～14日，市委书记刘小华、代市长王中丙等市领导带队到肇庆、广州开展旅游开发考察学习和招商引资。商谈引进“五有”投资实体在湛江市兴建高星级酒店。

9月3日，刘小华等市领导带队实地考察“五岛一湾”。（特呈岛、南三岛、东海岛、硇洲岛、南屏岛、湛江湾）旅游资源及开发现状，提出建设滨海旅游产业集聚区战略构想。

9月17～18日，刘小华、王中丙等市领导带队前往海南三亚考察学习和招商引资。洽谈引进实力财团兴建大型邮轮母港事项。

9月20日，刘小华等市领导带队考察南三岛，提出发展现代滨海旅游业的新思路。

**【旅游行业规模】** 截至2011年底，湛江市共有星级饭店36家，其中五星级2家，四星级7家，三星级21家，二星级6家。客房数5041间，床位数8746张。全市非星级住宿设施共589家，客房数29663间，床位数49236个。有旅行社42家，其中，具备出境旅游业务资质旅行社1家，经营入境和国内游旅行社42家。旅游汽车公司5家，旅游船公司1家。旅游汽车大巴122台，中巴40台，小车12台，座位6975个。旅游船务公司1家，游船3艘，游艇1艘，座位375个。全市持证导游人员1200名，旅游直接从业人员5万多名。全市现有国家A级景区12家，其中4A级2家，3A级6家，2A级4家，还有一批特色鲜明、内涵丰富、类型多样的旅游景区。同时市内还有具有特色的旅游商品，湛江的旅游基础设施日益完善，旅游产业布局初步形成，产业体系日趋健全。

**【重大旅游决策】** 2011年12月19日，湛江市人民政府印发《湛江市支持旅游产业发展优惠办法》。该《办法》根据《国务院关于加快发展旅游业的意见》（国发［2009］41号）、中共广东省委、省政府《关于加快我省旅游业改革与发展建设旅游强省的决定》（粤发［2008］20号）和《关于促进粤西地区振兴发展的指导意见》（粤发［2009］15号）等文件精神，结合湛江市实际制定，对旅游景区景点、星级酒店、旅行社、旅游车船、休闲康体文化娱乐设施、旅游公共服务设施和经市政府有关部门认定的其他旅游项目提出具体优惠措施和办法，旨在吸引各类资本在湛江市投资兴办旅游产业，积极参与旅游开发经营，增强旅游发展后劲，促进全市旅游产业加快发展。

**【区域旅游合作组织年会】** 2011年3月24日，琼北湛江区域旅游合作组织2010年年会暨2011年工作会议在徐闻县召开。海口市副市长韩美与海口、文昌、琼海、儋州、湛江等10个县市代表出席。与会代表呼吁，整合琼北湛江区域旅游资源，打造生态型海湾、海岛、海峡旅游目的地和泛珠三角最佳自驾游目的地。12月9日，2011年两广十市区域旅游合作联席会议在湛江召开。广东湛江、阳江、茂名、云浮和广西北海、防城港、玉林、钦州、贵港、来宾10个城市发起并建立“旅游无线城市”联盟，共同推进旅游信息化公共体系服务。

**【国民旅游休闲计划】** 2011年，湛江市组织实施国民旅游休闲计划，举办多项大型的国民旅游休闲主题活动。主要活动有：2月5～12日，“广东省旅游美食之乡”古镇安铺举办为期8天的第三届特色美食文化节。4月29日，湛江市旅游局和霞山区政府在特呈岛联合主办首届湛江渔岛旅游节，严植婵等领导为“广东省红色旅游基地”揭牌，为特呈岛新的车渡船启动起航舵。1000多名游客、嘉宾畅游环岛绿道，观赏渔岛风光。5月19日，湛江市旅游局在粤西明珠美食休闲广场举行“中国旅游日”的启动仪式，同时举办湛江精彩一日游以及“湛江旅游之春”晚会，以此庆祝“中国旅游日”。6月6日，国家体育总局社会体育指导中心、中国龙舟协会、广东省体育局、湛江市人民政府在赤坎金沙湾海域举办2011年全国龙舟月第五届中国湛江海上国际龙舟邀请赛，将湛江海上龙舟运动与湛江特色旅游相结合，打造划龙舟、品海鲜、游湛江的城市名片。8月4～5日，中国烹饪协会与广东省吴川市人民政府在吴川市举办2011中国（吴川）首届月饼节暨经贸洽谈会。双方商定，中国月饼节将连续3届在“中国月饼之乡”吴川举行。10月1～7日“十一”黄金周期间，由湛江市人民政府主办，湛江市旅游局、湛江市农业局、湛江市文化广电新闻出版局联合承办的2011广东（湛江）茶业旅游博览会暨动漫文化节在湛江国际会展中心举行，吸引5万多名游客前来观赏。2011第二届中国海鲜美食烹饪大赛暨2011中国（湛江）海鲜美食文化节于12月28日至2012年1月4日在赤坎金沙湾观海长廊举行。据不完全统计，湛江市2011年开展国民旅游休闲计划活动共吸引市内外游客超过700万人次。

南宁、湛江两地旅游管理部门及旅游企业签订合作协议。

**【2011 年"中国旅游日"主题活动】** 2011 年 5 月 19 日，湛江"中国旅游日"启动仪式在粤西明珠美食休闲广场举行，由湛江旅游集散中心及全市各大旅行社组织的"美丽湛江 欢乐旅游"一日游活动也同时启动，超过 1500 名游客参加启动仪式。湛江市星级饭店、旅行社、景区、车船公司等旅游企业围绕"美丽湛江、欢乐旅游"主题，在 19 日当天广泛开展让利促销和优质服务活动，包括十大景区门票免费、超过 30 家旅游企业 5～6.8 折让利优惠。当晚，湛江市旅游局和开发区旅游局还联合在粤西明珠美食休闲广场举办"湛江旅游之春"晚会，邀请湛江市各界人士共同庆祝"中国旅游日"，推介湛江旅游。

**【"2011 中华文化游"主题年活动】** 2011 年，湛江市围绕"2011 年中华文化游"主题，开展形式多样、内容丰富的文化旅游活动。2 月 16 日，开发区东海人龙舞和廉江良垌新华舞鹰雄两支队伍近百人应邀赴厦门元宵民俗文化节进行展演，宣传推介湛江，助力文化强市建设；2 月 19 日，湛江雷州沈塘人龙舞参演第五届珠海民间艺术大巡游，精彩展示吸引 20 多万游客和珠海市民客沿途追捧观看；10 月 1 日，以"弘扬茶文化、繁荣湛江游、倡导健康动漫"为主题的 2011 广东（湛江）茶业旅游博览会暨动漫文化节在湛江会展中心举行，进一步推进旅游与文化有机融合，提升旅游文化发展水平；12 月 27 日，为期 3 个月的"天南重地——雷州历史文化展览"在省博物馆开幕，展览选调广东省博物馆、湛江市博物馆和雷州、徐闻、遂溪、廉江等博物馆馆藏文物和展品共 200 多件（套），从古人类生产、生活遗址、古窑址、古墓葬等出土文物到古建筑、古碑刻、历史文化名人遗迹以及半岛非物质文化遗产等方面，多角度、全方位向广大游客展示雷州文化悠久的历史积淀和深厚的文化内涵。

**【旅游综合改革】** 2011 年 1 月 21 日，徐闻县在全省旅游工作会议上荣获"广东省旅游综合改革示范县"称号。徐闻县按照海峡城市、广东生态发展区的目标，充分借力海南国际旅游岛建设，全面推进旅游产业、生态产业的发展，逐步把旅游业培育成为徐闻县战略性的支柱产业，并按照"一城三区多组合"（即国际海峡城市、海峡旅游区、海洋经济区、农业休闲区）的发展思路，打造"养生徐闻"度假产品。2011 年，全县接待游客 121.36 万人次，同比增长 25%；旅游总收入 5.4 亿元，同比增长 23.4%。主要做法有：一是科学编制徐闻县旅游总体规划，该规划已通过专家评审；二是"筑巢引凤"。2011 年 1 月 22 日，徐闻县与浙江超人集团签订了大汉三墩第二期开发合同，计划投入 30 亿，用五年时间完成三墩第二期开发；三是加强旅游宣传推介，围绕"三海汇翠，汉魂千年"的旅游形象，积极开展立体化宣传造声势，利用湛江市公交设施、海安、粤海两大港口设施、酒店等进行广告宣传，不断更新完善旅游相关网站，并相继出版《四百里海岸》和《趣话雷话》两本书刊，邀请中央电视台到徐闻县拍摄《风韵徐闻》专题片，进一步提升徐闻县的旅游知名度和美誉度。

## 国际旅游

**【入境旅游】** 2011 年，湛江市接待入境旅游者 14.23 万人次，比上年增长 37.98%；实现旅游外汇收入 3630.12 万美元，占旅游总收入的 2.54%，比上年增长 33.66%。入境游客中，外国人 6.67 万人次，占 46.80%，比上年增长 90.29%；香港同胞 6.03 万人次，占 42.38%，比上年增长 11.80%；澳门同胞 0.47 万人次，占 3.30%，比上年下降 2.30%；台湾同胞 1.06 万人次，占 7.45%，比上年增长 13.14%。

**【出境旅游】** 2011 年，湛江市旅行社组团出境游 7219 人次，比上年下降 10.20%，其中港澳游游客 5141 人次，出国海外游客 2078 人次。

## 国内旅游

**【国内旅游接待与收入】** 2011 年，湛江市实现国内旅游收入 90.56 亿元，占全市旅游总收入的 97.46%，比上年增长 42.68%；全市住宿设施接待过夜国内游客 909.38 万人次，比上年增长 50.99%。

**【红色旅游】** 2011 年，湛江市以中国共产党成立 90 周年、辛亥革命 100 周年等重大纪念活动为契机，加快红色旅游资源开发保护、大力推进红色旅游配套设施建设，积极开展红色旅游文化促销活动，推出"湛江红色之旅二天游"、"湛江特呈岛、新农村红色之旅"、"硇洲岛一日游"等经典红色旅游线路，满足游客日益增长的红色旅游需求。6 月 29 日至 7 月 3 日，湛江市旅游局在全行业开展"念党恩·家乡行"旅游活动，得到全市旅行社、旅游车队、景区和饭店等旅游企业响应和支持，3000 多名游客报名参加廉江红色之旅、吴川革命名人故居游、徐闻纪念渡琼解放战役游、特呈岛寻访之旅等旅游线路。2011 年市政府累计投入 1600 万元资金用于红色旅游配套设施建设，吸引各类社会投资超过 3000 万元。红色旅游景点接待游客超过 100 万人次，同比增长 23.5%，红色旅游综合收入达到 2.5 亿元，同比增长 31.7%。

**【假日旅游】** 2011 年春节黄金周湛江市接待游客 160.5 万

人次，同比增长33.6%，旅游收入3.8亿元人民币，同比增长46.6%。

“十一”黄金周湛江市共接待游客160.8万人次，同比增长18.3%，旅游收入3.26亿元，同比增长23.1%。

## 旅游市场推广与节庆活动

**【旅游市场推广】** 2011年，湛江市继续加大对外宣传推广、引客入湛力度，充分利用主流媒体加强宣传，在央视四套播放湛江城市天气预报和旅游风光图片，与广东卫视合作摄制播放《粤游粤精彩·爱我湛江》4集专题旅游宣传片，加强与《中国旅游报》、《香港商报》和《中国时报》（台湾）等媒体合作宣传，在本市主要媒体开设旅游专栏、制作旅游专辑，印制各类旅游画册、地图、旅游指南、折页等80000多份，旅游宣传光碟50000多份，宣传湛江特色旅游线路。面向全国开展征集湛江旅游宣传口号活动，积极推动“湛江人游湛江”。

**【2011广东国际旅游文化节（湛江）分会场】** 办好2011广东国际旅游文化节暨旅游推介大会湛江分会场活动，精心制作特装展台、花车和组织旅游企业参展，其中花车、花船均获文化节组委会三等奖，湛江市特装展台荣获最佳组织奖。湛江分会场举办的一系列旅游节庆活动吸引超过700万游客入湛旅游，旅游直接经济效益超过20亿元，起到带旺人气、拉动内需、提升旅游经济发展水平、扩大城市旅游知名度的效果。

**【旅游节庆活动】** 2011年2月5~12日，“广东省旅游美食之乡”古镇安铺举办为期8天的第三届特色美食文化节，2011广东安铺特色美食文化节由廉江市安铺镇委、镇政府主办，设展位263个，各式美食种类70多种，白切鸡、糯米鸡、年糕、簸箕炊等30多种安铺传统美食。在美食节举办地——文化广场及周边，“美食一条街”长达1公里，参展食品大部分是安铺本地特色美食，有安铺鸡饭、簸箕炊、安铺芝麻糊、安铺牛肉干、安铺糯米鸡、安铺煎堆、安铺薯粉柳、安铺萝卜糕、安铺糯米鸡、安铺烧蚝等，数十个都冠以安铺系列的特色美食小吃，打着各式各样的宣传招牌，布满整条美食节，蔚为壮观。安铺美食节以本地传统美食为主，邀请了远近有名的外地及异域美味小吃加盟，如四川麻辣烫、内蒙古烤羊、大连火爆鱿鱼、巴西点心、印度薄饼、日本寿司、泰国榴莲酥等。安铺美食节吸引本地居民以及广州、南宁、湛江等地游客前来品尝美食，还吸引香港、英国等地游客。

4月29日，湛江市旅游局和霞山区政府在特呈岛联合主办首届湛江渔岛旅游节。湛江市委副书记、政法委书记严植婵，副市长梁志鹏以及霞山区委书记庄晓东，区长杨柔彦，湛江市旅游局局长林红，市交通局长张文山等领导参加开幕仪式。在首届湛江渔岛旅游节开幕式上，湛江市副市长梁志鹏、霞山区委书记庄晓东先后致辞。严植婵等领导为“广东省红色旅游基地”揭牌，为特呈岛新的车渡船启动起航舵。仪式后，领导、嘉宾和千多名群众一起畅游环岛绿道，观赏美丽的渔岛风光。岛上同时还举办有湛江海岛海景海产为主题的大型摄影以及书法、美术作品展览，举行自行车、滑轮环岛游以及放风筝和文艺表演等活动。

5月19日，湛江“中国旅游日”启动仪式在粤西明珠美食休闲广场举行，由湛江旅游集散中心及全市各大旅行社组织的“美丽湛江、欢乐旅游”一日游活动也同时启动，有1500多名游客参加启动仪式。湛江市星级饭店、旅行社、景区、车船公司等旅游企业围绕“美丽湛江、欢乐旅游”主题，广泛开展让利促销和优质服务，包括十大景区门票免费、超过30家旅游企业5~6.8折让利优惠。当晚，湛江市旅游局和开发区旅游局还联合在粤西明珠美食休闲广场举办“湛江旅游之春”晚会，邀请湛江市各界人士共同庆祝“中国旅游日”，推介湛江旅游。

6月6日，国家体育总局社会体育指导中心、中国龙舟协会、广东省体育局、湛江市人民政府在赤坎金沙湾海域举办2011年全国龙舟月第五届中国湛江海上国际龙舟邀请赛，将湛江海上龙舟运动与湛江特色旅游相结合，打造划龙舟、品海鲜、游湛江的城市名片。来自英国、澳大利亚等国家和地区的51支参赛队伍参加本次大赛四个项目的角逐。澳大利亚科摩多龙舟队、吴川黄坡低垌龙舟队、阳江市江城区龙舟队分别获得女子组、公开组、国际公开组总决赛冠军。

8月4~5日，中国烹饪协会与吴川市人民政府在吴川举办2011中国（吴川）首届月饼节暨经贸洽谈会。双方商定，中国月饼节将连续3届在“中国月饼之乡”吴川举行。主要内容包括月饼品鉴评比会、月饼展馆和旅游文化展厅、参观月饼企业、月饼产业发展研讨会、旅游文化推介会、歌舞表演等。

10月1~7日“十一”黄金周期间，由湛江市人民政府主办，湛江市旅游局、湛江市农业局、湛江市文化广电新闻出版局联合承办的2011广东（湛江）茶业旅游博览会暨动漫文化节在湛江国际会展中心举行，展场面积12000多平方米，共设国际标准展位400个，参展企业200多家。会场设茶业专题展位、旅游和特产专题展位、紫砂名壶和名家书画展位、动漫专题展位，举办饮茶与健康论坛、湛江茶叶发展论坛、茶艺和民族歌舞表演等，吸引5万多名游客前来观赏。

2011第二届中国海鲜美食烹饪大赛暨2011中国（湛

江）海鲜美食文化节于12月28日至2012年1月4日在赤坎金沙湾观海长廊举行，市委常委、常务副市长赵志辉出席开幕式。此次系列活动旨在进一步增进中国海鲜菜的各方交流和共同进步，借助湛江作为中国海鲜美食之都的品牌影响力，把湛江打造成为集餐饮、旅游、海洋经济为一体的重要第三产业链。本次活动分为6个部分进行，分别是2011中国（湛江）首届海鲜美食文化节、2011第二届中国海鲜美食烹饪大赛、中国餐饮业海鲜采购交流会、中国海鲜美食文化展、中国海鲜美食之都名店名师等品牌认定、中国海鲜美食盛宴。据不完全统计，美食文化节吸引超过50万食客前来品尝。

**【区域旅游联盟与协作】** 2011年，湛江市积极开展区域旅游合作，“走出去、引进来”开展旅游营销。积极参与国家、省旅游局等部门在西安、广州、昆明等地举办的旅游交易会、经贸洽谈会。4月15日，在2011中国国内旅游交易会“敦煌行·丝绸之路国际旅游文化节”新闻发布会暨甘肃旅游推介会上，海南省旅委副主任陈铁军、湛江市政府副秘书长李卫代表琼北湛江区域旅游合作组织，与西北旅游协作区，代表甘肃省旅游局副局长王进平共同签署《陆上丝绸之路与海上丝绸之路旅游战略合作宣言》，就联动宣传合作模式、促进客源互动、加强协作交流、扩大招商合作等方面建立旅游合作机制，通过多元化、多渠道全面协作，开创中国跨区域旅游协作的新模式，实现陆上与海上丝绸之路的跨越时空新联合；分别于3月24日、12月8~10日举办琼北湛江区域旅游合作组织、“两广十市”区域旅游合作联席会议年会。会上共同签署“两广十市旅游信息化建设合作共同宣言”，在全国首创构建“旅游无线城市”联盟，打造全面快捷的区域旅游信息化公共服务体系，为发展更多的城市区域旅游信息交流合作发挥示范作用。邀请贵阳、南宁、河源等市政府旅游合作团到湛江市考察交流，签订互送客源等合作协议。

“两广十市”区域旅游合作会议现场。

## 旅游资源开发和景区（点）建设

**【旅游规划】** 2011年，湛江市旅游局协助省旅游局编制《广东省旅游发展总体规划》、《广东省邮轮旅游发展规划》，多次提出书面修改意见，被编制单位所采纳，在规划中进一步提升湛江旅游在全省和环北部湾区域的地位和影响力。加快编制《湛江市旅游产业发展规划》，报市政府规划委员会审定。12月25日，湛江市政府召开《湛江市“五岛一湾”滨海旅游产业园总体规划》专家评审会，梁志鹏副市长主持会议。由中山大学、华南理工大学、广东省旅游局、中科院广州地理研究所、广东海洋大学和湛江市规划局等单位专家组成的评审专家组听取有关规划成果汇报。经专家组评审并通过评审，该规划范围涵盖东海岛、南三岛、硇洲岛、特呈岛、南屏岛及湛江一湾两岸的广大地域，旨在集中打造全国一流、世界知名的滨海旅游产业集聚区，打造湛江旅游产业发展的龙头品牌。积极协助发改、国土、规划、海洋渔业、农业、科技、建设、文化等部门，做好“十二五”规划的编修工作，如《湛江市文化产业发展“十二五”规划》，省、市《海洋功能利用规划》，各县（市、区）《土地总体利用规划》、《科技发展规划》、《湛江市现代农业发展规划》、《湛江市“十二五”城镇发展规划》等规划，为各部门提供翔实可靠的旅游资源、旅游产业发展情况、旅游统计数据等方面的材料，提出旅游业与相关产业融合发展思路和设想，努力促进旅游业跨产业协调发展。指导县（市、区）及相关景区编制好旅游发展规划，科学发展旅游业。指导徐闻县开展旅游发展规划编制工作，以“千年丝路始发港”、“中国大陆最南端”为核心品牌，打造琼州海峡北岸旅游产业带；支持吴川市编制吴川市旅游总体规划，加快建设徐闻、吴川两极省滨海旅游综合改革示范区。指导重点旅游项目编制详细规划。主动引导麻章康琦赛新农村欢乐世界旅游区等重点项目编制旅游总体规划和详细建设规划，高标准、高水平规划建设旅游景区，打造旅游精品，开发特色旅游产品。7月18日，湛江市政府十二届第97次常务会议通过实施《湛江市产业与产业园区布局规划（2011~2015年）》，确定湛江今后重点发展“五大五新五特”产业，即大钢铁、大石化、大纸业、大旅游、大物流等“五大”产业；新海洋、新能源、新电子、新医药、新材料等“五新”产业；特色农业、特色家具、特色家电、特色食品、特色文化等“五特”产业，其中旅游业是首次列入市政府重点规划发展的产业。

**【旅游投资】** 2011年6月13日，湛江市成立旅游招商分局，按照“一个牌子、一套人马、集中办公、专司招商”的原则，按照市委书记刘小华提出“推动旅游产业扬优势、造亮点、上位置”的目标，开展旅游招商，建立旅游招商项目库、搜集各地旅游投资优惠政策、制作“湛江旅游投资网”、编印《湛江旅游投资指南》。着力引进国内外“五有”旅游投资商建设大型旅游项目，引进知名品牌集团参与湛江市旅游经营管理。刘小华书记、王中丙市长、梁志鹏副市长等市领导亲自率队到珠三角、海南、深圳、香港等地招商，与三亚凤凰岛发展有限公司、广东鼎龙实业集团有限公司等企业主要负责人洽谈合作事宜，全面介绍南三岛国际邮轮码头海洋旅游综合体、吴川吉兆湾滨海休闲旅游聚集区、东海岛旅游产业园、特呈岛国家海洋公园、森林公园休闲生态旅游区、廉江仙鹤湖滨湖度假旅游区等13个大型旅游项目开发建设的有关情况。力争项目引进达到“引进一个、带动一群、发展一片”的聚群效应。成功引进4家投资集团参与旅游开发，计划投资超过100亿元。与广东省东莞市、海南省三亚市和香港特别行政区的投资集团达成合作意向，计划引进300亿元建设高星级饭店、滨海旅游景区、邮轮母港等高端旅游项目。

**【旅游景区（点）与基础设施建设】** 2011年，湛江市旅游局加快推进重点旅游项目建设，积极推进霞山渔人码头、金沙湾花园酒店、康琦赛欢乐世界、南海明珠游艇俱乐部、吴川吉兆湾国际海洋生态度假中心、雷文化主题旅游区等25个重大旅游项目建设，特呈岛避风港美食购物街和特呈岛环岛路绿化亮化美化工程已完工，吉兆湾国际海洋生态度假中心三项前期工程已基本竣工，渔人码头已完成大部分项目建设用地拆迁工作，全年项目建设完成旅游投资20.3亿元。君豪酒店、嘉瑞禾大酒店、金辉煌银利酒店和徐闻龙泉森林景区等26个项目建成开业。3月20日，设在粤西明珠湛江美食广场的湛江市旅游集散中心正式开业迎客。该集散中心是湛江市旅游公共服务的窗口，具有城市旅游服务中枢的功能，集中提供旅游咨询、产品展示、线路宣传、市区散客游等一条龙服务，方便游客和市民旅游咨询、旅游预订、旅游投诉。配套开设特色旅游产品专卖店，展销湛江特色产品。1月18日，徐闻县龙泉森林保护区正式开业。该保护区规划总面积3250.1亩，依据三个地块各自的地理特征，规划设计为“三环三园一点”的整体格局。

**【新开发、新建设景区（点）】** 2011年，湛江市旅游局跟踪服务、全力推动重点旅游项目建设，君豪酒店、嘉瑞禾大酒店、金辉煌银利酒店和徐闻龙泉森林景区等26个项目建成开业。其中由广东康琦赛投资有限公司与大路前村共同合作开发的“中国新农村—康琦赛欢乐世界旅游区”，总投资约15亿元，拟建成国家5A级旅游区、新农村的综合示范区和国际休闲旅游目的地。分为国色天香园、旅游集散中心、旅游商贸城、中国海鲜美食之都、新农村旧村庄改造示范区、水上欢乐世界、欢乐谷、温泉度假酒店、体验养生基地、世界农庄旅游产业园等13个功能区，是一座集旅游、休闲、康体、娱乐、餐饮、购物为一体的大型游乐场所。2011年1月26日，首期国色天香园开业。

康琦赛欢乐世界开业。

**【旅游交通】** 2011年，湛江市全力实施“三环四通”交通工程。即市区成环、海湾成环、半岛成环，市外通高铁、县县通高速、镇镇通快速、村村通公路的“三环四通”大交通工程。年初东海岛跨海大桥通车、9月28日南三岛大桥通车。南三大桥起于坡头区麻斜赤后村与渡仔村之间，跨海至南三水道，桥长约861米，包括引桥全长1.36公里，采用二级公路标准，设计速度60公里/时，路基宽度18米、4车道，总投资约1.3亿元，免费通行。大桥开通标志着南三岛告别没有对外陆路交通的历史。

**【绿道旅游】** 2011年，湛江市按照“循序渐进，注重实效”的原则，在城市中心区依托现有公园、水体、绿地和道路，将绿道网建设和基本生态控制线保护、水环境综合治理以及市政公园绿地等结合起来，同时建立绿道网与公共交通网的有机衔接，完善换乘系统，形成便捷的市区绿道网系统。正在设计建设的绿道示范段，起点为霞山麻斜渡口，途经月亮岛—霞山观海长廊—渔港公园—海滨大道—绿华路—绿塘河湿地公园—人民大道中—乐山大道—中澳友谊花园—海滨大道—体育南路东段—南国热带花园—人民大道—体育北路—金沙湾观海长廊—军民大道—海湾路（滨湖公园）—赤坎江—海田公园，规划总用地面积96.6万余平方米，绿道全长37.17公里，其中主路线34.77公里，驿站11个，建筑面积3000平方米。基本建成市区绿道网示范段7公里，完成贯通赤坎江、滨湖公园、金沙湾观海长廊约4公里绿道的建设工作。结合三岭山受损地复绿工程，以尊重自然为原则，建设三岭山森林公园核心区绿道网和三岭山森林公园与周边市政道路连接的约20公里环园绿道，完成该项目方案设计，进入施工图设计阶段。2011年，湛江市倡导绿色生活、低碳出游、塑造和推动中国绿色低碳旅游品牌的发展。1月16日，三岭山森林公园获中国绿色低碳旅游发展高峰论坛组委会颁发“国际知名绿色低碳旅游休闲胜地”荣誉称号

**【乡村旅游和旅游扶贫】** 2011年，湛江市加大旅游扶贫力度，推动农村旅游经济发展。一是积极贯彻落实省旅游扶贫政策，组织各县（市、区）上报旅游扶贫项目及做好旅游景点建设资金项目的申报工作，全年湛江市支持各县（市、区）20个旅游项目，共争取省旅游扶贫资金和景点建设扶持资金605万元。各级旅游部门积极引导，发挥财政扶贫扶持资金“四两拨千斤”的作用，吸引大批社会资金投入旅游开发建设。二是继续实施市级旅游专项资金竞争性分配。8月22日，湛江市旅游局和市财政局召开2011年度市旅游专项资金竞争性分配项目评审会。安排200万元扶持吴川吉兆湾、湖光岩风景区、麻章康琦赛等8个旅游项目配套建设旅游基础设施。三是结合实际，加快发展特色乡村旅游。10月，湛江市旅游局根据《湛江市农（渔）家乐旅游星级评定办法（试行）》和《湛江市农（渔）家乐旅游星级评定标准（试行）》，经湛江市农（渔）家乐星级评定小组现场检查评定出首批8家星级农（渔）家乐，授予湛江炭之家休闲旅游保健山庄、雷州乌石天成台度假村渔家乐2家为“五星级农（渔）家乐”，森林公园生态园1家为“四星级农（渔）家乐”，麻章区（湖光农场）渔家乐农庄、经济技术开发区硇洲岛存亮湾渔家乐、廉江市杨桃一沟农家乐、吴川市覃巴湛杨渔民山庄、徐闻县生态旅游村包宅渔家乐5家为“三星级农（渔）家乐”，并颁发标志牌。四是整合乡村旅游资源，开展联合促销。多次组织全市特色乡村旅游示范点和新农村建设以及特色旅游资源，在《湛江日报》等新闻媒体大篇幅地宣传，进一步打响湛江市特色乡村旅游品牌。

**【旅游创强工作】** 2011年，湛江市积极指导各地党委、政府大力创新体制机制，把发展旅游和“三旧”（旧城镇、旧厂房、旧村庄）改造、民生工程等结合起来，加大旅游基础设施建设投入，建成一批高星级饭店、特色美食购物街区、乡村农（渔）家乐和旅游接待服务中心。大力发展县域旅游经济，引导发展特色乡村游和农业生态游，优化旅游发展环境，建设精品旅游项目，旅游“旺县”效益明显，徐闻大汉三墩滨海游、廉江摘果赏绿生态游、吴川名人故居游、雷州历史文化游、遂溪乡村游、霞山海岛海湾游等逐渐成为各县（市、区）特色旅游名片。1月22日，徐闻县被省旅游局认定为广东省旅游综合改革示范县。11月27日，省旅游局派出验收组检查验收廉江市创建广东省旅游强县（市）工作。省旅游局副局长周开生率验收组听取“创强”工作汇报，按照“创强”有关标准对廉江市进行现场检查、游客问卷、接听旅游热线电话等综合考核验收，该市通过省旅游强县验收组的“创强”验收。

**【湛江特呈岛成为首批国家级海洋公园】** 2011年5月19日，国家海洋局正式批准湛江特呈岛为首批国家级海洋公园，此次批准设立的国家级海洋特别保护区与海洋公园，充分发挥海洋特别保护区在协调海洋生态保护和资源利用关系中的重要作用，有效推进中国海洋特别保护区的规范化建设和管理，促进沿海地区社会经济的可持续发展。国家将在资金等方面给予一定的支持。特呈岛国家级海洋公园的建立，进一步充实海洋特别保护区类型，为公众保障生态环境良好的滨海休闲娱乐空间，促进海洋生态保护和滨海旅游业的可持续发展，丰富海洋生态文明建设的内容。

**【旅游转型与产业升级】** 2011年，湛江市积极贯彻落实省政府《贯彻国务院关于加快发展旅游业意见的若干意见》精神，明确把旅游产业作为战略性支柱产业加以培育。科学编制《湛江市旅游产业发展规划》和《湛江市“五岛一湾”滨海旅游产业园发展规划》，规划“一心一带两极三板块”和“五岛一湾”旅游产业发展新格局，加快旅游转型与产业升级。积极打造徐闻、吴川两个国家级滨海旅游集聚（实验）区。积极支持徐闻县创建广东省旅游综合改革示范县，支持廉江市创建广东省旅游强县。争取省、市财政资金投入实验区和示范县旅游配套基础设施建设。通过联合举办茶博会、龙舟赛、旅游文化节、美食节等形式，加快旅游与文化、体育、农业、经贸等其他相关产业的融合发展。

## 旅游行业监督管理

**【旅游市场监督】** 2011年，湛江市认真开展旅游市场质量监督管理，依法实施旅游投诉公告制度，每季度定期公告旅游投诉处理情况，督促旅游服务接受社会监督。受理和处理旅游投诉28件，调解成功率100%。理赔金额22942元，解答旅游投诉咨询129人次，有效维护旅游消费者和经营者的合法权益。积极引导旅游企业有序竞争、依法诚信经营，共同维护旅游市场秩序。加强与工商、公安、税务、卫生、质监、物价等部门联合执法，打击非法从事旅游经营活动，加强旅游线路价格调控，严厉整治“零负团费”、虚假广告、强迫消费等欺诈行为。全年纠正和查处违规经营行为31起。充分发挥酒店、旅行社等行业协会的积极作用，促进旅游行业自律，健康发展；深入开展文明旅游活

动，引导游客文明出行，努力构建“诚信旅游、游客满意、欢乐和谐”的旅游大环境。

**【旅游安全管理】** 2011年，湛江市把安全生产保障工作落到实处，一是建立完善了安全生产应急管理机构与应急队伍，组成单位有各县（市、区）旅游局、旅行社、星级饭店等。二是组织开展“春节”、“十一”黄金周和“五一”小长假等公共假日的检查督导及安全生产工作，对餐饮、卫生、消防设备、游乐设施等重点部位予以重点检查，对存在有安全隐患的，督促企业马上整改。三是开展2011年旅游行业“安全生产月”活动，督促企业抓好安全自检和防范工作、尤其做好视湖光岩风景区内望海楼特大型滑坡地质灾害安全防范督导工作。四是积极开展旅行社责任险统保工作，旅行社参加统保项目比率在全省名列前茅。

**【旅行社】** 按照《旅行社条例》，许可设立旅行社6家，旅行社变更备案4家，旅行社设立分社备案6家，旅行社服务网点（门市部）备案32家，旅行社委托招徕旅游业务备案10家12宗，发布旅行社业务公告13个，及时向行业和社会公众公布旅游业务许可、变更、注销、备案等信息。贯彻落实《旅行社条例》及《旅行社条例实施细则》，以旅行社服务网点管理、旅游合同监管和旅行社规范经营为重点，抓好旅行社的守法经营，严厉打击“黑社”、“黑导”、“黑车”等不法行为，培育旅行社诚信意识、品牌意识、优质服务意识，促进市场秩序不断规范，增进游客满意度。

**【导游员】** 2011年，湛江市旅游局认真做好导游员年审培训和IC卡管理工作，通过举办导游年审理论培训班、实地导游培训班等形式，为全市导游员提供年审教育培训。全年累计共为980名导游员办理导游IC卡年审，为186名通过导考考生办理导游挂靠手续和导游证（IC卡），为7名导游员办理迁入、迁出手续。全年挂靠在湛江市旅游发展促进中心的导游员人数增加到1196人。是年，有431名考生参加在湛江考点举办的两次全国导游人员资格考试。其中第一次导游考试有191人参考，合格人数为56人，合格率为30%；第二次导游考试有240人参考，合格人数为80人，合格率为33.33%；两次导游考试的一次通过率均排在全省前列。

**【星级饭店】** 组织实施全市2011年度星级饭店复核工作。全市共有星级饭店37家，其中五星级2家，四星级7家，三星级22家，二星级6家。2011年参加星级饭店年度复核的饭店17家，参加星级饭店评定性复核的饭店18家，实际复核率为94%，因经营、管理等原因不参加年度星级饭店复核酒店1家。全市通过年度星级饭店复核的饭店34家，客房数5041间（套），床位数8746张，从业人员9992人，营业收入13亿元，客房平均出租率为58.90%。广泛开展“满意旅游在湛江”、“全市旅游酒店企业文化建设”活动和“低碳旅游”、“绿色饭店”创建活动，引导全市旅游企业节能减排、绿色发展，实现主要旅游企业用水、用电额度同比降低5%以上，星级饭店客房“六小件”逐步减少或实行有偿供给。9月22日，湛江恒逸国际酒店正式挂上国家五星级饭店牌匾。这是湛江市第二家获得五星级饭店认定的星级饭店，也是湛江市首家拥有自主管理品牌的五星级饭店。

**【旅游商品管理】** 2011年，湛江市通过政府部门积极的引导，充分发挥协会的作用，加强对旅游商品销售经营、生产研发的管理，加快研发、生产、销售一条龙体系建设。3月20日，位于开发区龙潮东路的市旅游集散中心正式开业，市政府副市长梁志鹏、市人大副主任李连、市政协副主席杨标等相关部门负责人和300多名游客出席了该集散中心的开业典礼。湛江市旅游集散中心位于开发区龙潮东路，面积1200多平方米，该中心集吃、住、行、游、购、娱等特色资源于一体，环境舒适，交通便捷，是湛江市首家大型综合旅游集散中心。集散中心主要提供旅游宣传、咨询、预定、投诉、旅游汽车出租和接收散客开展湛江游等一条龙服务，配套开设特色旅游产品专卖店，展销湛江特色产品，方便游客和市民旅游预订、参加一日游、选购特产、租用旅游汽车和旅游投诉等活动。2011年，湛江市旅游局联合工商等有关部门，加强对旅游商品市场环境的综合治理，加大对大天然海鲜居旅游购物商场、海大珍珠文化中心、全家福珍珠城、东风市场等旅游购物点的监管力度，严厉打击假冒伪劣商品，做到使游客放心购物、满意购物。

湛江市旅游集散中心开业庆典。

**【旅游标准化】** 2011年，湛江市继续做好行业标准化建设，引导旅游企业节能减排，利用新能源新材料，发展循环经济，创建绿色饭店和“低碳旅游示范区”。积极推进景区创建国家A级景区、酒店创建国家星级饭店、乡村景点创建全市星级农（渔）家乐。指导推进湖光岩景区创建国家5A级景区，东海岛旅游区、三岭山森林公园创建国家4A级景区。进一步加大星级饭店评定标准的推广和建设，推进遂溪皇家国际酒店、徐闻杏磊湾度假村、廉江罗二酒店等申评四星级酒店等工作，8月30日，遂溪皇家国际酒店通过省旅游局四星级酒店评定。根据省星评委的工作部署，对12家三星，2家二星饭店进行评定性复核。举办二、三星酒店2010版饭店星级标准宣贯培训班，各县（市、区）旅游局管理人员及二、三星级饭店中高层管理人员近100人参加培训。指导金辉煌酒店、中国城酒店2家四星饭店通过省星评委评定性复核。9月23日，恒逸国际酒店举行挂牌仪式，成为湛江市又一家五星级饭店。10月12日，海滨宾馆六号楼班组被命名为全国青年文明号。11月23日，湛江海滨宾馆被省体育局、省旅游局命名为广东省体育旅游示范基地。

**【信息化建设】** 2011年，湛江市完善旅游信息咨询体系，加强旅游政务信息公开，加大湛江旅游的网络推介力度，推进旅游信息化建设。一是完善旅游信息服务体系。与湛江移动公司合作开通湛江旅游政务网、旅游商务网、旅游投资网、旅游系统政企统一信息交换系统，加强旅游政务信息公开；密切与省旅游发展促进中心和湛江电信、移动等单位合作，办好活力广东网湛江视窗、琼北湛江旅游网，通过网络大力推介湛江旅游。二是提高全市旅游电子网络营销服务功能，引导旅游企业开拓网上销售、预订等业务，不断提升现代营销技术水平和销售份额。三是实施黄金周旅游消费价格预报制度，及时公布全市游览、住宿、餐饮等旅游消费项目的销售价格及预订情况，加强对全市旅游产品销售的价格引导。

**【旅游行业协会】** 2011年，湛江市旅游协会加强与其他协会的相互沟通，进一步增进与省局旅协、各地级市旅协的工作交流。黄金周前后及时召开旅游协会旅行社分会、旅游饭店分会座谈会，更好地为旅游行业提供优质服务。制定完善的规章制度，确保协会的各项工作有章可循，协调运转。通过网络对会员单位进行宣传、推介，做好各协会资料的收集、登记、汇总、上报工作，在各星级酒店成员单位设立旅游宣传资料架，做好发放到各酒店的旅游宣传资料配送工作。

## 精神文明建设与教育培训

**【旅游行业精神文明建设】** 2011年，湛江市旅游局深入开展“满意旅游在湛江”、“旅游酒店企业文化建设”、“评优创佳”、旅游行业培训就业“万千工程”、“全市旅游行业文艺汇演”等活动，在全市旅游行业内掀起一个比、学、赶、超的热潮。结合“3·15”国际消费者权益日，与市消委会联合开展“文明旅游、理性消费”、“旅游质量万里行”、“品质旅游”和“明明白白去旅游”等旅游消费宣传活动，畅通旅游消费者沟通渠道，为市民和游客现场说法、提供旅游咨询服务，构建“诚信旅游、游客满意、欢乐和谐”的旅游良好环境。引导游客理性消费、文明出行，增强游客和旅游企业维护自身合法权益的法律意识，拓宽旅游服务质量的监管渠道。海滨宾馆六号楼服务组荣获“2009～2010年度全国青年文明号”称号。

**【旅游行风与机关作风建设】** 2011年，湛江市加强机关作风建设，认真开展“创先争优”活动，深入服务旅游企业和从业人员，大力打造学习型、创新型、服务型、效能型的机关；多方筹集资金40多万元支持扶贫“双到”工作；认真办理人大代表议案和政协委员提案10件，湛江市旅游服务工作得到市人大政协委员好评，湛江市资源开发、行业管理、宣传促销等工作得到省旅游局表彰。7月1日，湛江市启动为期半年的纪念建党九十周年红色旅游活动，组织超过80多万多名游客参观游览市各红色旅游景区，接受爱国主义教育。局领导班子在2010年全市年度考核中获评“优秀”，局党支部2011年被中共阳江市委和市直机关工委评为“优秀党支部”。

**【旅游教育培训活动】** 2011年，湛江市旅游局组织举办组织举办“旅行社旅游投诉处理暨旅游质监执法宣贯学习班”，对旅行社主要负责人进行旅游行业法律法规培训。举办全市旅游质监员业务培训班，邀请资深法律专家和省质监所领导作专题辅导，实例讲解旅游投诉处理案例，传授质监工作方法和艺术，提高质监员处理实际问题的能力。举办二、三星饭店2010版饭店星级标准宣贯培训班，培训各县（市、区）旅游局管理人员及二、三星饭店中高层管理人员近100人。举办全市旅游行业培训就业“万千工程”暨管理人员培训班，700多名旅游管理人员接受了培训。全年培训旅游从业人员11300万人次，提供就业岗位超过2180个。

（陈　乐）

# 茂名旅游业

## 综　述

**【概况】** 2011年，茂名市旅游业以“旅游强市”为目标，全面提升旅游业的核心竞争力，产业规模进一步扩大，旅游基础设施建设进一步完善，“冼太故里、中国荔乡、云山鉴水、滨海茂名”旅游整体形象进一步提升，社会、经济效益进一步凸现。浮山生态旅游区乡村旅游项目荣获2011年度广东省重大旅游项目竞争性财政扶持，获得300万元扶持建设资金。是年，全市旅游接待人数917.03万人次，比上年增长50.49%；旅游总收入84.41亿元，比上年增长17.46%。

**【旅游行业规模】** 截至2011年底，茂名市拥有星级饭店19家，其中五星级饭店1家，四星级饭店4家，三星级饭店8家，二星级6家。拥有旅行社16家，其中出境组团社2家；拥有旅游景区（点）22家，国家4A级景区2个，3A级3个，国家水利风景区2个，全国农业旅游示范区1个，省级旅游度假区1个，省级森林公园1个，省级自然保护区1个；有旅游购物、旅游餐饮推荐单位8家，旅游车船公司2家。

**【汪洋考察茂名旅游业】** 2011年3月31日，中共中央政治局委员、广东省委书记汪洋，省委副书记、省纪委书记朱明国，省委常委、秘书长徐少华等领导，在市委书记邓海光、市长梁毅民等陪同下，实地考察放鸡岛休闲旅游项目。8月17日，中共广东省委委员、候补委员组成的视察组到茂名市实地考察放鸡岛海洋度假公园。

**【领导关心旅游业】** 2011年9月22～23日，由副省长招玉芳带队的省政府调研组到茂名市调研旅游工作。中共茂名市委副书记、市长梁毅民，市委常委、副市长林日娣，市委常委、电白县委书记李玉楷，副市长陈海，市长助理、电白县代县长黄爽等陪同调研。调研组实地考察茂名长兴食品有限公司和放鸡岛旅游开发情况，并召集市相关单位和各县（市、区）分管领导召开专题调研座谈会。会上，招玉芳强调要处理好开发与保护的关系，抢抓机遇做大做强特色旅游，全力打造重大旅游项目，带动第二产业发展，为“加快转型升级、建设幸福广东”做出新的贡献。

2011年1月26日，茂名市旅游行业迎春团拜会在市花园酒店举行，市委常委、副市长林日娣，市政府副秘书长叶文及全市旅游界代表出席团拜会。2月28日，茂名市旅游局、市旅游行业协会联合举办“民生实事·旅游给力”论坛暨春天旅游推介联谊会。市委常委、副市长林日娣出席会议并作讲话。3月19日，中共茂名市委书记邓海光在市委工作会议上强调要加快旅游业的发展，围绕茂名“滨海发展战略”，抓紧编制旅游业发展规划、整合旅游资源，完善旅游配套设施，构建现代产业和城市发展新格局。12月2日，茂名市人民政府副市长崔爽、副秘书长朱春保一行，在市旅游局副局长车健明、电白县副县长张梅等有关部门领导陪同下，前往电白县御水古温泉、龙头山浪漫海岸和放鸡岛海上游乐世界调研茂名滨海旅游业发展情况。是年，茂名市长梁毅民亲自为《读行茂名》、《茂名滨海发展战略暨旅游推介与项目招商手册》作序，明确指示要大力推动旅游业的新发展。

*2011年9月22日，广东省副省长招玉芳考察放鸡岛旅游景区。*

**【全市旅游工作会议】** 2011年4月29日，茂名市政府在电白御水古温泉度假村召开全市旅游工作会议，传达贯彻全国、全省旅游工作会议精神，总结2010年旅游工作，部署2011年工作任务。副市长陈海出席会议并讲话。会议由市政府副秘书长朱春保主持，市旅游局局长李清汉作题为《实施山海联动，建设旅游强市》的报告。会上表彰2010年度全市创建“广东旅游强市”先进单位和先进个人。放鸡岛海上游乐世界、广东茂名森林公园、茂名国际大酒店、茂名国旅国际旅行社、茂名华海酒店、信宜新城国际大酒店、玉湖国家级水利风景区、御水古温泉度假村、茂名市同悦酒店、茂港区永兴酒店10个单位被评为创建旅游强市“十佳旅游企业”。潘谢斌、马堂、邹静文、杨荣子、王立娜、王伟成、骆尚德、江彪、林伟、林永波10人获得创建“旅游强市”杰出贡献奖。陈明哲、张学友、陈永春、徐亚尧、刘颖5人获得创建“旅游强市”特别贡献奖。

**【“两广十市”区域旅游合作（湛江）联席会议】** 2011年12月9日，以“旅游信息拓展，合作创新发展”为主题的“两广十市”旅游区域合作联席会议在湛江举行。广东省旅游局副局长梅其洁、湛江市政府副市长梁志鹏分别致辞。来自广东省、广西壮族自治区旅游局和“两广十市”的政府分管领导及各市旅游管理部门及代表企业140多人参加本次区域交流合作活动。会上，十市代表交流旅游经济发展经验，推介特色旅游项目，达成互送客源的协议。广东省旅游局副局长梅其洁表示，“两广十市”提出“旅游信息拓展、合作创新共赢”区域合作主题，进一步加强粤、桂两地旅游信息网络建设，全面提升区域旅游资讯服务水平。“两广十市”旅游局领导共同签署《两广十市旅游信息化建设合作共同宣言》，创建“旅游无线城市”联盟，携手打造旅游信息化公共服务体系。会议确定2012年联席会议在广西防城港市举行。

**【国民旅游休闲计划】** 2011年，茂名市旅游局以发展本地游为重点，联合有关部门和旅游企业，进一步加大休闲旅游产品推广力度，全面推行国民旅游休闲计划。参与省内联动，和全省各城市展开旅游合作，着力打造旅游旅游目的地城市形象。旅行社通过和景区、航空公司合作，降低出游价格、派发旅游消费券等多种方式刺激市民出游。

**【2011年“中国旅游日”主题活动】** 2011年5月19日，茂名市举办主题为“读万卷书，行万里路——旅游让生活更幸福”的首个“中国旅游日”茂名系列活动启动仪式在市森林公园举行。茂名市市长助理、市人力资源与社会保障局局长黄爽，市旅游局局长李清汉出席启动仪式并致辞，全市各旅游企业、大专院校代表参加启动仪式。黄爽、李清汉共同为茂名首批国家4A级旅游景区放鸡岛海上游乐世界和广东茂名森林公园颁授牌匾，并为“美丽茂名”旅游风光明信片册首发仪式揭幕。发动旅游企业免费向公众发放地图、画册等旅游宣传资料，提供旅游咨询和旅游知识普及服务；鼓励旅游景区门票减免，优惠向公众开放，旅行社旅游线路打折促销等系列活动，提高市民参与旅游的积极性。

“2011年中国旅游日”茂名系列活动启动仪式现场。

## 国际旅游

**【入境旅游】** 2011年，茂名市接待入境游客2.92万人次，比上年增长32.13%。旅游外汇收入1263.98万美元，比上年增长5.5%。

**【出境旅游】** 2011年，茂名市旅行社组团出境游6920人次，比上年下降36.98%。其中香港游3107人次，下降45.28%；澳门游3309人次，增长6.64%；出国游504人次，下降77.09%。

## 国内旅游

**【国内旅游接待与收入】** 2011年，茂名市接待国内游客917.03万人次，比上年增长50.49%。全市旅游业总收入84.41亿元，比上年增长17.46%。其中国内旅游收入83.59亿元；旅行社组团省内游232690人次，下降10.54%；省外游86198人次，下降2.56%。

**【红色旅游】** 2011年，茂名市旅游局先后为红色旅游景区投入专项资金300多万元。先后接待中小学生和社会群众80多万人次，同比增长18.6%。茂名市着力打造的红色旅游资源包括：“三个代表”重要思想的发源地；茂名地区第一个苏维埃农村政权所在地——信宜怀乡镇；高州中共南路特委旧址（在大革命时代，广东省农民协会南路办事处，中共南路特委和茂名县党委组织机关设在高州）。

链接：

2000年2月20日下午，中共中央总书记、国家主席、中央军委主席江泽民出席茂名高州市领导干部“三讲”（讲学习、讲政治、讲正气）教育会议，并发表重要讲话进行动员。期间，江泽民食住在高州市委招待所（观山寺），并在此处理国家公务。江泽民先后视察冼太庙、瀛洲公园等，并在高州中心广场与群众见面。江泽民到享有“中国荔枝第一镇”之称的根子镇探访农户，了解农村经济和社会发展情况，并亲手在红荔阁旁种下一棵“中华红”荔枝树。

**【乡村旅游】** 2011年9月，茂名市旅游局印发《关于加快推进农家乐星级评定工作的通知》，各县（市、区）旅游局按要求推荐农家乐示范经营单位。市旅游局通过审查材料、实地考察、综合评定等环节，最终评选出二星级农家乐1家（信宜市明和食府）；三星级农家乐3家（信宜市玉都生态农庄、高州森宝园山庄和茂港区农香园生态农庄）。

**【假日旅游】** 2011年，茂名市春节黄金周旅游总收入25050万元，比上年增长31.39%；接待游客110.11万人次，比上年增长41.46%。其中过夜旅游者19.18万人次，比上年增长167.88%；一日游游客89.18万人次，比上年增长26.17%。

“五一”假日全市旅游收入10315.87万元，比上年增长17.01%；接待游客总人数35.31万人次，比上年增长18.97%；过夜旅游者3.86万人次，比上年增长20.25%；一日游游客31.45万人次，比上年增长18.81%。

“十一”黄金周全市旅游收入17600万元，比上年增长17.37%；接待游客总人数48.38万人次，比上年增长21.19%；过夜旅游者7.51万人次，比上年增长16.07%；一日游游客40.87万人次，比上年增长22.18%。

## 旅游市场推广与节庆活动

**【旅游市场推广】** 2011年，围绕“巩固珠三角市场，开拓新兴市场”的战略，大力宣传“冼太故里、中国荔乡、云山鉴水、滨海茂名”的形象。茂名市旅游局先后编印《茂名市滨海发展战略暨旅游推介手册》、《2011旅游强市台历》、《读行茂名》等30多万册的宣传资料。5月上旬，由茂名市副市长陈海率茂名市旅游局、玉湖国家水利风景区等旅游企业负责人到贵州、陕西、甘肃等省，就旅游产学研以及旅游合作与当地政府和旅游部门、大学研究机构等进行交流对接；5月19日，市旅游局联合市邮政局，举办“读万卷书　行万里路——旅游让生活更幸福”中国旅游日主题活动暨“美丽茂名”旅游风光明信片首发仪式。10月中旬，由市人大常委、秘书长周安敏带市旅游局及旅游企业负责人，赴内蒙古、河南、湖北、江西等省、区参观考察，学习外地发展旅游经验，以及开展旅游交流和合作活动；11月5~8日，茂名市由市领导带队，市县旅游部门、各县（市、区）政府、旅游企业等单位代表共30多人组成代表团，参加在韶关举行的2011广东国际旅游文化节开幕式、花车巡游、首届中国（广东）国际旅游产业博览会、旅游招商会等主要活动。茂名本届旅游文化节宣传主题为“冼太故里、中国荔乡、云山鉴水、滨海茂名”，制作的花车荣获“三等奖”，展位荣获“优秀奖”。

2011年4月29日，2011茂名文化游主题年启动仪式暨御水古温泉养生美食节开幕式现场。

**【2011广东国际旅游文化节（茂名）分会场】** 2011广东国际旅游文化节举办期间，茂名分会场举办的主要活动包括：于1月15日由茂名市旅游局、电白县旅游局、放鸡岛海洋度假公园联合举办的放鸡岛海钓节；由电白县人民政府、茂名市旅游局共同主办的茂名市温泉养生旅游节，主要内容有温泉养生研讨、中国温泉文化展览等；由高州市人民政府主办的第三届冼夫人国际文化旅游节，主要内容有纪念“中国巾帼英雄第一人”冼太夫人诞辰、冼夫人文化研讨会、冼夫人文化史迹考察等。

## 旅游资源开发和景区（点）建设

**【旅游规划】** 2011年1月，《广东省滨海旅游发展规划（2011~2020年）》编制专家组一行到电白考察调研，并考察放鸡岛等景区（点），与该县政府及旅游主管部门、旅游企业负责人座谈，了解滨海旅游发展情况。

是年，茂名市政府通过公开招标，确定由中山大学教授保继刚、世界旅游组织专家汉斯牵头，编制《茂名市旅游发展总体规划》、《茂名市国家级滨海旅游产业发展专项规划》、《茂名市浮山生态旅游区总体规划》3项规划。8月13日，茂名市召开专家评审会，经国家发改委、华南师范大学、广州大学等专家组成的评审组一致通过上述三项规划。《茂名市旅游发展总体规划》将滨海旅游、文化生态旅游、城市商务旅游作为茂名旅游发展的重点战略，提出先行先试、打造国家级滨海旅游产业试验区，实现旅游产业集群化发展的基本构想，对茂名市旅游发展具有重大指导意义，体现出规划的前瞻性、科学性和可操作性。

**【旅游景区（点）与基础设施建设】** 2011年1月21日，广东茂名森林公园、茂名放鸡岛海上游乐世界2家景区被评为国家4A级旅游景区；中国第一滩由茂港区政府投入4000多万元对旅游区内设施改造，新建17公里的滨海绿道，改造景观大道，整治沙滩原貌，重修观景平台和游客中心，扩建停车场和广场，新建表演舞台和一批淡水浴室，对原有的部分酒店实施改造。景区名称由中国第一滩改名为“茂名滨海公园”，游客接待量翻番；电白浪漫海岸投资5000多万元改造和新建一批酒店客房、别墅、沙滩酒吧等，住宿和休闲条件改善，接待能力提升；御水古温泉投资4000万元新建宾馆楼一栋，新增客房134间，温泉接待条件改善；放鸡岛投资6500万元新建水泥钢筋结构的别墅10栋，新增客房124间，新建餐厅一座，可同时容纳700人就餐，新建天后宫一座，扩建岛上码头；广东茂名森林公园投资1000万元，建设游乐场、绿道、动物表演场等设施；石根山风景旅游区投资2200万元新建游客中心、景区大门楼和1500米的登山步行道等，于2011年元旦向游客开放。

是年，茂名市先后有中国达生控股集团、北京金贸金联集团、广东长鹿集团、港中旅集团等国内大型投资集团来市考察旅游资源和投资环境，并达成初步的投资意向。

**【新开发、新建设景区（点）】**

*石根山风景旅游区* 地处两广交界。与207国道、洛湛铁路以及拟建的包茂高速相邻。石根山是石质山体，主峰海拔988米。石根山群山环抱，绿水绕流，山峰突兀劲秀，岩隙青松争翠。远望犹如一座生动的笑佛面像，以物传神。石洞岩穴深浅有致，藏奇纳险，奇峰怪石卧立不等，林深鸟语莺歌。海拔650米处有一高山平湖——仙人湖。攀上顶峰，放眼俯瞰，仙人湖似玲珑碧玉，镶嵌在高山峻岭之中，顿时有“高峡出平湖，瑶池此处寻”的感觉。乍晴乍雨或晨昏交接之时，石根山云烟缭绕，如薄纱笼罩，好一山美景。该景区由信宜市朱砂镇总投资6000多万元打造，由桂林市七颗星旅游规划咨询有限公司和桂林桂工旅游规划设计研究院联合编制，规划突出石根山“雄、峻、奇”的景观特色，彰显“石根峻险秀，万般奇特景”旅游形象理念。

**【绿道旅游】** 2011年，茂名市建成的绿道主要有：长约17公里的中国第一滩滨海绿道。依托海边防风林地、水体、海岸和峭壁设立，包括红色沥青慢行道路、木塑栈道、登山道等。沿途经第一滩、虎头山、晏镜岭、童子岭等亚热带风光景点和人文景点等游憩空间。滨海绿道沿途设置标识牌、引导牌、信息牌、照明通讯等设施，还为游客提供自行车、露营、咨询、救护、保安等服务；长7公里的市民大道绿道已经完工；总长9.2公里、总投资1000万元的小东江沿江绿道（钟鼓桥至高山桥段）完工；长约7公里的小良水土保持站绿道完工。

**【旅游扶贫】** 2011年，茂名市浮山生态旅游区参加由省旅游局和省财政厅组织的“2011年广东省旅游扶贫大型重点项目评审会”并进入前六名，荣获省财政300万元扶持资金，是茂名市参加全省以竞争性分配方式遴选大型重点旅游项目三年来首次成功竞得，也是粤西地区唯一入选的地级市。整治第一滩沙滩、高地街道中海社区福建村渔家乐旅游基础设施、石根山风景旅游一期工程、高州市冼夫人纪念馆文化旅游区4个项目共获旅游扶贫专项资金180万元。

## 旅游行业监督管理

**【旅游市场监督】** 2011年，制定《茂名市旅游市场监督检查工作方案》，成立以局长为组长，副局长为副组长，相关科室负责人为成员的“茂名市旅游市场监督检查工作领导小组”。检查工作坚持采取常规化、日常化运作，每月开展检查天数不少于5个工作日，月底及时汇总检查情况，形成书面材料，向全行业进行通报。全年受理有效旅游投诉9宗，结案率100%，没有发生重大旅游质量投诉和安全生产责任事故。

2011年4月28日，茂名市举办旅游行业骨干培训班。

**【旅游安全管理】** 2011年，茂名市旅游局先后联合公安、工商、安监等部门开展形式多样、主题明确的旅游市场检查，如：每月的常规旅游市场检查、旅游合同及广告专项检查、黄金周检查和火灾安全隐患排查等。共出动执法人员282人次，检查旅游企业98家。重点查处旅行社、星级饭店和旅游景区的宣传广告、经营情况、制度建设等情况，认真查处一批“黑车、黑导游”等无证经营的企业和个人，维护旅游者和经营者的合法权益。针对检查发现的问题，约谈企业负责人共5人次，并发出限期整改通知书5份，要求其整改。

**【旅行社】** 2011年，茂名市旅游局先后制定出台《茂名市优秀旅行社评选办法（2011年修订）》和《茂名市政务导游管理办法（试行）》，规范全市旅行社的经营管理。完成全市旅行社560万元质量保证金足额补缴工作。加强旅行社责任保险统保等安全管理工作，全市旅行社统保率达100%，有效降低旅游安全意外事件，提高旅游安全系数。经市旅游局审批，批准设立湛江市国之旅旅行社，吊销茂名茂之旅旅行社、茂名市同乐假日旅行社的业务经营许可证。先后组织两次共计298名考生参加全国导游资格考试。全市有5人通过2011年度全国高级导游等级考试，成为茂名市首批高级导游员，全市通过人数名列全省第4名。完成全市导游IC卡年审及发放工作，共355名导游参加年审刷卡。

**【星级饭店】** 2011年1月31日，新城国际大酒店被评为四星级饭店。12月，茂名市沿江大酒店被评为三星级饭店。4月，市旅游局在电白御水古温泉举办全市旅游景区、旅行社、星级饭店管理骨干培训班，对新版旅游饭店评定标准进行学习。完成全市23家星级饭店的复核工作，其中13家通过复核；取消三星级饭店资格1家（加州旅馆），二星级饭店资格2家（绿湖宾馆、京广大厦）；对1家三星级饭店（金龙泉大酒店），6家二星级饭店（观海楼度假城、君元沉香宾馆、玉城唐华大酒店、金华大酒店、鉴江酒家、鉴江酒家贵宾楼）给予签发警告通知书并限期整改处理。

**【旅游信息化建设】** 2011年，茂名市旅游网是由茂名市旅游局开发建设的官方旅游网站，由专人对网站内容更新及维护。1月，茂名市旅游局向省旅游局提出与茂名市移动公司合作共建旅游信息建设试点基地的请示。11月，茂名市移动公司为市旅游局提供《茂名旅游信息化综合服务管理平台建设规划方案》。12月9日，以“旅游信息拓展，合作创新发展”为主题的“两广十市”旅游区域合作联席会议在湛江举行。在联席会议上，茂名市与其他九市代表共同签署《两广十市旅游信息化建设合作共同宣言》，就此创建“旅游无线城市”联盟，携手共进，全力打造旅游信息化公共服务体系，为发展更多的城市区域旅游信息交流合作发挥示范作用。完成12301旅游服务热线的前期工作，要求全市旅行社、景区景点、星级饭店等旅游企业经营场所明显位置摆放或悬挂。

## 旅游教育培训与精神文明建设

**【旅游行业精神文明建设】** 2011年，茂名市旅游局围绕“提升旅游业核心竞争力建设旅游强市”为主题，带领全市旅游行业深入学习实践科学发展观活动。基本实现党员干部受教育、科学发展上水平、旅游行业得实惠的总要求，并结合旅游业的实际修订完善《首问负责制度》、《服务承诺制度》、《限时办结制度》和《责任追究制度》。

**【旅游教育培训】** 2011年4月28～29日，茂名市旅游局在御水古温泉举办旅游行业管理培训班，邀请中山大学校长助理、旅游规划设计院院长保继刚等一批专家学者授课，来自全市旅游景区、饭店和旅行社近200名中级以上管理人员参加培训。2月，市旅游局、市旅游行业协会联合举办“民生实事，旅游给力”论坛，4月，茂名市旅游局结合贯彻全国、全省旅游工作会议和粤西地区旅游工作现场会精神，召开全市旅游工作会议，着重探讨实施山海联动，招商引资开发旅游资源。

2011年6月8日，茂名市举办2010年度导游人员继续教育培训班。

**【旅游行风和机关工作】** 2011年，茂名市旅游局采取领导分工负责，企业齐抓共管的办法，整顿和规范旅游市场秩序、着力维护消费者利益、构建行风建设长效机制。在旅游企业开展诚信经营教育，并配合市有关部门进行专项治理和打假打非行动。局机关以打造“政治强、业务精、纪律严、作风正”的旅游干部队伍目标，扎实开展“端正行风政风，优化发展环境”活动。

（黄栋梁）

# 肇庆旅游业

## 综　述

**【概况】** 2011年，肇庆市旅游行业认真学习贯彻国务院《关于加快发展旅游业的意见》精神，贯彻落实省委、省政府《关于加快我省旅游业改革与发展建设旅游强省的决定》，以加快融入珠三角一体化发展，加快旅游业改革与发展、打造“国际化旅游休闲之都”、建设“广东省旅游综合改革示范市”和“广东省国民旅游休闲计划示范市”为目标，着力打造绿道旅游品牌，大力开展旅游宣传推介，积极引进大项目投资，努力加强行业管理，提升旅游服务水平，全面开展星湖体制改革，落实“十项惠民实事”，完善景区配套设施，积极进行品牌创建，树立肇庆旅游形象，加强区域旅游协作。全市接待游客2403.67万人次，比上年增长19.67%；旅游收入142.32亿元，比上年增长38.47%。

2011年，广东省人民政府授予肇庆市“广东省旅游综合改革示范市”称号；在由中国城市经济学会、中国旅游出版社主办的“第三届中国旅游竞争力年会暨2011中国旅游百强市发布盛典”活动中，肇庆市名列“2011中国旅游竞争力百强市”；在由中国城市竞争力研究会、香港浸会大学当代中国研究所共同发布的“2011城市分类优势排行榜”中，肇庆市名列“2011中国十佳宜游城市”第三名，同时被评为“中国十佳低碳生态城市”；9月14日，肇庆成功加入亚太旅游振兴组织（TPO）；10月14日，在浙江省宁波东钱湖举行的第三届中国湖泊休闲节暨国际湖泊休闲联盟成立大会上，肇庆星湖成功加入国际休闲湖泊联盟组织。

**【旅游行业规模】** 截至2011年底，肇庆市开放的旅游景区（点）60个，其中年接待游客超100万人次的4个。全市拥有国家4A级景区4家、省级森林生态旅游示范基地6家、省级农业生态旅游示范基地2家、省级红色旅游示范基地1家、省级工业旅游示范基地1家、省级体育旅游示范基地1家、广东省星级农家乐7家；有各类宾馆酒店、旅馆1000多家，其中星级饭店29家（四星级1家、三星级19家、二星级8家、一星级1家）。在评五星级饭店1家，有评星意向的五星、四星级饭店约10家；旅行社40家，其中出境游组团社2家。

**【汪洋考察光大肇庆锦绣山河】** 2011年5月19日，中共中央政治局委员、广东省委书记汪洋，省委副书记、省长黄华华率珠三角九市代表到肇庆，考察位于龟顶新城的光大肇庆锦绣山河项目，汪洋对光大肇庆锦绣山河给予高度赞许；对肇庆超大规模的城镇级别“三旧”改造项目，汪洋和黄华华都表示：“不简单”。

中共肇庆市端州区委书记杨永向考察团介绍时表示，龟顶新城是全省最大的连片“三旧”改造项目，改造面积达7.1平方公里，该项目积极引导社会资金参与建设，引入东莞光大集团作为开发主体，项目为“光大·锦绣山河”，自2010年3月动工以来投入20亿元。整个项目规模达4000亩，总建面积250万平方米，光大集团特聘请国际国内顶级规划设计团队进行项目打造。整个光大·锦绣山河项目涵盖精品洋房、五星级酒店、4座大型高端主题型购物中心、湖滨会所、教育、医疗等各种市政配套，项目整合山景、江景、湖景等资源，致力打造成粤西首席国际人居生活之城。该项目一期于2011年10月推出市场。

**【全市旅游工作会议】** 2011年4月22日，肇庆市2011年全市旅游工作会议在市委小礼堂召开。会议对建设“广东省旅游综合改革示范市”进行部署，要求开展对全市旅游资源发展的调研，坚持政府主导型旅游发展战略，整合各方资源，加快推进全市旅游业改革与发展。肇庆市领导郭锋、黄三和、孙德、董超凤出席会议。市委副书记、市长郭锋要求，各地、各部门要解放思想，深化改革，做大做强做优旅游产业。“十二五”期间，各县（市、区）要建成一个以上五星级饭店，一个以上A级旅游景区，一个以上省级优质旅行社和一条商业旅游街，着力打造山水游、文化游、名城游、商贸游。郭锋强调，要突出工作重点，进一步发挥规划对旅游业发展的引领作用；进一步深化旅游体制机制改革；进一步加快推动旅游产业转型升级；进一步深入开展旅游区域合作；进一步提升城市旅游品牌形象。

**【重大旅游决策】**

*旅游体制改革* 从2011年11月1日起，根据中共肇庆市委、市政府关于肇庆市旅游发展局与星湖风景名胜区管理局分开设立的改革意见，星湖风景名胜区管理局（含星

湖风景区所有企事业单位）与肇庆市旅游发展局不再存在隶属关系，由市政府直接管理。星湖风景名胜区成为市政府直属的正处级事业单位。至年末，成立的星湖风景名胜区筹备领导小组，开始了资产、财务清理等工作。

*探索旅游产业集聚（实验）区建设* 经广东省人民政府批准，肇庆高要市设立省旅游产业集聚（实验）区，并得到省高端旅游扶持资金1000万元。2011年7月1日，新广新农业生态园移交新的投资者，升级改造项目包括旅游产品经营、开发，酒店、餐饮经营管理，有机农场经营，文化、演艺及展览运营，商业经营等。营造休闲度假居住为一体的新型人文景区。通过整合新广新农业生态园、肇庆高尔夫度假村、八卦村等资源形成50平方公里的旅游产业集聚（实验）区，并在旅游用地制度、培育旅游制造产业园、山水城市旅游等方面形成示范效应。

*“七星岩”打造全省核心旅游品牌形象* 肇庆市人民政府向广东省人民政府申请，确立七星岩作为广东核心旅游品牌形象，以七星岩自然山水为载体、以岭南文化为灵魂、以休闲体验为特色的全国知名旅游品牌，并注入珠三角城市群现代都市活力元素，广佛肇旅游一体化的形成，使广东形成在亚太地区有重大影响力的旅游目的地和游客集散地。七星岩和鼎湖山作为广东省旅游品牌体系的组成部分和重点发展项目纳入《广东省旅游发展规划纲要（2011～2020年》，并在旅游宣传方面给予肇庆市支持。

**【2011年“中国旅游日”主题活动】** 2011年5月19日，由肇庆市旅游发展局、肇庆移动公司联合主办的“2011中国旅游日肇庆绿道旅游活动暨寻找肇庆最美绿道手机拍客大赛”在七星岩牌坊广场举行。逾万名自行车骑游爱好者及各地游客参加环星湖绿道骑游和徒步活动，并推出多项旅游优惠及便民措施。全国首本绿道旅游工具书《肇庆绿道旅游指南》编印发行，为期半年的以“把绿道带给市民游客的幸福生活拍下来”为主题的“寻找肇庆最美绿道”手机拍客大赛正式启动。

图为5·19“2011中国旅游日”肇庆广府文史游启动仪式。

## 国际旅游

**【入境旅游】** 2011年，肇庆市接待国际游客270.95万人次。其中过夜入境游客158.87万人次，比上年增长13.93%；旅游外汇收入32730.62万美元，比上年增长163.12%。

**【出境旅游】** 2011年，肇庆市出境游组团社组织出境游客30701人次，比上年增长15.42%。其中，香港游14611人次，增长14.70%；澳门游9312人次，增长15.98%；出国游6778人次，增长16.20%。

## 国内旅游

**【国内旅游接待与收入】** 2011年，肇庆市接待国内游客1865.92万人次，比上年增长20.15%。其中接待国内过夜旅游者1103.69万人次，增长20.46%。国内旅游收入121.06亿元，增长28.33%；一日游国内游客762.23万人次，增长19.95%。

**【假日旅游】** 2011年春节旅游黄金周，肇庆市接待游客213.9万人次，比上年同比增长26.9%，占全年游客接待量的8.9%。其中，接待入境游客26.4万人次，同比增长18.6%；接待国内游客187.5万人次，同比增长28.2%。从游客的过夜情况看，接待过夜旅游者115.7万人次，同比增长16.3%；一日游游客98.2万人次，同比增长42.3%。

“五一”假期（5月1～3日），全市接待游客120.1万人次，同比增长16.3%，占全年游客接待量的5%。其中，接待入境游客16.2万人次，同比增长18.4%；接待国内游客103.9万人次，同比增长15.9%。从游客的过夜情况看，接待过夜旅游者71.6万人次，同比增长17.3%；一日游游客48.5万人次，同比增长14.6%。

“十一”旅游黄金周，全市接待游客222.9万人次，同比增长15.4%，.占全年游客接待量的9.3%。其中，接待入境游客30.8万人次，同比增长20.6%；接待国内游客192.1万人次，同比增长14.5%。从游客的过夜情况看，接待过夜旅游者131.4万人次，同比增长15.1%；一日游游客91.5万人次，同比增长15.6%。

春节、“十一”两大黄金周共实现旅游收入10.07亿元，同比增长30.61%，占全年旅游总收入的7.08%。

# 旅游市场推广与节庆活动

**【旅游市场推广】** 2011年4月7~12日，肇庆市政府分别在广西梧州、玉林、南宁、柳州市举办"2011广东肇庆旅游推介会"，旨在加强肇庆与广西旅游业界的交流与合作。肇庆旅游推介团由市人大常委会副主任黄三和、市政府副市长孙德、市政协副主席董超风率领，成员包括肇庆市旅游局等市直有关单位负责人，各县（市、区）政府、肇庆高新区管委会分管领导，各县（市、区）、肇庆高新区旅游（经贸）局局长、分管副局长，主要景区、旅行社、旅游酒店负责人等共约70人。梧州市副市长吴浩岭、玉林市副市长邱建军、南宁市副市长李志勇、柳州市副市长陈杰及4市旅游局长，梧州、玉林、南宁、柳州各20多家、南宁80多家旅行社负责人，以及当地媒体记者出席推介会。肇庆市的多家旅行社也分别与南宁等四市的多家旅行社签订《客源互送协议书》。

6月1~3日，广州、佛山、肇庆市三地旅游局联合在山西太原市、山东济南市举办"多彩广佛肇　岭南真味道——广佛肇旅游专场推介会"。广州、佛山和肇庆市旅游局分别介绍本地丰富的旅游文化资源，并整合推出"岭南商都、传奇佛山、山水肇庆"精品旅游线路。

3月，肇庆市组织参加在广州举办的国际旅游展销会；4月，在西安举办的2011中国国内旅游交易会；6月，分别在香港、北京举办2011香港国际旅游展览会和2011北京旅游博览会。同月，肇庆市成功申办"2012国际市民体育闻盟年会"并加入（TPO）亚太旅游振兴组织，星湖成功加入国际休闲湖泊联盟组织。

**【旅游节庆活动】** 2011年，肇庆市采取"请进来、走出去"方式，举办了百年贡品文庆鲤开渔节、中国（广东肇庆）绿道马拉松挑战赛、中国（肇庆）星湖山地自行车嘉年华、广东省（肇庆）绿道定向邀请赛、鼎湖山第六届国际森林旅游登山节、第五届星湖国家湿地公园观鸟节、鼎湖山重阳户外音乐会、"盘古诞——千人盘菜宴"、肇庆·鼎湖山水旅游文化节、四会柑桔玉器文化节、高要金钟山千年姻缘诞、广宁第六届竹子节、德庆孔庙千年华诞活动、德庆悦城龙母感恩节、封开县第六届广信文化节、怀集县攀岩节、CTCC中国房车锦标赛&WTCC世界房车锦标赛等活动。

肇庆旅游嘉年华开幕仪式暨亚太华商领袖（肇庆）养生与旅游峰会　于9月22~24日在肇庆奥威斯酒店举办，市主要领导及有关部门负责人、业界代表出席活动。共有20多个亚太地区国家的部长级官员、政经领袖，国际养生、旅游和医学专家及来自美国、德国、新加坡、意大利、韩国、法国等20多个国家和地区的华商领袖与政要嘉宾出席。

2011年4月9日，肇庆市政府在南宁举行旅游推介会。

200多名海内外政界、商界、学界精英参加各项活动。

第五届广东（肇庆）自驾旅游节暨世界名车绿道游活动　于9月23~25日在肇庆七星岩牌坊广场举行。大会由广东省旅游局、肇庆市人民政府、广东（国际）超跑会、广东（国际）名车会、广东省自驾旅游协会、肇庆市旅游发展局等单位主办。全国多个省（市、区）自驾旅游协会、名车会的代表，肇庆旅游业界代表，旅游团游客及社会各界群众约2万人参加。活动内容包括：世界名车大展、第二届肇庆环星湖绿道骑游暨第三届国际市民万人徒步大会、世界名车肇庆千里旅游画廊自驾游等。

**【区域旅游联盟与合作】** 2011年2月18日，广佛肇旅游合作工作联席会议在佛山市召开。肇庆市旅游发展局局长彭聪恩、广州市旅游局副局长李志新、肇庆市旅游局副局长郑向平等领导出席会议。会议审议确定《广佛肇2011年旅游合作计划》。决定尽快完成《广佛肇旅游专项发展规划》编制工作，共同打造后亚运广佛肇旅游产品。5月1

2011年6月3日，广东省旅游局与肇庆市人民政府联合举办万"粽"风情肇庆推介会。

日，肇庆市旅游发展局联合广州、佛山、中山市旅游局联合举办“广佛肇中旅游大串门暨踏寻辛亥百年之旅”活动，此次活动以“踏寻辛亥百年之旅”、“岭南文化之旅”、“绿道休闲之旅”及“伟人故里之旅”为主题。首发团启动仪式在广州市孙中山大元帅府举行，广州、佛山、肇庆、中山四市有关领导和旅游局领导、相关景区、旅行社负责人、游客等近400人参加启动仪式。6月1～3日，肇庆市联合广州市、佛山市在山西太原、山东济南分别举办“多彩广佛肇，岭南真味道”旅游推介活动，重点宣传推介“中国最美的绿道”环星湖绿道以及肇庆旅游资源。

## 旅游资源开发和景区（点）建设

**【旅游规划·招商引资】** 2011年，肇庆市星湖风景名胜区改造项目进展顺利，投资4000多万元的星湖牌坊广场一期工程升级改造扩建工程全面完成，二期工程拟投资1.2亿元；投资9800多万元完成环星湖绿道工程。投资4300万元建设七星岩东门广场。投资1.1亿元建设波海公园。投资近500万元的七星岩水月堤除险加固工程全面完成。鼎湖山消防管网和供水系统工程全面完成。鼎湖山景区新装入口广场监控系统。

以肇庆高尔夫、生态园、仲盛园、棕榈谷为主，整合黎槎八卦村、砚坑紫云谷、乐城金钟山、河台淘金游、水南飞天马、南岸上清湾等资源，挖掘旅游文化内涵，加快旅游配套设施建设，丰富旅游休闲产品，改善旅游休闲环境，擦亮“绿野仙踪”特色旅游品牌，规划建设50平方公里生态休闲旅游文化重点发展区。

四会市旅游局筹集资金对贞山景区、邓村造纸第一村等景区（点）的旅游设施进行配套建设和完善，增加旅游服务基础设施，包括旅游导向指示牌、旅游标志、安全警示牌以及公共厕所等，并在全市的主要交通要道、公路都设置导游指示牌。

鼎湖区砚洲岛累计投入4000万元，完成项目首期立项，完善并改造一批市政、公共基础配套和旅游设施，挖掘、整合人文景点，完成包公楼景区和旧厂房第一期改造工程，新购一批旅游交通工具。砚洲堂文化驿站投入使用，全面推进岛上绿道建设、环岛外堤路硬底化建设和广利码头、包公楼码头、包公楼区域及沙滩项目改造提升。九龙湖风景区启动国家4A级景区创建工作。

广宁县新竹海大观景区首期和二期建设升级改造，投入约1.2亿元资金完善各项配套设施，餐厅、牌楼、竹排的修复翻新。东乡庄前村码头、罗锅老街、海心洲等项目正在征地；完成儿童游乐园建设，购买旅游游艇。新建5栋滨水木屋别墅于10月投入使用。

封开县重点开发建设北回归线度假区景区，景区规划完成，建成石板徒步登山道20公里、溯溪步级栈道，“十一”黄金周前景区投入试营运。抓好大旺海鹰博览中心开展创建4A级旅游景区的前期基础工作，规划由广州暨南大学旅游规划院完成初稿，景区内的各类规范标识牌交由广州博量标识公司策划。金装状元湖森林景区项目得到省旅游扶贫资金的支持。此外，德庆县抓好“金林水乡——盘龙峡停车场”段绿道基础建设。

2011年，星湖牌坊广场一期工程升级改造扩建工程全面完成。（钱荣森 摄）

**【旅游扶贫】** 2011年，肇庆市申请中国最美绿道乡村风情旅游休闲驿站、东亮梦圆景区农家乐开发项目、瀑布奇石旅游风景区、鼎湖黄金沟风景区4个旅游扶贫项目，获专项资金140万元。

肇庆市旅游发展局扶贫开发“双到”工作，实行“一对一”帮扶方式，派出3名干部长驻岩旺村。全年投入帮扶资金25.33万元。至2011年底，32户贫困户、181人年人均纯收入达到2500元以上，村集体收入43500元。

## 旅游行业监督管理

**【旅游市场监督】** 2011年，肇庆市受理各类旅游投诉62宗，有效投诉30宗。其中，旅游景区10宗、旅行社15宗、星级饭店3宗、其他2宗，结案率达100%。共追回赔偿或补偿12500元，均未动用旅行社质量保证金赔付。

是年，按照《旅行社管理条例》、旅游市场监督检查规范（试行）和《关于加强2011年全省旅游质监（执法）工作的通知》，市旅游发展局先后5次联合工商、卫生、公安、交通、质监等相关部门开展旅游合同、广告、价格、“黑车、黑导”等专项检查整治。组织全市旅游质监人员参加省培训班2期，举办全市质监人员培训班2期。

**【旅游安全管理】** 2011年，肇庆市组织开展旅游安全检查

20次，排查安全隐患21处。对盘龙峡景区旅游观光车辆陈旧老化和蓝宫酒店的消防安全通道存在较大隐患问题提出整改，并通过验收。

4月，按照省旅游局、肇庆市安全管理委员会和肇庆市消防委员会的要求，召开肇庆市旅游安全工作会议。会上，签订旅游安全责任书，落实领导“一岗双责”（党风廉政建设“一岗双责”是指各级干部在履行本职岗位管理职责的同时，还要对所在单位和分管工作领域的党风廉政建设负责），制定旅游安全应急预案和景区安全管理标准。每逢重大节假日和黄金周期间，市政府有关领导组织市假日旅游协调小组开展以安全为主的旅游市场综合检查。在日常工作中，坚持“四结合”原则，即明查与暗访相结合、普遍检查与重点抽查相结合、部门检查与联合督查相结合、层层检查与自查自纠相结合。

**【旅行社】** 2011年，肇庆市旅游发展局组织全市41家旅行社按时填报旅行社统计调查，参检率100%。全市有38家旅行社参加责任保险统保示范项目。根据《旅行社条例》及其《实施细则》，全市按程度审核批准设立旅行社2家。因经营困难及无旅游业务原因有2家旅行社注销。至2011年底，肇庆市有旅行社40家。

**【星级饭店】** 2011年，肇庆市旅游发展局重点落实星湖大酒店、国际大酒店、广宁华侨大酒店创建国家五星级饭店工作。跟进广宁华侨大酒店、金鹏·巴顿酒店、德庆龙珠大酒店、大旺凯悦国际酒店饭店的创星工作及蓝宫宾馆晋升三星级工作。加强与在建、新建高星饭店的联系和业务指导，宣传贯彻国家新版星评标准，并按新星级标准对待评酒店提出合理的意见和建议，避免重复投资。根据省星评委的工作部署和要求，市星评委于8月初至11月底对全市星级饭店开展复核，共组织复核星级旅游饭店27家。其中，评定性复核18家、年度复核9家。

**【旅游标准化建设】** 2011年8月26日，肇庆市旅游发展局与市质量技术监督局签署《共同实施旅游标准化战略合作备忘录》，先后共同制定申报《景区安全管理标准》（DB44）、《旅游安全管理 绿道》（DB44）、《广东省都市绿道旅游标准化示范点》（先进标准体系试点）、《农家乐旅游服务 经营管理规范》（DB44）、《农家乐旅游服务 质量等级划分与评定》（DB44）等，其中《景区安全管理标准》得到实施，其他旅游标准已立项。

## 精神文明与教育培训

**【旅游行业精神文明建设】** 2011年，肇庆市鼎湖旅行社彭妙珍被国家旅游局、国家人力资源和社会保障部评为“全国旅游系统劳动模范”；端州区旅游局、德庆县旅游发展局和陈剑、潘子杰、李予斯等分别被广东省旅游局、广东省人力资源和社会保障厅评为“广东省旅游系统先进集体”和“广东省旅游系统先进个人”；市旅游发展局麦肇奎获中国财贸轻纺烟草系统“工会先进工作者”和“肇庆市工会先进工作者”称号。

**【旅游行风及机关作风建设】** 2011年，肇庆市各级旅游行政管理部门开展旅游行风与机关作风建设。开展纪律教育月学习活动，利用民主生活会、座谈会、党支部会、专题会等活动，组织党员领导干部学习关于反腐倡廉建设的讲话精神，以及《中国共产党党员领导干部廉洁从政若干准则》。组织党员观看警示教育专题片。组织机关领导干部到市委党校“肇庆市反腐倡廉暨预防职务犯罪教育基地”进行参观学习。以“优质服务、优良秩序、优美环境、群众满意”为目标，努力创建“人民群众满意服务窗口”。按照市要求，对违规用车等问题认真开展自查自纠和专项治理。

2011年6月3日，肇庆市举办“‘七一’过党组织生活请到肇庆来”广州新闻发布会。

**【旅行教育培训】** 2011年，肇庆市旅游发展局组织全市四星级以上旅游饭店和待评四星级旅游饭店负责人参加由省旅游局在东莞举办的全省2010版星级标准宣贯培训班。举办由各县（市、区）旅游局分管的副局长、各星级饭店、待评、在建旅游饭店的相关负责人参加的2010版星级标准宣贯培训班，专门邀请广东省酒店行业协会会长、国家星评员杨鹏授课。11月25～26日，联合中共肇庆市委组织部举办全市旅游饭店中高层管理人员培训班，联合市委组织部干部三科举办一期全市旅游饭店中高层管理人员培训班，邀请4名有酒店工作经验，培训经验丰富的旅游管理系博士授课。

（孙秀丽）

# 清远旅游业

## 综 述

**【概况】** 2011年，清远市旅游局按照建设“环珠三角高端产业成长新区、广东区域协调发展示范区、华南休闲宜居名城、大广州卫星城”的发展定位，不断扩大对外开放，调整优化经济结构，以改善城市和景区环境为重点，大力推进旅游品牌建设，着力培植了一批以漂流、温泉、生态、观光、商务、休闲度假为主的旅游新亮点，全市旅游业取得突破性进展，成为带动第三产业发展的龙头产业，全市旅游业得到持续、健康、快速发展。12月30日，经中国温泉之乡和地热能开发利用示范单位评审委员会评审通过，命名全国25个城市为第二批中国温泉之乡（城），其中清远市综合评估成绩位居第五名，成为“中国温泉之城”，温泉品牌更上一个档次。全年接待海内外游客2602.62万人次，比上年增长20%。其中过夜游客780.32万人次，增长17.02%；一日游游客1822.32万人次，增长21.8%；入境旅游人数35.99万人次，增长41.90%；国内旅游者744.33万人次，增长16.04%，实现旅游总收入161.51亿元，增长48.95%。

**【旅游行业规模】** 截至2011年底，清远市景区（点）达79处，其中获国家5A以上景区1家，4A级景区9家，3A景区3家。广东省森林生态旅游示范基地2家，广东省体育旅游示范基地3家，广东省中医药文化养生示范基地1家，广东省森林生态旅游示范基地4家；星级饭店33家，其中五星级1家，四星级5家。恒大金碧度假酒店、美林湖国际酒店、狮子湖度喜来登酒店等按照五星级饭店标准建造的酒店陆续开业。清远国际酒店、清新花园酒店、聚龙湾度假村创建国家五星级饭店，已通过市星级评审。已经营的五星级标准酒店达12家；拥有旅行社49家，其中出境游组团社1家。

**【领导关心旅游业】** 2011年5月9日，广东省副省长招玉芳到清远市调研，指导外经贸和旅游工作，在考察狮子湖乡村俱乐部和清远市旅游服务中心后，招玉芳希望清远市旅游工作再创新思路，开拓进取，敢闯敢试，在区域发展、旅游改革中创出一条路子。一要发挥优势、整合资源、搞好规划，做大做强清远旅游业。二要大力推进旅游重大项目开发。三要加大旅游宣传力度。四要发展绿道旅游。五要搞好旅游扶贫。六要通过旅游带动第二产业发展。表示在政策、资金上全力支持成立“清远市旅游集团公司”。

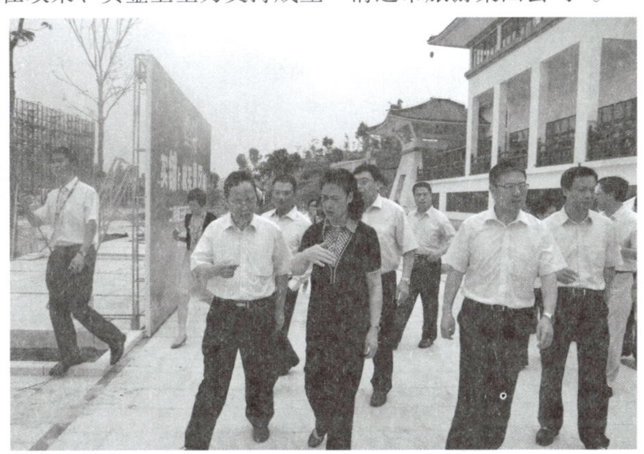

2011年5月9日，广东省副省长招玉芳（中）在清远调研。

3月21～22日，清远市副市长王得坤率市委、市政府副秘书长周岐贤、清远市旅游局局长雷玉春、市文广新局（体育局）局长汪耿东、连州市副市长黄运全、清远日报社副社长郑伟文等相关领导，拜会国家旅游局、国家体育总局、中央电视台等相关部门，就如何发挥清远资源优势，发展文化体育旅游等产业项目进行探讨和交流，有关部门表示将全力支持清远做大文化体育旅游这三篇特色产业文章。

3月28日，由清远市人民政府主办，清远市旅游局、市旅游协会承办的2011广东清远（大连）旅游推介会在辽宁省大连市举行。副市长王得坤、市旅游局、各县（市、区）政府分管领导、旅游局长及部分景区、旅行社总经理及清远市各主流媒体记者参加推介会。

8月4日，佛冈生态养生旅游示范基地——羊角山生态旅游度假区举行启动仪式，广东省人民政府副秘书长刘晓捷、清远市人大常委会副主任何木葵、清远市副市长王得坤以及佛冈县委书记、县长华旭初等参加启动仪式。

11月28日，省旅游局副局长张振林带领调研组一行莅临连州，到连州地下河景区考察调研。调研组一行听取工作汇报，考察神秘瑰丽的连州地下河，检查景区各项旅游设施，对景区创建5A级旅游景区工作给予充分肯定，并提出意见和建议。张振林指出，连州文化旅游资源丰富，地下河景区要充分把握契机，大力完善旅游接待设施，提高服务质量。

12月4日，省旅游局副局长梅其洁一行先后考察连州湟川三峡—龙潭文化生态旅游度假区和连州地下河景区。梅其洁对连州地下河成功创建国家5A级景区表示祝贺，并期望连州地下河能再接再厉，进一步完善景区建设。梅其洁非常关心湟川三峡—龙潭文化生态旅游度假区创建国家4A级景区工作，希望景区认真对照评定标准，逐条落实，不断完善景区各项设施设备，争取早日创建成功。

12月22～23日，由清远市副市长王得坤带队，市旅游局副局长廖振灵，市旅游信息中心3人前往阳山县考察广东第一峰风景名胜度假区、南岭国家自然保护区、天南峡生态旅游区、阳山国家地质公园、鱼水小桂林风景区、阳山宾馆等旅游资源，与当地政府、旅游部门和主要景区负责人进行座谈，共商旅游发展对策。

**【2011年全市旅游工作会议】** 2011年2月23日，清远市旅游工作会议在清远国际酒店召开。副市长王得坤出席会议并讲话，同时为英德奇洞温泉旅游度假区、阳山县广东第一峰旅游风景区颁发国家4A级景区牌匾。会议传达全国、全省旅游工作会议精神，贯彻落实市委五届十二次全会的工作部署，总结2010年全市旅游工作，部署2011年和“十二五”全市旅游工作任务。清远市旅游局、各县（市、区）旅游分管领导；市旅游工作领导协调小组成员单位领导、市旅游协会和景区、酒店、旅行社分会副会长以上单位、有关旅游企业、武广高铁清远站、大专院校和中等职业技术学校旅游专业负责人，通信、网络和媒体代表等150余人参加会议。

**【清远市旅游服务中心落成典礼暨朱汝珍公园开园仪式】** 2011年2月28日，由清远市人民政府主办，清城区人民政府、清远市旅游局、市文广新局协办，清远市长利兴旅游服务有限公司承办的朱汝珍公园开园仪式和“香清溢远凤舞九天”清远市旅游服务中心落成大型庆典系列活动在御金街举行。市委书记、市人大常委会主任陈家记，市人大常委会常务副主任邓光荣，市委常委、纪委书记黄兆芬，市委常委、秘书长刘汉球，副市长王得坤，军分区司令员王良等出席大型文艺晚会。晚会突出清远旅游服务中心文化主题以及清远建市23周年取得的辉煌成就，来自海内外700多名来宾参加。标志着清远市旅游服务中心启用。

**【2011年“中国旅游日”主题活动】** 2011年5月19日，由清远市旅游局、清远市旅游协会主办，清城区旅游局、清新县旅游局协办，市直属旅游企业和清城区、清新县旅游企业参与的首个“中国旅游日”宣传推广暨市中心区旅游行业服务技能友谊赛系列活动在清城区城市广场和清远国际酒店举行。全市其他县（市、区）也同时开展各种丰富多彩的宣传活动。“中国旅游日”成为全民参与、全民受益的宣传推广日，重点宣传清远市“亲情温泉、激情漂流、奇情溶洞、闲情山水、热情民族”五大旅游特色，宣传清远旅游休闲计划；弘扬清远福地文化、生态旅游文化、历史文化、名人文化、健康养生文化、美食文化、民族文化特色。推出各项旅游优惠和奖励活动，让人民群众共同分享清远旅游业发展新成果，享受旅游带来的开心、快乐和健康。

**【旅游综合改革】** 2011年初，清远市佛冈县被广东省人民政府授予“全省旅游综合改革示范县（市、区）”荣誉称号。佛冈县自2008年以来，充分发挥交通区位和资源优势，积极发展温泉度假、生态旅游以及农家乐等旅游项目，通过全力整合旅游资源，加快旅游产品开发，强化旅游产品推介等举措，旅游业实现大发展。佛冈县在旅游综合改革进程中坚持四个基本原则：一是坚持把旅游业作为战略性新兴产业和支柱产业来扶持，二是坚持做大做强龙头企业，实施辐射带动战略，三是坚持把主题创建活动作为推动旅游产业转型升级的推手，四是坚持把创新宣传手段作为旅游促销推广的关键点。通过综合改革，进一步提升佛冈旅游产业的综合竞争力，加快本地旅游企业的转型升级，营造了政府规划主导、企业积极参与、社会各界支持配合的创建局面，极大地提高了佛冈县优秀旅游资源的知名度和影响力，创造了山区县迅速打响旅游知名度和美誉度的成功范例。

## 国际旅游

**【入境旅游】** 2011年，清远市接待入境过夜游客35.99万人次，比上年增长41.90%，旅游外汇收入1.17亿美元，增长6.10%；其中，香港游客27.76万人次，澳门游客3.10万人次，外国游客2.92万人次。外国游客中，日本、韩国、马来西亚、菲律宾、新加坡、泰国、美国、加拿大、英国、法国居多。

**【出境旅游】** 2011年，清远市旅游社组团出境游14567人次，比上年增长21.13%。其中，香港游6582人次，下降4.98%；澳门游7337人次，增长60.65%；台湾游172人次，下降34.35%；组团出境游主要国家有韩国、日本、泰国、美国等。

## 国内旅游

**【国内旅游接待与收入】** 2011年，清远市接待国内游客2566.66万人次，比上年增长20.1%，国内旅游收入153.88亿元，比上年增长52.49%；旅行社组团国内游3323批次，457518人次，增长183.39%，其中省内游2258批次，401459人次，增长258.03%；省外游1065批次，56059人次，下降13.68%。

**【红色旅游】** 2011年，清远市红色旅游接待游客88.31万人次，红色旅游综合收入1608.07万元。全市加大红色旅游基础设施和配套设施投入，全年总投资139万元，其中政府资金55万元，企业配套资金84元，红色旅游区和红色旅游精品线路投资道路建设100万元以上。通往红色景区的道路交通得到完善，交通信息服务功能全面提升，部分红色旅游景区旅游标志更加醒目。连南千年瑶寨、连山鹰扬关、连州湟川三峡3个红色旅游景区将按照国家3A级旅游景区标准打造。

6月25日，由中共清远市委宣传部主办，市旅游局全力支持，清远市中旅国际旅行社承办的“红动中国，给力清远”红色旅游主题活动在市旅游服务中心举行启动仪式。此次活动目的将红旗寨先锋拓展景区、广东第一峰景区、连南千年瑶寨风景区、大旭山风景区、连州地下河、牛鱼嘴生态风景区、乾隆黄家大院、聚龙湾温泉度假村、黄腾峡生态旅游区、古龙峡景区10大知名景区打造成“红色拓展景区”。该活动持续至10月底。

**【假日旅游】** 2011年春节黄金周，清远市共接待海内外游客85.04万人次，同比增长16.17%；实现旅游收入3.18亿元，同比增长33.05%。其中过夜旅客25.51万人次，同比增长19.77%；一日游游客59.53万人次，同比增长14.7%，入境游游客17908人次。

“五一”（4月30日至5月2日），全市接待游客总人数60.16万人次，同比增长18.76%；旅游总收入3.02亿元，同比增长43.81%。其中一日游游客47.58万人次，同比增长36.92%；过夜游人数12.58万人次，同比增长30.27%；景区接待人数42.11万人次，同比增长44.55%；旅行社接待国内外人数14767人次，同比增长15.49%，全市酒店和其他社会旅馆的平均开房率达93%。

“十一”黄金周，全市共接待国内外游客143.51万人次，同比增长40.2%；实现旅游总收入7.29亿元，同比增长67.5%；人均消费为508元，其中一日游旅客111.08万人次，同比增长44.7%；过夜游客为32.43万人次，同比增长26.9%，全市酒店及社会旅馆平均开房率为83%；全市各景区共接待国内外人数114.08万人次，同比增长28.7%；旅行社共接待国内外人数11.46万人次，同比增长11.7%。

## 旅游市场推广与节庆活动

**【旅游市场推广】** 2011年，清远市重点宣传促销五大旅游品牌，融入文化元素，增强全市旅游文化的吸引力和竞争力，全面提升旅游文化深刻内涵，提升知名度。在巩固珠三角、港澳台客源市场基础上，积极开拓省外客源新市场。

一是“走出去”开展推介活动。先后组织赴大连、北京、澳门、香港、广州推介旅游资源。二是“请进来”举办多种节庆活动。三是配合各县（市、区）开展宣传促销活动。如：第四届中国（连南）瑶族文化艺术节、中国英德英石文化节，连州国际摄影年展、第三届沙糖桔旅游文化节暨名优特农产品展销会、广东清远（阳山）四驱越野车节、国际旅游小姐中国区广东总决赛暨颁奖仪式、第三届清远鸡美食节、启动“国际旅游日·向连州出发”专线广州活动等。四是发挥旅信通、清远旅游网、飞翔网、开心乐游网等信息服务平台的作用，为游客提供快捷优质服务。在武广高铁唯一的刊物《旅客报》及电视邮轮旅游频道的“旅游新干线”，发布旅游专版。在北京星光影视园录制完成大型综艺节目《欢乐中国行·魅力清远》，在央视综艺频道黄金时段立体展示清远独特的文化、独具特色的民俗风情和充满魅力的旅游城市形象。清远市美食通过《May姐真识食》栏目组拍摄，分别在亚视本港台和数码台播出。

3月28日，清远市旅游局参加大连市举行的“2011广东清远（大连）旅游推介会”。市政府分管领导、市旅游局、各县（市、区）政府分管领导、旅游局长及部分景区、旅行社总经理；大连市旅游局领导、东北地区驻大连各大旅行社、旅游企业代表和《中国旅游报》、《大连日报》、《大连晚报》、《大连电视台》及清远市各主流媒体记者近200人参加推介会。

3月28日至4月3日，清远市组队参加由国家旅游局主办，全国19省（市、区）旅游局协办的“2011中华文化游港澳地区主题推广活动”，清远生态文化旅游资源和产品得到展示。

4月20～25日，由多名国家一级美术师组成的“大连美术家”连州采风团在“全国写生基地”连州粮仓举行采风活动启动仪式。采风团一行10多人深入连州古村、燕喜文化园、慧光塔等历史文化遗址，以及连州地下河、湟川三峡等风景名胜区采风。

5月24日 由国家体育总局水上运动管理中心、广东省体育局、清远市人民政府、国家比基尼模特大赛组委会主办，清远市体育局、清远市旅游局、清新县人民政府承办，清新县古龙峡生态旅游娱乐有限公司、清新县玄真古洞生态旅游开发有限公司、清远黄腾峡生态旅游开发有限公司协办的“2011中国清远国际自然水域漂流大赛暨国际比基尼模特大赛广东总决赛”在清新县举行。

7月21日，第四届索菲亚民俗文化艺术节在保加利亚首都索菲亚正式开幕。中国广东民间艺术团舞龙醒狮、连南瑶族长鼓舞、抖空竹和柔术等参加表演。其中，连南民族歌舞团表演国家非物质文化遗产——连南瑶族长鼓舞，展示连南瑶族独特的文化艺术魅力。

12月12～15日，由清远市主办的“广东·清远美食周”在北京举行。开幕当天，来自社会各界人士共400多人入场品尝清远美食。参加活动的企业有：清远市步步高酒店管理有限公司、广东天农食品有限公司、清远市雁鹅园农牧有限公司、连州爱地旅游公司。参加单位推出的美食包括：清远鸡系列、乌鬃鹅系列、特色小吃系列。主要有：古法烤凤凰、飞霞鲜虾饺、佛葛乌鬃鹅、粤式叉烧包、农家鼓油鸡、岭南鸡蛋挞、清远功夫汤、步步高烧鹅、蜂巢香芋角等美食。

2011年12月14日，国家旅游局局长邵琪伟（前排中）、副局长王志发（前排左二）与在京举行“广东省清远市美食周”活动的工作人员合影。

**【2011广东国际旅游文化节（清远）分会场】** 由国家旅游局、广东省人民政府共同主办的2011广东国际旅游文化节暨旅游推介大会于11月5日在韶关开幕。作为分会场之一，清远市开展系列活动，2011年11月30日至12月2日，由广东省旅游局、清远市人民政府联合主办，清远市旅游局、阳山县人民政府承办，阳山县旅游局、广东第一峰旅游风景区协办的2011广东清远（阳山）温泉旅游文化节在阳山县举行。广东省内外有关地市旅游局及旅游协会代表，以及珠三角地区、港澳地区的知名旅行社代表等近300多名嘉宾参加；12月3日，第七届中国（阳山）四驱越野车节开幕式暨2011年阳山县重点项目签约奠基剪彩活动在阳山县隆重开幕。国家体育总局汽车摩托车运动管理中心汽车一部主任何建东，省委副秘书长杨桐，省旅游局副局长梅其洁，市领导葛长伟、江凌和省内其他兄弟县（市、区）有关领导嘉宾参加车节开幕式及重点项目签约、奠基、剪彩。12月11日，2011广东佛冈中国汽车拉力锦标赛举行颁奖仪式和闭幕式。国家体育总局汽车摩托车运动管理中心副主任、中国汽车运动联合会副主席詹郭军等领导出席颁奖仪式。

12月30日至2012年1月3日，由中国饭店协会、清城区人民政府、市旅游局和市农业局共同主办的“2011中国‘清远鸡’美食旅游文化节”在义乌商贸城举行。该活动除有“清远鸡”烹饪大赛、啤酒狂欢节、名优土特产展销、主题文艺晚会等经典活动外，还邀请20多名岭南名画家现场作清远鸡“百吉图”慈善义卖，以及清远第一蒸鸡笼、清远第一烧鸡炉现场烹饪清远鸡等精彩活动，并首次将洲心大粥、连山壮族大汤糍、英德擂茶等各地特色小吃汇聚成美食风情街。开幕式上对清远特色餐饮店、清远特色小吃进行颁奖。

**【区域旅游联盟与协作】** 2011年6月15～16日，由中山市人民政府和清远市人民政府共同举办、中山市旅游局和清远市旅游局共同承办的2011中山·清远旅游互动交流在中山市举行。双方提出发展大旅游，加速城际间旅游合作交流的意愿，并签订旅游区域合作协议，共同打造和开辟精品旅游线路，满足游客个性化、特色化、高端化的需求。两市政府分管领导、旅游局长以及双方市旅游局、旅游协会、旅行社、景区、酒店代表和新闻媒体代表等共200多人参加交流活动。通过两地旅游互动合作，中山市来清远的游客日均接待量为300～500人次；周末平均接待1000～1500人次。整个活动期间，共接待中山游客约达15000人次，同比大幅增长。

**【旅游节庆活动】** 2011年3月12日，由万人总动员艺术组、艺术生灵艺术组、骇客主义艺术组、新涂鸦画派共同主办的2011年禾雀花观赏节开幕式在牛鱼嘴举行，内容包括《魔幻之湖》户外雕塑装置艺术展，《涂鸦森林》野外涂鸦艺术展，《思想边缘》观念影像艺术展等。4月15～17日，清远市旅游局与香港亚视合作，邀请《May姐真识食》摄制组走访清远，体验色、香、味、型俱全饮食文化，专题拍摄清远鸡、乌鬃鹅、北江河鲜等清远知名美食及饲养情况。旨在多渠道宣传推介清远美食，提升清远旅游城市的知名度和影响力，拓展粤港澳旅游客源市场。

6月24～25日，清远市旅游局和清远市体育局、清新县人民政府承办首届广东清远（清新）漂流文化节暨2011

中国清远国际自然水域漂流大赛。来自捷克、英国、匈牙利、新西兰等国际、国内12支漂流队参赛。珠三角地区、武广沿线城市的旅游管理部门、旅行社、媒体等嘉宾应邀参加，并实地考察清远市的旅游新业态。

12月23~25日，清远市旅游局局与市农业局、清城区人民政府在义乌商贸城联合举办清远市第三届砂糖桔旅游文化节暨名优特农产品展销会。清远砂糖桔、清远鸡、初生蛋、连州菜心等农副产品一一亮相。展销会为清远十大手信颁奖。

2011年9月19日，借助第七届泛珠三角区域合作与发展论坛暨经贸洽谈会召开之际，2011清远名优产品展销推介会在江西南昌开幕。

链接：

2003年以来，清远市委、市政府高度重视旅游业的发展，制定“绿色经济强市、岭南宜居名城、华南休闲之都”和把生态旅游作为我市服务业第一品牌来建设的发展战略，出台一系列优惠政策，促进旅游业的快速发展，铸造清远旅游的辉煌。旅游人次成倍的增长。在旅游发展的过程中，推动区域旅游联盟，建立区域合作机制的重要性凸现，2009年开始，清远旅游不断推动与周边省市合作。

## 旅游资源开发和景区（点）建设

**【旅游规划】** 2011年，编制完成《清远市“十二五”旅游发展规划（2011~2015年）》。《规划》突出“生态·休闲·度假”为旅游主题，利用清远优越的自然人文环境，以资源整合为重点，以品牌打造为核心，以旅游与文化以及农业、工业、商贸有机融合为驱动力，大力发展文化旅游、生态观光体验旅游、休闲健康度假旅游、商贸旅游、会议会展旅游，建设高品位的休闲度假、国际健康养生、商务、会议会展综合型旅游产业，把清远市打造成为国内外知名的旅游目的地；重新修编《清远市旅游业发展总体规划》，展开编制《清远绿道发展专项规划》、《清远市自驾游规划》的前期工作。

《清远市北江旅游带旅游发展总体规划（2011~2025年）》（下称《规划》）于2011年5月20日召开专家评审会。评审会由清远市人民政府主持，中国科学院广州地理研究所、华南师范学院旅游系、广东省旅游文化学会、暨南大学管理学院旅游管理系、广州大学中法旅游学院专家教授，清远市清城、英德、清新县政府以及市相关局共20个单位参加。《规划》委托广东省旅游发展研究中心编制起草。评审会上，编制单位就起草过程进行了说明，经专家组评审并获通过。

链接：清远北江旅游带是指位于清城区与英德市区之间的干流河段及其两岸景区、景点和重要建筑设施，整个北江旅游带北起英德市区，南到清城区石角水利枢纽工程大坝，全长约100公里。《规划》侧重点在于分析北江旅游带的资源与文化内涵，借鉴国内外江河旅游开发经验，明确开发目标、开发思路和理念，筹划北江旅游带发展的总体空间布局和分区发展指引，明确游船发展、码头换乘系统、服务配套设施、旅游产品类型与游线组织、景观与环境整治等内容，探讨促进北江旅游带发展的基本管理政策策略与盈利模式，为政府制定的有关产业政策、空间规划提供基础。

2011年6月14日，《广东省旅游发展总体规划（2011~2015年）》调研组在清远召开座谈会。

**【旅游景区（点）与基础设施建设】** 2011年，清远市推进旅游景区（点）与基础设施建设：连州地下河景区加强对停车场及入景区水泥道路建设，新增石林景区、洞内新增洞穴瀑布和世界濒危植物报春巨苔，8月29日，连州地下河景区被国家旅游局评为5A级景区；湟川三峡——龙潭生态旅游度假区计划投资1.5亿元，分三期进行，是年实际投资3800万元，在原计划基础上增加户外拓展、湟川夜游等项目；大东山温泉度假村景区完成投资约7000万元，景区建设完工，建成四星级饭店客房45间、可同时容纳200

人进餐的餐厅、可同时接纳300人泡温泉的温泉池以及员工宿舍的改造，二期别墅的建设也已经完工；福星宫景区计划总投资1亿元，分三期进行，首期投资1000万元，实际完成投资500万元；凤凰古洞度假村景区计划总投资29089万元，完成投资200万元，余下投资额分2期进行；福山风景游览区投入近50万进行改造，增建小广场和游客中心，改造旅游公厕，完善游览指示牌和名古书的分类上牌等工作，增添游客急用的必需品，正在申报国家3A级景区；英德市奇洞温泉度假区项目预计总投资5亿元，现投入资金3亿元，建成宝墩湖大酒店，并配备西餐厅、中餐包厢、宴会大厅、会议室等服务设施，完善了网球场、羽毛球场等体育配套设施。景区年初成功创建国家4A级景区，奇洞温泉度假酒店正申报国家五星级酒店；九州驿站·天门沟景区按照4A标准完善基础配套设施，加快资料编辑和整理；仙湖温泉旅游度假区建设进展顺利，主干道路全面贯通，结合“三边”整治，投入500万元对景区进行环境美化；按五星级标准建设的湖畔度假酒店完成基础打桩，开始主体工程建设。230套酒店群落土建工程开工，第一期度假产权酒店完成封顶，第二期开始动工建设；总投资额两亿多元、总客房接待能力达560人，按五星级标准建设的北江天鹅湖国际度假酒店已完成基础打桩，正在进行酒店地块道路三通一平工作；5月27日，佛冈金龟泉生态度假村正式对外开放；8月4日，金谷漂流项目正式对外开放；总投资约5000万元的华熙禾田温泉于2011年10月正式投资建设；聚龙湾温泉的主楼重新装修工作完成；体育休闲公园已全面开工建设，宝晶宫投入200万元进行景区环境整治，环湖路建设全面启动。

**【品牌创建工作】** 2011年，清远市旅游品牌创建工作加大，连州地下河景区成功创建国家5A级景区，成为粤北地区首家国家5A级景区；湟川三峡成功创建国家4A级景区，金子山景区成功创建国家3A级景区。佛冈县荣获“中国最具投资价值旅游强县”称号，被省政府授予“广东省旅游综合改革示范县”。4月26日，在中国城市第一媒体旅游联盟等单位联合举办的“2010年度广东旅游总评榜”上揭晓，连州市入选“2010年度最受欢迎省内游目的地”，连州地下河景区荣获“2010年度最受欢迎景区”称号。清新县被广东省自驾旅游协会评为“华南自驾游最佳目的地”，玄真古洞生态旅游度假区、太和古洞旅游风景区、古龙峡生态旅游度假区、清新温矿泉、清新花园酒店被评为“2010广东最值得去的地方”；红不让农科大观被国家农业部和国家旅游局授予“全国休闲农业与乡村旅游示范点”荣誉称号；清新县太和镇被国家住房和城乡建设部、国家旅游局授予“全国特色景观旅游名镇”称号；玄真古洞生态旅游度假区、名将温泉运动水疗度假村获得“广东省体育旅游示范基地”称号；2011年9月召开的首届广东县域旅游经济发展论坛上，由广东县域经济研究与发展促进会发布全省第一部《县域旅游综合竞争力研究报告》，清新县、佛冈县县域旅游综合竞争力均列入“2010广东县域旅游综合竞争力”10强。其中佛冈县获“旅游综合改革示范县”称号。5月19日，由亚太旅游联合会、国际度假联盟组织和中国生态旅游促进会主办，在香港召开的“中国旅游品牌世界之旅香港峰会暨中国国际旅游投融资洽谈会”上，佛冈县荣获“中国最具投资价值旅游强县”称号，县委书记李玉楷当选为“中国旅游品牌国际化建设先锋人物”。

**【新开发、新建设景区（点）】**

清远市旅游服务中心 位于市区清远大道65号。投资额为17900万元。占地面积152459.96平方米，建筑面积84499平方米，于2009年4月动工，2011年2月28日落成，6月正式开业。该项目以唐风为精髓，以禅宗为意境，集游客服务中心、旅行社服务中心、租车服务中心、酒店服务中心、美食中心、演艺中心、会议展览中心、特产中心、便利商店、停车场、星级酒店及主题乐园于一体，相关公共设施设备配套齐全，是清远市首个旅游文化主题公园。清远市还将继续挖掘历史文化资源完善旅游服务中心功能，投入资金建设如大型舞台节目演出、园区雕塑展示、LED大型视频、特色旅游主题活动、动感激光效果展示、少数民族风情汇演等项目。

清远市旅游服务中心·御金街全景图。

**【旅游扶贫】** 2011年，清远市旅游局为清远市自驾游规划项目、清远市旅游信息发布系统项目、瑶族舞曲大型山水实景演出暨天下瑶国、红不让生态农业旅游综合开发项目、连山大旭山景区升级改造暨民族特色村农家乐、羊角山生态旅游度假区生态休闲农庄6个项目申请扶贫资金300万元；完成2009年度全市6个旅游扶贫项目、共240万元资金建设使用的绩效评价工作。

【国民旅游休闲计划】 2011年11月28日，按照《广东省体育旅游示范基地的评定办法》，聚龙湾天然温泉度假村东新温泉开发有限公司、清新县玄真古洞生态旅游开发有限公司、清新名将体育俱乐部有限公司入选全省第一批体育旅游示范基地。7月9日，聚龙湾天然温泉度假村获“广东省中医药文化养生旅游示范基地”殊荣。

2011年，清远市旅游局加强与移动、电信、网络传媒公司、统计、公安、交通、质监、工商的合作，开发旅游电子商务，夯实发布权威统计数据的基础，丰富清远市旅游产品，拓展旅游服务内容。与省旅游局达成加快清远旅游业发展框架协议；与中山市旅游局共同在中山举行中山清远旅游互动启动仪式，推出旅游优惠和精品线路，实现资源共享、优势互补、游客互送、互惠互利。

## 旅游行业监督管理

【旅游市场监督】 2011年，清远市全年接到投诉12宗，理赔金额3.63万元，结案率100%。全年共检查旅行社42家，占全市旅行社总数的85.7%。开展市场检查16次，出动检查人员117人次，检查旅游相关单位和企业147个左右，检查导游人员近130人次，现场罚款2人。依照《旅行社条例》及实施细则相关规定，全年依法取消2家旅行社的经营权。每月开展“清远市游客满意度调查和旅游投诉情况通报”，并在市主流媒体公布，接受社会监督，收回游客满意度调查表4万余份。整治旅行社违规行为，严厉打击“黑社”、“野导”的滋生和蔓延，打击零负团费。

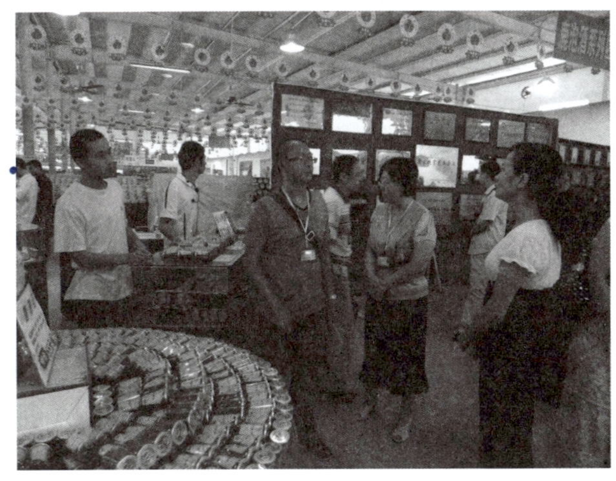

清远市旅游执法人员现场执法检查。

【旅游安全管理】 2011年，清远市全年共出动检查次数20多次，检查企业70多家，无发生旅游安全重特大事故。一是建立应急管理机构，完善《旅游应急管理工作计划》及《旅游安全事故应急预案》，进一步落实安全生产责任制，与各县（市、区）旅游局签订了《旅游安全生产责任书》，二是做好旅游信息预警工作，对危及旅游安全的形势及时监控，及时预警，并认真落实节假日领导值班制度和安全事故报告制度。在各个黄金周、重大节假日期间，都注重做好旅游信息的预警工作，了解节假日期间旅游团队去向、人数、酒店住宿情况、景区游客人数，各旅游目的地的政治、天气情况。三是是有计划、有部署地开展各项专项整治和专项检查活动，在各个“黄金周”前后会同市安监、城管、消防、工商、物价、卫生、食品药品监督等部门进行联合安全执法大检查的安全监管、检查工作。

【旅行社】 2011年，清远市新审批旅行社3家，分别是英德市逸程旅游服务有限公司、清远市建福旅游服务有限公司、清远市鸿泰旅行社有限公司。至年底，全市旅行社总数49家，其中经营出境旅游业务的组团社1家。全年吊销清远市燕翔旅行社有限公司、清远市大地游踪旅行社有限公司、清远市北江情旅行社有限公司、连州开心旅游旅行社有限公司4家旅行社。做好旅行社日常及专项检查，加强节前安全、责任险检查和合同、导游IC卡等专项检查，对超范围经营、合同不规范、零负团费、承包挂靠等存在问题进行清理整顿，备案归档跟踪落实整改，规范旅行社运作。

清远市拥有国家初级在册导游1122人，中级导游15人，同比增长25%；完成了全市导游证（IC）卡年审刷卡工作；开展全市导游从业人员持证工作的情况调查，进一步完善导游人员相关的统计、登记、造册等资料。

【星级饭店】 2011年，清远市新评定英德仁鑫大酒店为国家四星级饭店，阳山凤凰阁酒店、连山迎宾馆2家三星级饭店。至年底，全市共有星级饭店33家（五星级1家，四星级5家，三星级24家，二星级以上3家）。完成对全市星级饭店年度复核及五年期星级饭店评定性复核工作，取消星级饭店9家，分别为：国赋园宾馆（四星级）、清远迎宾馆（四星级），国金商贸酒店（三星级）、丁香花园酒店（三星级），鸿信宾馆（二星级）、洪发大酒店（二星级）、森林温泉度假山庄（二星级）、连州宾馆（二星级）、爱德华酒店（二星级）。加强对全市星级饭店日常检查管理，对酒店的安全、服务质量明察暗访，责成没有达到星级饭店要求的酒店进行整改。

【成立旅游信息中心】 2011年9月27日，清远市旅游局成立市旅游信息中心（以下称为中心），是市旅游局属下公益三类企事业单位，编制5人。中心成立以来，创建旅游咨询投诉热线，开通集旅游咨询、预订、投诉、救援等多种功能于一体的旅游咨询投诉热线3512301。筹备建立旅游信息发布系统网站，塑造统一鲜明的清远旅游形象，创新旅游综合服务平台。

3月16日，2011年清远市旅游统计工作会议暨统计员培训班在市国际会展中心召开。会议对成绩的单位和个人予以表彰。

【旅游协会】　清远市旅游协会成立于1999年，后又陆续成立旅行社分会、景区分会、旅游酒店分会和温泉分会。于2009年4月选举产生第三届市旅游协会，名誉会长由清远市人民政府副市长王得坤兼任，副会长兼秘书长为张秀莲。截至2011年底，有18家理事单位、89家会员单位。

是年，清远市旅游协会召开2011年清远市旅游协会景区分会第一次工作会议及清远市旅游协会温泉分会座谈会，成功举办“魅力清远　醉美狮子湖”暨清远运动休闲旅游经济发展论坛，组织协会成员单位赴大连、南昌、中山市开展宣传促销活动，参与首个“中国旅游日”宣传推广暨市中心区旅游行业服务技能友谊赛系列活动，“香清溢远 凤舞九天”清远市旅游服务中心落成典礼仪式，组织协会单位参加展现清远独特魅力与少数民族民俗风情的大型综艺节目《欢乐中国行·魅力清远》的拍摄工作；协办“魅力清远·亲情温泉”2011广东清远（阳山）温泉旅游文化节，在国家旅游局举办广东（清远）美食周活动，由清远市旅游协会主办的《魅力清远》旅游杂志于2011年2月发行。

## 精神文明和教育培训

【旅游精神文明建设】　2011年，清远市旅游局开展创先争优活动工作，制定《创先争优活动实施方案》，党员开展讲党性、重品行、作表率主题活动，采取集中学习、分组讨论、个人自学等形式，营造创先争优氛围。3月4日，清远市星辉旅行社、中旅国际旅行社、国旅国际旅行社、银盏温泉旅游度假区、聚龙湾天然温泉度假村、连州地下河景区、湟川三峡景区、华冠大酒店、好来登国际酒店、阳山县凤凰阁宾馆10家企业被授予全市“巾帼文明岗”荣誉称号；佛冈县旅游局局长黄小云、德盈新银盏温泉度假村常务副总经理朱桂芳荣获全市“三八红旗手”称号。2011年12月12日、19日，市旅游局分两期上线参加由清远电视台、清远市纠风办举办的《行风热线》，现场回答观众和听众关心的旅游热点问题。

【旅游行风和机关工作】　2011年，清远市坚持“标本兼治、综合治理、惩防并举、注重预防”的反腐倡廉战略方针，以“讲学习、立制度、促廉洁”主题教育活动为载体，以规范和制约权力运行为核心，以“查找、建制、监控”三个环节为重点，强化预防腐败制度建设，建立起以强化岗位为点、规范程序为线、完善制度为面的岗位廉政风险防范机制。通过建立廉政风险防范管理机制，确保旅游部门拥有一支政治坚定、作风过硬、纪律严明、业务精通的党员干部队伍。实现旅游工作依法透明运行，基本建立旅游廉政风险防范管理体系。建立健全旅游事业科学发展的长效机制。确保权力行使安全、资金应用安全、项目建设安全和干部安全成长。

【旅游教育培训】　2011年，清远市完成有453人参加的全国导游人员资格考试笔试和口试工作。全年办理导游考试合格证件共102人；4月，与市红十字会共同举办2010年度导游员继续教育培训工作，有400多名导游分8批参加培训和考核。培训内容包括清远城市发展规划及旅游规划知识讲座、旅游安全知识、旅游应急救护技能措施讲座、导游经验介绍和景区推介等；完成全市导游证IC卡年审工作。遴选并组织一批符合资格条件的导游资格考试考评员参加省旅游局举办的培训班，并取得考评员证书；完成清远地区导游资格考试命题工作；组织全国中高级导游的报名考试工作，其中有2人通过中级导游考试；组织18名符合条件的旅行社总经理参加省旅游局举办的旅行社总经理岗位培训班，17人获得全国旅行社总经理岗位证书。组织8名符合条件的饭店总经理（或副总）参加省旅游局举办的饭店总经理岗位培训班，8人获得全国饭店总经理岗位证书。开展导游从业人员持证工作的情况调查，进一步完善导游人员相关的统计、登记、造册等资料。举办市中心区250人参加的旅游职业服务技能大赛服务技能大赛；对酒店举办的各种烹饪大赛、酒店的店庆文艺活动积极参与指导；组织中、高星级饭店厨师参与省一级的各项比赛，做好各项赛前指导工作。

（谢菲菲）

# 潮州旅游业

## 综　述

**【概况】**　2011年是“十二五”规划的开局之年，是实现“五年大变化、十年大发展”的承接之年。做好是年工作既关系当前，又影响长远。潮州市文物旅游局围绕打造国内外有重要影响力的历史文化名城为目标，以建设古城文化旅游区为龙头，加大宣传推介工作，促进全市文物保护与利用，成效显著。太平街义兴甲巷正式成为广东历史上首条入选的“中国历史文化名街”、成功举办2011中国潮州花灯节亮灯仪式、“潮州十大手信”评选活动、2011“中国旅游日”潮州旅游集市活动、“盛夏潮州行”活动、旅游嘉年华活动等一系列活动。全年接待过境游客人数404.29万人次，比上年增长13.02%；全市景区（点）接待游客860.61万人次，比上年增长2.8%；全市星级饭店平均住房率在70%左右；全市旅游收入达63.48亿元，比上年增长17.16%。在第三次全国文物普查工作中，经国家文物局最终核定，潮州市共调查登记不可移动文物1345处，其中新发现1000处，复查345处。

**【旅游行业规模】**　截至2011年底，潮州市拥有星级饭店13家，其中四星级6家，三星级4家，二星级3家；有旅行社28家，其中出境游组团社5家。分社1家，非组团社23家；拥有国家A级旅游景区（点）4家，其中4A级景区3家，3A级景区1家。

**【潮州太平街义兴甲巷获中国历史文化名街】**　2011年6月11日，由国家文化部、国家文物局主办的第三届中国历史文化名街评选活动在山东济宁举办授牌仪式，潮州太平街义兴甲巷被评为“中国历史文化名街”荣誉称号。6月15日，潮州举行“中国历史文化名街——潮州太平街义兴甲巷”揭牌仪式。国家文物局局长单霁翔、广东省副省长雷于蓝、省文物局局长苏桂芬、潮州市委书记骆文智等为潮州太平街义兴甲巷揭牌。潮州市长许光在揭牌仪式上致辞。雷于蓝在致辞中说，潮州是第二批国家历史文化名城，文化底蕴深厚，位于古城中心区的潮州太平街义兴甲巷，是包括物质和非物质形态在内的文化遗产最具代表性、最有价值、保存最为集中的区域。它们不仅是城市历史和文明发展最具说服力的见证，也是城市发展不可或缺的文化基因，是当代城市发展鲜活的文化生态标志，更是构建中华民族共有精神家园不可缺少的基础。

“中国历史文化名街”评选推介活动，是国家文化部、国家文物局批准的一项全国性、专业性评选活动。经过多轮严格评选，“太平街义兴甲巷”在全国24个省、市、自治区申报的近400条街中脱颖而出，成功进入第三届中国历史文化名街10强行列，成为迄今广东省唯一的“中国历史文化名街”。这次荣膺中国历史文化名街的“潮州太平街义兴甲巷”是潮州古城的主要街区，其泛指古城区里边所有的巷道，包括“猷灶义兴甲、家石辜郑庵”等巷。其中有明清两代的牌坊街、骑楼、古民居群、饶宗颐学术馆、潮绣传承人康惠芳工作室、潮州木雕传承人李得浓工作室浓园、潮剧艺术传承中心潮州戏苑、潮州功夫茶艺表演天羽茶庄、潮州麦秆画传承人李光荣、潮州大吴泥塑、潮州功夫茶茶壶等潮州非物质文化遗产展示点。其特色是至今仍保持有较多的原住居民，维持着可持续发展的社会功能和经济文化活力。

潮州举行“中国历史文化名街——潮州太平街义兴甲巷”揭牌仪式。

**附：潮州太平街义兴甲巷**

太平路与东门街是潮州石牌坊最为集中的路段，牌坊街的兴起于当时潮州地方人文昌盛，经济繁荣有着直接的关系。据不完全统计，明清两代城中共有牌坊94座，长度不到2公里的太平路就有47座，其数量之多，密度之大，堪称世界之最。据记载，其中建于明代的有34座，建于清代的有5座。最早的建于明正德十二年（1517），是为御史许洪宥修建的“柱史”坊，最迟的建于乾隆五十年（1785），俗称“新亭”，为直隶总督郑大进修建的“圣朝使相”坊。至1950年，太平路尚存石牌坊19座。1951年，潮安县城关镇人民政府以阻碍交通、废坠伤人为由，将太平路所存石牌坊悉数拆除。所幸者拆除前均留下宝贵照片，并对部分石牌坊所刻文字作了实录。拆除后部分精美构件由公园收藏，余散失各处。后因复建石牌坊需要，由牌坊街修复工程委员会通过文件、报纸、电台、电视等形式广泛宣传，发动群众提供古牌坊构件散落线索，采用捐献和征集相结合办法，共收回古牌坊构件100多件，大部分构件都用在这次牌坊街修复的24座牌坊中。

**【2011 潮州花灯节】** 2011年2月17日，2011潮州花灯节在广济门城楼广场举行。中共潮州市委书记、市人大常委会主任骆文智启动按钮点亮全城花灯。市委副书记、代理市长许光在亮灯仪式上致辞。花灯节亮灯仪式由市委副书记黄俊潮主持。亮灯仪式花灯节以“团圆灯火、福满潮州”为主题，以“政府搭台、民间唱戏、全民参与”为立足点，注重传统艺术与现代色彩相融合，文化传承与经济发展相融合，文化盛会与大众节日相融合。整个花灯节内容丰富，形式多样，其中既有大型潮州花灯展览、潮州非物质文化遗产精品展、潮州民俗文化摄影展，又有潮州民俗文化巡游活动、元宵文艺晚会、世界华文媒体看潮州采风活动。花灯节系列活动在海内外各界引起高度关注，包括新华社、中新社、中国国际广播电台、凤凰卫视、香港有线电视、星岛日报、南方网等在内的30多家主流媒体专门派出记者莅潮报道活动盛况。潮州市文物旅游局圆满完成2011潮州花灯节亮灯仪式策划及组织工作。2011年初潮州市举办“2011潮州花灯节”，根据筹备组织工作要求，该局承担亮灯仪式总体方案，审定表演方案、组织彩排和现场布置工作。元宵夜，亮灯仪式在广济门城楼前隆重举行，市领导和海内外嘉宾共200多人到现场观礼。随后，还举行有1000多名演员参加演出的大型文化巡游活动，把花灯节活动气氛不断引向高潮。来自海内外的各界嘉宾和超过50万群众现场争睹花灯盛会。

**【国民旅游休闲计划】** 2011年7月，潮州市文物旅游局举办为时一个多月的潮州暑假畅游名城胜景的活动。期间，潮籍青少年学生，凭学生证到列入活动的广济桥、淡浮院等11个景区景点旅游，可享受门票价格从3至6元的“暑期学生优惠门票”。市文物旅游局依托新闻媒体和网站进行广泛地宣传，整个活动共接待学生近2万人。2011年春节前夕，潮州市推行古城文化旅游区“优惠套票”。市文物旅游局与有关部门联系，加大宣传推介工作，并向周边省、市开展“优惠套票”宣传促销活动。

**【2011年“中国旅游日”主题活动】** 2011年5月19日是首个“中国旅游日”，潮州市文物旅游局联合市广播电视台在市人民广场隆重举行“潮州十大手信”评选活动启动仪式。评选工作遵循“公开、公平、公正”的原则，采用群众评选（包括网络投票）与专家评审相结合的方式，根据企业申报，经过“接受评审、广泛宣传、公开评选、初审入围、最终评定”等环节，于10月14日确定十大潮州名菜、十大名小食大型推荐评选活动获奖名单。为配合2011“中国旅游日”活动，全市文物、旅游景区、旅行社、星级饭店在现场向市民发放宣传资料，接受市民咨询。旅游企业还推出便民惠民措施。市文物旅游局倡议各收费景点门票实行五折优惠，旅行社团费、星级饭店房费实行优惠折扣。

## 国际旅游

**【入境旅游】** 2011年，潮州市接待入境旅游者43.56万人次，比上年增长8.04%。其中外国人41050人次，比上年增长11.31%；旅游外汇收入19772.83万美元，比上年增长49.72%。平均停留天数为2天。

**【出境旅游】** 2011年，潮州市各旅行社组织出境游17232万人次，比上年增长2.82%。其中香港游8264人次，比上年增长6.14%；澳门游3516人次，比上年增长3.50%；出国游5035人次，比上年下降9.70%。

## 国内旅游

**【国内旅游接待与收入】** 2011年，潮州市国内旅游稳步提升，呈现良好增长态势。全市接待过夜国内旅游者360.73万人次，比上年增长13.65%；国内旅游收入50.64亿元，比上年增长12%，占旅游总收入的79.7%，平均停留天数为2天；旅行社组团国内旅游人数18.40万人次，增长5.10%，其中组团省外游9.70万人次，增长2.90%；省内游8.70万人次，增长7.7%。

**【“2011中华文化游”主题年活动】** 2011年10月14日，由潮州市文物旅游局、潮州广播电视台主办的“天天好生活·旅游嘉年华”活动在市体育馆广场举行。李庆雄、陈央、张如文、钟挥锷、郑佳坤等领导共同推动启动杆，为期5天的首届“潮州手信节”同时开幕，经群众和游客评选确认的“潮州十大手信”工艺品、日用品和食品三个类别、各10种富有潮州地方特色的旅游商品集体亮相。展会共接待近10万人次进场参观，营业额达400多万元。整个活动内容丰富，精彩纷呈，涵盖首届潮州十大手信节，十大名菜，十大名小食评选推介活动。

**【红色旅游】** 2011年7月1日，潮州市在涵碧楼举行庆祝中国共产党成立90周年“潮州七日红，青史垂千秋”展览揭幕仪式，市主要领导和有关部门领导参加仪式。涵碧楼——“潮州七日红”作为红色旅游点正式对外开放，让更多的机关团体，旅游团队，中小学生走进涵碧楼，重温革命历史。为纪念中国共产党成立90周年、辛亥革命100周年的日子，涵碧楼修缮一新，重新布置《潮州七日红、青史垂千秋——潮州七日红史料陈列》。

**【假日旅游】** 2011年春节黄金周，潮州市接待游客人数、旅游收入均创新高，全市接待游客人数25.96万人次，景区（点）接待游客80.77万人次，同比增长19.6%和17%；旅游总收入10285万元，首次突破亿元大关。“十一”黄金周全市接待海内外游客43.8万人次，同比增长15.6%，全市景区（点）一周接待游客量首次突破超百万人次的大关，共接待游客105.36万人次，同比增长15%，实现旅游总收入5670万元。

## 旅游市场推广与节庆活动

**【国内旅游客源市场营销】** 2011年，潮州市文物旅游局先后组织参加于4月中旬参加中国（西安）国内旅游交易会和6月下旬在浙江义乌举办的2011中国国际旅游商品博览会。在2011中国国际旅游商品博览会上，有两件旅游商品入围，其中陶瓷工艺品“青瓷办公品茗”获得“中国旅游商品大赛”铜奖。

**【国际旅游客源市场营销】** 2011年11月29日，在潮州淡浮院召开中国潮州、日本佐渡旅游交流座谈会，会上分别播放潮州市和佐渡市的风光片，介绍各自旅游资源，组织旅游企业与日本佐渡市旅游观光协会座谈交流、联谊，增进两市间的了解和友谊。

由广东省博物馆、香港中文大学文物馆、韩山师范学院潮学研究院、潮州市文物旅游局、潮州市博物馆联合主办，潮州市颐陶轩陶瓷文化艺术研究所协办的《南国瓷珍》潮州窑瓷器精品展，于2011年11月28日在市博物馆开幕，系粤港两地四家文博单位的首次合作，是对潮州窑半个世纪以来研究成果的集中展示。展览精选212件展品，包括唐宋至今潮州地区窑址烧制的各式瓷器——青釉瓷器、青花瓷器、颜色釉瓷、彩瓷等，种类琳琅，全面展示潮州窑瓷器造型、釉色、工艺特色，整个展览活动社会反响强烈。

**【2011广东国际旅游文化节（潮州）分会场】** 2011年9月2～5日，由国家旅游局、广东省人民政府共同主办的“2011中国（广东）国际旅游产业博览会”在广州琶洲保利世贸博览馆举行，潮州市文物旅游局由主要领导带队参加。潮州市根据组委会的要求共设6个展位，展位设计独特，富有潮州民居建筑特色，展位及展品全方位展示潮州历史文化、风光名胜、主要景区，以及潮州陶瓷、潮绣、木雕等传统工艺精粹。

11月5日，由国家旅游局、广东省人民政府共同主办的2011广东国际旅游文化节暨旅游推介大会在韶关举行。潮州市作为分会场先后举办天天好生活　旅游嘉年华，“古潮州·新风采”大型美食节，情趣潮安金秋主题游，湘桥区2011年文化旅游节等活动。潮州市制作的花车荣获二等奖。

潮州市天天好生活·旅游嘉年华活动现场。

**【区域旅游联盟与协作】** 2011年6月18日，福建省泉州市旅行社开辟首条潮州旅游专线，组织泉之旅“盛夏潮州行”旅游首发团抵达绿岛山庄，开始为期2天潮州快乐之行。中国文化传媒集团、中国文化报社党委书记呼世安出席欢迎仪式并致辞。泉州旅行社开辟旅游线路，其中有潮州一日游、潮州两日游、潮州三日游。首发团在潮两日期间，游览了绿岛山庄、龙湖古寨、古城文化旅游区中的广济桥、韩文公祠、许驸马府等景点，潮州市丰厚的文化底蕴和亮丽景观获得宾客好评。这是第一个由福建旅行社专门组织、以潮州为唯一目的地的两日游团队。首发团有近200名泉州游客参加。

链接：2010年底，潮州市成功举办“金秋潮州行”旅游推介活动，邀请周边城市的旅游部门和旅行社到潮州市考察旅游环境，达成一批旅游合作项目。经过半年多的准备，泉州市当地旅行社率先开辟潮州专线游。潮州市文物旅游局组织回访，专程到泉州市与泉州南少林旅游有限公司洽谈推广潮州旅游专线，并指定潮州中旅作为地接社与南少林旅游公司协商组团事宜。

## 旅游资源开发和景区（点）建设

**【海外潮人博物馆工程】** 海外潮人博物馆工程是潮州市的重点建设项目，工程总造价估算约1.3亿元。潮州市设立海外潮人博物馆建设领导小组及其办公室。潮州市文物旅游局自2010年开始全程配合做好设计方案讨论、设计合同协商、拆卸工程结算处理、工程地质钻探、招标代理、开展工程招投标、代拟会议纪要等有关工作。经前期的加紧筹备，于2011年7月正式动工兴建，至年底工程进入桩基础施工阶段，完成静压混凝土预制管桩397根，占总静压桩量的80%；管桩的抗拔及抗拉试验完成；第三方监测方面，对周边建筑物进行4次测量监测；工程直接投入超1000万元。该馆建成后与古城文化公园、廖厝祠、古牌坊街和将挖掘出的太平桥以及用地范围内两座民国时期的历史建筑形成古城旅游亮点区。

**【旅游景区（点）与基础设施建设】**

广济桥建造新梭船　2011年初，潮州市文物旅游局完成新造六艘梭船的采购工作，并牵头举办广济桥梭船、跳板、栏杆改造方案讨论会，对建造新梭船及跳板方式及栏杆改造方案进行专家论证。新船建造顺利，累计完成资金投入94万元。至年底，在造的六艘钢质木饰梭船体基本成型，进入木饰调试安装阶段，于年底投入使用。

修葺一新的橡木园。

韩祠修建“橡木园”　“韩祠橡木”为潮州“八景”之一，相传当时橡木为韩愈亲手所植，潮州人崇尚韩愈，有“以橡木花之繁稀卜科名盛衰”之说。至清乾隆年间，韩木逐渐枯死。以国学大师饶宗颐教授书写的长达400多字的《橡木赞》巨幅幕墙基本完成，规划种植橡木的坡地也基本平整完毕，从韩愈家乡——河南移植30多棵橡木入园。潮州市政府召开市直有关部门参加的韩祠橡木园修建工程相关问题协调会。市韩愈纪念馆加紧做好开工前期工作。2011年初，市韩愈纪念馆加紧推进“橡木园”建设的相关工作。该工程经过这半年多的建设，已初具雏形，项目的土建部分于年底全面完工，2012年春季即可进行橡木移植工作。橡木园工程总投资149万元。其中：土建109万，橡木移植绿化工程30万，规划、设计、报建等其他费用10万元。

**【资源保护开发】** 已略黄公祠是全国重点文物保护单位，始建于清代至今未正式全面维修，因白蚁侵害、自身的老化和台风、暴雨等自然灾害的破坏，各建筑单体均出现不同程度的损坏。2010年6月，已略黄公祠拜亭发生倾斜，潮州市文物旅游局及时采取强有力的措施进行抢救维修，工程于2011年4月底全面维修完毕，并于5月1日正式向公众开放。维修工程得到国家文物局副局长童明康的高度评价，认为该祠的维修比北京故宫做得还好。

**【旅游扶贫】** 2011年，潮州市文物旅游局推荐潮安县龙湖古寨旅游区为旅游扶贫大型项目，推荐潮安县幽峪逸林生态旅游区、饶平县竞生文化旅游开发度假村、饶平县扩建粤东乡村游集散地和潮州市（湘桥区）紫莲生态森林度假村为旅游扶贫一般项目，全市旅游扶贫项目争取到省旅游扶贫专项资金140万元。

**【旅游创强工作】** 2011年11月下旬，省旅游局旅游强县检查验收组到潮安县检查“创强”工作。经过3天检查验收，通过省验收组的验收，潮安县获得“广东省优秀旅游强县”殊荣。潮安县自2008年开始着手创建“广东省优秀旅游强县”各项工作，经过4年精心筹备，按照省有关创强检查标准要求，做好宣传氛围营造、公共基础设施改善、环境整治、资料综合归档等方面工作，通过市初检。

**【潮州市紫莲度假村】** 位于潮州市湘桥区意溪镇锡美村紫莲山，距潮州市区约15公里。是一座按国家4A级景区标准建设的大型景区，也是广东省省级森林公园。度假村利用独特的天然条件，结合生态农业推出以森林生态科普教育、传播茶文化及中国特色园林养生区为主题的森林生态度假村，发展为观光、科普、养生、乡村度假等综合型旅游区，又是集生态旅游、种植、繁育、科技、加工、贸易于一体的大型农业企业。属下有茶叶加工厂，良种茶叶示范基地，赤凤望坪茶叶基地，凤凰茶叶基地，十大香型茶苗繁育基地，草岚武、桂坑、锡美水电站等，总面积7200亩。至2011年底，该度假村完成会议中心、三圣殿、餐厅、接待中心、紫莲小径、朝圣路、紫莲书画院等项目建设。

## 旅游行业监督管理

**【旅游市场监督】** 2011年，潮州市文物旅游局制定下发《潮州市开展旅游市场重点环节检查工作实施方案》，探索机构改革后旅游市场监管新办法，开展清理整顿旅游市场秩序执法专项行动，保护旅游者和经营者的合法权益。严格按《旅行社条例》、《导游人员管理条例》等相关规定做好导游IC卡检查；对违规发布台湾游旅游广告的旅行社、违规自行组织学生出团旅游学校、“零负团费”等违规行为，经调查取证情况属实，责令其停止经营行为，并在全市行业内通报批评；于2011年11月上中旬，在桥东韩江大桥下724厂8号铺面开展执法检查，查处无证无照违法旅游广告。

为维护黄金周旅游市场秩序，市文物旅游局深入各旅行社检查是否开展诚信旅游，认真落实诚信公约，严禁发布虚假旅游广告，严禁擅自变更旅游行程、降低服务标准，严禁购物欺诈和导游索要小费。要求出境游组团社采取措施严防非法滞留、偷渡及游客参与赌博等违法行为。要求各旅行社加强与相关接待单位的沟通与合作，坚决杜绝甩团、扣团等严重损害旅游者权益的行为。

**【旅游安全管理】** 2011年，潮州市文物旅游局于春节、“十一”黄金周、“五一”小长假前夕下发通知，加强对节日旅游的安全部署。市文物旅游局和县、区旅游管理部门节前组织地毯式旅游安全检查，督促文物旅游企（事）业单位落实安全生产制度，制订应急预案。节中组织安全巡查和市场检查，坚持24小时值班。黄金周前夕，市文物旅游局认真开展全市节前旅游安全生产大检查，强化旅游安全管理，加强综合监督管理检查力度。抓好旅游安全保障，着力提升旅游服务质量，积极进行旅游产品策划和宣传促销等方面着手，要求各旅游企（事）业单位尽早制定好国庆旅游黄金周活动实施方案，认真做好各项重大旅游节庆活动的组织准备工作；及时启动假日旅游工作机制，全面落实假日24小时值班制度，向社会公布旅游投诉及咨询电话，按规定及时报送突出事件、旅游市场分析、旅游统计、工作建议等信息，确保假日旅游工作运转畅通。各县（区）旅游局也相应对辖属企业，认真组织一次全面、深入彻底的旅游安全大检查。

**【旅行社】** 2011年，潮州市审批新世纪旅行社、潮州市潮人旅行社2家旅行社。按时完成2010年度旅行社统计调查工作，做好旅行社门市部备案登记工作。潮州市于3月和9月共组织两次全国导游人员资格考试，全市报考人数185人，通过考试人数66人，通过率为36%。其中：3月全市报考人数33人，通过8人，通过率为24%，9月报考152人，通过58人，通过率为38%。全年分3期、每期5天对全市持卡的初级导游员再教育培训，共培训导游员204人。

**【星级饭店】** 2011年度潮州市有宝华大酒店、潮安县安南大酒店被评定为四星级酒店。潮州市文物旅游局组织评星员参加省旅游局举办的新版旅游饭店星级评定标准的培训学习，贯彻实施新版饭店星级标准，提高对新标准的理解和执行力度。认真完成星级饭店评定和复核工作，维护星级标准的权威性，全市有9家星级饭店通过星级复核，1家三星级饭店因部分项目欠缺责令整改，2家四星级酒店由省星评委进行评定性复核检查。有序推进高端酒店建设，引进国际品牌酒店管理公司。鼓励发展功能化、特色化、连锁化酒店已有如家、七天等连锁酒店进驻潮州市区。

**【旅游信息化建设】** 2011年7月6日，潮州市文物旅游局与潮州市智信科技有限公司举行“推进潮州市旅游化一站式服务平台及潮州市文物旅游局门户网站建设合作协议书的签约仪式”。协议的签订进一步推进政企合作，联手对接整合全市旅游资源，服务于潮州市旅游企业，宣传推广潮州旅游。潮州文物旅游网、淘乐网、手信网于10月10日正式上线。

2011年10月10日，潮州文物旅游网·淘乐网·手信网正式上线。

## 文物保护与利用工作

**【潮州市第三次全国文物普查】** 截至2011年底，潮州市第三次全国文物普查工作以县域、区域为基本普查单元，分三个阶段实施。其中准备阶段，潮州市、县（区）两级分别成立普查机构，组建普查队伍，制定工作方案，开展培训、试点。对文物线索进行了全面摸查，全市共征集文物线索999条；实地文物调查阶段，普查队走访全市51个乡镇（街道），959个行政村（居委会），对不可移动文物进行勘查、测量、绘图、拍照、登录；资料整理、汇总，形成普查成果阶段，普查队编制工作报告和不可移动文物名录，建设文物普查数据汇总管理系统，于2011年底完成不可移动文物摄像工作。经国家文物局最终核定，潮州市共调查登记不可移动文物1345处，其中新发现1000处，复查345处。2011年1月，潮州市人民政府在湘桥区、枫溪区普查成果的基础上，将郑厝巷蔡宅等33处不可移动文物公布为第二批潮州市文物保护单位。4月，饶平县人民政府公布三饶里秀楼等20处不可移动文物为饶平县文物保护单位。年底，潮安县公布新一批县级文物保护单位。

**【潮州名城保护工作】** 2011年，国家文物局、住房城乡建设部组织名城专家检查组，实地检查潮州市国家文物保护单位——许驸马府、己略黄公祠的维修保护情况，考察义、兴、甲历史文化街区及明、清时期古民居群的保护现状等，查阅潮州市国家历史文化名城保护文档资料，听取相关工作情况汇报。检查组认为，潮州历史文化名城整体保存完整，尤其是历史文化街区的古街、古巷、古院，经整治后，有条件申报世界文化遗产项目。

**【笔架山潮州窑遗址签约成功】** 2011年7月上旬，广东省文化厅公布全省首批大遗址，笔架山潮州窑遗址位列其中。9月底，省文化厅厅长方健宏和潮州市政府代理市长李庆雄共同签署《广东省文化厅、潮州市人民政府笔架山潮州窑遗址保护合作框架协议》。确定在“十二五”期间，广东省文化厅与潮州市政府协作，共同推动笔架山潮州窑遗址保护和利用工作，充分发挥该遗址在加强潮州市历史文化名城保护、促进地方经济、社会、文化协调发展和文化惠民方面的积极作用，将笔架山潮州窑遗址建设成为广东省大遗址保护的示范点。

**【“粤东考古中心”揭牌】** 2011年3月底，潮州市文物旅游局向市编办申请成立“潮州市粤东考古中心”，并得到批复，于4月底举办挂牌仪式。饶宗颐教授、陈伟南先生，以及敦煌研究院院长樊锦诗、省文物局局长苏桂芬等和潮州市领导及有关单位的代表参加仪式。该中心的成立将对于粤东区域的考古和发掘研究，从事考古整理与收集，开展国际学术交流与合作，推动潮州考古发展、博物馆陈列展览等工作发挥积极作用。

**【华夏历史博物馆主馆开馆】** 2011年12月14日，潮州华夏历史博物馆主馆开馆。该馆系洪木荣先生创建，位于潮汕公路浮洋路段，占地面积26800平方米，主馆建设投资近亿元，建筑面积12800平方米，于2009年5月开工，历时三年建设落成。该馆设计独特、规模宏大、功能齐全、馆藏丰富，有古陶瓷、字画、玉器、木雕、铜器等计近10万件。广东省人大常委会副主任、省总工会主席邓维龙，全国政协委员、国家文物局原副局长张柏，市委书记许光，市委副书记、代理市长李庆雄出席开馆仪式。潮州市委副书记蔡泽辉主持开馆仪式。

## 精神文明和教育培训

**【旅游精神文明建设】** 2011年，潮州市文物旅游局将精神文明建设工作纳入年度工作计划，认真组织开展以“以人为本，执政为民”为主题的2011年纪律教育活动月，通过局领导的动员、学习教育、观看录像、参观等多种形式，收效明显。增强党员干部的宗旨意识、党性观念、纪律意识以及公职人员的廉洁意识，打牢廉洁从政的道德基础和拒腐防变的思想防线。

**【“行风热线”直播】** 2011年2～3月，潮州市文物旅游局2次上“行风热线”直播，成立“政风行风热线”上线工作领导小组，与电台、电视台协调联系。为保证上线直播质量，解决群众关心的热点、难点问题，上线前认真做好有关组织工作。2期热线节目共接听19名热心群众咨询电话，并当场给予答复。对无法打入热线的听众，在节目中公布咨询电话。

**【旅游教育培训】** 2012年4月20日至5月1日，潮州市按照《关于做好我省2011年度导游员继续教育工作的通知》，结合潮州市旅游业发展的特点和导游人员实际，组织开展导游人员继续教育培训工作。继续以大中专院校为载体，建立旅游教育培训网络，全面提高从业人员整体素质。注重发挥各种办学机构的积极性，采取联办、协办和委托代办的形式，全面开展旅游教育培训工作。对全市280多名持证导游分三期、每期7天的再教育培训，至4月底前完成潮州市持全国导游证人员的再教育年审工作，并分二批到省旅游局录卡。

（刘霖泓）

# 揭阳旅游业

## 综　述

【概况】　2011 年，揭阳市旅游工作以科学发展观为统领，围绕中共揭阳市委“一三二”（即：围绕富民强市、和谐文明新揭阳“一个目标”，打造特色经济、特色城市、特色文化“三个特色”，构建和谐稳定的环境、拼搏有为的队伍“二个保障”）发展战略和市委四届八次全会精神，按照年初省市两级旅游工作会议提出的工作目标和总体部署，以做大做强旅游产业为要旨，以塑造、推介“岭南水城、潮汕之源”为主线，加大旅游重点项目建设，加大旅游产品整合包装，加大旅游市场宣传促销力度，突出工作重点，狠抓重大任务的落实，充分发挥旅游业在拉动消费、扩大内需的重要作用，旅游经济呈现快速良好的发展势头。全市全年共接待过夜旅游者总人数 440. 3 万人次，比上年增长 19. 62%，实现旅游总收入 64. 79 亿元，比上年增长 36. 34%。

【旅游行业规模】　截至 2011 年底，揭阳市拥有旅游饭店和度假村 289 家，客房总数 12689 间（套），床位数 19986 张，其中星级饭店 11 家（五星级 1 家、四星级 5 家、三星级 5 家、二星级 1 家）；国家 A 级旅游景区 5 家，其中 4A 级旅游景区 2 家、3A 级旅游景区 3 家；旅行社 25 家，其中国际组团社 2 家；旅游汽车运输服务公司 1 家。

【全市旅游工作会议】　2011 年 3 月 10 日，揭阳市人民政府召开全市应急管理和旅游工作会议。会议传达学习全国和全省旅游工作会议精神，总结“十一五”时期全市旅游工作，研究部署“十二五”时期全市旅游工作和 2011 年重点旅游工作。揭阳市政府副市长叶少明出席会议并讲话。揭阳市政府副秘书长林俊生主持会议。各县（市、区）人民政府（管委会）分管旅游工作的副县（市、区）长和管委会副主任，市直有关部门领导，各县（市、区）旅游局局长和全市重点旅游企业负责人及新闻媒体代表共 60 多人参加会议。

【揭港澳台旅游合作调研座谈会】　2011 年 8 月 11 ~ 12 日，揭阳市政协副主席、市委统战部长胡锡辉，揭阳市政协副主席黄陇章率领揭阳市政协港澳台侨委员会调研组开展“揭港澳台旅游合作情况”专题调研活动。11 日，在市旅游局会议厅召开专题调研座谈会，听取市旅游局相关情况汇报，并与部分旅游企业负责人座谈交流。12 日，调研组到揭西县开展调研活动调研组实地考察三山国王祖庙等文化旅游景点，提出要充分利用揭阳市侨胞多、旅游资源丰富的特点，加强与港澳台同胞的联系，深化旅游文化合作，做好旅游资源的规划和宣传推介，做好三山国王祖庙旅游项目保护与开发等意见；要打造一批符合揭阳历史文化、生态建设的旅游精品项目；要进一步加强“揭港澳台”旅游合作，促进地方经济发展。

【闽粤赣十三市旅游局长联谊会】　2011 年 12 月 26 ~ 28 日，闽粤赣十三市旅游局长联谊会在揭阳市召开，来自十三市的旅游局长和旅游界人士围绕如何进一步加强区域旅游合作与创新发展等问题进行深入探讨交流。副市长陈澄民出席会议并致辞。揭阳市旅游局局长谢锐锋代表十三地市旅游局作闽粤赣十三市区域旅游合作工作报告。会议期间，与会代表考察揭阳“中国美玉之旅”精品线路。会议启动闽粤赣区域协作十三地市旅游目的地营销网站的海西旅游网。本次会议作为首届中国（揭阳）玉文化节中“美玉之旅”活动的项目。

2011 年 12 月 27 日，闽粤赣十三市旅游局长联谊会在揭阳召开。

链接：闽西南、粤东和赣东经济协作区成立于 1995 年。闽粤赣十三市是指闽西南五市（厦门、泉州、漳州、龙岩、三明）、粤东五市（潮州、汕头、揭阳、汕尾、梅州）、赣东三市（赣州、鹰潭、抚州），这十三市地缘、文缘相近，以闽南文化为主，客家文化为辅，旅游资源丰富，互补性强，客源互送频繁。

## 国际旅游

**【入境旅游】** 2011年，揭阳市接待入境旅游者8.01万人次，比上年增长19.70%，其中外国人0.44万人次，比上年下降8.36%；旅游外汇收入2679.07万美元，比上年增长24.61%。

**【出境旅游】** 2011年，揭阳市旅行社组织出境旅游人数764人次，比上年下降33.16%。其中组织香港游446人次、下降49.83；澳门游75人次、下降1.32%；出国游243人次、增长78.68%。

## 国内旅游

**【国内旅游接待与收入】** 2011年，揭阳市接待国内游客1305.25万人次，比上年增长26.4%。其中接待国内过夜旅游者432.30万人次，比上年增长19.62%；旅行社组团国内旅游人数8.91万人次，比上年增长16.52%。其中省内游4.95万人次，比上年增长18.21%；省外游3.96万人次，比上年增长14.48%；国内旅游收入63.05亿元，比上年增长36.88%。

**【假日旅游】** 2011年，揭阳市春节黄金周旅游接待人数179.16万人次，同比增长67.4%。其中过夜游客7.04万人次，同比增长77.8%，一日游游客172.12万人次，同比增长67%；旅游总收入3.87亿元，同比增长102.6%。

"五一"假期（4月30日至5月2日）全市旅游接待人数42.9万人次，同比增长24.4%。其中过夜游客0.98万人次，同比增长3.8%，一日游游客41.92万人次，同比增长25%；旅游总收入8556万元，同比增长49.4%。

"十一"黄金周旅游接待人数119.9万人次，同比增长22.9%。其中过夜游客8.1万人次，同比增长28.3%，一日游游客111.81万人次，同比增长22.6%；旅游总收入3.46亿元，同比增长20.98%。

## 旅游市场推广与节庆活动

**【旅游市场推广】** 2011年，揭阳市坚持宣传城市形象与旅游宣传相结合，主动请进来，走出去，先后组团参加2011中华文化游主题旅游年港澳地区启动仪式暨主题宣传推广活动、2011中国（广东）国际旅游产业博览会、第七届海峡旅游博览会，开展"5·19中国旅游日"宣传推广，举办揭阳市第二届京明中秋大型篝火晚会，邀请南方卫视拍摄"粤游粤精彩"旅游主题宣传片，重点宣传揭阳楼及其广场，并于10月2日在南方卫视都市频道播出，在《求是》副刊《小康》杂志和香港《商务旅游》杂志刊登揭阳旅游专版，同时通过揭阳电视台、广播电台、旅游网等，不断加大"岭南水城，潮汕之源"旅游整体形象宣传。于5月在北京召开的第二届中国节庆创新论坛暨2011中国品牌节会颁奖盛典上，广东揭西生态旅游文化节荣获"中国最佳自然生态旅游节"。

**【2011广东国际旅游文化节（揭阳）分会场】** 2011年9月2～5日，揭阳市组织全市各县（市、区）旅游部门及重点旅游企业参加国家旅游局和广东省人民政府共同举办的"2011中国（广东）国际旅游产业博览会"，通过租用展位，精心布置设计，重点宣传"岭南水城"特色城市形象，推介揭阳楼、中国玉都、榕江大型音乐喷泉等具有鲜明揭阳特色的旅游产品，同时展示进贤门亭、双峰寺、神泉海角甘泉、世铿院、揭东万竹园、风门古径、揭西大北山森林公园、揭西黄满寨大瀑布、京明温原度假村、普宁盘龙湾温泉度假村、八国风情旅游度假村等特色旅游资源。11月3～6日，揭阳市在韶关主会场参加2011广东国际旅游文化节，制作的花车参与大巡游活动，展示"岭南特色水城、中国玉都"旅游形象。期间举办的国际旅游推介会，揭阳市组织旅游企业参加，并重点推介该市特色旅游产品。

揭西京明温泉度假村的风情歌舞表演吸引众多游客观赏。

**【第七届海峡旅游博览会】** 2011年9月6～11日，揭阳市组织各县（市、区）旅游重点企业组团参加在厦门举行的由国家旅游局和福建省人民政府联合主办，海峡两岸旅游交流协会、福建省旅游局、厦门市人民政府承办，台港澳旅游机构协办的第七届海峡旅游博览会，博览会以"海峡旅游、合作共赢”为主题，在本届博览会上，展出揭阳楼、中国玉都、榕江大型音乐喷泉和三山国王祖庙等特色旅游产品。

**【第二届京明中秋大型篝火晚会】** 2011年9月12日晚上，“高山月·潮汕情”——揭阳市第二届京明中秋大型篝火晚会在揭西大北山森林公园京明度假村隆重举行，此次活动由揭阳日报社、揭阳市旅游局、揭阳光辉国际旅行社、揭西京明温泉度假区主办，揭西县旅游局、汕头市乐观国际旅行社、潮州国旅旅行社协办。来自潮汕揭三市800多名游客参加晚会。

**【香港潮汕美食文化嘉年华活动】** 2011年12月1~7日，揭阳市组团赴香港参加潮汕美食文化嘉年华活动。揭阳市共设7个展位，精心筛选普宁豆干、面线等特色美食，抽调近20多名经验丰富、厨艺水平高的厨师赴港参加活动，受到广大香港市民及中外游客的追捧，展示其高质量、高品位旅游服务水平和揭阳特色美食的丰富魅力，被香港潮州商会评为“潮州美食多元化奖”。

**【首届（揭阳）玉文化节暨第十届中国（揭阳）玉器节】** 2011年12月18日，首届中国（揭阳）玉文化节、第十届中国（揭阳）玉器节开幕式暨“中国玉德人物”颁奖典礼在揭阳市阳美开幕。全国政协提案委副主任、中国轻工业联合会会长步正发，广东省委宣传部副部长顾作义，省文化厅厅长方健宏，亚洲珠宝联合会主席李劲松，广东省旅游局副局长张振林和中共揭阳市委副书记、揭阳市代市长陈东和来自缅甸、北京、上海、广州、香港、台湾等地玉商代表共1200多人出席开幕式。本届玉文化节内容涵括举办精品美玉展、玉石精品拍卖活动、玉产业发展论坛、文化大讲堂等，期间还设计推出“中国美玉之旅”精品旅游线路，组织观玉团前来赏玉购玉。

## 旅游行业监督管理

**【旅游市场监督】** 2011年4月8日，揭阳市旅游局在揭东东海宾馆召开全市旅行社经理座谈会。会议贯彻落实《国务院关于加快发展旅游业的意见》和国家局、省旅游局《关于打击“黑旅行社”旅游诈骗活动专项行动实施方案的通知》精神，部署2011年旅游相关工作，提出工作要求。各县（市）旅游局主管业务副局长，全市旅行社总经理及计调部经理，旅游汽车服务运输公司总经理参加本次会议。市旅游局局长谢锐锋讲话。市旅游局副局长杨金河主持会议。

**【旅游安全】** 2011年，揭阳市旅游系统根据省旅游局、市安委办相关文件精神，牢固树立“没有安全就没有旅游”、“安全第一、预防为主”的思想，结合全市旅游工作实际，进一步加强旅游安全工作。一是开展旅游安全宣传教育活动，要求各旅游企业认真做好本单位旅游安全教育及培训工作；二是认真落实“安全生产月”工作；三是进行节假日旅游安全大检查，及时发出春节黄金周、“五一”和“十一”黄金周等旅游节假日旅游联动机制，组织检查人员对全市旅游企业进行旅游安全检查。全年共转发印制旅游安全文件263份，组织安全检查10批次，检查旅游企业45家次，确保全市旅游安全无事故。

**【旅行社】** 2011年，揭阳市共接受揭阳市美景旅行社、揭阳市新旅程国际旅行社、揭西县揭之旅旅行社、普宁市东弘旅行社4家要求新设立旅行社的资格申请，揭阳市旅游局按工作要求，做好申请资料的审核和网上录入工作，并颁发《旅行社业务经营许可证》；接受揭阳市青年旅行社和揭阳市光辉国际旅行社提交出境旅游经营权的申请，根据《旅行社条例》及其《实施细则》的规定，严格按照规定和要求进行初审及核对申请材料，及时将两家企业的申请上报省旅游局。同时做好全市各旅游企业年度统计及季度统计工作，及时将旅游企业网上年度及季度统计调查填报工作进行催报审核，全市所有旅游企业均按时按质完成2010年度和2011年第一、二、三季度统计调查网上填报工作并通过审核。认真做好出境旅游领队证申办及换证工作。

**【星级饭店】** 2011年，揭阳市按照广东省旅游局《关于举办全省新版旅游饭店星级标准宣贯培训班的通知》精神，组织辖区内星级饭店总经理参加省举办的宣贯培训班，并于2011年4月25日在揭阳市东湖大酒店举办新版《旅游饭店星级的划分与评定》（GB/T14308—2010）标准揭阳宣贯培训班，各酒店负责人对新的星评标准及要点得到解读释疑，增强全市酒店行业对2010版饭店星级标准修订思路及相关条款的理解。组织对市区具有较高接待水平的酒店进行摸底调查，推进旅游饭店评星。全年新增三星级饭店1家。

根据广东省旅游局《关于做好2011年度星级饭店复核工作的通知》，以中华人民共和国国家标准《旅游饭店星级的划分与评定》（GB/T14308—2010）为依据，以复核为契机，采取明查方式开展对全市星级饭店的检查复核。全市12家星级饭店，应列入年度复核范围的9家，应列入满期评定性复核2家，通过年度复核7家，通过满期评定性复核2家（全部达标）。揭东县金叶酒店因全面改造装修申请歇业，准予暂缓复核；普宁侨联温泉宾馆因设施设备老化，经营状况较差，无法达到相应星级标准，经市星评委决定，给予取消二星级旅游饭店资格；揭阳市华南大酒店因属当年度新评定星级饭店，按规定不参加年度复核。

## 旅游资源开发和景区（点）建设

**【概述】** 2011 年，揭阳市把推动产业升级、产业聚集、产业发展放在重要位置，利用各种手段，推介揭阳旅游投资环境，积极推动旅游业的招商引资，积极推动产业聚集升级。揭阳阳美玉都旅游景区创建国家 4A 级旅游景区，于 5 月通过省旅游景区质量等级评定委员会的评审，于 2012 年 12 月 16 日被国家旅游局和全国旅游景区质量等级评定委员会评为国家 4A 级旅游景区。年内，揭阳市以揭西黄满寨瀑布旅游区为核心，整合京明温泉度假村、大北山森林公园度假村等 6 家旅游景区和星级饭店组建“广东黄满寨旅游股份有限公司”，并做好筹备上市工作。

**【旅游规划及开发建设】** 2011 年，揭阳市严格实施《揭阳市旅游发展规划（2010～2030 年）》，积极配合省旅游局做好《广东省旅游发展总体规划》和《广东省邮轮旅游发展规划》编制工作。

**【旅游扶贫】** 2011 年，揭阳市向省推荐的揭西黄满寨旅游区项目评选为省旅游扶贫重点项目。获得总额为 300 万元的省旅游扶重点项目扶贫资金。这是继 2009 年揭西大北山国家森林公园旅游度假区之后再次入选省旅游扶贫重点项目。同时，筛选推荐普宁市德安里旅游区等 7 个项目申报 2011 年旅游扶贫一般项目。是年全市共获得省旅游扶贫资金 440 万元。

是年，按照中共揭阳市委统一部署，继续抽派能力强、综合素质好的党员干部下基层驻农村，加大帮扶普宁鸭母寮村扶贫开发力度，全年投入资金 253 万元，建成雨污分流工程、乡民活动中心等项目，实现村集体年纯收入 15 万元，贫困户年人均纯收入 4200 元，脱贫率达 100%。

## 旅游教育培训和精神文明建设

**【旅游教育培训】** 2011 年，揭阳市旅游教育培训工作围绕建设“岭南水城、潮汕之源”特色旅游城市为目标。全年共举办各类培训班 12 期，培训干部职工 1300 多人次。完成由揭阳市人民政府办公室下达《关于交办市政协四届五次会议提案的通知》中“关于下大力气培养揭阳导游”的提案。揭阳市旅游局为此成立由局长、党组书记谢锐锋为组长、副局长李介兴为副组长，具体承办人员参加的政协提案办理工作领导小组。通过调研、分析和论证，形成《关于进一步做好导游员培训工作的方案》报告，办结率、满意率达 100%。

组织报名参加 2011 年度第一、二次广东省全国导游人员资格考试工作，揭阳市共有 51 人参加中文导游考试，12 人参加中文导游补考，其中 18 人通过新考，4 人通过补考，合格率分别达 35.3% 和 33.3%，有 22 人取得导游资格证书。

根据省旅游局《关于做好我省 2010 年度导游员继续教育工作的通知》和《导游人员管理条例》的有关规定，结合国家旅游局确定 2011 年为“中华文化游”主题年活动。2011 年 4 月 15～16 日，揭阳市旅游局举办导游年审培训班，开展潮汕文化专题辅导、导游人员职业道德、导游服务质量、导游员讲解及业务能力等专业培训，邀请专业医生就救护知识与技能，心肺复苏与创伤救护，常见急症与紧急避险等课题，从理论与救护技能实操相结合上开展培训。李介兴副局长在开班仪式作重要讲话。全年组织对阳美玉都景区和德安里景区的讲解员进行专门培训。积极组织全市 6 家旅行社参加 2011 年广东省旅行社总经理岗位职务培训班培训并通过考核取得证书，市旅行社总经理提证率达到 90% 以上。组织新星级饭店高管人员共 4 人参加 2011 年广东省酒店总经理岗位职务培训班培训并通过考核取得证书。经组织对全市旅游企业人力资源摸底调查，揭阳市旅游行政管理部门在职人员 78 人，大专以上学历 54 人占 69%；星级饭店在职人员 2500 人，其中大专以上学历 145 人占 6%；旅行社在职人员 148 人，其中大专以上学历 54 人占 36%；景区（点）在职人员 980 人，其中大专以上学历 118 人占 12%。

**【旅游行业精神文明建设】** 2011 年，揭阳市旅游系统在局党员中开展争先创优活动，在机关中开展机关作风整顿活动，强化党员作风建设，密切了党群干群关系，树立良好的机关形象。积极参与揭阳市创建广东省双拥模范城和广东省文明城市工作，在全市主要景区（点）、星级饭店，张贴宣传标语，全行业为创建广东省双拥模范城和文明城市活动营造氛围。是年，惠来宾馆章栩生被人事部、国家旅游局授予“全国旅游系统劳动模范”；揭西县京明温泉度假村、揭东县东海商务酒店被广东省人力资源和社会保障厅、广东省旅游局授予“广东省旅游系统先进集体”荣誉称号，吴舜锋、王泽松、黎小群被广东省人力资源和社会保障厅、广东省旅游局授予“广东省旅游系统先进个人”荣誉称号；张少鹏被中共揭阳市直属机关工作委员会授予“优秀共产党员”荣誉称号，揭阳市特美思大酒店被中共揭阳市直属机关工作委员会授予“市直文明窗口单位”荣誉称号。

（吴舜锋）

# 云浮旅游业

## 综　述

**【概况】**　2011年，云浮市旅游业以科学发展观为指引，按照“创品牌，打基础，拓市场”的工作思路，全面实施旅游品牌打造工程，努力把云浮打造成为全省旅游产业大市、试行国民旅游休闲计划先行区、环珠三角乡村生态休闲旅游首选地，全市旅游经济实现平稳、有序、健康发展。新兴县被评为“国家旅游名片”和“中国最具投资价值旅游县”，新兴温泉被授予“世界禅意养生温泉”。全市接待海内外游客801.4万人次，实现旅游总收入86.44亿元，分别比上年增长32.1%和77.62%。住宿设施接待游客603.39万人次，比上年增长32.37%，其中入境过夜游客9.36万人次，比上年增长31.28%；国内过夜游客594.03万人次，比上年增长32.39%，旅游外汇收入2563.24万美元，比上年增长2.59%。

**【旅游行业规模】**　云浮市旅游业初步形成禅宗六祖文化、石艺文化、南江文化三大主题文化旅游，突出乡村生态旅游和温泉休闲度假旅游特色。截至2011年底，全市各类景区（点）36处，其中4A级旅游景区2处，3A级旅游景区2处；拥有星级饭店18家，其中四星级饭店4家，三星级饭店7家，二星级饭店7家；拥有旅行社11家，其中出境游组团社1家。

**【全市旅游工作会议】**　2011年3月18日，全市旅游工作会议在新兴县召开。市政府副市长崔逢池出席会议并讲话。会议传达贯彻全省旅游工作会议精神，总结交流旅游工作经验，总结“十一五”以来特别是2010年的旅游工作，分析“十二五”的旅游发展形势，部署2011年旅游工作。市直有关部门负责人，各县（市、区）分管领导、旅游局长，星级饭店、旅行社、景区（点）主要负责共100多人参加会议。会议为获得“2010年乡村旅游发展示范基地”称号的单位进行颁奖。与会人员实地参观考察新兴天露山禅龙峡漂流项目。

云浮市副市长崔逢池为云安县仙人谷生态旅游区等4个获“2010年乡村旅游发展示范基地”单位颁发奖励金。

**【重大旅游活动】**　2011年，云浮市旅游业采取“走出去，请进来”的办法，进一步强化旅游宣传促销活动，创造性地开展“一月一节”旅游节庆活动，先后成功举办“广东2011中华文化旅游主题年暨禅宗六祖文化新兴游启动仪式”、“百家旅行社给力宜居云浮，幸福旅程新体验推介活动”、“广东首届特产文化节暨2011云浮郁南无核黄皮节”、“首届南江文化节”、“了解广东，热爱广东，共建共享幸福广东——外来工云浮文化景观游”、“禅意温泉，幸福广东——第六届广东（新兴）国际温泉旅游节”等大型旅游节庆活动。参与省旅游局、相关地市举办的旅游宣传促销活动以及两广十市活动，借助节庆平台，聚集人气，扩大影响，打造具有区域影响力的旅游节庆品牌，提升“六祖故里．魅力西关”的旅游形象。

1月21日，在全省旅游工作会议上，新兴县被广东省政府定为全省9个“广东省旅游综合改革示范县（市、区）”之一。“禅宗文化神州行”易地采访活动获“广东旅游好新闻”最佳专题奖。

3月16日，市人大常委会副主任陈显良、副市长崔逢池在市、县旅游部门和云安县有关负责人的陪同下到云安县调研富林镇云雾山漂流项目、石城镇横洞村创建和谐宜居名村建设工作。

**【禅宗六祖文化新兴游启动仪式】**　2011年3月4日，由省旅游局和云浮市政府主办，新兴县政府和云浮市旅游局承办的广东2011“中华文化旅游主题年”暨禅宗六祖文化新兴游启动仪式在新兴县六祖故里旅游度假区盛大举行。广东省旅游局副局长梅其洁，云浮市委常委、新兴县委书记吴伟鹏以及云浮市副市长潘安共同启动触摸球。全省各地级市的旅游局负责人，省内旅行社、景区、饭店等旅游企业代表，各级新闻媒体记者以及应邀参加活动的各地游客共2000多人参加启动仪式。该活动以“幸福广东，心悦禅宗，赏阅新兴”为主题，举行“幸福新兴，魅力禅都”旅游推介会、禅文化与旅游发展研讨会、“打造中国禅都”战略合作签约仪式以及新兴精品线路考察等系列活动。

广东2011中华文化旅游主题年暨禅宗六祖文化新兴游启动仪式在新兴县举行。

**【贯彻落实《国务院关于加快发展旅游业的意见》】** 2009年12月1日《国务院关于加快发展旅游业的意见》（国发〔2009〕41号）发布后，云浮市高度重视，一是将市旅游局由承担行政职能的事业单位升格为市政府组成部门。二是在开展广泛调研和充分征求意见的基础上出台《关于加快全市乡村旅游发展的决定》。三是市委四届九次全会将“旅游品牌打造工程”作为云浮市“十大发展工程”之一。云浮市旅游局制定《贯彻落实“旅游品牌打造工程”实施方案》，把工作目标任务细化分解到各县（市、区）旅游局和局机关各科室。

坚持政府主导型发展战略是加快旅游业发展的基础 云浮市把发展旅游经济放在突出位置，进一步加大政府主导力度，明确产业定位，科学制定发展规划，着力推动旅游品牌建设，形成了各级党委政府齐抓共管，各部门协调配合、共同推进的旅游产业发展新格局。2011年1月，新兴县被确定为“广东省旅游综合改革示范县”。率先规划建设500多公里全市生态文化旅游慢行绿道，倡导“共谋、共建、共管、共享”的理念，加快“生态、健康、幸福”宜居城市建设，推动云浮市从一个单纯的旅游客源地，向具有较强吸引力的旅游目的地转变。

坚持特色主导发展思路是加快旅游业发展的关键 围绕具有地方特色的禅宗六祖文化、南江文化、石艺文化和生态山水，坚持文化与旅游相结合。1. 推进特色旅游项目建设。重点加大“禅宗六祖文化”旅游项目开发力度，全面推进六祖惠能文化博览园、“中国禅宗文化村”、禅泉大酒店、龙山体育运动公园、水台森林公园、新兴飞天蚕生态茶园等重点项目的规划和建设，壮大“禅宗六祖文化”产业规模与影响力，其中六祖惠能文化博览园被确定为“广东省禅文化创意产业园区”。2. 加强特色旅游资源宣传。先后成功举办3届云浮旅游文化美食节，2届云浮石文化节、9届南江（连滩）民间艺术节以及“万人游云浮·绿道远足行”等系列活动。全市形成了观光旅游、休闲度假、宗教朝拜等多元化的旅游产品结构体系。3. 举办特色旅游文化活动。挖掘、整理、弘扬传统文化，增加文化旅游元素。上海音乐学院和中央电视台创作拍摄大型音乐剧《六祖惠能》、电视剧《月明三更》。“六祖惠能”被评为“岭南十大文化名片”之一；有“舞蹈活化石”之称的“禾楼古舞”被列入“第二批国家非物质文化遗产名录”，郁南县连滩镇（连滩山歌）被命名为“中国民间艺术之乡”，云城区被文化部授予“中国民间文化艺术之乡（石雕）”，新兴县被评为“广东旅游强县”、“全省旅游综合改革试点县”。

坚持强化管理与服务是加快旅游业发展的质量保证 加快旅游管理体制建设，重点加强公共服务体系的建设，抓好旅游管理、监督、投诉、咨询、服务等环节，全力推进诚信旅游。推进旅游行业标准化、规范化建设，星级饭店和国家A级景区数量有新突破。建立人才吸引机制，全面提高旅游业人员的业务水平和整体素质，确保服务质量过硬，服务水平优质，对全市85%以上旅游业管理人员进行培训。

## 国际旅游

**【入境旅游】** 2011年，云浮市接待入境过夜游客9.36万人次，同比增长31.28%；旅游外汇收入2563.24万美元，同比增长2.59%。

**【出境旅游】** 2011年，全市旅行社组团出境游865人次，比上年下降3.89%。其中港澳游540人次，台湾游20人次，出国游305人次。

## 国内旅游

**【国内旅游接待与收入】** 2011年，云浮市共接待国内游客792.04万人次，同比增长32.39%。其中，国内过夜游客594.03万人次，同比增长32.39%；实现旅游收入84.78亿元，同比增长 80.49%。

**【假日旅游】** 春节黄金周期间，云浮市接待游客 80.06 万人次，旅游收入达 1.55 亿元人民币，同比增长 16.62% 和 27.05%；旅游住宿设施共接待过夜游客 17.36 万人次，同比增长了 24.8%，平均开房率达 93.23%，同比增长 0.54 个百分点。

“五一”假期（1～3 日）期间，全市旅游接待人数共 23.03 万人次，比去年同期增加 18.35%；全市旅游接待总收入达 11000 万元，比去年同期增加 17.02%。其中过夜游客 6.73 万人次，比去年同期增加 18.28%，一日游游客 16.3 万人次，比去年同期增加 18.37%。

“十一”黄金周期间，全市共接待游客 67.16 万人次，旅游收入 2.37 亿元人民币，分别比去年同期增长 24.81% 和 29.42%。全市旅游住宿设施共接待过夜游客 21.53 万人次，比去年同期增长 14.1%；平均开房率达 94.82%，比去年同期增长 2.15 个百分点。

## 旅游市场推广与节庆活动

**【概述】** 2011 年，云浮市旅游局按照“打基础、拓市场、创品牌”的总体工作要求，针对珠三角城市和周边城市等主要客源市场，积极创新宣传促销形式与方法，通过举办广东 2011 中华文化旅游主题年暨禅宗六祖文化新兴游启动仪式、“百家旅行社给力宜居云浮，幸福旅程新体验”推介活动、广东首届特产文化节暨 2011 云浮郁南无核黄皮节、“禅意温泉，幸福广东”为主题的第六届广东（新兴）国际温泉旅游节等推介和节庆活动，宣传推广云浮旅游形象。

**【旅游市场推广】** 2011 年，云浮市认真采取“走出去，请进来”的战略，结合实际有选择地参加国内外旅游交易会和组织国内外宣传促销活动，在主要旅游客源市场宣传推广云浮的旅游形象。4 月 15～17 日，云浮市组团共 13 人参加在陕西西安曲江国际会展中心举行的 2011 年中国（西安）国内旅游交易会；主办广东 2011 中华文化旅游主题年暨禅宗六祖文化新兴游启动仪式、“百家旅行社给力宜居云浮，幸福旅程新体验”推介活动、广东首届特产文化节暨 2011 云浮郁南无核黄皮节、“禅意温泉，幸福广东”为主题的第六届广东（新兴）国际温泉旅游节等。派发各种宣传资料万余份。整理出版《云浮市旅游志》，全书共 30 万字，150 幅照片，全面再现云浮旅游的历史和现状，起到存史、资治、教育的作用。年内，在南方卫视“粤游越精彩”栏目摄制播出两集旅游宣传片（新兴、罗定）。4 月 8 日，“2010 广东旅游好新闻”评奖结果揭晓，云浮电台制作的持续半月行程万里，足迹涉及五省九市——“禅宗文化神州行”探访禅宗文化旅游精品线路获“最佳专题奖”、云浮电视台制作的“西江之美——云梧携手之旅联合采访系列报道”与云浮日报报道的“走进六祖故里——新兴”获三等奖。在平面媒体、电子媒体和户外媒体保持适度的旅游形象广告的投放，大力推广禅宗文化、石艺文化、南江文化、乡村旅游和温泉休闲等旅游线路，以媒体宣传形式大力拓展本地游市场。

**【2011 广东国际旅游文化节（云浮）分会场】** 2011 年 11 月 4～7 日，由国家旅游局和广东省人民政府联合举办的 2011 广东国际旅游文化节在韶关市开幕。市政府黄汉棣副秘书长、市旅游局副局长叶金波率云浮代表团参加主会场系列活动。包括：2011 广东国际旅游文化节开幕式暨旅游推介会、广东旅游精品景区图片展、旅游嘉年华、花车大巡游、岭南特色民俗巡游巡演、绿道游系列活动、旅游目的地发展高峰会议、旅游招商会等。云浮市设计制作的花车以“生态宜居、幸福云浮”为主题，获二等奖。9 月 2～5 日，云浮市组团参加首届中国（广东）国际旅游产业博览会，以“禅宗文化、石艺文化、南江文化”作为此次参展主题。

**【“百家旅行社给力宜居云浮，幸福旅程新体验”推介活动】** 2011 年 4 月 18～19 日，由市宜居办、市旅游局、新兴县政府主办，云浮市旅游协会承办，肇庆市青年旅行社、新兴金水台温泉度假区协办的“百家旅行社给力宜居云浮，幸福旅程新体验”推介活动在市迎宾馆举行。新兴金水台温泉、市迎宾馆、凯旋酒店、金凯莱酒店等企业代表与肇庆青旅代表签署旅游合作协议。与会人员观看《云浮绿道发现》宣传片。市领导陈显良、潘安、崔逢池、曾绍章出席推介会。

2011 年 12 月 12 日，第六届广东（新兴）国际温泉旅游节开幕式在新兴县举行。

**【2011 第六届广东（新兴）国际温泉旅游节】** 2011 年 12 月 11～13 日，以“禅意温泉，幸福广东”为主题的第六届广东（新兴）国际温泉旅游节暨 2011 广东国际旅游文化节云浮（新兴）分会场活动在新兴县举行。省政府副秘书长刘晓捷，世界温泉及气候养生联合会副主席乔瓦尼，中国旅游协会办公室主任张越，广东省旅游局副局长周开生，云浮市委常委、副市长冯湘勇，云浮市委常委、新兴县委书记吴伟鹏，云浮市副市长崔逢池，以及来自全国部分省市区旅游局、旅游协会、温泉企业、旅行社、媒体近 600 名嘉宾出席 12 日开幕式。12 日，在金水台温泉举行开幕式，世界温泉及气候养生联合会授予新兴温泉“世界禅意养生温泉”牌匾。

**【各县（市、区）旅游节庆活动】** 2011 年 2 月 22 日，郁南县举办以“探秘南江文化、观赏万亩油菜花、品尝南江好美食”为主题的“南江文化（连滩）艺术节”。3 月 20 日，郁南县举办广东大西关国家级万亩油菜花浪漫赏花旅游推介会。3 月 25～29 日，罗定市举办 2011 年旅游美食文化节。云浮市政府副秘书长黄汉棣，云浮市旅游局局长袁伙月、罗定市领导万木林、欧阳明、曾树荣、黄良以及周边县市旅游局负责人等出席开幕仪式。8 月 5 日，广东首届特产文化节暨 2011 云浮郁南无核黄皮节在郁南县大王山国家森林公园拉开序幕。广东省农业厅、省旅游局领导，南方报业传媒集团副总编辑江艺平、副市长崔逢池以及市旅游局局长袁伙月等出席活动并共同启动开幕式。12 月 13 日，郁南县举办首届两广柑桔文化节（郁南）暨 2011 年西江流域沙糖桔推介会启动仪式。

## 旅游资源开发和景区（点）建设

**【概述】** 2011 年，为把云浮市建设成为全省旅游产业大市、试行国民旅游休闲计划先行区、环珠三角乡村生态休闲旅游首选地，市旅游局加大旅游资源开发和景区（点）建设力度，加强对广东禅文化创意产业园、新兴县天露山禅龙峡旅游度假区等在建项目的指导。按照“整合资源、突出特色”要求，指导各县（市、区）高立意、高起点、高标准修订和完善县（市、区）旅游发展规划，利用本地优势旅游资源，开发一系列新的旅游景区，如云安县大云雾漂流项目、金水台温泉景区太阳岛水上乐园项目、新兴县庄谷坪欧亚保育绿色农庄等。

**【旅游招商引资】** 2011 年，总投资 104 亿元、国内首个以禅宗文化创意开发为主题的广东禅文化创意产业园落户云浮，并于 2011 年 8 月初举行共建广东禅文化创意产业园区签约仪式暨新闻发布会；新兴禅泉大酒店建设项目部分封顶，完成投资 4.5 亿元；郁南新永光度假村建设项目完成投资 1.6 亿元，主楼基本建成；罗定国际酒店完成投资 3 亿多元，内外部装修基本完成；碧桂园凤凰大酒店主体工程完成 90%。

**【旅游区（点）与基础设施建设】** 2011 年，云浮市漂流项目建设取得新突破。新建的漂流项目 3 个，其中：新兴禅龙峡景区共完成投资 4800 万元，部分项目内部试业；云安大云雾漂流项目是省内第一个洞内漂流项目，蓄水湖、漂道、美食街、更衣楼、滑车站台等基本建成，现正推进观光栈道铺设；金水台温泉度假区二期建设项目——太阳岛水上乐园，首期规划投资 5600 万元，开发面积 15 万平方米；天露山禅龙峡旅游度假区于 7 月 28 日建成试运营。景区内有漂流、野战拓展、空中飞人、水上乐园、登山栈道、瀑布观光等项目。新兴飞天蚕生态茶园完成投资 8300 万元，景区的道路、登山绿道等基础设施和酒店的配套设施基本完工或投入使用。8 月 19 日，省级风景名胜区整改验收工作组到蟠龙洞省级风景名胜区检查验收。

2011 年 3 月 16 日，云浮市副市长崔逢池（中）到大云雾山旅游度假区调研指导工作。

**【旅游扶贫】** 2011 年，云浮市以实施项目建设年活动为契机，加强项目建设，一批重大项目稳步推进。如：新兴禅文化创意产业园、龙山禅泉会馆、新兴天露山禅龙峡漂流、云安大云雾山漂流、金水台太阳岛水上乐园等项目正加紧建设。申报“以奖代补”农家乐项目和向省申报旅游扶贫资金，全年获旅游扶贫专项资金 120 万元和旅游景点建设专项资金 195 万元，兑现 2010 年发展乡村旅游项目 4 个共 20 万元；争取到省旅游扶贫项目（含农家乐项目）8 个。

**【景区（点）介绍】**

广东禅文化创意产业园区 位于禅宗六祖惠能的故

乡——新兴县，是经广东省文化厅批准建立的省级文化产业重点园区。其主体控制区位于新兴县六祖镇境内，面积约50平方公里；主体规划区位于控制区域内，面积26.36平方公里，东至龙山后山、三宝寺一带山脉，南至藏佛坑、龙山塘村以南，西至神仙谷东、竹院庵一带，北至官洞村、南塘村一带；核心区位于六祖故里旅游度假区和六祖河西地区，面积约3平方公里。园区依托禅宗发祥之地“六祖故乡”新兴独特的禅宗文化氛围，围绕游住共生理念，充分整合当地优秀人文资源和地域山水资源，以六祖河滨水景观带为脊，以县城为扩展区域，建设以“禅一河一城”为主题的“东一中一西”三大区域。园区着力引进和发展禅文化生态旅游（包括国恩寺、六祖故居、龙山温泉、藏佛坑景区、神仙谷景区、水湄村景区等）。禅文化研发交流（包括世界禅文化学院、禅文化博物馆、禅文化研发中心、禅乐制作中心、禅文化动漫制作基地、禅文化影视实验基地、禅风建筑研究中心、传统手工艺保护与发展基地），禅文化保健养生（包括农家禅院集群、山林禅院集群、温泉民宿集群），禅文化体验（包括福田茶园、禅茶馆、市民农园等），禅文化消费服务（包括禅文化主题酒店、素斋馆、温泉养生会馆）等五大产业，推动形成具有参禅朝圣、文化体验、旅游度假、养生保健、会议展览等特色功能的复合型文化产业园区，全力打响“广东新兴·中国禅都”、“六祖故里·禅意小镇”品牌。园区成功引进香港豪德财富集团有限公司、广东和健文化旅游发展有限公司和广东龙山禅泉休闲度假旅游有限公司三大企业集团，计划投资百亿元共同建设“中国禅都”。

金水台温泉　位于新兴县水台镇，是由多米尼加共和国新城酒店投资综合开发的大型旅游项目。首期投资人民币1.2亿元，占地面积45万平方米，池区面积达3万多平方米，建有30多个特色不一的温泉池、温泉冲浪池、温泉滑梯、大型温泉水疗池、温泉鱼疗池、温泉酒吧池等。水温高达70℃，水质含有偏硅酸、氡、硫、钾、钙等10多种对人体有益的微量矿物质元素。金水台度假区正在全力建设二期项目——太阳岛水上乐园。首期规划投资5600万元，开发面积15万平方米，项目包括：漂流河、儿童乐园、人工造浪池、娱乐水寨、探险健身观光、趣味益智娱乐、文化体育竞技、大型成人戏水滑道、探险健身设施、水上闯关项目、野外生存竞技场、CS丛林野战场、索道观光、休闲公园、六祖文化展示厅等。计划于2012年7月对外开放。

天露山禅龙峡旅游度假区　坐落在粤中南部最高峰天露山北麓，海拔1251米。于2011年7月28日建成试运营。占地面积达10000亩，有漂流、野战拓展、空中飞人、水上乐园、登山栈道、瀑布观光等项目，为一个集休闲、旅游、疗养、度假、健身、观光、农副产品销售于一体的大型综合生态旅游景区。该景区结合人文与自然文化，提供全方位的生态综合旅游服务，让游客在休闲旅游之余，感受山高林密的天露山“天然大氧吧”，领略博大精深的禅宗文化，享受回归大自然的美好生活。

大云雾山旅游区　位于云浮市云安县富林镇，总面积8000亩，分三区二期规划建设。一期为双龙峡景区，面积1500亩，现正在紧锣密鼓进行建设，计划2012年底试营业。双龙峡景区由富林石林和漂流两部分组成。富林石林占地30万平方米，包括水上石林、山上石林、红石林，有石岩、石壁、石洞、石巷，其中晶石洞有镇洞之宝晶石骨属世界罕见。双龙峡漂流为古洞穴环绕立体漂流。全程3公里，落差108米，其中400米滑车提升，1100米湖群畅游，300米艺廊观赏，800米古洞穴顺流和400米滑道放艇。

**【区域旅游合作】**　2011年12月9日，第十三届“两广十市”旅游区域合作联席会议在湛江召开，主题为“旅游信息拓展，合作创新发展”。云浮市政府办公室、市旅游局有关负责人及市直新闻媒体组团参加。12月17～18日，广西壮族自治区贺州市旅游局局长王西祺一行30人到云浮考察旅游业发展情况，先后参观市区南山森林公园、石材博览中心、金水台温泉等具有代表性的景区，副局长岑德洪陪同考察。6月15～16日，香港中旅集团（简称港中旅）企业发展管理部副总经理张宏芳一行3人考察禅宗六祖文化旅游资源，有意联手打造粤港澳地区知名的禅宗六祖文化旅游精品线路及产品。市政府副秘书长黄汉棣、新兴县人民政府和市旅游局有关领导陪同考察禅宗祖庭国恩寺、中华禅文化第一村——龙山塘村、藏佛坑景区及天堂乡村旅游文化景区。

## 旅游行业监督管理

**【旅游市场监督】**　2011年“3·15”消费者权益日，云浮市旅游局组织旅行社、旅游饭店、旅游景区等相关企业在市区青少年广场的3·15消费者大型咨询会设展台，派发“品质旅游，伴你远行”、“文明旅游，理性消费”等宣传单张，并现场解答市民咨询，提高市民出游素质和维权意识。云浮市旅游管理部门加强与公安、工商、卫生、物价等职能部门的联合执法，整治旅游合同违法违规行为专项执法行动和旅游市场重点环节检查，及时发现和纠正旅游市场中存在的问题，强化旅游市场的社会监督。全年共进行旅游市场联合执法检查216多人次，检查各类经营旅游业务场所36处。全年共接受各类旅游咨询400多人（次），处理有效投诉10宗。

**【旅游安全管理】**　2011年，云浮市旅游局按照“精心组织、周密安排、落实责任、加强协调”的工作方针和“谁主管，谁负责”的原则，落实安全生产“一岗双责”责任制，继续深入开展“安全生产年”活动，推动和深化排查整治等各项工作，明确职责，一级抓一级，层层抓落实，严格实行旅游安全责任制，与各区县旅游管理部门签订旅游安全责任书。加强指导各地各旅游企业开展“安全生产年”、“大排查大整治大培训”，安全生产月等各项旅游安全工作。做好安全检查特别是节前的旅游安全生产检查。现场抽查各地各旅游企业安全生产工作，提出整改意见及措施，要求企业限期落实整改，确保旅游安全工作。全年累计检查企业120多家（次），出动检查组500多人次。

【旅行社】 2011年，云浮市对全市11家旅行社进行业务年度统计。全市推进旅行社责任保险落实，购买率达100%，其中旅行社责任险统保示范项目投保率达100%。罗定市快乐天旅游有限公司获许可经营旅行社资格，至年末，全市共有旅行社11家，其中经营出境游组团社1家。

【星级饭店】 2011年，云浮市拥有星级饭店18家，其中四星级4家，三星级7家，二星级7家。云浮市旅游局做好星级饭店评定工作，对照2010年版的星级饭店标准对全市的星级饭店重新复核，采用明查、抽查、暗访、召开汇报会反馈会等形式开展复核，重点检查星级饭店对星级标准的执行情况，加强对硬件的维护管理的现场检查，以及对管理水平、服务质量等“软件”明察暗访。年内，新兴县龙山翔顺大酒店、新兴县翔顺花园大酒店两家四星级饭店通过评定性复核，云浮凯旋酒店因整改推迟复核。

是年，云浮市旅游局加强节能减排工作，引导各星级饭店转变增长方式，调整饭店的发展战略、经营理念、管理模式、服务方式，倡导绿色消费、文明消费、科学消费，重视做好旅游行业节能工作，推动各地创建绿色饭店。

【导游人员管理】 2011年，云浮市旅游局两次组织63名考生参加全国导游资格考试，完成全市所有导游IC卡年审刷卡及发放工作。云浮市旅游局下发《关于开展2011年度导游人员继续教育工作的通知》，于4月21日在云城区举行2011年度导游员继续教育培训班，重点围绕“中华文化游”主题年，加强法律法规知识和导游员文化知识的学习，以及对云浮“六祖文化”、“温泉文化”、“石艺文化”、“南江文化”理解和把握。全市共有导游97人，其中初级导游94人，中级导游3人。

## 旅游教育培训与精神文明建设

【旅游行业精神文明建设】 2011年，云浮市持续开展“品质旅游，伴你远行”旅游宣传活动；组织全市旅游从业人员学习法律法规知识，倡导健康文明的生活方式和道德风尚，坚决制止“黄、赌、毒”等丑恶现象的发生；做好“创建国家卫生城市”工作，开展经常性的爱国卫生、环保活动；继续采取扶贫与励志结合的办法，广泛开展“规划到户、责任到人”结对帮扶工作，局派驻村干部到仙菊村，结对帮扶的11户贫困户（另有5户五保、低保户），全年脱贫率可达90%以上，完成危房改造4户，完成率100%，局被评为2010年度扶贫开发“双到”工作先进单位；组织“送温暖”活动；指导和规范农村蓬勃开展的乡村旅游、特色农业旅游、生态旅游等。11月11～12日，由省委宣传部主办，云浮市委宣传部、市旅游局、市人社局、团市委，各区（县）党委宣传部协办的“了解广东，热爱广东，共建共享幸福广东——外来工云浮文化景观游”活动开展，各县（市、区）200名优秀外来工代表参观云浮市部分文化景观。

【旅游行风与机关工作】 2011年，云浮市各级旅游行政管理部门把加快旅游业发展与加强作风效能建设、行风政风建设和机关队伍素质建设有机结合起来，重点抓好班子的思想作风建设，树立责任意识、大局意识和争先创优意识。以争先创优活动为载体，围绕“学习型、创新型、服务型、和谐型”机关创建活动，转变工作作风，服务基层、服务企业。大力加强旅游行风建设，建设旅游诚信体系，全力做好“行风热线”上线节目。11月8日，组织部分干部职工参加云浮市第四届运动会暨首届南江文化节开幕式活动。

【旅游教育培训】 2011年4月21日，云浮市导游人员继续教育培训工作在市区凯旋大酒店开班，全市各大旅行社导游人员共97人参加。6月27日，云浮市召开由各县（市、区）旅游局分管局长、旅行社主要负责人和具体负责旅行社业务操作人员参加的会议，解读《最高人民法院关于审理旅游纠纷案件适用法律若干问题的规定》。7月15日，召开全市各县（市、区）旅游部门和各星级饭店主要负责人、负责星级复核工作人员和质检员会议，宣贯2010版旅游饭店星级标准。组织星级饭店的高层管理人员参加全省总经理培训班，全市有10名管理人员参加东莞总经理培训班并取得饭店总经理培训考核合格证书。云浮市旅游局、云浮市旅游协会指导旅游企业开展内部培训工作，开展职工职业技能竞技活动，努力提高行业从业人员责任和服务水平。8月22日，由云浮市人力资源和社会保障局主办的2010年广东省职业技能大赛云浮选拔赛总结表彰大会。会议授予云浮市旅游局“2010年云浮市职业技能大赛先进单位”，岑德洪、梁雪英被授予“2010年广东省职业技能大赛云浮选拔赛先进工作者”；黄少强被授予“优秀裁判员”。

（杨　丽）

# 顺德旅游业

## 综　述

**【概况】** 2011年，顺德区以推动旅游、美食与文化整合为核心，以提升旅游整体产业水平、优化旅游环境、打造旅游形象为目标，突出重点、创新方法、注重实效，全力推进各项工作，全区旅游业继续保持较快增长态势。全年接待过夜旅游者总人数267.41万人次，比上年下降1.18%；旅游总收入81.53亿元，比上年增长10.59%。

**【旅游行业规模】** 截至2011年底，顺德区拥有国家4A级景区2家；拥有星级饭店29家，其中五星级饭店2家、四星级饭店11家、三星级饭店8家、二星级饭店7家、一星级饭店1家；拥有旅行社24家，其中出境组团社7家。全区旅游直接从业人员约1.3万人。

**【第六届中国岭南美食文化节】** 2011年7月至11月期间，由中国烹饪协会、广东省旅游局和顺德区人民政府共同主办第六届中国岭南美食文化节在顺德举办。本届美食文化节继续列入国家级美食节庆活动，也是2011广东国际旅游文化节的重要活动。整个美食节活动内容达20多项，包括

2011年10月1日，第六届中国岭南美食文化节·顺德私房菜大赛现场。

岭南风味美食展、顺德私房菜大赛、顺德金牌宴席评选、中国八大菜系精品宴、顺德美食文化游、“顺德美食，好味到镇”专题活动等，活动规模大，创新多，亮点频现，组织有序，参与餐饮企业1000多家，参与群众200多万人次。

## 国际旅游

**【入境旅游】** 2011年，顺德区接待入境旅游者86.16万人次，比上年下降18.82%，其中外国人17.06万人次；旅游外汇收入36760万美元，比上年增长3.21%；港澳同胞29.52万人次，比上年下降0.55%；台湾同胞2.38万人次，比上年下降14.01%。

**【出境旅游】** 2011年，顺德区旅行社组团出境游123672人次，比上年下降18.49%。其中香港游81751人次，比上年增长6.26%；澳门游28952人次，比上年增长17.12%；出国游12969人次，比上年下降74.10%。

## 国内旅游

**【国内旅游接待与收入】** 2011年，顺德区接待国内旅游者232.99万人次，比上年增长2.10%；国内旅游收入56.57亿元，比上年增长15.52%。

全区主要旅游景区接待游客约720万人次，同比增长约4%，景区营业收入约2.10亿元，同比增长约123%；旅行社组团约102万人次，同比增长9%。旅行社接待约40万人次，同比增长21%。营业收入约8.40亿元，同比增长22%；主要酒店营业收入7.20亿元，同比增加13%。

## 旅游市场推广与节庆活动

**【旅游市场推广】** 2011年3月，顺德区通过对特色民俗活动的整理包装策划，借顺德特色“生菜会”这一民俗活动，推出“顺德民俗游”专项旅游推介活动，组织周边以及港澳地区近千名游客参加。顺德区继续推进与南海、番禺的旅游联盟合作，组织策划佛山南海区、广州番禺区、佛山顺德区（简称南番顺）旅游新资源媒体采风活动，以南番顺旅游联盟整体形象参加广州国际旅游展览会、香港国际旅游展览会、“相约南番顺·畅游新岭南”南番顺旅游联盟香港业界推介会，并举办了南番顺旅游联盟专家座谈会，

多角度、全方位、立体化地推介南番顺丰富的文化旅游资源。

年内，顺德区积极参加上级旅游部门组织的2011中华文化游主题旅游年港澳地区主题宣传推广活动、广佛肇山东山西旅游推介会、2011中国昆明国际旅游交易会、第六届海峡两岸台北旅展等展会及活动，利用各方平台，加大顺德旅游宣传力度，以提升顺德旅游知名度。

## 旅游资源开发和景区（点）建设

**【旅游规划】** 2011年6月20日，顺德区出台《顺德区旅游业发展“十二五”规划》。规划提出优化顺德旅游业总体布局、加快旅游与文化整合、加大整体宣传推介力度、加强旅游配套设施规划、加大旅游人才培养等措施，并以文化旅游、美食旅游、生态休闲度假旅游、商务公务考察旅游、工业旅游为重点推介顺德旅游。

**【旅游区（点）与基础设施建设】** 2011年，顺德区指导长鹿农庄按照国家5A级景区的标准开展建设和提升，农庄整体规划以及第四、五期项目建设已基本完成，农庄产品得到进一步丰富。积极推动特色旅游景区开展创建4A景区工作，邀请专家对罗浮宫国际家具博览中心和陈村花卉世界景区创建国家4A级旅游景区进行了策划指导，并向上级递交了申报国家4A级旅游景区的报告。此外，杏坛逢简水乡引入专业规划设计公司，完成了《杏坛镇逢简村公共空间整治概念规划与重要节点概念设计》，为逢简未来的开发搭起了基本框架；均安李小龙乐园规划建设国际生态谷项目也已启动，开始基础性建设。

## 旅游行业监督管理

**【旅游市场监督和安全管理】** 2011年，顺德区做好旅游咨询和投诉处理，加强日常和节假日旅游安全检查，针对日本地震及核泄漏事件、泰国洪水等突发事件，积极与省局积极联系，尽快获得处理指引，指导区内旅行社积极应对协助解决。年内，共出动旅游质监人员80人次，检查旅行社23家、旅游景区4家、星级饭店28家；全年受理有效旅游投诉8宗，结案率100%。

**【旅游行业协会】** 2011年，顺德区旅游协会充分发挥联系旅游主管部门与旅游企业的纽带作用，加强与会员单位之间的交流沟通，及时将省旅游局、区文体旅游局的有关政策法规、行业标准、旅游动态、主题活动、旅游信息，通过“顺德旅游网”发布，不断拓宽协会的服务渠道。

## 精神文明与教育培训

**【旅游教育培训】** 2011年，顺德区开展旅游业务技能竞赛，举办第四届顺德金牌导游大赛，经自我介绍、模拟讲解、知识问答及才艺表演的综合比试，有10名导游获顺德金牌导游称号；组织顺德金牌导游王毅成参加全国导游大赛总决赛，获得中文组总分第26名的优异成绩，并荣获全国导游大赛优秀奖。

2011年4月6日，顺德区举行第四届顺德金牌导游大赛。（廖亦泉）

# 政策法规·标准规范

# Policy, Laws and Regulations · Standard Codes

（第 287～342 页）

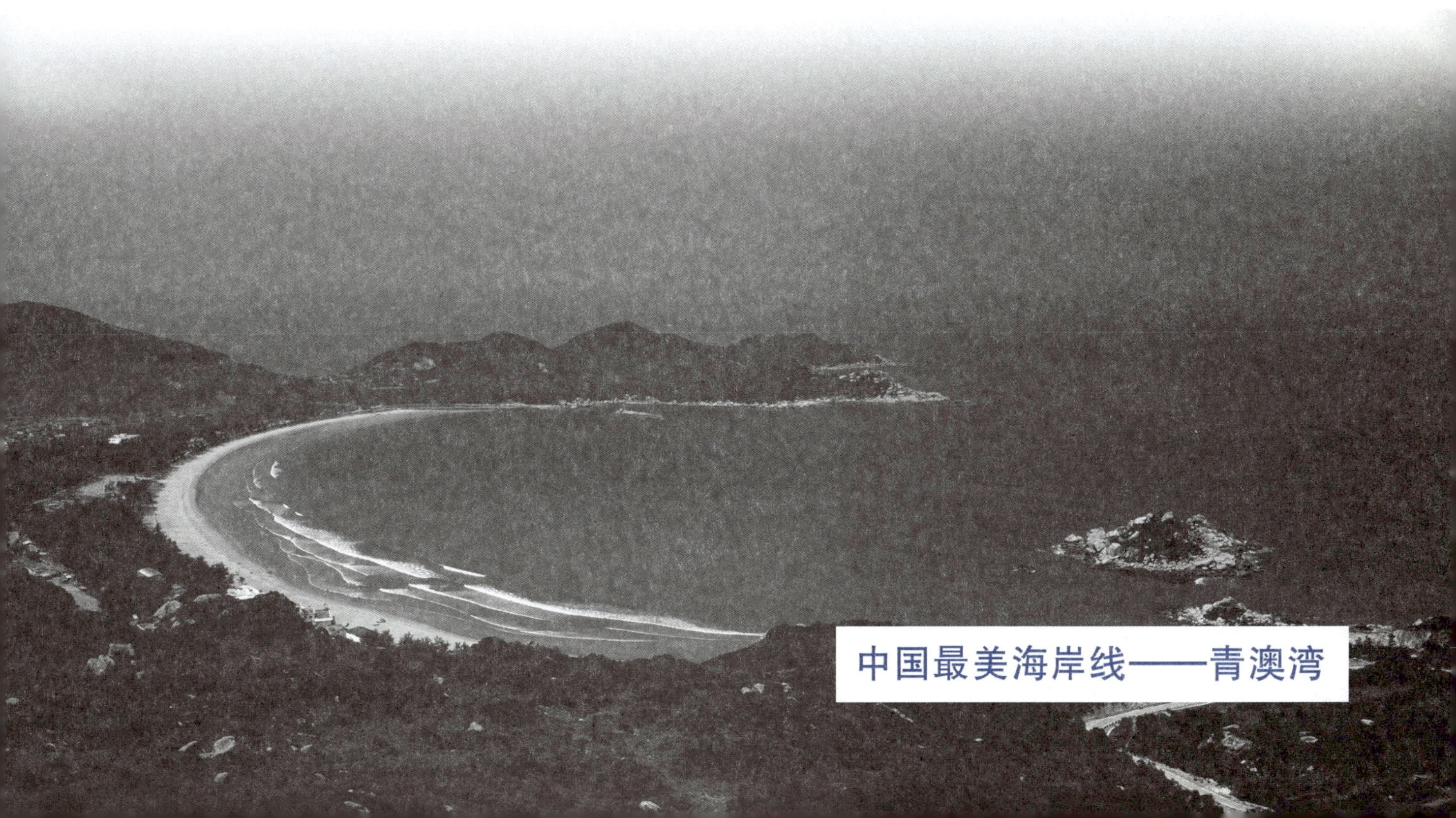

中国最美海岸线——青澳湾

## 省政府规范性文件

# 关于建立广东省旅游产业发展联席会议制度的通知

（粤办函［2011］511号）

各地级以上市人民政府，顺德区人民政府，省政府各部门、各直属机构：

为切实加强对我省旅游产业发展的领导协调，省人民政府决定建立广东省旅游产业发展联席会议制度。组成人员如下：

总召集人：招玉芳（副省长）
召 集 人：刘晓捷（省政府副秘书长）
杨荣森（省旅游局局长）
成　员：曹鉴燎（广州市副市长）
吴以环（深圳市副市长）
金展扬（珠海市副市长）
余健明（汕头市副市长）
麦洁华（佛山市副市长）
兰　茵（韶关市副市长）
吴有必（河源市副市长）
张远方（梅州市市委常委、常务副市长）
杨灿培（惠州市副市长）
李贤谋（汕尾市副市长）
江　凌（东莞市市委常委、副市长）
谭培安（中山市副市长）
李　崴（江门市副市长）
陈华康（阳江市市委常委、常务副市长）
梁志鹏（湛江市副市长）
陈　海（茂名市副市长）
孙　德（肇庆市副市长）
王得坤（清远市副市长）
卢淳杰（潮州市副市长）
叶少明（揭阳市副市长）
崔逢池（云浮市副市长）
梁惠英（顺德区区委常委）
赖　斌（省委宣传部副部长）
张力军（省发展改革委副主任）
戚真理（省经济和信息化委巡视员）
李小鲁（省教育厅巡视员）
钟小平（省科技厅副厅长）
郑　东（省公安厅副厅长）
欧　斌（省财政厅副厅长）
郑朝阳（省人力资源社会保障厅副厅长）
陈　敏（省环境保护厅副厅长）
蔡　瀛（省住房城乡建设厅副厅长）
蔡启文（省交通运输厅副厅长）
刘金生（省农业厅巡视员）
邬公权（省外经贸厅副厅长、省口岸办主任）
苏桂芬（省文化厅副巡视员、省文物局局长）
廖新波（省卫生厅副厅长）
苏才芳（省外办副主任）
张晓牧（省国资委副主任）
杨荣华（省地税局总经济师）
何日丹（省广电局副局长）
招少鸣（省体育局副局长）
欧卫东（省统计局副局长）
林　林（省物价局巡视员）
冯湘勇（省工商局副局长）
陈俊勤（省林业局巡视员）
洪伟东（省海洋渔业局副局长）
张燕飞（省质监局副局长）
陈桂成（省安全监管局副巡视员）
廖京山（省港澳办副主任）
张晓山（省金融办副主任）
李梓廉（省中医药局副局长）
赵　民（海关总署广东分署副主任）
朱江涛（省国税局总会计师）
邓旭旗（广东出入境检验检疫局副局长）
秦会忠（广东银监局副巡视员）
周贵华（广东证监局副局长）
李宏志（民航中南管理局处长）

广东省旅游产业发展联席会议日常工作由省旅游局承担。

广东省人民政府办公厅
二〇一一年八月二十四日

地方规范性文件

# 关于实施《广州市旅游局规范行政许可自由裁量权暂行规定》的通知

穗旅发［2011］105号

广州市旅游质量监督管理所，各区（县级市）旅游局：

为规范行政许可行为，确保行政许可的合法性、合理性，根据《广州市规范行政执法自由裁量权规定》的要求，我局制定了《广州市旅游局规范行政许可自由裁量权暂行规定》，经市法制办审查通过，现将规定发给你们，请在工作中贯彻执行。

特此通知。

广州市旅游局

二○一一年十月十七日

## 广州市旅游局规范行政许可自由裁量权暂行规定

### 第一章　总　则

**第一条**　为规范行政许可行为，确保行政许可的合法性、合理性，依据《中华人民共和国行政许可法》、《旅行社条例》（下简称《条例》）、《旅行社条例实施细则》（下简称《细则》）和《广州市规范行政执法自由裁量权规定》，结合本市实际，制定本规定。

**第二条**　本市经营国内旅游业务和入境旅游业务旅行社的设立审批适用本规定。

**第三条**　市旅游局受省旅游局的委托，负责本市经营国内和入境旅游业务旅行社行政许可的组织实施工作，接受省旅游局的监督、检查和指导。

**第四条**　同一个许可事项在不同法律、法规或者规章有规定的，在适用具体法律条文时应当优先适用法律效力高的规定。

**第五条**　实施行政许可应当遵守公开、公正、高效、便民的原则，合理行使。

### 第二章　经营国内和入境旅游业务旅行社设立审批

**第六条**　经营国内旅游业务和入境旅游业务审批应当按照《条例》和《细则》规定执行。《条例》第七条：申请设立旅行社，经营国内旅游业务和入境旅游业务的，应当向所在地省、自治区、直辖市旅游行政管理部门或者其委托的设区的市级旅游行政管理部门提出申请，并提交符合本条例第六条规定的相关证明文件。受理申请的旅游行政管理部门应当自受理申请之日起20个工作日内作出许可或者不予许可的规定。予以许可的，向申请人颁发旅行社业务经营许可证，申请人持旅行社业务经营许可证向工商行政管理部门办理设立登记；不予许可的，书面通知申请人并说明理由。

《细则》第三条：《条例》第二条所称国内旅游业务是指旅行社招徕、组织和接待中国内地居民在境内旅游的业务。《条例》第二条所称入境旅游业务是指旅行社招徕、组织和接待外国旅游者来我国旅游，香港特别行政区、澳门特别行政区旅游者来内地旅游，台湾地区居民来大陆旅游，以及招徕、组织、接待在中国内地的外国人，在内地的香港特别行政区、澳门特别行政区居民和在大陆的台湾地区居民在境内旅游的业务。

**第七条** 申请设立旅行社应当具备相应的条件。《条例》第六条：经营国内旅游业务和入境旅游业务的，应当具备下列条件：（一）有固定的经营场；（二）有必要的营业设施；（三）有不少于30万元的注册资本。《细则》第六条：《条例》第六条第（一）项规定的经营场所应当符合下列要求：（一）申请者拥有产权的营业用房，或者申请者租用的、租期不少于1年的营业用房；（二）营业用房应当满足申请者业务经营的需要。《细则》第七条：《条例》第六条第（二）项规定营业设施应当至少包括下列设施、设备：（一）2部以上的直线固定电话；（二）传真机、复印机；（三）具备与旅游行政管理部门及其他旅游经营者联网条件的计算机。

**第八条** 根据第七条有关依据，结合我市的实际，申请人（出资人或出资人代表）符合以下条件的，可以申请经营国内旅游业务和入境旅游业务旅行社：

（一）申请人及拟设立旅行社的法定代表人必须符合在工商行政管理部门登记注册企业条件和旅游法规规定的单位及自然人。

（二）出资人应为内资企业或持有中华人民共和国居民身份证的自然人。

（三）有独立的、实用面积不少于30平方米的、申请人拥有产权或者申请人租（借）用且租（借）期不少于1年的营业（非住宅）用房。

（四）有2部以上直线固定电话；传真机、复印机等办公设备；具备与旅游行政管理部门及其他旅游经营者联网条件的计算机。

（五）有不少于30万元的注册资本。

（六）有20万元质量保证金存储能力或能取得不少于20万元的银行担保。

**第九条** 申请设立旅行社，应按《细则》规定提交审验和留存资料。《细则》第八条：申请设立旅行社，应当向省、自治区、直辖市旅游行政管理部门（简称省级旅游行政管理部门，下同）提交下列文件：（一）设立申请书。内容包括申请设立的旅行社的中英文名称及英文缩写，设立地址，企业形式、出资人、出资额和出资方式，申请人、受理申请部门的全称、申请书名称和申请的时间；（二）法定代表人履历表及身份证明；（三）企业章程；（四）依法设立的验资机构出具的验资证明；（五）经营场所的证明；（六）营业设施、设备的证明或者说明；（七）工商行政管理部门出具的《企业名称预先核准通知书》。省级旅游行政管理部门可以委托设区的市（含州、盟，下同）级旅游行政管理部门，受理当事人的申请并作出许可或者不予许可的决定。

**第十条** 根据第九条有关依据，结合我市的实际，申请人申请经营国内旅游业务和入境旅游业务的旅行社时应当提交下列申请材料：

（一）设立申请书，申请内容包括申请设立的旅行社的中英文名称及英文缩写，设立地址，企业形式、出资人、出资额和出资方式，申请人、受理申请部门的全称、申请书名称和申请的时间（一式3份）；

（二）工商行政管理部门提供的《企业名称预先核准通知书》或《企业名称变更核准通知书》（复印件、一式3份）；

（三）房产证、房屋租赁合同或无偿提供使用证明。以自有产权房屋和以他人无偿提供房屋为经营场所的，应提供房产证（复印件）和无偿提供使用证明（应说明使用房屋面积、地址，使用方的名称以及不少于1年的使用年限）；以租赁房屋为经营场所的，应当依照《广州市房屋租赁管理规定》提交经区、县级市房地产租赁管理所登记备案的房屋租赁合同（合同期不少于1年）（一式3份）；

（四）营业设施、设备购买发票及他人无偿提供使用的有关证明复印件（一式3份）；

（五）依法设立的验资机构出具的注册资本金验资报告；以其他企业变更为旅行社须同时出具企业审计报告原件及复印件（一式3份）；

（六）出资人的身份证或企业营业执照等证明（一式3份）；

（七）法定代表人和总经理履历表（附相片）、股东签署的任职证明（股东会决议）（一式3份）；

（八）企业章程（一式3份）；

（九）存储质量保证金承诺书（一式3份）；

（十）如申请人委托他人办理申请的，还需提供申请人签章或加盖公章的授权委托书，委托1~2名代理人，应明确具体委托内容和被委托人的权限、期限（原件、一式3份）；

（十一）委托经办人身份证明（身份证、军官证、警官证、护照或其他身份证明）（复印件、一式3份）。

以上各项提交的复印件均需持原件到市旅游局核对，均应对复印件加盖公章或签名，在复印件上注明与原件一致，所有材料统一采用A4幅面。

**第十一条** 由申请人填写《设立旅行社申请材料》有关表格（一式3份），并将第十条需提交材料的复印件粘贴在《设立旅行社申请材料》相应的位置，装订成册。

**第十二条** 市旅游局接收申请人的申请资料后，应在5个工作日内对申请人的经营场所、营业设施、设备进行现场检查，作出是否受理的决定。予以受理的，在以上规定的工作日内向申请人发放《行政许可申请受理通知书》。不予受理的，在以上规定的工作日内书面通知申请人并说明理由。

**第十三条** 市旅游局应当自受理申请之日起20个工作日内作出是否准予经营国内旅游业务和入境旅游业务的旅行社许可的决定。

予以许可的，由申请人到市旅游局签领颁发的旅行社业务经营许可证副本，申请人持旅行社业务经营许可证副本向工商行政管理部门办理设立登记。不予许可的，书面通知申请人并说明理由，退回相关申请资料。

**第十四条** 申请人取得工商登记后，按市旅游局指定的银行存入质量保证金20万元或办理银行担保，同时按规定购买旅行社责任保险后，持相关凭证（营业执照副本、《旅行社质量保证金存款协议书》和《银行存款证实书》或《旅行社质量保证金银行担保函》、《旅行社责任险项目保险单》和发票）到市旅游局签领旅行社业务经营许可证正本。

## 第三章　经营国内和入境旅游业务旅行社许可证的注销

**第十五条** 经营国内旅游业务和入境旅游业务的旅行社因歇业或被市旅游局处以吊销旅行社业务经营许可证处罚的，必须办理国内旅游业务和入境旅游业务的旅行社注销手续。

**第十六条** 注销的旅行社应自歇业决定或被吊销许可证处罚决定生效之日起10个工作日内，办理相关税务登记证、营业执照、机构代码证等注销手续，并到市旅游局办理注销备案及提取旅行社质量保证金手续。市旅游局自接到旅行社提取旅行社质量保证金申请后，10个工作日内予以下发《旅行社质量保证金取款通知书》，旅行社凭《旅行社质量保证金取款通知书》等有关资料到银行办理质量保证金取款手续。

**第十七条** 经营国内旅游业务和入境旅游业务旅行社注销时应当提交下列申请材料：

（一）法定代表人授权委托书，法定代表人签章，加盖公章，委托1～2名代理人，应明确具体委托内容和被委托人的权限、期限（原件、一式3份）；

（二）委托经办人身份证明（身份证、军官证、警官证、护照或其他身份证明）（复印件、一式3份）；

（三）填写《旅行社注销许可事项备案登记表》（一式3份）；

（四）企业核准注销登记通知书（原件，并复印件一式3份）；

（五）《注销税务登记通知书》（原件，并复印件一式3份）；

（六）《组织机构代码证核准注销通知书》（原件，并复印件一式3份）；

（七）旅行社业务经营许可证正、副本（原件）；

（八）申请办理退质保金的报告（原件）；

（九）旅行社与银行签订《旅行社质量保证金存款协议书》或银行向许可的旅游行政管理部门出具《旅行社质量保证金银行担保函》（原件，并复印件一式3份）；

（十）质量保证金存款证实书（原件，并复印件一式3份）。

以上各项提交的复印件均需持原件到市旅游局核对，均应对复印件加盖公章或签名，在复印件上注明与原件一致，所有材料统一采用A4幅面。

## 第四章　附则

**第十八条** 本规定自发布之日起施行，有效期五年，有关法律依据变化或有效期届满，根据实施情况依法评估修改。

# 关于印发《深圳市旅行社组团出境旅游突发事件应急预案》的通知

（深文体旅［2011］394号）

各有关单位：

《深圳市旅行社组团出境旅游突发事件应急预案》已经市政府同意，现予印发，请遵照执行。

特此通知。

深圳市文体旅游局　深圳市人民政府外事办公室　深圳市人民政府台湾事务办公室

二〇一一年六月二十二日

## 深圳市旅行社组团出境旅游突发事件应急预案

### 1　总　则

#### 1.1　编制目的

为了建立健全我市旅行社组团出境旅游突发事件应急机制，迅速、有效地处理我市旅行社组团出境旅游突发事件，提高我市旅行社组团出境旅游突发事件的应急处置能力，保障我市出境旅游游客的生命财产安全，促进我市旅游业安全、有序、可持续发展，制定本预案。

#### 1.2　编制依据

《中华人民共和国突发事件应对法》、《中国公民出国旅游管理办法》、《中国公民出境旅游突发事件应急预案》、《国家突发公共事件总体应急预案》、《国家涉外突发事件应急预案》、《旅游突发公共事件应急预案》、《广东省突发事件应对条例》、《广东省突发事件总体应急预案》、《广东省突发事件应急预案管理办法》、《广东省涉外突发事件应急预案》、《深圳市突发公共事件总体应急预案》、《深圳市旅游突发事件应急预案》等法律、法规、规章及规范性文件。

#### 1.3　适用范围

本预案适用于我市旅行社组团出境旅游过程中发生的，使旅游者生命及财产安全受到损害或严重威胁的自然灾害、事故灾难、公共卫生、社会安全等突发紧急事件的应急处置工作。

#### 1.4　事件类别

按照突发事件发生的原因，旅行社组团出境旅游突发事件主要分为自然灾害、事故灾难、公共卫生事件、社会安全事件等四个类别。

1.4.1　自然灾害类：指旅游景点、景区及旅游途中发生暴雨、洪水、暴雪、冰雹、台风、地震、山体崩塌、滑坡、火山喷发、泥石流、森林火灾、风暴潮、巨浪、海啸、赤潮等灾害。

1.4.2　事故灾难类：指发生公路、水运、铁路、民航等旅游交通事故，影响或中断正常供水、供电、供油、供气等事故，通讯、信息网络、特种设备等安全事故，以及核事故、危险化学品泄漏等重大环境污染和生态破坏事故等。

1.4.3　公共卫生事件类：指突然发生的，造成或可能造成严重损害旅游者健康的重大传染病（如鼠疫、霍乱、血吸虫、肺炭疽、传染性非典型肺炎等），群体性不明原因疾病，重大食物中毒，重大动物疫情，以及其他严重影响旅游者健康的事件。

1.4.4　社会安全事件类：指发生恐怖袭击事件，经济安全事件，政治安全事件，杀人、爆炸、纵火、毒气、绑架、挟持人质、投毒和投放危险物质等刑事案件，影响较大的有针对性破坏事件，旅游者滞留以及其他规模较大的群体性事件等。

#### 1.5　事件分级

按照突发事件的性质、规模、严重程度和影响范围等因素，旅行社组团出境旅游突发事件分为特别重大事件（Ⅰ级）、重大事件（Ⅱ级）、较大事件（Ⅲ级）和一般事件（Ⅳ级）四级。事件发生后，按以下标准分级：

1.5.1 特别重大事件（Ⅰ级），有下列情况之一的，构成特别重大事件：

（1）一次造成旅游者30人以上死亡（含失踪），或者100人以上死伤；

（2）造成我境外国家利益和旅游者安全及财产重大损失，并具有重大政治和社会影响；

（3）需要迅速撤离中国游客。

1.5.2 重大事件（Ⅱ级），有下列情况之一的，构成重大事件：

（1）一次造成旅游者10人以上30人以下死亡（含失踪），或者50人以上100人以下死伤；

（2）造成或可能造成我境外国家利益和旅游者安全及财产较大损失，并具有较大政治和社会影响；

（3）需要尽快撤离部分中国游客。

1.5.3 较大事件（Ⅲ级），有下列情况之一的构成较大事件：

（1）指一次造成旅游者10人以下死亡（含失踪），或者50人以下死伤；

（2）因自然灾害、恐怖活动、疾病疫情、社会安全和事故灾难等原因旅游者被困，造成行程中断；

（3）旅游者被所在国（地区）当局无正当理由拘留扣押，被迫终止行程；

（4）造成或可能造成我境外国家利益和旅游者安全及财产一定损失，并具有一定政治和社会影响。

1.5.4 一般事件（Ⅳ级），有下列情况之一的构成一般事件：

（1）指一次造成旅游者伤病10人以下；

（2）旅游团被境外接待方甩团或扣团，无法继续行程；

（3）旅游者遭遇恐吓、抢劫或歧视，人身安全受到严重威胁；

（4）旅游团参加体育观摩、文化庆典等群体性旅游活动以及旅游探险等专项旅游活动发生意外；

（5）深圳市政府认为有必要启动应急预案的其他情况。

本条所称的“以上”包括本数，所称的“以下”不包括本数。

### 1.6 工作原则

1.6.1 以人为本，救援第一。以保障出境旅游者的生命财产安全为根本目的，调动一切可能的力量为涉事出境旅游者提供必要的应急救治、救援和救助。

1.6.2 迅速反应，减少损失。事件发生后要迅速反应，抓紧动员和协调国内外力量投入应急救援，做到在第一时间、第一现场实施救助，力争在最短的时间内制止事态的进一步恶化，将危害和损失降到最低程度。

1.6.3 服从指挥，协调配合。全市各相关部门和单位要认真贯彻党中央、国务院有关处理突发事件的要求，服从各级应急指挥机构的统一领导，认真履行职责，主动配合协调，保证完成各项处置工作。

1.6.4 及时报告，信息畅通。事发之后，涉事旅行社、外事机构和旅游行政管理部门要以高度负责的精神，及时向上级部门及相关单位报告突发事件信息，尤其是事发现场的旅行社工作人员必须边协调救援边向各相关单位报告。各相关单位及相关部门要保证信息畅通，确保救援及时到位。

## 2 组织体系

### 2.1 设立市出境旅游突发事件应急领导小组

2.1.1 发生出境旅游突发事件时，启动由市文体旅游局、市外办（港澳办）组成的出境旅游突发事件应急领导小组。出境旅游突发事件应急领导小组办公室设在市文体旅游局。

2.1.2 出境旅游突发事件应急领导小组主要职责是：负责组织协调我市旅行社组团出境旅游突发事件的应急处置工作，在国家和省级应急预案启动前做好各项前期处置工作，根据出境旅游突发事件的性质和事件级别，启动相应级别的应急响应措施；积极组织、协调和配合相关部门为涉事旅游者提供救援及善后处理；及时调查、收集、整理、报告和发布有关危及出境旅游者安全的信息和突发事件救援处置信息。

### 2.2 联动机构

各联动机构及职责如下：

（1）市文体旅游局：牵头处理出境旅游突发事件，发布出境旅游突发事件预警信息；在出境旅游突发事件发生之后，及时搜集和了解事件情况和动态，向市外办（港澳办）通报情况，并向省旅游局、国家旅游局报告；根据上级要求和事件的实际情况，指导涉事旅行社做好现场应急处置工作；协调其他相关部门做好相关应急处置工作。

（2）市外办（港澳办）：在出境旅游突发事件发生之后，及时向省外办、外交部报告，与事发国家（地区）使领馆保持紧密联系，并根据上级的指示精神做好相关工作；协助办理政府部门相关事故处理人员的相关证件，协调帮助涉事旅游者家属和旅行社人员出境。

（3）市台办：协助处理我市旅行社组团在台湾地区旅游发生突发事件，及时向省台办、国务院台办报告，与台湾有关方面保持紧密联系，协调两岸有关方面；根据上级指示精神，做好市内各联动机构的组织协调工作。负责办理政府各部门相关事故处理人员的赴台批件，协助涉事旅游者家属和旅行社人员出境。

（4）市应急办：在发生较大及以上出境旅游突发事件后，发挥综合协调职能，协助市出境旅游突发事件应急领导小组做好事件等级的评估，启动相应级别的应急响应，协调我市各相关部门参与处置工作。

（5）涉事旅行社：根据出境旅游突发事件的种类和特点，建立健全相关应急机制，做好相关出境旅游突发事件的监测、预警、警告或警示；平时做好应急培训工作，增强应急处置能力；发生出境旅游突发事件时，及时向市文体旅游局和有关单位、保险公司及家属报告有关事件信息，及时开展即时处置，紧密联系目的地国家或地区的地接社，必要时派出人员启动救援善后处理。

（6）其他市政府相关部门按职能开展协助工作。

### 2.3 联动程序

各联动机构应根据领导小组的要求，既各司其职，各负其责，又统一协调，紧密配合。对出境旅游突发事件的应急处置，应按照基层先行、逐级提升、属地负责、专业处置的程序来安排。

## 3 预警机制

### 3.1 制定预警制度

各联动机构应建立健全相关出境旅游安全信息监测、收集、通报、评估和发布制度。

### 3.2 预警信息收集

各联动机构要加强相关信息的监测、收集。重点监测和收集以下信息源信息：旅游目的地国家（地区）的政治、经济、环境信息、公共安全信息、公共卫生信息、自然灾害或灾害预警信息、旅游投诉信息、国务院相关单位如外交、旅游、安全、民航等信息。在各联动机构信息监测、收集和分析的基础上，要做好预警信息的报告工作。

### 3.3 预警信息分级

根据信息监测结果的不同程度，将预警信息分为：

3.3.1 特别重大（Ⅰ级）用红色表示。

3.3.2 重大（Ⅱ级）用橙色表示。

3.3.3 较大（Ⅲ级）用黄色表示。

3.3.4 一般（Ⅳ级）用蓝色表示。

### 3.4 预警信息评估

对出境旅游突发事件预警信息的分级，国家及广东省已经定级的，严格按国家及省政府确定的级别执行。国家和广东省没有定级的，由市出境旅游突发事件应急领导小组办公室根据收集到的预警信息进行综合汇总，根据有关规定及时向上级报告请求上级指示。重大情况应急领导小组及时向国家旅游局等上级有关部门应急机构提出预警建议，由上级应急机构作出评估定级结论后遵照执行。

### 3.5 预警信息发布

3.5.1 出境旅游突发事件预警信息统一由市文体旅游局根据省旅游局或国家旅游局口径转发。

3.5.2 发布方式：可以由新闻发言人通过报纸、广播、电视、通信网络等各类公共媒体发布，对特殊人群、特殊场所应当采取针对性的告知方式。相关旅行社等涉及出境旅游企业要对本企业接待的相关游客和员工逐人通知。

3.5.3 发布内容：包括预警级别、区域或场所、时间、影响估计及应对措施等。在有关情况证明旅游突发事件不会发生，相关应急机构调整预警的级别后，应当发布解除预警，并解除已经采取的有关措施。

## 4 应急响应

### 4.1 信息报告

4.1.1 报告程序：在境外旅游过程中发生突发事件，领队人员和出境旅游者应立即报告组团旅行社，同时报告当地中国使领馆或代表机构，并立即向事发地报警求助，进行必要的自救。涉事组团旅行社应当在接到报告后30分钟内向市出境旅游突发事件应急领导小组报告。

市出境旅游突发事件应急领导小组接到报告后，必须在30分钟内口头向市政府报告，并在2小时内以书面形式向市政府报告。根据市政府的指示，向省和国家有关部门报告。

4.1.2 报告内容：组团旅行社和旅游者信息报告内容。突发事件发生后首次报告内容包括：突发事件发生的时间、地点、初步情况；突发事件旅游接待单位及与事件相关单位的名称、负责人姓名及联系方式；报告人的姓名、单位和联系电话。事件处理过程中的报告内容包括：人员伤亡情况及伤亡人员姓名、性别、年龄、籍贯、团名、护照号码；直接经济损失情况及大致金额；事件处理的进展情况、原因的分析；事件处置工作下一步安排；有关方面的反映和要求；其他需要请示或报告的事项。

应急领导小组信息报告内容：应急领导小组在向上级和相关部门报告出境旅游突发事件时，应包括信息来源、时间、地点、范围、性质、动态、伤亡人数、经济损失金额、影响情况和采取的应急措施等内容，并根据事态发展和处置情况及时续报。

### 4.2 分级响应

根据出境旅游突发事件的不同级别，启动相应级别的应急响应：特别重大事件启动Ⅰ级响应，重大事件启动Ⅱ级响应，较大事件启动Ⅲ级响应，一般事件启动Ⅳ级响应。

4.2.1 Ⅰ级响应（特别重大事件）：市出境旅游突发事件应急领导小组启动本预案Ⅰ级响应，在国务院涉外突发事件应急总指挥部的统一部署和指挥下有序进行，各联动机构及相关部门应急机制全面启动，各司其职，相互配合，妥善处置。各参与部门实行24小时值守，保持联络畅通。

4.2.2 Ⅱ级响应（重大事件）：市出境旅游突发事件应急领导小组启动本预案Ⅱ级响应，在外交部和国家旅游局、省政府应急领导小组统一协调、组织和指挥下处置，各联动机构及相关部门应急机制全面启动，各司其职，相互配合，妥善处置。各参与部门实行24小时值守，保持联络畅通。

4.2.3 Ⅲ级响应（较大事件）：市出境旅游突发事件应急领导小组启动本预案Ⅲ级响应，在外交部和国家旅游局、省政府指导下，在市政府具体领导下，市出境旅游突发事件领导小组具体组织实施处置措施，市应急办协调各联动机构及相关部门全面启动应急响应，各司其职，相互配合，妥善处置。各参与部门实行24小时值守，保持联络畅通。

4.2.4 Ⅳ级响应（一般事件）：市出境旅游突发事件应急领导小组启动本预案Ⅳ级响应，在省政府、省外办、省旅游局指导下，在市政府具体领导下，市出境旅游突发事件领导小组具体组织实施处置措施，各相关联动机构及相关部门各司其职，相互配合，妥善处置。

### 4.3 处置程序

4.3.1 先期处置：

（1）出境旅游突发事件发生后，随团领队及当事人立即向事发地有关部门报警求助，并组织必要的自救。同时，迅速向我驻当地外交机构和国内组团社报告。

（2）组团社按照我驻外外交机构的统一部署，采取必要措施，努力控制事态。

（3）组团社及时向市出境旅游突发事件应急领导小组报告，市出境旅游突发事件应急领导小组再视情况分级向市政府、省旅游局、省外办，或国家旅游局和外交部报告。

4.3.2 处置措施：

（1）随团领队和当事人应当协助当地及我国驻外有关部门开展医疗急救、财产保护、安置安抚和游客转移等工作。对救助及善后处理提出建议，随时向国内报告。

（2）组团社应当及时了解核实涉事旅游团队及游客情况，及时准确向有关部门提供信息，掌握游客身份、保险情况、行程计划、游客家属联系方式和国内联系单位等。

（3）组团社及出境旅游突发事件应急领导小组迅速通知旅游目的地地接社及有商业保险的旅行团涉事保险机构及国际救援机构提供紧急救援，无商业保险的旅行团视情况由国内组团社或境外地接社先行垫付医疗等救助费用，保证及时救助。地接社应协助救援，对旅游者采取帮助措施，帮助脱离危险环境，协调和组织团队转移或撤出等。

（4）出境旅游突发事件应急领导小组根据需要组织协调国内组团单位负责人和当事游客家属尽快赴事发国（地区）参与和协助处理有关事宜，视情况派遣联动机构相关人员组成的工作组赶赴事发地，参与和协助处理有关事宜。

（5）出境旅游突发事件应急领导小组随时向国家、省、市政府汇报事件进展情况并根据上级的指示组织落实相关措施。

（6）出境旅游突发事件应急领导小组应当与当事人、组团社保持紧密联系，根据需要随时做好提供信息支援、交通支持、物质后勤保障、经济支援、人员及专家支援等各项工作，积极协助当事人顺利安全返程回国。

4.3.3 后期处置：

（1）善后工作：组团社应做好旅游团队回国后的游客安抚、赔偿等善后工作。

（2）调查评估：相关部门对突发事件的起因、性质、影响、责任、经验教训等进行调查评估，并提出改进措施和建议。

（3）综合报告：出境旅游突发事件的应急响应程序结束后，有关责任单位要在24小时内将应急处置工作的综合材料报告市出境旅游突发事件应急领导小组。由市出境旅游突发事件应急领导小组分别向市政府及上级部门报告。

（4）责任认定及游客赔付：事故灾难类责任认定由事发地政府警察部门等有法定权利的部门认定，事故责任方依法赔付，涉事各方差距较大无法达成一致的，通过外交或司法途径解决。

（5）保险赔付：组团社协助游客做好各种旅游保险的申报、申请紧急救援及事后保险理赔工作。保险机构应按照保险合同及时开展应急救援、垫付资金和保险理赔工作。

### 4.4 应急结束

4.4.1 旅游突发事件得到有效控制、危害已经消除后，应明确应急结束。

4.4.2 应急结束后，市出境旅游突发事件应急领导小组和涉事组团旅行社应在1周内向市政府及省旅游局、省外办等有关上级单位提交突发事件处置情况专题报告，报告内容包括：事件发生概况、人员伤亡或财产损失情况、事件处置情况、引发事件的原因初步分析、善后处理情况及拟采取的改进措施等。

## 5 信息发布

我市旅行社组团出境旅游突发事件的相关信息，由市政府新闻办发布，或授权市文体旅游局、市外办（港澳办）发布。发布媒体包括本市报刊和广播电视、深圳政府在线网站。市文体旅游局和市外办（港澳办）根据需要设立热线电话，接受咨询。

## 6 应急保障

市出境旅游突发事件应急领导小组和各联动机构应按照职责分工和突发事件处置需要，及时做好应对突发事件的各种保障工作。

6.1 组织保障

市、区两级政府，市文体旅游局、市外办（港澳办）和各组团旅行社，要高度重视出境旅游突发事件的应急处置工作，建立健全各级出境旅游突发事件应急处置机构，建立健全各项应急处置制度和运行机制。

6.2 队伍保障

在市、区两级政府，市文体旅游局、市外办（港澳办）和组团旅行社，要建立一支由出境旅游行政管理部门相关人员和专家组成的专兼结合的境外旅游突发事件应急救援救助队伍。

6.3 信息保障

市出境旅游突发事件应急领导小组及各联动机构和相关部门，要建立出境旅游安全保障资源信息库，将目的地国家（地区）的我国使领馆及其他驻外机构、旅游救援机构、景区、宾馆、警察机构、医院的地址、电话等与出境旅游突发事件相关的各类信息进行科学管理，确保发生旅游突发事件时，各种信息资源能发挥作用。

6.4 联动保障

市出境旅游突发事件应急领导小组及各联动机构，要建立和完善出境旅游突发事件应急处置的社会联动保障机制，确保在出境旅游突发事件发生后能够信息畅通、各司其职，相互配合，妥善处置。

6.5 经费保障

市、区两级财政部门应根据我市处置出境旅游突发事件的需要和有关规定，为出境旅游应急处置工作提供必要的资金保障，用于出境旅游预警和应急救援体系建设，保障重特大出境旅游突发事件的应急处置支出需要。组团旅行社应推荐游客购买包含紧急救援的各种旅游意外商业保险。

## 7 培训演练

7.1 相关机构要高度重视出境旅游安全保护知识的教育和训练工作，在平时要组织开展多种形式的出境旅游突发事件预防、预警、避险、自救、互救等安全知识和保险意识的教育。

7.2 组团旅行社要根据形势需要，开展对经常组团出境的商务客户及随团旅游从业人员的应急业务培训和演练。还可根据条件，在组团出境之前，开展一些出境旅游突发事件应急处置的演习和训练活动，提高游客和旅游从业人员的责任意识和安全防范意识及自救、互救等应急处置能力。

7.3 组团旅行社在出团前，应当召开出团说明会，结合旅游目的地的情况，对旅游者进行针对性的应急培训及安全知识培训，并向出境旅游者提供有关我国驻境外目的地国家（地区）的驻外外交机构地址和电话、旅游救援电话、报警电话等应急救援信息。

## 8 监查与惩处

8.1 任何单位和个人有权举报不履行或者不按照规定履行旅游突发事件应急处置职责的部门、单位及个人。

8.2 对在旅游预警和应急救援工作中不履行职责或者不正确履行职责的政府工作人员，依法追究行政责任；涉嫌犯罪的，依法移送司法机关处理。

## 9 附则

9.1 我市旅行社组团赴香港特别行政区、澳门特别行政区旅游发生突发事件的，其救助按照国家涉港澳的有关规定执行，并注重发挥特区政府的作用，未尽事宜参照本预案处理。我市旅行社组团赴台湾地区旅游发生突发事件，参照本预案处理。

9.2 本预案自发布之日起实施。

# 中共河源市委　河源市人民政府关于印发《河源市建设广东生态旅游示范区行动计划》的通知

（河委发［2011］9号）

各县区委、政府，市直和中央、省驻河源副处以上各单位：

现将《河源市建设广东生态旅游示范区行动计划》印发给你们，请认真组织实施。

二〇一一年七月二十一日

## 河源市建设广东生态旅游示范区行动计划

为贯彻落实市委、市政府《关于建设广东生态旅游示范区加快旅游业转型升级的决定》（河委发［2008］20号）和省、市《共建"广东省生态旅游示范区"合作协议》精神，将我市加快建设成为广东生态旅游示范区和旅游强市，结合我市实际，特制定建设广东生态旅游示范区行动计划。

### 一、指导思想

以科学发展观为指导，以良好的生态环境为基础，以丰富优美的生态资源为依托，以生态旅游规划为先导，集约开发生态旅游资源，着力培育旅游产业集群，大力发展生态观光、生态休闲、生态度假旅游产业，加快实现旅游业转型升级，将生态优势转化为经济优势和竞争优势，形成规模经济和支柱产业，提高生态旅游业对全市经济的贡献率，扩大旅游业的带动效应，发挥在全省生态旅游业中的示范作用。

### 二、发展目标

到2015年，全市实现旅游入市人数、旅游总收入年均递增15%以上，建设一批规模较大、档次较高、在国内外有较高知名度的精品生态景区和高星级绿色饭店。通过扩规模、建精品、增特色、塑品牌，将河源建设成为广东省生态旅游示范区、岭南生态休闲旅游名城、客家文化、恐龙文化生态保护基地和人们回归自然的休闲度假胜地，将旅游业培育成为河源的战略性支柱产业和人民群众更加满意的现代服务业，最终将河源建设成为旅游强市。

### 三、行动计划

（一）河源市生态景区、绿色酒店建设行动计划。由市旅游局牵头，市住房城乡规划建设局配合制订全市生态景区、绿色酒店建设行动计划，推进全市景区、酒店转型升级。原有的景区、酒店按照绿色生态规范实行改造升级，新建的景区、酒店严格按绿色生态标准规范建设。全市旅游景区和旅游酒店要参与"旅游区（点）质量等级评定"（评A）、评星活动，争取五年内全市创建一家国家5A级旅游区，五家五星级饭店。星级饭店要进行国家绿色饭店评定，为游客提供符合环保、健康要求的客房和餐饮。

（二）河源市生态旅游环境保护行动计划。由市环境保护局牵头，市旅游局配合制订旅游生态环境保护措施和实施细则。要加强对生态环境保护的宣传教育，加强对旅游景区、旅游饭店环保设施的规划建设和管理；加强对各类旅游项目建设、旅游活动的环境监督，督促旅游企业严格执行《中华人民共和国环境影响评价法》、国务院《建设项目环境保护管理条例》与《广东省建设项目环境保护管理条例》等法律法规的规定，严格执行旅游项目环保"三同时"制度，要建立、健全相应的规章制度和考核办法，有效防止旅游活动及项目开发和经营中的环境污染和生态破坏。

（三）河源市岭南生态休闲旅游名城建设行动计划。由市住房城乡规划建设局牵头，市城管局配合制订河源岭南生态休闲旅游名城建设行动计划。按照生态休闲旅游名城的功能定位，将美食街区、酒吧街、旅游购物街区、娱乐街区等旅游要素体现在城市规划建设中，完善城市旅游功能。城市建设要体现“客家古邑”定位，保护好历史文化遗产，规划足够的公园、绿地和休闲设施，营造浓郁的休闲度假氛围，将河源建设成为“公园城市”。

（四）河源市生态旅游绿道网建设行动计划。由市住房城乡规划建设局牵头，市交通运输局、市公路局配合编制全市生态旅游绿道网规划，推进城市绿道、旅游景区绿道、社区绿道、公园绿道及服务设施的建设；坚持绿道建设连贯性，确保市与县区、各县区之间的绿道互通。同时，完善景区道路建设，增强景区可进入性。

（五）河源市森林生态旅游行动计划。由市林业局牵头，市旅游局配合编制森林生态休闲度假旅游发展规划。规划建设森林公园、森林度假、森林探险、高山避暑基地等，在国道、省道、通向旅游景区道路以及主要江河两边优先进行植树造林工程。提倡建设生态观赏林，将植树造林与旅游相结合。鼓励我市森林生态休闲度假区积极申报国家森林公园、国家A级旅游区或国家生态旅游示范区。

（六）河源市休闲农业与乡村特色旅游行动计划。由市农业局牵头，市旅游局、市文广新局配合制订休闲农业与乡村特色旅游发展规划。保护和开发客家古村落，开展乡村特色旅游，规划建设若干休闲农业与乡村特色旅游景区，将农业基地建设与农业观光、农业休闲旅游结合起来，全力参与“全国休闲农业与乡村旅游星级示范创建行动”。

（七）河源市文化休闲旅游行动计划。由市文广新局牵头，市旅游局、市委党史研究室配合制订全市文化休闲旅游行动计划。规划建设公共文化场馆和设施，保护和开发客家文化、历史文化、恐龙文化、红色文化旅游资源，把文化与旅游有机结合起来，保护客家古村落和历史遗迹，把山歌、美食、生活习俗、婚俗、采茶戏、花朝戏、木偶戏、服饰等文化遗产在旅游景区组织展示，保护和传承非物质文化遗产；拓展河源旅游演艺市场，丰富旅游产品的文化内涵。

（八）河源市体育休闲旅游行动计划。由市体育局牵头，市住房城乡规划建设局、市旅游局配合制订全市体育休闲旅游行动计划。按国务院下发的《文化体育设施建设条例》的要求，建设完善城市公共体育设施和落实住宅小区配套体育设施；推进旅游景区内配套体育设施建设，鼓励社会投资建设体育场馆、自驾车营地等体育休闲项目，并开设攀岩、越野、漂流、钓鱼、自行车、游泳、高尔夫等体育项目，增强群众和旅客的参与性，进一步丰富、完善全市体育休闲旅游产品。同时，开展或引入系列体育比赛，丰富群众和游客的文化体育生活。

（九）河源市温泉养生保健旅游行动计划。由市国土资源局牵头，市旅游局配合制订全市温泉养生保健旅游行动计划。集约开发温泉资源，规划建设的温泉项目要独具河源特色，错位发展，与保健疗养、中医药康复、体育休闲、地热能综合利用等相结合，打造河源“温泉养生之都”国际品牌。

（十）河源市“万绿水城”建设行动计划。由市水务局牵头，市住房城乡规划建设局配合编制市区“万绿水城”建设行动计划。规划、保护、开发利用市区的水资源，引万绿湖水入城，完善两江四岸的亲水设施，扩大市区水面面积，引导房地产开发商把水文化纳入社区建设，使河源真正成为“万绿水城”。发展滨水度假旅游，开发水上娱乐项目。

**四、保障措施**

（一）加强领导。

各级党委、政府要把建设广东生态旅游示范区摆到更加突出的位置，坚持主要领导亲自抓，分管领导具体抓，职能部门共同抓，做到领导到位、责任到位、措施到位。各级发展改革、财政、经济和信息化、人力资源社会保障、住房城乡规划建设、环保、国土资源、农业、水务、交通运输、文广新、林业、旅游、城管、卫生、体育、物价、税务、工商、供电、供水、通讯等单位要制定相关具体措施，切实履行职责，部门联动，形成积极建设广东生态旅游示范区的强大合力。

各级政府和有关部门要及早开展调研工作，明确责任，分工负责，狠抓落实。牵头部门要起模范带头作用，积极会同各级政府相关部门制订具体行动方案，于8月30日前报市政府审核实施。

（二）成立机构。

成立市旅游发展促进委员会，定期召开会议，统筹和协调解决旅游业发展中的重点、难点问题。委员会主任由市长担任，分管副市长担任副主任，市政府相关秘书长，市发展改革局、市经济和信息化局、市财政局、市国土资源局、市环境保护局、市住房城乡规划建设局、市交通运输局、市水务局、市农业局、市文广新局、市体育局、市统计局、市物价局、市林业局、市旅游局、市城管局、市委党史研究室、市工商局、市国税局、市地税局、河源供电局主要负责同志，各县区长为成员。河源市旅游发展促进委员会办公室设在市旅游局，具体负责日常工作，由市旅游局局长兼办公室主任。

（三）加大投入。

1. 加大政府投入。市财政将加大对旅游业发展资金的投入，2011年全市旅游宣传促销经费从现有的230万元提高到400万元；从2012年起，在编制当年预算切块安排全市旅游产业发展资金和旅游宣传促销经费时，分别在现有的300万元和400万元的基础上，在“十二五”规划期间按年10%和15%递增比例安排列入当年财政预算。各县区政府也要设立旅游产业发展基金和宣传促销经费，重点用于旅游宣传促销、旅游发展规划、旅游教育培训、旅游基础设施建设、重点项目引导、考核奖励等专项开支。各级政府和相关部门要优先支持重点旅游项目的道路交通、供水供电、广播电视通讯等基础设施建设。

2. 积极争取项目扶持。积极争取中央国债资金和其他专项资金，引导金融资金增加对旅游开发的投入。争取更多项目纳入国家、省重点项目，最大限度地争取国家、省级投资。积极争取省旅游扶贫资金，用于旅游项目完善基础设施建设。

3. 通过招商选资增加对旅游的投入。各级政府和部门要制定优惠政策，创造良好的政务环境加大招商选资力度，引进有实力的投资者投资河源的旅游业。

（四）加大政策扶持。

1. 加大金融信贷支持。金融机构应将旅游业列入重点支持领域。对重点旅游项目、旅游基础设施建设，优先安排贷款资金，优惠贷款利率，政府可给予一定的贷款贴息扶持。金融机构对商业性开发景区可以开设依托景区经营权和门票收入等质押贷款业务。

2. 加大对重点旅游项目的税费支持。建设投资规模5亿元以上和利用外资6000万美元以上的大型旅游项目，除可享受国家现行的有关税收优惠政策外，各项收费可参照享受工业项目的优惠政策。

3. 切实降低旅游企业经营成本。根据《国务院关于加快发展旅游业的意见》（国发［2009］41号），经协调有关部门的上级主管部门和物价部门同意后，宾馆饭店、景区景点内住宿设施等的用电、用水、用气价格可实行与一般工业企业同等的政策。排放污染物达到国家标准或地方标准并已进入城市污水处理管网的旅游企业，缴纳污水处理费后，免征排污费。旅游企业用于宣传促销的费用依法纳入企业经营成本。

4. 妥善安排旅游项目用地。市政府每年安排适当的用地指标用于旅游项目的开发。依土地利用总体规划和旅游发展总体规划，搞好旅游项目用地储备，保障旅游产业建设用地需求。重点项目在用地预审、计划安排、挂牌出让等方面实行一事一议，特事特办。

# 中共恩平市委　恩平市人民政府<br>关于加快发展旅游业的意见

（恩发［2011］2号）

为加快发展旅游业，把旅游业培育成为我市战略性支柱产业和人民群众更加满意的现代服务业，根据国务院《关于加快发展旅游业的意见》（国发［2009］41号）和广东省人民政府《贯彻国务院关于加快发展旅游业的意见的若干意见》（粤府［2010］156号）精神，现提出如下意见。

## 一、理清发展思路，明确发展目标

（一）指导思想。认真落实科学发展观，进一步解放思想，深化体制创新，加大政策扶持，加强统筹协调，转变发展方式，提升发展质量，做大做强地热国家地质公园、冯如文化、古村落、森林生态和乡村旅游五大主导旅游品牌，大力发展休闲旅游，打造独具魅力的珠三角后花园和粤港澳商务休闲目的地，创建广东省旅游强市，实现旅游业大跨越、大发展。

（二）基本原则。坚持“政府引导、部门联动、社会参与、市场运作”的原则，改革创新，不断健全完善体制机制；坚持突出重点，加大精品培育力度，充分发挥品牌效应；坚持科学保护，合理开发利用资源，推动旅游产业可持续发展。

（三）发展目标。力争到2015年，旅游市场规模进一步扩大，经济社会效益更加明显，全市拥有国家4A级以上旅游景区不少于4家，三星级标准以上酒店不少于8家，其中五星级标准酒店不少于3家；全年接待国内外游客超过750万人次，旅游总收入超过30亿元，年均增长20%以上，占GDP比重18%以上。

## 二、整合旅游资源，推进改革创新

（一）加强旅游资源保护。按照严格保护、合理开发和永续利用的原则，妥善处理好开发、保护与发展的关系。加强对地热田的基础研究和保护，建立地热资源的动态监测机制，探索制订加强全市地热资源保护开发与规范管理的意见，对温泉旅游开发项目进行统一规划和管理。切实加强对七星坑、锦江水系和其他河流、各大水库等自然环境的保护，确保青山绿水。完善举人村、石头村和碉楼的规划保护工作，加强东华寺、三老亭、学宫、摩崖石刻、朗底抗日解放军司令部、镬盖山战斗旧址以及县委旧址和县政府旧址等的维护。在地质公园范围内，禁止新建小水电站和新开矿场，对已建项目不符合环境功能要求的，要限期关停。加强林政管理，对旅游公路两侧、景区（点）周边、重要水源地和生态公益林保护区的森林资源实施严格保护。加快林业结构调整，推进林业生态恢复工程建设，在地质公园范围内逐步淘汰速生桉树，大力发展种植乡土阔叶树种和珍贵阔叶树种。旅游、环保等部门要加强旅游项目的前置审批把关，在项目建设中加强指导和生态环境保护。

（二）建立旅游业项目库。完善旅游项目征询体系，深入调查，科学分类，策划包装一批公共服务设施、产品开发建设、宣传营销和接待设施等旅游项目。要按照“有专库、有专人管理、有经费保障”的要求，完善项目库的动态管理，促进项目建设，形成“规划一批、实施一批、储备一批”的良性发展格局。今后每年安排财政投资项目、上报省争取投资计划项目、招商引资项目，原则上都要先从项目库中遴选，严格杜绝临时动议项目。适时召开旅游项目宣传推介会，加强招商引资力度。

（三）培育旅游行业龙头企业。整合资源推进旅游企业改革重组，在政策、融资、用工、供地等方面加大扶持力度。实行市领导定点联系企业制度，协助旅游企业打造品牌，支持自主创新，促进企业向规模化、品牌化、国际化发展，致力打造一至二家旅游龙头企业，引领全市旅游产业发展。

（四）创新旅游管理体制。理顺地热国家地质公园的管理体制，成立事业建制的地热国家地质公园管理专门机构。进一步完善七星坑、举人村、红树林、石头村等重点旅游景区（点）的经营管理体制，探索旅游资源的一体化管理。完善旅游资源所有权、管理权与经营权的协调制度，积极探索 BOT、TOT 等各种合作模式，增强政府对重要旅游资源的控制力度。

（五）完善旅游统计体系。加强旅游统计工作，完善旅游统计指标体系，建立旅游统计台账，与国民经济核算体系相衔接，准确把握旅游产业整体情况，为我市旅游发展决策提供科学依据。

## 三、打造旅游品牌，丰富产品体系

（一）提升地热国家地质公园品牌。充分依托首个“中国温泉之乡”的品牌基础，全力发展温泉旅游。优先发展大良生态休闲旅游示范区，整合区内的自然和人文资源，推进区内基础设施一体化建设，突出休闲元素和文化元素，完善游憩功能，进一步提升旅游品位和深化地热资源的综合利用，将其建设成为地热国家地质公园精品示范区和低碳旅游示范基地。借助专业力量，积极开展地热景观资源和地质科学研究。深入挖掘地热热泉景观和其他地质遗迹景观的科学内涵，不断丰富温泉文化建设，创建高品位的体验式展示系统，高规格建设地热国家地质公园博物馆和娱乐演艺场所，大力开展科普教育和休闲旅游活动。积极引导各温泉景区实行差异化发展，促使已建的金山温泉、帝都温泉、锦江温泉和温泉乐园加快升级改造步伐，不断丰富景区文化内涵；促使良西生态园按国家 5A 级旅游景区标准建设，努力打造全国一流的温泉旅游项目；加快建设五星级山泉湾温泉酒店，提升温泉景区的服务档次。

（二）擦亮冯如文化品牌。进一步做好冯如文史整理工作，开展以“冯如精神”为元素的文化建设和多种多样的文艺创作。完善冯如故里、冯如广场和冯如纪念馆等载体建设，规划选址建设冯如文化公园，集中展示冯如文化，打造全国知名的爱国主义教育基地。大力培育小型飞机、航空模型制造业，举办“冯如杯”全国航模比赛，并争取成为航模比赛的固定举办地。利用国家逐步放开低空空域管制的契机，研究建立航空服务站，探索发展航空休闲旅游。

（三）打造古村落旅游品牌。进一步做好举人村的文化挖掘和展示工作，重新包装策划以举人文化为主题的历史文化景区，推进创建国家 4A 级旅游景区。加快村内建筑景观的修旧如旧工程，建设中国第一举人文化博物馆。做精举人文化节和举人家宴。探讨将参观举人村列入我市中小学教育课程，大力开展修学旅游。依托锦江河打造水上旅游剧场，引导与东华寺连片开发。在保护的前提下，对沙湖金贵村、君堂大兴村、圣堂西头村和三山村等碉楼密集、价值高、区位便利的区域进行旅游开发。加大招商力度，整体开发那吉石头古村落，以传统农耕乡村文化为主题，拓展特色乡村文化内涵，打造广东历史文化名村。

（四）发展森林生态旅游品牌。依托七星坑自然保护区的原生态环境，探索开发高端探险和空中观光项目，创建广东省森林生态旅游示范基地。加快鳌峰公园的整体升级改造，挖掘百兽园、石雕园、纪念馆的文化内涵，打造体现地方文化精髓的城市休闲公园。开发镇海湾红树林资源，使其成为集观光、休闲、度假于一体的滨海生态旅游区。开发良西水库、大带水库和马山水库，打造高品位的水库休闲旅游产品体系。促使泉林度假乐园、岑洞峡谷漂流加快完善旅游配套设施，建设省内一流的生态休闲景区。

（五）开发乡村旅游品牌。积极鼓励和引导有条件的镇（街）大力发展农家乐、乡村民宿、休闲型的生态农业观光项目以及农地认养，实施乡村旅游富民工程。研究制定乡村旅游管理办法，成立行业互助性组织。积极推进凤凰生态乐园、白马翠绿度假山庄和河东名人山庄的升级改造，努力创建全国农业旅游示范点。鼓励有条件的村镇创建广东省旅游经济强镇、特色旅游村，创建一批农家乐旅游示范点。规划通往各主要景区的绿道，积极引导旅游企业参与绿道网的建设和经营，将绿道旅游与现有旅游产品有机结合，不断完善绿道旅游配套设施，加快培育绿道旅游市场。重点建设恩城至歇马举人村沿锦江河岸绿道。

（六）培育新的旅游消费热点。大力推进我市旅游与文化、体育、农业、工业、林业、商业、水利、地质等相关产业和行业的融合发展。策划包装朗底抗日解放军司令部、镬盖山战斗旧址、县委旧址和县政府旧址等红色旅游项目。加快云松寺新址项目的建设，培育开发宗教旅游。依托中国麦克风行业产业基地，培育开发工业旅游。深入挖掘包装我市非物质文化遗产和民间习俗，创作游客喜闻乐见的表演项目。积极利用民资，建设民间艺术博物馆。

**四、完善基础设施，提升服务功能**

（一）加快交通设施建设。在公路网规划中，将市内主要旅游景区（点）作为重要的交通节点考虑，力争规划较高等级公路通达。2011 年底前，按二级路标准完成大合线大槐至那吉段、按三级路标准完成恩堡线恩城机电厂至东成松巷段的改造工作，扩宽国道 325 线至歇马举人村的道路。2012 年底前，按二级路标准完成省道 369 线圣堂至锦江温泉段的改造工作。积极完善城区通往各主要景区（点）的道路建设，加快环城快速路的建设。做好城际轻轨及西部沿海铁路的前期和配套准备等工作，加快规划建设锦江水库至那吉环山公路。

（二）完善旅游要素建设。加快建设沈海高速公路圣堂出口旅游服务区，使其成为我市旅游的重要门户和游客集散中心。加快恩城锦安街的改造工程，努力将其打造成知名的恩平旅游购物、饮食、休闲一条街。积极建设有特色的健康娱乐场所，引导集聚发展。加快星级酒店建设，力促锦江国际酒店等项目上马建设。

（三）优化公共服务设施。不断加快发展旅游电子商务，完善恩平旅游数据库，增强与各大知名网站的合作，全面提升全市的旅游信息化服务水平。优先建设公园、公共汽车站、停车场、公厕等公共设施。推进旅游厕所升级改造，争取三年内全市主要旅游景区（点）的旅游厕所基本达标。完善地热国家地质公园的标识和解说系统。完善恩城到主要旅游景区（点）的公共汽车交通服务。完善旅游交通标志系统，做好通往景区道路的绿化美化。

**五、加大政策扶持，推动产业发展**

（一）加大财政支持力度。设立旅游发展专项资金，主要由市财政预算安排。2011 年市财政预算安排 100 万元，以后年度可视旅游税收增量情况逐年增加，力争 2013 年达 300 万元。加大价格调节基金的征收力度，作为旅游发展专项资金的补充。旅游发展专项资金实行专账核算，结转使用，专项用于全市旅游资源开发导向性投入、旅游整体宣传促销、旅游规划编制、旅游人才教育培训和相关奖励等。加大支持项目或旅游企业申报地质遗迹保护、中央财政促进服务业发展、节能减排等各类专项资金。发展改革、交通运输、农业、林业、水务、文化、科技、体育、城管等部门的专项资金在安排使用时，应充分考虑旅游业的发展需要，每年确定一定的旅游项目予以支持。支持旅游龙头企业加快发展，对旅游龙头企业年税收增长的地方留成部分，予以一定比例的返还。

（二）支持旅游项目建设用地。按照城市总体规划和土地利用总体规划，科学安排旅游项目用地。项目建设用地使用存量建设用地的，优先办理建设用地供地手续。项目建设需占用农用地的，在符合土地利用总体规划的前提下，优先安排用地指标。对固定资产（不含土地）一次性投入 5000 万元以上的旅游项目，在按规定程序办理土地供应手续后，经批准可将政府在该项目的部分土地净收益，专款用于相应的配套基础设施建设。对固定资产（不含土地）一次性投入 3 亿元以上的旅游项目，其用地可以给予优惠。一次性缴纳土地出让金有困难的，制订土地出让方案，可按建设规划，分期付款、分期发证。首期预付款在土地出让金总额的 50% 以上的，余额可分期支付：土地出让价款在 1 亿元以下的，可分期在半年内付清；土地出让价款在 1 亿元以上的，可分期在 1 年内付清。投资 10 亿元以上的重大旅游项目，采用“一事一策”的办法确定扶持政策。

（三）落实税费优惠政策。落实国家和省规定的旅游企业的用水、用电、用气价格优惠政策。旅行社可参与政府采购和服务外包。旅游企业向城市污水集中处理单位排放污水，符合国家或省规定的城市污水集中处理单位接纳标准，已缴纳污水处理费的，不再缴纳排污费。

（四）加大金融支持力度。支持旅游企业拓宽融资渠道，引导金融机构大力扶持重点旅游项目建设，优先安排贷款资金。争取金融机构对商业性开发景区可以开办依托景区经营权和门票收入等质押贷款业务。鼓励中小旅游企业和乡村旅游经营户以互助联保方式实现小额融资。积极鼓励符合条件的旅游企业在中小企业板和创业板上市融资。

（五）实行扶持奖励政策。鼓励旅游企业晋等升级，重点奖励被新评定为国家 AAAA 级以上旅游景区、四星级以上酒店及国家级工业、农业旅游示范点；鼓励旅行社开拓地接市场，重点奖励接待过夜游客达到过万和成功开拓大型会展业务的旅行社；鼓励开发旅游商品，重点奖励被列为市重点旅游购物商品、在各级旅游商品评选活动获奖的旅游企业；奖励先进单位和优秀人才，重点奖励旅游工作先进镇、被授予省级旅游强乡（镇）和旅游特色村的所在镇、在我市服务达五年的旅游管理研究生毕业的专业人才、在旅游金点子评比大赛获奖者等。奖励资金从旅游发展专项资金中支出，具体奖励办法由市财政局、旅游局负责制定和解释。

**六、强化宣传推介，拓展客源市场**

（一）积极扩大恩平形象宣传。加强恩平旅游形象的整体策划和包装。在中央、省、市电视台，报纸，网络，杂志等主流媒体推介恩平旅游；我市电视台、电台须设立旅游专栏，每日在黄金时段播放市旅游公益广告等相关信息；摄制旅游形象宣传片，在景区（点）和酒店房间长期播放；在高速公路两旁、主要商业街区、游客集中区设立旅游宣传广告牌和宣传栏，大力开展旅游形象推介。

（二）大力拓展国内外市场。坚持走出去宣传促销。重点组织旅游企业到泛珠三角地区、长三角地区进行旅游宣传推介活动，主动参加国家、各省区以及港澳举办的旅游促销盛会，积极与国内外知名旅游企业建立旅游营销伙伴关系，实现资源共享、多方共赢。加快开发旅游精品线路。积极争取将我市的景区列入省和珠中江旅游联盟重点推介的旅游规划线路。借助旅行社力量，抓住市场热点，精心策划温泉休闲度假、生态休闲、历史古村落、会议商务、名人故里、乡村旅游等线路。加强与周边地区合作，联合开发滨海山水观光、温泉之旅、碉楼文化、侨乡文化等旅游线路，充分发挥区域旅游功能的优势。

（三）努力培育旅游节庆品牌。充分挖掘恩平温泉、文化、美食等特色优势，围绕重点旅游品牌项目，策划各类旅游节庆活动，集聚人气，拉动市场。重点办好温泉欢乐节、冯如文化节、举人文化节等系列节庆活动，策划“恩平新八景”和“恩平美食”评选等特色推介活动。引导景区（点）加强企业文化建设，每年策划系列文化活动。

**七、加强组织协调，优化发展环境**

（一）强化组织领导。成立以市主要领导为组长，分管领导为副组长的旅游工作领导小组，加强对全市旅游工作的领导。把加快发展旅游摆上重要议事日程，纳入重大工作督查范围。建立镇（街）及相关职能部门联动工作机制，调整大田、良西和那吉的镇级社会经济发展目标考核指标的权重，把旅游产业的发展作为镇级经济社会发展的重要指标进行考核。各单位要合力支持旅游业的发展。尽快成立旅游行业协会。

（二）完善旅游规划体系。抓好全市旅游总体规划和地热地质公园规划修编工作，不断完善旅游规划体系和景点开发规划，坚持先规划后建设的原则，强化规划的权威性和严肃性，提高规划的执行力。各级各部门在编制专项规划时，要充分考虑旅游产业的发展需要，做到相互协调、共同发展。积极推动与周边地区制订跨区域的旅游合作规划和景区线路规划，实现资源共享、互利互惠。

（三）强化旅游市场监管。加强旅游行业监管体系建设，对旅游六要素实施全方位监督管理，全力推进诚信旅游。提倡低碳环保理念，推进旅游行业节能减排，创建绿色环保企业。市旅游、公安、工商、物价等部门要加强联合执法，大力整顿和规范旅游市场，维护旅游企业和游客合法权益。公安部门要加强与上级协调，出台相关措施为恩平市民出境游提供更多选择性和更好便利性，尽快消除地区不平等规定。国土资源、水务、环保、林业、安监等部门要加大执法力度，加重对旅游企业污染源排放处罚。严厉打击地热地质公园核心区非法采矿、炼山、砍伐等行为。旅游、安监、消防等部门要加强联动，抓好旅游安全生产工作，为游客营造一个安全、放心的旅游环境。

（四）加强人才队伍建设。出台关于旅游人才的激励办法，切实营造引得进、留得住、发展好的良好人才环境。每年开展多形式的培训教育活动，大力支持职校开办旅游教育，并通过举办旅游服务技能比赛和导游业务比赛，提高旅游队伍整体素质。建立专家咨询机制，聘请旅游发展顾问，提升决策水平。

（2011 年 1 月 12 日）

# 中共阳江市委　阳江市人民政府
# 关于大力支持海陵岛发展滨海旅游产业的意见

（阳发［2011］25号）

为贯彻落实《中共广东省委广东省人民政府关于加快我省旅游业改革与发展建设旅游强省的决定》，推动海陵岛滨海旅游业转型升级，实现跨越发展，建设“国际知名休闲旅游度假胜地”，推动阳江旅游经济又好又快发展，现提出如下意见：

**一、指导思想**

（一）以科学发展观为指导，适应旅游市场发展要求，坚持高起点规划、高标准建设，基础设施先行，狠抓重点项目，政府主导、合力推进、合力促进，靠内力启动、借外力发展，举全市之力建设海陵岛滨海旅游新区，打造“国际知名休闲旅游度假胜地”。

**二、主要目标**

（二）海陵岛要抓住发展机遇，调动各方积极因素，实现旅游产业发展速度高于国民经济发展速度，高于全省旅游业平均发展速度，成为全省旅游产业最具活力、发展最快的滨海地区之一。到2015年，接待国内外游客突破1200万人次，年均递增20%；旅游总收入突破72亿元，年均递增23%，把旅游业培育成为全岛国民经济的支柱产业和人民群众更加满意的现代服务业。

**三、主要措施**

（三）科学编制规划。海陵岛要认真做好滨海新区总体规划和各功能区规划，形成“一心、一轴、一环、五区”的规划布局；建立以滨海休闲度假旅游产品为核心，文化体验产品为特色，海岛专项旅游产品为补充的复合型、多元化旅游产品体系，成为阳江经济发展新的增长极和广东省打造粤西“黄金海岸”的重要组成部分。

（四）加大财政投入。一是启用全市价格调节基金旅游专款，主要用于海陵岛旅游的宣传推介、规划编制、项目奖补等。二是设置市旅游发展资金，计划每年筹集1500万元，重点倾斜海陵岛滨海旅游业发展，并将海陵岛内的土地收益属于地方可支配部分全部用于扶持海陵岛旅游基础、配套设施建设。三是支持海陵岛旅游基础设施建设，初期以市、区两级财政投入为主，并逐步形成政府、社会、开发商等多元化的投入机制；四是市、区两级设置专项资金约1000万元，支持挖掘当地历史、民俗、饮食、宗教等文化和旅游产品的研发，提高滨海旅游的文化品位。五是市、区两级财政为“旅游文化（美食）节”、“南海开渔节”等重大旅游文化活动提供财力保障。六是广东海上丝绸博物馆每年净收益全部用于该馆科研、宣传、推介等活动。七是支持海陵岛国家海洋公园建设，前期安排1000万作为专项资金，并将国家建设资金向该项目倾斜，同时通过招商引资等多方筹集建设资金，保证工程建设资金及时到位。

（五）加强金融支持。一是积极开展银企对接，鼓励支持金融机构扩大对海陵岛旅游企业和旅游项目的贷款规模，增加信贷额度50亿元。探索利用BOT、贴息贷款、垫资、分期付款等方式，搭建融资平台，加快海陵岛建设步伐。二是推进资本市场融资，鼓励旅游企业、景区通过上市等渠道进行融资，帮助旅游企业做强做大。三是加速引进国内外资金和战略投资者，开发旅游资源，兴建旅游项目，参股旅游企业，推进投资主体多元化。

（六）科学安排用地。要按照“科学规划、突出效益、优选项目、严格程序、依法出让”的原则安排建设用地，严禁闲置土地和私自改变土地用途。要适当增加海陵岛旅游发展土地指标，支持利用荒地、荒坡、荒滩、无人居住海岛等土地开发旅游项目。

（七）完善交通设施。建设市区到海陵岛旅游观光大道，改造升级岛东路，全力推进“南海Ⅰ号”大道和达港路等道路建设，继续完善环岛公路建设。投资1.1亿加宽海陵大堤，加快研究推进海陵湾大桥建设，提高进岛公路的通行能力。科学规划区内旅游绿色通道、生态停车场和观光节点，在提高海陵岛旅游可进入性的同时，增强观赏功能。

（八）建立激励机制。一是要把海陵岛旅游重点项目建设、旅游基础设施建设和旅游产业发展纳入全市国民经济和社会发展计划优先安排。二是重点支持经营性新业态滨海旅游景区、景点项目，在立项审批（备案）、投资核准、争取上级资金扶持、土地指标供应等方面优先支持，享受有关规费优惠。三是对投资规模大、拉动作用强的重大旅游项目，按照一事一议的原则，经市政府批准后，给予相关优惠政策，实行特批特办。

（九）打造高端产品。将十里银滩作为重点建设核心区，加快推进十里银滩旅游综合体、雪流湾旅游综合度假区，马尾岛——北洛湾旅游度假区、广东海洋历史博物馆、国家海洋公园等高端精品旅游项目建设。

（十）创新宣传促销。一是策划实施海陵岛旅游形象VI系统，形成统一标识和品牌，集中打造“碧海银滩·宋船古韵”的形象品牌。在广州、珠海、深圳等地及高速公路服务站设立“海陵岛旅游形象推广中心”，同时借助保利、恒大、顺峰、敏捷等著名企业的市场营销平台，大力宣传海陵岛的投资环境和旅游环境。二是积极策划旅游创意活动，重点推介旅游文化美食节、南海（阳江）开渔节、南海放生节等文化特色鲜明、品牌影响广泛的节庆活动。

（十一）大力招商引资。注重引进有品牌、有实力的旅游战略合作伙伴，精心打造全国一流、世界知名的旅游高端项目。同时推动游艇俱乐部、旅游纪念品购物城等项目进岛落户，形成旅游产业快速发展的强劲引擎。

（十二）增加文化内涵。大力推进旅游与海洋、海上丝绸之路、疍家、宗教等文化的融合。重点挖掘和拓展“南海Ⅰ号”文化内涵，创作系列文化旅游产品，彰显核心战略资源价值。推进广东海洋历史博物馆建设，市政府划拨5.1万平方米土地，积极争取省政府的支持，千方百计筹集资金4亿元加快建设步伐。

（十三）加强行业管理。实施依法治游，大力开展旅游环境综合治理，建立良好的旅游市场秩序。加强旅游服务质量监督管理和旅游投诉的处理。加强旅游诚信体系建设，建立旅行社、旅游购物店信用等级制度，逐步形成旅游社行业优胜劣汰的机制。

（十四）强化人才支撑。采取“高枝嫁接”等举措，与高校、科研院所合作建立旅游研发中心，加强对滨海旅游规划和前瞻性课题的研究；采取“校校、校企合作”、“基地实践”等举措，培养旅游人才；采取“筑巢引凤”等举措，凡符合市委、市政府“招才引智”条件的旅游人才，享受系列优惠政策。

（十五）落实责任主体。海陵岛区委、区管委要深化体制机制改革，建立健全推进旅游综合改革的机构、管理体制和运作机制，落实专业人员、专项经费和具体管理措施，重点突破，先行先试。建立目标责任制，将海陵岛旅游业发展指标纳入目标管理考核体系，加强考核，为推动我市乃至全省滨海旅游产业发展，提供经验，树好样板。

# 印发湛江市支持旅游产业发展优惠办法的通知

（湛府办［2011］27 号）

各县（市、区）人民政府，湛江经济技术开发区、市华侨管理区管委会，市府直属各单位：

《湛江市支持旅游产业发展优惠办法》业经市人民政府同意，现印发给你们，请认真贯彻执行。执行中遇到的问题请径向市旅游局反映。

二〇一一年十二月十九日

## 湛江市支持旅游产业发展优惠办法

**第一条** 为吸引各类资本在我市投资兴办旅游产业，积极参与旅游开发经营，增强旅游发展后劲，促进全市旅游产业加快发展，根据《国务院关于加快发展旅游业的意见》（国发［2009］41 号）、省委省政府《关于加快我省旅游业改革与发展建设旅游强省的决定》（粤发［2008］20 号）和《关于促进粤西地区振兴发展的指导意见》（粤发［2009］15 号）等文件精神，结合我市实际制定本办法。

**第二条** 凡投资者在湛江市赤坎区、霞山区、麻章区、坡头区、湛江经济技术开发区（东海岛经济开发区）、广州（湛江）产业转移园、湛江奋勇经济区（奋勇华侨农场）、临港工业园区范围内从事旅游产业经营的企业和新建或扩建的旅游项目，工商登记、税务注册在上述区域内的，除享受国家、省、市有关鼓励投资的各项优惠政策外，可享受本优惠政策。

旅游项目包括旅游景区景点、星级酒店、旅行社、旅游车船、休闲康体文化娱乐设施、旅游公共服务设施和经市政府有关部门认定的其他旅游项目。

**第三条** 符合土地利用总体规划、城乡规划（包括控制性详细规划）、国家供地政策前提下，旅游项目在新建或扩建时需要新增建设用地的，优先保障用地计划。

**第四条** 新建和扩建旅游项目所需建设用地，依照有关规定，通过招标、拍卖、挂牌等方式取得；对出让方式取得土地使用权的，签订出让合同后 1 个月内缴纳土地出让金首付款不少于 50%，余款应当在 1 年内缴清；对以租赁方式取得土地使用权的，租赁期最低不少于 10 年，最长可到 20 年；租赁期满，根据实际情况需要续订租赁合同的，最长可以续订 20 年。租赁土地的，年度土地租金可以按照当时已核准的地价采用等额方法缴交；对以承包经营方式取得土地使用权的，承包金可按年度缴纳。

**第五条** 把未利用地开发成草地、园地，经改造并通过有关部门认定能调整为耕地的，可折抵补充耕地指标。

**第六条** 将未确定土地使用权的国有荒山、荒地、荒滩依法确定给单位和个人进行造林、种草等生态建设使用，达到国家规定标准的，按“收支两条线”原则，可以申请返还土地使用费，土地使用年限 50 年不变，土地使用权期满后，可以申请续期。

**第七条** 对新建旅游项目，土地出让金和城市基础设施配套费应当按照有关规定足额缴交。经审批后，可以采取“一事一议”方式，安排专项资金扶持建设。

**第八条** 对农村集体经济组织利用非耕地投资建设农（渔）家乐等旅游项目，在不改变土地性质的前提下可与开发商合作开发，利用集体用地建设接待、办公用房的，合作开发单位可凭合作协议办理接待、办公用房报建、用地手续。

**第九条** 新建旅游项目在建设用地范围内，5 年内完成投资 2 亿元以上 10 亿元以下的，按项目投产前 3 年缴交年度土地使用税的等额资金补助给企业，用于基础设施建设。5 年内完成投资超过 10 亿元的，按项目投产前 4 年缴交年度土地使用税的等额资金补助给企业，用于基础设施建设。补助资金由市、区财政按财政体制比例分担。

**第十条** 新建旅游项目，投产 3 年内按企业缴交所得税地方所得部分的 30% 安排给企业，支持企业再生产。投资 1 亿元以上的新建旅游项目，比照该企业营业税缴交本市留成部分，第 1 年、第 2 年、第 3 年分别安排 80%、50%、

30%的资金扶持。扶持资金由市、区财政按财政体制比例分担，在下一年度安排给企业。

**第十一条** 接收下岗失业人员就业的旅游企业，符合国家再就业有关政策规定的，可向人力资源和社会保障部门申请享受接纳下岗失业人员再就业社会保险补贴优惠政策。

**第十二条** 新建旅游项目在项目立项到投产期间涉及行政事业性收费，按物价部门核准的最低标准收取，设定有上下浮动幅度的按低限收取。

**第十三条** 旅游、物价、供电等部门应当积极争取省的政策支持，逐步实现星级酒店、A级景区用电与一般工业企业同价，全市旅游企业与工业企业用电收费同价。市物价部门积极平衡水资源价格关系，逐步实现星级酒店用水与一般工业企业同价。

**第十四条** 新获得授牌的四星、五星级酒店，可以按照《湛江市价格调节基金管理规定》第十六条规定，申请免缴价格调节基金，免缴年限为3年。

**第十五条** 新建旅游项目投产前缴交的行政规费，投产后根据缴交行政规费的成本费用情况报市政府批准，市财政予以适当补贴。

对新获得五星级的酒店或4A级以上的旅游景区，建设期内缴交的行政事业性规费，按现行收费标准收取后，属市财政收入部分，由市财政按50%补贴企业。

**第十六条** 对投资超过10亿元的新建旅游项目，从开业年度起3年内，市财政按企业年缴交营业税额市级留成部分的4%资金扶持企业，专项用于宣传推介。

**第十七条** 对经营滨海旅游、新购150座以上的旅游船，市财政按照以下标准给予补贴：价格1000万元以上的，每艘游船补贴100万元；价格500万元以上1000万元以下（不含1000万元）的，每艘游船补贴50万元；价格300万元以上500万元以下（不含500万元）的，每艘游船补贴10万元。在新购旅游船下水经营后半年内一次性支付给业主。

**第十八条** 把旅游景区（点）作为重要的交通连接点，其通达公路纳入城乡交通规划，连接农（渔）家乐等旅游项目的公路建设，纳入年度交通建设计划。参照县乡公路或农村公路补助标准给予补助，优先安排公交客运等基础设施建设。

**第十九条** 对旅游企业在高速公路、国道、省道设置大型旅游形象宣传广告，同等条件下优先安排。

**第二十条** 为支持滨海旅游开发，对投资1亿元以上3亿元以下建设公共旅游码头的项目，竣工运营后由市财政给予一次性补助100万元；对投资超过3亿元建设公共旅游码头的项目，竣工运营后由市财政给予一次性补助150万元；对海岛旅游的客运船舶，按照陆岛运输的有关规定给予补贴。

**第二十一条** 农村小额信贷资金优先支持兴办农家乐乡村旅游农户。森林资源保护、农业综合开发、农村能源、乡村公路、水库移民等项目专项资金的安排使用，要与旅游产业发展相结合，倾斜扶持具有旅游资源优势的贫困乡（镇）、村建设乡村旅游示范点，用于旅游景区规划、基础设施建设和生态环境改善。

**第二十二条** 对被评定为白金五星级的酒店，一次性奖励2000万元；对被评定为五星级的酒店，一次性奖励500万元；对被评定为四星级的酒店，一次性奖励100万元。对被评定为5A级的旅游景区，一次性奖励500万元；对被评定为4A级的旅游景区，一次性奖励100万元。奖金由酒店、旅游景区纳税地的区财政与市财政按财政体制比例分担。

**第二十三条** 对年纳税额地方留成部分500万元以上不足1000万元的，以及1000万元以上的旅游企业，分别奖励50万元和100万元。奖金由市财政和旅游企业纳税地的区财政按财政体制比例分担。

**第二十四条** 对获得“全国百强旅行社”称号的旅行社，一次性奖励5万元。对获得“全国滨海生态旅游示范区”、“全国生态旅游休闲示范区”、“全国特色文化旅游示范区”、“全国红色旅游经典景区”等称号的旅游景区（点），一次性奖励50万元。对被评定为“广东省旅游强县”的县（市），市财政给予一次性奖励10万元。奖金由市旅游局向市财政申请专项资金拨付。

**第二十五条** 国有旅游资源经营权除法律、法规规定不得转让外，可以依法转让，收益专项用于发展旅游产业。经银行评估认可，旅游景区项目的特许权、营运权和收费权可作为申请贷款的质押担保。

**第二十六条** 为更好地对接海南建设国际旅游岛，市财政安排补助资金支持徐闻、雷州、遂溪加快建设完善旅游通道的公厕、游客服务区，旅游宣传广告牌等旅游公共设施。

**第二十七条** 政府有关部门对旅游投资项目的立项、申报、审批提供咨询、指导、无偿代办等服务，并加快项目审批。

**第二十八条** 对列入旧城区、旧厂房、旧村庄“三旧”改造的旅游项目，除享受省、市“三旧”改造相关政策外，还可参照本办法执行。

**第二十九条** 对新投资30亿以上的特大型旅游项目或科技文化含量高、产业带动力强的旅游项目，采取“一企一策、特事特办”方式，由市政府在本办法基础上单独制订优惠政策，并成立专门工作小组为项目提供服务。

**第三十条** 本办法由市旅游局负责解释。

**第三十一条** 本办法自印发之日起施行，暂定5年。

# 印发湛江市鼓励招商引资若干优惠政策（暂行）的通知

各县（市、区）人民政府，湛江经济技术开发区管委会、市华侨管理区，市府直属各单位：

《湛江市鼓励招商引资若干优惠政策（暂行）》业经市人民政府同意，现印发给你们，请认真贯彻实施。

湛江市人民政府

二〇一一年十月二十一日

## 湛江市鼓励招商引资若干优惠政策（暂行）

### 一、适用范围

**第一条** 凡投资者在湛江市赤坎区、霞山区、麻章区、坡头区、湛江经济技术开发区（东海岛经济开发区）、广州（湛江）产业转移园、湛江奋勇经济区（奋勇华侨农场）、临港工业园区范围内新建的工业、商贸、旅游、金融等项目，工商登记、税务注册在上述区域内的，除享受国家、省、市有关鼓励投资的各项优惠政策外，可享受本扶持政策。

### 二、鼓励投资导向

**第二条** 鼓励发展“五大”、“五新”、“五特”产业，即大钢铁、大石化、大纸业、大旅游、大物流等“五大”产业；新海洋、新能源、新电子、新医药、新材料等“五新”产业；特色农业、特色家具、特色家电、特色食品、特色文化等“五特”产业。扶持税收贡献大的项目优先发展。

### 三、财税扶持政策

**第三条** 对工业项目的扶持：

1. 新建工业项目，从获利年度起5年内，年创税100万元以上的企业当年缴纳所得税地方财政留成部分，前2年全额安排给企业用于企业发展，后3年按地方财政留成部分的50%安排给企业用于企业发展。对于高端新型电子信息、LED、新材料、生物、节能环保等战略性新兴产业，从获利年度起，企业当年缴纳所得税地方财政留成部分，连续5年全额安排给企业用于企业发展。安排给企业的资金由市、区财政按财政体制比例分担，在下一年度安排给企业。

2. 新建工业项目，从投产年度起，连续5年内企业当年缴纳的增值税、营业税地方财政留成部分，按10%安排给企业用于企业发展；对世界500强企业投资的外商投资新建工业项目，从投产年度起，连续5年内企业当年缴纳的增值税、营业税地方留成部分，按20%安排给企业用于企业发展。安排给企业的资金由市、区财政按财政体制比例分担，在下一年度安排给企业。

3. 鼓励各辖区、工业园区、工业聚集区依法开发土地发展工业，对连片开发工业园区、工业聚集区、建设标准厂房自行招商的：

（1）项目业主单位土地出让金全额上缴国库后，按政策扣除上缴部分和土地出让金业务费后，全额安排给园区（聚集区）管理机构用于工业园区、工业聚集区基础设施开发建设投入。

（2）除省级产业转移园外，城市基础设施建设配套费由项目业主单位全额缴交，扣除4%的征收手续费后，市财政将余额的50%安排给园区（聚集区）管理机构用于基础设施建设。

（3）连片开发工业园区、工业聚集区的，市财政每年安排一定数额的扶持资金，由园区（聚集区）管理机构用于工业园区、工业聚集区招商和完善基础设施。

（4）对建设标准厂房出租和落户工业园区、工业聚集区的项目，园区（聚集区）管理机构可在企业用水、用电、用气、厂房租金以及相关规费方面给予一定的补助。

**第四条** 对商贸流通项目的扶持：

1. 凡国内外大型企业以及有影响力的中介服务机构来我市依法设立企业总部（或地区总部）结算中心、研发中心、数据中心、业务处理中心、采购中心、物流配送中心和分销中心等项目，优先安排进驻规划建设的对应集聚区，经认定后市财政给予一次性落户奖励。

2. 鼓励现代服务业企业实行规模化、网络化、品牌化发展，对于集团化经营的现代服务企业在组建集团资格、工商登记手续、财政资金扶持等方面给予优惠和便利。

3. 从2011年起连续5年，对在我市实际投资在1亿元以上的新建商贸流通项目，市财政按其投入营运当年缴纳的营业税、增值税地方留成部分的10%计算，最高不超过200万元一次性安排给企业用于企业发展。

**第五条** 对旅游项目的扶持：

旅游项目包括旅游景区景点、星级酒店、旅行社、旅游车船、休闲康体文化娱乐设施、旅游公共服务设施和经市政府有关部门认定的其他旅游项目。

新建旅游项目，投产三年内按企业缴交所得税地方所得部分的30%安排给企业，支持企业再生产。投资1亿元以上的新建旅游项目，比照该企业营业税缴交本市留成部分，第一年、第二年、第三年分别安排80%、50%、30%的资金扶持。扶持资金由市、区财政按财政体制比例分担，在下一年度安排给企业。

**第六条** 对金融项目的扶持：

金融机构指银行、证券、保险、基金管理、期货、信托投资等机构。对新进驻市区的金融机构给予开办费补助：

1. 在市区设立总部的，按注册实收资本1%的金额给予一次性补助，最低补助金额不低于100万元，最高不超过500万元（金融机构总部是指注册地在湛江的银行、证券、保险、基金管理、期货、信托投资等具有法人资格的机构）。

2. 在市区设立地区总部、业务总部的，给予一次性100万元补助（地区总部、业务总部是指银行、证券、保险、基金管理、期货、信托投资等机构的分公司〈分行〉法人和非法人机构）。

3. 对在市区设立的证券、期货营业部、保险中心支公司，给予一次性30万元补助。在市区成立具有法人资格的融资性担保公司和小额贷款公司，一次性给予30万元补助，在市区成立融资性担保公司、小额贷款公司分支机构的一次性给予10万元补助。

**第七条** 对新进驻市区的工业、商贸企业，特别是高端新型电子信息、LED、新材料、生物、节能环保等战略性新兴产业企业，符合国家、省、市财政扶持政策的，在企业技术研发、技术改造、技术创新、品牌建设、平台建设和相应专项等方面优先推荐安排申报专项资金扶持。

**第八条** 对市和区引进落户市区的项目，税收分成方式按现行市对区的财政管理体制执行。若财政体制有调整，则税收分成方式相应调整；区与区之间转移的项目，由两区协商解决。

**第九条** 鼓励企业上市，对总部设在我市的新上市企业给予一次性奖励300万元。

**第十条** 新增的农业项目参照第三条办法执行。

**四、规费政策**

**第十一条** 凡未经国家和省批准的行政事业性收费项目一律不得收取。未经国家和省批准，且没有到当地物价部门领取《广东省收费许可证》（强制性培训收费）的各类强制性培训收费一律不得收取。

**第十二条** 新建项目从立项到投产期间，涉及环境、建设等部门的经营服务性收费，以及企业办理有关咨询等中介服务收费的，按国家发展改革委或省物价部门批准标准的下限收取。

**第十三条** 对进入省级产业转移园的企业的行政事业性收费，按广东省省级产业转移园的相关政策（粤价［2009］151号文）和时限执行：免缴第一批省定行政事业性收费14项（见附件1）；应缴交的其他行政事业性收费凡收费标准省规定有浮动幅度的，一律按下限标准收费。

**第十四条** 对进入省级产业转移园的企业的经营服务性收费，按粤价［2009］176号文的规定和时限执行：减半征收（上限收费标准减半）实行政府定价、政府指导价管理的8项（见附件2）；应缴交的其它政府定价、政府指导价管理的经营服务性收费，凡收费标准省规定有浮动幅度的，一律按下限标准收费。

**第十五条** 对商贸物流业的行政事业性收费，凡是收费标准有上、下限幅度规定的，原则上按下限额度收取（法律法规和国家政策另有规定的除外）。

**五、奖励政策**

**第十六条** 对引进内外资牵线搭桥起到关键作用的第一引资人（第一引资人是指引荐并促成投资者在我市区域内兴办投资项目的组织、机构或个人〈不含负责招商引资工作六个分局的工作人员〉），视引进项目的直接投资额和税收贡献大小适当给予一次性奖励。

1. 奖励标准。

对引进项目实际固定资产投资额在1亿元（含1亿元）以上2亿元以下的给予奖励10万元；2亿元（含2亿元）以上3亿元以下的给予奖励20万元；以此类推，10亿元（含10亿元）以上给予奖励100万元。单个项目奖励资金不超过100万元。

2. 奖励资金来源。

对第一引资人引进项目落户市区的，奖励资金由市和区按市区财政管理体制中税收分成比例分别负担；对市引进项目落户县（市）的，由县（市）负担。

奖励的条件、申报程序和奖金兑现的具体办法由当地财政部门另行制定。

**六、土地政策**

**第十七条** 工业园区的工业项目用地执行国家规定的出让价格最低控制标准，采用招标拍卖挂牌方式出让。对投资规模大、税率高和社会效益好的项目实行“一事一议”

的办法。

**第十八条** 对用地集约的国家鼓励类外商投资项目优先供应土地，在确定土地出让底价时可按不低于所在地土地等别相对应《全国工业用地出让最低价标准》的70%执行。

**第十九条** 对符合产业转移园产业发展规划、列入《广东省产业结构调整指导目录》鼓励类、用地集约度高的工业项目，允许按不低于所在土地等别相对应的工业用地出让最低价标准的70%确定土地出让底价。

**第二十条** 大力保障重点项目用地需求，对民企招商的龙头民企项目和关键突破项目，由各地优先安排项目用地指标；对符合省相关部门有关规定，列入《广东省优先发展产业目录》且用地集约度高的民企工业项目，以及列入《广东省农、林、牧、渔业产品初加工目录》的以农、林、牧、渔业产品初加工为主的工业项目，在确定土地出让底价时可按不低于所在地土地等别相对应《全国工业用地出让最低价标准》的70%执行。

### 七、提供优质服务

**第二十一条** “一站式”受理。市行政服务中心设立相关业务窗口，为国内外投资者投资置业办理各种证照和手续。

**第二十二条** “一条龙”审批。对进入我市的企业，市行政服务中心实行“一条龙”办事和“并联审批”服务。凡是符合产业政策、材料齐全的项目，在市区级审批权限内，2至3个工作日内办毕有关手续。

**第二十三条** “全过程”服务。市设立的钢铁配套产业、石化配套产业、战略性新兴产业、现代服务业、旅游产业和国企等六个招商分局按职责范围分别负责协调相关部门处理投资项目的政策咨询、初步选址、项目谈判等相关工作，代理办理相关手续，为项目提供全程跟踪服务。对进入产业转移园及工业园区内的项目，由园区管委会负责该项目从筹建到建成投产后的全程跟踪服务工作。

### 八、其他

**第二十四条** 重大项目根据投资额和税收贡献大小采取“一事一议、一企一策”的办法。

**第二十五条** 各县（市）参照本优惠政策制定相关优惠政策。

**第二十六条** 本优惠政策自印发之日起施行，暂定5年。

**第二十七条** 本优惠政策由市经济和信息化局负责解释。

附件：1. 省级产业转移园内第一批免缴的地方行政事业性收费项目表（粤价［2009］151号）

2. 粤价［2009］176号文规定减半征收（上限收费标准减半）实行政府定价、政府指导价管理的8项经营服务性收费

**附件1：**

省级产业转移园内第一批免缴的地方行政事业性收费项目表

部门收费项目收费标准收费依据（略）

公安治安联防费：1. 暂住人口；2. 常住人口；3. 个体工商户及企业；不超过2.5元/人·月，由当地物价部门审定后，报请市、县人民政府批准执行，粤府［1990］8号文、粤价函［2003］41号文。

**劳动**

劳动年审证照费50元/户（粤价函［1999］159号文）；劳动合同文本费1.5元/套粤价函［1996］378号文；职工养老保险手册工本费4元/册（粤价函［1999］310号文）。

**建设**

城市基础设施配套费

1. 广州地区

A. 小区项目基建投资额的5%；B. 零散项目基建投资额的10.5%

2. 其他地区基建投资额的4%；村镇基础设施配套费土建总造价的5%（粤价［2003］160号文）。（粤府办［1998］14号）、（粤价［2001］323号）

**知识产权**

专利纠纷案件处理费

1. 不涉及经济赔偿案件500～1000元/件

2. 涉及经济赔偿案件详见（粤价函［2002］24号）、（粤价函［2002］24号）。

**林业绿化费**

1. 珠江三角洲地区每人每年15～20元

2. 其他地区每人每年10～15元（粤价函［2007］578号）

**附件2：**

（粤价［2009］176）规定减半征收、（上限收费标准减半）实行政府定价、政府指导价管理的8项经营服务性收费。即：建设项目环境影响评价咨询收费；防雷检测收费；建筑工程质量检测费；新建房屋白蚁防治费；语音（音频）电路租用收费；数字数据电路（DDN）租用收费；数字电路租用收费；帧中继业务租用收费。

## 旅游标准与规范

# 2011年广东旅游标准化建设

**【概况】** 2011年，广东省旅游系统认真贯彻落实《国务院关于加快发展旅游业的意见》"要健全旅游服务标准体系，全面提升旅游服务质量"，国家旅游局《全国旅游标准化发展规划（2009～2015）》、《全国旅游标准化工作管理办法》等政策文件精神，把标准化作为旅游发展的重要技术支撑，作为提高旅游产品和服务质量、规范市场秩序、加强行业监管、提升旅游核心竞争力的重要手段，作为广东建设旅游强省和全国旅游综合改革示范区的必然要求来抓。加强与标准化主管部门的沟通合作，进一步健全旅游标准化运行机制，更加坚决地贯彻执行国家标准和行业标准，加强与有关部门、协会、院校、企业沟通，加快地方标准的制修订步伐，为旅游业发展提供有力的技术支撑。

**【整合旅游地方标准资源】** 2011年，广东省旅游局加强与省质监局、省标准化研究院等部门的沟通协调，于6月份联合赴北京等地进行专题调研，并提交了高质量的调研报告。加强对广州、深圳、珠海等地旅游标准化工作的支持指导，进一步整合梳理旅游地方标准资源，做到情况实、底数清。整理22项旅游国家标准、18项行业标准、17项地方标准，以标准化为重要抓手，引导企业诚信经营，提高服务质量，为全面实施标准化引领战略奠定基础。

**【创建全国旅游标准化试点企业】** 2011年，国家旅游局在全国遴选11家旅游标准化试点行政区域和67家试点企业，其中包括广之旅、白云山、华侨城、海泉湾4家企业。省旅游局积极贯彻国家旅游局的决策部署，推动旅游标准化工作纵深开展，指导企业以提升服务质量为核心，以满足旅游者需求为导向，以完善旅游标准体系为根本，采取行之有效的措施，提升企业旅游标准化水平。12月，由分管局领导带队，抽调省、市旅游、质监、标准化研究院的专家组成验收组，对4家试点企业进行了评估验收。按照有关程序和规范，深入现场，通过听取汇报、观看专题片、审查资料、实地察看、询访调查、抽样调查相结合的方式，对试点企业的试点工作情况进行逐条对照、逐项打分，召开通报会议，肯定工作成绩，提出意见建议。结果表明：试点企业高度重视旅游标准化工作，在工作机制、资金支持、标准培训、体系构建、标准实施、品牌创建等各方面都取得成效，达到标准化要求。国家旅游局正式命名上述4家企业为"全国旅游标准化示范企业"。

**【出台旅行社等级评定标准】** 2011年，广东省旅游局研究制定《旅行社资质等级划分与评定标准》，实行星级管理，推动旅行社与游客良性互动，发挥监督引导作用，形成优胜劣汰的机制，鼓励旅行社以先进的发展理念为导向，采用标准化手段，把业务做精做细，为旅游者提供更好的服务。

**【编制旅游标准化"十二五"发展规划】** 2011年，广东省旅游局以国家旅游局《全国旅游标准化发展规划》为指导，借鉴北京等兄弟省市的经验，编制《广东省旅游标准化"十二五"发展规划》（征求意见稿）。这是首次编制旅游标准化规划，提出了"十二五"时期旅游标准化的指导思想、基本原则、主要目标和任务，力争通过规划的制定实施，提升旅游标准化水平，逐步建设内容完整、结构合理、覆盖全面，国家标准、行业标准、地方标准、企业标准定位准确、相互衔接的旅游标准体系。此外，在质监部门支持下，筹建"广东省旅游标准化技术委员会"，归口管理旅游标准化事宜，承担旅游地方标准的制修订、技术咨询、推广实施等系列相关工作，扩宽标准化工作平台。

（邹飞样）

# 旅行社等级划分与评定

2011 年 9 月 16 日发布　　　　2011 年 12 月 1 日实施

广东省质量技术监督局发布

## 引　　言

为全面贯彻科学发展观，进一步落实建设旅游强省的发展战略，切实维护和保障旅游者和旅游经营者的合法权益，打造旅行社企业品牌，全面提升旅行社管理服务水平和整体质量，优化旅行社产业结构，促进广东省旅游市场健康有序、持续稳定发展，根据《旅行社条例》、《旅行社条例实施细则》、《导游人员管理条例》和《广东省旅游管理条例》等相关法律法规，结合广东旅行社现状和管理经验，制定本标准。

### 1.　范围

本标准规定了旅行社等级的划分和标志、评定条件、评定规则及评定的组织与程序。

本标准适用于广东省内注册、具有独立法人资格的旅行社。

### 2.　规范性引用文件

下列文件对于本文件的应用是必不可少的。凡是注日期的引用文件，仅所注日期的版本适用于本文件。凡是不注日期的引用文件，其最新版本（包括所有的修改单）适用于本文件。

GB/T 16766　　旅游业基础术语

GB/T 26360　　旅游电子商务网站建设技术规范

DB44/T 710　　旅游安全管理　旅行社

### 3.　术语与定义

GB/T 16766 界定的及下列术语和定义适用于本文件。为了便于使用，下面重复列出了 GB/T 16766 中的一些术语和定义。

3.1　旅行社　travel service

为旅游者提供相关旅游服务，开展国内旅游业务、入境旅游业务或出境旅游业务，并实行独立核算的企业。

[修改 GB/T 16766－2010，定义 7.1 的英语对应词]

3.1　分社　travel service branch

旅行社设立、以该旅行社的名义从事经营活动的不具备法人资格的分支机构。

3.2　服务网点　outlet

旅行社为提供旅游咨询和销售旅游产品而专门设立的营业场所。

3.3　旅行社产品　tour product

旅行社向旅游者销售的以旅游吸引物、旅游设施和策划安排为主要构成的旅游线路或项目，以及附着其上的配套服务，包括各种形式的包价旅游线路和单项委托服务等。

[GB/T 16766－2010，定义 7.3]

3.4　旅游合同 tourism contract

旅游者同与其具有平等民事主体资格的旅游经营者、旅游经营者和有关行业以及旅游企业相互之间，为完成旅行游览活动，实现旅游的目的，明确相互权利义务关系而达成的协议。

[GB/T 16766-2010，定义 7.10]

3.5 导游员 tour guide

取得导游证，接受旅行社委派，为旅游者提供向导、讲解以及相关服务的人员。

[GB/T 16766-2010，定义 7.6]

3.6 领队 tour escort

依照规定取得出境旅游领队证，接受具有出境旅游业务经营权旅行社的委派，担任出境旅游团领队工作的人员。

[GB/T 16766-2010，定义 7.5]

3.7 全程陪同导游员 national guide

由组团社（3.13）委派或聘用，负责向旅游者提供境内全程旅游服务的导游人员。

[修改 GB/T 16766-2010，定义 7.6.1]

3.8 地方陪同导游员 local guide

由地接社（3.14）聘用或委派，负责为在当地游览的旅游者提供接待和导游服务的人员。

[修改 GB/T 16766-2010，定义 7.6.2]

3.9 旅行社责任保险 travel service liability insurance

旅行社根据保险合同的约定，向保险公司支付保险费，保险公司对旅行社在从事旅游业务经营活动中，因旅行社的过失致使旅游者人身、财产遭受损害而承担的赔偿责任。

[GB/T 16766-2010，定义 11.6]

3.10 旅游意外伤害保险 travel personal accident insurance

对旅游者在旅游过程中，因发生意外事故导致旅游者的生命或身体受到伤害而进行赔偿的一个险种。

[GB/T 16766-2010，定义 11.7]

3.11 零负团费 keepback

组团社不向地接社支付地接的综合服务费（甚至按旅游团人数按一定比例向地接社收取送团费用）的做法。

[GB/T 16766-2010，定义 7.16]

3.12 组团社 travel agents

与旅游者签订旅游合同的旅行社。

3.13 地接社 tour operator

受组团社（3.13）委托，实施组团社的接待计划，委派地方陪同导游员，安排旅游团（者）在当地参观游览等活动的旅行社。

3.14 暗访 secret investigation

具备检查资格的专业人员受旅行社等级评定委员会的委派，以普通客人身份体验旅行社提供的各种服务，针对申报等级的旅行社的服务质量进行暗访的检查活动。

3.15 旅游安全事故 travel accident

由旅行社接待的旅游者在旅游过程中发生人身伤亡或财物损失的事故。

注：旅游安全事故按严重程度可分为轻微、一般、重大和特大四个等级：

a）轻微事故是指一次事故造成旅游者轻伤，或经济损失不足 1 万元者；

b）一般事故是指一次事故造成旅游者 1~2 人重伤，或经济损失在 1 万元以上至 10 万元者；

c）重大事故是指一次事故造成旅游者 1~2 人死亡或 3 人以上重伤，或经济损失在 10 万元以上至 100 万元者；

d）特大事故是指一次事故造成旅游者 3 人以上死亡，或经济损失在 100 万元以上，或性质特别严重，影响重大者。

## 4. 等级划分及标志

4.1 等级划分

旅行社等级共分五个级别，即一星级、二星级、三星级、四星级、五星级。星的数量越多，表示旅行社等级越高。

4.2 标志

用星的数量表示旅行社的等级。一颗星表示一星级，两颗星表示二星级，三颗星表示三星级，四颗星表示四星级，五颗星表示五星级。

## 5. 评定规则

5.1 参评资格

5.1.1 参评企业应是依法设立、具有法人资格并经营三年以上的旅行社。旅行社及其设立的非独立法人分社和服务网点作为同一整体参加等级评定。旅行社设立的独立法人子公司应单独参加等级评定，服务网点和非独立法人分社不可单独参加等级评定。

5.1.2 旅行社的经营场所、附属设施设备、服务项目和运行管理应符合国家现行的安全、消防、卫生、文化、环境保护、人事劳动等有关法律法规的规定与要求。

5.1.3 旅行社应具有 DB44/T 710 规定的突发事件应急处置能力。

5.1.4 参评旅行社必备项目应全部达标。必备项目检查表见附录 A。

5.2 评定方法与要求

5.2.1 等级划分条件分为综合考核、顾客调查和暗访三个环节。参评旅行社应在三个环节均达到某级别的最低得分要求，才能评为达标。

5.2.2 各等级旅行社综合考核最低得分要求：一星级 300 分，二星级 400 分，三星级 500 分，四星级 600 分，五星级 700 分。旅行社等级划分的综合考核项目及评分细则见附录 B。

5.2.3 旅行社服务质量顾客调查要求及问卷见附录 C。

5.2.4 旅行社服务质量暗访要求及检查项目见附录 D。

## 6. 评定的组织与程序

6.1 组织

6.1.1 旅行社等级评定工作实行统一领导、统一评定。广东省旅行社等级评定委员会负责全省旅行社等级评定和管理工作，委托各地级以上市旅行社等级评定委员会协助开展工作。

6.1.2 旅行社等级评定评审员由广东省旅行社等级评定委员会选聘。

6.2 评定程序

6.2.1 申请

6.2.1.1 等级评定申请由旅行社向所在地级以上市旅行社等级评定委员会递交申请报告及有关材料，由各地级以上市旅行社等级评定委员会向广东省旅行社等级评定委员会推荐申报。

6.2.1.2 旅行社在自评的基础上，确定申报等级。在原有等级有效期内，旅行社可以申请变更等级。

6.2.1.3 旅行社应提供的申请材料包括：

——旅行社等级评定申请报告（含申报等级）；

——自查自评情况说明；

——由具有资质会计师事务所出具的相关财务审计报告；

——其他必要的文字、图片和音像说明资料。

6.2.2 受理

广东省旅行社等级评定委员会接到各地级以上市旅行社等级评定委员会的推荐报告及旅行社的申请材料后，于 15 个工作日内作出是否满足申报条件的答复。

6.2.3 检查

受理申请报告后，广东省旅行社等级评定委员会应在 60 个工作日内以明查和暗访的方式派评审员开展评定检查工作。对检查不合格的旅行社，广东省旅行社等级评定委员会书面通知申报单位检查结果，并于三个月内再次安排评定检查。两次检查均不合格的，申请单位自收到书面通知之日起一年内不得再次申请相同或以上等级。

6.2.4 评审

6.2.4.1 对检查合格的旅行社，广东省旅行社等级评定委员会应在接到检查报告后 30 个工作日内，根据评审员的意见对申请等级的旅行社进行评审。

6.2.4.2 对经评审认定达不到标准的旅行社，广东省旅行社等级评定委员会应予以书面告知。

6.2.5 公示

对经评审认定达到标准的旅行社，广东省旅行社等级评定委员会通过媒体进行公示，必要时也可在在旅行社主要经营场所、旅游集散中心等场所公示。

6.2.6 公布

6.2.6.1 对公示期内无异议，广东省旅行社等级评定委员会应对评审结果进行确认，授予相应等级，予以公布。

6.2.6.2 对公示期内有异议的，广东省旅行社等级评定委员会应组织调查核实，并作出相应处理。经核查认定可通过的，也应予以确认，授予相应等级并予以公布；经核查认定不予以通过的，应对相关旅行社予以书面告知说明。

6.2.7 授牌

旅行社的等级标牌和证书由广东省旅行社等级评定委员会统一制作和核发。

## 7. 等级管理

7.1 原则

对各等级旅行社实行动态管理。

7.2 有效期

等级资格自认定之日起有效期为三年，三年期满后应重新评定。

7.3 内审与监督

7.3.1 各等级旅行社应每年开展一次内审工作，做好内审结果和改进记录，并将自评报告、顾客满意度调查报告等报送各地级以上市旅行社等级评定委员会备案。

7.3.2 广东省旅行社等级评定委员会每年对各等级旅行社进行至少一次监督评估，并将评估结果予以告知。监督评估发现问题的，相关旅行社应根据评估结果作出整改。

7.4 等级取消和降级

7.4.1 等级评定后，如旅行社营运中发生重大或特大旅游安全事故，经广东省旅行社等级评定委员会核实后，广东省旅行社等级评定委员会应取消相应旅行社的等级。

7.4.2 等级评定后，旅行社因违法违规行为，在一年内受到旅游行政管理部门警告或通报批评两次及以上的，广东省旅行社等级评定委员会应根据情节轻重取消其等级或予以降级处理；在一年内受到旅游行政管理部门 1 万元以上 2 万元以下罚款的，广东省旅行社等级评定委员会应予以降级处理；旅行社连续六个月没有开展业务的，或受到旅游行政管理部门 2 万元及以上罚款、停业整顿的，广东省旅行社等级评定委员会应取消其等级。

7.4.3 旅行社在申报等级评定过程中弄虚作假，经调查核实，广东省旅行社等级评定委员会应立即终止评审程序，并在 3 年内不受理其申请，已通过等级评定的应取消等级，并予以公示。

7.4.4 对明查暗访检查不达标的等级旅行社，按以下办法处理：

——广东省旅行社等级评定委员会根据情节轻重，作出限期整改、降低等级或取消等级的处理。

——旅行社接到限期整改的通知后，应认真整改并在规定期限内将整改情况向广东省旅行社等级评定委员会报告。

——逾期未整改或在整改后未达标者，广东省旅行社等级评定委员会进行降低或取消等级的处理，并向社会公布。

7.4.5 旅行社被降低或取消等级的，应立即将原等级标牌和证书交还广东省旅行社等级评定委员会。

7.4.6 旅行社被降低或取消等级的，自处罚决定之日起 3 年内不予恢复原等级，不受理等级申请。

7.5 标牌和证书使用

7.5.1 未取得等级或被取消等级的旅行社不得使用旅行社等级标牌、证书和称谓。

7.5.2 获得等级的旅行社应在规定期限内使用等级标牌和证书，不得超期、超范围使用。

7.5.3 获得等级的旅行社的品牌加盟和代理机构不得使用等级标牌、标志和称谓。

7.5.4 旅行社等级标牌应挂置于旅行社主要营业场所的明显位置。

7.5.5 旅行社制作的广告、宣传资料、业务合同和门店招牌中不得使用与等级不相符的标牌和称谓。

## 8. 其他

对于以旅行社单项或多项业务为主营业务，营运条件风格独特，拥有独特客户群体，管理和服务特色鲜明，且业内知名度较高旅行社的等级评定，由广东省旅游行政管理部门另行制定标准。

**附录 A（规范性附录）**

# 旅行社等级评定必备项目检查表

表 A.1 规定了各等级旅行社应具备的必备条件，主要包括企业形象、营运能力、安全和质量控制、业务规范程度和企业信誉度等五个方面 20 项内容。评定检查时，逐项对照所有条款的全部内容，经检查完全达标并打“√”确认后，再进入后续打分程序。

**表 A.1 旅行社资质等级必备项目检查表**

| 序号 | 项目 | 是否达标 |
| --- | --- | --- |
| 1 | 正式成立并正常营业三年以上，且负债总额不大于资产总额 70% | |
| 2 | 总部、分支机构及网点的办公和营业使用总面积要求：一星级 50 平方米、二星级 100 平方米，三星级 150 平方米，四星级 300 平方米，五星级 500 平方米 | |
| 3 | 自有固定资产总值要求（折合人民币市值）：一星级 50 万元、二星级 100 万元，三星级 200 万元，四星级 400 万元，五星级 800 万元 | |
| 4 | 近三年年均组接团量：一星级 10 万人天、二星级 20 万人天，三星级 40 万人天，四星级 80 万人天，五星级 150 万人天 | |
| 5 | 旅行社及其分社、服务网点应做到“统一管理、统一财务、统一招徕、统一服务规范”，在明显位置统一标示本公司及旅游行政主管部门 24 小时旅游服务质量监督投诉电话和应急处理电话 | |
| 6 | 有完整的员工手册、部门化运作规范以及完善的企业章程、规章制度、服务标准、管理规范、操作程序等管理制度 | |
| 7 | 制定应急事件处理机制及应急预案，有培训演练记录，有突发事件处理报告制度并能及时准确上报旅游行政管理部门具体情况 | |
| 8 | 内部设有质量监督和投诉处理机构或人员 | |
| 9 | 制定并执行周期性顾客意见反馈制度，对顾客反馈信息和处理结果等有详实的记录 | |
| 10 | 在职员工劳动合同签订率 100%，劳动合同应符合人力资源与社会保障部门的要求 | |
| 11 | 制定并执行全员培训制度，按要求派员参加岗位业务培训学习 | |
| 12 | 制定和执行员工、签约领队和导游员薪酬制度，并按时发放薪酬 | |
| 13 | 按法律法规和旅游管理部门要求购买旅行社责任保险 | |
| 14 | 按旅游行政管理部门的要求，与旅游者签订旅游合同，签订率达 100% | |
| 15 | 准时完成旅行社统计调查工作 | |
| 16 | 与业务供应商签订合作合同，签订率达 100%，合同内容应包含旅游行政管理部门的有关要求 | |
| 17 | 近三年内未受到旅游行政管理部门行政处罚，未发生重特大安全责任事故以及重大旅游质量投诉 | |
| 18 | 近三年内无违反法律法规行为，未要求导游人员和领队垫付团款，未向导游人员和领队收取“人头费”、“保证金”等与法律法规相违背的费用，没有零负团费、强迫消费、挂靠承包经营、聘用无证领队和导游员、租用无合法资质的旅游车辆等违法违规现象 | |

附录 B（规范性附录）

# 旅行社等级评定综合考核项目检查评分表

表 B.1　给出了旅行社等级评定综合项目及评分细则。综合项目包括基本条件、经营业绩、营业条件、服务项目、管理机制、商业信用和社会效益等。

**表 B.1　旅行社等级评定综合项目检查表**

| 项目 | 评分标准 | 最高得分 | 各项计分 | | | | 自查得分 | 评定得分 |
|---|---|---|---|---|---|---|---|---|
| | | | 一 | 二 | 三 | 四 | | |
| 1　基本条件 | | 128 | | | | | | |
| 1.1　企业规模 | （查阅旅行社年度报表资料，查阅银行验资报告） | | 24 | | | | | |
| 1.1.1　实收资本金 | | | | 5 | | | | |
| | 实收资本金 5000 万元及以上 | | | | 5 | | | |
| | 实收资本金 3000 万元及以上 | | | | 4 | | | |
| | 实收资本金 1500 万元及以上 | | | | 3 | | | |
| | 实收资本金 800 万元及以上 | | | | 2 | | | |
| | 实收资本金 500 万元及以上 | | | | 1 | | | |
| 1.1.2　固定资产 | | | | 9 | | | | |
| | 固定资产≥1 亿元 | | | | 9 | | | |
| | 5000 万元≤固定资产＜1 亿元 | | | | 7 | | | |
| | 3000 万元≤固定资产＜5000 万元 | | | | 5 | | | |
| | 1500 万元≤固定资产＜3000 万元 | | | | 4 | | | |
| | 1000 万元≤固定资产＜1500 万元 | | | | 3 | | | |
| | 500 万元≤固定资产＜1000 万元 | | | | 2 | | | |
| | 100 万元≤固定资产＜500 万元 | | | | 1 | | | |
| 1.1.3　流动资产 | | | | 5 | | | | |
| | 流动资产≥1 亿元 | | | | 5 | | | |
| | 5000 万元≤流动资产＜1 亿元 | | | | 4 | | | |
| | 3000 万元≤流动资产＜5000 万元 | | | | 3 | | | |
| | 1000 万元≤流动资产＜3000 万元 | | | | 2 | | | |
| | 300 万元≤流动资产＜1000 万元 | | | | 1 | | | |
| 1.1.4　在职员工人数 | | | | 5 | | | | |
| | 人数≥1000 人 | | | | 5 | | | |
| | 600≤人数＜1000 | | | | 4 | | | |
| | 300≤人数＜600 | | | | 3 | | | |
| | 100≤人数＜300 | | | | 2 | | | |
| | 30≤人数＜100 | | | | 1 | | | |
| 1.2　经营经验 | （查阅缴税记录证明） | | 5 | | | | | |

续表

| 项目 | 评分标准 | 最高得分 | 各项计分 | | | | 自查得分 | 评定得分 |
|---|---|---|---|---|---|---|---|---|
| | | | 一 | 二 | 三 | 四 | | |
| | 正式成立并正常营业 10 年及以上 | | | 5 | | | | |
| | 正式成立并正常营业 5 年至 9 年 | | | 3 | | | | |
| | 正式成立并正常营业 3 年至 4 年 | | | 1 | | | | |
| 1.3　经营网络 | （查阅相关证明文件，暗访） | | 30 | | | | | |
| 1.3.1　境外经营网络 | | | | 6 | | | | |
| | 有在境外上市的全资或控股公司 | | | | 6 | | | |
| | 在境外有全资公司 | | | | 5 | | | |
| | 在境外有控股公司 | | | | 4 | | | |
| | 在境外有参股公司 | | | | 3 | | | |
| 1.3.2　境内经营网络 | | | | 24 | | | | |
| 1.3.2.1　上市公司 | 有在境内上市的全资或控股公司 | | | | 6 | | | |
| 1.3.2.2　全资或控股旅行社 | | | | | 6 | | | |
| | 在境内拥有 15 家及以上全资或控股旅行社 | | | | | 6 | | |
| | 在境内拥有 10 至 14 家全资或控股旅行社 | | | | | 5 | | |
| | 在境内拥有 5 至 9 家全资或控股旅行社 | | | | | 3 | | |
| | 在境内拥有 1 至 4 家全资或控股旅行社 | | | | | 2 | | |
| 1.3.2.3　非法人分社 | | | | | 6 | | | |
| | 在境内拥有 100 家及以上非法人分社 | | | | | 6 | | |
| | 在境内拥有 50 至 99 家非法人分社 | | | | | 5 | | |
| | 在境内拥有 20 至 49 家非法人分社 | | | | | 4 | | |
| | 在境内拥有 10 至 19 家非法人分社 | | | | | 3 | | |
| | 在境内拥有 5 至 9 家非法人分社 | | | | | 1 | | |
| 1.3.2.4　服务网点 | | | | | 6 | | | |
| | 拥有 80 个及以上服务网点 | | | | | 6 | | |
| | 拥有 60 至 79 个以上服务网点 | | | | | 5 | | |
| | 拥有 40 至 59 个以上服务网点 | | | | | 3 | | |
| | 拥有 20 至 39 个以上服务网点 | | | | | 2 | | |
| | 拥有 10 至 19 个以上服务网点 | | | | | 1 | | |
| 1.4　从业人员 | （查阅员工名录、学历证书、资格证书、聘用合同、用工协议等证明文件） | | 33 | | | | | |
| 1.4.1　管理人员 | | | | 10 | | | | |
| 1.4.1.1　管理人员资历 | | | | | 5 | | | |

续表

| 项目 | 评分标准 | 最高得分 | 各项计分 | | | | 自查得分 | 评定得分 |
|---|---|---|---|---|---|---|---|---|
| | | | 一 | 二 | 三 | 四 | | |
| | 负责运营的高级管理人员有 8 年以上旅行社管理经验 | | | | | 5 | | |
| | 负责运营的高级管理人员有 5 年以上旅行社管理经验 | | | | | 3 | | |
| | 负责运营的高级管理人员有 3 年以上旅行社管理经验 | | | | | 1 | | |
| 1.4.1.2 管理人员学历 | | | | | 5 | | | |
| | 80% 以上的中层管理人员具有大学专科以上学历 | | | | | 5 | | |
| | 60% 以上的中层管理人员具有大学专科以上学历 | | | | | 3 | | |
| | 40% 以上的中层管理人员具有大学专科以上学历 | | | | | 1 | | |
| 1.4.2 财务人员 | | | | 8 | | | | |
| 1.4.2.1 从业时间 | | | | | 3 | | | |
| | 拥有 2 名以上从业 8 年以上的财务人员 | | | | | 3 | | |
| | 拥有 2 名以上从业 5 年以上的财务人员 | | | | | 2 | | |
| | 拥有 2 名以上从业 3 年以上的财务人员 | | | | | 1 | | |
| 1.4.2.2 注册会计师资格 | | | | | 5 | | | |
| | 拥有 2 名或以上注册会计师、中级会计师资格的财务人员 | | | | | 5 | | |
| | 拥有 1 名有注册会计师或 3 名中级会计师资格的财务人员 | | | | | 3 | | |
| | 拥有中级会计师资格的财务人员 | | | | | 1 | | |
| 1.4.3 导游员和领队 | | | | 15 | | | | |
| 1.4.3.1 聘用关系 | | | | | 10 | | | |
| | 与不少于 100 名专职导游员或领队以劳动合同（期限为 2 年及以上）形式建立劳动关系 | | | | | 10 | | |
| | 与 80 名至 99 名专职导游员或领队以劳动合同（期限为 2 年及以上）形式建立劳动关系 | | | | | 8 | | |
| | 与 60 名至 79 名专职导游员或领队以劳动合同（期限为 2 年及以上）形式建立劳动关系 | | | | | 6 | | |
| | 与 40 名至 59 名专职导游员或领队以劳动合同（期限为 2 年及以上）形式建立劳动关系 | | | | | 4 | | |
| | 与 20 名至 39 名专职导游员或领队以劳动合同（期限为 2 年及以上）形式建立劳动关系 | | | | | 2 | | |

续表

| 项目 | 评分标准 | 最高得分 | 各项计分 | | | | 自查得分 | 评定得分 |
|---|---|---|---|---|---|---|---|---|
| | | | 一 | 二 | 三 | 四 | | |
| | 与10名至19名专职导游员或领队以劳动合同（期限为2年及以上）形式建立劳动关系 | | | | | 1 | | |
| 1.4.3.2 协议关系 | | | | | 5 | | | |
| | 与100名以上导游员或领队以劳务协议（期限为半年以上2年以下）形式建立劳务关系 | | | | | 5 | | |
| | 与80名至99名导游员或领队以劳务协议（期限为半年以上2年以下）形式建立劳务关系 | | | | | 4 | | |
| | 与60名至79名导游员或领队以劳务协议（期限为半年以上2年以下）形式建立劳务关系 | | | | | 3 | | |
| | 与40名至59名导游员或领队以劳务协议（期限为半年以上2年以下）形式建立劳务关系 | | | | | 2 | | |
| | 与20名至39名导游员或领队以劳务协议（期限为半年以上2年以下）形式建立劳务关系 | | | | | 1 | | |
| 1.5 统计调查和工商年检 | | | 10 | | | | | |
| | 最近3年每年积极主动参加旅行社统计调查、按时完成填报统计数据工作，并通过工商年检 | | | 10 | | | | |
| | 最近2年每年积极主动参加旅行社统计调查、按时完成填报统计数据工作，并通过工商年检 | | | 5 | | | | |
| | 最近1年积极主动参加旅行社统计调查、按时完成填报统计数据工作，并通过工商年检 | | | 3 | | | | |
| 1.6 参加行业专业组织情况 | | | 10 | | | | | |
| 1.6.1 参加国内旅游行业组织 | | | | 4 | | | | |
| | 全国旅游行业协会会长或副会长单位 | | | | 4 | | | |
| | 省旅游行业协会会长或副会长单位 | | | | 3 | | | |
| | 地级以上市旅游行业协会会长或副会长单位；或全国、省旅游行业协会会员单位 | | | | 2 | | | |
| | 地级市及以上旅游行业协会会员单位 | | | | 1 | | | |
| 1.6.2 参加国际行业组织 | （应为国际旅游行业公认的合法行业组织） | | | 6 | | | | |
| | 加入5家及以上国际旅游行业公认的合法行业组织 | | | | 6 | | | |

续表

| 项目 | 评分标准 | 最高得分 | 各项计分 | | | | 自查得分 | 评定得分 |
|---|---|---|---|---|---|---|---|---|
| | | | 一 | 二 | 三 | 四 | | |
| | 加入4家国际旅游行业公认的合法行业组织 | | | | 5 | | | |
| | 加入3家国际旅游行业公认的合法行业组织 | | | | 4 | | | |
| | 加入2家国际旅游行业公认的合法行业组织 | | | | 3 | | | |
| | 加入1家国际旅游行业公认的合法行业组织 | | | | 2 | | | |
| 1.7　自有旅游车队 | | | 16 | | | | | |
| | 拥有81辆或更多旅游接待用车 | | | 16 | | | | |
| | 拥有61至80辆旅游接待用车 | | | 14 | | | | |
| | 拥有51至60辆旅游接待用车 | | | 12 | | | | |
| | 拥有41至50辆旅游接待用车 | | | 10 | | | | |
| | 拥有31至40辆旅游接待用车 | | | 8 | | | | |
| | 拥有21至30辆旅游接待用车 | | | 6 | | | | |
| | 拥有11至20辆旅游接待用车 | | | 4 | | | | |
| | 拥有6至10辆旅游接待用车 | | | 2 | | | | |
| | 拥有2至4辆旅游接待用车 | | | 1 | | | | |
| 2　经营业绩 | | 97 | | | | | | |
| 2.1　年平均业务量 | （近3年） | | 53 | | | | | |
| 2.1.1　入境旅游 | | | | 24 | | | | |
| 2.1.1.1　入境旅游外联人天 | | | | | 12 | | | |
| | 入境旅游外联人天≥50万人天 | | | | | 12 | | |
| | 20万人天≤入境旅游外联人天<50万人天 | | | | | 10 | | |
| | 10万人天≤入境旅游外联人天<20万人天 | | | | | 8 | | |
| | 5万人天≤入境旅游外联人天<10万人天 | | | | | 6 | | |
| | 3万人天≤入境旅游外联人天<5万人天 | | | | | 5 | | |
| | 2万人天≤入境旅游外联人天<3万人天 | | | | | 3 | | |
| | 10000人天≤入境旅游外联人天<2万人天 | | | | | 2 | | |
| | 5000人天≤入境旅游外联人天<10000人天 | | | | | 1 | | |
| 2.1.1.2　入境旅游接待人天 | | | | | 12 | | | |
| | 入境旅游接待人天≥40万人天 | | | | | 12 | | |
| | 20万人天≤入境旅游接待人天<40万人天 | | | | | 10 | | |
| | 10万人天≤入境旅游接待人天<20万人天 | | | | | 8 | | |
| | 8万人天≤入境旅游接待人天<10万人天 | | | | | 6 | | |
| | 5万人天≤入境旅游接待人天<8万人天 | | | | | 5 | | |

续表

| 项目 | 评分标准 | 最高得分 | 各项计分 | | | | 自查得分 | 评定得分 |
|---|---|---|---|---|---|---|---|---|
| | | | 一 | 二 | 三 | 四 | | |
| | 3 万人天≤入境旅游接待人天<5 万人天 | | | | | 4 | | |
| | 2 万人天≤入境旅游接待人天<3 万人天 | | | | | 2 | | |
| | 10000 人天≤入境旅游接待人天<2 万人天 | | | | | 1 | | |
| 2.1.2 国内旅游 | | | | 24 | | | | |
| 2.1.2.1 组织国内旅游人天 | | | | | 12 | | | |
| | 国内旅游组织人天≥200 万人天 | | | | | 12 | | |
| | 100 万人天≤国内旅游组织人天<200 万人天 | | | | | 10 | | |
| | 50 万人天≤国内旅游组织人天<100 万人天 | | | | | 8 | | |
| | 25 万人天≤国内旅游组织人天<50 万人天 | | | | | 6 | | |
| | 13 万人天≤国内旅游组织人天<25 万人天 | | | | | 4 | | |
| | 7 万人天≤国内旅游组织人天<13 万人天 | | | | | 3 | | |
| | 3 万人天≤国内旅游组织人天<7 万人天 | | | | | 2 | | |
| | 1 万人天≤国内旅游组织人天<3 万人天 | | | | | 1 | | |
| 2.1.2.2 国内旅游接待人天 | | | | | 12 | | | |
| | 国内旅游接待人天≥100 万人天 | | | | | 12 | | |
| | 50 万人天≤国内旅游接待人天<100 万人天 | | | | | 10 | | |
| | 20 万人天≤国内旅游接待人天<50 万人天 | | | | | 8 | | |
| | 10 万人天≤国内旅游接待人天<20 万人天 | | | | | 6 | | |
| | 5 万人天≤国内旅游接待人天<10 万人天 | | | | | 4 | | |
| | 2 万人天≤国内旅游接待人天<5 万人天 | | | | | 2 | | |
| 2.1.3 出境旅游 | | | | 5 | | | | |
| | 出境旅游组织人天≥60 万人天 | | | | 5 | | | |
| | 40 万人天≤出境旅游组织人天<60 万人天 | | | | 4 | | | |
| | 20 万人天≤出境旅游组织人天<40 万人天 | | | | 3 | | | |
| | 10 万人天≤出境旅游组织人天<20 万人天 | | | | 2 | | | |
| | 1 万人天≤出境旅游组织人天<10 万人天 | | | | 1 | | | |
| 2.2 近 3 年年平均营业收入总额 | | | 20 | | | | | |
| | 旅游业务营业收入≥20 亿元 | | | 20 | | | | |
| | 10 亿元≤旅游业务营业收入<20 亿元 | | | 18 | | | | |
| | 5 亿元≤旅游业务营业收入<10 亿元 | | | 16 | | | | |

续表

| 项目 | 评分标准 | 最高得分 | 各项计分 | | | | 自查得分 | 评定得分 |
|---|---|---|---|---|---|---|---|---|
| | | | 一 | 二 | 三 | 四 | | |
| | 3 亿元≤旅游业务营业收入<5 亿元 | | | 14 | | | | |
| | 2 亿元≤旅游业务营业收入<3 亿元 | | | 12 | | | | |
| | 1 亿元≤旅游业务营业收入<2 亿元 | | | 10 | | | | |
| | 8000 万元≤旅游业务营业收入<1 亿元 | | | 8 | | | | |
| | 5000 万元≤旅游业务营业收入<8000 万元 | | | 6 | | | | |
| | 1000 万元≤旅游业务营业收入<5000 万元 | | | 5 | | | | |
| | 500 万元≤旅游业务营业收入<1000 万元 | | | 4 | | | | |
| | 300 万元≤利润总额<500 万元 | | | 3 | | | | |
| | 200 万元≤利润总额<300 万元 | | | 2 | | | | |
| | 100 万元≤利润总额<200 万元 | | | 1 | | | | |
| 2.3 近三年年平均利润总额 | | | 12 | | | | | |
| | 利润总额≥5000 万元 | | | 12 | | | | |
| | 1000 万元≤利润总额<5000 万元 | | | 10 | | | | |
| | 500 万元≤利润总额<1000 万元 | | | 8 | | | | |
| | 300 万元≤利润总额<500 万元 | | | 6 | | | | |
| | 200 万元≤利润总额<300 万元 | | | 5 | | | | |
| | 100 万元≤利润总额<200 万元 | | | 4 | | | | |
| | 50 万元≤利润总额<100 万元 | | | 3 | | | | |
| | 25 万元≤利润总额<50 万元 | | | 2 | | | | |
| | 10 万元≤利润总额<25 万元 | | | 1 | | | | |
| 2.4 近三年年平均实缴税金 | | | 12 | | | | | |
| | 实缴税金≥3000 万元 | | | 12 | | | | |
| | 1500 万元≤实缴税金<3000 万元 | | | 10 | | | | |
| | 750 万元≤实缴税金<1500 万元 | | | 8 | | | | |
| | 350 万元≤实缴税金<750 万元 | | | 6 | | | | |
| | 200 万元≤实缴税金<350 万元 | | | 5 | | | | |
| | 100 万元≤实缴税金<200 万元 | | | 4 | | | | |
| | 50 万元≤实缴税金<100 万元 | | | 2 | | | | |
| | 25 万元≤实缴税金<50 万元 | | | 1 | | | | |
| 3 企业管理 | （查阅制度文本和相关文字资料、文字记录、影像资料等） | 172 | | | | | | |
| 3.1 财务管理 | | | 9 | | | | | |

续表

| 项目 | 评分标准 | 最高得分 | 各项计分 | | | | 自查得分 | 评定得分 |
|---|---|---|---|---|---|---|---|---|
| | | | 一 | 二 | 三 | 四 | | |
| 3.1.1 管理部门 | 有独立的财务部门或专职财务人员 | | | 1 | | | | |
| 3.1.2 管理制度 | 制定执行符合国家规定的财务制度 | | | 1 | | | | |
| 3.1.3 报账 | | | | 2 | | | | |
| | 以旅游团队、散客为单位受理导游员报账 | | | | 2 | | | |
| | 以月份为单位受理导游员报账 | | | | 1 | | | |
| 3.1.4 坏账控制 | | | | 3 | | | | |
| | 制定执行坏账准备制度 | | | | 1 | | | |
| | 制定执行应收账款催收制度 | | | | 1 | | | |
| | 坏账损失率低于3% | | | | 1 | | | |
| 3.1.5 财务分析 | 制定实施财务分析制度 | | | 1 | | | | |
| 3.1.6 财务审计 | 制定执行定期财务审计制度 | | | 1 | | | | |
| 3.2 人力资源管理 | | | 29 | | | | | |
| 3.2.1 管理部门 | | | | 6 | | | | |
| | 有独立的人力资源管理部门 | | | | 2 | | | |
| | 有中级或以上职称的专业培训师 | | | | 2 | | | |
| | 每年从营业收入中提取固定比例的金额作为职工教育经费 | | | | 2 | | | |
| 3.2.2 培训 | | | | 18 | | | | |
| 3.2.2.1 培训制度 | | | | | 5 | | | |
| | 制定执行新员工入职培训制度 | | | | | 2 | | |
| | 制定执行员工淡季劳动技能培训制度 | | | | | 1 | | |
| | 制定执行部门日常业务培训制度 | | | | | 1 | | |
| | 制定执行公司年度培训计划并保存培训活动记录 | | | | | 1 | | |
| 3.2.2.2 培训内容 | | | | | 9 | | | |
| 3.2.2.2.1 职业技能培训 | | | | | | | | |
| | 制定实施公司职业技能培训制度 | | | | | 1 | | |
| | 制定各层级各类型岗位职业技能培训内容及年度计划 | | | | | 1 | | |
| | 制定实施职业技能培训考核制度，有完整考核结果登记 | | | | | 1 | | |
| 3.2.2.2.2 职业道德培训 | | | | | | | | |
| | 制定实施职业道德培训制度及年度计划 | | | | | 1 | | |
| | 制定公司各层级职业道德培训内容 | | | | | 1 | | |

续表

| 项目 | 评分标准 | 最高得分 | 各项计分 | | | | 自查得分 | 评定得分 |
|---|---|---|---|---|---|---|---|---|
| | | | 一 | 二 | 三 | 四 | | |
| | 制定实施职业道德培训考核制度，有完整职业道德表现记录 | | | | | 1 | | |
| 3.2.2.2.3 政策与法规培训 | | | | | | | | |
| | 制定实施政策法规培训制度和年度计划 | | | | | 1 | | |
| | 制定政策法规培训内容 | | | | | 1 | | |
| | 制定实施政策法规水平考核制度，有完整考核结果记录 | | | | | 1 | | |
| 3.2.2.3 参加外部培训 | | | | | 4 | | | |
| | 企业定期选派中高级管理人员参加各类业务教育培训活动 | | | | | 2 | | |
| | 企业制度化、常态化组织导游员、领队及其他一线员工参加行政管理部门、高校教育培训活动 | | | | | 2 | | |
| 3.2.3 职业发展规划 | 制定实施各层级各类别职业发展规划 | | | 3 | | | | |
| 3.2.4 激励制度 | 制定实施薪酬福利制度 | | | 2 | | | | |
| 3.3 流程管理 | | | 10 | | | | | |
| 3.3.1 业务流程的规范性 | | | | 6 | | | | |
| | 制定服务流程图及其宣教记录 | | | | 2 | | | |
| | 制定完整的服务流程说明 | | | | 2 | | | |
| | 制定详细明确的责任分工方案 | | | | 2 | | | |
| 3.3.2 流程的管理与控制 | | | | 4 | | | | |
| | 设置服务流程督导职位 | | | | 2 | | | |
| | 制定实施流程修订制度 | | | | 2 | | | |
| 3.4 品牌管理 | | | 17 | | | | | |
| 3.4.1 品牌建设 | | | | 8 | | | | |
| 3.4.1.1 企业品牌 | | | | | 4 | | | |
| | 有企业注册商标 | | | | | 2 | | |
| | 有企业品牌 | | | | | 2 | | |
| 3.4.1.2 产品知名度 | | | | | 4 | | | |
| | 4个及以上产品在广东省行政区域或更大范围认知度高 | | | | | 4 | | |
| | 1至3个产品在广东省行政区域或更大范围认知度高 | | | | | 3 | | |
| | 6个及以上产品在地级以上市认知度高 | | | | | 3 | | |

续表

| 项目 | 评分标准 | 最高得分 | 各项计分 | | | | 自查得分 | 评定得分 |
|---|---|---|---|---|---|---|---|---|
| | | | 一 | 二 | 三 | 四 | | |
| | 1至5个产品在地级以上市认知度高 | | | | | 2 | | |
| 3.4.2　品牌宣传 | | | | 5 | | | | |
| 3.4.2.1　执行部门 | 有专门机构负责品牌宣传 | | | | 1 | | | |
| 3.4.2.2　年度宣传计划 | | | | | 4 | | | |
| | 有年度品牌宣传目标 | | | | | 1 | | |
| | 有年度品牌宣传活动 | | | | | 1 | | |
| | 有年度品牌宣传预算 | | | | | 1 | | |
| | 有年度品牌宣传结果监测 | | | | | 1 | | |
| 3.4.3　商标 | | | | 4 | | | | |
| | 拥有中国驰名商标 | | | | 4 | | | |
| | 拥有广东省著名商标 | | | | 3 | | | |
| | 拥有地市级著名商标 | | | | 2 | | | |
| 3.5　企业形象建设 | | | 19 | | | | | |
| 3.5.1　视觉形象 | | | | 8 | | | | |
| | 有旅行社社徽 | | | | 1 | | | |
| | 有旅行社旗帜 | | | | 1 | | | |
| | 统一名片格式 | | | | 1 | | | |
| | 统一员工制服 | | | | 1 | | | |
| | 员工佩戴统一标志 | | | | 1 | | | |
| | 网点和宣传材料中统一使用标准色 | | | | 1 | | | |
| | 使用规范汉字 | | | | 1 | | | |
| | 使用规范的公共信息图像标志 | | | | 1 | | | |
| 3.5.2　行为形象 | | | | 8 | | | | |
| | 每年赞助公益事业2次或以上 | | | | 2 | | | |
| | 每年参加义务服务2次或以上 | | | | 2 | | | |
| | 每年参加慈善活动2次或以上 | | | | 2 | | | |
| | 每年编印内部刊物或报纸2期或以上 | | | | 2 | | | |
| 3.5.3　理念形象 | | | | 3 | | | | |
| | 有明确的企业宗旨 | | | | 1 | | | |
| | 有企业形象口号 | | | | 1 | | | |
| | 有企业价值体系箴言 | | | | 1 | | | |
| 3.6　安全管理 | | | 22 | | | | | |
| | 设置安全监控机构 | | | 5 | | | | |
| | 有紧急救助预案及演练记录 | | | 5 | | | | |

续表

| 项目 | 评分标准 | 最高得分 | 各项计分 | | | | 自查得分 | 评定得分 |
|---|---|---|---|---|---|---|---|---|
| | | | 一 | 二 | 三 | 四 | | |
| | 参加国内外救援组织 | | | 4 | | | | |
| | 参加国家旅游责任险统保 | | | 4 | | | | |
| | 协助客人购买其他出行安全险种 | | | 4 | | | | |
| 3.7 投诉管理 | | | 20 | | | | | |
| 3.7.1 投诉受理渠道 | | | | 8 | | | | |
| | 受理现场投诉 | | | | 2 | | | |
| | 受理信件、传真投诉 | | | | 2 | | | |
| | 受理电话投诉 | | | | 2 | | | |
| | 受理电子邮件投诉 | | | | 2 | | | |
| 3.7.2 投诉处理机构 | | | | 12 | | | | |
| | 有专门服务质量投诉受理处置部门 | | | | 3 | | | |
| | 有专人负责投诉受理和跟进 | | | | 3 | | | |
| | 有投诉处理情况记录和档案 | | | | 3 | | | |
| | 有投诉处理满意度年度调查统计分析 | | | | 3 | | | |
| 3.8 危机管理 | | | 10 | | | | | |
| | 有危机事件认定标准 | | | 2 | | | | |
| | 有明确的危机专项负责人 | | | 2 | | | | |
| | 有危机事件处理步骤 | | | 2 | | | | |
| | 有媒体公关预案 | | | 2 | | | | |
| | 有能力在24小时内做出反应 | | | 2 | | | | |
| 3.9 管理制度 | | | 10 | | | | | |
| | 有规范的企业章程和规章制度、服务标准、管理规范等管理制度 | | | 2 | | | | |
| | 有员工手册 | | | 2 | | | | |
| | 有部门运作规范 | | | 2 | | | | |
| | 有服务岗位工作说明书 | | | 2 | | | | |
| | 有专业技术人员岗位工作说明书 | | | 2 | | | | |
| 3.10 标准化建设 | | | 34 | | | | | |
| 3.10.1 质量管理体系认证 | （核查证书及其有效性） | | | 6 | | | | |
| | 通过IS09001质量体系认证并获得认证证书 | | | | 6 | | | |
| 3.10.2 标准体系建设 | | | | 7 | | | | |
| | 建立企业标准体系并获得AAAA级“标准化良好行为企业”证书 | | | | 7 | | | |

续表

| 项目 | 评分标准 | 最高得分 | 各项计分 | | | | 自查得分 | 评定得分 |
|---|---|---|---|---|---|---|---|---|
| | | | 一 | 二 | 三 | 四 | | |
| | 建立企业标准体系并获得 AAA 级“标准化良好行为企业”证书 | | | | 5 | | | |
| | 建立企业标准体系并获得 AA 级“标准化良好行为企业”证书 | | | | 4 | | | |
| | 建立企业标准体系并获得 A 级“标准化良好行为企业”证书 | | | | 3 | | | |
| | 建立企业标准体系并在企业实施 | | | | 2 | | | |
| 3. 10. 3　标准化试点示范 | | | | 6 | | | | |
| | 近五年内作为全国“旅游/服务业标准化示范/试点单位”并通过验收 | | | | 6 | | | |
| | 近五年内作为省级“旅游/服务标准化示范/试点单位”并通过验收 | | | | 4 | | | |
| 3. 10. 4　标准实施 | （核查标准文本和业务人员掌握标准情况） | | | 6 | | | | |
| | 实施旅游业相关国家、行业和地方标准 20 项以上，并涵盖全部旅行社相关标准 | | | | 6 | | | |
| | 实施旅游业相关国家、行业和地方标准 12 项以上，并涵盖旅行社相关核心标准 | | | | 5 | | | |
| | 实施旅游业相关国家、行业和地方标准 8 项以上，并涵盖旅行社相关核心标准 | | | | 4 | | | |
| | 实施旅行社相关国家、行业和地方标准 5 项以上 | | | | 3 | | | |
| | 实施旅行社相关国家、行业和地方标准 2 项以上 | | | | 2 | | | |
| 3. 10. 5　参与标准制修订 | （排名第一为主导，排名第一以后为参与，需提供标准原文或有关单位的证明文件） | | | 9 | | | | |
| | 主导 1 项国家标准或 2 项行业标准制修订 | | | | 9 | | | |
| | 主导 1 项行业标准或 2 项及以上地方标准，或参与 2 项或以上国家标准制定 | | | | 7 | | | |
| | 主导 1 项地方标准制定，或参与 1 项国家标准制修订，或参与 2 项或以上行业标准制修订 | | | | 5 | | | |
| | 参与 1 项行业标准或 2 项及以上地方标准制修订 | | | | 3 | | | |
| | 参与过 1 项地方标准制修订 | | | | 2 | | | |
| 4　服务项目 | | 86 | | | | | | |
| 4. 1　包价旅游线路 | （查阅证明材料，暗访） | | 16 | | | | | |
| 4. 1. 1　常规包价旅游线路 | | | | 8 | | | | |

续表

| 项目 | 评分标准 | 最高得分 | 各项计分 | | | | 自查得分 | 评定得分 |
|---|---|---|---|---|---|---|---|---|
| | | | 一 | 二 | 三 | 四 | | |
| 4.1.1.1 常规包价旅游线路的销售 | 向团队提供常规旅游线路的预订服务 | | | | 2 | | | |
| | 向散客提供常规旅游线路的预订服务 | | | | 2 | | | |
| 4.1.1.2 常规包价旅游线路的接待 | 向团队提供常规旅游线路的接待服务 | | | | 2 | | | |
| | 向散客提供常规旅游线路的接待服务 | | | | 2 | | | |
| 4.1.2 定制包价旅游线路 | | | | 8 | | | | |
| 4.1.2.1 定制包价旅游线路的设计 | 为团队设计定制包价旅游线路 | | | | 2 | | | |
| | 为散客设计定制包价旅游线路 | | | | 2 | | | |
| 4.1.2.2 定制包价旅游线路的接待 | 向团队提供定制包价旅游线路的接待服务 | | | | 2 | | | |
| | 向散客提供定制旅游服务 | | | | 2 | | | |
| 4.2 专项旅游服务 | | | 12 | | | | | |
| | 提供会议旅游专项服务 | | | 2 | | | | |
| | 提供奖励旅游专项服务 | | | 2 | | | | |
| | 提供展览旅游专项服务 | | | 2 | | | | |
| | 提供修学旅游专项服务 | | | 2 | | | | |
| | 提供休闲度假旅游专项服务 | | | 2 | | | | |
| | 提供其他旅游专项服务 | | | 2 | | | | |
| 4.3 委托代办 | | | 24 | | | | | |
| 4.3.1 票务 | （包括机票、火车票、船票、汽车票和景区景点票） | | | 4 | | | | |
| | 提供4种或以上票务代理服务 | | | | 4 | | | |
| | 提供3种票务代理服务 | | | | 3 | | | |
| | 提供2种票务代理服务 | | | | 2 | | | |
| | 提供1种票务代理服务 | | | | 1 | | | |
| 4.3.2 签证 | | | | 15 | | | | |
| | 提供20个及以上国家的签证代办服务 | | | | 15 | | | |
| | 提供15至19个国家的签证代办服务 | | | | 13 | | | |
| | 提供10至14个国家的签证代办服务 | | | | 10 | | | |
| | 提供5至9个国家的签证代办服务 | | | | 8 | | | |
| | 提供3至4个国家的签证代办服务 | | | | 5 | | | |
| | 提供1个或2个国家的签证代办服务 | | | | 3 | | | |

续表

| 项目 | 评分标准 | 最高得分 | 各项计分 | | | | 自查得分 | 评定得分 |
|---|---|---|---|---|---|---|---|---|
| | | | 一 | 二 | 三 | 四 | | |
| 4.3.3 其他 | | | | 5 | | | | |
| | 提供5种以上委托代办服务（包括订餐、订房、租车、导游、接送等单项服务种类） | | | | 5 | | | |
| | 提供3种以上委托代办服务 | | | | 3 | | | |
| | 提供1种以上委托代办服务 | | | | 1 | | | |
| 4.4 导游服务 | | | 34 | | | | | |
| 4.4.1 导游服务语言能力 | | | | 8 | | | | |
| 4.4.1.1 导游外语服务能力 | | | | | 5 | | | |
| | 提供10种及以上外语导游服务 | | | | | 5 | | |
| | 提供6种及以上外语导游服务 | | | | | 4 | | |
| | 提供4种及以上外语导游服务 | | | | | 3 | | |
| | 提供2种及以上外语导游服务 | | | | | 2 | | |
| | 提供1种外语导游服务 | | | | | 1 | | |
| 4.4.1.2 导游地方方言服务能力 | | | | | 2 | | | |
| | 提供2种及以上地方方言服务 | | | | | 2 | | |
| | 提供1种地方方言服务 | | | | | 1 | | |
| 4.4.1.3 导游普通话服务能力 | 提供普通话导游服务 | | | | 1 | | | |
| 4.4.2 导游接待操作能力 | 符合法定的上岗资质，并具有独立工作能力、组织协调能力和应急处置能力（参见暗访表） | | | 3 | | | | |
| 4.4.3 导游体能素质 | 身体健康，耐心细致，沉着冷静，有条不紊。 | | | 3 | | | | |
| 4.4.4 导游 职业形象 | 仪表端庄，衣着整洁，大方得体，和蔼诚恳。 | | | 5 | | | | |
| 4.4.5 导游服务质量 | （考察评定检查随机抽查2个及以上行程结束旅游团顾客的满意率） | | | 15 | | | | |
| | 满意率≥95% | | | | 15 | | | |
| | 90%≤满意率<95% | | | | 13 | | | |
| | 85%≤满意率<90% | | | | 11 | | | |
| | 80%≤满意率<85% | | | | 9 | | | |
| | 75%≤满意率<80% | | | | 7 | | | |
| | 70%≤满意率<75% | | | | 5 | | | |
| 5 办公及营业场所 | （查阅证明材料，暗访） | 71 | | | | | | |
| 5.1 总部办公场所 | | | 7 | | | | | |

续表

| 项目 | 评分标准 | 最高得分 | 各项计分 | | | | 自查得分 | 评定得分 |
|---|---|---|---|---|---|---|---|---|
| | | | 一 | 二 | 三 | 四 | | |
| | 企业拥有总部办公场所完全产权 | | | 7 | | | | |
| | 总部办公场所租赁期限为10年及以上 | | | 5 | | | | |
| | 总部办公场所租赁期限为5至9年 | | | 4 | | | | |
| | 总部办公场所租赁期限为2至4年 | | | 3 | | | | |
| 5.2 办公及营业使用面积 | （含总部、分支机构和网点面积） | | 5 | | | | | |
| | 面积总和不低于2000平方米 | | | 5 | | | | |
| | 面积总和不低于800平方米 | | | 3 | | | | |
| | 面积总和不低于200平方米 | | | 2 | | | | |
| | 面积总和不低于100平方米 | | | 1 | | | | |
| 5.3 服务区域 | | | 36 | | | | | |
| 5.3.1 区域划分 | | | | 8 | | | | |
| 5.3.1.1 分区 | 营业场所内有明显的功能区划分 | | | | 2 | | | |
| 5.3.1.2 标志 | | | | | 6 | | | |
| | 门店营业场所有醒目、明确、美观的中文标志 | | | | | 2 | | |
| | 门店营业场所有醒目、明确、美观的英文标志 | | | | | 2 | | |
| | 门店营业场所有醒目、明确、美观的其他种类文字标志 | | | | | 2 | | |
| 5.3.2 咨询与接待区 | | | | 4 | | | | |
| | 为顾客与员工的沟通提供舒适的交流区 | | | | 2 | | | |
| | 咨询与接待区面积与接待坐席数经过测算符合高峰期需求 | | | | 2 | | | |
| 5.3.3 信息资料提供区 | | | | 16 | | | | |
| 5.3.3.1 布局 | | | | | 2 | | | |
| | 信息资料提供区布局美观整洁 | | | | | 1 | | |
| | 信息资料提供方便顾客取阅 | | | | | 1 | | |
| 5.3.3.2 提供资料 | | | | | 8 | | | |
| | 提供服务项目和产品宣传品 | | | | | 1 | | |
| | 提供旅游线路价目表 | | | | | 1 | | |
| | 提供与本社业务有关的旅游目的地介绍 | | | | | 1 | | |
| | 提供与本社业务有关的旅游交通图 | | | | | 1 | | |
| | 提供交通工具时刻表 | | | | | 1 | | |
| | 摆放旅游行政部门指定发放的旅游公益广告等宣传品 | | | | | 3 | | |

**续表**

| 项目 | 评分标准 | 最高得分 | 各项计分 一 | 二 | 三 | 四 | 自查得分 | 评定得分 |
|---|---|---|---|---|---|---|---|---|
| 5.3.3.3 科技应用 | | | | | 6 | | | |
| | 有供顾客使用的旅游电子信息查询系统 | | | | | 2 | | |
| | 有用于企业宣传、产品介绍、线路报价、旅游公益宣传的 LED 或投影等数码设备 | | | | | 2 | | |
| | 有电子扫描器等顾客信息采集设备或其他先进业务工具 | | | | | 2 | | |
| 5.3.4 顾客休息等待区 | | | | 8 | | | | |
| | 为顾客提供休息座椅 | | | | 2 | | | |
| | 为顾客提供饮用水 | | | | 2 | | | |
| | 为顾客提供阅读材料 | | | | 2 | | | |
| | 为顾客提供视听材料 | | | | 2 | | | |
| 5.4 服务要求 | | | 23 | | | | | |
| 5.4.1 服务时间 | | | | 7 | | | | |
| 5.4.1.1 假日服务 | 法定节假日照常提供服务 | | | | 2 | | | |
| 5.4.1.2 每日不间断服务时长 | （考察服务网点） | | | | 5 | | | |
| | 营业时间不少于 13 小时 | | | | | 5 | | |
| | 营业时间不少于 12 小时 | | | | | 4 | | |
| | 营业时间不少于 11 小时 | | | | | 3 | | |
| | 营业时间不少于 10 小时 | | | | | 2 | | |
| | 营业时间不少于 8 小时 | | | | | 1 | | |
| 5.4.2 服务语种 | | | | 5 | | | | |
| | 提供 2 种以上（含 2 种）外语及普通话服务 | | | | 5 | | | |
| | 提供 1 种外语及普通话服务 | | | | 3 | | | |
| | 只提供普通话服务 | | | | 1 | | | |
| 5.4.3 服务礼仪 | | | | 11 | | | | |
| | 有员工服务礼仪规范 | | | | 3 | | | |
| | 员工主动与顾客打招呼，询问需求，提供帮助 | | | | 2 | | | |
| | 员工服务时使用礼貌用语 | | | | 2 | | | |
| | 员工在前台服务区域保持工作状态，不吵闹，不谈论与工作无关的事情，不接听私人电话 | | | | 2 | | | |
| | 满足顾客的合理要求，提供个性化服务 | | | | 2 | | | |
| 6 产品创新 | （查阅制度文本，查阅产品宣传手册，查阅广告内容，查阅相关文字资料和证明材料） | 56 | | | | | | |

续表

| 项目 | 评分标准 | 最高得分 | 各项计分 | | | | 自查得分 | 评定得分 |
|---|---|---|---|---|---|---|---|---|
| | | | 一 | 二 | 三 | 四 | | |
| 6.1　产品研发组织 | | | 15 | | | | | |
| 6.1.1　产品研发机构 | | | | 5 | | | | |
| | 有负责产品研发的机构 | | | | 5 | | | |
| | 有负责产品研发的人员 | | | | 3 | | | |
| 6.1.2　产品研发计划 | | | | 5 | | | | |
| | 旅行社有完整的年度产品研发计划 | | | | 5 | | | |
| | 旅行社有完整的季度产品研发计划 | | | | 3 | | | |
| 6.1.3　产品研发经费 | | | | 5 | | | | |
| | 每年按照一定比例从营业收入中提取产品研发经费 | | | | 5 | | | |
| | 每年有固定数额产品研发经费 | | | | 3 | | | |
| | 每年按需提取产品研发经费 | | | | 1 | | | |
| 6.2　新产品创意来源 | | | 21 | | | | | |
| 6.2.1　旅游者建议 | | | | 9 | | | | |
| 6.2.1.1　旅游者调查 | | | | | 5 | | | |
| | 有定期进行旅游者调查制度，征求旅游者建议 | | | | | 5 | | |
| | 不定期进行旅游者调查，征求旅游者建议 | | | | | 3 | | |
| 6.2.1.2　旅游者建议渠道 | | | | | 4 | | | |
| | 为旅游者建议提供电子邮件地址 | | | | | 2 | | |
| | 提供客户服务电话或直接访谈 | | | | | 2 | | |
| 6.2.2　竞争者调查 | | | | 4 | | | | |
| | 有竞争者产品信息收集制度 | | | | 2 | | | |
| | 有竞争者产品信息分析制度 | | | | 2 | | | |
| 6.2.3　合作者建议 | 能够根据合作者要求开发新产品 | | | 2 | | | | |
| 6.2.4　员工建议 | | | | 6 | | | | |
| | 定期或不定期召集员工会议，征求员工建议 | | | | 2 | | | |
| | 设立员工建议箱、电子邮箱等渠道 | | | | 2 | | | |
| | 建立员工建议奖励制度 | | | | 2 | | | |
| 6.3　产品创新成果 | | | 20 | | | | | |
| | 近三年创新旅游线路20条及以上 | | | | 20 | | | |
| | 近三年创新旅游线路15至19条 | | | | 16 | | | |
| | 近三年创新旅游线路10至14条 | | | | 10 | | | |
| | 近三年创新旅游线路5至9条 | | | | 6 | | | |
| | 近三年创新旅游线路1至4条 | | | | 2 | | | |

续表

| 项目 | 评分标准 | 最高得分 | 各项计分 | | | | 自查得分 | 评定得分 |
|---|---|---|---|---|---|---|---|---|
| | | | 一 | 二 | 三 | 四 | | |
| 7 市场营销 | （查阅制度文本，查阅产品宣传手册，查阅广告内容，查阅相关文字资料和证明材料） | 92 | | | | | | |
| 7.1 营销渠道 | | | 27 | | | | | |
| 7.1.1 人员 | | | | 4 | | | | |
| | 有一定数量的业务人员负责团队旅游线路的销售 | | | | 2 | | | |
| | 有一定数量的业务人员负责专项旅游产品的销售 | | | | 2 | | | |
| 7.1.2 电话 | | | | 7 | | | | |
| | 有呼叫中心（电话客服中心） | | | | 7 | | | |
| | 有免费客户服务咨询电话 | | | | 5 | | | |
| | 有普通咨询与预订电话 | | | | 1 | | | |
| 7.1.3 网络 | | | | 8 | | | | |
| | 企业建有符合 GB/T 26360 要求的营销网站 | | | | 8 | | | |
| | 有企业自建产品信息与销售网站 | | | | 6 | | | |
| | 有企业自建门户网站 | | | | 4 | | | |
| | 企业有用来传递经营数据的内联网 | | | | 4 | | | |
| 7.1.4 第三方 | | | | 5 | | | | |
| | 加入第三方计算机预订系统 | | | | 5 | | | |
| | 加入第三方网站 | | | | 3 | | | |
| | 有固定下游分销渠道 | | | | 2 | | | |
| 7.1.5 销售控制 | 有完善的总部销售控制制度 | | | 3 | | | | |
| 7.2 广告与促销 | | | 20 | | | | | |
| 7.2.1 执行机构 | | | | 5 | | | | |
| | 有专门机构负责广告与促销工作 | | | | 5 | | | |
| | 各业务部门有专人负责广告与促销工作 | | | | 2 | | | |
| 7.2.2 广告与促销计划 | | | | 8 | | | | |
| 7.2.2.1 年度计划 | | | | | 3 | | | |
| | 制定具体的年度广告与促销工作目标和行动方案，可操作性较强 | | | | | 3 | | |
| | 只有年度广告与促销纲要，没有实施工作方案，可操作性一般 | | | | | 1 | | |
| 7.2.2.1 单项计划 | | | | | 5 | | | |
| | 有具体实施工作方案，可操作性较强 | | | | | 5 | | |
| | 只有纲要，没有具体实施工作方案，可操作性一般 | | | | | 1 | | |

续表

| 项目 | 评分标准 | 最高得分 | 各项计分 | | | | 自查得分 | 评定得分 |
|---|---|---|---|---|---|---|---|---|
| | | | 一 | 二 | 三 | 四 | | |
| 7.2.3 广告与促销经费 | | | | 5 | | | | |
| | 每年按照一定比例从营业收入中提取广告与促销经费 | | | | 5 | | | |
| | 每年有固定数额广告与促销经费 | | | | 3 | | | |
| | 每年按需提取广告与促销经费 | | | | 1 | | | |
| 7.2.4 广告与促销效果监测 | 有广告与促销效果监测制度 | | | 2 | | | | |
| 7.3 公共关系 | | | 20 | | | | | |
| 7.3.1 执行机构 | | | | 5 | | | | |
| | 有专门机构负责公共关系 | | | | 5 | | | |
| | 各业务部门有专人负责公共关系 | | | | 3 | | | |
| 7.3.2 公关计划 | | | | 8 | | | | |
| 7.3.2.1 年度计划 | | | | | 3 | | | |
| | 有具体的年度公共关系实施工作方案，可操作性较强 | | | | | 3 | | |
| | 只有年度公共关系纲要，没有具体实施工作方案，可操作性不强 | | | | | 1 | | |
| 7.3.2.2 单项计划 | | | | | 5 | | | |
| | 有具体实施工作方案，可操作性较强 | | | | | 5 | | |
| | 只有纲要，没有具体实施工作方案，可操作性不强 | | | | | 1 | | |
| 7.3.3 公关经费 | | | | 5 | | | | |
| | 每年按照一定比例从营业收入中提取公关活动经费 | | | | 5 | | | |
| | 每年有固定数额公关活动经费 | | | | 3 | | | |
| | 每年按需提取公关活动经费 | | | | 1 | | | |
| 7.3.4 公共关系监测 | 有公共关系绩效监测制度 | | | 2 | | | | |
| 7.4 客户服务 | | | 25 | | | | | |
| 7.4.1 客户调查制度 | | | | 5 | | | | |
| | 有定期进行客户情况调查制度 | | | | 5 | | | |
| | 不定期进行客户情况调查 | | | | 3 | | | |
| 7.4.2 客户数据库管理 | | | | 14 | | | | |
| 7.4.2.1 数据库系统 | | | | | 7 | | | |
| | 应用客户数据库计算机应用软件 | | | | | 7 | | |
| | 利用计算机办公软件自建客户数据库 | | | | | 5 | | |

续表

| 项目 | 评分标准 | 最高得分 | 各项计分 | | | | 自查得分 | 评定得分 |
|---|---|---|---|---|---|---|---|---|
| | | | 一 | 二 | 三 | 四 | | |
| | 有完整客户消费记录（非数据库形式） | | | | | 3 | | |
| 7.4.2.2 数据录入 | 在岗位职责中明确客户数据录入责任 | | | | 3 | | | |
| 7.4.2.3 数据使用 | | | | | 4 | | | |
| | 有客户消费数据分析制度 | | | | | 2 | | |
| | 有客户消费数据保密制度 | | | | | 2 | | |
| 7.4.3 客户关系管理 | | | | 6 | | | | |
| | 成立会员俱乐部等形式的客户组织 | | | | 3 | | | |
| | 制定并执行积分制度鼓励重复消费 | | | | 3 | | | |
| 8 商业信用与社会声誉 | （查阅合同文本，查阅账目往来记录，查阅文字资料） | 118 | | | | | | |
| 8.1 与供应商关系 | | | 12 | | | | | |
| | 与供应商签订采购合同 | | | 3 | | | | |
| | 供应商提供的设施和服务符合法定资质要求 | | | 4 | | | | |
| | 能够按约定的期限和付款条件履约 | | | 3 | | | | |
| | 定期进行供应商满意度调查 | | | 2 | | | | |
| 8.2 与同业关系 | | | 11 | | | | | |
| | 与同业客户签订合同 | | | 3 | | | | |
| | 能够按照约定提供服务 | | | 3 | | | | |
| | 按时与服务合作供方结清有关款项，资信良好，不拖欠（查阅到期应付款项等记录） | | | 5 | | | | |
| 8.3 与顾客关系 | | | 37 | | | | | |
| 8.3.1 服务合同 | | | | 6 | | | | |
| | 与顾客签订的旅游合同签订率100% | | | | 3 | | | |
| | 按照服务合同约定为游客提供服务 | | | | 3 | | | |
| 8.3.2 顾客意见反馈 | | | | 6 | | | | |
| | 制定并执行顾客意见反馈制度 | | | | 2 | | | |
| | 由专职部门或人员负责顾客回访 | | | | 2 | | | |
| | 对顾客反馈信息有详实的记录 | | | | 2 | | | |
| 8.3.3 顾客满意度调查 | | | | 10 | | | | |
| 8.3.3.1 调查周期 | | | | | 5 | | | |
| | 每周对顾客进行适当规模的问卷调查 | | | | | 5 | | |
| | 每月对顾客满意度进行评价 | | | | | 3 | | |
| | 每半年对顾客满意度进行评价 | | | | | 1 | | |
| 8.3.3.2 调查结果 | | | | | 5 | | | |

续表

| 项目 | 评分标准 | 最高得分 | 各项计分 | | | | 自查得分 | 评定得分 |
|---|---|---|---|---|---|---|---|---|
| | | | 一 | 二 | 三 | 四 | | |
| | 近三年每年顾客抽样调查平均满意率不低于95% | | | | | 5 | | |
| | 近三年每年顾客抽样调查平均满意率不低于90% | | | | | 3 | | |
| | 近三年每年顾客抽样调查平均满意率不低于85% | | | | | 1 | | |
| 8.3.4 有效投诉 | | | | 15 | | | | |
| | 近三年中，旅游行政管理部门每年接到对该旅行社的有效投诉（含消委会投诉）不超过组织和接待人数的五万分之一 | | | | 15 | | | |
| | 近三年中，旅游行政管理部门每年接到对该旅行社的有效投诉（含消委会投诉）不超过组织和接待人数的万分之一 | | | | 10 | | | |
| | 近三年中，旅游行政管理部门每年接到对该旅行社的有效投诉（含消委会投诉）不超过组织和接待人数的万分之二 | | | | 5 | | | |
| 8.4 与公众关系 | 近三年未出现造成因旅行社责任引起的、恶劣社会影响的群体纠纷 | | 3 | | | | | |
| 8.5 安全事故 | 近三年未出现重大安全责任事故 | | 5 | | | | | |
| 8.6 社会评价 | | | 50 | | | | | |
| 8.6.1 受到奖励情况 | | | | 33 | | | | |
| 8.6.1.1 全国百强社 | | | | | 20 | | | |
| | 近五年内获得“全国旅行社10强”称号，得4分/次 | | | | | | | |
| | 近五年内获得“全国旅行社100强”称号，得3分/次 | | | | | | | |
| 8.6.1.2 行政管理部门奖励 | | | | | 3 | | | |
| | 近三年内获得省级或以上行政管理机构或行业协会颁发的其他奖励 | | | | | 3 | | |
| | 近三年内获得地市级或以上行政管理机构或行业协会颁发的其他奖励 | | | | | 2 | | |
| 8.6.2 受处罚情况 | | | | 8 | | | | |
| | 近三年内未受过行政处罚 | | | | 8 | | | |
| | 近三年内未受过行政处罚 | | | | 4 | | | |
| 8.6.3 企业诚信 | | | | 9 | | | | |
| | 近三年没有发布违规广告记录 | | | | 3 | | | |

续表

| 项目 | 评分标准 | 最高得分 | 各项计分 | | | | 自查得分 | 评定得分 |
|---|---|---|---|---|---|---|---|---|
| | | | 一 | 二 | 三 | 四 | | |
| | 近三年没有坑蒙拐骗等损害游客权益的违规行为 | | | | 3 | | | |
| | 近三年被地级市以上行政管理机构授予诚信企业（单位）称号 | | | | 3 | | | |
| 合计 | | 820 | | | | | | |

**附录 C（规范性附录）**

C. 1　调查要求与说明

C. 1. 1　调查问卷满分 190 分。

C. 1. 2　调查问卷分为信息咨询、交通、住宿、餐饮、导游员、售后、产品安排和总体等 8 个大项，共 38 个小项，对各等级旅行社均适用。

C. 1. 3　随机抽 2 个以上旅行团调查，取平均数值作最终调查结果。

C. 1. 4　“满意”指每份调查问卷得分 150 分以上。各等级旅行社最低取样及满意率分别为：

a）一星级：调查取样不低于 100 份，满意率不低于 75%；

b）二星级：调查取样不低于 200 份，满意率不低于 80%；

c）三星级：调查取样不低于 300 份，满意率不低于 85%；

d）四星级：调查取样不低于 500 份，满意率不低于 90%；

e）五星级：调查取样不低于 800 份，满意率不低于 95%。

其中，满意率 = 调查结果为“满意”的问卷数/有效问卷数 × 100%

C. 2　调查问卷

旅行社服务质量顾客调查问卷内容和形式如下，其中调查表见表 C. 1。

## 旅行社服务质量顾客调查问卷

尊敬的顾客：

为了提高广东省旅行社的整体服务水平，根据广东省旅行社等级评定的地方标准，旅行社等级评定委员会于 2011 年起开始对旅行社进行等级评定。您本次旅行的宝贵意见，将是本项评定工作的重要影响因素。

您只需在相应的评分项中打“√”。分值越高，表示您对旅行社提供的该项服务越满意。5 分为非常满意、4 分为满意、3 分为一般、2 分为不满意、1 分为非常不满意。

谢谢您的支持！

广东省旅行社等级评定委员会

3 表 C. 1　旅行社服务质量顾客调查表

| 项目 | 序号 | 评分标准 | 项目分值 | | | | |
|---|---|---|---|---|---|---|---|
| | | | 5 | 4 | 3 | 2 | 1 |
| 信息咨询 | 1 | 可方便地从该旅行社网站获得旅游信息 | | | | | |
| | 2 | 旅游产品介绍客观、详尽、清晰 | | | | | |
| | 3 | 可方便地通过电话咨询、预订 | | | | | |
| | 4 | 服务人员熟悉产品知识，能为顾客提供快速、专业、热情的服务 | | | | | |

续表

| 项目 | 序号 | 评分标准 | 项目分值 | | | | |
| --- | --- | --- | --- | --- | --- | --- | --- |
| | | | 5 | 4 | 3 | 2 | 1 |
| 交通 | 5 | 服务人员的态度、服务让顾客产生信任感 | | | | | |
| | 6 | 对所选航班（车次）的时间满意 | | | | | |
| | 7 | 对所选航班（车次）的价格满意 | | | | | |
| | 8 | 对所选航班（车次）的服务满意 | | | | | |
| | 9 | 所选旅游车辆安全可靠 | | | | | |
| | 10 | 所选旅游车辆干净清洁 | | | | | |
| | 11 | 所选旅游车辆设施良好 | | | | | |
| | 12 | 司机驾驶安全、熟悉线路 | | | | | |
| | 13 | 司机服务态度好、服务技能专业（应急能力强、准时待车及时发车等） | | | | | |
| 住宿 | 14 | 所选饭店具有干净的住宿环境 | | | | | |
| | 15 | 所选饭店具有良好的设备 | | | | | |
| | 16 | 所选饭店的档次安排适当 | | | | | |
| | 17 | 所选饭店能提供便利性服务 | | | | | |
| 餐饮 | 18 | 所选餐馆提供了足量的饭菜 | | | | | |
| | 19 | 所选餐馆提供了安全卫生的饭菜 | | | | | |
| | 20 | 所选餐馆提供了可口的饭菜 | | | | | |
| | 21 | 所选餐馆的地点、风格适当 | | | | | |
| | 22 | 所选餐馆就餐环境与旅游团费用档次相适应 | | | | | |
| | 23 | 所选餐馆服务员服务态度好、餐饮服务能力强（上菜速度、饭菜出品、自费菜品可选择范围等） | | | | | |
| 导游员 | 24 | 导游员有良好的解说能力 | | | | | |
| | 25 | 导游员有良好的沟通协调能力 | | | | | |
| | 26 | 导游员能为顾客着想，有责任心 | | | | | |
| | 27 | 导游员具有良好的带团技巧，较高的专业化水平 | | | | | |
| | 28 | 导游员具有较高的应变能力，必要时能适时采取补救措施 | | | | | |
| 售后服务 | 29 | 旅行社提供的售后服务及时到位 | | | | | |
| | 30 | 旅行社能加强和已参团顾客的联系 | | | | | |
| 产品安排 | 31 | 旅游线路游览时间安排合理 | | | | | |
| | 32 | 购物次数、购物停留时间安排适度 | | | | | |
| | 33 | 自选项目活动安排合理 | | | | | |
| | 34 | 线路景点的安排有吸引力 | | | | | |
| | 35 | 产品质价相符 | | | | | |
| 总体 | 36 | 我对旅行社此次服务安排很满意 | | | | | |
| | 37 | 该旅行社具有可靠地、准确地履行服务承诺的能力 | | | | | |
| | 38 | 如果下次出行，我很愿意选择该旅行社提供的服务 | | | | | |

您的其他意见或建议：

您的基本情况（评定单位将为您保密）

1. 您的性别：

（1）男（2）女

2. 您的年龄：

（1）15 岁及以下（2）16～30 岁（3）31～50 岁（4）51～65 岁（5）66 岁以上

3. 您的学历：

（1）大学本科及以上（2）大学专科（3）中专或高中（4）其他

4. 您的职业：

（1）公务员（2）事业单位及国有企业人员（3）非国企企业人员（4）农林牧渔劳动者

（5）个体户及自由职业者（6）军人（7）学生（8）离退休人员（9）其他

5. 您的月收入：

（1）1200 元及以下（2）1201～2500 元（3）2501～4000 元（4）4001～6000 元（5）6001 元以上

**附录 D（规范性附录）**

## 旅行社服务质量暗访要求及检查项目

D.1　目的与意义

D.1.1　旅行社服务质量暗访是对广东省旅行社等级综合评定的必要补充，是评定旅行社等级的重要依据之一。

D.1.2　暗访促进旅行社严格按照本标准参与评定，消除旅行社突击参评的做法。暗访在不明示检查人员身份的情况下进行，更有利于促使旅行社以真实的状态参与等级评定。

D.1.3　暗访可以督促广东省旅行社提高服务质量，提升行业服务水平。

D.2　暗访制度

D.2.1　每家申请等级评定的旅行社必须接受 3～5 名检查员对 2 个或以上不同线路旅行团服务质量的暗访。

D.2.2　检查员接受旅行社等级评定委员会的委派，以普通客人的身份接受参评旅行社的服务，重点针对旅行社的服务质量进行暗访并对检查项目进行达标与否判定，对照表 D.1 根据暗访实际情况如实在相应位置打勾（"√"）标识。

D.2.3　检查员对旅行社进行暗访检查时不得暴露真实身份，不得通知旅行社。

D.2.4　暗访结束时，检查员向旅行社出示旅行社等级评定委员会签发的《暗访通知书》和本人的《旅行社等级评定检查证》，由被检查的旅行社负责报销因本次检查活动发生的费用。

D.2.5　暗访结束后，检查员在五个工作日以内整理暗访情况，以书面检查报告形式向旅行社等级评定委员会报告暗访情况。

D.3　暗访结果的处理

旅行社等级评定委员会应在接到所有暗访报告后 15 个工作日内，取所有暗访结果的平均值作为最终暗访结果，对参评旅行社的服务质量做出评定。

D.4　暗访达标要求

暗访评分表 19 个项目满分 65 分。各等级旅行社最低达标率要求分别为：

a）一星级：70% 及以上

b）二星级：75% 及以上

c）三星级：80% 及以上

d）四星级：85% 及以上

e）五星级：90% 及以上。其中，达标率 = "达标" 项目数/检查项目总数 × 100%；检查项目总数 = "达标" 项目数 + "未达标" 项目数。

D.5　暗访项目检查表

表 D.1　给出了暗访项目检查表。暗访项目检查表分为合同管理、导游员素质、导游服务、突发事件处理、安全防范和售后服务等 6 个一级子项目，共 9 个二级子项目和 19 个三级子项目。

6 表 D.1　旅行社服务质量暗访项目检查表

| 项目 | 评判标准 | 达标 | 未达标 |
|---|---|---|---|
| 1　合同管理 | 旅行社应严格执行规范旅游组接团合同，严格按合同规定提供服务 | | |
| | 因客观原因旅行社和旅游者变更合同内容的，应建立在与对方当事人意见一致的基础上协商解决 | | |
| | 旅行社应严格执行规范旅游用车租车合同，严格按合同规定提供车辆服务 | | |
| 2　门店服务 | 前台电话及时接听，接听者耐心解答游客疑问 | | |
| | 前台接待游客彬彬有礼，热情周到，态度诚恳，业务操作娴熟 | | |
| | 行前给游客提供温馨提示，询问需求，尽可能提供帮助 | | |
| 3　导游员素质 | | | |
| 3.1　基本素质 | | | |
| 3.1.1　爱国主义意识 | 导游员在服务过程中能维护国家和民族的利益 | | |
| 3.1.2　法律意识 | 导游员在服务过程中能遵纪守法 | | |
| 3.1.3　职业道德 | 导游员在服务过程中能遵守社会公德，维护旅游者的合法利益 | | |
| 3.2　仪容仪表 | 导游员着装整洁得体 | | |
| | 导游员举止大方，没有不合礼仪的举止 | | |
| | 导游员上团时佩戴导游证 | | |
| 3.3　业务水平 | | | |
| 3.3.1　语言 | 导游员语言表达清晰，准确、生动 | | |
| | 导游员在服务过程中能够使用礼貌用语 | | |
| 3.3.2　知识 | 导游员具有较广泛的政治、经济、历史、地理以及国情、风土习俗等方面的知识，能够正确向旅游者解说 | | |
| 4　导游服务 | | | |
| 4.1　全陪服务 | | | |
| 4.1.1　首站接团 | 全陪提前半小时到接待地点迎候旅游团队、散客 | | |
| | 全陪代表组团社和个人向旅游团队、散客致欢迎辞，主要包括表示欢迎、自我介绍、表示提供服务的真诚愿望、预祝旅行愉快等内容 | | |
| 4.1.2　进住饭店 | 全陪主动协调领取办理旅游团的住店手续，并协助有关人员处理旅游者进店过程中可能出现的问题 | | |
| 4.1.3　离站服务 | 全陪协助领队和地陪妥善办理离店事宜，使旅游团队、散客安全、顺利地搭乘交通工具 | | |
| 4.1.4　途中服务 | 乘坐交通工具向异地移动途中，全陪应提醒旅游者注意人身和财物的安全 | | |
| | 全陪应协助安排好饮食和休息 | | |
| 4.1.5　末站服务 | 全陪提醒旅游者带好自己的物品和证件 | | |
| | 全陪征求旅游者对接待工作的意见和建议 | | |
| | 对旅途中的合作表示感谢，并欢迎再次光临 | | |
| 4.1.6　各站服务衔接性 | 全陪的各站服务之间有机衔接，使旅游活动全面、顺利地开展 | | |

续表

| 项目 | 评判标准 | 达标 | 未达标 |
|---|---|---|---|
| 4.2 地陪服务 | | | |
| 4.2.1 接站服务 | 提前半小时到达接站地点地陪在旅游团队、散客出站前持接站标志，站立在出站口醒目位置热情迎接旅游者 | | |
| | 在旅游者上车时，地陪恭候在车门旁 | | |
| | 旅游者上车后，地陪协助旅游者就座，礼貌地清点人数 | | |
| | 行车过程中，地陪向旅游团队、散客致欢迎辞并介绍本地情况 | | |
| 4.2.2 入店服务 | 地陪在抵达饭店途中向旅游者简单介绍饭店情况，以及入店、住店的注意事项 | | |
| | 旅游团队、散客抵达饭店后，地陪引导旅游者到指定地点办理入店手续 | | |
| | 旅游者进入房间前，地陪向旅游者介绍在饭店内就餐的形式、时间、地点，并告知有关活动的时间安排 | | |
| 4.2.3 游览过程中的导游讲解 | | | |
| 4.2.3.1 出发前 | 地陪应将本地的节目安排及时通知每一位旅游者 | | |
| | 地陪提前10分钟到达集合地点 | | |
| | 地陪请旅游者及时上车，上车后清点人数 | | |
| 4.2.3.2 抵景点途中 | 地陪向旅游者介绍本地的风土人情、自然景观以及游览景点的简要情况，并回答旅游者提出的问题 | | |
| | 抵达景点时，地陪应告知旅游者在景点停留的时间，以及游览结束后集合的时间和地点 | | |
| | 地陪应向旅游者讲明游览过程中的注意事项 | | |
| 4.2.3.3 景点导游、讲解 | 讲解内容包括该景点的历史背景、特色、地位、价值等方面的内容 | | |
| | 讲解语言生动、富有表现力 | | |
| | 规定的讲解内容无缺漏 | | |
| | 做到讲解和指导游览相结合，使旅游者能充分游览 | | |
| | 对老、弱、病、残、孕的旅游者能给予特别关照 | | |
| | 在景点导游过程中，地陪始终与旅游者一起活动 | | |
| | 地陪应随时清点人数 | | |
| 4.2.4 旅游团队、散客就餐 | 介绍餐馆和菜肴的特色，介绍餐馆的有关设施 | | |
| | 引导旅游者到餐厅入座 | | |
| | 自己就餐前清点人数，确保（所带领的）人人到席 | | |
| | 解答旅游者用餐过程中的提问，解决出现的问题 | | |
| 4.2.5 旅游团队、散客购物 | 向旅游者介绍本地商品的特色 | | |
| | 按旅游者的需要在购物过程中提供翻译、介绍托运手续等相关服务 | | |

续表

| 项目 | 评判标准 | 达标 | 未达标 |
|---|---|---|---|
| 4.2.6 观看文娱节目 | 简单介绍节目内容和特点 | | |
| | 引导旅游者就座 | | |
| | 在旅游者观看节目时，地陪应始终坚守岗位 | | |
| 4.2.7 结束当日活动 | 旅游团队、散客结束在本地的参观游览后，地陪应询问旅游者对当日活动安排的反映，并宣布次日的活动日程、出发时间和注意事项 | | |
| 4.2.8 送站服务 | 在旅游团队、散客离站的前一天，地陪应通知旅游者移交行李和与饭店结账的时间 | | |
| | 地陪应诚恳征求旅游者对接待工作的意见和建议，并祝旅游者旅途愉快 | | |
| | 地陪应在旅游团队、散客乘坐的交通工具起动后方可离开 | | |
| 5 突发事件处理 | | | |
| 5.1 路线或日程变更 | 旅游团队、散客在旅游过程中提出变更路线或日程要求时，导游员原则上按合同执行，特殊情况报组团社 | | |
| | 在旅游过程中因客观原因需要变更路线和日程时，导游员应向旅游团队、散客做好解释工作 | | |
| 5.2 丢失物品 | 在旅游者丢失物品时，导游员能详细了解丢失情况并协助查找 | | |
| 5.3 旅游者伤病 | 旅游者发生意外受伤或患病时，导游员能陪同患者前往医院就诊并及时探视 | | |
| 5.4 其他问题 | 如遇上述之外的问题，导游员应在合理和可能的前提下积极协助有关人员妥善处理 | | |
| 6 安全防范 | 旅行社应按国家有关规定办理旅行社责任保险 | | |
| | 旅行社应推荐并协助游客办理人身意外伤害保险等 | | |
| | 导游员不应带领游客到没有安全保障的区域游览参观 | | |
| 7 售后服务 | 旅行社有专人负责顾客满意度回访调查 | | |
| | 旅行社有专人负责旅游服务质量监督和投诉处理工作，投诉电话有人接听 | | |
| | 旅行社投诉受理人员能够耐心倾听游客投诉，并及时核查事实，做出处理意见，对游客做出满意的答复 | | |
| 合计 | | | |

备注：

1. 本标准按照 GB/T 1.1—2009 给出的规则起草。
2. 本标准由广东省旅游局提出。
3. 本标准负责起草单位：广东省旅游局、广东省标准化研究院。
4. 本标准主要起草人：刘益华、张建新、杨国成、陈学章。

# 旅游发展规划

# Tourism Development Planning

（第 343 ~ 410 页）

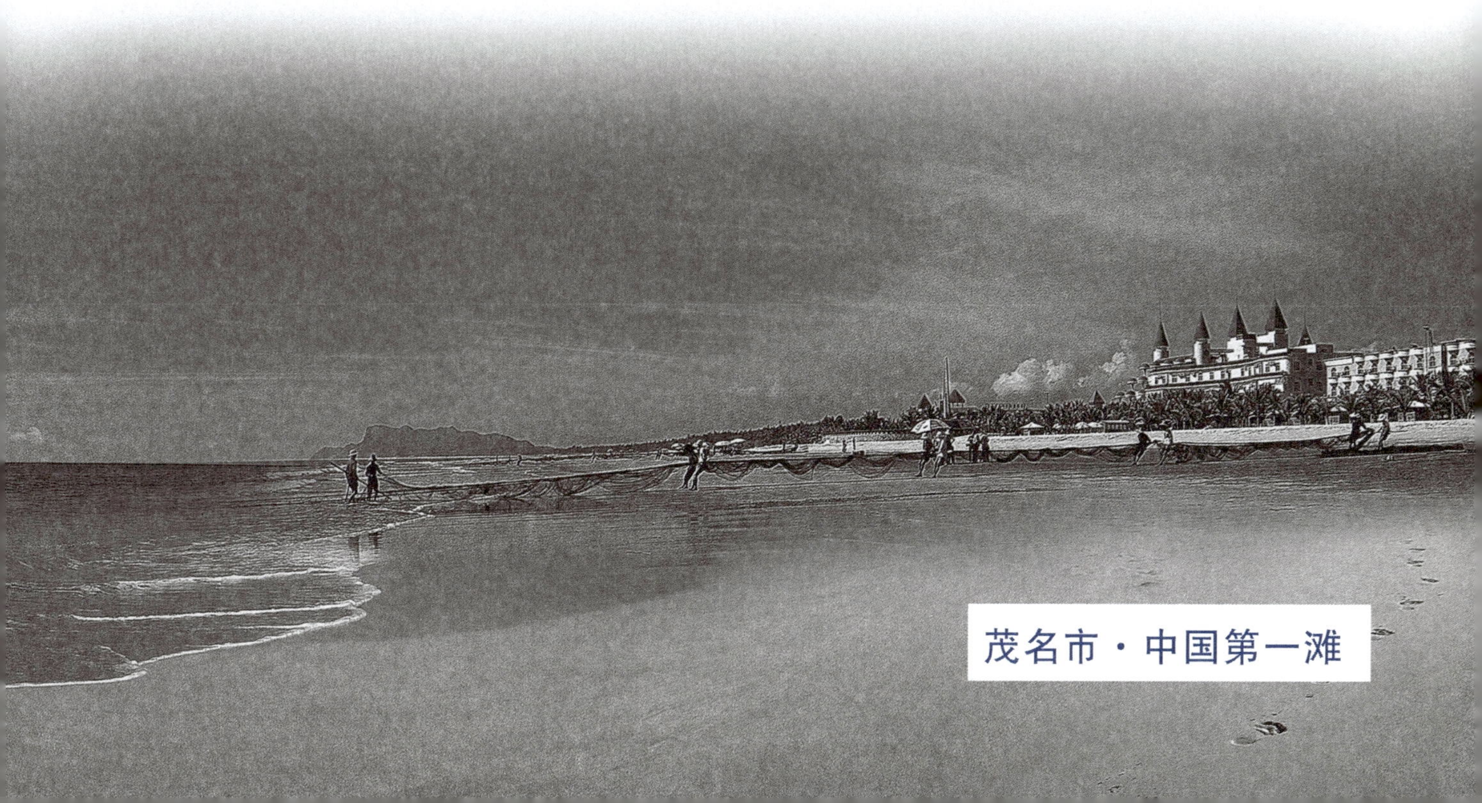

茂名市 · 中国第一滩

# 2011年广东旅游规划编制综述

【概述】 2011年，省旅游局抓紧旅游发展规划的编制，提升旅游产业科学发展的水平，逐步完善旅游规划体系。编制印发《广东旅游业发展“十二五”规划》、《广东省邮轮旅游发展规划（2011～2020年）》、《珠三角旅游产业一体化规划（2011～2015年）》、《粤东区域旅游发展规划（2011～2020年）》；《广东省旅游发展规划纲要（2011～2020年）》、《广东省滨海旅游发展规划（2011～2020年）》通过终期专家评审，省政府于2012年7月6日正式公布实施。

是年，广东加强旅游综合改革创新理论研究，完成创新导游管理体制机制、旅游产业集聚区发展、旅游公共服务设施建设、横琴新区旅游开发、粤港澳游艇旅游合作机制、旅游扶贫、国民旅游休闲计划、旅游产业转型升级战略、旅游业产业贡献等9个专题研究。加快推进《粤港澳区域旅游发展规划》、《广东省南岭生态区旅游发展规划》、《广东省红色旅游发展规划》编制工作。广佛肇、深莞惠等区域旅游发展规划抓紧编制实施，汕头、梅州、汕尾、江门、阳江、湛江、茂名、清远、云浮等市根据新形势制定或修编本地旅游发展总体规划。各地区域旅游规划与专项规划相互衔接，旅游规划体系不断完善。

## 省编制完成旅游规划

*《广东省邮轮旅游发展规划（2011～2020年）》* 广东是全国滨海旅游大省和经济社会发展最为活跃的地区之一，邮轮旅游已成为广东旅游发展的重要组成部分。为合理引导全省邮轮旅游的发展与布局，促进与保障广东邮轮旅游的健康有序与可持续发展，根据广东旅游发展的总体目标与战略，广东省旅游局和中山大学规划设计研究院于2011年3月编制完成《广东省邮轮旅游发展规划（2011～2020年）》（以下简称“本规划”）。本规划的范围为广东省行政区域范围。规划期为2011～2020年，其中近期为2011～2015年，远期为2016～2020年。

本规划总体目标：引领生活潮流，发展邮轮旅游，培育广东旅游新亮点，提升广东旅游品质与层次，促进广东滨海融入国际旅游目的地体系。把邮轮旅游当作广东旅游的培育产业，积极开拓、政策扶持、培育发展。开拓邮轮代理、服务、制造等相关产业，形成区域邮轮产业链，促进旅游与经济发展。构建多层次、多面向、多类型的邮轮港口体系，为广东邮轮旅游发展提供基础设施支撑。其中，在广州、深圳按照国际一流的标准建设国际邮轮母港，成为国际邮轮主要航线的重要节点；在湛江、汕头、珠海建设重要的国际邮轮停靠港和面向国内沿海航线的区域性邮轮母港；在其他沿海城市、重点旅游度假区、重点海岛旅游区建设国际邮轮码头。国际邮轮挂靠或落户广东港口的数量明显增加，广东沿海进入国际主流邮轮航线；国际主要邮轮公司把广东主要城市作为母港停泊地，在广东设立办事处；国内沿海航线、粤港澳台航线、粤琼航线得到开拓发展，形成规模；省内沿海航线得到培育发展，形成特色与品牌；远洋、近海豪华邮轮和中小型游轮旅游均得到较快发展，成为区域旅游新形式。其阶段性目标，从2011～2015年，以邮轮到港服务为主体的起步发展阶段。从2016～2020年，邮轮到港服务和公民出境服务并举的快速发展阶段。本规划对广州、深圳、湛江、珠海、汕头港等5个枢纽港口和潮州港、汕尾港等9个地区性重要港口进行剖析及空间布局，为全省邮轮旅游发展提供重要依据。

*《珠三角旅游产业一体化规划（2011～2015年）》* 根据国务院批准的《珠江三角洲地区改革发展规划纲要（2008～2020年）》，珠三角旅游产业发展的目标定位是：建设全国旅游综合改革示范区，建成亚太地区具有重要影响力的国际旅游目的地和游客集散地；根据省政府《珠江三角洲产业布局一体化规划（2009～2020年）》，提出建设全国旅游综合改革示范区，建立珠三角三大经济圈旅游业一体化合作机制，构建区域旅游公共信息平台，整合区域旅游资源，完善区域旅游接待服务设施，促进粤港澳旅游服务融合，重点发展都市旅游、商务会展旅游，把珠三角打造成为国际重要的都市旅游和商务休闲目的地、重要的国际游客集散中心。《珠三角旅游产业一体化规划（2011～2015年）》（以下简称《规划》）于2011年7月由广东省旅游局与华南理工大学旅游发展与规划设计研究中心共同完成，范围以广州、深圳、珠海、佛山、东莞、中山、惠州、江门和肇庆9市为主体，辐射环珠三角，并将与港澳紧密合作的相关内容纳入规划，规划期至2015年。

规划总的指导思想：“以打造珠三角旅游目的地一体化为目标，全面推进旅游资源管理、旅游品牌打造、旅游产品开发、旅游产业竞争、旅游交通体系、旅游集散中心、旅游信息平台、旅游服务标准等一体化建设，完善旅游产业一体化保障机制，携手港澳逐步推进珠三角旅游产业一体化进程，将珠三角建设成为国际重要的都市旅游和商务休闲旅游目的地。”其战略定位为：全国旅游综合改革示范区、全国旅游一体化发展先行区、全球重要的商务旅游目的地、岭南文化特色旅游区。发展目标：到2015年，珠三角地区旅游要素在区域内实现合理流动和优化配置，促进各城市旅游业的融合与共享，成为“无障碍旅游区”，基本实现旅游产业一体化，珠三角地区成为我国旅游业发展水平领先、国际性最强、一体化程度最高的区域之一。旅游形象鲜明、旅游产品特色、旅游要素增强、旅游交通完善、旅游服务提升、旅游管理规范、旅游机制健全。规划还就推进旅游资源一体化开发与管理、强化旅游品牌统一打造与营销、加快旅游产品一体化开发与打造、提升旅游产业竞争与融合发展、推进旅游交通体系网络化建设、加快旅游集散中心体系建设、统一旅游信息平台体系建设、完善旅游服务标准体系建设、推进粤港澳等区域旅游更加紧密合作、规划实施保障措施等方面进行系统的规划。

*《粤东区域旅游发展规划（2011～2020年）》* 2007年8月，暨南大学旅游规划设计研究院和北京天道蓝图规划设计院联合体中标，并按招标要求组成粤东区域旅游发展规划编制组。本规划于2011年3月编制完成。粤东地区是广东省东部旅游的重要窗口，是广东省“岭南文化”旅游品牌的集中体现区域。规划涵盖的行政范围包括汕头、潮州、揭阳、汕尾、梅州和河源六市，规划面积总计约4.7万平方公里。

规划以广东省委、省政府加快粤东地区社会经济发展决定为契机，根据粤东区域的旅游发展条件，从大旅游的视野，突破行政辖区的限制，整合区域优势，提出区域旅游产品的开发方向、市场开拓重点、行业发展目标、旅游大环境建设等指导性意见，明确区域旅游建设项目的招商重点、资源保护以及促进区域经济协调发展措施。本规划重点解决构建区域旅游合作机制，提升区域旅游整体竞争力；整合特色旅游资源，打造区域旅游品牌；塑造区域旅游形象，强化区域整体营销；建立区域旅游服务体系，开辟区域旅游绿色通道；完善旅游发展政策，创建旅游新优势等问题。

旅游发展空间布局为“一核三极”，即依托汕头海港、揭阳空港、潮汕铁路站等三港资源，以汕头主城区为主体，以潮州主城区、揭阳主城区为两翼，打造“一体两翼”的“汕潮揭都会区”为区域旅游发展的核心。以河源、汕尾、梅州为三个发展极。“三带”，即：沿梅汕高速潮客文化旅游发展带、沿深汕高速滨海旅游发展带和沿梅河高速山水生态旅游发展带。“四区”，即：“汕潮揭”潮汕文化与生态滨海旅游区、梅州客家文化生态旅游区、河源生态文化旅游区、汕尾现代滨海生态旅游区。

该规划还就旅游产品品牌规划、旅游线路规划、旅游文化开发规划、旅游市场开发规划、旅游服务系统规划、旅游人力资源规划、旅游资源保护与可持续发展规划、旅游科技发展规划、区域旅游合作发展规划、旅游发展政策导向等进行规划。

## 各地市编制完成旅游规划

*《广州市旅游业发展“十二五”规划》* 于2011年4月完成编制。该规划明确广州市“十二五”期间旅游业发展的指导思想与发展目标。广州旅游发展总体目标和定位是：围绕我市建设世界文化名城和国家中心城市的总体目标，将广州市建设成为旅游特色鲜明、旅游环境一流、旅游服务先进、旅游配套完善的国际旅游中心城市，努力打造世界知名的国际历史文化旅游目的地、国际商贸会展旅游目的地、国际都市观光旅游目的地、国际美食购物旅游目的地以及国际生态度假旅游目的地。旅游经济发展目标是：到2015年，全市旅游总收入突破3000亿元，旅游外汇收入超过94亿美元，旅游业增加值占全市GDP的7.6%以上，旅游业成为我市现代服务业的重要支柱。旅游市场发展目标是：到2015年，全市接待游客总人数突破1.8亿人次，接待海外游客人数突破1300万人次。接待过夜游客突破7500万人次，接待过夜外国游客突破490万人次，建成为国际、国内重要旅游目的地。

其“十二五”旅游发展空间布局为建设“一核两轴两极两岛”旅游发展空间新格局，实施“一核提升，两极带动”的区域发展战略。即“一核”：中心城区商贸会展、历史文化和现代都市旅游发展核；“两轴”：以广州新中轴线为纽带的现代都市文化休闲景观轴和以珠江为纽带的珠水文化景观轴；“两极”：北部山地休闲与生态度假增长极和南部主题游乐与滨海休闲增长极；“两岛”：长洲——小谷围文化休闲特色旅游岛和龙穴现代产业特色旅游岛。

“十二五”期间，广州市旅游发展的重点：一是围绕建设世界文化名城，重点打造六大系列文化旅游精品；二是引导产业集聚发展，积极培育九大特色旅游产业集群；三是促进区域协调发展，优先发展二十五个重点旅游项目；四是抓住市场发展机遇，全面拓展三大旅游市场；五是优化旅游发展环境，大力完善七大产业配套重点。实施“政府主导策略、部门联动策略、先行先试策略、科教兴旅策略、品牌制胜策略、服务民生策略和区域协作策略。”

**附：广州市旅游业“十二五”优先发展项目**

1. 番禺长隆旅游度假区
2. 番禺东部高端休闲度假区

3. 番禺西部历史文化生态旅游区
4. 从化温泉养生谷度假区
5. 从都国际商务会议中心
6. 花都九龙湖旅游度假区
7. 花都王子山森林旅游度假区
8. 花都丫髻岭休闲度假城
9. 增城白水寨旅游度假区
10. 南沙区十九涌湿地游览区
11. 南沙游艇会
12. 南沙邮轮母港
13. 黄埔南海神庙民俗文化景区
14. 黄埔区长洲岛历史文化旅游区，海珠区黄埔古港
15. 黄埔古村景区
16. 海珠区海珠湖
17. 荔湾区陈家祠岭南文化广场区
18. 荔湾区十三行商埠文化区
19. 越秀区北京路广府文化商贸旅游区
20. 越秀区五仙观及南粤先贤馆
21. 天河区广州新中轴线核心区景观带
22. 白云区南湖国家级旅游度假区深度开发项目
23. 白云区帽峰山生态健康养生度假区
24. 萝岗区天鹿湖森林公园
25. 珠江游深度开发项目

*《广州市星级饭店“十二五”节能规划》* 于2011年完成编制。该规划的基本原则是：节能与发展并举、加强节能管理与采用节能技术相结合和坚持依法管理与政策激励相结合。其总体目标包括：以打造环保节能的商务区为目标，积极推广应用集中式太阳能热水系统、空气源热泵技术、地下（表）水源和地源热泵技术、分布式热电冷三联供技术，以及综合利用系统，有效降低热水和空调系统的用能。对具有冷热需求的星级饭店，推广采用热泵冷热联供系统和回收余热的热泵热水系统，到2015年20%的星级饭店采用冷热联供系统；培育有条件的宾馆、酒店示范太阳能集中热水系统、太阳能光伏建筑（BIPV）、太阳能热泵综合制冷供热系统、新型冰蓄冷系统、大楼能源管理系统等；到2015年实现60%的星级饭店成功创建绿色旅游饭店。

广州市星级饭店“十二五”主要任务是：一是鼓励使用新能源和可再生能源；二是逐步取消一次性日用品的免费使用；三是全面开展绿色旅游饭店创建工作；四是在星级评定过程中开展节能减排工作；五是在旅游行业中提倡绿色文明消费。

*《深圳市旅游业发展“十二五”规划》* 此规划于2012年1月18日发布。该规划就“十二五”期间深圳旅游业发展所面临的形势进行全面评估，提出其指导思想、目标与发展原则。深圳市旅游业发展指导思想是：围绕创造“深圳质量”，以加快转变经济发展方式为主线，着力提升旅游经济发展质量，以改善公共服务为重点，着力提升旅游业服务大众的水平。以创新发展、转型发展、低碳发展、和谐发展为导向，率先转变旅游产业发展方式，抓住城市功能转型和产业高端化的契机，进一步拓展优势和潜力，突出高端旅游，使之成为本市现代服务业的重要增长点和民生福利的重要载体。深圳市主要旅游经济目标是：到2015年，全市接待游客总人数10700万人次，年均增长6.8%；接待入境游客4040万人次，年均增长7.0%；接待国内游客6660万人次，年均增长6.7%；其中，接待过夜入境游客1430万人次，年均增长7.0%，接待过夜外国游客235万人次，年均增长7.0%。到2015年，全市旅游总收入1035亿元人民币，年均增长10.5%；其中，旅游外汇收入53.55亿美元，年均增长11.0%。坚持“四大发展原则”，即：坚持国际化、高端化原则；坚持大产业、大格局的原则；坚持以人为本、和谐发展原则；坚持环境友好、低碳发展原则。

**附：深圳市各行政区和功能区旅游特色**

1. 福田区重点塑造“都会旅游”特色
2. 罗湖区重点打造“国际消费中心”特色
3. 南山区重点打造“高品位的文化旅游”特色
4. 盐田区重点打造“滨海和海洋旅游”特色
5. 宝安区重点塑造“园林城区”和“生态旅游”特色
6. 龙岗区重点打造“山海风光”特色
7. 光明新区重点打造“绿色、高新”特色
8. 坪山新区重点打造“低碳、科技”旅游特色

**深圳市规划重点区域**

1. 大鹏半岛片区
2. 华侨城旅游产业片区
3. 深圳中心区（CBD）都市风情带
4. 西部前海—南山生态港湾片区
5. 盐田旅游片区
6. 光明新区旅游片区

**深圳市重点建设项目**

1. 欢乐海岸旅游项目
2. 蛇口太子港国际邮轮母港
3. 东部华侨城续建项目
4. 观澜高尔夫旅游度假区
5. 福田中心城区高星级酒店群
6. 下沙休闲度假旅游区
7. 大梅沙滨海及水上旅游休闲运动区
8. 小梅沙整体改造项目
9. 城市绿道建设及旅游功能完善

10. 龙岗大运新城旅游功能开发
11. 大鹏半岛五星级酒店群建设
12. 大鹏生态创意农业园
13. 光明新区“创想新城”项目
14. 坪山马峦山项目

《佛山市旅游业发展十二五规划》 于2011年1月17日完成编制并经市政府批准印发。该规划包括由佛山市旅游业现状；佛山旅游业发展机遇和有利条件；规划的指导思想、发展战略与发展目标；旅游业发展规划；对策和保障措施5大部分组成。该规划明确佛山市的发展战略和发展定位。其发展战略为龙头带动战略、创新驱动战略、城市游憩化战略和科教兴旅战略以及区域联动战略。其发展定位是：通过五年努力，把佛山建成文化特色鲜明，旅游产品丰富，服务设施完善，旅游经济发达的旅游城市，国内知名度高且具有一定国际影响力的商务会展旅游目的地、岭南文化旅游名城、珠三角休闲度假旅游胜地，把旅游业培育成佛山市国民经济的重要产业、第三产业的先导产业和人民群众更加满意的现代服务业。主要指标：力争到2015年，佛山市旅游总收入407亿元，年均增长12%，旅游外汇收入12亿美元，年均增长11%。到2015年旅游收入力争在佛山GDP中占据4.5%的份额。

重视旅游业发展规划，其中在旅游产品开发规划方面，佛山市将着力打造四大组团，即中部综合性旅游组团、南部产业文化（工商）与水乡旅游组团、北部民俗和休闲度假组团、西部生态旅游组团，重点建设和提升佛山名镇、南庄生态休闲区、千年陶都、西樵山、南海西岸、南国桃园、长鹿农庄、李小龙乐园、陈村花卉世界、皂幕山、盈香生态园、深步水、三水云东海、芦苞养生度假旅游区、大南山等大型旅游景区。专项旅游产品建设包括：历史文化旅游产品、南国武术旅游产品、休闲度假旅游产品、商务会展旅游产品、产业旅游产品、生态观光旅游产品、节庆旅游产品、粤菜美食旅游产品、购物旅游产品、绿道健身休闲旅游产品；重点旅游项目有：西樵山休闲度假旅游区、“佛山名镇”、南庄生态休闲区、千年陶都、南海西岸旅游产业园、长鹿休闲度假农庄、李小龙乐园、深步水体育休闲度假区、皂幕山森林生态旅游度假区、云东海健康商旅度假基地、芦苞时尚养生度假旅游区、南山长寿养生度假旅游区、大旗头广府乡土文化主题园。

《佛山市绿道旅游规划（2011～2020年）》 于2011年完成编制。该规划明确佛山市绿道发展思路和目标：包括2011年建成全市区域绿道，每区至少建设10公里以上高标准示范段，城市绿道主框架全线贯通，建设完成东平新城等9个社区绿道示范区。2012年前，打造“绿树成阴的岭南绿城，鲜花盛开的花园城市”，吸引120万人参与绿道旅游。2013年到2020年间，全面推进城市绿道和社区绿道建设，并逐年完善，形成佛山市布局合理、配套完善、景观丰富、服务周全的具有岭南绿城特色的绿道旅游网络系统，至2020争取每年600万人游绿道，绿道游成为佛山市民的重要游憩休闲生活方式。线路组织：一是依托途经佛山的四条省级绿道，形成西岸山海主题绿道（即1号绿道）、珠三角文化休闲主题绿道（即3号绿道）、广珠生态休闲主题绿道（即4号绿道）、西江滨水休闲主题绿道（即6号绿道）四条主题区域绿道旅游线路；二是依托城市绿道和社区绿道，形成多条绿道“一日游”精品线路。在发展策略方面：加强绿道的统筹规划，形成网络化；提高绿道旅游安全、服务和管理水平；加强绿道旅游的宣传；加强绿道旅游区域合作。

《梅州客家文化生态旅游示范区总体规划（纲要）》 于2011年4月完成编制。该规划提出梅州市打造“客家文化生态旅游示范区”必须按照一个目标（客家特色的田园文化城市），两个品牌（世界客家文化圣地、国际文化旅游度假区），两种模式（合作发展模式、遗产创新利用模式），九个示范（客家人国际合作示范区、客家人文化创意产业示范区、客家建筑遗产综合利用示范区、客家名人文化开发示范区、客家人农耕文化旅游示范区、客家养生文化示范区、客家生态旅游示范区、客家美食文化示范区和客家文化圣地示范区）的总体思路推进。总体目标包括：以客家文化和生态环境为依托，实现旅游与文化、与生态、与城乡统筹有机融合，形成梅州旅游和文化发展的核心竞争力和持续吸引力，旅游业成为具有高度包容性和融合性的战略性主导产业，成为推动“四个梅州”建设的重要力量，成为梅州经济绿色崛起的先锋产业。发展指标：到2015年，接待旅游者总人数达到1300万人次；旅游总收入165亿元，年均增长率25%；其中接待海外旅游者达500万人次。梅州旅游进入全省前10名。旅游总收入相当于全市GDP比重达到13.75%，旅游作为梅州“绿色崛起”的先锋产品作用明显体现，旅游业成为梅州的重要战略性支柱产业。

在旅游产业空间布局方面，该规划确定以“一核、一带、两轴、四区”作为梅州“客家文化生态旅游示范区”发展布局。“一核”主要是指梅江区和梅县旅游核心区。形成旅游集散和都市休闲旅游。“一带”指梅江—韩江文化旅游带。形成主题城镇和水上休闲旅游。“两轴”以梅江区为中心，依托高速公路，形成东西和南北两条旅游精品轴。“四区”，即：都市休闲旅游区、文化旅游度假区、运动养生度假区、乡村生态休闲区。重视文化区域联动和经济区域联动。在旅游产品开发方面，该规划把生态旅游产品、文化体验产品、休闲旅游产品、度假旅游产品以及节庆活动和修学旅游等旅游产品作为梅州市主要旅游产品。

*《汕尾市旅游业发展“十二五”规划》* 于2011年完成编制。该规划明确“十二五”汕尾旅游业指导思想，提出“发展特色旅游产业经济带”和“发展海岸经济，崛起蓝色汕尾”的目标，坚持科学发展观，走可持续发展之路振兴旅游业；实施以政府为主导、市场需求为导向的大旅游发展战略，把旅游业培育成为汕尾国民经济最具活力的新兴支柱产业、第三产业的龙头。其旅游业发展目标是：大力发展休闲度假旅游产业。充分利用好海滨城市的丰富自然旅游资源和历史人文资源，突出“红、蓝、绿、古、特”主题，积极培育一批竞争力强、影响力大的旅游品牌，延伸旅游产业链，打造珠三角旅游目的地，建设“珠东”现代旅游新城。到2015年底实现一城、十馆、百亿元、千万人。“一城”，就是以市区为重点打造一个旅游新城；“十馆”，就是建设十座新的、高档次、各具特色的宾馆；“百亿元”，就是旅游年产值要过百亿元，成为新的支柱产业；“千万人”，游客超过一千万。进一步优化旅游发展空间布局，全力打造一个中心（汕尾市区城市旅游接待中心）、三大组团（市区——红海湾海滨旅游组团；陆丰——陆河文化旅游组团；海丰综合旅游组团）、十个重点旅游区（长沙湾旅游城、赤坑温泉、海丽乡村俱乐部、莲花山综合开发、陆河休闲度假区、金厢沙滩旅游区、品清湖游艇俱乐部、银龙湾旅游园区、鹅埠园区明热温泉、联安国际湿地生态旅游区）的旅游总体发展格局。

“十二五”期间，汕尾旅游业将着重在建设旅游景区；开发红色旅游资源；统一规划和规范化管理；鼓励发展旅游服务业；推进旅游信息化建设和队伍建设；大力提高旅游队伍素质，为旅游业的发展提供保障；打造珠东旅游新城；整合区域旅游资源，促进区域旅游的协调发展等十个方面下功夫。

*《中山市旅游业发展“十二五”规划》* 于2010年9月完成编制。该规划明确中山市“十二五”旅游发展的指导思想和总体目标。中山市旅游发展指导思想为：围绕建设“三个适宜”（适宜创业、适宜创新、适宜居住）新型城市、加快实现旅游发展转型的基本要求，进一步发挥旅游业在现代服务业中的龙头地位，加强旅游业与文化产业的融合发展；围绕珠三角都市休闲旅游示范区，争取成为广东省旅游综合改革示范市，推动中山市的旅游综合改革，倡导低碳旅游，推动旅游业节能减排。发挥中山的区位优势、环境优势和人文优势，合理开发旅游资源，加强区域旅游协作，加快完善旅游产业体系，全面提升旅游产业素质，实现旅游业又快又好发展，推动中山市由观光型城市向集会展节庆、商务旅游、文化旅游与休闲度假为一体的综合性旅游城市转变，推动中山市由单一的旅游目的地城市向区域性旅游城市的转变，努力把中山建设成为最适宜休闲度假的中国优秀旅游城市、国内一流、国际知名的旅游城市。其总体目标是：到2015年，全市年接待国内外游客1881.41万人次，年均增长13.17%；全市年旅游总收入达到211.65亿元，年均增长13.93%；旅游外汇收入15.58亿元，年均增长2.61%。城乡居民年均出游超过4次，旅游消费相当于居民消费总量的20%，旅游业增加值占全市GDP的比重提高到6.9%，2020年旅游业增加值占全市GDP的比重提高到8.7%，把旅游业发展成为中山市国民经济战略性支柱产业和人民群众更加满意的现代服务业，粤港澳、珠中江区域旅游的重要节点，珠三角旅游新的增长极。从而，使中山市旅游产业地位提升、旅游产业结构优化、旅游产业竞争力增强、旅游产业素质提高。为达到此目的，中山市旅游业发展将重点实施政府主导战略、区域旅游战略、名牌驱动战略、结构优化战略和规模经济战略。

中山市“十二五”旅游发展的主要任务和发展重点是：一是优化旅游发展格局，包括优化旅游空间布局。即构建“两心两带三区”的空间布局，“两心”为中山城区商贸旅游中心、南朗名人文化旅游中心，“两带”为游艇特色旅游带、工业特色旅游带，“三区”为东北会展购物旅游区、西部滨江休闲旅游区、南部森林旅游度假区。优化旅游产品结构；二是提升旅游产业基础，包括旅游基础设施建设、旅游解说系统建设；三是加强旅游市场开发，包括主要目标市场和市场开拓计划；四是推进旅游绿道建设；五是打造乡村旅游基地；六是深度开发文化旅游；七是培育发展美食旅游；八是建设35个旅游重点项目，包括：南朗镇孙中山故里5A景区建设、南朗镇翠亨温泉旅游度假区、神湾镇盛世游艇会、新长江乐园、岐江夜游、南区文笔山大风车旅游世界、三乡镇中山温泉旅游商贸区、古镇绿博园升级改造、小榄镇文化艺术品产业基地、小榄镇水色匝商业文化旅游景区、小榄镇菊花大观园、中山旅游商品销售中心、古香林、横栏镇“水·印·江南苑”、石岐区139文化街区（博物馆群）、黄圃镇海蚀遗址休闲旅游区、南朗镇崖口生态旅游文化旅游区、南区北台村旅游板块国家5A级景区项目、东升镇银信科技广场、神湾镇绿道.神溪体育休闲旅游项目、南区沙涌历史文化街区、东凤镇新沙岛生态休闲旅游区、民众镇十里外滩旅游度假半岛、南区岐江畔休闲产业带、东凤镇莺哥咀水文公园、板芙镇河西农业生态旅游观光游、民众镇裕安人家、黄圃镇黄圃公园、民众镇沙田明珠、板芙镇海心沙湿地休闲公园、黄圃镇横石围现代农业生态旅游园区、黄圃镇食品文化精品游项目、南头镇家电商贸体验游。

*《阳江市“十二五”旅游业发展规划纲要》* 于2010年底

完成编制。该规划明确阳江市“十二五”旅游发展的指导思想、发展战略和发展目标。其指导思想是：以培育旅游精品为重点，以加强区域合作和构建现代旅游营销体系为手段，以体制创新为动力，重点打造“浪漫银滩、宋船古韵、温泉之都、水墨阳江、休闲绿城”五大旅游品牌，重点推介“滨海休闲度假之旅”、“南粤精品文化之旅”和“南国药膳之旅”等精品线路；其发展战略是：实施“旅游强市”发展战略。在客源市场上依托珠三角，服务本地，连通港澳台，立足广东以及“9+2”地区，面向国内外；在建设上实行创新与巩固结合，专题化与大众化结合，自然景观与人文景观结合，动态参与型与静态休闲度假型结合，科学开发与生态保护结合，高起点、高标准、高品位地搞好旅游资源开发建设，努力促进旅游产品创新升级；在发展方向上突出滨海沙滩、溶洞峰林、温泉养生、海洋文化等旅游特色，把阳江旅游建设为国际休闲旅游度假胜地。其发展目标是：到2015年，阳江市接待旅游者总人数1300万人次，年均增长率为12.3%，旅游总收入107亿元，年均增长率为20%。

该市“十二五”旅游业规划按照“一个龙头，一条风景带，两个中心，五大旅游组团和若干旅游路线”进行规划布局。即以海陵岛为龙头；漠阳江为风景带；以江城区（含高新区）为旅游组织主中心，春城为副中心，以南部海陵岛滨海旅游组团、北部阳春岩溶地貌旅游组团、西北部阳春八甲生态旅游组团、东部阳东山海泉湖旅游组团、西部阳西山海风光旅游组团为五大旅游组团；自旅游中心向五大旅游组团辐射开发特色旅游路线。主题旅游线路包括：以海陵岛为龙头的阳江海滨风情度假休闲游；以春湾——凌霄岩国家地质公园为主的峰林溶洞观光游；以阳江温泉资源为主的温泉保健和南国药膳休闲游；以阳春山水和阳东东湖为主的自然生态休闲游；以名优水果、花卉基地和海水养殖为主的农林、渔业休闲观光游；以民俗、节庆、文化古迹为主的阳江文化游；以城市景观、商贸购物和特色产品为主的城市观光购物游；以“山海兼优——食在阳江”为主题的阳江美食游。

*《湛江市旅游产业发展规划》* 由广东省湛江市人民政府与湖南司大旅游规划设计有限公司共同于2011年6月编制完成。该规划对湛江市旅游发展总体定位为：南中国海洋度假休闲旅游中心，国际旅游半岛，以高端滨海旅游为龙头，以文化与旅游结合为特色，以特种旅游为亮点的全域国际旅游目的地。其战略定位为：把旅游业作为新兴战略性支柱产业来发展，充分利用自身的地理位置优势和海洋旅游资源优势，抓住发展海南国际旅游岛的机会，把湛江建设成为国际旅游半岛，重点推进湛江海滨休闲度假、修学科普、特色文化系列旅游产品的精品化建设，并加强自身旅游服务基础设施的建设，提高整体服务水平，培育一批知名度和美誉度极高的具有竞争力的旅游品牌。实施文化先导战略，精品带动战略，品牌形象战略，产业融合战略，区域联动战略和整合创新战略。其编制目标：到2015年，将旅游业培育成为战略性支柱产业，旅游收入达到250亿元，占全市GDP的6.5%；到2020年，将湛江建设成为南中国海洋度假休闲旅游中心、国际旅游半岛、中国著名的滨海旅游目的地，旅游收入超过635亿元，占全市GDP超过8%。

在旅游产业空间布局方面，该规划确定“一心一带三板块”旅游发展格局。“一心”指旅游业中心，即以湛江市市区为中心。“一带”就是围绕环雷州半岛公路分布主要旅游景点而形成旅游产业带。“三板块”指的是，海洋度假旅游板块，是湛江旅游发展的核心区域；生态观光旅游板块，是湛江对接北海旅游业发展的重要区域；历史文化旅游板块，是湛江市旅游开发的亮点区域，也是海南国际旅游岛客源外溢的重要吸引力源。在旅游产品开发方面，该规划坚持“黄金海岸打造世界精品，黄金地段产生黄金效益”的发展地位和开发理念；主动融入海南国际旅游岛的建设，主动连接北部湾旅游业发展，承担南中国海洋度假休闲旅游中心的职责；加强休闲度假旅游产品及海洋生态旅游产品建设，做好乡（渔）村旅游产品、游艇旅游产品、美食旅游产品、体育旅游产品、会展旅游产品、红色旅游产品、素质拓展旅游产品等辅助产品体系建设。除以上内容，总体规划还对旅游产业要素配置、旅游产业与相关产业融合发展、旅游基础设施与服务设施、旅游产业区域协作、旅游市场营销与品牌推广、旅游环境与旅游资源保护、旅游产业发展保障措施以及旅游产业发展近期行动等专项进行详细规划。

*《茂名市旅游发展总体规划（2011~2030年）》* 于2011年10月编制完成。该规划明确茂名市的旅游发展目标和重点战略。其旅游发展目标是：茂名将依托粤西优质的山、海、泉、林、果、湖、滩、岛等丰富的生态资源和悠久的冼太文化资源，借助包茂高速、深茂高铁、洛湛铁路、粤西机场（新建）成为连接两个国际旅游目的地——桂林、海南岛最便捷的通道，近期创建“广东省滨海旅游示范园区”，远期创建“国家级旅游产业试验区”，创建广东省旅游综合改革示范市。突显“冼太故里、中国荔乡、云山鉴水、滨海茂名”的城市形象。同时，联合湛江市、阳江市与海南国际旅游岛、广西北部湾共同构建南中国海旅游“黄金三角”，加快促进茂名旅游业实现跨越式发展。通过旅游业带动茂名石油城形象的快速转型，在规划期末力争实现“滨海茂名”旅游新形象的成功塑造。充分发挥茂名旅游业对茂名经济、文化和环境的综合影响。在经济生活方面，不

断优化旅游产业结构，形成完善的旅游产业体系，旅游业的产业功能和经济优势得以充分有效地发挥，促进茂名市产业结构优化升级，从而带动整个经济的全面快速发展，增强茂名市经济整体竞争力；在环境方面，通过旅游发展有效地保护和优化茂名的自然环境，促进茂名环境的可持续性发展。在文化方面，发扬当地潘茂名文化、冼太文化、荔枝文化、石油文化和民俗文化，增加茂名作为旅游目的地的文化底蕴，打造文化旅游品牌；茂名市旅游发展重点战略是：旅游产业试验区战略、滨海旅游战略、城市商务战略、文化生态战略、形象塑造战略。

在旅游发展总体布局结构上，实施“一带、两核、三副、四片”格局，“一带”为滨海游憩度假发展带；“两核”为茂名市中心城市综合旅游核、环水东湾城市综合旅游核；“三副”为高州城区、信宜城区、化州城区；“四片”为北部山地生态片、南部商务滨海片、中部文化农业片、西部康体休闲片。在滨海旅游发展规划方面，分5大功能区组团，即：环水东湾组团，水东生态体验区、港湾生活风情区；晏镜岭——歌美海组团，城市文化游览区、中心游憩商务区、湿地生态观光区、山海养生度假区；第一滩——虎头山组团，滨海体育运动区；博贺——龙头山组团，旅游商贸中心区 、运河风情居住区、浪漫海岸度假区、渔港风情体验区；放鸡岛组团，海洋文化游览区。在文化旅游发展规划方面，重点打造冼太文化、荔枝文化和石油文化旅游品牌，提升茂名市文化旅游产品的品质与内涵，使茂名市成为岭南地区重要的文化旅游目的地。除以上内容，总体规划还对茂名市城市商务旅游、旅游形象提升、旅游市场与产品联动、旅游产业发展、旅游保障体系、旅游影响调控、旅游发展近期行动等专项进行详细规划。

**《茂名市环水东湾国家级滨海旅游产业专项规划》** 茂名滨海新区地跨茂港区、电白县，研究范围包括茂港新区、晏镜岭至博贺镇博尾村开放式海岸线、环水东湾及其中大洲岛、二洲岛、三洲岛，以及地处外海的大放鸡岛和小放鸡岛，总面积约130平方公里。其中，放鸡岛海上游乐世界、龙头山浪漫海岸、中国第一滩等景区对外开放。其形象定位为：“动感新海岸，魅力水东湾”。其功能定位为：以滨海新区优质滨海资源为基础，以旅游产业链构建为整合手段，以市场为导向，以滨海体育和旅游会展为特色，建成集海洋游乐、户外运动、滨海度假、生态休闲、商贸会展、旅游装备制造与流通等为一体、国际化、综合型的国家级滨海旅游产业试验区。总体思路：潜水观光先行，体育营销跟进，强力打造度假，产业链条衔接，以点串线，以线带面。其发展战略，一是错位竞争战略；二是项目拉动战略；三是区域合作战略；四是资源变资产战略。该规划按照总体结构，划分为五大功能组团。共同构成环水东湾区域“一体两翼、五组团”的结构体系。“一体两翼”，即：空间布局上以水东湾内海及周边所在区域为主体发展核心区，晏镜岭——歌美海组团为其左翼，博贺——龙头山组团为其右翼，形成大鹏展翅蓄势待发之势；“五组团”，即：环水东湾组团、晏镜岭——歌美海组团、第一滩——虎头山组团、博贺——龙头山组团、放鸡岛组团。此外，该规划还对道路交通系统、景观及绿地系统、旅游服务设施、生态与环境保护等进行专项规划。对分期发展规划、规划实施的保障措施提出具体要求。

（涂继文　整理）

# 印发广东省旅游发展规划纲要（2011～2020年）的通知

（粤府［2012］74号）

各地级以上市人民政府，各县（市、区）人民政府，省政府各部门、各直属机构：

现将《广东省旅游发展规划纲要（2011～2020年）》印发给你们，请认真组织实施。实施中遇到的问题，请径向省旅游局反映。

广东省人民政府
二〇一二年七月六日

为加快我省旅游产业转型升级，把旅游业发展成为广东国民经济的重要支柱产业和惠及全民的幸福导向型产业，建设旅游强省和全国旅游综合改革示范区，根据《国务院关于加快发展旅游业的意见》（国发［2009］41号）、《珠江三角洲地区改革发展规划纲要（2008～2020年）》和《中共广东省委广东省人民政府关于加快我省旅游业改革与发展建设旅游强省的决定》（粤发［2008］20号）要求，特制定本规划。

## 一、加快发展我省旅游业的重大意义

（一）发展基础。

旅游综合实力不断增强。“十一五”期间，全省旅游业持续快速发展，主要旅游经济指标名列全国前茅，为建设旅游强省奠定了坚实基础，入境过夜旅游人数、国内过夜旅游人数、旅游总收入年均增长分别为11.9%、13.2%和15.1%.2010年，全省接待入境过夜旅游者3156.75万人次，国内过夜旅游者1.86亿人次，位居全国第一；按旅游卫星账户统计，全省实现旅游总收入5369亿元，旅游业增加值2288.31亿元，占全省GDP的5.03%，占全省第三产业增加值的11.05%；旅游业直接和间接吸纳就业人数840万人，占全省就业人数的12.5%.

旅游产业结构明显优化。“十一五”时期，旅游产品体系不断完善，现代旅游迅速发展，产业要素体系日趋完善，旅游出行、住宿、餐饮、景区、商贸和娱乐服务全面发展；旅游龙头企业综合竞争力快速提升，“活力广东”旅游品牌影响力进一步增强；产业规模不断发展壮大，截至2010年底，全省共有旅行社1303家；星级酒店1214家，其中五星级酒店94家；大型旅游景区景点300多个，其中5A级2个、4A级86个，世界遗产2处。

旅游改革开放深入推进。“十一五”时期，相继出台了《关于加快我省旅游业改革与发展建设旅游强省的决定》（粤发［2008］20号）、《关于试行广东省国民旅游休闲计划的若干意见》（粤府［2009］19号）、《贯彻国务院关于加快发展旅游业意见的若干意见》（粤府［2010］156号）等文件，在全国率先推行“国民旅游休闲计划”，率先建设全国唯一的省域旅游综合改革示范区。旅游体制机制和商业运营模式不断创新，东部华侨城、海泉湾、南海西岸分别获授全国首家“国家生态旅游示范区”、“国家旅游休闲度假示范区”、“国家旅游产业集聚（实验）区”称号。旅游区域合作和市场开拓取得新进展，粤港澳旅游圈建设不断推进。旅游扶贫创出新模式。

（二）面临的机遇和挑战。

加快我省旅游业发展面临重大战略机遇。一是我国经济结构战略性调整为我省旅游业产业化大发展提供了广阔的空间。《国务院关于加快发展旅游业的意见》（国发［2009］41号）提出要把旅游业培育成为国民经济的战略性支柱产业和人民群众更加满意的现代服务业。旅游业与相关产业融合发展的大格局逐渐形成。未来十年，旅游业在国家扩内需、促消费、增就业、惠民生战略实施中的地位作用将进一步凸显。二是我省居民消费结构升级为旅游业加速发展带来了广阔的市场前景。“十二五”期末全省人均

GDP将接近1万美元，旅游业处于“爆发性”增长期，旅游休闲将成为城乡居民生活的基本内容和刚性需求。三是粤港澳区域经济一体化全面加速将有力提升我省旅游开放的国际化水平。未来十年粤港澳三地将在经济、社会、文化、生活等领域全面合作对接，有利于拓展我省国际旅游市场。四是信息化普及与快速交通网络的完善加快了旅游业现代化进程。

我省旅游业发展面临新的问题和挑战。一是我省旅游业发展的外部环境更趋复杂多变，世界经济复苏缓慢、国际汇率变化及贸易保护主义抬头加剧了国际旅游业竞争；不可预见的自然灾害和突发公共事件频发，对旅游业发展产生较大冲击；全国旅游业发展的竞争局面已经形成，我省作为出入境窗口、改革开放前沿等传统优势逐步弱化。二是旅游业发展方式仍然粗放，旅游资源环境保护压力加大，旅游企业综合竞争力不强，旅游公共服务体系有待健全，省域旅游形象品牌有待提升，旅游市场秩序有待进一步规范，旅游服务水平有待提升。三是区域旅游发展不平衡，旅游经济集中于珠三角，东西北欠发达地区旅游资源尚未得到有效开发和利用。

（三）重要意义。

旅游业是我省幸福导向型产业之一，是国民经济的支柱产业和现代服务业的重要组成部分。未来十年，我省旅游业将处于快速发展的黄金期。加快发展旅游业，有利于扩大居民最终消费和综合性消费，扩大内需，带动相关产业发展。加快发展旅游业，有利于推进我省产业结构转型升级，促进区域经济协调发展，促进生态型、循环型、低碳型产业结构、生产模式和生活方式的形成。加快发展旅游业，有利于满足人民群众日益增长的物质文化和精神生活需求，有效调节人与人、人与社会、人与自然的关系，促进国民身心健康，形成和谐幸福的社会氛围，推动幸福广东建设。

## 二、总体思路和发展目标

（一）指导思想。

以邓小平理论和“三个代表”重要思想为指导，深入贯彻落实科学发展观，围绕“加快转型升级、建设幸福广东”的核心任务，认真执行国家和省关于加快旅游业发展的重大战略部署，进一步解放思想、改革创新，加快转变旅游发展方式，实施旅游产业提升、旅游惠民、创新驱动三大发展战略，全面推进全国旅游综合改革示范区建设，构建旅游发展新格局，将旅游业培育成为广东国民经济的重要支柱产业和惠及全民的幸福导向型产业，全面建成旅游强省，当好全国旅游业发展排头兵。

（二）基本原则。

——改革创新，先行先试。深化旅游综合改革，创新旅游管理体制和运行机制，形成政府引导、企业主体、市场运作、社会参与的旅游业发展大格局。加快资源整合与产业融合，积极发展旅游新业态，推动旅游产业转型升级。

——立足国内，拓展国际。以世界眼光、国际标准谋划广东旅游产业开发，统筹利用国际国内两个市场、两种资源，坚持“引进来”与“走出去”相结合，推进我省旅游开放合作新局面。

——因地制宜，统筹发展。以全面展示南粤风采、广东特色为主线，充分发挥各地资源禀赋优势，鼓励和引导旅游产业特色化、差异化发展，形成特色鲜明、优势互补的发展格局。

——旅游惠民，增进民生福祉。推动旅游普惠共享，满足各层次群体的多样化旅游需求，为国民旅游创造平等机会，以幸福旅游推动幸福广东建设，提升全民幸福感。

——科学开发，有效保护。兼顾经济效益、社会效益和生态效益，把握好旅游开发速度、程度和规模，实现旅游资源永续合理利用和旅游业全面协调可持续发展。

（三）战略定位。

——国民经济的重要支柱产业。旅游业对全省经济增长的贡献率进一步提高，成为现代服务业的新引擎，凸显旅游产业规模的支柱性、产业素质的先进性和产业功能的带动性。

——惠及全民的幸福导向型产业。人民群众充分享受旅游业发展成果，旅游业的民生特性和社会功能进一步凸显，成为提高民生质量、增进百姓福祉、推动幸福广东建设的重要内容和举措。

——全国旅游综合改革创新示范区。承担全国旅游综合改革创新“试验田”的历史使命，继续大胆探索，先行先试，在加快转变旅游发展方式、推动体制机制创新等方面率先取得突破，为全国旅游改革发展提供经验和示范。

——亚太地区具有重要影响力的国际旅游目的地。以现代旅游为引领，以商贸会展、岭南文化和休闲度假为特色，加强与港澳旅游合作，建成影响亚太、面向世界的具有较高国际水准的旅游目的地。

——世界级现代旅游服务业基地。培育一批具有国际竞争力的世界级旅游企业和品牌，建设自主创新旅游产业集群新高地，建成服务全球的游客集散、商贸会展、旅游产品制造、旅游物流、旅游教育培训和旅游文化创意基地。

（四）发展目标。

全面贯彻落实国家和省关于加快发展旅游业的战略部署，抢抓机遇、应对挑战，按照以下“两步走”的战略步骤，有序推进我省旅游“五年大发展、十年创一流”，成为国民经济的重要支柱和惠及全民的幸福导向型产业，旅游产业的规模、质量、效益达到国际一流水平，全面实现旅游强省建设目标。

第一步：到2015年，我省旅游整体形象更加鲜明，旅游公共服务体系基本完善，旅游环境更加优化，旅游业总体规模、服务质量、综合效益领先全国，现代化、市场化、国际化水平显著提升，全国旅游综合改革创新示范区建设成效显著，基本建成旅游强省。全省旅游业总收入达到1万亿元，年均增长率达到15%；旅游业增加值占全省GDP的比重提高到6%左右，占服务业增加值的比重达到13%。

第二步：到2020年，旅游服务设施、经营管理和服务水平与国际通行的旅游服务标准全面接轨，旅游产业规模、产业素质、服务品质、综合效益达到世界旅游先进水平，粤港澳形成优势互补、具有全球核心竞争力的国际旅游圈，建成辐射华南、服务全国、影响亚太、国际一流的旅游目的地和游客集散地，全面建成旅游强省。旅游业总收入达到2万亿元，年均增长率达到15%；旅游业增加值占全省GDP的比重提高到7%左右，占服务业增加值的比重达到15%左右。

三、优化空间布局

着力构建“一核、两带、三廊、五区”空间布局，加快形成岭南文化凸显、功能结构完整、区域优势互补、资源高效利用的旅游发展大格局。

——一核：珠三角都市圈旅游核心。

主要包括环珠江口以广深珠为核心的都市旅游区。依托珠三角良好的产业基础和城市快速交通网络，重点发展标志景观、都市娱乐、商务会展、文化体验、高端度假等都市旅游，建设全国旅游创新创意中心、人才智力高地和旅游制造业基地；联动港澳，形成区域旅游一体化的宜居宜游的大珠三角优质生活圈。发挥珠三角在全省旅游发展格局中的核心驱动功能，带动全省旅游协调发展。

——两带：蓝色滨海旅游产业带、绿色生态旅游产业带。

蓝色滨海旅游产业带。以海岸线和海岛链为轴线，积极配合广东海洋经济综合试验区建设等国家海洋战略，综合利用海洋渔业设施、沿海滩涂地、沙滩、海岛、海湾、岸滩生物群落、沿海城镇、海洋文化等资源，推进产业融合和滨海旅游产业集群发展，加快海域、海岛、海岸带旅游立体开发。重点开发环珠江口组团、川岛—广海湾组团、海陵岛—月亮湾组团、水东湾—放鸡岛组团、环湛江湾组团、大亚湾—稔平半岛组团、红海湾—品清湖组团、南澳岛—汕头湾组团等八大滨海旅游组团。建设一批以海洋旅游为主题的海岛、休闲度假区、滨海城市和特色产业基地。

绿色生态旅游产业带。以南岭生态区为轴线，以我省主体功能区划确定的生态发展区为主体，以绿色、低碳、可持续发展为开发理念，以旅游业为先锋产业，重点开发自然奇景、森林山地景观、人文胜迹、民俗风情等特色旅游资源，打造集观光、休闲、度假、科考、探险于一体的森林山地生态旅游产业集群，建设一批以绿色旅游为主题的森林度假区、野外营地、关隘文化旅游区和特色山村。

——三廊：广京沿线旅游走廊、湛江—东盟旅游走廊、潮汕—海西旅游走廊。

广京沿线旅游走廊。依托京广快速交通网络优势，以粤湘赣红三角旅游区为基础，以韶关为重要节点，延展广深珠旅游发展轴，对接中部经济区，促进旅游产业集聚发展，形成双向开放的北部桥头堡，把韶关建设成为全省观光旅游高地和区域吸引力、辐射力和集散力强的旅游增长极。

湛江—东盟旅游走廊。依托湛江（粤西）机场、邮轮停靠港以及琼州海峡过海大通道等海陆空立体交通网络，以湛江为重要节点，充分发挥黄金海岸和魅力港城的旅游资源和气候优势，积极对接海南国际旅游岛、北部湾乃至东盟，形成双向开放的西部桥头堡，把湛江建设成为粤西区域性旅游中心城市和辐射带动力强的旅游增长极。

潮汕—海西旅游走廊。依托厦深客运专线、揭阳潮汕机场、邮轮码头等立体交通网络，以潮汕都市区为重要节点，整合开发海、山、水、城等区域旅游资源，对接海西经济区，加强粤台旅游合作，形成双向开放的东部桥头堡，把潮汕都市区建设成为世界潮人宜居休闲之都和辐射带动力强的区域旅游增长极。

——五区：珠三角广府文化旅游区、粤东潮汕文化旅游区、粤东北客家文化旅游区、粤西百越风情滨海旅游区、粤北南岭生态休闲旅游区。

珠三角广府文化旅游区。包括广州、深圳、珠海、佛山、惠州、东莞、中山、江门、肇庆等九市。依托广佛肇、深莞惠、珠中江三大经济圈和快速交通网络，重点开发以历史文化名城名镇、美食文化、商都文化、武术文化、近现代革命史、华侨文化和历史名人为特色的广府文化旅游和以主题公园、观光购物、商务会展、邮轮游艇和高尔夫旅游为特色的大都会旅游。

粤东潮汕文化旅游区。包括汕头、汕尾、潮州、揭阳四市。重点开发美食、功夫茶、潮汕工艺、潮商文化、宗教文化、华侨之乡、古城古村等特色潮汕文化体验游，开发海岛旅游、滨海度假、海上体育休闲和邮轮旅游，重点打造南澳岛、潮州古城、大北山、桑浦山、红海湾等景区。

粤东北客家文化旅游区。包括河源、梅州两市。以客家文化为底蕴，重点开发山水休闲、温泉养生、农业观光、红色旅游等旅游产品，特别是以围龙屋、客家菜、客家山歌、客家精神等为代表的客家文化体验旅游产品。加强粤闽赣三省十市的联系与合作，形成“千里客家文化旅游长廊”。

粤西百越风情滨海旅游区。包括湛江、茂名、阳江、云浮四市。以滨海和热带—南亚热带风光为特色，重点开发滨海休闲度假、海上丝路文化游、田园果乡游、禅宗文化游、百越民俗风情游、山地休闲度假，积极开发邮轮游艇旅游和滨海高尔夫等高端旅游产品。

粤北南岭生态休闲旅游区。包括韶关、清远两市。依托南岭生态发展区特色旅游资源，重点开发名山大川观光游、禅宗文化游、温泉康体养生休闲游、休闲农业游、水域风光游、漂流体验游、民俗风情游、森林度假游和寻根问祖游，走出一条旅游与相关产业融合、低碳生态的绿色发展之路。

**四、实施产业提升战略，培育国民经济的重要支柱产业**

将旅游业优化升级作为建设旅游强省的重要途径，通过实施旅游产业提升战略，促进产业融合与资源整合，培育旅游新业态，促进旅游产业集聚发展，以品牌化、信息化、标准化快速提升企业自主创新能力和核心竞争力。充分发挥旅游业的综合带动作用，将旅游业打造成为全省现代服务业的重要引擎。

（一）加快培育发展旅游新业态。

推动旅游业与服务业、制造业和农业产业相融合，催生和培育一批旅游新业态，培育新的消费热点。

培育文化创意旅游新业态。扶持文化创意产业园旅游开发，完善科研创新展示、4D影院、情景购物、互动体验、青少年素质教育等旅游体验功能。大力发展以广州太古仓码头、广州北岸文化码头、广州TIT创意园、珠江。琶醍啤酒文化创意艺术区、深圳田面“设计之都”创意产业园、深圳F518时尚创意园、佛山1506创意城、韶关曲江大南华旅游文化创意产业园、肇庆德庆悦城龙母文化旅游创意产业园、云浮广东禅文化创意产业园区等为重点的文化创意旅游。

发展商贸会展旅游新业态。以大型购物娱乐广场、商业休闲区等商业设施为基础，配套旅游服务功能，合理分布商旅业态，形成集购物、娱乐、休闲、餐饮、文化功能于一体的区域性的商业休闲旅游综合体和城市中央休闲区。依托国际性大型会展活动，积极创建商务会展旅游品牌。延展商务会展旅游产业链，带动高科技游乐设施、高尔夫用具、户外运动与野营设备、旅游保健防护用品、酒店用品、旅游工艺品、数字导览设备等旅游制造业发展，提高旅游产品设计制造水平。将中国（广东）国际旅游产业博览会打造成为旅游界的“广交会”。

发展养生医疗和养老旅游新业态。针对社会老龄化和亚健康状况增多的趋势，积极发展银发旅游，大力开发中医药文化养生、保健康复、温泉水疗、美容美体、药膳养生、拳操训练等养生医疗旅游产品，将食疗、药疗、心疗、理疗与休闲度假相结合，中医药养生、现代医疗保健与旅游产品相结合，建设一批全国养老养生旅游示范基地和中医药文化养生旅游基地。

发展工业旅游新业态。依托我省全球制造业基地的优势，鼓励符合条件的工业企业增加旅游元素和配套功能，大力发展知识性和参与性强的企业生产参观游、厂区观光游、工业产品购物游和工业科普修学游。配合产业结构调整，将废弃的工矿业遗产进行旅游功能置换，开发工业遗产游、主题度假、创意文化体验、特种旅游等各种新的旅游项目。

发展邮轮、游艇和低空飞行等高端休闲旅游新业态。推进邮轮母港和停靠港建设，争取著名邮轮公司进驻我省，开辟多条以广东为始发港和重要停靠港的国际邮轮航线。发展以游艇旅游为核心的旅游综合体。加快培育海上帆船运动、海底潜游、海钓、房车旅游等高端休闲旅游。积极发展低空飞行观光、飞行培训、低空飞行表演、低空摄影、热气球、滑翔、跳伞等低空旅游项目。以高端旅游需求带动相关旅游装备制造业发展，推动邮轮游艇、通用飞机和房车的设计制造、销售会展、维修补给、人员培训、基地建设、运营服务等相关产业行业的发展，提升旅游装备国产化水平。

发展农业旅游新业态。配合现代农业发展，充分利用农业文化遗产和浓郁乡土特色，依托农业基地和乡村农家乐等，发展以农业生态观赏、农民生活体验和农村度假为主体的“三农”体验游，拓展观赏型、科普型、采摘型、务农型农业旅游项目，开发茶庄、酒庄、牧场、果园等庄园式、基地型农业休闲度假旅游。依托森林公园、自然保护区、林区林场，积极开发观光度假、“给氧”运动、森林浴、野外探险等森林旅游。依托渔港、渔村、渔船、渔具等元素，大力发展渔家乐、渔事体验等休闲渔业旅游。

（二）打造旅游产业集聚区。

鼓励地方文化和产业特色突出、旅游发展要素集聚、旅游产业化程度高、发展基础条件好的地区，以建设旅游产业园、旅游特色区、旅游产业带等形式，推进旅游产业集聚发展，打造一批竞争力强的产业集聚区，实现旅游产业的规模经济效益，以旅游产业集聚区建设带动区域旅游发展。以广州、深圳、珠海为重点，以主题公园或都市商贸会展为主题，发展5至7个都市旅游综合体。以梅州文化旅游特色区、佛山南海西岸、河源万绿生态旅游度假区、高要生态旅游区等为重点，发展5至7个综合类旅游产业集聚区。以惠州环大亚湾、湛江五岛一湾、深圳大鹏半岛、汕头南澳岛、江门川岛、阳江海陵岛等为重点，发展6至8个高星级酒店汇集的滨海（海岛）旅游产业园区。以韶关南岭、环丹霞山，肇庆环星湖、惠州环南昆山、揭阳大北山、广州帽峰山等为重点，发展10至12个森林山地生态旅游产业园区。以高速公路服务区为重点，发展8至10个旅游餐饮集聚区。以广州西关、文德埠、潮州古城、开平碉楼等为重点，打造10至15个文化旅游集聚区。以从化温泉、恩平温泉、佛冈温泉等为重点，打造5至7个温泉旅游集聚区。

（三）推动旅游产品多样化发展。

大力开发岭南文化体验游产品。重点开发源于广府文化、客家文化、潮汕文化、百越文化、雷州文化、海洋文化、华侨文化、禅宗文化、武术文化、名人文化的旅游产品，大力推介广州骑楼、西关大屋、客家围龙屋、开平碉楼等岭南建筑艺术，深挖潮绣、广绣、广彩、广雕、石湾陶塑及粤剧、岭南民歌、广东音乐的文化内涵，推进旅游文化街区、文化创意旅游园区、旅游文化综合体建设，充分展示岭南艺术、民俗和历史文化的魅力。

深度开发滨海旅游产品。发挥省旅游产业园区竞争性扶持资金的引导作用，扶持一批示范性滨海旅游产业集聚区。加大对滨海旅游基础配套设施的投入力度，加强滨海生态景观廊道、海钓基地、海洋文化科教中心、旅游度假酒店等综合服务配套设施建设，着力打造一批特色鲜明的滨海旅游城市和滨海风情旅游村镇。在建设海陵岛、特呈岛两个国家海洋公园的基础上，加快广州南沙、雷州天成台、珠海横琴岛等地的国家海洋公园创建工作，努力打造具有全国示范性的休闲度假海洋公园。加快江门川岛、珠海万山群岛、汕头南澳岛、深圳大鹏半岛、汕尾遮浪半岛、茂名放鸡岛等海岛旅游开发。

合理开发山地森林、江河湖泊生态旅游产品。加强扶持引导，实施示范带动，推动森林生态旅游转型升级。建设一批功能配套齐全的生态旅游示范区。优化提升丹霞山、西樵山、罗浮山、鼎湖山等广东四大名山品牌建设，推进南岭、小坑、车八岭、南昆山、大北山等国家森林公园旅游开发，形成天然“大氧吧”。依托岭南水乡资源优势，重点开发万绿湖、广州珠江游、中山岐江游、北江旅游带、西江三峡、东江画廊、湟川三峡、湛江湖光岩、惠州西湖等江河湖泊旅游产品。

优化升级温泉旅游产品。引导温泉产品向主题化、精细化方向发展，引领全国温泉旅游的升级换代。鼓励温泉与医院、养老院、培训、游乐园、会议中心等进行产品组合，开发温泉度假综合体。积极培育温泉文化，打造世界级温泉度假基地。

优化发展都市旅游产品。塑造“活力商都”旅游品牌。重点发展商务、会展、购物、主题公园等旅游产品，充分展示现代都市文明和城市风貌。以广州塔、珠海情侣路、东莞中心广场等城市地标为依托，大力发展都市观光。以大型综合购物商场、商业步行街、美食购物街、酒吧街、历史文化街区、城市滨水区等为依托，积极培育城市特色休闲街区和夜间旅游休闲集中消费区，加强都市休闲购物和游憩功能。鼓励大型购物商场、商业步行街创建国家A级旅游景区。

着力开发红色旅游产品。依托我省作为近现代革命策源地的独特优势，整合资源，大力开发以鸦片战争、辛亥革命、北伐战争、抗日战争、解放战争等为文化内涵的红色旅游产品。将虎门中国近代史文化公园、黄花岗公园、黄埔军校—长洲岛旅游区、中共三大会址、农民运动讲习所、红宫红场、孙中山故里旅游区、叶剑英纪念园、叶挺将军纪念园等打造成为全国知名的红色旅游品牌，优化形成一批红色旅游精品线路。加快在粤原中央苏区县红色旅游开发。

（四）优化提升传统旅游业。

推动旅游景区改造升级。加大旅游招商引资力度，健全全省旅游项目库。优化提升一批在区域有影响力和竞争力的龙头旅游景区，建设发展一批上规模、高品位的旅游休闲度假区，加快国家级和省级旅游度假区创建，创新开发一批针对特定群体的专项旅游景区，形成区域布局合理、产品结构优化的旅游景区景点体系。

推动旅行社转型升级。依托有条件的行业组织，开展全省旅行社等级评定工作，大幅提高星级旅行社达标率，规范旅行社经营行为，提高经营管理水平和服务质量。推动旅行社批零体系建设，培育若干有国际影响力的大型旅游批发商、一批有产业竞争力和专业化市场开拓能力的旅游经营商、布局合理的零售代理商。培育旅行社品牌，支持优势旅行社通过整合酒店、景区等上下游行业资源做大做强，提升旅行社竞争力。逐步推进对外资旅行社开放经营中国公民出境游业务。到2020年，拥有全国百强旅行社20家，前十强3至5家。

优化提升住宿业结构和质量。适应多元化市场需求，发展度假酒店、商务酒店、公寓式酒店、青年旅馆、休闲农庄、农家旅馆等多元化的住宿接待设施，促进高档酒店品牌化、经济型酒店连锁化、乡村客栈规范化、度假酒店主题化、酒店服务个性化与人性化，形成结构完善、布局合理的住宿接待体系。合理引导珠三角旅游酒店个性化、精品化发展，培育一批有产业竞争力和社会影响力的本土酒店品牌，打造全国乃至国际酒店品牌，鼓励引进国际知名酒店品牌进驻。支持东西北地区发展高星级饭店。促进七天、岭南佳园等经济型连锁酒店快速发展，鼓励小型精品酒店建设。制定乡村客栈住宿标准，鼓励乡村客栈集聚发展。培育汽车旅馆、汽车营地、露营地、房车等新型住宿业态。到2020年，星级酒店客房出租率达到65%.

擦亮广东“美食天堂”品牌。充分发挥“食在广东”的品牌优势，提升餐饮在旅游产业中的支撑作用，创建国际美食旅游目的地。弘扬广府菜、潮菜、客家菜饮食文化，推进美食街、美食城建设，打造一批具有区域影响力的美食文化品牌。大力培育本土餐饮品牌，宣传推广陶陶居、泮溪酒家、咀香园等“老字号”企业，鼓励广东本土餐饮企业通过连锁经营、特许加盟等形式进行美食品牌输出。

加强餐饮业信息化步伐，完善餐饮数据库、美食搜索、在线订餐等便捷服务。大力发展美食经济集聚区，鼓励有条件的地方建设特色鲜明的美食街区。鼓励特色餐饮和地方小吃发展，规范农家乐、渔家乐美食开发，加强机场、车站、高速公路服务区、景区周边旅游餐饮管理。

做大做强旅游商品开发与旅游购物业。依托大型购物商场、专业市场和商业街区，把珠三角地区建设成为享誉国内外的旅游消费服务中心，打造全国旅游购物天堂。继承和发扬岭南传统技艺，重点开发具有地域特色、文化特色和产业支撑的旅游商品，加快广州三雕一彩一绣、石湾工艺陶瓷、潮州木雕、佛山剪纸、肇庆端砚、阳江风筝、高州角雕、阳美玉器、湛江珍珠等系列旅游商品开发，构建由品牌工业品、旅游日用品、时尚品、工艺品、美术品、土特产品组成的南粤特色旅游商品体系。加快广东旅游商品创意研发、制造、展示基地和物流中心建设。结合中石化、南航等大型企业网络优势，推动“广东旅游产品全国行”。到2015年，建成1至2个全国知名的旅游商品集散中心；到2020年，旅游商品的销售额占旅游总收入的比重提高到30%。

积极发展休闲娱乐业。围绕“24小时社会”理念，着力提升广州、深圳、东莞等城市旅游娱乐服务水平，打造“不夜广东”。加大创意策划投入，打造一批地方特色与时尚文化相结合的城市或景区娱乐品牌。依托旅游景区和城乡公共休闲空间，开发民间文艺表演、茶艺、棋牌、游戏游艺、江河夜游等观赏性、时尚性、体验性强的娱乐项目，构建主客共享的娱乐产业。

（五）提升旅游企业核心竞争力。

培育壮大一批龙头旅游企业。鼓励以华侨城集团、岭南集团、长隆集团、广东省旅游集团、广东省中旅集团、腾邦国际、白天鹅酒店集团等为代表的旅游企业，通过强强联合、兼并重组、投资合作、整合产业链上下游资源、品牌连锁、授信支持、融资上市等途径，发展成为以旅游为核心业务兼及会展、物流、金融、电子商务等其他现代服务业务的龙头旅游企业。

支持中小旅游企业特色化和专业化发展。大力发展以旅游商品生产为主的旅游工业企业，扶持发展专业会展服务企业，培育壮大从事旅游创意的规划设计类企业，大力扶持旅游市场调研、旅游咨讯服务等服务型企业，培育从事线上预订与第三方支付的在线旅游企业，培育提供奖励旅游、自驾车旅游等专项产品的企业，支持民营和中小旅游企业向“小而精”、“小而专”发展，提升旅游中小企业竞争力。

鼓励优势旅游企业“走出去”。推动广东旅游产业国际化布局，鼓励和引导有条件的大型旅游企业“走出去”，充分利用国内外两种资源和两个市场，通过资本输出、人才输出、管理输出、品牌输出等方式，在主要客源市场建网布点，积极参与国际合作与竞争，开发国际旅游市场，提高广东旅游企业的国际知名度。

## 五、实施旅游惠民战略，建设惠及全民的幸福旅游事业

要把推动旅游惠及全民作为发展旅游业的根本出发点和落脚点，通过实施旅游惠民战略，不断满足不同层次、不同群体人民群众的精神文化需求，发挥旅游调节人与人、人与社会、人与自然的功能，体现旅游业的带动力、亲和力，彰显旅游业的社会价值，以幸福旅游推动幸福广东建设，在建设幸福广东中提升幸福旅游。

（一）全面推进国民旅游休闲计划。

把国民旅游休闲计划摆上改善民生福祉的重要位置。将国民旅游休闲计划纳入全省各地国民经济和社会发展规划，完善配套政策，采取更多便民利民惠民措施，为全省人民提供积极健康、内涵丰富的旅游服务，激活和促进全民旅游消费。将国民旅游休闲消费占总消费的比例、休闲时间与工作时间的比例纳入幸福广东建设的评价指标体系，营造有利于国民旅游休闲计划全面实施的良好环境。2015年全省居民出游率达到3次，年旅游消费相当于居民消费总量的13%左右；2020年达到4.5次，年旅游消费相当于居民消费总量的15%左右。

深入落实国民旅游休闲计划。加快制定实施国民旅游休闲政策，切实保障国民旅游休闲的合法权利，在依法保障职工法定休息时间的基础上，完善节假日体系，落实弹性带薪休假制度。推动将修学旅游纳入学校综合实践课程体系，完善修学旅游相关法律法规、安全保险体系以及管理办法。探索福利旅游政策，将旅游休闲纳入社会养老福利范畴，鼓励有条件的单位开展奖励旅游休闲制度。大力推广国民旅游休闲卡，实现“一卡游广东”。

丰富旅游休闲供给体系。构建适合居民旅游休闲需求、内容丰富多样的旅游休闲产品体系。建设一批宜居休闲城市、城市中央休闲游憩区、游憩商务区、特色休闲街区、环城游憩带、旅游度假区、旅游休闲小城镇和休闲度假农庄，打造一批国际旅游休闲目的地。创建一批旅游休闲示范旅行社、酒店和示范基地。

（二）努力满足全民多层次、多元化的旅游需求。

满足低收入群体的旅游休闲需求。扩大多类型、低消费的旅游产品供给，重点发展一日游、回乡探亲游、绿道游、社区游、乡村游。扩大旅游休闲优惠范围，进一步推动红色旅游景点、公园绿地等政府公共财政扶持开发的景点免费或优惠向公众开放。出台旅游优惠政策，着力提高低收入者旅游供给保障水平，探索通过设立旅游个人账户、发放旅游券等形式支持低收入群体休闲旅游；大力开发面向农民、老年人、异地务工人员、残障人士、学生等低收

入者的公益性旅游项目，完善相关便利化设施和服务，让旅游人口增长更多地向低收入群体延伸。

满足中等收入群体的大众化旅游需求。适应中等收入群体不断扩大的社会发展趋势，着力提高中等收入群体的出游水平和消费水平。深入开展“广东人游广东。粤游粤精彩”、“好邻居常串门”等系列活动，促进城乡游客互动。大力开发节假日旅游市场，策划举办丰富多彩的主题旅游休闲活动，开发多种形式的自由行、自驾游、家庭亲子游、周末休闲度假、国内游和港澳台游精品线路。鼓励工薪阶层利用年假、黄金周和小长假外出旅游，优化客源城市与旅游城市之间的直达出行服务，方便省内居民出游。

拓展面向高收入群体的高端旅游市场。顺应高收入群体个性化、人性化、精致化、品位化的高端消费需求，重点开发会议展览奖励旅游、商务游、高端度假游、高尔夫游、邮轮游艇游、高端购物游、异域文化深度游。引导出境旅游市场规范健康发展，建立健全出境旅游市场的安全管理和危机处理机制，推进出境旅游便利化。

（三）完善旅游公共服务体系。

将旅游公共服务设施建设纳入全省城乡规划和建设，统筹利用社会公共服务资源，积极推进与国际接轨的旅游公共服务体系建设。

完善旅游出行网络体系。完善通往旅游目的地的交通运输基础设施，提升旅游出行的便捷性和舒适性。逐步改善主要景区与周边公路“最后一公里”的连接状况。推进和完善潮汕、梅州、湛江、韶关、惠州的支线机场旅游配套设施建设，提供异地候机和搭乘高铁的便利服务。逐步发展重点旅游景区的客运码头，有序开发北江、西江等内河航段的水上旅游线路。加强邮轮码头的规划与建设。完善多元化旅游出行接驳体系。鼓励开通旅游目的地与主要客源地之间的旅游专线客运班车，推进发展假日旅游专线、市郊旅游专线、城际旅游专线。在主要旅游城市开通观光巴士，积极发展城市旅游公交。建立旅游集散中心体系，加强各地市旅游服务中心建设。完善出入境口岸、机场、车站、高速公路、主要景区交通沿线的旅游标识系统建设。

加强城乡公共游憩空间建设。优化美化广州花城广场、深圳市民中心广场、潮州市民广场等城市公共游憩空间，将其打造成为城市形象宣传的窗口。规划发展和完善城市公园、博物馆、图书馆、美术馆、文化艺术馆、影剧院、体育馆、健身馆、科技馆、植物园、动物园、文化休闲广场、旅游休闲街区、社区文化中心、乡镇文化站、村文化室等公共服务设施建设，提升城乡公共游憩空间文化品味，丰富居民和游客休闲空间。完善全省绿道网络及休闲驿站、自行车租赁系统等配套服务设施建设。

完善旅游卫生与安全保障体系。完善旅游公共卫生体系，加快推进高速公路、重点景区、旅游特色村镇的旅游厕所建设，推动公共场所和社会服务单位厕所免费对外开放。加强旅游车船、游乐设施等安全服务管理。落实旅游安全管理责任制，完善旅游应急预警机制和安全救助系统。加强食品安全卫生监管。完善旅游目的地医疗救助和消防体系。提高出境游客安全监测和信息发布的快速反应能力，增强旅游安全应急能力。健全旅游安全保险体系，探索试行旅游贴花保障制度，提高安全事故游客赔付处理能力。

营造城乡生态景观环境。利用森林公园、国家和省级旅游度假区、湿地公园、自然保护区和林场、水利风景区等森林绿地，利用珠江以及惠州西湖、肇庆星湖、河源万绿湖等天然水系，结合全省绿道网建设，推进城乡融合、城乡一体化的生态绿地系统建设。到2020年，通过打造23条生态景观林带，形成一批阳光海岸带、水乡风貌带、沿江景观带。按照建设大花园、大公园、大景区、大果园的思路，全面推进城乡环境净化、绿化、美化、艺术化，形成多效益、多色彩、多层次、多结构的城乡生态体系，打造宜居宜游的城乡生态景观大环境。

（四）加大旅游扶贫开发力度。

创新旅游扶贫体制机制。配合我省扶贫“双到”政策的实施，依托贫困山区、生态发展区、少数民族地区、林场转产和移民安置区、返贫渔民聚居区等地的旅游资源，加大旅游扶贫工作力度，探索更多的旅游扶贫新模式。充分发挥旅游业作用，通过旅游活动的开展实现城乡间国民收入的再分配，平抑城乡贫富差距，促进东西北贫困地区脱贫致富。通过发展旅游业，把当地旅游资源优势转变为特色产业优势，把农村剩余劳动力就地转化为旅游就业人口。引导珠三角地区的资金、经验和技术向欠发达地区转移，培育贫困地区旅游开发市场主体。

完善旅游扶贫政策措施。将旅游扶贫纳入更广泛的社会支撑系统，在水利建设、交通建设、城镇建设、生态建设、扶贫开发、生态文明村建设、宜居乡村建设、文化遗产保护与开发、危房改造中充分考虑旅游功能，形成全社会关注、多部门参与的一体化旅游扶贫格局。加大对旅游从业人员教育培训方面的智力扶持，每年安排贫困地区1000人进行免费培训。建立以旅游开发带来的社会、经济、文化等综合效益为主的旅游扶贫考核体系。

加快欠发达地区旅游开发。发挥旅游扶贫专项资金的引导激励作用，在培育欠发达地区旅游龙头项目上取得突破，打造一批旅游特色小镇、风情村落、乡村旅游示范区和示范村等旅游精品。大力挖掘地方民俗文化内涵，突出乡土文化特色，提升旅游项目文化品位。推进地理标志产品保护、原产地标志认定和绿色有机农产品认证工作。以绿色食品、名优土特产、农家乐、渔家乐、家庭旅馆等为突破口，加快旅游业与生态林业、生态农业、特色农产品加工业的融合发展。

**六、实施创新驱动战略，建设全国旅游综合改革创新示范区**

要把改革创新作为加快旅游业发展的强大动力，通过实施创新驱动战略，全面推动旅游发展机制创新、管理体制创新、商业模式创新、服务方式创新、合作模式创新，形成新的优势领域，率先建成全国旅游综合改革创新示范区，成为全国旅游改革创新的引领者。

（一）创新旅游管理模式。

加快旅游管理向宏观调控和公共服务职能转变。进一步转变旅游管理职能，简化旅游行政审批手续，加强综合协调与配套服务职能。建立健全旅游产业宏观调控体系，加强法律规范、产业政策、战略规划、形象推广、市场监管、投融资引导和公共服务体系完善等工作。创建旅游市场信息、招商引资、产权交易、人才交流、教育培训、博览展示等旅游公共服务平台，促进旅游要素流动。

加强旅游综合改革示范带动。以广州、汕头、梅州、惠州、中山、阳江、肇庆等旅游综合改革示范市以及增城、横琴新区、南海、乳源、东源、徐闻、佛冈、揭西、新兴等旅游综合改革示范县（市、区）为基础，以点带面，逐年深化全省旅游综合改革。到 2015 年，全省 60% 的地级以上市、30% 的县区成为示范点。到 2020 年，旅游综合改革覆盖全省。积极争取国家支持横琴新区、南澳岛、梅州文化旅游特色区先行先试，参照执行海南国际旅游岛相关优惠政策。

培育发展旅游社会中介组织。充分发挥旅游行业协会在联系行业、沟通政府、调研政策、行业自律等方面的主导作用，依法规范发展旅游中介组织，逐步将行业规范性标准制定和执行等职能转至行业协会、中介组织或旅游技术标准化委员会。

完善旅游监管体制机制。围绕建设旅游强省目标，加强旅游服务质量监督管理，建立旅游主管部门、业界、专家、网络和媒体舆论相结合的多元化旅游服务质量社会监督体系，建立全省联网的旅游在线监督网络。定期发布游客满意度测评报告。

深化导游管理体制改革。完善导游职业制度，建立与导游等级相衔接、科学合理的导游薪酬制度。建立导游激励约束与退出机制。创新培养专业的政务导游、商务导游人才。

探索旅游资源一体化管理。加大对旅游资源开发的统筹协调力度，加强对历史文化遗产、沙滩、森林、温泉、江河湖泊等生态环境敏感性强、公共属性强的旅游资源保护性管理，建立重大旅游基础设施与旅游项目开发立项联合审核、会签制度，统筹协调各相关产业的涉旅开发行为。

（二）创新旅游商业模式。

创新旅游企业运营模式。支持优势旅行社通过兼并、收购、控股或特许加盟等途径，整合酒店、景区等上下游行业资源做大做强，将旅游与商业有机结合起来，推进旅游景区投资经营多元化。建立健全现代企业制度，促进旅游企业规范运作。

推广旅游电子商务。促进旅游电子商务与交通运输、住宿接待、景区旅游、餐饮、旅游商品开发等旅游核心要素对接，培育扶持一批广东旅游电子商务企业上市，鼓励知名网站与传统旅游强企联盟，提升传统旅游企业的信息化水平。完善旅游电子商务平台建设，促进旅游电子商务向智能商旅服务升级，鼓励“信息展示 + 智能搜索 + 在线交易 + 客服顾问 + 售后保障”模式推广。积极开展旅游在线服务、网络营销、网络预订和网上支付，鼓励虚拟旅游、网络旅游游戏等新兴旅游宣传方式的推广运用。

探索广货直销旅游新模式。引导地方特色产业与旅游购物对接，结合各地制造业特点，支持广东特色工业产品、农林牧副渔业产品、手工艺品旅游商品化。

创新融合“三旧”改造与旅游开发。充分利用旧城镇、旧厂房、旧村庄改造，挖掘具有历史文化底蕴的古城墙、古旧小巷、古遗迹、名人故居、文化街区、古旧建筑等历史人文资源，发展文化创意产业和特色旅游业，打造成集饮食、购物、文化、休闲与旅游为一体的休闲商业中心、文化展示中心。通过“三旧”改造进行旅游功能置换，增加公共配套设施，改善居住环境，提升城乡品位。

（三）推行绿色旅游发展模式。

倡导低碳绿色旅游。鼓励和引导游客采取低碳环保旅游方式，鼓励更多采取自行车、电动车、公共交通出行，减少酒店、餐饮一次性用品消耗，提倡旅行用品循环利用，在旅游目的地进行无污染旅游，保护生态环境和旅游资源。因地制宜，倡导“慢旅游、慢生活”休闲理念，打造若干个“中国慢城”、“国际慢城”。加强与世界旅游组织的合作，创建“世界旅游组织可持续发展示范基地”。

大力发展旅游循环经济，创建“绿色饭店”、“绿色景区”。鼓励旅游企业开展环境管理体系认证，形成绿色旅游管理体系。推动绿色饭店建设，鼓励酒店、餐饮和娱乐场所采取节能灯使用、中央空调改造、污水集中处理、中水回用等节能减排措施，应用节能环保设备，鼓励餐饮企业、酒店实施自愿性清洁生产。支持景区景点利用新能源环保材料，广泛运用节能节水减排技术。加强旅游资源与环境保护，严格执行旅游项目环境影响评价制度。到 2015 年，将星级饭店、A 级景区用水用电量降低 20% 以上；到 2020 年，全面建立绿色旅游产业体系。

（四）创新旅游服务方式。

推行出入境旅游“一站式”服务。探索公安、海关等部门与经认定的实力强、信誉高的龙头旅游企业联合推行出入境旅游签证“一站式”服务，配套完善银行换汇、机票和车船票代售、酒店预订、邮政等相关商旅一体化服务。

创新服务配套体系。鼓励旅游企业开展品牌连锁服务，为游客提供“菜单式”游程设计、商旅管理、VIP管家等全套服务。扩大旅游包机服务，尝试组建专业性旅游包机公司。争取开通出入我省的旅游专列。鼓励建设旅游商品街、特色购物街、专业化市场。完善大型旅游购物场所货币兑换、电子支付功能，优化旅游购物环境。

（五）创新粤港澳旅游合作模式。

完善粤港澳旅游合作协调机制。全面落实粤港、粤澳合作框架协议，加快推进旅游业对港澳开放在我省先行先试，推进粤港澳旅游示范合作区建设，加快完成粤港澳旅游合作规划编制工作，统筹推进三地旅游发展合作。推动广州南沙、深圳前海、珠海横琴成为粤港澳旅游服务业合作的重要载体。加强粤港澳三地旅游企业、协会的交流合作。

共建无障碍旅游区。促进客源来往便利化，进一步完善144小时便利签证制度，放宽预报出境口岸的规定，适时调整成团人数规定要求，简化到港澳的外国游客出入广东手续。逐步增加口岸实施24小时通关，为我省居民到港澳旅游及港澳居民到我省旅游相互提供通关、交通、支付等便利措施，逐步扩大“一签多行”政策实施范围。探索三地旅游从业人员资格、游艇驾驶证件及牌照互认。促进旅游人才、技术、管理、资金、客源、信息等旅游要素自由流动。

拓宽旅游合作领域。加强粤港澳三地联合推广，开发“澳门历史城区—开平碉楼—韶关丹霞山”世界遗产旅游专线，丰富优化粤港澳“一国两制三地”都市休闲游线路。推动粤港澳游艇“自由行”，联合制定游艇旅游管理标准。探索旅游企业便利经营制度，鼓励和支持港澳有实力的企业到我省设立独资或合作旅行社，探索广东港资、澳资旅行社试点经营中国公民出境游业务。进一步加强与港澳地区在会展、旅游咨询、旅游教育培训等现代服务业领域的合作。鼓励港澳居民参加全国导游人员资格考试。推动粤港澳三地旅游数据中心、旅游资讯网、旅游电子商务平台、移动互联网和三网融合等信息化服务合作，建设旅游信息公共服务平台，共享信息资源。加强三地旅游诚信体系共建。

（六）创新区域旅游联盟。

探索创新区域旅游合作新方式，充分发挥各自的优势和特色，明确合作领域和重点，在规划统筹、环境共建、设施对接、产业联动、产品互补、品牌共建、市场共管、联动招商等方面加强合作，以从化—新丰—连平南粤百里生态旅游产业带、德庆—郁南—封开西江风光旅游带、三连一阳（连南、连山、连州、阳山县）少数民族风情旅游带率先试点，大力推动区域旅游联盟发展，提升区域旅游品牌知名度和市场竞争力，辐射带动当地及周边经济社会加快发展。

**七、打造十大重点工程，提升旅游综合竞争力**

（一）旅游品牌提升工程。

以“活力广东”为核心品牌，深度推进“岭南文化、活力商都、黄金海岸、美食天堂”四大品牌建设，最终形成由区域品牌、景区品牌、旅行社品牌、酒店品牌、节庆品牌、购物品牌、餐饮品牌、演艺品牌、服务品牌等组成的“活力广东”旅游品牌体系。到2020年，创建10个以上国家级旅游度假区，5A级旅游景区达到15家，打造广东中旅、广之旅等10家全国知名旅行社品牌，打造白天鹅宾馆、花园酒店等10家本土型知名酒店品牌，打造广东国际旅游文化节、中国（广东）国际旅游产业博览会、广府庙会、南海神庙波罗诞、阳江开渔节、瑶族盘王节、黄飞鸿杯狮王争霸赛等30个国内外知名旅游节事品牌，打造广州酒家等30家全国知名旅游餐饮品牌，打造长隆国际大马戏等5个国内外知名的演艺品牌。各市打造3至5个地方特色的“旅游手信”品牌。打造30个地方特色浓郁、旅游综合带动效应显著的旅游强县品牌。

（二）“引客入粤”市场营销工程。

加大国内旅游市场开拓力度，深度开发湖南、广西、江西、福建、海南、湖北等核心客源市场，积极开拓长三角、环渤海湾等经济发达地区客源市场以及西南和中原地区等中远程客源市场，培育东北和西北等机会客源市场。利用省际高铁网络，开发出入我省的高铁沿线城市客源市场。利用我省“暖冬”气候优势，大力发展北方游客避寒旅游市场。利用广东沿海特色，面向中西部地区推广滨海旅游产品。到2020年，国内过夜旅游人数年均增长率8%以上、国内旅游收入年均增长率14%左右。加大入境旅游市场开拓力度，巩固港澳台、日韩和东南亚等核心客源市场，积极开发北美、西欧、澳大利亚、新西兰、俄罗斯、印度以及中东地区等拓展客源市场，大力开发华人华侨旅游市场。到2020年，入境过夜旅游人数年均增长8%、外汇收入年均增长10%。将旅游宣传推广提升到区域形象宣传的高度，加强全省整体旅游形象的对外宣传与营销策划。建立健全省市联动、部门协作、企业参与的旅游联合促销机制，创新实施整合营销、细分市场营销、新媒体营销。到2020年，发展形成世界遗产游、粤港澳都市游、潮汕文化与滨海美食游、客家文化与山水度假游、南中国黄金海岸游、广府文化与近现代革命风云游、禅宗祈福游、山水生态千里自驾游、南粤精品文化游等国内外知名的九大精品旅游线路。

（三）旅游文化振兴工程。

围绕提升广东文化软实力，深度挖掘岭南文化内涵，以地域特色鲜明的建筑、方言、饮食、民俗、音乐、画派、节事、演艺等为载体，把文化元素渗透到旅游业发展各环节，充分展现岭南独特的生活方式、民俗风情以及价值观念和审美情趣。提升广州、潮州、佛山、肇庆、梅州、中山、雷州等历史文化名城的旅游价值和城市品位，开发广州北京路等50个文化内涵和历史底蕴丰富的特色文化旅游街区。深度开发韶关南华寺、云浮国恩寺、潮州开元寺、广州光孝寺、德庆龙母祖庙、揭西三山国王祖庙等宗教文化资源，打造10大宗教文化旅游胜地。深度挖掘赵佗、冼夫人、六祖惠能、洪秀全、康有为、梁启超、孙中山、叶剑英、李小龙等名人旅游资源，打造100个名人文化旅游品牌。加大粤剧、潮剧、梅州客家山歌、广东醒狮、揭阳英歌舞等非物质文化遗产旅游开发力度。

（四）旅游名镇名村培育工程。

积极对接全国特色旅游景观名镇（村）、中国历史文化名镇（村）和广东省名镇名村示范村建设，结合城乡一体化和新农村建设，建设100个旅游特色镇、1000个旅游特色村。依托自然山水旅游资源和乡村田园风光，加快推进南海西樵镇、惠东县巽寮镇、阳江沙扒镇、高州根子镇、梅县雁洋镇等30个生态山水旅游名镇和500个自然生态旅游名村建设。依托传统特色制造业和服务业，打造中山古镇、佛山大沥镇、东莞厚街镇、汕尾鲘门镇等30个特色工商业旅游名镇。促进古村落、古建筑群和名人故居等文物古迹与旅游相结合，建设番禺沙湾广府文化古镇、吴阳粤西文化古镇、新丰客家文化古镇、赤坎华侨文化古镇等40个文化旅游名镇，以及广州黄埔名村、深圳大芬村、龙门嘉义庄等500个文化旅游名村。

（五）绿道旅游开发工程。

倡导“慢旅游、慢生活”休闲理念，在绿道网络和生态景观林带建设的基础上，制订绿道旅游规划和标准，加大宣传推介力度，引导旅游企业深度开发绿道旅游产品。以绿道网为依托，串联周边森林绿地、天然水系、历史古迹、乡村农家等旅游资源，建立由绿道自驾游、绿道自行车游、绿道水上游等特色项目组成绿道旅游产品体系，不断延伸绿道旅游产业链。加快发展“海上绿道”旅游。到2015年，创建6至8个绿道旅游示范市，评选50个绿道旅游示范点，各地级以上市分别打造3至5条绿道旅游精品线路，形成具有地方特色的绿道旅游品牌，使绿道旅游成为我省在全国具有影响力的特色旅游新名片。

（六）自驾游开发推广工程。

以政府为主导，市场为主体，建设一批自驾游驿站、咨询服务中心、汽车旅馆、汽车营地和房车营地。加强自驾游交通安全防范和救援体系建设。到2020年，自驾游标准体系和通往主要景区的道路交通指引标识基本完善。依托游客接待量较大的重点景区、主要入粤节点、高速公路服务区、风景优美的路段，合理配置自驾游补给系统，完善旅游资讯服务。到2020年，全省建成80至100个设施完善的自驾游驿站。加快发展汽车租赁服务，培育一批异地租还汽车租赁服务公司。鼓励并规范车友会、汽车俱乐部、自驾游协会等各种形式的自驾游俱乐部发展。重点打造4条自驾游精品线路：（1）经由云浮、肇庆连通广西的西江千里旅游画廊；（2）广宁竹海——怀集燕岩——连山大旭山——连南千年瑶寨——连州地下河——阳山第一峰——清新温矿泉；（3）英西峰林走廊——广东大峡谷——南岭国家森林公园——丹霞山——梅关古道——始兴深渡水——车八岭——满堂围——南华寺；（4）经由河源、梅州连通闽赣的客家文化长廊自驾精品线路。

（七）旅游诚信体系建设工程。

积极营造“品质旅游、诚信旅游”的社会氛围。建立旅游与工商、税务、物价、银行等联网的征信信息数据库，建立省、市、县联网的旅游企业和导游诚信信息网，实行旅行社、旅游购物店诚信评级公示制度、等级动态管理制度和失信惩罚制度。开展诚信旅游创建活动，制定旅游从业人员诚信服务准则，创建省级诚信旅游示范单位和“零投诉”旅行社。建立公开透明的游客满意度社会评价体系，及时公布游客满意度调查测评结果。定期在全行业开展对虚假广告、零负团费、挂靠承包、强迫消费的专项治理行动。到2015年，创建100家省级诚信旅游示范旅行社；到2020年，建立完善的广东旅游诚信体系。

（八）旅游人才培育工程。

制定实施旅游人才发展规划。到2015年，完成对省内旅游企业全部中高级管理人员和导游人员的分级分类培训。到2020年，建设一支职业经理人队伍，引进和培养1000名旅游企业CEO；培育建设一支旅游企业经营管理人才队伍，培养和引进1万名懂管理、懂市场营销、懂国际规则的复合型旅游高级管理人才；建设一支旅游专业技术人才队伍，培养10万名旅游教育人才、旅游策划人才、旅游电子商务人才、高级导游和小语种导游、旅游装备制造人才、旅游工艺品纪念品设计人才、游艇和高尔夫俱乐部管理人才；建设一支旅游企业一线技能服务人员队伍，年教育培训量达100万人次。

（九）旅游信息化工程。

构建高效的“智慧旅游”管理系统，运用互联网、物联网、云计算、新一代宽带无线移动通信网络、智能数据系统等技术，实现旅游者、旅游企业和旅游主管部门实时互动，全面提升旅游信息化水平。推进旅游电子政务建设，建立健全旅游监测预警体系，从传统的粗放管理、被动处理、事后管理向精细管理、主动监测、实时动态过程管理转变，提高应急管理能力。构建基于三网融合的旅游数据中心，建设包括12301旅游服务热线、广东旅游社会公众网、智慧旅游城市、3G旅游新时代工程和旅游企业信息化等在内的旅游信息综合服务平台。加快全省旅游信息服务设施建设，实现“食住行游购娱”等旅游要素信息的实时采集和交换，从导航、导游、导览、导购等方面为游客提供信息化服务；增强旅游智能卡、多功能手机智能卡的旅游支付功能。到2020年，建成15个以上智慧旅游城市，重点培育和扶持200家旅游信息化示范企业，率先实现旅游信息化省域全覆盖。

（十）旅游标准化工程。

建立标准制定、标准实施激励、标准跟踪和绩效考核有序衔接的旅游标准化运行机制。重点加强基础标准、广东特色旅游产品和新业态标准建设，并逐步向涉及旅游业发展的各基础要素的服务、管理、技术等标准领域拓展，不断提升参与和制定行业及国家标准能力。支持企业主导或参与制修订旅游标准，推动旅游饭店、旅行社、景区、旅游购物、旅游娱乐业等市场主体标准化体系建设及动态管理机制。到2020年，制定并实施地方旅游标准60项以上，参与或制定国家旅游标准10项以上，全面建成涵盖国家标准、行业标准、地方标准和企业（联盟）标准的广东省旅游标准体系。

八、保障措施

（一）加强组织领导。

各级政府要高度重视旅游业的改革和发展，按照建设旅游强省、幸福旅游的要求，将其纳入当地经济社会发展的总体规划，出台相关配套政策措施1，建立健全旅游产业发展领导协调机制，统筹我省建设全国旅游综合改革示范区相关工作。省有关职能部门要加强对旅游工作的支持配合，形成工作合力。

（二）建立健全旅游法规与规划。

全力配合国家关于旅游业发展的立法工作，加快修订《广东省旅游管理条例》，制定完善旅游市场监管、资源保护、从业规范等相关法规。加大旅游法律法规宣传，提供旅游法律援助、咨询等便利服务。省旅游局要加快制定本规划的实施方案。各地要根据本规划精神，编制专项旅游规划，开展重大旅游项目开发建设。在编制和调整城市总体规划、土地利用总体规划、海洋功能区划、基础设施规划、村镇规划等相关规划时要充分考虑旅游业发展需要。完善旅游统计指标体系，建立旅游统计卫星账户。

（三）完善产业配套扶持政策。

加大旅游用地政策支持。对列入我省旅游业发展规划的重大旅游建设项目和发展生态旅游项目，给予用地支持。鼓励节约集约用地，支持利用荒山、荒坡、荒水、荒滩、荒岛、采矿塌陷区和石漠化土地发展旅游项目。支持盘活存量建设用地发展旅游。在符合海岛保护规划的前提下，鼓励无居民海岛旅游项目开发。加大交通政策扶持。支持通往旅游景区的公路建设。支持邮轮、游艇业发展，加快出台与国际接轨的促进广东游艇旅游发展的管理法规和办法。促进广东旅游航空支线开放，推进低空飞行的旅游开发与管理。积极争取广州白云国际机场实行72小时落地免签政策。加大金融政策扶持。加强对旅游项目建设的投融资引导，积极引导社会资本创立现代旅游产业投资基金。鼓励各类产业投资基金、股权投资基金投资旅游重大项目开发。探索构建旅游金融综合服务平台。支持符合条件的旅游企业上市融资。积极推进金融机构和旅游企业开展多种方式的业务合作，探索开发适合旅游消费需要的金融保险产品。

（四）加大财税扶持力度。

全面贯彻落实《国务院关于加快发展旅游业的意见》（国发［2009］41号）和《关于加快我省旅游业改革与发展建设旅游强省的决定》（粤发［2008］20号）等文件在财政、税收方面的相关扶持政策。各级财政要加大对旅游基础设施建设、旅游宣传推广、人才培训、旅游扶贫、规划编制、公共服务的支持力度。支持旅游企业或项目申报中央和省财政促进服务业发展专项基金、中小企业发展专项资金。按照有关规定，对省重大旅游产业集聚区、旅游重点项目建设落实相应的税费优惠政策。推动落实宾馆饭店与一般工业企业用水、用电、用气同网同价政策，切实减轻旅游企业负担。允许旅行社参与政府采购和服务外包。

（五）优化旅游专业人才培养环境。

大力开发满足新业态、新岗位需求的旅游紧缺人才。积极探索校企人才双向交流机制。加强现有旅游类院校和专业建设，扩大旅游类中等职业教育培养规模，加强旅游产学研合作。建立人才激励机制，建立和完善旅游职业资格和职称评定制度，健全职业技能鉴定体系。建立合理的人才流动机制，实施吸引国际人才、专业技术人才、离退休人才进入旅游行业的弹性用人机制和柔性流动政策。

**附件 1**

## 各地级以上市旅游发展指引

| 地市 | 发展指引 |
| --- | --- |
| 广州 | 以建设国际旅游中心城市为目标，塑造“千年商都、岭南文化、美食之都、生态新城”品牌，整合“山、水、城、花”优势旅游资源，打造中部历史文化、商贸会展旅游核心区及新中轴现代都市文化休闲旅游带和珠江水文化休闲旅游带，培育北部休闲度假和南部滨海旅游新亮点，积极推进旅游产业集群发展。 |
| 深圳 | 强化“创意深圳、时尚之都”的整体旅游形象，展现现代都市特区、广东改革开放窗口的都会风貌，优化提升主题公园、会展旅游、都市休闲和滨海度假，培育一系列高端旅游产品。将大鹏半岛打造为新的旅游增长极。深度拓展深港旅游合作。 |
| 珠海 | 大力培育“浪漫之城、幸福珠海”城市旅游品牌，加快建设国际商务休闲旅游度假区。重点开发海岛、主题公园、温泉、会展、香山文化等旅游产品。培育横琴岛、万山群岛为旅游经济新增长点。鼓励游艇旅游产业集聚发展。加快珠中江区域旅游一体化，深化珠澳旅游合作。 |
| 汕头 | 培育“海风潮韵、休闲之都”旅游形象，重点开发滨海、海岛、美食、华侨文化、动漫创意等旅游产品，打造世界潮人宜居休闲之都。积极推动南澳岛创建国家5A级旅游区。加大旅游商品和旅游制造业开发力度。建设广东对台旅游桥头堡。 |
| 佛山 | 完善提升“狮舞岭南、传奇佛山”形象，大力挖掘康有为、黄飞鸿、李小龙等名人文化旅游潜力，重点开发西樵山、南风古灶、南海西岸等旅游项目，加快开发旅游名镇名村和特色旅游商品，提升南国武术、美食顺德旅游品牌。 |
| 韶关 | 提升“元起丹霞、禅韵韶关”形象，发挥名山名寺效应，重点开发大丹霞、大南华、大南岭、大珠玑，建设全省旅游观光高地、生态发展主体功能旅游区、自驾车旅游示范基地。大力开拓中远程客源市场，加快粤湘赣红三角区域旅游合作。 |
| 河源 | 塑造“客家古邑、万绿河源、温泉之都、恐龙故乡”品牌，创建广东省生态旅游示范区。加快建设完善万绿湖、东江·巴登城、林寨古村、赵佗故城、恐龙遗迹公园、九连山等旅游项目，优化提升温泉度假旅游产品。 |
| 梅州 | 塑造“世界客都、休闲梅州”品牌，重点开发客家文化、山地度假、红色旅游、温泉养生等旅游产品。加快创建国家级的文化旅游特色区。着力打造大埔名人名居旅游线、丰（顺）五（华）兴（宁）温泉度假养生线、蕉（岭）平（远）秀美山水线。积极参与粤闽赣旅游联动。 |
| 惠州 | 以“休闲惠州、度假胜地”为品牌，以环南昆山度假旅游圈、巽寮湾旅游度假带、罗浮山道教养生旅游基地为重点，深入挖掘东樵文化、东坡文化和客家文化，开发山地、森林、滨海、温泉等休闲度假旅游产品系列。 |
| 汕尾 | 塑造“彭湃故里、滨海汕尾”品牌，着力发展滨海度假、红色旅游、宗教旅游、山地休闲旅游。推动红海湾海洋运动旅游区、品清湖旅游区、碣石玄武山——金厢滩海滨度假区、赤石温泉度假旅游区、海丰莲花山——湿地生态游览区等旅游项目建设。完善鲘门旅游驿站。 |

续表

| 地市 | 发展指引 |
| --- | --- |
| 东莞 | 以“IT名城、会展商都”为主题，以高星级酒店群为依托，重点开发商务会展、都市休闲、时尚娱乐、特色购物等旅游产品。深入开发虎门中国近代史文化公园、袁崇焕纪念园、松山湖、可园、粤晖园、南社村等旅游产品。 |
| 中山 | 围绕“中山故里”旅游品牌，以孙中山故里旅游区为龙头，深入挖掘名人文化，建设大香山文化旅游圈中心城市，开发文化休闲旅游产品。以“一镇一品”带动“一镇一游”，发展直销旅游和商贸会展旅游。结合宜居城市建设，发展都市休闲度假旅游。 |
| 江门 | 打造“中国第一侨乡”品牌。大力发展侨乡都市游、世遗文化游、滨海度假游、温泉休闲游、乡村生态游五大旅游板块，重点开发世界遗产开平碉楼与村落、恩平地热国家地质公园、台山川岛旅游金三角。加快新会银洲湖、海龙湾等旅游项目建设。 |
| 阳江 | 树立“碧海银滩、船说阳江”旅游形象，重点开发以南海一号为代表的海上丝路文化游、滨海休闲度假、生态旅游、温泉养生等产品。抓好海陵岛、凌霄岩、大东湖、凤凰湖、阳春温泉、高流墟、鹅凰嶂等项目升级改造和建设。特色化打造沙扒和东平两个渔家风情小镇。 |
| 湛江 | 以“黄金海岸、热带绿都、天南古邑、魅力港城”为特色，重点开发滨海度假、火山地貌科普游、热带——南亚热带四季果乡游、美食旅游、海防文化游等产品，建设好“五岛一湾”旅游休闲度假区。推出“雷州半岛风情游”。积极融入环北部湾旅游圈，对接海南国际旅游岛。 |
| 茂名 | 塑造“中国荔乡、冼太故里、滨海茂名”品牌。以滨海旅游、山地度假、果乡旅游、温泉养生为重点，充分挖掘文化旅游资源，开发浮山生态旅游区、环水东湾国家级滨海旅游产业试验区、放鸡岛、冼太文化旅游区、天马山、鳄鱼基地、御水古温泉等景区景点。 |
| 肇庆 | 塑造“国砚名都、山水肇庆”品牌。以山水休闲、森林度假和乡村旅游为重点，建设自驾车千里旅游画廊。打造环星湖休闲度假圈。深入挖掘端砚文化、龙母文化、包公文化，重点开发龙母文化创意产业园、孔圣文化园、封开国家地质公园、四会天光墟等项目。 |
| 清远 | 围绕“精心营造珠三角后花园”的发展思路，整合温泉、漂流、溶洞、自然山水、历史人文、民俗文化等旅游资源，突出生态休闲、康体养生、民族风情特色，打造北江旅游带、英西峰林走廊、连州地下河、仙湖温泉、南岗千年瑶寨等拳头旅游产品。培育节庆赛事旅游品牌。 |
| 潮州 | 围绕“相约广济古桥、走进潮人故里”城市形象，擦亮“文化潮州”旅游品牌，依托国家历史文化名城，以古城文化旅游区为龙头，着力建设潮汕文化展示基地和广东旅游商品制造业基地。积极发展乡村生态旅游，打造环古城乡村文化旅游集群。 |
| 揭阳 | 以打造“岭南水城、潮汕之源”特色旅游城市为目标，塑造商务休闲旅游品牌，重点开发商务购物旅游、山地休闲度假、宗教历史文化等旅游产品，建设大北山生态旅游产业园、阳美玉都、三山国王祖庙、古城风情旅游区、南岩古寺、大南山八国风情园、榕江观音阁等项目。 |
| 云浮 | 进一步打响“中国禅都、六祖故里”旅游品牌，以六祖故里旅游度假区为龙头，重点开发禅宗文化、石艺文化、南江文化、温泉、果乡旅游、山地度假等旅游产品。充分发挥粤桂旅游大通道的重要节点作用，开发蟠龙天湖、神仙滩、大王山、龙湾等项目。 |

**附件2**

## 43个重大旅游建设项目一览表

| 序号 | 地点 | 项目名称 | 项目类型 | 备注 |
|---|---|---|---|---|
| 1 | 广州 | 广州黄埔区长洲岛历史文化旅游区 | 文化类 | 改造提升 |
| 2 | | 广州西关风情文化休闲区（含荔枝湾、上下九、沙面） | 文化类 | 改造提升 |
| 3 | | 广州长隆旅游区 | 综合类 | 续建 |
| 4 | | 广州从化温泉养生谷 | 综合类 | 续建 |
| 5 | | 广州珠江旅游带 | 综合类 | 续建 |
| 6 | | 广州南湖国家旅游度假区 | 综合类 | 改造提升 |
| 7 | | 广州南沙邮轮母港 | 基础设施类 | 新建 |
| 8 | 深圳 | 深圳蛇口太子港国际邮轮母港 | 基础设施类 | 新建 |
| 9 | | 深圳大鹏半岛滨海旅游度假区 | 综合类 | 续建 |
| 10 | | 深圳华侨城旅游组团 | 综合类 | 续建 |
| 11 | 珠海 | 珠海海泉湾度假区 | 综合类 | 续建 |
| 12 | | 珠海横琴新区 | 综合类 | 新建 |
| 13 | | 珠海南方影视文化产业基地 | 文化类 | 新建 |
| 14 | 汕头 | 汕头南澳岛生态旅游区 | 综合类 | 改造提升 |
| 15 | | 汕头濠江国际度假湾 | 综合类 | 续建 |
| 16 | 佛山 | 佛山西樵山休闲度假旅游区 | 综合类 | 改造提升 |
| 17 | | 佛山南海西岸旅游产业园 | 综合类 | 新建 |
| 18 | 韶关 | 韶关丹霞山旅游区 | 自然类 | 改造提升 |
| 19 | | 韶关大南华文化创意产业园 | 文化类 | 新建 |
| 20 | 韶关、清远 | 广东大峡谷（乳源——英德） | 自然类 | 改造提升 |
| 21 | 河源 | 河源万绿生态旅游度假区 | 综合类 | 续建 |
| 22 | | 河源恐龙文化园 | 文化类 | 新建 |
| 23 | 梅州 | 梅州文化旅游特色区 | 综合类 | 续建 |
| 24 | 惠州 | 惠州环大亚湾旅游度假区 | 自然类 | 续建 |
| 25 | | 惠州南昆山旅游区 | 自然类 | 改造提升 |
| 26 | | 惠州罗浮山养生文化旅游产业集聚区 | 综合类 | 改造提升 |
| 27 | 汕尾 | 汕尾红海湾滨海旅游区 | 自然类 | 改造提升 |
| 28 | 东莞 | 东莞虎门中国近代史文化公园 | 文化类 | 改造提升 |
| 29 | 中山 | 中山孙中山故里旅游区 | 文化类 | 改造提升 |
| 30 | 江门 | 江门开平碉楼与村落旅游区 | 文化类 | 改造提升 |
| 31 | | 江门川岛旅游区 | 自然类 | 改造提升 |

续表

| 序号 | 地点 | 项目名称 | 项目类型 | 备注 |
|---|---|---|---|---|
| 32 | 阳江 | 阳江海陵岛旅游区 | 综合类 | 改造提升 |
| 33 | 湛江 | 湛江五岛一湾旅游区 | 综合类 | 新建 |
| 34 | | 湛江吉兆湾国际海洋生态度假区 | 自然类 | 续建 |
| 35 | | 湛江大陆最南端——珊瑚旅游区 | 自然类 | 新建 |
| 36 | 茂名 | 茂名环水东湾滨海旅游区（含放鸡岛） | 自然类 | 续建 |
| 37 | 肇庆 | 肇庆星湖风景名胜区 | 综合类 | 改造提升 |
| 38 | | 肇庆盘龙峡奥威斯休闲度假项目 | 综合类 | 续建 |
| 39 | 清远 | 清远北江旅游带 | 综合类 | 改造提升 |
| 40 | | 清远连南瑶族风情旅游区 | 文化类 | 新建 |
| 41 | 潮州 | 潮州古城文化旅游区 | 文化类 | 改造提升 |
| 42 | 揭阳 | 揭阳大北山旅游区 | 自然类 | 续建 |
| 43 | 云浮 | 云浮六祖故里旅游度假区 | 文化类 | 改造提升 |

广东省43个重大旅游项目分布图

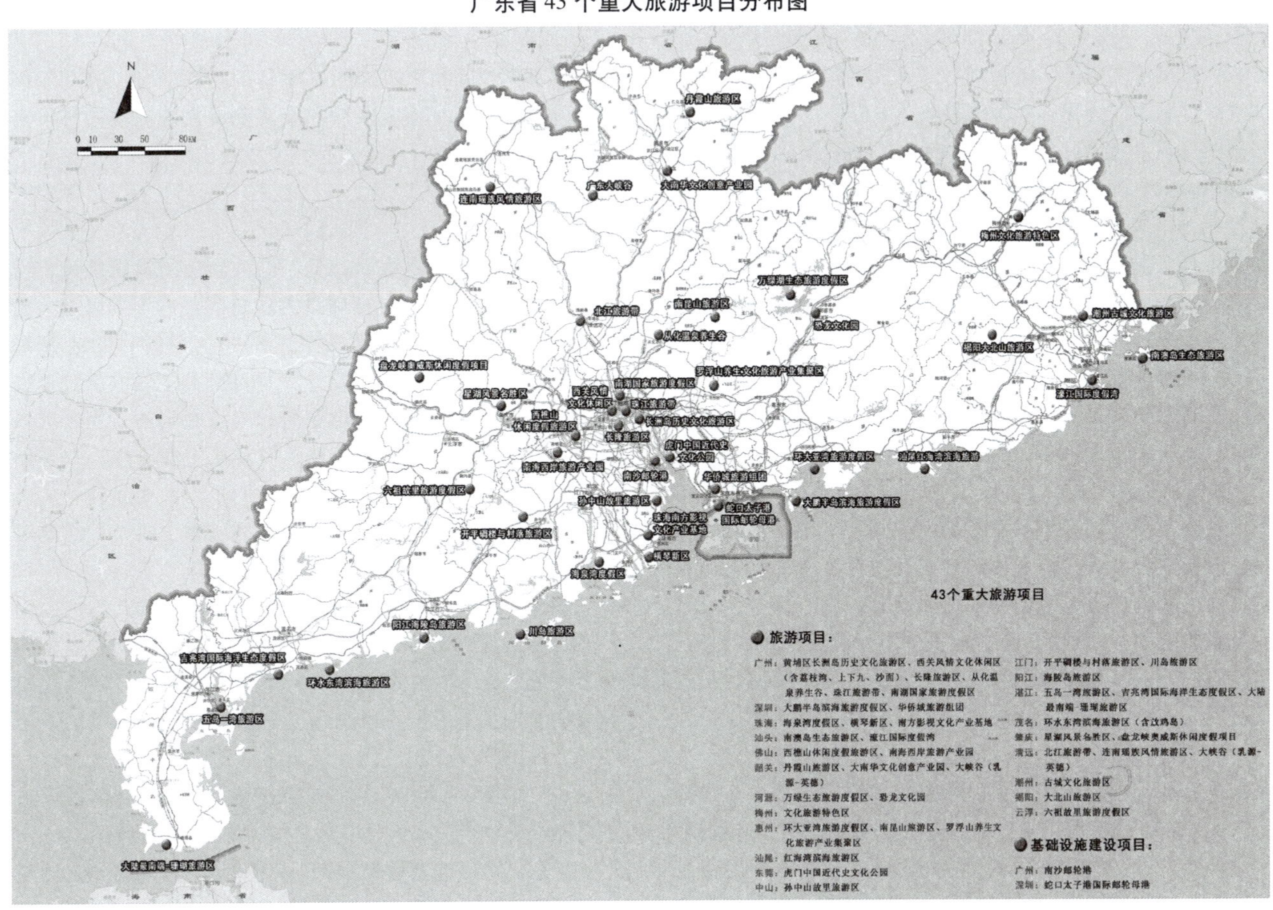

# 印发广东省滨海旅游发展规划（2011～2020年）的通知

（粤府［2012］75号）

各地级以上市人民政府，各县（市、区）人民政府，省政府各部门、各直属机构：

现将《广东省滨海旅游发展规划（2011～2020年）》印发给你们，请认真组织实施。实施中遇到的问题，请径向省旅游局反映。

广东省人民政府

二〇一二年七月六日

为贯彻落实省委、省政府关于大力推动滨海旅游发展的战略部署，促进我省滨海旅游业健康有序、可持续发展，根据国务院批复的《珠江三角洲地区改革发展规划纲要（2008～2020年）》和《广东海洋经济综合试验区发展规划》精神（粤府［2011］47号），特制定本规划。本规划涉及广州、深圳、珠海、汕头、惠州、汕尾、东莞、中山、江门、阳江、湛江、茂名、潮州、揭阳等14个地级以上市的沿海区域。

## 一、发展意义

我省濒临南海，全省大陆岸线长4114.3公里，居全国首位；岛屿面积1500多平方公里，居全国第三位；海域总面积41.9万平方公里，拥有多样的海岸类型和丰富的滨海旅游资源。同时，我省具有经济较发达、人民生活水平较高、旅游需求旺盛，以及海内外、港澳台客源充足等方面的优势。我省在全国率先开发滨海旅游，滨海旅游业已成为我省旅游的一大特色，也成为我省海洋产业的重要部分。但与国内外滨海旅游发达地区相比，我省滨海旅游的发展仍有较大差距。

大力发展滨海旅游业，既是发展幸福导向型产业，满足人民群众日益增长的旅游度假需求、建设幸福广东的需要，也是发挥我省海洋资源优势，提升海洋经济与旅游经济总体实力，打造海洋经济和旅游强省，建设海洋经济综合示范区和旅游综合改革实验区的重大举措，有利于优化广东旅游产业结构，提升产业品质，增强市场吸引力；有利于拓宽粤港澳经济合作领域，密切我省与海峡西岸经济区、北部湾地区和海南国际旅游岛的联动融合；有利于探索海洋资源开发、环境保护和经济发展良性互动的科学方式，为实现我国海洋事业可持续发展提供示范。

## 二、发展背景

### （一）发展环境

世界滨海旅游发展新趋势。据世界旅游组织统计，当前滨海旅游业收入已占全球旅游业总收入的1/2以上，比10年前增加了3倍；2007年全世界40大旅游目的地有37个是沿海国家和地区；这37个沿海国家和地区的旅游总收入达3572.8亿美元，占全球旅游总收入的81%。当今世界滨海旅游主要有四大区域市场，一是地中海沿岸，二是加勒比海沿岸，三是大洋洲区岛屿，四是东南亚岛屿。从历史发展进程看，世界滨海旅游重心呈现逐步向太平洋地区转移的态势。

中国旅游市场发展新阶段。2010年，我国人均国内生产总值已达到4682美元，旅游休闲已成为居民消费需求的重要组成部分，国内旅游消费开始进入大众化、多样化快速发展时期。为充分发挥旅游业在保增长、扩内需、调结构等方面的积极作用，国务院出台《关于加快发展旅游业的意见》（国发［2009］41号），把旅游业定位为国民经济的战略性支柱产业和人民群众更加满意的现代服务业。

广东海洋经济发展新战略。2011年7月，国务院批复同意《广东海洋经济综合试验区发展规划》，建设广东海洋经济综合试验区建设正式上升为国家战略。该区域将建设成为我国提升海洋经济国际竞争力的核心区、促进海洋科技创新和成果高效转化的集聚区、加强海洋生态文明建设的示范区和推进海洋综合管理的先行区。

广东旅游改革发展新目标。2008 年 11 月，省委、省政府出台《关于加快我省旅游业改革与发展建设旅游强省的决定》（粤发［2008］20 号），提出将广东建设成为“全国旅游综合改革示范区”。2010 年，省委、省政府出台《关于实施扩大内需战略的决定》（粤发［2010］1 号），提出全面实施国民旅游休闲计划，加快全国旅游综合改革示范区和旅游强省建设步伐。

（二）发展条件

资源优势。我省地处亚热带，气候温暖，环境舒适，阳光充足，大部分海域海水水质符合清洁、较清洁水质标准。全省可供开发的滨海沙滩有 174 处，沙滩总长 572 公里。海岛众多，大于 500 平方米的海岛有 759 个，海岛岸线长 2428.6 公里。红树林面积较大、分布较广，并有着中国大陆架上面积最大、保护最完好的珊瑚礁群。滨海各市有众多的文物古迹和独特的风情习俗，城市建设日新月异，多元的城市景观和多彩的城市生活，也成为重要的旅游资源。

客源优势。一是稳定的国内尤其是省内和当地游客市场。我省常住人口超过一亿，加上国内其他地区的大量游客，构成了我省巨大的潜在滨海旅游度假客源。二是为数众多的港澳台同胞和海外侨胞。2010 年广东省接待入境游客中的港澳同胞和台湾同胞分别为 2106.78 万人次和 317.72 万人次，是滨海旅游的重要客源。三是外国游客人数不断增长。2010 年，我省沿海各市接待的外国游客达到 921.27 万人次。

区位优势。我省是古代“海上丝绸之路”的起点，是古代中国与东南亚国家、非洲国家等商贸和交往的重要通道。粤西地区地处粤、琼、桂金三角，西为北部湾，连通大西南；粤东地区与闽、台等地相连相望，华侨众多；珠江三角洲区域毗邻港澳。优越的区位条件和较为发达的交通网络，增强了我省滨海地区的可进入性，同时也增强了投资者的信心。

观念和体制优势。我省改革开放先行一步，企业国际规范意识和市场竞争意识较强，在参与国际滨海旅游市场竞争上能较好地与国际接轨；许多大型国有旅游企业具备投资国际滨海旅游度假区的人才和经济实力。省委、省政府加大力度改善旅游投资环境，积极鼓励和引导国内外资金特别是民间资本投资经营滨海旅游业，形成了国有、外资、民营企业共同推动滨海旅游业发展的良好局面。

（三）发展基础

我省滨海旅游起步于 20 世纪 80 年代，以深圳小梅沙旅游中心、阳江海陵岛大角湾浴场、茂名龙头山——虎头山旅游区、江门川岛飞沙滩——王府洲旅游中心等为代表，以海水浴场作为主要开发内容。90 年代中期至 21 世纪初，全省出现滨海旅游开发热潮，形成一批著名的滨海旅游度假区，其中阳江大角湾、汕头中信高尔夫海滨度假村及南澳岛等被评为国家 4A 级景区。21 世纪以来，开始进入以休闲度假为导向的产品深度开发阶段，出现了以珠海海泉湾、惠州巽寮湾等为代表的高端滨海旅游度假区。

2010 年，全省海洋生产总值 8000 亿元，比上年增长 17.6%，占全省生产总值的 17%。滨海旅游业总产值达到 1298.39 亿元，占海洋经济总量的 16.2%，成为海洋经济的支柱产业。形成由海滨浴场、水上运动、文化观光、主题公园、民俗参与和专项旅游活动等组成的海滨度假旅游产品体系，“吃、住、行、游、购、娱”旅游六要素不断改善，初步形成了珠江三角洲、粤东以及粤西三大滨海旅游区域。近年来，到广东滨海地区的过夜游客人数增长迅猛，2010 年广东滨海各市接待的过夜游客数达 16745.85 万人次，其中国际游客 2832.22 万人次，国内游客 13913.63 万人次。

（四）面临的挑战

我省滨海的气候、生态等条件，与海南省、东南亚地区以及国际滨海旅游发达地区相比，还有一定的差距，确立市场优势的难度较大。滨海旅游开发层次较低，产品特色不足，缺少拳头产品、知名品牌、精品项目。部分地区开发粗放造成资源破坏、品质下降，更新改造的难度大，可持续性面临挑战。东西两翼滨海地区的交通状况、旅游接待与配套设施都亟待完善。

**三、总体思路**

（一）指导思想

以邓小平理论和“三个代表”重要思想为指导，深入贯彻落实科学发展观，按照《广东海洋经济综合试验区发展规划》的战略部署，以科学发展为主题，以加快转变经济发展方式为主线，根据加快转型升级、建设幸福广东的核心任务，把握旅游业发展的良好机遇，进一步解放思想，深化改革开放，明确滨海旅游战略定位，突出滨海地区特色，实施品质提升战略、旅游惠民战略、国际化战略、可持续战略、空间引导战略、协调发展战略，创新滨海旅游发展机制，为提高人民群众生活质量、促进我省率先建成海洋经济和旅游强省作出积极贡献。

（二）战略定位

——我国亚热带最具活力的旅游目的地。打造我国亚热带动感、多彩、活力、欢乐的旅游度假黄金海岸，塑造“活力广东。欢乐滨海”的主题形象，建设多元化、高品质、生态化的滨海旅游度假地，在高端商务度假与高端家庭度假方面成为我国滨海旅游的领跑者。

——我省旅游产业创新发展的重要引擎。以国际顶级滨海旅游目的地为标杆，创新滨海旅游发展理念、产品形式、开发模式、营销模式，引领广东旅游产业转型发展、创新发展，提升我省旅游业的整体品质与区域吸引力。

——建设海洋经济强省的生力军。壮大滨海旅游产业规模，提升产业品质，完善产业链，形成产业优势，并与滨海地区其他产业良性互动、协调发展，共同构筑我省海洋产业体系，为我省建设海洋经济强省提供有力支撑。

——滨海旅游协调发展的示范区。积极探索，先行先试，在滨海产业协调互动、滨海区域联动合作、滨海资源环境有效保护、滨海居民主动参与和利益保障等方面率先取得突破，积累经验，形成示范。

（三）发展目标

在提升已有滨海度假区品质的同时，新建一批满足国内外市场需要的滨海旅游度假区。争取在10年时间内，形成设施完善、结构合理、特色鲜明、管理科学、服务优良的住宿、餐饮、交通、娱乐、购物、信息等旅游接待体系，达到国际一流滨海旅游度假目的地的水平。

——到2015年，初步建立“活力广东、欢乐滨海”的旅游整体形象，建成3至5个国家5A级滨海旅游景区或国家级旅游度假区，旅游基础设施更加完善，旅游环境更加优化，旅游产业素质显著提升，强化滨海旅游业作为海洋产业与旅游业支柱产业的地位。

——到2020年，“活力广东、欢乐滨海”的旅游整体形象深入人心，建成6至8个国家5A级滨海旅游景区或国家级旅游度假区，形成3至5个具有国际水准、在国际有一定知名度和美誉度的国际滨海旅游度假区，基本形成完善的滨海旅游产业体系，滨海旅游设施、服务质量和经营管理水平达到国际先进水平，旅游产业结构更趋合理和高级化，滨海旅游业成为广东建设旅游强省的重要支撑板块。

（四）发展格局

打造广东蓝色滨海旅游产业带：以自然资源、岭南文化为依托，以海岸生活、休闲文化为内涵，以家庭休闲度假与商务会议度假为重点，以现代化的设施与国际化的服务为特色，加快“海洋—海岛—海岸”旅游立体开发，打造多元化、高品质、生态化的滨海旅游度假地，成为我国最适宜休闲度假的旅游目的地之一，达到国际一流滨海休闲度假旅游目的地的水平。

重点开发环珠江口组团、川岛—广海湾组团、海陵岛—月亮湾组团、水东湾—放鸡岛组团、环湛江湾组团、大亚湾—稔平半岛组团、红海湾—品清湖组团、南澳岛—汕头湾组团等八大滨海旅游组团。建设一批以海洋旅游为主题的海岛、休闲度假区、滨海城市和特色旅游产业基地。

形成三大特色滨海旅游板块：

1. 珠江三角洲滨海地区：建设一批主题鲜明、体验性强的滨海旅游度假区，打造具有全国性示范效应的滨海主题度假区。重点发展大众化、家庭式综合休闲娱乐型度假区，结合会展会议发展商务会议型度假区，针对高端客户需求开发具有一定私密性的海岛度假区。注重城市生活与滨海度假、度假旅游与度假地产、滨海度假与商务旅游、购物旅游等城市旅游的相互融合。

2. 粤西滨海地区：融历史、文化与滨海旅游于一体，深层次开发海洋特色为主的滨海度假区。强调营造家庭旅游、休闲度假类产品氛围，开发渔家乐等体验性旅游，将滨海旅游度假区打造为当地旅游的核心产品。注重协调滨海度假旅游与工业发展的关系，促进两者互为市场、相互服务；加强与北部湾、琼州海峡旅游圈、海南国际旅游岛的联合，共同进行市场营销和客源吸引。

3. 粤东滨海地区：强化差异性和产品特色，借助历史文化与商务会展等辅助资源，重点发展商务会议旅游、度假旅游和文化旅游。发展主题式户外培训基地和商务会议、高尔夫运动、温泉养生等特色型滨海度假区。注重借力海峡西岸战略，在客源市场上实现与海西其他市县的区域共享和合作。

构筑八大滨海旅游组团：

1. 环珠江口组团：包括广州、深圳、珠海、中山、东莞五市的滨海地区及海岛。该区域地处我省黄金海岸的地理中心，也是我省区域经济的重心。将城市生活与滨海度假结合，将滨海度假与商务旅游、购物旅游等城市旅游相互融合，重点发展大众化、家庭式休闲娱乐产品、商务会议型度假产品及针对特定顾客需求的高端度假产品等，引领粤港澳优质生活圈建设。主要旅游项目包括：深圳桔钓沙滨海旅游休闲娱乐区、西涌——东涌旅游休闲娱乐区、大梅沙湾——南澳湾旅游休闲娱乐区、沙头角旅游休闲娱乐区；东莞市虎门旅游休闲娱乐区；广州南沙蒲洲旅游休闲娱乐区；珠海市九洲旅游休闲娱乐区、珠海市万山渠道旅游休闲娱乐区、淇澳岛旅游休闲娱乐区、高栏岛东部旅游休闲娱乐区、荷包岛旅游休闲娱乐区等滨海旅游度假区。

2. 川岛—广海湾组团：以川山群岛为核心，包括赤溪半岛、广海湾、镇海湾、浪琴湾、银澜湾等大陆沿海岸地区，以侨乡文化、海岛生态为特色，发展高端滨海休闲度假旅游和海岛生态文化游，与世界文化遗产开平碉楼进行内陆延伸和产业联动，增强旅游产业水平和综合竞争力。主要旅游项目包括：江门市上川岛旅游休闲娱乐区、下川岛旅游休闲娱乐区、江门新会崖门旅游休闲娱乐区、银湖湾旅游休闲娱乐区等滨海旅游度假区。

3. 海陵岛—月亮湾组团：主要包括阳江海陵岛和东平珍珠湾、沙扒月亮湾地区。以丰富的滨海资源为依托，“南海Ⅰ号”文化效应为吸引，重点发展滨海观光休闲度假旅游、“海上丝绸之路”文化体验旅游和康体养生休闲旅游，打造珠江三角洲游客最喜爱的自驾车滨海旅游目的地。主要旅游项目包括：阳江市海陵岛旅游休闲娱乐区、阳江市月亮湾旅游休闲娱乐区、沙扒旅游休闲娱乐区等滨海旅游度假区。

4. 水东湾—放鸡岛组团：主要包括茂名环水东湾地区的晏镜岭、虎头山、中国第一滩、龙头山浪漫海岸和大小放鸡岛。结合茂名滨海新区建设，整合环水东湾的滨海资源，重点建设水东湾旅游度假区和放鸡岛旅游度假区，发展富有茂名特色的滨海观光旅游、潜水休闲度假旅游和海上垂钓休闲旅游等。主要旅游项目包括：茂名市龙头山旅游休闲娱乐区、水东湾旅游休闲娱乐区、虎头山旅游休闲娱乐区、茂名市放鸡岛旅游休闲娱乐区等滨海旅游度假区。

5. 环湛江湾组团：主要包括湛江市区、东海岛、特呈岛、硇洲岛、南三岛、南屏岛、吉兆湾、天成台、徐闻三墩、徐闻珊瑚礁保护区、廉江高桥红树林等。发展滨海城市观光、滨海休闲度假、海岛休闲度假、商务会议、游艇邮轮、高尔夫运动、海上运动、生态休闲、海峡文化、军港文化体验等多元化滨海旅游产品。主要旅游项目包括：湛江市吉兆旅游休闲娱乐区、白沙湾——青安湾旅游休闲娱乐区、三墩港旅游休闲娱乐区、乌石旅游休闲娱乐区、赤豆寮岛旅游休闲娱乐区、湛江市南三岛旅游休闲娱乐区、罗斗沙旅游休闲娱乐区、东海岛旅游休闲娱乐区、特呈岛旅游休闲娱乐区等滨海旅游度假区。

6. 大亚湾—稔平半岛组团：主要包括稔平半岛、大亚湾滨海地区以及中央列岛、辣甲列岛等海岛。稔平半岛整合海湾、温泉、古城、乡村等资源，发展多元化、综合型的滨海度假区；大亚湾滨海地区结合工业发展工业旅游；中央列岛、辣甲列岛等海岛因岛制宜，发展不同层次、不同主题的海岛休闲度假旅游。主要旅游项目包括：惠州市平海旅游休闲娱乐区、巽寮旅游休闲娱乐区、霞涌——稔山旅游休闲娱乐区、小桂旅游休闲娱乐区等滨海旅游度假区。

7. 红海湾—品清湖组团：主要包括汕尾红海湾和环品清湖城市地区。以遮浪镇为依托、以海上运动为特色，引领动感度假潮流；引导汕尾城区向环品清湖地区拓展，打造以内海为特色的滨海城市旅游产品。主要旅游项目包括：汕尾市金厢旅游休闲娱乐区、遮浪旅游休闲娱乐区、品清湖旅游休闲娱乐区、金町旅游休闲娱乐区、百安半岛旅游休闲娱乐区、鲘门旅游休闲娱乐区等滨海旅游度假区。

8. 南澳岛—汕头湾组团：主要包括汕头、潮州、揭阳三市的海滨地区和海岛。以南澳海岛旅游和汕头滨海城市旅游为核心，以其他滨海旅游区为补充，重点发展具有潮汕文化特色的商务会议旅游、休闲度假旅游、渔家体验旅游、滨海观光旅游和滨海文化旅游等。主要旅游项目包括：汕头市莱芜旅游休闲娱乐区、广澳湾旅游休闲娱乐区、海门湾旅游休闲娱乐区、惠来市仙庵旅游休闲娱乐区、潮州饶平县海山岛旅游休闲娱乐区、汕头南澳岛东部旅游休闲娱乐区、南澳岛南部旅游休闲娱乐区、泥湾旅游休闲娱乐区等滨海旅游度假区。

（五）发展战略

品质提升战略。转变发展方式，注重发展品质，促进滨海旅游的高端开发与深度开发。重点发展具有地方资源、环境、文化特色并且符合市场发展趋势、具有高度成长性的高品质滨海旅游度假产品，培育一批国际一流的滨海旅游产品品牌。

旅游惠民战略。增强滨海旅游产品供给和便民举措等综合保障能力，将“旅游利民、旅游惠民、旅游富民”作为发展滨海旅游的根本出发点和落脚点。鼓励当地居民参与滨海旅游的开发，积极吸收当地居民在景区就业，使当地居民公平地享受旅游收益或得到利益补偿。通过滨海度假区的开发，带动地区经济起飞，促进广东区域经济均衡发展。

国际化战略。以国际化为导向，以国际先进滨海旅游地区为标杆，引进国际资本、国际企业、国际发展理念、国际经营模式、国际经营人才，发展国际级的滨海旅游度假产品，打造具有国际影响力的滨海旅游度假目的地，开拓与扩展国际市场，并实现滨海旅游产品品质、服务素质、产业运行机制的国际化。

可持续战略。坚持严格保护、科学管理、合理开发、永续利用的原则，加强对滨海旅游资源开发的宏观管理。建立滨海旅游区的环境质量标准，积极倡导生态旅游，促进滨海旅游环境的良性循环发展。提高滨海旅游项目的策划水平，在产品类型、产品档次上有所选择，在开发规模上有所控制，寻求最优的资源配置，并为未来的建设留有充分的发展空间和调整余地。

空间引导战略。根据不同区位的资源特色引导相应的旅游开发，根据不同类型旅游的要求引导相应的空间区位选择，实现资源优势与开发品质的有机衔接。充分考虑珠江三角洲、粤东、粤西之间在资源分布组合及生态环境容量上的空间差异，探索不同的开发模式，实施滨海旅游的差异化与联动发展。

协调发展战略。促进滨海旅游业与其他产业的协调，以此寻求旅游业发展的产业支撑。充分考虑粤港澳、粤闽台、粤桂琼在滨海旅游领域的协调发展，深化滨海旅游区域合作。注重滨海旅游规划与主体功能区规划、土地利用规划、城乡规划、海洋功能区划、环境保护规划、交通运输规划的衔接、协调，以各类规划引导滨海旅游业的良性发展，以滨海旅游业的开发促进各类规划的实施。

## 四、开发多元化滨海旅游产品

结合滨海旅游业发展现状及打造蓝色滨海产业带的发展目标，顺应当今滨海旅游的发展趋势，建立多元化而又富有广东地域特色的滨海旅游产品体系。

（一）提升滨海观光旅游

面向省内周末休闲市场、省内外大众观光市场，发展多元化的滨海观光产品。

将滨海地区秀丽的自然地质、地貌、水文景观、多元的文化景观、多样的生物资源和现代城市景观、产业景观合理组合利用，形成形式多样、内涵丰富、格调雅致的复合型滨海观光旅游产品，打造广东沿海蓝色观光走廊。

加快滨海地区的绿道建设，完善绿道的旅游基础设施与旅游服务设施，使之成为滨海地区具有休闲、观光、运动等多种功能的旅游新空间；通过城市绿道连接滨海城市相关景区景点，通过区域绿道串联滨海地区不同城市的旅游景区景点，构建以绿道为依托的滨海旅游休闲观光空间网络。

规划海上观光长廊，与沈海国家高速公路和西部沿海高速公路贯穿而成的陆上蓝色滨海生态旅游带遥相呼应，互成风景，让游客饱览海陆不同风光，体验新颖别致的观光项目，获得愉悦感受。利用丰富的海岛资源规划海岛观光旅游产品。

（二）丰富滨海休闲旅游

充分发挥我省滨海沙滩众多和气候环境宜人的优势，在部分海水沙滩条件较好的区域新建部分海滨浴场；对现有的海滨浴场进行整饰、改建和扩建，提高海滨浴场的档次和经营水平。增加海滩的活动内容，在面积大、坡度缓、安全系数高的海滩开发活力海滩旅游项目，适应游客追求放松、享受自然、愉悦自我的心理需求。

选择具有当地渔村民居特色的住宿条件较为良好的渔户住宅，整饰美化外部环境、完善改造内部设施，开发“渔家乐”旅游产品。设计类型丰富的垂钓产品以满足垂钓爱好者的需要。依托海上养殖基地，开发集观光、游览、科普于一体的“海上渔乐城”系列旅游产品。

（三）强化滨海度假旅游

提升现有滨海度假区的品质，新建一批满足国内滨海度假市场的度假区。选定若干资源和市场兼优的地区，进行高品质、高标准、整体开发建设，建设集观光、度假、休闲、养生、商务、会议于一体的国际滨海旅游度假区，建设中国滨海度假生活示范中心，满足游客休闲度假需求。

依托优越的景观资源，充分发挥客源市场优势，重点面向珠江三角洲及港澳的高端家庭休闲度假市场和商务会议市场，打造一批具有国际水准的大型高端度假酒店与商务会议度假酒店。依托游艇、高尔夫、温泉等特色资源或旅游产品，积极打造游艇酒店、高尔夫酒店、温泉度假酒店、文化艺术酒店等各类主题酒店。在条件优越的地区形成若干国际级度假酒店群。强化滨海酒店的度假目的地功能，使之不仅仅作为一种旅游配套设施和附属设施，更作为我省滨海旅游的一种特色产品，一种特殊旅游目的地。

充分利用滨海地区丰富的海水资源、温泉资源、生态资源，提炼和整合中国传统医疗养生文化的精华，融合世界其他国家和地区的康体保健方法，将传统养生精华与海洋疗养相结合，引进先进的康体设施，进行专业经营管理，建设富有广东特色的养生基地，丰富滨海疗养产品结构，满足游客日益增长的疗养需求，把我省滨海养生度假发展成为在国际上有一定影响力的品牌。

（四）拓展滨海运动旅游

根据年轻游客追求速度、挑战自我的心理需求，在滨海地区宽广海域开展帆船、帆板、摩托艇、水上摩托车、滑水、水上拖拽伞、皮划艇、潜水等海上运动，组建海上勇敢者俱乐部，设置海上运动装备器材租用室，配备专业教练指导和必要的救生人员。

打造“活力广东。欢乐滨海。优雅高尔夫”的主题形象与区域品牌；建立包括专业型俱乐部、多元型俱乐部和综合型俱乐部在内的多元化产品体系，实现高尔夫运动与其他滨海旅游产品的多元组合，使滨海高尔夫旅游成为广东滨海旅游吸引体系的重要组成部分；以粤港澳地区商务、社交与个人休闲度假市场为基础，扩大邻近省份及长三角、京津塘等地区商务、度假的市场需求；积极开拓日本、韩国以及东南亚高尔夫爱好者的个人滨海休闲度假市场。

（五）开发滨海文化旅游

挖掘滨海地区独特的民俗文化资源，形成旅游观光产品，吸引游客身临其境、深入细致地了解当地的民风民俗，体味滨海文化的独到之处。

以粤西、粤东地区已有的妈祖旅游产品为基础，开发妈祖文化旅游节、妈祖文化广场、妈祖主题园等妈祖文化旅游产品。

以阳江海陵岛“南海Ⅰ号”、海上丝绸之路博物馆和徐闻海上丝绸之路始发港为依托，结合徐闻珊瑚礁、大汉三墩等丰富滨海自然及人文资源，打造海上丝绸之路文化旅游精品线路。

整合广州南海神庙、黄埔古港古村、十三行、太古仓、沙面等历史文化资源，加强历史风貌的保护，做好海上丝绸之路文化宣传推广和旅游线路产品开发，积极推进申报世界文化遗产工作，提升海上丝绸之路文化的国际国内影响力。

依托千年雷州古城文化，保护和发扬各类独具特色的雷州传统文化、特色文化资源，以此为中心南连徐闻、北接湛江，打造独具特色的雷州文化旅游带，形成南中国文化的重要组成部分和景观。

（六）发展滨海节庆旅游

依托丰富的历史文化资源，培育形成若干大型民俗节庆活动及定期的商务会展、博览会等特色活动，打造有影响力的节庆旅游品牌，增加滨海旅游的产品特色，使节庆活动成为我省滨海旅游的特色与新的经济增长点。

重点发展类型包括：民俗型（如湛江东海岛的“人龙舞旅游文化节”、“海上丝路文化节”、潮阳杨梅节、南沙天后宫文化节等）；商务型（如揭阳玉器文化博览会、潮州陶瓷博览会等）；体育型（如帆船赛、沙滩排球、足球、海滨马拉松赛等）；特殊型（如中国（江门）侨乡华人嘉年华等）。

（七）打造特色海岛旅游

立足丰富的岛屿资源，以市场为导向，针对细分市场提供多样化的产品，构建以休闲度假产品为核心，以观光旅游产品为重点，专项旅游产品为特色的复合型、多元化海岛旅游产品体系，以高品质的海岛旅游提升滨海旅游的整体形象，打造“浪漫海岛、度假天堂”海岛旅游品牌。

以本省及港澳台为主，积极开拓国内市场和国际市场。在巩固区域大众观光旅游市场的基础上，主要针对家庭度假、奖励旅游、商务会议旅游、新婚蜜月、企业公关联谊等中高端休闲度假市场。

坚持精细化、高品质和可持续原则，以主题开发为主，多元融合。根据各海岛区位、面积、资源品质及开发现状的不同，分类开发，不同类型的海岛规划打造不同的旅游产品，选择不同的旅游开发模式。通过提供高品质、多样化且主题鲜明的产品和服务，构建具有广东地域标识的旅游吸引体系。

突出重点，选择若干个区位、市场、资源和基础均佳的海岛，按国际标准建设国际性旅游度假区，并作为我省滨海旅游开拓海外市场的基地。区域联合，组团式开发，打造6个形象鲜明、主题突出的海岛旅游群，塑造广东海岛旅游品牌。

（八）培育游艇邮轮旅游

游艇旅游。大力发展游艇旅游业，积极延伸游艇旅游上下游关联产业，把游艇旅游发展成为滨海旅游的特色，将我省建设成为我国游艇旅游强省，在国内领先、在世界有一定知名度的滨海游艇休闲度假旅游目的地。形成以广州、深圳、珠海为核心，汕头、湛江、中山、东莞、江门、阳江、茂名、惠州、汕尾等游艇俱乐部群为支撑的滨海游艇旅游黄金海岸带。建成广州南沙、生物岛、珠海平沙和深圳大鹏湾四个游艇基地，强化基地与国外市场的联系与合作，逐渐形成全球知名的品牌效应。在珠海平沙游艇产业基地的基础上，进一步积极引进国际知名品牌游艇制造企业，发展中高档游艇制造业，积极推进游艇旅游为核心的游艇消费，构建集生产、服务、经营为一体的游艇旅游产业集群，将珠海建设成为国内第一个“游艇城”。各地区根据自身资源、区位以及发展基础的不同，确定不同的旅游目标市场，开发差异性旅游产品，形成自己的特色。

邮轮旅游。借鉴世界主要邮轮母港和停靠港的经验，研究省内主要城市发展邮轮经济的基础条件，进行邮轮母港与邮轮停靠港的选址论证工作。在选址论证的基础上，加强邮轮码头建设，建立发展邮轮旅游的设施基础。广州、深圳按照国际一流的标准规划建设国际邮轮母港，建设完善的登船、候船与通关设施，发展码头附近区域的旅游和商业功能，形成通达和快速的集疏体系，为到港乘客提供便利的交通、购物、餐饮、宾馆和通信等条件。珠海、汕头、湛江等城市以及川岛、海陵岛、南澳岛也应积极创造条件，适时进入邮轮旅游市场。吸引国际主要邮轮公司把我省主要城市作为母港停泊地，让我省沿海进入国际主流邮轮航线。吸引邮轮公司在我省设立办事处，旅游部门促进经营邮轮业务的企业甚至个人成立邮轮旅行社，制订专门用于发展邮轮业务的政策和措施，全方位地推动邮轮产业开展。

五、推进战略性旅游区域开发

选择若干资源和市场兼优的地区，进行高品质、高标准、整体开发建设，建设集观光、度假、休闲、养生、商务、会议于一体的国际滨海旅游度假区，打造我国滨海度假生活示范中心。通过综合性滨海度假区的开发，吸纳当地劳动力就业，带动地区经济发展，促进区域经济均衡发展。

（一）珠江三角洲湾区

包括广州、深圳、珠海、中山、东莞的滨海地区。具有河海交接的自然环境，是我省区域经济的中心，自然风光、历史文化、岭南水乡田园、现代产业景观、缤纷城市生活、繁华商务交流在有限空间的高度交集。规划打造多元化的旅游热点，包括自然风光（莲花山、南沙湿地、万山群岛等）、历史文化（中山故居、虎门炮台、南沙天后宫及南沙上、下横档岛鸦片战争遗址）、田园水乡（中山、南沙、东莞）、产业景观（南沙、盐田、高栏的港口与临港产业新城）、城市景观与生活（广州南沙新城、深圳西海岸、珠海情侣路等）、康体时尚（高尔夫、游艇、邮轮）等。将城市生活与滨海度假结合，将度假旅游与城市型度假地产开发结合，将滨海度假与商务旅游、购物旅游等城市旅游相互融合，丰富旅游吸引体系。

（二）深圳大鹏半岛

建成以滨海休闲度假产业为主体的具有国际一流水准的生态型滨海综合旅游度假胜地、文化旅游产业片区和国际性会议中心，成为体现深圳美丽海滨城市、高品位文化生态城市和国际化城市特色的重要组成部分。根据资源品质、现有开发程度和未来可塑性进行递进化布局，沙头角—盐田片区作为东部黄金海岸的门户和东部旅游区的旅游服务基地，重点发展旅游商贸、海鲜餐饮、海港观光等；梅沙—马峦—三洲田片区和下沙片区作为深度开发型旅游接待基地，以自然风光为特色，开拓生态休闲、滨海度假、体育娱乐、度假居住等多样化功能；西涌片区以建成综合性国际级滨海度假旅游区为目标，发展国际会议、国际体育休闲、海岛观光度假、科普教育、中高档度假酒店等项目。引进国际级旅游开发商或营运商成片开发，禁止低水平开发，禁止安排工业等有污染的项目。

（三）珠海海岛群

在横琴新区打造世界一流现代滨海文化游乐旅游区，重点发展滨海主题游乐园、国际会展中心、高尔夫、生态园、滨海度假、游艇基地等项目。选择大万山岛、桂山岛、担杆岛等几个较大岛屿作为整个海岛旅游群的服务基地，其他列岛进行主题化的旅游岛屿开发，形成“一岛一主题”的开发特色。构筑东澳——白沥——万山休闲度假、外伶仃——桂山观光娱乐和担杆——佳蓬生态旅游三大特色组团，重点建设万山、桂山、担杆三大海岛特色旅游镇。以生态优先为原则，注重环境容量控制，严格保护海岛自然环境和旅游资源；注重开发时序，根据市场需求由近岸岛屿向东逐步拓展。近期以海岛休闲度假和渔家民俗旅游产品开发为主，海岛观光为辅；中远期以外伶仃岛以及担杆列岛、佳蓬列岛的生态旅游和分时度假旅游开发为主。加快发展海上旅游交通，缓解海岛旅游交通瓶颈的制约。

（四）惠州稔平半岛

整合巽寮湾、双月湾、海龟湾、平海古城、海滨温泉等优势旅游资源，发展高端滨海旅游度假、商务会展、豪华游艇、滨海别墅等高端旅游产品，适当发展滨海观光、历史文化观光、海岛生态旅游、休闲渔业、乡（渔）村旅游等特色旅游产品。将巽寮湾打造成集旅游、度假、休闲、商务、会议、游艇、海滨浴场于一体的国际滨海旅游度假区，定位为珠江三角洲休闲之城，配套游艇俱乐部、奢侈品商店、五星级度假酒店、滨海体验、滨海运动、滨海美食等功能。将双月湾打造成为集第二居所、度假村、酒店、娱乐、温泉疗养、购物、会议培训、文化观光、体育拓展和游艇会所等功能为一体的综合性滨海休闲旅游度假区。坚持生态保护优先，高品质、综合型、多层次开发，充分挖掘和整合自然与人文旅游资源，努力拓展旅游产品，强化地方特色和旅游产品品质。

（五）汕头南澳岛

依托优良的海岛资源，重点面向粤闽及港澳台市场，对南澳岛进行整体开发。定位为以高端度假旅游为主的国际知名旅游海岛，发展以休闲度假旅游为核心，会议旅游、海岛观光、科教文化、宗教旅游为补充的多元化产品体系，建设成为国家生态旅游示范区、国家5A级旅游景区、全国闻名的海岛型休闲度假旅游区、粤东滨海旅游发展的龙头旅游区。岛屿东部突出休闲度假和海上运动、海洋探险、渔村风情、海防海盗文化等主题，打造高品位、国际化的大型滨海休闲旅游度假胜地。岛屿西部突出自然生态优势，建设以森林景观为背景、建设项目与自然风景相协调、体现天人合一思想的生态型旅游区。提升岛内旅游服务中心，塑造良好的旅游城镇形象，完善城镇基础设施和旅游服务设施，形成全岛旅游发展的重要接待基地。

（六）江门川岛

充分利用资源的多样性，重点面向珠江三角洲及港澳台市场，打造一个集观光娱乐、休闲度假于一体，具有丰富活动和生活文化，中高端、多样化、田园诗般的海岛旅游目的地。构筑以度假产品为主，观光产品和专项产品为辅的特色鲜明、主题突出的产品体系。凸显上、下川岛各自的特色，二者互为补充、互为客源：上川岛雄豪坦荡、山岭耸峙，其未来旅游开发应突出其豪气，以海洋和海岛自然风光为依托，以海上游乐项目为突破口，建设一个充满艺术气息和自然情趣的大型海上乐园；下川岛细腻多情、半农半渔，绿意盎然，其旅游开发应以静显优，走高端、生态和细分市场路线。改善交通运输、电力、淡水供应等配套条件，增加川岛的可达性与可游性。

（七）阳江海陵岛——月亮湾

借助“南海Ⅰ号”效应和临近珠江三角洲的区位优势，整合海岛自然生态和历史文化旅游资源，重点面向粤港澳中高端客源市场，形成集旅游观光、休闲度假、商务会议、滨海运动和文化体验为一身的多元化综合型旅游目的地，成为国际知名、国内顶尖的生态与历史文化旅游岛，珠江三角洲游客最喜爱的休闲度假和自驾车旅游目的地。对大角湾进行改造、调整和优化，并整合周边地区的发展，打造具有城市特色的休闲娱乐型海湾；在北洛湾和马尾岛建设高档居住度假型海湾；提升金沙滩，打造海上运动型海滩；在十里银滩建设滨海星级酒店群、主题乐园、度假公寓、度假别墅等，打造富有地方民俗特色的大型节庆活动，加快完善广东海上丝绸之路博物馆。加快东平珍珠湾和沙扒月亮湾开发建设，形成以海陵岛为龙头，珍珠湾、月亮湾为两翼的滨海旅游格局。

（八）茂名水东湾——放鸡岛

整合滨海旅游资源，将虎头山、第一滩和晏镜岭统一规划，统一开发，树立水东湾旅游区大品牌，扩大水东湾旅游区的影响力。提升改善第一滩的旅游配套设施，力争成为国家4A级旅游度假区，提高水东湾旅游度假区的品位；理顺虎头山的权属关系，盘活虎头山景区；进一步开发晏镜岭景区，利用晏镜岭动力气流稳定的特点，打造广东著名的高空滑翔伞基地。依托全国第一的海水能见度、丰富的滨海资源及优美的环境，走高端专业化路线，打造全国著名的潜水休闲度假区、海上垂钓休闲度假区、高端度假型海岛旅游区。将放鸡岛打造成一个既有丰富运动也可安静度假的海上生态休闲乐园。积极促成珠海海岛群——茂名放鸡岛——海南海岛度假旅游黄金线路的开通，将放鸡岛纳入区域海上旅游线路。

（九）湛江五岛一湾

以湛江市区为依托，以湛江海湾为纽带，串联东海岛、特呈岛、硇洲岛、南三岛、南屏岛五个各具特色的海岛，形成差异化与联动发展相结合的空间格局，建设我省著名的港湾——城市型海岛休闲度假旅游区。加快城市滨海地区的建设，打造“一湾两岸”滨海城市观光旅游区。以湛江港湾为核心，结合雷州半岛东、南、西部丰富的旅游资源，构成具有浓郁风情的滨海观光带。东海岛要正确处理石化、钢铁等大型工业项目与滨海旅游之间的关系，开发特色化的工业旅游，给商务旅游带来更多机遇。硇洲岛重点发展潜水旅游、海岛历史文化游、滨海休闲度假游，并结合国家级中心渔港的建设发展渔港旅游。特呈岛旅游度假区以建设成为生态、文明的旅游新海岛为目标，发展滨海乡村生态旅游和休闲度假会议中心。南三岛以建设国际邮轮港、海洋主题公园、生态观光农业园、水上运动中心为重点，凸显休闲度假和观光体验。南屏岛重点发展高端商务和海岛度假旅游。

（十）汕尾红海湾

将红海湾建设成以体育休闲运动为主的“三船”（冲浪、扬帆、皮划艇）运动基地，和集水上运动、生态观光、避暑度假、休闲疗养、餐饮、娱乐、购物等功能齐全的、全天候的复合型旅游度假区；并与汕尾湿地一体化开发，形成冬夏互补的现代滨海旅游示范区。进一步完善配套水上运动区，开设滑水、摩托艇、空中跳伞、冲浪等水上运动娱乐项目，建设帆船帆板运动博物馆、游客中心、美食街、文化广场、露天酒吧，丰富海滨旅游活动内容。依托红海湾周边重要的湿地，在其核心区外建立湿地公园，开展生态观光和游客参与性强的垂钓、观鸟、渔家乐等娱乐项目，形成主题鲜明、内容独特、兼有生态保护、生态旅游、生态教育功能的大规模滨海生态观光旅游区。

六、建立高效能旅游支撑体系

（一）完善旅游交通体系

区域旅游出行。形成以珠江三角洲地区为核心，以公路为基础，铁路、水路、航空多种旅游出行方式协调发展，旅游客运能力显著增强，运输质量明显提高的区域旅游出行系统。进一步拓展航空运输网络，优化民航运输资源，提升航空运输水平。形成能紧密联系区域内各重要旅游城市，以及快速连接周边省份客源市场的铁路网络；建设珠江三角洲地区连接两翼地区的高速铁路，开辟专门的广东滨海旅游列车，实现高容量、快速的旅游出行。依托广州、深圳、珠海、湛江、汕头等5个沿海主要港口和各沿海地区性重要港口，开拓区域内至港澳台、国内其他重要沿海城市、东南亚国家沿海城市的航线，形成布局合理、分工明确、层次清晰、与其他运输方式衔接较好的水运旅游出行系统。以信息化、网络化为基础，加快智能型交通运输的发展，推进现代旅游出行系统的形成。

景区入口交通。完善通达旅游景区（点）的公路建设，提升通达旅游景区（点）公路的等级，加强通达旅游景区（点）公路的交通管理，缩短旅游者花费在通达旅游景区（点）的公路上时间。做好通达旅游景区（点）的公路沿途服务设施、旅游附属设施的配套，特别是为自驾车游客提供的配套服务。开通旅游直通巴士、旅游专线等旅游出行服务，把地区内各个景点串联起来。合理解决进入海岛的旅游出行问题，加强从市区到旅游码头，以及从旅游区内部到旅游客运码头的交通衔接，方便旅客使用进岛轮渡。发展水上直升机等特色旅游出行方式进入海岛旅游区。

景区内部交通。加强旅游海岛上的道路建设，方便连接岛上的各个重要景点和重要配套设施。有条件的可以开行岛内公交车，方便乘客代步。条件成熟的还可开辟空中交通（直升飞机）等高科技旅游出行工具。注重海岛的环境保护，发展旅游岛生态交通，利用电瓶车等快捷、环保交通的工具，在较近的景点间穿梭。根据海岛的自然条件特点，积极发展水上旅游出行，开辟环岛游线路。发展多样化的特色交通游览方式，满足旅游者求新、求奇、求特、求异的心理需要，从而达到“游旅结合”。

（二）提高旅游接待能力

旅游住宿。完善重点景区景点的配套住宿设施，改造和提升现有住宿设施的档次和功能。积极培植有地方特色与滨海特色的民居旅馆和度假酒店，引导投资商开发度假型、生态型、会议型、经济型、商务型和主题型酒店，适当建立野外露营基地、汽车宿营地和青年旅馆。鼓励吸引国内外高星级酒店品牌和优秀经济连锁型酒店品牌进入广东滨海地区；引导和支持本土酒店向集团化、网络化、品牌化、国际化经营方向发展；支持发展本土化的精品单体酒店。鼓励社会旅馆参加星级评定，规范家庭旅馆，提供安全、卫生、舒适、周到、温馨、优质的住宿设施。

旅游餐饮服务。发挥我省饮食资源的优势，深度挖掘粤菜饮食文化和特色，以广府菜、潮菜、东江菜为依托，重点开发各地特色且知名度高的餐饮、美食品牌，打造珠江三角洲、粤东、粤西地区滨海餐饮美食品牌。引进世界各地美食佳肴、服务方式，创造多元化的旅游餐饮产品与服务体系。把餐饮作为旅游的重要组成部分，使品尝美食作为增加旅游吸引力的因素之一，提高餐饮在旅游业的比重。形成层次分明、特色各异、功能完备的旅游餐饮体系，优化餐厅档次结构，合理配置高、中、低档餐馆，合理布局旅游餐饮网点，根据旅游线路特别是自驾车旅游线路的设置，在合适地点设置休息点及餐饮供应点。引导旅游区（点）中的餐饮场所突出当地文化元素，培育地方特色菜肴、特色名点、特色饮食方式、特色饮食文化。在滨海旅游景区、滨海旅游城市、滨海旅游乡村有选择地适度推进美食街、美食城、美食点建设，作为旅游配套建设的重要举措；进一步推动和做大各地旅游美食节，并在场地和节庆形式上进行创新。规范旅游餐饮管理，优化旅游餐饮环境，严格控制餐饮污染。

旅游购物。形成完善的旅游商品系列和旅游购物品销售体系。大力开发和制造具有广东滨海特色的旅游工业品、旅游纪念品。构建旅游商品产业链条，形成产供销一体化的旅游商品生产销售网络体系及生产销售基地，带动旅游购物场所的规范化建设。评选诚信示范商店或广东土特名品专卖连锁店。优化旅游购物场所的环境，增加休闲配套设施，营造良好的购物体验环境。加大政府扶持力度，对开发潜力好、知名度大、附加价值高的旅游商品及企业适当给予政策倾斜。举办旅游纪念品设计大赛、旅游商品展销和“地方优秀旅游商品”评选等活动，促进旅游商品的发展。拓展旅游商品开发模式，引导农民到旅游商品开发制造行业就业，建立“企业＋基地＋农户”的三合一模式，走规模化生产道路。规范购物市场。大力推进旅游购物诚信档案的建设，建立旅游购物场所、企业、服务人员的信誉档案，落实旅游购物企业的信誉监督、信誉奖励和失信惩戒机制。建立质量标准监控体系，规范旅游商品经营行为，大力推进旅游商品有序发展。

旅行社。鼓励发展不同类型的旅行社，建立多元化、多层次的旅行社体系；扶持和培育骨干旅行社，走集团化、网络化、国际化之路；吸引国际上有实力的品牌旅行社到广东滨海各地设立分支机构，利用这些旅行社的网络营销关系和科学的管理模式拓展客源市场，带动整个目的地的旅游业；鼓励旅行社的适度专业化发展，包括发展专业化滨海旅行社，形成一批专长以至专营滨海旅游的旅行社；加强省内各地旅行社之间的合作，从联合促销、共同研发旅游线路和产品、相互借鉴管理模式、沟通信息以及培养人才等方面着手，提高整个行业的经济效益与经营管理水平；加强本省旅行社与广西、海南、福建、香港、澳门、台湾及其他区域旅行社的合作与联动，共同促销旅游线路，拓展地接业务，开拓市场范围。规范滨海地区旅行社的市场管理，积极推进依法治旅工作，规范市场秩序。

旅游信息服务。整合各地已有的旅游网站，建立统一的网络宣传平台，增加网络提供的信息量，缩短网络信息的更新周期，加速信息的流动速度，使网络和旅游者之间的交互功能进一步强化，避免因为信息过期导致游客安排不当。建设滨海旅游电子商务系统，提供旅游信息查询、旅游预订、网上支付、网上结算等功能，并与旅游信息咨询系统结合。建设滨海旅游管理信息系统，直接链接行业主管和行业协会、旅游企业、相关行业和学术机构，提高即时交流管理信息和应对突发事件的能力。加强景区电子商务建设，实现与游客、旅行社的信息化互动。实施滨海旅游信息系统、电子商务系统、旅游管理信息系统的信息标准化采集，实现与广东省旅游信息综合服务平台的对接，促进区域信息化协调发展，以完善区域间的旅游信息共享。

（三）加强旅游人才队伍建设

建立和完善旅游教育与培训体系，为旅游业培养高素质的专业人才。发挥综合大学和高等职业学院的优势，办好旅游中等职业学校（院），利用现有设施完善旅游培训中心，把广东建成全国旅游人才的培训基地和输出基地之一。坚持院校培训与在岗培训相结合，本地培养与外地引进相结合，加快培养中高级旅游经营管理人才、涉外人才，全面提高旅游从业人员的思想素质、业务素质和文化素质，使之达到规范化的岗位标准。

增加对旅游教育的投入。依托现有院校开发旅游教育，使学历教育和非学历教育相结合，提高员工素质。培养一支有较高专业水平，普通话、粤语、外语相配套的导游人员队伍。有计划地选调一批优秀人才到国内外大学和研究机构学习、深造。

建立旅游人才流动制度。不断完善用人机制，建立起留得住人才的企业文化和激励机制，建立人才流动制度和人才流动备案制度。加大旅游优秀人才引进力度。大量引进外语人才，充实各大旅行社、酒店、景区（点），特别是导游队伍。

（四）培育旅游龙头企业

推进旅游企业改革创新，鼓励优势旅游企业重组扩张，努力培育一批旅游龙头企业。鼓励开展各种旅游经营方式、运作模式的创新和探索。对具有规模优势、资源优势和品牌优势的景区和企业，以优引优，以强联强，引进境外资本与民间资本，进行产权重组，使旅游业逐步建立产权清晰、权责明确、保护严格、流转顺畅的现代产权制度。

引入市场化机制，支持非公有经济向旅游领域拓展，允许景区（点）所有权与经营权分离，切实推进产权多元化和管理专业化，采取“谁投资、谁开发、谁经营、谁收益”的原则，自主经营、自负盈亏、利益共享、风险共担。整合旅游产业要素，优化资源配置，推进旅游企业向产业化、规模化、品牌化和国际化方向发展，组建一批旅游企业集团，形成具有竞争力的旅游经营体系。

（五）发展旅游制造产业

旅游制造业是联系工业技术与旅游产业经济的纽带，是旅游产业和旅游经济的基础。着力做大做强以游艇制造、高尔夫用品制造为代表的旅游制造产业；大力提升酒店用品和旅游商品制造业生产水平，改善生产工艺，向新型制造业方向转型升级，强化产业竞争力；打造较为完整的旅游制造业产业链，形成与滨海旅游产业配套发展的现代旅游制造产业体系。

游艇制造。发展游艇研发、设计、游艇原材料加工、游艇装配等产业，重点建设珠海平沙游艇产业基地，着力打造集游艇设计、游艇组装、游艇展销、游艇文化传播于一体的世界级游艇基地。加快筹建游艇产业研究中心、游艇技术研究中心、游艇材料检测中心等一系列平台，延长完善产业链，引导培育相关服务业。适时组建行业协会，出台行业公约，完善行业管理，并在制定国内游艇行业规则、技术标准等方面发挥重要作用。

高尔夫用品制造。抓住发展契机，积极研发新款高尔夫用具用品，扩大国际市场，抢占国内主流市场。重点建设东莞塘厦高尔夫用品产业基地，使其成为我国重要的高尔夫用品的生产、加工基地。

酒店用品制造。充分发挥我省作为酒店用品制造业大省的产业基础以及中国进出口商品交易会的良好平台，积极出台扶持酒店用品制造业多元化的政策措施，引导企业进行专业化分工和上、下游配套，提高产业关联度，延长产业链条，壮大产业规模，以形成良好的群聚效应和规模效应，打造中国乃至世界的酒店用品制造、展销中心。

旅游商品制造。加强旅游商品的研发与设计，形成特色旅游商品体系。包括：土特产品系列、海产品系列、手工艺品系列、花卉植物产品系列、特色邮品和纪念品以及旅游知识性商品。把握游客消费特点，兼顾不同文化背景、不同文化水平、不同职业构成、不同经济水平、不同年龄层次的游客需求；用高品质、高档次的精品、特品来激发消费能力高游客的购物欲，增强游客的关注度及产品的知名度。注意增强商品的视听冲击力，从造型、色彩、包装等方面进行新颖别致的设计。

## 七、深化多层次区域旅游合作

坚持政府主导与市场运作相结合的原则，以资源和产品整合为核心，以联合营销和市场共享为动力，设立政府间的旅游协调机构，配套合作政策，制定合作方案，构建区内、区际、国内、国际的多层次、全方位的务实性旅游合作体系。

### （一）促进省内旅游合作

利用实施《珠江三角洲地区发展改革规划纲要（2008～2020年）》的机遇，积极引导珠江三角洲地区的资金、人才、企业到东西两翼开发旅游资源、创办旅游企业，推进产业与劳动力“双转移”，促进区域旅游协调发展，推动区域旅游合理布局；大力推进珠江三角洲地区和粤东、粤西地区客源市场的互动，实现大区域旅游市场共享，统筹区域旅游发展，形成区域一体化新格局。

### （二）推进粤港澳旅游合作

努力提高粤港澳合作层次，拓宽旅游合作渠道与领域。建立稳定、紧密的协调机构，定期研究和推进解决粤港澳旅游合作中出现的问题。积极鼓励和引导我省港澳旅游民间组织建立沟通联系机制，推动三地旅游民间组织的交往。加快粤港澳三地旅游业资本和服务互相开放。吸引更多有实力的港、澳投资商来粤投资大型滨海旅游项目。争取实现三地旅行社组织的旅游团队直接进入对方行政区提供旅游服务。加强相关配套法规的修订和管理机制建设，推动粤港澳三地客源互动共享，保证三地旅游市场和谐健康发展。进一步提高粤港澳游客流动的便利性，通过推进区内通关管理电子化、通关手续简化、开设旅游专门通道等手段，营造高效、便利的区内通关环境。积极推动粤港澳游艇旅游合作，争取粤港澳游艇在口岸通关监管、游艇码头设置、游艇和驾驶员牌照互认、游艇活动范围等方面的政策突破。继续联合香港、澳门旅游部门参加国家旅游局组织的境外旅游展览会和境外大型宣传促销活动，有重点、分阶段地选择共同的国际客源市场举办粤港、粤澳旅游说明会和面向公众的宣传促销活动。加强粤港澳旅游信息化标准建设和信息采集的合作，实现粤港澳旅游信息共享，整合发挥粤港澳旅游信息平台各项功能。加大粤港澳旅游形象的网络宣传力度，鼓励和支持我省旅游企业推广旅游电子商务，提高旅游电子商务运作水平。

### （三）推进粤闽台旅游合作

以粤东地区为先导，加快融入海峡西岸旅游合作区。强化海峡西岸区域合作联盟，构建海峡西岸旅游合作常规化运作机制，共同建设世界级的海峡西岸旅游区。打造“闽南潮汕黄金海岸游”等区域旅游线路，以营销带动区域旅游发展，共同开拓国际国内两大市场。加快跨省域的交通对接，开辟海峡西岸无障碍旅游区。开拓旅游投资领域的合作，吸引对方区域内的旅游企业集团通过投资、参股、兼并、收购等方式来我省落户，促进经营网络发展。促进旅游企业间的合作，调动旅游企业合作积极性，加强各地旅行社、宾馆、景区（点）互动，推进海峡西岸旅游一体化发展。利用海峡两岸三通的机遇，加快实现揭阳潮汕机场、汕头港口与台湾的客运直航，积极争取授权汕头为台胞办理落地签注点。将南澳岛建成对台综合性旅游特区，吸引台湾大型旅游资本投资建设南澳岛。建设邮轮停靠港，吸引国际邮轮将汕头、高雄、香港和厦门等地组成线路。

### （四）推进粤桂琼旅游合作

以粤西地区为先导，推进环北部湾地区的旅游合作。整合环北部湾资源，共塑北部湾跨国旅游圈形象。各合作城市在资源共享的基础上实现客源互引、互动促销，利用区域旅游的整体优势培育市场，增强旅游产品的市场吸引力和竞争力，扩大环北部湾地区旅游整体的知名度、吸引力、市场范围，在此基础上共享北部湾跨国旅游圈利益。要实行区域市场开放，引导有实力的企业通过兼并、收购、控股、连锁经营等形式实现跨区域发展，促进旅游企业的集约化、专业化发展。在合作的导向下，注重差异化发展，重点开发本地旅游项目，形成特色与优势，提高自身旅游吸引力。粤西地区要大力改善与珠江三角洲的交通联系，以充分吸引珠江三角洲客源；要加强与海南、广西的合作，开展长线自驾车游等旅游产品；要增强与越南的合作，争取成为跨国旅游的中转站。

（五）推进东盟“10+1”旅游合作

积极加强与东盟各国的旅游交流，在旅游交通协作、旅游信息协作、旅游机构协作、旅游便利化协作、旅游危机处置协作、旅游宣传促销协作等方面进行深层次的交流与合作。加速发展我省与东盟的旅游交通合作，增强国际旅游交通对接，完成旅游交通便利化，重视海上航线的合作；举行国际旅游协作论坛，加大区域协作力度，积极与东盟国家旅游管理部门签署旅游合作与交流协议，在各国设立驻外旅游办事处；以中国——东盟博览会为平台，进行东盟国家间的旅游产品信息推介，同时整合资源，开拓国际旅游新线路，扩大旅游促销和人力资源开发合作；加强我省与东盟国家间在旅游项目投资方面的合作；积极推进我省与东南亚旅游的便利化，简化旅游签证手续；加强旅游突发事件处理的合作，建立维护旅客权益的国际旅游应急协作机制，保证游客的旅游安全。

八、强化可持续资源生态保护

（一）加强海岸带综合管理

尽快出台关于我省滨海旅游的相关政策和要求，杜绝对海岸线过度开发建设。制定海岸带时旅游发展指引，对海岸带旅游开发者提供技术指导。

贯彻落实《广东省环境保护规划纲要（2006～2020年》（粤府［2006］35号）确定的全省生态环境分区控制战略，近岸海域严格控制区（海洋自然保护区、珍稀濒危海洋生物保护区、红树林保护区等区域）内禁止设置排污口，避免开设航道和旅游线路。规划建设海岸带时，要注意保护原始生态植被。在规划建设海岸带时保留离最高潮位线10米至30米的原始生态植被，对保留原生态植被的海岸带可以进行必要的美化。以沿海防护林、自然保护区等为重点，加大森林生态资源保护力度。对破坏海岸实行环境违纪问责制，确保滨海海域水质好转有制度保证。

（二）保护性利用滨海资源

建立滨海旅游区的环境质量标准，控制环境容量，促进滨海旅游环境的良性循环发展。提高滨海旅游项目的策划水平，有效制止无序开发和破坏性开发。积极倡导生态旅游，调整布局，分流客源，减轻主要滨海景区的接待压力。

按照“规划先行、范围明确、专家参与、容量控制、实时监测”的原则开发利用滨海旅游资源。各旅游景区的开发应制订切实可行的开发发展规划，杜绝无规划滥开发和不按规划开发的行为；确立景区（点）的保护范围，明确各景区、度假区的保护范围，控制保护区内的开发建设活动，景区（点）外围的工程设施应与保护风景区周围的景观和谐。各景区（点）均应测算和确定旅游环境容量，作为景区（点）旅游开发和接待活动管理的参考依据。

（三）加强对环境影响的源头监督和过程控制

严格贯彻执行《中华人民共和国环境影响评价法》，对旅游专项规划必须进行环境影响评价，对旅游项目开发实施环境影响评价制度，实现环境保护的源头监督。

要加强过程控制，不定期或定期监测景区环境。主要的旅游区、景区和景点应有旅游监测人员，配备相关设备，以保证监测体系科学、全面。

（四）加强对游客行为的引导与管理

进一步加强对居民和游客的旅游资源保护知识的宣传，通过游客中心、景点门票、宣传册、广告短片、标识牌、导游词等对游客进行环境教育。制定相关规章制度，加强对游客旅游行为的环境管理。测量景点的环境容量，在环境敏感区严格控制游客数量与游客行为。

（五）加强对景区投资开发行为的监控

对于旅游重大项目、重点项目，有关部门应当严格论证、科学评审，监控相关经营管理活动。同时，可以聘请有关旅游专家担任顾问，为有关部门提供决策参考。

九、实施保障

（一）制定积极的产业扶持与促进政策

加强旅游产业体系建设。按照大旅游、大市场的发展理念，推进同业集聚和产业协作，完善旅游产业体系，延长旅游产业链，重点扶持重大旅游项目、旅游龙头企业、精品旅游线路和具有广阔前景的旅游新产品。

创新旅游生产经营模式。鼓励旅游景区加强与关联企业合作，推进旅游景区投资经营多元化。支持旅游景区品牌化经营，提升管理服务质量。培育壮大旅游房车、邮轮、游艇制造和高尔夫用品、旅游保健防护用品、特殊旅游用品等生产企业，支持建设旅游制造业基地。推进旅游生产营销的规模化，完善旅游产品交易市场，发展旅游电子商务，推进旅游信息化进程。

加大财政扶持力度。在海洋经济试验区规划建设期间，充分发挥省财政安排的旅游产业园区竞争性扶持资金等资金的引导作用，择优扶持纳入海洋经济综合试验区的示范性旅游产业园，以及战略性重大滨海旅游项目基础设施和旅游公共服务设施建设。沿海市、县要统筹财力，切实加大对本地滨海旅游发展的资金支持。

拓宽旅游企业融资渠道，完善金融扶持政策。争取金融机构加大对符合条件的旅游企业和项目的信贷支持，扶持旅游企业做大做强，推动知名旅游品牌和精品线路建设。省财政每年安排的农村劳动力培训转移及促进就业专项资金，可按规定用于旅游行业人才培训。

（二）提供有力的用地与用海保障

旅游用地支持。对列入全省旅游业发展规划的重大旅游建设项目和发展生态旅游项目用地给予支持；对滨海旅游重大项目的建设用地探索采取土地租赁等灵活多样的方式供应。积极推进集体建设用地使用权流转，根据有关公开交易的程序和办法，通过出让、租赁、转让、转租等方式依法取得的集体建设用地，可用于建设开发旅游项目。

完善用海政策。按照《中华人民共和国物权法》确定的海域使用权物权属性，推进项目用海凭海域使用权证按程序办理工程建设手续试点。推进建立海域使用并联审核机制，实施项目用海的海域使用论证、环境影响评价、防洪影响评价等同时进行，简化海域使用审批程序。推进海域资源市场化配置，完善海域使用权招拍挂制度。

完善海岛开发政策。加强有居民海岛地区的基础设施、海水淡化和环保项目建设，探索建立无居民海岛使用权招拍挂制度，为海岛旅游开发创造条件。

（三）构筑多元化投融资格局

借鉴国外成功旅游度假区旅游开发的经验，深化旅游投融资体制改革，充分发挥市场的基础性作用，在政府主导下，积极创造条件，扩大旅游投资融资渠道，建立投资方式多元化、资金来源多渠道的投融资格局。

重视对旅游业的导向性投入。深化旅游基础设施投资机制改革，制定鼓励外资和民间资本介入旅游基础设施建设的政策，鼓励和支持旅游基础设施建设的 BOT 投融资模式。

消除市场分割，建立旅游市场准入机制，鼓励和吸引国内外企业特别是民营企业参与滨海旅游开发，鼓励相关产业向旅游业延伸。加大招商引资力度，出台融资、用电、用水等方面的倾斜政策，鼓励支持外资、社会资金投资开发旅游业，形成多形式、多元化的旅游发展体系。

创新投融资体制，大力引进外资、社会资金投资开发大型旅游项目，集中财力打造一批4A、5A 级景区等旅游精品项目，鼓励景区规范化管理，通过精品景区打造经典旅游线路。推行“优质旅游联盟”计划，实行旅游奖励，促进旅游企业核心竞争力提升，促进优质旅行社、景区景点、酒店等旅游企业互促互动发展。

（四）开展有针对性的旅游市场营销

在区域市场方面，以珠江三角洲为核心，夯实省内基础市场；以中部和西部内陆地区和东北地区为重点，大力开拓省外市场；以港澳台、东亚、东南亚国家和地区为中心，积极开拓欧美等海外市场。以滨海观光旅游为基础，以滨海休闲度假旅游为重点，以滨海商务度假旅游为特色，提供多元化的滨海旅游产品。

加大在国内主流媒体和海外华文媒体的广告宣传投放力度，全方位提升“活力广东。欢乐滨海”的知名度、美誉度。积极参加境内外促销活动，加强与友好省州宣传促销互动合作，利用互联网、平面媒体和新闻媒体创新宣传促销方式。鼓励“广东人游广东滨海”活动。加强对海外华人、华侨的宣传促销，发动更多的侨团来广东寻根问祖、探亲访友、观光旅游。

（五）加强行业与市场管理

充分发挥旅游行政管理部门职能作用，加强监督管理。发挥各类旅游协会作用，制定行业规范，推进行业自律。建立健全导游人员执业的准入、激励、保障和责任追究等机制。

规范旅游市场秩序。推动完善旅游服务质量监督管理体制，加大旅游投诉处理、旅游市场执法力度，加快推进旅游行业标准化建设。强化旅游安全监管，营造安全旅游环境。全力推进诚信旅游，推行优质旅游计划，加强旅游行风建设。

（六）加强规划的实施管理

加强组织领导。沿海各地级以上市政府要把发展滨海旅游摆上重要议事日程，加强领导，统筹协调，建立健全工作机制，研究制订实施方案，明确工作分工，切实推动本地区滨海旅游科学发展。省发展改革委、旅游局、海洋渔业局等部门要加强对滨海旅游发展的指导和协调作用，其他职能部门要按照各自职能分工，各司其职，相互配合，形成推动滨海旅游发展的强大合力。

加强监督检查。省旅游局要根据本规划制定滨海旅游规划实施方案，分解目标任务，明确责任分工，建立考核制度，切实加强对滨海旅游发展重大决策、重大项目以及配套政策执行情况的督促检查，定期通报进展情况，确保工作目标实现。

加大宣传力度。充分发挥新闻媒体和宣传媒介的作用，加大对本规划的宣传解读，加大建设海洋经济强省和发展滨海旅游的宣传力度，提高全社会的海洋意识与旅游意识，充分调动全社会参与滨海旅游发展与海洋经济建设的积极性，营造共同推动滨海旅游发展的良好氛围。

附件 1：滨海旅游地区发展指引

附件 2：重点滨海旅游项目一览表

## 附件 1

# 滨海旅游地区发展指引

**一、广州市**

发挥山、城、田、海、河、岛、历史文化的资源组合以及经济、交通区位优势，将商务、购物、会议旅游与滨海旅游资源相结合，丰富滨海城市景观和滨海城市生活体验，大力发展滨海观光旅游、湿地生态旅游，培育发展游艇、邮轮、高尔夫等高端滨海旅游项目，打造多层次的滨海旅游产品体系，显著提高广州作为城市旅游目的地的滨海特色。重点在南沙滨海地区，以自然风光为依托，以历史文化、田园生活、生态湿地为基础，以现代产业、港口与城市新区景观为特色，培育高尔夫、游艇、邮轮旅游，开拓商务、会议旅游。充分利用广州现代造船工业条件，积极培育邮轮游艇制造业，将广州建设成为世界邮轮旅游航线的著名节点和中国南方重要的游艇度假基地，提高广州国际知名度和国际竞争力。

**二、深圳市**

发挥滨海旅游的资源和市场优势，以滨海城市旅游与滨海度假旅游为重点，创造富有特色、参与性强、开放性高的旅游产品，打造“精彩深圳，时尚之都”的城市旅游品牌，把深圳建设成为在国内外影响大、吸引力强的国际滨海旅游城市。强化滨海旅游产品的度假功能、国际会议功能和休闲娱乐功能，丰富滨海观光产品和滨海娱乐产品的内涵，大力开发游艇旅游、高尔夫旅游、水上体育等各类专项旅游产品，打造国际邮轮母港和国际性游艇基地，形成以高端滨海休闲度假、会议旅游为核心，滨海观光、娱乐为补充的多元产品体系。构建西部城区以滨海城市为特色、东部海岸以游艇——高尔夫——休闲度假为主题的两大滨海旅游功能区，重点打造大鹏半岛高端休闲度假组团、梅沙——马峦山大众型观海休闲度假组团、深圳湾滨海城市观光休闲组团、西部滨海产业观光组团。

**三、珠海市**

以“休闲度假”为主题，以滨海城市旅游、滨海温泉旅游、滨海高尔夫旅游、海岛旅游、游艇旅游作为珠海滨海旅游的主要方向，将珠海建设成为国际商务休闲旅游度假区。突出珠海滨海城市的特色，将中心城区建设成为滨海城市旅游示范区，滨海旅游客流集散中心和滨海旅游接待服务基地。利用香港、澳门对国际高端旅游资源的吸引力，结合横琴新区海岛型生态景观的资源优势发展休闲度假产业，将横琴新区打造成与港澳配套的世界级旅游度假基地。依托万山群岛的海岛资源，突出“浪漫海岛”主题，发展以海上观光游乐、休闲度假旅游为主，商贸与休闲渔业为辅的海上休闲度假旅游区。依托海泉湾、航展品牌以及游艇产业旅游资源基础，打造温泉——高尔夫——游艇旅游为核心的品牌形象和休闲度假产品系列，大力开发滨海生态文化旅游产品。

**四、汕头市**

以滨海旅游资源为依托，潮汕文化为引子，打造以滨海度假旅游、滨海城市旅游为核心，会议旅游、观光旅游、文化休闲旅游为一体的滨海旅游产品体系。依托中心城区的商务、会议、购物等市场资源以及礐石风景区、北山湾旅游度假区、青云岩风景区等旅游资源，完善城市接待设施，提升滨海城市景观，建设邮轮停靠码头和游艇专业补给基地，发展邮轮、游艇、高尔夫等高端旅游，提升汕头作为区域性滨海旅游中心城市的地位。依托南澳岛优良的海岛资源，重点面向粤闽及港澳台市场，发展以休闲度假旅游为核心，会议旅游、海岛观光、科教文化、宗教旅游为补充的多元化产品体系，建设成为国家生态旅游示范区、国家5A级旅游景区、全国闻名的海岛型休闲旅游度假胜地。完善龙虎滩旅游度假区的休闲服务设施和商务条件，形成一个旅游观光、休闲度假、商务洽谈的滨海高尔夫度假胜地。打造“两岸两岛游”（南澳岛、台湾澎湖岛），把南澳乃至汕头港建成对台的“三通点”、“三通港”，加强与台湾的旅游合作和交流。

**五、惠州市**

打造“休闲惠州，度假天堂”滨海旅游品牌，大力开发休闲度假旅游产品和游艇、水上体育等各类专项旅游，丰富滨海观光产品、滨海文化产品的内涵，形成以滨海休闲度假为核心，水上运动、滨海观光、滨海文化旅游为补充的多层次滨海旅游产品体系，把惠州建设成为粤港澳地区顶级滨海休闲度假基地和影响全国、面向世界的著名滨海旅游目的地。整合双月湾、海龟湾、平海古城、海滨温泉等优势资源，以滨海度假为主导，发展商务会展、豪华游艇、滨海别墅等高端产品，适当发展滨海观光、历史文化观光、海岛生态旅游、休闲渔业、乡（渔）村旅游等特色产品；建设五至十家五星级度假酒店，形成以巽寮湾为中心，连结整个稔平半岛的环大亚湾海滨度假区，打造国际滨海旅游度假胜地、国家5A级旅游景区。

**六、汕尾市**

充分发挥汕尾位于珠江三角洲与潮汕两大旅游市场交界地带的地理优势，把汕尾建设成珠江三角洲的东花园、粤东旅游休闲度假胜地、现代化滨海旅游新城和我省水上体育运动基地。市区的东翼形成凤山祖庙、屿仔岛、银龙湾（含沙舌）、滨海大道和环湖路滨海城区景观区，西翼金町湾形成以沙滩浴场、滨海娱乐度假服务休闲区。红海湾建设成以体育休闲运动为主的“三船”运动基地，和集水上运动、生态观光、避暑度假、休闲疗养、餐饮、娱乐、购物等功能齐全、全天候的复合型旅游度假区。长沙湾以多元化休闲度假为开发主题，建设高星级度假酒店、游艇俱乐部等。海丰建设鲘门高端体育休闲设施、海丰百安金丽湾度假村、海丰小漠南方澳度假村等休闲度假项目。陆丰发展碣石镇玄武山宗教文化旅游和金厢的观音岭海滨生态文化旅游。

七、东莞市

依托现有基础，整合滨海旅游资源，把东莞打造成著名的爱国主义教育基地、珠江三角洲的商务会议集中地。依托东莞丰富的名胜古迹，一流的旅游配套设施，形成以名胜古迹观光旅游、滨海休闲度假旅游、商务会议旅游、爱国主义教育旅游以及游艇休闲旅游为主的滨海旅游产品体系。以虎门镇区和威远岛为核心，打造成集滨海城市观光、商务会议旅游、爱国教育基地于一体的旅游区。以木棉山岛度假区为基础，以长安交椅湾填海项目及规划中的长安滨海新区为潜力区域，发展滨海休闲度假旅游。以沙田游艇停泊区为核心，建设游艇港湾和俱乐部，发展游艇旅游。依托塘厦观澜高尔夫球会特有资源，发展与高尔夫相关产业，形成完整的高尔夫产业链条，并以此为突破口，促进旅游业等消费性服务业的发展。

八、中山市

依托人文历史、岭南水乡以及海上温泉等资源，以珠江三角洲地区为核心客源市场，以南朗镇、磨刀岛和民众水乡为重点区域，建立以海洋温泉——游艇休闲度假、商务会议旅游、历史文化旅游为核心，滨海观光旅游、滨海生态体验旅游为辅的滨海旅游产品体系。以孙中山故居为核心，整合中山纪念中学、翠亨村、名人故居群和中山城等人文资源，以及开发海上温泉资源和茶东村等历史文化资源，以名人资源、文化旅游、休闲度假为主导方向，建设翠亨国际旅游小镇，通过打造国家5A级旅游精品景区，将翠亨新区建设成为一个现代化滨海新城。依托神湾磨刀门入海口良好的水上区位条件、优质的西江水源以及背靠神湾公园和丫髻山旅游风景区等周边优美的自然生态环境，引入国外先进的游艇会投资经营管理理念，形成以游艇为主题的滨海休闲度假旅游目的地。整合民众镇的水乡文化资源，拓展丰富旅游产品，建设岭南水乡生态体验区，打造岭南水乡文化旅游品牌。

九、江门市

深度挖掘川岛的旅游资源优势，培育一个中高端、多样化、具有丰富活动和生活文化、田园诗般的海岛旅游目的地。充分利用其资源的多样性，构筑以度假产品为主，观光产品和专项产品（如游艇基地、邮轮港和高尔夫运动）为辅的特色鲜明、主题突出的产品体系，重点满足珠江三角洲及港澳中高端消费群体的家庭度假、奖励旅游、商务会议旅游、新婚蜜月旅游、潜水旅游、企业公关联谊等需求。改善岛内交通条件，完善岛内设施，提升服务水平，带动和吸引高档度假村的开发。以我省西部沿海高速公路为轴线，构建台山沿海旅游风景带。以侨乡观光、度假、生态旅游为特色，完善配套设施，丰富游览内容，使之成为迷人的“洋楼风情文化齐汇，海陆度假旅游并举”的风光游览地。银湖湾以大型湿地公园为核心，结合开发游艇旅游，建设以“生态、观光、休闲、度假、体验、科教”为特征具有国际水准的滨海旅游度假区。

十、阳江市

以丰富的滨海资源为依托，以“南海Ⅰ号”、“广东海洋历史博物馆”文化效应为吸引，构建以海上丝路文化、滨海休闲度假、康体养生等为核心的旅游产品体系。重点打造海陵岛旅游度假区，整合海岛自然生态和历史文化旅游资源，重点面向粤港澳中高端客源市场，形成集旅游观光、休闲度假、商务会议、滨海运动和文化体验为一身的多元化综合型旅游目的地，成为国际知名、国内顶尖的生态与历史文化旅游岛，珠江三角洲游客最喜爱的休闲度假和自驾车旅游目的地。以海陵岛为纽带，整合市域滨海旅游资源，加快滨海各个景区的开发和配套设施建设，构建滨海旅游休闲度假带。重点提升完善已有的旅游度假区（如东部的珍珠湾旅游度假区、西部的咸水矿温泉度假山庄等），并适时推进新的大型滨海度假区（如月亮湾旅游度假区）的建设。

十一、湛江市

整合滨海旅游资源，大力开发滨海旅游产品和特色旅游项目，加强与海南国际旅游岛、北部湾等地区旅游的协调与合作，促进旅游产品多元化发展，形成滨海城市观光旅游、滨海休闲度假旅游、海岛休闲度假旅游、商务会议、游艇基地、邮轮旅游、高尔夫运动、海上运动、生态休闲旅游、海洋文化、海峡文化、军港文化体验旅游等滨海旅游产品体系，打造国际著名的滨海旅游休闲度假目的地。以湛江市区为依托，以湛江海湾为纽带，串联东海岛、特呈岛、硇洲岛、南三岛、南屏岛五个各具特色的海岛，形成差异化与联动发展相结合的空间格局，建设港湾——城市型海岛休闲度假旅游区。以吉兆湾、天成台、赤豆寮岛、徐闻珊瑚礁、白沙湾、海峡文化以及“中国大陆最南端”、“汉代海上丝绸之路始发港”、“渡琼作战起始点”等资源为依托，建设一批各具特色的滨海旅游度假项目。

十二、茂名市

整合滨海生态旅游资源、滨海自然旅游资源、滨海人文旅游资源，优化空间组合，以环水东湾的放鸡岛、龙头山、虎头山、“中国第一滩”、晏镜岭等为重点，大力发展滨海旅游，形成一系列滨海旅游产品，确立滨海旅游在茂名旅游发展中的龙头地位。努力改善滨海环境条件，加大景区内外部环境整治，完善配套功能，提升公共服务，营造良好的休闲度假氛围，加大高端度假接待设施开发建设，逐步完善度假酒店、游艇俱乐部、体育公园等休闲度假设施，力争将茂名滨海地区旅游打造成国内一流的滨海旅游目的地，国家级滨海旅游度假区，促进滨海旅游成为茂名滨海新区建设的重要载体和平台。注重与海南省、北部湾地区以及阳江市、湛江市在滨海旅游领域的互动合作，形成差异、凸显特色，打造茂名休闲度假旅游品牌，并不断扩大其在广东乃至全国的知名度、美誉度和影响力。

**十三、潮州市**

以拓林湾海洋、海滩、海岛旅游资源以及潮汕文化旅游资源为依托，打造以滨海休闲度假、渔家体验为核心，滨海观光旅游、滨海文化旅游为补充的滨海旅游产品体系，使滨海旅游成为潮州旅游的重要组成部分，建设广东滨海旅游的东大门、粤东重要的滨海生态休闲旅游目的地。以大埕湾滨海旅游度假区、汛洲——西澳（双岛）旅游区、柘林“海上牧场”、海山岛为核心，大埕、所城、柘林、黄冈、海山等镇区为主体，构建潮州东南海滨休闲度假旅游带，重点发展柘林湾和大埕湾区域。利用潮州港渔港渔船和海上牧场——网箱养殖景观，开发渔家体验旅游。重点发展海滨浴场、海上牧场观光体验以及海岛专业开发等。开发海上温泉度假疗养旅游资源，依托汛洲、西澳二岛，建设集海上疗养、休闲、度假、观光于一体的高品位旅游地。

**十四、揭阳市**

塑造“滨海乐土，潮汕家园”品牌，使滨海旅游成为惠来经济的支柱之一、揭阳旅游的重要组成部分。打造以滨海观光旅游为核心，渔家乐和海防文化体验等为补充的滨海旅游产品体系。利用澳角炮台、海角甘泉等滨海旅游资源，开发海防文化、滨海观光项目，形成神泉海防文化滨海观光组团。

**广东省滨海旅游空间格局规划图**

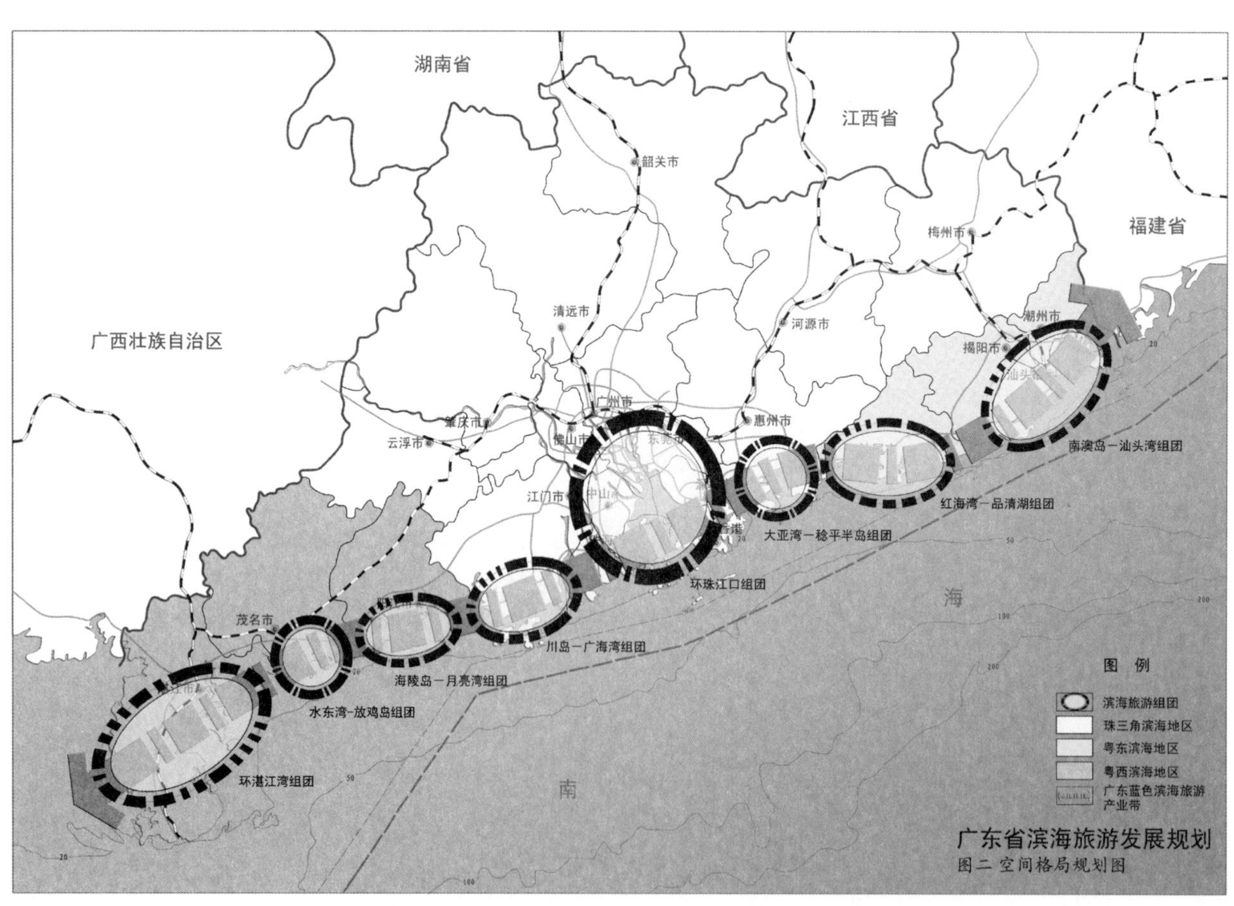

附件 2

# 重点滨海旅游项目一览表

| 市 | 序号 | 项目名称 | 建设单位 | 建设性质 | 建设内容及规模 | 建设起止年限 | 总投资（万元） | 至 2013 年前累计计划投资（万元） | 至 2015 年累计计划投资（万元） | 填海总需求（公顷） | 预计带动就业人数（人） | 备注 |
|---|---|---|---|---|---|---|---|---|---|---|---|---|
| 广州市 | 1 | 南沙游艇俱乐部二期及配套工程 | 南沙开发建设有限公司 | 续建 | 拟建游艇码头 289 个，配套商业设施 8 万平方米 | 2010～2012 | 90000 | 90000 | 90000 | 3 | 1000 | |
| | 2 | 广州南部滨海生态旅游休闲区 | 南沙区农林局文化局 | 续建 | 建设历史文化旅游及滨海休闲绿道等旅游综合设施项目 | 2009～2015 | 100000 | 50000 | 100000 | 1 | 2000 | |
| | 3 | 南沙湿地二期 | 南沙区农林局 | 续建 | 规划面积 1 万亩，建设滨海地旅游休闲区 | 2010～2014 | 20000 | 10000 | 20000 | 1 | 1000 | |
| | 4 | 南沙邮轮母港 | 广州港集团 | 新建 | 建设规划可靠泊国际豪华邮轮的码头与泊位，并发展与邮轮码头配套的大型购物中心和高端旅游休闲设施 | 2012～2015 | 90000 | 50000 | 90000 | 5 | 1000 | |
| 深圳市 | 1 | 蛇口太子港国际邮轮母港项目 | 招商局集团公司 | 新建 | 含邮轮码头及岸上相关的商业、娱乐设施等多元化城市综合体 | 2011～2016 | 100000 | 待定 | 待定 | 无 | 3000 | |
| | 2 | 下沙滨海旅游度假区项目 | 中国港中旅集团 | 新建 | 综合性滨海度假酒店群，商业街区等 | 2012～2017 | 90000 | 待定 | 待定 | 无 | 4000 | |
| 珠海市 | 1 | 珠海长隆国际海洋度假区 | 珠海长隆投资发展有限公司 | 续建 | 综合性海洋度假旅游区，年接待能力可达 1000～1500 万人次 | | 1000000 | 650000 | 1000000 | | | 预计 2012 对外营业 |
| | 2 | 珠海海泉湾度假区二期 | 香港中旅国际投资有限公司 | 续建 | 项目主要建造综合性体育公园、白金五星级酒店、温泉博物馆 | | 150000 | 90000 | 150000 | | | |
| | 3 | 格力东澳岛旅游开发项目 | 珠海格力集团有限公司 | 新建 | 东澳岛建高级酒店及旅游开发项目 | 2011～2014 | 80000 | 65000 | 80000 | | | |

续表

| 市 | 序号 | 项目名称 | 建设单位 | 建设性质 | 建设内容及规模 | 建设起止年限 | 总投资（万元） | 至2013年前累计计划投资（万元） | 至2015年累计计划投资（万元） | 填海总需求（公顷） | 预计带动就业人数（人） | 备注 |
|---|---|---|---|---|---|---|---|---|---|---|---|---|
| 惠州市 | 1 | 惠东县巽寮滨海旅游度假区项目 | 金融街惠州置业有限公司 | 续建 | 规划建设酒店、会展、游艇会等 | 2006～2018 | 1200000 | 700000 | 1000000 | —— | 5000 | |
| | 2 | 惠东檀悦旅游度假酒店项目 | 惠东县长银房地产开发有限公司 | 新建 | 新建兼有娱乐、餐饮、会议和商务的综合性建筑及相关配套设施 | 2011～2014 | 80000 | 50000 | 80000 | —— | 800 | |
| | 3 | 惠州市海上生态园 | 惠州市政府 | 新建 | 红树林生态修复保护、海洋生物馆、购物中心、酒店、游艇码头会所、海洋游乐运动休闲中心 | 2012～2018 | 3200000 | 220000 | 1900000 | 200 | 18000 | |
| 汕尾市 | 1 | 汕尾陆丰市怀乡文化旅游综合开发项目 | 陆丰市怀轩实业有限公司 | 续建 | 建酒店、文化旅游配套设施、会议中心、健身运动中心、水疗会所、中西餐厅、商业街、观赏园林等。 | 1995年起至2016年止 | 150000 | 100000 | 150000 | 60 | 6000 | 一期完成，二期在建 |
| | 2 | 汕尾红海湾白沙半岛旅游度假村 | 广东烨龙集团 | 新建 | 邮轮码头、游艇俱乐部、五星级酒店及配套 | 2012～2022 | 200000 | 40000 | 80000 | | 12000 | 规划设计中 |
| 中山市 | 1 | 十里堤岸游艇产业旅游区 | 中山市力信科技发展有限公司 | 新建 | 游艇生产厂、游艇码头、游艇酒店、游艇展销中心及其它相关游艇旅游产业 | 2011～2015 | 200000 | 100000 | 200000 | 0 | 3000 | |
| | 2 | 翠亨国际旅游小镇项目 | 中山旅游集团有限公司 | 新建 | 初步定为“岭南风格的民国小镇”，将以兰溪河滨水休闲风情带为依托，重点打造欧美建筑博览区、东亚和东南亚建筑博览区、岭南风情城、生态田园区、古玩古家具艺术城、故居休闲旅游区、山地小镇旅游区、植物观赏区等九大区域，以及建设翠亨旅游大道和生态停车场等。 | 2012～2015 | 1300000 | | 1300000 | 0 | | |
| | 3 | 中山翠亨新区海上温泉旅游度假区项目 | 敏捷地产 | 续建 | 规划以生态休闲、娱乐度假为主题，以红树林湿地为特色景观，集海上温泉沐浴、酒店、运动游乐、商务休闲等服务为一体的综合性温泉旅游项目 | 2010～2015 | 350000 | 150000 | 200000 | 200 | 1000 | |

续表

| 市 | 序号 | 项目名称 | 建设单位 | 建设性质 | 建设内容及规模 | 建设起止年限 | 总投资（万元） | 至2013年前累计计划投资（万元） | 至2015年累计计划投资（万元） | 填海总需求（公顷） | 预计带动就业人数（人） | 备注 |
|---|---|---|---|---|---|---|---|---|---|---|---|---|
| 江门市 | 1 | 台山市海龙湾旅游度假区 | 台山市海龙湾游艇俱乐部 | 新建 | 1000个游艇泊位及系列旅游度假设施。 | 2012～2019 | 180000 | 20000 | 70000 | 13.69 | 1500 | 正在立项 |
| | 2 | 银湖湾游艇休闲度假区 | 江门市和记黄埔地产有限公司 | 续建 | 度假酒店、游艇俱乐部、游艇会展商务中心、意大利风情旅游设施 | 2009～2017 | 210000 | 30000 | 50000 | | 1200 | “省现代产业发展500强”项目 |
| | 3 | 东方阳光帆船港度假村 | 江门市新会区东方阳光帆船港度假村有限公司 | 新建 | 旅游宾馆、小船艇研发中心、小船艇培训学校、帆船展览销售中心、帆船度假村 | 2010～2016 | 70000 | 3780 | 5000 | 36 | 800 | 已签约 |
| 阳江市 | 1 | 广东海洋历史博物馆 | 广东海上丝绸之路博物馆 | 新建 | 广东历史馆、海洋科教4D影院、海洋运动俱乐部 | 2011～2013 | 40000 | 40000 | 40000 | 0 | 30 | |
| | 2 | 东平珍珠湾旅游综合开发 | 中山市青年国际旅行社有限公司 | 新建 | 建设高级酒店、运动休闲区、沙滩浴场等内容的综合旅游开发 | 2011～2020 | 200000 | 5000 | 25000 | 0 | 590 | |
| | 3 | 保利海陵岛银滩项目 | 保利（海陵岛）房地产开发有限公司 | 续建 | 度假酒店、大型生态体育文化公园 | 2010～2016 | 300000 | 250000 | 280000 | 0 | 1200 | |
| | 4 | 敏捷旅游综合开发项目 | 阳江市敏捷房地产开发有限公司 | 新建 | 大型旅游综合项目 | 2012～2020 | 300000 | 150000 | 300000 | 0 | 2300 | |
| | 5 | 海陵岛东岛国际休闲旅游 | 阳江市海陵试验区管委会 | 新建 | 滨海山地运动公园、现代农业体验园、白金五星级度假酒店群、国际会议中心、海洋文化庆典大街、运河精品商业MALL、海上运动公园、五大海洋主题俱乐部、海洋巨蛋演艺剧场、太傅文化纪念馆、渔人码头等。 | 2012～2020 | 750000 | 20000 | 100000 | 0 | 2000 | |

续表

| 市 | 序号 | 项目名称 | 建设单位 | 建设性质 | 建设内容及规模 | 建设起止年限 | 总投资（万元） | 至2013年前累计计划投资（万元） | 至2015年累计计划投资（万元） | 填海总需求（公顷） | 预计带动就业人数（人） | 备注 |
|---|---|---|---|---|---|---|---|---|---|---|---|---|
| 阳江市 | 6 | 东湖星岛国际生态旅游项目 | 深圳市宝能投资集团有限公司 | 新建 | 建设五星级酒店群、国际会议中心、滨湖欢乐世界、山地体育公园、大型演艺广场、国际动漫体验基地、高端休闲度假场所、中医保健养生中心、国际旅游管理培训基地 | 2012～2018 | 500000 | 50000 | 200000 | 0 | 5200 | |
| 湛江市 | 1 | 官渡湾生态旅游度假区 | 湛江市建实房地产开发有限公司 | 新建 | 五星级酒店、休闲娱乐会所、儿童游乐场、商场等 | 2012.11～2019.12 | 80000 | 30000 | 50000 | 30 | 2000 | |
| 茂名市 | 1 | 放鸡岛海洋度假公园 | 茂名市放鸡岛开发有限公司 | 续建 | 在面积1.9平方公里的海岛上按国家5A级旅游景区标准，把放鸡岛建成生态岛、科普岛、渡假休闲岛。岛上旅游服务配套设施齐全，分布合理，别具一格。目前海上游乐项目有：冲浪摩托艇、游艇、香蕉船、海面拖曳伞、海泳、潜水、钓鱼、沙滩跑车等项目 | 2006～2015 | 52000 | 40000 | 52000 | 0 | 1000 | |
| 揭阳市 | 1 | 惠来县华家海滨度假村 | 海滨度假村 | 续建 | 防浪堤、海景宾馆、餐厅、娱乐城、观海长廊 | 2008～2015 | 4671 | 4000 | 4671 | | 2500 | |

# 广东省旅游业“十二五”发展规划

## 第一章　旅游发展背景

### 一、广东旅游业“十一五”发展与规划实施评估

“十一五”是我省经济社会发展极不平凡的五年，在甲型H1N1流感和2008年始的国际金融危机的双重压力下，我省旅游业按照《广东旅游业发展“十一五”规划》目标要求，大力开拓旅游市场，促进旅游消费，努力提升旅游服务质量，全省旅游经济保持健康快速发展，继续向旅游强省目标迈进，旅游产业规模持续扩大，产业要素体系不断完善，产业结构不断优化，产业功能不断加强，特别是国民旅游休闲计划和旅游综合改革不断取得新突破，对促进经济平稳较快发展和社会和谐稳定起到了极大的促进作用。

（一）旅游经济指标持续快速增长，综合实力位居全国前列，超额完成“十一五”规划目标任务

“十一五”期间，我省进一步加强了旅游产品开发和客源市场营销力度，旅游业主要经济指标保持快速增长态势，综合实力位居全国前列，旅游总收入、旅游外汇收入、口岸入境游客人数分别约占全国1/4、1/5和4/5。2006年我省就成为全国首个年口岸入境旅游者突破1亿人次的省份。2009年，入境过夜旅游人数和旅游总收入提前一年实现“十一五”旅游发展规划目标。2010年全省共接待入境过夜旅游人数3140.93万人次，比“十一五”预期目标增长18%，年均增长11.87%；国内过夜旅游人数1.82亿人次，比“十一五”预期目标增长8.8%，年均增长13.2%。实现旅游总收入3804.1亿元，比“十一五”预期目标增长38.3%，年均增长15.1%；旅游外汇收入123.83亿美元，比“十一五”预期目标增长9.6%，年均增长13.4%，均保持全国前列地位。“十一五”期间，全省旅游业直接创造税收350亿元，间接创造税收1600亿元。

（二）旅游产品结构更为优化，现代旅游产业体系和旅游目的地建设取得明显进展，产业竞争力进一步提升

“十一五”期间，我省旅游产品转型初步实现，逐渐从观光旅游转向观光、休闲度假和专项旅游协调发展，拳头旅游产品和精品旅游线路不断涌现。除了都市旅游、主题公园、会展旅游、高尔夫旅游等传统优势外，乡村旅游、森林与山地生态旅游、文化旅游等也取得了较快的发展，特别是温泉度假旅游成为主打产品，自驾休闲游、游艇旅游等产品成为市场新宠，产品结构更为完善和优化。至2010年底，全省共有旅行社1303家，旅游饭店约8500家（包括星级酒店1214家，绿色饭店927家。其中五星级94家（含白金五星级1家）、四星级195家）；旅游景区（点）建设得到很大发展，大型旅游景区景点300多家（其中5A级2家、4A级86家、3A级34家），其中，开平碉楼与村落成功申报世界文化遗产，丹霞山成功申报世界自然遗产；旅游与相关行业和产业的融合发展不断加快，旅游地产、旅游制造业、网络商旅、旅游产业集聚区、旅游规划设计科研机构等新业态方兴未艾。旅游目的地建设进展顺利，优秀旅游城市21个（18个地级以上市、3个县级市），广东旅游强县15个。“活力商都”、“岭南文化”、“黄金海岸”和“美食天堂”四大旅游品牌影响力进一步扩大。广东国际旅游文化节等旅游节庆活动逐渐成为全面展示旅游形象、扩大对外宣传的一个重要窗口，极大提升了广东旅游知名度和影响力。特别是2010年，世界旅游日全球主会场庆典暨中国广东国际旅游文化节在广州成功举行，全球80多个国家、地区和国际组织超过1万名嘉宾参加了节庆活动；世界旅游组织160多个成员国家和地区、390多个加盟成员观看及报道了广东主会场的相关活动。旅游市场化程度不断提高，初步培育了广之旅、南湖国旅、岭南国际企业集团、白天鹅酒店、华侨城集团、长隆集团等一批有竞争力的大型旅游集团和旅游知名企业，市场竞争力进一步增强。旅游投融资体系不断完善，大项目建设不断推进，涉及投资总额达550亿元的14个大型旅游投资项目进入2010广东省现代产业500强项目名单。长隆集团投资100多亿元的珠海横琴岛项目已动工，省中旅总投资128亿元的佛山南海西岸、梅州客天下、湛江东海岛3个旅游产业园项目已启动，其中佛山南海西岸旅游产业园被国家旅游局授予全国首个“国家旅游产业集聚（实验）区”称号。2010年开始，省财政设立广东省高端旅游项目发展专项资金，每年安排5000万元扶持大型高端旅游项目开发建设。旅游从业人员的综合素质是产业发展的基础，“十一五”期间，全省有53759人取得导游人员资格证书，7550人取得饭店中高层管理人员岗位培训证书，4813人取得旅行社经理资格证书，128人取得景区中高层管理人员岗位职务证书；平均每年培训旅游行业各类人员近30万人次。

（三）旅游业社会功能日益增强，逐渐成为人民群众关

心的消费新热点和更加期待的现代服务业，在全国率先启动国民旅游休闲计划具有里程碑意义

"十一五"期间，随着我省旅游业的快速发展，旅游综合性功能进一步发挥，旅游业在增加社会就业、加快新农村建设与脱贫奔康、推动城乡与区域协调发展等方面的作用更加明显。假日经济蓬勃发展，居民出游率逐步上升，旅游休闲已成为大众重要的生活方式。2010年底广东旅游业直接吸纳就业人数140万人，间接吸纳就业人数700万人，约占全省就业人数的12.5%。"十一五"期间全省共投入旅游扶贫资金2.43亿元，扶持5批330个重点项目，覆盖全省86个县（市、区），有力地促进了欠发达地区旅游业发展和群众脱贫致富。2008年起，我省全面发挥旅游业在"双转移"战略实施中的作用，充分利用省财政每年安排的800万元专项资金，积极做好农村劳动力培训转移就业工作，目前共培训4062名劳动力，转移就业3373人。2009年开始，我省在全国率先试行国民旅游休闲计划，旅游作为群众关心的消费新热点，提升了国民休闲生活质量，促进了文化传播与社会和谐，促进了旅游休闲消费的蓬勃发展。开创性工作主要包括：一是加强国民旅游休闲的舆论宣传，增强公众旅游休闲意识；二是大力推动落实带薪休假制度，倡导弹性安排带薪休假时间，鼓励企事业单位展开奖励旅游、福利旅游；三是大力开发森林生态、滨海、温泉、乡村、绿道、中医药养生、科技、文化等专项旅游，精心组织策划丰富多彩、群众参与性强的旅游休闲活动，丰富旅游休闲产品体系；四是创建国民旅游休闲示范单位，探索发行国民旅游休闲卡，免费开放一批游览参观景区景点，为城乡居民参与国民旅游休闲活动提供优惠和便利；五是开展国民旅游休闲示范市、示范县（市、区）创建活动，全省已评选出11个国民旅游休闲示范市、县（市、区）。各市旅游部门也积极实施国民旅游休闲计划，惠州牵头联合珠三角九市推出了"广东旅游一票通（珠三角版）"，江门发行了2万余张旅游一卡通。

（四）广东建设"全国旅游综合改革示范区"上升到国家战略层面，产业融合大发展格局初步形成，区域旅游协作进一步增强

"十一五"期间，广东在旅游体制机制创新和改革方面取得了显著成效。2008年11月，国家旅游局、广东省政府签署《关于建立局省紧密合作机制备忘录》，省委省政府《关于加快广东旅游业改革与发展建设旅游强省的决定》，提出将广东建设成为"全国旅游综合改革示范区"，并在部分领域实行"先行先试"，全面推动广东旅游业结构优化和转型升级。同年12月，《珠江三角洲地区改革发展规划纲要（2008~2020年）》将广东建设"全国旅游综合改革示范区"上升到国家战略层面。此后我省推出一系列重要举措，积极创造条件，加快旅游企业融资步伐，为旅游企业减负；积极培育和发展旅游新业态，创新旅游行业管理方式，完善旅游管理体制等。2010年，省政府发布了《贯彻国务院关于加快发展旅游业意见的若干意见》，统筹推进全省旅游业综合改革和转型升级。筹备成立广东省旅游发展战略专家委员会和建立旅游产业发展协调委员会，推动成立由省领导任组长的全省旅游发展规划委员会领导小组，加快推进广东旅游综合改革示范市、县和旅游名镇甄选工作，以点带面推动全省旅游业综合改革。各市也积极推进旅游综合改革与创新。以国民旅游休闲计划和全国旅游综合改革示范区建设为契机，广东积极推动旅游与通信、邮政、互联网、邮轮、航空、工业、农业、科技等产业融合发展，联合省文化、工业、农业、林业、中医药、海洋渔业等部门推动文化旅游、农业旅游、森林生态旅游、科技旅游、滨海旅游等旅游业态的发展，政府主导、大产业综合推进、产业融合大发展格局初步形成。"十一五"期间，广东积极扩大与东盟、欧美等国家和地区的旅游合作，借助省委、省政府主要领导出访东盟的有利时机，在印度尼西亚、越南、马来西亚、新加坡、泰国等国家分别举办了大型旅游推介会，签署旅游合作框架协议，建立与东盟各国旅游管理部门的协调联络机制。设立了首个广东驻外旅游办事处——广东驻曼谷旅游办事处。粤港澳台旅游交流与合作进一步加强，建立定期会晤机制，积极参加港澳台举办的旅展并相互签订旅游合作协议，积极争取国家同意广东旅游在落实CEPA方面先行先试，将"144小时便利签证措施"扩展到全省，推出了一批粤港澳"一程多站"精品旅游线路。与泛珠三角各省区、东盟、日韩及其他国际友好省州的旅游合作与交流日益密切，与泛珠三角兄弟省份旅游部门签署《"泛珠三角"区域红色旅游合作发展协议》，加快构建双方政府部门及旅游行业协会、旅游企业之间的联络协调机制，打造泛珠地区"无障碍旅游区"。推动国民旅游休闲卡与香港、澳门、上海、湖南、四川和海南等省（市）合作，拓展受理商圈，促进跨区域旅游消费。以省政府名义组织召开粤西地区旅游工作现场办公会，整合资源支持粤西地区旅游业加快发展，促进省内各区域旅游业交流合作、协调发展。此外，武广、广深沿线城市签订《丹霞山宣言》，"广东人游广东——粤游粤精彩"活动深入开展，珠三角地区各市签订《罗浮山宣言》等，也进一步加快了区域旅游协作步伐。

## 二、广东旅游业"十二五"发展环境与形势判读

"十二五"时期，是我国将旅游业培育成为国民经济战略性支柱产业和人民群众更加满意的现代服务业的重要时期，也是广东建设旅游强省和全国旅游综合改革示范区的关键时期。我省旅游业发展的外部环境和内部条件都将发生较大的变化，将在迎接新一轮大发展战略机遇期的同时，面临四大凸显矛盾的挑战，继续深化重要领域和关键环节

改革、促进产业结构转型和产业素质升级势在必行。

（一）广东将进入旅游业新一轮大发展的战略机遇期

1. 世界各地旅游迅猛发展的大趋势

从全球视野看，随着国际经济的平稳发展和居民消费能力的稳步提升，各国居民的出游意愿越来越强，近年来，世界旅游业总体保持较快增长，高于经济总体发展速度，旅游业已成为全球规模最大、势头最劲、综合带动力最强的战略性产业，这个趋势将在较长时期内存在。目前，世界主要国家都把旅游业作为与工业、金融、房地产并驾齐驱的战略性产业加以谋划，制定旅游业发展战略和规划，加强对旅游业的协调管理，加大对旅游业的支持力度。我国是世界第四大入境旅游接待国和亚洲最大的出境旅游客源国。作为我国对外开放的重要窗口，我省旅游业必将随着世界旅游业的稳步发展而步入快速上升周期。

2. 国家和省重大战略的有力支撑

“十二五”时期，是我国实现全面建设小康社会奋斗目标承上启下的关键时期，是深入贯彻落实科学发展观、构建社会主义和谐社会的重要时期，党中央、国务院高度重视旅游业发展，《国务院关于加快发展旅游业的意见》明确将旅游业培育成为国民经济战略性支柱产业和人民群众更加满意的现代服务业。“十二五”时期，扩大内需和调整结构的任务仍然相当艰巨，旅游业作为扩内需、促消费、保增长的重要内容，必将发挥更大的作用。国家有关发展旅游业以及调结构、扩内需、促消费政策的深入实施，将为广东旅游业大发展提供重要的支持和保障。从全省发展看，我省进入了推动转型升级、加快转变经济发展方式的关键阶段，省委、省政府高度重视旅游业的综合带动效应，旅游强省战略已在实施中。随着国务院批复的《珠江三角洲地区地区改革发展规划纲要（2008～2020年）》的全面实施，广东旅游强省和文化强省战略步伐的加快，特别是我省对四大主体功能区划分的逐步明确，广东旅游发展的宏观战略支撑已经形成。目前，全省上下已形成了党委重视、政府主导、部门配合、社会参与的旅游业发展良好氛围。

3. 以大众化为特征的国民旅游休闲时代的到来

“十二五”期间我国人均GDP将由3000美元增加到6000美元，由此将产生一系列重大经济社会发展阶段性特征。按照旅游经济发展规律，我国旅游消费需求已经达到爆发性增长的基线。特别是广东省，经过多年快速发展，人均GDP突破4万元，进入了消费提升、内需驱动的发展阶段，旅游已成为城镇居民生活的基本内容和刚性生活需求，旅游休闲度假将成为新的经济增长点，一批宜居型生态城市正在兴起，广东旅游业已经具备下一轮大发展的基础条件。

4. 科学技术发展的有力推动

随着科技进步和信息化、网络化技术的日新月异，旅游业和信息业的融合发展将成为必然趋势，旅游业将借助新技术实现新发展，一是旅游电子商务普及应用加快，旅游和信息向深度融合推进；二是3G等先进技术和移动商务的推广应用，真正实现以人为中心的旅游电子商务应用。

5. 交通方式的变革带来巨大影响

技术的进步和政府投入的不断加大带来了旅游交通方式翻天覆地的变革。2009年底，武广高铁正式开通运营，十二五期间贵广、南广、厦深等高速铁路将建成通车。随着珠三角轻轨旅游交通一体化、武广高铁等高速铁路网络化、包机旅游逐步常态化，以及特别是财政补贴以及减税等政策引发的广东居民家庭汽车拥有量激增，导致了交通格局和居民出行方式等产生变化，这些必将推动我省旅游市场规模不断壮大。

6. 社会资本的重组，旅游产业化时代的到来

目前，在整个实业投资环境不太景气的情况下，旅游作为社会游散资本的避风港，已经成为投资热点，社会游资大量向旅游产业转移，如高尔夫/温泉等度假区、旅游装备、旅游交通、高星级酒店、旅游地产等，借旅游名义的衍生产品层出不穷，旅游产业集群开发模式开始出现。旅游业已不仅仅是与相关产业融合而成的交叉或边缘产业，也不只是附属于其他产业的重要组成部分，旅游本身已经发展成为促进生产力快速发展的重要产业，旅游产业化时代已经到来。

（二）广东将进入旅游大发展前期矛盾凸显的挑战期

1. 旅游产品有效供给与人民群众日益增长的旅游休闲消费需求的矛盾

首先是旅游产品供给数量不足，供需矛盾比较突出；其次是旅游产品结构有待调整，功能齐全的休闲度假产品不足，个性化不足，大众化、重复建设仍较为普遍；其三是能作为旅游目的地主要吸引力的旅游产品少，缺乏高价值品位的产品。以A级景区为例，截至2010年底，江苏有5A级9家、4A级98家，浙江有5A级7家、4A级107家，而广东仅有5A级2家、4A级86家。

2. 旅游服务质量、法制环境、市场秩序现状与人民群众满意的现代服务业要求的矛盾

随着全国改革开放的深入，广东作为中外交往的窗口作用、过境地的独特优势已不再突出，都市旅游面临长三角、环渤海等城市群的竞争，会展旅游等受到影响。海南国际旅游岛的建设、福建对海西旅游区的主导等，也对广东旅游开发形成了强有力的竞争，这些均对广东旅游服务质量提高、旅游环境和市场秩序建设提出了更为严格的要求。然而我省目前情况不容乐观。硬件方面，旅游基础设施和公共服务设施建设滞后，配套程度较低，现代化程度低，部分景区游乐设施存在安全隐患。软件方面，公共服务体系还不完善，曾经作为全国旅游服务标杆的广东优势

已不复存在，旅游从业人员的服务意识、旅游法制环境建设和市场秩序还有待进一步加强。

3. 旅游大发展的社会支撑力度和旅游强省建设目标之间的矛盾

从外部条件看，目前广东旅游大发展的社会支撑环境仍为薄弱环节。首先是旅游交通的制约。在广州至武汉三个小时就能到达的时代，广州到省内的汕头、梅州、湛江却仍需6个多小时，旅游景区景点的通达性还有待提高，旅游接驳系统仍欠完善。其次是旅游宣传促销经费投入不足，与北京、江苏、浙江、上海等兄弟省市相比差距较大。2010年各地政府财政投入的旅游宣传促销经费方面，北京市为2亿元，山西为1.5亿元，江苏、浙江为1亿元，香港为5.3亿港元，澳门为1亿澳元，上海为8000万元，山东、四川约为5000万元，而广东仅投入3800万元；其三是旅游发展环境有待优化，如旅游企业用水用电用气与工业企业同价的政策落实难；"144小时"便利签证的全省优化扩展仍需要大笔资金改善口岸基础设施和网络建设等；其四是旅游管理体制机制问题，如旅游资源多头管理、旅游资源与土地的无序开发、占而不建、资源综合利用率低等。其五是旅游人力资源开发和使用仍有很大潜力。伴随着我省旅游业迅猛发展，旅游新业态层出不穷，旅游人才需求旺盛，然而目前存在旅游行业人员流动性强、现有旅游从业人员素质不高等因素，大量各种层次、各种门类的旅游人才缺乏，特别是高级旅游人才匮乏已成为制约我省旅游业发展的瓶颈，而旅游从业人员的职业资格得不到劳保部门和社会认可更是深层次问题。

4. 广东旅游产业素质与国民经济的战略性支柱产业目标之间的矛盾

从广东旅游产业自身条件看，首先是旅游企业核心竞争力不强，缺乏综合带动力强的大型旅游企业。以旅游企业上市公司为例，资产超过10亿元的旅游类上市公司中，北京有5家，上海有3家，而广东仅有深圳华侨城1家。其次是因产业基础相对薄弱、统计口径不一等原因，目前旅游的财政贡献率相对较低。2010年广东旅游产业增加值占服务业的比重还不足9%；全省除个别地级市和一些旅游强县外，旅游所占当地的份额还比较低。与全国"十二五"规划目标，即旅游业增加值占全国GDP的比重提高到4.5%、占服务业增加值的比重达到12%相对照，还有相当大的差距，要达到国民经济的战略性支柱产业目标，加快旅游产品体系优化、旅游产业结构调整与转型升级势在必行。

## 第二章 指导思想与战略目标

### 一、指导思想

坚持以邓小平理论和"三个代表"重要思想为指导，深入贯彻落实科学发展观，以科学发展为主题，进一步解放思想、创新思路。抓住加快转型升级、建设幸福广东这个核心，认真贯彻落实国务院《珠江三角洲地区改革发展规划纲要（2008~2020年）》、《关于加快发展旅游业的意见》（国发［2009］41号）和省委省政府《关于加快我省旅游业改革与发展建设旅游强省的决定》，充分发挥旅游业"保增长、调结构、惠民生、促和谐、优环境、塑形象"等综合功能，以转变经济发展方式为主线，加快旅游综合改革，将旅游业培育成广东国民经济的战略性支柱产业和人民群众更加满意的现代服务业。

### 二、基本原则

坚持统筹兼顾原则。统筹考虑当前问题与长远发展；统筹政府主导与市场对资源的基础性配置；统筹利用好国际国内两种资源；统筹考虑旅游的经济产业功能与社会事业属性。坚持改革创新原则。以中国旅游综合改革示范区建设为抓手，促进旅游产品的转型升级与自我创新，加快旅游体制机制的改革，加快旅游与其他产业的融合发展，积极培育旅游新业态，努力构建现代旅游产业体系。坚持以人为本原则。借势国民旅游休闲计划的深入实施，以人民群众满意的现代服务业为目标，努力提高旅游服务水平，提高游客满意度，满足居民的休闲游憩需求，促进全民素质的优化提升。坚持可持续发展原则。围绕资源节约型、环境友好型社会建设，合理开发与保护旅游资源，强化旅游业的科技支撑，丰富文化内涵，合理制定各阶段旅游发展目标，循序渐进推进旅游重点项目建设，实现旅游业可持续发展。

### 三、发展思路

（一）培育壮大旅游产业规模

进一步争取社会支撑，营造旅游业外部发展大环境，引导社会资本合理投资旅游产业；按照"发展大旅游，形成大产业"的要求，加快旅游与相关产业的融合发展，积极培育旅游新业态、新增长点和新消费热点，形成新的优势领域；进一步丰富优化旅游产品谱系，完善旅游产业链，构建现代旅游产业体系，扩大旅游产业规模。

（二）全面提升旅游产业素质

加快旅游产业结构调整，加大休闲度假旅游产品开发力度，促进旅游产业的转型升级；以提高旅游服务质量、加强旅游科技支撑、挖掘旅游文化内涵等为重点，加快旅游经济增长方式转变；以国际化、现代化、品牌化、市场化为方向，建设一批拳头旅游项目，打造一批龙头旅游企业集团，提升旅游产业竞争力，提升广东在国内旅游事务中的话语权和规则制定权；推动旅游产业发展模式创新，加强新要素投入和现代产业运行方式运用，推进旅游业集约经营和集聚发展，提高旅游产业素质。

（三）调整优化旅游空间布局

结合四大主体功能区的划分和广东区域旅游结构调整需要，统筹规划省内各区域旅游开发方向、开发重点与开发强度；注重发挥各地优势，推动各地旅游业特色化、互补性开发与合作；结合广东交通方式和交通格局的变革，点、线、面结合，调整优化广东旅游产品网络化布局，打造若干条国际、国内旅游精品线路；加大广东与港澳台及周边省区的区域旅游合作力度，形成若干个示范性省际旅游合作区域。

（四）综合保障国民游憩诉求

高度认识旅游休闲与社会生产力循环再生的必然联系，以建设幸福广东为核心，努力将旅游业打造为广东人民群众满意的现代服务业；增强旅游产品供给和便民举措等综合保障能力，加大环珠三角都市圈周边游憩带建设，满足多样化的现代需求；深入推进国民旅游休闲计划和旅游综合改革，从制度层面保障国民旅游休闲诉求的有效实现。

## 四、战略定位

（一）旅游业在广东社会经济发展中的定位

广东国民经济的战略性支柱产业，广东现代服务业的龙头产业和产业结构转型升级的重要引擎；幸福广东建设的强有力抓手，人民群众满意的现代服务业；广东对外合作与扩大开放的重要窗口。

（二）广东旅游在全国和国际旅游业中的定位

中国旅游发展的排头兵、主力军、试验田、风向标。国际知名的（粤港澳）旅游圈旺区，重要的商贸会展旅游和高端度假旅游目的地。

## 五、战略目标

“十二五”期末，全国旅游综合改革示范区建设成效显著，国民旅游休闲计划在广东省内全面实施，旅游强省建设取得突破性进展，旅游业初步实现国民经济的战略性支柱产业和人民群众更加满意的现代服务业战略目标，在“加快转型升级，建设幸福广东”战略中发挥重要作用；广东旅游在全国的排头兵、试验田作用进一步发挥，在国内旅游事务中的话语权、主导权和“风向标”作用更加明显；力争2020年建设成为辐射华南、服务全国、影响亚太、面向世界的国际旅游目的地，旅游产业规模、产业素质、服务质量、综合效益基本达到世界先进水平。

温泉旅游、都市旅游、主题公园等产品质量明显提升，滨海旅游、森林旅游、文化旅游等专项旅游产品开发成效显著，邮轮游艇、高尔夫、中医养生等高端和新兴旅游产品得到健康培育，旅游产品文化内涵更为丰富，体系更为健全和优化。新增10个以上5A级旅游景区，形成一批具有竞争力的精品旅游线路，培育5个以上具有国际竞争力的知名旅游品牌。广东整体旅游形象更加鲜明，旅游目的地建设成效显著，旅游推广城市的作用更加突出，市场规模不断扩大，四大市场协调发展。地方旅游业发展各具特色，区域旅游发展格局更为优化，省内外区域旅游协作全方位开展，粤港澳旅游一体化成效显著。在与相关产业的融合发展中，构建现代旅游产业新格局，“大旅游”现代产业体系逐步完善，旅游产业素质进一步提升，结构更为优化，旅游电子商务、旅游包机、旅游保险、旅游创意设计等新业态蓬勃发展，滨海旅游产业带和旅游产业园建设形成亮点。以提高科技含量和文化内涵为支撑，旅游经济增长方式加快转变。旅游公共服务体系建设上一个新台阶，旅游服务质量和消费环境进一步改善，社会满意度显著提升，旅游业成为以“广东服务”为品牌的广东现代服务业的示范窗口。国民旅游休闲计划在全省范围内深入实施，城乡双向交流加快。市、县、镇逐步成为广东建设全国旅游综合改革示范区的前沿，旅游体制机制创新取得明显进展，加快旅游产业转型升级的大环境显著改善。

旅游业在经济、社会、文化、生态效益方面综合成效显著。旅游消费成为国民消费的重要组成部分，旅游业占国民经济的比重和财政贡献率进一步提高，成为加快区域经济结构调整的重要力量；旅游业在扶贫开发、促进就业、对外交流合作、提高国民生活质量和幸福指数的过程中发挥重要作用；旅游成为幸福广东、文化大省建设的重要载体，成为国民文化素质提升的重要渠道，成为生态环境保护的重要宣传窗口和促进力量。

“十二五”期末，全省接待过夜旅游人数达30400万人次、年均增长7.3%；其中，接待入境过夜游客4600万人次，年均增长8%；接待国内过夜游客25800万人次，年均增长7.2%。全省旅游业总收入7600亿元人民币，年均增长15%；其中，旅游外汇收入199亿美元，年均增长10%。旅游业增加值占GDP比重达4.5%，占服务业增加值的比重达到9%。每年新增旅游就业人数达10万。

## “十二五”期间广东旅游发展主要指标表

| | 2010年 | 年均增长率 | 2015年 |
|---|---|---|---|
| 过夜游客总人数（万人次） | 21340 | 7.3% | 30400 |
| 国内过夜游客（万人次） | 18200 | 7.2% | 25800 |

续表

| | 2010 年 | 年均增长率 | 2015 年 |
|---|---|---|---|
| 入境过夜游客（万人次） | 3141 | 8% | 4600 |
| 旅游总收入（亿元） | 3804 | 15% | 7600 |
| 旅游创汇（亿美元） | 124 | 10% | 199 |

注：表中不考虑人民币价格变动因素，均以2010年基期计算。美元与人民币汇率按1：6.65计算

## 第三章　旅游发展战略布局

根据全省旅游资源禀赋、交通条件、经济联系和旅游发展模式，“十二五”期间全省旅游将按“一带五区”的格局发展。各区域要深入挖掘当地相对资源优势，错位发展；推进区域旅游产品整合，构筑八大精品旅游连线，打造一程多站；完善旅游交通等基础设施和公共服务设施，加快建设旅游公共服务平台，整合营销推广，共同营造旅游发展大环境。广东旅游发展战略布局要充分考虑在全国旅游格局中的定位，各区域要以开放的姿态积极对接周边区域，加快区域旅游合作。

一、“一带五区”空间布局

（一）广东滨海旅游产业带

以海岸线和海岛链为轴线，以产业化开发为重点，依托滨海旅游度假、岛屿休闲度假、红树林观光休闲、疍家文化、海上渔业、大型港口、滨海城市等，鼓励开发渔家乐项目，着力发展高端度假，促进发展邮轮游艇度假产品，推进建设及完善一批以巽寮湾、湛江港湾、水东湾、红海湾等为代表的滨海旅游度假区，以南澳岛、横琴岛、上下川岛、放鸡岛、海陵岛、东海岛、特呈岛、万山群岛等为代表的海岛，以及以深圳、珠海、湛江、汕头为代表的滨海城市。深化南澳总兵府与海盗文化旅游区、南海一号、湛江大汉三墩旅游区、妈祖庙、崖门海战旅游区、广州南海神庙旅游区等海洋文化旅游景区的内涵，扩大阳江开渔节、汕尾妈祖文化旅游节、东海岛人龙舞旅游文化节、沿海各市的海鲜美食节等海洋旅游节庆活动影响。加强与海西经济区、环北部湾经济区、海南国际旅游岛的紧密合作，整合开发海上丝路邮轮游线，打造“黄金海岸”品牌。鼓励产业集聚发展，促进滨海旅游跨越式发展。主要节点可以用以下十个“一批”来概括：一批休闲度假配套设施配套完善的旅游海岛、一批大型滨海旅游休闲度假区、一批国际级滨海度假酒店群、一批特色鲜明的滨海旅游城市、一批邮轮游艇、高尔夫等高端旅游基地、一批海洋文化旅游景区、一批滨海旅游特色村镇、一批渔家乐旅游目的地、一批海洋旅游节事目的地、一批海鲜美食品牌基地。

此外，应“抓”好四个方面，即：在沿海高速的基础上，抓好滨海旅游景区景点与主干道交通接驳体系的建设；充分考虑到旅游元素，抓好海洋渔业设施资源的旅游开发利用；结合国内外旅游时尚，抓好滨海体育运动与旅游活动的融合；合理拓展开发空间，抓好海边滩涂地的旅游综合利用。

（二）珠三角广府大都会旅游区

包括广州、佛山、肇庆、珠海、中山、江门、深圳、东莞、惠州等九市。依托良好的产业基础，以大都市旅游（会展、商务、购物、都市观光、主题公园等）、广府文化体验（革命历史文化、工商文化、武术文化、华侨文化、名人文化等）、休闲度假（绿道休闲、滨海旅游、温泉旅游、邮轮游艇与高尔夫旅游等）为主要开发方向，完善旅游休闲配套设施，提高旅游服务质量和旅游公共服务平台建设水平，建设全国旅游人才、旅游资讯和创意设计智力高地以及旅游制造业高地，不断完善旅游产业体系，提高产业水平，提升产业素质，促进产业转型升级，率先实现旅游业的现代化。全面实施国民旅游休闲计划，深入旅游综合改革，加快珠三角旅游同城化和粤港澳区域旅游一体化，打造国际知名的旅游目的地。不断改善客源地旅游服务环境，规范提高旅游质量监督管理水平，打造全国优化发展旅游示范区。

1. 广佛肇旅游亚区

包括广州、佛山、肇庆三市，重点开发以历史文化名城名镇、武术文化、民间艺术、美食文化、粤商文化、近代革命史和历史名人为特色的广府文化体验游，以主题公园、商务会展、观光购物为特色的大都会旅游，以环城游憩带和山水生态为特色的休闲度假旅游。

2. 深莞惠旅游亚区

包括深圳、东莞、惠州三市，重点开发以主题公园、商务会展为特色的都市旅游，以“24小时”社会为理念的娱乐休闲旅游，以森林、滨海和高尔夫为特色的休闲度假旅游。加强与香港的旅游合作。

3. 珠中江旅游亚区

包括珠海、中山、江门三市，重点开发以滨海、温泉和都市田园为特色的休闲度假旅游，以世界遗产开平碉楼为代表的华侨文化旅游，以孙中山、梁启超为代表的名人文化旅游，以珠海航展为代表的会展旅游，着力打造“慢旅游、慢生活”的旅游休闲环境。与澳门共建大香山文化

旅游圈。

（三）粤北生态主体功能旅游区

包括韶关、清远两市。依托南岭绿色屏障，按照生态发展主体功能区的开发要求，重点开发以世界自然遗产丹霞山、广东大峡谷为代表的名山大川观光旅游，以禅宗祖庭南华寺为代表的宗教文化旅游，以温泉、漂流、中医药文化养生为代表的康体休闲旅游，以壮瑶风情为特色的民俗文化旅游，以南岭和车八岭为代表的森林度假旅游。充分利用世界遗产丹霞山的影响力以及武广高铁等交通便利条件，开拓中远程市场，打造“引客入粤”的北大门，加快旅游目的地建设。完善自驾车旅游配套服务体系，力争建成全省自驾车旅游示范基地。加快湘赣粤红三角、两广省界游等区域旅游合作。

（四）粤东北客家山地文化旅游区

包括河源、梅州两市。以客家文化为纽带，继续挖掘生态旅游资源优势和客家文化底蕴，重点开发山水休闲、山地与庄园度假、温泉养生、红色旅游等旅游产品，特别是以围龙屋、客家菜、客家山歌、客家精神等为代表的客家文化体验旅游产品。结合宜居城乡建设，进一步完善现代旅游基础设施和配套服务，特别是加强河源和梅州的市域旅游中心城市功能；通过一批自驾游营地和基地建设等举措，推进“广东省生态旅游示范区”和“客家文化生态旅游示范区”建设；促进产业融合与联动，不断扩大旅游产业规模。以客家文化为纽带，加强粤、闽、赣三省十市的联系与合作，共同打造“千里客家文化旅游长廊”。

（五）粤东潮汕海洋文化旅游区

包括汕头、汕尾、潮州、揭阳四市。以精雕细作和海商潮帮为特质，重点开发以美食、功夫茶、潮汕工艺、潮商文化、宗教信仰、华侨之乡、古城古村、特色庄园等为代表的潮汕文化体验旅游，以海岛旅游、大型滨海度假区、邮轮旅游、海上体育运动、滨海高尔夫等为特色的滨海旅游。融合动漫文化创意产业、传统手工业和现代制造业，以旅游商品和大型度假区为突破口，加快旅游产业化步伐。推动粤东城市群旅游公共服务设施的一体化，突出城市发展特色的差异化和互补性。积极融入海西旅游经济区，加快对台旅游合作。

（六）粤西亚热带滨海旅游区

包括湛江、茂名、阳江、云浮四市。以滨海和南亚热带风光为特色，海上丝路文化、雷祖文化、冼太文化、禅宗文化、西江文化、山地生态、边关风情和南亚热带风光为资源基础，重点开发滨海休闲度假、田园果乡游、禅宗文化旅游、百越民俗旅游、山地休闲度假。为突破档次不高、季节性强等发展瓶颈，加大招商引资力度，创新海岛旅游开发形式，推进滨海旅游项目建设；积极探索并规范游艇邮轮旅游和滨海高尔夫等高端旅游产品开发；加快旅游配套基础设施建设，促进旅游产品创新和升级，促进自驾游的快速发展；加快温泉旅游开发和文化内涵挖掘。以旅游促进新农村建设要形成亮点，促进以水果为主的农产品品牌开发。加快湛江作为区域性旅游中心城市的建设步伐。积极参与“两广十市”区域旅游合作，与海南国际旅游岛、北部湾共建南中国海旅游“金三角”。

二、21地市旅游发展指引

广州：以建设国际旅游中心城市为目标，围绕建设世界文化名城，进一步强化和发挥广东乃至华南地区旅游中心城市作用，重点突出“千年商都、岭南文化、美食之都、亚运新貌”品牌，整合“山、水、城、花”优势旅游资源，打造中部历史文化、商贸会展旅游核心区及新中轴现代都市文化休闲旅游带和珠江水文化休闲旅游带，培育北部休闲度假和南部滨海旅游新亮点，积极推进旅游产业集群发展。

深圳：展现现代都市特区、广东改革开放窗口的都会风貌，积极开发完善主题公园、会展旅游、都市休闲等旅游产品，以大鹏半岛为重点打造高端滨海旅游度假产品，深度拓展深港旅游合作。

珠海：以“休闲之都、浪漫海滨”为主题，大力培育城市旅游品牌，加快建设国际商务休闲旅游度假区。重点开发海岛、主题公园、温泉、会展等旅游产品，开发以唐家湾为代表的香山名人文化。鼓励发展游艇制造业。培育横琴岛为旅游经济新增长点。积极促进包括澳门、珠海、中山、江门在内的旅游一体化。

汕头：具有良好的旅游产业基础，培育“海风潮韵·休闲之都”形象，重点开发滨海、海岛、美食、华侨文化等旅游产品，打造世界潮人宜居休闲之都、美食之都、动漫创意文化之都、海滨海岛高端旅游基地、泰郑王故里品牌，发展南澳岛等海岸海岛旅游项目和潮侨文化旅游区，建设广东对台旅游大通道。

佛山：完善提升“狮舞岭南、传奇佛山”形象，擦亮中国四大名镇之一的品牌，积极探索文化资源的旅游载体化途径，大力挖掘康有为、黄飞鸿、李小龙等名人文化旅游潜力。抓好西樵山、南风古灶、南海西岸、大旗头古村等旅游区开发，着力发展富有岭南文化特色的旅游商品，进一步打造“美食顺德”。

韶关：充分利用世界遗产丹霞山和武广高铁优势，发挥名山名寺效应，开拓中远程市场，打造“引客入粤”的北大门。加快旅游目的地建设，重点开发大丹霞、大南华、大南岭，建设生态发展主体功能旅游区、广东省旅游信息化示范区、全省自驾车旅游示范基地。加快湘赣粤红三角区域旅游合作。

河源：塑造“客家古邑、万绿河源、温泉之都、恐龙故乡”品牌，创建广东生态旅游示范区。重点开发滨水休闲、森林度假、温泉度假、恐龙奇观、客家风情等旅游产品，加快建设完善万绿湖、赵佗故城、恐龙遗迹公园、九连山等旅游项目。

梅州：塑造“世界客都、生态梅州”品牌，重点开发客家文化、山地度假、温泉养生等旅游产品，建设以雁洋国际特色旅游镇为核心的客家旅游特色区，着力打造大埔名人名居旅游线、丰（顺）五（华）兴（宁）温泉度假养生线，完善梅州作为区域性旅游中心城市的配套设施建设。推进与闽赣旅游联动，促进大农业、大文化和大旅游的融合发展。

惠州：以“休闲惠州·度假胜地”为品牌核心，以环南昆山度假旅游圈、巽寮湾旅游度假带、罗浮山道教养生旅游基地为重点，深入挖掘东樵文化、东坡文化、客家文化等特色文化，开发山地、森林、滨海、温泉等休闲度假旅游产品系列。

汕尾：加大招商力度，以红海湾海洋运动旅游区为突破点，推动碣石玄武山——金厢滩海滨度假区、赤石温泉度假旅游区、海丰莲花山——湿地生态游览区等旅游项目建设。着力发展滨海度假、红色旅游、宗教旅游、山地休闲旅游。

东莞：以高星级酒店群为依托，以娱乐休闲24小时社会为理念，以“IT名城、会展商都”为主题，重点开发商务会展、都市休闲、时尚娱乐、特色购物等旅游产品。打造休闲会展商都。

中山：以孙中山故里旅游区为龙头，深入挖掘名人文化，开发文化休闲旅游产品。结合一镇一品，发展商贸会展旅游。结合宜居城市建设，发展都市休闲和高端度假。建设大香山文化旅游圈中心城市。

江门：充分利用“中国第一侨乡”吸纳海内外客源的优势，重点开发世界遗产开平碉楼与村落、恩平温泉、台山川岛旅游金三角，开发梁启超、冯如、陈白沙等名人文化旅游产品。

阳江：树立“碧海银滩、船说阳江”旅游形象，重点开发南海一号丝路文化游、滨海休闲度假、生态旅游、温泉养生等旅游产品。抓好海陵岛、凌霄岩、凤凰湖国际温泉度假村、阳春国际温泉养生度假村、高流墟、鹅凰嶂等项目升级改造和建设。

湛江：深入挖掘雷州文化、海洋文化，重点开发滨海度假、火山地貌科普游、南亚热带生态游、美食旅游、海防文化游等产品，做好大陆最南端珊瑚旅游区、特呈岛、东海岛、吉兆湾、天成台、大汉三墩、红树林保护区、湖光岩等旅游项目。以高端滨海旅游为龙头，以特种旅游为亮点，打造粤西区域性旅游中心城市，积极融入环北部湾旅游圈，成为我省对接海南国际旅游岛的旅游合作桥头堡。

茂名：以滨海旅游、山地度假、果乡旅游和温泉养生为重点，充分挖掘文化旅游资源，加强对浮山生态旅游风景区、环水东湾国家级滨海旅游产业试验区、放鸡岛、天马山、冼太文化旅游区、化橘红文化大观园、沉香山旅游风景区、御水古温泉、鳄鱼基地等景区的建设。塑造“冼太故里”、“中国第一果乡”品牌。

肇庆：以山水休闲、森林度假和乡村旅游为重点，大力发展县域旅游经济，建设自驾车千里旅游画廊。打造环鼎湖山休闲度假圈。塑造“国砚名都、山水肇庆”品牌。加强与广西旅游合作。

清远：以康体养身、休闲度假为特色，统筹全市温泉、漂流、山地、溶洞、赛车、北江、壮瑶民俗等旅游资源开发。开发北江旅游带、英西峰林走廊、连州地下河、仙湖温泉、南岗千年瑶寨等拳头旅游产品。完善自驾游配套服务设施。建设全国生态发展主体功能旅游区。

潮州：依托国家历史文化名城，以古城文化旅游区为龙头，着力建设潮汕文化展示基地和广东旅游商品制造业基地。积极发展乡村生态旅游，打造环古城乡村文化旅游集群。

揭阳：突出康体休闲特色和龙头项目带动，充分利用民资优势，重点开发山地森林度假、宗教文化、民俗信仰、华侨文化等旅游产品，重点建设大北山、南岩古寺、三山国王祖庙、大南山八国风情园、洪阳古城、阳美玉都等旅游项目。

云浮：以六祖故里旅游度假区为龙头，重点开发禅宗文化、温泉、民俗文化、果乡旅游、山地度假等旅游产品。充分发挥粤桂旅游大通道的重要节点作用，完善自驾游配套服务设施。

三、八大精品线路

（一）世界遗产游：韶关丹霞山——广州美食——开平碉楼——珠海海泉湾——澳门历史文化街区

以世界遗产丹霞山、开平碉楼和澳门历史文化街区为核心，以广州美食和珠海海泉湾温泉为重要补充，着力打造国际级品牌旅游线路。

（二）粤港澳都市游：广州——深圳/香港——珠海/澳门

在广深珠传统旅游热线的基础上，与港澳联合，以“一国两制三颗明珠”为卖点，重点突出南中国现代大都市风韵。广东境内重点推出广州塔、珠江夜游、长隆度假区、深圳华侨城等旅游产品，辅以温泉与滨海休闲度假等配套旅游产品以及邮轮游艇、高尔夫等高端旅游产品。在都市游的基础上形成香港——深圳——惠州——东莞——广州——佛山——肇庆——江门——中山——珠海——澳门的大珠三角9+2商务旅游环线。

（三）潮汕文化——滨海美食游：潮州古城——汕头城区——南澳岛——揭阳大北山森林温泉度假区——阳美玉

都——汕尾红海湾

以海风潮韵游为特色。潮州重点展示以古城、广济桥、牌坊街区、潮绣、瓷都、木雕为代表的潮汕文化和旅游商品；汕头主要展示美食、滨海海岛休闲、华侨文化；揭阳以阳美玉都和大北山森林温泉度假区为代表，突出玉文化和大型庄园式山地度假特色；汕尾重点推出红海湾海洋运动旅游区。

（四）客家文化——山水度假游：世界客都梅州市区——梅州雁南飞——叶帅故居——大埔围龙屋——河源赵佗故城——万绿湖——龙门温泉——南昆山

以世界客都梅州和客家古邑河源为代表，重点突出客家文化和山地休闲度假，辅以温泉旅游产品和名人文化旅游产品，形成客家文化主题组合游线。

（五）南中国黄金海岸游：阳江海陵岛（南海一号）——茂名放鸡岛——湛江军港——大陆最南端珊瑚旅游区——大汉三墩

以南海一号、湛江军港和大陆最南端珊瑚礁等国内唯一性旅游资源为主要节点，重点突出滨海美食、海岛休闲度假和海洋文化特色，辅以南亚热带四季佳果旅游资源，打造包括阳江、茂名、湛江在内的粤西南黄金海岸线。

（六）近代革命风云——广府文化游：广州（黄埔军校、大元帅府、南越王宫、洪秀全故居）——佛山（康有为故居、西樵山、黄飞鸿故居、李小龙故居）——江门（开平碉楼、梁启超故居、恩平温泉）——中山（孙中山故里旅游区）——珠海（唐家湾、海泉湾温泉）

广东是近代中国革命策源地，历史名人荟萃，岭南文化最为典型，主要集中在珠江西岸沿线城市。以洪秀全、康有为、梁启超、孙中山等名人事迹为主线，以传统岭南文化展现为重点，以美食、温泉、滨水休闲为配套元素，开发近代革命风云——广府文化游线路。

（七）禅宗文化游：韶关南华寺——丹霞山——广州美食——光孝寺——肇庆鼎湖山——云浮六祖故里国恩寺——新兴温泉

以禅宗六祖惠能的足迹为主线，重点开发佛教文化体验、禅修、旅游文化创意园等项目，辅以美食、温泉等产品，串联韶关、广州、云浮三市，打造中国的禅宗祈福热线。

（八）千里自驾游：星湖风景名胜区——广宁竹海——怀集燕岩——连山大旭山——连南千年瑶寨——连州地下河——阳山第一峰——清新温矿泉

以肇庆、清远的山水生态资源为重点，辅以地方民俗、温泉养生等产品，形成自驾游环线。

### 四、34个重大建设项目

20个续建项目：江门开平碉楼及文化旅游产业区、韶关大丹霞景区开发建设项目、广州番禺长隆三期、珠海海泉湾度假区二期、惠州巽寮湾滨海旅游度假区、中山市孙中山故里旅游观光项目、阳江海陵岛旅游区（含大角湾、南海一号、十里银滩）、茂名放鸡岛海上游乐世界、揭阳大北山旅游经济开发区、云浮六祖故里旅游度假区、肇庆中国砚都（肇庆）端砚文化特色产业集聚园（含鼎湖砚洲岛生态文化休闲度假区）、惠州南昆山旅游区整体提升、韶关清远广东大峡谷整合项目、河源万绿生态旅游度假区、汕尾红海湾体育运动基地、广州从化温泉养生谷（含从都国际会议中心）、潮州古城文化旅游区、湛江渔人码头·特呈渔岛滨海旅游示范区、湛江吉兆湾国际海洋生态度假区、顺德长鹿休闲度假农庄。

14个新建项目：深圳华侨城欢乐海岸、深圳蛇口太子港国际邮轮母港、深圳大鹏半岛滨海旅游度假项目（含下沙休闲度假旅游区、高端酒店群）、珠海长隆国际海洋度假区、佛山南海西岸旅游产业园、韶关大南华文化创意产业园、汕头南澳岛生态旅游区、广州黄埔区长洲岛历史文化旅游区、广州花都港中旅丫髻山休闲度假项目、江门川岛旅游产业区、清远英德仙湖旅游度假区、梅州客家旅游特色区（含梅州雁洋国际旅游特色镇）、惠州博罗县罗浮山养生城、东莞中国近代史主题公园。

## 第四章　优化构建旅游产品体系

从不同的视角，优化构建旅游产品体系，做好三个统筹：一是要统筹观光旅游产品与休闲度假旅游产品开发；二是要统筹专项旅游产品中传统优势旅游产品与潜在优势旅游产品开发；三是要统筹大众旅游产品与高端旅游产品开发。

### 一、统筹观光旅游产品与休闲度假旅游产品开发

进一步发挥观光在整个旅游产品体系中的基础性作用。依托我省丰富的旅游资源和物候景观变换特征，丰富目前的观光旅游产品类别和数量，特别是要通过挖掘文化内涵、细化景观设计、改善旅游环境、配套观景服务设施、优化旅游解说系统和旅游标识系统，提升可参与性和延长可停留时间，进一步提升完善现有的都市、乡村、山岳、森林、湖泊、滨海、海岛、喀斯特溶洞、文化等不同类型的观光旅游产品。以丹霞山世界自然遗产、开平碉楼世界文化遗产为龙头，大力推动发展广东大峡谷、南越王宫署遗址等观光旅游产品开发，在全省形成一批特色鲜明的优质观光旅游景区景点、观光旅游社区、观光旅游带和观光旅游线路。

借势国民旅游休闲计划在广东的全面推进，加快休闲度假旅游产品开发，注重城乡休闲设施、休闲活动、休闲空间的布局配置。

营造休闲度假大环境，以市场需求为导向，加快温泉度假、森林度假、滨海度假、主题公园游乐、民俗体验、康体养生、高尔夫、邮轮游艇等形式多样的休闲度假旅游

产品开发。积极推进环城游憩带建设和乡村度假产品开发，建设一批旅游专业村、特色度假旅游小城镇，进而加快旅游产品结构调整，促进城乡居民休闲度假消费。休闲度假产品具有显著的享受性质、便利和体验特征，讲究环境的营造和氛围的设计，要加大农家乐体验、会所、森林SPA、保健医疗、会议设施、旅游客栈、自驾车营地、房车宿营地、汽车旅馆、绿道等旅游休闲服务项目和配套设施建设力度。鼓励度假产品的精品化、品牌化，争取推出一批品牌休闲度假旅游产品。

**二、统筹传统优势旅游产品与潜在优势旅游产品开发**

巩固温泉养生、都市观光旅游、会展旅游、美食旅游、主题公园等传统优势旅游产品；规范发展高尔夫旅游；积极培育生态旅游、康体旅游、修学旅游、宗教旅游、工业旅游、邮轮游艇旅游、特种旅游等潜在优势旅游产品，特别是要做大做强滨海旅游、森林山地度假、文化旅游、乡村旅游和高端商务休闲旅游产品开发；积极促进旅游活动与体育、中医药、节事活动的产品整合，形成内容丰富、结构合理的旅游产品体系。

科学引导温泉旅游升级发展。以提高服务档次和便利为重点，鼓励温泉开发与会议旅游、中医药旅游、体育旅游等相结合，科学引导温泉旅游单一温泉旅游区向综合旅游区转变、由旅游产品目的地向区域旅游配套产品和服务设施转变。

深化都市旅游文化内涵。以文化内涵挖掘和商务会展为重点，以营销城市的理念高度，积极发展文化娱乐、养生保健、美食购物等都市休闲经济，培育若干个商务会展城市与休闲城市，继续推进岭南特色的都市旅游。

强化会展旅游服务配套。以提高针对会展客商的旅游配套服务为重点，促进会展与旅游的实质性整合；着力延伸会展旅游产业链，带动美食、购物等产业加快发展。

进一步突出美食品牌。以资源整合与品牌宣传为重点，将南粤特色的美食旅游产品开发融入旅游目的地建设。

鼓励主题公园产业集聚发展。以长隆和华侨城为龙头，引导主题公园朝参与型、游乐型、体验型方向发展，不断创新，增加衍生服务及产品，促进产业集聚，鼓励品牌输出。

推动滨海旅游、休闲渔业科学发展。深化与海洋渔业局等相关部门的合作，完善休闲渔业管理制度，创新休闲渔船的管理模式。鼓励发展一批证件齐全的休闲渔船。选划具有较好开发条件的海岛、海域发展旅游业，引导和鼓励社会资金高标准、高起点开发建设无居民海岛、海洋公园旅游项目。大力支持旅游龙头企业开发滨海旅游。

积极推进森林生态旅游建设与发展。以南岭山脉为重点，积极推进旅游森林公园和国家旅游度假区的建设与发展，建立完善的森林生态旅游体系，提高林地资源的利用率，五年内每年培育10个以上省级“优秀森林生态旅游度假区”。积极引进社会资金，鼓励旅游龙头企业利用森林公园、国家旅游度假区、湿地公园、野生动（植）物园、自然保护区和林场现有的酒店、宾馆或空余房舍，改造建设一批独具特色的品牌连锁酒店和旅游娱乐休闲设施。

深入挖掘岭南文化，促进文化旅游。整合广东的人文历史文化资源，丰富旅游文化内涵，促进千年广府、岭南商都、禅宗六祖、近代革命策源地、改革开放前沿、岭南名人、海上丝绸之路文化等具有广泛影响力的文化旅游品牌开发，提升广东旅游整体形象。扶持具有地域特色的重大旅游文化品牌活动，每县（区）发展至少1个以上的活动品牌项目。在大型旅游景区（点）引导建设一批旅游演艺剧场。依托历史文化名城、名镇、名村等，发展一批各具特色的名城、名镇、名村落旅游项目，丰富文化体验项目，将其打造成全省或区域旅游品牌。支持旅游龙头企业创造文化旅游示范基地。

大力发展乡村旅游。依托乡村特有的民俗文化、生态文化、自然风光等优势旅游资源，鼓励结合果园、菜地、花卉苗圃、茶场、特色村庄、民族风情等大力发展乡村旅游。重点结合三华李、贡柑、无核黄皮、香蕉、荔枝、木瓜、菠萝等岭南佳果基地以及省内众多的华侨农场，以乡村旅游示范基地、农业旅游示范基地、广东最美乡村为基础，打造多个乡村旅游品牌，凭借廉江红橙旅游文化节、连山壮家戏水节、中国瑶族盘王节、梅州客家民间艺术节、岭南荔枝节、连平鹰嘴蜜桃节等多个乡土气息浓郁的节庆活动平台，开发农业观光、生态体验、休闲茶庄、风俗民情、田园采风等多种形式的乡村旅游业态和产品。

**三、统筹大众旅游产品与高端旅游产品开发**

抓住国民旅游休闲时代大众化旅游消费主体的特点和热点，保障大众旅游产品供给。同时，在市场细分的基础上，进一步优化旅游产品的人性化、个性化服务，打造“广东服务”品牌，不断丰富高端旅游产品。整合优质旅游资源，依托信息技术和现代管理理念，抢占旅游产业发展制高点，加快培育发展一批高端商务会展旅游、高端休闲度假旅游、徒步探奇寻幽旅游、邮轮和游艇旅游、海岛旅游、高尔夫旅游、特种旅游、中医药养生旅游等产品，打造广东高端旅游新形象。

## 第五章 加快培育“大旅游”产业体系

**一、构建方便快捷的现代旅游交通网络**

依托现有交通体系，推进旅游目的地立体交通网络建设。提升旅游景区可达性，促进旅游集散中心建设，加快对接快速交通体系；着力解决贫困区域以及重点项目的旅游交通瓶颈问题。加快推进沿海高铁、珠三角城轨建设，加开出入广东的旅游专列。推动将重点旅游景区的水路客运码头纳入相应的港口规划，加大北江、西江等内河航段的游线开发。加强邮轮码头的规划与建设，推进广州、深圳、珠海、汕头、东莞、惠州、湛江等地的邮轮旅游开发。积极推进潮汕、梅州、湛江、韶关的支线机场建设，健全旅游包机服务，促进东西两翼的旅游航线开放与机票费用合理调整。

推进旅游交通服务配套建设。鼓励大型客运企业开通旅游目的地与主要客源地之间的旅游专线客运班车，积极推进城市公共交通线路延伸至周边主要景区和乡村旅游点。进一步推进旅游交通标识系统建设，完善高速公路、国省道旅游线路的交通标志、标线。通过兼并、收购、控股或特许加盟等途径培育大型旅游客运企业，允许符合条件的企业跨市开设城市至景区以及景区之间的旅游包车服务。

### 二、加快旅行社科学运营机制建设

推动旅行社批零体系建设。加快推进旅行社等级评定，规范行业操守，提高服务质量，促进有序竞争。促进旅行社网络化布局，鼓励旅行社门市部向社区发展，支持优势旅行社在全省范围内设立跨行政区域非法人分社。推动优势旅行社整合上下游行业资源，培育具有全产业链能力的大型旅行社企业。鼓励具有较强经济实力的旅行社企业成长为旅游批发商。加强信息网络技术在旅行社行业的应用，积极培育在线旅游等新业态，鼓励网络商旅做大做强。进一步建立健全导游执业的准入机制和责任追究制度，加强导游队伍建设。加强粤港澳三地旅行社的合作和导游资格互认。

### 三、进一步优化旅游住宿结构

建立健全包括商务酒店、度假酒店、经济型连锁酒店、农家/渔家客栈、汽车旅馆、汽车宿营地等业态在内的多元住宿接待体系。促进中高档酒店品牌化、经济型酒店连锁化、乡村客栈规范化、度假酒店主题化、酒店服务个性化与人性化发展。培育一批有产业竞争力和社会影响力的饭店品牌。加强信息网络技术在酒店行业的应用，推动内部管理和对外宣传、销售预定信息化水平。积极倡导低碳理念，加强绿色饭店建设，深化节能环保理念，“十二五”期间将旅游星级饭店的用水用电量降低20%。结合社会主义新农村建设和乡村旅游开发，制定乡村客栈住宿标准，鼓励地方特色浓郁的乡村客栈集聚发展。以韶关、肇庆为试点城市，结合自驾车线路，培育汽车旅馆、汽车营地、露营地、房车等新型住宿业态。

### 四、推动全省旅游景区品牌化建设

加快全省景区景点开发力度，提供数量充足、主题特色鲜明、布局合理、服务水平较高的娱乐、休闲、度假、观光、特种旅游等旅游产品，满足人民群众日益增长的出游需求。加快A级景区创建，到2015年，成功创建10家5A级旅游区，同时推动更多A级景区提升级别，形成覆盖全省的A级景区动态管理机制。通过实施品牌化战略，借助世界自然遗产丹霞山和世界文化遗产开平碉楼的品牌影响力，深度挖掘旅游资源的潜力与优势，培育一批生命力极强的世界级旅游品牌。加快推进珠海横琴岛长隆国际海洋旅游度假区、佛山南海西岸、华侨城欢乐海岸、客天下旅游产业园等现代产业500强项目建设。增强广东省高端旅游项目发展专项资金和旅游扶贫专项资金对重点旅游项目建设的扶持引导作用，在每个功能区块打造一到两个知名度高、影响力大、辐射力广的核心区域旅游产品，带动整个地区的旅游发展。整合全省具有投资潜力的旅游项目，建立旅游招商项目库，加大旅游招商力度，积极引进国内外合作伙伴、战略投资者进入旅游投资领域；健全规章制度，避免个别投资商占资源而不开发或缓开发。实施精品化战略，推动各景区基础设施升级改造，鼓励电子门票、移动互联网、实时视频、电子导游等信息技术的应用，打造数字化景区，努力提高各景区的服务质量和管理水平。实施特色化战略，注重景区文化内涵挖掘，改变盈利模式，通过旅游纪念品、食宿等环节增加旅游服务附加值和衍生产品收益，变门票经济为产业经济。

### 五、加快旅游商品产业化发展

促进旅游业与地方特色产业对接，打造地方特色浓郁的个性化旅游商品，提升购物在旅游消费中的比例。支持广东特色工业产品、农林牧副渔业产品、手工艺品旅游商品化。如与特色农业、林业对接，开发出具有地方特色的农林特色旅游产品；结合各地制造业特点，将常规化的制造业商品通过工业旅游的开发形成特色工业旅游商品；鼓励创意企业进入旅游商品行列，加大旅游商品研发和设计能力；定期举办全省旅游商品展和纪念品创意征集大赛。实施旅游商品名牌战略，促使旅游商品生产商加强专利意识，通过包装设计、产品优化、品种拓宽等方法，使现有的旅游商品精美化、系列化。进一步规范旅游购物经营活动，监测旅游商品质量，营造诚信、便捷的旅游购物环境。结合专业市场建设，建立全国旅游商品交易中心和集散中心，如采用“世界品牌产品直销店”的模式，将东莞打造为“购物休闲娱乐之都”的地位，使其成为广东省乃至整个中国最便宜、最成熟、最具新意的“世界品牌产品购物中心”。到2015年，建成1~2个全国知名的旅游商品集散中心。

### 六、擦亮广东“美食天堂”旅游品牌

充分发挥“食在广东”的品牌优势，进一步提升餐饮在旅游产业中的支撑作用。以粤菜、潮菜、客家菜为基础，积极吸纳世界各地的美食精华，建设多元化、满足多层次的餐饮体系。进一步弘扬广东饮食文化，推动广东成为国际美食旅游目的地。推进美食街、美食城建设，举办以“粤菜峰会”为代表的美食主题活动。鼓励各地发展特色餐

饮和地方小吃，特别是农家乐、渔家乐美食开发，繁荣农村经济。通过美食评比等宣传方式，大力培育广东餐饮品牌企业、百年老店，支持餐饮品牌做大做强。鼓励广东美食品牌输出，让广东美食走出省外，享誉海外。

**七、促进发展旅游娱乐业**

延伸旅游产业链，积极发展旅游娱乐业，形成一批有影响力的旅游娱乐品牌。加大对旅游者消费行为的研究，积极挖掘文化内涵，引进高科技手段，开发参与性、互动性、体验性和观赏性强的娱乐项目，特别要注重旅游目的地夜间娱乐产品的开发，丰富游客的体验感知，提升各地区的旅游经济效益。以 24 小时社会为理念，提升广州、深圳、东莞等城市旅游娱乐服务水平。与文化演艺部门合作，共同制作有地方特色的文化娱乐表演节目，进而将其打造成为各地区的文化品牌。

**八、大力发展旅游制造业**

大力发展以旅游房车、邮轮、游艇为代表的旅游装备制造业，以高尔夫用品、旅游保健防护用品、特种旅游用品等为代表的旅游用品制造业，以工艺品为代表的旅游商品制造业。推出优惠政策和资金扶持建立全国旅游商品交易中心和物流配送系统，打造全国首屈一指的旅游商品制造产业链。举办“中国（广东）国际旅游产业博览会”，打造国际知名的旅游产业博览会品牌。

**九、着力打造旅游产业集聚区**

加快基础设施和公共服务设施的配套建设，创新开发模式和协调管理机制，加大联合宣传推广力度，加快广东旅游产业集聚区发展。以惠州巽寮湾、深圳大鹏半岛、汕头南澳岛、湛江五岛一湾等地为代表，打造一批高星级酒店汇集的滨海旅游产业集聚区；以韶关南岭和车八岭、惠州南昆山、揭阳大北山为代表，打造一批森林度假产业集聚区；以广东 15 个旅游强县为重点，打造一批乡村旅游和农家乐集聚区；以广州、深圳、珠海为重点，打造一批主题公园集聚区；以梅县雁洋镇为代表，打造一批综合类旅游产业集聚区；以汕尾鲘门镇为代表，打造一批旅游餐饮集聚区；依托广州等大都市，打造一批环城游憩集聚区。鼓励旅游专业镇、旅游特色村的发展。加快推进南海西岸“国家旅游产业集聚区（实验区）”建设。通过区域旅游的整合、延伸、辐射，带动区域旅游业进一步发展。

## 第六章　统筹发展四大市场

以国民旅游休闲计划的全面实施为契机，贯彻扩内需、促消费的国家经济发展战略，积极应对日益增长的大众化、多样化、高品位的旅游消费需求，围绕“积极开拓入境客源市场，大力提升省外客源市场，全面发展省内旅游市场，规范发展出省旅游市场”总体思路，在加强旅游目的地建设的同时，全面实施“引客入粤”旅游市场营销工程，培育引导旅游消费新热点，推动入境、省外、省内三大旅游市场持续较快发展，促进出省旅游市场有序规范发展，使旅游市场从规模型向规模效益并重型转变。

**一、积极开拓入境客源市场**

巩固香港、澳门传统市场，重点开拓台湾、日本、韩国、东盟、欧美地区客源市场。树立广东高端旅游形象，推行引客入粤激励制度，加强与国际友好省州和境外主要客源市场的合作与交流，探索建立我省驻外旅游代理推广机构，联合侨务部门大力开发华人华侨旅游市场。

巩固香港、澳门传统市场份额。重点开发两地双栖型高端商务客群体、主妇型休闲群体、回乡探亲访友旅游团、大中学生暑期休假群体，周末购物游群体。不断丰富港澳游客入粤休闲度假产品，提高港澳游客的重游率和食宿、购物消费水平。基本开发策略包括：一是利用粤港澳的旅游推广平台，在境外宣传推介粤港澳“一程多站”精品旅游线路，强化“一江珠水、三颗明珠”的粤港澳国际旅游区品牌形象。二是加强与香港旅游发展局等官方机构合作，提升游客互流的深度和广度，形成共赢。

重点开拓台湾、日本、韩国、东盟、欧美地区客源市场。着力开发高端商务旅游群体、奖励旅游群体、高尔夫旅游群体、高端度假旅游群体、修学旅游群体。提升游客的到访水平，打造高端旅游形象。基本开发策略包括：一是积极参加、精心筹划国家旅游局组织的境外旅游展览会和旅游宣传促销活动；二是借助省委、省政府领导出访外国的有利时机，开展旅游宣传推广活动，拜会当地旅游管理部门和大型旅游企业，举办大型旅游合作交流会。三是建立我省驻外旅游代理推广机构，借助国家旅游局驻外办事处、香港旅游发展局及澳门旅游局驻外办事处、省内大型旅游企业驻外办事处的优势，拓宽营销渠道，加强与境外国家旅游管理部门和业界的沟通和合作。四是邀请境外主流媒体和旅行商来粤考察采风，推行引客入粤奖励制度，鼓励境外旅行商组织旅游团、航空包机、国际邮轮来粤旅游。五是与省教育部门合作，邀请日本、韩国、东盟等国家修学旅游组织者共同开发青少年修学旅游市场。六是加强与侨务部门合作，大力开发华人华侨旅游市场，借助海外华人社团和报刊传媒，积极宣传广东旅游。七是加强与民航部门合作，在国际热点航线上放置广东旅游专刊和播放广东旅游专题片，开展航线和旅游精品线路联合促销。八是加强与广西合作，共同开发东盟旅游市场。九是充分利用港澳的桥头堡作用，深入实施 144 小时便利签证制度。十是充分利用广东国际旅游文化节等节事活动平台，促进海外客源市场开发。

**二、大力提升省外客源市场**

在高速交通快速发展、居民收入不断提升、区域发展差距逐渐缩小以及假日制度逐步完善等形势下，以休闲度假、商务会展等旅游产品为重点，大力开拓湖南、广西、海南、江西、福建等周边地区以及长三角、京津冀、川渝、中原等城市群客源市场，积极开发出入广东的高铁沿线城市客源。扩大外省游客来粤旅游规模，提升游客人均旅游消费。基本开发策略包括：一是认真组织参加中国国内旅游交易会、中国国际旅游交易会、中国旅游投资洽谈会等具有较高知名度和影响力的展览会和旅游节庆活动。二是精心策划国内旅游促销活动，联合各地市旅游局、旅游企业赴国内主要客源市场举行旅游推介会、交流会或新闻发布会等活动。三是积极开展对高铁、高速沿线客源城市的宣传促销，邀请邻近省市旅游管理部门，旅游业界和主流媒体来我省踩点考察，吸引更多外省游客赴粤旅游。四是不断探索建立引客入粤激励机制。继续开展“广东旅游推广大使”活动，在全国范围内聘请一批影响力大，组团能力强，组织来粤旅游人数多的旅行社知名人士担任“广东旅游推广大使”，作为相互沟通的友好使者。对开展组团入粤和推广广东旅游线路的地方旅游管理部门和旅游企业给予一定的资金或政策支持。五是抓住国家五纵五横高速铁路网的逐步构建、粤东潮汕新机场建设和其他交通设施建设一体化的机遇，针对相关省市重点推介广东旅游。

### 三、全面发展省内旅游市场

全面实施国民旅游休闲计划，细分目标市场，强化旅游营销，重点开发自驾游、修学旅游、奖励旅游等产品，鼓励带薪休假。加强城乡互动，推动“广东人游广东·粤游粤精彩”、“好邻居常串门”等系列活动深入进行。基本开发策略包括：一是与各地旅游管理部门、旅游企业和旅游电子商务网站合作，举办广东特色旅游产品和旅游精品线路评选推广大赛，调动各方积极性。二是深入开展城际旅游大联动活动，促进城际客源互动、线路整合，定期组织系列活动，掀起省内游热潮。三是推动旅行社、酒店和景区合作，为游客提供优惠优质服务。四是大力开展旅游下乡、旅游进社区、旅游进学校活动，推动乡村旅游、修学旅游发展。五是加强各地、各级广播电视播出机构对旅游业的宣传报道工作，加大旅游公益广告的播放力度，推进广播电视播出机构与旅游企业的合作，支持各级电台、电视台旅游频道及旅游节目的发展。六是继续开展旅游新闻评选活动，充分调动新闻媒体宣传广东旅游的积极性。

### 四、规范发展出省旅游市场

建立健全出省旅游、特别是出境旅游市场的安全管理和危机处理机制，建立与中国公民出境旅游目的地双边旅游协作关系和工作渠道，加强出境游客权益的保护。完善出境旅游公共服务体系建设，推进出境旅游便利化，进一步发挥出境旅游的综合功能。充分发挥出省旅游引领旅游消费潮流的作用，推动国内旅游新兴业态发展，促进带动入境旅游和省外客源市场，提高旅游业功能和潜力，促进旅游业全面健康发展。

## 第七章　科学引导旅游经济增长方式转变

紧抓贯彻落实国务院《关于加快发展旅游业的意见》的历史机遇，继续加强政府对旅游业发展的主导力度，明确旅游业在国民经济体系中与其战略性支柱产业相适应的地位。加快转变旅游业发展方式，兼顾产业规模扩张与素质效益提升，全面推进旅游产业转型升级，加快建设旅游经济强省，提升广东旅游产业的综合竞争力。

### 一、优化旅游产业结构

从四个方面，促进旅游产业结构平衡发展。一是旅游产业的区域分布、特别是珠三角与欠发达地区的结构平衡；二是旅游产业要素的平衡发展，要强化商业演艺娱乐和特色旅游商品产销，提升“娱”、“购”两个薄弱环节；三是旅游产品高中低档次结构平衡，构建多元化、组合型旅游产品体系；四是观光旅游产品与休闲度假旅游产品结构平衡，要进一步提升传统观光产品品质，逐步增加休闲度假旅游产品比重。每个区域内的各业态布局和结构也要实现合理化，以满足不同层次游客的需求。

### 二、促进旅游产业融合发展

以大旅游、大产业的视野观，打破旅游产业传统边界，大力延伸产业领域，深度拓展涉旅要素体系，促进旅游业与工业、农业、文化、体育、教育、林业、水利、海洋等行业和领域的融合发展，大力推进生态旅游、森林旅游、商务旅游、体育旅游、工业旅游、医疗健康旅游、邮轮游艇旅游等群众喜闻乐见的旅游产品开发。

### 三、积极扶持旅游产业集聚发展

在旅游资源种类多、数量大、丰度高，便于组织高密度旅游产业的地区，整合旅游资源，延长旅游产业链，创新旅游发展模式，借助发达的交通网络以及便利的内外交流，打造具有竞争力的旅游产业集聚区。积极鼓励和扶持多元旅游产业要素在空间的集聚分布，鼓励有条件的地区率先实现多品牌的旅游产品空间集聚发展，提高旅游开发的区域完整性、资源丰富性与体验连续性，促进交通、游览等旅游基础设施共享，降低单个旅游企业运营成本，实现旅游产业的规模经济效益。

### 四、鼓励旅游商业模式创新和旅游新业态发展

积极鼓励旅游商业模式创新，加快旅游新业态、新增长点和新消费热点的培育。积极推动旅游业与信息科技的融合，鼓励旅游资讯和电子商务、网络营销和虚拟旅游、网络旅游游戏等旅游新业态的发展。积极鼓励会展博览、旅游文化创意、休闲地产、旅游保险发展。培育壮大旅游房车、邮轮、游艇制造和高尔夫用品、旅游保健防护用品、户外旅游运动设备、高科技游乐设施、观光缆车、特殊旅游用品等生产企业，突出“广东制造”，加快广东旅游制造

业基地建设。以第一个国家级旅游产业园南海西岸为启动，积极扶持旅游产业集聚区建设和发展。以广东国际旅游文化节为平台，打造广东旅游产业博览会品牌，使其成为旅游行业的广交会、旅游产业的展示平台。

五、不断提高旅游企业竞争力

鼓励旅游企业通过公司制、股份制改革建立现代企业制度，创建现代商业模式，创新管理理念、管理机制和管理手段，推进技术进步和增强自主创新能力，提高市场竞争力。引导旅游企业提高服务质量和效益。建立以游客满意为导向的旅游质量管理机制，增强旅游企业服务质量意识和社会责任意识。进一步推进旅行社的诚信体系建设，继续开展“品质旅游”活动，规范旅游产品定价行为。加大旅游从业人员劳动素质和服务技能的培训力度，采取服务标准化和特色化相结合的方式。引导旅游企业经营模式创新，变“门票经济”为“产业经济”，指导旅游企业从单一服务功能转为多样化、全方位的旅游服务功能。推动优势旅游企业整合旅游产业链上下游资源，提升旅游产业链各环节的竞争力，降低交易成本，扩大市场份额，提高经济效益，实现旅游企业的转型升级。创建若干个产业关联性强，集聚程度高，带动作用明显的旅游产业园。积极支持民营和中小旅游企业发展。通过多种形式的融资授信支持，加大对企业发展的金融支持力度。积极实施旅游企业自主品牌战略，扶持有条件的旅游企业“走出去”，推动广东旅游产业国际化布局。充分依托国家相关优惠政策，健全相关信息咨询服务指导，鼓励广东旅游企业在广东游客的主要出境目的地收购、开设（或建设）参股酒店、景区或旅行社，建设当地的为中国游客特别是广东游客服务的地接体系。引导旅游企业专业化、网络化、连锁化经营。鼓励和引导大型旅游企业集团化发展，在主要客源市场建网布点，开拓国内外市场，参与国际合作与竞争。

六、加强旅游产业的科技支撑力度

鼓励旅游行业应用现代科技。加强信息技术与旅游的融合，建立全省旅游信息综合服务平台，推广废物处理先进技术，防止旅游活动对自然环境带来的污染和破坏。加快旅游企业节能减排硬件设施改造，支持利用太阳能、沼气、风能等新能源和建筑业节能减排新型保温、环保材料。促进旅游规划设计与咨询服务规范发展，鼓励和扶持创意企业进行旅游产品设计。鼓励创新，加深旅游产学研一体化合作，促进旅游管理部门、旅游企业与国内外高校、各类研究研发机构开展广泛的科研合作，建立以企业为主体、市场为导向、产学研相结合的旅游业研发创新体系。

七、深化旅游产品文化内涵

在旅游产品开发过程中，鼓励广东各地以岭南文化为基础，充分挖掘历史人物、建筑风格、民间艺术、民俗信仰、美食等地方文化特色，通过精心设计、积极扶持，推出一批特色风情村镇，打造若干个岭南文化演艺品牌。扶持地方特色旅游纪念品开发设计。开发文化主题旅游项目和旅游产品，推进文化修学旅游。

八、倡导资源环境保护与可持续发展

推行集约式保护开发理念，建设旅游产业成为资源保护与节能环保的绿色产业。加强旅游开发建设中的自然文化遗产保护，强调遗产的基本社会文化属性和功能，利用法律法规和财政补贴的手段，有效保护自然文化遗产资源。重视旅游规划中的环境保护环节，加强旅游规划中的环境影响评价，做好水资源保护、水土保持、排污处理等相关规划。在全行业树立节能环保的绿色发展理念，制定旅游饭店、旅行社、旅游景区等旅游企业节能减排的行业标准，创建绿色旅游饭店、生态景区、循环型景区等绿色环保旅游企业。加强旅游区环境监测力度，定期开展生态质量评价工作，及时报告环境状况发展趋势。积极开展旅游区居民和游客的环境保护教育，增强保护环境自觉性。

## 第八章　优先行动计划

一、全方位推进国民旅游休闲计划与旅游综合改革示范区建设

（一）构建全方位旅游发展协作机制

打破行政区域和部门局限，构建省内、省际、国际三个层面的政府、企业和社会等多方共同参与的全方位旅游发展协作机制。完善跨区域旅游规划，推动产品互补、客源互送、宣传互动、信息互通和利益共享。重点推进粤港澳旅游一体化，加快粤湘赣红三角、粤闽赣、环北部湾、高铁沿线等跨省区旅游合作，全力打造“一程多站”旅游精品线路。大力推动广佛肇、广深珠、珠中江、深莞惠等省内区域城市旅游合作，联合宣传促销。鼓励省内各地旅游管理部门和旅游企业联合开展城际旅游大联动活动，促进城际客源互动、线路整合。积极鼓励旅游企业跨区域合作，形成区域旅游合作与发展的内在机制，实现旅游供给体系的垂直分工，打造区域间无障碍旅游。积极联合文化厅、外办、台办、侨办、海洋渔业局、林业厅等相关部门，共同营造旅游发展与改革的大环境，借助各部门的资源和平台，多渠道推介广东旅游。

（二）全面推进国民旅游休闲计划

加大宣传促销力度。加强国民旅游休闲理念宣传，营造浓厚的社会公众参与氛围。推行奖励旅游休闲制度，探索福利旅游政策；对企事业单位奖励或福利旅游支出部分纳入成本核算；鼓励各级政府通过采购、补贴等方式，实现和保障低收入人群及其他特殊群体的基本旅游休闲权益。鼓励修学旅游、银发旅游。各级教育部门探索对修学旅游的项目及目的地范围提出具体要求和指引，推动将修学旅游纳入学校综合实践课程体系，在保证安全的前提下，鼓

励各类学校充分利用寒暑假，支持组织学生开展参观考察等修学旅行活动。鼓励开发适宜老年人参与的旅游产品，深入挖掘银发旅游市场潜力。深化专项旅游开发力度，大力开发不同类型、层次、功能的专项旅游休闲产品，尽可能满足社会各阶层的需求，形成门类丰富、兼顾中高端休闲市场和大众消费市场的休闲产品。扩大旅游休闲优惠范围，进一步推动红色旅游景点等政府公共财政扶持开发的景点免费或适当优惠向公众开放，鼓励各地推行淡旺季套票和旅游年卡制度。优化国民旅游休闲卡功能及使用范围，逐步实现一卡通式的无障碍旅游，促进跨区域旅游消费，拓展受理商圈，及时发布商家折扣优惠信息，建立信息互动平台。完善国民休闲假日体系，推行弹性带薪休假制度，引导形成城乡居民集中的休闲时间，培育全民旅游休闲消费市场。开展国民旅游休闲计划课题研究，为推行国民旅游休闲计划提供智力支持和政策指导。

（三）着力加快全省旅游业综合改革

完善旅游管理体制机制。以推进旅游资源一体化管理为重点，加大对旅游资源开发的统筹协调力度，鼓励综合改革试点市、县（市、区）、旅游强县探索建立旅游资源一体化管理体制，研究设立旅游资源入库标准，逐步搭建旅游资源库数字管理平台。按资源一体化管理要求调整旅游管理机构职能，推动旅游资源由多头管理向一个部门统一管理转变。进一步强化旅游业发展保障。推动成立由旅游各相关部门联合组成的旅游发展促进委员会，加大旅游财政投入，争取扩大旅游用地供给，强化旅游综合执法，建立旅游产业融资担保体系。加强行业协会建设，发挥其职能作用。加快旅游综合改革试点市、县和旅游名镇遴选，在全省范围扶持一批旅游综合改革示范市、示范县（市、区）以及旅游名镇，加大政策倾斜力度，鼓励锐意创意，先行先试，以点带面推进广东旅游综合改革示范区建设。

**二、广东滨海旅游产业带建设工程**

（一）重点推进滨海旅游产业化开发

将全省滨海带作为一个整体进行打造和推广，拓展滨海旅游发展空间，推进产业融合，延长旅游产业链条，综合利用海洋渔业设施资源、沿海滩涂地、沙滩、海岛、岸滩生物群落、沿海城镇体系等资源，形成广东滨海旅游产业集群，构建广东滨海旅游空间吸引体系。

（二）着力打造十个“一批”主要节点

1. 一批休闲度假配套设施配套完善的旅游海岛

以汕头南澳岛、江门川岛、阳江海陵岛、珠海海岛群、湛江特呈岛、茂名放鸡岛等为重点，打造广东省海岛旅游品牌。

2. 一批大型滨海旅游休闲度假区

以深圳大鹏半岛、惠州巽寮湾、湛江青安湾等为重点，高标准规划建设一批主题鲜明、体验性强的滨海度假区，打造具有全国示范效应的滨海主题休闲度假区。

3. 一批国际级滨海度假酒店群

积极引进国际知名旅游酒店品牌，推动滨海高端度假酒店集聚发展，形成5个以上国际级滨海度假酒店群。

4. 一批特色鲜明的滨海旅游城市

将城市休闲与滨海度假结合，建设一批以深圳、珠海、湛江、汕头等为代表的滨海旅游城市。

5. 一批邮轮游艇、高尔夫等高端旅游基地

以广州、深圳、珠海、湛江、东莞、惠州、汕头等城市为重点，加快邮轮母港/停靠港建设，规范发展游艇俱乐部、高尔夫俱乐部。

6. 一批海洋文化旅游景区

挖掘海上丝路文化、海防文化、妈祖文化、疍家文化等广东特色海洋文化，推出一批海洋文化旅游景区。

7. 一批滨海旅游特色村镇

打造“广东最美渔村”，推出一批以南澳岛云澳镇、阳江大澳渔村、特呈渔岛度假村、惠州东升渔村为代表的滨海旅游特色村镇。

8. 一批渔家乐旅游目的地

将旅游业与渔业相结合，依托海上养殖基地和渔民生活，丰富渔家体验内容，推出一批渔家乐旅游产品。

9. 一批海洋旅游节事目的地

以阳江开渔节、汕尾红海湾帆船运动赛事、湛江国际龙舟邀请赛等为代表，大力开发海洋旅游节事活动。

10. 一批海鲜美食品牌基地

深度开发广东“海鲜”餐饮美食产品体系，积极推进滨海地区美食街、美食城建设。举办系列美食节庆活动，评选推出一批海鲜名菜，打造一批海鲜美食品牌基地。

（三）抓好配套系统建设

落实滨海旅游景区景点的可进入性，加强与水运相关部门的合作协调，大力发展旅游水运，加强邮轮码头的规划论证与建设，配合发展海山休闲观光旅游。研究论证将重点旅游景区的水路客运码头用地纳入港口规划。加快研究落实国际级邮轮母港建设，积极开展沿海港口与境外邮轮的挂港合作研究。

改造和提升现有住宿设施的档次和功能，规划兴建一批高档次酒店，引导发展体现地方特色和海滨特色的主题及特色酒店，鼓励家庭旅馆建设和农民参与住宿设施的经营。鼓励吸引国内外高星级酒店品牌和优秀经济连锁酒店品牌进入广东滨海地区。

形成完善的旅游商品系列和旅游购物品销售体系，大力开发和制造具有广东滨海特色的旅游工业品、旅游纪念品、旅游礼品和旅游工艺品。

完善滨海旅游信息系统，建立统一的网络宣传平台，建设滨海旅游电子商务系统，建设滨海旅游管理信息系统。

三、岭南文化旅游载体化建设工程

为推进我省发展建设为旅游强省、文化强省，发挥旅游的产业带动功能，开展文化旅游载体化建设工程，更加有效地整合旅游与文化资源，以旅游为媒，扩大岭南文化知名度，提升广东形象。

以广东省6座国家级历史文化名城（广州、潮州、佛山、肇庆、梅州、雷州）、16座省级历史文化名城以及独特的建筑、方言、饮食、民俗、音乐及画派等为基础，挖掘广府文化、客家文化、潮汕文化、百越文化、雷祖文化等岭南文化内涵，积极打造系列文化旅游产品，展现岭南独特的生活方式、民俗风情以及包含的价值观念和审美情趣。

（一）打造系列节庆活动

通过营造氛围、制造环境、设计场景等来实现使主体、客体或载体之间在各种游乐中实现互动，形成旅游体验的氛围、场景和情境空间。

加深巩固已有的节庆品牌如：广东国际旅游文化节、广州国际美食节、南海神庙波罗诞等，创建系列节庆品牌概念如：岭南民俗体育系列节庆——广东龙舟节、中国南拳武术文化节（南海）等，岭南民俗艺术系列节庆——阳江风筝节、岭南（祖庙）文化艺术节等，岭南民俗曲艺系列节庆——梅州国际山歌节、南歌子。以每个系列节庆为单位宣传，整体推出，采用放大、缩小、变异、嫁接、组合、卡通化等手法，固化某些文化特征，使无形的文化风情有形化、场景化。

积极与文化部门合作，加大对地方文化的研究和文化活动开发力度，做到“四个结合”：大小活动相结合、室内文化与广场文化相结合，大众文化与高雅文化相结合，综合性文化节庆与专题性文化节庆相结合，推出丰富多样的旅游文化娱乐活动。

（二）挖掘系列名人故居

岭南历史名人辈出，但名人故居旅游开发力度不够，保护措施不完善，缺乏宣传与包装。

加快六祖惠能、赵佗、冼太夫人、洪秀全、康有为、梁启超、孙中山、叶剑英、黄飞鸿、李小龙、詹天佑、冯如、冼星海、叶挺、黄遵宪、彭湃等名人文化旅游资源开发。建立岭南历史名人故居资源库，按同地区、同时代或同历史价值类别划分，如将不同类别名人故居细分成系列，岭南历史政治名人系列故居、岭南武术大师名人系列故居、岭南近代科学/艺术家系列故居等；规划修整名人故居；统一监审所有岭南名人故居，整体塑造旅游产品形象；建立岭南名人故居网站，即时发布旅游消息，建立与游客互动平台。

（三）塑造系列名村名镇

广东历史文化村镇呈现多样性特征，以开平碉楼与村落为龙头，带动发展一批主题旅游名村名镇。如以广州西关大屋、三水大旗头村、佛山东华里、东莞南社村和塘尾村等为代表的单门独院式的粤中广府历史文化村镇及其民居；以大湾民居建筑群为代表的粤西历史文化村镇及其民居；以粤北始兴满堂围、粤东大埔泰安楼、粤中深圳大万世居、鹤湖新居等为代表的客家历史文化村镇及其民居；以揭阳普宁德安里、潮州许驸马府、汕头前美古村等为代表的潮汕历史文化村镇及其民居；以连南南岗古瑶寨等为代表的少数民族历史文化村寨，广东各城镇骑楼街区、赤坎、汀江圩、开平碉楼与村落等受西方文化影响的近代侨乡历史文化村镇及其民居；以深圳大鹏所城、饶平大埕所城、大埔三河坝、梅县松口、南口阳西双鱼所城、汕尾捷胜所城、陆丰碣石卫城、惠东平海古城、雷州康港所城、南澳猎屿铳城、揭阳靖海古城、青屿汛城、珠海东澳岛铳城等为代表的海防文化卫、所、铳城。

将城镇的历史文化优势转化为旅游产品优势，深度整合文化和旅游产业资源，促使抽象的文化产品化、市场化，形成有当地特色的文化旅游产品。

根据不同文化产品，完善配套接待设施，或打造主题性旅游区域，完善旅游路线，拓展特色旅游体验游，让游客从科普、欣赏、体验、购物中更加深刻体会其文化内涵。

利用当地文化特征包装整个村镇，将文化元素巧妙渗透到村镇建设中，如路灯、指示牌、公共游憩设施，使游客的游览兴趣从一个景点延伸到整个村镇区域。

（四）增添系列演艺节目

以建设文化强省和旅游强省为目标，从促进旅游发展的角度，鼓励对岭南现有的演艺资源进行整合利用，鼓励社会资本以投资、参股、控股、并购等方式进入旅游演出市场，允许适度引进境外资本投资国内旅游演出市场。打造高品质旅游演艺产品，鼓励运用现代高新科学技术，创新演出形式，提升节目创意，突出地域特点和文化特色，打造系列优秀旅游演艺节目。旅游景区（点）要广泛吸纳文艺演出团体和艺术表演人才，以多种方式灵活参与景区经营，不断提高景区（点）的文化内涵。

（五）以文化创意为内涵加快旅游商品开发

继承和发扬岭南传统技艺，加快粤绣、石湾工艺陶瓷、潮州木雕、潮州陶瓷、佛山剪纸、肇庆端砚、新会葵艺、阳江风筝、高州角雕、湛江珍珠、阳美玉雕、龙门农民画、云浮石艺等系列旅游商品开发。

（六）培育若干个旅游文化创意产业园

建设一批以韶关“禅宗旅游文化产业创意园”、云浮“广东禅文化创意产业园区”等为代表的旅游文化创意产业园。

四、广东生态发展主体功能区旅游综合开发工程

为对接国家战略、配合省委省政府工作部署，在注重生态保护优先的前提下，大力促进旅游开发成为生态发展

主体功能区绿色产业开发的必然选择。

（一）以绿色生态为基础，大力发展森林旅游

以粤北南岭山区为重点，结合“绿色广东”的打造，积极培育一批省级“优秀森林生态旅游度假区”。

以改革促发展，积极摸索不同的经营管理体制，逐步剥离森林公园管理机构拥有的各类经营性资产，深化管理体制和经营机制改革与创新。

通过融资，加快森林公园建设。增强政府财政支持力度，向社会开放森林旅游建设市场，多渠道筹集资金，吸引全社会的力量参与森林旅游的开发。

妥善处理保护和开发的关系，加强旅游规划指导。要利用各种媒体，精心组织森林旅游推介活动，以绿色环保、低碳旅游理念，大力宣传森林旅游文化。

（二）以蓝色生态为补充，重视水体旅游

以生态系河流、海洋、水库、温泉、山涧溪瀑、水生生物等为核心，在涵养水源、保护水资源的基础上，适度发展生态渔业、滨水休闲度假、水域观光、湿地生态、温泉休闲度假等旅游活动。

（三）以地方文化为特色，发展乡村旅游

加大对地方文化的挖掘力度，结合乡村景观、生态环境、民俗文化、农事活动和土特产，大力发展乡村旅游，推出一批旅游风情小村镇。

配合“岭南佳品”品牌打造，积极开展原产地标志认定、绿色有机农产品认证等工作，将农林产品转化为品牌旅游商品。进一步推进农庄、果园、茶田等农家乐活动。

（四）以人地和谐为目的，积极推进旅游扶贫

着力发展生态旅游，改变大量消耗资源支撑经济增长的传统方式，促进传统产业改造升级，形成以资源环境可持续利用为目标的经济发展方式，将旅游发展与社会主义新农村建设相结合，发挥旅游在贫困地区的“造血”功能，逐步实现科学发展、低碳发展。

（五）以南岭生态区为龙头带动，形成示范效应

以南岭生态区为龙头，以始兴、乳源、蕉岭为试点，以低碳旅游为理念，大力发展森林旅游、休闲农业、生态旅游制造业，大力推进以森林度假区、乡村旅游为重点的集聚区建设。探索一条适合生态发展主体功能区的产业发展道路。

## 五、粤港澳旅游一体化建设工程

将粤港澳区域旅游合作领域由客源市场互送和共享为主向更广泛、全方位的领域扩展。推进粤港澳旅游一体化建设，优化粤港澳旅游一体化便利环境。试行出入境便利签证制度。探索旅游企业便利经营制度。推动粤港澳台两岸四地游客的顺畅流动，全面实行24小时通关；实施一地两检联合办公。

（一）加强粤港澳三地旅游管理合作机制

加强粤港澳旅游管理机构的功能，密切旅游方面的交流、沟通和协商，建立粤港澳旅游市场监管和投诉处理协调机制。交流旅游业行业管理经验和运作规则，结合各自实际，提高行业管理水平。通过多元化的推广活动，联手推广粤港澳旅游“一程多站”，推动三地旅游业的发展。在海外主要旅游客源国联合设立旅游办事处。

继续加强粤港澳三地旅游科研机构、旅游部门的人才交流，加强粤港澳三地旅行社业、酒店业等行业协会机构之间联系，互通信息、相互学习管理和服务等方面的经验，形成相对稳定的合作关系。推进三地旅游从业人员资格互认。

（二）整合资源，打造国际级旅游产品

香港具有亚太区旅游中心的优势，澳门以中西文化荟萃及博彩旅游闻名，广东资源丰富，是中国改革开放的窗口。三地各有所长，各具特色，要形成不同的拳头产品，优势互补，共同打造粤港澳国际旅游区品牌。

（三）进一步加强粤港澳三地联合市场推广

粤港澳三地作为区域目的地整体进行区域促销，共同策划精品旅游线路和塑造区域旅游形象，建立旅游交易会、推广会互邀制度。

（四）加强粤港澳旅游信息服务合作

着眼于政府、企业和游客之间的信息交流和互动，重点推动旅游数据中心、旅游资讯网、旅游电子商务平台、移动互联网和三网融合等信息化服务方面的深入合作，共享信息资源，联合开展网络推广。

进一步完善我省12301旅游服务热线，香港旅游问讯特服号码3833和澳门旅游问讯系统的功能，实现全面的旅游问讯、旅游提示、旅游投诉、旅游救援等信息服务。并最终集成为一个覆盖粤港澳三地的旅游问讯服务网络体系，为游客提供“7天×24小时”、全天候、全自动、多语言的旅游信息查询和投诉受理服务，配合各种旅游宣传广告和活动提供交互式的问讯服务。

（五）进一步便利三地居民互访及外地旅客到珠三角地区旅游

支持广东省与港澳地区人员往来便利化。在限制过境停留时间和连续两次旅游的时间间隔前提下（杜绝非法在港澳劳工），促进三地居民凭身份证件过境旅游。实行深港口岸查验部门联合办公，互相按照各自政策进行检验。简化内地游客赴港澳旅游和外国游客到内地旅游的手续。优化“144小时便利免签证”，尽快落实广东全省“144小时便利签证措施”政策，以吸引更多国际旅客经港澳到广东省开展“一程多站”式旅游。

## 六、引客入粤与国际旅游目的地品牌形象塑造工程

把广东旅游形象宣传纳入广东形象宣传和政府整体工作计划，在预算方面给予长期、稳定的支持。进一步打造

“岭南文化、活力商都、黄金海岸、美食天堂”四大品牌，深化提升“活力广东”品牌形象内涵，提高广东旅游品牌在海内外游客市场上的知名度和感召力，积极整合全省优势旅游资源，重点培育八大旅游精品线路，成为广东旅游总体形象的有力支撑，进而有效推动“引客入粤”工作的开展。要坚持政府主导与企业参与相结合、品牌打造与线路推广相结合、走出去与请进来相结合，健全政府主导、部门联合、多方参与、形式创新的旅游联合促销机制。积极参与区域旅游合作，重点推进粤港澳台、泛珠三角、粤湘赣闽桂、高铁沿线区域旅游产业合作，积极推动无障碍旅游合作，实现区域旅游资源、游客和信息互动共享。充分利用我省与东盟建立的旅游协调联络机制，加强与东盟及亚太地区旅游合作，并积极争取在日韩等境外主要客源市场设立广东旅游办事处。提升与世界五大洲36个国家的82个国际友好旅游省州/城市的旅游合作水平。积极参与并举办世界旅游组织（UNWTO）、亚洲太平洋旅游协会（PATA）等国际旅游机构的活动。充分利用各类博览会、体育赛事、节庆活动、国际高峰论坛的机遇，借助现代宣传手段，加强旅游形象体系塑造和推广。加大广东旅游品牌在海内外主流媒体的广告投放力度，建立主要客源地所在国语言版本的广东旅游网站，不断强化海外网络营销。

七、自驾车旅游开发工程

技术的进步和政府投入的不断加大促进了广东旅游公路交通条件翻天覆地的变革，特别是随着居民家庭汽车拥有量的激增，导致了居民出游方式的变化，自驾车旅游已经成为广东旅游市场的主力之一。为适应这种旅游产业发展的新态势，应不断完善自驾车旅游导引系统、游览系统、补给系统、应急救援系统、管理保障系统，搭建优质的自驾车服务体系平台。

（一）完善自驾游导引系统

一是设立统一完善的交通标识系统。明确路标指示。二是提供人性化的资讯。完善GPS系统，及时更新自驾地图。提供关于旅游目的地旅游资源、风土人情、特色礼仪、食宿设施、车型、路况、天气、装备、旅游地图、旅行手册等方面的详尽信息，出版自驾车旅游方面的专业杂志、专业书籍。三是在高速公路路口建立个性化问讯处。四是及时发布针对自驾车旅游者群体的信息咨询。通过网络、短信等多种平台发布景点宣传、景点容量预测控制、交通流量和路况信息，提醒旅游者避开旅游高峰，协助管理部门疏导协调，引导旅游者顺利到达旅游目的地。

（二）促进建设自驾游游览系统

一是完善自驾车交通网络。形成以高速为骨架、国道为基础、乡镇道路为延伸顺畅通达景区的道路网络。二是促进高速、国道等快速交通与绿道的无缝接驳，在高速、国道和绿道建设时充分考虑自驾车游客的需求，配套旅游咨询、旅游住宿、旅游餐饮、特产购物等，重点推动将国家4A级以上景区融入珠三角绿道网建设中，逐步形成珠三角绿道旅游网，促进绿道旅游经济发展。三是开发设计自驾车旅游线路。建立公路网络，连缀具有特色的景点，大力开发自驾车旅游配套产品。四是合理布局停车区。在景观优美路段设置停车港湾，方便旅游者观景、留影。五是积极培训自驾车导游。对自驾车俱乐部的管理人员、服务人员进行业务培训和职业道德教育，提高整体服务水平。培养一批自驾车出游经验丰富、掌握修理汽车故障、急救知识等相关技能、责任心强、熟悉沿途路况、人文风情和旅游景点的自驾车领队/导游。

（三）推进建设一批自驾车旅游目的地和四条精品线路

以肇庆、清远、韶关、梅州四市为试点，鼓励针对自驾车游客市场需求，建设一批自驾车旅游目的地，形成四条自驾车精品线路：一是经由云浮、肇庆连通广西的西江千里旅游走廊；二是广宁竹海——怀集燕岩——连山大旭山——连南千年瑶寨——连州地下河——阳山第一峰——清新温矿泉；三是英西峰林走廊——广东大峡谷——南岭国家森林公园——丹霞山——梅关古道——始兴深渡水——车八岭——满堂围——南华寺；四是客家文化长廊自驾精品线路。

（四）合理配置自驾游补给系统

一是积极引导相关企业投身自驾车装备工业和服装市场，生产自驾车旅游特殊设备，提供齐全的随车装备。二是合理配置加油站及中途补给站。配套自助式加油/加气/充电站、汽车旅馆、特色餐饮、医疗点、小超市和房车补给站。建设提供生活用水接口、煤气接口和生活用电插口的房车营地。三是提供多种通讯、金融支付手段。为自驾车游客提供涵盖吃、住、行、游、购、娱等各环节“全程优惠服务”和“电子支付服务”。

（五）支持建立自驾游应急救援系统

加强自驾车技术支持。主要包括维修援助、安全救助两方面的内容。完善医疗、急救等应急机制，在当地医院、消防队、汽车维修站等建立协助系统。建立技术援助体系，实现汽车维修等流动性的技术与安全支持。

（六）规范建设自驾游管理保障系统

一是理顺管理体制，健全相关法规，尽快出台自驾车旅游相关的管理条例，为自驾车旅游相关事宜提供法律依据。二是鼓励并规范自驾游俱乐部发展，建立整合服务模式。汽车俱乐部作为专门为自驾车服务的旅行机构，负责自驾车成员的招募，自驾车线路设计，提供相关资讯等，形成自驾车车主联系网络，加强自驾车出游前修车、急救、露营、定位等基本技能的培训，促使自驾车出游更加安全、便捷。三是与交通部门协调，解决部分路段由于道路收费原因在交通管理、道路维护上的行政分割现象。尽早实现景点与主干道路之间、景点与景点之间、景点与中心城市之间的互联互通。

### 八、着力打造中国（广东）国际旅游产业博览会

以广东国际旅游展览会为基础，以产业化为导向，举办规模大、规格高、影响广的中国（广东）国际旅游产业博览会，力争将其打造成为中国旅游界的“广交会”。借助旅博会的优势平台，进一步提升广东旅游产业发展水平，推动旅游业与相关产业的融合，促进旅游产品生产和交易，带动旅游制造业发展，推动广东旅游产业转型升级，促进广东旅游经济可持续发展，进而推动广东旅游强省建设，将旅游业培育成为广东省经济发展的战略性支柱产业和人民群众更加满意的现代服务业。展览范围主要包括：

（一）旅游装备制造业系列

游艇、观光游船、水上摩托艇、水上运动装备；观光飞机、低空滑翔飞行设备、旅游热气球；旅游潜艇、珊瑚礁浮潜平台、潜水装备；水陆两用车、环保游览车、电瓶车；各种旅游游乐设备；旅游景区建材与专用设备。探险考察特种用品、户外救援用品、雪地登山用品、户外防护用具、旅行摄影用品、渔具、高尔夫装备、旅游通讯专用设备、旅游团专用旅游产品。

（二）旅行社、景区、酒店旅游及航空品牌系列

海内外知名旅行社品牌；华侨城、长隆等大型景点景区品牌；影视拍摄制作基地、环球影视城、旅游主题影视片、影视主题演艺活动等影视主题旅游系列。喜达屋、万豪、洲际、香格里拉、希尔顿、海逸、岭南集团、白天鹅等旅游酒店品牌；星空航空联盟、天合航空联盟成员品牌。

（三）国内外旅游目的地及旅游机构系列

国际旅游目的地、广东及省内各市友好省州、国内知名旅游城市、旅游管理机构、旅游协会商会。

（四）旅游规划、设计与旅游创意产业

旅游规划研究机构、旅游文化创意机构、城市营销策划机构、旅游商业地产策划、旅游目的地形象策划、园林景观设计施工机构、导向标识设计制作机构、旅游网络营销机构、星级酒店咨询机构、旅游节事策划机构、网络旅游设计机构。

（五）旅游教育培训业系列

高等旅游专业教育、旅游职业技能教育、导游专业资格培训、旅游技能实习基地。

（六）旅游传媒产业系列

旅游广播电视媒体、旅游资讯平台、旅游专业频道（高尔夫、邮轮、环球地理、极限体验）、大型旅游网站、旅游杂志、旅游图书、旅游报刊、旅游出版行业。

（七）旅游餐饮业系列

地域美食品牌、生态有机蔬果、地方风味美食、知名老字号、红酒品牌、酒类用品、高端饮料品牌。

（八）酒店用品行业系列

厨房餐饮设备用品、酒店家具、餐厅桌面用品、清洁及洗衣设备、酒店纺织布艺、酒店员工制服、咖啡和食品、餐饮系列软件、POS终端显示系统、酒店会议娱乐监控系统、康体智能设备、同声传译系统。

（九）旅游电子商务系列

旅游网上预订平台、旅游信息问讯系统、在线旅游交易和电子支付系统、酒店景区自助服务终端、4D虚拟旅游体验网站。

（十）旅游商品系列

旅游纪念品、旅游工艺品、旅游服饰、旅游食品、旅游营养保健品、旅游活动用品及土特产。

（十一）旅游地产系列

产权式酒店、分时度假产品、旅游主题社区、旅游专业村镇、旅游风情小镇、主题公园地产、高尔夫地产、温泉地产。

（十二）自驾车旅游系列

旅游房车、汽车旅馆、旅游休闲驿站、自驾营地、车友会俱乐部、智能缴费系统。

## 第九章　保障措施

### 一、营造旅游产业发展的政策环境

（一）加强组织领导

成立由旅游、宣传、发改、经贸、公安、财政、税务、国土、建设、交通、农业、文化、环保、林业、海洋渔业等相关部门联合组成的旅游发展促进委员会，协调解决旅游业改革与发展中遇到的新情况、新问题。各地要结合实际推动制定旅游业发展的优惠政策，多部门参与，对旅游业开发建设实行统一领导、统一规划、统一协调，营造发展大环境，从政策、资金、人才等方面全力支持旅游业快速发展。

（二）加大财政扶持力度

加大对旅游宣传推广、旅游规划、旅游信息化、人才培训和开发、旅游扶贫、旅游基础设施建设等方面的财政投入。支持旅游企业或项目积极申报中央财政促进服务业发展专项基金、中小企业发展专项资金、外贸发展基金以及节能减排专项基金。支持符合条件的旅游企业按规定申报由省财政安排的扶持企业发展的各类专项资金。设立旅游产业发展专项资金，不断加大产业集聚区扶持力度。

（三）加大政策支持力度

完善旅游用地政策。将列入省旅游发展规划的重大建设项目用地纳入土地利用总体规划。对国家和省立项的旅游建设项目以及投资10亿元以上的旅游建设项目，适用于省重点用地预审和报批绿色通道实施办法，由国家和省按规定解决其用地计划指标。贯彻节约集约用地原则，充分

利用存量建设用地。

落实旅游企业税费优惠政策。清理旅游行业的不合理收费，切实减轻旅游企业负担。在全省实行宾馆饭店与一般工业企业用水、用电、用气同网同价政策。旅行社可参与政府采购和服务外包。

支持邮轮码头建设。适度放宽游艇海域使用权。推进离境退税、重要客源市场落地签和免签政策实施。促进广东旅游航空支线开放。

（四）加强金融支持力度

加强政府对项目建设的投融资引导，创立旅游产业投资基金。与各类金融机构合作，推动制定广东省旅游项目系统性融资规划，加快广东旅游企业融资步伐。充分发挥财政资金引导作用，通过贷款贴息、项目补贴方式，带动金融资本支持代表性、引导性旅游项目建设，推动高端旅游项目建设发展，扶持旅游企业做大做强。

引导银行机构支持旅游企业和旅游项目的发展。鼓励和支持旅游企业利用股票、债券、短期融资券和中期票据等直接融资工具筹集资金。与各级财政及金融机构创立支持旅游业的产业投资基金。积极开发和推广有关旅游投资项目的保险产品，满足客户多元化的保险需求。引导和鼓励商户和消费者在跨境旅游中使用人民币进行结算，提高交易便利，降低汇率风险。

## 二、着力培育旅游人才队伍

加强旅游人才发展规划，全面提升旅游人才素质。抓好旅游行政管理人才队伍、旅游企业经营管理人才队伍、旅游专业技术人才队伍、旅游企业一线技能服务人员、乡村旅游实用人才队伍等五支人才队伍建设。

建立和完善旅游职业资格和职称制度，健全职业技能鉴定体系。创新培训方式和内容，加大培训力度，扩大旅游从业人员培训范围，建立旅游培训工作长效机制。

培育职业经理人市场，注重选拔、培养和引进旅游高层管理人才、特殊人才和国际化人才，大力开发满足新业态、新岗位需求的旅游紧缺人才，建立合理的旅游人才流动机制。实施有利于促进优秀旅游人才脱颖而出的表彰奖励政策和鼓励旅游企业优化人力资源管理机制的示范引导政策。

扩大旅游类中等职业教育培养规模，加大本科和研究生等高层次应用性、复合型旅游人才培养力度。鼓励和支持有条件的高校整合资源、优化结构，按市场和社会需求设置旅游类二级院（系），适当增设旅游类及相关专业，科学制定适应市场发展需求的旅游人才层级比例。鼓励企业与学校根据市场需求和自身资源条件合作办校。加强旅游研究机构建设，重点培养旅游基础研究、旅游规划设计、旅游创意策划等方面的人才。适应旅游强省建设要求，筹建广东旅游学院、广东旅游发展研究院。

## 三、积极推进优质高效的旅游公共服务体系建设

贯彻落实国家旅游局《旅游服务质量提升纲要》，以人民群众满意的现代服务业为目标，以游客满意度为导向，实施“广东服务”旅游品牌塑造工程，全面提升广东旅游服务品质。从旅游目的地（城市）公共服务、旅游信息服务、旅游应急救助服务、消费者权益保护、旅游从业人员服务、旅游服务标准化体系等方面着手，建设优质高效的广东旅游公共服务体系，将旅游打造为“广东服务”的窗口行业。

（一）完善旅游公共服务设施

旅游公共服务设施既是连接各服务环节的重要链条，也是提升旅游产品质量的基础性因素，由于其公益性特征或很低的投资回报，须以政府提供服务为主导。着力完善城市旅游集散中心、旅游标识指引、旅游资讯服务、城市旅游交通、接驳换乘系统、旅游厕所等公共服务设施，各地级市要配套大型游客服务中心。

完善全省绿道系统建设，配套旅游咨询、旅游住宿、旅游餐饮、特产购物等服务设施，重点推动将景区融入绿道网建设，促进绿道与主干道的接驳。

加强旅游产业集聚区的基础设施和公共服务设施配套建设。

（二）提高旅游应急救助服务能力

旅游救助是针对公共卫生、社会安全、事故灾难等突发性事件，相关管理部门为游客提供的医疗救助和紧急救援等方面的服务。一个旅游目的地拥有及时有效的旅游救助服务，有利于增强游客的安全感和信任感，更好地维护游客的生命财产安全。各地及各有关部门要及早谋划，以行政区域为单位，完善相应的应急预警机制和应急救助系统，针对可能发生的各种危机，通过应急系统加以预报、监测和发布，让出行者了解各种安全信息，增强安全应急能力。完善旅游应急救援设备物质信息体系。完善旅游目的地医疗救助体系，建设卫生咨询中心、120急救中心和核心旅游景区急救站三级旅游卫生医疗体系。

（三）完善旅游服务质量管理和消费者权益保护体系

规范旅游市场秩序，加大旅游质监执法队伍的建设，加强旅游监督管理，建立旅游管理部门、业界、专家、网络和媒体舆论相结合的多元化旅游服务质量社会监督体系，确保旅游服务质量提高和消费者权益保护。创建以游客评价为中心的满意度监测体系，组织开展游客满意度调查测评并即时向社会公布，引导市场消费。积极开展“诚信旅游示范单位”承诺、“窗口行业文明服务网上行”和旅游诚信记录活动，着力建设旅游行业诚信体系，引导旅游企业注重服务质量、旅游品牌和形象声誉。建立旅游服务质量督察制度，进一步加大联合执法的工作力度，加强跨区域旅游监管合作。重点打击黑车、黑导、零负团费、强迫购

物等非法旅游经营活动和欺诈行为，保护旅游企业合法权益。

（四）加快推进服务标准化体系建设

按照国际通行的质量规范和国家对旅游行业的有关质量标准，针对餐饮、住宿、交通、游览、购物、娱乐等旅游要素，从服务观念、服务技术、服务态度、服务设施、服务项目、服务价格等方面着力研究广东地方标准，形成国际标准、国家标准、地方标准、行业标准和企业标准相互衔接、相互补充的旅游服务标准体系，系统化地提升服务水准，使广东具有世界一流的服务品质。

（五）提升优化旅游从业人员服务水平

创新培训方式和内容，加大培训力度，扩大旅游从业人员培训范围，建立培训工作长效机制。发挥旅游主管部门的导向作用，切实把培训工作摆到重要位置，做到长年有计划，短期有安排，使旅游从业人员培训工作规范化、制度化、经常化。定期对旅游服务人员进行轮训，提高导游讲解水平和服务质量；树立模范和榜样，发挥优秀从业人员的典型示范的作用，加大对优秀导游、讲解员、服务员的重点培养，带动我省旅游服务人员队伍整体水平的提高。积极推进旅游从业人员资格职级认证工作纳入社会人力资源统筹管理。

## 四、着力推进旅游信息化建设

按照“统筹规划、市场导向”的原则建立和完善具有前瞻性的高水平旅游信息体系。规范旅游信息采集和标准制定，充分利用社会资源构建基于三网融合和新一代移动通信的旅游数据中心。建设旅游信息综合服务平台：以12301旅游服务热线建设为核心，全面推动旅游目的地公共服务体系建设；以广东旅游社会公众网建设为重点，为旅游企业和社会公众提供信息展示和电子商务的网络服务平台；以智慧旅游城市和3G旅游新时代工程为抓手，实现广东旅游信息化跨越发展；以旅游企业信息化建设为重点，推动旅游产品、服务的信息化应用。

促进区域信息化协调发展，大力扶持山区和东西两翼的旅游信息基础设施建设和应用。争取公安、环保、林业、统计、港口、科技、气象等相关部门对旅游信息化建设的支持。健全旅游信息咨询服务网点，形成市、县（区）、旅游城镇和主要旅游企业全方位覆盖的网络体系，完善旅游咨询和投诉处理服务。

## 五、科学推进规划统计工作

科学制定旅游发展规划，加强旅游规划的指导性和法律约束性。成立全省旅游规划委员会。加快《广东省旅游发展总体规划》、《粤港澳旅游发展总体规划》的编制工作，整合资源，尽快形成协调共进的发展格局。各地旅游规划和重大旅游项目开发建设要符合全省旅游总体规划要求，强化旅游管理部门的规划权、执法权和督察权。科学界定国民经济体系中旅游产业的范围，制定合理的统计指标核算旅游产业对国民经济发展的贡献。展开广东省旅游卫星账户研究，进一步完善旅游统计工作与核算体系，建立科学的旅游统计信息系统。加强旅游与统计部门合作，建立旅游统计联席会议机制。加强旅游统计人才队伍建设，省、市、县（区）三级配备专职专业旅游统计人员，且要维持统计队伍的相对稳定性。要加强对统计人才的定期培训和专业培训力度，不断提高统计人才能力素质。保障旅游统计经费。除省局每年下拨的国内抽样调查经费外，各市要将必要的统计经费纳入预算。

注：本规划于2011年4月编制完成。

# 附件 2

## “十二五”期间广东重点旅游项目表

（一）续建项目

| 序号 | 项目名称 | 类别 | 建设主体 | 项目地点 | 投资额（元） | 占地面积 | 发展方向 | 进展情况 |
|---|---|---|---|---|---|---|---|---|
| 1 | 江门开平碉楼及文化旅游产业区 | 景区 | 开平碉楼旅游发展公司 | 开平市塘口镇 | 5000 万 | 总面积 430 公顷 | 完善遗产地旅游配套设施 | 建设阶段，计划 2013 年完工 |
| 2 | 韶关大丹霞景区开发建设项目 | 景区 | 丹霞管委会 | 韶关仁化县 | 10 亿 | 292 平方公里 | 保护开发丹霞山景区。实施国家遗产地保护项目、丹霞山防火通道工程、环境整治首期工程等项目 | |
| 3 | 广州番禺长隆三期 | 旅游综合 | 广州长隆集团 | 广州番禺区 | 7.7 亿 | 1800 亩 | | 已办理了使用林地审核同意书，地质灾害评估等相关手续，现处于前期征地阶段 |
| 4 | 珠海海泉湾度假区二期 | 旅游综合 | 香港中旅集团 | 珠海平沙 | 15 亿 | 510 万平方米 | 综合性体育公园、白金五星级酒店、温泉博物馆、温泉别墅等 | 八号围的吹填工程已完成，投资商正进行项目的规划设计细化和具体方案论证工作 |
| 5 | 惠州巽寮湾滨海旅游度假区 | 滨海旅游 | 金融街惠州置业有限公司 | 惠州市惠东县 | 150 亿 | 24 平方公里 | 滨海休闲旅游度假 | 2005 年开始建设，“十一五”期间累计投资 80 亿元人民币，规划在 2018 年完工 |
| 6 | 中山市孙中山故里旅游观光项目 | 景区 | 中山旅游发展有限公司 | 中山市南朗镇 | 3.97 亿 | 6.3 平方公里 | 以孙中山文化为主题，集休闲、观光、文化体验和科研教育等功能于一体的综合性、高品位文化旅游目的地 | 已列为省重点项目 |
| 7 | 阳江海陵岛旅游区（含大角湾、南海一号、十里银滩） | 旅游综合 | 政府 + 企业 | 海陵岛 | | | 加强旅游区域整体布局开发，提升整个海陵岛景区的品位，丰富景区内涵 | |
| 8 | 茂名放鸡岛海上游乐世界 | 滨海旅游 | 茂名市放鸡岛旅游开发有限公司 | 茂名市电白县 | 5 亿 | 190 万平方米 | 海岛度假旅游 | |

续表

| 序号 | 项目名称 | 类别 | 建设主体 | 项目地点 | 投资额（元） | 占地面积 | 发展方向 | 进展情况 |
|---|---|---|---|---|---|---|---|---|
| 9 | 揭阳大北山旅游经济开发区 | 旅游综合 | 深圳安远集团 | 揭西县京溪园镇 | 5.25 亿 | 62072 亩 | 集生产、休闲、度假、娱乐、观光、体育活动、赛事举办于一体，以绿色生态为核心的高品位、世界级综合型旅游目的地 | 计划 2011 开工，2015 年完工 |
| 10 | 云浮六祖故里旅游度假区 | 旅游综合 | 新兴县政府 | 云浮市新兴县 | | | 整合度假区内资源，深度挖掘六祖文化的内涵，争取申报成为“国家级非物质文化遗产代表作”，重点引进一至两个大型龙头企业，实行温泉产品的升级换代 | |
| 11 | 中国砚都（肇庆）端砚文化特色产业集聚园 | 旅游综合 | 政府投资与自筹 | 肇庆 | 40 亿 | | 以鼎湖砚洲岛生态文化休闲度假区（投资 15 亿）为重点，丰富文化内涵、休闲度假内容，形成肇庆旅游重要节点 | 已列为省 2010 重点项目，十一五期间已投入 5 亿元建设 |
| 12 | 惠州南昆山旅游区整体提升 | 旅游综合 | 南昆山生态旅游区管委会 | 南昆山 | | 78.05 公顷 | 完善旅游配套设施，提升旅游接待设施档次，开发乡村旅游，丰富休闲度假产品谱系 | |
| 13 | 韶关清远广东大峡谷整合项目 | 景区 | | 韶关市、清远市 | | | 跨行政区域整合，形成完整的峡谷风光旅游，联动周边资源，打造黄金旅游线路 | |
| 14 | 河源万绿生态旅游度假区 | 旅游综合 | | 河源市 | | 110 平方公里 | 集生态、娱乐、会议、休闲、度假、康体于一体的大型旅游度假区 | |
| 15 | 汕尾红海湾体育运动基地 | 滨海旅游 | | 汕尾遮浪 | | | 打造后亚运品牌，以水上运动为核心，打造成含生态观光、餐饮度假等内容的海洋体育赛事和运动基地 | 已成功作为亚运帆船帆板比赛赛场，有一定基础和品牌影响力 |
| 16 | 广州从化温泉养生谷（含从都国际会议中心） | 旅游综合 | 广州市土地开发中心 | 广州从化 | 100 亿 | 29.28 平方公里 | 打造以温泉养生为主题的综合性旅游度假区 | 正在进行基础设施建设 |
| 17 | 潮州古城文化旅游区 | 文化旅游 | 潮州市政府 | 潮州市区 | | | 建设成为具有广东特色、岭南风格、国内外有重要影响力的大型文化旅游景区 | |

续表

| 序号 | 项目名称 | 类别 | 建设主体 | 项目地点 | 投资额（元） | 占地面积 | 发展方向 | 进展情况 |
|---|---|---|---|---|---|---|---|---|
| 18 | 湛江渔人码头·特呈渔岛滨海旅游示范区 | 旅游综合 | 湛江市中鑫有限公司 | 湛江市霞山区 | 24亿 | 382万平方米 | 建有产品交易港、活鲜、干品市场，海鲜美食城、商业步行街、商务酒店、生态滨海旅游海岛 | 70800632410037（备案文号），建设期为2008～2015年 |
| 19 | 湛江吉兆湾国际海洋生态度假区 | 滨海旅游 | 广东鼎龙实业集团有限公司 | 吴川市吉兆湾 | 54亿 | 1.06万亩 | 拟建白金五星级商务酒店、海洋公园、渔人码头、国家级体育训练基地、影视拍摄基地、康复疗养中心、酒店管理学院（大学）、商业步行美食购物街等，打造粤西地区国际级滨海旅游度假胜地 | 目前已基本建成大型休闲体育运动公园和五星级休闲会所，是湛江市重点督办项目、市50强项目 |
| 20 | 顺德长鹿休闲度假农庄 | 旅游综合 | 广东长鹿集团 | 顺德伦教三洲 | 38亿 | 2250亩 | 按国家5A级旅游景区标准规划，将建设主题游乐区、餐饮购物区、休闲度假区、水乡风情区和预留发展区，形成体现顺德水乡风貌，集观光、休闲、度假、修学、运动于一体的综合性大众化旅游区，打造“世界第一的休闲度假农庄及主题乐园” | 2010年底完成投资约6亿元，已开发800亩，现为国家AAAA级旅游景区及全国农业旅游示范点 |

注：空白项表示待定或未定。

（二）新建项目

| 序号 | 项目名称 | 类别 | 建设主体 | 项目地点 | 投资额（元） | 占地面积 | 发展方向 | 进展情况 |
|---|---|---|---|---|---|---|---|---|
| 1 | 深圳华侨城欢乐海岸 | 旅游综合 | 华侨城集团公司 | 深圳湾填海区 | 30亿 | 125万平方米 | 以海洋文化为主题，集旅游观光、休闲娱乐、城市节庆、体验式购物、环球美食、时尚创意、商业文化展示、生态教育等复合功能于一体的滨海生活胜地 | “十二五”前期完工并开业 |
| 2 | 深圳蛇口太子港国际邮轮母港 | 特种旅游 | 招商局集团 | 深圳蛇口 | 90亿 |  | 打造成集邮轮客运、商务办公、滨海休闲于一体的国际邮轮主题的休闲度假区 | “十二五”中期完工并开业，周边配套五年内完成 |

续表

| 序号 | 项目名称 | 类别 | 建设主体 | 项目地点 | 投资额（元） | 占地面积 | 发展方向 | 进展情况 |
|---|---|---|---|---|---|---|---|---|
| 3 | 深圳大鹏半岛滨海旅游度假项目（含下沙休闲度假旅游区、白金五星酒店群） | 滨海旅游 | 各相关投资主体 | 深圳大鹏半岛 | 78亿 | | 以高端滨海旅游度假酒店和重点旅游基础设施为核心，建设中高档的公众滨海休闲度假区 | “十二五”前期启动，进入土地招标程序，白金五星级酒店群项目“十二五”期中完成 |
| 4 | 珠海长隆国际海洋度假区一期 | 旅游综合 | 珠海长隆投资发展有限公司 | 珠海横琴 | 总投资100多亿，一期约50亿 | 总占地约130万平方米，一期项目占地46万平方米。 | 海洋主题度假旅游区，年接待能力可达1000～1500万人次 | 项目已取得第一次供地面积为132公顷的用地，并已完成项目展示中心和办公室的基建工作。预计2012年对外营业 |
| 5 | 佛山南海西岸旅游产业园 | 旅游产业园 | 广东中旅集团 | 佛山南海 | 60亿，一期计划投资10.15亿元 | 8500亩 | 综合性、生态型、体验式的生态文化旅游综合产业园区，旅游产业园既是旅游经济开发园区，又是低碳旅游示范区 | 与西樵镇签订战略合作框架协议书，成立南海西岸项目公司，成功竞买项目土地开发权，已纳入国家级旅游产业园试点单位，为广东现代产业500强、现代服务业发展100强项目 |
| 6 | 韶关大南华文化创意产业园 | 旅游综合 | 政府＋企业 | 韶关曲江区 | 36亿 | 4600亩 | 培育发展禅宗文化创意产业、祈福温泉养生文化产业打造集旅游、养生、祈福于一体的“禅宗文化圣地” | |
| 7 | 汕头南澳岛生态旅游区 | 旅游综合 | 南澳县政府 | 汕头南澳岛 | | 130平方公里 | 完善旅游配套基础设施，建设“南海Ⅱ号”博物馆、大青澳湾旅游度假和会议休闲中心、开发山岳轴线和环岛水上游线、打造深澳历史文化名镇、黄花山国家森林公园、宋井——太子楼自然文化旅游区、果老山风车群科教观光旅游区，创建国家5A级旅游区。 | |
| 8 | 广州黄埔区长洲岛历史文化旅游区 | 旅游综合 | 黄埔区政府 | 长洲岛 | 3～4亿 | 11.5平方公里 | 建设独具特色、具有国际影响力的长洲历史文化旅游新城 | |

续表

| 序号 | 项目名称 | 类别 | 建设主体 | 项目地点 | 投资额（元） | 占地面积 | 发展方向 | 进展情况 |
|---|---|---|---|---|---|---|---|---|
| 9 | 广州花都港中旅丫髻山休闲度假项目 | 旅游综合 | 港中旅集团 | 花都区 | 100 亿 | 3000 亩 | 建设集主题公园、商业、娱乐教育、地产为一体的旅游综合项目 | 正在办理用地手续和规划调整工作 |
| 10 | 江门川岛旅游产业区 | 旅游综合 | 台山川岛旅游中心 | 台山市川岛镇 | 20 亿 | 12.5 平方公里 | 建设下川独湾码头、进入旅游区的环山公路，完善基础设施 | 筹备建设阶段 |
| 11 | 清远英德仙湖旅游度假区 | 旅游综合 | 佛山市顺德区东逸投资有限公司 | 清远市 | 9 亿 | 12.6 平方公里 | 集生态旅游与休闲保健为一体的高端温泉旅游度假产品 | 广东现代产业“500”强 |
| 12 | 梅州客家旅游特色区（含梅州雁洋国际旅游特色镇） | 旅游综合 | 梅州市政府 | 雁洋镇、松口镇、丙村镇、大麻镇、三河镇 |  | 500 平方公里 | 以雁洋镇为核心，突出保健养生、休闲度假和客家文化主题，全力打造极具文化特色的国际健康养生度假目的地，成为梅州市旅游产业发展水平最领先、特色最强、集聚程度最高的区域 | 规划编制阶段 |
| 13 | 惠州博罗县罗浮山养生城 | 旅游综合 | 深圳中量实业投资有限公司 | 惠州市博罗县 | 80 亿 | 4000 亩 | 以养生为主题的山地旅游度假区 | 已立项，规划 2015 年完工 |
| 14 | 东莞中国近代史主题公园 | 旅游综合 | 东莞市政府 | 虎门镇威远岛 |  | 总面积过万亩。其中核心区约 2000 亩 | 保护虎门炮台旧址、沙角炮台、威远炮台等战争遗迹及周边自然环境，修缮炮台遗址、林则徐销烟池等文物古迹，提升鸦片战争博物馆场馆展览水平，成为集文化展览、观光旅游、休闲娱乐、教育体验、学术研究为一体的综合性主题公园 | 规划研究阶段 |

注：空白项表示待定或未定

# 旅游调查与研究

# Tourism Survey and Research

（第 411 ~ 444 页）

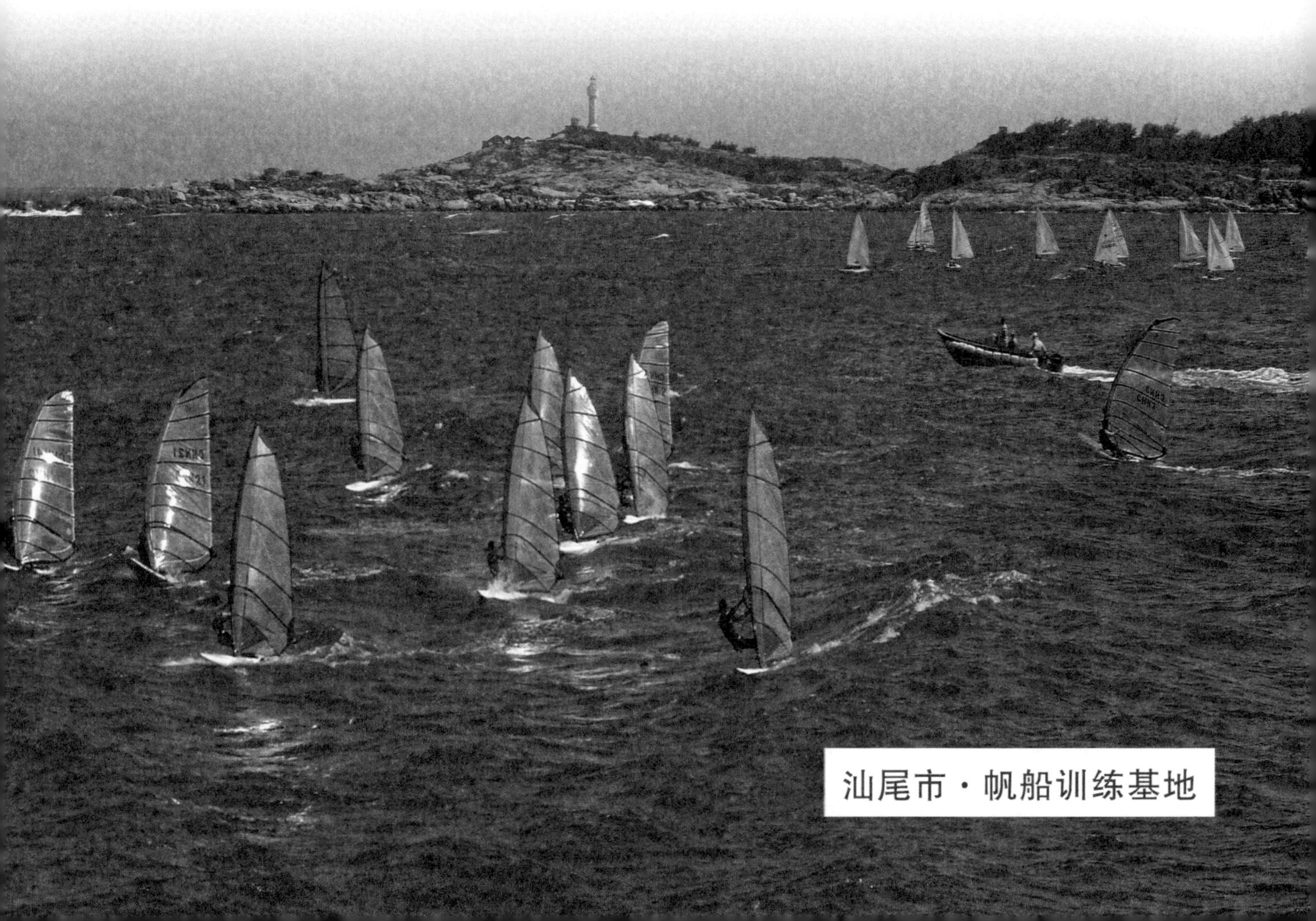

汕尾市 · 帆船训练基地

# 建设全国旅游综合改革示范区研究报告

广东省旅游局　中山大学联合课题组

## 一、项目背景和研究目的

广东是中国改革开放的排头兵。改革开放以来，广东的旅游业在旅游总收入、旅游创汇、入境旅游人数等多项指标均位居全国前列。但是，广东旅游业也存在旅游整体形象不鲜明、旅游环境建设滞后、区域旅游业发展不平衡、产业效益不高和发展后劲不足等问题。广东在现阶段如何进一步发展旅游业，如何当好全国旅游发展的试验田和排头兵，如何实现从旅游大省向旅游强省的跨越，如何围绕将旅游业打造成为让人民群众更加满意的现代服务业，如何为全国旅游业的发展做出改革示范作用，这是广东省旅游业发展目前面临的最大挑战。

为了贯彻落实国务院批准的《珠江三角洲地区改革发展规划纲要（2008~2020年）》，中共广东省委、广东省人民政府《关于加快我省旅游业改革与发展建设旅游强省的决定》和《国家旅游局广东省人民政府关于建立局省紧密合作机制备忘录》等文件精神，以及王岐山副总理关于改革导游管理体制机制、全面提高导游综合素质的指示，广东省旅游局（以下简称“省旅游局”）与中山大学联合成立课题研究团队，研究起草《广东省建设全国旅游综合改革示范区的指导意见》及相关的措施办法。

## 二、方法步骤

2011年3月23日，省旅游局与中山大学联合研究课题组正式成立，省旅游局由杨荣森局长担任工作组长，中山大学由校党委常务副书记（正厅级）梁庆寅教授担任工作组长。

### （一）调研阶段

第一阶段调研工作从2011年4月1日开始至4月20日结束。

1. 4月1~5日，由省旅游局局长杨荣森、副局长张振林带队赴北京拜访国家旅游局领导及其它相关部门领导，就课题研究的主要内容、研究思路、研究方向等问题向国家旅游局领导汇报并听取建议和意见。4月4日，由张振林副局长带队拜访北京市旅游发展委员会的领导，听取关于导游管理体制机制和旅游公共服务设施建设方面的经验做法，对课题研究具有建设性意义。

2. 4月8日，课题组分为三个小组，分别与广州国龙旅游社、广州广之旅国际旅行社股份有限公司、广东省中国旅行社股份有限公司与广东省导游协会的主要领导进行座谈，主要就导游管理体制机制方面的问题进行调研。

3. 4月13~15日，课题组分为四个工作小组，分别调研广州、佛山、东莞和深圳市的1家旅行社和1家导游公司，并组织学生对以上4个调研城市的100名导游和100名旅游者展开问卷调研，对相关数据进行统计分析。

4. 4月18日，由省旅游局牵头，分别召开由省旅游局、广州市旅游局相关处室，全省5个产业集聚区负责人、广东省中国旅行社股份有限公司、广东省导游协会主要领导与课题组的座谈会，全省16个旅游综合改革示范县市相关领导与课题组的座谈会。

5. 4月18~20日，课题组分别调研江苏省旅游局、上海市旅游局、浙江省旅游局，重点调研导游管理体制、旅游公共服务设施建设、旅游产业发展等方面问题。

第二阶段主要赴到省旅游局教育培训处、政策法规处，增城市旅游局、广东省住房和城乡建设厅、广东海事局、珠海横琴新区产业发展局、南沙游艇会、东莞杰腾造船厂、珠海平沙游艇产业园、澳门特别行政区旅游局、香港旅游事务署、梅州市旅游局、梅县旅游局、湖北省旅游局等单位调研。

1. 5月9日，与省旅游局教育培训处座谈，重点调研有关导游管理体制机制方面的意见和建议。

2. 5月15日，与增城市旅游局座谈，调研增城绿道建设情况，制订绿道旅游标准应从哪些方面着手等。

3. 5月17日，调研广东省住房和城乡建设厅，主要了解全省绿道建设和运营情况，为制订绿道旅游标准做准备。

4. 6月10日，由省旅游局局长杨荣森带队赴香港旅游事务署调研，重点了解粤港之间开展邮轮和游艇旅游合作等问题，探讨粤港两地游艇牌照互认的可能性。

5. 6月29日，与省旅游局政策法规处座谈，讨论旅游扶贫和生态发展区旅游扶持的专题研究问题。

6. 6月30日至7月1日，调研东莞杰腾造船厂、南沙游艇会、珠海平沙游艇产业园，了解国内游艇产业发展现状，以及粤港发展游艇旅游存在的障碍和问题。

7. 7月2日，与珠海横琴新区产业发展局座谈，了解横琴新区建设、旅游业发展、粤澳在横琴新区旅游合作方面的情况等。

8. 7月13日，调研梅州市旅游局、梅县旅游局，主要了解旅游扶贫和生态发展区的旅游业发展情况。

9. 7月15日，调研广东海事局，就游艇管理方面的法律和政策规定等问题开展座谈，重点了解粤港澳发展游艇旅游、游艇牌照互认机制建设需要突破哪些方面的瓶颈。

10. 7月15日，与省旅游局政策法规处到湖北省旅游局调研，主要了解湖北省生态旅游项目建设、产业发展等情况。

11. 9月1日，课题组会同省委政策研究室有关领导一同拜访澳门特别行政区旅游局，探讨粤澳旅游合作事宜，重点探讨如何在横琴新区打造粤澳旅游合作示范区，以及建立粤澳游艇旅游合作机制等问题。

（二）报告撰写

课题组于2011年4月17日和5月7日分别提交《广东省创新导游管理体制机制研究》、《广东建设旅游产业集聚区战略研究》初稿；5月15日，省旅游局领导就课题研究进展情况专题向广东省副省长招玉芳汇报；6月20日，提交《粤港澳游艇旅游合作机制研究》、《广东省旅游公共服务设施建设研究》、《横琴新区建设粤港澳旅游合作示范区研究》初稿；7月17日，提交《广东省旅游扶贫和生态发展区旅游扶持问题研究》初稿。

4月24日，《广东省创新导游管理体制机制研究报告》和《广东建设旅游产业集聚区战略研究报告》经过向省旅游局各处室，县（市）旅游主管部门征询意见并修改后形成第二稿。5月10日，课题组成员与省旅游局规划统计处、暨南大学专家、省委政策研究室专家在东莞松山湖召开为期3天的研讨会，经讨论修改后，于5月20日形成第三稿并提交了两个报告。

7月19日，根据相关部门反馈意见，中山大学课题组内部召开讨论会，对《粤港澳游艇旅游合作机制研究》、《广东省旅游公共服务设施建设研究》、《横琴新区建设粤港澳旅游合作示范区研究》三个报告进行讨论修改，于7月21日形成第二稿。7月31日，课题组提交三个报告的第三稿和《广东省旅游扶贫和生态发展区旅游扶持问题研究》报告的第二稿。

8月2日，提交导游专题、公共服务设施建设、游艇旅游、横琴新区建设等专题的第四稿及游艇旅游合作机制、横琴新区建设研究的简写本，由省旅游局领导专题向中共中央政治局委员、广东省委书记汪洋汇报。8月14日，根据领导指示，课题组将《广东旅游产业集聚区建设标准》和《广东省绿道旅游标准》两个报告单列，同时修改《广东省旅游扶贫和生态发展区旅游扶持问题研究》第三稿。

9月15日，根据澳门特别行政区旅游局调研结果和相关部门反馈意见，修改形成《建设全国旅游综合改革示范区——导游体制改革与旅游公共服务设施研究报告》和《建设全国旅游综合改革示范区——建设旅游幸福工程综合研究报告》两大专题报告。

## 三、各专题主要研究内容

课题研究共分六个专题进行，包括：《广东省创新导游管理体制机制研究》、《广东省建设旅游产业集聚区战略研究》、《广东省旅游公共服务设施建设研究》、《粤港澳游艇旅游合作机制研究》、《横琴新区建设粤港澳旅游合作示范区研究》、《广东省旅游扶贫和生态发展区旅游扶持研究》。各专题紧紧围绕如何将广东旅游业打造成为“让人民群众更加满意的现代服务业”和“广东战略新兴支柱产业”这两大中心任务展开研究，在充分吸取国内外先进经验和有效做法的基础上进行分析研究和总结提炼，确定广东作为全国旅游综合改革示范区能够示范的主要内容和具体措施。

# 专题一：广东省创新导游管理体制机制研究

## 一、基本情况

截至2010年底，全省持证导游46013人（男女比例约为3：7）。全省从事中文导游人员占93.6%，英语导游人员占5.5%，其他语种导游人员不到1%。在导游等级统计中，全省高级导游45人，中级导游1394人，分别占全省导游总数的0.1%和3%，即97%都是初级导游，而特级导游一个也没有。全省导游本科学历以上占22.5%，大专占41.6%，将近36%的导游是高中或中专学历。从年龄结构上看，30岁以下的导游超过90%，76.9%以上的导游从业经验都没有超过5年。80%以上的导游都是以挂靠导游公司和自由导游形式执业。

## 二、存在问题

（一）导游自身发展方面存在的问题

1. 导游整体社会形象不好，社会地位低，很难吸引和留住优秀人才。

2. 导游工作季节性强，淡季时人员不足，旺季时人手短缺；考导游证的人多，从事导游工作的人少。

3. 导游进入门槛低，不利于整体素质提升；外地导游无序执业；导游资格证和导游等级证书的考试内容复杂，考试形式相对死板。

4. 导游挂靠现象普遍，但导游公司功能单一，导游与导游公司之间关系形同虚设。

5. 无底薪导游比例大，与旅行社签订劳动合同的导游非常少，导游主要收入依靠导游补贴和购物回扣；高级导游证书的市场价值难以体现。

6. 黑导游、无证导游人数较多；导游证年审流于形式。

7. 导游培训资金相对不足，公益性培训力度不够，紧缺导游技能培训缺乏吸引力。

8. 导游管理条例没有被认真执行，导游退出机制不健全。

（二）有关旅行社发展方面存在的问题

1. 旅行社整体规模较小，进入门槛较低，没有资质要求。

2. “低团费”、“零团费”、“负团费”报价招徕顾客，逼使游客购物；旅行社使用模糊合同，行程、项目和收费不确定；大量使用无证导游、实习导游；游客投诉机制不健全。

3. 《旅行社管理条例》中的监管措施不到位。

4. 对旅行社的奖励制度不完善，没有加强对优秀旅行社的宣传。

（三）有关导游公司与导游协会方面存在的问题

导游公司职能单一、数量稀少，与导游之间的关系仅仅是一种挂靠关系；导游协会的体系还没有完全建立，行业自律功能还没有实现。

（四）景点管理方面存在的问题

景点门票价格差异大；收费项目多；允许无证导游、不年审或年审不通过的导游进入景区。

（五）酒店管理方面存在的问题

酒店曾经出现安排导游住在会议室、走廊等情况。三名或以上导游共住一间双人房也时有发生，甚至出现男女导游混住的情况。

（六）购物点方面存在的问题

旅行社未将购物点明确列入合同；购物点未在旅游局备案；购物时间过长、购物欺诈时有发生；导游直接以现金形式收取购物回扣。

（七）监管方面的问题

违法、违规的导游、旅行社、景点和购物点难以被发现和及时进行处罚；社会舆论可能会误导人民群众对导游及旅行社管理中特殊行规的看法。

## 三、政策建议

国家层面的政策措施：

（一）有关导游的管理规定

1. 提请国家旅游局研究修改《导游管理条例》的相关条款。

2. 部分提高人导游入门门槛。导游专业与旅游专业的中专生可以报考导游证，非导游专业和非旅游专业的中专生报考导游证，应具备大专以上学历。

3. 改革导游考试的内容与形式，精简项目，增加情境模拟与实践考试科目。

4. 国家旅游局组织开考商务游、文化游等新业态专业导游证书。

5. 争取国家将导游列入国民职业分类系列并享受同等的人才方面的待遇。旅行社必须签约一定比例的导游为正式员工，依法享受劳动法规定的权利和履行相应的义务。

6. 允许广东试点自主开考高级和特级导游证书。

7. 改革中高级导游以及特级导游的资格条件、考试内容、激励机制，并适当降低中高级导游证书和特级导游证书的考试、年审等方面的费用。

（1）高级和特级导游证的报考者必须具备大学以上学历；

（2）比照其它技术人才职称评定时间要求确定报考高一级导游证书的时间；

（3）中高级以上导游证书持有者方能担任国家、省、市各级导游协会的主要领导岗位；

（4）正式签约一定比例中高级导游的旅行社方能评为高星级的旅游社；股东和高管团队具有旅游从业经验和持有中高级导游证书的旅行社开业申请设立绿色优先办理通道，并减免若干办证费和手续费。

8. 研究制定导游服务标准；旅行社分级标准；导游协会管理标准；导游评优标准；导游培训标准；导游评价指标体系等。

（二）有关导游公司的管理规定

允许导游公司自主选择转型方式，包括按《劳动法》要求签约一定比例导游员工、转型为旅游社、自愿解散并将导游挂靠、培训等职能转给各级导游协会。

（三）有关导游协会的管理规定

建立国家、省、市三级导游协会管理体系，强化省市导游协会的行业自律功能。导游证的登记注册、投诉处理、一般培训均由市级导游协会负责；导游证的年审和专项培训由省导游协会负责。

（四）有关旅行社的管理规定

1. 制订旅行社分级管理办法，实行星级旅行社管理制度，最高为五星级，最低为一星级，不同星级的旅行社可以制定相应的指导价格。

2. 旅行社实行年审制度，年审内容必须包括游客评价与投诉情况、一定比例的中高级导游正式员工、出团数量及利税等指标。建立对优秀旅行社的奖励制度，并对年审优秀的旅行社给予奖励和政策优惠。

广东省层面的政策措施：

（一）有关导游的管理规定

1. 由省旅游局牵头，省导游协会具体组织实施“广东省导游社会形象工程”，在全省系统进行重塑导游形象的工作，包括与媒体合作举办“优秀导游”评选、“模范导游”评选、“星级导游”评选及各种导游技能大赛，有计划地宣传“优秀导游”、“模范导游”、“星级导游”的感人事迹，重点宣传导游志愿者活动、送爱心、送温暖等公益性活动。与著名高校联合培养本科以上导游人员。对于国家211高校本科以上毕业生报考导游资格证并实际从事导游职业的学生进行相应的奖励。

2. 推行兼职导游、实习导游、临时导游、专业导游制度，平滑导游淡旺季需求变化和特殊技能、特殊行业的导游需求。推进导游个人信用档案建设和信息化管理，尽快在全省建立导游信用档案体系。制订各类导游的技能和服务标准。

3. 外省持证导游须参加广东省旅游局指定部门的培训并取得合格证书后方能执业和年审。外地执业导游符合条件的，可以在广东省内报考高一级导游证书。

4. 导游服务费明确单列，并保证专款专用；导游不得以各种形式索要、强迫、暗示收取小费；导游不得直接收受购物点、景点等合作单位回扣，但可以以奖金方式领取旅行社与购物点、景点的合作收益分红。加大对优秀导游的奖励力度。

5. 严格执行导游退出机制。改革导游证年审，根据导游带团次数以及游客评价、投诉情况，将年审分为优秀、合格、基本合格及不合格四种，不合格即为年审不通过；制订导游退出的标准和评价办法。连续三年年审不通过，取消导游证书；连续三年不年审取消导游证书。

（二）有关旅行社的管理规定

1. 实行报省导游协会备案的电子合同文本，并要求旅行社尽事先告知义务。旅行社不得克扣导游工资，不得与导游签订阴阳合同，不得要求导游事先垫款，不得使用无证导游和实习导游带团，旅行社应为所有导游行为负责，为其购买保险、预留专座、专房。旅行社应将不同等级导游及收费情况明确列出，由旅行团自行选择带团导游；旅行社可在旅游合同中列出专门的导游服务费。旅行社应设立24小时热线电话和网络平台，受理游客投诉。

2. 旅行社必须将全部合作购物点及景区上报省旅游局备案，旅行社可以与购物点、景区签订分成协议，可以根据导游业务量等情况自行确定导游激励标准，但导游不得私自收取回扣。

3. 实行对优秀旅行社的奖励制度，对于年审优秀的旅行社给予奖励和其它政策倾斜。由省旅游局、省导游协会邀请媒体，对每届星级旅行社评审结果进行公开报道，免费宣传高星级旅行社，并对连续若干届被评为五星的旅游社予以重奖。

（三）有关景区、购物点的管理规定

1. 建立景区收费项目、收费内容和质量的评价标准。景点不得允许无证导游进入景区，省内各景区必须要求带团导游必须刷卡方能进入。

2. 酒店不得安排导游住在会议室、走廊等；酒店不得安排三名或以上导游共住一间双人房；酒店不得安排男女导游混住；切实保护女导游人身安全和人格尊严。

3. 借助信息化建立旅行社、导游、景点等信用档案；借鉴香港经验实行旅游监管暗访制度；成立跨部门的旅游联合执法制度；尽快完善导游、旅行社、购物点、景点等服务质量标准化建设。

# 专题二：广东建设旅游产业集聚区战略研究

## 一、理论研究

（一）旅游产业集聚区概念。

由于旅游产业生产和消费过程的同步性和旅游产品的不可移动性，旅游产业集群中旅游地旅游企业客观上存在围绕核心吸引物或服务中心集聚的特点。随着旅游产业的不断集聚，将出现不同阶段的旅游产业集群，分别是初级、中级和高级阶段。处于高级阶段的旅游产业集群称为“旅游产业集聚区”。

表 1 旅游产业集群阶段对比

| 特征 | 初级旅游产业集群 | 中级旅游产业集群 | 高级旅游产业集群 |
|---|---|---|---|
| 企业集聚度 | 低 | 中 | 高 |
| 行业联系度 | 低 | 中 | 高 |
| 自主创新机构 | 无 | 无 | 有 |
| 经济与社会性集聚效应 | 低 | 中 | 高 |

（一）产业集聚区辨识特征。

1. 边界清晰的适宜地理范围。
2. 旅游企业天然围绕核心吸引物集聚布局。
3. 旅游产业集聚区内形成产业配套。
4. 旅游产业集聚区内出现旅游与其他产业融合的新业态。

## 二、广东建设旅游产业集聚区的战略措施

（一）旅游产业集聚区建设模式。

旅游产业集聚区的建设模式是“政府引导、企业建设”。企业建设可分为两种形式，第一种是整个聚集区由一个大型企业作为一级开发商进行统筹建设，第二种是政府完善基础设施后分割项目进行招商引资，由企业进行聚集区内部项目的建设。

（二）旅游产业集聚区管理体制。

旅游产业集聚区可以选择准政府的管委会形式、协调小组（办公室）形式或企业一级开发形式等三种。

（三）广东旅游产业集聚区建设标准与内容。

表 1 旅游产业集聚区判别标准

| | 一级指标 | 二级指标 | 说明 |
|---|---|---|---|
| 空间指标 | 空间集聚度 | 密度 | 具有法定规划承认的边界清晰的地理范围，每平方公里所产生的旅游总收入高于全省平均水平。 |
| 经济指标 | 旅游产业集聚度 | 旅游区位商 | TLQ 值大于 1。 |
| | | 核心吸引物成熟度 | 拥有 1 个以上国家 AAAA 以上景区 |
| | | 旅游产业配套度 | 拥有 1 个以上四星以上酒店；<br>拥有 10 家以上餐饮企业；<br>拥有 10 家以上旅游零售企业；<br>拥有 1 个以上娱乐项目。 |
| | 相关产业集聚度 | 新业态成熟度 | 拥有旅游与其他产业联合的新业态，新业态产值相当于旅游总收入的 20% 以上 |
| 社会指标 | 社会效益集聚度 | 就业度 | 区内至少 150 名雇员与旅游活动相关 |
| | | 创新度 | 拥有执行自主创新的机构 |
| | | 协作度 | 有地方政府与企业（体系）共同制定的开发条约 |
| 环境指标 | 环境效益集聚度 | 环境负荷度 | EB 小于 1 |

表 2 旅游产业集聚区申请和验收标准

| 具体标准 | 权重 | 备注 |
|---|---|---|
| 标准 1 | 10 分 | 边界须适中，过大者适当扣分，基本分为 6 分，每平方公里平均旅游产值越高分数越高 |
| 标准 2 | 10 分 | 达到 5 亿得基本分 6 分，总收入、区位商越高分越高 |
| 标准 3 | 10 分 | 拥有 1 个得基本分 6 分，4A 以上景区越多分越高 |
| 标准 4 | 10 分 | 拥有 1 个得基本分 6 分，四星以上的酒店越多分越高 |
| 标准 5 | 6 分 | 拥有 10 家得基本分 3.6 分，餐饮企业越多分越高 |

续表

| 具体标准 | 权重 | 备注 |
|---|---|---|
| 标准 6 | 6 分 | 拥有 10 家得基本分 3.6 分，旅游零售企业越多分越高 |
| 标准 7 | 6 分 | 拥有 1 个得基本分 3.6 分，娱乐项目越多分越高 |
| 标准 8 | 10 分 | 150 名旅游相关雇员得基本分 6 分，雇员越多分越高 |
| 标准 9 | 8 分 | 已有集聚区规划的得基本分 4.8 分，开发条约作用越大分越高 |
| 标准 10 | 8 分 | 拥有新业态得 2 分，新业态产值超过旅游总收入 20% 的的基本分 4.8 分，产业结合紧密度越高分越高，新业态产值越高得分越高 |
| 标准 11 | 8 分 | 拥有创新机构的得基本分 4.8 分，机构健全，作用越大的分越高 |
| 标准 12 | 8 分 | 环境负荷度小于 1 得基本分，越低得分越高 |
| 总分 | 100 分 | 备注：申请标准为 60 分以上，验收标准为 90 分以上 |

### 三、旅游产业集聚区政策创新

旅游用地政策。列入省级旅游产业集聚区的，在城市发展总体规划和土地利用规划中明确范围内为旅游用地；由所在地市配给建设用地指标，省政府相应配给一定指标专项用于建设旅游产业集聚区，不占用地市土地指标；鼓励集聚区内存量建设用地通过租赁、兼并、改建和嫁接等形式与投资者进行联合开发；集聚区内乡村旅游用地纳入农村土地流转改革试点范畴。

企业减负政策。集聚区内企业用水、用电和用气价格与一般工业企业同网同价；集聚区内企业税收优惠政策；减免行政事业性收费；聚区内旅游企业用于宣传促销的费用依法纳入企业经营成本。

金融支持政策。采取财政资金使用省财政与地方财政按比例配套的模式，鼓励地方政府出台支持集聚区建设的旅游产业专项基金；省旅游局与省金融办共同联合推动政策性银行及大型商业银行推出支持旅游产业集聚区的大规模授信额度；鼓励支持旅游产业集聚区建设企业在国内外证券市场上市。

其它政策。离岛购物免税政策；省级旅游产业集聚区享受“产业转移园”同等待遇，包括零收费政策；对旅游产业集聚区链接公路进行优先安排，通往聚集区的公路建设按高一级公路进行补贴。

## 专题三：粤港澳游艇旅游合作机制研究

### 一、游艇旅游经济即将成为新的经济增长点

游艇业是海洋经济的主要构成部分之一，世界各国在大力发展“蓝色经济”时都把游艇旅游业作为重点。国际经验表明，当一个地区的人均 GDP 达到 3000 美元时，“游艇经济”开始萌芽；人均 GDP 达到 6000 美元时，“游艇经济”开始快速发展；人均 GDP 达到一万美元时，“游艇旅游”将会进入普及化阶段，中型以下游艇将不再是奢侈品。根据我省经济发展水平，我们分析判断，发展游艇旅游经济将成为广东旅游业发展、海洋经济发展的重点支撑产业。

按照国际经验测算，1 美元的游艇制造业投资可以拉动 15 美元的相关产业发展，因此游艇业也被称作“漂浮在黄金水道上的商机”。按此测算，仅仅放开香港游艇来广东，理论上就可以为广东带来年均 400－800 亿港币的游艇消费，这还不包括游艇会建设及拉动商业地产带来的收益。同时，国内游艇旅游的发展潜力也极其巨大，目前中国大陆登记注册游艇仅 400 条左右，按人均拥有比例计算约为 350 万比 1，而世界平均为 171 比 1，发达国家游艇更加普及，如美国达到 14 比 1。由此可见，游艇产业不仅发展潜力巨大，而且对于整体经济的发展、相关产业的升级也具有极强的拉动作用。因此，研究推动广东游艇旅游经济的发展具有重要的战略意义。

目前，香港共拥有注册游艇近 2 万艘，游艇旅游每年为香港创造的产值高达 40 亿港元；澳门由于面积更小，自然资源限制了澳门游艇旅游业的发展，其私人游艇不到 10 艘。当前，港澳游艇旅游业都面临着进口游艇价格昂贵、码头

和泊位稀缺、出航范围狭小、景点稀少单一等发展障碍。另一方面，广东拥有全国规模最大、实力最强的游艇制造业基础，拥有中国最长的海岸线和丰富的内河航线，自然人文景观丰富，对于港澳游艇旅游具有良好的互补基础。因此，鉴于港澳和广东优良合作基础，大力推进粤港澳游艇旅游合作对于提升三地合作水平、促进经济发展都具有重大的影响。

## 二、广东发展游艇旅游经济存在的障碍

**国内层面：**

（一）全国没有统一的游艇制造标准、检验标准，广东省内船检标准也不能互认。

（二）非我国公民在我国购买游艇后仍然无法办理船舶登记。

（三）长度 20 米以内的私人游艇才能上牌。

（四）游艇被定位成奢侈品，制造商而不是消费者需缴纳 10% 消费税。

（五）私人游艇码头审批涉及众多部门，程序和手续极其复杂，而且缺乏相应的法律规范。

（六）国内缺乏适用游艇旅游的专门法律，游艇入境视同船舶入境，通关手续非常复杂，而且很多限制。

**粤港澳合作机制层面：**

（一）游艇旅游合作没有被明确列入三地合作框架协议的主要内容和主要议题，而且缺乏统一的协调机制和发展规划。

（二）香港将游艇视为私人驾驶的一种交通工具，而广东有关游艇的管理基本上是参照其它类型船只进行管理，相关制度规定不明确。

（三）港澳居民在广东游艇船检、登记、牌照发放和驾驶证考试受到身份限制。

（四）粤港澳三地没有划定清晰的海域管辖区域，游艇牌照不能互认，而且只能停靠在一级开放口岸。

（五）游艇驾驶证没有互认，港澳地区签发的游艇驾驶证进入广东水域必须换证。

## 三、推动广东游艇经济发展的措施和建议

**国内层面：**

（一）以珠海平沙游艇产业园和惠州（深圳）游艇产业园为基础，打造全国游艇制造样板园区。珠海、惠州、深圳三市按照战略新兴产业的标准提供用地、用水、用电等方面的政策支持。

（二）以珠海横琴新区、广州南沙、深圳大梅沙作为试点设立游艇保税区。

（三）统一制订符合国际惯例的游艇检验标准，发放统一的船检证，争取将这一标准上升为国家标准。

（四）统一游艇驾驶证考试、培训的内容与形式。简化游艇驾驶证的类别，将游艇驾驶证细分为 A、B 类，A 类为海域证，B 类为内河证。

（五）比照汽车购买征收游艇消费税，将课税主体设定为游艇购买者。

（六）广东省建立游艇旅游专项人才培训基金，对于重点培训项目、优秀师资、优秀培训机构及优秀人才进行奖励。

**粤港澳合作机制层面：**

（一）将游艇旅游合作列入粤港澳联席会议讨论议题，责成口岸、海事、海关、边检、边防等部门进行磋商，提请三地立法部门立法解决游艇旅游合作机制中涉及的法律问题。

（二）联合组织人员编制《粤港澳游艇旅游合作发展规划》。

（三）实现粤港澳区域内游艇无障碍航行。依法将游艇统一定性为私人交通工具。粤港澳三地口岸、海事等部门共同协商划定各自的海域管辖区。参照粤港澳车辆牌照互认的实施办法，实现粤港澳游艇“三地牌”互认。建立粤港澳三地的游艇电子信息共享档案。港澳居民在广东购买游艇可直接上广东省的游艇牌照，游艇牌照发放不受长度与豪华程度的限制。统一游艇定位系统、通讯语言、证照设计、安保规定等措施。参照车辆管理办法，按照吨位或价格征税的方式控制游艇三地牌发放的数量。在广州、深圳、珠海现有查验口岸附近，各选取一个游艇码头作为游艇旅游无障碍通航的试点。

（四）三地海事部门共同协商制订区域内游艇航道规划和游艇自由航行水域及管理办法。

（五）粤港澳三地海事、边防、海关等部门实现游艇检验、登记、航行等资料的共享机制，统一建设信息化管理平台。

（六）三地游艇主管部门和游艇协会联合制订游艇旅游管理的标准化体系，包括游艇检验标准、驾驶证考试标准、游艇分级管理标准、游艇会建设标准、游艇会管理与服务标准等。

（七）鼓励港澳银行机构和私人财团对重大游艇基础设施建设项目提供银团贷款；鼓励港澳旅游集团、游艇行业协会、游艇企业等参与广东港口、游艇码头建设以及游艇配套服务设施建设。

# 专题四：横琴新区建设粤港澳旅游合作示范区研究

## 一、推动旅游管理体制与机制改革

### （一）创新通关政策

1. 实行“分线管理”制度。横琴与澳门之间的口岸设定为“一线管理”（现横琴口岸），主要对进出境人员查验；横琴岛与内地之间设定为“二线管理”（新设立通道），主要承担进出境货物的报关、报检等查验监管功能。“一线管理”与“二线管理”均实行24小时开放。

2. 对于经由港澳进入横琴的境外游客，只要其护照签发国与中国签有旅游协议，即可免签证进入横琴。对于不经港澳直接进入横琴的境外游客，实施与海南一致的26个国家旅客旅游免签证入境政策。

3. 参照澳门车辆单车牌进出横琴的管理规定，香港居民可凭有效证件单车牌在横琴通行。

### （二）简化查验监管手续

海关方面放宽进出口配额、许可证件管理。经“一线管理”进出境和从境内进入横琴的旅游产品，除了从境内经过横琴而出境的，都不实行进出口配额、许可证件管理。

### （三）实行税收优惠政策

1. 充分吸取港澳地区现行税制的优点，制订《横琴新区税收管理办法》，逐步实现与港澳税收体制接轨，并突出横琴特色。目标是将横琴打造成为中国大陆首个“自由港”。

2. 参照海南离岛免税政策试点。试行三年后，将政策进一步放宽。

### （四）创新旅游金融服务

1. 取消外汇管制，试行三币（人民币、港币、澳门币）同时流通的货币政策。争取开放人民币跨境结算业务，推广使用电子货币。

2. 支持中国银联与商业银行在横琴新区推出可同时支持人民币、港元、澳门元交易的金融IC卡。允许粤港澳三地发行的小额多用途预付卡在横琴新区通用，为进入横琴新区的旅客提供快捷、安全的小额支付工具。

3. 探索在横琴新区开办服务港澳居民的人民币支票业务。允许港澳地区货币兑换服务机构在横琴新区开展面向个人的人民币与港元、澳门元兑换业务，促进横琴新区货币兑换服务与港澳地区接轨。

4. 探索发行旅游彩票。通过在横琴举办国际通行的旅游体育娱乐项目，探索发展竞猜型体育彩票和大型国际赛事即开彩票。

5. 推动广东国民旅游休闲卡和“广东绿道金融卡（广东绿卡）”在澳门发行使用。条件成熟时发行面向中外游客的“横琴国际知名旅游度假基地”银行卡。

### （五）改革旅游管理体制

在现有横琴开发领导小组的基础上，设立由珠海市局领导亲自挂帅的横琴旅游开发领导小组，加强部门之间的沟通联系与协作配合，建立横琴旅游开发联席会议机制。在横琴新区管委会现有架构中增设横琴旅游发展局，建立和完善横琴旅游开发与管理的组织架构。

## 二、深化珠港澳区域旅游合作

（一）成立澳门——横琴旅游合作规划小组，加快联合编制横琴旅游发展专项规划。建立健全香港——澳门——横琴旅游合作的专项联席会议制度。珠港澳互派人员在各地政府旅游相关部门培训挂职，一地的公务员在另一地担任副职。

（二）加强珠海与澳门城市公共交通规划衔接，探索推动公交体系直通直达，将珠海公交“通达卡”与“澳门通”联网，从而实现两地智能化管理的公共交通网。推进广珠城际轨道与澳门轻轨在横琴对接，尽快启动广珠城际轨道交通延长线项目建设。

（三）突破现有粤港澳三地游艇旅游的政策制约，包括出入境管理、“五检”手续、航线、航道等方面的障碍，把珠海横琴新区作为试点，率先实现粤港澳三地游艇无障碍通行。

（四）参照戛纳电影节设计，联合港澳在横琴举办国际电影节、国际游艇展和国际选美比赛。

（五）争取以横琴为试点，率先实现粤港澳旅游团领队证和导游证互认，逐步推行导游证联考制度。广东分期分批选派优秀领队到香港进行学习和培训活动，香港选派领队、导游到广东进行经验交流。

（六）粤港澳相关部门联合制订人才培训计划，重点培训游艇、酒店、会展、创意设计等旅游项目。港澳旅游相关协会每年接受一定数量的横琴旅游人才实习。鼓励港澳旅游企业和旅游协会到横琴设立旅游人才教育培训机构，鼓励三地间开展旅游教育与人才培训的合作办学，促进澳门旅游、酒店等人才进入横琴就业。

## 三、提升粤港澳旅游合作的标准化与信息化水平

（一）完善横琴旅游基础服务设施与服务质量的标准化建设，以标准化提升服务质量，率先在全国设立山地度

假与滨海度假标准并推广成为业内全国性的标准。

（二）完善横琴高端装备使用型休闲旅游标准化建设，包括房车、高尔夫、游艇、滑翔伞等。加快推进旅游服务质量标准化，力争用5年左右的时间，重点在旅游餐饮、住宿、交通、景区、旅游厕所、旅行社、导游、购物、节能减排及应急管理等方面，加快建立与国际通行规则相衔接的旅游服务质量标准体系。

（三）启动“智慧横琴”工程，提高全区信息化综合服务能力。借鉴香港旅客e—道自助模式，在横琴出入境管理上实施旅客自助出入境检查系统，同时实施跨境车辆e—道自助出入境检查系统，实现一站式清关及出入境检查。

（四）在横琴实行电子通行证，大陆经横琴入港澳的居民及出入横琴或经横琴入大陆的港澳居民签发电子通行证。

（五）建设具有宣传、促销、咨询、预订、投诉等功能的横琴综合性旅游门户网站，开通官方微博发布最新旅游资讯，为旅游企业和游客提供更全面便捷的旅游服务。鼓励和支持旅游企业和旅游景区、景点大力发展旅游电子商务，开展网络营销、网上预订、网上支付，发展在线旅游业务，提高旅游企业电子商务运作水平。

# 专题五：广东省旅游公共服务设施建设研究

## 一、基本情况

交通网络基本形成。航空运输方面，初步形成了以广州白云国际机场为枢纽，深圳机场为骨干，汕头、湛江、珠海、梅州、佛山机场为支点，联系港澳、辐射全国、面向世界的民航运输格局。铁路运输方面，到2012年，广东省铁路营业里程将增加到4200公里，其中200公里时速及以上的铁路里程将达到1800公里。公路运输方面，每个地市及大部分的县（市、区）均有高速公路通达，旅游高速公路交通骨干网络已经形成。

旅游公共服务设施日趋完善。首先，2011年1月珠三角绿道全线贯通，珠三角各市累计建设完成绿道2372公里，市际之间的18个城际交界面全部实现绿道互联互通。其次，旅游公共标识体系基本完善。广州、深圳、珠海等城市基本形成了一套较为完整和规范的旅游标识体系。再次，旅游厕所档次不断提高。通过加大资金投入对原有的旅游厕所进行升级改造，形成了一批达到国家标准的旅游厕所。

旅游信息服务体系日益健全。目前，广东已初步形成电话热线、旅游信息服务网站、旅游服务中心为主体的旅游信息服务体系。2009年，广州市域范围设立了9个旅游问询点，在商业会所、餐厅酒店、高档消费点、写字楼等地点铺设2000台以上的旅游触摸屏终端设备；2011年4月，开通12301旅游服务热线，主要提供旅游咨询服务、旅游提示服务、旅游投诉服务和旅游救援服务等四大公益服务。2011年，开通绿道旅游网站。

## 二、存在问题

旅游交通网络没有实现全面衔接。广东高速公路骨干网络建设中较少考虑旅游的要素，休息站的休闲功能不强，高速公路的旅游附加价值并没有进行开发和探索。广东旅游景区与高速出入口的连接道路建设相对滞后，“最后一公里”现象十分突出，严重制约了自驾游的发展。

旅游公共服务设施发展不均衡。首先，绿道真正能够形成旅游功能的路段多在珠三角地区，其它偏远地区的绿道建设还需要进一步推进，绿道旅游标准还没有制订推广。其次，旅游公共标识体系建设欠完善。旅游景区和旅游线路沿途标志系统不完整，城市交通图形符号及警示牌等标识物欠缺，道路标识信息未及时更新，中英文标识文字不规范，标识内容设计不科学以及标识牌设置不当等。再次，旅游厕所建设需进一步完善。

## 三、建设思路

（一）全面推进绿道网建设。

加快制订规章制度，确保绿道网建设和管理有章可循；建立财政保障制度，确保绿道网建设和管理“有钱办事”；认真总结经验，加快推进珠三角绿道网向粤东西北延伸；建设与管理并重，形成绿道网开发运营与管理维护的长效机制；提高绿道网的综合效益，充分开发绿道网旅游休闲的综合功能。

（二）强化城区基础设施建设，完善城区基础设施的旅游服务功能

完善旅游交通网络，积极建设覆盖铁路、公路、民航、水路等一体化、立体化的交通网络体系。实施旅游厕所改扩建工程，形成不同景区配备一定星级标准的旅游厕所的服务格局。将游客休息站纳入到新建公路规划，实现游客休息站与公路建设“一同规划、一同设计、一同施工、一同营运”。据全省各地现有交通状况和游客接待情况，主要在各中心城市和各重点旅游县（市、区）建设旅游服务中心。

（三）加快乡村景区旅游服务设施建设，提高村镇公共设施的旅游服务水平

加强主要景区连接交通干线的旅游公路建设，推进省

内3A级以上旅游景区高等级公路和主要特色旅游村镇的连接公路建设。发展农家乐项目，通过发放宣传物，开通网站、提供团购等方式吸引游客。托旅游交通干线和主要旅游景区，规划建设一批具有复合功能的，可以为自驾车爱好者和部分散客提供自助或半自助服务的包括住宿、露营、越野、餐饮、汽车保养与维护、信息服务、医疗与救援等综合配套服务设施的自驾车营地。

### 四、保障措施

大力推进公共服务设施标准化建设。加快制定旅游基础设施标准化包括绿道旅游标准、旅游标识标准、旅游硬件设施标准（如旅游巴士）等；加快制定旅游服务标准化包括农家乐建设与服务标准、自驾车营地建设与服务标准等。

进一步提升旅游信息化水平。大力发展旅游电子商务，支持景区、旅行社、住宿、餐饮等企业合作建立具有宣传、促销、咨询、预订、投诉等功能的综合性旅游门户网站并与省旅游局公共信息平台对接；进行“旅游智慧城市”试点；加大旅游公益服务宣传力度等。

加强旅游行政资源的整合与协调。将旅游基础设施和重点旅游项目建设纳入国民经济和社会发展规划，编制和调整城市总体规划、土地利用规划、海洋功能区划、基础设施规划、村镇规划等要充分考虑旅游业发展需要；探索旅游公共设施一体化建设的管理机制，有条件的地区成立“旅游发展促进委员会”作为协调公共服务设施一体化建设的协调机构，没有条件成立旅游委的地区则建立跨部门的联系会议制度；加快绿道旅游发展的整体规划和配套建设；成立广东旅游标准化委员会和旅游信息化委员会，加快建设旅游公共服务设施的标准化体系和信息化平台。

## 专题六：广东省旅游扶贫和生态发展区旅游扶持问题研究

### 一、基本情况

2003年1月，广东省人民政府办公厅发布《关于进一步加强旅游扶贫工作的意见》（粤府办［2003］1号），正式启动旅游扶贫工程。截至2010年，共投入旅游扶贫资金3.63亿元人民币，扶持了全省9批共620个（含农家乐155个）项目，累计吸引外资、侨资、民资投资旅游项目共866亿元，带动了欠发达地区第三产业的兴旺和产业结构调整，树立了东源、德庆、恩平等一批典型的旅游旺县，实现了新丰、紫金等8个县的旅游景区开发零的突破；打造出广东第一峰景区、广东大峡谷景区、雁鸣湖旅游度假村等一批旅游业“新贵”。

《广东省主体功能区划（2010-2020）》已经在征求意见之中，区划中对生态发展区的发展目标有明确的定位和要求，这是开展生态发展区旅游扶持工作的基础和依据。

### 二、存在问题

资金拨付与资金投向方面。旅游扶贫资金的支持力度、资金投向、支持重点等年度变化差异较大；旅游扶贫规划还没有实现与经济社会发展规划有效衔接。

旅游扶贫方式方面。目前旅游扶贫工作往往被简化理解成为旅游扶贫资金的支持，而且往往只局限于财政直补、财政贴息这两种资金扶持方式，旅游扶贫的创新空间还很大。

旅游扶贫资金投入机制方面。旅游扶贫资金安排与广东经济发展指标、旅游业发展、扶贫开发、生态发展区扶持需求等要素还没有形成科学有效的联动机制，没有形成科学有效的稳态增长机制。

旅游扶贫资金使用过程缺乏标准化、信息化管理。

### 三、建设思路

（一）提升旅游规划的指导作用。尽快编制全省旅游扶贫规划和生态发展区旅游扶持规划。实现旅游规划与旅游扶贫及生态发展区旅游扶持规划、全省旅游总规划与各地市旅游规划、旅游规划与其它部门专项规划及经济社会发展规划的衔接。有关旅游的建设项目立项之前，应征求旅游管理部门的意见。

（二）创新旅游扶贫和生态发展区旅游扶持模式。

1. 交通扶持。加快建设欠发达地区和生态发展区的旅游交通基础设施。建议全面消除旅游景点、旅游项目与高速公路衔接中存在的“最后一公里”现象；建议生态发展区与欠发达地区的旅游扶贫项目或旅游扶持项目与高速公路衔接的所有道路都达到7米以上路宽并实现路面硬化处理。

2. 绿道扶持。生态发展区和欠发达地区绿道驿站、农家乐、自驾车营地、旅游厕所、游客服务中心等机构和设施可按绿道旅游标准交由当地村民经营，或者由村民入股、集体经营的方式经营。

3. 人才扶持。实施“旅游人才扶持工程”，建议直机关和珠三角各市直单位选择优秀人才挂职山区旅游管理部门，组织部门将山区旅游基层工作纳入旅游干部晋升考核条件。设立山区旅游人才促进基金，鼓励广东省各大专院校综合性人才服务山区旅游业等。

4. 宣传扶持。省、市、县各级党报、党刊每周辟出固定广告版面，各级电视台、广播电台每天辟出3分钟广告栏目，专门为生态发展区旅游扶持项目和旅游扶贫项目进行公益宣传。

5. 会议扶持。议各级党和政府部门大型工作会议由旅行社招标承办，会议地址选择生态发展区和旅游扶贫项目支持或减少的酒店、度假村、农庄举行。建议各级事业单位、广东央企、省国资委下属企业、各市国资委下属企业将工作会议地址选择在生态发展区举行。

6. 促销扶持。国民休闲卡持有人在生态发展区和旅游扶贫项目消费时可以享受一定比例的优惠折扣。利用网络等各种渠道，在珠三角、港澳地区和国内其它地区免费赠送生态发展区旅游折扣门票或旅游代金券。

7. 会展扶持。优先考虑在生态发展区和欠发达地区举办广东国际旅游文化节。争取将国内外各种著名的旅游论坛放在生态发展区和欠发达地区举行。

8. 文体扶持。与福建省有关部门商谈，将广东客家文化整合到世界物质文化遗产当中去。联合文联、体育等相关部门在欠发达地区定期举办各种比赛、活动等。

9. 影视扶持。鉴江浙地区影视城建设经验，在生态发展区和欠发达地区开发建设有广东和岭南特色的影视基地。

10. 旅彩扶持。旅游局联合省民政厅、省财政厅、省税务局等机构，在全省发行用于扶持生态发展区和欠发达地区发展的旅游彩票。

11. 国际扶持。争取将广东旅游扶贫项目列入国际旅游扶贫示范项目；争取国外旅游界、学术界、教育界在旅游扶贫示范项目建设、标准制定、人才培训、市场开发、服务管理等方面的合作；争取让世界旅游组织和亚太旅游协会通过其官方网站和所属刊物向世界推介广东生态旅游和旅游扶贫项目；争取世界银行及其它国际金融机构贷款资助广东省生态发展区和旅游扶贫重点项目。

（三）建立资金支持的长效机制。旅游扶贫资金与生态发展区旅游扶持资金分别设立，但都作为一种常态机制列入省政府年度财政预算中。在资金用途方面，旅游扶贫资金强调对欠发达地区人民脱贫致富的帮助，注重短期的扶贫带动作用；而生态发展区旅游扶持资金强调对生态发展区旅游资源保护性开发的支持，注重整个区域生态与环境的长期协调发展。

（四）创新资金管理体制。旅游扶贫资金按项目申请；生态发展区旅游扶持资金资助每年一次，集中申请，根据各生态县区竞标方案确定为一般资助还是重点资助。旅游扶持资金的资助原则是“政府竞标，县区统筹，一次拨付，分期考核。”中期考核一次，项目完成再考核一次。

（五）改革资金支持原则。旅游扶贫资金投向按照“集中与分散相结合”的原则进行，充分发挥资金支持的规模效应。旅游扶贫资金每年重点支持一个片区，三年一个轮回。生态发展区旅游扶持资金由各生态发展县区政府组织申报，但扶持资金必须用于当地的旅游资源开发和生态环境保护，具体运用由县区政府自行统筹。

（六）改革项目管理办法。制订旅游扶贫项目和生态发展区旅游扶持项目的判别标、分级标准、支持标准、中期检查标准、验收标准等标准化体系，并完善项目申报程序。

## 四、政策措施

（一）土地政策。政府与生态发展区、欠发达地区各市在编制社会总体规划与各类专项规划时应充分考虑旅游用地的需求，年度供应土地要适当增加旅游用地，要将列入省旅游发展规划的重大旅游建设项目和旅游扶贫项目用地纳入土地利用规划。生态发展区和欠发达地区要将“三旧”改造与旅游业发展结合起来，积极支持利用荒地、荒坡、荒滩、废弃矿山、垃圾场、无人海岛和可以开发利用的石漠化土地等开发旅游项目，探索利用上述土地建设高尔夫球场、度假村和体育健身公园等项目。

（二）税费政策。对重点和重大建设旅游建设项目，建议实行土地出让金分期缴纳政策，分期缴纳全部土地出让价款的期限原则上不超过1年，且首次缴纳比例不得低于全部土地出让价款的50%；享受政府价格调节基金减免，土地税费、卫生检疫、排污、旅游运输车辆附加费、林地补偿费、建设配套费等系列行政事业收费减免优惠。对生态发展区和欠发达地区的旅游企业发生的符合条件的广告费和业务宣传费、研发费，不超过当年销售（营业）收入15%的部分，准予税前扣除；超过部分，准予在以后纳税年度结转扣除。

（三）财政政策。设立旅游发展能力专项资金，每年安排一定金额用于各市（县）、区旅游管理部门的软硬件建设；设立旅游企业发展奖励资金，对业绩突出的旅游企业进行奖励。充分利用省高端旅游项目发展专项资金，对生态发展区和欠发达地区高端旅游项目给予倾斜。以租赁、入股方式用于生态旅游项目开发的林地，按生态公益林补偿办法对农户进行补偿。

（四）金融政策。探索建立省市两级旅游发展投融资平台，引导社会资金进入生态发展区和欠发达地区旅游产业。励和支持旅游企业整合优质旅游资源，以互助联保的方式进行融资，鼓励国际资本、民间资本和其它社会资本投资、参股生态发展区旅游项目和旅游扶贫项目。支持有条件的生态旅游企业和旅游扶贫企业通过发行企业债券、项目融资、产权置换、上市等方式筹措资金。鼓励珠三角地区旅游企业通过参股、并购或直接设立分支机构的形式在生态发展区和欠发达地区延伸服务网络，拓展服务功能。

# 广东省游艇旅游发展调查报告

## 1 调查背景

2009年，由中华人民共和国海事局制订的《游艇安全管理条例》和《游艇法定检验暂行规定》正式实施，表明我国政府对游艇业开始给予政策引导和支持。国务院颁布的《关于加快发展旅游业的意见》明确提出：要培育新的旅游消费热点，支持有条件的地区发展邮轮、游艇等新兴旅游项目；积极推进游艇码头建设；培育发展游艇、轻型水上飞机等旅游装备制造业等。这些政策的相继颁布，表明发展游艇产业已经上升为国家意志和产业战略。

游艇，是一种水上娱乐用高级耐用消费品。游艇旅游集航海、运动、娱乐、休闲等功能于一体，是一种亲水文化，是人们亲近自然、驾驭自然的一种生动反映，是人们为了满足自己的精神文化需要而实施的一种高级消费，是一种休闲娱乐的生活方式，是精神的愉悦、身心的放松和美好的体验。

游艇产业是一个充满美好前景的产业。目前欧美发达国家平均每171人拥有一艘私人游艇，挪威、新西兰等国家人均拥有游艇的比例高达8∶1，美国为14∶1，内陆国家瑞士，人均拥有游艇也达到69比1。中国香港目前已有游艇2000至3000艘，每年私人游艇产业带来的产值达40亿港元。而长江三角洲及珠江三角洲地区所拥有的百万美元级富豪数量远远超过香港，预测这两个地区游艇业是一个数倍于40亿港元的产业，而这仅仅是中国两个经济发达地区的私人游艇产业的最低规模，其潜力可能会超出人们的想象。然而，中国经济最发达的长三角地区，拥有私人游艇的人数不过区区百人，这既反映了我国游艇业发展的滞后性，也揭示了游艇产业在中国的巨大潜能。目前全世界的游艇产业发展已经处于一个相对静止的状态，每年的增量十分有限。尽管中国游艇业尚处于起步阶段，但市场前景十分广阔，并将成为中国新的经济增长点。

国际上游艇产业的发展，一般每投入1美元可带来6.5～10美元的回报，产出为投入的7～10倍。在美国，游艇产业的发展为其经济增长做出巨大贡献。研究发现，游艇旅游的消费与一个国家的经济实力、人们的富裕程度、地理环境、消费观念以及相关的政策等有关。发展游艇需要两个基本条件：一要有高收入，这是游艇旅游消费的经济基础，游艇旅游属于旅游产品的高档品种。因此，要求消费者具有较强的经济实力、能支付得起较高的价格；二要水资源丰富，这是游艇消费的自然基础。广东省在发展游艇旅游的经济基础与自然基础这两大条件上有着得天独厚的优势。

2010年广东省人均GDP为7000美元，达到中等收入国家水平，具有较强的购买力。广东省是中国海岸线最长、海疆最广的省区。海岸线长达4114公里，占全国海岸线总长1/5；珠江、韩江等江河从广东注入大海，适航条件好。因此，广东省发展游艇旅游条件优越。但是，经济实力雄厚并且水域广阔的广东省，游艇产业却发展缓慢，目前可供私人游艇的码头寥寥无几，广东目前15个俱乐部可提供的泊位也总共只有数百个。

游艇旅游拥有极强的经济带动性，而作为改革开放的前沿、敢为天下先的广东省，其游艇发展却如此滞后，没有发挥其应有的游艇旅游发展的潜力。因此，本次游艇旅游调查欲明确广东省游艇旅游发展的概况，探寻制约广东省游艇旅游发展的制约因素，提出针对性的策略与建议，对广东省游艇旅游发展具有积极意义。

## 2 调查内容和目的

### 2.1 调研内容

了解广东省游艇旅游发展概况，明确广东省的游艇俱乐部、游艇协会以及游艇制造业的整体发展情况。通过对广东省地市旅游行政管理部门、游艇相关企业人员、游艇协会、俱乐部人员进行访谈和问卷调查，掌握广东省各市的游艇发展态势。

### 2.2 调研目的

通过对广东省相关地市旅游行政管理部门、游艇俱乐部、游艇协会、游艇制造业以及相关企业的调研，了解广东省游艇旅游的发展现状，明确广东省发展游艇旅游的优势条件和限制因素，凝聚行业力量和智慧，提出广东省发展游艇旅游的政策性建议，促进广东省游艇产业的健康发展。

## 3 调查时间及方式

根据广东省旅游局局长杨荣森的指示，本次调研在广东省旅游协会副会长兼秘书长李进茂先生、暨南大学教授、邮轮游艇旅游研究专家董观志的带领下，一行共8人，在深圳、中山、珠海市（文体）旅游局的支持下，2011年6月3日在中山市，2011年6月8～9日在深圳市，分别召开了中山市、珠海市、深圳市旅游行政管理部门、游艇制造企业、游艇业协会、游艇俱乐部等负责人参加的座谈会，针对目前游艇产业发展现状与存在问题进行了深入访谈与交流；调查组还通过电话访谈、现场考察、调阅资料等方式，获取广东省游艇业发展的第一手资料。同时，广东省旅游协会还向省内14个沿海沿江市旅游局发放了《本市游艇旅游情况调查表》，对各市的游艇旅游发展现状进行了摸底调查，获取了各市对游艇旅游的发展态势、阻碍因素和政策建议等方面的系统信息，与访谈调研的成果形成了验证和补充，共同反映了广东省游艇旅游发展的现状。

## 4 调查分析

### 4.1 中国游艇产业发展历程

从游艇制造业来说，第一艘中国自己制造的玻璃钢游艇从1980年代初制造出来，到现在正好是30年。从游艇消费来说，经历了三次发展小高潮。

第一次小高潮是1979年，国家刚刚改革开放，三中全会之后我国打开了游艇业的大门。一大批的外资企业进入中国，来中国寻找新的发展机会。在国外，外国人在星期天时经常驾着游艇外出休闲娱乐，这是他们的生活方式。在国内，当时在改革开放之初，一些沿海城市的领导，为了招商引资的需要，也为了给这些外国的投资商提供一个简单的休闲方式，曾经购买了一些游艇。但热潮时间非常短，因为当时许多的部门政策都禁止游艇出行，如公安部门、海事部门。所以这个热潮虽然有市领导的热情，但因为政策的严格控制，第一次热潮在持续了一两年的时间之后就销声匿迹了。

第二次小高潮在1997年，从1997年到2003年，正值香港回归。香港回归之后有一批港商到了大陆来投资，投资的同时他们把香港游艇的生活方式也带到了大陆。国内投资方买了一些游艇，比如广州有些企业家，当时为了接待香港投资商，在1997年买了两艘游艇。此后，香港企业家也购买了几艘游艇，但是两三年之后依然销声匿迹。我国的政策法规依然没有提游艇两个字，游艇旅游没有发展起来，这个热潮也很快的消失了。

第三次热潮从2006年开始，一直持续到现在，是一次持久力比较强的热潮。这次热潮从各地游艇产业的规划、码头的建设、制造业的发展、游艇俱乐部的建设、至后期的航行，各方面都一直在持续发展。游艇从2006年底开始有第三次热潮，从悄无声息的发展，已经开始浮出水面，开始登堂入室，引起了国家关注和重视，也迎来了发展的早春。

### 4.2 广东省游艇产业发展现状

在发达国家平均171人就拥有一艘游艇，意大利是70个人有一艘游艇，英国是64个人有一艘游艇，美国是16个人一艘游艇。美国总共有1700万艘游艇，整个欧洲地区大概640万左右。

按照官方的统计，国家海事局在2009年发布了一个数字，中国现在拥有的私人游艇是102艘。按照中国13多亿人口来算，约130万人才拥有一艘私人游艇。中国的游艇为1000～1200艘左右，游艇拥有量和世界水平相比还存在巨大的发展空间。

从经济学来看，当一个地区的GDP达到3000美元的时候“游艇经济”开始萌芽，如果这个地区达到6000美元的时候，“游艇经济”开始快速发展。如果人均GDP超过一万美元的时候，“游艇经济”会进入成熟化阶段。我国现在已经有很多的城市GDP超过了3000美元。广东省人均GDP为7000美元，深圳、广州都已经超过了一万美元，广东省游艇在国内相对来说较为发达，但离发达国家游艇产业发展水平相比，仍有很大差距。

#### 4.2.1 广东省游艇产业发展实力“强”

根据目前中国游艇产业发展现状，通过五个方面来综合评价沿海各省市游艇业的产业竞争力，分别是游艇工业竞争力、游艇服务竞争力、自然环境竞争力、经济条件竞争力和政府管理竞争力五个方面。其中，游艇工业竞争力和游艇服务竞争力构成了产业的核心竞争力；自然环境竞争力与经济条件竞争力属于产业基础竞争力，是产业长期持续发展和成长的基础；政府管理竞争力是指市场、体制、法制、政策的环境，属于宏观环境竞争力，对于产业核心竞争力的实现具有直接作用。

根据影响游艇业发展的五个方面16个因素，运用层次分析法建立三级指标评测体系。通过德尔菲法（又称专家调查法）研究和论证，计算给出每个因素的重要性权重，最后对指标进行无量纲化处理，通过加权求和的方法最终得出沿海各省市游艇产业的竞争力指数及排名，如表1所示，广东省游艇产业综合竞争力最强，且在游艇工业竞争力上也领先于其他省市。此外，广东省游艇产业在自然环境、经济条件、政府管理方面也有较强的竞争力，居第二位。因此，广东省发展游艇旅游是具有极强的竞争优势和巨大潜力的。

**表 1　我国沿海各省市游艇产业竞争力综合指数和排名**

| 省市 | 游艇工业 | 排名 | 游艇服务 | 排名 | 自然环境 | 排名 | 经济条件 | 排名 | 政府管理 | 排名 | 综合结果 | 排名 |
|---|---|---|---|---|---|---|---|---|---|---|---|---|
| 广东 | 0.976 | 1 | 0.651 | 3 | 0.750 | 2 | 0.733 | 2 | 0.979 | 2 | 0.844 | 1 |
| 福建 | 0.646 | 6 | 0.598 | 5 | 0.619 | 3 | 0.443 | 6 | 0.822 | 6 | 0.633 | 5 |
| 浙江 | 0.744 | 3 | 0.506 | 6 | 0.751 | 1 | 0.685 | 4 | 0.858 | 4 | 0.706 | 3 |
| 江苏 | 0.700 | 5 | 0.406 | 7 | 0.486 | 4 | 0.725 | 3 | 0.858 | 5 | 0.632 | 6 |
| 上海 | 0.752 | 2 | 0.887 | 1 | 0.265 | 7 | 0.783 | 1 | 0.989 | 1 | 0.739 | 2 |
| 山东 | 0.720 | 4 | 0.619 | 4 | 0.474 | 5 | 0.605 | 5 | 0.907 | 3 | 0.674 | 4 |
| 辽宁 | 0.441 | 7 | 0.666 | 2 | 0.343 | 6 | 0.412 | 7 | 0.742 | 7 | 0.519 | 7 |

4.2.2　广东省游艇产业发展形势“热”

截止 2010 年，我国游艇制造企业 370 多家，“中国制造”的游艇已出口到 70 多个国家和地区。但中国游艇制造企业的 90% 以上为小型企业，未实现规模化经营。我国游艇市场生产制造的游艇类型主要集中在中小型游艇，其价格比欧美国家便宜 20% ~30%，在国际很有竞争力。浙江、广东、上海是目前我国游艇整体制造方面最具竞争优势的省份和城市。

广东省游艇制造业主要集中在珠海、深圳、广州、中山、江门等地。其中，珠海与深圳游艇是全国最早、规模最大的游艇生产基地，珠海平沙工业园共有 20 多家游艇制造企业，是目前国内企业最多、产值最高、发展最成熟的游艇产业基地，2010 年产值达到 40 亿左右。有代表性的深圳游艇制造企业还有海斯比游艇科技公司和大庆游艇公司。2010 年，深圳游艇业产值超过 20 亿元。

根据《中国游艇产业发展综述报告》的调研数据显示，2008 年中国游艇制造企业中销售前十位的企业中，广东省企业占 60%，且产值都在 1 亿元以上，可见，广东省游艇制造企业在全国范围内有较强竞争力。在 2010 年我国船舶出口省（市）排名中，广东省又以最大的出口金额占第一位，但在出口数量上低于福建、山东、上海等地，数量同比增长上呈现出负增长趋势，这主要是受金融危机的影响。

**表 2　中国游艇制造企业中销售前十位企业**

| 序号 | 单位名称 | 2008 年产值/万元 |
|---|---|---|
| 1 | 显利（珠海）造船有限公司 | 28000 |
| 2 | 珠海太阳鸟游艇制造有限公司 | 14314 |
| 3 | 珠海杰腾造船有限公司 | 14000 |
| 4 | 珠海江龙船舶制造有限公司 | 12000 |
| 5 | 佛山市宝达船舶工程有限公司 | 10280 |
| 6 | 珠海市琛龙船厂有限公司 | 10140 |
| 7 | 上海红双喜游艇有限公司 | 9210 |
| 8 | 常州玻璃钢造船厂 | 9170 |
| 9 | 上海宝岛游艇有限公司 | 9100 |
| 10 | 无锡东方高速艇发展有限公司 | 4500 |

数据来源：中国游艇产业发展综述报告

**表3　2010年我国船艇出口省（市）排名**

| 序号 | 省市 | 出口金额（万美元） | 金额占比（%） | 金额同比增长（%） | 出口数量（艘/件） | 数量同比增长（%） |
|---|---|---|---|---|---|---|
| 1 | 广东 | 5239.4901 | 25.65 | 28.67 | 111675 | 440.14 |
| 2 | 山东 | 4567.4005 | 22.36 | 32.49 | 120622 | 48.50 |
| 3 | 福建 | 3241.8663 | 15.87 | -23.24 | 1477721 | 12.05 |
| 4 | 浙江 | 2944.6412 | 14.42 | 22.32 | 60267 | 20.63 |
| 5 | 上海 | 2306.7368 | 11.29 | 32.18 | 207762 | 100.26 |
| 6 | 辽宁 | 749.8968 | 3.65 | 52.63 | 11639 | 85.33 |
| 7 | 湖北 | 388.576 | 1.9 | 350.17 | 597 | -29.60 |
| 8 | 江西 | 315.2423 | 1.54 | 68.8 | 4077 | 1335.56 |
| 9 | 江苏 | 296.8323 | 1.45 | 28.79 | 13232 | 1.97 |
| 10 | 四川 | 147.7197 | 0.72 | 10173.29 | 7161 | 680.07 |

资料来源：本内容刊载于2011年2月23日《中国船舶报》

4.2.3　广东省游艇产业发展内容“全”

广东省游艇产业除了制造企业外，还有众多从事游艇销售的公司，如中汽南方、飞驰游艇等，均在代理销售国外知名品牌游艇，且有着不错的销售业绩，在国内有一定的知名度。广东省不仅在游艇制造上引领中国之先，在游艇消费和俱乐部建设上，深圳是第一个吃螃蟹的城市，1998年5月，深圳浪奇游艇会有限公司正式成立，投资开发了以开展海上游艇帆船、休闲、旅游、度假、运动及商务活动为宗旨的、中国第一家实行会员制的海上游艇俱乐部——浪奇游艇会。

从研发设计、建造到销售、会展，游艇行业的产业链很长。会展方面，广州国际船艇展于2004年6月首次开展，由于它是华南地区比较正规且规模较大的船艇展（2003年在东莞已经展开过一次），引起了国内甚至国外游艇业界的关注。此外，广东省内也不乏游艇培训机构。深圳市浪奇游艇驾驶（国际）培训中心经深圳市海事局批准于2002年起开展游艇驾驶培训，经考核及格由深圳海事局签发《游艇驾驶执照》。广州第一家游艇培训结构由广州莱茵游艇会和广州航海高等专科学校共同组建于2006年成立，每期游艇驾驶员培训班为期9天，内容包括各种游艇、航海的理论知识、急救处理、模拟操作、实地操作等。

可见，广东省游艇产业发展涉及到从生产制造、销售、展览、培训各个方面，发展较为全面，但主要仍为制造业。

4.2.4　广东省游艇旅游发展现状

2011年6月，广东省旅游协会对广东省14个沿海沿江地市进行游艇旅游情况问卷调查。整体上看，广东省游艇产业发展虽然在全国竞争优势明显，但其自身发展与发达国家相比差距很大，发展尚处于初级阶段，主要集中在制造业上，且主要集中在广州、珠海、深圳、中山等地，部分地区如汕头、佛山、肇庆、揭阳、阳江游艇产业发展几乎为零，受各种因素的影响，整体发展水平较为滞后。

深圳与广州的游艇产业中生产制造商不多，但深圳销售、代理销售、服务、游艇俱乐部在全国最多，珠海与中山多游艇制造厂。各市在游艇产业中形成互补。调查资料显示广东省研发到制造到营销再到售后服务，相应配套设施健全，有利于广东省游艇旅游的发展。

广东省游艇俱乐部总数为15家，其中深圳游艇俱乐部数量最多，为7家，其次为广州有3家，珠海、湛江、江门、惠州、汕头各1家，广东省其余各市均无俱乐部。同时，广东省游艇总数为190艘，拥有游艇数量最多的为深圳有150艘，其次为广州，有25艘，而发达国家平均171人就拥有一艘游艇，广东省整体游艇产业发展与发达国家相比是十分滞后的。

游艇制造方面，广东省共有40家制造厂商，珠海游艇制造业最发达，其次为中山、广州。从各市游艇年产量来看，珠海仍以1000艘/年的年产量处于领先地位，但以目前广东省私人游艇数量来看，广东省游艇产业发展还是以制造业为主，消费明显落后于生产，存在巨大的落差。

以参与游艇旅游的人数来看，广东省开展游艇旅游的区域较少，为广州、珠海、深圳、江门、惠州等沿海城市，且规模小，整体水平在1000人次/年左右，最大规模为江门地区2000人次/年，客源包括本地游客与外地游客，说明广东省游艇旅游市场并不旺盛，仅属于小群体的旅游活动。可见，游艇旅游在广东省是较为滞后的，且参与群体少。

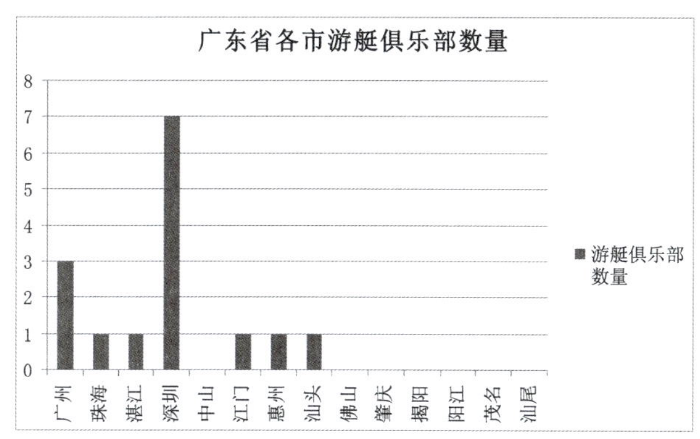


图1　广东省各市游艇俱乐部数量

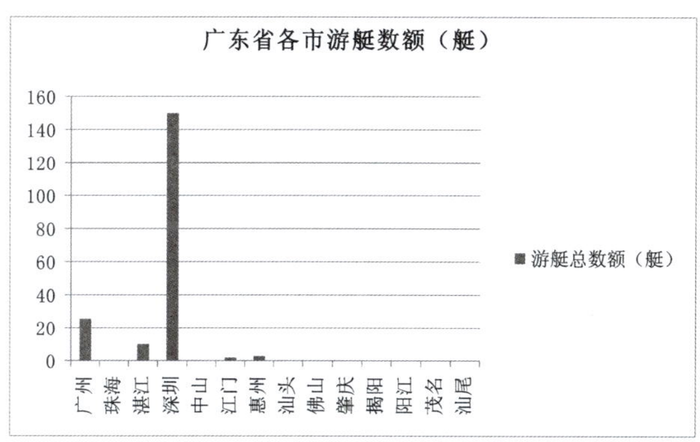


图2　广东省各市游艇数量

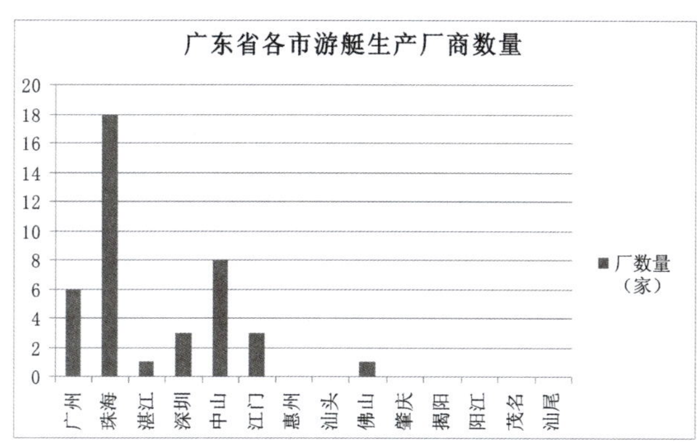


图3　广东省各市游艇生产厂商数量

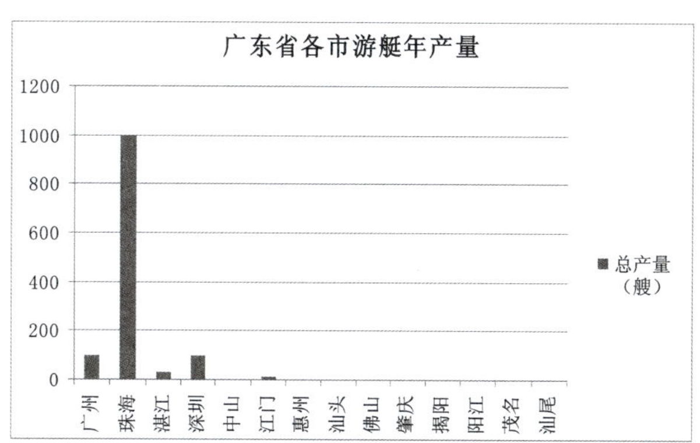


图4　广东省各市游艇年产量

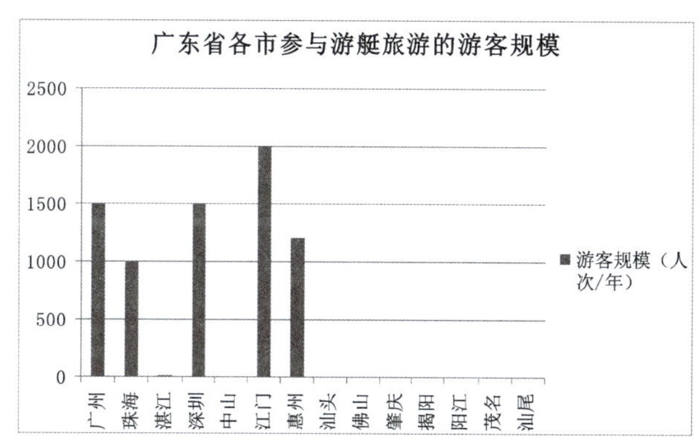


图5　广东省各市参与游艇旅游的游客规模

这与广东省雄厚的经济实力、蓬勃的游艇整体产业发展态势是不相匹配的。

**4.3　发展游艇旅游产业对广东省的重大意义**

4.3.1　有利于培植新技术的经济增长极

虽然现代游艇工业从第二次世界大战后才兴起，比起具有数百年历史的海运商船要年轻得多。但由于游艇是一种高技术、高附加值、高利润的产品，在正常年份，其销售额已接近海运商船的销售总额。

游艇业既是一个产业，也是一个产业集群，游艇业的发展充分体现了现代服务业和制造业的有机结合。游艇的生产将带动新型材料、涂料、电子仪器、仪表、动力、推进系统等几十个配套工业的发展；而它的消费，也将带动游艇码头、游艇维修、燃料加注、水上娱乐及宾馆餐饮等一大批服务行业的迅速发展。

由于产业链长，配套缓解多等特点，游艇业很容易在一些濒水地域集中发展，获得极大的产业集聚效应。几乎各种高科技手段都在游艇上首先得到应用，包括航天科技、高科技复合材料、电子导航、先进的动力和环保设备、太阳能和燃料电池、智能控制系统等，蕴藏着超过2500亿的GDP的新的经济增长机会，是极具竞争力和持续发展后劲的出口产品，是新一轮拉动内需极具魅力的产品。1元钱的投入可以产生6倍的乘数效应，可以引发大批现代服务业的集聚效应，可以成为广东省区域经济的新的增长极。

4.3.2　有利于构建高密集的人才就业链

目前我国的就业形势十分严峻，每年有数以万计受过高等教育的毕业生、企业转型分流的人员在寻求适合自己的岗位。同样，一些贫困地区要发展经济，他们已经意识到再也不能以牺牲环境为代价。要充分利用我省得天独厚的山水资源，点石成金，使贫瘠的山水资源发挥增值效应，开发旅游资源，游艇是最好不过的催化剂，它带来的增值效应可以使超过200万人获得高雅、体面、高技术刚和高回报、高劳动密集的就业机会。

4.3.3 有利于促进品牌化的科技文化产业

游艇制造业是科技创新的平台，涵盖各种行业技术领域，地方政府支持游艇制造业的发展对本地基础科技研究水平、制造业水平乃至创新水平的提高都将具有极大的拉动作用。同时，游艇业属于文化创意产业，具有超强的品牌经济特征及文化产品特征，游艇业的发展对提升城市的品位功莫大焉。

4.3.4 有利于发展更健康的休闲经济

我国实行双休日和5个长假之后，有力地拉动了休闲经济的发展。我省率先试行国民旅游休闲计划，游艇的介入创造了一种崭新的休闲方式，从租赁一艘游艇体验水上新颖生活到自备游艇自驾游，其魅力远远大于现代的汽车自驾游。游艇生活包含水上体育运动如滑水板和冲浪运动、日光浴、休闲钓鱼、游泳、潜水等多项有益于健康的户外有氧活动，大大丰富了国民生活内容和健康生活方式。

4.3.5 有利于提升更亲和的广东魅力

游艇已成为各种国际活动的亮点，例如每年的戛纳电影节在超级游艇上举办的大型派对；世界级的游艇赛事、游艇展览会都会吸引如潮涌的人流，参与各项游艇娱乐活动。我国每年在全国各地要举办各种各样的旅游节和国际文化娱乐活动，吸引海外游客来华观光旅游；广东每年都举办广交会、中交会、深交会等世界著名的展会，海外客商和游客都对游艇消费情有独钟，如果我们能充分利用好广东省风光旖旎的海滨和临水景点提供游艇服务，增设旅游度假点，开展钓鱼娱乐、滑水运动等相关服务，一定会增加这些旅游景点对海外游客的吸引力，有利于促进海外游客特别是港澳台游客来粤旅游和休闲度假。

4.3.6 有利于培养人民的“蓝色领土”意识

当今的世界，由于人口增加、资源日趋紧张，越来越多的国家把发展的目光投向了广袤的海洋，沿海各国纷纷把维护国家海洋权益、发展海洋经济作为本国的重大发展战略。作为一个发展中的海洋大国，中国拥有1.8万多公里的海岸线和1.4万多公里的岛屿岸线，6500多个海岛，管辖海域约300多万平方公里。可是，我国的“蓝色领土”意识、海洋主权观念却与广袤的海洋资源极不相称。与周边的国家以及世界海洋强国相比，我国的蓝色国土意识还跟不上时代的步伐。据调查，我国国民的海洋意识非常弱，缺乏“蓝色领土”意识，许多人都忽略了我国还有300多万平方公里的蓝色国土。

发展游艇旅游，开发海洋旅游资源，不仅有利于加强公众对我国海洋资源的关注，而且有利于发展我国的海洋文化，从而有利于树立我国“蓝色领土”意识。发展游艇经济不仅是中国发展的需要，也是历史的必然。游艇产业的发展不仅是一项与时俱进的海洋战略，更为重要的是有利于公民海洋疆域意识的培养，强化人们的蓝色国土意识，这对于海洋经济的可持续发展有积极意义。

**4.4 广东省游艇旅游的发展环境分析**

4.4.1 机遇

1. 政策环境

游艇的政策法规涉及到游艇制造、安全救护、注册登记、驾照考核、航道管理等多个方面。目前，国家也逐步开始重视并规范游艇的管理，国家的海事政策正在放宽。中华人民共和国海事局制订的《游艇安全管理条例》和《游艇法定检验暂行规定》已正式实施，表明我国政府对游艇业开始给予政策引导和支持。而2009年12月3日国务院颁布的《关于加快发展旅游业的意见》明确提出：要培育新的旅游消费热点，支持有条件的地区发展邮轮、游艇等新兴旅游项目；积极推进游艇码头建设；培育发展游艇、轻型水上飞机等旅游装备制造业等。破解游艇产业发展的政策性难题指日可待。广东省政府着手较早，及时为游艇业的发展提供了一些政策保障，目前在广州、珠海和深圳都可以考取游艇驾照。

伴随着游艇业的兴起，各地政府纷纷规划区域内的游艇业发展蓝图。广东成立了游艇竞争力调研小组，珠海加大对平沙游艇产业区的政策支持力度，深圳市政府多次与国外游艇巨头探讨游艇产业的发展。广州市政府对于游艇休闲产业的一系列政策支持成为强大的“助推器”。广州市发改委表示，发展游艇产业将促进广州走向综合性的海港经济发展模式，优化广州投资环境和旅游环境，而依托亚运会的成功举办，大力发展游艇产业，更有利于提升广州城市形象和城市能级。广州市在《推动海港经济发展的工作方案》中提出，充分利用广州发展休闲航海业的资源优势和条件，规划发展海上旅游观光及休闲航海产业，打造区域性国际休闲航海旅游基地。广州港务局也已开展了《广州港口休闲产业及游艇码头布局研究》，并会同市旅游局研究编制《广州港口游轮游艇码头布局规划》。在《关于加快广州市旅游业发展建设旅游强市的意见》中也明确提出，广州将围绕湖、涌、江、海发展游船、游艇、邮轮旅游。具体做法是：珠江游线路向东、西延伸，建设高规格游轮码头，提高游船的档次和品质，游船、游艇实行评星等。

游艇业可以促进经济发展，对相关产业具有1：10的拉动作用，所以游艇产业一直被称为“漂浮在黄金水道上的巨大商机”。在亚运会的大背景下，广州政府启动了《珠江游深度开发总体规划》，确定把河涌游作为珠江游深度开发的一项重要内容，同时又把游艇游，让游艇进入河涌作为主攻方向，广州打造黄金水道的雄心可见一斑。据悉，广州政府投入高达500亿的专项资金用于河道整治和水源改善并取得显著成效。广州正借助亚运会成功举办的契机，邀请四方宾客共同见证日趋改善的广州水环境，同时吸引国内外游艇投资者和买家考察广州优质的水资源条件，以此助推广州的游艇产业发展。

2. 法律法规的保障

随着《游艇安全管理条例》和《游艇法定检验暂行规定》的正式实施，国务院颁布的《关于加快发展旅游业的意见》的出台，表明我国开始对游艇业的发展给予政策引导和支持。特别值得一提的是，国家海事局正在全国重点城市组织调研，研究相关的管理思路，在游艇制造业集中地点，充分发挥行业组织的作用，制定标准及程序，简化对游艇设计、产品设备及其证书文件的认可手续；在试点地点，开放对个人拥有游艇在登记时户籍等方面的限制；针对游艇这一非营利性，所有者用于自身休闲娱乐等特点，将游艇与传统的船舶登记管理加以区别对待等。我们相信，随着时间的推移，破解政策“瓶颈”的步幅会进一步加大，中国游艇真正“游”起来指日可待。

4.4.2 挑战

1. 社会认同度不够

东西方文化差异是左右游艇消费差异的真正原因。中国文明是属于大陆文化，而游艇所代表的是海洋文化；一种是黄土地的厚实，一种是自由的蓝色梦想，两者之间存在根本的差异。与人们生活必需的住房、汽车不同，游艇毕竟还是可有可无，对这样的“生活奢侈品”观望者多而付诸实践者少。因此，简单地照搬西方游艇俱乐部的消费模式并不一定能够得到国内游艇潜在消费者的认同。

2. 市场发育不够成熟，有待培育

广东省市场发育尚不够成熟。“养”一艘游艇，初期投资成本很高，后期的停泊和维护，游艇管理也十分“麻烦”。对于一些先富起来的人而言，首选是住房和轿车，私人游艇的考虑，恐怕还会是多年以后的事。人们传统上认为游艇太贵，太奢侈，是影响消费习惯的心理障碍之一。

游艇的市场运作方式也比较贫乏。有消费者提出，游艇市场可否提供合伙买船、租赁玩艇、合同抵押贷款等服务，但目前这些领域还都是空白。数家游艇经销商也表示，目前国内游艇消费市场的确看涨，但客户群仍是以企业客户为主，游艇对他们而言更多的是交际工具和炫耀手段，奢华的“光圈”让普通人对游艇望而却步。

4.4.3 优势

1. 消费市场基础

广东省具备较强的游艇购买力，游艇产业市场的潜力巨大。广东省经过30年经济腾飞所孕育出的一批富豪，蕴涵着巨大的消费欲望和消费潜力，而拥有游艇是体现个人经济实力和社会地位的象征，它也必将成为商务接待、休闲娱乐、社会交往的一种绝佳载体。

发达国家的经验告诉我们，在人均GDP达3000美元时，游艇经济将进入富裕人群的生活中。以广州为中心的珠三角城市群人均GDP也已超过7000美元，具备购买游艇的富裕阶层人士超过10万人，具有时尚消费理念的人群超过百万人，广州在现阶段发展游艇业完全具备发展游艇产业的消费市场基础。1996年，广州出现了第一艘私人游艇。如今已有超过100人持有游艇驾驶执照，其中30多人已拥有自己的游艇。随着人民收入水平的提高和闲暇时间的增多，到公园、海滨、旅游景点坐快艇、游艇、旅游潜艇的享受需求就会增加，市场潜力大。

在消费群体方面出现了年轻化趋势，考取游艇驾驶证成为时下不少年轻人的时尚。据广东海事局船员考试中心有关人士介绍，在去年暑假期间举办的广州游艇学习班，30岁以下的学员就占了近一半，不少年轻人准备加入“有艇一族”。

2. 自然条件

广东省是我国岸线最长、海疆最广的省区。全省海岸线长达4114公里，占全国海岸线的近1/4。亚热带气候，港湾、岛屿环境优美；珠江、韩江与南海相通，此类型自然条件无论是发展消费型游艇产业，还是制造型产业，均具有得天独厚的优势。一年四季可以进行游艇旅游，且持续时间长，对季节性不敏感。

3. 地理优势

区位上，广东省毗邻港澳，面向太平洋，拥有宽广的海域，适合游艇休闲活动的开展。一方面广东省可以承接港澳游艇消费市场的转移；另一方面，珠三角繁荣的经济孕育出的一批足够经济实力和品位的游艇目标客户群，具有潜在的游艇消费需求，游艇旅游发展空间很大。

4. 产业基础

游艇产业是融合生产制造业和商贸服务业的产业群。一条较完整的游艇产业链，涵盖从游艇制造到游艇俱乐部的服务，再到与游艇相关的休闲及各种商务活动，包括游艇制造、游艇运输、游艇驾照培训和考核，专用码头建设、游艇销售、游艇维修保养、俱乐部建设和管理、零配件制造、内部环境装修、专业保险等许多环节。

目前，广东省在游艇产业中已走在全国前列，其中珠海工业园区是国内最早也是最大的游艇工业园区，现有游艇制造及生产配套企业21家，分别来自美国、澳大利亚、德国、意大利、加拿大和中国香港、台湾及内地。21家企业共同投资21亿元，其中全球最大的游艇制造企业——美国宾士域集团已在平沙设厂。而中船集团在广州南沙投资43亿元打造中国南方最大的造船基地，造艇技术成熟，发展游艇制造业具有得天独厚的优势和基础。

珠海欲做“游艇之都”。按照珠海市编制的游艇产业规划，珠海将来不仅是中国甚至是世界上有影响的游艇制造基地，同时还是游艇消费业兴盛的城市。有专家认为，珠海风貌和游艇很匹配，发展游艇产业具有得天独厚的条件。珠海不仅有独特的自然优势，而且还有市场优势。更为重要的是，珠海已经具有较好的游艇产业基础和产业配套能力。

5. 外商投资

一些财团也加大对广州游艇相关设施的投资力度。广州首个大型游艇会码头——南沙游艇会码头项目计划总投资2.5亿元。项目完成后将提供多达300个各类游艇泊位的专用码头。该项目将于2011年7月正式建成。一幅打造顶级游艇会的美好蓝图跃然纸上。该项目有关负责人表示，南沙游艇会不仅将提供休闲、商务、餐饮等星级服务，还建有游艇技术维修、加油、驾驶培训等配套设施。该项目的远景目标是打造华南地区顶级游艇会，吸引港澳游客的目的地，并成为广州市的地标性建筑之一。

新加坡吉宝集团计划斥巨资于广东中山神湾镇磨刀岛兴建中国最大游艇会。据了解，该项目将规划超过615个游艇泊位码头，同时配套建设白金五星级酒店。

4.4.4 劣势

1. 游艇的法规与管理尚不健全

针对游艇专用码头、游艇航道、水域、游艇维修和驾驶保障等方面的配套政策法规，还十分稀缺。国内的航道管理仍相当严格，即便在获得许可的专用水域内航行，还须通报海事、航务或港监等部门，并经一定的业务协作，游艇才可能出航，手续繁琐、监管严格。而且，游艇航海区域实行分割管制，缺乏统一管理，致使国内不同地区的游艇不能跨区航行，在一定程度上影响了中高收入阶层购买游艇的积极性。

2. 船艇建造技术相对落后

广东省游艇工业起步较晚，企业规模偏小、技术落后、专门技术人才缺乏、熟练工人不足，船装配件的标准化或配套性有待完善，游艇工业区的规模经济作用一时难以得到充分发挥。

3. 产业规划滞后，相关配套服务跟不上

国内还没有游艇产业发展的专项规划，各省市发展尚处于一种自发的状态。而相关的游艇业配套服务也滞后，游艇停泊、加油以及维护保养问题同样“困扰”着游艇产业。至于在游艇所必需的码头泊位管理、维修保养、航行安全等技术的提供，会员制俱乐部的相关服务等方面，国内企业尚缺乏管理经验。

**4.5 广东省发展游艇旅游产业的制约因素**

广东沿海发展游艇业项目有得天独厚的优势，全省21个地级及以上市中14个分布在沿海及沿江出海口，海岸线为全国最长，完全有可能做成全国滨海旅游业的排头兵。但目前在发展游艇旅游时遇到诸多困境与制约。其中最大的困境为国家管理的规章政策与行业发展的矛盾。

4.5.1 规章政策制约

1. 游艇自身定位不够清晰

目前国内将游艇基本等同于交通运输工具管理，但从本质上看，游艇应该是旅游休闲娱乐工具而非交通工具。同时，海事部门及船级社对游艇采用的管理标准是参照其他类型船只，基本上是直接套用，针对性不强。

2. 制造标准、牌照及试航手续方面

目前国内游艇在牌照颁发的管理比较严格，私人游艇驾照尚未普及，牌照的发放也缺乏统一管理，导致国内不同地区的游艇甚至不能跨区航行。游艇主要分为帆船和机动艇两种类型，但在国内却存在着动力游艇能够上牌，而帆船游艇不能上牌的问题。在游艇制造上，国际上使用的大多是美国、欧洲标准，但我国参照的是造商船的标准，缺乏游艇的标准。国内通用的标准CCS，我们造的船不符合国际标准，采用国际上ENISO、DNV标准，船造得好，但不符合中国的标准。此外，游艇的试航需要的手续复杂，所需时间长，并且实行一船一审批的制度。

3. 游艇检验问题

游艇作为非公约船舶，全世界都没有专门针对它的统一安全和防污染要求，其检验管理由各国国内法规定。我国游艇检验依据《游艇安全管理规定》（交通运输部令2008年第7号）。该规定对游艇检验的要求比较严格。对于进口高档游艇，这些规定近乎苛刻，缺乏可操作性。据了解，国内客户从境外购买游艇后，客户必须提供游艇的设计图纸。但是这些图纸涉及国外游艇制造商的商业核心机密，根本不可能提供给国内检验机构，这就造成进口游艇购买回国后不能下水航行。造成购买方找人画图纸来应对船级社的检验，耗时耗力，增加费用，而检验的具体标准也并不明确。

4. 码头、驾照、航线方面

码头方面，码头的审批涉及到港监、航道、海事等众多部门，目前国内对码头、水域的使用等方面控制非常严格。

驾照方面，受游艇市场的影响，游艇驾照考试一直备受冷落，而且只有部分地区才开放游艇驾照考试。同时，各地区主管机构在游艇驾驶证管理方面也缺乏综合协调。目前，《游艇安全管理规定》（交通运输部令2008年第7号）对游艇操作人员适任证书（即游艇驾照）作了比较严格的规定，对港澳或其他国家地区的游艇驾照一律不予承认，这给港澳地区的高端游客驾艇入境度假观光带来极大不便。据了解，当前，各地海事部门颁发的游艇驾照甚至不能跨区航行。

航线、海域管理方面，国内对海域控制严格，实行条块管理，各个地方的海域航行，路线、停靠、管理等方面缺乏统一的规划，统筹协调比较复杂。国内游艇航行不仅需要获得许可才能在专用水域内航行，还需要通报海事、航务或港监等其他部门，并经过多部门的业务协作，游艇才可能出航。目前私人游艇只能在少数专用水域航行，大部分湖泊和海洋水域，一般情况下不允许私人游艇使用。由于缺乏与国际接轨的游艇法律法规，使得广东省内外游艇爱好者难以自由进出。这种情况既影响了广东与国内其他地区的旅游合作，也影响了香港和澳门游艇市场的开拓。

5. 消费税与会费过高

中国游艇税收偏高。据了解，关税、增值税、消费税，三项税加起来超过40%以上，其他发达国家的税收不会超过20%，高税收非常不利于游艇产业的发展。如国外游客携带游艇来中国游玩，往往选用货船将游艇运至我国，但从我国现行法律的规定来看，这艘游艇就属于货物进口，需要交纳巨额的税费。其次，游艇需要停靠在俱乐部，而俱乐部需要会员身份的认证，即购买游艇后必须入会成为会员才能将游艇停靠在俱乐部。而入会会费一般几十万元，是个较高的门槛。

6. 现行法规的不适用性

游艇安全管理条例这些政策不适合游艇，只适合运输其他货物的船只，缺少针对性的游艇管理法则。游艇沿海停靠不合法，而国内暂未有关于游艇停靠的管理条例。目前我国水上交通安全监管的法规主要是针对营运船舶来制定的，很多规定对游艇安全监管不适用。为了适应社会的发展需要，服务经济建设，促进游艇业的健康发展，迫切需要按照游艇的特性，制定包括游艇的登记、检验、航行规则和游艇驾驶员的培训、考试以及游艇俱乐部的运作模式等内容的管理制度。

7. 口岸设置问题

凡是涉及境内、境外的船只过境旅游，要设立口岸。口岸的设置需要配套4个相关部门的办事处，而当地政府或企业需负责提供4个部门人员的办公地点、住宿等，成本奇高。这对刚起步的游艇旅游行业是十分不利的。

8. 进出口岸手续繁杂

目前，我国对外籍游艇进出口岸的管理仍按照对待商船的法规，即《国际航行船舶进出中华人民共和国口岸检查办法》（国务院令第175号）进行管理，海事、海关、边防检查、检验检疫对境外游艇进出口岸都有非常严格细密的规定。据统计，船方或其代理人需要填写的各种表格多达数十种之多，其手续和检验的繁琐程度令有心驾驶游艇来广东游玩的外籍船主们望而却步。同时，外籍游艇在本地旅游观光时仍然受到水域开放范围的限制。

9. 行政服务问题

游艇进出境常涉部门有：边检、海关、海事局、检验检疫、海洋局这5个关口关卡部门。游艇旅游一定是跨省跨界的活动，而目前各区各个部门各有规章，互相间难协调，办理手续复杂繁琐，这就严重阻碍了游艇业自身的发展。我国在产业发展中关注游艇已经有较长时间，但政策多停留在宏观层面。除了涉及制造业外，游艇业的管理部门更牵涉到水上公安、交通运输、旅游和地区政府等多个层面，谁来牵头制定政策，如何形成管理合力，都是需要破解的难题。

要发展游艇经济，就必须解决这些问题，建立行政审批一条龙制度，对这些行政部门进行衔接、配套服务，以适应游艇经济发展需要。目前，立法和行政的配套服务是制约游艇产业发展的重大影响因素，若不解决，发展游艇经济只能是一句口号。

以上九大因素，均表现为行政制约，是制约当前游艇旅游发展的主要矛盾。

4.5.2 产业规划单一

游艇产业规划单一，规划单从产业角度考虑，没有将游艇规划与城市空间、水岸开发、土地开发等方面的规划有机衔接，导致游艇产业规划实施较为困难，不利于游艇产业的长远发展。游艇的规划应配合城市的运营、开发、周边环境的运营等综合考虑。如游艇码头的配套，广东省目前没有专门的游艇公用码头，导致游艇没有相应的码头停靠。游艇公共码头就相当于游艇的停车场一样，如果游艇没有停泊的地方，没有一个下水口，那这个城市它的功能是缺陷的，岸线的规划是不完整的。若增加游艇配套设施的建设，可以吸引游艇游客停靠消费，促进当地游艇旅游经济的发展。

4.5.3 技术人才匮乏

游艇产业在国内尚为新兴产业，高素质人才匮乏。首先是高级设计人才的紧缺。游艇行业在中国刚刚兴起，高校并没有相关课程和专业，尽管中国有船舶设计专业的高校10多所，但没有一家开设游艇设计专业。游艇设计区别于船舶设计，游艇设计人员不仅要掌握船舶设计理论知识，还要懂得美学与复合材料的性能，以及制造过程的实际操作。同时，游艇的设计讲求创新与独特性，既要美观还要有高科技含量。所以，拥有单一学科专业背景的人，并不适合做游艇设计。

目前国内有游艇生产制造企业约400家，现有的游艇设计大都是由有关船舶设计院所用户和生产单位的要求而为，主要承担的是中、低档游艇和工作艇的设计。由于缺乏对世界先进游艇设计和建造技术的跟踪和专门研究，整体水平被业界普遍认为达不到高档游艇要求。目前，高档游艇的图纸主要靠引人，更简单的是直接引入艇体模具。本土人才严重缺乏，而木模船型高级技师、中高级舾装木作技工、船艇化工、电气技工等更是游艇业普遍缺乏的人才。

此外，高级技术人才、项目工程师、熟练操作工和市场营销人才同样非常紧缺。据了解，显利（珠海）造船有限公司有1000名员工，高级工程技术人才和高级技师大部分是从新加坡、美国、香港等地聘请的。

4.5.4　传统观念束缚

从国外成熟的经验来看，在人均GDP突破3000美元后，游艇产业会成为继家电、房地产、汽车后的另一消费热点，潜力不可限量。从国内来说，在国际金融危机后经济结构转型的背景下，大力发展内需已经成为全民共识。而长江三角洲及珠江三角洲地区人均GDP已达到7000美元，完全具备发展游艇产业的消费市场基础，但目前为止全国拥有私人游艇数量偏少，约1000～1200艘，说明游艇消费有着巨大的发展空间，人们有消费能力却没有相应的消费渠道。

西方多年的海洋文化，造就了他们对于海洋的喜爱和生活方式，对游艇等海洋活动的热衷。同样，国内的大陆文化造就了我们的观念和生活方式，游艇不能在中国迅速发展，最根本的是人们传统观念的束缚，对海洋文化的不认同。在一些政府部门，这种观念表现为，发展游艇旅游可能触及国家安全敏感规限，能不碰就不碰，更遑论主动；而在民间，人们则认为，政府严厉规管的领域，发展成本大，成功机会少，欲爱不能，可望而不可求。深圳GDP在全国最高一万以上，可人们休闲方式无外乎吃饭、唱歌、旅游等，因为缺乏聚集效应，形成潮流，曲高和寡，真正进行游艇消费的人非常少。人们对海洋文化的距离感来自于文化差异，导致市场需求压抑，制约游艇产业的发展。因此，要发展游艇经济，必须加大对海洋文化的宣传和推广，刺激人们对游艇产品的消费。

## 5　发展对策建议

我们要解放思想，敢于开拓，用战略的思维和敢为人先的气魄，谋篇布局，迎合发展潮流，率先大力发展游艇旅游新业态，为建设全国旅游综合改革示范区，为广东经济社会发展做出新贡献。

### 5.1　政府主导，拓宽游艇产业的发展平台

根据广东省旅游协会对广东省游艇发展现状的调查，制约广东省游艇产业发展最大的一个制约因素为政策因素。特别是多个部门不同的规章制度、不同的要求牵制广东省游艇产业的发展前进。广东省在游艇发展的主导、进出口检验、通航等方面均需做出努力。

首先，成立省政府领导牵头的游艇产业、游艇旅游产业发展领导小组。省发改、旅游、交通、港务、海洋、航道、海事、国土、规划、环保、科技、口岸部门作为领导小组成员，加强统筹指导和协调联动。国家口岸部门出台相关办法，简化外籍游艇进出口岸手续。其次，广东省旅游局、旅游协会依靠政府的力量建立广东省游艇旅游产业发展的联合机制，加强游艇产业发展小组与相关部门之间的沟通联系与协作配合，及时调节游艇产业及游艇旅游产业在发展中的新问题。

### 5.2　立法先行，制定游艇旅游的法律法规

解决法律法规空白问题。由国家海事局、工商局委托广东省相关部门建立与国际通行规则相衔接的游艇产业法规及旅游质量标准体系，制定《游艇法规与规范》、《游艇星级评定》、《游艇设施与服务规范》、《游艇俱乐部服务质量与要求》等，形成游艇行业的管理法规与条例，使得游艇管理有法可循、有法必依。

成立广东省游艇旅游协会，组织联合制定行业自律规则，出台或者协助政府部门起草适合游艇行业特点、与国际接轨的促进游艇产业发展的管理法规和办法，以解决游艇检验检测、试航、游艇牌照、驾照、通航、俱乐部管理和出入境管理方面的问题，共同促进游艇产业健康、有序发展。

### 5.3　联合推动，建立粤港澳牌照互认机制

作为CEPA和粤港澳联席会议机制的新内容，建立粤港澳地区甚至是全国的游艇牌照互认机制。国家船检部门出台游艇管理试行办法，采取国际互认的方式，对欧美等游艇管理较严格的国家或地区生产的游艇给予游艇检验绿色通道。对国内游艇和港澳游艇，实行一卡通机制，实现国内游艇的畅通航行。

港澳地区是广东省游艇经济发展的潜在市场，建立游艇牌照互认机制，有利于广东省游艇经济的发展，有利于为游艇消费者提供更多更优选择。

### 5.4　简化手续，明确游艇旅游的登记程序

简化游艇登记、检验、出航手续。根据我国游艇发展国情，采用国际标准，与世界游艇业的发展接轨。明晰游艇登记、检验程序；明确管理游艇登记、检验的部门职责；放宽对适航性证明文件的限制。

对于持有国际及我国认可的游艇相关证明，无需提供图纸资料；增加办理游艇出入境及检查的办公地点；简化游艇出入境审批手续。

### 5.5　建设港口，开展游艇港口的设施建设

开展游艇港口及基础设施与配套服务设施的建设。3～5年内完成广东省内重点游艇产业开发城市的游艇专用停泊水域或停泊点的建设；设立公共码头，在国外每一个濒水城市都是有公共码头的，只要有水的地方这些地方都有公共游艇码头，一般都是由政府规划、多方投资，为中低端游艇提供停泊的下水口。

国家有关部门简化游艇码头建设审批程序，并制定和出台游艇码头规划设计、施工验收、维护管理等技术规范、规程和标准。组织专门力量对营运性游艇规划、建设、运

营管理的政策法规体系进行深入研究加快建设游艇旅游配套服务设施，包括游艇维修检测基地、安全救护、游艇补给网点、游艇会（俱乐部）、游艇会展中心等。

5.6 **科学规划，统筹城市与游艇发展规划**

游艇发展，规划先行。制定科学完备的游艇业发展规划，把城市建设与游艇旅游业发展有机结合。加快海岸景观、景点开发建设，加大财政扶持力度，促进城市景观与游艇旅游业融合发展。制定广东省游艇产业发展规划与游艇旅游业发展规划，联合广东省周围省市如：港澳地区、福建省、广西区等地，共同推进游艇旅游的发展。加强其在游艇市场开发、客源互换、旅游线路推广等方面的合作。

将游艇规划与城市空间、水岸开发、土地开发等方面的规划有机衔接，游艇的规划应配合城市的运营、开发、周边环境的运营等综合考虑。

5.7 **资金支持，提供游艇发展的财政优惠**

鼓励企业投资产业、发展游艇旅游。游艇产业对经济的拉动比例为1∶6，投资游艇业将带动广东省经济新的增长点。政府成立专项基金，对于开展游艇的企业，给予资金支持及税费优惠，减小税收比例，取消消费税。鼓励银行机构联合针对重大游艇基础建设项目提供银团贷款；广东省沿海各市金融机构、海事机构、国土管理等相关部门对游艇设施的建设提供金融、用水、用地、用电等方面的经济优惠政策。

5.8 **科技支撑，提升游艇旅游信息化水平**

建立游艇旅游在线服务、网络预定等公共信息服务。构建广东省统一的游艇旅游信息网络平台。实现广东省省内各类游艇信息的整合与衔接。构建游艇旅游线路网上预定平台，方便游艇旅游的宣传及游艇旅游消费者对游艇旅游航海线路、出行气候、旅游景点、停靠码头的等方面知识的了解。鼓励游艇企业、码头、俱乐部等运用信息技术、提高游艇旅游服务水平。

建立粤港澳三地共同构建一个内外畅通的、统一的游艇旅游信息网络平台。平台管理部门可以通过网络实现粤港澳游艇旅游信息资源的共享，建立完善的信息沟通机制和沟通渠道，实现广东省游艇旅游信息化整体水准的提升。

5.9 **人才兴业，培养游艇行业的专业人才**

国家有关部门科学规划我国游艇产业发展，鼓励大专院校开设游艇设计制造、游艇旅游专业；由广东省旅游局、广东省旅游协会、广东省游艇旅游协会联合制定人才培训计划，重点培训广东省游艇制造和游艇旅游设计、管理、销售及推广等专业人才。

出台扶持游艇设计业、修造业政策，鼓励国外游艇知名企业在广东省设立分支机构，逐步带动广东省甚至全国船舶设计业和修造业的发展。

5.10 **市场推动，引导游艇旅游的市场消费**

目前，无论是全国还是在广东省，游艇尚不普及，众人对游艇的认识有限。很多人甚至政府部门将游艇作为运载游客的交通工具，而非高档休闲娱乐的方式。大多数人未对游艇有深刻的认识，认为游艇投资大、回报率少、使用成本高、是奢侈品。

广东省不断增长的GDP与较为空白的游艇消费市场显示广东省强大的游艇消费潜力与能力。政府需通过组建游艇俱乐部、设计游艇观光路线，提供宽松的政策，给与购置税的优惠等等方式，灌输海洋文化观念，引导消费者对游艇旅游的认识及对游艇的消费。广东省旅游局、旅游协会以及游艇协会，定期到各市推广和开展游艇的旅游文化观光活动，在各市举办研讨会或推广会，向政府、旅游企业、商会等有关组织推广游艇的用途，推动游艇旅游市场的发展。

## 6 小结

目前，广东省处于全国游艇产业发展的领先地位，竞争力很强。游艇产业主要偏向于制造业，游艇旅游发展备受压抑，导致游艇消费市场发育不足。根据广东省旅游协会对广东省游艇业的调查，广东省游艇旅游发展的最大制约因素是缺乏与游艇产业发展同步的政策法规。广东省的人均GDP为7000美元，已达到中等收入国家水平，购买力强；游艇制造业水平能赶超欧美，且价格低廉，在国际上竞争能力强，但游艇消费却还处于最初级的水平，市场影响力弱。“两强一弱”，充分显示了广东省需要加快发展游艇旅游业的必要性和迫切性。广东省游艇旅游业已经到了呼之欲出的关键时刻。

目前，游艇产业在我国属于发展中的新兴产业，游艇旅游更是新型的休闲娱乐方式。中科院消费报告中明确指出：在今后3~5年里游艇休闲、运动将会成为人们娱乐生活的重要选择。游艇的海上运动将成为海洋旅游、个性消费和追求品位的新亮点。而这个新兴产业没有太多法律规范，法规建设滞后，存在一些亟待解决的问题。产业发展推动法规建设，本报告在实地调研的基础上，对广东省发展游艇旅游业乃至游艇产业提出了具体的建设性对策，这必将对广东省抢抓游艇旅游乃至游艇产业机遇、发展海洋特色经济、促进幸福广东建设发挥积极作用和具有战略意义。

**广东省游艇旅游发展调查组：**

组　长：李进茂　广东省旅游协会副会长兼秘书长

副组长：董观志　博士，暨南大学教授，博士生导师，副院长

成　员：蔡　涛　张莉莉　张建彬　曾　颖　徐芳芳　王　卉

# 2011年度广东旅游研究部分论文摘要

| 题名 | 作者 | 文献来源 | 发表期次 | 摘要 |
|---|---|---|---|---|
| 改革开放以来广东城市旅游发展道路及经验 | 吴志才 | 《特区经济》（月刊） | 2011年01期 | 在休闲时代来临的大背景下，自改革开放以来，广东城市旅游发展经历了三大发展阶段：①观光旅游阶段；②商务旅游阶段；③休闲度假阶段。广东城市旅游的发展道路及经验主要是：①坚持解放思想；②坚持对外开放；③坚定市场化改革；④善于扬长补短 |
| 滨海地区旅游设施评估体系探索——以深圳市大鹏半岛为例 | 汪小春<br>叶伟华<br>孟　丹 | 《规划师》（月刊） | 2011年01期 | 目前许多滨海地区面临的重要问题是对现状旅游设施进行科学的评估，从而为未来发展策略的制定提供科学依据。以深圳市大鹏半岛为例，采取评估框架的形式，将旅游设施分为住宿设施、餐饮设施、购物设施、娱乐设施和公共服务设施五大类，分别从供需关系和建设状况两个角度进行评估，并针对各类设施分别提出发展策略，有效地指导了深圳市大鹏半岛旅游设施的发展 |
| 广东温泉旅游业发展研究 | 范智军 | 《河北旅游职业学院学报》（季刊） | 2011年01期 | 温泉旅游是广东省旅游业的四大品牌之一，成为广东省旅游经济一个新的增长亮点。通过对广东温泉旅游开发的实地调研与历史研究表明，广东省温泉旅游开发经历了疗养期、萌芽期、发展期、成熟期四个阶段，面临着“质”的突破，需要解决存在的发展障碍，在产业模式上进行升级转型，实现温泉旅游业的可持续发展 |
| 基于竞争力评价的区域旅游产业发展差异——以中国东部沿海三大旅游圈为例 | 汪德根<br>陈　田 | 《地理科学进展》（月刊） | 2011年02期 | 通过建构区域旅游竞争力评价三级指标体系，运用层次分析法和聚类分析法，测度和分析东部沿海三大旅游圈的旅游竞争力，并采用锡尔Ⅰ（O）系数方法对旅游竞争力水平的差异进行分解，通过市场、效益、贡献、资源、设施、人才、经济、交通和环境等9个细分指标揭示东部沿海三大旅游圈旅游产业发展水平的差异，旨在从不同侧面进一步认识东部沿海旅游产业竞争力的空间分异特点，在此基础上提出了区域旅游竞争力培植和提升以及空间差异调控的基本思路 |
| 粤北采茶戏在文化旅游中的价值 | 肖著华 | 《四川戏剧》（双月刊） | 2011年01期 | 粤北采茶戏历史悠久，是粤北人民植根于本地生产劳动和文化艺术活动，吸收借鉴其他省域文化和民族文化而形成的一朵艺术奇葩，是粤北地区开放、包容特色文化的一个缩影。2007年，粤北采茶戏被列入韶关市第一批非物质文化遗产名录和广东省第二批省级非物质文化遗产名录 |

续表

| 题名 | 作者 | 文献来源 | 发表期次 | 摘要 |
|---|---|---|---|---|
| 区域合作视角下的客家文化旅游可持续发展研究——以闽粤赣交界为例 | 郑海燕 | 《前沿》（半月刊） | 2011 年 04 期 | 客家是中华民族大家庭中重要的一员，具有显著特性的汉族民系，是汉民族中的一个地缘性群体。闽粤赣客家地区文化底蕴丰厚、民俗风情浓郁，旅游资源和市场具有相似性，旅游开发潜力大，应该开展区域旅游合作，组成客家文化旅游大区，共打“客家文化”旅游牌，实现区域旅游的可持续发展 |
| 城市会议目的地竞争力评价指标体系研究——以中国沿海 17 城市为例 | 朱 峰 | 《旅游学刊》（月刊） | 2011 年 02 期 | 在对国外会议目的地竞争力评价的思路、标准、途径等进行回顾的基础上，鉴于中国会议业发展的阶段与市场成熟度与国外有别，文章认为，必须寻找新的评价方法对中国城市作为会议目的地的竞争力进行评价。参考已有评价指标体系，提出了包括设施、交通、服务、价格、形象、气候与环境、吸引力 7 项一级评价指标和 16 项二级指标的评价体系。对中国沿海 17 城市运用上述评价体系进行的验证表明，该指标体系具有可行性及准确性，适合当前中国会议设施建设较快、会议组织者群体作用不明显的实际情况 |
| 民俗类非物质文化遗产保护与旅游开发的互动关系研究——以广州沙湾飘色为例 | 唐 蕾<br>章 牧 | 《特区经济》（月刊） | 2011 年 03 期 | 民俗类非物质文化遗产在我国较为常见，而民俗旅游已经是国内较为成熟的旅游产品。通过分析两者之间差异，认为民俗类非物质文化遗产可以借助旅游开发方式促进其活态保护，并以广州沙湾飘色为对象，提出了以人为本的开发与保护互动理论框架 |
| 基于体验经济视角下旅游景区体验性项目设置研究——以河源旅游景区为例 | 朱 智 | 《安徽农业科学》（旬刊） | 2011 年 08 期 | 通过对河源 14 个景区内体验性项目的调查，发现河源景区内体验性项目较多，体验类型齐全，但存在主题性不强、缺乏文化底蕴、专业服务水平较低 3 方面问题。从而指出景区体验性项目设计应遵循的 3 个原则，即主题性原则、挑战性原则、文化差异性原则 |
| 广东阳江海陵岛旅游季节性及其地方响应研究 | 张 乐 | 广东商学院硕士学位论文 | 2011 年 | 本文首先对广东海陵岛旅游季节性的变化进行案例分析，对其旅游业进行 SWOT，揭示其海岛旅游发展面临的机遇以及存在的问题。其次，运用时间序列、方差理论等数理统计方法，从海陵岛旅游接待人次和旅游收入出发，分别计算出了旅游季节性月度平均分布指数、旅游季节性淡旺比和旅游季节性弹度指数。再者，文章分析了旅游季节性给当地旅游企业、旅游从业人员、政府部门、生态环境、旅游者以及当地的社会经济带来了巨大的影响。最后，从区域层面，提出地方对季节性的响应，指出加强政府宏观调控、深化旅游产品开发、提高从业人员素质和整合旅游宣传促销等响应策略缓解季节性波动 |

续表

| 题名 | 作者 | 文献来源 | 发表期次 | 摘要 |
|---|---|---|---|---|
| 基于 ARMA 模型的广东省旅游业应对金融危机措施效用评价研究 | 刘红霞<br>宋保平<br>刘传喜 | 《旅游论坛》（双月刊） | 2011 年 02 期 | 通过建立国内旅游收入、旅游外汇收入、国内过夜旅游人数、入境旅游人数、入境过夜旅游人数的 ARMA 模型，定量评价了广东省旅游业应对金融危机措施效用。结果表明，广东省应对金融危机的措施对国内旅游的影响，尤其是对国内短途旅游的影响最为明显，然而对国际入境旅游的促进作用不足 |
| 广东修学旅游产品开发研究 | 沈晓春 | 《邵阳学院学报（社会科学版）》（双月刊） | 2011 年 02 期 | 游学是一种历史悠久的传统教育形式，随着社会的进一步发展，把游学与旅游结合一起形成修学旅游，已经成为国际上一种有特色有意义的专项旅游产品，得到越来越多的旅游者特别是青少年的喜爱。在广东省旅游快速发展的同时，修学旅游应运而生，广东在发展修学旅游方面有着极大的优势，修学旅游有着巨大的发展潜力。目前，广东省的修学旅游存在产品单一，修学旅游开发项目缺乏规划和设计，国内修学旅游开发不够等诸多问题，这些都不利于广东省修学旅游的发展。文章在前人研究的基础上，界定了修学旅游的概念，分析了广东省修学产品的开发现状和存在的问题，并提出了修学旅游产品开发的对策和建议 |
| 基于休闲娱乐产业化发展的区域旅游成长模式研究——以中国“旅游强县”广东清新县为例 | 刘少和 | 《地域研究与开发》（双月刊） | 2011 年 02 期 | 与基于商务旅游与观光旅游需求的商务型旅游地、观光型旅游地的成长模式不同，粤北清新县不仅经济发展得益于除农业产业化、工业化外的“第三条道路”——旅游产业化发展，而且旅游发展也走出除商务旅游、观光旅游以外的“第三条道路”——休闲娱乐产业化发展。清新县充分利用其位于环大珠三角城市（群）游憩带上的优越区位条件，以及庞大的城市休闲旅游市场，在定位于广州“休闲卫星城”、大珠三角“后花园”基础上，通过休闲娱乐的产业化发展，有效地将“娱憩旅游资源环境”转换为“娱乐旅游吸引物”，完善旅游休闲配套设施，从而形成旅游休闲的规模经济与范围经济，实现了经济与旅游的跨越式发展，属于典型的休闲娱乐型旅游地成长模式。案例为经济发达地区周边县市经济与旅游发展提供有益启示与借鉴 |
| 低碳经济背景下绿道建设对于旅游发展的影响——以从化为例 | 徐文雄<br>胡辉伦<br>汪清蓉 | 《特区经济》（月刊） | 2011 年 04 期 | 通过实地调查和资料分析，并采用案例归纳研究方法，分析了珠三角绿道网和从化流溪绿道案例。研究表明：①国内研究较少关注绿道与区域旅游、绿道与低碳旅游的关系；②绿道的旅游功能体现为：生态观光、低碳旅游、自然与人文体验、游憩度假、康体健身和环境教育方面；③绿道将在设施与交通、旅游经济、旅游环境三个方面促进珠三角区域旅游发展；④通过完善设施、衔接交通、保护生态、整合资源、带动产业和创造需求，流溪绿道为从化区域旅游发展提供了实质性支撑 |

续表

| 题名 | 作者 | 文献来源 | 发表期次 | 摘要 |
| --- | --- | --- | --- | --- |
| 旅游场域下乳源过山瑶刺绣艺术的文化嬗变 | 黎洁仪 | 《民族艺术》（季刊） | 2011 年 02 期 | 旅游场域下，乳源过山瑶传统刺绣在纹样内容、图案色彩、使用材料、载体形式等方面都发生不同程度的嬗变，当地传统刺绣艺术在旅游场域下面临着开发与保护、传承与发展的双重矛盾，嬗变正是这一古老艺术在传承中创新发展的表现 |
| 文化战略型旅游产业是深圳未来 30 年的必由之路 | 董观志 | 《特区经济》（月刊） | 2011 年 04 期 | 国务院在 2009 年 12 月 3 日颁布将旅游业培育成国民经济的战略性支柱产业，国家旅游局在 2011 年 1 月 1 日启动“2011 中华文化游”，这标志着国家开始整合文化与旅游的战略性资源，全面创新旅游产业发展模式。深圳是中国改革开放的最前沿，不仅是中西文化碰撞最激烈的城市，而且是中西方文化融合最丰富的城市。深圳是一座特殊的城市，30 年前的文化沙漠城市，今天已经发展成为影响世界的中国文化强市，旅游作为社会经济文化中最活跃的产业，直接决定着深圳这座国际性城市的建设品质与未来形象，发展文化战略型旅游产业是深圳未来 30 年再创辉煌的根本性城市战略 |
| 珠三角区域旅游一体化机制创新探析 | 张补宏<br>韩俊刚 | 《地理与地理信息科学》（双月刊） | 2011 年 06 期 | 在区域旅游发展进程中，区域发展主体在区域旅游一体化方面达成共识。该文从珠三角区域旅游一体化发展背景着手，分析了珠三角区域旅游一体化存在的国际客源市场薄弱、区域之间合作表层化等问题，其中机制建设不到位是问题的关键。珠三角区域旅游一体化机制创新应从管理和协调机构建立、政府“公域”领域的行动、区域合作“三层”空间以及“认知共同体”机制建设四方面进行 |
| 基于广州环城游憩带的清远旅游发展探究 | 陆红光 | 《特区经济》（月刊） | 2011 年 04 期 | 随着城镇居民闲暇时间的增多，城市周边区县成为市民假日旅游的重要目的地；环城游憩带作为一种新兴的旅游地域，以其独有的地域特征和良好的生态环境而成为城市居民休闲度假的首选之地。文章重点阐述广州环城游憩带对清远旅游发展的影响，并以此为基础，对清远旅游发展提出探讨，以探索清远旅游的可持续发展之路 |
| 广东省国际旅游产业结构与竞争力的偏离份额分析 | 葛　军<br>刘家明 | 《地理科学进展》（月刊） | 2011 年 06 期 | 本文利用静态、动态偏离份额分析法，以 2001～2008 年广东省和全国统计年鉴为主要数据来源，对广东省国际旅游产业结构及竞争力进行了分析。研究结果表明，广东省国际旅游产业各部门中，住宿业、饮食销售业和文化娱乐产业与全国相比有竞争优势；而长途交通、邮政通信和景区游览产业竞争力低于全国平均水平。广东省国际旅游业并未出现明显的产业结构升级现象，需求收入弹性较高的部门，如商品销售、文化娱乐和邮政电讯等部门从长时期看，并没有明显的升级趋势；相反，住宿、交通、饮食等需求收入弹性小的部门，现有的产业结构对这些部门的增长仍有很大贡献 |

续表

| 题名 | 作者 | 文献来源 | 发表期次 | 摘要 |
| --- | --- | --- | --- | --- |
| 广州天鹿湖地区旅游发展战略探讨——基于都市休闲旅游视角 | 王建军<br>陈文君 | 《中国商贸》(半月刊) | 2011年09期 | 在广州都市空间发展布局“东进”战略的实施和影响下，天鹿湖地区旅游发展面临着广州都市休闲旅游发展的“时”、“势”契机。本文通过对天鹿湖地区旅游资源进行调查评价，从广州都市休闲旅游的视角对其进行总体功能定位，并构建了由战略目标、战略发展阶段、战略重点和战略选择组成的战略体系，借以推进天鹿湖地区生态文化旅游产业的发展 |
| 粤东北山区城市居民旅游行为的实证研究——以河源市为例 | 朱　智 | 《特区经济》(月刊) | 2011年05期 | 本文通过问卷调查，从个人信息、出游讯息、旅游偏好等方面分析了粤北山区河源市民的旅游行为特征。结果显示河源市民的旅游行为呈现旅游动机多样性，但主要以休闲娱乐为主；出游时间以夏季和国家法定长假为主；旅游信息主要来源于互联网信息；旅游方式以旅行社全包价为主，倾向于与家人同行；旅游娱乐消费支出最大，购物消费最少；高级别旅游目的地倍受欢迎。通过实证研究为河源和旅游目的旅游企业、政府调整旅游产品结构、改善旅游服务设施及旅行社营销方式提供参考 |
| 论旅游线路的文化品味提升：基于非物质文化遗产的视角——以珠三角为例 | 冯晓娜<br>章　牧 | 《特区经济》(月刊) | 2011年04期 | 通过广州、深圳、佛山、东莞和中山五城市旅游线路的调查，非物质文化遗产作为一种较高级别的旅游资源未得到旅行社的足够重视。针对国内旅游线路缺乏创新，欠缺文化内涵的现状，对旅行社的旅游线路进行改造，融入非物质文化遗产的项目，旨在通过提升线路文化品味的同时促进非物质文化遗产的传承和发展 |
| 经济发达地区城郊旅游发展研究——以广州为例 | 文　彤<br>梁明珠 | 《社会科学家》(月刊) | 2011年06期 | 广州番禺、黄埔旅游发展实例表明：经济发达地区城郊旅游发展表现出明显的旅游产业与地区经济之间的互动模式，其发展启动因素来自本地消费需求和城市拓展需要，旅游资源条件的重要性在这一过程中并不突出，政府、社会共同参与旅游开发的官方、民间双向主导的发展模式形成了有效的管理机制，强劲的地区经济实力为旅游业的发展提供了良好的设施环境和大量的外地客流 |
| “双核”结构区旅游发展模式研究——以潮汕地区为例 | 廖春花<br>苏章全<br>明庆忠 | 《经济地理》(月刊) | 2011年07期 | “双核”结构是区域经济发展中出现的一种空间结构形态。文章在分析潮汕地区潮州——汕头“双核”空间结构现状的基础上，提出了构建潮州——汕头“双核”结构区的旅游空间发展模式和具体旅游开发模式。认为在海西经济区旅游大发展的背景下，潮汕地区必须构建合理的发展模式，即：以汕头为区域旅游发展的主核心点，以潮州为次核心点，双核形成旅游发展核心区；以揭阳、汕尾为连接节点，以梅州为扩展节点，通过聚合——扩散效应，形成粤东旅游发展的双核联动模式；并以厦深铁路为发展轴，对接两边的珠三角旅游区和厦漳泉闽三角旅游区，尽快实现有效合作，才能避免成为旅游过境地。这一研究对于类似结构地区的旅游业发展也具有一定的借鉴作用 |

续表

| 题名 | 作者 | 文献来源 | 发表期次 | 摘要 |
| --- | --- | --- | --- | --- |
| 韶关文化旅游资源开发若干问题探讨 | 李　兵<br>高维忠 | 《特区经济》（月刊） | 2011 年 06 期 | 韶关文化旅游资源具有类型丰富、数量众多、品味度高、开发潜力大等特点，利用文化旅游资源开发过程中竞争与合作关系，选择适当的开发机制，依据市场需求态势，可以开发出宗教朝觐、民俗风情、科考修学、历史名人、红色革命等多种文化旅游产品，形成“一个核心、三条轴线、四大板块”的文化旅游空间格局 |
| 城郊空心型古村落度假旅游开发研究——以广州市鹅兜村为例 | 肖佑兴<br>卢　遥<br>薛　莹<br>肖　星 | 《国土与自然资源研究》（双月刊） | 2011 年 03 期 | 空心村整治是我国新农村建设的一个重点和难点。论文以广州市增城鹅兜村为例，探讨位于城郊的空心型古村落创新发展度假旅游的问题。论文认为，城郊空心型古村落在旅游观光价值不高的前提下，可依托乡村文化遗产和乡村优美环境的资源基础条件，发挥城郊的区位优势，进行资源整合和区域协作，创新发展度假旅游，获取竞争优势，使空心村得以空间重构、组织重塑和产业重组，以推动新农村建设 |
| 特色旅游发展的 SWOT 分析及对策——以河源市为例 | 俞　彤 | 《中国商贸》（半月刊） | 2011 年 14 期 | 河源旅游资源十分丰富，特色旅游资源的开发具有较好的现实基础。本文运用 SWOT 分析方法，对河源特色旅游发展的优势、劣势、机会和威胁等方面进行分析，并提出河源特色旅游发展的对策 |
| 游客对大型节事活动旅游公共服务感知评价研究——基于第 16 届广州亚运会期间的考察 | 李　爽<br>甘巧林 | 《经济地理》（月刊） | 2011 年 06 期 | 适应旅游发展的新形式，加强和完善节事活动旅游公共服务建设，为游客提供优质、人性化的服务，已成为各级旅游管理部门一项迫切而重要的任务。以第 16 届广州亚运会期间来广州旅游的国内游客作为研究对象，运用描述性统计分析、因子分析以及 IPA 等方法从游客感知视角出发，构建节事活动旅游公共服务的评价体系，并找出游客对旅游公共服务评价因子的期望与绩效感知的差异，客观评价广州市第 16 届亚运会期间的旅游公共服务效果，研究结果可为未来广州市乃至我国其他地区举办大型节事活动供参考 |
| 公众对低碳旅游的认知、意愿及行为特征分析——以佛山市为例 | 汪清蓉<br>李　飞 | 《热带地理》（双月刊） | 2011 年 05 期 | 采用问卷调查和现场访谈方法，对 2756 份调查问卷进行分析发现：①公众对低碳旅游认知不够深入，具有学历、收入和职业差异。②大部分公众愿意学习并实践低碳旅游，其参与意愿具有学历和职业差异，但对于旅游结束后计算“碳排放”并补偿“碳排放”持观望态度；公众不愿意参与低碳旅游的原因多元化，多数人认为低碳旅游只是一个口号，降低了旅游过程的舒适性。③大部分公众能采取出行前制定周详的计划、主动关闭电视机和选择有机食品等低碳行为，但只有少数人自愿减少更换被单次数、接受循环使用的旅游包（帽）和自带个人卫生用品入住酒店等。基于上述状况，文中提出相应的建议以促进低碳旅游的推广与实践 |

续表

| 题名 | 作者 | 文献来源 | 发表期次 | 摘要 |
|---|---|---|---|---|
| 基于旅游文化深度开发的旅游品牌开发研究——以世界文化遗产开平碉楼与村落为例 | 陈　辉 | 《江苏商论》（月刊） | 2011 年 07 期 | 旅游文化是旅游品牌的重要组成部分。旅游文化是打造旅游品牌的重要途径。旅游文化载体是展现旅游文化形象的直接载体，也是传播地方文化形象的有效载体。旅游文化载体对传播地方文化形象、打造旅游品牌有着重要作用。根据旅游文化的层次包括最外层是物质文化，中间层次包括制度文化和行为文化两个方面，核心层是精神文化或心态文化的内容，提出了有针对性的旅游文化载体建设措施 |
| 广州小洲村乡村旅游市场细分研究 | 龚金红<br>李健仪 | 《旅游论坛》（双月刊） | 2011 年 04 期 | 利用内容分析法归纳游客自述的旅游动机，并按旅游动机将小洲村乡村旅游市场分为“随便逛逛”、“休闲放松”、“文化/乡村体验”、“自然观光”和“陪同他人”5 类。在此基础上，通过对应分析和单因素方差分析，综合游客的旅游动机、行为特点、人口统计特征以及满意感和行为意向，总结不同细分市场的特点，以此为小洲村今后的旅游开发和规划提供参考 |
| 租地还是卖地：土地流转中农民有限理性行为分析——对中山市崖口村旅游开发用地的个案调研 | 龙良富<br>黄　英 | 《人文地理》（双月刊） | 2011 年 04 期 | 土地流转过程中，农民租地或卖地的行为选择带来不同的收益，将直接影响到现在及未来农民的生活水平。由于受到自身条件和环境约束，农民只能追求安全保障基础上的利益最大化。本文通过对中山市崖口村村民在旅游开发用地中的决策行为进行深度调研，发现当地农民在土地流转中表现出因可得性偏向导致的差异化认知与态度、伦理行动下的集体选择、规避风险下的非最优选择的有限理性行为特征，最终的“卖地”决策对崖口村的未来发展带来了一定的风险 |
| 农业文化遗产旅游开发规划研究——以增城丝苗米为例 | 赵　飞<br>吴志才 | 《农业考古》（双月刊） | 2011 年 04 期 | 2009 年，受增城市朱村街政府的委托，笔者等对朱村农业生态旅游的开发进行综合研究。在调研的过程中发现，作为知名的农业文化遗产，也是广州市唯一的原产地域保护项目——增城丝苗米的起源地，除了文献记载，朱村街有关丝苗米的历史文化几乎没有载体，朱村街大部分地区以蔬菜种植为主，丝苗米的种植面积相当有限，甚至有些当地干部群众也不能确定种植的水稻是否是丝苗米，也没有任何与丝苗米这一品牌相关的延伸项目 |
| 文化元素在我国旅游景区中的应用研究——以江门市鹤山昆仑山为例 | 梁湘萍<br>许新立 | 《热带地理》（双月刊） | 2011 年 04 期 | 在 RMP 和 RMTP 理论框架基础上，加入文化元素（Element）的提取方法，创新性提出 RMTPE 理论的基本框架，并以江门市鹤山昆仑山景观道设计为案例，梳理其资源（R）、市场（M）、主题（T）、旅游产品（P）及文化元素（E）之间的关系，展示 RMTPE 理论的应用方法，重点描述了地域文化的载体——文化元素（E）提取、物化及展示的过程，以期为文化元素在景区规划中的应用提供一种科学的思路与方法 |

续表

| 题名 | 作者 | 文献来源 | 发表期次 | 摘要 |
| --- | --- | --- | --- | --- |
| 广东国际旅游产业结构效益分析 | 李　辉<br>阚兴龙 | 《特区经济》（月刊） | 2011 年 09 期 | 一直以来，无论是在入境旅游者人数还是在旅游外汇收入方面，广东国际旅游业在全国都处于领先地位。广东国际旅游业在取得长足发展的同时，其内部结构性矛盾也日益突出。本文运用偏离——份额分析方法（SSM），以广东省为研究对象，对广东省旅游创汇部门产业结构的效益进行分析和评价，指出其发展过程中存在的问题，并为今后各部门的健康、持续发展提出相关建议 |
| 深圳客家旅游资源开发研究 | 陈怿韵<br>袁　俊 | 《特区经济》（月刊） | 2011 年 09 期 | 深圳的文化具有多样性特征，客家文化作为一种独特的文化已成为深圳文化的一个重要组成部分，可以通过有效的开发和保护成为深圳旅游的另一个亮点。本文利用文献法、访谈法以及实地观察法，对深圳客家旅游资源的分布、开发现状、开发条件进行分析；在此基础之上，从空间布局、产品开发、营销策略三个方面对深圳客家旅游资源开发进行系统研究，从而为深圳客家旅游资源的开发提供借鉴和参考 |
| 1998～2008 年广东国际入境旅游客源市场竞争态研究 | 梁章萍 | 《特区经济》（月刊） | 2011 年 10 期 | 入境旅游的游客数量及其增长率是反映一个国家和地区国际旅游发展水平的重要指标。本文将 BCG Matrix 模型应用于广东国际入境旅游客源市场研究中，选取市场占有率和市场增长率两个指标构建旅游市场竞争态，对 1999～2008 年广东省主要的入境旅游客源市场在广东国际旅游中的市场占有率和市场增长率进行分析，通过分析揭示出了广东入境游客的变化情况。最后，在此基础之上提出相应的市场开拓策略 |
| 广东居民出境旅游消费水平与结构分析 | 庞莉华<br>刘　益 | 《特区经济》（月刊） | 2011 年 10 期 | 近年来，我国出境旅游市场增长迅速，对我国服务贸易国际收支结构产生重要的影响。广东省是我国出境游规模最大的客源地区，本文通过调查广东省居民出境旅游消费水平与结构，评估旅游业在促进我国国际贸易收支基本平衡中的作用，为我国政府部门制定具有长效机制的出境旅游政策提供参考依据 |
| 基于旅游空间结构理论的休闲旅游研究 | 张淑敏 | 广东商学院硕士学位论文 | 2011 年 | 休闲是当代社会的一种重要生活方式，也是衡量国民幸福感的重要指标。休闲旅游作为休闲活动的实现途径之一，近年来在我国开始受到普遍关注。随着国民休闲计划的提出，休闲旅游刺激居民消费的手段之一，是提高国民休闲质量的关键性组成部分。基于旅游空间结构理论的休闲旅游研究，是在大力推进休闲旅游大方向的指引下，梳理区域内外部旅游空间结构现状及其影响要素，对旅游目的地旅游发展状况进行总体把握，为旅游地发展提供决策性建议。本文以地处粤北山区的英德市为例，通过对英德市休闲旅游发展现状与旅游空间要素布局的分析与评价，从旅游空间结构理论视角出发，在问卷调查的基础上建立聚类模型，推导英德市休闲旅游发展走产业化道路的必要性以及可行性，指导英德市休闲旅游空间结构得到优化，丰富我国休闲旅游微观领域的研究成果 |

续表

| 题名 | 作者 | 文献来源 | 发表期次 | 摘要 |
|---|---|---|---|---|
| 区域星级饭店业发展合理性对比分析——以我国16个热点旅游省市为例 | 张佑印<br>顾　静<br>马耀峰<br>李创新 | 《软科学》（月刊） | 2011年10期 | 在分析我国星级饭店行业发展重要性和中外研究进展的基础上，通过构建区域星级饭店结构模型，结合区域星级饭店数量、效益、出租率、平均价格等多个指标，借助卡方检验、回归分析等方法，对比分析了我国16个旅游热点省市星级饭店业十年来的发展差异、合理性以及深层原因。从结果来看，我国东部沿海地区星级饭店业发展相对合理，而中西部地区星级饭店业依然存在一定不足；通过对各指标的对比分析，对星级饭店业亏损的区域从数量、星级结构指数以及价格等三个方面提出有针对性的发展策略 |
| 珠江三角洲城市群旅游空间格局演化 | 陈　浩<br>陆　林<br>郑嫱婷 | 《地理学报》（月刊） | 2011年10期 | 旅游地发展演化的研究可以理清旅游地发展的脉络，寻求旅游地发展的内在规律。文章重点分析了改革开放以来珠江三角洲城市群旅游空间格局的演化过程，选取1980、1987、1999、2008年4个时间断面，选取节点发展和交通连接两项指标加以体现城市群旅游空间发展演化过程，以各城市旅游业发展的业绩反映城市节点的发展演化，以城市群各城市之间的公路交通连接反映城市之间连接的演化。通过构建旅游业发展业绩模型，反映城市旅游节点的发展状况，通过公路交通可达性、公路交通运量的演化反映珠三角区域的城际公路交通连接的演化。认为改革开放以来珠三角城市群区域旅游空间格局发生了巨大变化，最主要体现在从以广州为中心的单极格局转化为以广州、深圳为中心的两级格局，珠三角各城市旅游业均取得了高速发展，城际公路交通连接效率和总体运行能力大大提高。但珠三角区域旅游发展的空间布局存在不平衡性，珠江口东西两岸存在较大差异，随着港澳珠跨海大桥的修建及以广州为中心的城际轨道交通的建成，珠三角城市群旅游空间格局将发生革命性变化，区域空间网络体系将更加完善 |
| 全球气候变化对中国南方五省区域旅游流的可能影响评估 | 席建超<br>赵美风<br>葛全胜 | 《旅游学刊》（月刊） | 2011年11期 | 全球气候变化是人类迄今面临的最重大、也是最为严重的全球环境问题，是21世纪人类面临的最复杂的挑战之一。已经观测到的气候变化影响是显著的、多方面的。各个领域和地区都存在有利和不利影响，但以不利影响为主。文章根据区域气候模式RegCM2模拟的气候情景，采用Lars Hein气候—旅游模型，研究气候增温情景对我国南方部分省份旅游流的可能影响。结果表明，与2008年相比，全球气候变化对研究区域年接待游客总量影响较小，但是在旅游流的季节影响分布上，差异较为明显。冬季旅游流基本呈上升趋势，而夏季则呈现出下降趋势，其中影响较大的省份分别是广东省和海南省，广东省影响最大，2月份增幅高达13.02%，8月份降幅高达13.62%。春季和秋季呈现不规律的过渡性变动，春季浙江省接待过夜游客数量呈明显上升趋势，而海南省呈下降趋势；秋季的情况与春季正好相反 |

续表

| 题名 | 作者 | 文献来源 | 发表期次 | 摘要 |
| --- | --- | --- | --- | --- |
| 基于世界城市理论的广州旅游发展探析 | 黄　璜 | 《国际经贸探索》（月刊） | 2011年07期 | 世界城市是全球生产、控制和创新中心。世界城市的本质是城市的所有联系、城市功能由其在世界城市网络中所处地位决定。旅游联系由于创新功能、服务功能和企业战略等机制而成为世界城市的最重要联系。广州作为迅速崛起的世界城市，城市综合功能的发挥将为旅游业提供多元化发展空间，旅游业又将促进世界城市创新、服务和产业运行等综合功能的发挥，最终形成世界城市建设与旅游业发展良性互动的局面 |
| 十六届亚运会与广州旅游产业的经营与发展 | 符　玉<br>李增友 | 《中国商贸》（半月刊） | 2011年06期 | 2010年11月，广州成功举办16届亚运会，对广州旅游业的服务体系、市场定位、资源优势、体制改革等方面提出更高的要求。同时，此次盛会为广州及我国经济的迅速发展注入新的活力，尤其是对广州旅游产业的体制创新、经营管理、经济收入等方面产生巨大的影响 |
| 珠三角与粤北地区农村居民旅游认知特征对比分析 | 叶延琼<br>罗宇萍<br>章家恩 | 《热带地理》（双月刊） | 2011年06期 | 对珠三角的广州、东莞、佛山、江门以及粤北地区的韶关、清远和河源7个代表样地共计14个样本镇的1120人（户）进行了农村居民旅游态度与出游特征问卷调查，并对1040份有效样本从人口特征、旅游认知特征和旅游消费行为特征等方面进行详细分析。结果表明：（1）珠三角地区和粤北地区农村居民对旅游的态度普遍较好，但获取旅游信息的渠道均较单一；（2）限制农民出游的主要因素是经济收入状况，时间因素也限制了部分人，尤其是中青年人；（3）由于珠三角和粤北地区经济发展水平差异较大，因此农村居民在出游动机、出游方式、出游交通工具选择、出游时间以及旅游花费上存在较大差异；（4）受农村传统观念的影响，两地农村居民在出游偏好以及消费结构上均表现出较高的一致性 |
| 生态文明跨越式发展的旅游路径研究——以珠海市斗门北区为例 | 李　辉<br>阚兴龙<br>刘云德 | 《安徽农业科学》（旬刊） | 2011年35期 | 斗门北区300多平方千米区域被确定为珠海市的生态农业区，基于此背景，在介绍生态文明的内涵和分析该区区情的基础上，得出该区应采取农业文明向生态文明跨越式的发展模式，并总结出2条实现路径，即发展都市农业和生态旅游。以发展生态旅游路径为重点，阐述了斗门北区旅游资源概况，以及发展生态旅游的瓶颈，即缺乏统一规划，历史文化资源保护意识落后；基础设施不完善，招商吸引力不足；对外宣传力度不够，旅游知名度小；产品开发落后，对已有景点整合不够。从发展生态旅游的瓶颈入手，提出了发展生态文化休闲旅游的思路，即构建“一轴两翼四中心”的旅游空间布局；打造生态文化旅游功能圈 |
| 自然保护与旅游发展的互动及其机制研究——以鼎湖山自然保护区为例 | 周志红<br>廖继武<br>周永章 | 《热带地理》（双月刊） | 2011年06期 | 本文以中国第一个自然保护区鼎湖山为研究区，探讨其自然保护与旅游发展之间的互动关系。研究结果表明自然保护区的自然保护对象与旅游发展资源存在时空同一性，自然保护增强了旅游的吸引力，提升了其文化价值 |

续表

| 题名 | 作者 | 文献来源 | 发表期次 | 摘要 |
| --- | --- | --- | --- | --- |
| 广东省区域旅游竞争力的比较 | 傅云新<br>胡 兵 | 《统计与决策》（半月刊） | 2011年20期 | 文章以广东省21地市为研究对象，从旅游产品竞争力、旅游企业竞争力、旅游环境竞争力三方面，选取11个指标构建了区域旅游竞争力的评价指标体系，采用因子分析法对广东省21地市旅游竞争力进行了综合评价。广东省旅游竞争力可划分为4种区域类型：一是广州等中心城市超强竞争型，二是珠江三角洲地区强竞争型，三是旅游资源丰富地区的平竞争型，四是粤东粤西偏远地区的弱竞争型 |
| 基于GIS的旅游交通巨变下客源空间结构演化分析——以惠州龙门县为例 | 戴学军<br>庄大昌<br>林敬英 | 《热带地理》（双月刊） | 2011年05期 | 基于GIS技术，结合旅游需求引力模型，以惠州市龙门县为例，选取3个时间段，对旅游交通变化驱动下的旅游客源空间结构演化进行分析。结果显示，龙门县旅游交通从无高速公路连接、向有相关高速公路连接到高速公路过境变化，客源市场空间结构对应表现为经济要素为第一指向性的跳跃式分布、向交通要素为第一指向性转变的连续分布到基本以交通驱动为主的连续梯度分布 |
| 廉江旅游产业发展的战略研究 | 于 斌<br>郭晋杰 | 《中国人口·资源与环境》（月刊） | 2011年S1期 | 随着经济全面发展，旅游业已经成为世界经济文化发展的重要组成部分，跃升为极具发展前景和潜力的产业，国内各地区的旅游业呈现出强劲增长的势头，然而广东省廉江市的旅游产业仍处于初级阶段，没有得到很好的开发利用，在此背景下，我们利用实地调研的资料，运用SWOT分析法，对廉江市的旅游现状进行评价，探讨其发展所面临的优势、劣势、机会与挑战，就如何解决存在的问题，发挥廉江自身的资源优势，开展特色旅游，促进经济社会的可持续发展，进行了战略分析和研究 |
| 泛珠三角区域合作中的广东旅游未来发展路向 | 陈 薇 | 《特区经济》（月刊） | 2011年12期 | 本文从旅游资源、旅游市场和旅游企业三方面作了广东省和其他省（区）的比较分析，随后对广东省旅游产品用ASEB栅格分析法进行了分析，认为广东未来旅游发展路向为建立大旅游机制，树立旅游目的地形象和优化旅游结构及大环境，以此来积极参与泛珠三角区域旅游合作，发挥区域旅游发展中的龙头作用 |
| 广州市农业生态旅游发展中的环境保护问题探析——以完善旅游公司环境责任为视角 | 周帮扬<br>梅章慧<br>李健全 | 《安徽农业科学》（旬刊） | 2011年08期 | 以广州市为例，从旅游公司不履行环境责任而导致环境恶化的角度，分析农业生态旅游带来的一系列环境问题。基于经济发展和环境保护双赢的原则，从完善旅游公司环境责任的角度提出几点保护环境的建议，以期实现经济发展和环境保护的双赢 |
| 广东省旅游产业升级研究——基于结构优化及科技创新视角 | 余构雄 | 华南理工大学硕士学位论文 | 2011年 | 本文在对国内外旅游产业升级相关理论进行梳理的基础上，以广东省旅游产业为实证研究。借鉴经济地理学、产业经济学的相关理论模型和数学模型，研究产业结构、空间结构的优化和科技创新在旅游产业升级中的内在机制，进而构建了其升级战略 |

（林贤东　整理）

# 全省旅游业统计资料

# Statistical Data of Provincial Tourist Industry

（第 445 ~ 460 页）

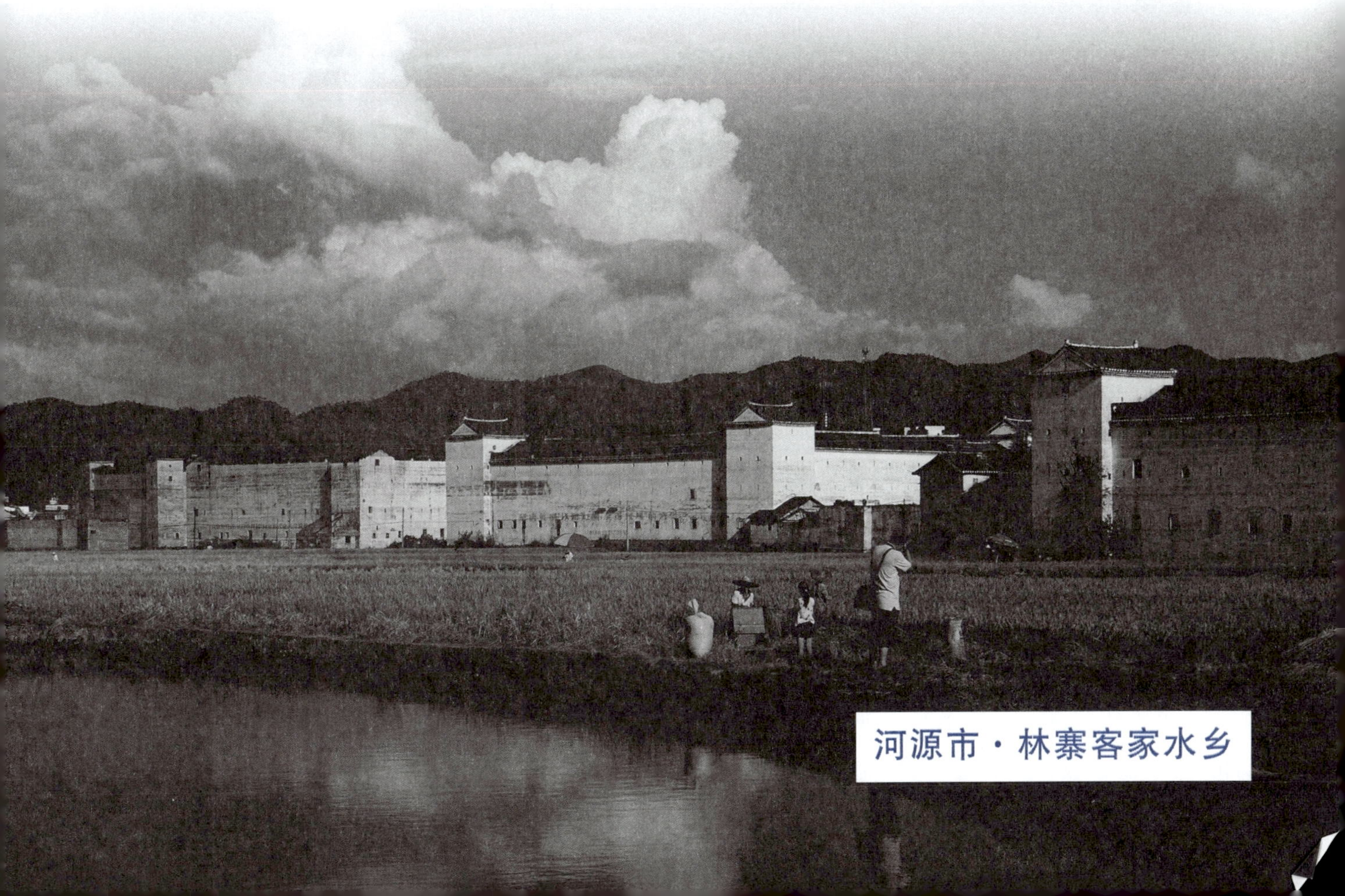

河源市 · 林寨客家水乡

# 2011年广东省各市旅游业收入情况

## ANNUAL RECEIPTS OF TOURISM TRADE BY LOCALITY 2011

单位：亿元人民币 Unit：100 million yuan

| 市别 City | 收入合计 Total | 比上年增长 Growth (%) | 其中 旅游外汇收入 International Tourism Receipts | 比上年增长(%) Growth (%) | 国内旅游收入 Domestic Tourism Receipts | 比上年增长(%) Growth (%) |
|---|---|---|---|---|---|---|
| 全省合计 Total | 4835.46 | 26.93 | 903.56 | 6.95 | 3931.91 | 32.63 |
| 广 州 Guangzhou | 1630.80 | 29.98 | 315.33 | -1.04 | 1315.47 | 40.55 |
| 深 圳 Shenzhen | 737.32 | 17.26 | 243.31 | 12.57 | 494.00 | 19.72 |
| 珠 海 Zhuhai | 222.83 | 1.59 | 69.32 | -16.63 | 153.51 | 12.70 |
| 汕 头 Shantou | 104.42 | 18.02 | 3.29 | -3.34 | 101.12 | 18.88 |
| 佛 山 Foshan | 296.46 | 36.39 | 63.21 | 54.30 | 233.25 | 33.05 |
| # 顺德 Shunde | 81.53 | 10.59 | 24.96 | 0.85 | 56.57 | 15.52 |
| 韶 关 Shaoguan | 129.60 | 21.32 | 4.18 | -40.36 | 125.42 | 25.65 |
| 河 源 Heyuan | 61.09 | 32.60 | 0.55 | -42.21 | 60.55 | 34.16 |
| 梅 州 Meizhou | 116.38 | 59.80 | 2.25 | 11.54 | 114.14 | 61.18 |
| 惠 州 Huizhou | 161.19 | 14.46 | 37.46 | 9.87 | 123.73 | 15.93 |
| 汕 尾 Shanwei | 57.95 | 36.81 | 0.70 | -12.43 | 57.25 | 37.76 |
| 东 莞 Dongguan | 249.37 | 30.34 | 59.11 | 28.68 | 190.25 | 30.86 |
| 中 山 Zhongshan | 151.41 | 20.96 | 16.06 | -14.35 | 135.35 | 27.18 |
| 江 门 Jiangmen | 154.43 | 28.58 | 39.09 | 20.71 | 115.33 | 31.49 |
| 阳 江 Yangjiang | 66.35 | 55.46 | 1.37 | 7.55 | 64.98 | 56.94 |
| 湛 江 Zhanjiang | 92.92 | 42.26 | 2.36 | 27.79 | 90.56 | 42.68 |
| 茂 名 Maoming | 84.41 | 17.46 | 0.82 | 0.86 | 83.59 | 17.65 |
| 肇 庆 Zhaoqing | 142.32 | 38.47 | 21.27 | 151.56 | 121.06 | 28.33 |
| 清 远 Qingyuan | 161.51 | 48.95 | 7.63 | 1.44 | 153.88 | 52.49 |
| 潮 州 Chaozhou | 63.48 | 17.16 | 12.85 | 43.14 | 50.64 | 12.00 |
| 揭 阳 Jieyang | 64.79 | 36.34 | 1.74 | 19.14 | 63.05 | 36.88 |
| 云 浮 Yunfu | 86.44 | 77.62 | 1.67 | -1.92 | 84.78 | 80.49 |

注：1. 旅游外汇收入（折算人民币）与上年同比，按1美元=6.4975元人民币折算；2. #表示佛山市统计数据中含有顺德区统计数据

# 2011年广东省国际旅游（外汇）收入构成

## BREAKDOWN OF INTERNATIONAL TOURISM RECEIPTS 2011

单位：万美元　　Unit：USD 10000

| | 收入总额 Receipts | 结构比例（%） P. C. Tatal（%） |
|---|---|---|
| 合　计 Total | 1390619. 42 | 100. 0 |
| 一、长途交通费 Long DistanceTransportation Fee | 603528. 83 | 43. 4 |
| 1. 民航 Air | 492279. 27 | 35. 4 |
| 2. 铁路 Rail | 40327. 96 | 2. 9 |
| 3. 汽车 Motor | 30593. 63 | 2. 2 |
| 4. 轮船 Sea | 40327. 96 | 2. 9 |
| 二、游览 Sightseeing | 45890. 44 | 3. 3 |
| 三、宿费 Accommodation | 175218. 05 | 12. 6 |
| 四、餐饮 Food And Beverage | 97343. 36 | 7. 0 |
| 五、商品销售 Shopping | 230842. 82 | 16. 6 |
| 六、娱乐 Entertainment | 87609. 02 | 6. 3 |
| 七、邮电通讯 Communication | 20859. 29 | 1. 5 |
| 八、市内交通 Local Transportation | 26421. 77 | 1. 9 |
| 九、其他服务 Others | 104425. 00 | 8. 4 |

# 2011年广东省各市国际旅游（外汇）收入

## ANNUAL INTERNATIONAL TOURISM RECEIPTS BY LOCALITY 2011

单位：万美元　　　　Unit：USD 10000

| 市　别<br>City | 旅游外汇收入<br>International<br>Tourism Receipts | 比上年<br>增长（%）<br>Growth（%） | 占全省比重（%）<br>P. C. Tatal（%） |
|---|---|---|---|
| 全省合计 Total | 1390619. 42 | 11. 86 | 100. 00 |
| 广州 Guangzhou | 485306. 31 | 3. 51 | 34. 90 |
| 深圳 Shenzhen | 374473. 67 | 17. 74 | 26. 93 |
| 珠海 Zhuhai | 106685. 33 | -12. 79 | 7. 67 |
| 汕头 Shantou | 5071. 18 | 1. 10 | 0. 36 |
| 佛山 Foshan | 97283. 00 | 33. 45 | 7. 00 |
| #顺德 Shunde | 36760. 00 | 3. 21 | 2. 64 |
| 韶关 Shaoguan | 6430. 36 | -37. 63 | 0. 46 |
| 河源 Heyuan | 839. 36 | -39. 55 | 0. 06 |
| 梅州 Meizhou | 3455. 36 | 16. 66 | 0. 25 |
| 惠州 Huizhou | 57652. 45 | 14. 92 | 4. 15 |
| 汕尾 Shanwei | 1076. 09 | -8. 41 | 0. 08 |
| 东莞 Dongguan | 90975. 40 | 34. 60 | 6. 54 |
| 中山 Zhongshan | 24717. 45 | -10. 41 | 1. 78 |
| 江门 Jiangmen | 60166. 78 | 26. 25 | 4. 33 |
| 阳江 Yangjiang | 2109. 76 | 12. 49 | 0. 15 |
| 湛江 Zhanjiang | 3630. 12 | 33. 66 | 0. 26 |
| 茂名 Maoming | 1263. 98 | 5. 50 | 0. 09 |
| 肇庆 Zhaoqing | 32730. 62 | 163. 12 | 2. 35 |
| 清远 Qingyuan | 11736. 99 | 6. 10 | 0. 84 |
| 潮州 Chaozhou | 19772. 83 | 49. 72 | 1. 42 |
| 揭阳 Jieyang | 2679. 07 | 24. 61 | 0. 19 |
| 云浮 Yunfu | 2563. 24 | 2. 59 | 0. 18 |

注：#表示佛山市统计数据中含有顺德区统计数据

# 2011年广东省接待过夜旅游者人数

## NUMBER OF TOURISTS STAYING OVERNIGHT RECEIVED 2011

单位：万人次　　　　Unit：10000 person－times

| | 2010年<br>2010 | 2011年<br>2011 | 比上年增长（%）<br>Growth（%） |
|---|---|---|---|
| 合　计 Total | 21283.05 | 24377.16 | 14.54 |
| 1. 入境旅游者 Inbound Tourists | 3141.09 | 3309.65 | 5.37 |
| #外国人 Foreigners | 733.28 | 728.23 | 0.69 |
| 港澳同胞 Compatriots of Hong Kong and Macao | 2091.07 | 2268.43 | 8.48 |
| 台湾同胞 Compatriots of Taiwan | 316.74 | 312.98 | －1.19 |
| 2. 国内旅游者 Domestic Tourists | 18141.96 | 21067.52 | 16.13 |

# 2011年广东省接待过夜主要国家旅游者人数

## FOREIGN VISITOR ARRIVALS BY NATIONALITY 2011

单位：人次　　　　Unit：person－times

| 国　别<br>Nationality | 合　计<br>Total | 占总数比重（%）<br>P. C. Tatal（%） | 比上年增长（%）<br>Growth（%） |
|---|---|---|---|
| 合　计 Total | 7282262 | 100.00 | 0.69 |
| 韩　国 Korea | 393164 | 5.40 | －5.97 |
| 日　本 Japan | 1129635 | 15.51 | 4.86 |
| 菲律宾 Philippines | 54109 | 0.74 | 14.68 |
| 新加坡 Singapore | 302893 | 4.16 | 6.34 |
| 泰　国 Thailand | 130521 | 1.79 | －2.82 |
| 印　尼 Indonesia | 153201 | 2.10 | －3.6 |
| 马来西亚 Malaysia | 414101 | 5.69 | －1.77 |
| 美　国 United States | 651946 | 8.95 | 0.95 |
| 加拿大 Canada | 120147 | 1.65 | －9.76 |
| 英　国 United Kingdom | 140467 | 1.93 | 1.53 |
| 法　国 France | 129307 | 1.78 | 7.89 |
| 德　国 Germany | 130290 | 1.79 | 10.11 |
| 意大利 Italy | 89220 | 1.23 | 3.20 |
| 俄罗斯 Russia | 68729 | 0.94 | 17.35 |
| 澳大利亚 Australia | 151006 | 2.07 | 0.82 |
| 新西兰 New Zealand | 24415 | 0.34 | 1.23 |
| 其　他 Others | 3199111 | 43.93 | －3.53 |

# 2011年广东省各市接待过夜旅游者人数

## NUMBER OF TOURISTS STAYING OVERNIGHT RECEIVED BY LOCAL CITY 2011

单位：人次 Unit：person－times

| 市别 City | 接待过夜旅游者总人数 Total | 比上年增长（%）Growth（%） | 其中 | | | | | |
|---|---|---|---|---|---|---|---|---|
| | | | 入境旅游者 Inbound Tourists | 比上年增长（%）Growth（%） | 外国人 Foreigners | 比上年增长（%）Growth（%） | 国内旅游者 Domestic Tourists | 比上年增长（%）Growth（%） |
| 全省合计 Total | 243771621 | 14. 54 | 33096391 | 5. 37 | 7282262 | －0. 69 | 210675230 | 16. 13 |
| 广州 Guangzhou | 45948490 | 1. 96 | 7786891 | －4. 43 | 2762732 | －6. 17 | 38161599 | 3. 37 |
| 深圳 Shenzhen | 37325344 | 13. 61 | 11045526 | 8. 23 | 1712016 | 2. 16 | 26279818 | 16. 04 |
| 珠海 Zhuhai | 15356804 | 11. 24 | 3208447 | －1. 32 | 581651 | 2. 54 | 12148357 | 15. 11 |
| 汕头 Shantou | 9038399 | 15. 55 | 140632 | 5. 06 | 87252 | 6. 38 | 8897767 | 15. 73 |
| 佛山 Foshan | 9806528 | 13. 17 | 1251308 | 21. 42 | 194447 | 14. 50 | 8555220 | 12. 05 |
| #顺德 Shunde | 2674100 | －1. 18 | 861600 | －18. 82 | 170638 | | 2329900 | 2. 10 |
| 韶关 Shaoguan | 9105535 | 9. 40 | 184694 | －14. 00 | 3037 | －6. 09 | 8920841 | 10. 02 |
| 河源 Heyuan | 6040737 | 37. 43 | 49137 | 9. 39 | 4310 | 14. 05 | 5991600 | 37. 72 |
| 梅州 Meizhou | 7519708 | 43. 77 | 105137 | 20. 62 | 21549 | 6. 49 | 7414571 | 44. 16 |
| 惠州 Huizhou | 11886343 | 10. 72 | 1746843 | 9. 07 | 411759 | 8. 22 | 10139500 | 11. 01 |
| 汕尾 Shanwei | 4422288 | 33. 78 | 37310 | －6. 06 | 697 | －63. 68 | 4384978 | 34. 26 |
| 东莞 Dongguan | 16861330 | 8. 72 | 2861400 | 9. 26 | 1044490 | 11. 74 | 13999930 | 8. 61 |
| 中山 Zhongshan | 6652747 | 13. 17 | 608161 | 26. 57 | 114500 | －15. 1 | 6044586 | 11. 97 |
| 江门 Jiangmen | 11422737 | 15. 27 | 1291655 | 8. 51 | 35449 | －79. 23 | 10131082 | 16. 19 |
| 阳江 Yangjiang | 4613506 | 48. 74 | 56808 | 6. 29 | 6217 | 14. 39 | 4557426 | 49. 47 |
| 湛江 Zhanjiang | 9236034 | 50. 77 | 142283 | 37. 98 | 66648 | 90. 29 | 9093751 | 50. 99 |
| 茂名 Maoming | 3626440 | 18. 33 | 23026 | 29. 08 | 2995 | 23. 61 | 3603414 | 18. 27 |
| 肇庆 Zhaoqing | 12625609 | 19. 60 | 1588715 | 13. 93 | 150820 | 10. 59 | 11036894 | 25. 46 |
| 清远 Qingyuan | 7803148 | 17. 02 | 359857 | 41. 90 | 29157 | 64. 20 | 7443291 | 16. 04 |
| 潮州 Chaozhou | 4042912 | 13. 02 | 435612 | 8. 04 | 41050 | 11. 31 | 3607300 | 13. 65 |
| 揭阳 Jieyang | 4403069 | 19. 62 | 80086 | 19. 70 | 4371 | －8. 36 | 4322983 | 19. 62 |
| 云浮 Yunfu | 6033913 | 32. 37 | 93591 | 31. 28 | 7115 | 45. 98 | 5940322 | 32. 39 |

注：#表示佛山市统计数据中含有顺德区统计数据

# 2000～2011年广东省旅行社组团接待人数

## ANNUAL TOURISTS RECEIVED BY TRAVEL AGENCY 2000－2011

单位：万人次　　Unit：10000 person－times

| 年 份 Year | 合 计 Total | 入境旅游者 Inbound Compatriots of | 外国人 Foreigners | 港澳同胞 Compatriots of Hong Kong and Macao | 国内旅游者 Domestic Tourists | 出 境 Outbound Tourists |
|---|---|---|---|---|---|---|
| 2000 | 977.45 | 264.22 | 58.68 | 205.54 | 597.03 | 116.20 |
| 2001 | 1023.91 | 302.51 | 75.22 | 227.28 | 617.50 | 103.90 |
| 2002 | 1154.22 | 362.28 | 92.53 | 269.75 | 670.38 | 121.55 |
| 2003 | 830.37 | 255.03 | 53.80 | 201.22 | 450.65 | 125.19 |
| 2004 | 1558.98 | 331.43 | 90.30 | 241.13 | 1055.76 | 171.79 |
| 2005 | 1742.29 | 368.79 | 101.79 | 258.00 | 258.00 | 119.20 |
| 2006 | 2044.00 | 402.84 | 111.88 | 290.96 | 1384.71 | 256.45 |
| 2007 | 2460.90 | 448.64 | 128.37 | 320.27 | 1630.22 | 382.04 |
| 2008 | 2215.86 | 377.73 | 101.09 | 276.64 | 1479.47 | 358.66 |
| 2009 | 2438.54 | 370.12 | 97.04 | 273.08 | 1711.65 | 356.78 |
| 2010 | 2835.88 | 448.74 | 129.01 | 319.73 | 1960.62 | 438.01 |
| 2011 | 3291.06 | 463.32 | 138.97 | 324.35 | 2304.09 | 524.87 |

# 2011年广东省旅行社组团接待旅游者人数

## TOURISTS RECEIVED BY TRAVEL AGENCY 2011

单位：万人次　　Unit：10000 person－times

| | 2010年 2010 | 2011年 2011 | 比上年增长（%） Growth（%） |
|---|---|---|---|
| 1. 入境旅游者 Inbound Tourists | 448.74 | 463.32 | 3.35 |
| #外国人 Foreigners | 129.01 | 138.97 | 7.72 |
| 港澳同胞 Compatriots of Hong Kong andMacao | 283.80 | 282.72 | －0.38 |
| 台湾同胞 Compatriots ofTaiwan | 35.93 | 41.63 | 15.87 |
| 2. 国内旅游者 Domestic Tourists | | | |
| 其中：组团 By group tour | 1960.62 | 2363.05 | 20.53 |
| 3. 出境旅游者 Outbound Tourist | 426.50 | 524.87 | 23.07 |
| #香港 Hong Kong | 197.34 | 239.28 | 21.25 |
| 澳门 Macao | 79.40 | 105.16 | 32.45 |
| 台湾 Taiwan | 13.36 | 17.71 | 32.52 |
| 出国 Go abroad | 136.40 | 163.03 | 19.52 |

# 2011 年广东省各市旅行社组团国内旅游人数

## NUMBER OF DOMESTIC GROUP VISITERS 2011

单位：人次 Unit：person – times

| 市　别 City | 国内游（人数）Domestic Tourists | 比上年增长（%）Growth（%） | 省内游（人数）Within Province | 比上年增长（%）Growth（%） | 省外游（人数）Outer Province Tourists | 比上年增长（%）Growth（%） |
|---|---|---|---|---|---|---|
| 全省合计 Total | 23630480 | 20. 53 | 17228284 | 23. 79 | 6402196 | 12. 54 |
| 广州 Guangzhou | 8180359 | 21. 36 | 6167645 | 24. 12 | 2012714 | 13. 62 |
| 深圳 Shenzhen | 4464104 | 38. 44 | 2559800 | 54. 64 | 1904300 | 29. 80 |
| 珠海 Zhuhai | 872206 | –0. 20 | 661794 | –1. 09 | 210412 | 2. 70 |
| 汕头 Shantou | 679272 | 17. 29 | 421069 | 19. 46 | 258203 | 13. 93 |
| 佛山 Foshan | 2478026 | 4. 40 | 2169945 | 4. 43 | 308081 | 4. 24 |
| 韶关 Shaoguan | 126152 | –4. 55 | 52863 | 12. 42 | 73289 | –13. 92 |
| 河源 Heyuan | 114438 | 42. 63 | 57181 | 27. 28 | 57257 | 62. 17 |
| 梅州 Meizhou | 212631 | –11. 57 | 127473 | –30. 54 | 85158 | 49. 58 |
| 惠州 Huizhou | 400593 | 2. 45 | 301497 | 1. 40 | 99096 | 6. 78 |
| 汕尾 Shanwei | 46370 | 19. 83 | 15484 | –26. 86 | 30886 | 76. 23 |
| 东莞 Dongguan | 1674174 | 20. 36 | 1287272 | 38. 23 | 386902 | –15. 84 |
| 中山 Zhongshan | 1507317 | 6. 09 | 1206676 | 3. 50 | 300641 | 17. 93 |
| 江门 Jiangmen | 852807 | 10. 22 | 737897 | 18. 07 | 114910 | –22. 76 |
| 阳江 Yangjiang | 146050 | –1. 27 | 83857 | –6. 26 | 62193 | 6. 35 |
| 湛江 Zhanjiang | 374679 | 19. 08 | 133442 | 9. 65 | 241237 | 25. 03 |
| 茂名 Maoming | 318888 | –8. 52 | 232690 | –10. 54 | 86198 | –2. 56 |
| 肇庆 Zhaoqing | 418100 | 15. 12 | 297688 | 15. 44 | 120412 | 14. 32 |
| 清远 Qingyuan | 457518 | 183. 39 | 401459 | 258. 03 | 56059 | 13. 68 |
| 潮州 Chaozhou | 183992 | 5. 10 | 87007 | 7. 70 | 96985 | 2. 90 |
| 揭阳 Jieyang | 89069 | 16. 52 | 49448 | 18. 21 | 39621 | 14. 48 |
| 云浮 Yunfu | 39435 | 9. 70 | 23210 | 9. 55 | 16225 | 9. 92 |

# 2011年广东省各市旅行社组团出境游人数

## NUMBER OF OUTBOUND GROUP VISITORSBY LOCALITY 2011

单位：人次　　　　Unit：person－times

| 市　别 City | 合　计 Total | 比上年增长(%) Growth(%) | 其　中 | | | | | | | |
|---|---|---|---|---|---|---|---|---|---|---|
| | | | 香港游 Hong Kong | 比上年增长(%) Growth(%) | 澳门游 Macao | 比上年增长(%) Growth(%) | 台湾游 Taiwan | 比上年增长(%) Growth(%) | 出国游 Abroad | 比上年增长(%) Growth(%) |
| 全省合计 Total | 5248747 | 23.07 | 2392817 | 21.25 | 1051578 | 32.45 | 177056 | 32.52 | 1630296 | 19.52 |
| 广州 Guangzhou | 1884202 | 3.55 | 604336 | -1.57 | 469976 | 26.98 | 74071 | 12.38 | 735819 | 3.31 |
| 深圳 Shenzhen | 2034366 | 54.72 | 1131925 | 49.43 | 197839 | 47.85 | 83010 | 97.12 | 621592 | 62.98 |
| 珠海 Zhuhai | 296545 | 30.47 | 126333 | 7.62 | 100119 | 81.89 | 14230 | -14.90 | 55863 | 46.46 |
| 汕头 Shantou | 44332 | 33.98 | 20186 | 18.14 | 5897 | 52.34 | 2137 | 191.94 | 16112 | 41.36 |
| 佛山 Foshan | 353865 | 11.71 | 241465 | 8.31 | 60985 | 18.57 | | | 51415 | 21.28 |
| #顺德 Shunde | 123672 | -18.49 | 81751 | 6.26 | 28952 | 17.12 | | | 12969 | -74.10 |
| 韶关 Shaoguan | 3844 | -50.29 | 1464 | -39.95 | 485 | -75.97 | 710 | -59.24 | 1185 | -22.80 |
| 河源 Heyuan | 2655 | 263.70 | 1153 | 223.88 | 743 | 1447.92 | 66 | -74.02 | 693 | 862.50 |
| 梅州 Meizhou | 7274 | 12.25 | 4269 | 15.88 | 1558 | 107.46 | 116 | -77.74 | 1331 | -12.66 |
| 惠州 Huizhou | 26847 | 16.42 | 15109 | 15.71 | 5038 | 0.98 | | | 6790 | 35.45 |
| 汕尾 Shanwei | 778 | -35.27 | 331 | -40.68 | | | 30 | | 417 | 20.87 |
| 东莞 Dongguan | 158131 | 7.53 | 51542 | 14.28 | 58264 | 3.09 | | | 48325 | 6.36 |
| 中山 Zhongshan | 206791 | 20.29 | 115942 | 4.79 | 24171 | 7.28 | 1743 | -54.75 | 64935 | 86.08 |
| 江门 Jiangmen | 148989 | 26.22 | 40373 | 17.79 | 98538 | 33.70 | | | 10078 | 0.10 |
| 阳江 Yangjiang | 1739 | -49.14 | 789 | -40.32 | 612 | -48.79 | 16 | -91.40 | 322 | -55.03 |
| 湛江 Zhanjiang | 7219 | -10.20 | 4229 | -14.18 | 912 | -19.15 | | | 2078 | 4.79 |
| 茂名 Maoming | 6951 | -41.63 | 2937 | -48.27 | 3192 | 2.87 | 318 | -65.73 | 504 | -77.09 |
| 肇庆 Zhaoqing | 30701 | 15.42 | 14611 | 14.70 | 9312 | 15.98 | | | 6778 | 16.20 |
| 清远 Qingyuan | 14567 | 21.13 | 6582 | -4.98 | 7337 | 60.65 | 172 | -34.35 | 476 | 76.30 |
| 潮州 Chaozhou | 17232 | 2.82 | 8264 | 6.14 | 3516 | 3.50 | 417 | | 5035 | -9.70 |
| 揭阳 Jieyang | 764 | -33.16 | 446 | -49.83 | 75 | -1.32 | | | 243 | 78.68 |
| 云浮 Yunfu | 865 | -3.89 | 531 | 24.94 | 9 | -30.77 | 20 | -75.61 | 305 | -19.74 |

注：#表示佛山市统计数据中含有顺德区统计数据

# 2011年黄金周广东省旅游接待人数和收入统计

## NUMBER OF VISITORS AND TOURISM RECEIPTS IN GOLDEN HOLIDAY WEEK 2011

| 时间 Time | 接待人数（万人次）Number of Tourists Received (10000 persons) | 同比增长（%）Growth (%) | 过夜旅游者（万人次）Number Of Tourists Staying Overnight Received (10000 Persons) | 同比增长（%）Growth (%) | 一日游游客（万人次）Number Of Day Visitors (10000 Persons) | 同比增长（%）Growth (%) | 旅游收入（万元）Tourism Receipts (10000 yuan) | 同比增长（%）Growth (%) |
|---|---|---|---|---|---|---|---|---|
| 春节（1.22～1.28） | 2654 | 13.96 | 677 | 13.13 | 1977 | 14.24 | 1608645 | 25.38 |
| 国庆（10.1～10.7） | 2441 | 8.25 | 767 | 13.86 | 1674 | 5.86 | 1591903 | 23.55 |
| 合计 | 5095 | 11.15 | 1444 | 13.52 | 3651 | 10.24 | 3200548 | 24.46 |

注：表格时间“1.25～2.1”为2010年春节黄金周；“10.1～10.7”为2010年“十一”黄金周

# 2011 年广东省各市旅行社构成

## BREAKDOWN OF TRAVEL AGENCIES 2011

单位：家、人　　　　Unit：Number

| 市别 City | 小计 Total | 其中 Among | | 旅行社从业人员 Employees of Travel Agencies |
|---|---|---|---|---|
| | | 出境游组团社 Outbound Tourism Organizing Agency | 外资旅行社 Foreign Travel Agency | |
| 全省合计 Total | 1459 | 168 | 15 | 44806 |
| 广州 Guangzhou | 296 | 48 | 10 | 10223 |
| 深圳 Shenzhen | 327 | 43 | 5 | 9569 |
| 珠海 Zhuhai | 109 | 10 | | 1844 |
| 汕头 Shantou | 67 | 6 | | 1880 |
| 佛山 Foshan | 88 | 15 | | 3172 |
| #顺德 Shunde | 24 | 7 | | 975 |
| 韶关 Shaoguan | 52 | 1 | | 684 |
| 河源 Heyuan | 33 | 1 | | 1514 |
| 梅州 Meizhou | 34 | 3 | | 1179 |
| 惠州 Huizhou | 48 | 3 | | 2158 |
| 汕尾 Shanwei | 18 | 2 | | 468 |
| 东莞 Dongguan | 54 | 9 | | 2105 |
| 中山 Zhongshan | 34 | 7 | | 1354 |
| 江门 Jiangmen | 59 | 5 | | 770 |
| 阳江 Yangjiang | 28 | 1 | | 568 |
| 湛江 Zhanjiang | 42 | 1 | | 2240 |
| 茂名 Maoming | 16 | 2 | | 1106 |
| 肇庆 Zhaoqing | 40 | 2 | | 2485 |
| 清远 Qingyuan | 50 | 1 | | 650 |
| 潮州 Chaozhou | 28 | 5 | | 409 |
| 揭阳 Jieyang | 25 | 2 | | 218 |
| 云浮 Yunfu | 11 | 1 | | 210 |

注：#表示佛山市统计数据中含有顺德区统计数据

# 2011 年广东省旅游住宿设施分布情况

## BASIC STATISTICS ON TOURIST AGENCIES HOTELS 2011

单位：座 Unit：Number

| 市别 City | 合计 Total | 星级饭店 | | | | | | | 无星级宾馆 Star Class Unappraised |
|---|---|---|---|---|---|---|---|---|---|
| | | 小计 By Star Class | 白金五星 | 五星级 Five Star Class | 四星级 Four Star Class | 三星级 Three Star Class | 二星级 Two Star Class | 一星级 One Star Class | |
| 全省合计 Total | 10329 | 1143 | 1 | 96 | 196 | 643 | 198 | 9 | 9186 |
| 广州 Guangzhou | 1777 | 234 | 1 | 19 | 37 | 141 | 36 | | 1543 |
| 深圳 Shenzhen | 806 | 145 | | 18 | 30 | 71 | 26 | | 661 |
| 珠海 Zhuhai | 467 | 82 | | 8 | 9 | 61 | 4 | | 385 |
| 汕头 Shantou | 423 | 38 | | 3 | 7 | 19 | 8 | 1 | 385 |
| 佛山 Foshan | 169 | 101 | | 5 | 18 | 48 | 28 | 2 | 68 |
| #顺德 Shunde | 29 | 29 | | 2 | 11 | 8 | 7 | 1 | |
| 韶关 Shaoguan | 693 | 54 | | 1 | 6 | 38 | 7 | 2 | 639 |
| 河源 Heyuan | 467 | 23 | | 1 | 2 | 14 | 6 | | 444 |
| 梅州 Meizhou | 37 | 37 | | 2 | 3 | 18 | 14 | | |
| 惠州 Huizhou | 647 | 66 | | 4 | 13 | 44 | 5 | | 581 |
| 汕尾 Shanwei | 204 | 12 | | | 2 | 10 | | | 192 |
| 东莞 Dongguan | 89 | 89 | | 19 | 25 | 31 | 13 | 1 | |
| 中山 Zhongshan | 482 | 37 | | 3 | 6 | 22 | 4 | 2 | 445 |
| 江门 Jiangmen | 470 | 31 | | 5 | 3 | 21 | 2 | | 439 |
| 阳江 Yangjiang | 428 | 35 | | 3 | 3 | 18 | 11 | | 393 |
| 湛江 Zhanjiang | 589 | 36 | | 2 | 7 | 21 | 6 | | 553 |
| 茂名 Maoming | 411 | 19 | | 1 | 4 | 8 | 6 | | 392 |
| 肇庆 Zhaoqing | 825 | 29 | | | 1 | 19 | 8 | 1 | 796 |
| 清远 Qingyuan | 820 | 33 | | 1 | 5 | 24 | 3 | | 787 |
| 潮州 Chaozhou | 13 | 13 | | | 6 | 4 | 3 | | |
| 揭阳 Jieyang | 289 | 11 | | 1 | 5 | 4 | 1 | | 278 |
| 云浮 Yunfu | 223 | 18 | | | 4 | 7 | 7 | | 205 |

注：#表示佛山市统计数据中含有顺德区统计数据

# 2011 年广东省各市旅游住宿设施床位分布情况

## BREAKDOWN OF TOURIST HOTEL BY LOCALITY 2011

单位：座 Unit：Number

| 市　别 City | 座数 Number of Tourist Hotel | 客房（间）Number of Room | 其中星级 Start – Level | 床位（张）Number of Bed | 其中星级 Start – Level | 从业人员（人）Employees |
|---|---|---|---|---|---|---|
| 全省合计 Total | 10329 | 628105 | 173143 | 1029006 | 282190 | 558666 |
| 广州 Guangzhou | 1777 | 134264 | 40189 | 224430 | 68667 | 141634 |
| 深圳 Shenzhen | 806 | 82114 | 26781 | 120654 | 39934 | 53879 |
| 珠海 Zhuhai | 467 | 33134 | 11579 | 50715 | 18691 | 53000 |
| 汕头 Shantou | 423 | 18130 | 6805 | 30750 | 11150 | 14970 |
| 佛山 Foshan | 169 | 129736 | 37221 | 244071 | 29951 | 29951 |
| #顺德区 Shunde | 29 | 14320 | 14320 | 25610 | 25610 | |
| 韶关 Shaoguan | 693 | 23436 | 7212 | 41380 | 9827 | 7333 |
| 河源 Heyuan | 467 | 17829 | 2335 | 30967 | 4241 | 13851 |
| 梅州 Meizhou | 37 | 18061 | 3282 | 32869 | 6266 | 16230 |
| 惠州 Huizhou | 647 | 29136 | 8719 | 47275 | 13491 | 27890 |
| 汕尾 Shanwei | 204 | 12639 | 2322 | 20964 | 3299 | 8169 |
| 东莞 Dongguan | 89 | 17899 | 17899 | 24348 | 24348 | 40020 |
| 中山 Zhongshan | 482 | 30242 | 4448 | 45143 | 7260 | 16755 |
| 江门 Jiangmen | 470 | 33989 | 4992 | 58830 | 8143 | 6712 |
| 阳江 Yangjiang | 428 | 20073 | 3043 | 36631 | 5615 | 4800 |
| 湛江 Zhanjiang | 589 | 29663 | 5041 | 49236 | 8746 | 41028 |
| 茂名 Maoming | 411 | 11460 | 2074 | 21837 | 3596 | 10817 |
| 肇庆 Zhaoqing | 825 | 36498 | 5257 | 54756 | 10027 | 23512 |
| 清远 Qingyuan | 820 | 31788 | 3280 | 54188 | 5863 | 24325 |
| 潮州 Chaozhou | 13 | 1787 | 1787 | 2926 | 2926 | 2559 |
| 揭阳 Jieyang | 289 | 12689 | 1945 | 19986 | 3224 | 11655 |
| 云浮 Yunfu | 223 | 13580 | 1417 | 23900 | 2805 | 9576 |

注：#表示佛山市统计数据中含有顺德区统计数据

# 2011年广东省旅游景区（点）构成情况

## BASIC STATISTICS ON SCENIC SPOTS 2011

单位：家 Unit：Number

| 市别<br>City | 合计<br>Total | 已评级<br>小计 | 5A级<br>5Alevel | 4A级<br>4Alevel | 3A级<br>3Alevel | 2A级<br>2Alevel | 未评级<br>Unrated | 景点从业人员<br>Employees of Scenic Spots |
|---|---|---|---|---|---|---|---|---|
| 全省合计 Total | 913 | 168 | 7 | 101 | 49 | 11 | 745 | 143359 |
| 广州 Guangzhou | 116 | 34 | 2 | 18 | 13 | 1 | 82 | 14730 |
| 深圳 Shenzhen | 40 | 10 | 2 | 6 | 2 | | 30 | 15907 |
| 珠海 Zhuhai | 43 | 3 | | 2 | 1 | | 40 | 5221 |
| 汕头 Shantou | 81 | 5 | | 4 | 1 | | 76 | 5340 |
| 佛山 Foshan | 40 | 7 | | 7 | | | 33 | 3372 |
| #顺德 Shunde | 2 | 2 | | 2 | | | | |
| 韶关 Shaoguan | 33 | 9 | 1 | 5 | 3 | | 24 | 2537 |
| 河源 Heyuan | 34 | 6 | | 3 | 1 | 2 | 28 | 2193 |
| 梅州 Meizhou | 23 | 12 | 1 | 5 | 6 | | 11 | 6531 |
| 惠州 Huizhou | 76 | 11 | | 9 | 2 | | 65 | 15547 |
| 汕尾 Shanwei | 13 | 1 | | 1 | | | 12 | 1566 |
| 东莞 Dongguan | 36 | 7 | | 5 | 1 | 1 | 29 | 4110 |
| 中山 Zhongshan | 22 | 2 | | 2 | | | 20 | 1975 |
| 江门 Jiangmen | 26 | 8 | | 8 | | | 18 | 2455 |
| 阳江 Yangjiang | 28 | 3 | | 2 | 1 | | 25 | 2360 |
| 湛江 Zhanjiang | 72 | 12 | | 2 | 6 | 4 | 60 | 16150 |
| 茂名 Maoming | 21 | 5 | | 2 | 3 | | 16 | 1223 |
| 肇庆 Zhaoqing | 60 | 4 | | 4 | | | 56 | 5882 |
| 清远 Qingyuan | 78 | 13 | 1 | 9 | 3 | | 65 | 33283 |
| 潮州 Chaozhou | 40 | 4 | | 3 | 1 | | 36 | 2500 |
| 揭阳 Jieyang | 16 | 5 | | 2 | 3 | | 11 | 955 |
| 云浮 Yunfu | 15 | 7 | | 2 | 2 | 3 | 8 | 1478 |

注：#表示佛山市统计数据中含有顺德区统计数据

# 2011 年广东省各市·区域接待过夜旅游者人数情况

## The Reception Situation and Number of Stay – Over Tourists in Areas · Cities of Guangdong Province in 2011

| 地区 area | 合计（万人次）Total (Million Persons – Time) | 比上年增（%）Increase by over the Previous Year (%) | 国内游客（万人次）Domestic Tourists (Million Persons – Time) | 比上年增（%）Increase by over the Previous Year (%) | 入境游客（万人次）Inbound Tourists (Million Persons – Time) | 比上年增（%）Increase by over the Previous Year (%) | 对增长的贡献率（%）Contribution Rate to the Growth (%) | 拉动（百分点）Pull (Percentage Point) |
|---|---|---|---|---|---|---|---|---|
| 全省合计 Total | 24398.15 | 14.54 | 21067.52 | 16.13 | 3330.63 | 5.37 | | |
| 广州 Guangzhou | 4594.85 | 1.96 | 3816.16 | 3.37 | 778.69 | -4.43 | 2.84 | 0.42 |
| 深圳 Shenzhen | 3732.53 | 13.61 | 2627.98 | 16.04 | 1104.55 | 8.23 | 14.36 | 2.10 |
| 珠海 Zhuhai | 1535.68 | 11.24 | 1214.84 | 15.11 | 320.84 | -1.32 | 4.98 | 0.73 |
| 汕头 Shantou | 903.84 | 15.55 | 889.78 | 15.73 | 14.06 | 5.06 | 3.90 | 0.57 |
| 佛山 Foshan | 980.65 | 13.17 | 855.52 | 12.05 | 125.13 | 21.42 | 3.66 | 0.54 |
| #顺德 Shunde | 2674.00 | -1.18 | 23299.00 | 2.10 | 8616.00 | -18.82 | | |
| 韶关 Shaoguan | 910.55 | 9.40 | 892.08 | 10.02 | 18.47 | -14.00 | 2.51 | 0.37 |
| 河源 Heyuan | 604.07 | 37.43 | 599.16 | 37.72 | 4.91 | 9.39 | 5.28 | 0.77 |
| 梅州 Meizhou | 751.97 | 43.77 | 741.46 | 44.16 | 10.51 | 20.62 | 7.35 | 1.08 |
| 惠州 Huizhou | 1188.63 | 10.72 | 1013.95 | 11.01 | 174.68 | 9.07 | 3.69 | 0.54 |
| 汕尾 Shanwei | 442.23 | 33.78 | 438.50 | 34.26 | 3.73 | -6.06 | 3.58 | 0.52 |
| 东莞 Dongguan | 1686.13 | 8.72 | 1399.99 | 8.61 | 286.14 | 9.26 | 4.34 | 0.64 |
| 中山 Zhongshan | 665.27 | 13.17 | 604.46 | 11.97 | 60.82 | 26.57 | 2.48 | 0.3 |
| 江门 Jiangmen | 1161.74 | 17.23 | 1013.11 | 16.19 | 148.63 | 24.86 | 5.48 | 0.80 |
| 阳江 Yangjiang | 461.35 | 48.74 | 455.74 | 49.47 | 5.61 | 6.29 | 4.85 | 0.71 |
| 湛江 Zhanjiang | 923.60 | 50.77 | 909.38 | 50.99 | 14.23 | 37.98 | 9.98 | 1.46 |
| 茂名 Maoming | 362.64 | 18.33 | 360.34 | 18.27 | 2.30 | 29.08 | 1.80 | 0.26 |
| 肇庆 Zhaoqing | 1263.95 | 19.73 | 1103.69 | 20.46 | 160.26 | 14.93 | 6.69 | 0.986 |
| 清远 Qingyuan | 780.31 | 17.02 | 744.33 | 16.04 | 35.99 | 41.90 | 3.64 | 0.53 |
| 潮州 Chaozhou | 418.17 | 16.90 | 371.70 | 17.10 | 46.47 | 15.30 | 1.50 | 0.22 |
| 揭阳 Jieyang | 440.31 | 19.62 | 432.30 | 19.62 | 8.01 | 19.70 | 2.32 | 0.34 |
| 云浮 Yunfu | 603.39 | 32.37 | 594.03 | 32.39 | 9.36 | 31.28 | 4.74 | 0.69 |
| 按经济区域分 By Region | | | | | | | | |
| 珠三角 Pearl River Delta | 16809.45 | 9.88 | 13649.70 | 10.92 | 3159.75 | 5.60 | 48.53 | 7.10 |
| 东翼 Eastern Region | 2190.80 | 19.16 | 2121.30 | 19.56 | 69.49 | 7.96 | 11.31 | 1.66 |
| 西翼 Western Region | 1747.60 | 42.17 | 1725.46 | 42.38 | 22.14 | 27.44 | 16.64 | 2.44 |
| 山区 Mountainous Region | 3650.30 | 25.12 | 3571.06 | 25.29 | 79.24 | 17.97 | 23.52 | 3.44 |

# 2011 年广东省各市·区域旅游业收入情况

## Tourism Earnings by City 2011

单位：亿元 (100 million yuan)

| 市　别 City | 收入合计 Total Earnings | | 旅游外汇收入 Foreign Exchange Earnings | | 国内旅游收入 Domestic Tourism Earnings | |
|---|---|---|---|---|---|---|
| | 2010 | 2011 | 2010 | 2011 | 2010 | 2011 |
| 全省合计 Provincial Total | 3809. 44 | 4835. 26 | 844. 85 | 903. 56 | 2964. 59 | 3931. 71 |
| 广州 Guangzhou | 1254. 61 | 1630. 80 | 318. 64 | 315. 33 | 935. 97 | 1315. 47 |
| 深圳 Shenzhen | 628. 77 | 737. 32 | 216. 15 | 243. 40 | 493. 00 | 493. 84 |
| 珠海 Zhuhai | 219. 34 | 222. 83 | 83. 14 | 69. 32 | 136. 20 | 153. 51 |
| 汕头 Shantou | 88. 48 | 104. 42 | 3. 41 | 3. 29 | 85. 07 | 101. 12 |
| 佛山 Foshan | 231. 30 | 296. 46 | 49. 54 | 63. 21 | 181. 76 | 233. 25 |
| #顺德 Shunde | 73. 72 | 81. 53 | 24. 75 | 24. 96 | 48. 97 | 56. 57 |
| 韶关 Shaoguan | 106. 82 | 129. 60 | 7. 01 | 4. 18 | 99. 81 | 125. 42 |
| 河源 Heyuan | 46. 07 | 61. 09 | 0. 94 | 0. 55 | 45. 13 | 60. 55 |
| 梅州 Meizhou | 72. 83 | 116. 18 | 2. 01 | 2. 25 | 70. 82 | 113. 94 |
| 惠州 Huizhou | 140. 82 | 161. 19 | 34. 09 | 37. 46 | 106. 73 | 123. 73 |
| 汕尾 Shanwei | 42. 36 | 57. 95 | 0. 80 | 0. 70 | 41. 56 | 57. 25 |
| 东莞 Dongguan | 191. 32 | 249. 37 | 45. 94 | 59. 11 | 145. 38 | 190. 25 |
| 中山 Zhongshan | 125. 17 | 151. 41 | 18. 75 | 16. 06 | 106. 42 | 135. 35 |
| 江门 Jiangmen | 120. 10 | 154. 43 | 32. 39 | 39. 09 | 87. 71 | 115. 33 |
| 阳江 Yangjiang | 42. 68 | 66. 35 | 1. 27 | 1. 37 | 41. 41 | 64. 98 |
| 湛江 Zhanjiang | 65. 32 | 92. 92 | 1. 85 | 2. 36 | 63. 47 | 90. 56 |
| 茂名 Maoming | 71. 86 | 84. 41 | 0. 81 | 0. 82 | 71. 05 | 83. 59 |
| 肇庆 Zhaoqing | 102. 78 | 142. 32 | 8. 45 | 21. 27 | 94. 33 | 121. 06 |
| 清远 Qingyuan | 108. 43 | 161. 51 | 7. 52 | 7. 63 | 100. 91 | 153. 88 |
| 潮州 Chaozhou | 54. 19 | 63. 48 | 8. 98 | 12. 85 | 45. 21 | 50. 64 |
| 揭阳 Jieyang | 47. 52 | 64. 79 | 1. 46 | 1. 74 | 46. 06 | 63. 05 |
| 云浮 Yunfu | 48. 67 | 86. 44 | 1. 70 | 1. 67 | 46. 97 | 84. 78 |
| 按经济区域分 By Region | | | | | | |
| 珠三角 Pearl River Delta | 3014. 21 | 3746. 13 | 807. 09 | 864. 16 | 2207. 12 | 2881. 95 |
| 东翼 Eastern Region | 232. 55 | 290. 64 | 14. 65 | 18. 58 | 217. 90 | 272. 13 |
| 西翼 Western Region | 179. 86 | 243. 68 | 3. 93 | 4. 55 | 175. 93 | 239. 13 |
| 山区 Mountainous Region | 382. 82 | 554. 82 | 19. 18 | 16. 28 | 363. 64 | 538. 57 |

（叶志青）

# 各级旅游管理机构

# Travel Agency

（第461～476页）

江门市新会崖门炮台

# 广 东 省 旅 游 局

## 局领导班子成员

| | | |
|---|---|---|
| 杨荣森 | 党组书记 | 局　长 |
| 曾维炳 | 党组成员 | 巡视员 |
| 周开生 | 党组成员 | 副局长 |
| 张振林 | 党组成员 | 副局长、机关党委书记 |
| 王志红 | | 副局长 |
| 梅其洁 | 党组成员 | 副局长 |
| 黎增丰 | 党组成员 | 纪检组长、监察专员 |
| 林上福 | 党组成员 | 副巡视员 |

## 局机关、直属事业单位负责人

办公室主任：邱招贤
电话：(020) 87513611
传真：(020) 87513620

局机关党委专职副书记、
党办主任：于非已
电话：(020) 87513651
传真：(020) 87513657

政策法规处处长：曾晓峰
电话：(020) 87513616
传真：(020) 87513551

行业管理处处长：刘益华
电话：(020) 87513625
传真：(020) 87513674

市场开发处处长：甘达坚
电话：(020) 87513622
传真：(020) 87513640

规划统计处处长：陈瑞东
电话：(020) 87513632
传真：(020) 87513764

港澳台旅游事务处处长：毛　诚
电话：(020) 87513631

教育培训处处长：李振德
电话：(020) 87513612
传真：(020) 87513770

人事处处长：余　斌
电话：(020) 87513641
传真：(020) 87513650

机关工会主席：蔡立斌
电话：(020) 87513561
传真：(020) 87513563

省旅游质量监督管理所所长：姚霖尹
电话：(020) 87513661
投诉电话：(020) 22386699
(020) 87513664
旅游服务热线：12301
传真：(020) 87513740

省旅游发展研究中心主任：李国平
电话：(020) 87513711
传真：(020) 22220298

省旅游发展促进中心主任：孙朝晖
电话：(020) 87513578
传真：(020) 87513579

省旅游协会副会长兼秘书长：李进茂
电话：(020) 87513721
传真：(020) 87513730

省旅游职业技术学校校长：冒超球
地址：广州市同和街同泰路 1111 号
电话：(020) 37247320

广东省旅游局
地址：广州市黄埔大道西 463 号
电话：(020) 87502666
传真：(020) 87503222
邮编：510630
网址：http：//www. gdta. gov. cn

# 各市、县（市、区）旅游局

## 广州市

**广州市旅游局**
局党委书记、局长：朱　力
地址：广州市东风西路140号
13～15楼
电话：（020）81078200
传真：（020）81078234
邮编：510170
http://www.visitgz.com
http://www.gzly.gov.cn

局党委副书记：周耀明
电话：（020）81078200

副局长：李志新
电话：（020）81078200

副局长：肖永存
电话：（020）81078200

副局长：谭爱英
电话：（020）81078200

纪委书记：汪茂增
电话：（020）81078200

副巡视员：周泽健
电话：（020）81078200

办公室
电话：（020）81078233
传真：（020）81078234

规划发展处
电话：（020）81078211

法规与统计处
电话：（020）81078298

市场推广处
电话：（020）81078267

资源开发处
电话：（020）81078265

旅游饭店管理处
电话：（020）81078238

旅行社管理处
电话：（020）81078296

行业培训指导处
电话：（020）81078242

组织人事处
电话：（020）81078205

工会
电话：（020）80178207

纪委办、监察室
电话：（020）81078229

机关党委
电话：（020）81078210

离退休干部工作处
电话：（020）81078206

广州旅游质量监督管理所
电话：（020）81078277　86666666

紧急救援中心
电话：（020）81078250　86666330

**越秀区文化广电新闻出版局（旅游局）**
局长：王卫国
地址：广州市越秀区署前路8号9楼
电话：（020）87615152
传真：（020）87615152
邮编：510080

**海珠区文化广电新闻出版局（版权）旅游局**
局长：吴天军
地址：广州市海珠区宝岗路35号南
北广场3楼
电话：（020）34269570
传真：（020）34269570
邮编：510240

**荔湾区文化广电新闻出版局**
局长：严汉初
地址：广州市荔湾区逢源路128号
金升大厦7楼
电话：（020）81839931
传真：（020）81818871
邮编：510150

**白云区旅游局**
局长：麦少杰
地址：广州市广园中路238号白云区
政府7楼
电话：（020）86579881
传真：（020）86575757
邮编：510405

**黄埔区旅游局**
局长：孙恺敏
地址：广州市黄埔区大沙东路333号
59室

电话：(020) 82378773
传真：(020) 82378987
邮编：510240

**天河区旅游局**
局长：李笑娟
地址：广州市天府路1号2号楼6楼
电话：(020) 38622872
传真：(020) 38624261
邮编：510655

**南沙区经贸科技和信息化局（旅游局）**
局长：范跃华
地址：广州市南沙开发区凤凰大道1号
电话：(020) 39910512
传真：(020) 84986646
邮编：510530

**萝岗区旅游局**
局长：徐红怡
地址：广州市萝岗区香雪三路1号行政服务中心D栋
电话：(020) 82111566
传真：(020) 82111554
邮编：510530

**番禺区旅游局**
局长：黎德权
地址：番禺区市桥街桥兴大道43号
电话：(020) 39993806
传真：(020) 39993817
邮编：511400

**花都区旅游局**
局长：黄兆祥
地址：广州市花都区新华街迎宾大道95号交通大楼14楼
电话：(020) 36897862
传真：(020) 36898392
邮编：510800

**从化市旅游局**
局长：李妙娟
地址：从化市街口街东成路20号
电话：(020) 87922116
传真：(020) 87926819
邮编：510900

**增城市旅游局**
局长：黄海明
地址：增城市荔城街府佑路滨海一街海涛居5~6栋首层
电话：(020) 82634078
传真：(020) 82664398
邮编：511300

## 深圳市

**深圳市文体旅游局**
局长：陈　威
地址：深圳市福田区福中三路市民中心C区1楼、2楼
电话：(0755) 82002320
传真：(0755) 82003142
邮编：518035
http:www. szwtl. gov. cn

副局长：岳川江
电话：(0755) 82003268

副局长：易能全
电话：(0755) 82003208

副巡视员：王　敏
电话：(0755) 82003182

办公室
电话：(0755) 82002239
传真：(0755) 82003201

旅游推广促进处
电话：(0755) 82003160

旅游协调管理处
电话：(0755) 82003181

**罗湖区经济促进局**
局长：王　萍
地址：深圳市罗湖区文锦中路罗湖管理中心大厦21楼
电话：(0755) 25666604
传真：(0755) 25666612
邮编：518007

**福田区经济促进局**
局长：张尊众
地址：深圳市福田区福民路123号福田区委大楼26层
电话：(0755) 82918898
传真：(0755) 82918631
邮编：518048

**南山区经济促进局**
局长：周　辉
地址：深圳市南山区桃园东路区委大楼A座8楼
电话：(0755) 26561748
传真：(0755) 26542170
邮编：518059

**宝安区文体旅游局**
局长：吴少平
地址：深圳市宝安区创业路1号区政府办公大楼3楼
电话：(0755) 29998184
传真：(0755) 29998983
邮编：518101

**盐田区经济促进局**
局长：陈晓武
地址：深圳市盐田区深盐路2088号区行政文化中心大楼5~6楼
电话：(0755) 25228400
传真：(0755) 25228855
邮编：518081

**龙岗区文体旅游局**
局长：张　耀
地址：深圳市龙岗区中心城清林中路海关大厦东座12楼
电话：(0755) 28949662
传真：(0755) 28949660
邮编：518172

**光明新区经济服务局**
局长：王　毅

地址：深圳市光明新区光明大道1号
电话：（0755）88211812
传真：（0755）88211643
邮编：518107

**坪山新区经济服务局**
局长：王伟雄
地址：深圳市坪山新区深汕路坪山新区管理委员会201号
电话：（0755）84622779
传真：（0755）84622843
邮编：518118

## 珠海市

**珠海市文体旅游局**
局长：张梅生（2012年12月任职）
刘福祥（2012年7月离任）
地址：珠海市香洲红山路165号
电话：（0756）2636712
传真：（0756）2636701
邮编：519070
http:www.zhwtl.gov.cn

副局长：王春剑
电话：（0756）2630778

副局长：秦凤尝
电话：（0756）2661986

办公室
电话：（0756）2636712

市场管理科
电话：（0756）2636613

旅游推广促进科
电话：（0756）2636656

产业科
电话：（0756）2636703

旅游质监所
电话：（0756）3346666
（0756）3336061

旅游总会
电话：（0756）3355181

**香洲区文体旅游局**
局长：陈成兵
地址：香洲区柠溪路284号B区3楼
电话：（0756）2283709
传真：（0756）2298641
邮编：519010

**金湾区文体旅游局**
局长：李成铿
地址：金湾区办公中心9号楼1楼
电话：（0756）7263321
传真：（0756）7799919
邮编：519090

**斗门区旅游局**
局长：陈夏森
地址：斗门区井岸镇朝福路436号5楼
电话：（0756）5551157
传真：（0756）5153885
邮编：519100

**万山海洋开发试验区经济发展局**
局长：匡　澍
地址：香洲区梅华东路301号2单元4楼413
电话：（0756）2233017
传真：（0756）2233017
邮编：519000

**横琴新区产业发展局**
局长：唐顺铁
地址：横琴新区德政路41号管委会大楼C栋
电话：（0756）8841921
邮编：519031

**珠海市高新区社会发展局**
局长：周火根
地址：珠海市金鼎金峰中路208号
电话：（0756）3629815
传真：（0756）3629810
邮编：519085

## 汕头市

**汕头市旅游局**
局长：陈华佳
地址：汕头市跃进路28号4楼
电话：（0754）88297615
传真：（0754）88286555
邮编：515037
http://stly.gov.cn

副局长：于临生
电话：（0754）88973637

副局长：陈　斌
电话：（0754）88971151

纪检组长：刘向平
电话：（0754）88976363

调研员：黄燕湖
电话：（0754）88295611

副调研员：方展荣
电话：（0754）88975666

办公室
电话：（0754）88293456
传真：（0754）88286555

政策法规科
电话：（0754）88916015

资源与市场开发科
电话：（0754）88451799

质量规范与管理科
电话：（0754）88297614

质量监督管理所
电话：（0754）88297616

导游服务中心
电话：（0754）88973837

**金平区旅游局**
局长：林荣杰
地址：汕头市金园路12号
电话：（0754）88604761
传真：（0754）88626858
邮编：515041

**龙湖区旅游局**
局长：陈仲华（2011年9月任职）
地址：汕头市珠江路23号珠江楼6楼
电话：（0754）88831051
传真：（0754）88831096
邮编：515041

**澄海区旅游局**
局长：杨春生
地址：澄海区文冠路党政办公楼
电话：（0754）85861480
传真：（0754）85850350
邮编：515800

**濠江区旅游局**
局长：杨育挺
地址：汕头濠江区达濠商业街秀峰路1号审计综合楼2楼
电话：（0754）87386933
传真：（0754）87386966
邮编：515071

**潮阳区旅游局**
局长：马学秋（2011年12月任职）
地址：潮阳区中山西路10号
电话：（0754）83813263
传真：（0754）83615871
邮编：515100

**潮南区旅游局**
局长：周汉清
地址：潮南区峡山客运站后栋4楼
电话：（0754）87769701
传真：（0754）87769701
邮编：515141

**南澳县旅游局**
局长：黄文斌（2012年1月任职）
地址：南澳县后宅镇光明路老财政楼
电话：（0754）86806090
传真：（0754）86803033
邮编：515900

## 佛山市

**佛山市旅游局**
局长：彭聪恩
电话：（0757）82981035
传真：（0757）82981017
地址：佛山市禅城区佛山大道北169号
邮编：528000

副局长：谢建华
电话：（0757）82981103

副局长：潘文升
电话：（0757）82505681

办公室
电话：（0757）82981035
传真：（0757）82981017

行业管理科
电话：（0757）82981346
传真：（0757）82981100

资源与市场开发科
电话：（0757）82961043
传真：（0757）82961043

旅游质量监督所
电话：（0757）82212061
传真：（0757）82212061
佛山市旅游网：www. fstourism. gov. cn
佛山旅游营销系统：
www. visitfoshan. com

**禅城区文体旅游局**
局长：徐　航（区委常委、宣传部长）
地址：佛山市禅城区同济东路区政府通济大院12楼
电话：（0757）82341206
传真：（0757）82341214
邮编：528000
http://xcb. chancheng. gov. cn

**南海区文体旅游局**
局长：俞　进（区委常委、宣传部长）
地址：南海区桂城新四路2号
邮编：528200
电话：（0757）86225158
传真：（0757）86286786
南海区旅游网：http://www. nanhai. gov. cn
南海旅游官方微博：@南海旅游（新浪、腾讯）

**高明区区委室传部（文体旅游局）**
局长：严　冰
地址：高明区荷城街道沧江路88号
邮编：528500
电话：88881287
http://lyj. gaoming. gov. cn/
高明旅游微博：
http://weibo. com/gmlyj

**三水区区委宣传部（文体旅游局）**
局长：何国辉
地址：佛山市三水区西南街道人民三路139号（区政府大院）
邮编：528100
电话：（0757）87718800
传真：（0757）87718800
三水旅游网：www. sanshuilvyou. com

## 韶关市

**韶关市旅游局**
局长：李晓林（2011年4月任职）
地址：韶关市风度北路市政府大楼12楼
电话：（0751）8885710
传真：（0751）8916132
邮编：512000
http://www. sgta. gov. cn

调研员：蔡　福
电话：（0751）8888650

副局长：陈仲耀
电话：(0751) 8884718

副局长：江仁瑞
电话：(0751) 8916068

副局长：卢东华
电话：(0751) 8888109

办公室
电话：(0751) 8885710

人事科
电话：(0751) 8886152

资源科
电话：(0751) 8898981

开发科
电话：(0751) 8916130

质监所
电话：(0751) 8916131

**南雄市旅游局**
局长：黄志星
地址：南雄市雄州镇永康路 13 号
电话：(0751) 3822010
传真：(0751) 3822909
邮编：512400

**曲江区旅游局**
局长：邓春鸿
地址：曲江区马坝镇文化路口
电话：(0751) 6666003
传真：(0751) 6667088
邮编：512100

**乳源瑶族自治县文体旅游局**
局长：邬宝华
地址：乳源县鹰峰西路 7 号
电话：(0751) 5384529
传真：(0751) 5387381
邮编：512700

**新丰县旅游局**
局长：林国平
地址：新丰县政府内
电话：(0751) 2262181
传真：(0751) 2262610
邮编：511100

**乐昌市旅游局**
局长：周杏林
地址：乐昌市政府大院内档案局 1 楼
电话：(0751) 5551113
传真：(0751) 5551113
邮编：512200

**仁化县旅游局**
局长：梁家宁
地址：仁化县新城横路 37 号 4 楼
电话：(0751) 6358911
传真：(0751) 6353418
邮编：512300

**始兴县旅游局**
局长：刘丰文
地址：始兴县城墨江桥北路粤兴大厦 3 楼
电话：(0751) 3312828
传真：(0751) 6131999
邮编：512500

**翁源县旅游局**
局长：黄　旭
地址：翁源县龙仙镇文化局新大楼 4 楼
电话：(0751) 2860177
传真：(0751) 2860177
邮编：511100

**浈江区旅游局**
局长：李　颖
地址：浈江区启明路文化中心
电话：(0751) 8311159
传真：(0751) 8311158
邮编：512023

## 河源市

**河源市旅游局**
局长：郑日平（2012 年 3 月任职）
　　　古敏生（2012 年 3 月离任）
地址：河源市新区兴源东路 1 号华怡大厦 2 楼
电话：(0762) 3388793
传真：(0762) 3388285
邮编：517000
http：//www. heyuane our. com

副局长：李德标
电话：(0762) 3388865

副局长：张振辉
电话：(0762) 3888235

副局长：杨友平
电话：(0762) 3387021

纪检组长：何　彤
电话：(0762) 3388032

副局长：刘　钝
电话：(0762) 3388122

副调研员：邓新平
电话：(0762) 3388122

办公室
电话：(0762) 3388920

人事科
电话：(0762) 3388795

行业管理科
电话：(0762) 3388185

资源与市场开发科
电话：(0762) 3387555

质量监督管理所
电话：(0762) 3387777
传真：(0762) 3388285

**源城区旅游局**
局长：罗伟平
地址：源城区政府大院内
电话：(0762) 3325113
传真：(0762) 3334100
邮编：517000

**东源县旅游局**
局长：欧文初
地址：东源县政府大院内
电话：(0762) 8833277
传真：(0762) 8831117
邮编：517100

**和平县旅游局**
局长：黄春彭
地址：和平县政府大院内
电话：(0762) 5641365
传真：(0762) 5641365
邮编：517200

**龙川县旅游局**
局长：黄海泉
地址：龙川县老隆镇东风路50号4楼
电话：(0762) 6893003
传真：(0762) 6752547
邮编：517300

**紫金县旅游局**
局长：傅作荣
地址：紫金县党政大楼0524号房
电话：(0762) 7838996
传真：(0762) 7838996
邮编：517400

**连平县旅游局**
局长：罗光明
地址：连平县环城南路县政府招待所4楼
电话：(0762) 4326978
传真：(0762) 4337998
邮编：517500

## 梅州市

**梅州市旅游局**
局长：吴献华（2012年3月任职）
陈建新（2012年3月离任）
地址：梅州市嘉应路24号
电话：(0753) 2260389
传真：(0753) 2242728
邮编：514021
http://www.mzta.gov.cn

副局长：郭碧玲（2011年8月任职）
电话：(0753) 2279863

副局长：杨贵宏
电话：(0753) 2259296

副局长：丘加悦
电话：(0753) 2259199

局副长：李洪涛（2011年12月任职）
电话：(0753) 2242776

办公室
电话：(0753) 2279102　2242776
传真：2242728

综合协调科
电话：(0753) 2246318

行业管理科（导旅管理中心）
电话：(0753) 2260996　2259681

市场开发科
电话：(0753) 2243687

质监执法科
电话：(0753) 2243654

**梅江区旅游局**
局长：曾思敏（2011年11月任职）
李志雄（2011年11月离任）
地址：梅州市仲元路区政府大院
电话：(0753) 2196933
传真：(0753) 2196933
邮编：514000

**梅县旅游局**
局长：杨柏芳
地址：梅县新城行政区
电话：(0753) 2587791
传真：(0753) 2587123
邮编：514700

**兴宁市旅游局**
局长：刘文忠
地址：兴宁市中山东路1号
电话：(0753) 3327258
传真：(0753) 3325298
邮编：514500

**丰顺县旅游局**
局长：陈国清
地址：丰顺县汤坑镇新世纪雄风大道74号
电话：(0753) 6689333
传真：(0753) 6689889
邮编：514300

**蕉岭县文体旅游局**
局长：黄金松（2011年12月任职）
张辉明（2011年7月任职、12月离任）
地址：蕉岭县蕉城镇桂岭大道中252号
电话：(0753) 7892818
传真：(0753) 7892758
邮编：514100

**五华县旅游局**
局长：张茂华
地址：五华县政府大院内
电话：(0753) 4431073
传真：(0753) 4436200
邮编：514400

**大埔县旅游局**
局长：刘小平（2011年11月任职）
黄周水（2011年11月离任）
地址：大埔县文化路27号
电话：(0753) 5535328

传真：（0753）5532992
邮编：514200

**平远县旅游局**
局长：肖明羲
地址：平远县平远大道新村
商住城
电话：（0753）8895898
传真：（0753）8899878
邮编：514600

## 惠州市

**惠州市旅游局**
局长：黄细花（2012 年 2 月任职）
崔　爽（2011 年 11 月离任）
地址：惠州市惠城区下埔路 3 号广发
证券大厦 4 楼 407
电话：（0752）2230701
传真：（0752）2207428
邮编：516001
http://lyj.huizhou.gov.cn

党组书记、副局长：吴琦生
电话：（0752）2208678

副局长：谭跃华
电话：（0752）2214676

副局长：郭武飘
电话：（0752）2684138

副局长：田佑良
电话：（0752）2208829

办公室
电话：（0752）2230701　2210872
传真：（0752）2207428

质量规范与管理科
电话：（0752）2661793

资源与市场开发科
电话：（0752）2235939

旅游质量监督管理所
电话：（0752）2661932

导游管理中心
电话：（0752）2208766

**惠城区旅游局**
局长：汪建辉
地址：惠州市惠城区龙丰新联路 5 号
惠城区行政服务中心大楼 4 楼
电话：（0752）7809459
传真：（0752）7809499
邮编：516008

**惠阳区旅游局**
局长：张文志
地址：惠阳区淡水桥背行政服务中心
A 栋 4 楼 410 室
电话：（0752）3370048
传真：（0752）3364631
邮编：516211

**博罗县文体旅游局**
局长：廖建新
地址：博罗县罗阳镇体育大道
电话：（0752）6208199
传真：（0752）6292906
邮编：516100

**惠东县旅游局**
局长：陈继祥
地址：惠东县平山街道平深路爱华围
旅游局
电话：（0752）8890798
传真：（0752）8894128
邮编：516300

**龙门县旅游局**
局长：陈瑞玲
地址：龙门县城西林路 42 号 2 楼
电话：（0752）7795222
传真：（0752）7781777
邮编：516800

**大亚湾区旅游局**
局长：陈丽娟
地址：大亚湾中兴中路 7 号投资控股
大厦 6 楼
电话：（0752）5568253
传真：（0752）5568253
邮编：516081

**仲恺高新区宣教文卫办**
党组副书记、常务副主任：舒水明
党组成员、文体科长：缪六品
地址：惠州仲恺高新技术产业开发区
和畅五路 8 号
电话：（0752）2609920
传真：（0752）2609920
邮编：516006

## 汕尾市

**汕尾市旅游局**
局长：吕珠龙（市政协副主席，2012
年 3 月任职）
张林海（2012 年 3 月离任）
地址：汕尾市城南路旅游大厦
电话：（0660）3364804
传真：（0660）3398800
邮编：516600

副局长：邓晓虹
电话：（0660）3282080

副局长：王　剑
电话：（0660）3285181

调研员：吕以皆
电话：（0660）3381891

副调研员：林兴文
电话：（0660）3364802

办公室
电话：（0660）3364804
传真：（0660）3398800

质量规范与管理科
电话：（0660）3398929

资源与市场开发科
电话：(0660) 3396193

旅游质量监督管理所
电话：(0660) 3364163

**陆丰市旅游局**
局长：林文渊
地址：陆丰东海镇北堤路 19 号
电话：(0660) 8821137
传真：(0660) 8821137
邮编：516500

**海丰县文体旅游局**
局长：卢小娟
地址：海丰县城红城大道 13 号
电话：(0660) 6622212
传真：(0660) 6893623
邮编：516400

**陆河县旅游局**
局长：罗小宁
地址：陆河县城人民南路
电话：(0660) 5528551
传真：(0660) 5528551
邮编：516700

**汕尾市城区旅游局**
局长：郑　晓
地址：汕尾市文明南路 209 号
电话：(0660) 3325832
传真：(0660) 3356051
邮编：516600

**红海湾开发区旅游局**
局长：刘文芬
地址：汕尾市红海湾开发区管委会行政中心大楼 210 室
电话：(0660) 3438856
传真：(0660) 3425316
邮编：516620

**华侨管理区旅游局**
局长：庄泽棠
地址：汕尾市华侨管理区办公大楼
电话：(0660) 8251958
传真：(0660) 8253299
邮编：516532

## 东莞市

**东莞市旅游局**
局长：梁少虾
地址：东莞市城区万寿路 76 号
电话：(0769) 22678666
传真：(0769) 22226805
邮编：523003
http://dgtour.dg.gov.cn/

调研员：李耀辉
电话：(0769) 22226665

副局长：余建民
电话：(0769) 22228286

副局长：李亚鹏
电话：(0769) 22220136

副局长：曾玉如
电话：(0769) 22226693

副调研员：安玉平
电话：(0769) 22228116

副调研员：钟志强
电话：(0769) 22229336

办公室
电话：(0769) 22226809

**质量规范与管理科**
电话：(0769) 22226722

**资源与市场开发科**
电话：(0769) 22226762

**信息科**
电话：(0769) 22226676

**旅游质量监督管理所**
电话：(0769) 22227160

## 中山市

**中山市旅游局**
局长：车　卫
地址：中山市东区起湾道 3 号
电话：(0760) 88811825
传真：(0760) 88806615
邮编：528403
http://www.zhongshantour.com.cn

副局长：梁渭林
电话：(0760) 88801089

副局长：张　文
电话：(0760) 88663093

副局长：董祖文（2011 年 8 月任职）
电话：(0760) 88663107

调研员：吴东就
电话：(0760) 88800686

副调研员：梁照平（2011 年 6 月任职）
电话：(0760) 88800316

副调研员：谭桂林
电话：(0760) 88804601

副调研员：欧阳泽生
电话：(0760) 88810078

办公室
电话：(0760) 88811825

行业管理科
电话：(0760) 88818786

市场拓展科
电话：(0760) 88809664

资源开发科
电话：(0760) 88805214

旅游质量监督管理所
电话：（0760）88805211

## 江门市

**江门市旅游局**
局长：冯裕聪
　　　程步一（2012年1月离任）
地址：江门市白沙大道6号之二
电话：（0750）3551911
传真：（0750）3551300
邮编：529000
http://www.jm-tour.com
Email:jmtour@pub.jiangmen.gd.cn

副局长：张　华
电话：（0750）3551611

办公室
电话：（0750）3551911
传真：（0750）3551300

市场科
电话：（0750）3530883

质管科
电话：（0750）3515566
旅游投诉电话：（0750）3515566

**蓬江区旅游局**
局长：李伟恒
地址：江门市建设二路18号7楼
电话：（0750）8222220
传真：（0750）3221932
邮编：529000

**江海区旅游局**
局长：邓群标
地址：江门市东海路338号江海区机关大院3号楼7楼
电话：（0750）3861530
传真：（0750）3861659
邮编：529000

**新会区旅游局**
局长：胡锦旋
地址：新会圭峰山风景区管委会A座
电话：（0750）6173301
传真：（0750）6173302
邮编：529100

**台山市旅游局**
局长：容兆廉
地址：台山环北大道46号2楼
电话：（0750）5503287
传真：（0750）5512456
邮编：529200

**开平市旅游局**
局长：许永锋
地址：开平长沙东路3号
电话：（0750）2229177
传真：（0750）2293314
邮编：529300

**鹤山市旅游局**
局长：胡　杰
地址：鹤山沙坪镇东升路50号
电话：（0750）8902286
传真：（0750）8989649
邮编：529700

**恩平市旅游局**
局长：郑素红
地址：恩平沿江路2号
电话：（0750）7711728
传真：（0750）7727302
邮编：529400

## 阳江市

**阳江市旅游和外事侨务局**
局长：马洪藻
地址：阳江市漠江路739号
电话：（0662）3377373
传真：（0662）3361292
邮编：529500

副局长：余建华
电话：（0662）3303728

副局长：梁健巧
电话：（0662）3388338

侨联副主席　许焕容
电话：（0662）3386456

副局长：张　开
电话：（0662）3366381

副局长柯远平
电话：（0662）3361969

办公室
电话：（0662）3361261

旅游政策法规与产业协调科
电话：（0662）3310376

旅游行业管理科
电话：（0662）3357693

旅游（投诉）
电话：（0662）3356345

旅游市场开发科
电话：（0662）3318692　3310238

旅游资源管理和开发科
电话：（0662）3354181

市旅游服务指导中心
电话：（0662）3511888
传真：3188777

**江城区文体旅游和外事侨务局**
局长：郑玉冰
地址：阳江市漠江路区府大院8楼
电话：（0662）3100898
传真：（0662）3100898
邮编：529500

**阳春市旅游和外事侨务局**
局长：曾庆婵
地址：阳江市阳春大道防空大楼7楼
电话：（0662）7735179
传真：（0662）7735179

邮编：529600

**阳东县旅游和外事侨务局**
局长：冯　敏
地址：阳江市阳东县龙日路33号
电话：（0662）6611536
传真：（0662）6611536
邮政：529900

**阳西县旅游和外事侨务局**
局长：黄干尤
地址：阳西县广场路县府大院西幢综合楼二楼
电话：（0662）5553859
传真：（0662）5533329
邮编：529800

**海陵岛文体旅游局**
局长：陈章星
地址：阳江市闸坡镇大角湾停车场侧海景湾酒店5楼
电话：（0662）3890246
传真：（0662）3880553
邮编：529536

## 湛江市

**湛江市旅游局**
局长：林　红
地址：湛江市赤坎区海滨六路3号之三沙湾大厦A座5楼
电话：（0759）3161921
传真：（0759）3161178
邮编：524044
http://zjta. zhanjiang. gov. cn
http://wwwVgdzjtravdl. com/

副局长：陈振华
电话：（0759）3162169

副局长：曹　晔
电话：（0759）3161908

办公室
电话：（0759）3161923　3161303
传真：（0759）3161178

行业管理科
电话：（0759）3161962

规划科
电话：（0759）3161963

市场拓展科
电话：（0759）3161623

休闲办
电话：（0759）3161038

质量监督管理所
电话：（0759）3161636　2262444

湛江市旅游发展促进中心
电话：（0759）3161136　3161708

湛江市旅游招商分局
局长：林　兵
电话：（0759）3161623

**霞山区旅游局**
局长：黄　政
地址：湛江市霞山区解放西路22号霞山区政府2号楼12楼
电话：（0759）2173937
传真：（0759）2173899
邮编：524013

**赤坎区旅游局**
局长：黄柳坚
地址：湛江市赤坎区百姓路1号
电话：（0759）8208279
传真：（0759）8208277
邮编：524033

**麻章区旅游局**
局长：张　蓓
地址：湛江市麻章区政通东路1号
电话：（0759）2732918
传真：（0759）2732922
邮编：524094

**坡头区旅游局**
局长：吕其让
地址：湛江市坡头区南调路区府大楼1楼
电话：（0759）3905238
传真：（0759）3950032
邮编：524057

**雷州市旅游局**
局长：洪　新
地址：雷州市雷城西湖新村4号
电话：（0759）8851100
传真：（0759）8808778
邮编：524200

**廉江市旅游局**
局长：黎法槐
地址：廉江市迎宾一路7号
电话：（0759）6620678
传真：（0759）6609005
邮编：524400

**吴川市旅游局**
局长：陈　豪
地址：吴川市市府招待所2号楼205室
电话：（0759）5608851
传真：（0759）5613022
邮编：524500

**遂溪县旅游局**
局长：黄高梅
地址：遂溪县遂城镇中山路133号
电话：（0759）7768041
传真：（0759）7768413
邮编：524373

**徐闻县旅游局**
局长：陈北跑
地址：徐闻县政府大楼1楼
电话：（0759）4879771
传真：（0759）4879770
邮编：524100

**湛江经济技术开发区旅游局**
局长：周　耿
地址：东海岛旅游度假区湛江经济技术开发区乐怡路社保大厦七楼

电话：（0759）3628118
传真：（0759）3628116
邮编：524022

## 茂名市

**茂名市旅游局**
局长：梁红健（2012 年 3 月任职）
　　　李清汉（2012 年 3 月离任）
地址：茂名市迎宾路 137 号大院
　　　3 号楼
电话：（0668）2897183
传真：（0668）2287085
邮编：525000
http://www.mmlyj.com

调研员：李　宁
电话：（0668）2891286

副局长：陈中波
电话：（0668）2869767

副局长：何振锋（2011 年 12 月任职）
电话：（0668）2891286

副局长：车健明
电话：（0668）2869737

副调研员：黄经豪
电话：（0668）2891286

办公室
电话：（0668）2288187
传真：（0668）2287085

旅行社管理科
电话：（0668）2285548

饭店管理科
电话：（0668）2886589

资源与市场开发科
电话：（0668）2869757

旅游质监科
电话：（0668）2270544

**茂南区旅游局**
局长：潘谢斌
地址：茂名市油城三路 319 号
电话：（0668）2112133
传真：（0668）2112122
邮编：525000

**茂港区旅游局**
局长：马　堂
地址：茂名市茂港区政府大楼 3 楼
电话：（0668）2689333
传真：（0668）2688128
邮编：525027

**信宜市旅游局**
局长：叶　尚（2011 年 12 月任职）
　　　江柳钦（2011 年 12 月离任）
地址：信宜市政府大院
电话：（0668）8873553
传真：（0668）8878665
邮编：525300

**高州市旅游局**
局长：任水长（2011 年 12 月任职）
　　　钟　平（2011 年 12 月离任）
地址：高州市中山路 73 号
电话：（0668）6658383
传真：（0668）6658282
邮编：525200

**化州市旅游局**
局长：杨　剑
地址：化州市政府大院
电话：（0668）7360777
传真：（0668）7360777
邮编：525100

**电白县旅游局**
局长：黄日辉（2011 年 12 月任职）
　　　肖国忠（2011 年 12 月离任）
地址：电白县政府综合楼 1 楼
电话：（0668）5115325
传真：（0668）5115335
邮编：525400

## 肇庆市

**肇庆市旅游发展局**
局长：刘卫红（2012 年 12 月任职）
　　　郑时广（2012 年 12 月离任）
地址：肇庆市端州区古塔南路一街
　　　1 号
电话：（0758）2231081
传真：（0758）2224054
邮编：526040

副局长：林秋枝
电话：（0758）2282316

副局长：刘伯明
电话：（0758）2705831

办公室
电话：（0758）2231081

行业管理科
电话：（0758）2286964

旅游（投诉）
电话：（0758）2262296

市场开发科
电话：（0758）2237543

资源规划科
电话：（0758）2264618

人事科
电话：（0758）2224850

离退休干部管理科
电话：（0758）2224903

财务管理科
电话：（0758）2277932

市旅游服务中心
电话：（0758）2238509

**端州区旅游局**
局长：陈秀萍
地址：肇庆市端州区古塔中路15号
电话：(0758) 2721364
传真：(0758) 2721364
邮编：526040

**鼎湖区旅游发展局**
局长：赖宏升
地址：肇庆市鼎湖区坑口区府大院首层东侧
电话：(0758) 2625616
传真：(0758) 2625616
邮编：526070

**高要市文体旅游局**
局长：谢富文
地址：肇庆市高要市要南二路3号
电话：(0758) 8392392
传真：(0758) 8390868
邮政：526040

**四会市旅游局**
局长：徐达强
地址：四会市汇源路8号
电话：(0758) 3368919
传真：(0758) 3368919
邮编：526200

**德庆县旅游发展局**
局长：潘子杰
地址：德庆县委大院
电话：(0758) 7781728
传真：(0758) 7781852
邮编：526600

**广宁县旅游局**
局长：杨淦标
地址：广宁县南街镇南东一路17号
电话：(0758) 8638388
传真：(0758) 8638388
邮编：526300

**封开县旅游发展局**
局长：陈剑
地址：封开县江口封洲二路行政中心
电话：(0758) 6681820
传真：(0758) 6681820
邮编：526500

**怀集县旅游发展局**
局长：文天爽
地址：怀集县怀城镇解放中路78号
电话：(0758) 5531618
传真：(0758) 5531618
邮编：526400

## 清远市

**清远市旅游局**
局长：林　闻（2012年2月任职）
　　　雷玉春（2012年2月离任）
地址：清远市新城人民二路18号市国际会展中心5楼
电话：(0763) 3360029
传真：(0763) 3366896
邮编：511518
http://www.qyta.gov.cn/

副局长：廖振灵
电话：(0763) 3361448

旅游协会副秘书长：张秀莲
电话：(0763) 3361948

办公室
电话：(0763) 3363390
传真：(0763) 3366896

市场开发科
电话：(0763) 3368636

溥锭市旅游协会
电话：(0763) 3363855
传真：(0763) 3378307

规划与统计科
电话：(0763) 3364299

行业管理科
电话：(0763) 3363126

质量监督科
电话：(0763) 3364098

**清城区旅游事业管理局**
局长：罗惠琼
地址：清城区金碧路行政文化中心大楼4楼
电话：(0763) 3939158
传真：(0763) 3939157
邮编：511500

**英德市旅游局**
局长：邓明华
地址：英德市浈阳路运通大厦9楼
电话：(0763) 2231666
传真：(0763) 2222642
邮编：513000

**连州市文体旅游局**
局长：唐记南
地址：连州市番禺路128号潭电大厦9楼
电话：(0763) 6625863
传真：(0763) 6319113
邮编：513400

**佛冈县旅游局**
局长：谭武刚
地址：佛冈县确镇北园路行政服务中心大楼1楼
电话：(0763) 4294568
传真：(0763) 4292021
邮编：511600

**清新县旅游局**
局长：朱小玲
地址：清新县笔架路3号行政服务中心2楼东面
电话：(0763) 5815373
传真：(0763) 5833070
邮编：511800

**阳山县旅游局**
政协副主席兼局长：祝翠冰
地址：阳山大道107号2楼
电话：(0763) 7886278

传真：(0763) 7886282
邮编：513100

**连南瑶族自治县旅游局**
副县长、局长：潘康凯
地址：连南政府综合大楼三楼
电话：(0763) 8663928
传真：(0763) 8662008
邮编：513300

**连山县旅游局**
局长：蒋振江
地址：连山县鹿鸣东路政府办公大楼
电话：(0763) 8739227
传真：(0763) 8733287
邮编：513200

## 潮州市

**潮州市文物旅游局**
局长：伍　茸
地址：潮州市城太平路16号
电话：(0768) 2223585
传真：(0768) 2250239
邮编：521000
http://www.chaozhoutour.net

局党组书记、副局长：
谢鸿洲（2011年4月离任）

副局长：刘书灿（2011年4月离任）
电话：(0768) 2295069

副局长：郑永宁
电话：(0768) 2295059

副局长：吴永利
电话：(0768) 2355790

副局长：许泽香
电话：(0768) 2250028

副调研员：陈伟忠
电话：(0768) 2295578

办公室
电话：(0768) 2229018
传真：(0768) 2250239

旅游管理科
电话：(0768) 2229633

旅游市场开发科
电话：(0768) 2225123

综合科
电话：(0768) 2251309

名城保护建设科
电话：(0768) 2251319

文物管理科
电话：(0768) 2250018

潮州市旅游质量监督管理所
电话：(0768) 2277123

潮州市旅游监察大队
电话：(0768) 2277123

潮州市旅游服务中心
电话：(0768) 2285149

**潮安县旅游局**
局长：陈钟强
地址：潮安县政府新综合楼6楼
电话：(0768) 5816829
传真：(0768) 5816387
邮编：515600

**饶平县旅游局**
局长：林吉贵
地址：饶平县城西区六号路外经大楼7楼
电话：(0768) 7801972
传真：(0768) 7801361
邮编：515700

**湘桥区旅游局**
局长：李培伟（2011年12月任职）
黄炎藩（2011年12月离任）
地址：潮州市太平路125号
电话：(0768) 2219932
传真：(0768) 2219932
邮编：521000

## 揭阳市

**揭阳市旅游局**
局长：谢锐锋
地址：揭阳市东山区卢前路中段民主楼2层
电话：(0663) 8292227
传真：(0663) 8292077
邮编：522031

副局长：杨金河
电话：(0663) 8292520

副局长：谢静鸿
电话：(0663) 8292563

副局长：李介兴
电话：(0663) 8292287

办公室
电话：(0663) 8292227

旅游业务管理科
电话：(0663) 8292076

资源与市场开发科
电话：(0663) 8292775

教育培训科
电话：(0663) 8292074

质量监督管理所
电话：(0663) 8292446

**普宁市旅游局**
局长：詹汉龙
地址：流沙镇长春路联运大楼南栋东梯5楼
电话：(0663) 2248753
传真：(0663) 2248752
邮编：515300

**揭东县旅游局**
局长：杨楚茂
地址：揭东县城金凤路中段县政府后2楼204室
电话：（0663）3262893
传真：（0663）3275989
邮编：515500

**揭西县旅游局**
局长：刘燕璇
地址：揭西县滨江公园侧
电话：（0663）5527938
传真：（0663）5527938
邮编：515400

**惠来县旅游局**
局长：严文水
地址：惠来县惠城镇葵南新路
电话：（0663）6681071
传真：（0663）6681071
邮编：515200

## 云浮市

**云浮市旅游局**
局长：马正英（2012年3月任职）
袁伙月（2012年3月离任）
地址：云浮市玉皇路78号
电话：（0766）8825088
传真：（0766）8810058
邮编：527300
http:/www.yunfutravel.com

副局长：叶金波
电话：（0766）8818099

副局长：岑德洪
电话：（0766）8818093

办公室
电话：（0766）8816580
传真：（0766）8810058

人事教育科
电话：（0766）8813392
资源与市场开发科
电话：（0766）8839082

行业管理科
电话：（0766）8822360

**云城区旅游局**
局长：黄锦全
地址：云浮市区解放中路32号区府大院
电话：（0766）8813669
传真：（0766）8813669
邮编：527300

**罗定市旅游局**
局长：吴云锋
地址：罗定市龙园路131号
电话：（0766）3833886
传真：（0766）3833186
邮编：527200

**新兴县旅游局**
局长：张文权
地址：新兴县新城镇黄塘路12号
电话：（0766）2920898
传真：（0766）2882029
邮编：527400

**郁南县旅游局**
局长：林少华
地址：郁南县都城镇中山路31号旧县委大院
电话：（0766）7337229
传真：（0766）7337229
邮编：527100

**云安县旅游局**
局长：甘家贤
地址：云安县港城大道6号
电话：（0766）8616656
传真：（0766）8613392
邮编：527500

## 顺德区

**顺德区文体旅游局**
局长：曹洪彬（区委常委、区委宣传部部长）
地址：顺德大良新城区德民路区政府大楼11楼
电话：（0757）22833700
传真：（0757）22833748
邮编：528333

常务副局长：饶林海（区委宣传部常务副部长）
地址：顺德大良新城区德民路区政府大楼11楼
电话：（0757）22831968
传真：（0757）22831970
邮编：528333

办公室
电话：（0757）22831993、22833716
传真：（0757）22833709

旅游科
电话：（0757）22831352、22831373
传真：（0757）22831375

注：全省各市（县、区）旅游局机构名录截至时间为2012年6月30日。

# 名　录

# Directory

（第 477 ~ 607 页）

肇庆市 · 怀集县世外桃源景区

# 2011年广东省国家A级旅游景区(点)质量等级评定名录

| | 旅游景区(点)名称 | 评定编码 | 所在地 | 景区类型 | 面积(公顷) | 级别 | 法定代表人 | 评定时间 |
|---|---|---|---|---|---|---|---|---|
| 广州市(5A级景区2家,4A级景区18家,3A级景区13家,2A级景区1家) | 广州市长隆旅游度假区 | 440150002 | 广州市番禺区大石镇礼村 | 主题类·游乐园 | 300.00 | AAAAA | 苏志刚 | 2007.05.08 |
| | ※广州市白云山风景名胜区 | 440150003 | 广州市广源中路801号 | 自然类·山地公园 | 2098.00 | AAAAA | 潘志权 | 2011.01.21 |
| | 广州市中山纪念堂 | 440140010 | 广州市越秀区东风中路259号 | 文化类·文物保护单位 | 6.20 | AAAA | 陈燕华 | 2002.08.16 |
| | 广州市广东美术馆 | 440140011 | 广州市越秀区二沙岛烟雨路38号 | 文化类·其他类型 | 1.31 | AAAA | 林潮雄 | 2002.08.16 |
| | 广州市宝墨园 | 440140012 | 广州市番禺区沙湾镇紫坭村 | 文化类·其他类型 | 11.00 | AAAA | 陈　基 | 2002.10.25 |
| | 广州市莲花山旅游区 | 440140013 | 广州市番禺区石楼镇 | 自然类·山地公园 | 233.00 | AAAA | 麦鉴潮 | 2002.10.25 |
| | 广州市西汉南越王博物馆 | 440140022 | 广州市解放北路862号(象岗山) | 文化类·博物馆、文化馆(院) | 1.40 | AAAA | 王　芳 | 2004.12.27 |
| | 广州市黄花岗烈士陵园 | 440140024 | 广州市越秀区先烈中路79号 | 文化类·红色旅游 | 13.00 | AAAA | 黄冬苗 | 2004.12.27 |
| | 广州市越秀公园 | 440140026 | 广州市越秀区解放北路988号 | 自然类·山地公园 | 69.00 | AAAA | 陈启敏 | 2005.12.22 |
| | 广州市从化碧水湾温泉度假村 | 440140027 | 广州从化市良口镇 | 主题类·温泉型 | 3.00 | AAAA | 姜忠平 | 2005.12.22 |
| | 广州市起义烈士陵园 | 440140052 | 广州市越秀区中山二路92号 | 文化类·红色旅游 | 18.00 | AAAA | 李若梅 | 2008.10.25 |
| | 广州市中国科学院华南植物园 | 440140053 | 广州市天河区龙洞天源路1190号 | 主题类·自然景观 | 300.00 | AAAA | 廖景平 | 2008.10.25 |
| | 广州市动物园 | 440140054 | 广州市先烈中路120号 | 主题类·科技教育 | 42.00 | AAAA | 刘立军 | 2008.10.25 |
| | 广州市陈家祠旅游区 | 440140055 | 广州市荔湾区中山七路恩龙里34号 | 文化类·文物保护单位 | 0.40 | AAAA | 李卓祺 | 2008.10.25 |
| | 广州市广东科学中心 | 440140069 | 广州市番禺区大学城西六路168号 | 文化类·科技教育 | 45.00 | AAAA | 萧文斌 | 2009.12.28 |
| | 广州市九龙湖旅游区 | 440140077 | 广州市花都区花东镇九龙湖社区 | 主题类·休闲度假型 | 1962.36 | AAAA | 冯　徽 | 2010.12.20 |
| | ※广州市南海神庙景区 | 440140087 | 广州市黄埔区庙头旭日街22号 | 文化类·宗教场所 | 17.20 | AAAA | 黄蕙玲 | 2011.01.21 |
| | ※广州市石头记矿物园 | 440140088 | 广州市花都区珠宝城大观园路3号 | 主题类·其他类型 | 4.67 | AAAA | 苏木卿 | 2011.01.21 |
| | ※广州市正佳广场商贸旅游区 | 440140095 | 广州市天河路208号 | 文化类·其他类型 | 5.70 | AAAA | 腾树文 | 2011.08.15 |
| | ※广州市增城白水寨旅游区 | 440130104 | 广州增城市派潭镇白水寨 | 自然类·自然景观 | 2000.00 | AAAA | 郑　洪 | 2011.12.16 |
| | 广州市抽水蓄能电站旅游度假区 | 440130002 | 广州从化市吕田镇 | 主题类·工业旅游 | 160.00 | AAA | 江文明 | 2002.10.25 |
| | 广州市洪秀全故居纪念馆 | 440130009 | 广州市花都区新华街新华路52号 | 文化类·科技教育 | 3.25 | AAA | 欧阳桂烛 | 2005.03.18 |
| | 广州市气象卫星地面站 | 440130010 | 广州市天河区东莞庄路280号 | 文化类·科技教育 | 6.50 | AAA | 曹　静 | 2005.03.18 |

续表

|  | 旅游景区(点)名称 | 评定编码 | 所在地 | 景区类型 | 面积(公顷) | 级别 | 法定代表人 | 评定时间 |
|---|---|---|---|---|---|---|---|---|
| 广州市 | 广州市十九路军淞沪抗日将士陵园 | 440130011 | 广州市天河区水荫路113号 | 文化类·其他类型 | 5.99 | AAA | 陈进才 | 2005.03.18 |
|  | 广州市荔湾区博物馆 | 440130023 | 广州市龙津西路逢源北街84号 | 文化类·博物馆、文化馆(院) | 0.23 | AAA | 叶　雷 | 2008.01.20 |
|  | ※广州市田心社农家乐景区 | **440130038** | 广州从化市城郊街光辉村 | 自然类·乡村旅游 | **10.00** | **AAA** | 李燕兴 | **2011.03.01** |
|  | ※广州市溪头旅游村景区 | **440130039** | 广州从化市良口镇溪头村 | 自然类·乡村旅游 | **1300.00** | **AAA** | 蔡日新 | **2011.03.01** |
|  | ※广州市增城文化公园景区 | **440130040** | 广州增城市广场内 | 文化类·其他类型 | **40.00** | **AAA** | 姚江钊 | **2011.03.01** |
|  | ※广州市增城小楼人家景区 | **440130041** | 广州增城市小楼镇泰安路**16**号二楼 | 自然类·其他类型 | **30.00** | **AAA** | 赖金水 | **2011.03.01** |
|  | ※广州市增城湖心岛旅游风景区 | **440130042** | 广州增城市正果镇 | 主题类·休闲度假区 | **5000.00** | **AAA** | 郭汝潮 | **2011.03.01** |
|  | ※广州市增城何仙姑景区 | **440130043** | 广州增城市小楼墟 | 文化类·其他类型 | **4.50** | **AAA** | 赖金水 | **2011.03.01** |
|  | ※广州市宝趣玫瑰世界 | **440130044** | 广州从化市城郊街西和村 | 主题类·动植物园 | **50.00** | **AAA** | 潘翠玲 | **2011.03.01** |
|  | ※广州市大丘园农庄景区 | **440130045** | 广州从化市城郊街光辉村 | 主题类·动植物园 | **40.00** | **AAA** | 刘敏次 | **2011.03.01** |
|  | 广州市丹水坑风景区 | 440120008 | 广州市萝岗区南岗镇 | 自然类·山地公园 | 100.00 | AA | 钟黛明 | 2004.01.29 |
| 深圳市(5A级景区2家，4A级景区6家，3A级景区2家) | 深圳市华侨城旅游度假区 | 440350001 | 深圳市南山区 | 主题类－游乐园 | 600.00 | AAAAA | 卢瑞安 | 2007.05.08 |
|  | ※深圳市观澜湖休闲度假区 | **440340003** | 深圳市龙华新区观澜镇 | 主题类－体育型 | **1260.00** | **AAAAA** | 朱鼎健 | **2011.05.25** |
|  | 深圳市仙湖植物园 | 440140036 | 深圳市罗湖区 | 主题类·动植物园 | 588.00 | AAAA | 李　勇 | 2007.11.27 |
|  | 深圳市中信明思克航母世界旅游景区 | 440140056 | 深圳市盐田区沙头角 | 主题类·主题公园 | 3.33 | AAAA | 孙雪城 | 2009.01.23. |
|  | 深圳市西部海上田园旅游区 | 440140070 | 深圳市宝安区沙井街道民主村 | 主题类·体育休闲 | 173.00 | AAAA | 徐赛波 | 2009.12.28 |
|  | 深圳市观澜山水田园农庄景区 | 440140071 | 深圳市宝安区 | 主题类·体育休闲 | 26.70 | AAAA | 温燕青 | 2009.12.28 |
|  | ※深圳市野生动物园 | **440340099** | 深圳市南山区西丽镇丽水路 | 主题类·度假休闲 | **62.00** | **AAAA** | 曾德生 | **2011.11.24** |
|  | ※深圳市青青世界旅游区 | **440340102** | 深圳市南山区月亮湾青青路**1**号 | 主题类·度假休闲 | **12.00** | **AAAA** | 林梅光 | **2011.12.16** |
|  | ※深圳市"地王观光·深港之窗" | **440330048** | 深圳市罗湖区信兴广场地王商业大厦 | 主题类·人造景点 | **0.20** | **AAA** | 李志雄 | **2011.07.01** |
|  | ※深圳市金沙湾海滨度假区 | **440330049** | 深圳市龙岗区大鹏街道下沙社区 | 自然类·滨海岛屿型 | **12.00** | **AAA** | 李建奇 | **2011.07.01** |
| 珠海市(4A级景区2家，3A级景区1家) | 珠海市圆明新园 | 440440001 | 珠海市前山镇 | 主题类·游乐园 | 139 | AAAA | 李增利 | 2001.01.11 |
|  | 珠海市农科中心 | 440440033 | 珠海市香洲区 | 主题类·科技旅游 | 133.33 | AAAA | 张长海 | 2006.10.23 |
|  | 珠海市外伶仃岛风景区 | 440430028 | 珠海市外伶仃岛 | 自然类·滨海岛屿型 | 431 | AAA | 徐　莉 | 2009.01.21 |

续表

| | 旅游景区(点)名称 | 评定编码 | 所在地 | 景区类型 | 面积(公顷) | 级别 | 法定代表人 | 评定时间 |
|---|---|---|---|---|---|---|---|---|
| 汕头市(4A级景区4家，3A级1家) | 汕头市中信高尔夫海滨旅游度假区 | 440140014 | 汕头市濠江区河浦大道中段 | 主题类·休闲度假型 | 125.00 | AAAA | 孔　丹 | 2002.12.12 |
| | 汕头市礐石风景名胜区 | 440140015 | 汕头市礐石海旁路4号 | 自然类·其他类型 | 2377.00 | AAAA | 郑　强 | 2002.12.12 |
| | 汕头市南澳生态旅游区 | 440140023 | 汕头市南澳县 | 自然类·滨海岛屿型 | 11153.00 | AAAA | 蔡利逊 | 2004.12.12 |
| | 汕头市莲华乡村旅游区 | 440540086 | 汕头市澄海区莲华镇 | 主题类·乡村旅游 | 1991.00 | AAAA | 邹培基 | 2010.12.20 |
| | 汕头市莲花峰旅游区 | 440530002 | 汕头市潮阳区 | 文化类·其他类型 | 314.00 | AAA | 朱雄全 | 2001.11.06 |
| 佛山市(4A级景区5家) | 佛山市西樵山风景名胜区 | 440640008 | 佛山市南海区西樵镇 | 自然类·其他类型 | 1400.00 | AAAA | 陈俊勋 | 2001.02.01 |
| | 佛山市三水荷花世界 | 440140028 | 佛山市三水区西南街 | 主题类·动植物园 | 86.67 | AAAA | 李成恩 | 2005.12.22 |
| | 佛山市三水森林公园 | 440140031 | 佛山市三水区 | 自然类·森林公园 | 224.40 | AAAA | 区柱锋 | 2006.10.23 |
| | 佛山市南风古灶旅游区 | 440140063 | 佛山市石湾区 | 文化类·文物保护单位 | 46.70 | AAAA | 邱代伦 | 2009.10.15 |
| | **※佛山市西岸森林生态园** | **440640101** | **佛山市南海区西樵镇庆云大道尾** | **自然类·森林公园** | **220.00** | **AAAA** | **吴永忠** | **2011.12.16** |
| 韶关市(5A级景区1家，4A级景区5家，3A级景区3家) | **※韶关市丹霞山风景名胜区** | **440240004** | **韶关市仁化县** | **自然类·山地公园** | **29200.00** | **AAAAA** | **黄大维** | **2011.12.29** |
| | 韶关市曹溪温泉 | 440140034 | 韶关市曲江区马坝镇 | 主题类·温泉型 | 0.48 | AAAA | 李裕桥 | 2006.10.23 |
| | 韶关市广东大峡谷景区 | 440140072 | 韶关市乳源县大布镇 | 自然类·山地公园 | 75.37 | AAAA | 欧柏贤 | 2009.12.28 |
| | 韶关市云门寺佛教文化生态保护区 | 440240083 | 韶关市乳源瑶族自治县乳城镇云山村 | 文化类·宗教场所 | 10.02 | AAAA | 赵婵媛 | 2010.05.04 |
| | **※韶关市古佛洞天旅游区** | **440240096** | **韶关乐昌市河南镇月坵** | **自然类·山地公园** | **5.00** | **AAAA** | **郭志豪** | **2011.08.15** |
| | **※韶关市丽宫旅游区** | **440240103** | **韶关乳源瑶族自治县乳城镇** | **主题类·休闲度假区** | **66.67** | **AAAA** | **欧柏贤** | **2011.12.16** |
| | 韶关市乐昌三龙谷(龙王潭)生态旅游区 | 445230036 | 韶关乐昌市东北18公里处 | 自然类·山地公园 | 2000.00 | AAA | 廖光生 | 2010.12.20 |
| | **※韶关市乐昌金鸡岭风景区** | **445230037** | **韶关市乐昌市坪石镇** | **自然类·山地公园** | **16.00** | **AAA** | **谢　衡** | **2011.05.01** |
| | **※韶关市广东天井山国家森林公园** | **440230046** | **韶关市乳源县洛阳镇天井山林场** | **自然类·森林公园** | **55.64** | **AAA** | **梁东成** | **2011.05.01** |
| 河源市(4A级景区3家，3A级景区1家，2A级景区2家) | 河源市新丰江国家森林公园 | 441640009 | 河源市马坝镇新港镇港中路17号 | 自然类·森林公园 | 1600.00 | AAAA | 张衍彪 | 2002.08.16 |
| | 河源市御临门温泉度假区 | 440140067 | 河源市紫金县九和镇 | 主题类·温泉型 | 14.09 | AAAA | 司治庄 | 2009.10.15 |
| | 河源市和平温泉之都旅游区 | 441640080 | 河源市和平县热水镇 | 主题类·温泉型 | 10.00 | AAAA | 卢和丰 | 2010.05.04 |
| | 河源市霍山风景区 | 441630012 | 河源市龙川县田心镇 | 自然类·森林公园 | 1200.00 | AAA | 何　静 | 2005.03.25 |
| | 河源市水坑生态娱乐旅游区 | 441620001 | 河源市龙川县城东 | 自然类·森林公园 | 370.00 | AA | 黄承远 | 2012.10.09 |
| | 河源市新丰江电站大坝旅游区 | 441620001 | 河源市西南3公里处 | 主题类·科技教育 | 139.00 | AA | 魏清华 | 2003.07.31 |

续表

| | 旅游景区（点）名称 | 评定编码 | 所在地 | 景区类型 | 面积（公顷） | 级别 | 法定代表人 | 评定时间 |
|---|---|---|---|---|---|---|---|---|
| 梅州市（5A级景区1家，4A级5家，3A级景区6家） | ※梅州市雁南飞茶田景区 | 441450004 | 梅州市梅县雁洋镇 | 主题类·主题公园 | 677.00 | AAAAA | 叶祖根 | 2011.01.21 |
| | 梅州市雁鸣湖旅游度假村 | 440140025 | 梅州市梅县雁洋镇 | 自然类·河流湖泊型 | 769.80 | AAAA | 陈彩银 | 2004.12.27 |
| | 梅州市叶剑英纪念园 | 440140048 | 梅州市梅县雁洋镇虎形村 | 文化类·红色旅游 | 16.00 | AAAA | 李健贤 | 2008.10.25 |
| | 梅州市灵光寺旅游区 | 440140049 | 梅州市雁洋镇阴那山麓 | 文化类·宗教场所 | 733.00 | AAAA | 陈彩金 | 2008.10.25 |
| | ※梅州市客天下景区 | 441440089 | 梅州市梅江区三角镇东升村 | 自然类·山地公园 | 2000.00 | AAAA | 蔡鸿文 | 2011.01.21 |
| | ※梅州市蕉岭长潭旅游区 | 441440090 | 梅州市蕉岭县长潭镇 | 自然类·河流湖泊型 | 2000.00 | AAAA | 杨远新 | 2011.10.21 |
| | 梅州市五华热矿泥山庄 | 441430014 | 梅州市五华县转水镇维龙村 | 主题类·温泉型 | 3.90 | AAA | 朱章德 | 2005.11.01 |
| | 梅州市五指石风景名胜区 | 441430015 | 梅州市平远县差干镇 | 自然类·山地公园 | 1680.00 | AAA | 刘剑辉 | 2005.11.01 |
| | 梅州市益塘水库旅游区 | 441430030 | 梅州市五华县转水镇 | 自然类·河流湖泊型 | 2133.00 | AAA | 温友君 | 2009.12.01 |
| | 梅州市神光山旅游区 | 441430031 | 梅州市兴宁市福兴镇 | 自然类·山地公园 | 674.60 | AAA | 罗定雄 | 2009.12.01 |
| | 梅州市西岩茶乡度假村 | 441430032 | 梅州市大埔县枫朗镇 | 主题类·乡村型 | 1332.00 | AAA | 魏顶国 | 2009.12.01 |
| | 梅州市龙鲸河漂流旅游区 | 441430033 | 梅州市丰顺县大龙华镇 | 自然类·河流湖泊型 | 532.80 | AAA | 李海毅 | 2009.12.01 |
| 惠州市（4A级景区9家，3A级景区2家） | 惠州市西湖风景名胜区 | 440140019 | 惠州市惠城区 | 自然类·河流湖泊型 | 422.10 | AAAA | 陈贵兴 | 2003.12.25 |
| | 惠州市龙门温泉旅游度假区 | 440140038 | 惠州市龙门县新田镇 | 主题类·温泉型 | 58.00 | AAAA | 刘健芬 | 2007.11.27 |
| | 惠州市南昆山温泉旅游大观园 | 440140039 | 惠州市龙门县永汉镇 | 主题类·温泉型 | 12.00 | AAAA | 杨松芬 | 2007.11.27 |
| | 惠州市南昆山生态旅游区 | 440140040 | 惠州市龙门县 | 主题类·温泉型 | 12900.00 | AAAA | 邵伟强 | 2007.11.27 |
| | 惠州市海滨温泉旅游度假区 | 440140057 | 惠州市惠东县平洲镇 | 主题类·温泉型 | 120.00 | AAAA | 陈进兴 | 2009.01.23 |
| | 惠州市罗浮山风景名胜区 | 440140058 | 惠州市惠城区博罗县 | 自然类·山地公园 | 300.00 | AAAA | 曾建添 | 2009.01.23 |
| | 惠州市金海湾国际滨海旅游区 | 441340078 | 惠州市惠东县西南部 | 自然类·滨海岛屿型 | 157.50 | AAAA | 刘文生 | 2010.05.04 |
| | 惠州市永记生态园景区 | 441340079 | 惠州市惠东县大岭镇桥新区 | 主题类·人造景点 | 87.00 | AAAA | 黄宝慈 | 2010.05.04 |
| | ※惠州市尚天然温泉国际小镇 | 440130097 | 惠州市龙门县龙田镇赖屋村 | 主题类·度假休闲·温泉型 | 31.97 | AAAA | 陈鸿祥 | 2011.11.24 |
| | 惠州市香溪堡旅游区 | 441330018 | 惠州市龙门县 | 主题类·历史文化 | 500.00 | AAA | 刘森云 | 2007.06.04 |
| | 惠州市冠和博物馆 | 441330019 | 惠州市惠城区 | 文化类·博物馆 | 3.00 | AAA | 林朝晖 | 2007.06.04 |
| 汕尾市（4A级景区1家） | 汕尾市玄武山旅游区 | 440140046 | 汕尾陆丰市碣石镇北郊 | 文化类·宗教场所 | 18.00 | AAAA | 余松清 | 2007.11.27 |

续表

| | 旅游景区（点）名称 | 评定编码 | 所在地 | 景区类型 | 面积（公顷） | 级别 | 法定代表人 | 评定时间 |
|---|---|---|---|---|---|---|---|---|
| 东莞市（4A级景区5家，3A级景区1家，2A级景区1家） | 东莞市鸦片战争博物馆 | 440140021 | 东莞市虎门镇 | 文化类·红色旅游 | 80.00 | AAAA | 张建雄 | 2003.12.25 |
| | 东莞市松山湖景区 | 440140073 | 东莞市松山湖 | 主题类·休闲度假型 | 7200.00 | AAAA | 邹日景 | 2009.12.28 |
| | 东莞市观音山国家森林公园 | 440140074 | 东莞市樟木头镇 | 自然类·森林公园 | 1800.00 | AAAA | 黄淦波 | 2009.12.28 |
| | **※东莞市科学技术博物馆** | **441940093** | **东莞市新城中心区元美中路2号** | **文化类·文化馆（院）** | **4.00** | **AAAA** | **李志明** | **2011.01.21** |
| | **※东莞市新华南MALL欢笑世界** | **441940094** | **东莞市万江区万道路三元盈晖大厦** | **主题类·游乐园** | **4.20** | **AAAA** | **陈文军** | **2011.01.21** |
| | 东莞市中国圣心糕点博物馆 | 441930037 | 东莞市茶山镇 | 主题类·工业旅游 | 0.01 | AAA | 卢汝滔 | 2010.12.20 |
| | 东莞市冠和博物馆 | 441930037 | 东莞市樟木头镇莞惠大道中心 | 文化类·博物馆·文化馆（院） | 0.01 | AA | 林朝晖 | 2004.01.16 |
| 中山市（4A级景区2家） | 中山市孙中山故居 | 442040007 | 中山市南朗镇翠亨村 | 文化类·文物保护单位 | 0.25 | AAAA | 萧润君 | 2001.02.01 |
| | 中山市詹园 | 440140035 | 中山市南区北台村 | 主题类·历史文化 | 6.66 | AAAA | 黄远新 | 2007.11.27 |
| 江门市（4A级景区8家） | 江门市圭峰风景名胜区 | 440140016 | 江门市新会区会城镇 | 自然类·山地公园 | 3550.00 | AAAA | 邹　强 | 2002.12.12 |
| | 江门市开平立园 | 440140017 | 江门开平市塘口镇 | 文化类·文物保护单位 | 20.00 | AAAA | 邝积康 | 2002.12.12 |
| | 江门市金山温泉旅游度假区 | 440140018 | 江门恩平市那吉镇 | 主题类·温泉型 | 5.30 | AAAA | 魏英辉 | 2002.12.12 |
| | 江门市新会古兜温泉旅游度假村 | 440140029 | 江门市新会区 | 主题类·温泉型 | 32.70 | AAAA | 韩志明 | 2005.12.22 |
| | 江门市锦江温泉旅游度假区 | 440140032 | 江门恩平市大田镇 | 主题类·温泉型 | 27.00 | AAAA | 梁瑞廉 | 2006.10.23 |
| | 江门市富都温泉度假村 | 440140059 | 江门台山市都斛镇 | 主题类·温泉型 | 8.00 | AAAA | 黎权辉 | 2009.01.23 |
| | 江门市川岛旅游度假区 | 440140060 | 江门台山市川岛镇 | 自然类·滨海岛屿型 | 92.00 | AAAA | 冯玉平 | 2009.01.23 |
| | **※江门市康桥温泉景区** | **440740098** | **江门台山市白沙镇朗南村** | **主题类·温泉型** | **160.00** | **AAAA** | **袁敬欢** | **2011.11.24** |
| 阳江市（4A级景区2家，3A级景区1家） | 阳江市海陵岛大角湾风景名胜区 | 441740005 | 阳江市闸坡镇海滨路35号 | 自然类·滨海岛屿型 | 19.60 | AAAA | 苏耀荣 | 2001.02.01 |
| | 阳江市凌霄岩景区 | 440140068 | 阳江市阳春市河朗镇 | 自然类·其他类型 | 800.00 | AAAA | 于东春 | 2009.10.15 |
| | 阳江市春湾风景区 | 441730020 | 阳江阳春市春湾镇 | 自然类·河流湖泊类 | 210.00 | AAA | 廖建军 | 2007.09.11 |
| 湛江市 | 湛江市湖光岩风景名胜区 | 440140020 | 湛江市麻章区 | 自然类·山地公园 | 1360.00 | AAAA | 何　贵 | 2003.12.25 |
| | 湛江市蓝月湾温泉度假邨 | 440140045 | 湛江市海滨三路32号 | 主题类·温泉型 | 23.00 | AAAA | 陈龙 | 2007.11.27 |
| | 湛江市南亚热带植物园 | 490930006 | 湛江市麻章区 | 主题类·动植物园 | 446.90 | AAA | 李瑞奇 | 2005.03.28 |
| | 湛江市雷州天成台旅游度假村 | 490930007 | 湛江雷州市乌石镇 | 自然类·滨海岛屿型 | 350.00 | AAA | 李春强 | 2005.03.28 |
| | 湛江市吴川吉兆湾旅游度假区 | 490930008 | 湛江吴川市覃巴镇 | 自然类·滨海岛屿型 | 1370.00 | AAA | 陈　豪 | 2005.03.28 |

续表

| | 旅游景区(点)名称 | 评定编码 | 所在地 | 景区类型 | 面积（公顷） | 级别 | 法定代表人 | 评定时间 |
|---|---|---|---|---|---|---|---|---|
| 湛江市（4A级景区2家，3A级景区6家，2A级景区4家） | 湛江市鹤地银湖旅游区 | 440830016 | 湛江廉江市河唇镇 | 自然类·河流湖泊型 | 1300.00 | AAA | 韩小辉 | 2006.03.01 |
| | 湛江市三岭山森林公园 | 440830027 | 湛江市霞山区 | 自然类·森林公园 | 1520.00 | AAA | 陈鹏程 | 2008.03.10 |
| | 湛江市东海岛省级旅游度假区 | 440830029 | 湛江市东海岛 | 自然类·滨海岛屿型 | 1780.00 | AAA | 周　耿 | 2009.01.20 |
| | 湛江市雷州西湖公园 | 440820003 | 湛江雷州市雷城镇 | 自然类·河流湖泊型 | 7.80 | AA | 黄南富 | 2003.07.31 |
| | 湛江市雷州雷祖祠旅览区 | 440820004 | 湛江雷州市游览区 | 文化类·文物保护单位 | 15.00 | AA | 谢元卿 | 2003.07.31 |
| | 湛江市雷州三元塔公园 | 440820005 | 湛江雷州市雷城镇 | 文化类·文物保护单位 | 3.20 | AA | 苏俊贤 | 2003.07.31 |
| | 湛江市金鹿园 | 440820005 | 湛江市麻章区 | 主题类·科技教育 | 5.50 | AA | 李　春 | 2004.01.14 |
| 茂名市（4A级景区2家3A级景区3家） | ※茂名市放鸡岛海上游乐世界 | **440940091** | 茂名市电白县博贺镇翠湖路 | 自然类·滨海岛屿型 | **209.00** | **AAAA** | 陈里哲 | **2011.01.21** |
| | ※茂名市森林公园 | **440940092** | 茂名市茂南区公馆镇 | 自然类·森林公园 | **51.80** | **AAAA** | 李桌裕 | **2011.01.21** |
| | 茂名市西江温泉度假村 | 490930003 | 茂名信宜市北界镇西江村 | 主题类－温泉型 | 6.67 | AAA | 梁　发 | 2005.03.22 |
| | 茂名市天马山生态旅游区 | 490930004 | 茂名信宜市北界镇村旺将村 | 自然类·山地公园 | 2000.00 | AAA | 梁　发 | 2005.03.22 |
| | 茂名市水东湾第一滩旅游度假区 | 490930005 | 茂名市茂港区海滨2路 | 自然类·滨海岛屿型 | 600.00 | AAA | 李国良 | 2005.03.22 |
| 肇庆市（4A级景区4家） | 肇庆市星湖风景名胜区 | 441240002 | 肇庆市城区 | 主题类－游乐园 | 1955.70 | AAAA | 郑时广 | 2001.02.01 |
| | 肇庆市龙母祖庙景区 | 440140064 | 肇庆市德庆县悦城镇 | 文化类·文物保护单位 | 1.30 | AAAA | 韩波源 | 2009.10.15 |
| | 肇庆市盘龙峡景区 | 440140065 | 肇庆市德庆县官圩镇 | 自然类·森林公园 | 10.00 | AAAA | 布立凯 | 2009.10.15 |
| | 肇庆市德庆学宫景区 | 440140066 | 肇庆市德庆县 | 文化类·文物保护单位 | 1.50 | AAAA | 陈诺维 | 2009.10.15 |
| 清远市（5A级景区1家，4A级景区9家，3A级景3家） | ※清远市连州地下河 | **440140030** | 清远连州市东陂镇 | 自然类·河流湖泊型 | **4.30** | **AAAAA** | 焦德强 | **2011.08.29** |
| | 清新市温矿泉旅游区 | 441840006 | 清远市清新县三坑镇 | 主题类·温泉型 | 119.76 | AAAA | 郑家纯 | 2001.01.05 |
| | 清远市玄真古洞生态旅游区 | 440140042 | 清远市清新县城北侧 | 主题类·体育型 | 333.33 | AAAA | 刘志洪 | 2007.11.27 |
| | 清远市黄腾峡生态旅游区 | 440140043 | 清远市清城区 | 主题类·体育型 | 43.93 | AAAA | 许解富 | 2007.11.27 |
| | 清远市碧桂园假日半岛故乡里旅游度假区 | 440140044 | 清远市清城区石角镇 | 自然类·休闲度假型 | 13.32 | AAAA | 杨继东 | 2007.11.27 |
| | 清远市广东省飞来峡水利枢纽风景区 | 440140041 | 清远市清新县飞来峡镇 | 自然类·河流湖泊型 | 120.50 | AAAA | 陈裕伟 | 2007.11.27 |
| | 清远市聚龙湾天然温泉度假村 | 440140051 | 清远市佛冈县汤塘镇 | 主题类·温泉型 | 33.33 | AAAA | 陈冠杰 | 2008.10.25 |
| | 清远市宝晶宫生态旅游度假区 | 440140061 | 清远英德市 | 自然类·休闲度假型 | 3.80 | AAAA | 何　灿 | 2009.01.23 |
| | 清远市广东第一峰旅游风景区 | 441840084 | 清远市阳山县 | 自然类·山地公园 | 13800.00 | AAAA | 邓国光 | 2010.12.20 |
| | 清远市奇洞温泉度假区 | 441840085 | 清远英德市望埠镇李屋村 | 主题类·温泉型 | 67.00 | AAAA | 刘烘昌 | 2010.12.20 |

续表

| | 旅游景区(点)名称 | 评定编码 | 所在地 | 景区类型 | 面积（公顷） | 级别 | 法定代表人 | 评定时间 |
|---|---|---|---|---|---|---|---|---|
| 清远市 | 清远市太和古洞旅游区 | 441830017 | 清远市清新县太和镇 | 主题类·休闲度假型 | 235.50 | AAA | 刘均贤 | 2006.11.28 |
| | 清远市九州驿站英德天门沟景区 | 441830025 | 清远英德市石牯塘镇 | 主题类·休闲度假型 | 667.00 | AAA | 陈健玲 | 2008.09.05 |
| | 清远市英德茶叶世界 | 441830026 | 清远英德市英红镇 | 主题类·其他类型 | 66.70 | AAA | 赵超艺 | 2008.09.05 |
| 潮州市（4A级景区3家，3A级景区1家） | 潮州市东山湖温泉度假村 | 440140050 | 潮州市潮安县沙溪镇 | 自然类·休闲度假型 | 66.66 | AAAA | 郑添谅 | 2008.09.23 |
| | 潮州市绿岛旅游山庄 | 445140081 | 潮州市饶平县钱东镇 | 主题类·乡村型 | 466.66 | AAAA | 钟捷有 | 2010.09.23 |
| | 潮州市淡浮收藏院 | 445140082 | 潮州市红山林场砚峰公园内 | 文化类·博物馆·文化馆(院) | 8.00 | AAAA | 李闻海 | 2010.09.07 |
| | 潮州市韩文公祠 | 445130013 | 潮州市湘桥东东兴路 | 文化类·文物保护单位 | 8.93 | AAA | 李　春 | 2005.03.25 |
| 揭阳市（4A级景区2家，3A级景区3家） | 揭阳市京明温泉度假村 | 440140062 | 揭阳市揭西县京溪园镇 | 主题类·休闲度假 | 766.00 | AAAA | 蔡　凡 | 2009.01.23 |
| | **※揭阳市阳美玉都旅游景区** | **445240100** | **揭阳市东山区阳美村** | **其他类·休闲购物** | **16.00** | **AAAA** | **夏浩真** | **2011.12.16** |
| | 揭阳市世铿院 | 445230024 | 揭阳市惠来镇葵潭镇 | 文化类·博物馆·文化馆(院) | 6.67 | AAA | 林金有 | 2008.10.20 |
| | 揭阳市揭东万竹园旅游景区 | 445230034 | 揭阳市揭东县埔田镇 | 主题类·游乐园 | 53.33 | AAA | 董松昌 | 2010.12.20 |
| | 揭阳市普宁德安里旅游景区 | 445230035 | 揭阳市普宁市洪阳镇 | 文化类·博物馆·文化馆(院) | 6.30 | AAA | 吴流生 | 2010.12.20 |
| 云浮市（4A级景区2家，3A级2家，2A级3家） | 云浮市六祖故里旅游度假区 | 440140075 | 云浮市新兴县六祖镇 | 文化类·宗教场型 | 1200.00 | AAAA | 钟佐彪 | 2009.12.28 |
| | 云浮市金水台温泉景区 | 440140076 | 云浮市新兴县水台镇 | 主题类·温泉型 | 45.33 | AAAA | 梁彩琴 | 2009.12.28 |
| | 云浮市罗定龙湾生态旅游区 | 445330021 | 云浮罗定市龙湾镇 | 自然类·其他类型 | 1310.00 | AAA | 冯小乐 | 2007.12.05 |
| | 云浮市蟠龙洞省级风景名胜区 | 445330022 | 云浮市城区内 | 自然类·其他类型 | 21.00 | AAA | 卢建明 | 2007.12.05 |
| | 云浮市郁南大湾南江古民居文化景区 | 445320009 | 云浮市郁南县 | 文化类·其他类型 | 1.30 | AA | 蔡波强 | 2007.12.05 |
| | 云浮市罗定罗镜东山公园旅游区 | 445320010 | 云浮罗定市罗境镇 | 自然类·其他类型 | 100.00 | AA | 彭应雄 | 2007.12.05 |
| | 云浮市罗定蔡廷锴将军故居旅游区 | 445320011 | 云浮罗定市罗镜镇 | 文化类·红色旅游 | 0.80 | AA | 彭应雄 | 2007.12.05 |
| 顺德区（4A级2家） | 佛山市清晖园 | 440140037 | 佛山市顺德区 | 主题·历史文化 | 2.20 | AAAA | 舒　翔 | 2007.11.27 |
| | 佛山市长鹿休闲度假农庄 | 440140047 | 佛山市顺德区 | 主题类·休闲度假型 | 35.00 | AAAA | 陈艳芳 | 2008.04.30 |

注：1. 截至2011年底，广东省拥有国家A级旅游景区(点)168家，其中5A级景区7家，4A级景区101家，3A级景区49家，2A级景区11家。排名以评定时间为序。

2. 2011年度，全省新评定国家A级旅游景区(点)35家，其中5A级景区5家，4A级景区18家，3A级12家，并用“※”符号及黑体字表示。全年由4A级升5A级景区5家，3A级升4A级景区1家

# 2011年广东省旅行社名录

| 地区 | 旅行社名称 | 许可证编号 | 批文号 | 法定代表人 | 联系地址 | 联系电话 |
|---|---|---|---|---|---|---|
| 广州市（拥有旅行社296家，其中出境游组团社48家，外资旅行社10家） | 广东国旅国际旅行社股份有限公司 | L－GD－CJ00001 | 旅管发[2002]91号 | 童　卫 | 广州市越秀区解放北路618－620号15楼 | 22013307 |
| | 广东省中国旅行社股份有限公司 | L－GD－CJ00002 | 旅管发[2002]91号 | 王万年 | 广州市越秀区沿江中路195－197号沿江大厦 | 83336888 |
| | 广东省中国青年旅行社 | L－GD－CJ00003 | 旅管发[2002]91号 | 李协居 | 广州市越秀区八旗二马路48号主楼12楼全层 | 38865093 |
| | 广州广之旅国际旅行社股份有限公司 | L－GD－CJ00004 | 旅管发[2002]91号 | 卢建旭 | 广州市白云区机场西乐嘉路1－13号 | 86338880 |
| | 广东铁青国际旅行社有限责任公司 | L－GD－CJ00005 | 旅管发[2002]91号 | 臧　熠 | 广州市越秀区中山一路94号 | 61251132 |
| | 广州东方国际旅行社有限公司 | L－GD－CJ00006 | 旅管发[2002]91号 | 林伟民 | 广州市越秀区流花路120号 | 86669900 |
| | 港中旅（广东）国际旅行社有限公司 | L－GD－CJ00007 | 旅管发[2002]91号 | 姜　峰 | 广州市越秀区中山五路219号 | 83279811 |
| | 广东省香江旅游公司 | L－GD－CJ00008 | 旅管发[2002]91号 | 刘向平 | 广州市越秀区环市西路183号 | 86664029 |
| | 广东熊猫国际旅游有限公司 | L－GD－CJ00009 | 旅管发[2002]91号 | 谷训才 | 广州市越秀区东风中路363号国信大厦6楼 | 83557913 |
| | 广东粤侨国际旅行社有限公司 | L－GD－CJ00010 | 旅管发[2002]91号 | 封葆玲 | 广州市越秀区越秀北路87－89号 | 83862690 |
| | 广州交易会国际旅行社有限公司 | L－GD－CJ00011 | 旅管发[2002]91号 | 吴　锋 | 广州市越秀区流花路117号交易大厦4楼 | 26082105 |
| | 广州市番禺旅游总公司 | L－GD－CJ00012 | 旅管发[2002]91号 | 李伟权 | 广州市番禺区市桥镇繁华路7号 | 22882288 |
| | 广州市番禺中国旅行社 | L－GD－CJ00013 | 旅管发[2002]91号 | 古耀坚 | 广州市番禺区市桥街大北路130号 | 84822127 |
| | 广东省天马国际旅行社有限公司 | L－GD－CJ00014 | 旅管发[2005]103号 | 李　涛 | 广州市越秀区东风中路501－507号东部18层 | 83550999 |
| | 广州市丽景国际旅行社 | L－GD－CJ00015 | 旅管发[2002]91号 | 邓继烈 | 广州市越秀区环市东路华侨新村爱国路1号 | 83579977 |
| | 广东中妇旅国际旅行社有限责任公司 | L－GD－CJ00016 | 旅管发[2002]91号 | 叶礼艳 | 广州市天河区华穗路263号 | 38371703 |
| | 广东中信国际旅行社有限公司 | L－GD－CJ00017 | 旅管发[2005]34号 | 杨志强 | 广州市越秀区竹丝岗二马路39号之一 | 87301540 |
| | 广东和平国际旅行社有限公司 | L－GD－CJ00018 | 旅管发[2005]34号 | 李元生 | 广州市经济技术开发区青年路105号 | 61223830 |
| | 广东南湖国际旅行社有限责任公司 | L－GD－CJ00019 | 旅管发[2005]34号 | 赵　祁 | 广州市越秀区广卫路18号1－8层 | 83179117 |
| | 中青旅广州国际旅行社有限公司 | L－GD－CJ00020 | 旅管发[2002]91号 | 朱增杰 | 广州市越秀区中山一路57号5楼 | 61281175 |
| | 广东羊城之旅国际旅行社有限公司 | L－GD－CJ00021 | 旅管发[2002]91号 | 苏　颖 | 广州市越秀区越秀中旅159号首层 | 83836222 |

续表

| 地区 | 旅行社名称 | 许可证编号 | 批文号 | 法定代表人 | 联系地址 | 联系电话 |
|---|---|---|---|---|---|---|
| 广州市（020） | 广州花园国际旅行社有限公司 | L－GD－CJ00022 | 旅管发[2002]91号 | 苏颖 | 广州市越秀区环市东路368号 | 83338989 |
| | 广东自游商旅国际旅行服务有限公司 | L－GD－CJ00023 | 旅管发[2002]91号 | 任全利 | 广州市白云区机场路1028号403房 | 32215920 |
| | 广东时尚国际旅行社有限公司 | L－GD－CJ00024 | 旅管发[2002]91号 | 王　强 | 广州市白云区机场路南云西街2号6楼614室 | 86120163 |
| | 广东风光国际旅行社有限公司 | L－GD－CJ00025 | 旅管发[2002]91号 | 李小斌 | 广州市越秀区沿江中路195号－197号2302房 | 83331538 |
| | 广州康辉国际旅行社有限公司 | L－GD－CJ00026 | 旅管发[2002]91号 | 李继烈 | 广州市越秀区沿江中路313号康富来国际大厦 | 83653385 |
| | 广州市领航国际旅行社有限公司 | L－GD－CJ00027 | 旅管发[2006]178号 | 徐敏雄 | 广州市越秀区环市东路326号亚洲国际大酒店 | 61206989 |
| | 广州市良辰美景国际旅行社有限公司 | L－GD－CJ00028 | 旅管发[2005]34号 | 陈晓阳 | 广州市天河区天河路天俊阁2层01、06单元 | 38803900 |
| | 广州国之旅国际旅行社有限公司 | L－GD－CJ00029 | 旅管发[2007]156号 | 何其幸 | 广州市越秀区北校场路19号主楼1913房 | 83020746 |
| | 广州教育国际旅行社有限公司 | L－GD－CJ00030 | 旅管发[2006]178号 | 李灿佳 | 广州市越秀区中山四路172号地下 | 83340799 |
| | 广州美联国际商务旅行社有限公司 | L－GD－CJ00031 | 旅管发[2009]68号 | 黄应顺 | 广州市越秀区原道路44号之一首层 | 37589330 |
| | 广东南方传媒国际旅行社有限公司 | L－GD－CJ00032 | 旅管发[2007]61号 | 王友龙 | 广州市越秀区人民北路686号 | 26184890 |
| | 广州市汇粤国际旅行社有限公司 | L－GD－CJ00033 | 旅管发[2006]178号 | 曾志军 | 广州市越秀区东风中路268号广州交易广场 | 83199248 |
| | 广州西敏国际旅行社有限公司 | L－GD－CJ00034 | 旅管发[2006]178号 | 梁达才 | 广州市荔湾区中山七路50号西门口广场 | 38114000 |
| | 广东天天假期国际旅行社有限公司 | L－GD－CJ00035 | 旅管发[2006]178号 | 刘宇萍 | 广州市越秀区恒福路288号之三16楼 | 38819325 |
| | 广州携程国际旅行社有限公司 | L－GD－CJ00036 | 旅管发[2008]212号 | 范　敏 | 广州市天河区体育东路114号17层 | 83936393 |
| | 广州成功之路国际旅行社有限公司 | L－GD－CJ00037 | 旅管发[2007]318号 | 吕京川 | 广州市天河区天河直街55号4A房 | 38802036 |
| | 广州市澳信国际旅行社有限公司 | L－GD－CJ00142 | 旅管发[2010]215号 | 吴聪明 | 广州市越秀区环市东路417号东方广场5楼 | 22813168 |
| | 广州天马国际旅行社有限公司 | L－GD－CJ00145 | 旅管发[2010]215号 | 刘润樟 | 广州市越秀区东风中路300号之一自编11楼 | 22062208 |
| | 广州美亚商务国际旅行社有限公司 | L－GD－CJ00146 | 旅管发[2010]215号 | 陈培钢 | 广州天河区珠江新城华明路13号 | 22382343 |
| | 广东省三茂铁路国际旅行社 | L－GD－CJ00151 | 旅管发[2010]216号 | 杨卫红 | 广州市环市东路374号三茂大酒店首层 | 83818921 |
| | 广州空港之旅国际旅行社有限公司 | L－GD－CJ00152 | 旅管发[2010]243号 | 王利群 | 广州市白云区机场路282号云港大厦A204房 | 86135272 |
| | ※广州岭南国际旅行社有限公司 | **L－GD－CJ00154** | 旅管发[**2011**]**44**号 | 尹小弜 | 广州市越秀区东风东路767号 | **28820111** |

续表

| 地区 | 旅行社名称 | 许可证编号 | 批文号 | 法定代表人 | 联系地址 | 联系电话 |
|---|---|---|---|---|---|---|
| 广州市(020) | ※广东省珠江国际旅行社 | L－GD－CJ00155 | 旅管发[2011]44 号 | 刘广辉 | 广州市越秀区东园路 33 号首层 | 83371526 |
| | ※广州市北方畅游旅行社有限公司 | L－GD－CJ00163 | 旅管发[2011]134 号 | 康哲男 | 广州市海珠区昌岗中路 166 号之三富盈大厦 | 84359350 |
| | ※广州阳光假日国际旅行社有限公司 | L－GD－CJ00168 | 旅管发[2011]183 号 | 杜燕燕 | 广州市东风东路 836 号一座 1503 | 28821009 |
| | ※广州市黄金假日国际旅行社有限公司 | L－GD－CJ00169 | 旅管发[2011]183 号 | 李小钢 | 广州市越秀区越秀南路 185 号创举商务大厦 | 83869496 |
| | ※广东绿色国际旅行社 | L－GD－CJ00170 | 旅管发[2011]218 号 | 赵　威 | 广州市天河区燕岭路 28 号燕岭大厦一、二层 | 37232062 |
| | 广州康泰国际旅行社有限公司 | L－GD－WZ00001 | 旅管发[2007]247 号 | 陈白羽 | 广州市越秀区环市东路 496 号 120 铺 | 87608833 |
| | 广东永安国际旅行社有限公司 | L－GD－WZ00002 | 旅管发[2007]247 号 | 陆贵连 | 广州市西湖路 99 号民政大厦 3 楼 303 室 | 83184883 |
| | 胜景旅游(广东)有限公司 | L－GD－WZ00004 | 旅管发[2006]88 号 | LERSAN MISITSAKUL | 广州市天河区林和西路 9 号耀中广场 17 楼 | 38010282 |
| | 翠明假期(广东)旅行社有限公司 | L－GD－WZ00006 | 旅管发[2008]255 号 | 周大伟 | 广州市天河区天河路 351 号 | 38809592 |
| | 佳天美(广州)国际旅行社有限公司 | L－GD－WZ00007 | 旅管发[2008]112 号 | 西口庸(NISHIGUHI YO) | 广州市天河区林和西路 9 号 923－924 室 | 38103181 |
| | 捷旅假期(广州)有限公司 | L－GD－WZ00008 | 粤旅管[2010]17 号 | 胡宇纬 | 广州市越秀区先烈中路 102 号北 2907 房 | 31393603 |
| | 广州新游力旅行社有限公司 | L－GD－WZ00009 | 粤旅管[2010]22 号 | 阮文海 | 广州市越秀区先烈中路 83 号凯城华庭 410 室 | 37662041 |
| | 美丽华旅行社(广州)有限公司 | L－GD－WZ00010 | 粤旅管[2010]24 号 | 陈若磐 | 广州市越秀区东风中路 445 号 2407 室 | 39600001 |
| | 广州安旅旅行社有限公司 | L－GD－WZ00011 | 粤旅管[2010]87 号 | 江百泉 | 广州市海珠区海联路 173 号 9 楼 901 | 21750208 |
| | **※港龙假期旅行社(广州)有限公司** | L－GD－W**Z00014** | **粤旅管(2011)100 号** | **李彦霖** | **广州市越秀区流花路 109 号之 9** | **13802726696** |
| | 广东省从化温泉中国国际旅行社 | L－GD00740 | 穗旅发(2009)126 号 | 郑宪生 | 广州市越秀区解放北路 603 号 | 83378946 |
| | 广州市花都国际旅行社有限公司 | L－GD00741 | 穗旅发(2009)126 号 | 汤伟能 | 广州市花都区秀全大道 43 号 | 86829007 |
| | 广东省国际体育旅游公司 | L－GD00743 | 穗旅发(2009)126 号 | 黄嘉海 | 广州市广州大道北 408 号 2 楼 | 87550915 |
| | 广州快达国际旅行社 | L－GD00744 | 穗旅发(2009)126 号 | 罗怡彬 | 广州市天河区中山大道中路 1015 号 308 室 A | 83326403 |
| | 广东绿色国际旅行社 | L－GD00746 | 穗旅发(2009)126 号 | 赵　威 | 广州市天河区燕岭路 28 号燕岭大厦一、二层 | 37232062 |
| | 从化市华夏国际旅行社 | L－GD00747 | 穗旅发(2009)126 号 | 罗展锋 | 广州从化市河滨南路 34 号 | 87931428 |
| | 广州南沙国际旅行社 | L－GD00748 | 穗旅发(2009)126 号 | 陈少雄 | 广州市番禺区市桥桥兴大道 60 号 | 84896933 |

续表

| 地区 | 旅行社名称 | 许可证编号 | 批文号 | 法定代表人 | 联系地址 | 联系电话 |
|---|---|---|---|---|---|---|
| 广州市(020) | 广州市花都国都国际旅行社有限公司 | L－GD00749 | 穗旅发(2009)126号 | 冯云峰 | 广州市花都区新华镇公园前路27号 | 36831234 |
| | 广州大都市国际旅行社有限公司 | L－GD00751 | 穗旅发(2009)126号 | 温 松 | 广州市越秀区广卫路2号之一自编1216房 | 81301777 |
| | 广东省广弘中旅国际旅行社有限公司 | L－GD00752 | 穗旅发(2009)126号 | 林乐生 | 广州市越秀区先烈南路33号 | 87610199 |
| | 广州市金泰国际旅行社有限公司 | L－GD00754 | 穗旅发(2009)126号 | 王一昉 | 广州市荔湾区中山八路23号1904房 | 81354440 |
| | 广州市职工国际旅行社 | L－GD00755 | 穗旅发(2009)126号 | 谢伟明 | 广州市东风西路230号 | 83323779 |
| | 广州市环宇国际旅行社有限公司 | L－GD00756 | 穗旅发(2009)126号 | 李燕青 | 广州市豪贤路172号豪贤商务大楼9楼 | 83389342 |
| | 广州海运集团海星国际旅游公司 | L－GD00757 | 穗旅发(2009)126号 | 胡松哲 | 广州市海珠区江南大道中218号4D室 | 84245837 |
| | 广州艳阳天旅行社有限公司 | L－GD00758 | 穗旅发(2009)126号 | 梁杰超 | 广州市越秀区西湖路100号首层 | 833329328 |
| | 广州市广视旅行社有限公司 | L－GD00759 | 穗旅发(2009)126号 | 宋 华 | 广州市西湖路99号民政大厦305室 | 83183975 |
| | 广东省口岸旅行社有限公司 | L－GD00760 | 穗旅发(2009)126号 | 冯卓儒 | 广州市农林下路40号王府井大楼九楼1909房 | 87624230 |
| | 广东四通旅行社有限公司 | L－GD00761 | 穗旅发(2009)126号 | 杨越红 | 广州市越秀区东风西路195号B座1023C房 | 81341381 |
| | 广东省中科旅行社 | L－GD00762 | 穗旅发(2009)126号 | 杨 玲 | 广州市连新路171号广东科学馆205室 | 83562289 |
| | 广州市金威旅行社 | L－GD00763 | 穗旅发(2009)126号 | 童水波 | 广州市荔湾区广钢集团公司内 | 81550745 |
| | 广州马会旅行社 | L－GD00764 | 穗旅发(2009)126号 | 刘宏光 | 广州市天河区黄埔大道西668号(赛马场内) | 87539822 |
| | 广州大江南北旅行社有限公司 | L－GD00765 | 穗旅发(2009)126号 | 罗燕萍 | 广州市芳村大道中271号之二 | 81895233 |
| | 广州市交通旅行社有限公司 | L－GD00766 | 穗旅发(2009)126号 | 宫照绪 | 广州市海珠区江泰路51号、51号之三 | 34470366 |
| | 广州远景旅行社有限公司 | L－GD00767 | 穗旅发(2009)126号 | 霍柏强 | 广州市越秀区西华路525号1611、1612房 | 81072529 |
| | 广东华侨友谊旅行社有限公司 | L－GD00768 | 穗旅发(2009)126号 | 康剑锋 | 广州市越秀区东风中路363号国信大厦3楼 | 38823954 |
| | 广州市番禺交通旅行社有限公司 | L－GD00769 | 穗旅发(2009)126号 | 梁杏莲 | 广州市番禺区市桥禺山大道243号 | 84661121 |
| | 广东省广梅汕铁路旅行社 | L－GD00770 | 穗旅发(2009)126号 | 雷德晖 | 广州市越秀区梅花路18号首层 | 61320098 |
| | 广东南鹰国际旅行社有限公司 | L－GD00771 | 穗旅发(2009)126号 | 黄志伟 | 广州市白云区机场路585号鹏景大厦1108室 | 36319843 |
| | 广州海明旅行社 | L－GD00772 | 穗旅发(2009)126号 | 吴健生 | 广州市广卫路23号首层铺位之二 | 83364236 |

续表

| 地区 | 旅行社名称 | 许可证编号 | 批文号 | 法定代表人 | 联系地址 | 联系电话 |
| --- | --- | --- | --- | --- | --- | --- |
| 广州市(020) | 广州市长洲旅行社有限公司 | L－GD00774 | 穗旅发(2009)126 号 | 唐　曦 | 广州市黄埔区军校路 160 号 | 82205558 |
| | 广州三人行旅行社有限公司 | L－GD00775 | 穗旅发(2009)126 号 | 陈泽良 | 广州市黄埔区港湾路 448 号 | 38114886 |
| | 增城市蓝景旅行社有限公司 | L－GD00776 | 穗旅发(2009)126 号 | 钟健生 | 广州增城市荔城镇园圃路 5 号 | 82748811 |
| | 广州林海旅行社有限责任公司 | L－GD00777 | 穗旅发(2009)126 号 | 卢跃游 | 广州市建设大马路 13 号陶然酒店 301、311 室 | 83875498 |
| | 广州市假日通旅行社有限公司 | L－GD00778 | 穗旅发(2009)126 号 | 唐皓明 | 广州市文明路 65 号 | 83393789 |
| | 广州春秋假日旅行社有限公司 | L－GD00779 | 穗旅发(2009)126 号 | 孙文霞 | 广州市越秀区起义路 173 号 302 房 | 83362470 |
| | 广州春之旅旅行社有限公司 | L－GD00780 | 穗旅发(2009)126 号 | 罗光雄 | 广州市天河路 47 号 | 37604925 |
| | 广州市金榜旅行社有限公司 | L－GD00782 | 穗旅发(2009)126 号 | 汪凌辉 | 广州市白云区乐嘉路 93 号 5A2 室 | 86342166 |
| | 广州运通国际旅行社有限公司 | L－GD00783 | 穗旅发(2009)126 号 | 李素莲 | 广州市东风西路 158 号 2 楼 C05 房 | 81088890 |
| | 广州市快事达旅行社有限公司 | L－GD00784 | 穗旅发(2009)126 号 | 周向民 | 广州市番禺区市桥兴泰路 159 号 | 84699980 |
| | 广州市日龙彩虹旅行社有限公司 | L－GD00785 | 穗旅发(2009)126 号 | 叶华盛 | 广州市番禺区东环街东环路 168 号 | 34514777 |
| | 广州市山海天旅行社有限公司 | L－GD00786 | 穗旅发(2009)126 号 | 张振云 | 广州市花都区新华街天贵路 60 号首层 | 36820059 |
| | 广州市天南地北旅行社有限公司 | L－GD00787 | 穗旅发(2009)126 号 | 沈福祥 | 广州市天河区林和中路 150 号 1805 房 | 38840133 |
| | 广州市金怡假期旅行社有限公司 | L－GD00788 | 穗旅发(2009)126 号 | 曾荷燕 | 广州市番禺市桥平康路 73 号 | 84621021 |
| | 广州市三平旅行社有限公司 | L－GD00789 | 穗旅发(2009)126 号 | 张　杰 | 广州市云霄路 88 号 B 座 5 楼 | 36124438 |
| | 广州市神洲旅行社有限公司 | L－GD00790 | 穗旅发(2009)126 号 | 吴　昊 | 广州市花都区新花街 12 号自编 3－6 号铺 | 36838755 |
| | 广州金穗国际旅行社有限公司 | L－GD00791 | 穗旅发(2009)126 号 | 张瓦平 | 广州市中山二路 3 号 5 楼 D 室 | 37620509 |
| | 广州领前旅行社有限公司 | L－GD00792 | 穗旅发(2009)126 号 | 林海明 | 广州市越秀区东风中路 363 号 909 房 | 37589005 |
| | 广州市盛世明珠旅行社有限公司 | L－GD00793 | 穗旅发(2009)126 号 | 龚浩涛 | 广州市海珠区江泰路 51 号之二 504 室 | 34010369 |
| | 广东友好旅行社有限公司 | L－GD00794 | 穗旅发(2009)126 号 | 叶　宁 | 广州市东风中路 501－507 号东建大厦西座 | 83554584 |
| | 广州国龙旅行社有限公司 | L－GD00795 | 穗旅发(2009)126 号 | 黄北盈 | 广州市天河区中山大道 138 号广运楼二楼 | 61212506 |
| | 广州自游通商务旅行社有限公司 | L－GD00796 | 穗旅发(2009)126 号 | 陈白羽 | 广州市白云区乐嘉路 1 号广之旅办公大楼 3 楼 | 86338835 |

续表

| 地区 | 旅行社名称 | 许可证编号 | 批文号 | 法定代表人 | 联系地址 | 联系电话 |
|---|---|---|---|---|---|---|
| 广州市(020) | 广州市鸿燕旅行社有限公司 | L-GD00797 | 穗旅发(2009)126号 | 陈泽良 | 广州市花都区新华街宝华路30号时代美居 | 38114738 |
| | 广州市中国旅行社 | L-GD00798 | 穗旅发(2009)126号 | 卢中铭 | 广州市广园中路211号A2栋 | 86382165 |
| | 广州市华龙旅行社有限公司 | L-GD00799 | 穗旅发(2009)126号 | 王志光 | 广州市沿江东路421号东城大厦B座1508室 | 61180598 |
| | 广州金旅旅行社有限公司 | L-GD00800 | 穗旅发(2009)126号 | 刘海峰 | 广州市新市镇汇侨二街29号 | 36605370 |
| | 广州市广厦旅行社 | L-GD00801 | 穗旅发(2009)126号 | 邝云弘 | 广州市北京路374号广州大厦八号楼3306室 | 83189888 |
| | 广州市梦旅旅行社有限公司 | L-GD00802 | 穗旅发(2009)126号 | 姚元武 | 广州从化市街口街蓝田路39号棋杆镇政府楼 | 87926698 |
| | 广州泰乐国际旅行社有限公司 | L-GD00803 | 穗旅发(2009)126号 | 李皓辰 | 广州经济技术开发区青年路东园二街14号101 | 82220523 |
| | 广州云景国际旅行社有限公司 | L-GD00805 | 穗旅发(2009)126号 | 何　晓 | 广州市环市东路367号白云宾馆二楼B3 | 83310841 |
| | 广州市中宇旅行社有限公司 | L-GD00806 | 穗旅发(2009)126号 | 罗晓宁 | 广州从化市街口西宁东路1栋地下2-3号 | 87927888 |
| | 广州市贵豪旅行社有限公司 | L-GD00807 | 穗旅发(2009)126号 | 阮玲玉 | 广州市中山一路小东园14号408 | 612830855 |
| | 广州永乐国际旅行社有限公司 | L-GD00808 | 穗旅发(2009)126号 | 李耀华 | 广州市环市东路368号花园大厦746、752房 | 83847156 |
| | 广州市康城旅行社有限公司 | L-GD00809 | 穗旅发(2009)126号 | 李佩鸿 | 广州从化市街口街河滨北路20-22号 | 87927688 |
| | 广州京奥旅行社有限公司 | L-GD00810 | 穗旅发(2009)126号 | 王少锋 | 广州市天河北路30号时代广场西1003B | 38910992 |
| | 广州市金马旅行社有限公司 | L-GD00811 | 穗旅发(2009)126号 | 黄小婉 | 广州市越秀区起义路173号701D、702A | 83186485 |
| | 广州市龙行天下旅行社有限公司 | L-GD00812 | 穗旅发(2009)126号 | 冯就翔 | 广州市海珠区工业大道中381号保利百合花园 | 84435433 |
| | 广州大新华运通国际旅行社有限公司 | L-GD00813 | 穗旅发(2009)126号 | 孙金伟 | 广州市白云区机场路33号中央海航酒店A座 | 86372023 |
| | 广州市名晖国际旅行社有限公司 | L-GD00814 | 穗旅发(2009)126号 | 喻广福 | 广州市海珠区润田街3-9号311室 | 34389766 |
| | 广州中航国际旅游有限公司 | L-GD00815 | 穗旅发(2009)126号 | 陈洪发 | 广州市白云区机场路24号 | 62833333 |
| | 广州市成顺国际旅行社有限公司 | L-GD00816 | 穗旅发(2009)126号 | 蔡宇彤 | 广州市环市东路417号5楼C房 | 22813082 |
| | 广州市槐乡旅行社有限公司 | L-GD00817 | 穗旅发(2009)126号 | 赵新林 | 广州市三元里大道广花二路山西大厦北楼 | 22293488 |
| | 广州市国青国际旅行社有限公司 | L-GD00818 | 穗旅发(2009)126号 | 张　丹 | 广州市天河区天河北路175号2904-2905房 | 86000500 |
| | 广州凤凰国际旅行社有限公司 | L-GD00819 | 穗旅发(2009)126号 | 李　明 | 广州市越秀区新河浦路86号之六2楼 | 37653337 |

续表

| 地区 | 旅行社名称 | 许可证编号 | 批文号 | 法定代表人 | 联系地址 | 联系电话 |
|---|---|---|---|---|---|---|
| 广州市（020） | 广州畅游旅行社有限公司 | L－GD00820 | 穗旅发（2009）126号 | 陈子平 | 广州市德政北路538号18楼1810室 | 83276818 |
| | 广州新途旅行社有限公司 | L－GD00821 | 穗旅发（2009）126号 | 梁广勤 | 广州市沿江中路195－197号沿江大厦 | 83360698 |
| | 广州长晖国际旅行社有限公司 | L－GD00822 | 穗旅发（2009）126号 | 温爱霞 | 广州市广九大马路31号富力宜居1号商铺 | 83788113 |
| | 广州市捷诚旅行社有限公司 | L－GD00823 | 穗旅发（2009）126号 | 王雪松 | 广州市东风东路739号地质大厦201 | 87664810 |
| | 广州市恒安旅行社有限公司 | L－GD00824 | 穗旅发（2009）126号 | 韦文雄 | 广州市流花路120号东方宾馆3号楼 | 86669900 |
| | 广州市四季风旅行社有限公司 | L－GD00825 | 穗旅发（2009）126号 | 乔炳节 | 广州市越秀区瑶台瑶池大街22号3楼 | 86252565 |
| | 广州市千适旅行社有限公司 | L－GD00826 | 穗旅发（2009）126号 | 钟智坚 | 广州市荔湾区中山八路46号 | 86663415 |
| | 广东中旅假日国际旅行社有限公司 | L－GD00827 | 穗旅发（2009）126号 | 吴伟华 | 广州市越秀区东风中路300号之一自编11楼 | 83193605 |
| | 广州金鹤旅行社有限公司 | L－GD00828 | 穗旅发（2009）126号 | 王红梅 | 广州市天河区林和东路侨林街43号 | 62869888 |
| | 广州易网通旅行社有限公司 | L－GD00829 | 穗旅发（2009）126号 | 杨筱萍 | 广州市天河区体育西路111号 | 38792923 |
| | 广州市荔壹旅行社有限公司 | L－GD00830 | 穗旅发（2009）126号 | 周　兴 | 广州市荔湾区中山八路新虹街38号 | 81754803 |
| | 广州辉煌旅行社有限公司 | L－GD00831 | 穗旅发（2009）126号 | 孙松阳 | 广州市机场路282号云港大厦A301房 | 86121647 |
| | 广州东星航空旅行社有限公司 | L－GD00832 | 穗旅发（2009）126号 | 施　雯 | 广州市白云区机场路282号云港大厦A304房 | 86120858 |
| | 广州市安逸旅行社有限公司 | L－GD00833 | 穗旅发（2009）126号 | 杨　毅 | 广州市荔湾区花蕾路28号A08室 | 81514085 |
| | 广州市浪程国际旅行社有限公司 | L－GD00834 | 穗旅发（2009）126号 | 温宇航 | 广州市越秀区寺右新马路10号之五北座 | 87671360 |
| | 广州市全球风行国际旅行社有限公司 | L－GD00835 | 穗旅发（2009）126号 | 杨少萍 | 广州市越秀区华乐路53号华乐大厦南塔20楼 | 83873229 |
| | 增城市中国旅行社 | L－GD00836 | 穗旅发（2009）126号 | 黎霍钱 | 广州增城市荔城街荔城大道55号 | 82640011 |
| | 广州市天客旅行社有限公司 | L－GD00837 | 穗旅发（2009）126号 | 列晓明 | 广州市荔湾区西华路134号2号楼606 | 80158669 |
| | 广州祺烨旅行社有限公司 | L－GD00838 | 穗旅发（2009）126号 | 卢有泉 | 广州市天河区华强路2号14005房 | 38907585 |
| | 广州泛海旅行社有限公司 | L－GD00839 | 穗旅发（2009）126号 | 袁　晖 | 广州市广州大道中611号917房 | 37598601 |
| | 广州众汇国际旅行社有限公司 | L－GD00840 | 穗旅发（2009）126号 | 李　涛 | 广州市越秀区盘福路朱紫后街1号 | 81217936 |
| | 广州天涯旅行社有限公司 | L－GD00841 | 穗旅发（2009）126号 | 罗永霞 | 广州天河区广汕公路龙洞街长湴矮岭793号 | 37220650 |

续表

| 地区 | 旅行社名称 | 许可证编号 | 批文号 | 法定代表人 | 联系地址 | 联系电话 |
|---|---|---|---|---|---|---|
| 广州市(020) | 广州龙润旅行社有限公司 | L-GD00842 | 穗旅发(2009)126号 | 朱为民 | 广州市白云区机场西路棠景街6-8号 | 83179935 |
| | 广州市乐游旅行社有限公司 | L-GD00843 | 穗旅发(2009)126号 | 廖建芳 | 广州市越秀区寺右新马路108号丰伟大厦 | 37618321 |
| | 广州禾协之旅旅行社有限公司 | L-GD00844 | 穗旅发(2009)126号 | 付春伟 | 广州市荔湾区黄沙大道144号湖北穗丰大厦 | 62799210 |
| | 广州市洋溢旅行社有限公司 | L-GD00845 | 穗旅发(2009)126号 | 黄　权 | 广州增城市新塘镇亚太新城富丽园第2栋 | 82689101 |
| | 广州市鑫南旅行社有限公司 | L-GD00846 | 穗旅发(2009)126号 | 田　毅 | 广州市海珠区广州大道南448号财智大厦 | 84222308 |
| | 广州中洋国际旅行社有限公司 | L-GD00847 | 穗旅发(2009)126号 | 向　橙 | 广州市越秀区沿江中路299号25楼 | 28821398 |
| | 广州佰信国际旅行社有限公司 | L-GD00848 | 穗旅发(2009)126号 | 樊宗明 | 广州市天河区车陂路95号311房 | 38204965 |
| | 广州携旅国际旅行社有限公司 | L-GD00849 | 穗旅发(2009)126号 | 李　梅 | 广州市天河区黄埔大道西45号2楼202、203 | 62231563 |
| | 广州市粤航金铁商务旅行社有限公司 | L-GD00850 | 穗旅发(2009)126号 | 李俊芬 | 广州市海珠区艺苑路5号港艺商务大厦907室 | 84228423 |
| | 广州市创游国际旅行社有限责任公司 | L-GD00851 | 穗旅发(2009)126号 | 李广镇 | 广州市越秀区中山一路25号316房 | 87359028 |
| | 广州欢畅国际旅行社有限公司 | L-GD00852 | 穗旅发(2009)126号 | 唐文芳 | 广州市番禺区市桥街德兴路278号 | 39995025 |
| | 广州名客国际旅行社有限公司 | L-GD00853 | 穗旅发(2009)126号 | 万以坚 | 广州市天河区中山大道139号自编125栋 | 85686618 |
| | 广州福之旅旅行社有限公司 | L-GD00854 | 穗旅发(2009)126号 | 王洪喜 | 广州市白云区机场路1438号尚明大厦1210室 | 86278567 |
| | 广州市大路旅行社有限公司 | L-GD00855 | 穗旅发(2009)126号 | 万梅琴 | 广州市荔湾区逢源路58号108，109房 | 81905981 |
| | 广州市翔游旅行社有限公司 | L-GD00856 | 穗旅发(2009)126号 | 蔡小玲 | 广州市越秀区东风中路501号东部三层 | 83563264 |
| | 广东澳青国际旅行社有限公司 | L-GD00858 | 穗旅发[2009]126号 | 张志雄 | 广州市越秀区沿江中路313号707房 | 83837510 |
| | 增城市安达国际旅行社 | L-GD00859 | 穗旅发[2009]126号 | 毛带勋 | 广州增城市荔城镇岗前西路12号101首层 | 82634708 |
| | 广东省职工国际旅行社 | L-GD00860 | 穗旅发[2009]126号 | 江陵泉 | 广州市越秀南东园横路3号 | 83814249 |
| | 广东活力商务国际旅行社有限公司 | L-GD00861 | 穗旅发[2009]126号 | 李渭江 | 广州市越秀区应元路12号后座1楼103房 | 83561826 |
| | 广东省羊城铁路国际旅行社 | L-GD00862 | 穗旅发[2009]126号 | 叶维东 | 广州市黄沙大道125号之一2楼 | 61359109 |
| | 广州鹅潭旅行社 | L-GD00864 | 穗旅发[2009]126号 | 李迎建 | 广州市越秀区沿江东路406号 | 83833111 |
| | 广东好时光旅行社有限公司 | L-GD00865 | 穗旅发[2009]126号 | 刘英华 | 广州市越秀区环市东路326号亚洲国际大酒店 | 37650472 |

续表

| 地区 | 旅行社名称 | 许可证编号 | 批文号 | 法定代表人 | 联系地址 | 联系电话 |
|---|---|---|---|---|---|---|
| 广州市(020) | 广州市白云山旅行社有限公司 | L－GD00866 | 穗旅发[2009]126号 | 徐家强 | 广州市越秀区德政北路401－409号华兴大厦 | 83352411 |
| | 增城挂绿旅行社 | L－GD00867 | 穗旅发[2009]126号 | 宋志军 | 广州增城市荔城街荔城大道137号2栋 | 82630880 |
| | 广东国航假期旅行社有限公司 | L－GD00868 | 穗旅发[2009]126号 | 侯恒斌 | 广州市越秀区农林东路30号 | 37653831 |
| | 广东电力旅行社有限公司 | L－GD00869 | 穗旅发[2009]126号 | 陈竹平 | 广州市荔湾区南岸路77号三楼 | 81328838 |
| | 广州市风行旅行社有限公司 | L－GD00870 | 穗旅发[2009]126号 | 何秉权 | 广州市天河区体育西路育蕾二街4号104房 | 85599913 |
| | 广州双湖旅行社有限公司 | L－GD00871 | 穗旅发[2009]126号 | 李国生 | 广州市天河区华景路165号221铺 | 85562430 |
| | 广州市环球国际旅行社有限公司 | L－GD00872 | 穗旅发[2009]126号 | 祝纯英 | 广州市越秀区环市中路300号天秀大厦B座 | 83229194 |
| | 广州市星宸国际旅行社有限公司 | L－GD00873 | 穗旅发[2009]126号 | 李　杰 | 广州市越秀区鹿苑路41号之一8号楼1楼 | 83488844 |
| | 广州中游旅行社有限公司 | L－GD00874 | 穗旅发[2009]126号 | 黄悦明 | 广州市越秀区麓景路7号老干中心综合楼 | 83589222 |
| | 广州正佳旅行社有限公司 | L－GD00875 | 穗旅发[2009]126号 | 王德红 | 广州市天河区天河路228号正佳广场南一号门 | 38331910 |
| | 广州市申浪旅行社有限公司 | L－GD00876 | 穗旅发[2009]126号 | 帅佩贞 | 广州市越秀区东华南路176－178号 | 61180354 |
| | 广州华龄美旅行社有限公司 | L－GD00877 | 穗旅发[2009]126号 | 王　挺 | 广州市天河北路大都会广场45楼13室 | 87630524 |
| | 广州市悠游旅行社有限公司 | L－GD00878 | 穗旅发[2009]126号 | 陈浩江 | 广州市荔湾区芳村新隆沙西1号45栋2楼201 | 81558227 |
| | 广州开心旅行社有限公司 | L－GD00879 | 穗旅发[2009]126号 | 张东斌 | 广州市荔湾区长堤街15号四楼401房 | 81540198 |
| | 广州市易达旅行社有限公司 | L－GD00880 | 穗旅发[2009]126号 | 魏　曦 | 广州市越秀区沿江中路195－197号1909房 | 83336333 |
| | 广州百众国际旅行社有限公司 | L－GD00881 | 穗旅发[2009]126号 | 吴元珠 | 广州市天河区广州大道北路瑞兴街 | 38047172 |
| | 广州缤纷旅行社有限公司 | L－GD00882 | 穗旅发[2009]126号 | 李永忠 | 广州市天河区天河南一路82号 | 83485593 |
| | 广州一马旅行社有限公司 | L－GD00883 | 穗旅发[2009]126号 | 周晓芳 | 广州市越秀区合群西路7号4568、4569室 | 87620171 |
| | 广州市太易旅行社有限公司 | L－GD00884 | 穗旅发[2009]126号 | 林　珲 | 广州市越秀区署前路33号2号楼403、405 | 87781415 |
| | 广州市均天商务旅行社有限公司 | L－GD00898 | 穗旅发[2010]8号 | 颜冬云 | 广州市白云区机场路111号308之一室 | 36227347 |
| | 广州市中易旅行社有限公司 | L－GD00899 | 穗旅发[2010]9号 | 陈俊樟 | 广州市天河区351号3001单元之07号房 | 38845852 |
| | 广州银旅通国际旅行社有限公司 | L－GD00900 | 穗旅发[2010]10号 | 黄少文 | 广州市天河区五山路1号15楼06室 | 87515919 |

续表

| 地区 | 旅行社名称 | 许可证编号 | 批文号 | 法定代表人 | 联系地址 | 联系电话 |
|---|---|---|---|---|---|---|
| 广州市(020) | 广州市信城商旅旅行社有限公司 | L-GD00901 | 穗旅发[2010]11号 | 崔君亮 | 广州市荔湾区人民中路555号1717房 | 81092030 |
| | 广州天下若比邻旅行社有限公司 | L-GD00902 | 穗旅发[2010]12号 | 苏志伟 | 广州市越秀区环市东路367号白云宾馆主楼 | 83312843 |
| | 广州盛世君悦旅行社有限公司 | L-GD00916 | 穗旅发[2010]16号 | 张万国 | 广州市萝岗区天泰一路1号501房 | 82228696 |
| | 广州常青藤国际旅行社有限公司 | L-GD00917 | 穗旅发[2010]19号 | 胡恩华 | 广州市越秀区中山一路57号1405室 | 61330075 |
| | 广州市心友汇国际旅行社有限公司 | L-GD00918 | 穗旅发[2010]20号 | 贺志军 | 广州市越秀区越秀南路185号1901-C房 | 87303760 |
| | 广州广青商务旅行社有限公司 | L-GD00932 | 穗旅发[2009]71号 | 严成碧 | 广州市天河区华夏路49号之一301房 | 38092488 |
| | 广东捷蓝旅行社有限公司 | L-GD00938 | 穗旅发[2009]93号 | 曾维峰 | 广州市白云区云霄路88号B-5028 | 36121332 |
| | 广州市花之旅旅行社有限公司 | L-GD00939 | 穗旅发[2009]94号 | 曾伟军 | 广州市花都区新华街宝华路30号A区 | 86885163 |
| | 广州一起飞国际旅行社有限公司 | L-GD00948 | 穗旅发[2009]97号 | 黄茂春 | 广州市越秀区华乐路53号15楼C室 | 22813785 |
| | 广州大地恒国际旅行社有限公司 | L-GD00950 | 穗旅发[2009]99号 | 黎家杰 | 广州市番禺区市桥街富华西路2号 | 13609074703 |
| | 广州市无国界旅行社有限公司 | L-GD00964 | 穗旅发[2009]117号 | 诸福才 | 广州市越秀区环市中路207号自编C811房 | 86678009 |
| | 广州巨邦旅行社有限公司 | L-GD00965 | 穗旅发[2009]118号 | 廖伟平 | 广州市越秀区解放北路899号9B05房 | 36183429 |
| | 广州芒果网国际旅行社有限公司 | L-GD00976 | 穗旅发[2009]124号 | 黄志文 | 广州市越秀区中山五路219号中旅商业城 | 22816289 |
| | 广州豪旅国际旅行社有限公司 | L-GD00977 | 穗旅发[2009]125号 | 朱少斌 | 广州从化市广场路23号之二 | 87967383 |
| | 广州番信旅行社有限公司 | L-GD00997 | 穗旅发[2010]25号 | 陈小青 | 广州市番禺区市桥街形泰路161号 | 84632088 |
| | 广州市名门旅行社有限公司 | L-GD01004 | 穗旅发[2010]31号 | 蓝宗永 | 广州市白云区机场路棠景街8号307、310房 | 83552396 |
| | 广州怡众旅行社有限公司 | L-GD01019 | 穗旅发(2010)53号 | 湛建科 | 广州市增城荔城华商路一号广东商学院商业街 | 61733001 |
| | 广州亚洲国际旅行社有限公司 | L-GD01029 | 穗旅发(2010)56号 | 欧江华 | 广州市越秀区沿江路中路298号中区3002室 | 62624537 |
| | 广州市荔之旅国际旅行社有限公司 | L-GD01041 | 穗旅发(2010)62号 | 廖海花 | 广州增城市荔城街园圃路45号首层 | 82647777 |
| | 广州欣辉假期国际旅行社有限公司 | L-GD01042 | 穗旅发[2010]68号 | 王芸芸 | 广州市天河区体育东路32号自编A号 | 87515011 |
| | 广州佳域旅行社有限公司 | L-GD01043 | 穗旅发[2010]69号 | 黄玉薇 | 广州市海珠区江南大道中路穗花二巷1-2号 | 840649914 |
| | 广州市航程旅行社有限公司 | L-GD01044 | 穗旅发[2010]70号 | 陈逸明 | 广州市越秀区先烈中路76号10楼F单元 | 83806232 |

续表

| 地区 | 旅行社名称 | 许可证编号 | 批文号 | 法定代表人 | 联系地址 | 联系电话 |
|---|---|---|---|---|---|---|
| 广州市(020) | 广州粤游旅行社有限公司 | L-GD01051 | 穗旅发[2010]72 号 | 陈清华 | 广州市天河区茶山路 270 号 108 铺自编 C 房 | 38814267 |
| | 广州市旭日国际旅行社有限公司 | L-GD01057 | 穗旅发[2010]75 号 | 罗焕荣 | 广州市越秀区大南路 108 号 1009 房 | 13682225022 |
| | 广州增之旅国际旅行社有限公司 | L-GD01065 | 穗旅发[2010]92 号 | 陈　兵 | 广州增城市荔城街翠岗路 18 号首层 101 铺 | 82665556 |
| | 广州市捷达假期旅行社有限公司 | L-GD01069 | 穗旅发(2010)102 号 | 杨丽娟 | 广州市越秀区中山三路 33 号中华国际中心 | 83777939 |
| | 广州市中科旅行社有限公司 | L-GD01070 | 穗旅发(2010)103 号 | 黎其洪 | 广州市海珠区新港西路 3 号 203 房 | 89090163 |
| | 广州天翔旅游有限公司 | L-GD01080 | 穗旅发(2010)115 号 | 曾　云 | 广州市萝岗区天鹿南路联合段 28 号 B 栋 205 | 87090279 |
| | 广州市美欧旅行社有限公司 | L-GD01081 | 穗旅发(2010)116 号 | 卢颖钊 | 广州市荔湾区荔湾路 88 号 709 室 | 81215624 |
| | 广州易欢游旅行社有限公司 | L-GD01083 | 穗旅发[2010]121 号 | 马学文 | 广州市从化街口河滨北路科技楼 1 楼西面 | 61700017 |
| | 广州方行教育国际旅行社有限公司 | L-GD01084 | 穗旅发(2010)122 号 | 吴培华 | 广州市珠海区新港西路 135 号 | 84114119 |
| | 广州汇景国际旅行社有限公司 | L-GD01088 | 穗旅发(2010)143 号 | 曹忠琳 | 广州市越秀区中山二路 3 号 15 楼 A | 13392111122 |
| | 广州市宇翔航空服务有限公司 | L-GD01089 | 穗旅发(2010)124 号 | 周丹瑜 | 广州市白云区机场路 585 号鹏景大厦 10 楼 | 86078435 |
| | 广州华星假日国际旅行社有限公司 | L-GD01090 | 穗旅发[2010]125 号 | 莫季华 | 广州市越秀区麓景路狮带岗西 1 号首层 | 83571345 |
| | 广州市生生国际旅行社有限公司 | L-GD01091 | 穗旅发[2010]126 号 | 缪韶清 | 广州市越秀区沿江中路 195-197 号 818 室 | 82242488 |
| | 广州可乐旅行社有限公司 | L-GD01092 | 穗旅发[2010]127 号 | 梁巧英 | 广州市越秀区越秀北路 87-89 号越豪大厦 | 62729926 |
| | 广州宏坤旅行社有限公司 | L-GD01109 | 穗旅发[2010]134 号 | 罗美兰 | 广州市白云区云宵路 88 号 B-6038 | 13710838541 |
| | 广州市新阳假期旅行社有限公司 | L-GD01110 | 穗旅发[2010]138 号 | 陈玉燕 | 广州市八旗二马路 36 号 205-206 室 | 88571366 |
| | 广州夏日旅行社有限公司 | L-GD01111 | 穗旅发[2010]139 号 | 杨坤潮 | 广州市三元里大道 1233 号 8 楼 8168 | 13826261980 |
| | 广州市寰亚国际旅行社有限公司 | L-GD01112 | 穗旅发[2010]140 号 | 廖利女 | 广州市越秀区环市东路 461 号自编 5 号楼 | 13719417495 |
| | 广州优翔国际旅行社有限公司 | L-GD01113 | 穗旅发[2010]143 号 | 张小鹏 | 广州市越秀区环市东路 362-366 号 | 22373666 |
| | 广州十三行国际旅行社有限责任公司 | L-GD01121 | 穗旅发[2010]155 号 | 侯守兴 | 广州市荔湾区康王北路 970 号 3 楼 303 | 88904488 |
| | 广州豪富国际旅行社有限公司 | L-GD01137 | 穗旅发[2010]176 号 | 张　荔 | 广州市天河区黄埔大道西 76 号富力盈隆广场 | 38103260 |
| | 广州七洲国际旅行社有限公司 | L-GD01138 | 穗旅发[2010]177 号 | 李　萍 | 广州市天河区先烈东路 318 号 5 楼 515 房 | 28829551 |

续表

| 地区 | 旅行社名称 | 许可证编号 | 批文号 | 法定代表人 | 联系地址 | 联系电话 |
|---|---|---|---|---|---|---|
| 广州市（020） | 广州青之旅国际旅行社有限公司 | L－GD01139 | 穗旅发［2010］178 号 | 何靖欣 | 广州市越秀区白云路 38 号 401A、401B 房 | 13925048326 |
| | 广州佰旅旅行社有限公司 | L－GD01140 | 穗旅发［2010］179 号 | 龚　琪 | 广州市海珠区宝岗大道 268 号 1314 房 | 13711466448 |
| | 广州新天地国际旅行社有限公司 | L－GD01143 | 穗旅发［2010］183 号 | 裀广飞 | 广州市越秀区执信南路 3 号 301 | 87300222 |
| | 广州市德迈国际旅行社有限公司 | L－GD01151 | 穗旅发［2010］188 号 | 林建勋 | 广州市越秀区先烈中路 76 号 15E | 87320979 |
| | ※广州乐天国际旅行社有限公司 | L－GD01158 | 穗旅发［2011］1 号 | 岑凤碧 | 广州市越秀区环市东路 417 号 7 楼 G 房 | 37614283 |
| | ※广州同游国际旅行社有限公司 | L－GD01168 | 穗旅发［2011］11 号 | 洪国侨 | 广州市越秀区越秀北路 222 号 1005 部分 | 83642816 |
| | ※广州市旭航国际旅行社有限公司 | L－GD01169 | 穗旅发［2011］12 号 | 凌婉姬 | 广州市番禺区石基镇龙基南路 18 号 | 84852188 |
| | ※广州新绎国际旅行社有限公司 | L－GD01170 | 穗旅发［2011］13 号 | 鞠喜林 | 广州市花都区新华街百合路 35 号 4－7 栋 | 18665005818 |
| | ※广州粤海国际旅行社有限公司 | L－GD01171 | 穗旅发［2011］14 号 | 许晓彬 | 广州市海珠区宝岗大道 268 号 1014 房 | 34383822 |
| | ※广州云山国际旅行社有限公司 | L－GD01172 | 穗旅发［2011］15 号 | 梁　烈 | 广州市海珠区广州大道南桃花街 159 号 | 84202486 |
| | ※广州市金隆国际旅行社有限公司 | L－GD01182 | 穗旅发［2011］22 号 | 陈海燕 | 广州市海珠区宝岗路四间巷 32 号自编 1 号 | 84392816 |
| | ※广州班敦国际旅行社有限公司 | L－GD01185 | 穗旅发［2011］25 号 | 袁健雄 | 广州市越秀区德政北路 538 号北向 905 房 | 33371761 |
| | ※广州粤运国际旅行社有限公司 | L－GD01202 | 穗旅发［2011］32 号 | 老伟坚 | 广州市越秀区中山五路 193 号百汇广场 1305B | 83649229 |
| | ※广州汇锦泰国际旅行社有限公司 | L－GD01203 | 穗旅发［2011］33 号 | 庄保平 | 广州市越秀区中山西路 246 号 1201、03 房 | 22378838 |
| | ※广州奇旅国际旅行社有限公司 | L－GD01204 | 穗旅发［2011］34 号 | 于新玉 | 广州市天河区中山大道西路 6、8 号第 16 层 | |
| | ※广州赢之旅国际旅行社有限公司 | L－GD01205 | 穗旅发［2011］35 号 | 麦兆铭 | 广州市越秀区惠福东路 455 号 10 楼 1006 房 | 83810017 |
| | ※广州金亚泰国际旅行社有限公司 | L－GD01212 | 穗旅发［2011］38 号 | 彭博 | 广州市越秀区东华南路 176－178 号 405 房 | 83744355 |
| | ※广州畅行国际旅行社有限公司 | L－GD01216 | 穗旅发［2011］41 号 | 张叙红 | 广州市越秀区白云路 27－1 号 802 房 | 22372600 |
| | ※广州趣游旅行社有限公司 | L－GD01217 | 穗旅发［2011］42 号 | 陈作智 | 广州市天河区五山路 246、248、250 号金山大厦 | 38483050 |
| | ※广州市高铁之家旅行社有限公司 | L－GD01218 | 穗旅发［2011］44 号 | 刘治国 | 广州市白云区三元里松柏东街 13 号 613A 室 | 86387583 |
| | ※广州市王冠国际旅行社有限公司 | L－GD01219 | 穗旅发［2011］45 号 | 廖观钦 | 广州增城市荔城街莱园中路 67 号之一 | 32838738 |
| | ※广州市名景旅行社有限公司 | L－GD01220 | 穗旅发［2011］46 号 | 龙耀江 | 广州市白云区黄边南路 2 号之二 | 86171477 |

续表

| 地区 | 旅行社名称 | 许可证编号 | 批文号 | 法定代表人 | 联系地址 | 联系电话 |
|---|---|---|---|---|---|---|
| 广州市(020) | ※广州市环旅旅行社有限公司 | L－GD01225 | 穗旅发[2011]50 号 | 何　丽 | 广州市天河区黄埔大道西路 33 号 20 楼 C 房 | 83336333 |
| | ※广州好易订国际旅行社有限公司 | L－GD01236 | 穗旅发[2011]57 号 | 陈峻强 | 广州市开发区宝石路 11 号 606 房 | 61130086 |
| | ※广州市美赢国际旅行社有限公司 | L－GD01237 | 穗旅发[2011]58 号 | 贺旖丽 | 广州市越秀区建设大马路 8 号逸雅居 410 | 61223837 |
| | ※广州市东照国际旅行社有限公司 | L－GD01247 | 穗旅发[2011]65 号 | 舒　玲 | 广州市越秀区中山三路 38 号 1701 之一 | 83858003 |
| | ※广州飞扬假期国际旅行社有限公司 | L－GD01255 | 穗旅发[2011]70 号 | 黄永全 | 广州市花都区新华街凤凰北路 27 号 | 36976777 |
| | ※广州景秀国际旅行社有限公司 | L－GD01260 | 穗旅发[2011]74 号 | 姚日照 | 广州市番禺区钟村街钟三村 | 31178278 |
| | ※广州市裕民国际旅行社有限公司 | L－GD01264 | 穗旅发[2011]75 号 | 黄裕淮 | 广州市天河区华夏路 49 号之二 403 房 | 22123385 |
| | ※广州市优日假旅行社有限公司 | L－GD01265 | 穗旅发[2011]76 号 | 傅文佳 | 广州市越秀区八旗二马路 36 号 301 房 | 13632433450 |
| | ※广东大唐国际旅行社有限公司 | L－GD01279 | 穗旅发[2011]84 号 | 刘文杰 | 广州市越秀区环市东路 326 号之一 | 13427560000 |
| | ※广州手拉手国际旅行社有限公司 | L－GD01280 | 穗旅发[2011]85 号 | 赵琦微 | 广州市越秀区小北路 168 号 8 楼 0806 房 | 13602890000 |
| | ※中青旅(广东)国际会议展览有限公司 | L－GD01281 | 穗旅发[2011]86 号 | 郭俊华 | 广州市越秀区中山五路 219 号中旅商业城 | 13802948202 |
| | ※广州笑一笑旅游有限公司 | L－GD01285 | 穗旅发[2011]89 号 | 陈常俊 | 广州市天河区天河北路 626 号 503 房 | 83611335 |
| | ※广州御旅国际旅行社有限公司 | L－GD01286 | 穗旅发[2011]90 号 | 覃婉君 | 广州市天河区华强路 2 号富力盈丰大厦 | 38013111 |
| | ※广州吉祥顺景国际旅行社有限公司 | L－GD01293 | 穗旅发[2011]95 号 | 刘青海 | 广州市白云区岗贝路 6 号 813 房 | 13332858658 |
| | ※广州易途国际旅行社有限公司 | L－GD01295 | 穗旅发[2011]99 号 | 詹宏顺 | 广州市越秀区华乐路华乐大厦 53 号 | 22262185 |
| | ※广州市华义旅行社有限公司 | L－GD01296 | 穗旅发[2011]1006 号 | 李忠义 | 广州市白云区汇侨路 16 号二层自编 207D 房 | 86302385 |
| | ※广州亿客旅行社有限公司 | L－GD01303 | 穗旅发[2011]104 号 | 秦　川 | 广州市越秀区淘金北路 79 号 201 房 B01 | 13631459912 |
| | ※广州市易凯国际旅行社有限公司 | L－GD01308 | 穗旅发[2011]109 号 | 王成超 | 广州市越秀区中山六路 2 号 1701 自编 1706 室 | 13554789786 |
| | ※广州永和旅行社有限公司 | L－GD01310 | 穗旅发[2011]110 号 | 张春瑾 | 广州市白云区岗贝路 266 号 307 房 | 13922160049 |
| | ※广州光大国际旅行社有限公司 | L－GD01317 | 穗旅发[2011]112 号 | 姚艳艳 | 广州市越秀区麓景路 7 号自编 1616 房 | 83502226 |
| | ※广州市百翔旅游有限公司 | L－GD01320 | 穗旅发[2011]114 号 | 蔡丽娜 | 广州市海珠区敦和路 116 号 802 房 | 13556166231 |
| | ※广州极至国际旅行社有限公司 | L－GD01321 | 穗旅发[2011]115 号 | 刘　斐 | 广州市越秀区东风路 410－412 号 | 13620411284 |

续表

| 地区 | 旅行社名称 | 许可证编号 | 批文号 | 法定代表人 | 联系地址 | 联系电话 |
|---|---|---|---|---|---|---|
| 广州市(020) | ※广州天鹅国际旅行社有限公司 | L－GD01322 | 穗旅发［2011］120 号 | 周　银 | 广州市高新技术开发区科学城科学大道 239 号 | 82116688 |
| | ※广州铭悦旅行社有限公司 | L－GD01326 | 穗旅发［2011］125 号 | 张　平 | 广州市越秀区环市东路 339 号 | 83496916 |
| | ※广州信诺旅行社有限公司 | L－GD01329 | 穗旅发［2011］128 号 | 何洁源 | 广州市越秀区东风中路 363 号 2203 房 | 13922218430 |
| | ※广州粤之新国际旅行社有限公司 | L－GD01330 | 穗旅发［2011］129 号 | 林　惠 | 广州市越秀区白云路 111－113 号 2116 房 | 13602892450 |
| | ※广州市万水千山旅行社有限公司 | L－GD01333 | 穗旅发［2011］132 号 | 涂家高 | 广州市天河区员村五横路文冲路 7 号 420 房 | 18664882180 |
| | ※广州中衡国际旅行社有限公司 | L－GD01334 | 穗旅发［2011］133 号 | 冯权华 | 广州市荔湾区康王北路 970 号 3 楼 312 房 | 15817183972 |
| | ※广州市知途旅行社有限公司 | L－GD01335 | 穗旅发［2011］131 号 | 刘铭初 | 广州市天河区龙怡路 117 号 2406 房 | 13662459221 |
| | ※广州南沙广之旅国际旅行社有限公司 | L－GD01336 | 穗旅发［2011］134 号 | 柳丹花 | 广州市南沙经济技术开发区进港大道 24 号 | 86338896 |
| | ※广州市高佳旅行社有限公司 | L－GD01348 | 穗旅发［2011］137 号 | 陈丽焜 | 广州市番禺区大龙街城市花园 A24 铺 | 13316078259 |
| | ※广州信游国际旅行社有限公司 | L－GD01349 | 穗旅发［2011］138 号 | 利燕辉 | 广州市白云区岗贝路 136 号 811 房 | 13826280762 |
| | ※广州市方健旅行社有限公司 | L－GD01350 | 穗旅发［2011］139 号 | 朱惠敏 | 广州增城市荔城街园圃路 53 号首层之二 | 82656725 |
| 深圳市(0755) | 深圳市深旅国际旅行社有限公司 | L－GD－CJ00038 | 旅管发［2002］91 号 | 张京生 | 深圳市罗湖区深南大道和平路交汇处 | 82215432 |
| | 深圳中国国际旅行社有限公司 | L－GD－CJ00039 | 旅管发［2002］91 号 | 吴　斌 | 深圳市罗湖区和平路船步街 2 号 | 82477086 |
| | 深圳招商国际旅游有限公司 | L－GD－CJ00040 | 旅管发［2002］91 号 | 李　明 | 深圳市南山区蛇口太子路 18 号海景广场 | 26691481 |
| | 深圳市口岸中国旅行社有限公司 | L－GD－CJ00041 | 旅管发［2002］91 号 | 杜　燕 | 深圳市罗湖区和平路 1043 号华侨大厦 1 楼 | 25583729 |
| | 深圳市中国旅行社有限公司 | L－GD－CJ00042 | 旅管发［2002］91 号 | 钟锦波 | 深圳市罗湖区人民南路 3023 号中旅大厦 6 楼 | 82287644 |
| | 深圳市深华国际旅行社有限责任公司 | L－GD－CJ00043 | 旅管发［2002］91 号 | 郭　泰 | 深圳市罗湖区南湖路 2018 号深华商业大厦 | 82306898 |
| | 深圳华侨城国际旅行社有限公司 | L－GD－CJ00044 | 旅管发［2002］91 号 | 蔡　宁 | 深圳南山区华侨城光侨街综合楼一、二层 | 26605518 |
| | 深圳中青旅国际会议展览有限公司 | L－GD－CJ00045 | 旅管发［2002］91 号 | 袁　浩 | 罗湖区沿河南路 1098 号昌湖大厦 C3050 | 25970343 |
| | 深圳市鹏运国际旅行社有限公司 | L－GD－CJ00046 | 旅管发［2002］91 号 | 董　军 | 深圳市罗湖区金碧路 46 号金湖大厦 7 楼 | 82435057 |
| | 深圳市九洲国际旅行社有限公司 | L－GD－CJ00047 | 旅管发［2002］91 号 | 于永杰 | 深圳市福田区上步中路园中花园 A 栋 1－2 层 | 22209000 |
| | 深圳机场国际旅行社有限公司 | L－GD－CJ00048 | 旅管发［2002］91 号 | 汤大杰 | 深圳市宝安区黄田国际机场新候机楼 1 楼 | 23457351 |

续表

| 地区 | 旅行社名称 | 许可证编号 | 批文号 | 法定代表人 | 联系地址 | 联系电话 |
|---|---|---|---|---|---|---|
| 深圳市（拥有旅行社327家，其中出境游组团社43家，外资旅行社5家） | 深圳市巨邦国际旅行社有限公司 | L－GD－CJ00049 | 旅管发［2002］91号 | 廖伟平 | 深圳市罗湖区深南东路3085号 | 25155500 |
| | 深圳市罗湖国际旅行社有限公司 | L－GD－CJ00051 | 旅管发［2002］91号 | 陈小敏 | 深圳市罗湖区建设路1008号汇展阁31楼 | 82392098 |
| | 深圳市海外国际旅行社有限公司 | L－GD－CJ00052 | 旅管发［2002］91号 | 孟　艳 | 深圳市罗湖区深南东路82－84号东乐大厦 | 25132138 |
| | 深圳市天涯国际旅行社有限公司 | L－GD－CJ00053 | 旅管发［2002］91号 | 于兴洲 | 深圳市罗湖区人民南路发展中心30F1 | 25155756 |
| | 深圳市职工国际旅行社有限公司 | L－GD－CJ00054 | 旅管发［2002］91号 | 张　剑 | 深圳市罗湖区深南东路国宾大酒店第14层 | 82203150 |
| | 深圳市中侨国际旅行社有限公司 | L－GD－CJ00055 | 旅管发［2002］91号 | 汪永红 | 深圳市福田区深南中路3007号国际科技大厦 | 83760128 |
| | 深圳市宝中旅行社有限公司 | L－GD－CJ00056 | 旅管发［2002］91号 | 王峥嵘 | 深圳市罗湖区嘉宾路太平洋商贸大厦20I | 22160878 |
| | 深圳市世纪假日国际旅行社有限公司 | L－GD－CJ00057 | 旅管发［2007］244号 | 吴志闽 | 深圳市罗湖区嘉宾路太平洋商贸大厦 | 82135769 |
| | 深圳市航空国际旅行社有限公司 | L－GD－CJ00058 | 旅管发［2005］34号 | 刘剑平 | 深圳市福田区农林路鑫竹苑A栋7楼 | 33398935 |
| | 深圳市广铁青国际旅行社有限公司 | L－GD－CJ00059 | 旅管发［2005］34号 | 李玉文 | 深圳市罗湖区和平路船步街15号渔景大厦 | 82116909 |
| | 深圳市康辉旅行社有限公司 | L－GD－CJ00060 | 旅管发［2005］34号 | 李继烈 | 深圳市福田区振华路100号深纺大厦C座五楼 | 83777168 |
| | 深圳市建南国际旅行社有限公司 | L－GD－CJ00061 | 旅管发［2007］244号 | 陈　建 | 深圳市福田区天安数码时代大厦B座503 | 33355888 |
| | 深圳市特色国际旅行社有限公司 | L－GD－CJ00062 | 旅管发［2007］244号 | 陈翰生 | 深圳市罗湖区桂园路2号电影大厦 | 82119788 |
| | 深圳市鹏之旅国际旅行社有限公司 | L－GD－CJ00063 | 旅管发［2007］156号 | 陈　外 | 深圳市罗湖区东门南路2028号东莞外贸大厦 | 82193639 |
| | 深圳市金冠国际旅行社有限公司 | L－GD－CJ00064 | 旅管发［2008］233号 | 胡晓军 | 深圳市罗湖区嘉宾路4028号太平洋商贸大厦 | 25598104 |
| | 深圳市海韵国际旅行社有限公司 | L－GD－CJ00065 | 旅管发［2008］302号 | 彭永奎 | 深圳市南山区蛇口港湾一路蛇口港客运站1楼 | 26864543 |
| | 港中旅京华国际旅行社（深圳）有限公司 | L－GD－CJ00066 | 旅管发［2007］336号 | 王富刚 | 深圳市罗湖区人民南路3002号 | 61695900 |
| | 国旅（深圳）国际旅行社有限公司 | L－GD－CJ00067 | 旅管发［2008］211号 | 顾振德 | 深圳市罗湖区嘉宾路金威大厦17楼 | 82210011 |
| | 深圳市世纪风行国际旅行社有限公司 | L－GD－CJ00139 | 旅管发［2010］115号 | 张卫平 | 深圳市罗湖区嘉宾路爵士大厦A座05号 | 25138888 |
| | 深圳市飞航国际旅行社有限公司 | L－GD－CJ00147 | 旅管发［2010］215号 | 黄　胜 | 深圳市福田区深南中路1027号新城大厦9楼 | 83787777 |
| | 深圳市天海国际旅行社有限公司 | L－GD－CJ00148 | 旅管发［2010］215号 | 吴　昊 | 深圳市罗湖区嘉宾路太平洋商贸大厦15AA室 | 25914892 |
| | 深圳市华美国际旅行社有限公司 | L－GD－CJ00149 | 旅管发［2010］215号 | 黄洁华 | 深圳市罗湖区南湖路国贸商业大厦27楼 | 25138022 |

续表

| 地区 | 旅行社名称 | 许可证编号 | 批文号 | 法定代表人 | 联系地址 | 联系电话 |
|---|---|---|---|---|---|---|
| 深圳市(0755) | 旅程天下国际旅行社有限责任公司 | L-GD-CJ00153 | 旅管发[2010]243号 | 蒋迷栓 | 深圳市福田区深南中路2008号华联大厦3楼 | 86319575 |
| | ※广东中旅(深圳)旅行社有限公司 | L-GD-CJ00156 | 旅管发[2011]44号 | 邹　锋 | 深圳市罗湖区桂园路1号 | 83279048 |
| | ※深圳市港澳国际旅行社有限公司 | L-GD-CJ00158 | 旅管发[2011]134号 | 徐国栋 | 深圳市福田区深南中路1002号新闻大厦 | 88899999 |
| | ※深圳市骏捷国际旅行社有限公司 | L-GD-CJ00160 | 旅管发[2011]134号 | 连志毅 | 深圳市罗湖区文锦北路1010号文锦广场 | 25422212 |
| | ※深圳市青年国际旅行社有限公司 | L-GD-CJ00161 | 旅管发[2011]134号 | 宋占利 | 深圳市罗湖区东门北路1006号怡泰中心C座 | 25191970 |
| | ※深圳市和谐国际旅行社有限公司 | L-GD-CJ00162 | 旅管发[2011]134号 | 周小丹 | 深圳市罗湖区人民南路天安国际大厦C座908 | 82382699 |
| | ※深圳市纵横旅行社有限公司 | L-GD-CJ00164 | 旅管发[2011]183号 | 郑宇清 | 深圳市罗湖区文锦北路1010号文锦广场 | 33092682 |
| | ※深圳市金燕之旅旅行社有限公司 | L-GD-CJ00165 | 旅管发[2011]183号 | 祝春霞 | 深圳市罗湖区嘉宾路海燕商业大厦1007 | 82290869 |
| | ※深圳市泰阳国际旅行社有限公司 | L-GD-CJ00166 | 旅管发[2011]183号 | 汪廷飞 | 深圳市罗湖区嘉宾路芙蓉大厦B座 | 80099008 |
| | ※深圳市皇朝国际旅行社有限公司 | L-GD-CJ00167 | 旅管发[2011]183号 | 李志成 | 深圳市人民南路深房广场22楼B座2204室 | 82292345 |
| | 深圳顺风旅行社有限公司 | L-GD-WZ00003 | 管发[2004]24号 | 陈展业 | 深圳市罗湖区嘉宾路2018号深华商业大厦 | 82288719 |
| | 康泰国际旅行社(深圳)有限公司 | L-GD-WZ00005 | 旅管发[2009]288号 | 黄士心 | 深圳市罗湖区天安国际大厦B座 | 82288719 |
| | 中南西北旅行社(深圳)有限公司 | L-GD-WZ00012 | 粤旅管(2010)165号 | 丘沛民 | 深圳市罗湖区建设路1008号汇展阁18楼 | 82392055 |
| | 深圳永东旅行社有限公司 | L-GD-WZ00013 | 粤旅管(2011)11号 | 连忠辉 | 深圳市南山区深圳湾二路与白石路交汇处 | 86283756 |
| | 尊业旅行社(深圳)有限公司 | L-GD-WZ00015 | 粤旅管[2011]149号 | 甘子铭 | 深圳市罗湖区嘉宾路国际商业大厦 | 82238250 |
| | 深圳市报业国际旅行社有限公司 | L-GD00554 | 深文体旅[2009]21号 | 张占恒 | 深圳市福田区深南中路1014号三楼 | 82101896 |
| | 深圳市南油国际旅行社有限公司 | L-GD00555 | 深文体旅[2009]21号 | 郭锡林 | 深圳市南山区东滨路南油文化广场1楼 | 26648048 |
| | 深圳市南山国际旅行社有限公司 | L-GD00556 | 深文体旅[2009]21号 | 于景山 | 深圳市罗湖区人民北路永通大厦10楼B座 | 82289002 |
| | 深圳市广深铁路国际旅行社有限公司 | L-GD00557 | 深文体旅[2009]21号 | 史　彦 | 深圳市罗湖区深圳火车站东楼负一层 | 82322157 |
| | 深圳市领航商务国际旅行社有限公司 | L-GD00558 | 深文体旅[2010]98号 | 麦建华 | 深圳市罗湖区凤凰路工纺大厦8楼802室 | 25411712 |
| | 深圳市华通国际旅行社有限公司 | L-GD00559 | 深文体旅[2009]21号 | 刘西目 | 深圳市福田区综合交通换乘枢纽长途客运站 | 82146665 |
| | 深圳市捷旅国际旅行社有限公司 | L-GD00560 | 深文体旅[2009]21号 | 余晶堃 | 深圳市罗湖区东门南路3002号华都园5楼 | 33389851 |

续表

| 地区 | 旅行社名称 | 许可证编号 | 批文号 | 法定代表人 | 联系地址 | 联系电话 |
|---|---|---|---|---|---|---|
| 深圳市（0755） | 深圳市国贸国际旅行社有限公司 | L－GD00561 | 深文体旅［2009］21 号 | 周美英 | 深圳市罗湖区南湖路深华商业大厦 1507 室 | 82375162 |
| | 深圳市沙头角旅游有限公司 | L－GD00562 | 深文体旅［2009］21 号 | 邱金瑞 | 深圳市盐田区沙头角沙深路 16 号 | 25557209 |
| | 深圳市深联国际旅行社有限公司 | L－GD00563 | 深文体旅［2009］21 号 | 张泽钊 | 深圳市罗湖区人民南路 3009 号新安大厦 5 楼 | 25155300 |
| | 深圳市江南旅行社有限公司 | L－GD00564 | 深文体旅［2009］21 号 | 孙　勃 | 深圳市罗湖区迎春路 8 号安华大厦 16 楼 | 82208315 |
| | 深圳市世纪里程国际旅行社有限公司 | L－GD00565 | 深文体旅［2009］21 号 | 钟伟文 | 深圳市宝安区宝城九区宝民路广场大厦 807 室 | 27755128 |
| | 深圳市蓝天之旅旅行社有限公司 | L－GD00566 | 深文体旅［2009］21 号 | 杨俊岗 | 深圳市宝安 31 区怡园路 1135 号 206 单元 | 27759366 |
| | 深圳市五洲旅行社 | L－GD00567 | 深文体旅［2009］21 号 | 王跃进 | 深圳市罗湖区新园路 15 号迎宾馆综合楼 2 层 | 82227777 |
| | 深圳市晋升旅行社有限公司（原华荣） | L－GD00568 | 深文体旅［2009］21 号 | 李丽媛 | 深圳市罗湖区嘉宾路金威大厦 11 楼 | 61695969 |
| | 深圳市永康国际旅行社有限公司 | L－GD00569 | 深文体旅［2009］21 号 | 胡晓敬 | 深圳市罗湖区嘉宾路太平洋大厦 912、913 室 | 25194008 |
| | 深圳市铁道旅行社有限公司 | L－GD00570 | 深文体旅［2009］21 号 | 孙　涛 | 深圳市罗湖区和平路 1076 号深铁大厦酒店 | 61382370 |
| | 深圳市唐龙国际旅行社有限公司 | L－GD00571 | 深文体旅［2009］21 号 | 管启明 | 深圳市罗湖区莲塘畔山路 4－5 号 | 25727281 |
| | 深圳市大众旅行社有限公司 | L－GD00572 | 深文体旅［2009］21 号 | 黄　珩 | 深圳市福田区梅林路海康大厦 613 室 | 81967919 |
| | 深圳市佳速旅行社有限公司 | L－GD00574 | 深文体旅［2009］21 号 | 卢　彦 | 深圳市罗湖区人民南路 3012 号天安国际大厦 | 82291096 |
| | 深圳市运通行国际旅行社有限公司 | L－GD00575 | 深文体旅［2009］21 号 | 韩　诚 | 深圳市福田区深南中路 2008 号华联大厦 | 83667777 |
| | 深圳市欢乐假日旅行社有限公司 | L－GD00576 | 深文体旅［2009］21 号 | 李仕权 | 深圳市罗湖区笋岗东路宝安广场 A 栋 17－C | 82687801 |
| | 深圳市君之旅国际旅行社有限公司 | L－GD00577 | 深文体旅［2009］21 号 | 缪培君 | 深圳市罗湖区深南东路 5015 号金丰城大厦 | 82060100 |
| | 深圳市长江旅行社有限公司 | L－GD00578 | 深文体旅［2009］21 号 | 沈岚岚 | 深圳市福田区滨河路景福大厦景蕙阁 19E | 83288333 |
| | 深圳市牡丹国际旅行社有限公司 | L－GD00579 | 深文体旅［2009］21 号 | 朱志雄 | 深圳市罗湖区嘉宾路太平洋商贸大厦 516 室 | 82138088 |
| | 深圳市南方假日国际旅行社有限公司 | L－GD00580 | 深文体旅［2009］21 号 | 杨澄宇 | 深圳市罗湖区深南东路 2105 号中建大厦 | 82226453 |
| | 深圳市深之旅旅行社有限公司 | L－GD00581 | 深文体旅［2009］21 号 | 张兰芳 | 深圳市福田区东园路台湾花园大厦裙楼二层 | 82242811 |
| | 深圳市中南旅行社有限公司 | L－GD00582 | 深文体旅［2009］21 号 | 程浙南 | 深圳市罗湖区翠竹路 1138 号大江南北酒楼 | 25532842 |
| | 深圳市名仕商务国际旅行社有限公司 | L－GD00584 | 深文体旅［2009］21 号 | 尹伊君 | 深圳市宝安区宝民二路 59 号兴鑫源商务大厦 | 82076668 |

续表

| 地区 | 旅行社名称 | 许可证编号 | 批文号 | 法定代表人 | 联系地址 | 联系电话 |
|---|---|---|---|---|---|---|
| 深圳市(0755) | 深圳市河山国际旅行社有限公司 | L－GD00585 | 深文体旅[2009]21号 | 莫经山 | 深圳市罗湖区港莲路103号9栋704房 | 25738873 |
| | 深圳市天海国际旅行社有限公司 | L－GD00586 | 深文体旅[2009]21号 | 吴　昊 | 深圳市罗湖区嘉宾路太平洋商贸大厦15AA室 | 25914892 |
| | 深圳市假日旅行社有限公司 | L－GD00587 | 深文体旅[2009]21号 | 黄　健 | 深圳市罗湖区深南东路2094号湖润大厦1楼 | 82222235 |
| | 深圳市新西湖旅行社有限公司 | L－GD00588 | 深文体旅[2009]21号 | 彭锦胜 | 深圳市罗湖区宝安南路西湖大厦4021室 | 25582270 |
| | 深圳市金凯国际旅行社有限公司 | L－GD00589 | 深文体旅[2009]21号 | 庄志成 | 深圳市罗湖区嘉宾路太平洋商贸大厦21K | 82136660 |
| | 深圳市红蜻蜓旅行社有限公司 | L－GD00590 | 深文体旅[2009]21号 | 陈雪莲 | 深圳市福田区深南大道北侧浩铭财富广场 | 83927038 |
| | 深圳市中油商务旅行社有限公司 | L－GD00592 | 深文体旅[2009]21号 | 沈　渝 | 深圳市南山区南山大道1110号中油酒店 | 82968833 |
| | 深圳市汇通睿旅行社有限公司 | L－GD00593 | 深文体旅[2009]21号 | 许雪东 | 深圳市罗湖区深南东路金丰城大厦A座5楼 | 25139739 |
| | 深圳市中航假期国际旅行社有限公司 | L－GD00595 | 深文体旅[2009]21号 | 隋建秋 | 深圳市宝安区前进路87号供销社综合楼C栋 | 27758718 |
| | 深圳市环宇捷径国际旅行社有限责任公司 | L－GD00596 | 深文体旅[2009]21号 | 艾泽胜 | 深圳市福田区福华路34号 | 82818762 |
| | 深圳神州国际旅行社有限公司 | L－GD00598 | 深文体旅[2009]21号 | 王　涛 | 深圳市福田区上步南路国企大厦永辉楼9G | 82078316 |
| | 深圳市中洲旅行社有限公司 | L－GD00599 | 深文体旅[2009]21号 | 杨凯帆 | 深圳市南山区华侨城湖滨花园激芳阁22楼A | 26930088 |
| | 深圳市珍珠旅行社有限公司 | L－GD00600 | 深文体旅[2009]21号 | 陈佩涵 | 深圳市福田区福强路星河锦居大厦701室 | 84422994 |
| | 深圳市泰运通国际旅行社有限公司 | L－GD00601 | 深文体旅[2009]21号 | 钟玉平 | 深圳市宝安区25区前进一路华丰商务大厦 | 27857868 |
| | 深圳市运通国际旅行社有限公司 | L－GD00602 | 深文体旅[2009]21号 | 林锦成 | 深圳市罗湖区嘉宾路海燕商业大厦1107室 | 25186655 |
| | 深圳市众辉国际旅行社有限公司 | L－GD00603 | 深文体旅[2009]21号 | 冯旭杰 | 深圳市罗湖区和平路蔡船步街15号渔景大厦 | 83625189 |
| | 深圳市度假国际旅行社有限公司 | L－GD00604 | 深文体旅[2009]21号 | 苑　菲 | 深圳市罗湖区和平路1085号富临大酒店726 | 82352858 |
| | 深圳市港捷旅国际旅旅行社有限公司 | L－GD00605 | 深文体旅[2009]21号 | 兰　艳 | 深圳市罗湖区深南东路百货广场东座2007 | 25183429 |
| | 深圳市四季国际旅行社有限公司 | L－GD00607 | 深文体旅[2009]21号 | 梁慧颖 | 深圳市罗湖区春风路庐山大厦B座8E | 83023000 |
| | 深圳市快乐时光国际旅行社有限公司 | L－GD00608 | 深文体旅[2009]21号 | 许可筠 | 深圳市罗湖区建设路东方广场1栋1812 | 82371218 |
| | 深圳市走遍天下旅行社有限公司 | L－GD00609 | 深文体旅[2009]21号 | 李书辉 | 深圳市南山区创业路现代城华庭5栋6K | 26099035 |
| | 深圳市行知天下国际旅行社有限公司 | L－GD00610 | 深文体旅[2009]21号 | 赖玉珍 | 深圳市福田区深南中路6031号 | 88299022 |

续表

| 地区 | 旅行社名称 | 许可证编号 | 批文号 | 法定代表人 | 联系地址 | 联系电话 |
|---|---|---|---|---|---|---|
| 深圳市(0755) | 深圳市飞扬假期国际旅行社有限公司 | L-GD00611 | 深文体旅[2009]21号 | 李小红 | 深圳市宝安区六区裕宝大厦二楼 | 29994428 |
| | 深圳市采逸国际旅行社有限公司 | L-GD00612 | 深文体旅[2009]21号 | 陈 穗 | 深圳市南山区南海大道海王大厦B-28B | 61631318 |
| | 深圳市华航假期旅行社有限公司 | L-GD00613 | 深文体旅[2009]21号 | 陈 涛 | 深圳市福田区振中路玮鹏花园4栋19F | 83989267 |
| | 深圳市彩云旅行社有限公司 | L-GD00614 | 深文体旅[2009]21号 | 廖建国 | 深圳市福田区深南中路南光捷佳大厦2713室 | 83012883 |
| | 深圳市东方明珠国际旅行社有限公司 | L-GD00615 | 深文体旅[2009]21号 | 李向远 | 深圳市罗湖区人民南路新安大厦十楼C座 | 82222055 |
| | 深圳市太平洋国际旅行社有限公司 | L-GD00617 | 深文体旅[2009]21号 | 陈 浩 | 深圳市罗湖区人民南路国际贸易中心大厦 | 82195188 |
| | 深圳市海峡国际旅行社有限公司 | L-GD00618 | 深文体旅[2009]21号 | 李红忠 | 深圳市福田区彩田南路中深花园B栋1008 | 61280088 |
| | 深圳市天马旅行社有限公司 | L-GD00619 | 深文体旅[2009]21号 | 汪 波 | 深圳市福田区上步南路国企大厦永富楼20G | 82120012 |
| | 深圳市天天游旅行社有限公司 | L-GD00620 | 深文体旅[2009]21号 | 黄红青 | 深圳市南山区南新路英达钰龙园一层A2 | 86191860 |
| | 深圳市龙游国际旅行社有限公司 | L-GD00621 | 深文体旅[2009]21号 | 李红梅 | 深圳市罗湖区松园路鸿翔花园1070A | 82821580 |
| | 深圳市金鹏旅行社有限公司 | L-GD00622 | 深文体旅[2009]21号 | 龙 洁 | 深圳市宝安区龙华镇人民路金鹏商业广场1楼 | 29677709 |
| | 深圳市阳光里程旅行社有限公司 | L-GD00623 | 深文体旅[2009]21号 | 廖忠阳 | 深圳市南山区深南大道以北世纪假日广场 | 88263111 |
| | 深圳市畅游国际旅行社有限公司 | L-GD00624 | 深文体旅[2009]21号 | 申 可 | 深圳市福田区南园路佳兆业中心A座2720 | 22312720 |
| | 深圳市鹏程四海国际旅行社有限公司 | L-GD00625 | 深文体旅[2009]21号 | 顾 菁 | 深圳市福田区燕南路君悦阁1709室 | 83043683 |
| | 深圳市深泰国际旅行社有限公司 | L-GD00626 | 深文体旅[2009]21号 | 颜铭辰 | 深圳市罗湖区文锦中路1027号深业大厦 | 82297422 |
| | 深圳市阳光假日国际旅行社有限公司 | L-GD00627 | 深文体旅[2009]21号 | 黄玉英 | 深圳市福田区上步南路锦峰大厦裙楼5层 | 83005305 |
| | 深圳市深业国际旅行社有限公司 | L-GD00628 | 深文体旅[2009]21号 | 高锐涵 | 深圳市福田区上步中路1003号科学馆804室 | 83202822 |
| | 深圳市中之旅国际旅行社有限公司 | L-GD00629 | 深文体旅[2009]21号 | 刘平飞 | 深圳市罗湖区飞嘉宾路2008膨年广场 | 82221476 |
| | 深圳市桓通旅行社有限公司 | L-GD00630 | 深文体旅[2009]21号 | 随艳芳 | 深圳市宝安区沙井新桥广深公路1号 | 29882798 |
| | 深圳市飞扬假日国际旅行社有限公司 | L-GD00631 | 深文体旅[2009]21号 | 赵秋蓉 | 深圳市福田区福强路江南名苑B栋604室 | 82949950 |
| | 深圳市大自然旅行社有限公司 | L-GD00632 | 深文体旅[2009]21号 | 秦 磊 | 深圳市福田区南园路68号上步大厦8楼 | 83661785 |
| | 深圳市友谊之旅国际旅行社有限公司 | L-GD00633 | 深文体旅[2009]21号 | 周尚存 | 深圳市罗湖区迎春路8号安华大厦7楼B座 | 82280269 |

续表

| 地区 | 旅行社名称 | 许可证编号 | 批文号 | 法定代表人 | 联系地址 | 联系电话 |
|---|---|---|---|---|---|---|
| 深圳市（0755） | 深圳市华夏新思路旅行社有限公司 | L－GD00634 | 深文体旅[2009]21 号 | 刘建鹏 | 深圳市福田区深南中路 3027 号 | 83289522 |
| | 深圳市环宇通假期旅行社有限公司 | L－GD00635 | 深文体旅[2009]21 号 | 侯利君 | 深圳市罗湖区和平路 42 号金田大厦 410 室 | 25562568 |
| | 深圳市假期国际旅行社有限公司 | L－GD00636 | 深文体旅[2009]21 号 | 罗道升 | 深圳市福田区竹子林紫竹四路市道桥管理处 | 83706118 |
| | 深圳市逸龙旅行社有限公司 | L－GD00638 | 深文体旅[2009]21 号 | 华紫宸 | 深圳市罗湖区金塘街丽晶大厦北座 29D | 83199288 |
| | 深圳市华源旅行社有限公司 | L－GD00640 | 深文体旅[2009]21 号 | 张惠光 | 深圳市罗湖区人民南路 3023 号中旅大厦 | 82292216 |
| | 深圳市彩世界旅行社有限公司 | L－GD00641 | 深文体旅[2009]21 号 | 郭煌兴 | 深圳市龙岗区龙岗街道办盛龙路 217 号 3 楼 | 89623388 |
| | 深圳市好阳光国际旅行社有限公司 | L－GD00642 | 深文体旅[2009]21 号 | 余清风 | 深圳市南山区学府路荟芳园 A 座 | 26454887 |
| | 深圳市名人国际旅行社有限公司 | L－GD00643 | 深文体旅[2009]21 号 | 闫霄汉 | 深圳市南山区南油大道东创业路北保利城花园 | 86033888 |
| | 深圳市纵横天下国际旅行社有限公司 | L－GD00644 | 深文体旅[2009]21 号 | 刘葆青 | 深圳市罗湖区宝安南路 1001 号华瑞大厦 B 座 | 25856998 |
| | 深圳市洲际国际旅行社有限公司 | L－GD00645 | 深文体旅[2009]21 号 | 罗晓媛 | 深圳市宝安区前进路新安湖花园 F 座 | 29992830 |
| | 深圳市假日通国际旅行社有限公司 | L－GD00646 | 深文体旅[2009]21 号 | 王倩华 | 深圳市福田区深南大道车公庙绿景广场 C 栋 | 83668323 |
| | 深圳市新侨旅行社有限公司 | L－GD00647 | 深文体旅[2009]21 号 | 伍秀珍 | 深圳市罗湖区深南东路 2023 号广深大厦 | 82195101 |
| | 深圳市山水旅行社有限公司 | L－GD00648 | 深文体旅[2009]21 号 | 李金平 | 深圳市宝安区民治街道留仙大道边的综合楼 | 33815205 |
| | 深圳市创景旅行社有限公司 | L－GD00649 | 深文体旅[2009]21 号 | 黄昌华 | 深圳市南山区南头街五号妇女儿童活动中心 | 26486950 |
| | 深圳市旅行家国际旅行社有限公司 | L－GD00650 | 深文体旅[2009]21 号 | 潘咏霞 | 深圳市龙岗区龙城街道中心城海关大厦西座 | 84841203 |
| | 深圳市唐人国际旅行社有限公司 | L－GD00651 | 深文体旅[2009]21 号 | 陈晓萍 | 深圳市宝安区民治街道人民南路银泉花园 | 28138879 |
| | 深圳市海峡友谊旅行社有限公司 | L－GD00652 | 深文体旅[2009]21 号 | 刘贤贤 | 深圳市福田区车公庙富春东方大厦 24 楼 | 82571776 |
| | 深圳市健华旅行社有限公司 | L－GD00653 | 深文体旅[2009]21 号 | 叶伟彪 | 深圳市罗湖区人民南路新安大厦 17 楼 C 室 | 82250940 |
| | 深圳新景界商务旅行社有限公司 | L－GD00654 | 深文体旅[2009]21 号 | 谢晓云 | 深圳市罗湖区沿河南路 1064 号国旅大厦 15 楼 | 82157328 |
| | 深圳市飞扬国际旅行社有限公司 | L－GD00655 | 深文体旅[2009]21 号 | 宋　非 | 深圳市罗湖区文锦路东文锦广场文盛中心 | 82319458 |
| | 深圳市金润国际旅行社有限公司 | L－GD00656 | 深文体旅[2009]21 号 | 关玉峰 | 深圳市罗湖区湖贝路 2 号新纪元大厦 12 楼 | 82251578 |
| | 深圳市金航程旅行社有限公司 | L－GD00657 | 深文体旅[2009]21 号 | 陈　涛 | 深圳市罗湖区嘉宾路城市天地广场Ⅰ、Ⅲ区 | 82396355 |

续表

| 地区 | 旅行社名称 | 许可证编号 | 批文号 | 法定代表人 | 联系地址 | 联系电话 |
|---|---|---|---|---|---|---|
| 深圳市（0755） | 深圳市乔旅旅行社有限公司 | L－GD00659 | 深文体旅[2009]21 号 | 徐小乔 | 深圳市南山区桂庙路 62 号顺天大厦办公楼 | 86122201 |
| | 深圳市新景界东旭国际旅行社有限公司 | L－GD00660 | 深文体旅[2009]21 号 | 吴　斌 | 深圳市罗湖区沿河南路 1064 号国旅大厦 | 25906403 |
| | 深圳市新文化旅行社有限公司 | L－GD00661 | 深文体旅[2009]21 号 | 劳冀广 | 深圳市福田区上步南路国企大厦永富楼 9B | 25986200 |
| | 深圳市汉邦国际旅行社有限公司 | L－GD00662 | 深文体旅[2009]21 号 | 何家泳 | 深圳市罗湖区建设路东方广场 2209 室 | 82191722 |
| | 深圳携程国际旅行社有限公司 | L－GD00663 | 深文体旅[2009]21 号 | 范　敏 | 深圳市罗湖区深南中路与和平路交汇处 | 25981699 |
| | 深圳市中海国际旅行社有限公司 | L－GD00664 | 深文体旅[2009]21 号 | 刘维娜 | 深圳市罗湖区东门南路食出大厦 | 25186003 |
| | 深圳市食遊天下旅行社有限公司 | L－GD00666 | 深文体旅[2009]21 号 | 张冬梅 | 深圳市罗湖区新秀村秀南街 99A 四楼 | 25103010 |
| | 深圳市大洲旅行社有限公司 | L－GD00667 | 深文体旅[2009]21 号 | 袁文华 | 深圳市福田区深南中路统建中公楼 1 栋 7 层 | 83632549 |
| | 深圳市金色年华旅行社有限公司 | L－GD00668 | 深文体旅[2009]21 号 | 陈颖黎 | 深圳市南山区南海大道海王大厦 A 座大堂 | 26492030 |
| | 深圳市风光国际旅行社有限公司 | L－GD00669 | 深文体旅[2009]21 号 | 马跃江 | 深圳市罗湖区深南东路文华大厦东座 24 楼 D | 25120016 |
| | 深圳市国中国际旅行社有限公司 | L－GD00670 | 深文体旅[2009]21 号 | 李　芳 | 深圳市罗湖区湖贝路 2 号锦湖大厦 905 室 | 82223516 |
| | 深圳市世纪行国际旅行社有限公司 | L－GD00671 | 深文体旅[2009]21 号 | 于　力 | 深圳市福田区深南中路 6027 号大庆大厦 607A | 86092231 |
| | 深圳市锦都假期旅行社有限公司 | L－GD00673 | 深文体旅[2009]21 号 | 伊士罡 | 深圳市福田区深南中路 2008 号华联大厦 | 83662358 |
| | 深圳市阳光之旅旅行社有限公司 | L－GD00674 | 深文体旅[2009]21 号 | 付德全 | 深圳市南山区西丽镇石鼓路金泰楼 3 号 5 楼 | 86200129 |
| | 深圳市热风国际旅行社有限公司 | L－GD00675 | 深文体旅[2009]21 号 | 刘　玮 | 深圳市宝安区新安街道前进路西侧冠利达大厦 | 27812828 |
| | 深圳市神州行旅行社有限公司 | L－GD00676 | 深文体旅[2009]21 号 | 李彦广 | 深圳市福田区彩田路彩虹新都彩荟阁 28F | 88840335 |
| | 深圳市鹏旅国际旅行社有限公司 | L－GD00677 | 深文体旅[2009]21 号 | 鲁　晶 | 深圳市福田区上步南路佳兆业中心 A 座 22 层 | 83696895 |
| | 深圳市永恒旅行社有限公司 | L－GD00678 | 深文体旅[2009]21 号 | 张　茹 | 深圳市罗湖区和平路 1199 号金田大厦 1503 室 | 25936565 |
| | 深圳市天泰旅行社有限公司 | L－GD00679 | 深文体旅[2009]21 号 | 张　涛 | 深圳市罗湖区湖贝路 2 号锦湖大厦 9001 | 23990382 |
| | 深圳市深航假期旅行社有限公司 | L－GD00680 | 深文体旅[2009]21 号 | 刘　臻 | 深圳市福田区农林路鑫竹苑 A 栋 4 楼 | 33398935 |
| | 深圳市卓悦国际旅行社有限公司 | L－GD00681 | 深文体旅[2009]21 号 | 张　勇 | 深圳市福田区福民路知本大厦 1701 | 82998343 |
| | 深圳市开泰国际旅行社有限公司 | L－GD00682 | 深文体旅[2009]21 号 | 侯亚莉 | 深圳市罗湖区文锦渡口岸报关大楼 1002 室 | 82465822 |

续表

| 地区 | 旅行社名称 | 许可证编号 | 批文号 | 法定代表人 | 联系地址 | 联系电话 |
|---|---|---|---|---|---|---|
| 深圳市(0755) | 深圳市商旅通国际旅行社有限公司 | L-GD00683 | 深文体旅[2009]21号 | 陈国强 | 深圳市罗湖区嘉宾路国际商业大厦北座1602 | 82352111 |
| | 深圳市白鹭国际旅行社有限公司 | L-GD00684 | 深文体旅[2009]21号 | 宋　旭 | 深圳市福田区燕南路2号豪宫大厦7B | 83658960 |
| | 深圳市亚细亚国际旅行社有限公司 | L-GD00685 | 深文体旅[2009]21号 | 李　军 | 深圳市福田区彩田路彩福大厦鸿福阁24M | 88860118 |
| | 深圳市天地间国际旅行社有限公司 | L-GD00686 | 深文体旅[2009]21号 | 陈永康 | 深圳市宝安区沙井街道办万丰丰洋路255号 | 29883253 |
| | 深圳新明扬国际旅行社有限公司 | L-GD00687 | 深文体旅[2009]21号 | 刘　影 | 深圳市罗湖区嘉宾路城市天地广场东座裙楼 | 25865535 |
| | 深圳市卓越嘉美旅行社有限公司 | L-GD00688 | 深文体旅[2009]21号 | 施文健 | 深圳市福田区皇岗路与滨河路交界 | 83004668 |
| | 深圳市腾帮国际旅行社有限公司 | L-GD00689 | 深文体旅[2009]21号 | 段乃琦 | 深圳市福田保税区桃花路腾帮物流大楼四层 | 83485999 |
| | 深圳市阳晨国际旅行社有限公司 | L-GD00691 | 深文体旅[2009]21号 | 梁贤光 | 深圳市龙岗区龙城街道龙翔大道与建设路交汇 | 83043607 |
| | 深圳市八方商务旅行社有限公司 | L-GD00692 | 深文体旅[2009]21号 | 陈旭波 | 深圳市罗湖区迎春路安华大厦东座11楼 | 83339998 |
| | 深圳市顺心旅行社有限公司 | L-GD00693 | 深文体旅[2009]21号 | 李作彬 | 深圳市福田区落马洲大桥与深圳河交汇处 | 26581265 |
| | 深圳市中诚假期旅行社有限公司 | L-GD00695 | 深文体旅[2009]21号 | 罗小燕 | 深圳市罗湖区嘉宾路太平洋商贸大厦1211室 | 22161646 |
| | 深圳市港之旅旅行社有限公司 | L-GD00696 | 深文体旅[2009]21号 | 秦俊琪 | 深圳市福田区彩田路西红荔路中银花园 | 25104070 |
| | 深圳市广通联旅行社有限公司 | L-GD00697 | 深文体旅[2009]21号 | 孙　丹 | 深圳市罗湖区东门中路鸿基东港大厦 | 25129780 |
| | 深圳市悦达国际旅行社有限公司 | L-GD00698 | 深文体旅[2009]21号 | 吴坤莉 | 深圳市罗湖区深南东路2105号中建大厦25层 | 82226026 |
| | 深圳市金都旅行社有限公司 | L-GD00700 | 深文体旅[2009]21号 | 金　奕 | 深圳市罗湖区嘉宾路城市天地广场 | 22161510 |
| | 深圳市扬子江国际旅行社有限公司 | L-GD00701 | 深文体旅[2009]21号 | 秦新桥 | 深圳市福田区深南中路统建办公楼三栋1609 | 61282898 |
| | 深圳市顺通太国际旅行社有限公司 | L-GD00703 | 深文体旅[2009]21号 | 于　环 | 深圳市福田区福民路知本大厦2105-1 | 83979732 |
| | 深圳市爱游国际旅行社有限公司 | L-GD00704 | 深文体旅[2009]21号 | 叶美惠 | 深圳市罗湖区南湖路国贸商业大厦6A | 82209653 |
| | 深圳市亚联网旅行社有限公司 | L-GD00886 | 深文体旅[2010]31号 | 谢永玲 | 深圳市罗湖区东门南路3002号华都园大厦 | 82311216 |
| | 深圳市金旅假期旅行社有限公司 | L-GD00889 | 深文体旅[2010]32号 | 王　威 | 深圳市福田区彩田路中深花园B-1911室 | 82997077 |
| | 深圳市缤纷假日旅行社有限公司 | L-GD00894 | 深文体旅[2010]48号 | 冼小婷 | 深圳市罗湖区凤凰路凤凰街金城华庭服务中心 | 25678119 |
| | 深圳市海侨国际旅行社有限公司 | L-GD00895 | 深文体旅[2010]49号 | 孙晚妹 | 深圳市罗湖区迎春路8号安华大厦四楼东面 | 82295858 |

续表

| 地区 | 旅行社名称 | 许可证编号 | 批文号 | 法定代表人 | 联系地址 | 联系电话 |
|---|---|---|---|---|---|---|
| 深圳市(0755) | 深圳市旅联国际旅行社有限公司 | L－GD00906 | 深文体旅［2010］75 号 | 李红梅 | 深圳市罗湖区文锦中路 1027 号深业大厦 | 82176960 |
| | 深圳市新豪旅行社有限公司 | L－GD00907 | 深文体旅［2010］76 号 | 尹　敏 | 深圳市罗湖区人民南路天安国际大厦 B 座 | 82221694 |
| | 深圳市美丽华旅行社有限公司 | L－GD00908 | 深文体旅［2010］77 号 | 刘新斌 | 深圳市罗湖区嘉宾路城市天地广场东座裙楼 | 22165229 |
| | 深圳市泛亚美旅行社有限公司 | L－GD00909 | 深文体旅［2010］78 号 | 余　芳 | 深圳市福田区华强北路群星广场 B1901 | 83741989 |
| | 深圳市蓝途畅游旅行社有限公司 | L－GD00910 | 深文体旅［2010］79 号 | 汪　成 | 深圳市福田区深南路车公庙工业区 203 栋 4 层 | 82725181<br>82725180 |
| | 深圳市侨中旅行社有限公司 | L－GD00913 | 深文体旅［2010］90 号 | 王小惠 | 深圳市罗湖区文锦中路 1027 号深业大厦 | 82230580 |
| | 深圳市辉煌国际旅行社有限公司 | L－GD00941 | 粤旅管［2009］188 号 | 李彦辉 | 深圳市罗湖区宝安南路 2014 号振业大厦 B 座 | 25026980 |
| | 深圳市旭日国际旅行社有限公司 | L－GD00942 | 粤旅管［2009］189 号 | 郑　旭 | 深圳市罗湖区东门南路 3002 号华都园 8 楼 | 82389666 |
| | 深圳市至醒旅行社有限公司 | L－GD00943 | 粤旅管［2009］190 号 | 宁　勇 | 深圳市罗湖区沿河北路 1003 号东方都会大厦 | 22306463 |
| | 深圳市环游国际旅行社有限公司 | L－GD00944 | 粤旅管［2009］191 号 | 黄丹红 | 深圳市嘉宾路太平洋商贸大厦 B 座 1106 室 | 82138166 |
| | 深圳市南澳璐悦国际旅行社有限公司 | L－GD00945 | 粤旅管［2009］192 号 | 张品锐 | 深圳市龙岗区南澳街道海港路 19 号 | 84408889 |
| | 深圳市他乡美国际旅行社有限公司 | L－GD00946 | 粤旅管［2009］193 号 | 沈洋镒 | 深圳市罗湖区宝安路松园西街 23 号松园大楼 | 88865868 |
| | 深圳市美景旅行社有限公司 | L－GD00952 | 粤旅管［2009］198 号 | 崔玉香 | 深圳市罗湖区建设路罗湖口岸联检大厅 A 内 | 82320442 |
| | 深圳市芒果网旅行社有限公司 | L－GD00961 | 粤旅管［2009］204 号 | 黄志文 | 深圳市福田区深南大道 4001 号时代金融中心 | 33399999 |
| | 深圳市鹏辉旅行社有限公司 | L－GD00962 | 粤旅管［2009］205 号 | 刘英华 | 深圳市南山区登良路 23 号汉京大厦 17B | 86033812 |
| | 深圳市万悦旅行社有限公司 | L－GD00980 | 粤旅管［2009］212 号 | 陈　勇 | 深圳市罗湖区人民南路新安大厦第六层 A1 | 82252508 |
| | 深圳市吉祥天下国际旅行社有限公司 | L－GD00981 | 粤旅管［2009］213 号 | 陈晓华 | 深圳市罗湖区嘉宾路 4028 号太平洋商贸大厦 | 82138263 |
| | 深圳市玩美假期旅行社有限公司 | L－GD00987 | 深文体旅［2010］20 号 | 余伟健 | 深圳市罗湖区嘉宾路 4018 号爵士大厦 15B | 25904767 |
| | 深圳市鑫鹏国际旅行社有限公司 | L－GD00990 | 深文体旅［2010］119 号 | 肖德安 | 深圳市福田区深南大道与彩田路交界路 | 33365388 |
| | 深圳市骏富旅行社有限公司 | L－GD00998 | 深文体旅［2010］157 号 | 郑启毅 | 深圳市罗湖区文锦北路 1010 号文锦广场 | 25530785 |
| | 深圳市雅途旅行社有限公司 | L－GD01002 | 深文体旅［2010］185 号 | 陈　刚 | 深圳市福田区彩田路彩福大厦聚福阁 26H | 82959748 |
| | 深圳市中航宝成旅行社有限公司 | L－GD01003 | 深文体旅［2010］186 号 | 魏力生 | 深圳市南山区大新路 9 号家龙工业区 78 栋三 | 26586122 |

续表

| 地区 | 旅行社名称 | 许可证编号 | 批文号 | 法定代表人 | 联系地址 | 联系电话 |
|---|---|---|---|---|---|---|
| 深圳市(0755) | 深圳春秋旅行社有限公司 | L-GD01006 | 深文体旅[2010]7号 | 潘洪城 | 深圳市罗湖区深南东路中建大厦1613室 | 82396929 |
| | 深圳市千百度旅行社有限公司 | L-GD01007 | 深文体旅[2010]8号 | 黄　珊 | 深圳市罗湖区东门南路华都园大厦14A | 82389326 |
| | 深圳市友盟旅行社有限公司 | L-GD01008 | 深文体旅[2010]9号 | 蒋双德 | 深圳市龙岗区坂田街道贝尔西路 | 89585803 |
| | 深圳市晨曦国际旅行社有限公司 | L-GD01012 | 深文体旅[2010]11号 | 张　宏 | 深圳市罗湖区嘉宾路深华商业大厦21楼 | 25848561 |
| | 深圳市易游国际旅行社有限公司 | L-GD01016 | 深文体旅[2010]13号 | 林　伟 | 深圳市罗湖区东门路宝丰大厦815 | 82281899 |
| | 深圳市盛行天下旅行社有限公司 | L-GD01022 | 深文体旅[2010]20号 | 钟艳红 | 深圳市罗湖区莲塘工业园第一小区国威路 | 22320766 |
| | 深圳市中诚国际旅行社有限公司 | L-GD01030 | 深文体旅[2010]24号 | 姚建平 | 深圳市福田区燕南路与振华路交界处 | 82511360 |
| | 深圳市信游天下国际旅行社有限公司 | L-GD01031 | 深文体旅[2010]25号 | 裴长辉 | 深圳市宝安区龙华街道和平路港之龙科技园 | 33051859 |
| | 深圳市永兴旅行社有限公司 | L-GD01034 | 深文体旅[2010]30号 | 李庆贺 | 深圳市罗湖区嘉宾路城市天地广场东座 | 22161468 |
| | 深圳市飞宇天下国际旅行社有限公司 | L-GD01035 | 深文体旅[2010]31号 | 高宏伟 | 深圳市福田区深南中路2008号华联大厦4楼 | 83667559 |
| | 深圳市湖心岛国际度假旅行社有限公司 | L-GD01036 | 深文体旅[2010]32号 | 张淑琴 | 深圳市盐田区大梅沙片区湖心岛公寓5栋 | 25255528 |
| | 深圳市爱途国际旅行社有限公司 | L-GD01037 | 深文体旅[2010]33号 | 刘　懋 | 深圳市南山区南山大道与创业路交汇处 | 13823594771 |
| | 深圳市方成旅行社有限公司 | L-GD01045 | 深文体旅[2010]41号 | 夏　冰 | 深圳市罗湖区深南东路鸿昌广场3101A室 | 22194123 |
| | 深圳市奇程网旅行社有限公司 | L-GD01046 | 深文体旅[2010]42号 | 何伊丽 | 深圳市南山区石洲冲中路国际市长交流中心 | 86100600 |
| | 深圳市环球国际旅行社有限公司 | L-GD01055 | 深文体旅[2010]45号 | 钟锋麒 | 深圳市罗湖区迎春路海外联谊大厦2005室 | 33353055 |
| | 深圳市瀚海旅行社有限公司 | L-GD01059 | 深文体旅[2010]48号 | 陈维雄 | 深圳市深南中路华南电力大厦1201室 | 83222057 |
| | 深圳市皇冠永利旅游有限公司 | L-GD01061 | 深文体旅[2010]50号 | 夏慧宁 | 深圳市罗湖区深南东路1001号三九大酒店 | 25104393 |
| | 深圳市世纪国际旅行社有限公司 | L-GD01062 | 深文体旅[2010]51号 | 邵尤昌 | 深圳市罗湖区迎春路8号安华大厦16层1601 | 82870596 |
| | 深圳市亮点国际旅行社有限公司 | L-GD01063 | 深文体旅[2010]55号 | 吴志闽 | 深圳市罗湖区嘉宾路太平洋商贸大厦1212室 | 82135769 |
| | 深圳市星辰旅行社有限公司 | L-GD01066 | 深文体旅复(2010)58号 | 曾　陈 | 深圳市罗湖区人民南路3002号国贸大厦43层 | 13823177559 |
| | 深圳环宇国际旅行社有限公司 | L-GD01067 | 深文体旅(2010)59号 | 黄建波 | 深圳市罗湖区深南东路2023号广深大厦 | 25163737 |
| | 深圳市网途旅游网国际旅行社有限公司 | L-GD01075 | 深文体旅(2010)66号 | 陈　洪 | 深圳市罗湖区东门南路2028号东莞外贸大厦 | 82291360 |

续表

| 地区 | 旅行社名称 | 许可证编号 | 批文号 | 法定代表人 | 联系地址 | 联系电话 |
|---|---|---|---|---|---|---|
| 深圳市(0755) | 深圳市悦之旅旅行社有限公司 | L-GD01078 | 深文体旅(2010)70号 | 唐 琼 | 深圳市罗湖区人民南路新安大厦9楼D | 82295558 |
| | 深圳市美周旅行社有限公司 | L-GD01082 | 深文体旅(2010)75号 | 刘晓英 | 深圳市福田区上步南路上步大厦23B | 82995333 |
| | 深圳市新景界人车行旅游有限公司 | L-GD01094 | 深文体旅(2010)79号 | 吴 斌 | 深圳市福田区香轩路农科苑公司综办104室 | 82477086 |
| | 深圳市深游国际旅行社有限公司 | L-GD01098 | 深文体旅[2010]88号 | 蔡梓毫 | 深圳市龙岗区布吉街道诚信华庭2座19C | 22246764 |
| | 深圳市腾飞旅行社有限公司 | L-GD01099 | 深文体旅[2010]81号 | 刘冬如 | 深圳市罗湖区嘉宾路太平洋商贸大厦20N | 25881810 |
| | 深圳市好运通国际旅行社有限公司 | L-GD01105 | 深文体旅[2010]82号 | 张小鹏 | 深圳市福田区振华路深纺大厦100号 | 82927773 |
| | 深圳市云游四海国际旅行社有限公司 | L-GD01106 | 深文体旅[2010]83号 | 刘 耘 | 深圳市福田区车公庙工业区泰然九路 | 82793854 |
| | 深圳市君悦假日国际旅行社有限公司 | L-GD01107 | 深文体旅[2010]84号 | 纪 文 | 深圳市罗湖区南湖路国贸商业大厦13G | 28745750 |
| | 深圳市莘运旅行社有限公司 | L-GD01108 | 深文体旅[2010]85号 | 鹿 超 | 深圳市布吉百合星城百合酒店及住宅楼复式 | 22165706 |
| | 深圳市东郡旅行社有限公司 | L-GD01117 | 深文体旅[2010]86号 | 李吉月 | 深圳市罗湖区人民南路新安大厦17层 | 15622827777 |
| | 深圳市深国旅行社有限公司 | L-GD01118 | 深文体旅[2010]100号 | 张 政 | 深圳市罗湖区嘉宾路2008号 | 82352163 |
| | 深圳市风向标国际旅行社股份有限公司 | L-GD01126 | 深文体旅[2010]109号 | 刘 昕 | 深圳市罗湖区人民南路国贸大厦19楼 | 82148032 |
| | 深圳市荣新国际旅行社有限公司 | L-GD01127 | 深文体旅[2010]110号 | 朱沛新 | 深圳市福田区振华路桑达小区305栋423室 | 83340135 |
| | 深圳市光明国旅旅行社有限公司 | L-GD01128 | 深文体旅[2010]115号 | 吕 萍 | 深圳市光明新区光明办事处光明中心广场 | 81777857 |
| | 深圳市中达旅行社有限公司 | L-GD01130 | 深文体旅[2010]111号 | 黄运龙 | 深圳市罗湖区深南东路华乐大厦2205室 | 33327777 |
| | 深圳市大地旅行社有限公司 | L-GD01131 | 深文体旅[2010]112号 | 卓丽娜 | 深圳市宝安区西乡街道市场4号综合大楼 | 29968566 |
| | 深圳市全品国际旅行社有限责任公司 | L-GD01135 | 深文体旅[2010]119号 | 谭 昊 | 深圳市福田区福华路322号文蔚大厦 | 83678608 |
| | 深圳市和平旅行社有限责任公司 | L-GD01136 | 深文体旅[2010]120号 | 杨 慥 | 深圳市福田区红岭中路南国大厦2栋25B房 | 88852289 |
| | 深圳市广中国际旅行社有限公司 | L-GD01149 | 深文体旅复[2010]124号 | 黄 炜 | 深圳市福田区深南中路统建办公楼1栋19层 | 25155532 |
| | 深圳市万安顺旅行社有限公司 | L-GD01150 | 深文体旅复[2010]125号 | 万红保 | 深圳市南山区沙河金三角大厦627室 | 82287461 |
| | ※深圳市行天下旅行社有限公司 | L-GD01161 | 深文体旅复[2011]9号 | 陈嘉嘉 | 深圳市罗湖区深南东路世界金融中心B座 | 13509699221 |
| | ※深圳市众一国际旅行社有限公司 | L-GD01163 | 深文体旅复[2011]14号 | 纪 箐 | 深圳市龙岗区布吉街道中兴路诚宇大厦510 | 26613323 |

续表

| 地区 | 旅行社名称 | 许可证编号 | 批文号 | 法定代表人 | 联系地址 | 联系电话 |
|---|---|---|---|---|---|---|
| 深圳市(0755) | ※深圳市悠游旅行社有限公司 | L-GD01167 | 深文体旅复[2011]15号 | 王海娟 | 深圳市罗湖区嘉宾路金威大厦11楼1105房 | 61695970 |
| | ※深圳市明诚假期旅行社有限公司 | L-GD01173 | 深文体旅复[2011]20号 | 吴明钢 | 深圳市罗湖区春风路3007号桂都大厦1203室 | 25403993 |
| | ※深圳市遨游国际旅行社有限公司 | L-GD01174 | 深文体旅复[2011]21号 | 游佳昌 | 深圳市罗湖区红宝路蔡屋围金龙大厦25楼 | 22311145 |
| | ※深圳市经深飞航空国际旅行社有限公司 | L-GD01176 | 深文体旅复[2011]22号 | 盛芳丽 | 深圳市罗湖区嘉宾路芙蓉大厦(阳光酒店)B座 | 82292900 |
| | ※深圳市中泰来国际旅行社有限公司 | L-GD01179 | 深文体旅复[2011]27号 | 彭　政 | 深圳市福田区梅坳三路6号市建公司办公楼 | 82197990 |
| | ※深圳市顺游国际旅行社有限公司 | L-GD01180 | 深文体旅复[2011]28号 | 黄　灏 | 深圳市罗湖区迎春路8号安华大厦四层西(1) | 82280499 |
| | ※深圳市易旅旅行社有限公司 | L-GD01183 | 深文体旅复[2011]29号 | 刘秋芳 | 深圳市宝安中心区兴华路南侧荣超滨海大厦 | 26063009 |
| | ※深圳市新佳华旅行社有限公司 | L-GD01184 | 深文体旅复[2011]30号 | 谢小华 | 深圳市南山区东滨路濠盛商务中心1315、1316 | 86599380 |
| | ※深圳市辉腾旅行社有限公司 | L-GD01186 | 深文体旅复[2011]32号 | 张镜宜 | 深圳市布吉街道水径社区上水径村办公楼805 | 82201200 |
| | ※深圳市捷诚国际旅行社有限公司 | L-GD01187 | 深文体旅复[2011]33号 | 陈海琴 | 深圳市福田区彩田南路海天综合大厦609 | 83461281 |
| | ※深圳市地球之旅国际旅行社有限公司 | L-GD01188 | 深文体旅复[2011]34号 | 陈梅坚 | 深圳市罗湖区嘉宾路太平洋商业大厦B座 | 25029288 |
| | ※深圳市深中旅行社有限公司 | L-GD01191 | 深文体旅复[2011]40号 | 黄善娇 | 深圳市福田区福中路国际体育大厦1108室 | 82995997 |
| | ※深圳市桃之源假期旅游有限公司 | L-GD01192 | 深文体旅复[2011]45号 | 张　娣 | 深圳市宝安区下十围东福围西街19号1号铺 | |
| | ※深圳市四洲旅行社有限公司 | L-GD01193 | 深文体旅复[2011]47号 | 罗绵迪 | 深圳市罗湖区嘉宾路4028号太平洋商贸大厦 | 25910212 |
| | ※深圳市杰恩假日旅行社有限公司 | L-GD01194 | 深文体旅复[2011]48号 | 林怀恩 | 深圳市福田区深南大道与民田路交界 | 82552588 |
| | ※深圳市康诚旅行社有限公司 | L-GD01196 | 深文体旅复[2011]51号 | 杨文印 | 深圳市福田区彩田路西红荔路中银花园栋 | 88311488 |
| | ※深圳市万众旅行社有限公司 | L-GD01198 | 深文体旅复[2011]53号 | 肖　薇 | 深圳市罗湖区嘉宾路南湖路交汇处深华大厦 | 22387321 |
| | ※深圳市天安国际旅行社有限公司 | L-GD01206 | 深文体旅复[2011]58号 | 杨建军 | 深圳市罗湖区人民南路天安国际大厦A座 | 82255025 |
| | ※深圳市鹏城国际旅行社有限公司 | L-GD01207 | 深文体旅复[2011]59号 | 韩　涛 | 深圳市罗湖区深南东路华乐大厦2005 | 22272822 |
| | ※深圳市畅行天下旅行社有限公司 | L-GD01208 | 深文体旅复[2011]60号 | 司海英 | 深圳市南山区侨城北路香年广场(南区)主楼 | 86621859 |
| | ※深圳市鸿万国际旅行社有限公司 | L-GD01209 | 深文体旅复[2011]61号 | 刘　琦 | 深圳市福田区滨河大道与泰然九路交界 | 88350555 |
| | ※深圳市椰晖旅行社有限公司 | L-GD01210 | 深文体旅复[2011]63号 | 冯吉光 | 深圳市罗湖区嘉宾路太平洋商贸大厦1118室 | 83228727 |

续表

| 地区 | 旅行社名称 | 许可证编号 | 批文号 | 法定代表人 | 联系地址 | 联系电话 |
|---|---|---|---|---|---|---|
| 深圳市(0755) | ※深圳环岛旅游有限公司 | L－GD01213 | 深文体旅复[2011]73 号 | 潘启军 | 深圳市福田区福田南路 12 号皇岗综合楼 | 83336928 |
| | ※深圳市淇祥国际旅行社有限公司 | L－GD01214 | 深文体旅复[2011]75 号 | 杨政军 | 深圳市罗湖区深南中路与和平路交汇处 | 82250026 |
| | ※深圳市金秋国际旅行社有限公司 | L－GD01215 | 深文体旅复[2011]76 号 | 王惠秋 | 深圳市福田区彩田南路海天综合大厦 609A 室 | |
| | ※深圳汇游天下旅行社有限公司 | L－GD01221 | 深文体旅复[2011]77 号 | 孙君峰 | 深圳市罗湖区建设路 1008 号汇展阁大厦 16 楼 | 82226229 |
| | ※深圳市搜旅国际旅行社有限公司 | L－GD01222 | 深文体旅复[2011]78 号 | 胡鹏程 | 深圳市罗湖区迎春路 8 号安华大厦 16 层 1616 | 82179292 |
| | ※深圳市温馨假日旅行社有限公司 | L－GD01226 | 深文体旅复[2011]83 号 | 冯海鹏 | 深圳市罗湖区建设路友谊商场 3 栋 14 层 1401 | 82313118 |
| | ※深圳市易凯商务国际旅行社有限公司 | L－GD01227 | 深文体旅复[2011]84 号 | 王成超 | 深圳市罗湖区嘉宾路太平洋商贸大厦 21F | 22218392 |
| | ※深圳市宝安中国旅行社有限公司 | L－GD01241 | 深文体旅复[2011]98 号 | 陈玉林 | 深圳市宝安区新安街道前进一路 | 82252508 |
| | ※深圳市华人达国际旅行社有限公司 | L－GD01242 | 深文体旅复[2011]100 号 | 李国江 | 深圳市罗湖区深南东路 2023 号广深大厦 | 22386276 |
| | ※深圳万旅通商务国际旅行社有限公司 | L－GD01243 | 深文体旅复[2011]101 号 | 李国伟 | 深圳市罗湖区迎春路海外联谊大厦 1610 室 | 82685950 |
| | ※深圳市鑫坤国际旅行社有限公司 | L－GD01244 | 深文体旅复[2011]102 号 | 何启全 | 深圳市福田区车公庙工业区皇冠工业厂房一栋 | 83711763 |
| | ※深圳市景程商务旅行社有限公司 | L－GD01245 | 深文体旅复[2011]103 号 | 张腾飞 | 深圳市福田区福华一路 88 号 | 13609621385 |
| | ※深圳市熊猫网旅行社有限公司 | L－GD01246 | 深文体旅复[2011]104 号 | 张新进 | 深圳市南山区南油大道与创业路交汇处 | 83382088 |
| | ※深圳市华旅旅行社有限公司 | L－GD01253 | 深文体旅复[2011]107 号 | 刘新高 | 深圳市坪山新区金牛西路 5 号金牛商业大厦 | 13543275891 |
| | ※深圳美程国际旅行社有限公司 | L－GD01254 | 深文体旅复[2011]109 号 | 杨河生 | 深圳市罗湖区迎春路安华大厦 13F(左边) | 13823307161 |
| | ※深圳市必趣国际旅行社有限公司 | L－GD01257 | 深文体旅复[2011]112 号 | 陈　圳 | 深圳市福田区上步中路 1043 号深勘大厦 6 楼 | 18948799711 |
| | ※深圳市百欣国际旅行社有限公司 | L－GD01258 | 深文体旅复[2011]108 号 | 郝　勇 | 深圳市罗湖区湖贝路 2 号锦湖大厦 1202－3 | 82227959 |
| | ※深圳市龙游金典国际旅行社有限公司 | L－GD01259 | 深文体旅复[2011]113 号 | 胡基明 | 深圳市罗湖区嘉宾路金威大厦 1417 房 | 25896662 |
| | ※深圳旅游集散中心有限公司 | L－GD01261 | 深文体旅复[2011]114 号 | 张　军 | 深圳市罗湖区嘉宾路太平洋商贸大厦 | 13802562956 |
| | ※深圳市星程旅行社有限公司 | L－GD01263 | 深文体旅复[2011]115 号 | 张锡伟 | 深圳市罗湖区莲塘工业区一小区综合楼 1 楼南 | 13723466060 |
| | ※深圳市泰华国际旅行社有限公司 | L－GD01266 | 深文体旅复[2011]116 号 | 邓明仙 | 深圳市罗湖区凤凰路 3 号海珑花苑海天阁 1609 | 13828815857 |
| | ※深圳市环球旅行社有限公司 | L－GD01267 | 深文体旅复[2011]117 号 | 王诚明 | 深圳市宝安区民治街道民治大道东边商务大楼 | 83858878 |

续表

| 地区 | 旅行社名称 | 许可证编号 | 批文号 | 法定代表人 | 联系地址 | 联系电话 |
|---|---|---|---|---|---|---|
| 深圳市(0755) | ※深圳市尚品游国际旅行社有限公司 | L－GD01268 | 深文体旅复[2011]118号 | 梁　坚 | 深圳市罗湖区嘉宾路太平洋商贸大厦1016房 | 82135769 |
| | ※深圳市淘游国际旅行社有限公司 | L－GD01269 | 深文体旅复[2011]119号 | 刘延龙 | 深圳市罗湖区嘉宾路海燕大厦610房 | 13923816195 |
| | ※深圳市专业旅行社有限公司 | L－GD01274 | 深文体旅复[2011]123号 | 黎晓庆 | 深圳市罗湖区嘉宾路太平洋商贸大厦B座 | 82138152 |
| | ※深圳市新国旅行社有限公司 | L－GD01275 | 深文体旅复[2011]124号 | 汤　亮 | 深圳市罗湖区嘉宾路太平洋商贸大厦A座 | 82311075 |
| | ※深圳市香江金运旅行社有限公司 | L－GD01276 | 深文体旅复[2011]125号 | 吴　月 | 深圳市福田区车公庙天祥大厦9B2－57 | 83864649 |
| | ※深圳市蓝海旅行社有限公司 | L－GD01277 | 深文体旅复[2011]126号 | 谢恩波 | 深圳市福田区深南大道北侧浩铭财富广场B座 | 88288858 |
| | ※深圳市悠游天下旅行社有限公司 | L－GD01287 | 深文体旅复[2011]130号 | 赵　焱 | 深圳市罗湖区嘉宾路海燕商业大厦708室 | 13802221502 |
| | ※深圳市壹路行国际旅行社有限公司 | L－GD01290 | 深文体旅复[2011]133号 | 周彩霞 | 深圳市罗湖区红岭路1010号国际信托大厦 | 25580033 |
| | ※深圳市福特佳旅游有限公司 | L－GD01291 | 深文体旅复[2011]134号 | 干海龙 | 深圳市福田区保税区英达利科技数码园A座 | 25331000 |
| | ※深圳市浩中国际旅行社有限公司 | L－GD01294 | 深文体旅复[2011]144号 | 罗　芳 | 深圳市罗湖区嘉宾路海燕大厦6楼603房 | 22189006 |
| | ※深圳市乐游国际旅行社有限公司 | L－GD01298 | 深文体旅复[2011]145号 | 赵春成 | 深圳市福田区北环大道7043号青海大厦 | 33379378 |
| | ※深圳市福安国际旅行社有限公司 | L－GD01300 | 深文体旅复[2011]150号 | 蔡继尧 | 深圳市福田区深南中路统建办公楼1栋5层 | 13760255519 |
| | ※深圳市乐程旅行社有限公司 | L－GD01301 | 深文体旅复[2011]151号 | 胡周来 | 深圳市罗湖区东门南路华都园14D | 33380555 |
| | ※深圳骏之旅旅游有限公司 | L－GD01304 | 深文体旅复[2011]155号 | 刘　伟 | 深圳市福田区皇岗路与滨河路交汇处 | 13632724180 |
| | ※深圳华信国际旅行社有限公司 | L－GD01305 | 深文体旅复[2011]156号 | 胡金平 | 深圳市福田区深南路车公庙工业区 | 13714868830 |
| | ※深圳市海盟国际旅行社有限公司 | L－GD01306 | 深文体旅复[2011]157号 | 何　平 | 深圳市福田区上沙创新科技园六栋403# | 18923834836 |
| | ※深圳市高品假日旅行社有限公司 | L－GD01312 | 深文体旅复[2011]161号 | 刘国雄 | 深圳市罗湖区宝安北路春笋楼A503 | 83638747 |
| | ※深圳市远方国际旅行社有限公司 | L－GD01313 | 深文体旅复[2011]163号 | 王桂华 | 深圳市罗湖区深南东路5033号金山大厦1903# | 33385178 |
| | ※深圳番茄假期国际旅行社有限公司 | L－GD01318 | 深文体旅复[2011]163号 | 余汉勇 | 深圳市福田区梅华路103号光荣大厦5楼501# | 29345058 |
| | ※深圳市逍洒会务旅游有限公司 | L－GD01323 | 深文体旅复[2011]172号 | 李路羽 | 深圳市福田区益田路江苏大厦B815# | 18922851238 |
| | ※深圳市幸福起点旅行社有限公司 | L－GD01324 | 深文体旅复[2011]176号 | 马　龙 | 深圳市罗湖区沿河路好运来大厦1栋1017# | 13590452529 |
| | ※深圳市海翔国际旅行社有限公司 | L－GD01325 | 深文体旅复[2011]177号 | 耿　丽 | 深圳市罗湖区凤凰路海珑华苑海天阁1905# | 82685539 |

续表

| 地区 | 旅行社名称 | 许可证编号 | 批文号 | 法定代表人 | 联系地址 | 联系电话 |
|---|---|---|---|---|---|---|
| 深圳市(0755) | ※深圳市品牌国际旅行社有限公司 | L－GD01337 | 深文体旅复[2011]187 号 | 邓宝清 | 深圳市罗湖区嘉宾路海燕商业大厦 14 楼 1409 | 13670093769 |
| | ※深圳市环途国际旅行社有限公司 | L－GD01338 | 深文体旅复[2011]188 号 | 王　平 | 深圳市罗湖区嘉宾路与南湖路交汇处北侧 | 82173196 |
| | ※深圳市深龙旅行社有限公司 | L－GD01339 | 深文体旅复[2011]189 号 | 严均洪 | 深圳市龙岗区中心城东方沁园 5 号栋商铺 108 | 13510796508 |
| | ※深圳市港旅国际旅行社有限公司 | L－GD01340 | 深文体旅复[2011]190 号 | 刘　贞 | 深圳市罗湖区嘉宾路海燕商业大厦 1101 | 13823339465 |
| | ※深圳市天河国际旅行社有限公司 | L－GD01344 | 深文体旅复[2011]191 号 | 白　钰 | 深圳市福田区深南大道与香蜜湖交界 | 33306221 |
| | ※深圳市智慧商务旅游有限公司 | L－GD01345 | 深文体旅复[2011]192 号 | 耿雪婷 | 深圳市南山区高新南七道 7 号深圳数字技术园 | 86133712 |
| | ※深圳市新之旅国际旅行社有限公司 | L－GD01346 | 深文体旅复[2011]193 号 | 王巧云 | 深圳市宝安区宝安中心区兴华路南侧 | 15818686569 |
| | ※深圳市盈信国际旅行社有限公司 | L－GD01347 | 深文体旅复[2011]194 号 | 邦小霖 | 深圳市福田区彩田路西、红荔路南中银花园 | 88865555 |
| 珠海市(0756) | 珠海海外旅游有限公司 | L－GD－CJ00068 | 旅管发[2002]91 号 | 王焕菊 | 珠海市吉大园林路 104 号信海商业大厦 1 楼 | 3336698 |
| | 广东省拱北口岸中国旅行社有限公司 | L－GD－CJ00069 | 旅管发[2002]91 号 | 姜　峰 | 珠海市拱北迎宾大道南华侨宾馆内 | 8136525 |
| | 珠海市旅游有限公司 | L－GD－CJ00070 | 旅管发[2002]91 号 | 罗华生 | 珠海市拱北粤海东路 1028 号 | 8155222 |
| | 珠海航空国际旅行社有限公司 | L－GD－CJ00071 | 旅管发[2006]178 号 | 张亚萍 | 珠海市拱北中珠大厦 1 楼、11 楼 | 8114228 |
| | 珠海中国国际旅行社有限公司 | L－GD－CJ00072 | 旅管发[2002]91 号 | 王少锋 | 珠海市香洲凤凰南路 1034 号 2 楼 | 2120028 |
| | 珠海市君悦国际旅行社有限公司 | L－GD－CJ00073 | 旅管发[2005]34 号 | 佘伟源 | 珠海市香州区吉大路 105 号石油大厦 1 楼 | 3378899 |
| | 珠海国际度假旅行社有限公司 | L－GD－CJ00074 | 旅管发[2002]91 号 | 唐塑戈 | 珠海市情侣南路 428 号一层西大厅 1001 室 | 3263055 |
| | 珠海里程国际旅行社有限公司 | L－GD－CJ00075 | 旅管发[2005]34 号 | 周艳燕 | 珠海市香洲区情侣中路 12－105 号 | 3221818 |
| | 珠海海天国际旅行社有限公司 | L－GD－CJ00076 | 旅管发[2007]244 号 | 李炳炎 | 珠海市吉大路 43 号－45 号商铺 | 3226600 |
| | 珠海阳光国际旅行社有限公司 | L－GD－CJ00140 | 旅管发[2010]149 号 | 肖　红 | 珠海市拱北粤海东路升冠大厦二楼 A 座 | 8131777 |
| | 珠海石景山国际旅行社有限公司 | L－GD00119 | 珠旅[2009]83 号 | 叶汉平 | 珠海市拱北粤海东路 1138 号升冠大厦 7 楼 | 8150668 |
| | 珠海市澳国旅国际旅行社有限公司 | L－GD00120 | 珠旅[2009]83 号 | 卢　放 | 珠海市拱北迎宾南路 1043 号 | 8866380 |
| | 珠海神州国际旅行社 | L－GD00121 | 珠旅[2009]83 号 | 张　捷 | 珠海吉大路羊城晚报综合楼 | 3372765 |
| | 珠海国际金融旅行社有限公司 | L－GD00122 | 珠旅[2009]83 号 | 王力学 | 珠海市拱北粤海东路 1150 号 | 8886900 |

续表

| 地区 | 旅行社名称 | 许可证编号 | 批文号 | 法定代表人 | 联系地址 | 联系电话 |
|---|---|---|---|---|---|---|
| 珠海市（拥有旅行社109家，其中出境游组团社10家） | 珠海九洲国际旅行社 | L－GD00124 | 珠旅［2009］83号 | 牛晓波 | 珠海市吉大情侣南路428号九洲港大厦1楼 | 3263055 |
| | 珠海经济特区环球国际旅行社 | L－GD00125 | 珠旅［2009］83号 | 梁学兵 | 珠海市吉大石花东路207号4楼 | 3253834 |
| | 珠海经济特区濠江旅行社 | L－GD00126 | 珠旅［2009］83号 | 唐银娟 | 珠海市湾仔南湾南路澳门环岛游码头 | 8826262 |
| | 珠海市斗门中国旅行社有限公司 | L－GD00127 | 珠旅［2009］83号 | 梁小红 | 珠海市斗门区井岸镇人民路霞山1号 | 5559798 |
| | 珠海市斗门区东亚旅行社有限公司 | L－GD00128 | 珠旅［2009］83号 | 赵成恩 | 珠海市斗门区井岸镇中兴中路40号 | 5520688 |
| | 珠海市青年旅行社有限公司 | L－GD00129 | 珠旅［2009］83号 | 张志雄 | 珠海市拱北夏湾昌平路128号铺 | 3884880 |
| | 珠海市黄杨旅行社有限公司 | L－GD00130 | 珠旅［2009］83号 | 梁雄辉 | 珠海市斗门区井岸镇井湾路720号 | 5103988 |
| | 珠海康辉国际旅行社有限公司 | L－GD00131 | 珠旅［2009］83号 | 梁毅敏 | 珠海市拱北迎宾南路中珠大厦大堂商铺101铺 | 8287666 |
| | 珠海惠嘉旅行社有限公司 | L－GD00132 | 珠旅［2009］83号 | 邓文玉 | 珠海市香洲凤凰北路1012号二楼209、210 | 2126622 |
| | 珠海人人旅行社有限公司 | L－GD00133 | 珠旅［2009］83号 | 刘卓光 | 珠海市九州大道中2121号金桥大厦前座2楼 | 8118618 |
| | 珠海市湾仔旅游服务公司 | L－GD00134 | 珠旅［2009］83号 | 郑文里 | 珠海市湾仔南湾南路3002号综合楼2楼 | 8821237 |
| | 珠海华视国际旅行社有限公司 | L－GD00135 | 珠旅［2009］83号 | 张珠英 | 珠海市吉大海滨南路光大贸易中心首层B1室 | 3320902 |
| | 珠海广之旅旅行社有限公司 | L－GD00136 | 珠旅［2009］83号 | 卢建旭 | 珠海市拱北迎宾南路1081号中珠大厦702－704室 | 8156922 |
| | 珠海市浪漫时光国际旅行社有限公司 | L－GD00137 | 珠旅［2009］83号 | 孙俭峰 | 珠海市拱北粤华路225号35栋9E | 8872626 |
| | 珠海市斗门区白藤湖旅游发展公司 | L－GD00138 | 珠旅［2009］83号 | 李　涛 | 珠海市斗门区白藤湖内 | 5566864 |
| | 珠海泰申旅行社有限公司 | L－GD00139 | 珠旅［2009］83号 | 林俊练 | 珠海市拱北迎宾南路1155号中建大厦8楼803－806房 | 8118839 |
| | 珠海市斗门区泰安旅行社有限公司 | L－GD00140 | 珠旅［2009］83号 | 赵树森 | 珠海市斗门井岸镇美湾街111号 | 5101133 |
| | 珠海易时代商务旅行社有限公司 | L－GD00141 | 珠旅［2009］83号 | 郑　虹 | 珠海市拱北迎宾大道中建大厦22楼 | 8889090 |
| | 珠海市碧海国际旅行社有限公司 | L－GD00143 | 珠旅［2009］83号 | 郑加林 | 珠海市拱北粤海东路升冠大厦4楼C座 | 8286179 |
| | 珠海经济特区怡海旅行社 | L－GD00144 | 珠旅［2009］83号 | 何永才 | 珠海市万山海洋开发试验区白沥岛狮澳湾85栋 | 3236959 |
| | 珠海市国际会议中心度假旅行社有限公司 | L－GD00145 | 珠旅［2009］83号 | 吴昌祐 | 珠海市吉大路2号国际会议会中心一层东侧 | 3329808 |
| | 珠海市望海旅行社 | L－GD00146 | 珠旅［2009］83号 | 吴　敏 | 珠海市吉大海滨北路3号 | 2171036 |

续表

| 地区 | 旅行社名称 | 许可证编号 | 批文号 | 法定代表人 | 联系地址 | 联系电话 |
|---|---|---|---|---|---|---|
| 珠海市(0756) | 珠海市珠江国际旅行社有限公司 | L－GD00147 | 珠旅[2009]83 号 | 林番权 | 珠海市拱北粤海东路升冠大厦 4 楼 B 座 | 8116117 |
| | 珠海飞扬旅行社有限公司 | L－GD00149 | 珠旅[2009]83 号 | 梁海清 | 珠海市拱北粤海东路 1006 号 1 楼 5 号 | 8889933 |
| | 珠海市缤纷国际旅行社有限公司 | L－GD00150 | 珠旅[2009]83 号 | 林兆明 | 珠海市香洲区水湾南路 21 号拱北宾馆大堂侧 | 8122887 |
| | 珠海海威国际旅行社有限公司 | L－GD00151 | 珠旅[2009]83 号 | 朱南英 | 珠海市拱北围基路 28 号和园大厦 402 | 8181923 |
| | 珠海斗门青年旅行社有限公司 | L－GD00152 | 珠旅[2009]83 号 | 黄兆州 | 珠海市斗门区井岸镇朝福路 71 号 | 5102777 |
| | 珠海西藏旅行社有限公司 | L－GD00153 | 珠旅[2009]83 号 | 西雪岩 | 珠海市吉大九洲大道中段江村路口嘉丽苑 301 | 8875028 |
| | 珠海市尊乐旅行社有限公司 | L－GD00154 | 珠旅[2009]83 号 | 张宝川 | 珠海市拱北联安路 8 号 8 楼 A－2 | 8138028 |
| | 珠海快乐假期旅行社有限公司 | L－GD00155 | 珠旅[2009]83 号 | 昝　丽 | 珠海市九洲大道东 1263 号云海酒店附楼 1 楼 | 3231558 |
| | 珠海华美达国际旅行社有限公司 | L－GD00156 | 珠旅[2009]83 号 | 梁水强 | 珠海市吉大海滨南路 47 号 2807 房 | 6838091 |
| | 珠海市天天游国际旅行社有限责任公司 | L－GD00157 | 珠旅[2009]83 号 | 曾　京 | 珠海市迎宾南路 2079 号北岭花园大厦二单元 | 6838091 |
| | 珠海市华深旅行社有限公司 | L－GD00158 | 珠旅[2009]83 号 | 侯　勇 | 珠海市吉大园林路平安大厦首层 108 室 | 3333342 |
| | 珠海凤凰假日旅行社有限公司 | L－GD00159 | 珠旅[2009]83 号 | 蒋守宏 | 珠海市香洲五洲花城世派街 13 号商铺之一 | 2269587 |
| | 珠海风情旅行社有限公司 | L－GD00160 | 珠旅[2009]83 号 | 吴多华 | 珠海市拱北水湾路 223 号凌海名庭 4C | 8283907 |
| | 珠海市怡晴国际旅行社有限公司 | L－GD00161 | 珠旅[2009]83 号 | 钟远谦 | 珠海市拱北迎宾南路 2188 号名门大厦 303 房 | 8125055 |
| | 珠海新华旅行社有限公司 | L－GD00162 | 珠旅[2009]83 号 | 吴玉芳 | 珠海市拱北迎宾南路中建大厦 2001 室 | 8119092 |
| | 珠海富临旅行社有限公司 | L－GD00163 | 珠旅[2009]83 号 | 杨止瀛 | 珠海市吉大路 57 号羊城晚报综合楼 2 楼西北 | 3376867 |
| | 珠海市金四海旅行社有限公司 | L－GD00164 | 珠旅[2009]83 号 | 陈广美 | 珠海市拱北迎宾南路 2188 号名门大厦 305 室 | 8892200 |
| | 珠海星辉旅行社有限公司 | L－GD00165 | 珠旅[2009]83 号 | 林锦燕 | 珠海市拱北迎宾南路 1081 号中珠大厦 113 室 | 8897160 |
| | 珠海光大旅行社有限公司 | L－GD00166 | 珠旅[2009]83 号 | 谭艳明 | 珠海市斗门区井岸镇江湾中路 230 号 | 5522550 |
| | 珠海云天国际旅行社有限公司 | L－GD00167 | 珠旅[2009]83 号 | 孔祥旗 | 珠海市翠微北路宝源花园 2 栋首层 4－2 号铺 | 2127732 |
| | 珠海海旅假期旅行社有限公司 | L－GD00168 | 珠旅[2009]83 号 | 王薇薇 | 珠海市吉大园林路 104 号信海大厦 2 楼 | 3878603 |
| | 珠海市顺安旅行社有限公司 | L－GD00169 | 珠旅[2009]83 号 | 林炳利 | 珠海市拱北夏湾港三路 260 号之一 | 8866007 |

续表

| 地区 | 旅行社名称 | 许可证编号 | 批文号 | 法定代表人 | 联系地址 | 联系电话 |
|---|---|---|---|---|---|---|
| 珠海市(0756) | 珠海市岛之旅旅行社有限公司 | L－GD00170 | 珠旅[2009]83号 | 石木香 | 珠海市香洲凤凰南路1088号第7层 | 2111033 |
| | 珠海市海煜旅行社有限公司 | L－GD00171 | 珠旅[2009]83号 | 王惠萍 | 珠海市吉大石花东路123号海湾花园102栋3B | 3370100 |
| | 珠海远航国际旅行社有限公司 | L－GD00172 | 珠旅[2009]83号 | 林　远 | 珠海市吉大景山路82号水湾大厦11楼1单元 | 8285197 |
| | 珠海市易达假期国际旅行社有限公司 | L－GD00173 | 珠旅[2009]83号 | 黄硕志 | 珠海市拱北国防路101号7－11栋一层商场 | 2681257 |
| | 珠海市中恒旅行社有限公司 | L－GD00174 | 珠旅[2009]83号 | 潘华群 | 珠海市拱北莲花路71号爱特大厦1楼39、40号 | 8155511 |
| | 珠海澳中旅旅行社有限公司 | L－GD00175 | 珠旅[2009]83号 | 黄灿辉 | 珠海市拱北围基路28号1栋2#商铺 | 8129390 |
| | 珠海市东南旅行社有限公司 | L－GD00176 | 珠旅[2009]83号 | 钟燕玲 | 珠海市拱北水湾路131号1115室 | 3832308 |
| | 珠海市朋友国际旅行社有限公司 | L－GD00177 | 珠旅[2009]83号 | 王秀香 | 珠海市拱北粤海东路1145号粤海酒店西楼9D1 | 8155552 |
| | 珠海中澳旅行社有限公司 | L－GD00178 | 珠旅[2009]83号 | 陈　涵 | 珠海市吉大景山路216号景香居大厦602－606室 | 3368000 |
| | 珠海汇华博雅国际商务旅行社有限公司 | L－GD00179 | 珠旅[2009]83号 | 董林俊 | 珠海市吉大九洲大道东1234号3楼 | 3233368 |
| | 珠海万里游旅行社有限公司 | L－GD00180 | 珠旅[2009]83号 | 肖　琪 | 珠海市拱北夏湾华平路71号商铺 | 8131730 |
| | 珠海春秋旅行社有限公司 | L－GD00181 | 珠旅[2009]83号 | 孙文霞 | 珠海市吉大九洲大道中段1053号 | 3363566 |
| | 珠海山水旅行社有限公司 | L－GD00182 | 珠旅[2009]83号 | 刘剑媚 | 珠海市吉大水湾路333号4栋一层 | 3322566 |
| | 珠海市鼎峰旅行社有限公司 | L－GD00183 | 珠旅[2009]83号 | 万　峰 | 珠海市粤海东路升冠大厦4楼A | 8800876 |
| | 珠海市新一天旅行社有限公司 | L－GD00184 | 珠旅[2009]83号 | 刘　超 | 珠海市拱北迎宾南路2188号名门大厦503－1房 | 3888900 |
| | 珠海华旅旅行社有限公司 | L－GD00185 | 珠旅[2009]83号 | 陈景华 | 珠海市珠海机场候机楼1楼到达大厅05号场地 | 8878711 |
| | 珠海市飞越国际旅行社有限公司 | L－GD00186 | 珠旅[2009]83号 | 雷广胜 | 珠海市拱北迎宾南路2230号18H房 | 3831777 |
| | 珠海四季国际旅行社有限公司 | L－GD00187 | 珠旅[2009]83号 | 张庆波 | 珠海市九洲大道西2108号(兰埔花园)1栋5号商铺 | 8878235 |
| | 珠海新天地旅行社有限公司 | L－GD00188 | 珠旅[2009]83号 | 许泽文 | 珠海市吉大海洲路53号丽景酒店206室 | 3333319 |
| | 珠海拱北中旅麒麟商务旅行社有限公司 | L－GD00189 | 珠旅[2009]83号 | 杨志明 | 珠海市拱北迎宾南路2104号华侨宾馆侧1楼 | 8136844 |
| | 珠海市海粤国际旅行社有限公司 | L－GD00190 | 珠旅[2009]83号 | 尹　敏 | 珠海市香洲紫荆路303号中珠水晶堡1513房 | 3336292 |
| | 珠海华青旅行社有限公司 | L－GD00191 | 珠旅[2009]83号 | 禹英梅 | 珠海市九州大道西1063号207商铺 | 3213036 |

续表

| 地区 | 旅行社名称 | 许可证编号 | 批文号 | 法定代表人 | 联系地址 | 联系电话 |
|---|---|---|---|---|---|---|
| 珠海市(0756) | 珠海驿站旅行社有限公司 | L－GD00192 | 珠旅[2009]83 号 | 郭鸿钢 | 珠海市拱北昌盛路 226 号商铺 | 8712663 |
| | 珠海国华国际旅行社有限公司 | L－GD00193 | 珠旅[2009]83 号 | 陈　民 | 珠海市拱北粤华路 183－185 号 | 8877233 |
| | 珠海佳晖旅行社有限公司 | L－GD00194 | 珠旅[2009]83 号 | 袁志伟 | 珠海市拱北粤海东路升冠大厦 1 栋 8 层 807 房 | 6158068 |
| | 珠海市捷旅假期国际旅行社有限公司 | L－GD00195 | 珠旅[2009]83 号 | 李志清 | 珠海市拱北石花西路 269 号 06 栋楼下 | 3338881 |
| | 珠海吉洪旅行社有限公司 | L－GD00196 | 珠旅[2009]83 号 | 陈志伟 | 珠海市香洲柠溪路 338 号 14 层 G | 3226262 |
| | 珠海全程旅行社有限公司 | L－GD00890 | 珠文体旅复[2010]5 号 | 沙丽珊 | 珠海拱北水湾路 131 号发展大厦 1706 室 | 8821222 |
| | 珠海市沃德商务旅行社有限公司 | L－GD00903 | 珠文体旅复[2010]13 号 | 胡佩敏 | 珠海粤海东路 1004 号华发广场 B 座 1 层 3 号 | 8882886 |
| | 珠海市驴友假期星之旅旅行社有限公司 | L－GD00904 | 珠文体旅复[2010]14 号 | 刘卫宇 | 珠海市香洲柠溪路 284 号 1 栋 278 号铺 | 8866880 |
| | 珠海泰华旅行社有限公司 | L－GD00905 | 珠文体旅复[2010]15 号 | 余武君 | 珠海市拱北迎宾大道 1155 号中建商业大厦 22 楼 | 8157770 |
| | 珠海百合旅行社有限公司 | L－GD00920 | 珠文体旅复[2010]19 号 | 曾宜彬 | 珠海市九洲大道东 1019 号南海舰队第三招待所 | 3388882 |
| | 珠海市万佳旅行社有限公司 | L－GD00972 | 珠文体旅复[2009]8 号 | 胡岚 | 珠海市拱北侨光路 99 号第一卡位 | 8888662 |
| | 广东中旅(珠海)旅行社有限公司 | L－GD00973 | 珠文体旅复[2009]7 号 | 容　斌 | 珠海市迎宾南路 1155 号中建商业大厦 19 楼北座 | 8809777 |
| | 珠海市环宇国际旅行社有限公司 | L－GD00983 | 珠文体旅复[2009]11 号 | 程　颖 | 珠海市拱北迎宾南路 2188 号名门大厦 1601A 号 | 8806611 |
| | 珠海悠游国际旅行社有限公司 | L－GD00988 | 珠文体旅复[2010]20 号 | 周瑞华 | 珠海市吉大景山路 171 号(诺瑞比丽名园)405A | 8872150 |
| | 珠海市天翼国际旅行社有限公司 | L－GD00989 | 珠文体旅复[2010]21 号 | 杨天宇 | 香洲区人民东路 313 号恒和中心 2 栋 703 室 | 3365033 |
| | 珠海名越国际旅行社有限公司 | L－GD00991 | 珠文体旅复[2010]22 号 | 徐梦丹 | 珠海市吉大景山路 82 号水湾大厦 5 层 1 单元 5B1 | 8800288 |
| | 珠海远扬旅行社有限公司 | L－GD01104 | 珠文体旅复[2010]155 号 | 和庆兰 | 珠海市香洲区水湾路 131 号发展大厦 603 房 | 3881881 |
| | 珠海市浪漫假期国际旅行社有限公司 | L－GD01122 | 珠文体旅复[2010]186 号 | 于　艳 | 珠海市香洲敬业路 51 号 | 6133186 |
| | 珠海市迪威龙旅行社有限公司 | L－GD01147 | 珠文体旅复[2010]224 号 | 林第碧 | 珠海市拱北港一路 184 号之三 A 铺 | 8660500 |
| | 珠海澳亚旅游有限公司 | L－GD01148 | 珠文体旅复[2010]225 号 | 任鸣宇 | 珠海市拱北侨光南路底层商铺 108 号 | 8879300 |
| | 珠海开心国际旅行社有限公司 | L－GD01155 | 珠文体旅复[2010]230 号 | 曹燕云 | 珠海市拱北迎宾南路 1081 号中珠大厦 703 室 | 8150882 |
| | ※珠海诺庭国际旅行社有限公司 | **L－GD01195** | **珠文体旅字[2011]72 号** | 涂翠玉 | 珠海市迎宾南路 **2188** 号名门大厦 **1609** 室 | **8806000** |

续表

| 地区 | 旅行社名称 | 许可证编号 | 批文号 | 法定代表人 | 联系地址 | 联系电话 |
|---|---|---|---|---|---|---|
| 珠海市(0756) | ※珠海锦绣前程旅游有限公司 | L-GD01200 | 珠文体旅字[2011]82号 | 陈伟波 | 珠海市拱北水湾路131号发展大厦1115室 | 8111367 |
| | ※珠海创悦国际旅行社有限公司 | L-GD01230 | 珠文体旅字[2011]124号 | 张萍萍 | 珠海市九洲大道中2121号金桥大厦502室 | 3232592 |
| | ※珠海友诚国际旅行社有限公司 | L-GD01231 | 珠文体旅字[2011]125号 | 骆培明 | 珠海市拱北迎宾南路2126号香江酒店4楼5-6 | 8890011 |
| | ※珠海市泰爱它国际旅行社有限公司 | L-GD01232 | 珠文体旅字[2011]126号 | 张炳威 | 珠海市香洲区拱北迎宾南路1099号地面层277、278、279号铺 | 8117111 |
| | ※珠海康泰国际旅行社有限公司 | L-GD01289 | 珠文体旅字[2011]183号 | 罗志彭 | 珠海市迎宾南路1155号中建大厦1408室 | 8113038 |
| | ※珠海市恒安国际旅行社有限公司 | L-GD01311 | 珠文体旅函[2011]283号 | 朱建安 | 珠海市香洲狮山路417号3号楼303房 | 8862638 |
| | ※珠海市腾达国际旅行社有限公司 | L-GD01328 | 珠文体旅函[2011]304号 | 王　娜 | 珠海市香洲碧涛路29号一层之二 | 8896837 |
| 汕头市(拥有旅行社67家,其中出境游组团社6家) | 汕头市旅游总公司 | L-GD-CJ00077 | 国家旅游局旅管发[2002]91号 | 张汉林 | 汕头市跃进路35号 | 88297612 |
| | 中国康辉汕头旅行社有限公司 | L-GD-CJ00078 | 国家旅游局旅管发[2002]91号 | 李继烈 | 汕头市练江路18号龙湖工业区H10幢1-2楼 | 88268000 |
| | 汕头市中国旅行社有限公司 | L-GD-CJ00079 | 国家旅游局旅管发[2002]91号 | 陈锦才 | 汕头市汕樟路41号 | 88911884 |
| | 汕头市天驰国际旅行社有限公司 | L-GD-CJ00080 | 国家旅游局旅管发[2002]91号 | 黄顺源 | 汕头市金砂路188号 | 88800038 |
| | 汕头市乐观国际旅行社有限公司 | L-GD-00143 | 国家旅游局旅监管发[2010]215号 | 黄庆文 | 汕头市东厦路90号金东花园3、4、7、8、10幢 | 88230188 |
| | 汕头市商之旅国际旅行社有限公司 | L-GD-00144 | 国家旅游局旅监管发[2010]215号 | 林健辉 | 汕头市金砂路140号金龙大厦A幢6A号房 | 88614444 |
| | 汕头中国国际旅行社 | L-GD00001 | 汕旅管[2009]41号 | 张汉林 | 汕头市金平区跃进路35号六楼 | 88297612 |
| | 汕头经济特区旅游有限公司 | L-GD00004 | 汕旅管[2009]41号 | 柯传勇 | 汕头市迎宾路轻化大厦四楼 | 88469059 |
| | 汕头市康泰旅行社有限公司 | L-GD00005 | 汕旅管[2009]41号 | 陈懋雄 | 汕头市东厦路78号1座021 | 88631992 |
| | 汕头市职工旅行社 | L-GD00006 | 汕旅管[2009]41号 | 谢惠城 | 汕头市至平路32号 | 88525110 |
| | 汕头市好之旅旅行社有限公司 | L-GD00008 | 汕旅管[2009]41号 | 陈镇芝 | 汕头市澄海区城区中山北路179号 | 85718555 |
| | 汕头市红头船国际旅行社有限公司 | L-GD00009 | 汕旅管[2009]41号 | 金昂彬 | 汕头澄海市区益民路267号 | 85733738 |
| | 汕头高新区四海旅行社有限公司 | L-GD00010 | 汕旅管[2009]41号 | 李静依 | 汕头市龙湖区黄河路万商大厦3幢706号 | 88238247 |
| | 汕头市好风光旅行社有限公司 | L-GD00011 | 汕旅管[2009]41号 | 黄庆彬 | 汕头市金环路建南花园7幢首层 | 88176767 |
| | 汕头假日旅行社有限公司 | L-GD00012 | 汕旅管[2009]41号 | 邱锡江 | 汕头市建南花园5座一层101房 | 88179240 |

续表

| 地区 | 旅行社名称 | 许可证编号 | 批文号 | 法定代表人 | 联系地址 | 联系电话 |
|---|---|---|---|---|---|---|
| 汕头市（0754） | 汕头市海燕旅行社 | L－GD00013 | 汕旅管［2009］41 号 | 魏泽斌 | 汕头市海滨路 4 号 | 88448863 |
| | 汕头南国商务旅行社 | L－GD00014 | 汕旅管［2009］41 号 | 李伟松 | 汕头市跃进路 35 号 1 楼东侧 | 88297611 |
| | 汕头市名胜旅行社有限公司 | L－GD00015 | 汕旅管［2009］41 号 | 曾　彬 | 汕头市迎宾路建设大厦 409、411 房 | 88173660 |
| | 汕头市青云旅行社有限公司 | L－GD00016 | 汕旅管［2009］41 号 | 黄天海 | 汕头市杏园 5 号中信金杏花园 A7 铺面 | 88173226 |
| | 汕头市华天旅行社有限公司 | L－GD00017 | 汕旅管［2009］41 号 | 赵创群 | 汕头市水仙园 26 栋 106 房 | 88640272 |
| | 汕头市新永安国际旅行社有限公司 | L－GD00018 | 汕旅管［2009］41 号 | 郑武平 | 汕头市海滨花园西区 30 幢 118 号 | 88446332 |
| | 汕头海洋旅行社有限公司 | L－GD00019 | 汕旅管［2009］41 号 | 陈　蔚 | 汕头市龙眼路 87 号 | 88324274 |
| | 汕头广梅汕铁路旅行社 | L－GD00020 | 汕旅管［2009］41 号 | 雷德晖 | 汕头市泰山路火车客站首层出口处 | 88811057 |
| | 南澳海之旅旅行社 | L－GD00021 | 汕旅管［2009］41 号 | 余远诗 | 汕头市南澳县后宅镇龙滨路第二建筑公司 2 楼 | 86803888 |
| | 汕头市金潮国际旅行社有限公司 | L－GD00022 | 汕旅管［2009］41 号 | 黄伟卿 | 汕头市金陵路 8 号老干部活动中心裙楼第 2 层 | 83923118 |
| | 汕头市潮人旅行社有限公司 | L－GD00023 | 汕旅管［2009］41 号 | 林利雄 | 汕头市中山东路中泰花园 8、12、17 幢 102 号 | 88832003 |
| | 汕头市光大旅行社有限公司 | L－GD00024 | 汕旅管［2009］41 号 | 林哲夫 | 汕头市龙湖区朝阳庄中区 7 栋 104 之 6 号房 | 88883428 |
| | 汕头市春秋旅行社有限公司 | L－GD00025 | 汕旅管［2009］41 号 | 吴臣昭 | 汕头市龙湖区丽水庄东区 1 幢 103－203 | 88847531 |
| | 汕头市金叶旅行社 | L－GD00026 | 汕旅管［2009］41 号 | 杨烈华 | 汕头市潮阳区棉新大道潮阳市金叶大厦大堂内 | 83828888 |
| | 南澳县海岛旅行社有限公司 | L－GD00027 | 汕旅管［2009］41 号 | 吴潮平 | 汕头市南澳县后宅镇海滨路中段南滨酒店 1 楼 | 86800470 |
| | 汕头市龙泰旅行社有限公司 | L－GD00028 | 汕旅管［2009］41 号 | 陈建谋 | 汕头市澄海区文祠西路 48 栋 106 号 | 85715884 |
| | 汕头市澄海区假日旅行社有限公司 | L－GD00029 | 汕旅管［2009］41 号 | 朱育勇 | 汕头市澄海区德政路益冠园 24－25 号 | 85831246 |
| | 汕头市汕澄旅行社有限公司 | L－GD00030 | 汕旅管［2009］41 号 | 陆绍凯 | 汕头市澄海区凤翔中山南路 70 号 | 85872809 |
| | 汕头市广之旅旅行社有限公司 | L－GD00031 | 汕旅管［2009］41 号 | 张维新 | 汕头市龙湖区金砂东路 145 号凯德花园 1 幢 | 88861418 |
| | 汕头市新旅程国际旅行社有限公司 | L－GD00032 | 汕旅管［2009］41 号 | 赵毓浜 | 汕头市龙湖区春泽庄中区 1 栋 608 号 | 88524411 |
| | 汕头市航旅旅行社有限公司 | L－GD00033 | 汕旅管［2009］41 号 | 谢锐波 | 汕头市澄海区益民路益美园 A 栋 12 号 | 86305162 |
| | 汕头市佳辰旅行社有限公司 | L－GD00034 | 汕旅管［2009］41 号 | 李　超 | 汕头市丹阳庄西一区 14 栋 107 | 88854502 |

续表

| 地区 | 旅行社名称 | 许可证编号 | 批文号 | 法定代表人 | 联系地址 | 联系电话 |
|---|---|---|---|---|---|---|
| 汕头市（0754） | 汕头市澳海信达旅行社有限公司 | L－GD00035 | 汕旅管[2009]41号 | 陈文治 | 汕头市龙眼路31号之二 | 88950054 |
| | 汕头市青之旅旅行社有限公司 | L－GD00036 | 汕旅管[2009]41号 | 李泽群 | 汕头市金环路30号之四 | 88234588 |
| | 汕头市顺成旅行社有限公司 | L－GD00038 | 汕旅管[2009]41号 | 林健生 | 汕头市澄海区澄华文祠西路424号 | 85737286 |
| | 汕头市泰昌国际旅行社有限公司 | L－GD00039 | 汕旅管[2009]41号 | 黄　淳 | 汕头市澄海区文冠路金冠园6栋9号 | 85857952 |
| | 汕头市汕之旅旅行社有限公司 | L－GD00040 | 汕旅管[2009]41号 | 陈少雄 | 汕头市外马路151号汕头商厦505房 | 88283399 |
| | 汕头市南安旅行社有限公司 | L－GD00041 | 汕旅管[2009]41号 | 方　铭 | 汕头市长平路11街区财政大楼1105 | 88179878 |
| | 汕头市环宇国际旅行社有限公司 | L－GD00042 | 汕旅管[2009]41号 | 蔡立辉 | 汕头市金环路金环花园1栋111、211号 | 88310011 |
| | 汕头中国青年旅行社有限公司 | L－GD00043 | 汕旅管[2009]41号 | 连文成 | 汕头市长平路91号中源大厦402房 | 88630918 |
| | 汕头市乐阳旅行社有限公司 | L－GD00044 | 汕旅管[2009]41号 | 许少忠 | 汕头市澄海区益民路300号铺间 | 85725998 |
| | 南澳县瀛南旅行社有限公司 | L－GD00045 | 汕旅管[2009]41号 | 黄普生 | 汕头市南澳县前江安居工程西区A栋D102 | 86808028 |
| | 汕头市澄旅国际旅行社有限公司 | L－GD00046 | 汕旅管[2009]41号 | 李东炜 | 汕头市澄海区宜馨花园21幢一层E10号 | 85898987 |
| | 汕头市友好旅行社有限公司 | L－GD00047 | 汕旅管[2009]41号 | 黄小莉 | 汕头市龙湖区珠江路32号民航大酒店203房 | 88563988 |
| | 汕头市纵横游国际旅行社有限公司 | L－GD00050 | 汕旅管[2009]41号 | 杨小屏 | 汕头市公信路中侨园11座2楼02－03房 | 88560080 |
| | 汕头市顺驰旅行社有限公司 | L－GD00051 | 汕旅管[2009]41号 | 陈文成 | 汕头市澄海区东里镇美园路东侧12幢7号 | 85351269 |
| | 汕头市和泰国际旅行社有限公司 | L－GD00053 | 汕旅管[2009]41号 | 罗泽龙 | 汕头市长平路53号 | 83923456 |
| | 汕头市康乐旅行社有限公司 | L－GD00054 | 汕旅管[2009]41号 | 陈雪娟 | 汕头市金砂路134号中信世贸花园1、2栋 | 88690351 |
| | 汕头市新天地旅行社有限公司 | L－GD00055 | 汕旅管[2009]41号 | 黄少平 | 汕头市龙湖区迎宾路9号南梯2楼 | 88179893 |
| | 汕头市新景界国际旅行社有限公司 | L－GD00924 | 汕旅管[2009]39号 | 陈振文 | 汕头市金平区金砂路95号金色家园1栋 | 88305699 |
| | 汕头市潮汕风情旅行社有限公司 | L－GD00925 | 汕旅管[2009]40号 | 苏惠銮 | 汕头市金平区东厦北路东厦花园2区5栋207 | 88592211 |
| | 汕头市美景国际旅行社有限公司 | L－GD00953 | 汕旅管[2009]55号 | 李泽宁 | 汕头市金砂路89号帝景苑8栋112号 | 88997285 |
| | 汕头市通达旅行社有限公司 | L－GD00954 | 汕旅管[2009]56号 | 陈眉飞 | 汕头市金砂路104号金龙大厦A座21B | 88997285 |
| | 汕头市好运国际旅行社有限公司 | L－GD00982 | 汕旅管[2009]60号 | 刘育群 | 汕头市澄海区益民路淀园6门市 | 85805530 |

续表

| 地区 | 旅行社名称 | 许可证编号 | 批文号 | 法定代表人 | 联系地址 | 联系电话 |
|---|---|---|---|---|---|---|
| 汕头市(0754) | 汕头海源双江游轮国际旅行社有限公司 | L－GD01000 | 汕旅管[2010]20号 | 辛东雄 | 汕头市汕樟路下蓬段169号首层101号 | 88338467 |
| | 汕头市顺安国际旅行社有限公司 | L－GD01040 | 汕旅管[2010]26号 | 林树楷 | 汕头市澄海区益民路益乐园2幢1层 | 83660666 |
| | 广东国旅(汕头)旅行社有限公司 | L－GD01120 | 汕旅管[2010]49号 | 胡国俊 | 汕头市龙湖区金涛庄西二区豪苑3座6号铺面 | 88480955 |
| | ※汕头市春之旅旅行社有限公司 | L－GD01177 | 汕旅管[2011]17号 | 吴　红 | 汕头市龙湖区丹霞庄中区37栋206房之一 | 88621001 |
| | ※汕头市安泰国际旅行社有限公司 | L－GD01201 | 汕旅管[2011]30号 | 李茂松 | 汕头市澄海区环城东路怀德里8栋一层3号 | 85818141 |
| | ※汕头市龙珠旅行社有限公司 | L－GD01223 | 汕旅管[2011]35号 | 黄静君 | 汕头市中山路89号陵海大厦2001房 | 88527301 |
| | ※汕头市康华国际旅游有限公司 | L－GD01270 | 汕旅管[2011]46号 | 黄朝乐 | 汕头市练江路18号龙湖工业区H10栋201房 | 88179598 |
| | ※汕头市金秋旅行社有限公司 | L－GD01288 | 汕旅管[2011]51号 | 詹　军 | 汕头市榕江路21号工商大厦406C房 | 13902778036 |
| 佛山市(拥有旅行社64家,其中出境游组团社8家) | 佛山市禅之旅国际旅行社有限公司 | L－GD－CJ00081 | 旅管发[2002]91号 | 杜修远 | 佛山市禅城区佛山大道北169号首层、二层 | 82963346 |
| | 佛山市南海中旅假日国际旅行社有限公司 | L－GD－CJ00083 | 旅管发[2002]91号 | 叶汉平 | 佛山市南海区西樵官山城区江浦东路43 | 86238888 |
| | 佛山国旅国际旅行社有限公司 | L－GD－CJ00084 | 旅管发[2002]91号 | 杨卫中 | 佛山市禅城区汾江中路114－118号 | 83999880 |
| | 佛山市中旅国际旅行社有限公司 | L－GD－CJ00085 | 旅管发[2002]91号 | 陈树根 | 佛山市禅城区祖庙路14号1座 | 82622016 |
| | 佛山市三水中旅集团有限公司 | L－GD－CJ00087 | 旅管发[2002]91号 | 李辉成 | 佛山市三水区西南镇新华路42号 | 87802283 |
| | 佛山海外国际旅行社有限公司 | L－GD－CJ00088 | 旅管发[2002]91号 | 苏志勇 | 佛山市南海区桂城街道南桂东路66号 | 86222103 |
| | 佛山市天宁国际旅行社有限公司 | L－GD－CJ00093 | 旅管发[2007]57号 | 关燕玲 | 佛山市华远东路19号侨都大厦2楼 | 83201199 |
| | 佛山明媚假期国际旅行社有限公司 | L－GD－CJ00094 | 旅管发(2005)89号 | 梁　军 | 佛山市禅城区祖庙路33号百花广场35楼08 | 82137336 |
| | 佛山市高明区旅游公司 | L－GD00441 | 佛旅[2009]127号 | 汪广华 | 佛山市高明区荷城街道文华路560号 | 88888075 |
| | 佛山市高明区中国旅行社 | L－GD00442 | 佛旅[2009]127号 | 刘凤坚 | 高明区荷城沿江路56号 | 88822155 |
| | 佛山市三水之旅国际旅行社有限公司 | L－GD00443 | 佛旅[2009]127号 | 谢庆明 | 佛山市三水区西南镇街道康乐路9号 | 87712215 |
| | 佛山市华银国际旅行社有限公司 | L－GD00444 | 佛旅[2009]127号 | 高伟坚 | 佛山市南海区桂城佛平路112号东骏大厦四楼 | 86233333 |
| | 佛山佛广旅行社有限公司 | L－GD00446 | 佛旅[2009]127号 | 何文锋 | 佛山市季华七路2号怡翠玫瑰园12－13座 | 81234567 |
| | 佛山市中宇假期旅行社有限公司 | L－GD00447 | 佛旅[2009]127号 | 刘领华 | 佛山市南海区桂城南海大道北51号财汇大厦 | 86130010 |

续表

| 地区 | 旅行社名称 | 许可证编号 | 批文号 | 法定代表人 | 联系地址 | 联系电话 |
|---|---|---|---|---|---|---|
| 佛山区（0757） | 佛山市南之旅国际旅行社有限公司 | L－GD00450 | 佛旅［2009］127 号 | 老光带 | 佛山市南海区桂城南海大道 | 86226888 |
| | 佛山市青年国际旅行社有限公司 | L－GD00453 | 佛旅［2009］127 号 | 林清强 | 佛山市南海区大沥永平路 2 号首层 | 86393222 |
| | 佛山永安假期旅行社有限公司 | L－GD00454 | 佛旅［2009］127 号 | 梁满秋 | 佛山市佛平路军桥大厦 7 号 | 86230730 |
| | 佛山市明之旅国际旅行社有限公司 | L－GD00455 | 佛旅［2009］127 号 | 李耀豪 | 佛山市南海区桂城街道华翠南路 6 号 | 86321816 |
| | 佛山市金华旅行社有限公司 | L－GD00456 | 佛旅［2009］127 号 | 徐欢华 | 佛山市季华五路 28 号公交大厦首层侧铺 | 83806186 |
| | 佛山市新联假期旅行社有限公司 | L－GD00460 | 佛旅［2009］127 号 | 赖　力 | 佛山市季华七路 2 号怡翠玫瑰园 12－13 座 | 81232222 |
| | 佛山市富盈假期旅行社有限公司 | L－GD00461 | 佛旅［2009］127 号 | 谢国华 | 佛山市南海区大沥香基东路中北信用社侧 | 85566884 |
| | 佛山市纵横天地旅行社有限公司 | L－GD00462 | 佛旅［2009］127 号 | 梁彩叶 | 佛山市禅城区平远直街 10 号 202 | 83876600 |
| | 佛山市凤凰国际旅行社有限公司 | L－GD00463 | 佛旅［2009］127 号 | 李　颖 | 佛山市南海区桂城季华七路 2 号怡翠玫瑰园 | 81231111 |
| | 佛山市喜之旅国际旅行社有限公司 | L－GD00464 | 佛旅［2009］127 号 | 姚凤珍 | 佛山市南海区桂城佛平路以北虫雷岗街景东方 | 86328818 |
| | 佛山市三水天下游旅行社有限公司 | L－GD00465 | 佛旅［2009］127 号 | 谢军武 | 佛山市三水区西南街道康乐路 11 号 03 铺 | 87776018 |
| | 佛山市学旅假期旅行社有限公司 | L－GD00466 | 佛旅［2009］127 号 | 游姬英 | 佛山市南海区桂城南新一路清华园 2 号铺 | 86284898 |
| | 佛山市逍遥天下旅行社有限公司 | L－GD00467 | 佛旅［2009］127 号 | 罗旭新 | 佛山市禅城区惠景一街 3 号 A7 铺 | 838104488 |
| | 佛山市南湖旅行社有限公司 | L－GD00468 | 佛旅［2009］127 号 | 林露明 | 佛山市禅城区汾江中路侨苑新村二栋二楼之二 | 82320207 |
| | 佛山东方假日旅行社有限公司 | L－GD00469 | 佛旅［2009］127 号 | 麦敏萍 | 佛山市禅城区汾江中路 217 号佛山工商大厦 | 83303800 |
| | 佛山市三水区畅游天下旅行社有限公司 | L－GD00471 | 佛旅［2009］127 号 | 陆少媚 | 佛山市三水区西南街童乐路 5 号 | 87787188 |
| | 佛山三人行国际旅行社有限责任公司 | L－GD00474 | 佛旅［2009］127 号 | 梁广泰 | 佛山市南海区盐步穗盐东路穗景楼首层 | 85709333 |
| | 佛山市和平国际旅行社有限公司 | L－GD00475 | 佛旅［2009］127 号 | 李小珊 | 佛山市禅城区市东下路 39 号之三首层、二层 | 86128831 |
| | 佛山市三水区美丽华旅行社有限公司 | L－GD00476 | 佛旅［2009］127 号 | 林志行 | 佛山市三水区西南街道健力宝路北路 33 号 | 87748388 |
| | 佛山市高明沧江旅行社有限公司 | L－GD00478 | 佛旅［2009］127 号 | 黄双爱 | 佛山市高明区荷城街道沧江路 258、260 号 | 88228808 |
| | 佛山开心假期旅行社有限公司 | L－GD00479 | 佛旅［2009］127 号 | 李靖华 | 佛山市高明区荷城街道文明路 291 号 | 88237777 |
| | 佛山市新之旅旅行社有限公司 | L－GD00480 | 佛旅［2009］127 号 | 唐慧桦 | 佛山市禅城区汾江西路一号之一外贸大楼 B 座 | 83392183 |

续表

| 地区 | 旅行社名称 | 许可证编号 | 批文号 | 法定代表人 | 联系地址 | 联系电话 |
|---|---|---|---|---|---|---|
| 佛山市(0757) | 佛山市浩兴旅行社有限公司 | L－GD00481 | 佛旅［2009］127 号 | 邱　波 | 佛山市南海区里水镇新兴贰路 39 号 | 85608230 |
| | 佛山凤腾旅行社有限公司 | L－GD00483 | 佛旅［2009］127 号 | 陈秀娟 | 佛山市禅城区祖庙路 33 号百花广场 41 楼 | 83658393 |
| | 佛山市华之旅旅行社有限公司 | L－GD00484 | 佛旅［2009］127 号 | 梁长华 | 佛山市高明区泰和路永安新村 13－15 号铺 | 88221668 |
| | 佛山市美之旅旅行社有限公司 | L－GD00485 | 佛旅［2009］127 号 | 苏美伊 | 佛山市禅城区岭南大道北 98 号 2 区六至十座 | 83920392 |
| | 佛山市金之旅旅行社有限公司 | L－GD00487 | 佛旅［2009］127 号 | 班志勇 | 佛山市南海区大沥金都大酒店附楼 1 楼 | 85538888 |
| | 佛山市星辰旅行社有限公司 | L－GD00488 | 佛旅［2009］127 号 | 陆浩源 | 佛山市禅城区汾江中路 165 号首层 6 号 | 83322338 |
| | 佛山市康怡假期旅行社有限公司 | L－GD00489 | 佛旅［2009］127 号 | 陈志辉 | 佛山市禅城区桂园东一路七座首层 | 88016632 |
| | 佛山卓越旅程旅行社有限公司 | L－GD00492 | 佛旅［2009］127 号 | 郑依韩 | 佛山市禅城区祖庙路 33 号百花广场 39 楼 | 83000012 |
| | 佛山市禅龙旅行社有限公司 | L－GD00927 | 佛旅［2009］112 号 | 黄宜军 | 佛山市禅城区张槎大沙乡白屋东西工业区 9 号 | 13600301951 |
| | 佛山市美好假期旅行社有限公司 | L－GD00928 | 佛旅［2009］113 号 | 张燕娴 | 佛山市三水区西南街耀华路 2 号 | 13925411373 |
| | 佛山市名家假期国际旅行社有限公司 | L－GD00947 | 佛旅［2009］136 号 | 何文峰 | 佛山市禅城区兆祥路 105 号 224 房之一 | 81232202 |
| | 佛山城市假期旅行社有限公司 | L－GD00951 | 佛旅［2009］138 号 | 方婵娟 | 佛山市南海区桂城街道南海大道北 51 号 | 13928683317 |
| | 佛山市尚旅国际旅行社有限公司 | L－GD00984 | 佛旅［2009］148 号 | 邓灿洪 | 佛山市禅城区同济路 66 号 B 座 2502 室 | 83219998 |
| | 佛山禅一旅行社有限公司 | L－GD00891 | 佛旅［2010］3 号 | 罗献棠 | 佛山市禅城区季华五路 13 号 1－3 号铺 | 83032377 |
| | 佛山市九鼎旅行社有限公司 | L－GD01015 | 佛旅［2010］13 号 | 熊清波 | 佛山市弼塘东二街 25 号厂内一幢第六层 | 82710700 |
| | 佛山市顺安达旅行社有限公司 | L－GD01032 | 佛旅［2010］22 号 | 陈宗淡 | 佛山市禅城区和平路六号第三层 | 18927282505 |
| | 佛山市博览假期国际旅行社有限公司 | L－GD01033 | 佛旅［2010］23 号 | 何慧锋 | 佛山市禅城区兆祥路 105 号 324 房 | 83121666 |
| | 佛山市完美假期国际旅行社有限公司 | L－GD01048 | 佛旅［2010］34 号 | 何慧锋 | 佛山市南海区南海大道北 33 号丽雅苑中区 | 13927766983 |
| | 佛山市悠游假期国际旅行社有限公司 | L－GD01049 | 佛旅［2010］35 号 | 叶建红 | 佛山市南海区大沥振兴路 56 号振兴商贸大厦 | 88715681 |
| | 佛山市遨游假期旅行社有限公司 | L－GD01071 | 佛旅［2010］49 号 | 郭泳梅 | 佛山市南海桂城南桂东路 38 号 | 86299316 |
| | 佛山市泛旅国际旅行社有限公司 | L－GD01072 | 佛旅［2010］50 号 | 区广祺 | 佛山市南海区桂城街道深海路 17 号 | 86329911 |
| | 佛山市风光假日旅行社有限公司 | L－GD01093 | 佛旅［2010］62 号 | 许展然 | 佛山市南海区狮山镇俊景花园住宅区 C 区 1 座 | 85560001 |

续表

| 地区 | 旅行社名称 | 许可证编号 | 批文号 | 法定代表人 | 联系地址 | 联系电话 |
|---|---|---|---|---|---|---|
| 佛山市（0757） | 佛山市广东国旅国际旅行社有限公司 | L－GD01100 | 佛旅［2010］63 号 | 欧阳惠姬 | 佛山市禅城区兆祥路 105 号首次 P20 号 | 81232306 |
| | 佛山市广之旅朝晖旅行社有限公司 | L－GD01101 | 佛旅［2010］64 号 | 黄杰辉 | 佛山市南海区贵处街道简平路 2 号怡翠馨首层 | 81859316 |
| | **※佛山市新中源旅行社有限公司** | **L－GD01181** | **佛旅［2011］45 号** | **曾炽洪** | **佛山市禅城区南庄镇陶博大道 8 座** | **85316033** |
| | **※佛山市三水区欢悦假期旅行社有限公司** | **L－GD01272** | **佛旅［2011］113 号** | **罗土金** | **佛山市三水区西南街道涌南一街四巷 3 号** | **13709600097** |
| | **※佛山市新世界国际旅行社有限公司** | **L－GD01314** | **佛旅［2011］143 号** | **辛俭仪** | **佛山市禅城区兆祥路 1050 号 224 房之二** | **13322841114** |
| | **※佛山龙行天下国际旅行社有限公司** | **L－GD01315** | **佛旅［2011］144 号** | **徐泽泉** | **佛山市南海区桂城街道南平西路** | **86333355** |
| 韶关市（拥有旅行社 52 家，其中出境游组团社 1 家） | 韶关市中国旅行社有限责任公司 | L－GD－CJ00095 | 旅管发［2002］91 号 | 刘西钦 | 韶关市熏风路 12 号综合大楼 1、2 楼 | 8877797 |
| | 韶关市广之旅旅行社有限公司 | L－GD00295 | 韶市旅字［2009］42 号 | 李光汉 | 韶关市浈江区熏风路 12 号东南大厦综合楼 | 8882622 |
| | 韶关市旅总旅行社有限公司 | L－GD00296 | 韶市旅字［2009］42 号 | 沈卫群 | 韶关市熏风路 12 号东南大厦 2 楼 | 8882020 |
| | 韶关市中天旅行社有限公司 | L－GD00297 | 韶市旅字［2009］42 号 | 邓志华 | 韶关市熏风路 24 号 | 8888678 |
| | 韶关商会旅行社 | L－GD00298 | 韶市旅字［2009］42 号 | 伍怡昌 | 韶关市园前路 9 号 1 楼 | 8890138 |
| | 韶关市国之旅旅行社有限公司 | L－GD00299 | 韶市旅字［2009］42 号 | 李丽嫦 | 韶关市浈江区东堤横路 4 号 | 8888006 |
| | 韶关市快乐假期旅行社有限公司 | L－GD00300 | 韶市旅字［2009］42 号 | 彭韶雄 | 韶关市浈江区风采路风采广场 301 号 | 8911778 |
| | 韶关市国泰旅行社有限公司 | L－GD00301 | 韶市旅字［2009］42 号 | 王　晶 | 韶关市风度北路中港大厦 408 室 | 8889111 |
| | 韶关市完美假期旅行社有限公司 | L－GD00302 | 韶市旅字［2009］42 号 | 刘育瑛 | 韶关市工业西 8 栋之一 103 室 | 8764808 |
| | 韶关市风情旅行社有限公司 | L－GD00303 | 韶市旅字［2009］42 号 | 颜　祯 | 韶关市武江区新华北路 28 号首层铺面 | 8531970 |
| | 韶关市第一村旅行社 | L－GD00304 | 韶市旅字［2009］42 号 | 禤东文 | 韶关市园浈江区北江水路 1 号 | 8887732 |
| | 韶关市职工旅行社 | L－GD00305 | 韶市旅字［2009］42 号 | 温韶军 | 韶关市浈江区文化街 6 号 603 | 8885311 |
| | 韶关市友好旅行社有限公司 | L－GD00306 | 韶市旅字［2009］42 号 | 黄文远 | 韶关市熏风路 16 号首层 | 8914971 |
| | 韶关市开心假日旅行社有限公司 | L－GD00307 | 韶市旅字［2009］42 号 | 迟长福 | 韶关市北江北路 1 号财富广场 A 单元 | 8868083 |
| | 韶关市教育旅行社 | L－GD00308 | 韶市旅字［2009］42 号 | 毛敏灵 | 韶关市浈江区东河十二横巷 11 栋 104 房 | 8892992 |
| | 韶关市中青旅行社有限公司 | L－GD00309 | 韶市旅字［2009］42 号 | 何月华 | 韶关市浈江区浈江区北江北路 1 号 | 8863388 |

续表

| 地区 | 旅行社名称 | 许可证编号 | 批文号 | 法定代表人 | 联系地址 | 联系电话 |
|---|---|---|---|---|---|---|
| 韶关市(0751) | 韶关市风采假日旅行社有限公司 | L-GD00310 | 韶市旅字[2009]42号 | 温健强 | 韶关市浈江区东堤南路1号之8 | 8880433 |
| | 韶关市大丹霞旅行社有限公司 | L-GD00311 | 韶市旅字[2009]42号 | 蔡育生 | 韶关市浈江区解放路30号大丹霞酒店八楼 | 8888110 |
| | 韶关市凤凰假期旅行社有限公司 | L-GD00312 | 韶市旅字[2009]42号 | 杨 凯 | 韶关市浈江区北江水路1号 | 8866222 |
| | 韶关市粤泰旅行社有限公司 | L-GD00313 | 韶市旅字[2009]42号 | 黎解明 | 韶关市风采路104号 | 8919733 |
| | 韶关市健之旅旅行社有限公司 | L-GD00314 | 韶市旅字[2009]42号 | 郑维贤 | 韶关市熏风路12号富康大厦首层5号商铺 | 8888960 |
| | 韶关市喜安交通旅行社有限公司 | L-GD00315 | 韶市旅字[2009]42号 | 钟伟安 | 韶关市站道路56号汽车客运东站内 | 8227939 |
| | 韶关市曲江区旅游公司 | L-GD00316 | 韶市旅字[2009]42号 | 李贵石 | 韶关市曲江区马坝镇安山路45号 | 6666003 |
| | 韶关市曲江区阳光旅行社有限公司 | L-GD00317 | 韶市旅字[2009]42号 | 陈伟军 | 韶关市曲江区马坝镇城南大道源河豪苑34栋 | 6677335 |
| | 韶关市曲江区风光旅行社有限公司 | L-GD00318 | 韶市旅字[2009]42号 | 虞平凡 | 韶关市曲江区马坝镇安山路34号 | 6664839 |
| | 乐昌市中青旅行社有限公司 | L-GD00319 | 韶市旅字[2009]42号 | 曹建国 | 韶关乐昌市文化路紫荆花苑8栋13号 | 5556638 |
| | 乐昌市长城旅行社 | L-GD00320 | 韶市旅字[2009]42号 | 蔡克勤 | 韶关乐昌市昌山西路65号 | 5565088 |
| | 乐昌市旅游有限公司 | L-GD00321 | 韶市旅字[2009]42号 | 罗发明 | 韶关乐昌市金融路33号 | 5556867 |
| | 乐昌市金鸡岭中国旅行社 | L-GD00322 | 韶市旅字[2009]42号 | 陈忠英 | 韶关乐昌市坪石镇金鸡路3号 | 5523812 |
| | 仁化县丹霞山旅行社有限公司 | L-GD00323 | 韶市旅字[2009]42号 | 戚建红 | 韶关市仁化县滨江路1号 | 6353384 |
| | 仁化县丹霞山中国旅行社 | L-GD00324 | 韶市旅字[2009]42号 | 黄大维 | 韶关市仁化丹霞山风景区内 | 6296683 |
| | 南雄市旅游公司 | L-GD00325 | 韶市旅字[2009]42号 | 侯声安 | 韶关南雄市雄州镇三影塔广场13号楼7-8号 | 3869218 |
| | 新丰县阿婆髻旅行社有限公司 | L-GD00326 | 韶市旅字[2009]42号 | 张秀芹 | 韶关市新丰县丰城公园内2号 | 2288610 |
| | 新丰县交通旅行社有限公司 | L-GD00327 | 韶市旅字[2009]42号 | 李雷锋 | 韶关市新丰县丰城镇法政路4号 | 2259335 |
| | 新丰县旅游公司 | L-GD00328 | 韶市旅字[2009]42号 | 唐志锋 | 韶关市新丰县丰城镇法政路4号 | 2260100 |
| | 翁源县旅游公司 | L-GD00329 | 韶市旅字[2009]42号 | 王学东 | 韶关市翁源县龙仙镇建国路14号县政府大院 | 2875247 |
| | 翁源县龙翔旅行社有限公司 | L-GD00330 | 韶市旅字[2009]42号 | 何志华 | 韶关市翁源县龙仙镇建国路8号龙翔大酒店 | 2815099 |
| | 翁源县友谊旅行社有限公司 | L-GD00331 | 韶市旅字[2009]42号 | 欧小连 | 韶关市翁源县城朝阳路45号 | 2820838 |

续表

| 地区 | 旅行社名称 | 许可证编号 | 批文号 | 法定代表人 | 联系地址 | 联系电话 |
|---|---|---|---|---|---|---|
| 韶关市（0751） | 乳源瑶族自治县瑶家源旅行社有限公司 | L－GD00332 | 韶市旅字［2009］42 号 | 邓建斌 | 韶关市乳源县鹰峰西路总工会 1 楼 5 号 | 5381272 |
| | 乳源瑶族自治县天翔旅行社有限公司 | L－GD00333 | 韶市旅字［2009］42 号 | 杨李生 | 韶关市乳源县沿江路嘉乐花园大门左侧 19 号 | 5381111 |
| | 始兴县九龄旅行社有限公司 | L－GD00334 | 韶市旅字［2009］42 号 | 廖晓庆 | 韶关市始兴县红旗大道 148 号 | 3318999 |
| | 始兴县客家风情旅游有限公司 | L－GD00335 | 韶市旅字［2009］42 号 | 黄全胜 | 韶关市始兴县红旗路 60 号 | 3333211 |
| | 翁源县兰友旅行社有限公司 | L－GD00949 | 韶市旅字［2009］49 号 | 冯少红 | 韶关市翁源县龙仙镇幸福路 132 号 | 2818899 |
| | 乳源瑶族自治县南岭瑶乡旅行社有限公司 | L－GD00915 | 韶市旅字［2010］5 号 | 欧建伟 | 韶关市乳源镇鹰峰东路 2 号铺 | 5388648 |
| | 南雄市幸福旅行社有限公司 | L－GD01039 | 韶市旅字［2010］23 号 | 沈学英 | 韶关南雄市雄周镇用康路 4－5 号 | 3881118 |
| | 韶关市康泰旅行社有限公司 | L－GD01076 | 韶市旅字［2010］37 号 | 马超展 | 韶关市浈江区熏风路 14 号鼎和社会 503 室 | 8889200 |
| | 韶关市韶之旅旅行社有限公司 | L－GD01096 | 韶市旅字［2010］41 号 | 赖新兴 | 韶关市浈江中路十二横巷东城大厦 C 座二层 | 8883060 |
| | 乐昌市开心假日旅行社有限公司 | L－GD01119 | 韶市旅字［2010］43 号 | 付军祥 | 韶关乐昌市乐城文化路顺易华庭愉景轩 | 13927875333 |
| | 广东中旅（韶关）旅行社有限公司 | L－GD01146 | 韶市旅字［2010］57 号 | 肖思伟 | 韶关市东堤横街 13 号首层一号铺 2 楼 | 8879639 |
| | ※南雄市迎宾旅行社有限公司 | **L－GD01238** | 韶市旅字［**2011**］**23** 号 | 刘益明 | 韶关南雄市三影塔广场 **13** 号一层 **36** 号门店 | **18927876531** |
| | ※翁源县团结旅行社有限公司 | **L－GD01283** | 韶市旅字［**2011**］**37** 号 | 徐振标 | 韶关市翁源县建设一路 **259** 号 | **18927829198** |
| | ※浈江区悠游旅行社有限公司 | **L－GD01331** | 韶市旅字［**2011**］**50** 号 | 刘海辉 | 韶关市浈江区熏风路 **12** 号东南大厦 **1004** 房 | **13826307653** |
| 河源市（0762） | 河源市旅游总公司 | L－GD－CJ00096 | 旅管发［2002］91 号 | 沈红兵 | 河源市兴源路华怡大厦首层 | 3388691 |
| | 河源中国旅行社 | L－GD00197 | 河旅管［2009］22 号 | 谢艳丽 | 河源市兴源东路华怡大厦 12 楼 | 3295839 |
| | 河源市青年旅行社 | L－GD00198 | 河旅管［2009］22 号 | 黄艳芸 | 河源市东华路 11 号国资楼 1 楼侧 | 3881199 |
| | 河源市华侨旅行社有限公司 | L－GD00200 | 河旅管［2009］22 号 | 罗雪娥 | 河源市长安路 400 号 8 楼 | 3327820 |
| | 河源市客家女旅行社有限公司 | L－GD00201 | 河旅管［2009］22 号 | 刘大普 | 河源市沿江东路万豪国际酒店内 | 3293178 |
| | 河源市桂山旅行社有限公司 | L－GD00202 | 河旅管［2009］22 号 | 刘雄艺 | 河源市河源大道北 94 号 | 3385333 |
| | 河源市大自然旅行社有限公司 | L－GD00203 | 河旅管［2009］22 号 | 吴卓倬 | 河源市雅居乐花园 E1－2－A050 号 | 3820337 |
| | 河源市绿意旅行社有限公司 | L－GD00204 | 河旅管［2009］22 号 | 游武彬 | 河源市旺源路运恒花园 C 座 101 号 | 3293819 |

续表

| 地区 | 旅行社名称 | 许可证编号 | 批文号 | 法定代表人 | 联系地址 | 联系电话 |
| --- | --- | --- | --- | --- | --- | --- |
| 河源市（拥有旅行社33家，其中出境游组团社1家） | 河源市绿都旅行社有限公司 | L－GD00205 | 河旅管［2009］22号 | 丘红桃 | 河源市新市区东埔村学前坝旺源路北边 | 3299877 |
| | 河源市开心假日旅行社有限公司 | L－GD00206 | 河旅管［2009］22号 | 古武宁 | 河源市红星路东拆迁安置点坪围直街D栋 | 3888787 |
| | 河源市槎城旅行社有限公司 | L－GD00207 | 河旅管［2009］22号 | 麦建文 | 河源市新市区华达北街西二巷23号 | 3331444 |
| | 河源市金旅旅行社有限公司 | L－GD00208 | 河旅管［2009］22号 | 蓝志威 | 河源市大同路239号 | 3660188 |
| | 河源市翔丰旅行社有限公司 | L－GD00209 | 河旅管［2009］22号 | 陈健萍 | 河源市翔丰国际酒店1楼商业街 | 3296016 |
| | 河源市源之旅旅行社有限公司 | L－GD00210 | 河旅管［2009］22号 | 刘　凯 | 河源市建设大道与华达街交汇处德润东方银座 | 3898080 |
| | 河源市嘉年华旅行社有限公司 | L－GD00211 | 河旅管［2009］22号 | 陈红亮 | 河源市西堤路18号锦绣名雅康雅阁101号 | 3300908 |
| | 河源市阳光假期旅行社有限公司 | L－GD00212 | 河旅管［2009］22号 | 李越辉 | 河源市源城区红星路38号红星宾馆1楼 | 3188777 |
| | 河源市源城区中国旅行社 | L－GD00213 | 河旅管［2009］22号 | 曾伟红 | 河源市源城区公园东路城市中心花苑A栋 | 3335782 |
| | 河源市假日旅行社有限公司 | L－GD00214 | 河旅管［2009］22号 | 古丽梅 | 河源市学前坝旺业街西面5号101－103 | 3298873 |
| | 广东省新丰江旅行社有限公司 | L－GD00215 | 河旅管［2009］22号 | 徐创胜 | 河源市河源大道南17号（金利酒店首层） | 3328288 |
| | 东源县万绿湖旅行社 | L－GD00216 | 河旅管［2009］22号 | 曾惠华 | 河源市建设大道130号鸿翔华庭A2－101 | 3233077 |
| | 和平县中国旅行社 | L－GD00217 | 河旅管［2009］22号 | 朱伟廷 | 河源市和平县阳明镇东堤路30号 | 5642718 |
| | 和平县世纪旅行社有限公司 | L－GD00218 | 河旅管［2009］22号 | 朱德深 | 河源市和平县城和平大道88号 | 5693688 |
| | 龙川县旅游总公司 | L－GD00219 | 河旅管［2009］22号 | 吴伟军 | 河源市龙川县老隆镇东风路50号 | 6886639 |
| | 龙川县客都旅行社有限公司 | L－GD00220 | 河旅管［2009］22号 | 巫明标 | 河源市龙川县老隆镇先烈路32号 | 6388163 |
| | 紫金县旅游公司 | L－GD00221 | 河旅管［2009］22号 | 赖水华 | 河源市紫金县紫城镇沿江路中路16号 | 7836962 |
| | 连平县九连山旅行社 | L－GD00222 | 河旅管［2009］22号 | 刘永安 | 河源市连平县城西新村东方酒店侧边 | 4323878 |
| | 连平县金色阳光旅行社有限公司 | L－GD00223 | 河旅管［2009］22号 | 巫军伟 | 河源市连平县元善镇滨河西路1号 | 4302918 |
| | 河源市好世界旅游有限公司 | L－GD00985 | 河旅管［2010］2号 | 李丹华 | 河源市建设大道与华达街交汇处德润东方银座 | 3962999 |
| | 河源市特色旅行社有限公司 | L－GD00914 | 河旅管［2010］24号 | 曾于克 | 河源市沿江中路16号碧水轩B－115号 | 3298111 |
| | 河源市客家风情旅行社有限公司 | L－GD01017 | 河源管［2010］34号 | 曾衍查 | 河源市新区长安街邮政宿舍201号 | 3228555 |

续表

| 地区 | 旅行社名称 | 许可证编号 | 批文号 | 法定代表人 | 联系地址 | 联系电话 |
|---|---|---|---|---|---|---|
| 河源市(0762) | 河源市泰丰旅游有限公司 | L-GD01095 | 河旅管[2010]43 号 | 李　东 | 河源市中山大道西边红星路南边广晟花园 | 3295337 |
| | ※紫金县金色假日旅行社有限公司 | L-GD01157 | 河旅管[2011]3 号 | 巫鸣凤 | 河源市紫金县紫城镇沿江路中路 13 号 | 13509273376 |
| | ※河源市神州旅行社有限公司 | L-GD01234 | 河旅管[2011]20 号 | 杨　红 | 河源市大同路 97-1 号绿湖春酒店 6 楼 | 13509275299 |
| 梅州市(拥有旅行社 34 家，其中出境游组团社 3 家) | 梅州市旅游总公司 | L-GD-CJ00097 | 旅管发[2002]91 号 | 林思生 | 梅州市彬芳大道 28 号 | 2244900 |
| | 梅州市中国旅行社有限公司 | L-GD-CJ00098 | 旅管发[2002]91 号 | 李奋伟 | 梅州市江南路 105 号 | 2261089 |
| | 梅县中国旅行社有限公司 | L-GD-CJ00099 | 旅管发[2002]91 号 | 钟其云 | 梅县华侨城中央大道华银大楼首层 | 2235369 |
| | 梅州市假日国际旅行社有限公司 | L-GD00389 | 梅市旅通[2009]76 号 | 张丽芬 | 梅州市嘉应东路鸿雁小区 A 栋 9 号店 | 2240477 |
| | 广东中旅(梅州)旅行社有限公司 | L-GD00391 | 梅市旅通[2009]76 号 | 丘新贤 | 梅州市梅江区东郊(广东梅县东山中学内) | 2218883 |
| | 梅州市金海国际旅行社有限公司 | L-GD00392 | 梅市旅通[2009]76 号 | 蔡新元 | 梅州市江南利民路 1 号 | 2256001 |
| | 梅州大众假期旅行社有限公司 | L-GD00394 | 梅市旅通[2009]76 号 | 许志诚 | 梅县程江西堤望江亭钻石花园 A0 栋 4 号 | 2111800 |
| | 梅州市客之旅旅行社有限公司 | L-GD00395 | 梅市旅通[2009]76 号 | 梁莲香 | 梅州市江南路 44 号 | 2266843 |
| | 梅州市梅江旅行社有限公司 | L-GD00396 | 梅市旅通[2009]76 号 | 梁丽琴 | 梅州市梅江区鸿都花园和兴路 28 号 | 2269666 |
| | 梅州市康辉国际旅行社有限公司 | L-GD00397 | 梅市旅通[2009]76 号 | 李　强 | 梅州市江边路 H 栋 18 号 | 2222819 |
| | 梅州市青年旅行社有限公司 | L-GD00398 | 梅市旅通[2009]76 号 | 管春梅 | 梅州市嘉应东路金良新村 2 号 | 2390000 |
| | 梅州市客乡情旅行社有限公司 | L-GD00399 | 梅市旅通[2009]76 号 | 陈雄伟 | 梅州市江边路兴都苑 B 栋 2-4 号 2 楼 | 2229666 |
| | 梅州市嘉能旅行社 | L-GD00400 | 梅市旅通[2009]76 号 | 廖家治 | 梅州市嘉应中路 1 号 | 2266782 |
| | 梅州市远景旅行社有限公司 | L-GD00401 | 梅市旅通[2009]76 号 | 黄小燕 | 梅州市梅江区江南秀兰桥侧移民区 6 号 | 2287328 |
| | 梅州市悦佳旅行社有限公司 | L-GD00402 | 梅市旅通[2009]76 号 | 温利珠 | 梅州市江南彬芳大道 41 号 | 2390686 |
| | 梅州春秋旅行社有限公司 | L-GD00403 | 梅市旅通[2009]76 号 | 万雪红 | 梅州市嘉应中路 38 号 2 楼之一 | 2261222 |
| | 梅州市江南国际旅行社有限公司 | L-GD00404 | 梅市旅通[2009]76 号 | 钟玉萍 | 梅州市彬芳大道 29 号 1 楼 | 2245891 |
| | 大埔县梅河旅行社 | L-GD00405 | 梅市旅通[2009]76 号 | 张永福 | 梅州市大埔县湖寮镇文化路 111 号 | 5535686 |
| | 大埔县中国旅行社 | L-GD00406 | 梅市旅通[2009]76 号 | 吴景礼 | 梅州市大埔县湖寮镇文化路 27 号 | 5522098 |

续表

| 地区 | 旅行社名称 | 许可证编号 | 批文号 | 法定代表人 | 联系地址 | 联系电话 |
|---|---|---|---|---|---|---|
| 梅州市(0753) | 兴宁市永嘉国际旅行社 | L－GD00407 | 梅市旅通[2009]76 号 | 吴碧园 | 梅州兴宁市兴城兴东路 398 号 | 3261428 |
| | 兴宁市交通旅行社 | L－GD00408 | 梅市旅通[2009]76 号 | 丘雪芬 | 梅州兴宁市兴城镇人民大道 3 号 | 3262602 |
| | 兴宁市鹏飞国际旅行社有限公司 | L－GD00409 | 梅市旅通[2009]76 号 | 谢庆荣 | 梅州兴宁市兴城东风路 79 号 | 3323378 |
| | 丰顺县逢源旅行社有限公司 | L－GD00410 | 梅市旅通[2009]76 号 | 陈伟烽 | 梅州市丰顺县汤坑镇汤坑路 49 号逢源酒店内 | 6696988 |
| | 丰顺县温泉旅行社 | L－GD00411 | 梅市旅通[2009]76 号 | 罗暹峰 | 梅州市丰顺县汤坑镇汤坑路 151 号 | 6623198 |
| | 丰顺县环游旅行社有限公司 | L－GD00412 | 梅市旅通[2009]76 号 | 罗素萍 | 梅州市丰顺县新世纪 24 区雄风大道 73 号 | 6688588 |
| | 平远县五指石旅行社有限公司 | L－GD00413 | 梅市旅通[2009]76 号 | 谢球凤 | 梅州市平远县平远大道新村商住城 | 8895799 |
| | 平远县中国旅行社 | L－GD00414 | 梅市旅通[2009]76 号 | 黄　忠 | 梅州市平远县平城南路 42 号 | 8824083 |
| | 五华县华之旅旅行社有限公司 | L－GD00415 | 梅市旅通[2009]76 号 | 曾世平 | 梅州市五华县水寨镇华一南路 | 4439131 |
| | 五华县华丰旅行社有限公司 | L－GD00416 | 梅市旅通[2009]76 号 | 曾金云 | 梅州市五华县城沿江路 | 4434889 |
| | 五华县风光旅行社有限公司 | L－GD00417 | 梅市旅通[2009]76 号 | 陈惠云 | 梅州市五华县水寨镇华侨直街 | 4433893 |
| | 蕉岭县桂岭旅行社有限公司 | L－GD00419 | 梅市旅通[2009]76 号 | 林秋云 | 梅州市蕉岭县蕉城镇城南商贸大厦 | 7873757 |
| | 丰顺县假日旅行社有限公司 | L－GD01152 | 梅市旅通[2010]84 号 | 罗永存 | 梅州市丰顺县城新世纪广场北路 | 6199885 |
| | **※兴宁市广信旅行社有限公司** | **L－GD01190** | **梅市旅通[2011]28 号** | **罗晓庆** | **梅州兴宁市东风路宁府宿舍门店第六、七卡** | **3393188** |
| | **※梅州市康泰旅行社有限公司** | **L－GD01251** | **梅市旅通[2011]46 号** | **杨秋芬** | **梅州市梅县新县城新金街 9 号** | **2391111** |
| 惠州市(0752) | 惠州环宇国际旅行社有限公司 | L－GD－CJ00100 | 旅管发[2002]91 号 | 骆榕浩 | 惠州市南坛南路 23 号 | 2183699 |
| | 惠州市中国旅行社 | L－GD－CJ00101 | 旅管发[2002]91 号 | 袁国富 | 惠州市鹅岭北路 22 号 | 2128066 |
| | 惠州市青年国际旅行社有限公司 | L－GD－CJ00102 | 旅管发[2006]178 号 | 李永光 | 惠州市横江三路鸿升大厦 202 | 2085072 |
| | 惠州市东江旅行社有限公司 | L－GD00087 | 惠旅函[2009]67 号 | 陈国庆 | 惠州市新岸路一号国商大厦 A 栋 11 楼 F | 2101378 |
| | 广东中旅(惠州)旅行社有限公司 | L－GD00088 | 惠旅函[2009]67 号 | 黎劲松 | 惠州市小门大街 177 号锦绣综合楼右侧 15 楼 | 2118829 |
| | 惠东县旅游服务公司 | L－GD00089 | 惠旅函[2009]67 号 | 李伟杰 | 惠州市惠东县平山平深路爱华围 1 号 | 8872030 |
| | 博罗县中国旅行社 | L－GD00090 | 惠旅函[2009]67 号 | 丘苑玲 | 惠州市博罗县罗阳镇商业西街 193 号 2 楼 | 6627030 |

续表

| 地区 | 旅行社名称 | 许可证编号 | 批文号 | 法定代表人 | 联系地址 | 联系电话 |
|---|---|---|---|---|---|---|
| 惠州市（拥有旅行社48家，其中出境游组团社3家） | 广东省罗浮山旅游开发总公司 | L－GD00091 | 惠旅函［2009］67号 | 刘凯锐 | 惠州市博罗县罗浮山朱明洞 | 6668089 |
| | 惠州市西湖旅游总公司 | L－GD00092 | 惠旅函［2009］67号 | 郑定华 | 惠州市鹅岭北路23号之一 | 2120796 |
| | 龙门县旅游公司 | L－GD00093 | 惠旅函［2009］67号 | 廖志斌 | 惠州市龙门县城香滨路3号 | 7781888 |
| | 惠州康辉旅行社有限公司 | L－GD00095 | 惠旅函［2009］67号 | 黄秀粦 | 惠州市长寿路圆通桥大厦首层104号 | 2180777 |
| | 龙门县新华旅行社有限公司 | L－GD00096 | 惠旅函［2009］67号 | 赖艳新 | 惠州市龙门县城环城南路2号 | 7880666 |
| | 惠州市金山国际旅行社有限公司 | L－GD00097 | 惠旅函［2009］67号 | 廖秋枚 | 惠州市下埔南二街一巷3号 | 2118753 |
| | 惠州市畅游旅行社有限公司 | L－GD00098 | 惠旅函［2009］67号 | 刘　海 | 惠州市南坛南路20号沿街2号门店 | 2218777 |
| | 惠州市惠阳联华旅行社有限公司 | L－GD00099 | 惠旅函［2009］67号 | 颜志英 | 惠州市惠阳区淡水镇石坑四路77号 | 3818790 |
| | 惠州市芳华旅行社 | L－GD00100 | 惠旅函［2009］67号 | 徐仕伟 | 惠州市环城西一路21号副楼惠城区总工会内 | 2242566 |
| | 惠东县新世纪旅行社有限公司 | L－GD00101 | 惠旅函［2009］67号 | 曾伟军 | 惠东县平山镇利埔路37号 | 8820012 |
| | 博罗新青年旅行社有限责任公司 | L－GD00102 | 惠旅函［2009］67号 | 郑礼强 | 惠州市博罗县罗阳镇罗阳二路富华花园D2座 | 6261182 |
| | 惠州市国泰旅行社 | L－GD00103 | 惠旅函［2009］67号 | 杨文基 | 惠州市下埔路北二街8号 | 2116521 |
| | 惠州西湖中国旅行社 | L－GD00104 | 惠旅函［2009］67号 | 杨焕珍 | 惠州市惠城区南坛北路27号滨江苑D栋2楼 | 2247288 |
| | 惠州市联运旅行社有限公司 | L－GD00105 | 惠旅函［2009］67号 | 罗宏辉 | 惠州市博罗县罗阳镇建设路5栋 | 6217888 |
| | 惠州市惠之旅旅行社有限公司 | L－GD00106 | 惠旅函［2009］67号 | 周玉贵 | 惠州市河南岸演达大道七号五星国野园大厦内 | 2086303 |
| | 惠州大亚湾海岸旅行社有限公司 | L－GD00108 | 惠旅函［2009］67号 | 骆雪凯 | 惠州市大亚湾澳头北澳大道1号 | 5552200 |
| | 惠州市惠阳区泰阳旅行社 | L－GD00109 | 惠旅函［2009］67号 | 杨伟麟 | 惠州市惠阳区淡水镇白云二路53号旅游大厦 | 3363678 |
| | 惠州大亚湾顺安旅行社有限公司 | L－GD00110 | 惠旅函［2009］67号 | 曾远辉 | 惠州市大亚湾西区 | 5182861 |
| | 惠州市大众旅行社有限公司 | L－GD00111 | 惠旅函［2009］67号 | 周绪美 | 惠州市南门路龙船街2号 | 2221666 |
| | 惠州市假日风光旅行社有限公司 | L－GD00113 | 惠旅函［2009］67号 | 邓丽红 | 惠州市麦科特大道41号国华商务中心214室 | 2248288 |
| | 惠州市好尔游旅行社有限公司 | L－GD00114 | 惠旅函［2009］67号 | 林敬裕 | 惠州市惠阳区淡水白云四路16号 | 3350333 |
| | 惠州市时代青年旅行社有限公司 | L－GD00115 | 惠旅函［2009］67号 | 张蕴楠 | 惠州市惠阳区淡水街道办白云四路72号2楼 | 3394668 |

续表

| 地区 | 旅行社名称 | 许可证编号 | 批文号 | 法定代表人 | 联系地址 | 联系电话 |
|---|---|---|---|---|---|---|
| 惠州市(0752) | 惠州市假日旅行社有限公司 | L-GD00116 | 惠旅函[2009]67号 | 林英峰 | 惠州市龙丰黄屋路38号10楼101室 | 2162211 |
| | 惠州市四海达旅行社有限公司 | L-GD00117 | 惠旅函[2009]67号 | 黄富雄 | 惠东县平山新平路银都大厦A栋A4 | 8587869 |
| | 惠州市粤惠欢乐假期旅行社有限公司 | L-GD00118 | 惠旅函[2009]67号 | 李东亮 | 惠州市下埔二路1号惠浦苑A栋第二层 | 2168308 |
| | 惠州市中航国旅旅行社有限公司 | L-GD00887 | 惠市旅[2010]3号 | 曾演坤 | 惠州市下埔南三街一巷5号2楼 | 2628088 |
| | 惠州市粤之旅旅行社有限公司 | L-GD00896 | 惠市旅[2010]7号 | 林伟明 | 惠州市麦地南路6号鸿业自由港A栋1楼 | 2560256 |
| | 惠州市万里路旅行社有限公司 | L-GD00931 | 惠市旅[2009]82号 | 刘森荣 | 惠州市龙门县城文化路东较广场A区 | 7980219 |
| | 博罗环游天下旅行社有限公司 | L-GD00958 | 惠市旅[2009]105号 | 梁计新 | 惠州市博罗县园洲镇上南村园洲大道 | 6821033 |
| | 惠州市好客奔马旅行社有限公司 | L-GD00986 | 惠市旅[2010]2号 | 赖水林 | 惠州市惠东县平山建设路30号 | 8888216 |
| | 惠州南湖假期旅行社有限公司 | L-GD00996 | 惠市旅[2010]16号 | 林小娜 | 惠州市下埔新区7栋006号1楼1、2档 | 2688518 |
| | 惠州市开心旅行社有限公司 | L-GD01052 | 惠市旅[2010]54号 | 张亚凡 | 惠州市下铺路十五号新银广场1楼 | 18688331886 |
| | 惠州市观光国际旅行社有限公司 | L-GD01053 | 惠市旅[2010]55号 | 陶蔚鹰 | 惠州市下埔横江三路竹园花苑一幢201房 | 2101300 |
| | 惠州大亚湾龙祥旅行社有限公司 | L-GD01054 | 惠市旅[2010]58号 | 叶益佳 | 惠州大亚湾上杨富康国际综合楼1009房 | 13923636860 |
| | 惠州市旖旎之旅旅行社有限公司 | L-GD01077 | 惠市旅[2010]68号 | 周凡英 | 惠州市河南岸演达一路8号愉园花园B栋首层 | 13500179622 |
| | 惠州市创壹新旅游服务有限公司 | L-GD01085 | 惠市旅[2010]75号 | 翁　文 | 惠州市横江一路2号1栋101房 | 2996063 |
| | ※惠州市厚德旅行社有限公司 | L-GD01178 | 惠市旅[2011]11号 | 龙伟聪 | 惠州市麦地路58号风尚国际21F | 2393278 |
| | ※惠州市中粤国际旅行社有限公司 | L-GD01249 | 惠市旅[2011]37号 | 张金浪 | 惠州市江北16号小区双子星国际商务大厦 | 18675281983 |
| | ※惠州市惠阳区启航旅行社有限公司 | L-GD01302 | 惠市旅[2011]64号 | 叶剑锐 | 惠州市惠阳区淡水镇爱民东路36号 | 13502210009 |
| | ※国旅(惠州)国际旅行社有限公司 | L-GD01319 | 惠市旅[2011]69号 | 杨瑞勇 | 惠州市麦地华夏花园A2栋127号商场 | 2022318 |
| | ※惠州市乐途旅行社有限公司 | L-GD01332 | 惠市旅[2011]77号 | 陈广治 | 惠州市惠城区下埔大道19号惠隆大厦9楼 | 2238777 |
| 汕尾市(0660) | 汕尾市旅游总公司 | L-GD-CJ00103 | 旅管发[2002]91号 | 余水藩 | 汕尾市公园路西旅游大厦1楼 | 3389919 |
| | 汕尾市中国旅行社 | L-GD-CJ00104 | 旅管发[2002]91号 | 肖赛仪 | 汕尾市区香洲路龙富花园B栋底层5-6号 | 3329222 |
| | 汕尾市东方国际旅行社有限公司 | L-GD00726 | 汕旅函[2009]91号 | 郑　晓 | 汕尾市区香城路东海大厦底层门市右侧2号 | 338227 |

续表

| 地区 | 旅行社名称 | 许可证编号 | 批文号 | 法定代表人 | 联系地址 | 联系电话 |
|---|---|---|---|---|---|---|
| 汕尾市（拥有旅行社18家，其中出境游组团社2家） | 汕尾市汕之旅国际旅行社有限公司 | L－GD00727 | 汕旅函［2009］91号 | 蔡志雄 | 汕尾市汕尾大道美丽华大酒店1楼右侧 | 3291111 |
| | 汕尾市新青年旅行社有限公司 | L－GD00728 | 汕旅函［2009］91号 | 郭伟雄 | 汕尾市区汕尾大道中盐业大厦1楼4－5号 | 3326333 |
| | 汕尾市阳光国际旅行社有限公司 | L－GD00729 | 汕旅函［2009］91号 | 罗艺洪 | 汕尾市城区城苑路2栋101号 | 3340555 |
| | 海丰县旅游发展总公司 | L－GD00730 | 汕旅函［2009］91号 | 黎斯凯 | 汕尾市海丰县海城镇海银路1号 | 6607638 |
| | 海丰县红之旅旅行社有限公司 | L－GD00731 | 汕旅函［2009］91号 | 黄集溪 | 汕尾市海丰县海城镇广富路公路局宿舍东侧 | 6811880 |
| | 海丰县丰收之旅旅行社有限公司 | L－GD00732 | 汕旅函［2009］91号 | 陈春林 | 汕尾市海丰县海城镇红城大道西 | 6892022 |
| | 陆河县惠康国际旅行社有限公司 | L－GD00733 | 汕旅函［2009］91号 | 彭康宏 | 汕尾市陆河县河田镇朝阳路116号 | 5519663 |
| | 陆河县绿之旅旅行社有限公司 | L－GD00734 | 汕旅函［2009］91号 | 孔德锦 | 汕尾市陆河县河田镇朝阳路92号 | 5528238 |
| | 陆丰市碣石玄武山旅游服务公司 | L－GD00735 | 汕旅函［2009］91号 | 余松清 | 汕尾陆丰市碣石镇玄武山旅游区内 | 8691952 |
| | 陆丰市东陆旅行社有限公司 | L－GD00736 | 汕旅函［2009］91号 | 邓　城 | 汕尾陆丰市东海镇洛州东路3号 | 8817688 |
| | 陆丰市陆之旅旅行社有限公司 | L－GD00737 | 汕旅函［2009］91号 | 徐信条 | 汕尾陆丰市东海镇人民路90号 | 8817001 |
| | 汕尾市假日国际旅行社有限公司 | L－GD00926 | 汕旅［2009］33号 | 施镇波 | 汕尾市通港路366号 | 3333222 |
| | 汕尾红海湾海洋旅行社有限公司 | L－GD00929 | 汕旅［2009］36号 | 戴木胜 | 汕尾市红海湾开发区田乾人民中路184号 | 3425775 |
| | 汕尾市开心假期旅行社有限公司 | L－GD00974 | 汕旅［2009］47号 | 谢平芳 | 汕尾市滨海路金湖花园J15栋 | 3227777 |
| | **※汕尾市骏浩旅行社有限公司** | **L－GD01164** | **汕旅［2011］2号** | **罗绵青** | **汕尾市区通航路霞洋客运站办公室3楼** | **3222230** |
| 东莞市（0769） | 东莞市国际旅行社有限公司 | L－GD－CJ00105 | 旅管发［2002］91号 | 陈冀凯 | 东莞市莞城区东城大道188号新华大厦3楼 | 22458168 |
| | 东莞市中国旅行社有限公司 | L－GD－CJ00106 | 旅管发［2002］91号 | 叶沛新 | 东莞市南城区元美路华凯广场A栋2层 | 22008888 |
| | 广东国泰国际旅行社有限公司 | L－GD－CJ00107 | 旅管发［2002］91号 | 李树基 | 东莞市莞城区新芬路66号 | 22088888 |
| | 东莞康辉国际旅行社有限公司 | L－GD－CJ00108 | 旅管发［2002］91号 | 李继烈 | 东莞市城区东纵大道3号东湖花园商城1层 | 22488666 |
| | 东莞市腾龙假日国际旅行社有限公司 | L－GD－CJ00109 | 旅管发［2006］178号 | 彭柏铭 | 东莞市东城区东城中心A2区A二层19号 | 23362888 |
| | 东莞市景鸿国际旅行社有限公司 | L－GD－CJ00110 | 旅管发［2008］212号 | 王晓冬 | 东莞市东城区东城南路联和大厦8楼 | 22313888 |
| | 东莞市东华国际旅行社有限公司 | L－GD－CJ00111 | 旅管发［2009］68号 | 刘照钦 | 东莞市东城区岗贝东城东路5号东华大厦 | 22663333 |

续表

| 地区 | 旅行社名称 | 许可证编号 | 批文号 | 法定代表人 | 联系地址 | 联系电话 |
|---|---|---|---|---|---|---|
| 东莞市（拥有旅行社54家，其中出境游组团社9家） | 东莞市四海国际旅行社有限公司 | L－GD－CJ00112 | 旅管发［2009］57 号 | 杨四海 | 东莞市莞城东城大道东平街 223 号 | 22339888 |
| | 东莞市青年国际旅行社有限公司 | L－GD－CJ00113 | 旅管发［2009］68 号 | 李钦源 | 东莞市城区新芬路 42 号 | 22239388 |
| | 东莞市泰平旅行社有限公司 | L－GD00262 | 东旅通［2009］8 号 | 郑汉棉 | 东莞市虎门镇龙泉宾馆 7 楼 | 85223236 |
| | 东莞市丰行旅行社有限公司 | L－GD00263 | 东旅通［2009］8 号 | 欧阳君 | 东莞市莞城罗沙路 126 号金沙大厦 6 楼 | 22388888 |
| | 东莞市讯通旅行社有限公司 | L－GD00264 | 东旅通［2009］8 号 | 瞿华香 | 东莞市城区莞太大道 5 号讯通大厦 | 22488786 |
| | 东莞市阳光旅行社有限公司 | L－GD00265 | 东旅通［2009］8 号 | 黎文锋 | 东莞市南城区簪花路 8 号华凯豪庭活力中心 | 22825888 |
| | 东莞市明珠旅行社有限公司 | L－GD00266 | 东旅通［2009］8 号 | 何健球 | 东莞市南城区莞太路 8 号综合大楼 5 楼 | 22335888 |
| | 东莞市南湖旅行社有限公司 | L－GD00267 | 东旅通［2009］8 号 | 郑年军 | 东莞市莞城区南城路南城大厦十楼 1002 室 | 22112222 |
| | 东莞市南方观光旅行社有限公司 | L－GD00268 | 东旅通［2009］8 号 | 郭日和 | 东莞市莞太路口创业新村 6 号楼 | 22502388 |
| | 东莞市君达假期旅行社有限公司 | L－GD00269 | 东旅通［2009］8 号 | 许　末 | 东莞市东城大道世博广场 K 区 303 | 23135678 |
| | 东莞市开心假日旅行社有限公司 | L－GD00270 | 东旅通［2009］8 号 | 张晓东 | 东莞市南城区莞太大道 7 号之一 2 楼 | 22036666 |
| | 东莞市华夏旅行社有限公司 | L－GD00271 | 东旅通［2009］8 号 | 熊　琪 | 东莞市南城区元岭新街 4 号 | 22386666 |
| | 东莞市广之旅旅行社有限公司 | L－GD00272 | 东旅通［2009］8 号 | 郭　庆 | 东莞市莞城东城西路 39 号鸿福大厦 A 区 | 22480237 |
| | 东莞市金旅假期旅行社有限公司 | L－GD00273 | 东旅通［2009］8 号 | 何志强 | 东莞市厚街镇深水坑路嘉逸楼 1－2 楼 | 85087788 |
| | 东莞市幸福假期旅行社有限公司 | L－GD00274 | 东旅通［2009］8 号 | 向　彬 | 东莞市莞城区金牛路八达花园商铺 B3 区一层 | 22100222 |
| | 东莞市新华旅行社有限公司 | L－GD00275 | 东旅通［2009］8 号 | 王敬和 | 东莞市虎门镇连升中路 17 号新华旅游大厦 | 85126622 |
| | 东莞市名界旅行社有限公司 | L－GD00276 | 东旅通［2009］8 号 | 袁凤仙 | 东莞市东城区堑头花园路 194 号之二 | 22612068 |
| | 东莞市康福旅行社有限公司 | L－GD00277 | 东旅通［2009］8 号 | 温成果 | 东莞市莞城区八达路 124 号电子大厦 8 楼 | 23039995 |
| | 东莞市南方阳光商务旅行社有限公司 | L－GD00278 | 东旅通［2009］8 号 | 彭敬强 | 东莞市虎门镇港口路 12 号新丰大厦临街商铺 | 85183777 |
| | 东莞市文康旅行社有限公司 | L－GD00279 | 东旅通［2009］8 号 | 黄建飞 | 东莞市长安镇长中路 22 号 | 81768999 |
| | 东莞市欢泰旅行社有限公司 | L－GD00280 | 东旅通［2009］8 号 | 郑韶君 | 东莞市虎门镇太沙路 81 号地铺 | 85044444 |
| | 东莞市会通旅行社有限公司 | L－GD00281 | 东旅通［2009］8 号 | 林丹嫦 | 东莞市南城区莞太路胜和路段 21 号美佳大厦 | 22880005 |

续表

| 地区 | 旅行社名称 | 许可证编号 | 批文号 | 法定代表人 | 联系地址 | 联系电话 |
|---|---|---|---|---|---|---|
| 东莞(0769) | 东莞市金泰旅行社有限公司 | L-GD00282 | 东旅通[2009]8号 | 尹蔼诗 | 东莞市虎门镇人民南路91号之十 | 85199981 |
| | 东莞市畅游天地旅行社有限公司 | L-GD00283 | 东旅通[2009]8号 | 李耀鸿 | 东莞市城区县正路12号 | 22229917 |
| | 东莞市东行天下旅行社有限公司 | L-GD00284 | 东旅通[2009]8号 | 叶运东 | 东莞市东城区旗峰路国泰大厦大堂内一号商铺 | 22026666 |
| | 东莞市优游旅行社有限公司 | L-GD00285 | 东旅通[2009]8号 | 黎卫民 | 东莞市东城区新世界花园东城支路5号A铺 | 22336999 |
| | 东莞市宏途旅行社有限公司 | L-GD00286 | 东旅通[2009]8号 | 杜锦培 | 东莞市城区金牛路八达花园(香港街)A5区 | 23039032 |
| | 东莞市江南假期旅行社有限公司 | L-GD00287 | 东旅通[2009]8号 | 杨　骏 | 东莞市常平镇沿河东三路18号威盛商务大厦 | 81182668 |
| | 东莞市永泰旅行社有限公司 | L-GD00288 | 东旅通[2009]8号 | 谭小灵 | 东莞市新城市中心菊香苑35栋182号2楼B1 | 22991090 |
| | 东莞市松山湖旅行社有限公司 | L-GD00289 | 东旅通[2009]8号 | 邹日景 | 东莞市松山湖松科苑3号楼2楼 | 22890769 |
| | 东莞市天马旅行社有限公司 | L-GD00290 | 东旅通[2009]8号 | 陈大宽 | 东莞市常平镇常东路华美酒店1楼 | 81091988 |
| | 东莞市康泰旅行社有限公司 | L-GD00291 | 东旅通[2009]8号 | 詹智勋 | 东莞市长安镇乌沙环南路4号之1 | 89995666 |
| | 东莞市飞马旅行社有限公司 | L-GD00292 | 东旅通[2009]8号 | 刘巧玲 | 东莞市东城区东升路中C6-C9号2楼 | 23107566 |
| | 东莞市车游天下旅行社有限公司 | L-GD00293 | 东旅通[2009]8号 | 李映梅 | 东莞市南城区胜和体育路3号 | 4008822616 |
| | 东莞市捷旅旅行社有限公司 | L-GD00294 | 东旅通[2009]8号 | 黎胜祥 | 东莞市莞城区金牛路八达花园维港2座首层 | 22886628 |
| | 东莞市益生旅行社有限公司 | L-GD00921 | 东旅通[2009]22号 | 李泽球 | 东莞市长安镇长盛东路52号 | 82388238 |
| | 东莞市瑞翔旅行社有限公司 | L-GD00966 | 东旅复[2009]23号 | 连宏煜 | 东莞市东城区涡岭商业街186号铺 | 88998666 |
| | 东莞市友好旅行社有限公司 | L-GD00967 | 东旅复[2009]24号 | 余　琼 | 东莞市虎门镇连升路新裕大厦3号铺 | 85118289 |
| | 东莞市潮流假期旅行社有限公司 | L-GD00968 | 东旅复[2009]25号 | 钟柱荣 | 东莞市莞城区旗峰路168号金峰堡大厦商场 | 22025188 |
| | 广东中旅(东莞)旅行社有限公司 | L-GD00969 | 东旅复[2009]26号 | 吴晓强 | 东莞市南城区簪花路华凯豪庭C座首层 | 23188777 |
| | 东莞市环宇旅行社有限公司 | L-GD01024 | 东旅复[2010]3号 | 孔淑芳 | 东莞市南城区西平新中银花园109号商铺 | 23023056 |
| | 东莞市风华旅行社有限公司 | L-GD01025 | 东旅复[2010]4号 | 肖　辉 | 东莞市东城区莞樟路石井路段宝城花园 | 22010955 |
| | 东莞市华南旅行社有限公司 | L-GD01129 | 东旅复[2010]8号 | 白媛媛 | 东莞市南城区新城市中心华南大厦1楼 | 22474428 |
| | ※东莞市汇博旅行社有限公司 | **L-GD01248** | 东旅复[**2011**]**5**号 | 王汉强 | 东莞市厚街镇双岗村家具大道**185**号 | **82278788** |

续表

| 地区 | 旅行社名称 | 许可证编号 | 批文号 | 法定代表人 | 联系地址 | 联系电话 |
|---|---|---|---|---|---|---|
| 东莞市(0769) | ※港中旅(东莞)国际旅行社有限公司 | **L－GD01256** | 东旅复[**2011**]**6** 号 | 杨 赟 | 东莞市寮步镇教育路 **1** 号东莞金凯悦大酒店 | **13602318999** |
| | ※东莞市国通旅行社有限公司 | **L－GD01307** | 东旅复[**2011**]**10** 号 | 袁伟棠 | 东莞市莞城区东城南路东升大厦 **1** 楼 **4** 号 | **23032223** |
| | ※东莞市晨华旅行社有限公司 | **L－GD01343** | 东旅复[**2011**]**11** 号 | 钟小兰 | 东莞市南城区新城稻花村 **1** 栋 **17** 号铺 | **13826970723** |
| 中山市(拥有旅行社34家,其中出境游组团社7家) | 中山市海外旅游有限公司 | L－GD－CJ00114 | 旅管发[2002]91 号 | 李梅浪 | 中山市中山三路怡华街 10 号 | 88231888 |
| | 中山中国国际旅行社有限公司 | L－GD－CJ00115 | 旅管发[2002]91 号 | 王子乐 | 中山市东区恒信花园 A 区第六幢 53－62 号 | 88611888 |
| | 中山中国旅行社 | L－GD－CJ00116 | 旅管发[2002]91 号 | 李志毅 | 中山市东区恒信花园 B 区 53－57 号 | 88887736 |
| | 中山温泉国际旅行社有限公司 | L－GD－CJ00117 | 旅管发[2002]91 号 | 卢荣森 | 中山市东区银通街 19 号之 13 | 88881998 |
| | 中山菊城假期国际旅行社有限公司 | L－GD－CJ00118 | 旅管发[2002]91 号 | 梁曼霞 | 中山市小榄镇新市路 95 号之二 | 22551981 |
| | 中山市青年国际旅行社有限公司 | L－GD－CJ00119 | 旅管发[2005]89 号 | 钟永明 | 中山市东区岐关西路口青旅大厦 | 88881863 |
| | 中山市职工国际旅行社有限公司 | L－GD－CJ00120 | 旅管发[2007]244 号 | 吕承章 | 中山市石岐孙文东路 90 号之三职旅大厦 | 88886088 |
| | 中山市东方国际旅行社有限公司 | L－GD00056 | 中旅局发[2009]7 号 | 卓卫清 | 中山市东区恒信花园 A 区 10 幢 89－92 卡首层 | 82388238 |
| | 中山交通旅行社 | L－GD00057 | 中旅局发[2009]7 号 | 林春炎 | 中山市中山一路 111 号 | 88626306 |
| | 中山市新旅假期旅行社有限公司 | L－GD00059 | 中旅局发[2009]7 号 | 杨 松 | 中山市小榄镇新永路 90 号 | 22268688 |
| | 中山市南湖旅行社有限公司 | L－GD00060 | 中旅局发[2009]7 号 | 赵 祁 | 中山市石岐区莲塘北路 6 号 15 卡商铺 | 88227777 |
| | 中山市假日国际旅行社有限公司 | L－GD00061 | 中旅局发[2009]7 号 | 梁绮薇 | 中山市西区富华道 8 号兴业大厦 | 88613777 |
| | 中山市乐途国际旅行社有限公司 | L－GD00062 | 中旅局发[2009]7 号 | 许招金 | 中山市东区朗晴轩 19 幢 3 卡商铺 | 88226688 |
| | 中山新联假期国际旅行社有限公司 | L－GD00063 | 中旅局发[2009]7 号 | 陈诺宏 | 中山市石岐区莲塘东路 14 号 8 卡 | 88790999 |
| | 中山市富达旅行社有限公司 | L－GD00064 | 中旅局发[2009]7 号 | 何红华 | 中山市西区富华道 133 号 1 楼 | 88663688 |
| | 中山阳光假期国际旅行社有限公司 | L－GD00065 | 中旅局发[2009]7 号 | 古思杰 | 中山市东区起湾道盛景园 10－13 栋首层 4 卡 | 88816668 |
| | 中山市世纪行旅行社有限公司 | L－GD00066 | 中旅局发[2009]7 号 | 柳建波 | 中山市东区华苑大街 76 号 | 88809933 |
| | 中山市大视角国际旅行社有限公司 | L－GD00067 | 中旅局发[2009]7 号 | 池安堂 | 中山市石岐区中山二路 52 号 2 幢 102 卡 | 86227131 |
| | 中山市广博国际旅行社有限公司 | L－GD00068 | 中旅局发[2009]7 号 | 刘丽芝 | 中山市东区夏洋村 16 号 | 88311100 |

续表

| 地区 | 旅行社名称 | 许可证编号 | 批文号 | 法定代表人 | 联系地址 | 联系电话 |
|---|---|---|---|---|---|---|
| 中山市(0760) | 中山市天天国际旅行社有限公司 | L－GD00922 | 中旅局发[2009]3 号 | 刘胜旋 | 中山市小榄镇龙山路 9 号迎龙居 7 号铺 | 22119222 |
| | 中山市金假期旅行社有限公司 | L－GD00923 | 中旅局发[2009]5 号 | 邓崇民 | 中山市石岐区阳光花地旭日阁 1 栋 2 层 A06 | 85606888 |
| | 中山市一力国际旅行社有限公司 | L－GD00940 | 中旅局发[2009]9 号 | 曾宪融 | 中山市东区长江景观路 13 号一层第 13 卡 | 88731177 |
| | 中山市悠游国际旅行社有限公司 | L－GD00992 | 中旅局发[2010]4 号 | 苏汇川 | 中山市东区中山三路体育街 3 号一卡之一 | 88810780 |
| | 中山远洋假期国际旅行社有限公司 | L－GD00999 | 中旅局发[2010]5 号 | 徐科菲 | 中山市兴文路远洋城 A3 区 25 卡 | 88729688 |
| | 中山市飞扬旅行社有限公司 | L－GD01009 | 中旅局发[2010]6 号 | 侯立新 | 中山市东区朗晴轩 27 栋 1 卡之三 | 88880183 |
| | 中山市中港旅行社有限公司 | L－GD01038 | 中旅局发[2010]7 号 | 彭　东 | 中山市火炬开发区沿江东一路 1 号 | 88291783 |
| | 中山市风情国际旅游有限公司 | L－GD01060 | 中旅局发[2010]9 号 | 漆慧珍 | 中山市东区东裕商务大楼 1 卡商铺 | 87310668 |
| | 中山市君享天下国际旅行社有限公司 | L－GD01086 | 中旅局发[2010]12 号 | 王子乐 | 中山市东区恒信花园 A 区六栋 49－52 卡 | 88611888 |
| | 中山市开心国际旅行社有限公司 | L－GD01124 | 中旅局发[2010]13 号 | 李霭冰 | 中山市小榄镇海傍路 2 号之三 | 22832248 |
| | 中山诚邦国际旅行社有限公司 | L－GD01132 | 中旅局发[2010]14 号 | 罗文标 | 中山市东区兴中道星月居 3 栋 4 卡 | 88334818 |
| | 中山市新地国际旅行社有限公司 | L－GD01154 | 中旅局发[2010]16 号 | 冯凌峰 | 中山市石岐区孙文东路富兴街 12/18 号首层 | 13902822020 |
| | **※中山市畅游国际旅行社有限公司** | **L－GD01166** | **中旅局发[2011]1 号** | **郑家钰** | **中山市石岐区悦来南路 26 号一栋地下 8 卡** | **88877729** |
| | **※中山市康健国际旅游有限公司** | **L－GD01252** | **中旅局发[2011]9 号** | **萧少苑** | **中山市石岐区中山二路 41 号之南侧二层 202** | **88232796** |
| | **※中山飞翔国际旅行社有限公司** | **L－GD01273** | **中旅局发[2011]11 号** | **邓毅清** | **中山市东区起湾道北 12 号华鸿水云轩** | **85751111** |
| 江门市(0750) | 江门市大方旅游国际旅行社有限公司 | L－GD－CJ00121 | 旅管发[2002]91 号 | 林栋礼 | 江门市蓬江区白沙大道西 6 号 101 首层 | 3502888 |
| | 江门市中国旅行社有限公司 | L－GD－CJ00122 | 旅管发[2002]91 号 | 刘家荣 | 江门市蓬江区跃进路长乐里 28 号 1－4 楼 | 3288880 |
| | 台山市旅游公司 | L－GD－CJ00123 | 旅管发[2002]91 号 | 关文锋 | 台山市台城环北大道石花华侨新村 19 号 | 5517909 |
| | 江门市国旅国际旅行社有限公司 | L－GD－CJ00125 | 旅管发[2002]91 号 | 区启源 | 江门市蓬江区白沙大道西 2 号 | 3066333 |
| | **※江门市飞扬国际旅行社有限公司** | **L－GD－CJ00159** | **旅管发[2011]134 号** | **许展敏** | **江门市蓬江区建设路 49 号之 10－115** | **3271122** |
| | 鹤山市中国旅行社 | L－GD00224 | 江旅[2009]192 号 | 麦国华 | 江门鹤山市沙坪北湖路 1 号 | 8833168 |
| | 江门市新会区海外旅游有限公司 | L－GD00225 | 江旅[2009]192 号 | 黄英橙 | 江门市新会区冈州大道中 60 号 | 6622122 |

续表

| 地区 | 旅行社名称 | 许可证编号 | 批文号 | 法定代表人 | 联系地址 | 联系电话 |
|---|---|---|---|---|---|---|
| 江门市（拥有旅行社59家，其中出境游组团社5家） | 开平市广旅国际旅行社 | L－GD00226 | 江旅［2009］192号 | 方伟生 | 江门开平市长沙东路3号 | 2212580 |
| | 恩平广之旅旅行社有限公司 | L－GD00227 | 江旅［2009］192号 | 张活林 | 东门恩平市恩城东门广场商业城B座7号之一 | 7738236 |
| | 江门市新会区金辉旅行社有限公司 | L－GD00228 | 江旅［2009］192号 | 廖社长 | 江门市新会区东庆北路9号101 | 6668888 |
| | 开平市中国旅行社有限公司 | L－GD00229 | 江旅［2009］192号 | 何忠正 | 江门开平市长沙文新路1号 | 2216608 |
| | 恩平中国旅行社 | L－GD00230 | 江旅［2009］192号 | 侯艺明 | 江门恩平市东门路21号 | 7780632 |
| | 江门市开心国际旅行社有限公司 | L－GD00231 | 江旅［2009］192号 | 周剑伟 | 江门市新会区冈州大道中71号首层、二层 | 6622777 |
| | 江门市教育旅行社有限公司 | L－GD00232 | 江旅［2009］192号 | 夏社群 | 江门市江会路25号首层 | 3322999 |
| | 江门市中新旅行社有限公司 | L－GD00233 | 江旅［2009］192号 | 黄知基 | 江门市白沙大道西44号之一 | 3516333 |
| | 江门市威威旅行社有限公司 | L－GD00234 | 江旅［2009］192号 | 杨健明 | 江门市建设路42号 | 3270288 |
| | 台山市川岛旅行社有限公司 | L－GD00235 | 江旅［2009］192号 | 陈焕深 | 台山市台城平湖路2号 | 5553227 |
| | 台山市中侨旅行社有限公司 | L－GD00236 | 江旅［2009］192号 | 陈文惠 | 台山市台城南门路117号地下 | 5528555 |
| | 江门市青年旅行社有限责任公司 | L－GD00237 | 江旅［2009］192号 | 李慧坚 | 江门市蓬江区建设路30号首层 | 3276686 |
| | 江门广之旅旅行社有限公司 | L－GD00238 | 江旅［2009］192号 | 张维新 | 江门市蓬江区白沙大道西23号 | 3501888 |
| | 江门市欢乐旅行社有限责任公司 | L－GD00239 | 江旅［2009］192号 | 郑永辉 | 江门市蓬莱路28号地下 | 3307008 |
| | 江门市白云旅行社有限公司 | L－GD00240 | 江旅［2009］192号 | 伦志宏 | 江门市跃进路100号首层 | 3271785 |
| | 鹤山市好景旅行社有限公司 | L－GD00241 | 江旅［2009］192号 | 罗国卫 | 江门鹤山市沙坪镇裕民路163号 | 8870001 |
| | 江门市风光假期国际旅行社有限公司 | L－GD00242 | 江旅［2009］192号 | 叶祺胜 | 江门市新会区会城镇冈州大道中50号101 | 6609991 |
| | 江门市春秋国际旅行社有限公司 | L－GD00243 | 江旅［2009］192号 | 黎兆焜 | 江门市新会区中心南路12号101 | 6333333 |
| | 江门市阳光假期国际旅行社有限公司 | L－GD00244 | 江旅［2009］192号 | 郭丽明 | 江门市新会区会城募兴路20号103－105 | 6654666 |
| | 江门市新会区时尚旅行社有限公司 | L－GD00245 | 江旅［2009］192号 | 陆卓芸 | 江门市新会区会城东庆北路26座106－2 | 6109099 |
| | 江门市假日旅行社有限公司 | L－GD00246 | 江旅［2009］192号 | 何国峰 | 江门市美景路9号101 | 3081127 |
| | 江门市新会方健旅行社有限公司 | L－GD00247 | 江旅［2009］192号 | 张浪进 | 江门市新会区会城镇东庆北路5号3座101 | 6962222 |

续表

| 地区 | 旅行社名称 | 许可证编号 | 批文号 | 法定代表人 | 联系地址 | 联系电话 |
|---|---|---|---|---|---|---|
| 江门市(0750) | 江门市新会理想国际旅行社有限公司 | L－GD00249 | 江旅[2009]192 号 | 李永骏 | 江门市新会区会城中心路新金田酒店大堂 | 6337777 |
| | 广东中旅(江门)旅行社有限公司 | L－GD00250 | 江旅[2009]192 号 | 刘奕军 | 江门市白沙大道西 4 号 2－4 卡铺位 | 3502288 |
| | 恩平市锦江旅行社有限公司 | L－GD00251 | 江旅[2009]192 号 | 谢健熙 | 江门恩平市东门路 18 号 | 7736308 |
| | 开平市印象碉楼旅行社有限公司 | L－GD00252 | 江旅[2009]192 号 | 梁寿洪 | 江门开平市长沙曙光东路城市广场 110 | 2225111 |
| | 江门市新浪旅行社有限公司 | L－GD00253 | 江旅[2009]192 号 | 伍仕健 | 江门市迎宾路五邑大学伟伦中心首层 | 3299999 |
| | 台山市乐途旅行社有限公司 | L－GD00254 | 江旅[2009]192 号 | 何志光 | 江门台山市台城石化路科学馆内 | 5551299 |
| | 恩平市知己旅行社有限公司 | L－GD00255 | 江旅[2009]192 号 | 陈裕荣 | 江门恩平市恩城新塔路 1 号 4 栋首层 4－5 号 | 7713898 |
| | 江门市华厦国际旅行社有限公司 | L－GD00256 | 江旅[2009]192 号 | 叶健文 | 江门市新会区会城圭峰路 3 号 | 6171111 |
| | 江门市环宇旅行社有限公司 | L－GD00257 | 江旅[2009]192 号 | 叶伟权 | 江门市江华一路 114 号之一首层 | 3969988 |
| | 恩平市泉之旅旅行社有限公司 | L－GD00258 | 江旅[2009]192 号 | 冯卓芳 | 江门恩平市桥峰路 48 号金汇豪庭 1 幢铺位 | 7738877 |
| | 开平市经典旅行社有限公司 | L－GD00259 | 江旅[2009]192 号 | 余冰莹 | 开平市三埠区长沙曙光西路 64 号 | 229222 |
| | 鹤山市八方商旅旅行社有限公司 | L－GD00260 | 江旅[2009]192 号 | 黄素英 | 江门鹤山市沙坪镇东升路 37 号 | 8412166 |
| | 鹤山市春秋假日旅行社有限公司 | L－GD00261 | 江旅[2009]192 号 | 黎兆焜 | 江门鹤山市沙坪镇前进路 26 号 | 8833668 |
| | 开平市广之旅旅行社有限公司 | L－GD00959 | 江旅[2009]232 号 | 彭健强 | 江门开平市长沙区幕沙路 63 号首层 102 铺 | 2235738 |
| | 台山市广之游旅行社有限公司 | L－GD00960 | 江旅[2009]233 号 | 彭健强 | 江门台山市台城石花公园路 26 号首层 | 5552666 |
| | 台山市创兴旅行社有限公司 | L－GD00893 | 江旅[2010]011 号 | 廖艺华 | 江门台山市台城北郊路嘉华苑 7 号 106 铺 | 5559997 |
| | 江门市新会区爱心国际旅行社有限公司 | L－GD01013 | 江旅[2010]51 号 | 何艳芳 | 江门市新会区会城镇东庆北路 30 号 104 | 13702200399 |
| | 江门市四海国际旅行社有限公司 | L－GD01014 | 江旅[2010]52 号 | 陈家杰 | 江门市蓬江区白沙大道西 32 号之一 | 12822339919 |
| | 江门市中青旅行社有限公司 | L－GD01023 | 江旅[2010]058 号 | 李照民 | 江门鹤山市新华路 181 号首一、二层铺位 | 3596398 |
| | 台山市枫叶假日旅行社有限公司 | L－GD01047 | 江旅[2010]078 号 | 谭凯硕 | 江门台山市台城镇桔园路 3 号地下 | 5512111 |
| | 台山市粤游旅行社有限公司 | L－GD01087 | 江旅[2010]118 号 | 关秋筠 | 江门台山市台城镇台海路 99 号 104、105 铺位 | 5552996 |
| | 鹤山市铁青旅行社有限公司 | L－GD01103 | 江旅[2010]124 号 | 邓毅然 | 江门鹤山市沙坪镇新风路 27 号之三、之四 | 13702712404 |

续表

| 地区 | 旅行社名称 | 许可证编号 | 批文号 | 法定代表人 | 联系地址 | 联系电话 |
| --- | --- | --- | --- | --- | --- | --- |
| 江门市（0750） | 江门市山水国际旅行社有限公司 | L－GD01116 | 江旅［2010］126 号 | 邢卫珍 | 江门市蓬江区建设一路 57 号之三首层之一 | 13824052600 |
| | 江门菊城假期旅行社有限责任公司 | L－GD01123 | 江旅［2010］145 号 | 梁曼霞 | 江门市蓬江区胜利路 85 号 101 | 2281408 |
| | 台山市风情国际旅行社有限公司 | L－GD01133 | 江旅［2010］149 号 | 关则亮 | 江门台山市台城镇侨雅花苑仕阁 10 号 | 5956768 |
| | ※江门市孔雀国际旅行社有限公司 | L－GD01189 | 江旅［2011］32 号 | 黄　河 | 江门市新会区会城冈州大道东 50 号 1 座 102 | 6336723 |
| | ※台山中国旅行社 | L－GD01229 | 江旅［2011］69 号 | 袁昕华 | 江门台山市台城真通济路 1 号 | 5524768 |
| | ※台山市侨城国际旅行社有限公司 | L－GD01233 | 江旅［2011］68 号 | 谭凯硕 | 江门台山市台城桔园路 3 号副楼 | 5510111 |
| | ※港中旅（江门）国际旅行社有限公司 | L－GD01239 | 江旅［2011］72 号 | 杨　赟 | 江门市迎宾路五邑大学伟伦中心首层 | 3299101 |
| | ※江门市新会区华航国际旅行社有限公司 | L－GD01327 | 江旅［2011］122 号 | 刘瑞娟 | 江门市新会区会城镇东庆北路 7 号天悦酒店 | 6960005 |
| 阳江市（拥有旅行社 28 家，其中出境游组团社 1 家） | 阳江市国旅国际旅行社有限公司 | L－GD－CJ00126 | 旅管发［2005］34 号 | 苏耀荣 | 阳江市江城区望瞭岭北侧长江大厦综合楼 | 3268622 |
| | 阳江市中国旅行社有限公司 | L－GD00705 | 阳旅通［2009］125 号 | 冯国俊 | 阳江市东风二路 35 号 | 3316365 |
| | 阳江市华龙旅游有限公司 | L－GD00706 | 阳旅通［2009］125 号 | 李雪梅 | 阳江市东风三路 69 号 | 3220666 |
| | 阳江市开心旅行社有限公司 | L－GD00707 | 阳旅通［2009］125 号 | 魏秀云 | 阳江市石湾南路 81 号 | 3277228 |
| | 阳江市龙之旅旅行社有限公司 | L－GD00708 | 阳旅通［2009］125 号 | 许家强 | 阳江市二环路 1 号 | 3186999 |
| | 阳江市天天旅行社有限公司 | L－GD00709 | 阳旅通［2009］125 号 | 项丽容 | 阳江市东风二路 9 号之二首层西边 1－3 跨 | 3385666 |
| | 阳江市新里程旅行社有限公司 | L－GD00710 | 阳旅通［2009］125 号 | 叶坚冰 | 阳江市江城区东风二路荣华苑 1 号 | 3433777 |
| | 阳江市华泰旅行社有限公司 | L－GD00711 | 阳旅通［2009］125 号 | 冯创华 | 阳江市东风一路 48 号 | 3288111 |
| | 阳江市海之旅旅行社有限公司 | L－GD00712 | 阳旅通［2009］125 号 | 黄　海 | 阳江市江城区东风一路 52 号办公大楼地商铺 | 3412666 |
| | 阳江市青年旅行社有限公司 | L－GD00713 | 阳旅通［2009］125 号 | 王宗珠 | 阳江市江城区东风二路 39 号之一荣辉名苑 | 3322618 |
| | 阳江市黄金假期旅行社有限公司 | L－GD00714 | 阳旅通［2009］125 号 | 黄睿 | 阳江市江城区安宁路 101 号 | 3139333 |
| | 阳春市旅游总公司 | L－GD00715 | 阳旅通［2009］125 号 | 余庆杰 | 阳江阳春市春城镇南新大道 6 号 | 7735608 |
| | 阳春市中国旅行社 | L－GD00716 | 阳旅通［2009］125 号 | 罗洪玉 | 阳江阳春市春城镇南新大道 8 号之一 | 7722711 |
| | 阳春市安泰旅行社有限公司 | L－GD00717 | 阳旅通［2009］125 号 | 林　霞 | 阳江阳春市春城南新大道 2 号首层 6 号铺位 | 7713676 |

续表

| 地区 | 旅行社名称 | 许可证编号 | 批文号 | 法定代表人 | 联系地址 | 联系电话 |
|---|---|---|---|---|---|---|
| 阳江市(0662) | 阳春市虹日旅行社有限责任公司 | L－GD00718 | 阳旅通[2009]125号 | 黄素文 | 阳江阳春市南新大道登宝大厦首层014号 | 7723238 |
| | 阳春市春之旅旅行社有限公司 | L－GD00719 | 阳旅通[2009]125号 | 翁奕恒 | 阳江阳春市朝南路4号 | 7743000 |
| | 阳江市海陵岛闸坡旅游公司 | L－GD00720 | 阳旅通[2009]125号 | 陈　斌 | 阳江市海陵岛闸坡镇大角湾 | 3887080 |
| | 阳江市闸坡大角湾旅行社有限公司 | L－GD00721 | 阳旅通[2009]125号 | 陈　安 | 阳江市闸坡镇旅游大道 | 3800555 |
| | 阳江市海陵岛海岛旅行社有限公司 | L－GD00722 | 阳旅通[2009]125号 | 方奕焕 | 阳江市闸坡镇旅游大道中162号 | 3881988 |
| | 阳东东之旅旅行社 | L－GD00723 | 阳旅通[2009]125号 | 林子铭 | 阳江市阳东县龙日路31号 | 3288777 |
| | 阳东县青年旅行社 | L－GD00724 | 阳旅通[2009]125号 | 茹诗娜 | 阳江市阳东县东城镇始兴北路35号 | 3289953 |
| | 阳江市江城区江之旅旅行社有限公司 | L－GD00725 | 阳旅通[2009]125号 | 陈景华 | 阳江市江城区东风二路58号南方雅苑33号铺 | 3390177 |
| | 广东中旅(阳江)旅行社有限公司 | L－GD00971 | 阳旅批复[2009]4号 | 邓　霄 | 阳江市东风一路42号 | 3390177 |
| | 阳春市兴达旅行社有限公司 | L－GD01001 | 阳旅外侨复[2010]3号 | 严有兴 | 阳江阳春市春湾镇春湾大道北23号 | 13809723524 |
| | 阳江市银湖旅行社有限公司 | L－GD01153 | 阳旅外侨批复[2010]4号 | 刘奕奎 | 阳江市江城区新江北路57号一、二层商铺 | 2861666 |
| | **※阳江市星月旅行社有限公司** | **L－GD01162** | **阳旅外侨批复[2011]3号** | **林振七** | **阳江市江城区三环路63、65、67号** | **13922023458** |
| | **※广东国旅(阳江)旅行社有限公司** | **L－GD01228** | **阳旅外侨批复[2011]5号** | **费民龙** | **阳江市江城区东风二路16号** | **2899613** |
| | **※阳春市喜洋洋旅行社有限公司** | **L－GD01250** | **阳旅外侨批复[2011]6号** | **邹喜来** | **阳江阳春市春城镇南路128号** | **7888878** |
| 湛江市(0759) | 湛江市中国旅行社有限公司 | L－GD－CJ00127 | 旅管发[2002]91号 | 李建奇 | 湛江市霞山区人民大道南18号6楼 | 2277333 |
| | 湛江中国国际旅行社有限公司 | L－GD00493 | 湛旅[2009]60号 | 杨雪山 | 湛江市人民大道中34号开发区财政局2楼 | 3616633 |
| | 湛江铁路旅行社 | L－GD00494 | 湛旅[2009]60号 | 柯　浩 | 湛江市霞山区解放西路火车站大楼内 | 3516918 |
| | 湛江广之旅旅行社有限公司 | L－GD00495 | 湛旅[2009]60号 | 李宏明 | 湛江市赤坎区海田路28号3楼 | 3618888 |
| | 湛江市金紫荆假日旅行社有限公司 | L－GD00496 | 湛旅[2009]60号 | 郑慧雄 | 湛江市霞山区人民大道南45号国贸大厦A10 | 2360546 |
| | 湛江市阳光旅行社有限公司 | L－GD00497 | 湛旅[2009]60号 | 李雅文 | 湛江市赤坎区中山一路2号世贸大厦1栋C座 | 3228378 |
| | 湛江市缤纷假日旅行社有限公司 | L－GD00499 | 湛旅[2009]60号 | 吉永铎 | 湛江市霞山区人民大道南20号2楼 | 2662222 |
| | 湛江海旅旅行社有限公司 | L－GD00500 | 湛旅[2009]60号 | 陈真平 | 湛江市霞山区人民大道南6号 | 2288500 |

续表

| 地区 | 旅行社名称 | 许可证编号 | 批文号 | 法定代表人 | 联系地址 | 联系电话 |
|---|---|---|---|---|---|---|
| 湛江市（拥有旅行社42家，其中出境游组团社1家） | 湛江市南珠旅行社有限公司 | L－GD00501 | 湛旅[2009]60号 | 吴锦燕 | 湛江市霞山区人民大道南73号 | 2307132 |
| | 湛江市神州假期旅行社有限公司 | L－GD00502 | 湛旅[2009]60号 | 张　静 | 湛江市赤坎区海园路28号华盛家园鑫怡阁 | 3131111 |
| | 湛江湛之旅旅行社有限公司 | L－GD00503 | 湛旅[2009]60号 | 黄国立 | 湛江市赤坎区百园路54号 | 3360200 |
| | 湛江市天马旅行社有限公司 | L－GD00504 | 湛旅[2009]60号 | 魏广萍 | 湛江市霞山区海昌路20号首层 | 2260748 |
| | 湛江开发区教育旅行社有限公司 | L－GD00505 | 湛旅[2009]60号 | 牛永春 | 湛江开发区人民大道中24号B幢二门102房 | 3622225 |
| | 湛江市环球旅行社有限公司 | L－GD00506 | 湛旅[2009]60号 | 谢春腾 | 湛江市霞山区人民大道南69号首层右边 | 2277111 |
| | 湛江市怡海旅行社有限公司 | L－GD00507 | 湛旅[2009]60号 | 梁海辉 | 湛江市霞山区人民大道南50、52号国贸新天地 | 2214999 |
| | 湛江市湖光岩旅行社有限公司 | L－GD00508 | 湛旅[2009]60号 | 林郑智 | 湛江市湖光岩风景区干部疗养院办公楼08房 | 2819192 |
| | 湛江市蓝月湾旅行社有限公司 | L－GD00509 | 湛旅[2009]60号 | 廖　健 | 湛江市海滨二路32号海滨宾馆6号楼1楼 | 2373328转 |
| | 徐闻县旅游公司 | L－GD00510 | 湛旅[2009]60号 | 包声侠 | 湛江市徐闻县徐城镇德新一路87号 | 4856343 |
| | 雷州市旅游总公司 | L－GD00511 | 湛旅[2009]60号 | 洪　新 | 雷州市西湖大道38号7楼 | 8808778 |
| | 湛江市中泰旅行社有限公司 | L－GD00512 | 湛旅[2009]60号 | 钟　玲 | 湛江市赤坎区海田东三路6号 | 3163158 |
| | 湛江南湖旅行社有限公司 | L－GD00513 | 湛旅[2009]60号 | 黄进文 | 湛江市霞山区人民大道南28号怡福国际A幢 | 2299878 |
| | 湛江风光旅行社有限公司 | L－GD00514 | 湛旅[2009]60号 | 梁亚伟 | 湛江市龙潮东路湛江美食休闲广场C栋 | 2328808 |
| | 湛江市光大旅行社有限公司 | L－GD00934 | 湛旅函[2009]30号 | 黎明辉 | 湛江市人民大道北34号体育中心内 | 6609511 |
| | 湛江泰华旅行社有限公司 | L－GD00935 | 湛旅函[2009]31号 | 冯毅青 | 湛江市经济技术开发区海静路6号海观园A栋 | 3382622 |
| | 湛江市美景旅行社有限公司 | L－GD00957 | 湛旅函[2009]39号 | 陈文琢 | 湛江市霞山区人民大道南42号国贸城市广场 | 2270066 |
| | 湛江市青之旅旅游有限公司 | L－GD00970 | 湛旅函[2009]42号 | 马志军 | 湛江市霞山区人民大道南39号 | 2236928 |
| | 湛江市环宇国际旅行社有限公司 | L－GD00978 | 湛旅函[2009]45号 | 陈真养 | 湛江市霞山区人民大道南18号华侨大厦6楼 | 2220077 |
| | 湛江市名家假期旅行社有限公司 | L－GD00979 | 湛旅函[2009]46号 | 包昌强 | 湛江市赤坎区世贸大厦写字楼14楼1010室 | 2191888 |
| | 湛江市半岛假期旅游有限公司 | L－GD01011 | 湛旅函[2010]11号 | 黄　智 | 湛江市霞山区人民大道南45号国贸大厦5栋 | 2278222 |
| | 湛江国旅假期旅行社有限公司 | L－GD01021 | 湛旅函[2010]12号 | 杨雪山 | 湛江市椹川大道北99号运通宾馆首层 | 3169399 |

续表

| 地区 | 旅行社名称 | 许可证编号 | 批文号 | 法定代表人 | 联系地址 | 联系电话 |
|---|---|---|---|---|---|---|
| 湛江市(0759) | 湛江市国之旅旅行社有限公司 | L－GD01074 | 湛旅函[2010]36号 | 朱俊权 | 湛江市雷州雷城群众大道23号 | 8818188 |
| | 湛江假日旅行社有限公司 | L－GD01102 | 湛旅函[2010]42号 | 万　超 | 湛江市开发区明哲路7号 | 2999029 |
| | 湛江市金粤嘉辉旅游有限责任公司 | L－GD01125 | 湛旅函[2010]号 | 金成财 | 湛江市霞山区华欣路8号A栋首层西边 | 13902503771 |
| | 广东国旅湛江旅行社有限公司 | L－GD01134 | 湛旅函[2010]54号 | 杨雪山 | 湛江开发区观海路183号海洋花园A栋首层 | 3169399 |
| | 湛江市现代国际旅行社有限公司 | L－GD01144 | 湛旅函[2010]60号 | 陈楚翘 | 湛江市霞山区人民大道20号办公室3楼 | 3297332 |
| | 湛江市口岸国际旅行社有限公司 | L－GD01145 | 湛旅函[2010]59号 | 吴心珥 | 湛江市开发区观海路183号荣基国际广场 | 2099990 |
| | ※湛江港程旅行社有限公司 | L－GD01160 | 湛旅函[2011]1号 | 陈　升 | 湛江市开发区观海路183号荣基国际广场公寓 | 2827216 |
| | ※湛江市旅游总公司 | L－GD01165 | 湛旅函[2011]4号 | 卢　义 | 湛江市霞山区海昌路20栋 | 2109807 |
| | ※湛江市步天下旅行社有限公司 | L－GD01224 | 湛旅函[2011]28号 | 邓锦伟 | 湛江市霞山区海景路80号18栋别墅3层 | 2677003 |
| | ※吴川市旅游发展总公司 | L－GD01271 | 湛旅函[2011]46号 | 陈　豪 | 湛江吴川市市府招待所2号楼204、205室 | 5608851 |
| | ※湛江市新旅程旅行社有限公司 | L－GD01284 | 湛旅函[2011]50号 | 林伟杰 | 湛江市霞山区工农路57号 | 13922089728 |
| | ※湛江旅游集散中心有限公司 | L－GD01292 | 湛江函[2011]53号 | 梁亚伟 | 湛江市龙潮东路美食休闲广场C栋一单元 | 3333388 |
| 茂名市(拥有旅行社16家，其中出境游组团社2家) | 茂名市国旅国际旅行社有限公司 | L－GD－CJ00128 | 旅管发[2002]91号 | 费民龙 | 茂名市人民南路94号 | 3888888 |
| | 茂名市中国旅行社 | L－GD－CJ00129 | 旅管发[2002]91号 | 尹国生 | 茂名市河东迎宾路46号 | 3390193 |
| | 茂名市青年旅行社 | L－GD00337 | 旅管发[2002]91号 | 杨小周 | 茂名市文明北路30号 | 2895666 |
| | 茂名市恒泰旅行社有限公司 | L－GD00338 | 旅管发[2002]91号 | 张兆明 | 茂名市区迎宾四路153号大院东南侧1－3间 | 2997878 |
| | 茂名市光明旅行社有限公司 | L－GD00340 | 旅管发[2002]91号 | 练　岚 | 茂名市迎宾三路189号大院C座首层 | 2732028 |
| | 茂名金典旅行社有限公司 | L－GD00341 | 旅管发[2002]91号 | 许建伟 | 茂名市官山三路22号 | 2293252 |
| | 茂名宗易旅行社有限公司 | L－GD00342 | 旅管发[2002]91号 | 车振洪 | 茂名市油城七路36号1楼4－6号 | 2887369 |
| | 茂名神马旅行社有限公司 | L－GD00344 | 旅管发[2002]91号 | 江金朝 | 茂名市油城三路222号大院 | 2265726 |
| | 茂名市茂南假日旅行社 | L－GD00345 | 旅管发[2002]91号 | 周光何 | 茂名市油城三路319号2楼 | 2226328 |
| | 高州市中国旅行社 | L－GD00346 | 旅管发[2002]91号 | 李拨松 | 高州市观山路4号 | 6613988 |

续表

| 地区 | 旅行社名称 | 许可证编号 | 批文号 | 法定代表人 | 联系地址 | 联系电话 |
|---|---|---|---|---|---|---|
| 茂名市(0668) | 高州市旅游总公司 | L－GD00347 | 旅管发[2002]91 号 | 江海运 | 高州市中山路 73 号 | 6633058 |
| | 化州市中国旅行社 | L－GD00348 | 旅管发[2002]91 号 | 詹彩丽 | 化州市文仙路 57 号 | 7229397 |
| | 信宜市中国旅行社 | L－GD00349 | 旅管发[2002]91 号 | 陈世金 | 信宜市人民南路 58 号 | 8811528 |
| | 信宜市云开旅行社 | L－GD00350 | 旅管发[2002]91 号 | 李进昌 | 信宜市区新尚路 53 号 | 8813631 |
| | 广东中旅(茂名)旅行社有限公司 | L－GD00911 | 茂旅字[2010]14 号 | 凌富杰 | 茂名市双山二路 21 号 2 楼 201 房 | 2899663 |
| | 茂名广旅假期旅行社有限公司 | L－GD00912 | 茂旅字[2010]15 号 | 朱理宝 | 茂名市迎宾二路 89 号茂名农垦局 8 号楼 | 2117777 |
| 肇庆市(拥有旅行社 40 家，其中出境游组团社 2 家) | 肇庆市中国旅行社有限公司 | L－GD－CJ00130 | 旅管发[2002]91 号 | 朱丽华 | 肇庆市天宁北路 90 号 | 2288034 |
| | 肇庆星湖国际旅行社有限公司 | L－GD－CJ00131 | 旅管发[2002]91 号 | 牛伟杰 | 肇庆市天宁北路 82 号 | 2230511 |
| | 肇庆市活力国际旅行社有限公司 | L－GD00515 | 肇旅函字[2009]170 号 | 冯继军 | 肇庆市端州区翠星路鸿福新村 E 幢 5－7 卡 | 2816984 |
| | 肇庆市青年国际旅行社有限公司 | L－GD00516 | 肇旅函字[2009]170 号 | 许剑明 | 肇庆市城北路 110－111 号财联大厦九楼 | 2278001 |
| | 肇庆市国泰国际旅行社有限公司 | L－GD00517 | 肇旅函字[2009]170 号 | 郭志英 | 肇庆市前进南路鼎湖新村三区一栋 201、204 室 | 2728227 |
| | 肇庆鼎湖旅行社 | L－GD00518 | 肇旅函字[2009]170 号 | 董植森 | 肇庆鼎湖山风景区内 | 2628093 |
| | 肇庆通联旅行社有限公司 | L－GD00519 | 肇旅函字[2009]170 号 | 林雪影 | 肇庆市莲湖中路七号陶然居首层 10－12 号 | 2260243 |
| | 肇庆市肇之旅国际旅行社有限公司 | L－GD00520 | 肇旅函字[2009]170 号 | 赵建辉 | 肇庆市天宁北路 43 号文化假日酒店 2 楼夹层 | 2201112 |
| | 肇庆金世纪国际旅行社有限公司 | L－GD00521 | 肇旅函字[2009]170 号 | 梁伟忠 | 肇庆市七星岩旅游度假区瑞士花园 | 2830968 |
| | 肇庆市铁路旅行社有限公司 | L－GD00522 | 肇旅函字[2009]170 号 | 吴国锋 | 肇庆市端州区站北路 | 2826013 |
| | 肇庆市新时代国际旅行社有限公司 | L－GD00523 | 肇旅函字[2009]170 号 | 李予斯 | 肇庆市肇庆大道 1 号月圆花园北苑 8 幢 | 2760606 |
| | 肇庆市教育旅行社有限公司 | L－GD00524 | 肇旅函字[2009]170 号 | 谢锦贤 | 肇庆市阅江路江景花苑二区 G3 幢第二卡 | 2326610 |
| | 肇庆市锦绣东方旅行社有限公司 | L－GD00525 | 肇旅函字[2009]170 号 | 周亦君 | 肇庆市康乐花园 E4 栋首层 2 卡 | 2811819 |
| | 肇庆环球商务国际旅行社有限公司 | L－GD00526 | 肇旅函字[2009]170 号 | 黄伟智 | 肇庆市前进南路东堤湾 11 幢 107 号 | 2789118 |
| | 肇庆市环宇国际旅行社有限公司 | L－GD00527 | 肇旅函字[2009]170 号 | 欧杰兰 | 肇庆市芙蓉西路一街 7 号首层 101 卡 | 2838683 |
| | 肇庆市凤凰国际旅行社有限公司 | L－GD00528 | 肇旅函字[2009]170 号 | 王　凤 | 肇庆市塔东三路 38 号东景华府第 B4 幢首层 | 2289662 |

续表

| 地区 | 旅行社名称 | 许可证编号 | 批文号 | 法定代表人 | 联系地址 | 联系电话 |
|---|---|---|---|---|---|---|
| 肇庆市(0758) | 肇庆市广之旅国际旅行社有限公司 | L－GD00530 | 肇旅函字[2009]170号 | 谭予丽 | 肇庆市建设三路10号柏丽雅居A、B、C栋202 | 2295581 |
| | 肇庆市南湖旅行社有限公司 | L－GD00531 | 肇旅函字[2009]170号 | 赵　祁 | 肇庆市天宁北路天宁广场首层A115B卡 | 2317111 |
| | 肇庆市华厦国际旅行社有限公司 | L－GD00532 | 肇旅函字[2009]170号 | 江秀芳 | 肇庆市人民中路20号民政大楼7楼708 | 2292518 |
| | 肇庆山水国际旅行社有限公司 | L－GD00533 | 肇旅函字[2009]170号 | 郑丽明 | 肇庆市阅江路阅景花苑西座首层第17卡商铺 | 2325011 |
| | 肇庆市四海国际旅行社有限公司 | L－GD00534 | 肇旅函字[2009]170号 | 覃来芳 | 肇庆市端州六路上瑶南一巷之一 | 5976009 |
| | 肇庆市阳光国际旅行社有限公司 | L－GD00535 | 肇旅函字[2009]170号 | 冯武权 | 肇庆市星荷路星荷豪苑D幢28卡 | 2808277 |
| | 肇庆市中达国际旅行社有限公司 | L－GD00536 | 肇旅函字[2009]170号 | 卓　越 | 肇庆市建设三路七号之一柑园北路第一幢 | 2758223 |
| | 肇庆市精彩假期旅行社有限公司 | L－GD00537 | 肇旅函字[2009]170号 | 黎庆权 | 肇庆市建设二路13号第3幢A座10层1003房 | 6191888 |
| | 肇庆市和平国际旅行社有限公司 | L－GD00538 | 肇旅函字[2009]170号 | 罗国冲 | 肇庆市蓓蕾南路10号盛泽明苑第八卡 | 2252316 |
| | 广东中旅(肇庆)旅行社有限公司 | L－GD00540 | 肇旅函字[2009]170号 | 陈建斌 | 肇庆市端州五路2号首层1－C18卡 | 2910886 |
| | 封开县青年国际旅行社有限公司 | L－GD00541 | 肇旅函字[2009]170号 | 梁志坚 | 封开县江口镇河堤一路30号 | 6663219 |
| | 四会市旅游有限公司 | L－GD00542 | 肇旅函字[2009]170号 | 杨寄萍 | 四会市城中区新风路一巷五号之二 | 3323636 |
| | 怀集县中国旅行社 | L－GD00543 | 肇旅函字[2009]170号 | 范粤毅 | 怀集县解放中路78号 | 5536038 |
| | 四会市美丽华旅行社有限公司 | L－GD00544 | 肇旅函字[2009]170号 | 伍海友 | 四会市体育路九座首层 | 3396838 |
| | 肇庆市遨游天下国际旅行社有限公司 | L－GD00963 | 肇旅函字[2009]204号 | 胡思永 | 肇庆市端州区伴月路4号 | 2163338 |
| | 肇庆市华信国际旅行社有限公司 | L－GD00919 | 肇旅函字[2010]21号 | 马天乐 | 肇庆市芙蓉路西一街19号嘉士翠园首层 | 2854117 |
| | 肇庆市职工旅行社 | L－GD00993 | 肇旅函字[2010]24号 | 何乐 | 肇庆市天宁北路76号 | 2267736 |
| | 肇庆市西江国际旅行社有限公司 | L－GD00994 | 肇旅函字[2010]24号 | 李开裕 | 肇庆市芹田路39幢东二梯首层商场1－3卡 | 2206798 |
| | 肇庆市江南旅行社有限公司 | L－GD00995 | 肇旅函字[2010]24号 | 潘小燕 | 肇庆市端州区翠星路北一街13号 | 2867966 |
| | 肇庆市奥威斯旅行社有限公司 | L－GD01064 | 肇旅函字[2010]24号 | 袁旭华 | 肇庆市星湖大道西侧奥威斯酒店大堂内1号 | |
| | 肇庆市天下行国际旅行社有限公司 | L－GD01073 | 肇旅函字[2010]112号 | 黎超雄 | 肇庆市人民南路24号肇林宾馆3楼东边 | 2258618 |
| | 肇庆市风光国际旅行社有限公司 | L－GD01079 | 肇旅函字[2010]120号 | 周开雄 | 肇庆市柑园路1号中原翠筑2楼 | 13929867711 |

续表

| 地区 | 旅行社名称 | 许可证编号 | 批文号 | 法定代表人 | 联系地址 | 联系电话 |
|---|---|---|---|---|---|---|
| 肇庆(0758) | ※肇庆市晴朗假期旅行社有限公司 | L－GD01282 | 肇旅函字[2011]132号 | 陈丽霞 | 肇庆市端州五路2号时代广场商住楼A、B栋 | 13360266911 |
| | ※广东国旅(肇庆)旅行社有限公司 | L－GD01299 | 肇旅函字[2011]172号 | 胡思永 | 肇庆市端州区伴月路4号之一 | 2183118 |
| 清远市(拥有旅行社50家，其中出境游组团社1家) | 清远市中旅国际旅行社有限公司 | L－GD－CJ00132 | 旅管发[2002]91号 | 杨志明 | 清远市先锋西路西湖花园青少年宫大楼西侧 | 3321611 |
| | 清远市国旅国际旅行社有限责任公司 | L－GD00351 | 清旅[2009]118号 | 罗红霞 | 清远市清城区桥北路牛皇庙西三座3号 | 3330939 |
| | 清远青旅旅行社有限公司 | L－GD00352 | 清旅[2009]118号 | 梁冠强 | 清远市新城凤鸣路名豪苑 | 3366000 |
| | 清远市新里程旅行社有限公司 | L－GD00353 | 清旅[2009]118号 | 向春明 | 清远市新城东5号区连江路二十三栋104卡 | 3366588 |
| | 清远市步步高旅行社有限公司 | L－GD00354 | 清旅[2009]118号 | 冯伟洪 | 清远市清城区曙光一路88号首层 | 3340133 |
| | 清远市风之旅旅行社有限公司 | L－GD00355 | 清旅[2009]118号 | 冯国权 | 清远市清城区桥北路牛皇庙新二栋一梯206房 | 3347628 |
| | 清远市新美景旅行社有限公司 | L－GD00356 | 清旅[2009]118号 | 肖庆扬 | 清远市新城区富华大厦B座二层北2号 | 3370519 |
| | 清远市星辉旅行社有限公司 | L－GD00357 | 清旅[2009]118号 | 黄志成 | 清远市小市路15号首层 | 3877722 |
| | 清远市口岸旅行社有限公司 | L－GD00358 | 清旅[2009]118号 | 曾昭军 | 清远市新城银泉路18号社科中心5楼 | 3870888 |
| | 清远市金色旅行社有限公司 | L－GD00361 | 清旅[2009]118号 | 陈桂莲 | 清远市新城连江路赢之城C1－005、C1－007 | 3876288 |
| | 清远市远景旅行社有限公司 | L－GD00362 | 清旅[2009]118号 | 林韶伟 | 清远市新城人民二路24号公路管理局北院 | 3867775 |
| | 清远市风情旅行社有限公司 | L－GD00363 | 清旅[2009]118号 | 谢永强 | 清远市新城西门街右三巷一座101号 | 3333912 |
| | 清远运通旅行社有限公司 | L－GD00365 | 清旅[2009]118号 | 温秀萍 | 清远市新城北江二号国泰广场首层1、2号铺 | 3123398 |
| | 清远市缤纷旅行社有限公司 | L－GD00366 | 清旅[2009]118号 | 苏秀清 | 清远市清城区新城人民二路23号尚景峰B梯 | 3861555 |
| | 清远市永安旅行社有限公司 | L－GD00367 | 清旅[2009]118号 | 冯　勇 | 清远市清城松岗路一号楼一、二楼西面房铺位 | 3399162 |
| | 清远市花花假期旅行社有限公司 | L－GD00368 | 清旅[2009]118号 | 朱丽花 | 清远市新城连江路金沙商务大厦11层B02a | 3851122 |
| | 清远市清新假期旅行社有限公司 | L－GD00369 | 清旅[2009]118号 | 陈桂泉 | 清远市清新县清和大道12号2楼 | 6880418 |
| | 连南瑶族自治县瑶山旅行社有限公司 | L－GD00370 | 清旅[2009]118号 | 肖宪勇 | 表远市连南县三江镇民族二路10号之一 | 8667777 |
| | 连州新时代旅行社有限公司 | L－GD00371 | 清旅[2009]118号 | 何国辉 | 清远连州市南门大道B1栋12号 | 6633231 |
| | 连州市金色假期旅行社有限责任公司 | L－GD00372 | 清旅[2009]118号 | 黄德锋 | 清远连州市人民路218号连州宾馆内 | 6625530 |

续表

| 地区 | 旅行社名称 | 许可证编号 | 批文号 | 法定代表人 | 联系地址 | 联系电话 |
|---|---|---|---|---|---|---|
| 清远市（0763） | 连州市骄阳旅行社有限公司 | L－GD00373 | 清旅[2009]118 号 | 麦丰庭 | 清远连州市兴业中路 10 号 | 6661955 |
| | 连山壮族瑶族自治县中国旅行社 | L－GD00374 | 清旅[2009]118 号 | 李卫学 | 清远市连山壮族瑶族自治县吉田镇鹿鸣东路 | 8918377 |
| | 英德市旅游服务公司 | L－GD00376 | 清旅[2009]118 号 | 杨军辉 | 清远英德市教育西路旺达花园 C4 栋 | 2226596 |
| | 英德市青年旅行社 | L－GD00377 | 清旅[2009]118 号 | 麦穗霞 | 清远英德市和平中路 75 号 | 2231606 |
| | 英德市英州旅行社有限责任公司 | L－GD00378 | 清旅[2009]118 号 | 陈宁红 | 清远英德市英城镇建设路 64 号 | 2231238 |
| | 英德市英之旅旅行社有限公司 | L－GD00379 | 清旅[2009]118 号 | 朱素玲 | 清远英德市英城镇峰光路劳动保障局侧 | 2281838 |
| | 英德市今日假期旅行社有限公司 | L－GD00380 | 清旅[2009]118 号 | 莫小妮 | 清远英德市英城和平北路 20 号 1 楼 | 2239350 |
| | 英德市小岛旅行社有限责任公司 | L－GD00381 | 清旅[2009]118 号 | 朱建权 | 清远英德市英州大道小岛宾馆负 1 楼 | 2282348 |
| | 英德市潮流旅行社有限公司 | L－GD00382 | 清旅[2009]118 号 | 江化任 | 清远英德市英城镇建设路矿业大厦首层 | 2228938 |
| | 英德市安泰旅行社有限公司 | L－GD00383 | 清旅[2009]118 号 | 吴世喜 | 清远英德市富强东路凤凰城 146 号 | 2206136 |
| | 佛冈县佛旅旅行社有限公司 | L－GD00384 | 清旅[2009]118 号 | 周铁忠 | 清远市佛冈县石角镇振兴中路 113 号 | 4283460 |
| | 佛冈青年旅行社有限公司 | L－GD00385 | 清旅[2009]118 号 | 刘小青 | 清远市佛冈县石角镇环城中路 382 号 | 4299333 |
| | 清远市开心假期旅行社有限公司 | L－GD00386 | 清旅[2009]118 号 | 梁国球 | 清远市清城区曙光二路三座 | 3380333 |
| | 阳山县中国旅行社有限公司 | L－GD00387 | 清旅[2009]118 号 | 陈秀丽 | 清远市阳山县阳山大道 107 号首层 | 7882679 |
| | 英德市畅游天下旅行社有限公司 | L－GD00936 | 清旅[2009]136 号 | 孔莉梅 | 清远英德市富强路凤凰城广场首层 1－128 号 | 2206188 |
| | 连州市粤北巾峰旅行社有限公司 | L－GD00937 | 清旅[2009]137 号 | 唐玉裙 | 清远连州市兴业中路 37 号 | 6622816 |
| | 佛冈假日旅行社有限公司 | L－GD00955 | 清旅[2009]162 号 | 冯晓聪 | 清远市佛冈县石角镇振兴中路 62 号 | 4281108 |
| | 清新县黄金假日旅行社有限公司 | L－GD00956 | 清旅[2009]163 号 | 梁海潮 | 清远市清新县清和大道 6 号 | 5563222 |
| | 清远市飞扬旅行社有限公司 | L－GD00975 | 清旅[2009]174 号 | 黄锦成 | 清远市新城三号区金沙大厦 13B02b | 3813108 |
| | 广东中旅（清远）旅行社有限公司 | L－GD00897 | 清旅[2010]12 号 | 王中朝 | 清远市新城区凤鸣路 47 号金景楼首层 8 卡 | 33556666 |
| | 英德市喜洋洋旅行社有限公司 | L－GD01020 | 清旅[2010]46 号 | 范维芝 | 清远英德市和平中路 102 号 | 2235147 |
| | 清远市康泰旅行社有限公司 | L－GD01028 | 清旅[2010]53 号 | 梁敏聪 | 清远市清城区下廓大街 2－10 号 4 号铺 | 13509268682 |

续表

| 地区 | 旅行社名称 | 许可证编号 | 批文号 | 法定代表人 | 联系地址 | 联系电话 |
|---|---|---|---|---|---|---|
| 清远市(0763) | 清新阳光假日旅行社有限公司 | L-GD01056 | 清旅[2010]83 号 | 苏雄健 | 清远市清新县府前路 16 号 101 卡 | 13922561818 |
| | 英德市快乐假期旅行社有限公司 | L-GD01115 | 清旅[2010]126 号 | 范方靖 | 清远英德市富强东路凤凰城 A9 栋 1-124 号铺 | 2636588 |
| | ※英德市观光旅行社有限公司 | L-GD01159 | 清旅[2011]104 号 | 徐仕强 | 清远英德市和平路时代广场南 A20 号 | 2227999 |
| | ※英德市逸程旅游服务有限公司 | L-GD01278 | 清旅[2011]130 号 | 陈天培 | 清远英德市英城镇茶园路东门 50-51 号 | 2787888 |
| | ※清远市建福旅游服务有限公司 | L-GD01297 | 清旅[2011]155 号 | 扈　峰 | 清远市新城连江路金沙商务大厦 11 层 A04-1 | 13610599033 |
| | ※清远市鸿泰旅行社有限公司 | L-GD01309 | 清旅[2011]170 号 | 曾柳添 | 清远市新城银泉北路鸿信宾馆二层 | 3669633 |
| | ※广东国旅(清远)旅行社有限公司 | L-GD01341 | 清旅[2011]208 号 | 陈文庆 | 清远市北江二路 28 号怡景大厦 01B | 18900893614 |
| | ※清远市诚信旅游有限公司 | L-GD01342 | 清旅[2011]209 号 | 雷观丽 | 清远市清城区朝阳花苑五座首层第四卡铺 | 13620556820 |
| 潮州市(拥有旅行社 28 家,其中出境游组团社 5 家) | 潮州市中国旅行社有限公司 | L-GD-CJ00133 | 旅管发[2002]91 号 | 郑正佳 | 潮州市潮州大道金田花园 84 号铺面 | 2354510 |
| | 潮州中国国际旅行社有限公司 | L-GD-CJ00134 | 旅管发[2002]91 号 | 陆锐群 | 潮州市潮枫路 57 号潮新巷 19 号(旅游大厦) | 2268745 |
| | 潮州风光国际旅行社有限公司 | L-GD-CJ00135 | 旅管发[2006]178 号 | 林子贤 | 潮州市潮枫路兰园首层 8 号 | 2272888 |
| | 潮州市潮之旅国际旅行社有限公司 | L-GD-CJ00141 | 旅管发[2010]149 号 | 郑剑明 | 潮州市枫春路 406 号 | 2357766 |
| | 潮州市龙之旅国际旅行社有限公司 | L-GD-CJ00150 | 旅管发[2010]215 号 | 陈长安 | 潮州市福安路锦江花园 A 栋 20-21 号铺面 | 3996312 |
| | 潮州招商旅行社有限公司 | L-GD00421 | 旅管发[2010]215 号 | 谢小平 | 潮州市潮枫路迎宾馆左侧 | 2299118 |
| | 潮州市海联旅行社 | L-GD00422 | 旅管发[2010]215 号 | 陈红茶 | 潮州市南较路右二横 8 号(南较路中段) | 2221437 |
| | 潮州市青年旅行社 | L-GD00423 | 旅管发[2010]215 号 | 黄锦龙 | 潮州市枫春路枫春市场 163-164 号 | 2387111 |
| | 潮州市假日旅行社有限公司 | L-GD00424 | 旅管发[2010]215 号 | 蔡树群 | 潮州市枫春路中段吉街大厦楼下 8 号 | 2297165 |
| | 潮州市鸿运旅行社有限公司 | L-GD00426 | 旅管发[2010]215 号 | 黄功雄 | 潮州市潮枫路长运公司大堂 | 2216598 |
| | 潮州市湘子桥旅行社有限公司 | L-GD00427 | 旅管发[2010]215 号 | 王美璇 | 潮州市新春路新雅园 A 幢 3-4 号铺面 | 2353888 |
| | 潮州东南旅行社有限公司 | L-GD00428 | 旅管发[2010]215 号 | 林铿平 | 潮州市福安路新泰花园第 10 号铺 | 2396878 |
| | 潮州市天伦旅行社有限公司 | L-GD00429 | 旅管发[2010]215 号 | 王安伦 | 潮州市潮枫路兰园 1 幢 18 号门市(首层、夹层) | 2806841 |
| | 潮州市金龙旅行社有限公司 | L-GD00430 | 旅管发[2010]215 号 | 林郁平 | 潮州市环城南路 39 号 | 2286386 |

续表

| 地区 | 旅行社名称 | 许可证编号 | 批文号 | 法定代表人 | 联系地址 | 联系电话 |
|---|---|---|---|---|---|---|
| 潮州市(0768) | 潮州市春辉旅行社有限公司 | L-GD00431 | 旅管发[2010]215号 | 柯文胜 | 潮州市城新西路福居楼7-8号铺面 | 2362009 |
| | 潮安县天马旅游公司 | L-GD00432 | 旅管发[2010]215号 | 翁树荣 | 潮州市潮安县城区文体局办公楼首层5-6号 | 3913073 |
| | 潮安县中国旅行社 | L-GD00433 | 旅管发[2010]215号 | 李钟勤 | 潮州市潮安县政府综合办公大楼2楼 | 5811109 |
| | 潮安县春秋旅行社有限公司 | L-GD00434 | 旅管发[2010]215号 | 陈耀北 | 潮州市潮安县彩塘院前公路旁76-77号 | 6675898 |
| | 潮安县安之旅旅行社有限公司 | L-GD00435 | 旅管发[2010]215号 | 沈杏璇 | 潮州市潮安县城区潮安大道旁中心市场一幢 | 5810072 |
| | 饶平县中国旅行社 | L-GD00436 | 旅管发[2010]215号 | 蔡饶阳 | 潮州市饶平县黄冈镇丁未路611号 | 8882723 |
| | 饶平县天地人旅行社有限公司 | L-GD00437 | 旅管发[2010]215号 | 郑金雄 | 潮州市饶平县黄冈镇沿河北路龙新花园A座 | 8881788 |
| | 饶平县阳光之旅旅行社有限公司 | L-GD00438 | 旅管发[2010]215号 | 郑少珠 | 潮州市饶平县黄冈镇丁未路567号 | 8861188 |
| | 饶平县鸿泰旅行社有限公司 | L-GD00439 | 旅管发[2010]215号 | 林淑芬 | 潮州市饶平县黄冈镇沿河北路38号 | 8881600 |
| | 饶平县青年旅行社有限公司 | L-GD00440 | 旅管发[2010]215号 | 许振贤 | 潮州市饶平县黄冈镇沿河北路36号 | 8899333 |
| | 潮州市壮大旅行社有限公司 | L-GD00888 | 潮旅旅[2010]5号 | 章壮大 | 潮州市枫溪区安揭公路枫一管理区门牌9号 | 6883897 |
| | 潮州市山水旅行社有限公司 | L-GD01010 | 潮文旅[2010]12号 | 陈继祖 | 潮州市枫春路枫溪车站东侧泡沫厂10号门市 | 2252333 |
| | **※潮州市新世纪旅行社有限公司** | **L-GD01156** | **潮文旅[2011]6号** | **陈蔚光** | **潮州市新城西路金贸花园B栋103** | **2388612** |
| | **※潮州市潮人旅行社有限公司** | **L-GD01175** | **潮文旅[2011]31号** | **刘森权** | **潮州市新春路公路局住宅楼2号门市** | **2356111** |
| 揭阳市(0663) | 揭阳市旅总国际旅行社 | L-GD-CJ00136 | 旅管发[2002]91号 | 黄建明 | 揭阳市区天福东路口 | 8292227 |
| | 揭阳市中国旅行社 | L-GD-CJ00137 | 旅管发[2002]91号 | 许汉基 | 揭阳市区新兴路6号 | 8625941 |
| | 揭阳市光辉国际旅行社有限公司 | L-GD00069 | 揭市旅函[2009]46号 | 许剑光 | 揭阳市榕城区进贤门大道北侧 | 8625388 |
| | 揭阳假日旅行社有限公司 | L-GD00070 | 揭市旅函[2009]46号 | 陈德锋 | 揭阳市东山华诚花园一期南区北向113号 | 8212683 |
| | 揭阳市宝马旅行社有限公司 | L-GD00071 | 揭市旅函[2009]46号 | 陈秀君 | 揭阳市区进安街中段 | 8635988 |
| | 揭阳市青年旅行社有限公司 | L-GD00072 | 揭市旅函[2009]46号 | 黄丹彤 | 揭阳市东山区建阳路联泰花园8-10号 | 8228141 |
| | 揭阳康辉旅行社有限公司 | L-GD00073 | 揭市旅函[2009]46号 | 黄细巧 | 揭阳市榕城区同心路口 | 8687700 |
| | 揭阳市顺华旅行社 | L-GD00074 | 揭市旅函[2009]46号 | 吴奕强 | 揭阳市区新兴路揭阳宾馆内 | 8638663 |

续表

| 地区 | 旅行社名称 | 许可证编号 | 批文号 | 法定代表人 | 联系地址 | 联系电话 |
|---|---|---|---|---|---|---|
| 揭阳市（拥有旅行社25家，其中出境游组团社2家） | 揭阳市中和旅行社有限公司 | L－GD00075 | 揭市旅函[2009]46号 | 邱南龙 | 揭阳市榕城区新兴东路北侧飞燕五巷一号3/1 | 8692106 |
| | 揭阳吉旅旅行社有限公司 | L－GD00076 | 揭市旅函[2009]46号 | 郑玩杰 | 揭阳市东山区锦绣花园二期首层7－8号 | 8260333 |
| | 普宁市旅游总公司 | L－GD00077 | 揭市旅函[2009]46号 | 詹汉龙 | 揭阳普宁市联运贸易服务公司大楼A栋5楼 | 2248753 |
| | 普宁市金叶旅行社有限公司 | L－GD00078 | 揭市旅函[2009]46号 | 黎小群 | 揭阳普宁市流沙河滨路1号 | 2236889 |
| | 普宁市侨联旅行社 | L－GD00079 | 揭市旅函[2009]46号 | 黄卓生 | 揭阳普宁市流沙镇新河西路7号 | 2221162 |
| | 普宁市铁山旅行社有限公司 | L－GD00080 | 揭市旅函[2009]46号 | 韦跃鹏 | 揭阳普宁市流沙大道市政府西侧龙苑一栋107 | 2222196 |
| | 普宁市新东方旅行社有限公司 | L－GD00081 | 揭市旅函[2009]46号 | 肖红慧 | 揭阳普宁市流沙南平里41栋95号 | 2255995 |
| | 普宁市美林旅行社有限公司 | L－GD00082 | 揭市旅函[2009]46号 | 冯秋璇 | 揭阳普宁市流沙大道西21号 | 2243618 |
| | 揭西县旅游总公司 | L－GD00083 | 揭市旅函[2009]46号 | 汪潮盖 | 揭阳市揭西县城滨江公司侧 | 5527938 |
| | 揭西县新世纪旅行社有限公司 | L－GD00084 | 揭市旅函[2009]46号 | 沈彦娜 | 揭阳市揭西县棉湖镇道江西路公园大门东侧 | 5252618 |
| | 揭西县霖都旅行社有限公司 | L－GD00085 | 揭市旅函[2009]46号 | 陈建兴 | 揭阳市揭西县河婆镇霖都大道183号 | 5591116 |
| | 揭东县金凤凰旅行社有限公司 | L－GD00086 | 揭市旅函[2009]46号 | 蔡育文 | 揭阳市揭东县金溪大道步行街48、50号 | 3198631 |
| | 惠来县信天乐旅行社有限公司 | L－GD01097 | 揭市旅函[2010]41号 | 李丽云 | 揭阳市惠来县会城镇葵和路金海岸大楼109号 | 8560808 |
| | **※揭阳市美景旅行社有限公司** | **L－GD01199** | **揭市旅函[2011]16号** | **杨文略** | **揭阳市东山区江滨花园西侧铺面37号** | **13352701011** |
| | **※揭西县揭之旅旅行社有限公司** | **L－GD01235** | **揭市旅函[2011]33号** | **李显威** | **揭阳市揭西县城滨江公园侧揭西旅游局1楼** | **5520688** |
| | **※普宁市东弘旅行社有限公司** | **L－GD01240** | **揭市旅函[2011]37号** | **廖奕滨** | **揭阳普宁市流沙西街道锦绣园赵厝寮民楼** | **2903818** |
| | **※揭阳市新旅程国际旅行社有限公司** | **L－GD01316** | **揭市旅函[2011]60号** | **谢燕娜** | **揭阳市东山区金都花园正面铺面14号** | **8253311** |
| 云浮市（0766） | 云浮市中国旅行社有限公司 | L－GD－CJ00138 | 旅管发[2002]91号 | 李醒培 | 云浮市建设南路70号 | 8817338 |
| | 云浮市青年旅行社有限公司 | L－GD00546 | 云旅管[2009]30号 | 陈文彬 | 云浮市云城区玉皇路116号2楼 | 8819082 |
| | 云浮市阳光旅行社有限公司 | L－GD00547 | 云旅管[2009]30号 | 李振兴 | 云浮市云城区城南路10号第一卡 | 8911999 |
| | 云浮广之旅旅行社有限公司 | L－GD00548 | 云旅管[2009]30号 | 苏丽芳 | 云浮市云城区城南路55号 | 8982888 |
| | 云浮市伴你同游旅行社有限公司 | L－GD00549 | 云旅管[2009]30号 | 李结英 | 云浮市云城区河滨东路436号 | 8929177 |

续表

| 地区 | 旅行社名称 | 许可证编号 | 批文号 | 法定代表人 | 联系地址 | 联系电话 |
|---|---|---|---|---|---|---|
| 云浮市（拥有旅行社11家，其中出境游组团社1家） | 罗定市中国旅行社有限公司 | L－GD00550 | 云旅管［2009］30号 | 梁勤英 | 云浮罗定市罗城人民南1号 | 3726383 |
| | 罗定市飞翔旅行社有限公司 | L－GD00551 | 云旅管［2009］30号 | 陈英才 | 云浮罗定市龙园路131号 | 3826383 |
| | 新兴县翔顺旅行社有限公司 | L－GD00552 | 云旅管［2009］30号 | 祝泽坤 | 云浮市新兴县新城镇东堤南路 | 2884042 |
| | 郁南中国旅行社有限公司 | L－GD00553 | 云旅管［2009］30号 | 曾　戈 | 云浮市郁南县都城镇城中路85号 | 7593691 |
| | 云安县信安旅行社 | L－GD00885 | 云旅管［2009］40号 | 苏炜美 | 云浮市云安县城港城大道6号 | 8613392 |
| | ※罗定市快乐天旅游有限公司 | L－GD01262 | 云旅管［2011］29号 | 陈伟明 | 云浮罗定市罗城龙园路106号 | 3868228 |
| 顺德区（拥有旅行社24家，其中出境游组团社7家） | 广东顺之旅国际旅行社有限公司 | L－GD－CJ00082 | 旅管发［2002］91号 | 刘汝洪 | 佛山市顺德区大良街道南国中路F区 | 22336012 |
| | 佛山市顺德区中旅国际旅行社有限公司 | L－GD－CJ00086 | 旅管发［2002］91号 | 劳松盛 | 佛山市顺德区大良环市北路明阳楼二座 | 22332805 |
| | 佛山市口岸国际旅行社有限公司 | L－GD－CJ00089 | 旅管发［2005］34号 | 陈佩芳 | 佛山市顺德区大良近良居委会环市东路 | 22600046 |
| | 佛山市凤诚国际旅行社有限公司 | L－GD－CJ00090 | 旅管发［2005］34号 | 李佩兰 | 佛山市顺德区大良蓝田路27号 | 22383000 |
| | 佛山市顺德广之旅国际旅行社有限公司 | L－GD－CJ00091 | 旅管发［2007］156号 | 周天任 | 佛山市顺德区大良街道碧溪路又一居6号铺 | 22380688 |
| | 佛山市上游国际旅行社有限公司 | L－GD－CJ00092 | 旅管发［2007］318号 | 杨建辉 | 佛山市顺德区大良街道友谊路顺利德大厦 | 22386666 |
| | ※广东中旅（佛山）旅行社有限公司 | L－GD－CJ00157 | 旅管发［2011］44号 | 潘建伟 | 佛山市顺德区大良凤山东路雍翠庭8号铺 | 22360123 |
| | 广东国旅（顺德）旅行社有限责任公司 | L－GD01018 | 顺文复［2010］3号 | 彭　健 | 佛山市顺德区大良新桂中路敏给广场A座 | 29282203 |
| | 佛山市顺德区胜景游国际旅行社有限公司 | L－GD01026 | 顺文复［2010］4号 | 林镇刚 | 佛山市顺德区大良东乐路霭祥楼5号铺 | 22309960 |
| | 佛山市假日通国际旅行社有限公司 | L－GD01027 | 顺文复［2010］5号 | 欧敏珊 | 佛山市顺德区北滘镇东基路6栋17号商铺 | 26668887 |
| | 港中旅（佛山）旅行社有限公司 | L－GD01142 | 顺文复［2010］14号 | 陈镜帆 | 佛山市顺德区大良云良路康华楼13－15号铺 | |
| | ※佛山市顺德区玛旁雍措文化商务旅行社有限公司 | L－GD00491 | 旅管发［2011］44号 | 林翠玲 | 佛山市顺德区大良五八坊片区商会二层 | 22620838 |
| | ※佛山市顺德区英特商务旅行社有限公司 | L－GD00448 | 旅管发［2011］44号 | 李灿明 | 佛山市顺德区大良县东路35－53号信德楼 | 22233033 |
| | ※佛山市顺德区青年旅行社有限公司 | L－GD00449 | 旅管发［2011］44号 | 郭仰能 | 佛山市顺德区大良镇环市东路府又花园三座 | 22628378 |
| | ※佛山市顺德区星光假期旅行社有限公司 | L－GD00451 | 旅管发［2011］44号 | 朱智勇 | 佛山市顺德区大良街道办县东路23号之一 | 22282788 |
| | ※佛山市顺德区康之旅旅行社有限公司 | L－GD00452 | 旅管发［2011］44号 | 黄伟伦 | 佛山市顺德区大良街道办事处县东路 | 22227815 |

续表

| 地区 | 旅行社名称 | 许可证编号 | 批文号 | 法定代表人 | 联系地址 | 联系电话 |
|---|---|---|---|---|---|---|
| 顺德区（0757） | ※佛山市顺德区环宇旅行社有限公司 | L－GD00457 | 旅管发［2011］44 号 | 廖宇光 | 佛山市顺德区大良街道办南国东路 | 22223318 |
| | ※佛山市顺德区企发旅行社有限公司 | L－GD00458 | 旅管发［2011］44 号 | 冯超瑛 | 佛山市顺德区大良凤山西路 19 号首层之一 | 22331111 |
| | ※佛山市捷旅假期旅行社有限公司 | L－GD00459 | 旅管发［2011］44 号 | 梁全生 | 佛山市顺德区大良县东路四巷 1 号 | 22316988 |
| | ※佛山市京城风景线旅行社有限公司 | L－GD00470 | 旅管发［2011］44 号 | 黄志斌 | 佛山市顺德区大良丹桂路 27 号海怡阁 4 号铺 | 22330133 |
| | ※佛山市顺德区同乐国际旅行社有限公司 | L－GD00472 | 旅管发［2011］44 号 | 许晓波 | 佛山市顺德区大良丹桂路 8 号御景园二期 3 号 | 22110289 |
| | ※佛山市顺德区澳之旅旅行社有限公司 | L－GD00473 | 旅管发［2011］44 号 | 吴嘉信 | 佛山市顺德区容桂振华路千禧广场 116 号 | 23618120 |
| | ※佛山市万顺国际旅行社有限公司 | L－GD00482 | 旅管发［2011］44 号 | 罗翠碧 | 佛山市顺德区陈村镇锦龙大道综合楼 1 号铺 | 23335298 |
| | ※佛山菊城假期旅行社有限公司 | L－GD00490 | 旅管发［2011］44 号 | 欧展翔 | 佛山市顺德区大良街道文秀路 36 号铺 | 22219688 |

注：1. 截至 2011 年底，广东省旅行社总数 1459 家，其中出境游组团社 168 家，外资旅行社 15 家。

2. 2011 年度全省新批准设立经营国内游和入境游旅行社 195 家，出境游组团社 17 家，外资旅行社 3 家。

3. 2011 年度注销旅行社 25 家，吊销 4 家，注销出境游组团社 2 家

# 2011 年度广东省三星级以上饭店名录

| 地区 | 饭店名称 | 星级 | 评定时间 | 开业时间 | 星牌编号 | 饭店地址 | 咨询电话 | 客房（间） | 床位（张） | 餐位（个） | 所有制性质 |
|---|---|---|---|---|---|---|---|---|---|---|---|
| 广州市（拥有星级饭店 234 家。其中白金五星 1 家，五星级 19 家，四星级 37 家，三星级 141 家，二星级 36 家） | 广州花园酒店 | 白金 | 2007.06.18 | 1985.08.28 | 4450021 | 广州市环市东路 368 号 | 83338989 | 828 | 1183 | 1317 | 国有 |
| | 白天鹅宾馆 | 五 | 1990.01.01 | 1983.02.01 | 4450019 | 广州沙面南街 1 号 | 81886968 | 843 | 1307 | 2700 | 国有 |
| | 中国大酒店 | 五 | 1990.02.01 | 1984.6.01 | 4450020 | 广州市流花路 | 86666888 | 850 | 1710 | 734 | 国有 |
| | 广州东方宾馆 | 五 | 1990.09.01 | 1961.10.01 | 4450022 | 广州市流花路 120 号 | 86669900 | 699 | 1391 | 748 | 股份合作 |
| | 广东亚洲国际大酒店 | 五 | 2005.06.01 | 2003.03.12 | 4450040 | 广州市环市东路 326 号之一 | 61288888 | 442 | 649 | 1958 | 中外合资 |
| | 广州碧桂园凤凰城酒店 | 五 | 2006.04.28 | 2003.11.18 | 4450044 | 广州市广园东路新塘路段 | 82808888 | 573 | 998 | 1890 | 有限责任 |
| | 广州建国酒店 | 五 | 2007.09.04 | 2003.10.06 | 4450057 | 广州市天河林和中路 172 号 | 83936388 | 405 | 542 | 800 | 有限责任 |
| | 嘉逸国际酒店 | 五 | 2008.12.01 | 2004.07.07 | 4450060 | 广州市天河北路 468 号 251 | 38803333 | 251 | 285 | 762 | 有限责任 |
| | 新白云宾馆 | 五 | 2009.01.10 | 1976.06.01 | 4450071 | 广州市环市东路 367 号 | 83333998 | 670 | 1207 | 1310 | 中外合资 |
| | 香格里拉大酒店 | 五 | 2009.07.13 | 1991.09.01 | 4450074 | 广州市海珠区会展东路 1 号 | 89178888 | 704 | 906 | 1051 | 股份有限 |
| | 南沙大酒店 | 五 | 2009.07.20 | 2005.01.23 | 4450079 | 广州市南沙海滨新城商贸大道南 | 39308888 | 318 | 504 | 1580 | 港澳台商 |
| | 广州天誉威斯汀酒店 | 五 | 2009.08.06 | 2007.05.08 | 4450080 | 广州市天河区林和中路 6 号 | 28866868 | 448 | 511 | 760 | 港澳台商 |
| | 白云机场铂尔曼大酒店 | 五 | 2010.03.15 | 2007.09.19 | 4450083 | 广州新白云机场内 | 36068866 | 460 | 663 | 1086 | 国有 |
| | 星河湾酒店 | 五 | 2010.08.27 | 2008.03.18 | 4450089 | 广州市番禺区迎宾路 | 39936688 | 329 | 521 | 966 | 有限责任 |
| | 富力君悦大酒店 | 五 | 2010.08.27 | 2008.04.20 | 4450090 | 广州市天河区珠江西路 12 号 | 83961234 | 375 | 424 | 500 | 股份有限 |
| | 科尔海悦酒店 | 五 | 2010.08.27 | 2006.08.18 | 4450091 | 广州市番禺区市桥清河东路 288 号 | 34628888 | 308 | 448 | 915 | 私营 |
| | 富力丽思卡尔顿酒店 | 五 | 2010.08.27 | 2008.03.11 | 4450092 | 广州市天河区珠江新城兴安路 3 号 | 38136688 | 350 | 453 | 350 | 股份有限 |
| | ※广东威尔登酒店 | 五 | 2011.10.09 | 2009.4.10 | 4450100 | 广州市萝区永和大道花轮一路 1 号 | 32228888 | 2，240 | 311 | 808 | 港澳台商投资 |
| | ※广州九龙湖公主酒店 | 五 | 2011.10.09 | 2007.03.01 | 4450102 | 广州市花都区花东镇九龙湖社区 | 36908888 | 331 | 546 | 2，350 | 港澳台商投资 |
| | ※广州金叶子温泉度假酒店 | 五 | 2011.11.02 | 2009.09.29 | 4450098 | 增城白水寨风景区 | 82829999 | 232 | 372 | 248 | 私营 |
| | 广信江湾大酒店 | 四 | 1993.09.01 | 1992.04.01 | 4440030 | 广州市沿江中路 298 号 | 83839888 | 320 | 507 | 1060 | 港澳台商 |

续表

| 地区 | 饭店名称 | 星级 | 评定时间 | 开业时间 | 星牌编号 | 饭店地址 | 咨询电话 | 客房（间） | 床位（张） | 餐位（个） | 所有制性质 |
|---|---|---|---|---|---|---|---|---|---|---|---|
| 广州市 | 广东迎宾馆 | 四 | 1994.09.01 | 1952.01.01 | 4440032 | 广州市解放北路603号 | 83332950 | 263 | 453 | 1100 | 国有 |
| | 华厦大酒店 | 四 | 1994.09.01 | 1991.02.01 | 4440031 | 广州市侨光路8号 | 83355988 | 564 | 1026 | 898 | 国有 |
| | 广州凯旋华美达大酒店 | 四 | 1994.10.01 | 1991.10.01 | 4440033 | 广州市明月一路9号 | 87372988 | 339 | 562 | 1094 | 中外合资 |
| | 广州远洋宾馆 | 四 | 1996.07.01 | 1986.08.01 | 4440034 | 广州市环市东路412号 | 87765988 | 281 | 424 | 720 | 中外合资 |
| | 广东胜利宾馆 | 四 | 1996.07.01 | 1993.03.01 | 4440035 | 广州市沙面北街53号 | 81216688 | 310 | 434 | 400 | 国有 |
| | 广州文化假日酒店 | 四 | 1996.07.01 | 1989.04.01 | 4440036 | 广州市环市东光明路28号 | 61286868 | 428 | 589 | 1084 | 中外合资 |
| | 广东大厦 | 四 | 1998.06.01 | 1988.03.01 | 4440037 | 广州市东风中路309号 | 83339933 | 493 | 908 | 1200 | 中外合资 |
| | 番禺宾馆 | 四 | 1999.07.01 | 1980.12.01 | 4440019 | 广州市番禺区大北路130号 | 84822127 | 260 | 473 | 2300 | 国有 |
| | 花都新世纪酒店 | 四 | 1999.07.01 | 1996.01.11 | 4440018 | 广州市花都秀全大道43号 | 86832922 | 395 | 622 | 1200 | 中外合资 |
| | 增城宾馆 | 四 | 2000.04.28 | 1995.06.18 | 4440020 | 广州增城市荔城雁塔大道 | 82619888 | 348 | 651 | 1018 | 私营 |
| | 广州大厦 | 四 | 2000.12.22 | 1997.09.28 | 4440021 | 广州市北京路374号 | 83189888 | 465 | 799 | 1326 | 国有 |
| | 百花山庄度假村 | 四 | 2000.12.22 | 1999.04.08 | 4440022 | 广州增城市 | 82618888 | 167 | 309 | 1000 | 私营 |
| | 喜尔宾大酒店 | 四 | 2001.05.23 | 2000.03.30 | 4440024 | 广州市越秀南路208号 | 83898888 | 247 | 418 | 710 | 国有 |
| | 景星酒店 | 四 | 2001.07.13 | 1996.12.23 | 4440023 | 广州市天河林和西路89号 | 87552888 | 366 | 619 | 2000 | 中外合资 |
| | 太阳城大酒店 | 四 | 2002.01.07 | 1994.12.28 | 4440026 | 广州增城市新塘群星路1号 | 82706888 | 192 | 265 | 1050 | 私营 |
| | 嘉逸豪庭酒店 | 四 | 2002.04.10 | 2001.03.26 | 4440025 | 广州市天河区林和中路148号 | 38840968 | 147 | 228 | 280 | 私营 |
| | 广州珀丽酒店 | 四 | 2002.07.31 | 1988.09.23 | 4440027 | 广州市江南大道中348号 | 84418888 | 399 | 793 | 773 | 中外合资 |
| | 华威达酒店 | 四 | 2003.08.25 | 2002.08.27 | 4440028 | 广州市黄埔大道西499号 | 38908888 | 308 | 463 | 700 | 私营 |
| | 新港明珠大酒店 | 四 | 2004.09.03 | 2003.09.28 | 4440116 | 广州市广州经济开发区夏港大道721号 | 82226688 | 236 | 298 | 430 | 国有 |
| | 东方国际饭店 | 四 | 2004.10.13 | 2003.09.16 | 4440120 | 广州市广州大道中616号 | 37233888 | 241 | 384 | 600 | 私营 |
| | 皇家国际饭店 | 四 | 2005.03.14 | 2004.03.15 | 4440124 | 广州市天河区天河路89号 | 83988888 | 114 | 157 | 240 | 私营 |
| | 祈福酒店 | 四 | 2005.06.16 | 2000.10.01 | 4440131 | 广州市番禺区市广路 | 34710088 | 282 | 459 | 2340 | 外商投资 |

续表

| 地区 | 饭店名称 | 星级 | 评定时间 | 开业时间 | 星牌编号 | 饭店地址 | 咨询电话 | 客房（间） | 床位（张） | 餐位（个） | 所有制性质 |
|---|---|---|---|---|---|---|---|---|---|---|---|
| 广州市 | 流花宾馆 | 四 | 2005.12.23 | 1972.10.01 | 4440138 | 广州市环市西路194号 | 86668800 | 248 | 422 | 680 | 国有 |
| | 云山大酒店 | 四 | 2006.09.01 | 1986.01.13 | 4440152 | 广州市先烈中路云鹤北8号 | 38377188 | 151 | 250 | 700 | 国有 |
| | 南航明珠大酒店 | 四 | 2006.09.12 | 2005.12.28 | 4440156 | 广州市新白云国际机场空港西五路 | 86138868 | 338 | 653 | 1150 | 国有 |
| | 鼎龙国际大酒店 | 四 | 2006.10.11 | 2005.10.14 | 4440158 | 广州市广州大道北63号 | 87748999 | 288 | 335 | 600 | 私营 |
| | 金桥酒店 | 四 | 2006.10.11 | 1995.01.18 | 4440159 | 广州市寺右新马路93号 | 83918868 | 303 | 442 | 350 | 国有 |
| | 新珠江大酒店 | 四 | 2007.10.11 | 2001.01.01 | 4440169 | 广州市滨江东路795号 | 34255335 | 359 | 766 | 720 | 私营 |
| | 广州十甫假日酒店 | 四 | 2009.01.12 | 2006.04.01 | 4440185 | 广州市荔湾区第十甫路188号 | 81380088 | 280 | 413 | 262 | 港澳台商 |
| | 广州珠江帝景酒店 | 四 | 2009.03.23 | 2004.05.01 | 4440188 | 广州市海珠区艺洲路灏景街1号 | 83918883 | 100 | 144 | 800 | 股份合作 |
| | 燕岭大厦 | 四 | 2009.05.21 | 1987.11.01 | 4440193 | 广州市天河燕岭路29号 | 37232288 | 269 | 496 | 800 | 国有 |
| | 华厦国际商务酒店 | 四 | 2009.08.16 | 2006.07.15 | 4440199 | 广州市林乐路39~49号 | 37855988 | 198 | 294 | 548 | 国有 |
| | 东方夏湾拿酒店 | 四 | 2010.08.24 | 2005.08.13 | 4440206 | 广州从化市太平镇莲塘村 | 61701188 | 188 | 291 | 380 | 有限责任 |
| | 科学城华厦国际商务酒店 | 四 | 2010.08.24 | 2009.01.21 | 4440207 | 广州市萝岗区科学城拔月路1号 | 61022888 | 228 | 270 | 868 | 国有 |
| | 碧水湾温泉度假村 | 四 | 2010.09.08 | 2002.07.28 | 4440208 | 广州从化市流溪温泉度假区 | 87842888 | 203 | 362 | 660 | 国有 |
| | ※越秀宾馆 | 四 | **2011.09.01** | **1960.08.20** | **4440220** | 广州市越秀区小北路198号 | **83108888** | **218** | **350** | **800** | 国有 |
| | 爱群大酒店 | 三 | 1989.05.01 | 1937.07.01 | 4430064 | 广州市沿江西路113号 | 81866668 | 308 | 571 | 800 | 国有 |
| | 广东新大地宾馆 | 三 | 1989.09.01 | 1985.10.01 | 4430066 | 广州市站前路108~122号 | 86221638 | 194 | 361 | 600 | 国有 |
| | 广州宾馆 | 三 | 1989.11.01 | 1968.04.01 | 4430067 | 广州市起义路2号 | 83338168 | 351 | 639 | 900 | 国有 |
| | 番禺美丽华大酒店 | 三 | 1991.07.01 | 1987.06.01 | 4430069 | 广州市番禺区清河中路8号 | 84826833 | 171 | 342 | 1000 | 中外合资 |
| | 湖天宾馆 | 三 | 1993.03.01 | 1991.07.01 | 4430070 | 广州市东风西路156号 | 81080888 | 212 | 380 | 480 | 港澳台商 |
| | 三禺宾馆 | 三 | 1993.07.01 | 1986.01.01 | 4430072 | 广州市三育路23号 | 87756888 | 646 | 1234 | 2000 | 国有 |
| | 东方丝绸大厦 | 三 | 1994.08.01 | 1990.03.01 | 4430073 | 广州市东风东路752号 | 87762888 | 212 | 369 | 450 | 国有 |
| | 湛江大厦 | 三 | 1995.01.01 | 1992.06.01 | 4430074 | 广州市站前路88号 | 86681688 | 121 | 245 | 420 | 国有 |

续表

| 地区 | 饭店名称 | 星级 | 评定时间 | 开业时间 | 星牌编号 | 饭店地址 | 咨询电话 | 客房（间） | 床位（张） | 餐位（个） | 所有制性质 |
|---|---|---|---|---|---|---|---|---|---|---|---|
| 广州市 | 广东华侨友谊酒店 | 三 | 1995. 08. 01 | 1992. 12. 01 | 4430075 | 广州市天河南二路 42 | 85513298 | 144 | 253 | 400 | 国有 |
| | 广东温泉宾馆 | 三 | 1996. 01. 29 | 1953. 08. 01 | 4430077 | 广州从化市温泉东路 80 号 | 87830888 | 261 | 504 | 600 | 国有 |
| | 广州总统大酒店 | 三 | 1996. 12. 01 | 1995. 09. 01 | 4430079 | 广州市天河区石碑岗顶 | 85512988 | 215 | 331 | 292 | 私营 |
| | 广州戴斯酒店 | 三 | 1997. 07. 01 | 1994. 12. 01 | 4430080 | 广州市白云区云宵街 340 号 | 86638838 | 324 | 524 | 725 | 有限责任 |
| | 远洋大厦 | 三 | 2000. 07. 01 | 1999. 04. 01 | 4430002 | 广州市天河区龙口东路 6 号 | 62811333 | 227 | 404 | 200 | 国有 |
| | 丽江渡假花园酒店 | 三 | 2000. 08. 22 | 1994. 01. 01 | 4430003 | 广州市番禺石楼镇 | 84864848 | 109 | 228 | 570 | 国有 |
| | 丽美大酒店 | 三 | 2000. 08. 22 | 1995. 01. 01 | 4430004 | 广州市花都区商业大道 53 号 | 86819888 | 78 | 112 | 800 | 中外合资 |
| | 番禺香江大酒店 | 三 | 2000. 08. 22 | 1994. 05. 01 | 4430005 | 广州市番禺区迎宾路 538 号 | 84786888 | 154 | 293 | 1500 | 私营 |
| | 新世界大酒店 | 三 | 2000. 09. 15 | 1999. 03. 01 | 4430006 | 广州市人民北路 520 号 | 81099888 | 80 | 150 | 360 | 国有 |
| | 合力大酒店 | 三 | 2000. 10. 31 | 1999. 01. 18 | 4430007 | 广州市番禺区坑口路 106 号 | 61920228 | 100 | 188 | 380 | 国有 |
| | 金湖酒店 | 三 | 2000. 11. 21 | 1999. 10. 22 | 4430012 | 广州市花都区建设南路 4 号 | 86808100 | 96 | 199 | 800 | 集体 |
| | 正大度假村 | 三 | 2000. 11. 23 | 1997. 08. 28 | 4430011 | 广州市从化温泉东路 106 号 | 87836868 | 54 | 118 | 180 | 私营 |
| | 世昌宾馆 | 三 | 2000. 11. 23 | 1998. 09. 01 | 4430013 | 广州市番禺区市桥大北路 373 号 | 84807777 | 70 | 131 | 1160 | 私营 |
| | 天伦大酒店 | 三 | 2000. 11. 23 | 1999. 02. 08 | 4430014 | 广州从化市街口河滨南路 38 号 | 87966198 | 91 | 173 | 1280 | 中外合资 |
| | 新天河宾馆 | 三 | 2000. 12. 08 | 1999. 12. 18 | 4430020 | 广州市天河路 178 号 | 85595888 | 234 | 402 | 800 | 国有 |
| | 华海大酒店 | 三 | 2000. 12. 08 | 1997. 03. 20 | 4430021 | 广州市江南大道中 232 号 | 84058888 | 141 | 255 | 160 | 国有 |
| | 天龙大酒店 | 三 | 2000. 12. 20 | 1995. 01. 18 | 4430008 | 广州市大道北路 118 号 | 38869988 | 136 | 261 | 800 | 国有 |
| | 双湖酒店 | 三 | 2000. 12. 20 | 1991. 02. 01 | 4430015 | 广州从化市吕田小杉 | 87836998 | 147 | 302 | 500 | 集体 |
| | 广州新好景饮食娱乐大酒店 | 三 | 2000. 12. 20 | 1994. 09. 28 | 4430016 | 广州市广深公路新塘路段 | 82704888 | 63 | 141 | 1000 | 中外合资 |
| | 丽都大酒店 | 三 | 2000. 12. 20 | 1991. 09. 15 | 4430017 | 广州市北京路 182 号 | 83321988 | 385 | 784 | 2100 | 中外合资 |
| | 莲花山粤海度假村 | 三 | 2000. 12. 20 | 1988. 08. 01 | 4430018 | 广州市番禺区莲花山旅游区 | 84862788 | 85 | 178 | 600 | 中外合资 |
| | 越天酒店 | 三 | 2001. 04. 16 | 1989. 04. 18 | 4430023 | 广州市解放北路 960 号 | 86665666 | 179 | 310 | 550 | 中外合资 |

续表

| 地区 | 饭店名称 | 星级 | 评定时间 | 开业时间 | 星牌编号 | 饭店地址 | 咨询电话 | 客房（间） | 床位（张） | 餐位（个） | 所有制性质 |
|---|---|---|---|---|---|---|---|---|---|---|---|
| 广州市 | （广州）珠海特区大酒店 | 三 | 2001.05.14 | 1990.08.18 | 4430024 | 广州市海珠北路11.15号 | 61276888 | 154 | 278 | 400 | 国有 |
| | 广东邮电大厦 | 三 | 2001.07.10 | 1995.12.09 | 4430026 | 广州市中山二路18号 | 87618888 | 109 | 224 | 500 | 国有 |
| | 惠福大酒店 | 三 | 2001.09.28 | 2000.08.18 | 4430027 | 广州市惠福西路38号 | 81309888 | 138 | 262 | 480 | 国有 |
| | 民航大酒店 | 三 | 2001.11.01 | 1995.08.23 | 4430028 | 广州市机场路276号 | 86128680 | 105 | 166 | 450 | 国有 |
| | 世昌大酒店 | 三 | 2001.11.01 | 1998.09.01 | 4430029 | 广州市番禺区繁华路3号 | 84888333 | 96 | 173 | 1100 | 私营 |
| | 祁福（南沙）大酒店 | 三 | 2001.11.01 | 1996.10.01 | 4430030 | 广州市番禺区南沙进港大道 | 23880088 | 230 | 432 | 1000 | 国有 |
| | 广州五羊城酒店 | 三 | 2001.11.07 | 1987.10.01 | 4430032 | 广州市人民中路322号 | 81889889 | 302 | 595 | 800 | 国有 |
| | 京华酒店 | 三 | 2001.11.09 | 2000.07.29 | 4430022 | 广州市花都区云山大道55号 | 36810333 | 90 | 156 | 500 | 集体 |
| | 鸿福门酒店 | 三 | 2001.12.03 | 1992.06.01 | 4430033 | 广州市黄埔东路3729号 | 82232413 | 118 | 217 | 800 | 集体 |
| | 星都大酒店 | 三 | 2001.12.03 | 1995.01.08 | 4430035 | 广州市海珠区昌岗中路 | 84318888 | 128 | 280 | 900 | 集体 |
| | 华金盾大酒店 | 三 | 2001.12.03 | 2000.12.16 | 4430036 | 广州市中山大道368号 | 82308838 | 219 | 363 | 900 | 集体 |
| | 冰花酒店 | 三 | 2001.12.03 | 1993.03.18 | 4430040 | 广州市天河北路2号 | 38862888 | 81 | 150 | 625 | 国有 |
| | 从化湖光度假山庄 | 三 | 2001.12.10 | 2001.05.27 | 4430037 | 广州市从化黄竹塱 | 87843388 | 99 | 190 | 300 | 国有 |
| | 广州江悦酒店 | 三 | 2001.12.17 | 1989.12.8 | 4430038 | 广州市滨江西路20号 | 61259888 | 175 | 310 | 1000 | 国有 |
| | 龙泉大酒店 | 三 | 2001.12.17 | 1990.01.09 | 4430041 | 广州市番禺大北路99号 | 84826288 | 139 | 226 | 430 | 私营 |
| | 广东蓄能大厦 | 三 | 2002.01.09 | 1998.08.18 | 4430043 | 广州市天河区龙口东路32号 | 87518168 | 70 | 140 | 300 | 国有 |
| | 富丽华大酒店 | 三 | 2002.01.22 | 1992.12.18 | 4430042 | 广州市长堤大马路316号 | 81323288 | 360 | 665 | 661 | 中外合资 |
| | 广州华茂中心 | 三 | 2002.01.22 | 1987.09.28 | 4430046 | 广州市盘福路63号 | 81363322 | 130 | 254 | 475 | 中外合资 |
| | 华辉度假村 | 三 | 2002.01.30 | 1996.07.02 | 4430044 | 广州从化市桃园镇云星大道 | 87832388 | 70 | 139 | 280 | 集体 |
| | 广蓄电站专家村 | 三 | 2002.01.30 | 1997.07.28 | 4430045 | 广州市从化温泉康复路17号 | 87838699 | 100 | 182 | 300 | 集体 |
| | 广轩大厦 | 三 | 2002.04.08 | 1999.01.18 | 4430048 | 广州市海珠区沥滘振兴大街九号 | 84174688 | 270 | 505 | 600 | 国有 |
| | 南方毅源大酒店 | 三 | 2002.10.11 | 2001.08.02 | 4430050 | 广州市番禺区迎宾大道南8号 | 34764888 | 119 | 203 | 450 | 私营 |

续表

| 地区 | 饭店名称 | 星级 | 评定时间 | 开业时间 | 星牌编号 | 饭店地址 | 咨询电话 | 客房（间） | 床位（张） | 餐位（个） | 所有制性质 |
|---|---|---|---|---|---|---|---|---|---|---|---|
| 广州市 | 广州喜悦假日酒店 | 三 | 2002. 12. 02 | 1992. 01. 01 | 4430051 | 广州市番禺区光明北路 223 号 | 84892888 | 118 | 157 | 340 | 国有 |
| | 金苑山庄 | 三 | 2002. 12. 16 | 1993. 06. 12 | 4430052 | 广州市恒福路 117 号 | 83581688 | 152 | 270 | 283 | 国有 |
| | 广州石化明珠宾馆 | 三 | 2003. 02. 24 | 1986. 07. 31 | 4430053 | 广州市黄埔区石化路振兴街 18 号 | 82121100 | 70 | 121 | 580 | 国有 |
| | 东悦酒店 | 三 | 2003. 03. 20 | 1987. 01. 01 | 4430054 | 广州市麓景路 8 号 | 61221888 | 167 | 334 | 800 | 集体 |
| | 广州长城酒店 | 三 | 2003. 04. 08 | 1999. 08. 01 | 4430055 | 广州市东山区寺右新马路 19 号 | 87612888 | 116 | 225 | 380 | 国有 |
| | 花都大酒店 | 三 | 2003. 09. 18 | 2002. 03. 28 | 4430056 | 广州市花都区新华镇新华路 44 号 | 86838582 | 52 | 70 | 630 | 国有 |
| | 广州雍富酒店 | 三 | 2003. 10. 24 | 2002. 09. 23 | 4430057 | 广州市番禺区大岗镇豪岗路 3 号 | 34992238 | 43 | 88 | 500 | 私营 |
| | 西湖苑宾馆 | 三 | 2003. 11. 10 | 2001. 06. 01 | 4430058 | 广州市天河区华南理工大学 | 38673008 | 98 | 178 | 440 | 国有 |
| | 银河大酒店 | 三 | 2004. 02. 12 | 2002. 05. 01 | 4430059 | 广州市天河区沙太路 268 号 | 87244691 | 210 | 336 | 500 | 集体 |
| | 灿业大酒店 | 三 | 2004. 04. 28 | 2002. 12. 28 | 4430060 | 广州市白云区大金钟路 61 号 | 62631888 | 108 | 206 | 1000 | 私营 |
| | 壹心宾馆 | 三 | 2004. 04. 28 | 2001. 12. 01 | 4430061 | 广州市白云区三元里大道 1299 号 | 36210088 | 138 | 254 | 108 | 私营 |
| | 广州汇东假日酒店 | 三 | 2004. 06. 01 | 2002. 12. 01 | 4430062 | 广州市广汕一路龙洞村口 | 87032888 | 147 | 291 | 2000 | 私营 |
| | 中华酒店 | 三 | 2004. 11. 24 | 2003. 12. 08 | 4430422 | 广州市花都区站前路 33 号 | 86822222 | 75 | 108 | 300 | 私营 |
| | 广武酒店 | 三 | 2005. 01. 31 | 2002. 08. 17 | 4430446 | 广州市天河区天河路 603 号 | 61213888 | 220 | 294 | 400 | 私营 |
| | 鼎福休闲酒店 | 三 | 2005. 01. 31 | 2004. 03. 01 | 4430447 | 广州市天河区大观南路 2 号 | 61219888 | 83 | 132 | 50 | 私营 |
| | 广东博斯坦宾馆 | 三 | 2005. 03. 14 | 1995. 09. 01 | 4430457 | 广州市天河北路 76 号 | 38782888 | 77 | 123 | 500 | 国有 |
| | 山西大厦 | 三 | 2005. 10. 26 | 1989. 01. 05 | 4430481 | 广州市三元里大道 | 22293788 | 200 | 360 | 400 | 国有 |
| | 怡凯酒店 | 三 | 2006. 01. 11 | 2003. 12. 23 | 4430509 | 广州市工业大道南石岗路 90 号 | 84369888 | 176 | 298 | 450 | 集体 |
| | 广东南洋长胜酒店 | 三 | 2006. 01. 16 | 2005. 08. 01 | 4430063 | 广州市天河区天平架兴华路 38 号 | 61368888 | 249 | 390 | 680 | 有限责任 |
| | 新凤凰酒店 | 三 | 2006. 06. 20 | 2005. 04. 16 | 4430526 | 广州市花都区迎宾大道大华二路 38 号 | 86966222 | 65 | 105 | 80 | 私营 |
| | 丽盈大酒店 | 三 | 2006. 06. 21 | 2000. 10. 08 | 4430527 | 广州市花都区茶园路 9 号 | 36820555 | 79 | 144 | 300 | 私营 |
| | 龙逸山庄度假村 | 三 | 2006. 07. 12 | 1999. 12. 01 | 4430530 | 广州市天河区龙洞迎龙路 1203 号 | 87022737 | 112 | 258 | 350 | 国有 |

续表

| 地区 | 饭店名称 | 星级 | 评定时间 | 开业时间 | 星牌编号 | 饭店地址 | 咨询电话 | 客房（间） | 床位（张） | 餐位（个） | 所有制性质 |
|---|---|---|---|---|---|---|---|---|---|---|---|
| 广州市 | 广州大华酒店 | 三 | 2006. 08. 01 | 2001. 10. 12 | 4430532 | 天河路 625 号天娱广场东塔 | 87576888 | 211 | 345 | 640 | 私营 |
| | 景观酒店 | 三 | 2006. 09. 05 | 2005. 08. 18 | 4430539 | 广州市花都芙蓉旅游度假区 | 86982999 | 85 | 160 | 300 | 私营 |
| | 嘉福利晶酒店 | 三 | 2006. 09. 19 | 2005. 09. 18 | 4430550 | 广州市天河区长兴路 8 号 | 37213088 | 111 | 165 | 800 | 私营 |
| | 月亮湾酒店 | 三 | 2006. 10. 16 | 2000. 06. 28 | 4430559 | 广州市广州大道中明月一路 | 87358585 | 142 | 250 | 500 | 股份合作 |
| | 牡丹大酒店 | 三 | 2007. 01. 26 | 2006. 08. 18 | 4430577 | 广州市花都区新华镇站前路 34 号 | 36807888 | 51 | 116 | 400 | 私营 |
| | 友田酒店 | 三 | 2007. 01. 26 | 2004. 07. 27 | 4430578 | 广州市花都区狮岭镇东升路 | 22689999 | 90 | 150 | 800 | 私营 |
| | 广州悦海酒店 | 三 | 2007. 03. 20 | 1952. 12. 01 | 4430585 | 广州市黄埔区海员路 39 号 | 82288088 | 129 | 200 | 600 | 国有 |
| | 广东奥体大酒店 | 三 | 2007. 08. 15 | 2005. 05. 08 | 4430598 | 广州市天河东圃黄村 | 82169999 | 160 | 306 | 460 | 有限责任 |
| | 金之鼎酒店 | 三 | 2007. 09. 14 | 2006. 05. 01 | 4430599 | 广州市花都区天贵南路 | 86801666 | 88 | 126 | 300 | 私营 |
| | 合神酒店 | 三 | 2007. 11. 06 | 2006. 11. 08 | 4430603 | 广州市天河区沙太路陶庄 1 号 | 87631288 | 73 | 131 | 652 | 有限责任 |
| | 华悦酒店 | 三 | 2007. 12. 20 | 2006. 03. 05 | 4430607 | 广州市花都区建设北路 128 号 | 36883888 | 84 | 161 | 800 | 私营 |
| | 锦都商务大酒店 | 三 | 2007. 12. 20 | 2006. 09. 26 | 4430609 | 广州市花都区滨湖路 1 号 | 86819999 | 128 | 215 | 300 | 私营 |
| | 荣威大酒店 | 三 | 2007. 12. 25 | 2004. 12. 15 | 4430610 | 广州市花都区新都大道 13 号 | 86889888 | 90 | 166 | 320 | 有限责任 |
| | 阳光酒店 | 三 | 2008. 06. 05 | 2005. 02. 01 | 4430630 | 广州市花都区建设北路 119 号 | 86896333 | 50 | 97 | 260 | 私营 |
| | 广州金怡酒店 | 三 | 2008. 06. 16 | 2005. 12. 01 | 4430633 | 广州市番禺区市桥禺山西路 333 号 | 22879388 | 62 | 98 | 1500 | 有限责任 |
| | 广州金宝酒店 | 三 | 2008. 07. 09 | 2007. 09. 30 | 4430635 | 广州市花都区凤凰北路 | 86895122 | 32 | 44 | 100 | 私营 |
| | 广州正和酒店 | 三 | 2008. 07. 25 | 2005. 12. 18 | 4430637 | 广州市番禺区南郊陈涌金业街 1 号 | 23883333 | 87 | 99 | 576 | 有限责任 |
| | 三茂大酒店 | 三 | 2008. 10. 15 | 1986. 01. 01 | 4430638 | 广州市环市东路 374 号 | 61321614 | 120 | 219 | 550 | 国有 |
| | 广州豪悦酒店 | 三 | 2008. 11. 05 | 2006. 04. 01 | 4430642 | 广州市番禺区桥南街桥南路 196 号 | 84832222 | 149 | 240 | 350 | 私营 |
| | 广东南洋冠盛酒店 | 三 | 2008. 11. 05 | 2007. 08. 28 | 4430643 | 广州市天河区天府路 11 号 | 61398888 | 207 | 360 | 1200 | 私营 |
| | 广东红叶酒店 | 三 | 2008. 12. 09 | 1998. 04. 01 | 4430644 | 广州市机场西乐嘉路 8 号 | 86348988 | 179 | 302 | 350 | 国有 |

续表

| 地区 | 饭店名称 | 星级 | 评定时间 | 开业时间 | 星牌编号 | 饭店地址 | 咨询电话 | 客房（间） | 床位（张） | 餐位（个） | 所有制性质 |
|---|---|---|---|---|---|---|---|---|---|---|---|
| 广州市 | 合兴酒店 | 三 | 2008. 12. 29 | 2006. 07. 25 | 4430649 | 广州市花都区建设北路 213 号 | 36996888 | 179 | 315 | 1020 | 私营 |
| | 广州红帆酒店 | 三 | 2008. 12. 26 | 1997. 06. 28 | 4430650 | 广州市海珠区革新路 126 号 | 89607999 | 95 | 156 | 300 | 国有 |
| | 合成大酒店 | 三 | 2009. 02. 27 | 2008. 01. 23 | 4430652 | 广州市花都区狮岭大道中 1 号 | 36919168 | 160 | 195 | 300 | 私营 |
| | 江南商务酒店 | 三 | 2009. 02. 27 | 2008. 08. 12 | 4430653 | 广州市白云区增槎路 798 号 | 81996688 | 99 | 193 | 350 | 有限责任 |
| | 新港假日酒店 | 三 | 2009. 04. 03 | 2003. 09. 01 | 4430655 | 广州市海珠区新港东路二号 | 89239900 | 118 | 206 | 800 | 私营 |
| | 广天大厦 | 三 | 2009. 06. 29 | 2007. 10. 08 | 4430663 | 广州市黄埔大道西 243 号 | 28389888 | 127 | 203 | 500 | 国有 |
| | 广大商务酒店 | 三 | 2009. 06. 29 | 2006. 04. 01 | 4430664 | 广州市大学城环西路 230 号 | 39360988 | 110 | 202 | 1300 | 私营 |
| | 悦来登大宾馆 | 三 | 2009. 07. 21 | 2005. 08. 28 | 4430668 | 广州增城市新塘镇东坑三横路 | 82700888 | 120 | 177 | 30 | 有限责任 |
| | 中濠大酒店 | 三 | 2009. 07. 24 | 2006. 12. 29 | 4430669 | 广州增城市石滩镇横岭开发区 | 82920000 | 39 | 54 | 1200 | 私营 |
| | 南州大酒店 | 三 | 2009. 08. 03 | 2001. 06. 08 | 4430672 | 广州市海珠区南州路 188 号 | 84010328 | 83 | 142 | 160 | 私营 |
| | 八骏酒店 | 三 | 2009. 08. 05 | 2003. 04. 01 | 4430674 | 广州市花都区三东大道西 | 86971788 | 49 | 94 | 1300 | 有限责任 |
| | 琶洲酒店 | 三 | 2009. 08. 31 | 2007. 10. 01 | 4430680 | 广州市新港东路 37 号 | 22085888 | 126 | 238 | 390 | 有限责任 |
| | 英伦公馆酒店 | 三 | 2009. 08. 31 | 2009. 08. 01 | 4430681 | 广州市天河东路 220 号 | 38900000 | 40 | 40 | 300 | 有限责任 |
| | 大塘宾馆 | 三 | 2009. 10. 09 | 2003. 04. 29 | 4430685 | 广州市海珠区聚德西路汇源新街 | 84055388 | 83 | 162 | 80 | 私营 |
| | 大舜晶华商务酒店 | 三 | 2009. 10. 09 | 2008. 04. 01 | 4430687 | 广州市中山大道西 277 号 | 85551888 | 155 | 235 | 280 | 港澳台商 |
| | 广州山水时尚酒店黄埔店 | 三 | 2009. 10. 09 | 2008. 07. 28 | 4430689 | 广州市黄埔东路 727 号 | 62661111 | 221 | 336 | 918 | 股份有限 |
| | 嘉尔登大酒店 | 三 | 2009. 10. 24 | 2008. 11. 22 | 4430692 | 广州市花都区新华街曙光路 | 36802888 | 68 | 86 | 1200 | 有限责任 |
| | 乐涛居酒店 | 三 | 2009. 10. 30 | 2005. 11. 08 | 4430693 | 广州增城市新塘镇港口大道 | 82775888 | 79 | 130 | 800 | 私营 |
| | 凯利登大酒店 | 三 | 2009. 10. 30 | 2008. 12. 29 | 4430694 | 广州市花都区天贵路 92 号 | 28600888 | 121 | 170 | 1060 | 有限责任 |
| | 广州翠岛水电度假村 | 三 | 2009. 10. 30 | 2003. 11. 04 | 4430695 | 广州从化市温泉西路 20 号 | 87836638 | 209 | 378 | 416 | 国有 |
| | 银座大酒店 | 三 | 2009. 10. 30 | 2008. 01. 01 | 4430696 | 广州市番禺区禺山大道 228 号 | 39999111 | 305 | 435 | 750 | 有限责任 |
| | 圣玛登酒店 | 三 | 2009. 12. 23 | 2009. 01. 01 | 4430701 | 广州市中山八路 19 号 | 81818888 | 88 | 143 | 360 | 有限责任 |

续表

| 地区 | 饭店名称 | 星级 | 评定时间 | 开业时间 | 星牌编号 | 饭店地址 | 咨询电话 | 客房（间） | 床位（张） | 餐位（个） | 所有制性质 |
|---|---|---|---|---|---|---|---|---|---|---|---|
| 广州市 | 广州市白云人和怡东酒店 | 三 | 2009.12.28 | 2000.08.28 | 4430703 | 广州市白云区人和镇凤和村 | 86455880 | 186 | 354 | 1200 | 私营 |
| | 广州晨悦酒店 | 三 | 2009.12.28 | 2007.06.23 | 4430704 | 广州市天河区天源路961号 | 22023888 | 119 | 216 | 569 | 有限责任 |
| | 临海酒店 | 三 | 2010.01.08 | 2008.01.01 | 4430705 | 广州市南沙区龙穴大道中 | 22886668 | 108 | 202 | 80 | 国有 |
| | 增城华侨酒店 | 三 | 2010.02.09 | 1993.10.01 | 4430709 | 广州增城市荔镇城西园南路103号 | 82643888 | 100 | 190 | 130 | 有限责任 |
| | 广州清音酒店 | 三 | 2010.02.11 | 2004.10.01 | 4430710 | 广州从化市温泉西路38号 | 87837388 | 100 | 202 | 300 | 有限责任 |
| | 广州亨利酒店 | 三 | 2010.05.06 | 2007.11.12 | 4430711 | 广州市花都区宝华路26号 | 36812888 | 138 | 208 | 381 | 外商投资 |
| | 凤凰山宾馆 | 三 | 2010.05.06 | 2004.04.01 | 4430712 | 广州市天河区广汕一路332号 | 82028998 | 61 | 121 | 100 | 国有 |
| | 广州卓悦商务酒店 | 三 | 2010.05.07 | 2009.4.10 | 4430713 | 广州市白云区新市南街33号 | 36218228 | 71 | 122 | 30 | 私营 |
| | 天豪酒店 | 三 | 2010.05.31 | 2007.09.08 | 4430714 | 广州市天河区科韵北路 | 85666668 | 75 | 125 | 118 | 股份合作 |
| | 嘉信酒店 | 三 | 2010.06.03 | 2008.01.11 | 4430715 | 广州市白云区同泰路98号 | 62855555 | 65 | 103 | 1300 | 私营 |
| | 锦延商务酒店 | 三 | 2010.06.03 | 2008.04.06 | 4430716 | 广州从化市街口街新城东路2号 | 87959999 | 65 | 89 | 325 | 有限责任 |
| | 君御酒店 | 三 | 2010.06.08 | 2006.04.01 | 4430717 | 广州市番禺区石基镇泰兴路133号 | 23881888 | 153 | 203 | 800 | 私营 |
| | 天麓骑术俱乐部 | 三 | 2010.06.25 | 2003.06.01 | 4430719 | 广州市广州经济开发区黄陂村 | 87265002 | 58 | 118 | 110 | 国有 |
| | 瀛丰商务酒店 | 三 | 2010.07.19 | 2005.09.01 | 4430720 | 广州市天河区东圃镇旭景西路 | 61209998 | 128 | 232 | 400 | 股份有限 |
| | 增城市新塘永栩酒店 | 三 | 2010.07.22 | 2002.08.01 | 4430721 | 广州增城市新塘镇广深公路 | 82693888 | 89 | 150 | 350 | 私营 |
| | 天逸酒店 | 三 | 2010.07.23 | 2005.09.21 | 4430723 | 广州市龙口西路183号 | 62816888 | 52 | 71 | 400 | 私营 |
| | 裕华大厦 | 三 | 2010.07.23 | 1988.07.01 | 4430724 | 广州市环市东路320号 | 83863381 | 72 | 132 | 280 | 国有 |
| | 金瑞峰温泉酒店 | 三 | 2010.10.25 | 2009.05.01 | 4430732 | 广州增城市派潭镇大丰门林场 | 82821888 | 69 | 121 | 400 | 有限责任 |
| | 高滩温泉酒店 | 三 | 2010.10.25 | 2006.09.01 | 4430733 | 广州增城市派谭镇背阳村 | 32902831 | 90 | 169 | 1400 | 私营 |
| | 石牌酒店 | 三 | 2010.11.10 | 1991.09.01 | 4430735 | 广州市天河东路168号 | 85510838 | 115 | 187 | 450 | 集体 |
| | ※东江大酒店 | 三 | 2011.05.30 | 1998.06.28 | 4430756 | 广州市白云区三元里大道838号 | 86273328 | 68 | 124 | 2，500 | 私营 |
| | ※广东白云城市酒店 | 三 | 2011.07.26 | 1998.01.01 | 4430759 | 广州市环市西路179号 | 86666889 | 181 | 292 | 1，153 | 国有 |

续表

| 地区 | 饭店名称 | 星级 | 评定时间 | 开业时间 | 星牌编号 | 饭店地址 | 咨询电话 | 客房（间） | 床位（张） | 餐位（个） | 所有制性质 |
|---|---|---|---|---|---|---|---|---|---|---|---|
| 广州市 | ※东海大厦 | 三 | **2011.09.15** | **1989.10.01** | **4430761** | 广州市环市东路 318 号之一 | **83839966** | **125** | **220** | **120** | 国有 |
| 广州市 | ※毅华假日酒店 | 三 | **2011.12.21** | **2010.06.29** | **4430774** | 广州市从化温泉镇碧泉路 15 号 | **87839668** | **71** | **120** | **120** | 私营 |
| 深圳市（拥有星级饭店 145 家。其中五星级 18 家，四星级 30 家，三星级 71 家，二星级 26 家） | 阳光酒店 | 五 | 1993.08.01 | 1991.01.01 | 4450025 | 深圳市罗湖区嘉宾路 1 号 | 82233888 | 372 | 700 | 476 | 中外合资 |
| | 香格里拉大酒店 | 五 | 1993.08.01 | 1992.09.01 | 4450026 | 深圳市罗湖区建设路 | 82330888 | 553 | 1050 | 970 | 中外合资 |
| | 富苑酒店 | 五 | 1996.02.01 | 1994.06.01 | 4450027 | 深圳市罗湖区南湖路 3018 号 | 82172288 | 351 | 680 | 614 | 私营 |
| | 富临大酒店 | 五 | 1996.08.01 | 1990.01.01 | 4450028 | 深圳市罗湖区和平路 1085 号 | 25586333 | 541 | 1050 | 520 | 中外合资 |
| | 骏豪酒店 | 五 | 1997.07.01 | 1995.11.01 | 4450029 | 深圳市龙华新区观澜镇 | 28020888 | 228 | 400 | 591 | 中外合资 |
| | 南海酒店 | 五 | 1999.09.01 | 1986.03.01 | 4450024 | 深圳市南山区蛇口工业一路 | 26692888 | 396 | 750 | 925 | 中外合资 |
| | 彭年酒店 | 五 | 2002.06.28 | 2000.10.13 | 4450014 | 深圳市罗湖区嘉宾路 2002 号 | 25185888 | 511 | 664 | 988 | 中外合资 |
| | 威尼斯酒店 | 五 | 2002.10.28 | 2001.11.28 | 4450008 | 深圳市南山区深南大道 9026 号华侨城 | 26936888 | 376 | 542 | 950 | 国有 |
| | 圣廷苑酒店 | 五 | 2002.10.28 | 2001.08.21 | 4450009 | 深圳市华强北路 4002 号 | 82078888 | 297 | 398 | 2210 | 中外合资 |
| | 恒丰海悦国际酒店 | 五 | 2006.04.02 | 2003.08.13 | 4450042 | 深圳市宝安区新城广场大厦 | 27922222 | 266 | 305 | 1700 | 外商投资 |
| | 百合酒店 | 五 | 2009.07.01 | 2006.05.01 | 4450075 | 深圳市布吉镇百鸽路 | 8996999 | 300 | 413 | 900 | 私营 |
| | 大梅沙京基喜来登度假酒店 | 五 | 2009.07.01 | 2007.08.19 | 4450076 | 深圳市盐田区大梅沙盐葵路 9 号 | 88886688 | 386 | 608 | 805 | 私营 |
| | 华侨城洲际大酒店 | 五 | 2009.07.01 | 2006.12.26 | 4450077 | 深圳市华侨城深南大道 9009 号 | 33993388 | 550 | 567 | 1600 | 国有 |
| | 深航国际酒店 | 五 | 2009.07.01 | 2005.01.26 | 4450078 | 深圳市深南大道 6035 号 | 88819999 | 420 | 656 | 1101 | 有限责任 |
| | 马可孛罗好日子酒店 | 五 | 2010.03.31 | 2006.09.15 | 4450085 | 深圳市福田区民田路 168 号 | 82989888 | 391 | 504 | 2000 | 有限责任 |
| | 宝利来国际大酒店 | 五 | 2010.04.16 | 2008.02.05 | 4450086 | 深圳市福永街道福永大道 | 27388888 | 502 | 628 | 2280 | 私营 |
| | 求水山酒店 | 五 | 2010.05.19 | 2007.06.24 | 4450088 | 深圳市龙岗区南湾街 | 8888999 | 232 | 380 | 680 | 股份合作 |
| | ※东方银座美爵酒店 | 五 | **2011.11.02** | **2005.9.9** | **4450103** | **深圳市福田区深南大道竹子林** | **83500888** | **481** | **710** | **380** | 有限 |
| | 晶都酒店 | 四 | 1990.06.01 | 1988.10.01 | 4440051 | 深圳市罗湖区红岭南路 | 82247000 | 402 | 780 | 1334 | 集体 |
| | 新都酒店 | 四 | 1990.06.01 | 1987.04.01 | 4440052 | 深圳市罗湖区春风路 1 号 | 82320888 | 410 | 623 | 1284 | 中外合资 |

续表

| 地区 | 饭店名称 | 星级 | 评定时间 | 开业时间 | 星牌编号 | 饭店地址 | 咨询电话 | 客房（间） | 床位（张） | 餐位（个） | 所有制性质 |
|---|---|---|---|---|---|---|---|---|---|---|---|
| 深圳市 | 都之都大酒店 | 四 | 1996. 08. 01 | 1994. 05. 01 | 4440053 | 深圳市宝安区九区 | 27783888 | 204 | 360 | 1200 | 中外合资 |
| | 新世纪酒店 | 四 | 2000. 11. 23 | 1995. 03. 18 | 4440038 | 深圳市福田区华强北路 4014 号 | 82078888 | 237 | 323 | 1049 | 国有 |
| | 庐山国际大酒店 | 四 | 2000. 11. 23 | 1998. 05. 17 | 4440039 | 深圳市罗湖区春风路 66 号 | 82338888 | 189 | 301 | 318 | 中外合资 |
| | 东华假日酒店 | 四 | 2000. 11. 23 | 1999. 08. 09 | 4440040 | 深圳市南山区南油大道 | 26416688 | 285 | 362 | 720 | 集体 |
| | 格兰云天大酒店 | 四 | 2001. 08. 04 | 1989. 08. 28 | 4440041 | 深圳市福田区深南中路 3024 号 | 83689999 | 220 | 372 | 1230 | 国有 |
| | 明华国际会议中心 | 四 | 2001. 08. 04 | 1997. 04. 15 | 4440042 | 深圳市南山区蛇口龟山路 8 号 | 26689968 | 265 | 685 | 750 | 外商投资 |
| | 宝明城花园酒店 | 四 | 2001. 09. 06 | 1999. 09. 28 | 4440043 | 深圳市宝安区公明镇建设路 | 27100888 | 246 | 468 | 1380 | 集体 |
| | 廷苑酒店 | 四 | 2001. 09. 06 | 1999. 01. 09 | 4440044 | 深圳市宝安区人民北路 33 号 | 28128888 | 159 | 210 | 850 | 私营 |
| | 中南海滨大酒店 | 四 | 2001. 12. 05 | 2000. 10. 17 | 4440045 | 深圳市南山区南新路 18 号 | 26088736 | 126 | 221 | 800 | 国有 |
| | 金碧酒店 | 四 | 2002. 09. 10 | 1988. 08. 28 | 4440046 | 深圳市罗湖区春风路 3002 号 | 82252888 | 272 | 457 | 700 | 中外合资 |
| | 雅兰酒店 | 四 | 2003. 01. 17 | 2001. 04. 23 | 4440047 | 深圳市盐田区大梅沙 | 25062299 | 203 | 363 | 300 | 中外合资 |
| | 华侨城海景酒店 | 四 | 2003. 08. 25 | 1993. 01. 01 | 4440010 | 深圳市南山区光侨街 3 号 | 26602222 | 456 | 812 | 800 | 国有 |
| | 大梅沙海景酒店 | 四 | 2003. 08. 25 | 2001. 10. 08 | 4440049 | 深圳市盐田区盐梅路 10 号 | 25061688 | 312 | 547 | 480 | 港澳台商 |
| | 圣德堡大酒店 | 四 | 2004. 08. 01 | 2003. 08. 06 | 4440117 | 深圳市龙岗区横岗镇 | 33618888 | 191 | 285 | 800 | 私营 |
| | 芭提雅酒店 | 四 | 2005. 04. 27 | 2003. 09. 01 | 4440125 | 深圳市盐田区大梅沙内环路 | 25252888 | 268 | 536 | 700 | 私营 |
| | 君逸酒店 | 四 | 2005. 04. 27 | 2003. 08. 26 | 4440126 | 深圳市龙岗区横岗为民路 8 号 | 28661888 | 376 | 620 | 1356 | 集体 |
| | 中油大厦酒店 | 四 | 2005. 12. 30 | 1999. 12. 26 | 4440137 | 深圳市南山区南山大道 1110 号 | 26528333 | 203 | 292 | 650 | 国有 |
| | 中阁城大酒店 | 四 | 2005. 12. 30 | 2004. 08. 01 | 4440140 | 深圳市宝安区松岗镇 | 27683333 | 125 | 161 | 773 | 私营 |
| | 长丰酒店 | 四 | 2006. 08. 02 | 2005. 03. 29 | 4440150 | 深圳市宝安区沙井 | 27228888 | 143 | 175 | 640 | 有限责任 |
| | 华丽城酒店 | 四 | 2006. 08. 26 | 2005. 06. 06 | 4440151 | 深圳市龙岗区华南大道 | 89633333 | 367 | 530 | 550 | 有限责任 |
| | 宝晖商务酒店 | 四 | 2007. 04. 20 | 2005. 12. 23 | 4440163 | 深圳市宝安区自由路 2 号 | 61158888 | 185 | 234 | 260 | 有限责任 |
| | 金晖嘉柏酒店 | 四 | 2007. 09. 03 | 2005. 06. 23 | 4440168 | 深圳市南山区深南大道 | 86100888 | 391 | 568 | 915 | 私营 |

续表

| 地区 | 饭店名称 | 星级 | 评定时间 | 开业时间 | 星牌编号 | 饭店地址 | 咨询电话 | 客房（间） | 床位（张） | 餐位（个） | 所有制性质 |
|---|---|---|---|---|---|---|---|---|---|---|---|
| 深圳市 | 花园格兰云天大酒店 | 四 | 2008. 12. 31 | 2005. 09. 08 | 4440184 | 深圳市福田区深南中路 4028 号 | 82816666 | 209 | 283 | 410 | 国有 |
| | 万悦国际酒店 | 四 | 2009. 06. 10 | 2006. 05. 01 | 4440194 | 深圳市宝安区前进一路 90 号 | 27881888 | 339 | 503 | 516 | 港澳台商 |
| | 金至尊大酒店 | 四 | 2009. 12. 25 | 2007. 01. 27 | 4440201 | 深圳市宝安区沙新沙路东段 2 号 | 81733333 | 128 | 161 | 1295 | 有限责任 |
| | 星雅轩酒店 | 四 | 2009. 12. 25 | 2005. 08. 18 | 4440202 | 深圳市龙岗区中兴路 13 号 | 28558888 | 181 | 253 | 500 | 私营 |
| | ※丽湾酒店 | 四 | **2011. 01. 31** | **2006. 1. 18** | **4440214** | 深圳市龙岗区龙岗街道新生社区新生路 1 号 | **8484000** | **242** | **314** | **850** | 港澳台商投资 |
| | ※长丰花园酒店 | 四 | **2011. 01. 31** | **2009. 3. 29** | **4440215** | 深圳市宝安区石岩街浪心社区 | **29008888** | **185** | **206** | **1090** | 股份有 |
| | 东湖宾馆 | 三 | 1990. 06. 01 | 1983. 12. 01 | 4430120 | 深圳市罗湖区爱国路 4006 号 | 25400088 | 97 | 180 | 160 | 中外合资 |
| | 粤海酒店 | 三 | 1990. 06. 01 | 1988. 12. 01 | 4430121 | 深圳市罗湖区深南东路 3033 号 | 82228339 | 229 | 430 | 800 | 中外合资 |
| | 竹园宾馆 | 三 | 1990. 06. 01 | 1981. 01. 01 | 4430122 | 深圳市罗湖区东门北路 2079 号 | 25533138 | 190 | 350 | 1148 | 中外合资 |
| | 小梅沙大酒店 | 三 | 1990. 09. 01 | 1986. 06. 01 | 4430123 | 深圳市盐田区盐葵路 23 号 | 25035888 | 156 | 280 | 500 | 国有 |
| | 寰宇大酒店 | 三 | 1991. 08. 01 | 1988. 06. 01 | 4430124 | 深圳市罗湖区红岭中路 1002 号 | 25595024 | 305 | 580 | 1000 | 国有 |
| | 罗湖大酒店 | 三 | 1992. 11. 01 | 1988. 08. 01 | 4430126 | 深圳市罗湖区南湖路 3012 号 | 25163888 | 234 | 450 | 690 | 中外合资 |
| | 迎宾馆 | 三 | 1992. 11. 01 | 1984. 10. 01 | 4430128 | 深圳市罗湖区新园路 15 号 | 82222722 | 292 | 560 | 600 | 国有 |
| | 京鹏宾馆 | 三 | 1992. 11. 01 | 1985. 10. 01 | 4430129 | 深圳市罗湖区深南东路 2008 号 | 82227190 | 220 | 400 | 500 | 国有 |
| | 国宾大酒店 | 三 | 1993. 08. 01 | 1990. 12. 01 | 4430130 | 深圳市罗湖区深南东路 1121 号 | 25118388 | 230 | 410 | 600 | 中外合资 |
| | 海燕大酒店 | 三 | 1994. 08. 01 | 1992. 07. 01 | 4430131 | 深圳市罗湖区嘉宾路 | 82232828 | 283 | 550 | 300 | 中外合资 |
| | 长城大酒店 | 三 | 1994. 08. 12 | 1991. 12. 01 | 4430132 | 深圳市罗湖区红桂路 2086 号 | 25583369 | 140 | 250 | 500 | 中外合资 |
| | 帝豪酒店 | 三 | 1995. 01. 01 | 1991. 04. 01 | 4430133 | 深圳市罗湖区宝安北路 1 号 | 82260888 | 150 | 280 | 480 | 中外合资 |
| | 银湖旅游中心 | 三 | 1995. 01. 01 | 1984. 04. 01 | 4430134 | 深圳市罗湖区银湖路 | 82431111 | 197 | 380 | 2260 | 国有 |
| | 友谊酒店 | 三 | 1995. 01. 01 | 1982. 06. 01 | 4430135 | 深圳市罗湖区嘉宾路 3011 号 | 82311999 | 100 | 190 | 800 | 国有 |
| | 长安大酒店 | 三 | 1995. 10. 01 | 1988. 10. 01 | 4430136 | 深圳市罗湖区深南东路 | 82303333 | 173 | 320 | 1170 | 国有 |
| | 丽都酒店 | 三 | 1995. 10. 01 | 1991. 01. 01 | 4430137 | 深圳市罗湖区东门南路 2007 号 | 82259988 | 265 | 500 | 621 | 中外合资 |

续表

| 地区 | 饭店名称 | 星级 | 评定时间 | 开业时间 | 星牌编号 | 饭店地址 | 咨询电话 | 客房（间） | 床位（张） | 餐位（个） | 所有制性质 |
|---|---|---|---|---|---|---|---|---|---|---|---|
| 深圳市 | 晶都城酒店 | 三 | 1988. 03. 01 | 1993. 02. 01 | 4430138 | 深圳市龙岗区平湖大街536号 | 28851888 | 70 | 120 | 600 | 集体 |
| | 鸿波酒店 | 三 | 1999. 12. 01 | 1997. 04. 01 | 4430085 | 深圳市南山区华侨城侨城中新街 | 26949448 | 113 | 200 | 550 | 国有 |
| | 芙蓉宾馆 | 三 | 2000. 07. 01 | 1987. 08. 01 | 4430087 | 深圳市罗湖区东门南路2019号 | 82234696 | 145 | 260 | 690 | 国有 |
| | 上海宾馆 | 三 | 2000. 07. 01 | 1985. 01. 01 | 4430089 | 深圳市福田区深南中路3032号 | 83365288 | 144 | 260 | 500 | 中外合资 |
| | 丰乐园大酒店 | 三 | 2000. 07. 01 | 1998. 02. 01 | 4430090 | 深圳市罗湖区布吉路1021号 | 25850688 | 78 | 150 | 400 | 国有 |
| | 名兰苑酒店 | 三 | 2000. 08. 01 | 1999. 09. 01 | 4430092 | 深圳市南山区蛇口工业八路西68号 | 26811888 | 77 | 133 | 280 | 国有 |
| | 凯利宾馆 | 三 | 2000. 09. 14 | 1990. 04. 01 | 4430093 | 深圳市罗湖区嘉宾东路2027号 | 82376188 | 173 | 300 | 750 | 国有 |
| | 景明达酒店 | 三 | 2000. 12. 01 | 1999. 06. 19 | 4430096 | 深圳市福田区景田商报东路83号 | 83548000 | 143 | 230 | 430 | 中外合资 |
| | 谭海酒店 | 三 | 2000. 12. 06 | 1999. 10. 08 | 4430095 | 深圳市宝安区广深公路松岗段44号 | 27083333 | 62 | 88 | 825 | 集体 |
| | 南方联合大酒店 | 三 | 2000. 12. 24 | 1989. 06. 01 | 4430098 | 深圳市罗湖区深南东路2002号 | 82319978 | 203 | 347 | 620 | 国有 |
| | 北方大酒店 | 三 | 2001. 08. 27 | 1987. 10. 01 | 4430099 | 深圳市福田区深南中路 | 83278001 | 81 | 155 | 370 | 国有 |
| | 上园大酒店 | 三 | 2001. 11. 12 | 1999. 11. 01 | 4430100 | 深圳市宝安区沙广深公路沙井段 | 27258888 | 125 | 198 | 530 | 中外合资 |
| | 金湾酒店 | 三 | 2001. 12. 05 | 1996. 10. 31 | 4430101 | 深圳市福田区深南大道 | 83587383 | 81 | 156 | 1200 | 国有 |
| | 四川宾馆 | 三 | 2001. 12. 05 | 1989. 11. 08 | 4430102 | 深圳市福田区红荔路2001号 | 83673333 | 153 | 308 | 520 | 国有 |
| | 投资大厦宾馆 | 三 | 2003. 01. 20 | 1999. 05. 01 | 4430106 | 深圳市福田区深南大道4009号 | 83883888 | 66 | 126 | 180 | 国有 |
| | 老地方酒店 | 三 | 2003. 08. 12 | 1999. 12. 21 | 4430107 | 深圳市罗湖区东门南路1033号 | 82343222 | 267 | 486 | 470 | 国有 |
| | 国丰大酒店 | 三 | 2003. 08. 12 | 1999. 06. 15 | 4430109 | 深圳市福田区彩田路12号 | 83371888 | 122 | 259 | 50 | 国有 |
| | 云鹏大酒店 | 三 | 2003. 08. 12 | 1986. 11. 08 | 4430110 | 深圳市福田区红岭南路红岭大厦 | 25866368 | 122 | 214 | 450 | 国有 |
| | 火车站大酒店 | 三 | 2003. 11. 25 | 1996. 06. 01 | 4430111 | 深圳市罗湖区建设路 | 82321168 | 238 | 381 | 800 | 集体 |
| | 青海大酒店 | 三 | 2003. 12. 09 | 2002. 10. 28 | 4430112 | 深圳市福田区北环大道7043号 | 83547134 | 84 | 136 | 300 | 国有 |
| | 实华宾馆 | 三 | 2003. 12. 12 | 2001. 03. 06 | 4430113 | 深圳市福田区北环大道7001号 | 83546988 | 150 | 256 | 610 | 国有 |
| | 南方苑酒店 | 三 | 2003. 12. 15 | 2000. 10. 01 | 4430115 | 深圳市福田区八卦四路22号 | 82422288 | 92 | 133 | 240 | 国有 |

续表

| 地区 | 饭店名称 | 星级 | 评定时间 | 开业时间 | 星牌编号 | 饭店地址 | 咨询电话 | 客房（间） | 床位（张） | 餐位（个） | 所有制性质 |
|---|---|---|---|---|---|---|---|---|---|---|---|
| 深圳市 | 广深宾馆 | 三 | 2004. 02. 20 | 1993. 03. 28 | 4430425 | 深圳市罗湖区深南东路 2023 号 | 82352668 | 212 | 347 | 420 | 有限责任 |
| | 河东宾馆 | 三 | 2004. 04. 23 | 1990. 05. 21 | 4430116 | 深圳市罗湖区沿河东路 19 号 | 25593253 | 104 | 180 | 130 | 国有 |
| | 丽苑大酒店 | 三 | 2004. 05. 26 | 1988. 01. 01 | 4430117 | 深圳市罗湖区东门中路 2048 号 | 82226688 | 103 | 155 | 490 | 有限责任 |
| | 泰然宾馆 | 三 | 2004. 10. 25 | 2003. 11. 20 | 4430420 | 深圳市福田区车公庙泰然四路 | 33366999 | 102 | 178 | 2000 | 有限责任 |
| | 金鹏大酒店 | 三 | 2004. 12. 06 | 2003. 12. 28 | 4430423 | 深圳市宝安区龙华镇人民路 | 27700000 | 171 | 210 | 500 | 有限责任 |
| | 聚豪酒店 | 三 | 2004. 12. 06 | 2002. 09. 29 | 4430424 | 深圳市宝安区松岗镇 | 27135282 | 39 | 61 | 800 | 私营 |
| | 沙嘴酒店 | 三 | 2005. 04. 30 | 2004. 05. 28 | 4430461 | 深圳市福田沙嘴路与福强路交汇处 | 83878333 | 168 | 240 | 1220 | 私营 |
| | 迪富宾馆 | 三 | 2005. 06. 13 | 1986. 03. 08 | 4430464 | 深圳市福田区振华路 111 号 | 83350568 | 160 | 270 | 900 | 国有 |
| | 三九大酒店 | 三 | 2005. 06. 16 | 1991. 06. 01 | 4430467 | 深圳市罗湖区深南东路 1001 号 | 25128888 | 230 | 410 | 690 | 国有 |
| | 吉盛酒店 | 三 | 2005. 11. 01 | 2004. 07. 29 | 4430485 | 深圳市宝安区观澜大道中 | 28031888 | 169 | 204 | 630 | 私营 |
| | 航空大酒店 | 三 | 2005. 12. 28 | 1988. 01. 12 | 4430492 | 深圳市罗湖区深南东路 3027 号 | 82237999 | 94 | 179 | 136 | 股份有限 |
| | 广深铁路大酒店 | 三 | 2005. 12. 28 | 1999. 09. 09 | 4430493 | 深圳市罗湖区和平路 1023 号 | 25573138 | 110 | 189 | 500 | 私营 |
| | 蔡屋围大酒店 | 三 | 2006. 04. 21 | 1984. 01. 01 | 4430515 | 深圳市罗湖区解放西路 4058 号 | 25566666 | 96 | 200 | 338 | 集体 |
| | 湖北宾馆 | 三 | 2006. 04. 21 | 2005. 01. 01 | 4430517 | 深圳市罗湖区解放路 3034 号 | 25560888 | 65 | 115 | 300 | 有限责任 |
| | 世纪华源酒店 | 三 | 2006. 04. 21 | 2005. 04. 18 | 4430518 | 深圳市福田区八卦一路 61 号 | 61621888 | 125 | 242 | 420 | 股份有限 |
| | 汉永酒店 | 三 | 2006. 08. 10 | 2003. 10. 01 | 4430541 | 深圳市宝安区福永街道 | 27333888 | 110 | 124 | 100 | 股份有限 |
| | 梧桐山宾馆 | 三 | 2006. 12. 30 | 1987. 08. 01 | 4430575 | 深圳市盐田区沙头角梧桐路 2002 号 | 25350791 | 58 | 101 | 600 | 国有 |
| | 千柏洲商务酒店 | 三 | 2008. 01. 29 | 2006. 05. 01 | 4430615 | 深圳市宝安区西乡鹤州广场路 3 号 | 29980000 | 76 | 98 | 100 | 私营 |
| | 金鹏大酒店 | 三 | 2008. 01. 30 | 2001. 12. 23 | 4430616 | 深圳市龙岗区布吉街金鹏路 26 号 | 28527777 | 98 | 142 | 800 | 私营 |
| | 六联酒店 | 三 | 2008. 12. 26 | 2003. 08. 01 | 4430646 | 深圳市龙岗区深汕路 529 号 | 84288999 | 40 | 55 | 1500 | 私营 |
| | 财富酒店 | 三 | 2008. 12. 26 | 2007. 08. 08 | 4430647 | 深圳市福田区华强南路 3021 号 | 83199999 | 152 | 194 | 97 | 私营 |

续表

| 地区 | 饭店名称 | 星级 | 评定时间 | 开业时间 | 星牌编号 | 饭店地址 | 咨询电话 | 客房（间） | 床位（张） | 餐位（个） | 所有制性质 |
|---|---|---|---|---|---|---|---|---|---|---|---|
| 深圳市 | 翠珊园酒店 | 三 | 2009.08.05 | 1999.01.07 | 4430673 | 深圳市宝安区石岩街道 | 29682888 | 92 | 140 | 1230 | 私营 |
| | 南澳大酒店 | 三 | 2009.08.05 | 1993.08.01 | 4430675 | 深圳市龙岗区南澳街道 | 84428666 | 120 | 219 | 900 | 有限责任 |
| | 龙岗吉盛酒店 | 三 | 2009.08.05 | 2006.10.7 | 4430676 | 深圳市龙岗区盛平南路1号 | 89568888 | 120 | 151 | 750 | 有限责任 |
| | 吉盛宾馆 | 三 | 2009.08.05 | 2006.10.01 | 4430677 | 深圳市宝安区民治街道民治大道 | 28192888 | 107 | 133 | 389 | 有限责任 |
| | 东星汉永酒店 | 三 | 2009.08.05 | 2007.01.19 | 4430678 | 深圳市宝安区沙井街道中心路 | 29938888 | 149 | 209 | 182 | 有限责任 |
| | 金帝都大酒店 | 三 | 2009.12.24 | 2007.09.01 | 4430700 | 深圳市宝安区松岗镇 | 27097888 | 140 | 179 | 220 | 股份合作 |
| | 启滕奥林宾馆 | 三 | 2010.12.14 | 2007.08.01 | 4430738 | 深圳市龙岗区龙翔大道北 | 28937666 | 30 | 50 | 1200 | 私营 |
| | 观悦酒店 | 三 | 2010.12.14 | 2009.11.09 | 4430739 | 深圳市宝安区观兰街道 | 29002288 | 108 | 144 | 200 | 有限责任 |
| | 东涌酒店 | 三 | 2010.12.14 | 2006.12.30 | 4430740 | 深圳市龙岗区南澳镇东涌社区 | 84420999 | 65 | 115 | 164 | 私营 |
| | 新地假日海湾酒店 | 三 | 2010.12.16 | 2008.03.28 | 4430741 | 深圳市龙岗大鹏黄少年度假营内 | 84314688 | 68 | 124 | 320 | 有限责任 |
| | ※茗兰酒店 | 三 | **2011.12.12** | **2009.06.11** | **4430769** | 深圳市龙岗街道新生社龙贤路3号 | **84840888** | **118** | **182** | **841** | 有限责任 |
| | ※石岩吉盛酒店 | 三 | **2011.12.12** | **2009.10.28** | **4430770** | 深圳市石岩街道宝石东路塘坑路口东1号 | **27761888** | **93** | **118** | **720** | 有限责任 |
| 珠海市（拥有星级饭店82家。其中五星级8家，四星级9家，三星级61家，二星级4家） | 银都酒店 | 五 | 1993.06.01 | 1988.08.01 | 4450030 | 珠海市拱北粤海东路1150号 | 8883388 | 320 | 487 | 1130 | 中外合资 |
| | 海湾大酒店 | 五 | 1997.09.01 | 1985.11.01 | 4450031 | 珠海市拱北水湾路 | 8877998 | 351 | 441 | 700 | 中外合资 |
| | 珠海度假村酒店 | 五 | 2000.03.01 | 1984.10.01 | 4450001 | 珠海市吉大石花东路9号 | 3333838 | 453 | 1173 | 2800 | 有限责任公司（外商投资） |
| | 珠海德翰大酒店 | 五 | 2002.09.22 | 2000.09.29 | 4450018 | 珠海市吉大情侣中路 | 3329988 | 534 | 671 | 1377 | 私营 |
| | 中邦艺术酒店 | 五 | 2007.06.29 | 2005.10.02 | 4450049 | 珠海市情侣中路33号 | 3220333 | 156 | 192 | 330 | 有限责任 |
| | 粤财假日酒店 | 五 | 2008.10.07 | 2001.11.27 | 4450064 | 珠海市吉大景山路188号 | 3228888 | 320 | 484 | 938 | 外商投资 |
| | 昌安假日酒店 | 五 | 2008.12.23 | 2006.10.31 | 4450070 | 珠海市粤海中路2130号 | 8866888 | 163 | 193 | 680 | 私营 |
| | ※来魅力假日酒店 | 五 | **2011.11.02** | **2009.9.29** | **4450105** | 珠海市拱北围基路32号 | **8338888** | **296** | **344** | **570** | 有限 |
| | 君悦来酒店 | 四 | 1994.01.01 | 1993.06.01 | 4440061 | 珠海市吉大海宾南路45号 | 3333968 | 155 | 298 | 700 | 港澳台商 |

续表

| 地区 | 饭店名称 | 星级 | 评定时间 | 开业时间 | 星牌编号 | 饭店地址 | 咨询电话 | 客房(间) | 床位(张) | 餐位(个) | 所有制性质 |
|---|---|---|---|---|---|---|---|---|---|---|---|
| 珠海市 | 粤海酒店 | 四 | 1999. 11. 01 | 1993. 06. 01 | 4440055 | 珠海市拱北粤海东路 1145 号 | 8888128 | 363 | 647 | 1844 | 外商投资 |
| | 华骏大酒店 | 四 | 2000. 10. 01 | 1999. 11. 01 | 4440057 | 珠海市夏湾侨光西路 328 号 | 8118999 | 207 | 345 | 500 | 集体 |
| | 御温泉度假村 | 四 | 2001. 01. 04 | 1998. 02. 28 | 4440005 | 珠海市斗门区斗门镇 | 5797128 | 65 | 130 | 700 | 中外合资 |
| | 骏德会酒店 | 四 | 2001. 10. 22 | 2000. 07. 20 | 4440058 | 珠海拱北联安路 188 号 9 栋 | 8155558 | 121 | 167 | 302 | 港澳台商 |
| | 南油大酒店 | 四 | 2004. 04. 26 | 1987. 10. 01 | 4440059 | 珠海市水湾路 368 号 | 3322188 | 236 | 576 | 580 | 中外合资 |
| | 2000 年大酒店 | 四 | 2004. 10. 18 | 2000. 11. 03 | 4440121 | 珠海市香洲人民东路 121 号 | 2122998 | 291 | 486 | 560 | 国有 |
| | 西藏大厦 | 四 | 2009. 03. 23 | 2007. 08. 25 | 4440189 | 珠海市梅华西路 166 号 | 2669988 | 200 | 307 | 298 | 有限责任 |
| | 星城大酒店 | 四 | 2010. 12. 22 | 2006. 08. 28 | 4440210 | 珠海市吉大景山路 88 号 | 3220888 | 203 | 256 | 272 | 外商投资 |
| | 易乐园度假村 | 三 | 1992. 05. 01 | 1984. 12. 01 | 4430149 | 珠海市斗门县白藤湖好景区内 | 5566011 | 82 | 148 | 350 | 国有控股 |
| | 金叶酒店 | 三 | 1993. 11. 01 | 1991. 09. 01 | 4430172 | 珠海市拱北迎宾南路 1011 号 | 8132688 | 165 | 321 | 680 | 国有 |
| | 步步高大酒店 | 三 | 1993. 12. 01 | 1986. 12. 01 | 4430171 | 珠海市粤海东路 1025 号 | 8886628 | 212 | 407 | 460 | 中外合资 |
| | 华侨宾馆 | 三 | 1997. 07. 01 | 1986. 12. 01 | 4430174 | 珠海市拱北迎宾南路 2106 号 | 8136688 | 197 | 384 | 450 | 国有 |
| | 国泰大酒店 | 三 | 2000. 09. 01 | 1997. 12. 01 | 4430139 | 珠海市拱北侨光路 26 号 | 8883599 | 128 | 152 | 100 | 国有 |
| | 岐关大酒店 | 三 | 2000. 09. 01 | 1994. 09. 01 | 4430140 | 珠海市拱北昌盛路 66 号 | 8873188 | 111 | 161 | 1000 | 国有 |
| | 红山楼酒店 | 三 | 2000. 09. 01 | 1999. 08. 01 | 4430141 | 珠海市梅华西路 68 号 | 2616000 | 59 | 109 | 300 | 集体 |
| | 拱北民安酒店 | 三 | 2000. 09. 01 | 1999. 01. 01 | 4430142 | 珠海市拱北莲花路 56 号 | 8131168 | 122 | 189 | 358 | 私营 |
| | 好世界酒店 | 三 | 2000. 09. 01 | 1992. 12. 01 | 4430143 | 珠海市拱北莲花路 327 号 | 8880222 | 99 | 109 | 500 | 私营 |
| | 南航明珠大酒店 | 三 | 2000. 09. 01 | 1999. 12. 01 | 4430144 | 珠海市吉大石花西路 163 号 | 3343777 | 266 | 433 | 3000 | 国有 |
| | 望海楼 | 三 | 2000. 09. 01 | 1982. 10. 01 | 4430145 | 珠海市香洲区海滨北路 3 号 | 2122222 | 173 | 315 | 630 | 国有 |
| | 碧海酒店 | 三 | 2000. 09. 01 | 1982. 10. 01 | 4430146 | 珠海市香州区碧海路 1 号 | 2121666 | 163 | 296 | 300 | 有限责任 |
| | 北京酒店 | 三 | 2000. 09. 01 | 1998. 11. 01 | 4430148 | 珠海市翠前南路 1 号 | 8665288 | 95 | 170 | 220 | 有限责任 |

续表

| 地区 | 饭店名称 | 星级 | 评定时间 | 开业时间 | 星牌编号 | 饭店地址 | 咨询电话 | 客房（间） | 床位（张） | 餐位（个） | 所有制性质 |
|---|---|---|---|---|---|---|---|---|---|---|---|
| 珠海市 | 旅游大酒店 | 三 | 2000. 09. 01 | 1997. 06. 01 | 4430150 | 珠海市吉大海滨南路 56 号 | 3366908 | 135 | 221 | 428 | 集体 |
| | 金凤凰酒店 | 三 | 2001. 01. 04 | 1997. 10. 01 | 4430153 | 珠海市香洲凤凰南路 1165 号 | 2112288 | 196 | 370 | 300 | 有限责任 |
| | 永通酒店 | 三 | 2001. 04. 16 | 1993. 07. 08 | 4430154 | 珠海市拱北水湾路 19 号 | 8888887 | 140 | 222 | 410 | 私营 |
| | 鸿都酒店 | 三 | 2001. 07. 16 | 2000. 05. 18 | 4430156 | 珠海市拱北粤海东路 1138 号 | 8131188 | 163 | 224 | 480 | 私营 |
| | 拱北昌安酒店 | 三 | 2001. 09. 10 | 1998. 11. 28 | 4430158 | 珠海市拱北莲花路 37 号 | 8119166 | 66 | 76 | 200 | 私营 |
| | 友谊酒店 | 三 | 2001. 10. 08 | 1987. 02. 18 | 4430159 | 珠海市拱北友谊路 46 号 | 8131818 | 90 | 76 | 1000 | 国有 |
| | 新昌安酒店 | 三 | 2001. 11. 02 | 2000. 12. 02 | 4430160 | 珠海市九洲大道 1023 号 | 3377668 | 57 | 80 | 270 | 私营 |
| | 聚龙酒店 | 三 | 2001. 11. 02 | 2001. 09. 23 | 4430161 | 珠海市唐家港湾大道 | 3317888 | 102 | 158 | 350 | 有限责任 |
| | 侨苑酒店 | 三 | 2002. 01. 14 | 1983. 12. 18 | 4430162 | 珠海市香洲区海滨北路 4 号 | 2181818 | 39 | 78 | 220 | 中外合资 |
| | 金都酒店 | 三 | 2002. 05. 14 | 1998. 05. 23 | 4430164 | 珠海市拱北粤海东路 1062 号 | 8111888 | 144 | 176 | 150 | 私营 |
| | 香江酒店 | 三 | 2002. 05. 16 | 1994. 08. 18 | 4430163 | 珠海市拱北迎宾南路 2126 号 | 8873288 | 133 | 175 | 300 | 国有 |
| | 愉景酒店 | 三 | 2002. 08. 05 | 1999. 01. 01 | 4430175 | 珠海市香洲康宁路 68 号 | 2253388 | 71 | 86 | 300 | 集体 |
| | 中天酒店 | 三 | 2002. 08. 12 | 2000. 09. 27 | 4430165 | 珠海市吉大景山路 62 号 | 3366888 | 140 | 223 | 300 | 国有控股 |
| | 六和商务酒店 | 三 | 2003. 01. 27 | 1995. 10. 01 | 4430168 | 珠海市人民东路 6 号 | 2221999 | 90 | 162 | 130 | 国有 |
| | 芙蓉王酒店 | 三 | 2003. 10. 10 | 2001. 12. 8 | 4430169 | 珠海市拱北粤海中路 2007 号 | 8113333 | 43 | 60 | 250 | 私营 |
| | 嘉利万豪酒店 | 三 | 2004. 03. 05 | 1997. 11. 17 | 4430170 | 珠海市拱北粤海中路 1039 号 | 8800388 | 108 | 127 | 500 | 私营 |
| | 濠天度假酒店 | 三 | 2004. 10. 18 | 2004. 10. 01 | 4430429 | 珠海市湾仔南湾南路 5009 号 | 8817888 | 49 | 60 | 268 | 集体 |
| | 珠海新海利大酒店 | 三 | 2004. 11. 15 | 2002. 08. 30 | 4430432 | 珠海市拱北夏湾粤华路 271 号 | 8899388 | 95 | 190 | 3000 | 私营 |
| | 东方凯悦酒店 | 三 | 2004. 12. 27 | 2004. 10. 01 | 4430450 | 珠海市九洲大道东 1043 号 | 3263888 | 69 | 98 | 220 | 有限责任 |
| | 扬名酒店 | 三 | 2005. 01. 31 | 1996. 10. 01 | 4430449 | 珠海市香洲翠香路 43 号 | 2226168 | 101 | 184 | 320 | 私营 |
| | 南湾国际大酒店 | 三 | 2005. 06. 17 | 2005. 02. 07 | 4430465 | 珠海市南屏镇环屏路一号 | 8828888 | 173 | 301 | 800 | 有限责任 |
| | 四海商务酒店 | 三 | 2005. 11. 22 | 2001. 08. 01 | 4430503 | 珠海市拱北粤海中路 2300 号 | 8131628 | 122 | 185 | 150 | 私营 |

续表

| 地区 | 饭店名称 | 星级 | 评定时间 | 开业时间 | 星牌编号 | 饭店地址 | 咨询电话 | 客房（间） | 床位（张） | 餐位（个） | 所有制性质 |
|---|---|---|---|---|---|---|---|---|---|---|---|
| 珠海市 | 翡翠宫酒店 | 三 | 2005. 12. 19 | 2005. 12. 01 | 4430502 | 珠海市香洲区凤凰南路 1126 号 | 2252222 | 44 | 48 | 100 | 私营 |
| | 满庭湘酒店 | 三 | 2005. 12. 19 | 2004. 12. 08 | 4430494 | 珠海市前山明珠南路 1032 号 | 8521088 | 56 | 94 | 600 | 有限责任 |
| | 昌安华策酒店 | 三 | 2006. 01. 06 | 1999. 11. 26 | 4430499 | 珠海市拱北侨光路 5 号 | 8156398 | 95 | 105 | 320 | 私营 |
| | 风景酒店 | 三 | 2006. 01. 06 | 2004. 10. 01 | 4430500 | 珠海市前山翠仙路 211 号 | 8666222 | 40 | 64 | 700 | 有限责任 |
| | 伙工殿酒店 | 三 | 2006. 01. 13 | 1995. 10. 29 | 4430501 | 珠海市拱北北岭侨岭街 34 号 | 8801688 | 68 | 77 | 3000 | 私营 |
| | 豪庭商务酒店 | 三 | 2006. 05. 18 | 2005. 10. 01 | 4430531 | 珠海市前山逸仙路 21 号 | 8669999 | 159 | 259 | 180 | 私营 |
| | 木棉花酒店 | 三 | 2006. 07. 19 | 2005. 03. 01 | 4430528 | 珠海市拱北侨光路 3 号 | 8804000 | 93 | 99 | 120 | 私营 |
| | 金色假日酒店 | 三 | 2006. 08. 22 | 2005. 02. 01 | 4430571 | 珠海市吉大景和街 71 号 | 3263333 | 115 | 202 | 250 | 私营 |
| | 桃园商务酒店 | 三 | 2006. 09. 20 | 2006. 07. 20 | 4430552 | 珠海市斗门环湖北路 8 号 | 5570333 | 66 | 111 | 1523 | 有限责任 |
| | 金莎度假村 | 三 | 2006. 12. 11 | 2005. 05. 01 | 4430573 | 珠海市斗门区白藤湖湖滨一区 8 号 | 5568668 | 120 | 260 | 200 | 私营 |
| | 大金山酒店 | 三 | 2007. 01. 08 | 2005. 12. 01 | 4430580 | 珠海市前山鞍莲路 2 号 | 8669988 | 63 | 100 | 1200 | 有限责任 |
| | 银湖假日酒店 | 三 | 2007. 02. 02 | 2005. 11. 02 | 4430581 | 珠海市白藤湖湖滨二区 75 号 | 5566388 | 67 | 128 | 200 | 有限责任 |
| | 迈豪国际酒店 | 三 | 2007. 02. 12 | 2005. 08. 18 | 4430587 | 珠海市香洲区情侣中路 91 号 | 3288888 | 115 | 174 | 100 | 有限责任 |
| | 君临酒店 | 三 | 2007. 02. 12 | 2005. 12. 01 | 4430590 | 珠海市香洲区翠微东路 68 号 | 2882222 | 110 | 188 | 72 | 有限责任 |
| | 金岸酒店 | 三 | 2007. 04. 23 | 2005. 06. 11 | 4430591 | 珠海市斗门区井岸镇连桥路 38 号 | 5503111 | 59 | 90 | 380 | 有限责任 |
| | 晶都酒店 | 三 | 2007. 05. 14 | 2005. 12. 08 | 4430592 | 珠海市香洲华海路 144 号 | 2156888 | 77 | 156 | 300 | 私营 |
| | 金茂酒店 | 三 | 2007. 10. 26 | 2006. 09. 18 | 4430602 | 珠海市金湾区金海岸花园中路 | 3991188 | 111 | 175 | 400 | 有限责任 |
| | 鸿银酒店 | 三 | 2008. 01. 10 | 2003. 03. 28 | 4430611 | 珠海市金湾区三灶镇金海大道南 | 3986688 | 98 | 158 | 70 | 私营 |
| | 学苑宾馆 | 三 | 2008. 07. 01 | 2005. 09. 01 | 4430634 | 珠海市香洲梅华东路 276 号 | 2152788 | 88 | 174 | 5000 | 集体 |
| | 五月天酒店 | 三 | 2008. 11. 10 | 2007. 07. 13 | 4430639 | 珠海前山明珠北路 383 号 | 8586888 | 61 | 105 | 180 | 有限责任 |
| | 优派酒店 | 三 | 2008. 11. 26 | 2007. 05. 01 | 4430641 | 珠海市香洲区红山路 163 号 | 2666555 | 53 | 79 | 600 | 有限责任 |
| | 千鹏酒店 | 三 | 2009. 03. 30 | 2006. 05. 23 | 4430654 | 珠海市香洲区人民西路 | 2666999 | 99 | 174 | 350 | 有限责任 |

续表

| 地区 | 饭店名称 | 星级 | 评定时间 | 开业时间 | 星牌编号 | 饭店地址 | 咨询电话 | 客房（间） | 床位（张） | 餐位（个） | 所有制性质 |
|---|---|---|---|---|---|---|---|---|---|---|---|
| 珠海市 | 桃园假日酒店 | 三 | 2009. 06. 15 | 2007. 05. 01 | 4430660 | 珠海斗门区白藤湖湖滨一区 17 号 | 3939333 | 88 | 164 | 100 | 私营 |
| | 福泉大酒店 | 三 | 2010. 11. 02 | 2006. 12. 01 | 4430736 | 珠海市平杀镇平沙三路 1068 号 | 7266333 | 96 | 168 | 120 | 私营 |
| | **※桃园帝豪大酒店** | **三** | **2011. 03. 15** | **2008. 9. 15** | **4430751** | **珠海市斗门井岸镇新青二路 9 号** | **5121888** | **103** | **162** | **660** | **私营** |
| | **※佳多利酒店** | **三** | **2011. 03. 15** | **2010. 3.** | **4430752** | **珠海市斗门井岸镇西堤路 2273 号** | **6811888** | **91** | **132** | **52** | **有限责任** |
| 汕头市（拥有星级饭店 38 家。其中五星级 3 家，四星级 7 家，三星级 19 家，二星级 8 家，一星级 1 家） | 金海湾大酒店 | 五 | 1994. 11. 08 | 1991. 01. 08 | 4450032 | 汕头市金砂东路 96 号 | 88263263 | 400 | 638 | 1526 | 中外合资 |
| | 帝豪酒店 | 五 | 2000. 07. 17 | 1999. 07. 25 | 4450002 | 汕头市金砂东路丰华庄 188 号 | 88199888 | 554 | 827 | 610 | 中外合资 |
| | 君华大酒店 | 五 | 2006. 04. 06 | 2001. 09. 27 | 4450045 | 汕头市金砂东路 97 号 | 88191188 | 318 | 451 | 554 | 外商独资 |
| | 国际大酒店 | 四 | 1991. 07. 10 | 1988. 02. 01 | 4440064 | 汕头市金砂东路 | 88251212 | 295 | 289 | 891 | 国有 |
| | 龙湖宾馆 | 四 | 1996. 08. 08 | 1984. 01. 01 | 4440065 | 汕头市大北山路 2 号 | 88260706 | 253 | 451 | 1000 | 私营 |
| | 澄海花园酒店 | 四 | 2001. 07. 04 | 1999. 10. 01 | 4440062 | 汕头澄海市文冠路北侧 | 85868888 | 272 | 497 | 1900 | 私营 |
| | 中信度假村酒店 | 四 | 2001. 07. 27 | 1994. 07. 05 | 4440013 | 汕头市河蒲区中信大道 | 87900888 | 151 | 368 | 720 | 国有 |
| | 金佳诚酒店 | 四 | 2003. 12. 05 | 1997. 12. 28 | 4440063 | 汕头市潮南区峡山镇广祥路中段 | 87773666 | 184 | 259 | 400 | 私营 |
| | 金城大酒店 | 四 | 2005. 11. 01 | 2004. 01. 01 | 4440136 | 汕头市潮南区广汕公路司马浦西段 | 87730999 | 234 | 344 | 300 | 私营 |
| | 皇都大酒店 | 四 | 2009. 08. 05 | 1997. 10. 31 | 4440196 | 汕头市潮南区两英环城东路 | 85576888 | 318 | 530 | 2100 | 私营 |
| | 金苑假日大酒店 | 三 | 1996. 01. 26 | 1995. 12. 07 | 4430191 | 汕头市潮阳市峡山镇广祥路 | 87772888 | 303 | 534 | 560 | 股份制 |
| | 金叶大厦 | 三 | 1996. 01. 29 | 1993. 01. 30 | 4430190 | 汕头市潮阳市棉新大道 | 83828888 | 120 | 208 | 400 | 国有 |
| | 鮀岛宾馆 | 三 | 1999. 09. 03 | 1982. 10. 01 | 4430176 | 汕头市金砂路 | 88316668 | 181 | 318 | 320 | 中外合资 |
| | 金海鸥酒店 | 三 | 1999. 09. 03 | 1997. 11. 01 | 4430177 | 汕头市汕樟路下蓬 169 号 | 88330998 | 133 | 228 | 600 | 私营 |
| | 南海大酒店 | 三 | 1999. 09. 03 | 1993. 10. 22 | 4430178 | 汕头市潮阳市峡山汕路 | 87769888 | 120 | 240 | 200 | 中外合资 |
| | 华侨大厦 | 三 | 2000. 05. 24 | 1982. 10. 08 | 4430179 | 汕头市汕樟路 41 号 | 88629888 | 224 | 409 | 500 | 国有 |
| | 花园宾馆 | 三 | 2000. 05. 18 | 1997. 11. 18 | 4430180 | 汕头市汕汾路与衡汕路交界处 | 88860666 | 266 | 459 | 420 | 中外合资 |
| | 民航大酒店 | 三 | 2000. 07. 07 | 1999. 06. 01 | 4430181 | 汕头市珠江路中段 | 88850088 | 149 | 248 | 300 | 国有 |

续表

| 地区 | 饭店名称 | 星级 | 评定时间 | 开业时间 | 星牌编号 | 饭店地址 | 咨询电话 | 客房(间) | 床位(张) | 餐位(个) | 所有制性质 |
|---|---|---|---|---|---|---|---|---|---|---|---|
| 汕头市 | 南澳海湾宾馆 | 三 | 2002.08.09 | 2000.08.09 | 4430183 | 汕头市南澳县青澳湾 | 86997811 | 94 | 202 | 210 | 私营 |
| | 榆园大厦 | 三 | 2003.08.14 | 1992.09.24 | 4430184 | 汕头市金陵路8号 | 88625515 | 66 | 128 | 120 | 国有 |
| | 天马大酒店 | 三 | 2003.09.24 | 1993.10.19 | 4430185 | 汕头市潮南区司马浦下公路边 | 87735888 | 216 | 304 | 100 | 私营 |
| | 青澳湾半岛假日酒店 | 三 | 2003.11.28 | 1995.06.16 | 4430186 | 汕头市南澳县青澳湾 | 86998888 | 158 | 280 | 150 | 股份制 |
| | 南钟天酒店 | 三 | 2004.03.29 | 1999.07.01 | 4430187 | 汕头市潮南陈店陈沙路口 | 84491888 | 106 | 161 | 300 | 股份制 |
| | 丰盛发酒店 | 三 | 2004.05.14 | 1995.11.20 | 4430188 | 汕头市潮阳区谷饶镇 | 87619666 | 168 | 207 | 350 | 中外合资 |
| | 和平大酒店 | 三 | 2004.06.01 | 1997.10.31 | 4430189 | 汕头市潮阳区和平镇和惠新路中段 | 82252888 | 98 | 136 | 680 | 私营 |
| | 旅侨大酒店 | 三 | 2005.01.21 | 2001.12.01 | 4430443 | 汕头市澄海区汽车总站对面 | 85732888 | 74 | 207 | 350 | 私营 |
| | 南海阁大酒店 | 三 | 2005.09.29 | 2005.05.01 | 4430477 | 汕头市南澳县后宅镇海滨路中段 | 86818888 | 105 | 200 | 300 | 私营 |
| | 东方明珠大酒店 | 三 | 2005.11.02 | 2005.05.01 | 4430482 | 汕头市潮阳区城北一路中段 | 83838555 | 125 | 184 | 150 | 私营 |
| | 钱澳湾旅游度假村 | 三 | 2006.11.18 | 2002.11.20 | 4430483 | 汕头市南澳县钱澳路 | 86801111 | 80 | 150 | 140 | 外商投资 |
| 佛山市（拥有星级饭店72家。其中五星级3家，四星级7家，三星级40家，二星级21家，一星级1家） | 皇冠假日酒店 | 五 | 2004.02.18 | 1981.06.18 | 4450012 | 佛山市汾江中路118号 | 82368888 | 398 | 508 | 2080 | 有限责任 |
| | 华夏新中源大酒店 | 五 | 2007.06.29 | 2005.05.22 | 4450049 | 佛山市禅城区南庄镇陶博大道 | 85318888 | 329 | 491 | 1800 | 有限责任 |
| | 名都大酒店 | 五 | 2008.12.23 | 2003.09.23 | 4450066 | 佛山市南海区大沥镇 | 85788888 | 308 | 411 | 880 | 有限责任 |
| | 中恒金都大酒店 | 四 | 1997.12.01 | 1996.01.01 | 4440079 | 佛山市机场路口 | 85558328 | 257 | 473 | 1200 | 集体 |
| | 皇家银海大酒店 | 四 | 1998.06.01 | 1993.12.01 | 4440080 | 佛山市高明区沿江路29号 | 88821128 | 241 | 433 | 497 | 中外合资 |
| | 金城大酒店 | 四 | 2000.12.05 | 1989.02.01 | 4440014 | 佛山市汾江中路125号 | 83288888 | 212 | 300 | 1730 | 有限责任 |
| | 佳宁娜大酒店 | 四 | 2003.07.08 | 1962.11.17 | 4440073 | 佛山市祖庙路14号 | 82223828 | 153 | 255 | 1000 | 中外合资 |
| | 云影琼楼酒店 | 四 | 2005.09.01 | 1993.12.01 | 4440078 | 佛山市南海区西樵山 | 6886799 | 136 | 250 | 550 | 中外合资 |
| | 新阳光酒店 | 四 | 2006.03.20 | 2005.03.24 | 4440144 | 佛山市南海区盐步镇 | 85701111 | 116 | 203 | 350 | 股份合作 |
| | 祈福（仙湖）酒店 | 四 | 2008.06.16 | 2004.02.16 | 4440179 | 佛山市南海丹灶镇 | 85449988 | 234 | 468 | 2300 | 有限责任 |
| | 西樵大酒店 | 三 | 1989.09.01 | 1987.08.01 | 4430343 | 佛山市南海区西樵山 | 86886799 | 170 | 371 | 650 | 中外合资 |

续表

| 地区 | 饭店名称 | 星级 | 评定时间 | 开业时间 | 星牌编号 | 饭店地址 | 咨询电话 | 客房（间） | 床位（张） | 餐位（个） | 所有制性质 |
|---|---|---|---|---|---|---|---|---|---|---|---|
| 佛山市 | 尖东酒店 | 三 | 1995.03.01 | 1991.12.01 | 4430344 | 佛山市南海区桂城石啃 | 86772700 | 69 | 154 | 600 | 集体 |
| | 禅城酒店 | 三 | 1996.07.01 | 1985.08.01 | 4430345 | 佛山市汾江中路76号 | 82966888 | 137 | 210 | 500 | 有限责任 |
| | 中旅华厦酒店 | 三 | 1997.07.01 | 1980.01.01 | 4430346 | 佛山市三水区新华北路54号 | 87806666 | 116 | 205 | 2000 | 股份合作 |
| | 金湖酒店 | 三 | 1999.09.01 | 1998.12.22 | 4430319 | 佛山市普澜二路23号 | 83988338 | 164 | 252 | 680 | 有限责任 |
| | 南海迎宾馆 | 三 | 2000.07.01 | 1993.06.01 | 4430320 | 佛山市南海区桂城南海大道 | 86336888 | 64 | 112 | 330 | 国有 |
| | 旋宫酒店 | 三 | 2000.12.22 | 1984.05.01 | 4430324 | 佛山市祖庙路1号 | 82285622 | 80 | 172 | 560 | 国有 |
| | 石湾宾馆 | 三 | 2000.12.22 | 1992.02.01 | 4430325 | 佛山市汾江四路15号 | 83328813 | 105 | 195 | 420 | 集体 |
| | 金泉大酒店 | 三 | 2000.12.22 | 2000.01.18 | 4430326 | 佛山市南海区西樵樵高路D | 86897999 | 85 | 160 | 460 | 私营 |
| | 君悦酒店 | 三 | 2000.12.22 | 1987.10.01 | 4430327 | 佛山市三水区健力宝南路5号 | 87773888 | 116 | 196 | 1200 | 中外合资 |
| | 恒威大酒店 | 三 | 2000.12.22 | 1999.06.25 | 4430328 | 佛山市高明区河江工业区 | 88222111 | 97 | 186 | 700 | 中外合资 |
| | 南海君悦大酒店 | 三 | 2001.05.31 | 1995.12.15 | 4430330 | 佛山市南海区九江镇 | 86552238 | 58 | 120 | 700 | 私营 |
| | 柏安大酒店 | 三 | 2001.08.22 | 1998.08.26 | 4430332 | 佛山市三水区广海大道西 | 87821333 | 48 | 89 | 350 | 外商投资 |
| | 平洲宾馆 | 三 | 2001.09.27 | 1996.07.01 | 4430334 | 佛山市平洲区永安路8号 | 86776688 | 87 | 156 | 450 | 集体 |
| | 鸿业酒店 | 三 | 2002.07.11 | 1999.07.03 | 4430331 | 佛山市南海区平安路 | 85518888 | 95 | 167 | 150 | 私营 |
| | 鸿南大酒店 | 三 | 2002.09.06 | 1999.10.05 | 4430337 | 佛山市三水区新华路23号 | 87728888 | 151 | 256 | 750 | 国有 |
| | 辉利大酒店 | 三 | 2002.09.11 | 1997.09.12 | 4430338 | 佛山市南海区儒林西路48号 | 86558888 | 117 | 229 | 1450 | 集体 |
| | 鸿运酒店 | 三 | 2003.11.28 | 1994.01.13 | 4430340 | 佛山市汾江中路6号 | 82980000 | 83 | 128 | 250 | 有限责任 |
| | 力之源大酒店 | 三 | 2004.01.02 | 2002.10.01 | 4430341 | 佛山市南海区长堤路5号 | 86331631 | 51 | 100 | 220 | 集体 |
| | 金懋大酒店 | 三 | 2005.02.03 | 2003.01.23 | 4430454 | 佛山市南海区广厦路1号 | 86803332 | 88 | 140 | 280 | 有限责任 |
| | 贵都酒店 | 三 | 2005.07.29 | 2002.12.27 | 4430468 | 佛山市南海区桂城佛平路 | 86280001 | 97 | 165 | 450 | 有限责任 |
| | 蓝澳酒店 | 三 | 2005.10.31 | 2004.01.15 | 4430486 | 佛山市华四路国际陶瓷展览中心B | 83960333 | 59 | 93 | 100 | 有限责任 |
| | 京粤大酒店 | 三 | 2006.04.07 | 1989.10.01 | 4430512 | 佛山市南海区黄岐广佛路169号 | 85933888 | 104 | 158 | 300 | 国有 |

续表

| 地区 | 饭店名称 | 星级 | 评定时间 | 开业时间 | 星牌编号 | 饭店地址 | 咨询电话 | 客房（间） | 床位（张） | 餐位（个） | 所有制性质 |
|---|---|---|---|---|---|---|---|---|---|---|---|
| 佛山市 | 康颐酒店 | 三 | 2006. 04. 14 | 2003. 12. 05 | 4430513 | 佛山市南海区桂城平洲佛平路 | 86789118 | 81 | 153 | 380 | 有限责任 |
| | 福裕酒店 | 三 | 2006. 04. 29 | 2003. 03. 01 | 4430516 | 佛山市南海区桂城桂澜路 | 86393981 | 78 | 121 | 200 | 有限责任 |
| | 金银酒店 | 三 | 2006. 08. 22 | 2000. 11. 01 | 4430537 | 佛山汾江西路 4 号 | 83350239 | 88 | 168 | 180 | 有限责任 |
| | 世纪星酒店 | 三 | 2006. 09. 11 | 2005. 09. 29 | 4430545 | 佛山市高明区文华路 455 号 | 88886633 | 81 | 132 | 500 | 有限责任 |
| | 华泰大酒店 | 三 | 2007. 02. 12 | 2005. 06. 17 | 4430584 | 佛山市南海区盐步镇 | 88782828 | 75 | 106 | 102 | 有限责任 |
| | 新建豪酒店 | 三 | 2007. 07. 18 | 2005. 12. 16 | 4430595 | 佛山市南海区官窑瑶平路段 | 81192888 | 99 | 189 | 400 | 私营 |
| | 明苑迎宾馆 | 三 | 2007. 07. 18 | 2006. 06. 09 | 4430596 | 佛山市高明区文汇路 9 号 | 88232222 | 102 | 200 | 600 | 私营 |
| | 中联大酒店 | 三 | 2008. 02. 02 | 1999. 01. 15 | 4430622 | 佛山市南海区盐步区 | 85783888 | 92 | 157 | 68 | 私营 |
| | 置业宾馆 | 三 | 2008. 04. 15 | 1996. 12. 28 | 4430624 | 佛山市南海大沥广云路段 | 85511888 | 138 | 259 | 60 | 私营 |
| | 皇都酒店 | 三 | 2008. 06. 05 | 2006. 04. 01 | 4430629 | 佛山市佛平路 19 号 | 82108888 | 158 | 255 | 100 | 有限责任 |
| | 百盛达商务酒店 | 三 | 2009. 10. 09 | 2008. 03. 26 | 4430690 | 佛山市南海区桂城海大路 4 号 | 86311111 | 153 | 198 | 118 | 私营 |
| | 天豪酒店 | 三 | 2009. 12. 03 | 2003. 01. 01 | 4430699 | 佛山市南海区松夏工业园 | 85200888 | 90 | 157 | 200 | 私营 |
| | 大金地假日酒店 | 三 | 2010. 05. 26 | 2008. 08. 20 | 4430718 | 佛山市南海区广佛路 29 号 | 85931888 | 83 | 113 | 500 | 私营 |
| | 珀丽酒店 | 三 | 2010. 10. 11 | 2004. 07. 01 | 4430734 | 佛山市文华北路 | 83377488 | 93 | 134 | 600 | 私营 |
| | 阳光假日酒店 | 三 | 2010. 11. 23 | 2007. 02. 18 | 4430737 | 佛山市三水区三达路 16 号 | 87812888 | 110 | 148 | 150 | 有限责任 |
| | ※登喜来大酒店 | 三 | **2011. 06. 17** | **2005. 09. 01** | **4430575** | **佛山市禅城区文华北路 77 号** | **82803188** | **100** | **202** | **400** | 私营 |
| | ※君宇酒店 | 三 | **2011. 11. 01** | **2008. 03. 13** | **4430764** | **佛山市南海区大沥禅炭路沥西西海桥侧** | **81180288** | **149** | **223** | **100** | 股份合作 |
| 韶关市 | 莱斯大酒店 | 五 | 2008. 10. 07 | 2004. 10. 01 | 4450063 | 韶关市浈江区启明北路 8 号 | 8198888 | 217 | 349 | 700 | 有限责任 |
| | 流花宾馆 | 四 | 2005. 04. 04 | 1998. 06. 29 | 4440128 | 韶关市武江区新华北路 138 号 | 8636668 | 127 | 246 | 796 | 有限责任 |
| | 方圆民族温矿泉酒店 | 四 | 2006. 09. 12 | 2006. 09. 12 | 4440153 | 韶关市乳源县城鹰峰西路 50 号 | 5222222 | 118 | 250 | 500 | 有限责任 |
| | 龙翔大酒店 | 四 | 2007. 10. 10 | 2004. 07. 20 | 4440170 | 韶关市翁源县 | 6128977 | 139 | 232 | 1200 | 有限责任 |
| | 曹溪温泉假日度假村 | 四 | 2007. 10. 10 | 2003. 01. 28 | 4440171 | 韶关市曲江区马坝镇转溪桥 | 6658999 | 610 | 1240 | 2000 | 有限责任 |

续表

| 地区 | 饭店名称 | 星级 | 评定时间 | 开业时间 | 星牌编号 | 饭店地址 | 咨询电话 | 客房（间） | 床位（张） | 餐位（个） | 所有制性质 |
|---|---|---|---|---|---|---|---|---|---|---|---|
| **韶关市（拥有星级饭店 54 家。其中五星级 1 家，四星级 6 家，三星级 38 家，二星级 7 家，一星级 2 家）** | 乐昌迎宾大酒店 | 四 | 2008. 12. 22 | 2007. 05. 01 | 4440182 | 韶关乐昌市金融街 52 号 | 5555555 | 160 | 266 | 700 | 私营 |
| | **※友好温泉商务酒店** | **四** | **2011. 11. 10** | **2009. 06. 25** | **4440222** | **韶关市曲江区马坝城东路段** | **6678888** | **190** | **325** | **500** | **私营** |
| | 南雄市珠玑大酒店 | 三 | 1998. 01. 01 | 1995. 12. 01 | 4430209 | 韶关南雄市建设路 12 号 | 3830888 | 122 | 280 | 700 | 私营 |
| | 韶关小岛饭店 | 三 | 2000. 06. 01 | 1997. 12. 01 | 4430195 | 韶关市西堤路 27 号 | 8912288 | 60 | 114 | 350 | 中外合资 |
| | 乳源小岛饭店 | 三 | 2000. 06. 01 | 1999. 07. 01 | 4430197 | 韶关市乳源县解放北路 2 号 | 5389888 | 102 | 206 | 350 | 中外合资 |
| | 丽晶酒店 | 三 | 2001. 01. 04 | 1994. 04. 01 | 4430198 | 韶关市江区北江路 2 号 | 8210218 | 112 | 213 | 800 | 中外合资 |
| | 怡东大酒店 | 三 | 2001. 01. 04 | 1998. 01. 01 | 4430199 | 韶关市始兴县中心坝 5 号 | 3322888 | 64 | 114 | 300 | 中外合资 |
| | 湖心宾馆（韶关） | 三 | 2001. 07. 05 | 1975. 01. 01 | 4430200 | 韶关市工业东路 17 号 | 8761570 | 75 | 203 | 500 | 股份合作 |
| | 丹霞山和景酒店 | 三 | 2002. 04. 03 | 2001. 01. 01 | 4430202 | 韶关市丹霞山风景区 | 6292168 | 120 | 244 | 680 | 股份合作 |
| | 南雄迎宾馆 | 三 | 2003. 01. 27 | 1959. 07. 01 | 4430203 | 韶关南雄市建设路 6 号 | 3822032 | 116 | 235 | 800 | 国有 |
| | 北苑宾馆 | 三 | 2003. 04. 15 | 1991. 04. 05 | 4430204 | 韶关市风度北路 122 号 | 8188838 | 85 | 172 | 566 | 国有 |
| | 新丰交通大酒店 | 三 | 2003. 06. 16 | 1997. 01. 28 | 4430205 | 韶关市新丰县城 105 国道旁 | 2299888 | 68 | 136 | 500 | 国有 |
| | 新丰县迎宾馆 | 三 | 2003. 06. 16 | 1960. 02. 01 | 4430206 | 新丰县公园内 4 号 | 2258888 | 58 | 108 | 480 | 国有 |
| | 富丽大酒店 | 三 | 2004. 05. 21 | 2004. 04. 23 | 4430207 | 韶关乐昌市坪石岭南路 69 号 | 5523488 | 65 | 130 | 250 | 私营 |
| | 曲江迎宾馆 | 三 | 2004. 11. 05 | 1983. 12. 01 | 4430436 | 韶关市曲江区府前中路 | 6666877 | 84 | 159 | 500 | 国有 |
| | 国林宾馆 | 三 | 2004. 12. 02 | 1996. 06. 01 | 4430435 | 韶关市浈江区站南路口 | 8251244 | 60 | 132 | 420 | 私营 |
| | 新华宾馆 | 三 | 2004. 12. 17 | 2003. 08. 01 | 4430434 | 韶关始兴县新华宾馆 | 3324888 | 53 | 103 | 330 | 国有 |
| | 金源酒店 | 三 | 2005. 01. 04 | 2004. 01. 01 | 4430441 | 韶关市风采路 66 号 | 8189988 | 136 | 233 | 400 | 港澳台商 |
| | 聚雅轩酒店 | 三 | 2005. 04. 12 | 2003. 01. 01 | 4430444 | 韶关市北江区解放路 126 号 | 8189333 | 98 | 181 | 800 | 私营 |
| | 富源大酒店 | 三 | 2005. 07. 29 | 1999. 06. 09 | 4430196 | 韶关市翁源县城建设一路 368 号 | 2873333 | 32 | 68 | 400 | 外商投资 |
| | 君临酒店 | 三 | 2005. 09. 22 | 1991. 08. 01 | 4430478 | 韶关市浈江南路 75 号 | 8885111 | 42 | 85 | 350 | 私营 |
| | 金雄鹰宾馆 | 三 | 2005. 10. 13 | 2004. 09. 26 | 4430480 | 韶关南雄市雄中路 55 号 | 3868888 | 52 | 119 | 360 | 私营 |

续表

| 地区 | 饭店名称 | 星级 | 评定时间 | 开业时间 | 星牌编号 | 饭店地址 | 咨询电话 | 客房（间） | 床位（张） | 餐位（个） | 所有制性质 |
|---|---|---|---|---|---|---|---|---|---|---|---|
| 韶关市 | 泉景酒店 | 三 | 2006. 05. 08 | 2002. 09. 28 | 4430519 | 韶关市环园西路一号 | 8186279 | 58 | 110 | 300 | 有限责任 |
| | 乐昌市星之光大酒店 | 三 | 2006. 06. 23 | 2005. 04. 25 | 4430523 | 韶关乐昌市解放路 51 号 | 5555288 | 90 | 150 | 145 | 有限责任 |
| | 南华温泉大酒店 | 三 | 2006. 06. 23 | 2003. 10. 28 | 4430524 | 韶关市曲江区马坝镇马坝大道南 | 6646666 | 63 | 118 | 550 | 私营 |
| | 粤源大酒店 | 三 | 2006. 06. 23 | 2005. 04. 28 | 4430525 | 韶关市翁源县沿江路 3 号 | 2819838 | 105 | 168 | 700 | 私营 |
| | 金鸡宾馆 | 三 | 2006. 12. 11 | 1994. 04. 28 | 4430568 | 韶关市乐昌市砰石镇金鸡南路 3 号 | 5528888 | 110 | 229 | 410 | 国有 |
| | 始兴远东酒店 | 三 | 2007. 02. 15 | 2002. 09. 01 | 4430588 | 韶关始兴县兴平路 1 号 | 3339301 | 43 | 87 | 1000 | 私营 |
| | 百乐宫大酒店 | 三 | 2007. 12. 24 | 2006. 02. 01 | 4430608 | 韶关市新丰县丰城大道东 10 号 | 2267888 | 35 | 62 | 360 | 私营 |
| | 濠景酒店 | 三 | 2008. 02. 26 | 2003. 06. 18 | 4430619 | 韶关市解放路 124 号 | 8186666 | 61 | 110 | 50 | 外商投资 |
| | 丛林山庄 | 三 | 2009. 06. 02 | 2002. 12. 01 | 4430658 | 韶关市浈江区森态路 11 号 | 8282128 | 180 | 400 | 1000 | 私营 |
| | 金海洋假日酒店 | 三 | 2009. 07. 18 | 2008. 04. 28 | 4430670 | 韶关乐昌市长乐路 88 号 | 5568688 | 36 | 66 | 80 | 私营 |
| | 幸福华庭酒店 | 三 | 2009. 09. 08 | 2009. 01. 10 | 4430683 | 韶关市武江区惠城南路 122 号 | 8611188 | 193 | 307 | 600 | 私营 |
| | 丹霞假日山庄 | 三 | 2010. 09. 02 | 2007. 05. 01 | 4430727 | 韶关市仁化县金霞小区霞兴南路 18 号 | 6800999 | 200 | 388 | 250 | 有限责任 |
| | **※锦城宾馆** | **三** | **2011. 04. 18** | **2009. 9. 29** | **4430755** | **韶关市仁化县新城路 2 号** | **6356666** | **116** | **213** | **500** | **国有** |
| | **※绿苑酒店** | **三** | **2011. 10. 10** | **2002. 10. 01** | **4430762** | **韶关市西堤北路 12 号** | **8803333** | **63** | **128** | **500** | **其他** |
| | **※顺丰楼酒店** | **三** | **2011. 11. 10** | **2010. 10. 01** | **4430765** | **始兴县司前镇司前大街 1 号** | **3288288** | **50** | **83** | **500** | **私营** |
| | **※汇丰酒店** | **三** | **2011. 11. 21** | **2010. 05. 01** | **4430767** | **乐昌市人民南路 3 号** | **5500333** | **73** | **118** | **100** | **股份有限** |
| | **※雄州大酒店** | **三** | **2011. 11. 29** | **2009. 01. 22** | **4430768** | **韶关南雄市雄中路雄州大酒店** | **3818199** | **102** | **188** | **800** | **港澳台商投资** |
| | **※正星商务酒店** | **三** | **2011. 12. 22** | **2010. 04. 18** | **4430772** | **韶关市曲江区马坝大道北 128 号** | **6911888** | **99** | **160** | **600** | **私营** |
| 河源市 | 翔丰国际酒店 | 五 | 2007. 06. 20 | 2005. 09. 26 | 4450051 | 河源市源城区沿江东路 1 号 | 3299999 | 233 | 368 | 860 | 有限责任 |
| | 假日酒店 | 四 | 2006. 07. 04 | 2003. 10. 01 | 4440149 | 河源市宝源山庄汾江路 10 号 | 3380999 | 147 | 321 | 1360 | 私营 |
| | 滨江金利大酒店 | 四 | 2009. 03. 27 | 2006. 05. 01 | 4440190 | 河源市源城区碧水居地段 | 3399999 | 160 | 310 | 1200 | 有限责任 |
| | 明珠银发酒店 | 三 | 1997. 09. 01 | 1995. 03. 06 | 4430219 | 河源市河源大道 13 号 | 3318888 | 66 | 148 | 350 | 中外合资 |

续表

| 地区 | 饭店名称 | 星级 | 评定时间 | 开业时间 | 星牌编号 | 饭店地址 | 咨询电话 | 客房（间） | 床位（张） | 餐位（个） | 所有制性质 |
|---|---|---|---|---|---|---|---|---|---|---|---|
| 河源市（拥有星级饭店23家。其中五星级1家，四星级2家，三星级14家，二星级6家） | 紫金宾馆 | 三 | 2000. 11. 07 | 1993. 02. 01 | 4430210 | 河源市紫金县紫城镇秋江路 36 号 | 7826883 | 60 | 112 | 250 | 国有 |
| | 华瑞酒店 | 三 | 2001. 08. 24 | 1998. 01. 18 | 4430211 | 河源市兴源路 1 号 | 3393388 | 85 | 165 | 280 | 国有 |
| | 金利大酒店 | 三 | 2003. 09. 25 | 1995. 03. 18 | 4430212 | 河源市河源大道 17 号 | 3396288 | 101 | 208 | 480 | 私营 |
| | 霍山宾馆 | 三 | 2004. 01. 12 | 1995. 07. 01 | 4430214 | 河源市龙川县老隆镇老龙大道 | 6758328 | 128 | 216 | 800 | 中外合资 |
| | 南方酒店 | 三 | 2004. 04. 01 | 1999. 07. 08 | 4430216 | 河源市连平县城官灯公路 | 4321111 | 37 | 77 | 200 | 私营 |
| | 旅游大酒店 | 三 | 2005. 04. 12 | 2004. 03. 01 | 4430458 | 河源市龙川县经济开发区 5 号小区 | 2821888 | 88 | 168 | 460 | 有限责任 |
| | 华达大酒店 | 三 | 2005. 04. 16 | 1994. 01. 10 | 4430459 | 河源市河源大道南 71 号 | 3396393 | 126 | 256 | 550 | 私营 |
| | 新江大酒店 | 三 | 2005. 11. 07 | 2004. 01. 01 | 4430484 | 河源市大道北新城汽车站对面 | 3365999 | 121 | 241 | 1000 | 有限责任 |
| | 世纪大酒店 | 三 | 2006. 01. 21 | 2005. 12. 26 | 4430489 | 河源市和平县城和平大道 88 号 | 5669888 | 85 | 187 | 1300 | 私营 |
| | 新丽源大酒店 | 三 | 2006. 03. 13 | 2005. 01. 19 | 4430491 | 河源市新市区红星路 | 3811888 | 54 | 98 | 600 | 私营 |
| | 江都大酒店 | 三 | 2006. 05. 17 | 2005. 01. 01 | 4430490 | 河源市忠角镇沿江中路 | 4557888 | 87 | 174 | 600 | 私营 |
| | 和润假日酒店 | 三 | 2008. 04. 22 | 2007. 03. 28 | 4430623 | 河源市紫金县城金山大道 | 7839388 | 125 | 193 | 200 | 私营 |
| | 星悦湾大酒店 | 三 | 2009. 12. 14 | 1905. 06. 27 | 4430657 | 河源市连平县滨河路 1 号 | 4322888 | 62 | 116 | 250 | 私营 |
| 梅州市（拥有星级饭店37家。其中五星级2家，四星级3家，三星级18家，二星级14家） | **※客天下国际大酒店** | **五** | **2011. 11. 02** | **2009. 11. 08** | **4450099** | **梅州市梅江区客天下旅游产业园** | **2118888** | **168** | **249** | **916** | **有限责任** |
| | **※金沙湾圣廷苑酒店** | **五** | **2011. 11. 02** | **2009. 06. 08** | **4450101** | **梅州市江南沿江西路** | **8668888** | **238** | **302** | **1，421** | **有限责任** |
| | 千江温泉酒店 | 四 | 2004. 08. 23 | 2003. 01. 01 | 4440118 | 梅州丰顺县雄风大道 | 6688888 | 150 | 299 | 580 | 私营 |
| | 金雁富源大酒店 | 四 | 2004. 12. 08 | 2003. 08. 01 | 4440123 | 梅州市丽都西路 | 2166666 | 110 | 250 | 500 | 私营 |
| | **※瑞锦酒店** | **四** | **2011. 12. 01** | **2010. 09. 23** | **4440228** | **梅州市大埔县内环西路龙山 2 街** | **5185688** | **252** | **469** | **1，128** | **私营** |
| | 友谊宾馆 | 三 | 1999. 12. 01 | 1998. 09. 01 | 4430220 | 梅州市彬芳大道 52 号 | 2193888 | 138 | 267 | 480 | 国有 |
| | 金帆大酒店 | 三 | 2000. 12. 22 | 2000. 01. 28 | 4430221 | 梅州市大埔县城文明路 138 号 | 5533523 | 45 | 90 | 850 | 私营 |
| | 梅县柏丽酒店 | 三 | 2003. 06. 20 | 1998. 04. 16 | 4430224 | 梅州市华侨城宪梓大道 | 2500888 | 110 | 218 | 450 | 有限责任 |
| | 风度温泉大酒店 | 三 | 2004. 08. 23 | 1997. 10. 01 | 4430227 | 梅州市丰顺县汤坑镇东山路 1 号 | 6666666 | 124 | 234 | 450 | 集体 |

续表

| 地区 | 饭店名称 | 星级 | 评定时间 | 开业时间 | 星牌编号 | 饭店地址 | 咨询电话 | 客房（间） | 床位（张） | 餐位（个） | 所有制性质 |
|---|---|---|---|---|---|---|---|---|---|---|---|
| 梅州市 | 田园大酒店 | 三 | 2006.03.20 | 2004.01.01 | 4430510 | 梅州市江南路35号 | 2163888 | 132 | 251 | 350 | 有限责任 |
| | 太平洋酒店 | 三 | 2006.05.08 | 2001.09.01 | 4430521 | 梅州市彬芳大道88号 | 2189999 | 105 | 176 | 500 | 有限责任 |
| | 迎宾楼大酒店 | 三 | 2006.09.25 | 2006.01.01 | 4430554 | 梅州市五华县华兴中路13号 | 4430833 | 41 | 83 | 850 | 私营 |
| | 兴宁金叶酒店 | 三 | 2006.09.25 | 2004.12.08 | 4430555 | 梅州市兴宁市205国道文锋路口 | 3181168 | 113 | 190 | 360 | 有限责任 |
| | 长潭旅游度假村 | 三 | 2007.02.06 | 2004.01.01 | 4430582 | 梅州市蕉岭县长潭大道2~3号 | 7513188 | 66 | 138 | 800 | 有限责任 |
| | 锦发大酒店 | 三 | 2007.03.21 | 2006.05.01 | 4430586 | 梅州市梅县丙村镇交通街 | 2851999 | 42 | 80 | 640 | 私营 |
| | 逢源温泉酒店 | 三 | 2007.06.10 | 2006.09.01 | 4430593 | 梅州市丰顺县汤坑镇汤坑路49号 | 6696299 | 63 | 118 | 330 | 有限责任 |
| | 平远迎宾馆 | 三 | 2007.11.28 | 1996.12.01 | 4430605 | 梅州市平远县城羊子甸街31号 | 8824278 | 47 | 102 | 500 | 国有 |
| | 大埔县交通大酒店 | 三 | 2009.11.28 | 2008.10.01 | 4430697 | 梅州市大埔县湖寮镇义招路89号 | 5186888 | 40 | 79 | 730 | 国有 |
| | **※梅县天地人宾馆** | **三** | **2011.01.13** | **2006.10.01** | **4430747** | **梅县大新城盘古步行街1A** | **2566666** | **502** | **116** | **300** | **有限** |
| | **※梅花湾酒店** | **三** | **2011.01.13** | **2009.01.01** | **4430749** | **梅州市江南新中东路6号** | **2111111** | **70** | **135** | **220** | **私营** |
| | **※兴宁市华侨大厦** | **三** | **2011.01.13** | **1997.10.01** | **4430750** | **梅州兴宁市兴华路31号** | **3311138** | **70** | **114** | **1，200** | **有限** |
| | **※金日温泉度假村** | **三** | **2011.10.31** | **2011.01.01** | **4430766** | **丰顺县丰良镇丰良大桥北端西侧A块** | **6222222** | **60** | **120** | **300** | **私营** |
| | **※名杨村大酒店** | **三** | **2011.12.30** | **2011.01.08** | **4430775** | **梅州S223线丙村府前大道** | **2836666** | **46** | **78** | **709** | **港澳台商** |
| 惠州市（拥有星级饭店66家。其中五星级4家，四星级13家，三星级44家，二星级5家） | 罗浮山宝田国际度假会议中心 | 五 | 2007.05.14 | 2004.09.23 | 4450055 | 惠州市博罗县罗浮山风景区 | 6891111 | 235 | 377 | 640 | 有限责任 |
| | 康帝国际酒店 | 五 | 2007.05.14 | 2005.11.09 | 4450056 | 惠州市环城西一路渡口所 | 2688888 | 468 | 544 | 697 | 私营 |
| | 家路国际大酒店 | 五 | 2010.12.01 | 2006.04.01 | 4450090 | 惠州市惠阳区中山四路 | 3188888 | 168 | 207 | 460 | 私营 |
| | 金海湾喜来登度假酒店 | 五 | 2010.12.01 | 2008.09.23 | 4450091 | 惠东金海湾金海路1号 | 8328888 | 293 | 428 | 482 | 有限责任 |
| | 三阳酒店 | 四 | 2003.01.17 | 2000.01.09 | 4440086 | 惠阳市陈江镇仲恺大道118号 | 3898888 | 151 | 229 | 600 | 私营 |
| | 惠州宾馆 | 四 | 2003.09.22 | 1985.11.28 | 4440011 | 惠州市环城西二路17号 | 2232333 | 153 | 230 | 1000 | 国有 |
| | 凯旋假日酒店 | 四 | 2006.01.25 | 2004.05.18 | 4440141 | 惠州市麦兴路11号 | 2088999 | 146 | 213 | 800 | 有限责任 |
| | 丽景花园酒店 | 四 | 2006.12.25 | 2004.07.01 | 4440161 | 惠州市惠阳区淡水南门西街 | 3818888 | 160 | 193 | 500 | 私营 |

续表

| 地区 | 饭店名称 | 星级 | 评定时间 | 开业时间 | 星牌编号 | 饭店地址 | 咨询电话 | 客房（间） | 床位（张） | 餐位（个） | 所有制性质 |
|---|---|---|---|---|---|---|---|---|---|---|---|
| 惠州市 | 金华悦商务酒店 | 四 | 2008. 03. 04 | 2004. 12. 11 | 4440172 | 惠州市下埔大道 28 号 | 2088888 | 768 | 1210 | 3100 | 股份合作 |
| | 富华大酒店 | 四 | 2008. 03. 04 | 2001. 12. 28 | 4440173 | 惠州市博罗县罗阳二路 72 号 | 6268888 | 100 | 134 | 920 | 外商投资 |
| | 金世纪假日酒店 | 四 | 2008. 03. 04 | 2004. 04. 27 | 4440174 | 惠州市惠城区沥林镇惠樟路 | 3868888 | 188 | 289 | 600 | 港澳台商 |
| | 万事达华侨酒店 | 四 | 2008. 11. 24 | 2006. 06. 09 | 4440181 | 惠州市惠东县城广汕路 60 号 | 8163888 | 205 | 500 | 1000 | 有限责任 |
| | 新都会大酒店 | 四 | 2009. 03. 23 | 2007. 07. 03 | 4440187 | 惠州市惠阳区白云路 50 号 | 3769999 | 93 | 126 | 650 | 私营 |
| | 隆泰金都酒店 | 四 | 2009. 03. 23 | 2006. 10. 26 | 4440191 | 惠州市花边南路 | 2678888 | 171 | 269 | 360 | 私营 |
| | 恒升国际大酒店 | 四 | 2010. 12. 01 | 2009. 10. 01 | 4440211 | 惠州市惠东县惠东大道 526 号 | 8168888 | 206 | 248 | 948 | 自主管理 |
| | **※新丽晶大酒店** | **四** | **2011. 01. 04** | **1999. 10. 18** | **4440212** | **惠州市惠阳区淡水镇** | **3822822** | **117** | **135** | **738** | **自主管理** |
| | **※世纪华园大饭店** | **四** | **2011. 07. 02** | **2004. 1. 7** | **4440217** | **惠州市惠阳区淡水镇东华大道 1 号** | **3828888** | **292** | **372** | **720** | **私营** |
| | 西湖宾馆 | 三 | 1991. 06. 01 | 1988. 11. 01 | 4430243 | 惠州市西湖芳华洲 | 2228111 | 89 | 119 | 800 | 中外合资 |
| | 金叶大厦 | 三 | 1992. 06. 01 | 1991. 04. 01 | 4430244 | 惠州市鹅岭南路 3 号 | 2261118 | 122 | 190 | 600 | 股份合作 |
| | 龙苑大酒店 | 三 | 1993. 07. 01 | 1986. 03. 01 | 4430245 | 惠州市鹅岭西路 7 号 | 2260988 | 70 | 100 | 400 | 中外合资 |
| | 大亚湾中海酒店 | 三 | 1999. 09. 01 | 1998. 09. 01 | 4430228 | 惠州市大亚湾澳头镇新澳大道 1 号 | 5552288 | 90 | 156 | 820 | 国有 |
| | 君豪大酒店 | 三 | 1999. 09. 01 | 1985. 12. 01 | 4430229 | 惠州市下角南路 3 号 | 2228899 | 79 | 128 | 1000 | 中外合资 |
| | 西湖大酒店 | 三 | 2000. 12. 22 | 1988. 07. 01 | 4430230 | 惠州市环城西二路 1011 号 | 2226666 | 187 | 320 | 1200 | 中外合资 |
| | 海湖大酒店 | 三 | 2000. 12. 22 | 2000. 06. 13 | 4430232 | 惠州市南坛路 8 号 | 2223888 | 165 | 283 | 1200 | 中外合资 |
| | 惠阳百老汇酒店 | 三 | 2000. 12. 01 | 1994. 11. 01 | 4430233 | 惠阳市淡水开城大道 88 号 | 3822222 | 139 | 215 | 468 | 中外合资 |
| | 园洲宾馆 | 三 | 2001. 03. 06 | 1993. 06. 15 | 4430235 | 惠州市博罗县园洲镇兴园二路 | 6680888 | 107 | 143 | 800 | 中外合资 |
| | 中惠大酒店 | 三 | 2001. 11. 23 | 2000. 08. 22 | 4430234 | 惠阳市淡水镇土湖工业路 1 号 | 3822888 | 86 | 157 | 80 | 中外合资 |
| | 星旗宾馆 | 三 | 2003. 04. 04 | 2002. 12. 12 | 4430237 | 惠阳市淡水镇中山二路 39 号 | 3823999 | 123 | 178 | 330 | 私营 |
| | 广成酒店 | 三 | 2003. 04. 04 | 1999. 01. 01 | 4430238 | 惠阳市淡水镇南门大街 1 号 | 3818666 | 120 | 208 | 600 | 私营 |
| | 南方大酒店 | 三 | 2003. 04. 22 | 1996. 11. 28 | 4430239 | 惠州市鹅岭北路 12 号 | 2380288 | 126 | 241 | 800 | 私营 |

续表

| 地区 | 饭店名称 | 星级 | 评定时间 | 开业时间 | 星牌编号 | 饭店地址 | 咨询电话 | 客房（间） | 床位（张） | 餐位（个） | 所有制性质 |
|---|---|---|---|---|---|---|---|---|---|---|---|
| 惠州市 | 玉滩宾馆 | 三 | 2003. 04. 22 | 1992. 12. 10 | 4430240 | 惠州市鹅岭东路 9 号 | 2389999 | 48 | 93 | 280 | 国有 |
| | 麦雅商务酒店 | 三 | 2004. 10. 08 | 2003. 02. 02 | 4430430 | 惠州市麦地路三十号 | 2385888 | 107 | 163 | 425 | 私营 |
| | 德泽园(嘉柏)假日酒店 | 三 | 2004. 10. 08 | 2003. 05. 01 | 4430431 | 惠州市惠东县巽寮松园湾 | 8335666 | 99 | 193 | 694 | 中外合资 |
| | 嘉宾园度假村 | 三 | 2004. 12. 19 | 2004. 12. 01 | 4430442 | 惠州市博罗县福田镇桥东路 | 6882288 | 88 | 138 | 500 | 私营 |
| | 金鑫酒店 | 三 | 2005. 08. 08 | 2004. 09. 11 | 4430469 | 惠州市惠城区麦地南东二路 | 2561888 | 89 | 143 | 360 | 私营 |
| | 一景酒店 | 三 | 2005. 08. 08 | 2004. 07. 11 | 4430471 | 惠州市惠东县平山镇新华路 | 8884888 | 75 | 117 | 500 | 私营 |
| | 天外天大酒店 | 三 | 2005. 12. 21 | 2002. 06. 01 | 4430487 | 惠州市鹅岭南路 12 号 | 2380666 | 90 | 166 | 148 | 股份有限 |
| | 凯雅酒店 | 三 | 2006. 01. 19 | 2004. 12. 01 | 4430522 | 惠州市麦地南路 11 号 | 2662000 | 107 | 151 | 400 | 港澳台商 |
| | 京联宾馆 | 三 | 2006. 06. 01 | 2004. 11. 31 | 4430498 | 惠州市博罗县城博义路 3 号 | 6299888 | 129 | 193 | 200 | 私营 |
| | 金鑫商务酒店 | 三 | 2006. 08. 01 | 2005. 09. 11 | 4430540 | 惠州市麦地路 16 号 | 2381888 | 62 | 102 | 460 | 有限责任 |
| | 日华大酒店 | 三 | 2006. 09. 28 | 2006. 01. 01 | 4430557 | 惠州市惠阳淡水开城大道 | 3872888 | 64 | 101 | 80 | 私营 |
| | 柏利商务酒店 | 三 | 2006. 09. 28 | 2005. 02. 28 | 4430558 | 惠州市平山镇新华路 91 号 | 8880888 | 42 | 57 | 260 | 私营 |
| | 万汇徕大酒店 | 三 | 2006. 11. 28 | 2005. 10. 08 | 4430564 | 惠州市惠阳区淡水镇 | 3773333 | 87 | 127 | 100 | 私营 |
| | 大富贵酒店 | 三 | 2006. 12. 01 | 2005. 08. 29 | 4430565 | 惠州市大湖溪广汕路 | 2078868 | 155 | 205 | 380 | 私营 |
| | 龙朝大酒店 | 三 | 2006. 12. 07 | 2004. 01. 09 | 4430567 | 惠州市龙门县城太平新路 33 号 | 7888888 | 132 | 238 | 800 | 有限责任 |
| | 鲁惠大酒店 | 三 | 2006. 12. 11 | 1993. 10. 01 | 4430569 | 惠州市惠阳区淡水镇开城大道 21 号 | 3822999 | 69 | 123 | 200 | 私营 |
| | 月亮宫大酒店 | 三 | 2007. 02. 12 | 2006. 01. 13 | 4430583 | 惠州市惠阳上塘石园东街 118 号 | 3727888 | 60 | 94 | 100 | 私营 |
| | 明月湖大酒店 | 三 | 2008. 05. 02 | 2003. 04. 30 | 4430628 | 惠州市黄塘路 118 号综合楼 | 2389688 | 100 | 215 | 580 | 有限责任 |
| | 南洋大酒店 | 三 | 2008. 12. 02 | 2007. 10. 01 | 4430640 | 惠州市惠阳区白云三路 16 号 | 3821188 | 80 | 120 | 350 | 私营 |
| | 顺天云景大酒店 | 三 | 2009. 05. 12 | 2007. 09. 03 | 4430656 | 惠州市江北文昌二路 9 号 | 2845888 | 150 | 193 | 400 | 私营 |
| | 千帆阁酒店 | 三 | 2009. 06. 18 | 2004. 01. 28 | 4430659 | 惠州市大亚湾经济技术开发区霞涌 | 5598888 | 78 | 129 | 400 | 股份合作 |

续表

| 地区 | 饭店名称 | 星级 | 评定时间 | 开业时间 | 星牌编号 | 饭店地址 | 咨询电话 | 客房（间） | 床位（张） | 餐位（个） | 所有制性质 |
|---|---|---|---|---|---|---|---|---|---|---|---|
| 惠州市 | 时代假日酒店 | 三 | 2009.08.04 | 2007.01.08 | 4430671 | 惠州市惠城区龙丰路3号 | 2676888 | 133 | 201 | 500 | 私营 |
| | 盛龙大酒店 | 三 | 2009.08.21 | 2001.09.08 | 4430679 | 惠州市龙门县县城迎宾大道39号 | 7786888 | 32 | 48 | 600 | 私营 |
| | 南城商务酒店 | 三 | 2009.09.15 | 2007.06.03 | 4430684 | 惠州市河南岸白泥路 | 2556222 | 100 | 161 | 450 | 有限责任 |
| | 景新酒店 | 三 | 2009.12.21 | 2005.06.08 | 4430698 | 惠州市龙门县城百乐路 | 7788888 | 32 | 64 | 500 | 私营 |
| | 华尔富商务酒店 | 三 | 2009.12.23 | 2009.05.02 | 4430702 | 惠州市江北5号小区期湖塘路3号 | 5331888 | 71 | 113 | 144 | 有限责任 |
| | 望海楼酒店 | 三 | 2010.07.26 | 2003.12.05 | 4430722 | 惠州大亚湾澳头镇龙海街47号 | 5559222 | 80 | 127 | 600 | 私营 |
| | 康之源商务酒店 | 三 | 2010.08.04 | 2008.12.28 | 4430725 | 惠州市惠城区下角丰山路33号 | 2688333 | 42 | 66 | 600 | 私营 |
| | 新富豪酒店 | 三 | 2010.10.21 | 2009.05.01 | 4430730 | 惠州市惠阳淡水南门南路68号 | 3812333 | 71 | 85 | 100 | 私营 |
| | 富壕园大酒店 | 三 | 2010.12.24 | 2009.10.15 | 4430744 | 惠州市惠城区江北乌石一路1号 | 285666 | 80 | 134 | 600 | 股份有限 |
| | 金凯酒店 | 三 | 2010.12.22 | 2008.11.26 | 4430743 | 惠州市仲恺大道新海关对面 | 2637888 | 111 | 147 | 400 | 私营 |
| 汕尾市（拥有星级饭店12家。其中四星级2家，三星级10家） | 莲花山度假村 | 四 | 2007.01.15 | 2004.12.28 | 4440162 | 汕尾市海丰县莲花山森林公园 | 6728888 | 131 | 233 | 350 | 港澳台商 |
| | 东陆酒店 | 四 | 2008.04.24 | 1998.11.16 | 4440175 | 汕尾陆丰市东海镇洛洲东路3号 | 8830988 | 128 | 280 | 900 | 有限责任 |
| | 友谊宾馆 | 三 | 2000.11.23 | 1993.08.15 | 4430248 | 汕尾市政府办公楼西侧 | 3391333 | 119 | 260 | 450 | 国有 |
| | 美丽华大酒店 | 三 | 2000.12.22 | 1994.10.01 | 4430250 | 汕尾市汕尾大道中段 | 3363666 | 160 | 304 | 700 | 国有 |
| | 陆丰大酒店 | 三 | 2001.01.04 | 1995.01.23 | 4430253 | 汕尾陆丰市东海镇北堤路11号 | 8835668 | 45 | 79 | 200 | 中外合资 |
| | 得胜宾馆 | 三 | 2004.03.24 | 2002.04.01 | 4430254 | 汕尾市红海湾遮浪通南路 | 3451666 | 277 | 160 | 400 | 国有 |
| | 龙山宾馆 | 三 | 2005.09.01 | 1985.05.01 | 4430473 | 汕尾陆丰市东海镇龙山大道18号 | 8989888 | 82 | 162 | 860 | 股份合作 |
| | 蓝岛假日酒店 | 三 | 2006.08.02 | 2003.01.01 | 4430534 | 汕尾市通航路128号 | 3321999 | 96 | 159 | 100 | 港澳台商 |
| | 瑞龙庄园 | 三 | 2007.01.15 | 2004.04.23 | 4430576 | 汕尾陆河县上护镇樟河榜榜响 | 5581666 | 98 | 170 | 482 | 港澳台商 |
| | 富之城酒店 | 三 | 2008.04.24 | 2004.10.05 | 4430625 | 汕尾市海丰县城广富路439号 | 6692888 | 88 | 170 | 968 | 私营 |
| | 新洲宾馆 | 三 | 2008.04.24 | 2006.01.20 | 4430626 | 汕尾市汕尾大道中段西侧 | 3333666 | 99 | 185 | 120 | 有限责任 |
| | 泰林酒店 | 三 | 2009.06.10 | 2002.01.01 | 4430662 | 汕尾市汕尾大道中段东侧 | 3367999 | 125 | 226 | 1060 | 有限责任 |

续表

| 地区 | 饭店名称 | 星级 | 评定时间 | 开业时间 | 星牌编号 | 饭店地址 | 咨询电话 | 客房（间） | 床位（张） | 餐位（个） | 所有制性质 |
|---|---|---|---|---|---|---|---|---|---|---|---|
| 东莞市（拥有星级饭店89家。其中五星级19家，四星级25家，三星级31家，二星级13家，一星级1家） | 凤岗金凯悦大酒店 | 五 | 2001. 03. 21 | 1909. 07. 31 | 4450016 | 东莞市凤岗镇凤深大道6668号 | 87759888 | 293 | 399 | 1482 | 有限责任 |
| | 豪门大饭店 | 五 | 2002. 01. 04 | 2000. 08. 01 | 4450015 | 东莞市虎门镇港虎门大道 | 85117888 | 248 | 295 | 1190 | 中外合资 |
| | 嘉华大酒店 | 五 | 2002. 09. 27 | 2001. 07. 05 | 4450007 | 东莞市厚街镇家具大道1号 | 85928888 | 760 | 1030 | 5062 | 私营 |
| | 富盈酒店 | 五 | 2003. 09. 22 | 2002. 02. 28 | 4450010 | 东莞市厚街广深高速公路东莞出口 | 85888888 | 345 | 480 | 1000 | 私营 |
| | 御景湾酒店 | 五 | 2003. 09. 18 | 2002. 03. 18 | 4450011 | 东莞市东城区迎宾路8号 | 22698888 | 268 | 445 | 1200 | 中外合资 |
| | 长安国际酒店 | 五 | 2004. 08. 23 | 2002. 07. 01 | 4450036 | 东莞市长安镇锦绣路1号 | 85333333 | 400 | 440 | 11360 | 私营 |
| | 长安海悦花园大酒店 | 五 | 2004. 08. 23 | 1996. 12. 19 | 4450037 | 东莞市长安镇雷边二环路 | 85318888 | 353 | 400 | 200 | 中外合资 |
| | 长安莲花山庄 | 五 | 2004. 08. 23 | 1994. 02. 01 | 4450038 | 东莞市长安镇莲花山边 | 85538388 | 281 | 350 | 400 | 中外合资 |
| | 石龙金凯悦大酒店 | 五 | 2004. 08. 23 | 2002. 11. 23 | 4450039 | 东莞市石龙镇莞龙公路西湖路段 | 86188888 | 403 | 495 | 1360 | 有限责任 |
| | 喜来登大酒店 | 五 | 2005. 09. 19 | 2003. 08. 08 | 4450041 | 东莞市厚街镇莞太路 | 85988888 | 500 | 700 | 1014 | 私营 |
| | 新都会怡景酒店 | 五 | 2006. 04. 02 | 2003. 03. 11 | 4450043 | 东莞市塘夏镇环市东路6号 | 87883888 | 256 | 315 | 1000 | 外商投资 |
| | 太子酒店 | 五 | 2006. 11. 29 | 2002. 01. 01 | 4450046 | 东莞市黄江镇江北路 | 83363333 | 429 | 473 | 2040 | 有限责任 |
| | 塘厦三正半山酒店 | 五 | 2007. 05. 28 | 2005. 06. 29 | 4450054 | 东莞市塘厦镇迎宾大道 | 87299333 | 366 | 620 | 1080 | 有限责任 |
| | 汇华国际饭店 | 五 | 2007. 12. 10 | 2005. 01. 01 | 4450059 | 东莞市常平镇常平大道 | 83938888 | 635 | 706 | 1500 | 股份合作 |
| | 丰泰花园酒店 | 五 | 2008. 12. 23 | 2005. 10. 30 | 4450068 | 东莞市虎门镇田村 | 85708888 | 370 | 571 | 1200 | 有限责任 |
| | 帝豪花园酒店 | 五 | 2008. 12. 23 | 2006. 01. 26 | 4450069 | 东莞市大朗镇美景中路769号 | 83122222 | 469 | 604 | 2388 | 有限责任 |
| | 华尔登国际酒店 | 五 | 2010. 03. 15 | 2007. 12. 28 | 4450085 | 东莞市桥头镇桥头广场科兴路 | 81028888 | 400 | 541 | 1800 | 私营 |
| | 桥头三正半山酒店 | 五 | 2010. 05. 19 | 1992. 07. 05 | 4450087 | 东莞市桥头镇碧莲路 | 83341868 | 212 | 340 | 1200 | 有限责任 |
| | 悦莱花园酒店 | 五 | 2010. 12. 01 | 2007. 07. 08 | 4450089 | 东莞市寮步镇香市路8号 | 81118888 | 561 | 860 | 1628 | 私营 |
| | 寮步金凯悦酒店 | 四 | 1997. 09. 01 | 1996. 06. 01 | 4440108 | 东莞市寮步镇教育路1号 | 83326328 | 216 | 308 | 955 | 中外合资 |
| | 文华大酒店 | 四 | 2000. 12. 22 | 1999. 03. 08 | 4440093 | 东莞市厚街镇太路新塘路段 | 85911111 | 113 | 130 | 900 | 有限责任 |
| | 东莞宾馆 | 四 | 2001. 09. 06 | 1984. 01. 22 | 4440095 | 东莞市城区东正路11号 | 22222222 | 178 | 283 | 1500 | 私营 |

续表

| 地区 | 饭店名称 | 星级 | 评定时间 | 开业时间 | 星牌编号 | 饭店地址 | 咨询电话 | 客房（间） | 床位（张） | 餐位（个） | 所有制性质 |
|---|---|---|---|---|---|---|---|---|---|---|---|
| 东莞市 | 江龙大酒店 | 四 | 2001. 09. 06 | 2001. 01. 18 | 4440096 | 东莞市厚街镇 107 国道旁 | 85838888 | 186 | 220 | 1000 | 私营 |
| | 新都会酒店 | 四 | 2002. 01. 07 | 1998. 03. 31 | 4440097 | 东莞市樟木头镇维多利商业大道 38 号 | 87713333 | 301 | 400 | 1500 | 中外合资 |
| | 君爵酒店 | 四 | 2002. 03. 14 | 1994. 12. 01 | 4440098 | 东莞市万江区石美广深路 | 22288888 | 173 | 262 | 1000 | 港澳台商 |
| | 汇美大酒店 | 四 | 2002. 04. 12 | 2001. 12. 12 | 4440099 | 东莞市常平镇中元街 9 号 | 83918888 | 220 | 240 | 450 | 私营 |
| | 宏远酒店 | 四 | 2002. 04. 12 | 2000. 06. 01 | 4440100 | 东莞市南城区宏远路 1 号 | 22418888 | 215 | 333 | 2000 | 集体 |
| | 花园酒店 | 四 | 2003. 04. 10 | 2002. 02. 08 | 4440101 | 东莞市樟木头镇南城广场 | 87799888 | 148 | 180 | 900 | 私营 |
| | 东莞长安酒店 | 四 | 2003. 09. 22 | 1989. 12. 01 | 4440102 | 东莞市长安镇 | 85532388 | 148 | 258 | 800 | 集体 |
| | 新世纪酒店 | 四 | 2004. 03. 18 | 2002. 06. 29 | 4440105 | 东莞市常平镇常平大道 8 号 | 83338888 | 228 | 278 | 920 | 私营 |
| | 司马假日酒店 | 四 | 2004. 03. 18 | 1994. 07. 06 | 4440106 | 东莞市常平镇司马管理区 1 号 | 83391888 | 67 | 102 | 450 | 集体 |
| | 梵尔赛酒店 | 四 | 2004. 03. 18 | 2001. 06. 18 | 4440107 | 东莞市常平镇下墟梵尔赛路 | 83816888 | 168 | 200 | 320 | 私营 |
| | 丽池海悦酒店 | 四 | 2004. 03. 18 | 2002. 05. 20 | 4440012 | 东莞市厚街镇厚街大道东 | 85885888 | 301 | 420 | 210 | 外商投资 |
| | 汇源湾逸大酒店 | 四 | 2005. 04. 27 | 2003. 09. 28 | 4440129 | 东莞市虎门镇虎门大道 | 85244858 | 221 | 235 | 530 | 有限公司 |
| | 业丰大酒店 | 四 | 2005. 04. 27 | 2003. 09. 28 | 4440130 | 东莞市大朗镇莞樟路企朗大道 23 号 | 83113888 | 138 | 155 | 930 | 私营 |
| | 万盈酒店 | 四 | 2005. 06. 16 | 1998. 07. 01 | 4440132 | 东莞市麻涌镇麻涌大道 | 88828888 | 77 | 90 | 350 | 股份合作 |
| | 中汇文华大酒店 | 四 | 2005. 06. 16 | 2002. 12. 23 | 4440135 | 东莞市高埗镇振兴路 | 88788888 | 139 | 168 | 1600 | 私营 |
| | 华禧酒店 | 四 | 2006. 05. 10 | 2003. 01. 08 | 4440146 | 东莞市长安镇 S358 省道上沙路段 | 85383888 | 219 | 268 | 300 | 有限责任 |
| | 常平半岛酒店 | 四 | 2006. 05. 10 | 2003. 12. 28 | 4440147 | 东莞市常平镇北环路口 | 83988888 | 415 | 600 | 400 | 私营 |
| | 方中假日酒店 | 四 | 2006. 05. 10 | 2003. 12. 28 | 4440148 | 东莞市茶山镇茶山大道西 28 号 | 86866666 | 231 | 330 | 1600 | 私营 |
| | 嘉辉会酒店 | 四 | 2007. 08. 21 | 2005. 07. 01 | 4440164 | 东莞市凤岗镇官井头嘉辉路 | 87563388 | 43 | 55 | 504 | 私营 |
| | 美怡登酒店 | 四 | 2009. 02. 03 | 2005. 07. 05 | 4440186 | 东莞市常平镇中元路 | 83028888 | 260 | 289 | 500 | 私营 |
| | **※天悦酒店** | **四** | **2011. 08. 30** | **2006. 09. 25** | **4440218** | **东莞市石碣崇焕路 18 号** | **81812222** | **197** | **229** | **420** | **有限责任** |
| | **※华庭花园酒店** | **四** | **2011. 12. 28** | **2008. 09. 28** | **4440224** | **东莞市厚街镇溪头村东溪西路 68 号** | **81633333** | **191** | **229** | **518** | **有限责任** |

续表

| 地区 | 饭店名称 | 星级 | 评定时间 | 开业时间 | 星牌编号 | 饭店地址 | 咨询电话 | 客房（间） | 床位（张） | 餐位（个） | 所有制性质 |
|---|---|---|---|---|---|---|---|---|---|---|---|
| 东莞市 | 石龙宾馆 | 三 | 1989. 03. 01 | 1985. 05. 01 | 4430270 | 东莞市石龙镇绿化中路 2 号 | 86613333 | 108 | 146 | 15 | 股份合作 |
| | 广彩城酒店 | 三 | 1994. 06. 01 | 1993. 03. 01 | 4430273 | 东莞市莞太大道篁村新基 | 22402088 | 118 | 262 | 1250 | 集体 |
| | 石碣豪华大酒店 | 三 | 1994. 06. 01 | 1993. 11. 01 | 4430274 | 东莞市石碣镇新城区 | 86633333 | 67 | 70 | 1324 | 中外合资 |
| | 金湖粤海酒店 | 三 | 1995. 03. 01 | 1993. 01. 01 | 4430275 | 东莞市塘度镇塘厦大道南 99 号 | 87869888 | 233 | 466 | 500 | 集体 |
| | 莲城酒店 | 三 | 1995. 03. 01 | 1994. 01. 01 | 4430276 | 东莞市长安镇莲峰路口 | 85536888 | 145 | 184 | 2500 | 集体 |
| | 黄江假日酒店 | 三 | 1995. 12. 01 | 1993. 01. 01 | 4430279 | 东莞市黄江镇黄江大道 3 号 | 83362888 | 90 | 170 | 410 | 中外合资 |
| | 西湖大酒店 | 三 | 1999. 01. 01 | 1994. 11. 01 | 4430255 | 东莞市篁村西湖乐园 | 22822888 | 251 | 433 | 335 | 集体 |
| | 明苑大酒店 | 三 | 2000. 11. 28 | 1998. 07. 30 | 4430256 | 东莞市虎门镇金龙大道南 | 85122918 | 128 | 221 | 500 | 国有 |
| | 篁村篁胜渔村酒店 | 三 | 2000. 12. 22 | 1998. 06. 18 | 4430258 | 东莞市篁村区胜和体育路 11 号 | 22463888 | 78 | 122 | 1580 | 私营 |
| | 恒丰酒店 | 三 | 2001. 09. 06 | 1996. 10. 01 | 4430261 | 东莞市桥头镇恒丰新村 2 号 | 83343333 | 127 | 165 | 730 | 集体 |
| | 宝石大酒店 | 三 | 2001. 09. 06 | 1992. 12. 31 | 4430262 | 东莞市企石镇镇振华路 1 号 | 86662188 | 136 | 158 | 100 | 集体 |
| | 金岛山庄 | 三 | 2001. 09. 06 | 1996. 04. 01 | 4430264 | 东莞市塘厦镇 128 工业区 | 87729016 | 69 | 112 | 1300 | 集体 |
| | 绿洲酒店 | 三 | 2001. 09. 28 | 2000. 05. 19 | 4430260 | 东莞市道螭镇振兴路 156 号 | 88832788 | 49 | 66 | 138 | 集体 |
| | 华通城大酒店 | 三 | 2001. 12. 18 | 2001. 08. 01 | 4430265 | 东莞市企石湖滨南路 | 86732288 | 434 | 497 | 1400 | 私营 |
| | 沙头酒店 | 三 | 2001. 12. 18 | 1991. 01. 01 | 4430266 | 东莞市长安镇沙头管理区 | 85418888 | 120 | 150 | 160 | 集体 |
| | 丰田酒店 | 三 | 2002. 07. 05 | 1992. 12. 06 | 4430267 | 东莞市凤岗镇雁田管理区怡安路 | 87772888 | 65 | 100 | 500 | 集体 |
| | 丽江酒店 | 三 | 2002. 12. 23 | 2001. 09. 30 | 4430268 | 东莞市高埗镇捷达工业区十三座 | 88872888 | 61 | 111 | 680 | 私营 |
| | 嘉福海港酒店 | 三 | 2003. 09. 22 | 2001. 05. 23 | 4430269 | 东莞市沙田镇新城中心区 17 号 | 88682888 | 60 | 80 | 56 | 私营 |
| | 中明酒店 | 三 | 2004. 06. 26 | 1997. 06. 12 | 4430280 | 东莞市中堂镇新兴路一号 | 88883688 | 69 | 121 | 1500 | 私营 |
| | 万江胜篁胜酒店 | 三 | 2004. 06. 26 | 2002. 11. 13 | 4430282 | 东莞市万江 107 国道拨跤窝路段 | 22186888 | 82 | 171 | 1300 | 私营 |
| | 莱莉雅酒店 | 三 | 2005. 05. 10 | 1994. 08. 26 | 4430462 | 东莞市凤岗镇永盛商业大街 | 87507888 | 69 | 89 | 180 | 集体 |
| | 东逸酒店 | 三 | 2005. 08. 06 | 2002. 12. 18 | 4430474 | 东莞市长安镇莲峰路 103 号 | 85396388 | 72 | 84 | 60 | 私营 |

续表

| 地区 | 饭店名称 | 星级 | 评定时间 | 开业时间 | 星牌编号 | 饭店地址 | 咨询电话 | 客房（间） | 床位（张） | 餐位（个） | 所有制性质 |
|---|---|---|---|---|---|---|---|---|---|---|---|
| 东莞市 | 鸿茂酒店 | 三 | 2006.01.18 | 2004.06.01 | 4430505 | 东莞市常平镇常横路 | 83508888 | 51 | 78 | 400 | 私营 |
| | 四季酒店 | 三 | 2006.01.18 | 2005.01.18 | 4430506 | 东莞市望牛墩镇中大道新电城 A8 座 | 88566666 | 115 | 160 | 100 | 私营 |
| | 宏信假日酒店 | 三 | 2006.08.01 | 2004.12.25 | 4430533 | 东莞市清溪镇浮岗香芒大道西路 | 87363888 | 128 | 150 | 80 | 中外合资 |
| | 美景湾酒店 | 三 | 2007.03.12 | 2004.07.28 | 4430589 | 东莞市横沥镇沿江路 1 号 | 83739888 | 198 | 223 | 386 | 集体 |
| | 富豪酒店 | 三 | 2008.02.01 | 1995.07.01 | 4430617 | 东莞市常平镇金美路 256 号 | 83998888 | 128 | 132 | 150 | 私营 |
| | 天鹅湖酒店 | 三 | 2008.02.01 | 1998.08.08 | 4430618 | 东莞市常平镇天鹅湖路 8 号 | 83338388 | 120 | 148 | 120 | 私营 |
| | 亚都酒店 | 三 | 2009.07.03 | 2002.11.23 | 4430665 | 东莞市长安镇长中路 115 号 | 85343888 | 106 | 127 | 165 | 私营 |
| | 金沙亚都酒店 | 三 | 2009.07.03 | 2005.12.06 | 4430666 | 东莞市长安镇靖海中路 36 号 | 85413888 | 84 | 108 | 110 | 股份有限 |
| | 中青旅山水设计师酒店 | 三 | 2009.07.13 | 2009.08.01 | 4430667 | 东莞市东城区东纵大道 189 号 | 2198888 | 126 | 151 | 210 | 国有 |
| 中山市（拥有星级饭店 37 家。其中五星级 3 家，四星级 6 家，三星级 22 家，二星级 4 家，一星级 2 家） | 国际酒店 | 五 | 2004.08.23 | 1986.11.01 | 4450034 | 中山市中山一路 142 号 | 88633388 | 350 | 550 | 1665 | 中外合资 |
| | 中山古镇国贸大酒店 | 五 | 2004.08.23 | 2002.06.09 | 4450035 | 中山市古镇镇中兴大道 | 22345678 | 278 | 482 | 2350 | 集体 |
| | 香格里拉大酒店 | 五 | 2007.06.29 | 2004.01.09 | 4450050 | 中山市起湾道（北）16 号 | 88386888 | 475 | 654 | 580 | 港澳台商 |
| | 富华酒店 | 四 | 1990.02.01 | 1986.11.01 | 4440111 | 中山市石岐富华道一号 | 88638888 | 360 | 700 | 1600 | 中外合资 |
| | 中山温泉宾馆 | 四 | 2000.11.23 | 1980.12.8 | 4440002 | 中山市三乡镇雍陌村 | 86683888 | 311 | 530 | 1070 | 中外合资 |
| | 小榄旅游大酒店 | 四 | 2000.11.23 | 1994.11.18 | 4440110 | 中山市小榄镇文化路 102 号 | 22266888 | 92 | 148 | 490 | 集体 |
| | 真善美大酒店 | 四 | 2005.06.16 | 2003.09.01 | 4440134 | 中山市三角镇金三大道 | 85401888 | 141 | 192 | 820 | 港澳台商 |
| | 汇景酒店 | 四 | 2008.05.21 | 2006.01.01 | 4440177 | 中山市东升镇龙昌路 | 22222222 | 132 | 222 | 950 | 有限责任 |
| | 长命水海逸酒店 | 四 | 2008.05.21 | 2007.01.08 | 4440178 | 中山市五桂山长命水大街 | 88202222 | 123 | 193 | 920 | 集体 |
| | 富洲酒店 | 三 | 1998.03.01 | 1984.03.01 | 4430299 | 中山市石岐富华道 131 号 | 88612888 | 259 | 480 | 800 | 集体 |
| | 御苑酒店 | 三 | 2000.01.01 | 1998.12.01 | 4430283 | 中山市南头镇南头大道中 | 23112888 | 174 | 330 | 800 | 有限责任 |
| | 招商局会所 | 三 | 2000.01.01 | 1994.03.01 | 4430284 | 中山市三乡镇雍陌村 | 86687888 | 90 | 170 | 524 | 中外合资 |
| | 金岛酒店 | 三 | 2000.03.01 | 1994.09.01 | 4430285 | 中山市东凤镇同安会 | 22606888 | 51 | 100 | 800 | 集体 |

续表

| 地区 | 饭店名称 | 星级 | 评定时间 | 开业时间 | 星牌编号 | 饭店地址 | 咨询电话 | 客房（间） | 床位（张） | 餐位（个） | 所有制性质 |
|---|---|---|---|---|---|---|---|---|---|---|---|
| 中山市 | 小榄大酒店 | 三 | 2000.11.23 | 1994.09.28 | 4430286 | 中山市小榄海傍路沙口1号 | 22118388 | 125 | 260 | 1300 | 集体 |
| | 汇昌酒店 | 三 | 2000.11.23 | 2000.06.23 | 4430287 | 中山市坦洲镇南坦路245号 | 86213388 | 110 | 144 | 550 | 私营 |
| | 丽阁花园酒店 | 三 | 2001.01.01 | 2000.10.18 | 4430288 | 中山市南头镇永兴路1号 | 232116668 | 165 | 300 | 300 | 中外合资 |
| | 三乡金煌酒店 | 三 | 2001.11.26 | 2000.10.01 | 4430289 | 中山市三乡镇文昌路 | 86328888 | 74 | 127 | 600 | 私营 |
| | 东悦酒店 | 三 | 2002.06.01 | 2000.10.12 | 4430291 | 中山市沙溪镇沙溪南路38号 | 87322668 | 60 | 116 | 96 | 私营 |
| | 小榄花城酒店 | 三 | 2002.12.28 | 1990.10.24 | 4430293 | 中山小榄镇新市路89号 | 22258818 | 76 | 133 | 1250 | 集体 |
| | 乡泉别墅 | 三 | 2002.12.28 | 1985.12.01 | 4430294 | 中山市三乡镇 | 86684999 | 63 | 124 | 350 | 集体 |
| | 小榄镇菊城宾馆 | 三 | 2004.01.06 | 1986.06.01 | 4430296 | 中山市小榄镇红山路46号 | 22254988 | 155 | 300 | 1800 | 集体 |
| | 南朗雅居乐酒店 | 三 | 2004.01.08 | 2003.01.01 | 4430297 | 中山市南朗镇南岐北路8号 | 85211888 | 96 | 170 | 800 | 私营 |
| | 莲兴酒店 | 三 | 2004.04.15 | 2003.01.17 | 4430295 | 中山市石岐区莲塘东路13号 | 8712668 | 51 | 68 | 700 | 集体 |
| | 紫来轩酒店 | 三 | 2004.12.13 | 2003.12.24 | 4430440 | 中山市石岐区天门天乐街 | 88703333 | 41 | 55 | 150 | 私营 |
| | 乐天酒店 | 三 | 2005.09.12 | 2004.07.16 | 4430476 | 中山市三角镇南三公路旁 | 85542888 | 44 | 62 | 340 | 有限责任 |
| | 古镇龙泉酒店 | 三 | 2006.07.14 | 1996.11.26 | 4430544 | 中山市古镇岐江公路18号 | 22351888 | 192 | 311 | 150 | 私营 |
| | 好世界酒店 | 三 | 2006.12.04 | 1999.08.19 | 4430566 | 中山市神湾镇神湾大道 | 86608299 | 99 | 125 | 300 | 港澳台商 |
| | 金莎商务酒店 | 三 | 2007.06.13 | 2006.02.28 | 4430594 | 中山市城区康华路43号 | 88727888 | 90 | 136 | 1000 | 有限责任 |
| | 大观园商务酒店 | 三 | 2010.02.01 | 2008.12.22 | 4430706 | 中山市小榄镇民安南路66号 | 22553311 | 110 | 166 | 620 | 有限责任 |
| | 汇泉酒店 | 三 | 2010.12.09 | 2007.06.23 | 4430742 | 中山市东区起湾南道3号 | 88663388 | 276 | 398 | 180 | 有限责任 |
| | **※御创酒店** | **三** | **2011.03.25** | **2003.12.18** | **4430754** | **中山市民众大道广场侧** | **85700288** | **42** | **53** | **592** | **有限责任** |
| 江门市 | 潭江半岛酒店 | 五 | 2000.07.01 | 1997.12.01 | 4450003 | 江门开平市中银路2号 | 2333333 | 254 | 434 | 2538 | 有限责任 |
| | 逸豪酒店 | 五 | 2006.12.19 | 2005.01.01 | 4450048 | 江门市迎宾大道中118号 | 3928888 | 644 | 1013 | 5000 | 有限责任 |
| | 鹤山碧桂园凤凰酒店 | 五 | 2008.10.07 | 2005.07.15 | 4450065 | 江门鹤山市沙坪镇鹤山大道623号 | 8866388 | 111 | 202 | 780 | 港澳台商 |
| | 丽宫国际酒店 | 五 | 2009.07.20 | 2006.01.08 | 4450081 | 江门市东华二路28号 | 8233388 | 330 | 504 | 1850 | 外商投资 |

续表

| 地区 | 饭店名称 | 星级 | 评定时间 | 开业时间 | 星牌编号 | 饭店地址 | 咨询电话 | 客房（间） | 床位（张） | 餐位（个） | 所有制性质 |
|---|---|---|---|---|---|---|---|---|---|---|---|
| 江门市（拥有星级饭店31家。其中五星级5家，四星级3家，三星级21家，二星级2家） | ※名冠金凯悦大酒店 | 五 | 2011.10.09 | 2009.5. | 4450104 | 江门市北新区 | 3938888 | 542 | 818 | 4760 | 有限责任 |
| | 银晶国际酒店 | 四 | 2000.04.01 | 1990.07.01 | 4440081 | 江门市港口路22号 | 3183288 | 216 | 390 | 1500 | 有限责任 |
| | 开平三埠假日酒店 | 四 | 2000.12.22 | 1994.12.18 | 4440082 | 江门开平市长沙港口路10号 | 2286333 | 90 | 163 | 700 | 有限责任 |
| | 龙泉度假酒店 | 四 | 2006.01.25 | 2004.12.01 | 4440143 | 江门市新会区圭峰山龙潭区 | 6182222 | 117 | 210 | 880 | 有限责任 |
| | 冈州宾馆 | 三 | 1991.11.01 | 1981.10.01 | 4430316 | 江门新会市会城圭峰路9号 | 6178888 | 117 | 237 | 1000 | 国有 |
| | 北湖宾馆 | 三 | 1992.01.01 | 1982.10.01 | 4430317 | 江门鹤山市沙坪镇北湖路1号 | 8883488 | 85 | 196 | 700 | 国有 |
| | 富尔文华酒店 | 三 | 1997.07.01 | 1995.05.01 | 4430313 | 江门市迎宾三路天龙三街 | 3228888 | 76 | 144 | 500 | 集体 |
| | 新乔都大酒店 | 三 | 2000.12.22 | 1986.01.28 | 4430300 | 江门市紫茶路18号 | 3335233 | 79 | 150 | 1390 | 中外合资 |
| | 开平三埠海景酒店 | 三 | 2000.12.22 | 1998.07.08 | 4430301 | 江门开平市潭江西路15号 | 2388888 | 76 | 134 | 700 | 中外合资 |
| | 王府洲别墅度假村 | 三 | 2001.05.15 | 2000.05.01 | 4430302 | 江门台山市下川王府洲度假村 | 5756183 | 54 | 83 | 300 | 集体 |
| | 华安阁酒店 | 三 | 2001.06.04 | 1991.01.01 | 4430303 | 江门鹤山市雅瑶镇兴雅路120号 | 8288290 | 40 | 76 | 500 | 私营 |
| | 恩平市侨联大酒店 | 三 | 2003.01.23 | 2001.08.01 | 4430307 | 江门恩平市恩城镇南堤西路33号 | 7780088 | 108 | 224 | 1700 | 中外合资 |
| | 台山市富城大酒店 | 三 | 2003.07.28 | 1995.01.18 | 4430308 | 江门台山市台城侨光大道1号 | 5577166 | 62 | 84 | 600 | 中外合资 |
| | 海湾胜景酒店 | 三 | 2003.07.28 | 1999.06.15 | 4430309 | 江门台山市下川镇 | 5756888 | 52 | 100 | 200 | 私营 |
| | 台山市桂园酒店 | 三 | 2003.07.28 | 2002.08.18 | 4430310 | 江门台山市下川镇王府洲旅游区 | 5757638 | 155 | 210 | 250 | 私营 |
| | 台山市帝苑别墅度假邨 | 三 | 2003.07.28 | 2003.05.01 | 4430311 | 江门台山市下川镇王府洲旅游区 | 5757828 | 158 | 262 | 200 | 私营 |
| | 鹤山市叠翠山庄 | 三 | 2003.08.26 | 1994.10.28 | 4430312 | 江门鹤山市大雁山风景旅游区 | 8877088 | 56 | 106 | 200 | 国有 |
| | 海角城大酒店 | 三 | 2004.04.05 | 2001.09.01 | 4430314 | 江门台山市赤溪镇 | 5279382 | 176 | 352 | 680 | 私营 |
| | 新会区新金田大酒店 | 三 | 2004.08.03 | 2002.08.16 | 4430318 | 江门市新会区会城中心路15号 | 6622898 | 145 | 262 | 1300 | 中外合资 |
| | 江门荷塘园林大酒店 | 三 | 2005.09.14 | 2004.03.18 | 4430475 | 江门市荷塘镇瑞丰路11号 | 3737888 | 43 | 81 | 650 | 有限责任 |
| | 鹤山君威酒店 | 三 | 2006.01.19 | 2005.01.05 | 4430504 | 江门鹤山市桃园镇325国道 | 8212228 | 45 | 90 | 388 | 私营 |
| | 台山市锦江大酒店 | 三 | 2006.09.18 | 2005.05.01 | 4430553 | 江门市台山下川王府洲旅游区 | 5751888 | 31 | 34 | 100 | 私营 |

续表

| 地区 | 饭店名称 | 星级 | 评定时间 | 开业时间 | 星牌编号 | 饭店地址 | 咨询电话 | 客房（间） | 床位（张） | 餐位（个） | 所有制性质 |
|---|---|---|---|---|---|---|---|---|---|---|---|
| 江门市 | 新会爱依华酒店 | 三 | 2007. 07. 20 | 2005. 04. 24 | 4430597 | 江门市新会区城镇冈州大道西 6 号 | 6703333 | 40 | 77 | 100 | 港澳台商 |
| | 天富文化酒店 | 三 | 2010. 02. 08 | 2004. 12. 31 | 4430707 | 江门台山市台城滨桥明路 70 号 | 5518888 | 50 | 80 | 540 | 私营 |
| | **※雅致酒店** | **三** | **2011. 03. 25** | **2007. 12.** | **4430753** | **开平市三埠长沙曙光东路 178 号二幢** | **2270988** | **186** | **305** | **600** | **私营** |
| 阳江市（拥有星级饭店 35 家。其中五星级 3 家，四星级 3 家，三星级 18 家，二星级 11 家） | 阳江温泉度假村酒店 | 五 | 2006. 11. 29 | 2003. 09. 29 | 4450047 | 阳江市阳东县合山镇 | 6388888 | 463 | 751 | 900 | 有限责任 |
| | 碧桂园阳江凤凰酒店 | 五 | 2009. 07. 01 | 2007. 05. 01 | 4450073 | 阳江市阳东县湖滨西路 | 6666666 | 342 | 625 | 1100 | 股份有限 |
| | 东湖国际大酒店 | 五 | 2009. 07. 20 | 2007. 01. 18 | 4450082 | 阳江阳春市东湖东路 213 号 | 7888888 | 209 | 346 | 1500 | 有限责任 |
| | 国际大酒店 | 四 | 1998. 04. 01 | 1996. 01. 01 | 4440087 | 阳江市东风三路 | 3333333 | 248 | 468 | 808 | 国有 |
| | 紫光大酒店 | 四 | 2004. 11. 04 | 2003. 09. 15 | 4440122 | 阳江市闸坡旅游大道南 | 3897888 | 79 | 139 | 340 | 私营 |
| | 悦华大酒店 | 四 | 2007. 08. 21 | 2005. 09. 01 | 4440165 | 阳江阳春市东湖西路 40 号 | 7768888 | 104 | 172 | 1160 | 私营 |
| | 阳春金鹏大酒店 | 三 | 1995. 12. 01 | 1994. 02. 01 | 4430356 | 阳江阳春市城东大道 2 号 | 7738889 | 93 | 175 | 330 | 中外合资 |
| | 闸坡银波酒店 | 三 | 1998. 01. 01 | 1995. 08. 18 | 4430357 | 阳江市闸坡旅游大道南 | 3889888 | 147 | 305 | 330 | 国有 |
| | 粤海酒店 | 三 | 2001. 07. 27 | 1996. 02. 09 | 4430348 | 阳江市登峰东路 16 号 | 3322222 | 84 | 140 | 400 | 私营 |
| | 金海利大酒店 | 三 | 2001. 07. 27 | 1996. 06. 31 | 4430350 | 阳江市闸坡海滨路 21 号 | 3883388 | 72 | 152 | 70 | 国有 |
| | 海陵岛小港湾山庄 | 三 | 2003. 06. 28 | 2001. 08. 20 | 4430353 | 阳江市海陵岛闸坡镇 | 3896666 | 52 | 108 | 380 | 集体 |
| | 华坚宾馆 | 三 | 2003. 07. 01 | 2001. 09. 17 | 4430354 | 阳江市了光路 1 号 | 3266666 | 148 | 276 | 1000 | 集体 |
| | 闸坡浪琴湾酒店 | 三 | 2003. 08. 07 | 2002. 04. 01 | 4430351 | 阳江市闸坡镇旅游大道 | 3892222 | 50 | 100 | 380 | 私营 |
| | 海陆空火锅城大酒店 | 三 | 2004. 08. 11 | 1987. 09. 01 | 4430358 | 阳江市东风二路 7 号 | 3388388 | 119 | 242 | 1100 | 私营 |
| | 粤法酒店 | 三 | 2004. 10. 08 | 1996. 06. 01 | 4430419 | 阳江市闸坡镇 | 3895555 | 81 | 155 | 250 | 国有 |
| | 登宝酒店 | 三 | 2006. 08. 15 | 2001. 11. 19 | 4430535 | 阳江阳春市南新大道 2 号 | 7742833 | 35 | 82 | 1000 | 股份合作 |
| | 富华大酒店 | 三 | 2006. 09. 16 | 2006. 01. 26 | 4430551 | 阳江市石湾北路 143 号 | 8883333 | 103 | 192 | 250 | 私营 |
| | 莱茵堡酒店 | 三 | 2008. 02. 15 | 2006. 01. 26 | 4430620 | 阳江市建设路 239 号 | 3188888 | 78 | 128 | 600 | 有限责任 |
| | 新朗商务酒店 | 三 | 2008. 04. 25 | 2007. 10. 17 | 4430627 | 阳江阳春市东湖西路 47 号 | 8878888 | 88 | 170 | 400 | 有限责任 |

续表

| 地区 | 饭店名称 | 星级 | 评定时间 | 开业时间 | 星牌编号 | 饭店地址 | 咨询电话 | 客房（间） | 床位（张） | 餐位（个） | 所有制性质 |
|---|---|---|---|---|---|---|---|---|---|---|---|
| 阳江市 | 天堡商务酒店 | 三 | 2008. 12. 25 | 2005. 09. 23 | 4430645 | 阳江市东风一路 42 号 | 3299888 | 150 | 285 | 95 | 有限责任 |
| | 名濠饭店 | 三 | 2009. 06. 30 | 2001. 10. 01 | 4430661 | 阳江市东风二路 1 号 | 3319999 | 54 | 87 | 1100 | 有限责任 |
| | **※逸华宾馆** | **三** | **2011. 01. 05** | **2003. 11. 19** | **4430745** | **阳江市吉祥东路 9 号** | **3298888** | **79** | **158** | **600** | **有限责任** |
| | **※海逸酒店** | **三** | **2011. 01. 05** | **2008. 02. 05** | **4430746** | **阳江市东风二路 2 号之十三** | **2229888** | **75** | **127** | **368** | **有限责任** |
| | **※三汇酒店** | **三** | **2011. 10. 27** | **2010. 07. 05** | **4430763** | **阳江市建设一路 333 号** | **8838888** | **74** | **128** | **1，300** | **私营** |
| 湛江市（拥有星级饭店 36 家。其中五星级 2 家，四星级 7 家，三星级 21 家，二星级 6 家） | 皇冠假日酒店 | 五 | 2008. 10. 07 | 2002. 11. 08 | 4450061 | 湛江市乐山大道 31 号 | 3188888 | 416 | 598 | 600 | 港澳台商 |
| | 恒逸国际酒店 | 五 | 2010. 12. 01 | 2007. 05. 01 | 4450092 | 湛江市乐山大道 60 号 | 2299999 | 447 | 638 | 515 | 私营 |
| | 银海酒店 | 四 | 1994. 04. 01 | 1992. 12. 01 | 4440084 | 湛江市人民大道中 52 号 | 3380688 | 134 | 253 | 708 | 中外合资 |
| | 海滨宾馆 | 四 | 2001. 12. 05 | 1981. 11. 01 | 4440008 | 湛江市海滨三路 32 号 | 2286888 | 365 | 686 | 1093 | 中外合资 |
| | 中国城酒店 | 四 | 2006. 09. 12 | 2000. 02. 02 | 4440154 | 湛江市乐山大道中 48 号 | 3199999 | 121 | 184 | 1000 | 私营 |
| | 金辉煌酒店 | 四 | 2006. 09. 12 | 2005. 10. 18 | 4440155 | 湛江市人民大道中 15 号 | 2368888 | 208 | 316 | 680 | 私营 |
| | 南海宾馆 | 四 | 2008. 05. 06 | 1986. 06. 01 | 4440176 | 湛江市坡头区合作路 | 3950388 | 181 | 299 | 1000 | 私营 |
| | 丽波度假村 | 四 | 2009. 08. 05 | 2001. 12. 18 | 4440198 | 湛江廉江市海军路塘山岭边 | 6618888 | 313 | 644 | 890 | 港澳台商 |
| | **※皇家国际酒店** | **四** | **2011. 08. 31** | **2009. 12. 12** | **4440219** | **湛江市遂溪县建设路 163 号** | **7777888** | **188** | **270** | **1300** | **私营** |
| | 湛江迎宾馆 | 三 | 1994. 09. 01 | 1986. 04. 01 | 4430371 | 湛江市赤坎区跃进路 3 号 | 3315388 | 133 | 348 | 1000 | 国有 |
| | 新莱都大酒店 | 三 | 1995. 08. 01 | 1993. 11. 01 | 4430372 | 湛江市霞山区人民大道 73 号 | 2318888 | 72 | 142 | 450 | 中外合资 |
| | 锦华大酒店 | 三 | 2000. 11. 23 | 1999. 01. 12 | 4430359 | 湛江市海翔路 16 号 | 3152188 | 126 | 252 | 800 | 国有 |
| | 新新格里拉酒店 | 三 | 2000. 11. 23 | 1999. 10. 18 | 4430360 | 湛江市霞山区解放西路 | 2238888 | 93 | 175 | 700 | 股份合作 |
| | 富丽华大酒店 | 三 | 2002. 10. 28 | 1997. 06. 07 | 4430362 | 湛江市椹川大道北 160 号 | 3611888 | 251 | 467 | 500 | 集体 |
| | 金海大酒店 | 三 | 2002. 10. 28 | 1996. 12. 18 | 4430363 | 湛江市赤坎海田路 288 号 | 3150188 | 126 | 220 | 1000 | 集体 |
| | 中国园酒店 | 三 | 2003. 11. 18 | 2002. 10. 28 | 4430365 | 湛江雷州市西湖大道 198 号 | 8880999 | 76 | 145 | 960 | 集体 |
| | 洪都大酒店 | 三 | 2003. 12. 26 | 2002. 01. 01 | 4430366 | 湛江雷州市西湖大道六横路 | 8880222 | 70 | 138 | 600 | 集体 |

续表

| 地区 | 饭店名称 | 星级 | 评定时间 | 开业时间 | 星牌编号 | 饭店地址 | 咨询电话 | 客房（间） | 床位（张） | 餐位（个） | 所有制性质 |
|---|---|---|---|---|---|---|---|---|---|---|---|
| 湛江市 | 南油迎宾馆 | 三 | 2004.06.17 | 1981.10.01 | 4430367 | 湛江市坡头区南调路 | 3901911 | 92 | 152 | 220 | 国有 |
| | 美丽华大酒店 | 三 | 2004.12.08 | 1996.02.01 | 4430426 | 湛江市霞山解放西路36号 | 2662888 | 136 | 282 | 500 | 私营 |
| | 镇海大酒店 | 三 | 2005.01.21 | 2004.11.21 | 4430445 | 湛江市霞山区绿塘路93号 | 3567288 | 81 | 160 | 650 | 有限责任 |
| | 园府酒店 | 三 | 2005.04.25 | 1996.09.01 | 4430460 | 湛江市赤坎区寸金路29号 | 3183500 | 79 | 175 | 300 | 国有 |
| | 运通宾馆 | 三 | 2006.04.24 | 1994.07.22 | 4430514 | 湛江市赤坎湛川大道北99号 | 3198168 | 109 | 220 | 460 | 国有 |
| | 怡心大酒店 | 三 | 2006.08.16 | 2000.06.28 | 4430536 | 湛江廉江市新风路1号 | 66899996 | 152 | 298 | 1800 | 有限责任 |
| | 松源酒店 | 三 | 2006.09.08 | 2005.10.01 | 4430543 | 湛江市遂溪县 | 7773688 | 87 | 138 | 800 | 私营 |
| | 康龙度假村 | 三 | 2006.09.08 | 1996.10.01 | 4430548 | 湛江市东海岛涛声南路 | 2389666 | 70 | 108 | 140 | 国有 |
| | 银塔大酒店 | 三 | 2006.09.11 | 2004.09.01 | 4430546 | 湛江市遂溪县城新风路88号 | 7779888 | 76 | 129 | 800 | 私营 |
| | 北苑度假村 | 三 | 2006.09.11 | 1996.06.04 | 4430547 | 湛江市东海岛涛声北路 | 2389843 | 59 | 114 | 90 | 集体 |
| | 南海西部石油伊甸园度假村 | 三 | 2006.09.11 | 1995.08.01 | 4430549 | 湛江市南三镇林场东南海岸天然 | 3930888 | 112 | 251 | 170 | 国有 |
| | 中南酒店 | 三 | 2006.10.31 | 2005.10.10 | 4430563 | 湛江市人民大道中29号 | 3252888 | 160 | 261 | 650 | 有限责任 |
| | 聚雅酒店 | 三 | 2006.12.21 | 2004.08.01 | 4430570 | 湛江市徐闻县徐海路76号 | 4855720 | 59 | 125 | 3000 | 私营 |
| 茂名市（拥有星级饭店19家。其中五星级1家，四星级4家，三星级8家，二星级6家） | 国际大酒店 | 五 | 2008.10.07 | 2003.11.02 | 4450072 | 茂名市双山三路99号 | 2986888 | 265 | 489 | 568 | 私营 |
| | 东园大酒店 | 四 | 2008.06.16 | 2006.05.16 | 4440180 | 茂名市官山四路33号 | 2737888 | 93 | 123 | 1800 | 私营 |
| | 高州大酒店 | 四 | 2009.01.15 | 2005.01.31 | 4440183 | 茂名高州市高凉东路636号 | 6383388 | 168 | 280 | 800 | 私营 |
| | 华海酒店 | 四 | 2010.12.22 | 2007.05.07 | 4440209 | 茂名市新福二路9号 | 3918888 | 188 | 315 | 1098 | 有限责任 |
| | 新城国际大酒店 | 四 | 2011.01.31 | 2010.1.23 | 4444213 | 茂名信宜市迎宾大道 | 8898888 | 100 | 161 | 260 | 股份有限 |
| | 飞龙宾馆 | 三 | 1998.01.01 | 1997.01.01 | 4430379 | 茂名化州市下郭区乐园路 | 7391888 | 83 | 173 | 552 | 国有 |
| | 南国大酒店 | 三 | 2002.01.07 | 2001.01.21 | 4430376 | 茂名市光华北路218号 | 2929888 | 95 | 181 | 280 | 私营 |
| | 嘉燕大酒店 | 三 | 2004.01.13 | 2003.08.03 | 4430377 | 茂名市双山一路89号 | 2988888 | 92 | 170 | 400 | 私营 |

续表

| 地区 | 饭店名称 | 星级 | 评定时间 | 开业时间 | 星牌编号 | 饭店地址 | 咨询电话 | 客房(间) | 床位(张) | 餐位(个) | 所有制性质 |
|---|---|---|---|---|---|---|---|---|---|---|---|
| **茂名市** | 西江温泉度假村 | 三 | 2004.08.23 | 2000.01.01 | 4430380 | 茂名信宜市北界镇 | 8516138 | 58 | 125 | 160 | 股份合作 |
| | 金龙泉大酒店 | 三 | 2009.09.25 | 2003.12.28 | 4430688 | 茂名市电白县向阳大道88号 | 5119999 | 79 | 151 | 1416 | 私营 |
| | 远光大厦 | 三 | 2010.02.09 | 2003.05.30 | 4430708 | 茂名市光华南路189号 | 3338999 | 82 | 161 | 400 | 有限责任 |
| | 玉湖宾馆 | 三 | 2010.12.27 | 1995.08.01 | 4430748 | 茂名高州市长坡镇 | 6730450 | 70 | 130 | 300 | 国有 |
| | **※沿江大酒店** | **三** | **2011.12.23** | **1996.12.13** | **4430773** | **茂名市江东中路168号** | **2299666** | **69** | **116** | **80** | **私营** |
| **肇庆市（拥有星级饭店29家。其中四星级1家，三星级19家，二星级8家，一星级1家）** | 德庆醉然居假日酒店 | 四 | 2009.06.10 | 2006.10.01 | 4440195 | 肇庆市德庆县德城镇青云路 | 7781111 | 121 | 268 | 660 | 集体 |
| | 华侨大厦 | 三 | 1990.06.01 | 1986.08.01 | 4430390 | 肇庆市天宁北路90号 | 2226366 | 145 | 269 | 1000 | 国有 |
| | 新松涛宾馆 | 三 | 1990.06.01 | 1978.10.01 | 4430391 | 肇庆市七星岩风景区内 | 2302288 | 176 | 352 | 800 | 有限责任 |
| | 荔枝湾度假村 | 三 | 2000.08.01 | 1998.10.01 | 4430382 | 肇庆四会市四会大道南 | 3238888 | 120 | 246 | 500 | 中外合作 |
| | 四会贞山宾馆 | 三 | 2000.12.28 | 1997.12.03 | 4430383 | 肇庆四会市贞山旅游区 | 3308319 | 249 | 426 | 1300 | 私营 |
| | 德庆新时代大酒店 | 三 | 2001.04.20 | 2000.10.02 | 4430384 | 肇庆市德庆县康城大道 | 7788888 | 57 | 108 | 400 | 私营 |
| | 新长讯宾馆 | 三 | 2001.12.25 | 2000.09.26 | 4430385 | 肇庆市康乐北路38号 | 2818388 | 118 | 208 | 300 | 有限责任 |
| | 波海楼 | 三 | 2001.12.30 | 1985.02.01 | 4430386 | 肇庆市星湖西路 | 2224582 | 90 | 181 | 280 | 国有 |
| | 怀集腾业大酒店 | 三 | 2002.12.30 | 2002.01.26 | 4430387 | 肇庆市怀集县怀城镇金龙路1号 | 5519933 | 52 | 88 | 700 | 私营 |
| | 德庆新丽都大酒店 | 三 | 2003.08.18 | 2002.07.12 | 4430388 | 肇庆市德庆县德城镇文兰北路 | 7799999 | 205 | 385 | 1308 | 私营 |
| | 德庆迎宾苑 | 三 | 2003.07.03 | 1999.05.01 | 4430389 | 广东省德庆县德城镇青云路 | 7781188 | 84 | 168 | 600 | 私营 |
| | 怀集县新世界大酒店 | 三 | 2004.09.01 | 2003.01.11 | 4430428 | 肇庆市怀集县解放北路 | 5518888 | 218 | 394 | 750 | 私营 |
| | 德庆县登云酒店 | 三 | 2005.01.20 | 1998.09.18 | 4430438 | 肇庆市德庆县康城大道东128号 | 7787777 | 58 | 113 | 400 | 私营 |
| | 湖滨大酒店 | 三 | 2006.01.23 | 1965.05.01 | 4430381 | 肇庆市天宁北路82号 | 2316688 | 132 | 300 | 1200 | 国有 |
| | 南粤苑度假中心 | 三 | 2006.03.28 | 1996.04.01 | 4430508 | 肇庆市星湖万松岗 | 2283238 | 72 | 138 | 250 | 有限责任 |
| | 广宁华侨大酒店 | 三 | 2007.09.18 | 1993.08.15 | 4430600 | 肇庆市广宁县南街镇南东一路37号 | 8636688 | 113 | 189 | 800 | 港澳台商 |
| | 万豪裕龙大酒店 | 三 | 2008.12.25 | 1998.01.17 | 4430648 | 肇庆市西江南路23号 | 2819188 | 50 | 85 | 600 | 私营 |

续表

| 地区 | 饭店名称 | 星级 | 评定时间 | 开业时间 | 星牌编号 | 饭店地址 | 咨询电话 | 客房（间） | 床位（张） | 餐位（个） | 所有制性质 |
|---|---|---|---|---|---|---|---|---|---|---|---|
| 肇庆市 | 高尔夫渡假村会所酒店 | 三 | 2009.01.12 | 1998.04.01 | 4430651 | 肇庆市高要市回龙镇 | 8162168 | 57 | 126 | 180 | 中外合作 |
| | 德庆君悦大酒店 | 三 | 2009.09.15 | 2008.02.02 | 4430686 | 肇庆市德庆县德城镇 | 7797777 | 128 | 248 | 600 | 私营 |
| | 杏花宾馆 | 三 | 2010.07.20 | 1985.03.01 | 4430728 | 肇庆市封开县江口镇 | 6688168 | 83 | 160 | 500 | 私营 |
| 清远市（拥有星级饭店33家。其中五星级1家，四星级5家，三星级24家，二星级3家） | 碧桂园假日半岛酒店 | 五 | 2007.05.28 | 2004.12.01 | 4450053 | 清远市清城区石角镇 | 3836688 | 199 | 367 | 724 | 港澳台商 |
| | 华冠大酒店 | 四 | 2002.01.10 | 2000.11.08 | 4440089 | 清远市新城6号区凤鸣路8号 | 3878888 | 120 | 205 | 450 | 国有 |
| | 嘉华大酒店 | 四 | 2003.07.08 | 1997.07.24 | 4440091 | 清远市新城二号区 | 3373038 | 121 | 238 | 711 | 外商投资 |
| | 连州大厦 | 四 | 2003.12.25 | 2002.11.18 | 4440092 | 清远连州市东门中路31号 | 6633333 | 138 | 263 | 350 | 私营 |
| | 英德海螺国际大酒店 | 四 | 2009.03.23 | 2005.01.18 | 4440192 | 清远英德市浈阳东路1号 | 2788188 | 288 | 446 | 1500 | 国有 |
| | **※项德仁鑫大酒店** | **四** | **2011.09.20** | **2010.07.18** | **4440221** | **英德市浈阳东路** | **2666129** | **159** | **390** | **530** | **有限责任** |
| | 白云温泉山庄 | 三 | 2000.10.01 | 1999.08.01 | 4430393 | 佛岗县汤塘黄花湖度假区 | 4632998 | 104 | 172 | 106 | 集体 |
| | 红楼宾馆 | 三 | 2002.01.07 | 1996.02.01 | 4430394 | 清远连州市人民路238号 | 6664888 | 80 | 160 | 260 | 国有 |
| | 环城步步高酒店 | 三 | 2002.07.22 | 1996.07.28 | 4430396 | 清远市环城一路10号 | 3826666 | 66 | 115 | 350 | 私营 |
| | 湖滨步步高酒店 | 三 | 2002.08.14 | 1996.12.25 | 4430398 | 清远市曙光一路88号 | 3350088 | 86 | 182 | 700 | 股份合作 |
| | 天泉度假村（酒店） | 三 | 2002.09.16 | 2001.08.13 | 4430399 | 清远市阳山县称架镇 | 7391933 | 68 | 134 | 450 | 私营 |
| | 龙城大酒店 | 三 | 2003.06.10 | 2002.05.28 | 4430403 | 清远市石角镇府前路218号 | 3207000 | 56 | 102 | 850 | 私营 |
| | 德丽商务酒店 | 三 | 2003.11.27 | 2000.01.18 | 4430404 | 清远市新城东24号小区 | 3876888 | 68 | 130 | 180 | 中外合资 |
| | 英州大酒店 | 三 | 2003.12.23 | 1986.10.01 | 4430405 | 清远英德市百花路1号 | 2222388 | 57 | 111 | 420 | 私营 |
| | 翠苑宾馆 | 三 | 2004.01.07 | 2001.11.01 | 4430406 | 清远市滨江路 | 3868008 | 74 | 120 | 150 | 国有 |
| | 鸿都大酒店 | 三 | 2004.03.23 | 2003.02.01 | 4430407 | 清远连州市番禺路 | 6661188 | 50 | 102 | 400 | 私营 |
| | 雄风大酒店 | 三 | 2004.10.19 | 2003.06.08 | 4430421 | 清远阳山县城陵园路69号 | 7881818 | 65 | 136 | 400 | 私营 |
| | 星光大酒店 | 三 | 2004.12.17 | 1993.06.18 | 4430433 | 清远市佛冈县石角振兴南路 | 4285558 | 45 | 95 | 450 | 私营 |
| | 阳山宾馆 | 三 | 2005.06.21 | 1992.09.07 | 4430466 | 清远市阳山县电塔路2号 | 7883541 | 108 | 263 | 600 | 私营 |

续表

| 地区 | 饭店名称 | 星级 | 评定时间 | 开业时间 | 星牌编号 | 饭店地址 | 咨询电话 | 客房（间） | 床位（张） | 餐位（个） | 所有制性质 |
|---|---|---|---|---|---|---|---|---|---|---|---|
| 清远市 | 粮香大酒店 | 三 | 2006. 01. 16 | 1995. 11. 29 | 4430495 | 清远英德市英城建设路 59 号 | 2222098 | 55 | 111 | 1080 | 集体 |
| | 英德市小岛宾馆 | 三 | 2006. 01. 16 | 2004. 11. 01 | 4430496 | 清远英德市英洲大道长线街 | 2288168 | 68 | 115 | 230 | 股份有限 |
| | 英德市迎宾馆 | 三 | 2006. 01. 16 | 2005. 11. 01 | 4430497 | 清远英德市利民路 3 号 | 2222390 | 46 | 86 | 238 | 私营 |
| | 卓代花园酒店 | 三 | 2006. 10. 19 | 2004. 10. 26 | 4430561 | 清远市阳山县城阳山大道北 | 7888888 | 163 | 300 | 1000 | 私营 |
| | 侨丰宾馆 | 三 | 2006. 10. 19 | 2003. 03. 11 | 4430562 | 清远市先锋东路 1 号 | 3834038 | 72 | 144 | 56 | 有限责任 |
| | 东方大酒店 | 三 | 2008. 01. 29 | 1997. 04. 28 | 4430613 | 清远英德市建设路口 | 2233998 | 44 | 85 | 400 | 私营 |
| | 雄风宾馆 | 三 | 2008. 07. 10 | 2006. 11. 23 | 4430636 | 清远市阳山县城南大道 76 号 | 7892888 | 132 | 238 | 130 | 私营 |
| | 阳山海逸假日大酒店 | 三 | 2009. 08. 21 | 2008. 10. 08 | 4430682 | 清远市阳山县北门路 | 7885500 | 177 | 375 | 500 | 私营 |
| | 清新丽晶酒店 | 三 | 2010. 09. 16 | 2007. 01. 01 | 4430729 | 清远市清新县清新大道 21 号 | 3136888 | 100 | 176 | 180 | 股份合作 |
| | **※凤凰阁宾馆** | **三** | **2011. 07. 11** | **2001. 11. 3** | **4430758** | **阳山县阳城镇光明大道 176 号** | **78956228** | **118** | **118** | **1，200** | **私营** |
| | **※迎宾大酒店** | **三** | **2011. 12. 20** | **2008. 09. 26** | **4430771** | **连山县吉田镇勤政路 1 号** | **8736688** | **68** | **128** | **800** | **国有** |
| 潮州市（拥有星级饭店 13 家。其中四星级 6 家，三星级 4 家，二星级 3 家） | 潮州迎宾馆 | 四 | 2000. 12. 22 | 1998. 02. 04 | 4440004 | 潮州市潮枫路中段 | 2399888 | 154 | 301 | 600 | 国有 |
| | 潮州宾馆 | 四 | 2006. 01. 25 | 1989. 01. 01 | 4440142 | 潮州市潮枫路 1 号 | 2333333 | 221 | 360 | 800 | 有限责任 |
| | 声乐大酒店 | 四 | 2006. 09. 12 | 1994. 05. 16 | 4440157 | 潮州市潮安县庵埠镇 | 6669338 | 168 | 216 | 1000 | 有限责任 |
| | 海逸大酒店 | 四 | 2009. 10. 12 | 1996. 12. 30 | 4440197 | 潮州市潮安县开发区东段 | 5812338 | 84 | 138 | 600 | 有限责任 |
| | 宝华酒店 | 四 | 2011. 03. 25 | 2010. 2. 5 | 4440216 | 潮州市新洋路 3 号 | 2306666 | 207 | 317 | 700 | 股份 |
| | 安南大酒店 | 四 | 2011. 12. 02 | 1995. 01. 01 | 4430409 | 潮州市潮安县城区 | 6619888 | 72 | 115 | 1000 | 有限责任 |
| | 金信大酒店 | 三 | 2000. 12. 22 | 1995. 02. 01 | 4430410 | 潮州市潮枫路 79 号 | 2268889 | 93 | 169 | 210 | 国有 |
| | 汇侨大酒店 | 三 | 2000. 12. 22 | 1993. 05. 01 | 4430411 | 潮州市潮枫路中段 | 2268898 | 88 | 175 | 750 | 合资经营 |
| | 金龙大酒店 | 三 | 2001. 05. 31 | 1993. 08. 06 | 4430412 | 潮州市环城南路 35 ~ 37 号 | 2261881 | 76 | 137 | 500 | 有限责任 |
| | 饶平大酒店 | 三 | 2007. 12. 14 | 2006. 08. 01 | 4430607 | 潮州市饶平县饶平大道 168 号 | 7800000 | 68 | 120 | 230 | 有限责任 |
| 揭阳市 | 榕江大酒店 | 五 | 2007. 12. 10 | 2005. 10. 22 | 4450058 | 揭阳市东山区 | 8222888 | 233 | 369 | 680 | 有限责任 |

续表

| 地区 | 饭店名称 | 星级 | 评定时间 | 开业时间 | 星牌编号 | 饭店地址 | 咨询电话 | 客房（间） | 床位（张） | 餐位（个） | 所有制性质 |
|---|---|---|---|---|---|---|---|---|---|---|---|
| 揭阳市（拥有星级饭店11家。其中五星级1家，四星级5家，三星级4家，二星级1家） | 特美思大酒店 | 四 | 2000.04.01 | 1996.01.29 | 4440001 | 揭阳市东山区 | 8223888 | 205 | 403 | 500 | 外商投资 |
| | 阳美国际大酒店 | 四 | 2003.10.20 | 2002.10.01 | 4440113 | 揭阳市东山区阳美路 | 8829888 | 141 | 209 | 500 | 集体 |
| | 揭西特美思度假村 | 四 | 2003.12.05 | 2000.11.24 | 4440114 | 揭阳市揭西县河婆镇城东 | 5588688 | 109 | 194 | 600 | 国有 |
| | 揭东金叶酒店 | 四 | 2003.12.05 | 2002.03.13 | 4440115 | 揭阳市揭东县城西一路 | 3271888 | 197 | 359 | 650 | 国有 |
| | 惠来宾馆 | 四 | 2006.03.29 | 2004.11.01 | 4440145 | 揭阳市惠来县城南环一路 | 6625555 | 162 | 318 | 980 | 有限责任 |
| | 普宁金叶大厦 | 三 | 1996.01.01 | 1993.06.01 | 4430416 | 揭阳普宁市流沙河西路 | 2236889 | 176 | 356 | 450 | 国有 |
| | 东湖大酒店 | 三 | 2010.08.19 | 2008.07.04 | 4430726 | 揭阳市榕城区望江北路 | 8706666 | 198 | 351 | 1500 | 有限责任 |
| | 东海宾馆 | 三 | 2010.08.19 | 2009.08.01 | 4430731 | 揭阳市揭东县 | 3905888 | 76 | 133 | 588 | 股份有限 |
| | **※华南大酒店** | **三** | **2011.08.25** | **2000.10.13** | **4430760** | **揭阳市东山区206国道蓝田路口** | **8739888** | **185** | **278** | **500** | **有限责任** |
| 云浮市（拥有星级饭店18家。其中四星级4家，三星级7家，二星级7家） | 翔顺大酒店 | 四 | 2006.01.09 | 1994.09.08 | 4440139 | 云浮市新兴县六祖镇 | 2691618 | 141 | 260 | 160 | 私营 |
| | 凯旋酒店 | 四 | 2007.08.21 | 2005.09.28 | 4440166 | 云浮市云城区建设北路11号 | 8188888 | 166 | 276 | 1100 | 私营 |
| | 翔顺花园酒店 | 四 | 2007.08.21 | 2005.01.25 | 4440167 | 云浮市新兴县翔顺花园二区 | 2933333 | 83 | 159 | 900 | 股份合作 |
| | 好莱湾酒店 | 四 | 2009.10.26 | 2008.01.04 | 4440200 | 云浮罗定市兴华一路2号 | 3881188 | 119 | 209 | 1200 | 股份有限 |
| | 光明大酒店 | 三 | 2000.11.01 | 1999.08.01 | 4430417 | 云浮市云城区 | 8217888 | 90 | 169 | 300 | 集体 |
| | 华盛大酒店 | 三 | 2005.03.14 | 2003.12.27 | 4430456 | 云浮市郁南县中山路22号 | 7332788 | 100 | 178 | 500 | 有限责任 |
| | 新永光大酒店 | 三 | 2005.09.28 | 2004.07.01 | 4430479 | 云浮市郁南县中山路2号 | 7331088 | 68 | 125 | 500 | 私营 |
| | 新丽晶大酒店 | 三 | 2006.01.09 | 2004.01.09 | 4430488 | 云浮市河滨东路232号 | 8986328 | 55 | 102 | 900 | 私营 |
| | 卓成大酒店 | 三 | 2008.06.16 | 2006.02.23 | 4430631 | 云浮市兴云东路241号 | 8986888 | 76 | 108 | 1080 | 股份合作 |
| | 金鹏大酒店 | 三 | 2008.06.16 | 2005.01.01 | 4430632 | 云浮市兴云中路5号 | 8987666 | 89 | 161 | 315 | 有限责任 |
| | 华立龙山温泉度假村 | 三 | 2009.10.26 | 1997.03.31 | 4430691 | 云浮市新兴县六祖镇 | 2691111 | 76 | 168 | 130 | 有限责任 |
| 顺德区 | 哥顿酒店 | 五 | 2008.12.23 | 2005.09.12 | 4450067 | 佛山市顺德区容桂大道 | 28386888 | 200 | 296 | 1200 | 有限责任 |
| | 财神酒店 | 五 | 2009.07.01 | 2006.07.01 | 4450072 | 佛山市顺德区乐从大道 | 28838888 | 408 | 558 | 478 | 港澳台商 |

续表

| 地区 | 饭店名称 | 星级 | 评定时间 | 开业时间 | 星牌编号 | 饭店地址 | 咨询电话 | 客房（间） | 床位（张） | 餐位（个） | 所有制性质 |
|---|---|---|---|---|---|---|---|---|---|---|---|
| 顺德区（拥有星级饭店 29 家。其中五星级 2 家，四星级 11 家，三星级 8 家，二星级 7 家，一星级 1 家） | 仙泉酒店 | 四 | 1990. 06. 01 | 1987. 12. 18 | 4440077 | 佛山市顺德区顺峰山旅游区 | 22328333 | 263 | 427 | 1050 | 有限责任 |
| | 新世界万怡酒店 | 四 | 2001. 01. 19 | 1998. 01. 10 | 4440068 | 佛山市顺德区清晖路 150 号 | 22218333 | 383 | 571 | 485 | 中外合资 |
| | 碧桂园度假村 | 四 | 2002. 01. 07 | 1998. 11. 20 | 4440069 | 佛山市顺德区北蛲镇 | 26332228 | 198 | 378 | 1500 | 股份合作 |
| | 碧桂花城大酒店 | 四 | 2003. 01. 13 | 2001. 07. 05 | 4440070 | 佛山市顺德区陈村镇 | 23836688 | 59 | 99 | 1500 | 股份合作 |
| | 鹿茵酒店 | 四 | 2003. 01. 13 | 2001. 09. 26 | 4440071 | 佛山市顺德区桂州大道中 1 号 | 28321688 | 173 | 268 | 1200 | 私营 |
| | 新君悦酒店 | 四 | 2003. 01. 13 | 2001. 08. 29 | 4440072 | 佛山市顺德区陈村镇 | 23836888 | 103 | 193 | 1000 | 私营 |
| | 均安碧桂园大酒店 | 四 | 2004. 04. 15 | 2000. 10. 01 | 4440075 | 佛山市顺德区翠湖路 1 号 | 25383888 | 52 | 69 | 400 | 中外合资 |
| | 福盈酒店 | 四 | 2004. 05. 20 | 2003. 05. 24 | 4440076 | 佛山市顺德区环市北路 38 号 | 22330338 | 137 | 184 | 1200 | 中外合资 |
| | 君豪酒店 | 四 | 2010. 01. 28 | 2005. 09. 14 | 4440203 | 佛山市顺德区容奇大道中 24 号 | 28387888 | 80 | 406 | 146 | 私营 |
| | 君莱酒店 | 四 | 2010. 01. 28 | 2007. 02. 05 | 4440204 | 佛山市顺德区大良街鉴海南路 14 号 | 22608888 | 116 | 170 | 460 | 有限责任 |
| | 骏景酒店 | 四 | 2010. 05. 28 | 2005. 09. 30 | 4440205 | 佛山市顺德区均安镇翠湖路 2 号 | 25508888 | 143 | 199 | 750 | 有限责任 |
| | 皇帝酒店 | 三 | 2000. 11. 07 | 1995. 03. 21 | 4430322 | 佛山市顺德区大良镇锦龙路 118 号 | 22270888 | 178 | 330 | 600 | 私营 |
| | 容莲宾馆 | 三 | 2001. 04. 20 | 1994. 04. 28 | 4430329 | 佛山市顺德容奇江南大道 23 号 | 26628668 | 102 | 193 | 564 | 集体 |
| | 中旅大酒店 | 三 | 2002. 05. 13 | 1994. 08. 28 | 4430335 | 佛山市顺德大良区宜新路 28 号 | 22332888 | 155 | 310 | 1000 | 集体 |
| | 高陞酒店 | 三 | 2004. 06. 15 | 1995. 01. 18 | 4430342 | 佛山顺德区北蛲镇五长沙 18 号 | 26333388 | 90 | 160 | 750 | 私营 |
| | 时代大厦酒店 | 三 | 2005. 02. 03 | 2004. 01. 01 | 4430451 | 佛山市顺德区大良新宁路 60 号 | 22387888 | 220 | 369 | 400 | 有限责任 |
| | 帝庭酒店 | 三 | 2005. 02. 03 | 2004. 01. 28 | 4430452 | 佛山市顺德区勒流镇银捷路 23 号 | 25336688 | 63 | 100 | 80 | 股份合作 |
| | 万里来大酒店 | 三 | 2005. 02. 03 | 1999. 01. 01 | 4430453 | 佛山市顺德区勒流镇政和北路 10 号 | 22533111 | 88 | 170 | 400 | 私营 |
| | 长鹿度假酒店 | 三 | 2006. 03. 23 | 2003. 05. 01 | 4430507 | 佛山市顺德区伦教三洲建设东路 | 27331111 | 90 | 180 | 1628 | 私营 |

注：1. 截至 2011 年底，广东省共有星级饭店 1143 家，其中白金五星级 1 家，五星级 96 家，四星级 196 家，三星级 643 家，二星级 198 家，一星级 9 家。各市二星级、一星级饭店未列入本名录；

2. 2011 年新评定的星级饭店 50 家，其中五星级 9 家，四星级 13 家，三星级 28 家。

3. 表中“所有制性质”一栏中“港港台”即表示由“港澳台商投资”

# 2011年广东省旅游院校(系·专业)名录

| 院校名称 | 专业 | 学历 | 教师人数 | 在校生人数 | 网址 | 学校地址 |
|---|---|---|---|---|---|---|
| **珠三角** | | | | | | |
| 中山大学 | 旅游管理、酒店管理 | 本科 | 13 | 229 | www. bssysu. com | 广州市新港西路135号 |
| 暨南大学管理学院旅游管理系 | 酒店管理、旅行社经营管理、旅游英语 | 本科 | 16 | 328 | ms. jnu. edu. cn | 广州市黄埔大道601号 |
| 华南理工大学经济与贸易学院 | 旅游与酒店管理专业 | 本科 | 20 | 551 | www. scut. edu. cn | 广州市天河区五山路381号 |
| 广州大学旅游学院 | 旅游与休闲管理、酒店管理 | 本科 | 42 | 1023 | ly. gzhu. edu. cn | 广州市大学城外环西路230号 |
| 广东商学院旅游学院 | 旅游业资讯、旅游研究等 | 本科 | 28 | 115 | ly. gdcc. edu. cn | 广州市海珠区赤沙路21号 |
| 广东外语外贸大学英文学院 | 国际会展与旅游系 | 本科 | 7 | 130 | felc. gdufs. edu. cn | 广州市白云区白云大道北2号 |
| 中山大学新华学院 | 旅游管理 | 本科 | | | www. llxh. sysu. edu. cn | 广州市天河区龙洞广汕一路721号 |
| 中山大学南方学院 | 旅游管理 | 本科 | 15 | 279 | www. nfsysu. cn | 广州从化市温泉镇 |
| 仲恺农业工程学院 | 英语(旅游管理) | 本科 | | | www. zhku. edu. cn | 广州市海珠区仲恺路501号 |
| 华南师范大学增城学院旅游管理系 | 国际旅游、国际酒店管理、旅游管理 | 本科 | 20 | 631 | lygl. scnuzc. cn | 广州市萝岗区九龙镇 |
| 华南师范大学旅游管理系 | 国际旅游管理、国际酒店管理等 | 本科 | 30 | 601 | home. scnu. edu. cn | 广州市石牌 |
| 华南农业大学 | 旅游管理 | 本科 | | | www. scau. edu. cn | 广州市天河区五山路483号 |
| 广东商学院华商学院 | 旅游管理专业(酒店管理方向) | 本科 | 13 | 386 | www. gdhsc. edu. cn | 广州市增城荔城街华商路一号 |
| 广东外语外贸大学南国商学院 | 旅游管理 | 本科 | 25 | 350 | www. gwng. edu. cn | 广州市白云区良田中路181号 |
| 广东技术师范学院 | 旅游管理与服务教育专业 | 本科 | 10 | 212 | www. gdin. edu. cn | 广州市中山大道293 |
| 广东工业大学管理学院 | 旅游管理 | 本科 | 8 | 300 | www. gdut. edu. cn | 广州大学城外环西路100号 |
| 广东科贸职业学院 | 商务英语(旅游英语) | 专科 | | | | 广州市五山路科华街273号 |
| 广州番禺职业技术学院 | 旅游管理系 | 专科 | 9 | 373 | www. pyp. edu. cn | 广州市番禺区沙湾青山湖 |
| 广东白云学院 | 酒店管理 | 专科 | 6 | 50 | www. bvtc. edu. cn | 广州市白云区江高镇学苑路1号 |
| 广州城市职业学院 | 旅游管理、酒店管理 | 专科 | | | www. gcp. edu. cn | 广州市广园中路248号 |

续表

| 院校名称 | 专业 | 学历 | 教师人数 | 在校生人数 | 网址 | 学校地址 |
|---|---|---|---|---|---|---|
| 广东轻工职业技术学院 | 酒店管理、旅游管理、涉外旅游 | 专科 | | | www. gdqy. edu. cn | 广州市新港西路 152 号 |
| 广东培正学院 | 酒店管理 | 专科 | | | www. peizheng. net. cn | 广州市花都区赤坭培正大道中 1 号 |
| 广州松田职业学院 | 旅游管理 | 专科 | 7 | 100 | www. sontanedu. cn | 广州增城市朱村街 |
| 广州工程技术职业学院 | 旅游服务与酒店管理 | 专科 | 3 | 260 | www. gzvtc. cn | 广州市天河区渔兴路 18 号 |
| 广东机电职业技术学院 | 旅游管理 | 专科 | 15 | 236 | www. gdmec. cn | 广州市沙太路麒麟岗 |
| 广东外语外贸大学公开学院 | 国际旅游管理 | 专科 | | | www. gdufs. edu. cn | 广州市白云大道北 2 号 |
| 广州现代信息工程职业技术学院 | 会展旅游 | 专科 | | | www. gzmodem. cn | 广州市科学城科林路南一号 |
| 广州铁路职业技术学院 | 涉外旅游 | 专科 | 6 | 300 | www. gtxy. cn | 广州市白云区石井街庆隆中路 100 号 |
| 广州涉外经济职业技术学院 | 涉外旅游、酒店管理 | 专科 | 7 | 285 | www. gziec. net | 广州市沙太中路大源北 28 号 |
| 广州南洋理工职业学院 | 旅游管理 | 专科 | | | www. nyjy. cn | 广州从化市环市东路 1123 号 |
| 广州科技职业技术学院 | 旅游管理、涉外旅游与导旅游 | 专科 | | | www. gzkjxy. net | 广州市白云区钟落潭广从九路 1038 号 |
| 广州科技贸易职业学院 | 旅游英语 | 专科 | | | www. gzkmu. cn | 广州市番禺区南村镇兴业大道 |
| 广州康大职业技术学院 | 旅游管理 | 专科 | 11 | 271 | www. kdvtc – edu. cn | 广州市萝岗区九龙镇华师康大教育园 |
| 广州华夏职业学院 | 涉外旅游 | 专科 | | | zsw. gzhxtc. cn | 广州从化市城鳌大道东 772 号 |
| 广州华商职业学院 | 旅游管理（涉外旅游） | 专科 | 9 | 260 | www. gzhsvg. com | 广州增城市荔城街华商路一号 |
| 广州华南商贸职业学院 | 旅游管理 | 专科 | 3 | 122 | www. hnsmxy. com | 广州市天河区天源路 740 号 |
| 广州航海高等专科学校 | 旅游与酒店管理 | 专科 | | | | 广州市黄埔红山三路 101 号 |
| 广州工商职业技术学院 | 旅游英语（旅游与酒店管理） | 专科 | 7 | 123 | www. gzgs. org. cn | 广州市花都区狮岭镇海布 |
| 广州城建职业学院 | 旅游英语（国际旅游与酒店管理） | 专科 | 10 | 110 | www. gzccc. edu. cn | 广州从化市环市东路 166 号 |
| 广东外语艺术职业学院 | 旅游英语、酒店管理 | 专科 | 9 | 248 | www. gtcfla. edu. cn | 广州市天河区瘦狗岭路 463 号 |
| 广东女子职业技术学院 | 旅游英语、旅游日语、旅游管理、酒店管理 | 专科 | 12 | 500 | www. gdfs. edu. cn | 广州市番禺区市莲路南浦段 2 号 |
| 广东农工商职业技术学院 | 旅游管理、酒店管理 | 专科 | 15 | 1500 | www. gdaib. edu. cn | 广州市天河区粤垦路 198 号 |

续表

| 院校名称 | 专业 | 学历 | 教师人数 | 在校生人数 | 网址 | 学校地址 |
|---|---|---|---|---|---|---|
| 广东岭南职业技术学院 | 涉外旅游管理、涉外酒店管理 | 专科 | 6 | 300 | www. lnc. edu. cn | 广州市天河东圃大观中路 492 号 |
| 广东理工职业学院 | 应用英语专业、酒店管理 | 专科 | 5 | 270 | www. gdpi. edu. cn | 广州市下塘西路 3 号 |
| 广东科学技术职业学院 | 旅游英语 | 专科 | | | zsb. gdit. edu. cn | 广州市天河区科华街 351 号 |
| 广东工贸职业技术学院 | 旅游英语 | 专科 | 4 | | www. gdgm. cn | 广州市天河区广州大道北 963 号 |
| 广东工程职业技术学院 | 旅游英语 | 专科 | | | www. gpc. net. cn | 广州市天河区渔兴路 18 号 |
| 广东第二师范学院 | 旅游管理 | 专科 | | | www. gdei. edu. cn | 广州市新港中路 351 号 |
| 广州市旅游商贸职业学校 | 酒店服务与管理、导游服务与管理 | 中专 | 47 | 3274 | www. gzvstc. net | 广州市海珠区新滘西路 9 号 |
| 广州市旅游职业学校 | 旅游与管理、商务外语 | 中专 | 77 | 2951 | www. gztschool. com | 广州市前进路云桂大街 5 号 |
| 广东新里程旅游学校 | 旅游管理、酒店管理 | 中专 | | | www. gdxlctravel. com | 广州市白云区江高镇江东路 2 号 |
| 广州市总工会职业技术学校 | 酒店服务与管理(客房服务) | 中专 | | | www. gdzxx. com/jixiao | 广州市东川路 94 号 |
| 广州市总工会外语职业学校 | 酒店服务与管理、中餐烹饪 | 中专 | | | | 广州市东川路 94 号 |
| 广州市土地房产管理职业学校 | 酒店服务与管理、旅游服务与管理 | 中专 | 5 | 123 | www. gztdfc. net/de-faultaspx. | 广州市海珠区赤岗赤沙路 12 号 |
| 广州市商贸职业学校 | 旅游服务与管理、酒店服务与管理 | 中专 | | | www. gzsmxx. cn | 广州市荔湾区东海北路 21 号 |
| 广州市轻工高级技工学院 | 旅游与酒店管理 | 中专 | 24 | 610 | www. gzslits. com. cn | 广州市钟落潭镇东风南路 38 号 |
| 广州市侨光财经职业技术学校 | 酒店服务与管理 | 中专 | | | www. g985qg. com | 广州市龙津东路 822 号之一 |
| 广州市广源工贸职业技术学校 | 旅游服务与管理 | 中专 | | | gzguanyuangm. zhong zhuan. org | 广州市白云区同德围横滘大道东 |
| 广州市番禺区职业技术学校 | 旅游管理系 | 中专 | 6 | 113 | www. gzpyp. edu. cn | 广州市番禺区桥南街桥南路 388 号 |
| 广州市白云行知职业技术学校 | 旅游服务与管理、烹饪(中、西餐、点心) | 中专 | 14 | 400 | www. byxzzz. com | 广州市广州大道北同和握山北东街 |
| 广州潜水学校 | 旅行社管理、景点讲解、潜水导游 | 中专 | 5 | 48 | www. qshxx. com. cn | 广州市南洲路 146 号 |
| 广州市实验技工学校 | 商务日语与旅游管理 | 中专 | 2 | 180 | www. ssyschool. com | 广州市海珠区同福东南村路 79 号 |
| 广州从化市技工学校 | 旅游与酒店管理、烹饪与酒店管理 | 中专 | 5 | 200 | www. gzchts. com | 广州从化市街口镇海塱开发区 |
| 广州番禺区岭东职业技术学校 | 旅游酒店管理与导游服务 | 中专 | | 90 | www. ldzz. cn | 广州市番禺区大岗镇兴业路 136 号 |

续表

| 院校名称 | 专业 | 学历 | 教师人数 | 在校生人数 | 网址 | 学校地址 |
|---|---|---|---|---|---|---|
| 广东省高级技工学校 | 饭店（酒店）服务与旅游 | 中专 | | | www. gdsgj. com | 广州市花都区雅瑶镇镇 |
| 广东省商业职业技术学校 | 烹饪与餐饮管理 | 中专 | | | www. gdcs. com | 广州市荔湾区芳村大道西滘口街5号 |
| 广东省电子职业技术学校 | 旅游与酒店管理 | 中专 | | | www. gddzxx. com | 广州市广州大道北同和同宝路10号 |
| 广东省农工商职业技术学校 | 酒店管理、旅游管理 | 中专 | | | www. ngszz. com | 广州市天河区粤垦路198号 |
| 广东省民政职业技术学校 | 旅游服务与管理 | 中专 | 4 | 46 | www. gdcas. com | 广州市新港中路艺苑南路29号 |
| 广东省贸易职业技术学校 | 旅游服务与管理(航空服务)烹饪与餐饮管理 | 中专 | | | www. gdsmy. com | 广州市天河区天平架兴华直街338号 |
| 广东省环境保护职业技术学校 | 酒店服务与管理、烹饪工艺与营养 | 中专 | | | www. gdhbxx. cn | 广州市天河区员村西街5号大院 |
| 广东广播电视大学附属职业技术学校 | 饭店服务与管理、旅游服务与管理 | 中专 | | | www. gdrtvu. edu. cn | 广州市下塘西路1号 |
| 江门市技师学院 | 酒店服务与旅游 | 中专 | 6 | 98 | www. jmjx. com | 广州市江门市江北路1号 |
| 广东省旅游职业技术学校 | 旅游服务、酒店服务与管理旅游艺术等 | 中专 | 105 | 5612 | www. gds－lyxx. com | 广州市白云区同和同泰路1111号 |
| 花都区职业技术学校 | 旅游服务与管理 | 中专 | | | qzy. hdjyj. com/in-dex. htm | 广州市花都区新华街云山大道65号 |
| 广州铁路机械学校 | 旅游服务与管理 | 中专 | | | //jjy. gtxy. cn/ | 广州市越秀区执信南路116号 |
| 从化市职业技术学校 | 旅游服务与管理、酒店服务与管理 | 中专 | | | //8345. s. ytrain. com | 广州从化市街口旺城大道337号 |
| 暨南大学深圳旅游学院 | 旅游管理系 | 本科 | 15 | 328 | www. sztc. edu. cn | 深圳市华侨城 |
| 深圳大学师范学院旅游文化系 | 汉语言文学（文化导游） | 本科 | 7 | 122 | norc. szu. edu. cn | 深圳市深圳大学校内 |
| 深圳职业技术学院旅游系 | 旅游管理、酒店管理 | 本科 | 32 | 880 | www. szpt. edu. cn | 深圳市南山区西丽湖 |
| 深圳广播电视大学 | 旅游、英语 | 专科 | 12 | 150 | www. szrtvu. com. cn | 深圳市解放路4006号 |
| 深圳信息职业技术学院 | 旅游英语 | 专科 | | | //zhaob. sziit. com. cn | 深圳市南山区沙河西路4089号 |
| 深圳市新鹏职业高级中学 | 酒店管理 | 中专 | 3 | 50 | www. s2xpzg. com | 深圳市光明新区观光路 |
| 深圳市沙井职业高级中学 | 中餐、烹饪 | 中专 | 4 | 100 | www. szsjzg. com/ | 深圳市宝安区沙井街道沙博三路23号 |
| 深圳市开放职业技术学校 | 旅游外语、旅游管理 | 中专 | | | //tvzz. szrtvu. com. cn/ | 深圳市解放路4006号 |
| 深圳市福田区华强职业技术学校 | 国际旅游管理 | 中专 | | | www. szhqzx. net/ | 深圳市福田区景田南四街1号 |

续表

| 院校名称 | 专业 | 学历 | 教师人数 | 在校生人数 | 网址 | 学校地址 |
|---|---|---|---|---|---|---|
| 深圳市第二职业技术学校 | 旅游服务与管理、烹饪 | 中专 | | | www. szped. com/ | 深圳市光明新区凤新路 |
| 中山大学旅游学院 | 旅游规划与管理、旅游人力资源管理 | 本科 | 26 | 1185 | stm. sysu. edu. cn | 珠海市唐家湾中山大学珠海校区 |
| 珠海市技师学院 | 酒店服务与旅游专业 | 中专 | 287 | 6100 | www. zhgjx. com | 珠海市香洲区吉大白莲路 42 号 |
| 珠海城市职业技术学院 | 国际旅游管理 | 专科 | 10 | 518 | www. zhcpt. net | 珠海市金湾区西湖城区金二路 |
| 珠海市艺术职业学院 | 导游、旅游管理 | 专科 | 4 | 94 | www. zhac. net | 珠海市金湾区广安路 2 号 |
| 广东科学技术职业学院外国语学院 | 旅游英语、旅游管理 | 专科 | 19 | 699 | www. gdit. edu. cn | 珠海市金湾区珠海大道南侧 |
| 珠海市理工职业技术学校 | 酒店服务、旅游管理 | 中专 | 7 | 239 | www. zhszx. cn/ | 珠海市九洲大道西 3024 号 |
| 吉林大学珠海学院 | 旅游管理系 | 本科 | 50 | 1477 | www. jluzh. com | 珠海市金湾草堂 |
| 珠海市南屏中学 | 烹饪、酒店服务与管理 | 中专 | | | www. zhnpzx. net | 珠海市南屏镇珠海大道 1021 号 |
| 珠海市第一中等职业学校 | 旅游服务与管理 | 中专 | 24 | 1456 | www. zhyz. net. cn | 珠海市香洲区心华路 268 号 |
| 华南师范大学南海校区 | 旅游管理 | 本科 | 13 | 443 | www. nhxy. com | 佛山市南海区 |
| 佛山科学技术学院旅游系 | 旅游管理 | 本科 | 13 | 375 | www. fosu. edu. cn | 佛山市江湾一路 18 号 |
| 顺德职业技术学院 | 酒店及旅游管理系 | 专科 | 35 | 1121 | www. sdpt. com. cn | 佛山市顺德区大良镇德胜东路 |
| 佛山职业技术学院 | 酒店管理、旅游管理、旅游管理 | 专科 | 11 | 337 | www. fspt. net | 佛山市三水区乐平镇 |
| 佛山市顺德区杏坛胡宝星职业技术学校 | 旅游服务与管理 | 专科 | 5 | 150 | xtzz. sdedu. net | 佛山市顺德区杏坛镇新涌 |
| 南海区信息技术学校 | 酒店管理 | 中专 | | | www. nhxx. org | 佛山市南海区大沥镇 |
| 南海区第一职业技术学校 | 旅游管理 | 中专 | | | www. ounh. org/nhzz | 佛山市南海区南新三路 2 号 |
| 广东省财经职业技术学校 | 旅游服务与管理专业 | 中专 | 6 | 100 | www. gdcjxx. com | 佛山市南海区大沥金贸大道 23 号 |
| 佛山市顺德区中等专业学校 | 旅游与酒店管理 | 中专 | | | www. sdzz. net | 佛山市顺德区大良红岗桃源路 |
| 佛山市顺德区容桂职业技术学校 | 旅游服务与管理 | 中专 | 11 | 450 | rgzz. sdedu. net | 佛山市顺德区容桂街道小黄圃眉蕉桥东 |
| 佛山市顺德区大良李伟强职业技术学校 | 旅游服务与管理 | 中专 | 4 | 130 | www. lwqzx. sdedu. net | 佛山市顺德区大良金沙大道健民街 4 号 |
| 佛山市三水区工业中等专业学校 | 旅游管理 | 中专 | | | www. ssjx. com. cn/index. html | 佛山市三水区西南街道 |

续表

| 院校名称 | 专业 | 学历 | 教师人数 | 在校生人数 | 网址 | 学校地址 |
|---|---|---|---|---|---|---|
| 佛山市南海区九江职业技术学校 | 旅游管理 | 中专 | 3 | 45 | www. jzfx. net | 佛山市南海区九江镇教育路 |
| 佛山市华材职业技术学校 | 饭店服务与管理、旅游服务与管理 | 中专 | 7 | 216 | www. fshc. net | 佛山市禅城区丝织路 25 号 |
| 佛山市高明区职业技术学校 | 酒店务与管理 | 中专 | 2 | 100 | www. fsgmzx. com | 佛山市高明区荷城街道富湾环湖路 |
| 佛山市财经学校 | 旅游服务与管理 | 中专 | | | www. fscjxx. com | 佛山市江湾北一街一号 |
| 佛山市高级技工学校 | 旅游与酒店管理 | 中专 | 5 | 251 | www. nhjx. com | 禅城区市东下路 22 号 |
| 佛山广播电视大学附属职业技术学校 | 旅游与酒店管理 | 中专 | 4 | 103 | www. fsrtvu. net | 佛山市禅城区人民路 99 号 |
| 佛山市实验技工学校 | 饭店(酒店)服务与旅游 | 中专 | 6 | 200 | www. shiyanjx. com | 佛山市三水区芦苞镇成公路 145 号 |
| 三水技工学校 | 饭店(酒店)服务与旅游 | 中专 | 4 | 98 | www. ssjx. com. cn | 佛山市三水区云东海观光大道 |
| 顺德中专、技工学校 | 旅游与酒店管理 | 中专 | 10 | 450 | www. sdzz. net | 佛山市顺德区大良街道办红岗 |
| 广东省南方技师学院(佛山分校) | 旅游与酒店管理 | 中专 | 5 | 152 | www. nfjsxy. com. cn | 佛山市南海区丹灶镇桂丹西路 98 号 |
| 广东南方职业学院 | 旅游管理，酒店管理 | 专科 | 10 | 215 | www. gdnfu. com | 江门市五邑路 683 号 |
| 江门职业技术学院 | 旅游管理、旅游管理 | 专科 | 9 | 513 | www. jmpt. edu. cn | 江门市潮连大道 6 号 |
| 江门市广播电视大学 | 旅游管理 | 专科 | 1 | 14 | www. jmtvu. net | 江门市胜利路 116 号 |
| 鹤山市职业技术高级中学 | 旅游与酒店管理 | 中专 | 3 | 120 | www. hszygz. com | 江门鹤山市沙坪镇大林路 175 号 |
| 江门新英职业学校 | 旅游服务与管理、酒店管理 | 中专 | 6 | 102 | www. jmxyzx. com | 江门市江海区东宁路 28 号 |
| 江门市新会机电职业技术学校 | 旅游服务与管理 | 中专 | 8 | 109 | www. xhees. com | 江门市新会区经济开发区东区 2 号 |
| 江门市新会冈州职业技术学校 | 旅游与酒店管理 | 中专 | | | www. xhgzz. com | 江门市新会区会城西园新村 |
| 江门市旅游职业技术学校 | 旅游服务与管理、中餐烹饪 | 中专 | 10 | 311 | www. drge. cn | 江门市蓬江区杜阮镇南田东路 97 号 |
| 江门市第一职业高级中学 | 酒店管理、旅游服务管理 | 中专 | 4 | 60 | www. dyzz. net | 江门市胜利北路 40 号 |
| 城市工贸 | 旅游管理、烹饪与 酒店管理 | 中专 | 105 | 127 | www. jmpt. edu. cn | 江门市环市二路 14 号 |
| 开平市吴汉良理工学校 | 烹饪、酒店服务与管理 = 旅游服务与管理 | 中专 | 30 | 420 | www. kpwhL. net | 江门开平市三埠迳头开发区 |
| 广东科技学院 | 旅游管理、酒店管理 | 专科 | 8 | 350 | www. gdst. cc | 东莞市南城区西湖路 99 号 |

续表

| 院校名称 | 专业 | 学历 | 教师人数 | 在校生人数 | 网址 | 学校地址 |
|---|---|---|---|---|---|---|
| 五邑大学 | 旅游管理 | 本科 | 5 | 50 | www. wgu. edu. cn | 江门市东城村 22 号 |
| 江门技师学院 | 烹饪与面点制作、酒店管理与旅游 | 中专 | 12 | 234 | www. jmjx. com | 江门市蓬江区江门路 1 号 |
| 东莞市职业技术学院 | 旅游管理、酒店管理 | 专科 | 6 | 120 | www. dgpt. edu. cn | 东莞市松山湖大学路 3 号 |
| 东莞市智通职业技术学校 | 旅游与酒店管理 | 中专 | | | www. edu5156. com | 东莞市高埗镇三塘路宝莲段 |
| 东莞市职业技术学校 | 旅游与管理 | 中专 | 7 | 280 | www. dgzxt. com | 东莞市城区新风路 129 号 |
| 东莞市南华职业技术学校 | 旅游服务与管理 | 中专 | 2 | 145 | www. dgnhjg. com | 东莞市虎门镇路东社区振兴路 3 号 |
| 东莞市寮步职业技术学校 | 酒店管理 | 中专 | | | //dglbzx. com/ | 东莞市寮步镇新旧围 |
| 东莞市厚街专业技术学校 | 酒店管理 | 中专 | | | dongguan 05557. 11467. com | 东莞市厚街镇振华路 66 号 |
| 东莞市长安职业高级中学 | 旅游管理 | 中专 | | | www. changanedu. cn | 东莞市长安镇莲湖路 1 号 |
| 东莞市高级技工学校 | 旅游管理(导游)、星级酒店管理 | 中专 | 18 | 360 | www. dgjx. net | 东莞市东城区莞龙大道 36 号 |
| 东莞市石龙职业技术学校 | 旅游管理 | 中专 | 2 | 43 | slzhiye. w56. west263. cn | 东莞市石龙镇竹丝洲 58 号 |
| 电子科技大学中山学院 | 行政管理(会展经济与酒店管理) | 本科 | 6 | 240 | www. zsc. edu. cn | 中山市石岐区学院路 1 号 |
| 广东理工职业学院中山校区外语系 | 应用英语(旅游服务方向) | 专科 | 8 | 229 | www. gdpi. edu. cn | 中山市五桂山职业教育园区 |
| 中山市中等专业学校 | 旅游酒店管理、烹饪 | 中专 | 6 | 113 | www. zszz. net/ | 中山市五桂山石鼓 |
| 中山市三乡理工学校 | 旅游服务与管理、中餐烹饪 | 中专 | 13 | 426 | www. sxlg. com | 中山市三乡金涌大道 23 号 |
| 中山市南朗理工 | 旅游服务与管理 | 中专 | 3 | 30 | www. zsnllg. com/ | 中山市南朗路体育路 |
| 中山市建斌中等职业技术学校 | 旅游服务与管理 | 中专 | 5 | 110 | www. xljb. net | 中山市小榄镇文东路街 18 号 |
| 中山市旅游学校 | 旅游、酒店服务与管理 | 中专 | 9 | 270 | www. sxlg. com | 中山市三乡镇金涌大道 23 号 |
| 惠州经济职业技术学院 | 旅游管理、商务英语 | 专科 | 6 | 262 | www. hzcollege. com | 惠州市惠城区马安新乐 |
| 惠州商贸旅游高级职业技术学校 | 旅游管理系 | 中专 | 23 | 841 | www. hzcs. com. cn | 惠州市惠城区马安新乐大道 |
| 惠州市惠阳区职业技术学校 | 旅游与酒店管理 | 中专 | | | | 惠州市惠阳区淡水土湖白云坑白云二路 |
| 惠州华洋科技中等职业技术学校 | 酒店服务与管理、中餐烹饪 | 中专 | | | | 惠州市博罗县园洲镇 |

续表

| 院校名称 | 专业 | 学历 | 教师人数 | 在校生人数 | 网址 | 学校地址 |
|---|---|---|---|---|---|---|
| 惠州旅游学校 | 旅游管理系 | 中专 | 13 | 1100 | www. hzts. net | 惠州市惠城区马安镇新乐大道 |
| 惠阳理工职业技术学校 | 烹饪与酒店管理 | 中专 | | | | 惠州市惠阳区淡水镇白云5道 |
| 惠来县职业技术学校 | 旅游管理 | 中专 | | | | 惠州市惠来县惠城东山教育片区 |
| 惠东县惠东职业中学 | 旅游与酒店管理 | 中专 | | | www. hdzzcn. com | 惠州市惠东平山广汕路蕉田大道 |
| 惠洲商业学校 | 导游与旅游管理、五星酒店管理 | 中专 | 24 | 389 | www. hzcs. com. cn | 惠州市惠城区江北文华二路86号 |
| 肇庆学院旅游学院 | 旅游管理 | 本科 | 29 | 856 | www. zqu. edu. cn | 肇庆市端州区迎宾大道 |
| 肇庆工商职业技术学院 | 旅游英语 | 专科 | 9 | 60 | www. zqtbu. com | 肇庆市端州区北岭旅游景内 |
| 肇庆市商业旅游中等职业学校 | 烹饪与酒店管理 | 中专 | | | www. zqshangxiao. com | 肇庆市端州区睦州路西侧8号 |
| 肇庆市旅游中等职业学校 | 烹饪任与酒店管理 | 中专 | | | | 肇庆市鼎湖牌坊侧 |
| 广宁县中等职业技术学校 | 酒店服务与管理 | 中专 | | | www. gdgndj. com | 肇庆市广宁县南街镇庄前路 |
| 肇庆职业学校 | 旅游服务与管理 | 中专 | 14 | 280 | www. zqzyxx. com | 肇庆市人民南路42号 |
| 肇庆市信息中等职业学校 | 旅游管理 | 中专 | | | | 肇庆市高要南岸湖西路 |
| 肇庆市女子中等职业学校 | 旅游服务与管理 | 中专 | | | www. zqnzxx. com | 肇庆市星湖大道东湖居路口 |
| 肇庆市南国艺术职业学校 | 烹饪、酒店管理 | 中专 | | | | 肇庆市古塔中路27号 |
| 肇庆科技职业技术学院 | 旅游英语 | 中专 | | | www. zqkjxy. com | 肇庆市高要城区祈福大道 |
| 肇庆市华洋外语中等职业学校 | 旅游管理 | 中专 | | | | 肇庆市端州区星湖东路8号 |
| 肇庆市工业贸易学校 | 旅游服务与管理 | 中专 | | | | 肇庆市端州区端州一路 |
| 肇庆市工程技术学校 | 旅游与酒店管理 | 中专 | 5 | 90 | www. zqnx. com | 肇庆市鼎湖区坑口 |
| 肇庆市第一中等职业学校 | 旅游管理 | 中专 | | | b2b. hc. 360. com | 肇庆市古塔中路27号 |
| 肇庆贸易中等职业学校 | 中英文导游 | 中专 | 20 | 639 | www. zqmyxx. com | 肇庆市江滨西路30号 |
| 肇庆旅游学校 | 旅游服务与管理 | 中专 | 22 | 650 | www. 2233. net | 肇庆市鼎湖山牌坊侧 |
| **粤东** | | | | | | |
| 汕头市鲩滨职业技术学校 | 旅游管理 | | | | | 汕头市汕本章路35号 |
| 汕头职业技术学院 | 旅游管理 | 专科 | 8 | 238 | stzy. stedu. net | 汕头市濠江区东湖 |

续表

| 院校名称 | 专业 | 学历 | 教师人数 | 在校生人数 | 网址 | 学校地址 |
|---|---|---|---|---|---|---|
| 潮汕职业技术学院 | 旅游管理 | 专科 | 3 | 60 | www. chaoshan. cn | 普宁市大学路 1 号 |
| 广东省旅游职业技术学校潮州分校 | 旅游管理 | 中专 | | | | 潮安县浮洋镇吉祥路 19 号 |
| 汕头三江科技职业技术学校 | 旅游服务与管理(旅游航空服务) | 中专 | | | www. stsjkjxx. cn | 汕头市衡山路 32 号 |
| 汕头市磐光职业技术学校 | 旅游管理 | 中专 | | | | 汕头市濠江区礐石南滨路 |
| 汕头市林百欣科学技术中等专业学 | 酒店服务与管理 | 中专 | | | www. stkjzz. net | 汕头市龙湖区嵩山路中段 69 号 |
| 汕头市金平职业技术学校 | 旅游管理 | 中专 | 5 | 125 | stjpzx. stedu. net | 汕头市瑞平路 13 号 |
| 汕头市对外劳务学校 | 旅游管理 | 中专 | | | | 汕头市东厦北路玉兰中学内 |
| 汕头市潮阳区职业技术学校 | 烹饪与餐饮管理 | 中专 | | | www. cyzj. cn | 汕头市潮阳区金浦路段 |
| 潮汕职业技术学院中职部 | 旅游服务与管理 | 中专 | | | | 普宁市大学路 1 号 |
| 南澳县职业技术学校 | 旅游服务与管理 | 中专 | | | | 汕头市南澳县后宅镇广尾路 |
| 广东省粤东高级技工学校 | 酒店服务与旅游 | 中专 | 14 | 250 | www. gdydgj. com | 汕头市金新路 85 号 |
| 韩山师范学院 | 旅游管理 | 本科 | 32 | 715 | www. hstc. edu. cn | 潮州市东兴路 |
| 潮州市职业技术学校 | 旅游管理 | 中专 | 12 | 372 | www. czzj. com | 潮州市潮安县古巷镇 |
| 潮州市湘桥区虹桥职业技术学校 | 旅游管理 | 中专 | 6 | 110 | www. czhqzz. com | 潮州市中山路尾虹桥头 |
| 饶平县新丰职业技术学校 | 旅游管理 | 中专 | | | | 梅州市饶平县新丰镇职中路 100 号 |
| 揭阳职业技术学院 | 旅游英语专业 | 专科 | 4 | 80 | www. jyc. edu. cn | 揭阳市仙桥镇紫峰山下 |
| 普宁职业技术学校 | 旅游服务与管理 | 中专 | | | | 揭阳普宁市池揭公路燎原路段 |
| 汕尾职业技术学院 | 旅游管理 | 专科 | 3 | 60 | www. swvtc. cn | 汕尾市城区文德路 |
| 海丰县中等职业技术学校 | 酒店管理 | 中专 | | | www. hfzzxx. com | 汕尾市海丰县海城镇莲花山新寮 |
| 嘉应学院地理与旅游学院 | 旅游管理 | 本科 | 15 | 131 | www. jyu. edu. cn | 梅州市梅松路嘉应学院 |
| 梅州市英才外语学校 | 旅游服务与管理 | 中专 | | | www. gdmzyc. com | 梅州市古洲路古洲三巷 |
| 梅州市职业技术学校 | 酒店管理、烹饪 | 中专 | 10 | 236 | www. mzsz. cn | 梅州市东山教育基地学子大道 |
| 梅州市技工学校 | 旅行社服务与管理 | 中专 | 3 | 82 | www. mzjx. net | 梅州市新中路 6 号 |
| 梅州市旅游职业技术学校 | 旅游服务与管理 | 专科 | 149 | 180 | www. jyu. edu. cn | 梅州市城北镇大浪口路 |

续表

| 院校名称 | 专业 | 学历 | 教师人数 | 在校生人数 | 网址 | 学校地址 |
|---|---|---|---|---|---|---|
| 梅州农业学校 | 旅游服务与管理 | 中专 | 3 | 101 | mznx. meizhou. net | 梅州市东郊 |
| 梅州城西职业技术学校 | 旅游服务与管理 | 中专 | 3 | 75 | www. mzcxzz. com | 梅州市环市西路 |
| 梅县成人中等专业技术学校 | 旅游管理 | 中专 | | | | 梅州市南口葵岗 |
| 梅州市高级技工学校 | 饭店(酒店)服务、旅游 | 中专 | 3 | 97 | www. mzsjgxx. cn | 梅州市中环路 |
| 梅州财贸学校 | 旅游服务与管理 | 中专 | 3 | 86 | www. mzcmxx. com | 梅州市华南大道 |
| 梅州市兴宁市职业技术学校 | 航空服务 | 中专 | | | | 梅州市兴宁市福兴镇神光山下 |
| 大埔县田家炳高级职业学校 | 酒店服务与管理 | 中专 | | | | 梅州市大埔县黎家坪 |
| 蕉岭县职业技术学校 | 酒店管理、旅游管理 | 中专 | | | | 梅州市蕉岭县蕉城镇 |
| **粤北** | | | | | | |
| 韶关学院 | 旅游管理 | 本科 | 11 | 461 | www. sgu. edu. cn | 韶关市大学路 |
| 广东松山职业技术学院 | 旅游英语 | 专科 | 7 | 148 | www. gdsspt. net | 韶关市曲江区 |
| 韶关市中等职业技术学校 | 餐饮管理 | 中专 | 6 | 114 | www. sgszz. com | 韶关市浈江区大学路 |
| 韶关市工商中等职业技术学校 | 旅游管理 | 中专 | | | | 韶关市新兴路 19 号 |
| 韶关市北江中等职业学校 | 旅游导游 | 中专 | 3 | 83 | www. sgbjzz. com | 韶关市韶南大道中 30 号 |
| 韶关广播电视大学 | 旅游管理 | 专科 | 8 | 30 | www. sgrtvu. net. cn | 韶关市新兴路 9 号 |
| 韶关市高级技工学校 | 旅游管理 | 中专 | 6 | 0 | www. sggaoji. com | 韶关市韶瑶路 168 号 |
| 仁化中等职业学校 | 旅游管理 | 中专 | | | | 韶关市县县城建设路 1 号 |
| 英德市职业技术学校 | 旅游服务与管理 | 中专 | 3 | 73 | www. ydzx. com. cn | 清远英德市英城浈阳中路 59 号 |
| 民办南华工商学院 | 旅游管理 | 专科 | | | | 清远市东城蟠龙村委 |
| 清远市职业技术学校 | 旅游服务与管理 | 中专 | 5 | 126 | www. qyzz. com | 清远市清新县太和镇滨江路 98 号 |
| 清远市基棉职业技术学校 | 旅游服务与管理 | 中专 | | | | 清远市西门塘直街 18 座 |
| 连山职业技术学校 | 旅游管理 | 中专 | | | | 清远市连山县吉田镇 |
| 广东清远华南职业培训学院 | 饭店(酒店)服务与旅游 | 中专 | 3 | 60 | www. hzpxy. com | 清远市清城区横荷街道办 5 号区 |
| 清新县职业技术学校 | 旅游服务与管理 | 中专 | 8 | 401 | www. qyzz. net | 清远市清新县太和洞公园前 |

续表

| 院校名称 | 专业 | 学历 | 教师人数 | 在校生人数 | 网址 | 学校地址 |
|---|---|---|---|---|---|---|
| 清城区职业技术学校 | 旅游服务与管理 | 中专 | 4 | 160 | www. qyqczx. com. cn | 清远市城区西门塘15号 |
| 佛冈县职业技术学校 | 旅游管理 | 中专 | | | | 清远市佛冈县沿江东路交郊九龙 |
| 清远职业技术学院 | 旅游管理 | 专科 | | | qyptwed@ 126. com | 清远市清城区东城街蟠龙园 |
| 清远市技师学院(高级技工学校) | 酒店服务与旅游 | 中专 | | | master@ qysti. com | 清远市清城区 |
| 阳山县职业技术学校 | 饭店服务与管理 | 中专 | | | ysxt@ 163. com | 阳山县工业大道60号 |
| 连州技工学校 | 饭店服务与管理 | 中专 | | | anycoo133@ 163. com | 连州市城北俞屋寨108号 |
| 河源职业技术学院 | 旅游管理、酒店管理、涉外旅游 | 专科 | 16 | 576 | www. hycollege. net | 河源市东环路大学城 |
| 河源职业技术学院中专部 | 旅游管理 | 中专 | | | | 河源市东环路大学城 |
| 河源市职业技术学校 | 旅游管理、酒店管理 | 中专 | 5 | 116 | heyuan. gdrtvu. edu. cn | 河源市河大道南 |
| 河源理工学校 | 旅游服务与管理 | 中专 | 8 | 300 | www. hylgxx. net | 河源市东环路大学城 |
| 河源市技工学校 | 旅游服务与管理 | 中专 | 5 | 80 | www. hyjgxx. com | 河源市源城区东环路 |
| 河源市工业学校 | 旅游管理 | 中专 | 4 | 180 | | 河源市源城市 |
| 龙川县技工学校 | 旅游与酒店管理 | 中专 | 4 | 68 | www. gdlcjx. cn | 河源市龙川县老隆镇 |
| 和平县职业技术学校 | 旅游与酒店管理 | 中专 | 6 | 100 | www. hyhpzx. cn | 河源市和平县阳明镇教育路育才新村1号 |
| 丰顺县职业技术学校 | 旅游管理 | 中专 | | | | 河源市丰顺县汤坑镇东山路188号 |
| 东源县灵通职业技术学校 | 旅游服务与管理 | 中专 | | | dyxzx. com/Index. htm/ | 河源市东源县新城(徐洞) |
| 阳山县职业学院 | 旅游管理 | 中专 | | | | |
| 连州技工学校 | 旅游管理 | 中专 | | | | |
| 清远职业技术学院 | 旅游管理 | 专科 | | | | |
| **粤西** | | | | | | |
| 广东海洋大学旅游管理系 | 旅游管理、森林资源保护与游憩 | 本科 | 11 | 365 | www. gdou. edu. cn | 湛江市湖光岩东 |
| 广东海洋大学寸金学院 | 旅游管理 | 本科 | | | www. gdcjxy. com | 湛江市麻章区麻章镇学智路二号 |
| 广东省旅游商务职业技术学校 | 旅游服务与管理 | 中专 | 9 | 315 | www. gdlysw. com | 湛江市赤坎区椹川大道北89号 |
| 湛江市旅游职业技术学校 | 旅游服务与管理、酒店服务与管理 | 中专 | 5 | 80 | www. zj8z. com | 湛江市霞山霞山区绿塘路63号 |

续表

| 院校名称 | 专业 | 学历 | 教师人数 | 在校生人数 | 网址 | 学校地址 |
|---|---|---|---|---|---|---|
| 湛江现代科技职业技术学校 | 酒店管理 | 中专 | | | daxue. netbig. com/1857 | 湛江市廉江经济开发区 |
| 湛江市智洋外语职业技术学校 | 旅游与酒店管理 | 中专 | | | IP. qincai. net/crp – 20802. html | 湛江市霞山区森林公园 |
| 湛江市湛港职业技术学校 | 酒店服务与管理 | 中专 | | | | 湛江市麻章区麻海路 31 号 |
| 湛江市霞山职业高级中学 | 旅游服务与管理 | 中专 | 2 | 50 | www. gdzjxz. com | 湛江市霞山区文明北一路 29 号 |
| 湛江市特殊教育学校 | 烹饪与餐饮管理 | 中专 | | | zjtj. zhjedu. cn | 湛江市海滨大道中 13 号 |
| 湛江市群信职业技术学校 | 旅游管理 | 中专 | | | www. zmsx. org | 湛江市麻章区民乐东街 |
| 湛江市女子职业技术学校 | 航空服务、旅游与酒店管理 | 中专 | | | | 湛江市赤坎区光复路二巷 7 号 |
| 湛江市南大理工职业技术学校 | 厨师点心师与酒店管理 | 中专 | | | | 湛江市麻章区金川路 58 号 |
| 湛江市麻章区职业技术学校 | 烹饪与点心 | 中专 | | | www. mzzx. com. cn | 湛江市霞山区文明北一路 25 号 |
| 湛江高尔夫职业技术学校 | 酒店(俱乐部)管理专业 | 中专 | | | www. zjgolf. com. cn | 湛江市麻章区湖秀 2 号 |
| 湛江城市职业技术学校 | 航空与旅游艺术、高级酒店管理、烹饪 | 中专 | | | www. zjcsxx. cn | 湛江市赤坎区康宁路 63 号 |
| 湛江财贸学校 | 旅游、酒店管理 | 中专 | | | www. zjcx. com. cn | 湛江市麻章区麻赤路 109 号 |
| 湛江市商业技工学校 | 饭店(酒店)服务与旅游 | 中专 | 5 | 100 | www. zjsx. gd. cn | 湛江市霞山人民大道南 4 号 |
| 广东湛江艺术学校 | 航空商务、酒店管理 | 中专 | | | www. gdzjyx. com | 湛江市赤坎区康宁路 7 号 |
| 茂名职业技术学院 | 旅游管理 | 专科 | 7 | 120 | www. mmvtc. cn | 茂名市光华北路 203 号 |
| 信宜市职业技术学校 | 旅游与酒店管理 | 中专 | 6 | 35 | www. xyszjzx. com | 茂名信宜市竹山路 308 号 |
| 茂名市南海工业科技学校 | 旅游管理 | 中专 | | | www. nhjy. cn | 茂名市高州金山开发区教育大道 99 号 |
| 茂名市第二职业技术学校 | 旅游与酒店专业 | 中专 | 14 | 323 | www. mmez. cn | 茂名市官渡南路 31 号大院 |
| 广东省茂名市南粤科技学校 | 烹饪与餐饮管理 | 中专 | | | | 茂名市茂名大道北 1 号大院 |
| 广东省茂名市建设中等专业学校 | 旅游与酒店管理 | 中专 | | | | 茂名市文明北路 232 号大院 |
| 化州市长岐中学 | 旅游与酒店管理 | 中专 | | | | 茂名市化州市长岐镇南安圩 |
| 阳江职业技术学院 | 旅游管理 | 专科 | 8 | 135 | www. yjcollege. net | 阳江市江城区东山路 |
| 阳西县中等职业技术学校 | 旅游管理 | 中专 | | | | 阳江市阳西县中山火炬产业转移园内 |
| 阳山县职业技术学校 | 旅游服务与酒店管理 | 中专 | | | | 阳江市阳山县工业大道 60 号 |

续表

| 院校名称 | 专业 | 学历 | 教师人数 | 在校生人数 | 网址 | 学校地址 |
|---|---|---|---|---|---|---|
| 阳江市灌浆岛特种工程技术学校 | | 中专 | | | | 阳江市江城区潭塘州 325 国道旁 |
| 阳江市第一职业技术学校 | 旅游服务与管理、管理酒店服务与管理 | 中专 | 3 | 90 | www. yjyizhi. com | 阳江市江城区白沙望牛岗 325 国道边 |
| 阳东县第一职业技术学校 | 旅游服务与管理 | 中专 | | | ydyj. edu. gdbnet. cn/ | 阳江市阳东县塘坪镇麒麟路 55 号 |
| 阳春市中等职业技术学校 | 烹饪与餐饮管理 | 中专 | | | www. yczhzh. com/ | 阳江阳春市黎湖 |
| 新兴县南大职业技术学校 | 旅游管理 | 中专 | | | | 云浮市新兴县六祖大道东江开发区 |
| 新兴理工学校 | 旅游管理 | 中专 | | | www. xxlg. cn | 云浮市新兴县城城西路 |
| 台山市现代职业技术学校 | 旅游服务与管理(烹饪方向) | 中专 | | | | 阳江台山市台城镇东郊路 26 号 |
| 台山市联合中等专业学校 | 旅行社服务与管理、酒店服务与管理等 | 中专 | 4 | 87 | www. tslhzz. com | 阳江台山市台城沙岗湖科教文化区 |
| 四会市中等专业学校 | 星级酒店管理 | 中专 | | | | 阳江四会市凤山路 68 号 |
| 云浮市中等专业学校 | 旅游服务与管理饭店服务与管理 | 中专 | 20 | 91 | www. yfzzxx. com | 云浮市宝马路 2 号 |
| 云城区中等职业学校 | 旅游管理 | 中专 | | | | 云浮市云城区竹园路 8 号 |
| 云安县中等职业技术学校 | 旅游服务与酒店管理 | 中专 | | | | 云浮市云安县六都镇南乡 |

注：截至 2011 年底，广东省共有高、中等旅游院校 241 所，其中高等院校 76 所，中等职业学校 165 所。

# 主题索引

## 说明

1. 本索引采用主题分析法，按主题词汉语拼意顺序排列。
2. 本索引主题词后面的数字表示内容所在页码、数字后面的拉丁字母（a、b）表示该页自左向右的栏别。
3. 本索引主要针对本年鉴以条目体裁出现的三次文献内容而制作，本年鉴中凡以文章体裁，图表体裁出现的内容及“大事记”篇目均未作索引。

**H**



**J**



**K**



**L**

M



N



O



P



Q



R



S